Ronald M. Hahn • Rolf Giesen

DAS NEUE LEXIKON
DES FANTASY-FILMS

Mehr als 1300 Fantasy-Filme mit filmografischen Angaben,
Produktionsdaten, Inhalt, Besetzung und Besprechungen.

Unter Mitarbeit von Volker Jansen und Norbert Stresau (†)
Titelbild: Holger Delfs

W0176801

LEXIKON
LEXIKON IMPRINT VERLAG

Von den Wundern der Traummaschine

Das Fort Knox aller Phantastik, uneinnehmbar, ist der Traum. Der Traum, so der Schriftsteller Milan Kundera, sei nicht nur eine (möglicherweise chiffrierte) Mitteilung, sondern auch eine ästhetische Aktivität, ein Spiel der Imagination, und dieses Spiel sei ein Wert an sich. »Der Traum beweist, dass das Phantasieren, das Träumen des Nicht-Geschehenen, zu den tiefsten Bedürfnissen der Menschheit gehört«, folgert er in seinem Roman Die unerträgliche Leichtigkeit des Seins. Gerade das Kino kommt diesem (über)lebensnotwendigen Bedarf am Träumen und Phantasieren entgegen, denn der Kinematograph ist die Traummaschine per se.

Die Erscheinungsformen der Phantastik im Kino sind vielfältig. Am Ende des 19., Anfang des 20. Jahrhunderts ließen sich die Zuschauer von den durch fotografische Effekte wie Doppelbelichtung und Stopptrick realisierten Zauberfilmen eines Georges Méliès einnehmen, die oft nicht mehr boten als abgefilmtes Varieté: Personen und Gegenstände erschienen und verschwanden auf wundersame Weise. Doch Monsieur Méliès wollte seinem Publikum mehr bieten als eine lockere Folge von Illusionsnummern. Er wollte phantastische Geschichten erzählen:

- Mit CENDRILLON verfilmte er 1899 das Märchen vom Aschenputtel.
- Im gleichen Jahr ließ er Jesus über das Wasser wandeln: LE CHRIST MARCHANT SUR LES FLOTS.
- Mit LE VOYAGE DE GULLIVER À LILLIPUT ET CHEZ LES GÉANTS adaptierte er 1902 eine der großen phantastischen Parabeln (von Jonathan Swift).
- 1904 folgte DAMNATION DU DOCTEUR FAUST.
- Mit ULYSSE ET LE GÉANT POLYPHÈME entdeckte er 1905 die Welt der griechischen Sage.

Mit kurzen Filmen wie diesen definierte Méliès das Œuvre des phantastischen Films. Ab 1908 kamen dann auch Zeichenfilme in Mode und eröffneten dem Genre über die geschilderten Stoffe hinaus die Fabelwelt eines Äsop oder eines La Fontaine, einen skurrilen Zoo äußerst menschlich agierender Tiere.

Zusammenfassend versteht man unter Fantasy Filme, die das »Übernatürliche«, das Märchenhafte, das Mythische, das Fabelhafte, das religiöse Wunder, die Erscheinung, die Legende, Spuk und Zauber, aber auch Surreales und kafkaeskes Labyrinth in den Mittelpunkt des Erzählens stellen. Dass die Groschenhefte die sagenhaft bilderreiche Sprache der Fantasy auf primitive Sword & Sorcery (Schwert und Magie) reduziert haben, soll unsere Definition nicht einengen: Für uns stehen Conan der Barbar, Tarzan und der Highlander legitim neben dem Gekreuzigten des christlichen Glaubens oder dem Wolf und den sieben Geißlein. Die Muppets aus Henson's Creature Shop, der Glücksdrache und die Felsenbeißer aus Michael Endes Unendlicher Geschichte sind ebenso Geschöpfe der Phantasie wie Feivel der Mauswanderer, das Schweinchen namens Babe oder die gute alte Micky Maus.

Den Heiligen Gral sucht man am besten immer noch auf dem Grund des versunkenen Atlantis: Beides steht für die Faszination des Unerklärlichen und den Reiz des Spekulativen. Verwirrend ist dies allenfalls für den Laien und Genre-Novizen. Eingeweihte dagegen wissen längst, dass die »Traummaschine« wie ein Fleischwolf funktioniert, durch den alles Mögliche gedreht wird, einschließlich unverdauter Bestandteile des Horror- und Science Fiction-Films.

Eine erste Fassung dieses Lexikons erschien 1986 und beschrieb 650 Fantasy-Filme. In den vergangenen fünfzehn Jahren ist jedoch so enorm viel auf diesem Sektor geschehen (und einiges wurde sicher auch in der Vergangenheit übersehen oder musste korrigiert werden,

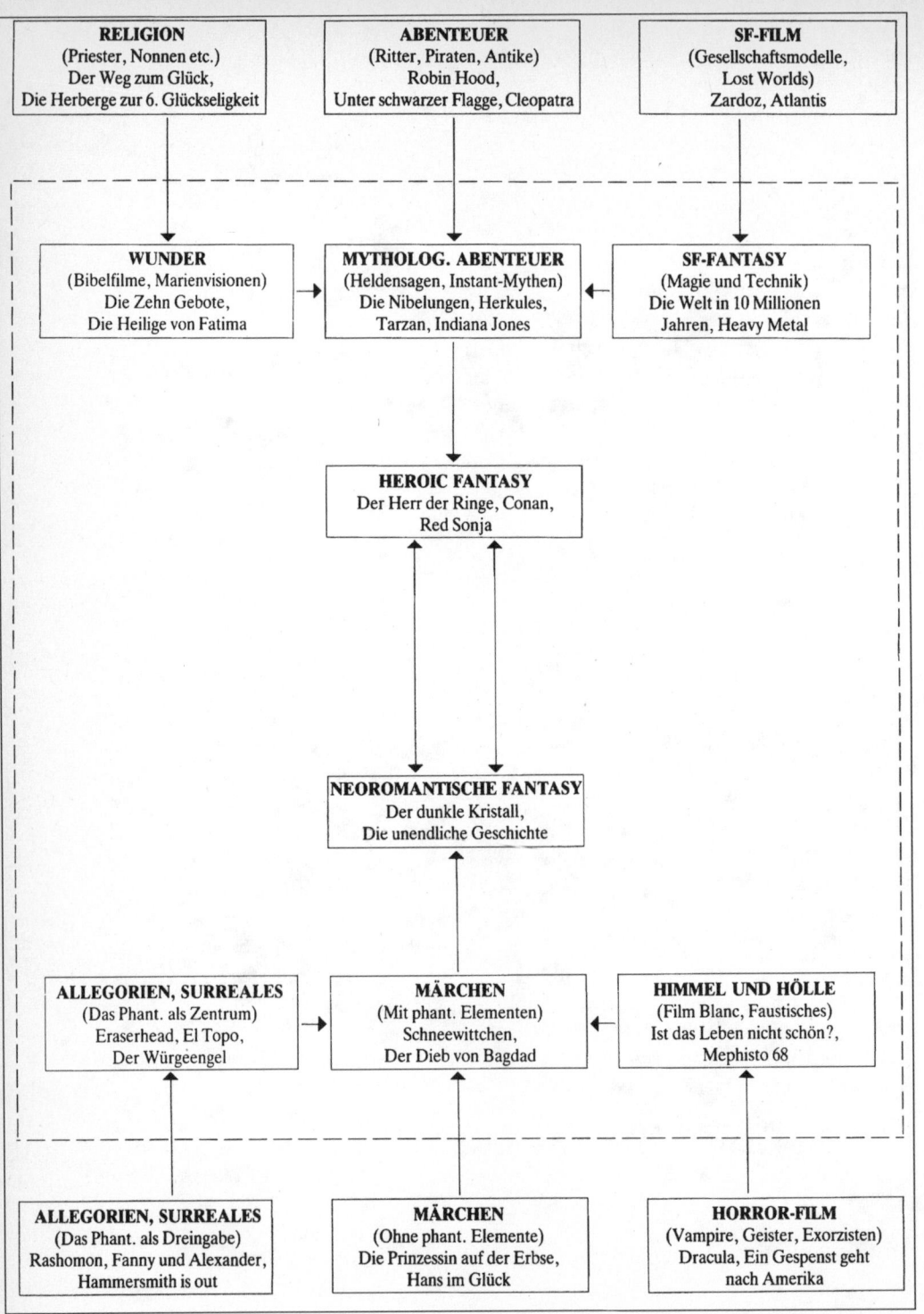

RELIGION
(Priester, Nonnen etc.)
Der Weg zum Glück,
Die Herberge zur 6. Glückseligkeit

ABENTEUER
(Ritter, Piraten, Antike)
Robin Hood,
Unter schwarzer Flagge, Cleopatra

SF-FILM
(Gesellschaftsmodelle,
Lost Worlds)
Zardoz, Atlantis

WUNDER
(Bibelfilme, Marienvisionen)
Die Zehn Gebote,
Die Heilige von Fatima

MYTHOLOG. ABENTEUER
(Heldensagen, Instant-Mythen)
Die Nibelungen, Herkules,
Tarzan, Indiana Jones

SF-FANTASY
(Magie und Technik)
Die Welt in 10 Millionen
Jahren, Heavy Metal

HEROIC FANTASY
Der Herr der Ringe, Conan,
Red Sonja

NEOROMANTISCHE FANTASY
Der dunkle Kristall,
Die unendliche Geschichte

ALLEGORIEN, SURREALES
(Das Phant. als Zentrum)
Eraserhead, El Topo,
Der Würgeengel

MÄRCHEN
(Mit phant. Elementen)
Schneewittchen,
Der Dieb von Bagdad

HIMMEL UND HÖLLE
(Film Blanc, Faustisches)
Ist das Leben nicht schön?,
Mephisto 68

ALLEGORIEN, SURREALES
(Das Phant. als Dreingabe)
Rashomon, Fanny und Alexander,
Hammersmith is out

MÄRCHEN
(Ohne phant. Elemente)
Die Prinzessin auf der Erbse,
Hans im Glück

HORROR-FILM
(Vampire, Geister, Exorzisten)
Dracula, Ein Gespenst geht
nach Amerika

was besonders für viele Titel osteuropäischer Produktion gilt). Digitale Filmtechniken, die selbst Georges Méliès erstaunt hätten, belebten die computergenerierten Hampelmänner aus John Lasseters *Toy Story* und weckten ausgestorbene *Dinosaurier,* die bei Disney (natürlich) sprechen können.

Das Geschäft boomt wie nie zuvor. Die Fantasy erfreut sich, während wir dies schreiben, ungebrochener Popularität.

Auf dem Produktionsprogramm bei Sony/Columbia stehen *Jumanji II* und *Stuart Little II.* Und die schwindelerregenden Auflagenhöhen der Harry Potter-Bücher, ein Phänomen für sich, haben Hollywood und Time-Warner längst auf den Plan gerufen.

Die von uns in diesem Band zusammengetragenen Beispiele des Genres gehören allesamt zu jenen Filmen, die nach dem Krieg im deutschen Sprachraum im Kino und im Fernsehen aufgeführt wurden bzw. auf Video erhältlich waren.

Und da ein Bild bekanntlich mehr sagt als tausend Worte, sei der Leser in punkto Auswahlkriterien auf das umseitige Schaubild verwiesen.

Die Herausgeber
Berlin, im Frühjahr 2001

Abkürzungsverzeichnis

A	Animation		Ma	Maske
B	(Dreh-)Buch		R	Regie
D	Darsteller (in Klammern: die Rolle)		SpE	Spezialeffekte
F	Farbe		St	Story (in der Regel unpubliziert)
K	Kamera		Spr	Sprecher
LV	Literarische Vorlage		V	Vorlage (meist ein Bühnenstück)
M	Musik		[V]	Video

A

DER ABEND VOR DER SONNENWENDE

(WETSCHERA NAKANUNE IWANA KUPALY).
UdSSR 1968. **R:** *Juri Iljenko.* **B:** *Juri Iljenko.* **LV:**
»Die Johannisnacht« von Nikolai Gogol. **K:** *Wadim Iljenko.* **D:** *Larissa Kadotschnikowa (Pidorka), Boris Chmelnizki (Petro), Dshemma Firsowa (Hexe). F 80 Min.*
Vor dem historischen Hintergrund der Regentschaft Katharina der Großen und des Einfalls der Krim-Tataren wird eine Legende vom Teufel erzählt, der für Geld die Seele eines einfachen Kosaken-Knechts kauft. Dieser wird mit seinem Reichtum jedoch nicht glücklich.

Die Abenteuer des Baron Münchhausen

EIN ABENTEUER AUS TAUSENDUNDEINER NACHT

Anderer Titel für **Die Geschichte des kleinen Muck**

DIE ABENTEUER DER DELTA-RITTER

Anderer Titel für **Der heilige Orden der Delta-Ritter**

DIE ABENTEUER DES BARON MÜNCHHAUSEN

(THE ADVENTURES OF BARON MUNCHAUSEN). GB/BRD/Italien 1988. **R:** *Terry Gilliam.* **B:** *Charles McKeown, Terry Gilliam.* **LV:** *Erzählungen von Rudolph Erich Raspe.* **K:** *Giuseppe Rotunno.* **SpE:** *Richard Conway.* **M:** *Michael Kamen.* **D:** *John Neville (Baron Münchhausen), Eric Idle (Desmond/Berthold), Sarah Polley (Sally), Jack Purvis (Jeremy/Gustavus), Charles McKeown (Rupert/Adolphus), Winston Dennis (Bill/Albrecht), Peter Jeffrey (Sultan), Robin Williams (König), Oliver Reed (Vulkan), Valentina Cortese (Königin Ariadne), Sting (Offizier), Jonathan Pryce (Horatio Jackson), Uma Thurman, Bill Paterson. F 120 Min.*
Karl Friedrich Freiherr von Münchhausen rettet eine von den Türken belagerte Hafenstadt. Ex-Monty Python Terry Gilliam hatte eine Vision: Er wollte unbedingt den Lügenbaron auf einem halben Pferd reiten sehen. Als die Dreharbeiten zu Ende waren, wusste er, wie es technisch gegangen wäre (heute würde man es ohne größeren Aufwand digital lösen). So aber ist die Szene, deretwegen der ganze Aufwand in Roms Cinecittà betrieben wurde, im fertigen Film nicht drin. Auch wollte sich Gilliam unbedingt vom deutschen Münchhausen-Film mit Hans Albers absetzen (und konnte dem Vergleich doch nicht entgehen) und mehr dem tschechischen *Baron Münchhausen* von Karel Zeman nacheifern, einem in seiner Ästhetik etwas steifen, synthetischen Kombinationsfilm. Gilliams Münchhausen John Neville, obwohl ein überaus versierter Bühnenschauspieler, kann in puncto Charisma aber Albers nicht das Wasser reichen. Und hinter den Kulissen der damals teuersten europäischen Film-

produktion krachte es gewaltig. Für Gilliam, der einen Produzenten gefunden hatte, welcher sich als leibhaftiger Münchhausen gerierte, war sie eine persönliche Irrfahrt des Grauens. [V]

DIE ABENTEUER DES BURATINO

(PRIKLJUTSCHENIJA BURATINO). UdSSR 1953. R: Dimitri Babitschenko, Iwan Iwanow-Wano. B: Nikolai Erdmann, T. Tolstoja. LV: »Solotoi kljutschik ili Prikljutschenija Buratino« von Alexej Tolstoi. K: Michail Drujan. A: P. Rapkin, S. Russakow, I Podgorski, W. Popow, K. Tschikin, W. Chludowa, O. Gemmerling, D. Anpilow, P. Karabajew. M: A. Lepin. F 68 Min. (Zeichentrick).
Zeichenfilm nach einem 1936 erschienenen Märchen von A. Tolstoi, einer Nachdichtung von Carlo Collodis »Le avventura di Pinocchio«: Die Holzpuppe Buratino auf der Suche nach einem magischen Schlüssel. [V].

DIE ABENTEUER DES BURATINO

(PRIKLJUTSCHENIJA BURATINO). UdSSR 1975. R: L. Netschajew. B: I. Wetkina. LV: Alexej Tolstoi. K: B. Olifer. M: J. Glebow. D: Dina Josifow, Tanja Prozenko, Nikolai Grinko, Rolan Bykow, Wladimir Etusch. F 120 Min.
Das goldene Schlüsselchen, das Buratino, das hölzerne Bengele, sucht, soll den Zugang zu einem großen Geheimnis öffnen.

DIE ABENTEUER DES GESTIEFELTEN KATERS

(NOWYJE POCHOSHDENIJA KOTA W SAPOGACH). UdSSR 1957. R: Alexander Rou. B: Sergej Michalkow. LV: »Le chat botté« von Charles Perrault. K: Igor Schatrow. M: Andrej Wolkonski. D: Maria Barabanowa (Kater), Anatoli Kubazki (König), Sergej Sharikow (Karabas), Stepan Kajukow (Minister), Tamara Nossowa (Hofdame), Georgi Milljar (Hofnarr), K. Slobin, Lidija Wertinskaja, Wladimir Wolodin. F 87 Min.
Eingekleidet ist das bekannte Märchen vom gestiefelten Kater in eine Rahmenhandlung. Am Vorabend der Premiere von Charles Perraults »Le chat botté« hat die kleine Ljuba, die in der Aufführung die Prinzessin spielen soll, einen Traum: In einem Kartenspiel ist sie die Tochter des Königs und droht den Intrigen der Pik-Dame zum Opfer zu fallen. Diese entführt die Prinzessin auf ihr Schloss, aber schon ist der sprechende Kater zur Stelle. Die Hexe will dem Kater ihre Zauberkunst demonstrieren und verwandelt sich ausgerechnet in eine Maus. Jetzt hat der Kater leichtes Spiel.

DIE ABENTEUER DES HERKULES (II)

(ADVENTURES OF HERCULES II/HERCULES II). Italien 1984. R: Lewis Coates [Luigi Cozzi]. B: Lewis Coates. K: Alberto Spagnoli. M: Pino Donaggio. D: Lou Ferrigno (Herkules), Milly Carlucci (Urania), Sonia Viviani (Glaucia), William Berger (König Minos), Carlotta Green (Athene), Claudio Cassinelli (Zeus), Nando Poggi (Poseidon), Maria Rosaria Omaggio (Hera), Venantino Venantini (Hohepriester), Laura Kenzi (Flora), Margi Newton (Aphrodite), Cindy Leadbetter (Ilia), Raf Baldassarre (Atreus), Serena Grandi (Euryale), Era Robbins (Dädalos), Sandra Venturini (Teti), Alessandra Canale (Deianira), Pamela Prati (Arachne), Andrea Nicole (Amazone), Cristina Basili. F 76(82) Min.
Einmal ist keinmal, sagten sich die Golan-Globus-Leute, die sich dazumal anschickten, ein Filmimperium aufzubauen, das alsbald wie ein Kartenhaus zusammenbrach, und beauftragten Luigi Cozzi, nach *Herkules* (1983) noch eine muskelstarke Nummer mit dem Bodybuilder Lou Ferrigno zu inszenieren. Diesmal wird Herkules von Göttervater Zeus auf die Erde geschickt, um einem rebellischen Göttinnen-Trio magische Blitze abzujagen, dem bösen König Minos Mores zu lehren und zu verhindern, dass der Mond auf die Erde fällt. All dies tut er mit der ausdruckslosen Miene einer Marionette – in einer Umgebung, die nach Pappmaché riecht und das Anschauen dieses Films zur absoluten Zeitverschwendung macht. [V]

DIE ABENTEUER DES KLEINEN MUCK

Anderer Titel für **Die Geschichte vom kleinen Muck**

DIE ABENTEUER DES NILS HOLGERSSON

(NILS HOLGERSSONS UNDERBARA RESA). Schweden 1961. R: Kenne Fant. B: Tage Aurell, Kathrin Aurell. LV: »Wunderbare Reise des kleinen Nils Holgersson mit den Wildgänsen« von Sel-

ma Lagerlöf. **K:** *Max Willen.* **SpE:** *Vic Margutti.* **M:** *Torbjörn Lundquist.* **D:** *Sven Lundberg (Nils Holgersson), Max von Sydow, Annika Tretow, Axel Düberg. F 97 Min.*

Der in Südschweden lebende Bauernjunge Nils ist ein arger Lausbub, der weder vom sonntäglichen Kirchgang etwas hält, noch mit den Tieren in der Umgebung in Frieden zusammenleben kann. Zur Strafe von einem Troll in einen Wichtelmann verwandelt, fliegt er auf dem Rücken des zahmen Gänserichs Martin, der nicht im Kochtopf der Menschen enden will, in die Ferne. Als Martin sich einem Wildgansschwarm anschließt, befreit Nils den Adler Gorgo aus dem Zoo und setzt in dessen Krallen seine Reise fort: Über eine versunkene Stadt hinweg geht's zu den frei lebenden Bären und Elchen des hohen Nordens. Unterwegs müssen sie zahlreichen Gefahren trotzen: Einem Fuchs, der Gänse bedroht, und schießwütigen Jägern, die in jeglichem Federvieh ihre Beute sehen. Als der Winter kommt, kehrt Nils zum elterlichen Hof zurück: Er hat viel gelernt und ist ein anderer (besserer) Mensch geworden.

Selma Lagerlöfs (1858–1940) ursprünglich als Schullektüre konzipierter Roman ist ein in über 30 Sprachen übersetzter Klassiker und sollte dazu dienen, kleinen Schweden und Schwedinnen die Geographie ihrer Heimat nahezubringen. Obwohl die Filmversion einige tricktechnische Mängel aufweist, kann man mit Fug und Recht behaupten, dass die Umsetzung ins Bildhafte gelungen ist: »Wie auf einem Zauberteppich fliegt der kleine Nils auf dem Gänserücken oder zwischen den Adlerkrallen über das jungfräuliche Land unter der Mitternachtssonne hinweg – mit Breitwand-Farbaufnahmen, die zum Schönsten gehören, was man in dieser Art jemals sah.« (FILMDIENST)

DIE ABENTEUER DES ODYSSEUS

(THE ODYSSEY). USA 1997. **R:** *Andrei Konchalovsky.* **B:** *Andrei Konchalovsky, Chris Solimine.* **LV:** *Homer.* **K:** *Sergei Kozlov.* **M:** *Edward Artemyev.* **D:** *Armand Assante (Odysseus), Isabella Rossellini (Athene), Greta Scacchi (Penelope), Eric Roberts (Eurymachos), Vanessa Williams (Kalypso), Alan Stenson, Geraldine Chaplin (Eurykleia), Irene Papas (Antiklea), Jeroen Krab-*

be, *Christopher Lee, Bernadette Peters. F 87/88 Min.*

TV-Film, 2 Teile. Trotz digitalen und sonstigen Staraufwands fehlt diesem Odysseus, dem zweiten, der auf die Mattscheibe kam, die Leichtigkeit der Inszenierung und der naive Charme, ohne den jede Verfilmung griechischer Sagen prätentiöse Langeweile verbreitet. Scylla und Charybdis mögen noch angehen (die beiden erlebt man nur selten auf Leinwand und Bildschirm), aber die Polyphem-Zyklopen von Mario Camerini [Umberto Silvestri] und Mario Bava [Samson Burke] waren eindeutig besser als dieser tumbe, debile Trinker hier. [V]

DIE ABENTEUER DES PINOCCHIO

(THE ADVENTURES OF PINOCCHIO). USA/ Japan 1984. **R:** *Jim Terry, Ippei Kuri.* **B:** *Angelo Grillo.* **LV:** *Carlo Collodi.* **A:** *Tatsunoko Productions.* **M:** *Bullets. F 98 Min. (Zeichentrick).*

Mit amerikanischem Geld in Japan realisierte Zeichenfilmversion von der lebenden Holzpuppe, die so gern ein richtiger Junge wäre. Keine Konkurrenz für Walt Disney. Nur auf Video. [V]

DIE ABENTEUER DES PRINZEN ACHMED

Deutschland 1926. **R:** *Lotte Reiniger.* **B:** *Lotte Reiniger.* **K:** *Lotte Reiniger.* **SpE:** *Walther Ruttmann, Berthold Bartosch.* **A:** *Lotte Reiniger, Carl Koch, Berthold Bartosch, Walther Ruttmann, Alexander Kardan, Walter Türck.* **M:** *Wolfgang Zeller (Neufassung 1969: Freddy Phillips). SW 71 Min. (Neufassung 1969: viragierte Hintergründe).*

Ein afrikanischer Zauberer erscheint auf einem fliegenden Pferd am Hofe des Kalifen von Bagdad und möchte das Wundertier gegen die Tochter des Herrschers, die Prinzessin Dinarzade, eintauschen. Deren Bruder Prinz Achmed entführt das Pferd jedoch und gelangt mit ihm auf die verwunschene Insel Waq-Waq, wo er die Königin Peri Bani beim Bade überrascht. Von ihrer Lieblichkeit betört, entführt er sie nach China, wo er bereits von dem afrikanischen Zauberer erwartet wird, der sich rächt, indem er Peri Bani an den Kaiser ausliefert. Achmed wird von einer gutmütigen Hexe ausgerüstet, um den Kampf mit dem Chinesenherrscher aufzunehmen. Er kann Peri Bani davor bewahren, mit dem Hofnarren verkuppelt zu werden. Auf der Flucht begegnen er und Peri Bani Aladin, der von einem Ungeheuer angegriffen wird. Achmed kann seinem Landsmann helfen. Auch Aladin wird von dem bösen Zauberer verfolgt, denn es ist ihm gelungen, ihn mittels einer Zauberlampe bei der schönen Dinarzade auszustechen. Auch die bösen Geister Waq-Waqs haben sich mit dem Zauberer gegen Peri Bani verschworen. Achmeds Helferin, die Hexe, entscheidet in einem großen Duell den Ausgang der Geschichte: Sie holt Aladins Wunderlampe zurück, womit man die Geister, die das Freundestrio bedrohen, bannen und den Zauberer bezwingen kann. – Der erste abendfüllende Animationsfilm, von der Regisseurin Lotte Reiniger und ihren Freunden in 250 000 Einzelbildaufnahmen in einer Potsdamer Garage hergestellt, basiert auf einer Episode aus »Tausend und eine Nacht«. Die Publikumsreaktion in Berlin und Paris war enthusiastisch: »Auch in den einfachsten Szenen ... erscholl orkanartiger Beifall.« (FILMKURIER). Die Aufnahmen dauerten drei Jahre, zahlten sich jedoch aus: Lotte Reiniger wurde über Nacht eine Berühmtheit, und nicht nur die Zuschauer, sondern auch die Kritik war voll des Lobes, wie ein Auszug aus dem VORWÄRTS vom 9.5.1926 dokumentiert: »Wenn man bedenkt, dass jede der agierenden Figuren in allen ihren Gelenken beweglich sein muss, dass getreu der Vorlage aus Tausend und einer Nacht die merkwürdigsten Fabel- und Wunderwesen auftreten und die dunklen Silhouetten sich abheben von einem malerisch gestalteten Hintergrund, der seltsame Landschaften, dräuende Wolken, sturmgepeitschte Meere wiedergibt, so kann man sich ungefähr eine Vorstellung machen, welch Wunderwerk hier geleistet ist. Aber auf das Technische allein kommt es ja nicht an, die Hauptsache ist, dass der Geist des Märchens hier in der filmischen Bilderfolge aufs glücklichste neu geboren ist und dass die Welt orientalischer Wunder, fabelhafter Verwandlungen, traumhafter Vorgänge mit den Mitteln einer an türkischen und japanischen Vorbildern geschulten Silhouettenkunst neu geschaffen ist. Wir sind hier im Bereich des absoluten Films, der sich an keine realistischen Vorbilder anlehnt, sondern in seiner Formenwelt schöpferisch vorgeht. Der absolute Film

hat seine eigenen Gesetze, und es ist ein Vorzug des Prinzen Achmed, dass in ihm diese Gesetze voll erfasst sind!«

ABENTEUER IM HAREM
(LOST IN A HAREM). USA 1944. **R:** *Charles Riesner.* **B:** *Harry Ruskin, John Grant, Harry Crane.* **K:** *Lester White.* **M:** *Sonny Burke.* **D:** *Bud Abbott (Peter Johnson), Lou Costello (Harvey Garvey), Marilyn Maxwell (Hazel Moon), John Conte (Prinz Ramo), Douglas Dumbrille (Nimativ), Lottie Harrison (Teema), J. Lockart Martin (Hobo), Murray Leonard (Wrack), Adia Kuzneizoff (Ghamu), Milton Parsons (Wahrsager), Ralph Sanford (Ormulu), Jimmy Dorsey und sein Orchester.* SW 89 Min.

Eine amerikanische Varieté-Truppe, die es in ein mythisches orientalisches Land verschlagen hat, wird von Prinz Ramo engagiert, um dessen thronräuberischen Oheim, einen lüsternen Scheich, zu stürzen. Da Ramo weiß, dass der Scheich eine Schwäche für Blondinen hat, soll die knackige Sängerin Hazel ein Ablenkungsmanöver starten, damit Abbott & Costello (hier in der Rolle eines Zauberkünstler-Duos) den Scheich seiner Zauberringe entledigen können, die Ramo benötigt, um wieder an die Macht zu kommen. Die Macht der Ringe ist ungeheuer: Als Hypno-Beeinflusser angewendet, sorgen sie dafür, dass die beiden Möchtegern-Magier sich plötzlich für Termiten halten und prompt anfangen, Möbel zu verspeisen. – »Der Plot ist dünn, und die Action weist manche Überlängen auf, aber im großen und ganzen sind Abbott & Costello durchaus zu ertragen.« (VARIETY)

ABENTEUER IM SPIELZEUGLAND
(BABES IN TOYLAND/REVENGE IS SWEET/MARCH OF THE TOYS/MARCH OF THE WOODEN SOLDIERS). USA 1934. **R:** *Charles Rogers, Gus Meins.* **B:** *Nick Grinde, Frank Butler.* **V:** *Victor Herbert.* **K:** *Art Lloyd, Francis Corby.* **M:** *Harry Jackson.* **D:** *Stan Laurel (Stannie Dum), Oliver Hardy (Ollie Dee), Charlotte Henry (Little Bo-Peep), Felix Knight (Tom-Tom), Harry Kleinbach (Silas Barnaby), Johnny Downs (Little Boy Blue), Jean Darling (Curly Locks), Marie Wilson (Mary Quite Contrary), Virginia Karns (Mo-*

ther Goose), Florence Roberts *(Witwe Peep)*, William Burress *(Spielzeugmacher)*, Ferdinand Munier *(Nikolaus)*, Frank Austin *(Friedensrichter)*, Angelo Rossitto, Billy Bletcher. *SW 79 Min.*

Der böse Silas Barnaby lüstert der jungen Bo-Peep hinterher. Als diese ihre Verlobung mit dem Schönling Tom-Tom ankündigt, erpresst er ihre Mutter mit der Hypothek auf ihr Häuschen, einem überdimensionalen Schuh. Witwe Peeps Untermieter Stannie und Ollie versuchen, bei ihrem Chef, dem Spielzeugmacher, das nötige Geld aufzutreiben. Leider hat Stannie jedoch beim neuen Auftrag des Nikolaus einiges durcheinandergebracht: Statt 600 ein Fuß große Weihnachtsmänner stehen plötzlich 100 sechs Fuß große in der Spielzeugfabrik. Als diese auch noch Amok laufen, werden Stannie und Ollie fristlos gefeuert. Nachdem Ollies Plan, sich in einem riesengroßen Geschenkpaket in Barnabys Haus einzuschmuggeln, schiefläuft und die beiden wegen Einbruchs ins finstere Bogeyland verbannt werden sollen, erklärt sich Bo-Peep bereit, den Schurken zu heiraten. Als Barnaby seine Braut küssen will, sieht er allerdings dem verkleideten Stannie ins lächelnde Antlitz.

Frustriert hängt er darauf Tom-Tom den »Mord« an einem Schwein an. Tom-Tom wird nach Bogeyland verbannt. Kurz darauf entlarven Stannie und Ollie den wahren Täter. Barnaby sieht seine Felle davonschwimmen und hetzt eine Horde Bogeymänner auf das Spielzeugland. In letzter Minute entsinnen sich Stan und Ollie der übergroßen Spielzeugsoldaten.

»Abenteuer im Spielzeugland ist in mancher Hinsicht die beste von allen Laurel & Hardy-Operetten. Jedenfalls ist sie mit ihren ausschließlich im Studio geschaffenen Phantasieland-Dekorationen die aufwendigste, mit ihrer Betonung des musikalischen Elements auch diejenige, die der Bühnenvorlage am meisten gerecht wird. Dass die Operette und die Opernparodie ein idealer Spielrahmen für Laurel & Hardy war, hatte sich schon bei *Fra Diavolo* gezeigt und sollte sich später wieder bei *The Bohemian Girl* erweisen; die musikalischen und die komischen Elemente fanden hier stets zu einem glücklichen Gleichgewicht. Im Unterschied ... sind die beiden hier völlig in der Struktur des Films absorbiert. Das bedeutet zwar, dass ihre Auftritte weniger als üblich für sie maßgeschneidert sind, aber das Endresultat ist so erfreulich, dass man das gerne in Kauf nimmt.« (William K. Everson, LAUREL & HARDY UND IHRE FILME). Weniger gern in Kauf nimmt man allerdings, was die Filmschlächter des ZDF aus dieser phantasievollen Märchenkomödie mit ihren faszinierend künstlichen Kulissen gemacht haben: Um den Film zwischen Mainzelmännchen und »Heute«-Schlagzeilen ins Vorabendprogramm zu pressen, wurden kurzerhand alle Musiknummern herausgeschnitten. Und ganz so, als hätte Bettelheim nie etwas über die Funktion des Schrecklichen im Märchen geschrieben, schnitt man auch die Szenen, in denen die fürwahr recht greulichen Bogeymänner auftreten, auf ein Minimum zusammen. Übrig blieb schließlich kaum mehr als eine Sammlung von Laurel & Hardy-Sketchen, die für sich allein zwar absolute Sternstunden der Komik sind, sich aber leider nicht zu jenem geschlossenen Film addieren, der *Abenteuer im Spielzeugland* einst war.

ABENTEUER IM SPIELZEUGLAND

(BABES IN TOYLAND). USA/BRD 1987. **R:** *Clive Donner.* **B:** *Paul Zindel.* **V:** *Victor Herbert.* **K:** *Arthur Ibbetson.* **M:** *Leslie Bricusse.* **D:** *Drew Barrymore (Lisa Piper), Pat Morita (Spielzeugmeister), Richard Mulligan (Barnaby Barnacle), Eileen Brennan (Mrs. Piper/Witwe Hubbard), Keanu Reeves (Jack), Jill Schoelen (Mary), Googie Gress (Georgy Porgy), Walter Buschhoff (Richter Grimm), Richard Mulligan (Barnaby), Rolf Knie (Zack), Gaston Hanie (Mack).* F 98 Min.

An Victor Herberts vermeintlichem Zuckerguss des Spielzeuglandes, das vom Schurken Barnaby und einer Horde schwarzer Trolle bedroht wird, haben sich schon ganz andere die Zähne ausgebissen: Laurel & Hardy ebenso wie Walt Disney. Die vorliegende Version, mit der nach *E.T.* zum Pummel herangewachsenen Drew Barrymore als Lisa in den Bavaria-Ateliers in München-Geiselgasteig entstanden, ist die fadeste: »Eine Ausstattungsoper mit einem Etat, von dem andere Kinderfilm-Produktionen, sofern es überhaupt noch welche gibt, nur einen Bruchteil zur Verfügung haben, die aber dermaßen plump und geschmacklos ausgefallen ist, dass kaum ein Ansatz für eine kritische Auseinandersetzung zu finden ist. Nicht nur, dass überall Anleihen gemacht werden – die Abenteuer der altklugen 11jährigen Lisa sind ohne ›Alice im Wunderland‹ nicht denkbar, die Spielzeugmonster und Superpuppen aus ihrem geträumten Märchenland nicht ohne die Muppet-Show –, sondern dass nichts so recht zusammenpassen will und auch die Story sich nur mühsam voranquält, macht diese deutsch-amerikanische Koproduktion so unerträglich.« (TAGESSPIEGEL) Allenfalls für Keanu Reeves-Komplettisten. [V]

ABENTEUER IM ZAUBERWALD

(MOROSKO). UdSSR 1964. R: *Alexander Rou.* B: *Michail Wolpin, Nikolai Erdman.* K: *Dmitri Surenski.* M: *Nikolai Budaschkin.* D: *Alexander Chwylja (Moroska), Natalja Sedych (Nastenka/ Nastja), Eduard Isotow (Iwan), Inna Tschurikowa (Marfuschka/Marfa), Pjotr Pawlenko (Vater), Vera Altaiskaja (Stiefmutter), Georgi Milljar (Baba Jaga), Tatjana Peltzer, Olja Jukina, Tanja Jukina.* F 79 Min.
Um die Figur Morosko, Väterchen Frost, ein Pendant unseres Weihnachtsmanns, kreist ein ganzer Zyklus von Volksmärchen. »SHILI-BYLI STARIK DA STARUCHA (Es lebten einmal ein Alter und seine Alte): Die hatten zwei Töchter, die hässliche, faule Marfuschka und die schöne, fleißige Nastenka.

   Eines Tages traf Nastenka im Zauberwald auf den jungen Iwanuschka, und die beiden verliebten sich ineinander. Aber leider verwandelte ein Zauberer den jungen Mann in einen Bären. Schließlich wollten die Eltern die hässliche Marfuschka verheiraten, aber keiner der Bewerber wollte sie, alle hatten nur Augen für die schöne Nastenka. Da führten Stiefmutter und Stiefschwester die arme Nastenka in den Zauberwald und ließen sie dort in Schnee und Kälte allein. Dort wurde sie von Väterchen Frost gefunden, einem gutherzigen Zauberer, der sie rettete. Und er war es auch gewesen, der Iwanuschka in einen Bären verwandelt hatte, nur damit Nastenka in den Wald geführt würde. Väterchen Frost überhäufte das Paar mit Geschenken und richtete eine glanzvolle Hochzeit aus.« (PROGRESS-FILM-PROGRAMM) [V]

ABENTEUER MIT DER TARNKAPPE

(TAM NA NEWIDOMNICH DOROSCHKACH). UdSSR 1982. R: *Michail Jusowski.* B: *Alla Achundowa.* LV: *»Stromabwärts auf dem Märchenfluss« von Eduard Uspenski.* K: *Oleg Kobsew.* M: *Wladimir Dshkewitsch.* D: *Roman Monastyrski (Mitja), Tatjana Peltzer (Baba Jaga), Leonid Charitonow (Zar Makar), Tatjana Aksjuta (Wassilissa die Weise), Anatoli Kusnezow (Hausgeist).* F 69 Min.
Auf der Fahrt zur Tante gelangt der kleine Mitja in ein Land, in dem die Gestalten der russischen Volksmärchen leben. Kinderfilm. [V]

DIE ABENTEUER VON ELMO IN GRUMMELLAND

(THE ADVENTURES OF ELMO IN GROUCHLAND). USA 1999. R: *Gary Halvorson.* B: *Mitchell Kriegman, Joseph Mazzarino.* K: *Alan Caso.* M: *John Debney.* D: *Mandy Patinkin (Raffky), Vanessa Williams (Königin des Mülls).* F 73 Min.
Das kleine rote Zottelmonster Elmo aus der Sesamstraße (geschätztes Alter: 4) jagt seiner Schmusedecke hinterher und entdeckt in Oskars Mülltonne eine Tür in ein anderes Universum: Die Bewohner des »Grummellandes« begrüßen einander mit Gemeinheiten und halten Nettigkeit und Hilfsbereitschaft für einfach widerlich. Mit Hilfe neuer Freunde kommt Elmo dem gierigen Raffky auf die Spur, der sich das Deckchen an Land gezogen hat, und muss allerlei erleiden, ehe er seinen Anspruch anmelden kann. – Ein gagreiches, von Liedern und Kommentaren (= Ernie und Bert) unterbrochenes Komödchen, an dem Kinder in Elmos Alter ihr Späßken haben dürften. [V]

DIE ABENTEUERLICHE REISE INS ZWERGENLAND

(THE GNOME-MOBILE). USA 1967. R: *Robert Stevenson.* B: *Ellis Kadison.* LV: *»The Gnomobile« von Upton Sinclair.* K: *Edward Coleman.* SpE: *Eustace Lycett, Robert A. Mattey.* M: *Buddy Baker.* D: *Walter Brennan (D.J. Mulrooney/Knobby), Tom Lowell (Jasper), Matthew Garber (Rodney Winthrop), Ed Wynn (Rufus), Karen Dotrice (Elizabeth Winthrop), Jerome Cowan, Ellen Corby, Richard Deacon.* F 84 (90) Min.
Mit diesem Streifen wollte die Disney-Produktion noch einmal an ihren zauberhaften Effektfilm

Das Geheimnis der verwunschenen Höhle anknüpfen, der knapp zehn Jahre zuvor entstanden war. Durch Rodung sind die Gnome und Elfen des kalifornischen Waldes vom Aussterben bedroht, und Schausteller sind auch noch hinter ihnen her. Walter Brennan und seine beiden Enkel helfen ihnen, das Land ihrer Artgenossen zu finden.

ABSCHIED VOM ZAUBERWALD

(BYE BYE RED RIDING HOOD/PIROSKA ES A FARKAS 2000-BEN). Kanada/Ungarn 1989. **R:** *Márta Mezsáros.* **B:** *Márta Mezsáros, Eva Pataki.* **K:** *Thomas Vamos, Nyika Jancso.* **M:** *Zsolt Döme.* **D:** *Fanny Lauzier (Fanny), Margit Makay (Urgroßmutter), Pamela Collyer (Mutter), Jan Nowicki (Ornithologe), Teri Torday (Großmutter). F 94 Min.*

Kanadisch-ungarische »Rotkäppchen«-Variante, in der die Heldin mit den Tieren spricht, die Blüten eines Zauberbaums merkwürdige Dinge tun und der altbekannte Förster, der sie aus dem Bauch des Wolfes holt, ein Ornithologe ist, in dem sie zudem noch den Papa zu erkennen glaubt. »Ein bisschen pubertäres Erwachen, ein bisschen Ökologie, ein bisschen Kritik am Single-Leben, ein bisschen modernes Märchen.« (FILMDIENST) [V]

ABU ANDAR, DER HELD VON DAMASKUS

(THIEF OF DAMASCUS). USA 1952. **R:** *Will Jason.* **B:** *Robert E. Kent.* **K:** *Ellis W. Carter.* **M:** *Mischa Bakaleinikoff.* **D:** *Paul Henreid (Abu Andar), John Sutton (Khalid), Jeff Donnell (Scheherazade), Lon Chaney (Sindbad), Elena Verdugo (Neela), Helen Gilbert (Prinzessin Zafir), Robert Clary (Aladin), Edward Colmans (Sultan Raudah), Nelson Leigh (Ben Jammal), Philip Van Zandt (Ali Baba), Leonard Penn (Habayah), Larry Stewart (Hassan), Robert Conte (Pferdehändler), F 78 Min.*

Im 7. Jahrhundert gibt sich der böse Feldherr Khalid alle Mühe, die Stadt Damaskus zu erobern, was sein einstiger General Abu Andar, den es auf die andere Seite verschlagen hat, mit List, Tücke und Schwertergefuchtel zu hintertreiben weiß. Mit von der Partie sind die Geschichtenerzählerin Scheherazade, der legendäre Seefahrer Sindbad, der Wunderlampenbesitzer Aladin und der gewitzte Meisterdieb Ali Baba, dessen alter Spruch »Sesam öffne dich!« auch dann Wirkung tut, wenn Abu Andar ihn aufsagt (allerdings mit dem Zusatz, dies möge das letzte Mal sein). Von einem mysteriösen Magier-Schmied mit (wahrscheinlich stählernen) Wunderklingen ausgerüstet, kann der abtrünnige General seinem früheren Brötchengeber allerlei Probleme verschaffen, bis der sinistre Eroberer in Ali Babas Höhle (bei ewig verschlossenem Eingang) schließlich seinen Altersruhesitz findet.

»Der Sieg hätte keine Sekunde später kommen dürfen, denn die schönsten Haremsdamen sind gerade drauf und dran, geköpft zu werden.« (VARIETY). Und im Hinblick auf die parodistische Stoßrichtung dieser Produktion: »Keiner nimmt seine Rolle ernst, so dass der Film mehr wie eine Satire auf Tausendundeine Nacht wirkt statt wie ein reiner Abenteuerstreifen.« – Die bundesdeutsche Kritik hingegen dokumentierte mal wieder ihre humanistische Bildung und zeigte treffsicher ihre Unfähigkeit, zwischen bewusst gemachtem Zelluloid-Remmidemmi und künstlerischer Ambition zu unterscheiden: »Hin- und hergerissen zwischen dem farbenreichen Stoff und den sattsam bekannten Publikumsneigungen«, jammerte der FILMBEOBACHTER, »haben es die Filmväter mal wieder geschafft, den abenteuerlichen Zauber aus Tausendundeiner Nacht auszumerzen.« Und der FILMDIENST: »Ein unsäglich banaler Dialog begleitet eine eilig zusammengekramte Geschichte, die ohne das geringste Stilempfinden in Bilder von unbesorgter Buntheit gesetzt wurde.« – Dass das Fazit dann nur »für Jugendliche gemeint, aber eher beschränkten als kindlichen Gemütern angemessen« lautete, wundert niemanden. Aber hätte Will Jason etwas von unvergänglichem Wert schaffen wollen, wäre er ja wohl von Anfang an zugunsten Pasolinis stempeln gegangen.

ACCATTONE – WER NIE SEIN BROT MIT TRÄNEN ASS

(ACCATTONE). Italien 1961. **R:** *Pier Paolo Pasolini.* **B:** *Pier Paolo Pasolini, Sergio Citti.* **K:** *Tonino Delli Colli.* **M:** *Johann Sebastian Bach.* **D:** *Franco Citti (Accattone), Franca Pasut (Stella), Paola Guidi (Ascenza), Adriana Asti (Amore), Ad-*

riana Moneta (Margheritona), Silvana Corsini (Maddalena), Luciano Conti (Giorgio), Luciano Gonini (Luciano), Renato Capogna (Renato), Roberto Giovannoni (›Il Tedesco‹), Alfredo Leggi (Alfredino), Piero Morgia (Pio), Umberto Bevilacqua (Salvatore), Mario Cipriani (Balilla), Silvia Citti, Giovanni Orgitano, Leonardo Muraglia, Giuseppe Ristagno, Galeazzo Riccardi, Roberto Scaringella. SW 120 Min.

Vittorio, von seinen Kumpanen Accattone, d.h. Bettler, Schmarotzer, gerufen, Angehöriger des Subproletariats der verslumten Vorstädte Roms, hat sich von Frau und Kind getrennt und lebt mit Maddalena zusammen, die für ihn auf den Strich geht. Ihren früheren Zuhälter hat sie an die Polizei verraten, wird deshalb von dessen Freunden vergewaltigt und zusammengeschlagen. Bei einer Gegenüberstellung wagt sie nicht, die Täter zu nennen, bezichtigt Unschuldige und wandert wegen falscher Aussage für ein Jahr hinter Gitter. Accattone lernt unterdessen Stella kennen, will sie zur Prostitution abrichten, entschließt sich jedoch, da sie sich als unfähig für dieses Gewerbe erweist, aus Liebe, sein Leben zu ändern. Er will sogar arbeiten, was er bisher entrüstet abgelehnt hat. Doch als er einen ganzen Tag geschuftet hat wie »in Buchenwald« und nur tausend Lire, also rund 6 DM, ausgezahlt bekommt, hat er es wieder satt. Er träumt in einer an Buñuel erinnernden surrealen Szene, dass die Neapolitaner, die Maddalena verprügelt haben, tot unter Schutt liegen, dass er an seinem eigenen Begräbnis teilnimmt und den Totengräber anweist, sein Grab nicht im Schatten auszuheben, sondern im strahlenden, grenzenlosen Licht. Vorweggenommen im Traum ist die einzige Erlösung für ihn der Tod. Im Gefängnis hört Maddalena von der »Neuen« und setzt die Polizei aus Eifersucht auf Accattones Spur. Ein Diebescoup scheint schon gelungen, da werden Accattone und seine beiden Kumpane von der Polizei überrascht. Er flieht auf einem gestohlenen Motorrad, prallt gegen einen Lastwagen und kommt zu Tode.

Pier Paolo Pasolini (1922–1975) nimmt im italienischen Film eine Sonderstellung ein, weil er keiner existierenden »Schule« zugeordnet werden kann, vor allem aber, weil er von der Literatur zum Film kam und auch während seiner Filmarbeit Literaturpraktiker und -theoretiker blieb. »Pasolinis Werk ist auf eigenartige und widersprüchliche Weise eingespannt zwischen den Polen des Katholizismus und des Marxismus; diese Vermischung eigentlich unvereinbarer Elemente ist ein spezifisch italienischer Zug, insofern Katholizismus und Marxismus die beiden wichtigsten Ideologien im italienischen Kulturleben sind. In Pasolinis Filmen vereinen sich literarische Züge, Interesse für Mythologie und Religion mit dokumentarischer Wirklichkeitsbeobachtung und einer starken Anteilnahme am Schicksal der Entrechteten, Heruntergekommenen, am *Unterproletariat* der Vorstädte, auf stilistisch widerspruchsvolle und dennoch unverwechselbare Weise.« (Ulrich Gregor, GESCHICHTE DES FILMS) *Accattone* war Pasolinis Regiedebüt. Vorher hatte er neben seiner Tätigkeit als Autor von Romanen und Gedichten als Drehbuchautor für Soldati, Trenker, Fellini, Bolognini und Vancini gearbeitet. In *Accattone* greift er Themen und Motive auf, die er bereits in den Romanen VITALE JUNGEN und UNA VITA VIOLENTA behandelt hatte. Die Rebellion des römischen Subproletariats, der Tagediebe, kleinen Gauner und Hungerleider gegen die Trostlosigkeit der Umwelt drückt sich vor allen Dingen in einer nicht artikulierten, nicht organisierten Sprache aus, die voller Ingrimm und Zynismus, aber auch voller Witz ist, und mehr als nur bloßer Dialekt. Jede

Accattone – Wer nie sein Brot mit Tränen aß

deutsche Synchronisation muss da scheitern, zumal Pasolini oft mit unverkennbar streng theologisch gemeinten Sprachformen spielt, die in ihrer Kürze nicht treffend übersetzbar sind. – *Accattone* ist »ein naturalistisch anmutendes, in seinen Höhepunkten mit geradezu religiösem Pathos ausgemaltes, in die Bereiche von Traum und Vision übergreifendes ... sozial und psychologisch genau situiertes Drama ...« (Ulrich Gregor)

ACHILLES

(L'IRA DI ACHILLE). Italien 1962. **R:** *Mario Girolami.* **B:** *Gino De Santis, Vladimiro Cajoli.* **LV:** *Homer.* **K:** *Mario Fioretti.* **M:** *Carlo Savina.* **D:** *Gordon Mitchell (Achilles), Jacques Bergerac (Hektor), Enio Girolami (Patroklus), Mario Petri (Agamemnon), Cristina Gajoni (Briseyde), Gloria Milland (Griseyde), Eleonora Bianchi (Andromache), Pierro Lulli, Roberto Risso, Fosco Giachetti, Nando Tamberlani, Erminio Spalla, Edith Peters-Catalano, Tina Gloriani, Remo De Angelis, Giampaolo Rosmino, Romano Ghini.* F 118 Min.
Während der Belagerung Trojas durch König Agamemnon und seine Verbündeten stellt sich Achilles, der unverwundbare Sohn der Nereide Thetis, aus persönlichen Gründen gegen seinen Führer, was den Trojanern einen militärischen Vorteil verschafft. Erst als der Trojaner Hektor seinen Freund Patroklus im Kampf tötet, schickt Achilles seine Männer wieder in die Schlacht. Neben Agamemnon bekommt auch Hektor seine Rache zu spüren: Er wird in seiner Ehre dermaßen herabgewürdigt, dass er nicht anders kann, als sich dem Göttersohn in einem aussichtslosen Zweikampf zu stellen. Natürlich verliert er, da er von der Verwundbarkeit der Ferse seines Kontrahenten nichts ahnt. – Ein typisch italienisches Schlachtenspektakel-Eintopfprodukt der frühen sechziger Jahre. [V]

ACHTEINHALB

(OTTO E MEZZO). Italien/Frankreich 1962. **R:** *Federico Fellini.* **B:** *Federico Fellini, Ennio Flaiano, Tullio Pinelli, Brunello Rondi.* **K:** *Gianni di Venanzo.* **M:** *Nino Rota.* **D:** *Marcello Mastroianni (Guido Anselmi), Claudia Cardinale (Claudia), Anouk Aimée (Luisa Anselmi), Sandra Milo (Carla), Rossella Falk (Rosella), Barbara Steele (Glo-*

ria Morin), Guido Alberti (Pace, Produzent), Jean Rougeul (Fabrizio Carini), Mario Piso (Mozzabotta), Edra Gale (La Saraghina), Marco Gemini (Anselmi als Junge), Annibale Ninchi (Anselmis Vater), Giuditta Rissone (Anselmis Mutter), Madeleine Lebeau, Caterina Boratto, Jacqueline Bonbon, Ian Dallas, Tito Masini, Bruno Agostini, John Stacy, Hazel Rogers, Roberto Nicolosi. SW 138 Min.
Achteinhalb – so genannt, weil Fellini bis zu diesem Zeitpunkt sieben Filme und einen halben, nämlich die Episode zu *Boccaccio 70* aus dem Jahre 1962, gedreht hatte – erzählt die Geschichte des Filmregisseurs Guido Anselmi, der zum Gefangenen seines Ruhms und seiner Routine geworden ist und sich verzweifelt bemüht, den schöpferischen Kontakt mit Leben und Arbeit wiederzufinden. Er möchte einen Film drehen, weiß jedoch noch nicht, worüber. Er lässt eine kosmische Abschussrampe bauen, führt in einem Kurbad ein Gespräch mit einem Kardinal, begegnet wiederholt immer anderen Frauen, lässt Episoden seiner Vergangenheit an sich vorüberziehen. Schließlich gibt er eine völlig inhaltslose Pressekonferenz und führt mit den geladenen Gästen einen Zirkusreigen auf.
»Der Film ist ein einziger großer Akt der Gewissensforschung, wobei Fellini zum ersten Mal wirklich gelingt, was andere Filmregisseure bisher nur unvollkommen zuwege brachten: Die Erzählform des inneren Monologs ins Optische umzusetzen.« (Deena Boyer, DIE 200 TAGE VON 8½). – »*Achteinhalb* war ein Glücksfall, weil hier Fellini auf die natürlichste Art der Welt von sich selbst sprechen konnte. Träume und Kindheitserinnerungen, ironische Seitenhiebe gegen den Intellektualismus neunmalkluger Drehbuchschreiber, private Probleme des Regisseurs, Zerwürfnisse mit seiner Ehefrau und seinen diversen Geliebten, Auseinandersetzungen mit der Kirche, Phantasien, Projekte – das alles zieht gleich einem barocken Wirbel vorbei. Dabei geht Fellini mit Selbstironie vor: Der Regisseur, dessen ›Krise‹ nur ein Hirngespinst ist, sieht sich seiner bedeutsamen Attitüde entlarvt und steht plötzlich als eine Art Clown da, für den es denn auch logisch ist, um die Zirkusarena zu tanzen. In *Achteinhalb* nimmt Fellini eine Spektralanalyse des eigenen

Schaffens vor. Daneben aber ist *Achteinhalb* ein Plädoyer für das Recht des Künstlers und Filmautors, eine Umwelt nach seinem eigenen Bild, nach der Struktur des eigenen Inneren zu erschaffen.« (Ulrich Gregor).

ACHTUNG, IN DER STADT IST EIN ZAUBERER

(WNIMANIJE, W GORODE WOLSCHEBNIK!) UdSSR 1963. **R:** *Wladimir Bytschkow.* **B:** *Wiktor Witkowitsch, Grigori Jagdfeld.* **K:** *Michail Koshin.* **M:** *Nikita Bogoslowski.* **D:** *Michail Janschin, Michail Sharow, O. Porudolinskaja, D. Orlow.* F 54 Min.

Ein Zauberer verwandelt alle Einwohner einer kleinen Stadt, die sich nicht anständig aufführen, in Holzpuppen. Doch als die kleine Tata erkrankt, machen sich die Puppen auf die Suche nach der richtigen Medizin. Tatsächlich wird das Mädchen wieder gesund, und aus den Holzpuppen werden wieder richtige Menschen. Nur der Arzt, der Tata falsch behandelt hat, bleibt zur Strafe ein Holzklotz.

ADAM UND EVA

(ADAN Y EVA). Mexiko 1956. **R:** *Alberto Gout.* **B:** *Alberto Gout.* **K:** *Alex Phillips.* **M:** *Gustavo Cesar Carrion.* **D:** *Carlos Baena (Adam), Christiane Martel (Eva), Bernhard Goetzke (Yztac), Steffen Trantow (Mamexi).* F (76) 72 Min.

Inhaltlich hält sich dieser mexikanische Film weitestgehend an den Bibeltext. Da jedoch die Geschichte vom Sündenfall und der anschließenden Vertreibung aus dem Paradies dramaturgisch nicht sonderlich viel hergab, griff Regisseur Alberto Gout zu einer List: Er besetzte die Rolle der Eva mit der herzlich untalentierten Miss Universum 1953 und ersann dazu eine Rahmenhandlung um den Aztekenbauer Yztac, der seinem Sohn Mamexi all die paradiesischen, in schaurilicher Einfalt geschilderten Vorkommnisse erzählend nahebringt. Und weil Männlein und Weiblein 1956 auf der Leinwand noch nicht zeigen durften, was sie körperlich voneinander unterschied, verpasste man Adam eine Badehose und drapierte Eva das lange Haar über den wohlgeformten Oberleib. Wo es festgeklebt wurde, damit es bloß nicht verrutschte. – »Den Christen ein Ärgernis, den übrigen ein Anlass zu spöttischen Bemerkungen, hat dieser Film keinerlei Existenzberechtigung.« (FILMDIENST)

AFFENTRAUM

(REVE DE SINGE/CIAO MASCHIO). Italien/ Frankreich 1977. **R:** *Marco Ferreri.* **B:** *Marco Ferreri, Gérard Brach, Rafael Azcona.* **K:** *Luciano Tovoli.* **SpE:** *Giovanni Corridori.* **M:** *Philippe Sarde.* **D:** *Gérard Depardieu (Gérard Lafayette), James Coco (Andreas Flaxman), Marcello Mastroianni (Luigi Nocello), Geraldine Fitzgerald (Mrs. Toland), Gail Lawrence (Angelica), Mimsy Farmer, William Berger.* F 113 Min.

Eine laut Presseheft schmerzliche, aber optimistische Allegorie auf das Ende unserer Zivilisation: In einer trostlosen Gegend am Hudson River entwickelt sich eine zärtliche Vater-Mutter-Kind-Beziehung zwischen Lafayette, der seine Sprache verloren hat (und nur noch auf der Trillerpfeife flötet), und einem Schimpansen-Baby, das Lafayettes asthmatischer Freund Luigi am Kadaver einer gigantischen Monster-Äffin gefunden hat. Zum Schluss geht auch Lafayettes Beziehung mit Angelica in die Binsen, Luigi erhängt sich in seinem Garten und das Affenbalg wird von Ratten getötet. Lafayette sucht Zuflucht bei Mr. Flaxman, der in seinem Wachsfigurenkabinett die Kultur des Römischen Reiches zu bewahren sucht. Flaxman gerät jedoch ob solcher Kulturschande wie der in diesem Film gezeigten in heilige Rage und zwingt Lafayette, ihn umzubringen. In den Flammen des Museums kommt auch Lafayette ums Leben, zusammen mit den Abbildern von Nero, Caesar und Cleopatra. Am Ende bleiben nur Angelica und ihr kleiner Sohn in paradiesischer Nacktheit am Strand übrig. – »Die Gesellschaft von heute«, findet Ferreri *(Das große Fressen)*, »vermittelt uns ein falsches Bild von Sicherheit, während sie sich in Wirklichkeit in voller Auflösung befindet – wenn sie sich nicht schon längst aufgegeben hat. Und dies gilt auch für den Menschen, den diese Gesellschaft hervorgebracht hat: Gegenwärtig können wir nur feststellen, dass dieser Mensch dabei ist zu verschwinden, dass er dieses Verschwinden lediglich in der Geschichte überleben wird und dass er sich zu etwas anderem wandelt, was wir noch nicht wissen und uns sicherlich auch nicht vorstellen können.«

AIBOLIT – 66

(AIBOLIT – 66). UdSSR 1966. **R:** *Rolan Bykow.* **B:** *Wadim Korostyljow, Rolan Bykow.* **LV:** »Doktor Aibolit« (1929) von Kornej Tschukowski. **K:** *Gennadi Zekawy, Wiktor Jakuschew.* **M:** *Boris Tschaikowski.* **D:** *Oleg Jefremow (Doktor Aibolit), Rolan Bykow (Barmalej), Lidija Knjasewa, Jewgeni Wassiljew, Frunse Mkrtschjan, Alexej Smirnow, Gurgen Dshanibekjan, I. Rutberg.* F 99 Min. Zweite Verfilmung der Taten des Tierarztes Aibolit, der in der Art Dr. Dolittles für die Viechlein tätig ist. Er begibt sich auf eine lange und gefahrvolle Reise, um die Affen in einem abgelegenen Teil Afrikas zu kurieren.

AILIFU UND DIE SCHÖNE PRINZESSIN

(AILIFU YU SAINAMU). China 1981. **R:** *Fu Jie.* **B:** *Aili Aizezi, Zuhong Hadir.* **K:** *Yu Zhen Yu.* **D:** *Maimaitizunon Simayi, Abulimiti Sadik, Buwei-*

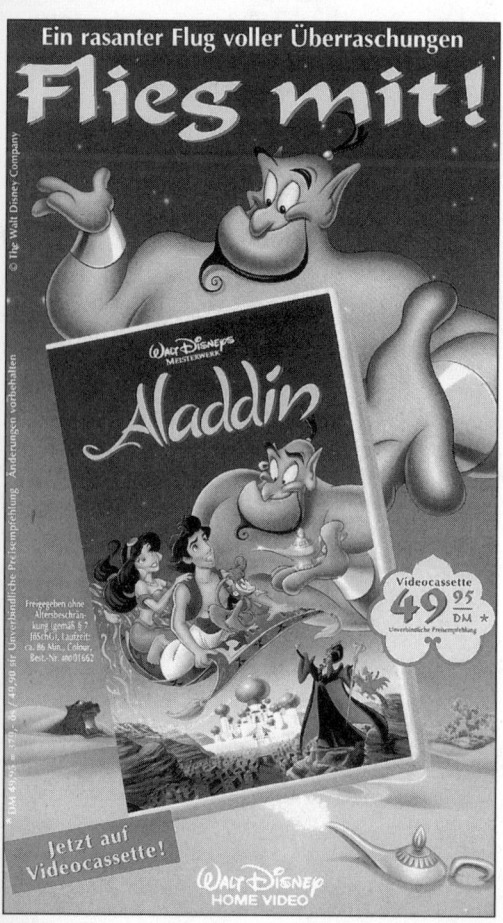

guli, Nuliman Abulizi, Nulinisha Simayi. F 70 (75) Min.
Die Minister des Königs tun alles, um Sand ins Getriebe einer Liebe zu streuen, die Ailifu mit Prinzessin Sainamu verbindet, doch gegen die Botschaft des Märchens kommen auch sie nicht an.

ALADDIN

(ALADDIN). USA 1993. **R:** *John Musker, Ron Clements.* **B:** *John Musker, Ted Elliott, Ron Clements, Terry Rossio.* **LV:** *Tausendundeine Nacht.* **A:** *Andreas Deja.* **M:** *Alan Menken, Howard Ashman, Tim Rice.* **Spr:** *Michael Defferr, Peter Fessler (Aladdin), Peer Augustinski (Dschini), Lea Salonga, Sabine Hettlich (Jasmin).* F 90 Min. (Zeichentrick).

Als er die schöne Prinzessin Jasmin, die Tochter des Sultans von Agrabah, sieht, ist es um Aladdin (»Call me Al«), einen Schönling und Tagedieb, geschehen. Dschinni, der dienstbare Geist aus der Wunderlampe, soll ihm helfen, Prinzgemahl zu werden, aber vor dem glücklichen Ende des Märchens muss er dem intriganten, zauberkundigen Großwesir Dschafar die Stirn bieten. – »Im Orient der Disney-Studios ist nichts mehr richtig märchenhaft, statt dessen wimmelt es von Popzitaten. Die Palastwachen des Sultans posen als fleischige Bodyguards aus HipHop-Videos, sein Zauberer bei Hofe, Dschafar, trägt einen Lagerfeld-Zopf, und die ebenso kindfrauliche wie selbstbewusste Prinzessin Jasmin schmollt noch launenhafter als Madonna – ›like a virgin, touched for the very first time‹. Der kleine Straßendieb Aladdin agiert in einer Mischung aus Tom Cruise und Elvis in seinen frühen Scheich-Filmen, und der Flaschengeist ›Dschinni‹ verwandelt sich je nach Gemütslage in Männlein, Weiblein oder beides. Das Geschlecht spielt austauschbare Rollen.« (TAZ). – »Die dauernde Verwandlung, die Transformation in Permanenz, das ist mehr TV-Zapping als Filmdynamik. Des Dschinns Metamorphosen sind primär vom Prime-Time-Fernsehen inspiriert. Sie erinnern an Robin Williams in *Good Morning Vietnam:* In der Originalfassung hat er dem Lampengeist seine Stimme geliehen.«

Aladdin

(KÖLNER STADT-ANZEIGER). – Aufgrund von Protesten einflussreicher arabischer Interessengruppen musste ein quasi »Satanischer Vers« aus dem Titelsong in der internationalen Verleihversion gestrichen werden, der vermeldete, Aladdin komme aus einem fernen Land, wo sie einem die Ohren abschneiden, wenn sie sein Gesicht nicht mögen: »It's barbaric but, hey, it's home.« Schließlich wollten die Disney-Leute nicht verfolgt werden wie Salman Rushdie; womöglich befürchtete man Anschläge auf die Disneyländer. [V]

ALADDIN UND DER KÖNIG DER DIEBE

(ALADDIN AND THE KING OF THIEVES). USA 1996. **R:** *Tad Stones, Jan Harrowell, Steve Trenbirth, Kevin Peaty.* **B:** *Mark McCorkle, Robert Schooley.* **LV:** *Tausendundeine Nacht.* **M:** *Mark Watters, Randy Peterson, Kevin Quinn. F 71 Min. (Zeichentrick).*

Hier soll nur noch der Rahm von Disneys erstem *Aladdin* abgeschöpft werden. Neu ist, dass Aladdins Vater Chef der vierzig Räuber ist, die man sonst nur aus *Ali Baba* kennt. Aber in der Eile der Ausführung verwechselt man gelegentlich die Zutaten. [V]

ALADIN

(SUPERFANTAGENIO). Italien 1987. **R:** *Bruno Corbucci.* **B:** *Marcello Fondato, Mario Amendola, Bruno Corbucci.* **LV:** *Tausendundeine Nacht.* **K:** *Silvano Ippoliti.* **SpE:** *Antonio Corridori.* **M:** *Fabio Frizzi.* **D:** *Bud Spencer (Lampengeist), Luca Venantini (Al Hardin), Janet Agren (Janet), Julian Voloshin (Jeremiah), Lou Marsh (Tony), Diamy Spencer (Patricia), Fred Buc (Sgt. O'Connor), Tony Adams (Monty Siracusa), Carlo Corbucci (Red), Cristiano Ciancio (Harry). F 96 Min.*

Ein 15jähriger Junge namens »Al Hardin« jobbt im Laden eines Trödlers in Miami, um sich Taschengeld zu verdienen. Als er eine alte Öllampe poliert, erscheint ihm ein Dschinn, der all seine Wünsche erfüllt. Al revanchiert sich bei einigen örtlichen Schlägern, imponiert seiner Freundin und fliegt in einem Rolls Royce über die Stadt hinweg. CIA, Polente und Mafia, die sich über den Reichtum des Buben aus armen Verhältnissen wundern, sind nicht fern und wollen sein Geheimnis ergründen. Als Großeltern werden entführt, doch mit Unterstützung des Dschinns kann er den Fall klären. [V]

ALADIN

(ALADDIN). GB 1992. **R:** *David Thwaytes.* **B:** *Paul Levinson, Nathalie Harrison.* **LV:** *Tausendundeine Nacht.* **M:** *Danny Schogger. F 74 Min. (Zeichentrick).*

TV-Film für die Kleinen: Der böse Magier Erasmus zwingt den jungen Aladin, in einer finsteren Höhle eine Zauberlampe für ihn zu erbeuten. Aladin entkommt, putzt die Lampe und macht Bekanntschaft mit einem Dschinn, der ihm alle Wünsche erfüllen will. Am liebsten möchte Aladin die Tochter des Sultans heiraten, doch leider ist sie dem Wesir versprochen. Als die Sultanstochter und die Wunderlampe verschwinden, ist Aladin gefordert ...

ALADIN UND DIE WUNDERLAMPE

(ALADIN ET LA LAMPE MERVEILLEUSE). Frankreich 1969. **R:** *Jean Image.* **B:** *France Image, Jean Image.* **LV:** *Tausendundeine Nacht.* **K:** *Per Olaf Csongovai.* **A:** *Denis Boutin, Marcel Breuil, Guy Lehideux, José Xavier.* **M:** *Fred Freed. F 85 Min. (Zeichentrick).*

Ein Magier bedient sich des naiven Jünglings Aladin, um eine Wunderlampe in seinen Besitz zu bringen, die sich im Palast der Märchenerzählerin Scheherazade befindet. Aladin bewältigt die Aufgabe mit Hilfe eines Zauberrings, der ihm sämtliche Türen öffnet, doch als er die Lampe hat, behält er sie für sich und macht sich aus dem Staube. Er verliebt sich in die Tochter des Sultans und hält um ihre Hand an. Der Sultan will als Brautgeschenk 40 weiße Elefanten, 40 schwarze Sklaven und 40 Körbe Gold haben. Kein Problem für den Jüngling mit der Wunderlampe! Als Aladins Karawane zum Sultanspalast aufbricht, übertölpelt der rachedurstige Magier Aladins Mutter und entführt mit Hilfe der Wunderlampe die Prinzessin. Der Sultan verdächtigt zunächst seinen zukünftigen Schwiegersohn, gewährt ihm aber fünf Tage Zeit, um seine Tochter wieder herbeizuschaffen. Aladin findet das Versteck des Magiers, besiegt ihn, und kehrt mit der Prinzessin und der Wunderlampe in die Heimat zurück. –

»Ein Zeichentrickfilm voller Charme, der die Märchenfiguren zum Leben erweckt. Für Kinder eine phantasievolle Einführung in die Welt [der] Abenteuer, und für alle ein erfreuliches, unterhaltsames Schauspiel.« (FILMDIENST) [V]

ALADINS ABENTEUER

(LE MERAVIGLIE DI ALADINO). Italien 1961. **R:** *Henry Levin, Mario Bava.* **B:** *Mario Bava, Luther Davis.* **LV:** *Tausendundeine Nacht.* **K:** *Tonino Delli Colli.* **M:** *Angelo Francesco Lavagnino.* **D:** *Donald O'Connor (Aladin), Noelle Adam (Djalma), Vittorio De Sica (Flaschengeist), Aldo Fabrizi (Sultan), Michele Mercier (Zaina), Milton Reid (Omar), Mario Girotti (Prinz Moluk), Fausto Tozzi (Großwesir), Marco Tulli (Fakir), Raymond Bussieres (Magier), Alberto Farnese (Räuberhauptmann), Franco Ressel (Hauptmann des Großwesirs), Vittorio Bonos (Lampenhändler), Adriana Facchetti (Aladins Mutter), Giovanna Galletti (Hebamme).* F 93 Min.

Der Jüngling Aladin lebt in Bagdad und träumt davon, reich und mächtig zu werden. Als seine Mutter ihm eine kleine Öllampe schenkt, entdeckt er darin einen Dschinn, der ihm drei Wünsche garantiert. Nachdem Aladin den ersten Wunsch damit vergeudet, zwei Händlern zu entwischen, die er bestohlen hat, bricht er mit einer Karawane und seinen Freunden Omar und Djalma auf, um sich die Hochzeit Prinzessin Zainas und Prinz Moluks anzusehen. Aladin und Omar werden unterwegs von Amazonen gefangengenommen und retten sich, indem sie den Flaschengeist erneut um Hilfe bitten. In der Königsstadt Basra hat der böse Großwesir inzwischen Prinz Moluk mattgesetzt, da er Zaina selbst ehelichen will. Aladin und Omar dringen in den Palast ein und entlarven den Finsterling, der daraufhin droht, jeden aus dem Weg zu räumen, der seine Pläne durchkreuzen will. Aladin nutzt den letzten Wunsch dazu, den Großwesir vernichtend zu schlagen und Basra zu retten. Prinz und Prinzessin kriegen sich; Aladin wird vom Sultan fürstlich belohnt und wieder mit der ihn liebenden Djalma vereint.

»Kein Märchen für Kinder!« trompetete der FILMDIENST seinerzeit, und wie zur Unterstützung kommentierte die NEW YORK HERALD TRIBUNE: »*Aladins Abenteuer* ist ein Gebräu, das jeglicher Beschreibung spottet ... Wer nach einem Film Ausschau hält, in den er seine Kinder schicken kann, sollte gewarnt sein: Ein Großteil dieses Streifens spricht ausschließlich erwachsene Kinder an.« Man stieß sich vorwiegend an »Bauchtänzen« und einer »Folterszene«, die Noelle Adams »im Zustand des Unbekleidetseins« zeige (was kaum zu glauben ist: Der Film wurde in der BRD ab 12 Jahren freigegeben). Das US-Fachblatt VARIETY, bekannt für seine Hämespritzen, brachte die Unqualitäten dieser Katastrophenproduktion mit zwei simplen Sätzen auf den Punkt: »Vermutlich wollte man einen Ulk aus der alten Aladin-Legende machen. Es wäre besser gewesen, man hätte sich dazu der Hilfe eines Flaschengeistes bedient.« [V]

ALADINS WUNDERLAMPE

(WOLSCHEBNAJA LAMPA ALADDINA). UdSSR 1966. **R:** *Boris Ryzarew.* **B:** *Wiktor Witkowitsch, Grigori Jagdfeld.* **LV:** *Tausendundeine Nacht.* **K:** *Wassili Dulzew, Lew Ragosin.* **M:** *Alexej Murawljow.* **D:** *Boris Bystrow (Aladin), Dodo Tschogowadse (Prinzessin Budur), Otar Koberidse (Sultan), Jekaterina Werulaschwili (Aladins Mutter), Georgi Milljar (Weisester), G. Sadychow (Großwesir), Boris Andrejew.* F 84 Min.

Während alles schläft, befragt ein böser Zauberer die Sterne, wer ihm die Wunderlampe besorgen kann. Die Sterne verweisen auf einen gewissen Aladin, den Tugend und Gelehrsamkeit auszeichnen. Selbiger Aladin hat sich inzwischen in die schöne Budur, Tochter des Kalifen von Bagdad, verguckt, die kein gewöhnlicher Sterblicher sehen darf. Dafür soll er sterben, aber der Zauberer rettet ihn und führt ihn in die Tote Stadt, wo Aladin für ihn das Ding mit der Lampe drehen soll, damit er Budur in die Ehe führen und sich des Kalifenreichs bemächtigen kann. Aber der Geist der Lampe, der in einem lodernden, wenig überzeugend getrickten Feuerkranz erscheint, steht klar auf Seiten Aladins. Neben der bekannten Fabel aus »Tausendundeiner Nacht« wurden auch Anleihen bei der Alexander Korda-Produktion *Der Dieb von Bagdad* (GB/USA 1940) gemacht. In einer der Rollen der zwischen operettenhaftem Pomp und sozialistischem Realismus schwankenden Inszenierung Boris Andrejew der Darsteller des »Ilja Muromez«. [V]

ALI BABA

(ALI-BABA ET LES 40 VOLEURS). Frankreich 1954. R: Jacques Becker. B: Jacques Becker, Marc Maurette, Maurice Griffe. LV: Tausendundeine Nacht. St: Cesare Zavattini. K: Robert Le Febvre. M: Paul Misraki. D: Fernandel (Ali Baba), Samia Gamal (Morgiane), Dieter Borsche (Abdul), Henri Vilbert (Cassim), Edouard Delmont, Edmond Ardisson, Julien Maffre, José Case, Manuel Gary. F 93 Min.

Ali Baba, der pfiffige Knecht eines grausamen arabischen Herrn, wird ausgeschickt, um seinem Meister eine Frau zu kaufen. Sein Auge fällt auf die Tänzerin Morgiane, in die er sich jedoch selbst verliebt. Fortan verbringt er seine Zeit damit, sie vor den Nachstellungen ihres Gatten zu bewahren. Als Ali zufällig die mit Gold und Geschmeide vollgestopfte Höhle einer Räuberbande entdeckt, deren Eingang sich nur mittels eines Zauberspruchs öffnet, hat er ausgesorgt. Doch kaum lebt er in Saus und Braus, als die Räuber ihm auf die Spur kommen. Für Ali gibt's nun nichts mehr zu lachen.

Trotz des großen Budgets, dessen sich dieser Film erfreuen konnte, war er nur ein mittelmäßiger Erfolg. Die Geschichte plätschert ungeachtet wilder Fechtereien und tollkühner Husarenritte eher sanft und eintönig daher; allzu sehr konzentriert sich das Geschehen auf den Komiker Fernandel, der in den fünfziger Jahren des 20. Jahrhunderts zu den größten westeuropäischen Kassenmagneten gehörte. – »[Der Film] ist eine Enttäuschung ... Er ist ziellos, und es mangelt ihm an Stil ... Das Drehbuch ist wenig einfallsreich und ohne Witz.« (MONTHLY FILM BULLETIN)

ALI BABA UND DIE VIERZIG RÄUBER

(ALI BABA AND THE FORTY THIEVES). USA 1943. R: Arthur Lubin. B: Edmund L. Hartmann. LV: Tausendundeine Nacht. K: George Robinson. SpE: John P. Fulton. M: Edward Ward. D: Maria Montez (Amara), Jon Hall (Ali Baba), Turban Bey (Jamiel), Andy Devine (Abdullah), Kurt Katch (Hulagu Khan), Frank Puglia (Cassim), Fortunio Bonanova (Baba), Moroni Olsen (Kalif), Ramsay Ames (Nalu), Scotty Beckett (Ali als Kind), Yvette Duguay (Amara als Kind), Harry Cording (Mahmoud), Noel Cravat (Mongolen-Kapitän), Robert Barron, Dick Alexander, Angelo Rossito, Charles Wagenheim, Jimmy Conlin, Chris-Pin Martin, Ethan Laidlaw, Hans Herbert, John Calvert, Pedro Regas, Dick Dickinson, Joey Ray, David Heywood. F 90 Min.

Ali, der kleine Sohn des Kalifen von Bagdad, entflieht 1528 nach einem blutigen Überfall des Mongolenfürsten Hulagu Khan aus seiner Vaterstadt in die Berge. In einer magischen Höhle, deren Eingang sich auf ein Zauberwort hin öffnet, stößt er auf die berüchtigte Räuberbande des Herrn Baba, der ihn adoptiert. Jahre später begegnet der inzwischen zu einem tüchtigen Räuber herangewachsene Ali in einer Oase seiner Jugendliebe Amara, die mit Hulagu Khan vermählt werden soll. Ohne sie wiederzuerkennen, ist Ali von ihrer Schönheit so fasziniert, dass er unvorsichtig agiert und gefangengenommen wird. Amaras Diener Jamiel schenkt ihm, in Bagdad angekommen, die Freiheit. Ali und Amara schließen sich den Räubern an, erkennen einander wieder und schwören sich ewige Liebe. Als der Khan jedoch Amaras Vater foltern lässt, kehrt sie nach Bagdad zurück – angeblich, um den Mongolenfürsten zu ehelichen. Aber Ali Baba und seine Getreuen mischen sich verkleidet unter die Hochzeitsgäste, wiegeln die Bürger auf und stürzen den Despoten. Die Mongolen werden vertrieben. – Diese äußerst freie Bearbeitung der alten Geschichte aus Tausendundeiner Nacht (aus dem Original wurden nur die Räuber und das »Sesam, öffne dich!« übernommen) gehört zu jenen Hollywood-Filmen, die auch ohne Starbesetzung immer wieder aufgeführt wurden und sowohl beim Publikum als auch bei den Kritikern gut ankamen: »Arthur Lubins [Film] ist ein wohlgelungener, farbenprächtiger Streifen voll Abenteuer, Spannung und auch köstlichen Humors«, fand der dem reinen Eskapismus gegenüber wenig aufgeschlossene FILMBEOBACHTER. »An Sensationen ist hier kein Mangel. Die Regie führt die einzelnen Szenen gut zusammen und meistert die Massenaufzüge und Kämpfe mit kundiger Hand.«

ALI BABA UND DIE 40 RÄUBER

(PRIKLUTSCHENIJA ALI BABA I SOROKO RAS-BOINIKOW). UdSSR/Indien 1979. **R:** *Latif Faisijew, Umesh Mehra,* **B:** *Boris Saakow, Sant Prakash Bakshi.* **LV:** *Tausendundeine Nacht.* **K:** *Leonid Trawizki, Piter Pereira.* **M:** *Wladimir Milow, Raul Berman.* **D:** *Dharmendra (Ali Baba), Hema Malini (Mardshana), Rolan Bykow (Regent Abu Hassan), Sakir Muchamedshanow (Kaufherr Jussuf, Ali Babas Vater), Sofiko Tschiaureli (Samira, Ali Babas Mutter), Seinat Aman (Fatima), Frunse Mkrttschjan (Mustafa, Karawanenführer), Jelena Sanajew (Zauberin Peri), Chodshadurdy Narlijew (Chamid), Jussuf Achmedow (Kassym).* F 136 Min.

»Irgendwo in der Wüste haben vierzig Räuber und ihr unbekannter Anführer ihre Schatzhöhle, von hier aus überfallen sie die Karawanen, die sich der Stadt nähern, hierhin verschwinden sie – spurlos, wie vom Erdboden verschwunden. Seitdem die Räuber hier ihr Unwesen treiben, geht es bergab mit der blühenden Stadt Guljahad. Die Karawanen meiden sie, der Handel kommt zum Erliegen. Und als eines Tages die Räuber die Dämme des Stausees sprengen, ist die Stadt in ihrer Existenz bedroht. Es herrscht Wassermangel. Gold zahlen die Bewohner für ein paar Tropfen des kostbaren Nass, das einzig noch aus einer Quelle sprudelt, die dem von allen verehrten Stadtregenten gehört.

Die sowjetisch-indische Koproduktion rankt verschiedene Märchenmotive um die spannende Geschichte von den beiden ungleichen Brüdern Ali Baba und Kassim aus ›Tausendundeiner Nacht‹. Und dieser Ali Baba befreit – im Verein mit seiner bildschönen, klugen und tatkräftigen Braut – die Stadt nicht nur von den vierzig Räubern und ihrem endlich entlarvten Anführer, der ein ganz übles Doppelspiel getrieben hat, sondern gibt ihr auch das Wasser zurück.« (PROGRESS-FILM-PROGRAMM) – Michail Sulkin, SOWJETFILM: »Dieser Film hat alles, was zur Filmvariante eines Märchens aus Tausendundeiner Nacht gehört. Da sind ein edler Jüngling, eine nicht minder edle Schöne, die tückischen, grausamen Räuber und ihr blutdürstiger, habgieriger Anführer. Prächtige Gebirgs-, Steppen- und Wüstenlandschaften, bezaubernd bunte Städte, Basare und Paläste, Liebe und Kabale, Abenteuer und geheimnisvolle Verwandlungen und der Sieg des Schönen und Guten über das Böse, Hässliche. Es versteht sich wohl von selbst, dass die Hersteller von Filmen nach den weltbekannten und bei Groß und Klein beliebten Märchen in das bunte Gewebe der Zauberweisheit und Volksphilosophie vergangener Jahrhunderte ihre eigenen, zeitgenössischen Anschauungen über Menschen und über Geschehnisse einflechten, die sie schildern. So eine freie Variante des Märchens von Ali Baba, davon, wie er vierzig Räuber überlistet und reich und glücklich wird, ist der neue sowjetisch-indische Gemeinschaftsfilm. Seine Hersteller haben das Sujet bedeutend erweitert. Die Handlung spielt nicht nur in der Märchenstadt Guljabad (in der man das mittelalterliche Bagdad, Choresm oder Buchara erkennen kann), sie wird auch nach Indien verlegt.« Dort (und nicht in Bagdad) fand das Studio Usbekfilm Taschkent nämlich geeignete Koproduktionspartner in der Firma Eagle-Films Bombay.

ALICE

(ALICE). USA 1990. **R:** *Woody Allen.* **B:** *Woody Allen.* **K:** *Carlo Di Palma.* **D:** *Mia Farrow (Alice), William Hurt (Doug), Joe Mantegna (Joe), Alec Baldwin (Ed), Blythe Danner (Dorothy), Judy Davis (Vicki) Keye Luke (Dr. Yang), Bernadette Peters (Muse), Cybill Shepherd (Nancy Brill), Gwen Verdon (Alices Mutter), Julie Kavner, Holland Taylor, Patrick O'Neal, Caroline Aaron, James Toback, David Spielberg, Bob Balaban, Elle Mac-Pherson.* F 106 Min.

Die unglücklich verheiratete Alice scheut vor einem Seitensprung zurück – bis sie Dr. Yang aus Chinatown einer Wunderkur unterzieht: Hypnose; Kräutermischungen, die unsichtbar machen und Alice mit ihrem verstorbenen Jugendfreund Doug über den Nachthimmel schweben lassen; Tee, dessen Genuss zum Schreiben befähigen soll; Liebespulver. Doch den Tapetenwechsel muss Alice schon selbst vornehmen. Nach einem Abstecher zu Mutter Teresa und nachdem sie ihren treulosen Mann und den labilen Liebhaber verlassen hat, lebt sie nicht mehr in von Innenausstattern gestylten Dekorationen, sondern als Sozialarbeiterin in Downtown Manhattan.

ALICE

(NECO Z ALENKY). Schweiz/GB/BRD 1988. **R:** *Jan Svankmajer.* **B:** *Jan Švankmajer.* **LV:** *»Alice im Wunderland« von Lewis Carroll.* **K:** *Svatopluk Malý.* **D:** *Kristyna Kohoutová (Alice). F 85 Min.* Diese bizarre Version des Lewis Carroll-Klassikers folgt zwar der Vorlage, weicht aber auch auf typische Svankmajer-Manier von ihr ab: Alice, dargestellt von der Schauspielerin Kristyna Kohoutová, streift durch eine Welt animierter Spielzeugpuppen, die ihr nicht alle wohl gesonnen sind.

ALICE IM WUNDERLAND

(ALICE IN WONDERLAND). USA 1951. **R:** *Clyde Geronimi, Hamilton Luske, Wilfred Jackson.* **B:** *Winston Hibler, Bill Peet, Joe Rinaldi, Bill Cottrell, Joe Grant, Del Connell, Ted Sears, Erdman Penner, Milt Banta, Dick Kelsey, Dick Huemer, Tom Oreb, John Walbridge.* **LV:** *»Alice im Wunderland« von Lewis Carroll.* **M:** *Oliver Wallace.* **A:** *Milt Kahl, Ward Kimball, Franklin Thomas, Eric Larson, John Lounsbery, Oliver Johnston jr., Wolfgang Reitherman, Marc Davis, Les Clark, Norman Ferguson. F 75 Min. (Zeichentrick).*
Ein heißer Sommernachmittag. Die kleine Alice findet die Geschichten, die ihr die ältere Schwester vorliest, zum Gähnen langweilig und kämpft mit dem Schlaf. Plötzlich glaubt sie, ein sprechendes weißes Kaninchen mit einer großen Uhr vorbeiflitzen zu sehen. Sie läuft hinterher, fällt in den Kaninchenbau und rutscht immer tiefer, bis sie in einem geheimnisvollen Raum landet. Ein sprechender Türknopf an einer winzigen Tür gibt ihr den Rat, sich einer Flasche auf dem Tischchen zu bedienen. Enorm geschrumpft schwimmt Alice in der Flasche auf ihrer eigenen Tränenflut durch das Schlüsselloch in ein Wunderland. Dort begegnet sie den lustigen Zwillingen Dideldum und Dideldei, die ihr die dramatische Geschichte vom Walross, dem Zimmermann und den neugierigen Austern erzählen. Im Haus des weißen Kaninchens angekommen, kann Alice der Versuchung nicht widerstehen und lutscht an einem Bonbon, das sie in Windeseile riesengroß werden lässt. Eine Karotte aus dem Kaninchengarten schrumpft sie auf Blumengröße zusammen. Im angrenzenden Wald trifft Alice auf eine Wasser-

pfeife rauchende Raupe und eine Tigerkatze, die mit Vorliebe verschwindet und nur ihr Grinsen zurücklässt. Nachdem sie an der »Nicht-Geburtstags-Party« des Hutmachers, des Hasen und der Haselmaus teilgenommen und im Tulgey-Wald unheimliche Begegnungen mit den Momm-Ratzen und einem Schnabel mit Brille überstanden hat, geleitet die Tigerkatze sie zur Herzkönigin. Alice muss mit ihrer Majestät Krocket spielen, zieht sich aufgrund der Machenschaften der Tigerkatze allerdings deren Missfallen zu. Nach einer großen Parade der Kartenarmee wird Alice der Prozess gemacht. Als das verurteilte Mädchen vor den Kreuz- und Herzbuben fliehen will, wacht es aus seinem Traum auf. – Für eine Umsetzung in das Medium des Unterhaltungsfilms sind Lewis Carrolls Romane im Grunde denkbar ungeeignet. Im Gegensatz zu seinen beiden hierzulande nicht gelaufenen Realfilm-Vorläufern konnte die Disney-Version deren oberflächliche Verrücktheiten, die »Irrenhauswitze« (FILMBEOBACHTER), zwar insofern besser einfangen, als der Zeichentrickfilm wesentlich größere (und auch hemmungslos benutzte) Freiheiten bot. Um so deutlicher illustriert der Film allerdings auch, dass sich die grundlegende Ver-Rücktheit der Vorlage (zumindest im einengenden Gerüst eines kommerziellen Spielfilms) so leicht nicht reproduzieren lässt.

Auch Disneys *Alice im Wunderland* bleibt eine recht episodische, kalte Nummernrevue, die in technisch teilweise verblüffenden Szenen (so z.B. in der Kartensequenz, die den Zeichnern zu einer entfesselten Parade geometrischer Figuren, greller Farben und exotischer Kamerawinkel gerät) etwas zu bebildern sucht, wofür die stets durchschimmernde Bilderpolitik Walt Disneys ganz einfach nicht der richtige Ausdruck ist. Bei der Erstaufführung fiel der Film dann auch ziemlich durch: »In Mr. Disneys *Alice* findet sich nur blindes Unverständnis. Man kann ein literarisches Meisterwerk nicht einfach dadurch verbessern, indem man hübsche kleine Songs und eine persönliche Note einfügt, die eher zu einem Flohzirkus denn zu einer größeren schöpferischen Leistung passen würden … Vielleicht wird nie jemand eine Visualisierung von Alice erschaffen, die der nostalgischen Erinnerung an die Illustrationen eines John Tenniel nicht Gewalt antut. Aber selbst wenn man ihm in diesem Punkt einen gewissen Spielraum zugesteht, spottet dieser fürchterliche Film dem Klassiker Hohn.« (NEW YORKER) »Alice litt an zu vielen Köchen«, gestand auch Chefzeichner Ward Kimball. »Es gab fünf Regisseure, von denen jeder den anderen übertreffen wollte. Jeder sah zu, dass seine Sequenz die größte und verrückteste des ganzen Films wurde. Am Ende hob sich dann alles gegenseitig auf.« Zu spätem Ruhm brachte es *Alice im Wunderland* in den sechziger Jahren des 20. Jahrhunderts, als er in den 16-mm-Verleih kam und die Studenten merkten, was genau die Raupe da in ihre Pfeife gestopft hatte. Die süßlichen Schwaden, die die College-Kinos daraufhin durchzogen, waren allerdings nicht so recht nach Disneys Geschmack. In Windeseile wurde der Film aus dem 16-mm-Programm genommen. [V]

ALICE IM WUNDERLAND

(ALICE'S ADVENTURES IN WONDERLAND). GB 1972. **R:** *William Sterling.* **B:** *William Sterling.* **LV:** *»Alice im Wunderland« von Lewis Carroll.* **K:** *Geoffrey Unsworth.* **SpE:** *Roy Whybrow.* **M:** *John Barry.* **D:** *Fiona Fullerton (Alice), Hywel Bennett (Duckworth), Michael Crawford (Weißes Kaninchen), Michael Hordern (Spottschildkröte), Michael Joyston (Dodgson), Robert Helpmann (Verrückter Hutmacher), Davy Kaye (Maus), Dudley Moore (Haselmaus), Spike Milligan (Greif), Dennis Price (Herzkönig), Ralph Richardson (Raupe), Flora Robson (Herzkönigin), Peter Sellers (Märzhase), Rodney Bewes (Herzbube), Ray Brooks (Pik-Fünf), Peter Bull (Herzogin), Julian Chagrin (Bill die Eidechse), Freddie Earlle (Pat), Roy Kinnear (Edamer Katze), Patsy Rowlands (Köchin), Dennis Waterman (Pik-Zwo), Richard Warwick (Pik-Sieben), Stanley Bates (Äffchen), Mia Nardi, Anita Holden (Eulen), Frank Cox (Dideldum), Freddie Cox (Dideldei), Mike Elles (Meerschwein), William Ellis (Dodo), Ray Edwards (Adler), June Kidd (Elster), Melitta Manger (Kaninchen), Michael Reardon, Ian Trigger (Frösche), Peter O'Farrell (Fisch), Angela Morgan (Lory), Victoria Shallard (Lorina), Brian Tipping (Ente), Pippa Vickers (Edith). F 80 Min.*
Inhalt siehe *Alice im Wunderland* (USA 1951).

»Wie sämtliche Produktionen von *Macbeth* scheinen auch alle Adaptionen von *Alice* dazu verurteilt zu sein, einen zu enttäuschen; und diese langweilige und flache, wenn nicht gar zwecklose Musical-Version ist sicherlich keine Ausnahme. Abgesehen von der Hinzufügung einer Reihe halbherziger, völlig unbemerkenswerter Lieder und Tanzeinlagen hat William Sterling sich zwar eng an die Vorlage gehalten, aber sie dennoch gleichzeitig ihres Charmes und ihrer potentiellen Komik-Möglichkeiten entkleidet. Von der visuellen Seite her steht der Film einem TV-Werbespot näher als einer Tenniel-Illustration ... Fiona Fullerton ist zwar eine ausreichend hübsche Alice, schlendert aber eher hölzern durch den Film, und zeigt dabei einen Ausdruck jener milden Neugier, als schlüge man Zeit in einem Naturkundemuseum tot. Ein, zwei Szenen drohen zwar dank der Persönlichkeit und Entschlossenheit der einbezogenen Akteure tatsächlich lebensecht zu geraten ... aber insgesamt zeigt man uns nur wenig ... was den Geist oder das Auge amüsiert.« (Clyde Jeavons, MONTHLY FILM BULLETIN)

ALICE IM WUNDERLAND

(ALICE IN WONDERLAND). USA 1985. **R:** *Harry Harris.* **B:** *Paul Zindel.* **LV:** *»Alice im Wunderland«, von Lewis Carroll.* **K:** *Fred J. Koenekamp.* **M:** *Morton Stevens, Steve Allen.* **D:** *Natalie Gregory (Alice), Sheila Allen (Mutter), Scott Baio (Pat), Steve Allen (Papiermann), Ernest Borgnine (Löwe), Beau Bridges (Einhorn), Lloyd Bridges, Imogene Coca, Ann Jillian, Sammy Davis jr., Arte Johnson, Jayne Meadows, Harvey Korman, Anthony Newley, Martha Raye, Telly Savalas, Robert Morley, Karl Malden, Roddy McDowall. F 90/90 Min.*
Dieser aufwendige TV-Zweiteiler des Lewis Carroll-Märchens wurde von dem Katastrophenfilm-Regisseur Irwin Allen für den US-Fernsehsender CBS (im Auftrag der Seifenfirma Procter & Gamble) produziert und ist auf seine Art auch eine Katastrophe, trotz der Gastauftritte Dutzender Prominenter aus dem Showbusiness.

ALLE LIEBEN WILLY WUFF

BRD 1995. **R:** *Maria Theresia Wagner.* **B:** *Wolfgang Wysocki.* **D:** *Nadja Rüppich, Esther Rüppich*

(Natalie Brunner), Marie Charlotte Schüler (Carolin Brunner), Oliver Stritzel (Heribert Brunner), David Cesmeci (Dennis Bergmann), Michael Schreiner (Didi), Ulrich Klaus Günther, Dietmar Mössmer, Annette Kreft, Carola Höhn, Tommy Piper (Willy Wuff). F 93 Min.

TV-Film. Eine Münchner Promenadenmischung rettet einen edlen Vierbeiner vor gemeinen Hundedieben. Und damit es so aussieht, als ob der Köter wirklich spricht, hat man ihn meist beim Kauen abgefilmt. Hunde kommen in der deutschen Popularitätsskala gleich nach dem Auto, und so konnte die Serie um Willy Wuff munter fortgesetzt werden.

ALLE REDEN ÜBER SNOOKY

Anderer Titel für **Alle reden über Snooky Snovsen**

ALLE REDEN ÜBER SNOOKY SNOVSEN

(SNØVEN T'AR SPRINGET). Dänemark/Schweden 1994. R: Jörgen Vestergaard. B: Benny Andersen, Jorgen Vestergaard. K: Claus Loof. A: Erik Mogensen, Dorte Mosgaard, Orla Nielsen. M: Fuzzy. D: Bjarke Smitt Vestermark (Eigil), Nadi Mecovski (Tamjeed), Jannie Faurschou (Mutter), Soeren Saetter-Lassen (Vater), Soes Egelind (Frau Pflaume), Kurt Ravn (Professor Pflaume). F 78 Min.

Fortsetzung von *Mein allerbester Freund*. Klein-Eigil tritt mit seinem Kobold-Freund Snooky im Zirkus und als Straßenmusikant auf, um zu verhindern, dass sein Elternhaus unter den Hammer kommt. Sie werden vom Fernsehen entdeckt und machen Karriere. Kinderfilm, nur auf Video. [V]

ALLEGRO NON TROPPO

(ALLEGRO NON TROPPO). Italien 1974. R: Bruno Bozzetto. B: Bruno Bozzetto, Guido Manuli, Maurizio Nichetti. K: Mario Masini, Luciano Marzetti. M: Claude Debussy, Anton Dvorák, Maurice Ravel, Jean Sibelius, Antonio Vivaldi, Igor Strawinsky. A: Giuseppe Lagana, Walter Cavazzutti, Giovanni Ferrari, Giancarlo Cerada, Giorgio Valentini, Paolo Albicocco, Giorgio Foriani. F 82 Min. (Zeichentrick).

Zu den Klängen eines Damenorchesters, das ein herrschsüchtiger Dirigent leitet, erfindet ein Zeichner notgedrungen Bilder. Debussys »Nachmittag eines Fauns« untermalt die Nöte eines Fauns, der sich vergeblich als Liebhaber beweisen will; Dvoráks »Slavischer Tanz Nr. 7« inspiriert ihn zu der Geschichte eines Trendsetters, dessen Extravaganzen sofort zur neuen Mode erklärt werden. Ravels »Bolero« wird zum Anlass einer Evolutionsgeschichte, bei der aus den Tropfen einer von Raumfahrern weggeworfenen Colaflasche die Vielfalt des Lebens entsteht und wieder vergeht. Sibelius' »Valse Triste« begleitet den Traum einer Katze von einer Zeit, als ihr jetziges Heim, eine Schlossruine, noch voller Leben war; Vivaldis »Concerto in C« die Abenteuer einer kleinen Biene, die von einem menschlichen Liebespaar beständig beim Frühstück gestört wird. Zu Strawinskys »Feuervogel« schließlich nascht die Schlange statt Eva vom Baum der Erkenntnis und sieht sich alsbald von den Höllenqualen des Konsumterrors heimgesucht.

Bekannt wurde der 1938 in Mailand geborene Trickfilmzeichner Bruno Bozzetto vor allem durch seine sanft gesellschaftskritischen Cartoons um Herrn Rossi und seinen Hundefreund Gaston. Daneben animierte er aber auch diverse abendfüllende Zeichentrickfilme. *Allegro non troppo*, der dritte Film des von manchen als »italienischer Walt Disney« bezeichneten Regisseurs, ist (natürlich) ein Gegenstück zu *Fantasia*. »Doch dessen heilige Harmonie aus Natur und Mensch weicht hier der Frage, ob der Mensch nicht eine Perversion der natürlichen Ordnung darstellt. Und was das Zusammenspiel aus Musik und Bild angeht, schafft Bozzetto nicht wie Disney schwungvolle Ilustrationen klassischer Musik, sondern schlägt den entgegengesetzten Weg ein. Hier dient die Musik dem Bild. Das Bild diktiert das Tempo, dirigiert in gewissem Sinne das Orchester und unterwirft die Musik seinem kreativen Atem.« (CINEMATOGRAPHE)

Im Gegensatz zu *Fantasia* bedient sich Bozzetto dabei auch einer Mischung verschiedenster Stilrichtungen. Die Szenen mit dem Orchester sind grünweiß eingefärbte Realfilmszenen; »der ›Valse Triste‹ ist realistisch gezeichnet; in den Träumen der Katze kommt die Räumlichkeit der Zeichnungen hinzu; ›Die Welt aus der Colaflasche‹ schwelgt in bizarren Formen; die ›Höllenqualen‹ benutzen neben komisch-karikaturistischen Elementen moderne Collagetechniken, um die moderne Lebenswelt und die Alpträume darin zu zeigen.« (FILMDIENST) – »Die Poesie bleibt dabei nicht honigsüßes Schmachten, reduziert sich nicht auf die Darstellung edler Gefühle und kindische Schwarzweißmalerei in einer idyllischen Welt, sondern bemüht sich (ideologisch sehr bewusst, wie man wohl annehmen darf) darum, Selbstgefälligkeiten zu entlarven und neue Wege aufzuzeigen.« (CINEMA)

ALLES, WAS GELD KAUFEN KANN
Anderer Titel für **Der Teufelsbauer**

ALWAYS – DER FEUERENGEL VON MONTANA
(ALWAYS). USA 1989. **R:** Steven Spielberg. **B:** Jerry Belson, Diane Thomas. **V:** Drehbuch von Dalton Trumbo. **St:** Chandler Sprague, David Boehm. **K:** Mikael Salomon. **SpE:** Industrial Light & Magic. **M:** John Williams. **D:** Richard Dreyfuss (Pete Sandich), Holly Hunter (Dorinda Durston), Brad Johnson (Ted Baker), John Goodman (Al Yackey), Audrey Hepburn (Hap), Robert Blossom (Dave), Keith David, Ed van Nuys, Marg Helgenberger, Doug McGrath, J. D. Souther, Dale Dye, Brian Haley, James Lashly. F 122 Min.
Der Flieger Pete verunglückt bei einem Löscheinsatz in den Wäldern von Montana tödlich, kehrt aber als unsichtbarer Geist aus dem Jenseits zurück, um seinen Freunden mit Rat und Tat zur Seite zu stehen. Sein Schützling Ted, der ebenfalls Pilot ist, verliebt sich ausgerechnet in Petes Freundin. – 1943 drehte Victor Fleming für MGM *Kampf in den Wolken:* Ein tödlich verwundeter amerikanischer Kampfflieger (Spencer Tracy) steht in einem Zwischenreich seinem Engel gegenüber und wird sogleich als Schutzengel für andere Kameraden eingestellt. In Steven Spielbergs sentimentaler, rührseliger Mythenwelt wird aus dem Kampfflieger ein Brandbekämpfer, der als unsichtbarer Copilot fortan dem linkischen Neuling Ted Baker in den Steuerknüppel greift. – »Die visuellen Gags zünden wie gewohnt, die Dialoge leiden schwer unter der Trägheit der Masse. Kein komödiantischer Höhenflug.« (Lars-Olav Beier, TIP) Nach dem Drehbuch von Dalton Trumbo, einem der wenigen wirklichen Genies unserer

Zeit. »Perfekte Action-Szenen und ein paar schöne Beispiele altmodischen Illusionskinos sorgen immerhin für ein gewisses Vergnügen.« (FILMDIENST) [V]

AM ANFANG WAR DAS FEUER
(LA GUERRE DU PEU/QUEST FOR FIRE). Frankreich/Kanada 1981. **R:** Jean-Jacques Annaud. **B:** Gérard Brach. **LV:** »La Guerre du Feu« von J. H. Rosny sen. **K:** Claudè Agostini. **Ma:** Sarah Monzani, Michéle Burke, Christopher Tucker, Stéphan Dupuis, John Caglione. **M:** Philippe Sarde. **D:** Everett McGill (Naoh), Rae Dawn Chong (Ika), Ron Perlman (Amoukar), Nameer El-Kadi (Gaw), Gary Schwartz (Rouka), Frank Olivier Bonnet (Aghu), Jean-Michel Kindt (Lakar), Mohamed Siad Cockei (Ota Otarok), Tarlok Sing Seva (Tavawa), Lolamal Kapisisi (Feuermacher), Hassannali Damji (Alter Mann im Baum), Rod Bennett, Jacques Demers, Michel Drouet, Michel Francoeur, Charles Gosselin, Bernard Kendall, Benoit Levesque, Joshua Melnick, Jean-Claude Meunier, Alex Quaglia (Wagabous), Jacques Caron, Jean-Pierre Gagné, Hercule Gaston, Heon, George Buza, Danny Lynch, Butch Lynch, Luke McMasters, Adrian Street (Kzamms). F 100 Min.
80 000 v. Chr. Der Stamm der Ulam ist zwar im Besitz des Feuers, kann es aber noch nicht selbst herstellen. Als bei einem Überfall der primitiven Wagabou die Flamme erlischt, schickt der Anführer der Ulam seine drei stärksten Krieger, Naoh, Amoukar und Gaw, auf die Suche nach einem neuen Feuer. Unterwegs knapp zwei Säbelzahntigern entronnen, stoßen die drei schließlich auf die kannibalistischen Kzamm. Es gelingt ihnen, deren Feuer zu rauben und die Gefangene Ika zu befreien. Als sie von den Kzamm verfolgt werden, lösen sie eine Mammutstampede aus. Zwar kommen sie mit heiler Haut davon, doch auch das Feuer ist wieder erloschen. Ika nützt die Gelegenheit und entwischt zurück zu ihrem Stamm. Der inzwischen in sie verliebte Naoh eilt ihr nach. Von den hochentwickelten Ivaka lernt er, wie man Feuer macht. Nach einigen Tagen, in denen Ika Naoh u.a. die Vorzüge der Missionarsstellung demonstrieren, spüren Gaw und Amoukar ihren Stammesbruder wieder auf. Um ihren Auftrag auszuführen, verschleppen sie ihn gewaltsam aus

dem Dorf der Ivaka. Ika folgt ihnen. Als das Feuer kurz nach ihrer Heimkehr erneut erlischt, zeigt Naoh seinem Stamm, wie man bei den Ivaka Feuer macht. – *Am Anfang war das Feuer* ist insofern ein ungewöhnlicher Film, als er mit dem Klischee des Uga-Uga-grunzenden Steinzeitwilden bricht und sich statt dessen eines beinahe dokumentarischen Ernstes befleißigt. Der Sprachexperte und Romanautor Anthony Burgess erfand in Anlehnung an indoeuropäische Ursprünge eine aus rund 100 Worten bestehende Urzeitsprache. Verhaltensforscher Desmond Morris wiederum entwickelte eine eigene Körpersprache für die Ulam. »Die Leistung der Darsteller ist beeindruckend. Der Gang, die Gestik und Mimik, die Körpergebärden sind brillant inszeniert. Hier wird nichts dem Zufall überlassen. Überhaupt sind alle äußeren Vorgänge glaubhaft ins Bild gesetzt. Die wissenschaftlichen Fakten sind kundig verarbeitet. Was das gesellschaftliche Leben anbelangt, da waren die Initiatoren auf ihre Phantasie verwiesen. Und die ist eben auch ein Produkt ihres eigenen gesellschaftlichen Lebens. Bürgerliche Verhaltensweisen erscheinen plötzlich in versteckter Form bei unseren Urahnen und werden als das Unwandelbare, Menschliche schlechthin ausgegeben. Die Kurzbotschaft lautet: So viel unterscheidet uns doch gar nicht von unseren Vorfahren, außer dass wir technologisch auf höherer Stufe stehen.« (MEDIEN UND ERZIEHUNG)

Hat man sich jedoch – sagen wir beim zweiten Mal – an der »beflissenen Sorgfalt« dieser »exemplarischen Verdichtung jahrtausendelangen Ringens und sich Entwickelns« (FILMDIENST) satt gesehen, zeigt sich, dass Annaud, was Dramaturgie und Story angeht, auch nur mit Wasser kocht: »Beim Aufbruch [der drei Ulam] fliegen exotische Vögel in einer Art Salut über ihnen hinweg. Das Kameraauge trübt sich vor Ehrfurcht. Philippe Sardes himmlischer Chor steigert sich in einen oratorischen Orgasmus. Die Suche nach dem Feuer hat begonnen. Und all das nur, weil jemand ein Bic-Feuerzeug braucht. Aber Witze über dieses $ 12 Mio. teure Science Fantasy-Abenteuer zu reißen, wäre, als würde man einen Mu-

seumsdinosaurier auf den Arm nehmen. Es wäre eine unfaire, anarchistische Reaktion auf ein derart gewissenhaftes, bildendes und ach so feierliches Unterfangen.« (TIME) Der Film erhielt einen Oscar für das beste Make-up. [V]

AM SANKT-NIMMERLEINSTAG

(POSLE DOSHDITSCHKA, W TSCHETWERG). UdSSR 1986. R: Michail Jusowski. B: Juli Kim. LV: Roman von A. N. Ostrowski. K: Konstantin Arutjunow. M: Gennadi Gladkow. D: Tatjana Peltzer (Tante), Oleg Tabakow (Koschtschej), Juri Medwedew (Jegori), Valentina Talysina (War-

Oben: Regisseur Jean-Jaques Annaud
Unten: Szene aus »Am Anfang war das Feuer«

wara), *Oleg Anofrijew (Zar), Semjon Farada, Wladimir Fjodorow. F 77 Min.*

Eine hinterfotzige Kammerfrau setzt statt des echten Iwan ihren Sohn Iwan auf den Zarenthron, aber zusammen mit einem dritten Iwan deckt der echte das Komplott auf. [V]

AMAZONS

(AMAZONS). USA 1986. R: Alex Sessa. B: Charles Saunders. K: Leonard Solis. M: Oscar Camp. D: Windsor Taylor Randolph (Diala), Penelope Reed (Tashi), Joseph Whipp (Kalungo), Danitza Kingsley (Tashinge), Wolfram Hoechst (Matlin). F 87 Min.

Der übliche böse Herrscher unterdrückt im Fantasyland mittels seiner Zauberkräfte das Volk der Amazonen. Um ihm Paroli zu bieten, zieht die dralle Diala hinaus, ein heiliges Schwert zu suchen, das ihren Ahnen gehört hat. Eine andere Kriegerin, Tashi, die ihr nicht wohl gesonnen ist, schließt sich Diala an. Die Frauen erfüllen ihre selbstgewählte Aufgabe und schlagen den bösen Herrscher. Ein schludrig zusammengeschustertes Primitivspektakel, das die Formen seiner Heldinnen ausgiebig zur Schau stellt. [V]

AMPHITRYON –
AUS DEN WOLKEN KOMMT DAS GLÜCK

Deutschland 1935. R: Reinhold Schünzel. B: Reinhold Schünzel. LV: »Amphitryon, von Heinrich v. Kleist. K: Fritz Arno Wagner, Werner Bohne. SpE: Ernst Kunstmann, Heinrich Weidemann. M: Franz Doelle. D: Willy Fritsch (Jupiter/Amphitryon), Käthe Gold (Alkmene), Paul Kemp (Merkur/Sosias), Fita Benkhoff (Andria), Adele Sandrock (Juno), Aribert Wäscher (Kriegsminister), Ewald Wenk, Hilde Hildebrand, Annie Ann, Vilma Beckendorf, Gerhard Bienert, Hilde Boenisch. SW 104 Min.

Göttervater Jupiter gelüstet es nach einem irdischen Seitensprung. Seine Auserwählte ist Alkmene, die Gattin Amphitryons, der, von Beruf Feldherr, seinem Broterwerb günstigerweise gerade fern der Heimat Theben nachkommt. Jupiter macht sich zusammen mit seinem Begleiter Merkur auf den Weg, nicht ohne vorher seiner Gattin Juno ganz harmlos versichert zu haben, eine »Badereise« sei nach all dem Stress dringend angezeigt. Doch der eigentliche Stress steht den beiden Göttlichen noch bevor. Während Jupiter sich bei Alkmene, die in unerschütterlicher Treue zu Amphitryon ausharrt, die erste Abfuhr holt, erlebt Merkur bei Alkmenes Dienerin Andria erste Erfolge. Andria ist jedoch wesentlich leichter zu erobern, da ihr Mann, Amphitryons Bursche Sosias, zum Quartalssäufertum neigt und sie deshalb seit langem vernachlässigt. Jupiter, von Liebesqualen gepeinigt, fasst einen teuflischen Plan: Er verwandelt sich in Amphitryon und befiehlt Merkur, die Gestalt des Sosias anzunehmen. Als angebliche Heimkehrer ziehen die so Getarnten ins Heim der Alkmene ein, gestalten jedoch die Wiedersehensfeier so feuchtfröhlich, dass Jupiter unverrichteter Dinge in Tiefschlaf fällt und erst aus seinem Rausch aufwacht, als der echte Amphitryon an der Spitze seiner thebanischen Streitmacht nach Hause zurückkehrt. Angesichts dieser Überlegenheit machen sich die Götter aus dem Staube. Dem wahren Amphitryon kommt da einiges spanisch vor. Er wittert Ehebruch. Wütend sucht er einen Rechtsanwalt auf. Doch durch göttliche Vorsehung ist Jupiter bereits in die Verkleidung des Rechtsanwalts geschlüpft. Merkur soll den tobenden Amphitryon »beschäftigen«, um Jupiter Gelegenheit und Zeit zu geben, sich erneut an Alkmene heranzumachen. So gut der Plan auch ist, er scheitert letztendlich an einem plötzlich auftretenden olympischen Schnupfen Jupiters. Erneute Annäherungsversuche werden durch das Erscheinen Junos, die ihrem Gatten auf die Schliche gekommen ist, endgültig verhindert. Sie klärt Alkmene auf, hält dem zurückkehrenden wahren Amphitryon, in dem sie ihren verkleideten Gatten zu erkennen glaubt, eine kräftige Gardinenpredigt. Da versteht auch Amphitryon die wirklichen Zusammenhänge. Versöhnte Liebende hier, frustrierte Götter dort! Den letzteren bleibt nur übrig, in die Lüfte zu gehen.

Die Filmhandlung folgt in groben Zügen den klassischen Vorbildern: Da ist zunächst das Lustspiel »Amphitryon« von Heinrich von Kleist (1777–1811), dem einst die gleichnamige Komödie Molières (1622-1673) als Vorlage diente. Dieser wiederum hatte den Stoff von dem römischen Lustspieldichter Titus Maccius Plautus (um 250–184 v. Chr.) übernommen. Regisseur und

Drehbuchautor Reinhold Schünzel machte daraus eine Tonfilm-Komödie, die die olympische Götterwelt mit den Mitteln des Musikfilms, vor allem aber mit denen des Kabaretts entmythologisierte. »Die komische Operette ist von einer für deutsche Filme des Genres seltenen Leichtigkeit in der Inszenierung, auch wenn die Pointen oft recht schwerflüssig und vorhersehbar sind« (ZENTRALE FILMOGRAFIE – POLITISCHE BILDUNG), so der Tenor der heutigen Filmkritik. Anders Francis Courtade und Pierre Cadars in ihrer GESCHICHTE DES FILMS IM DRITTEN REICH: »[Es] handelt sich um eine reichlich schwache Kabarett-Revue ... [Sie] ist weitestgehend uninteressant. Vielleicht wäre die Eingangsszene zu erwähnen, in der die Frauen das Los ihrer Männer im Krieg beklagen und ihre baldige Rückkehr herbeisehnen.« Gerade diese Szene widerlegt die Meinung der französischen Kritiker. Drehbuchautor Schünzel lässt thebanische Frauen deutsch-vaterländische Gesinnung predigen: »Seid mutig in der schweren Zeit, die Männer stehn in blut'gem Streit, und wer von ihnen draußen fällt, der stirbt fürs Vaterland als Held!« Ein Satz mit doppeltem Boden, der in dieser kabarettistischen Revue nur als Angriff auf bestehende Denkungsart gewertet werden kann. Eine Persiflage auf den Zeitgeist, wie sie später im Tausendjährigen Reich nicht mehr möglich war: Aus den Wolken kommt das Glück – der Untertitel des Films! »Das Glück, das aus den Wolken kommt, war für den Volksgenossen von 1935 ganz eindeutig der göttliche Adolf Hitler, wie er in der berühmten ersten Sequenz von Riefenstahls *Triumph des Willens* aus den Nebelfetzen des Himmels über Nürnberg auf das Seiner harrende Parteitags-Volk herniederschwebt.« (Christa Bandmann/Joe Hembus, KLASSIKER DES DEUTSCHEN TONFILMS) Doch damit nicht genug: Das Vorbild für Stil und Choreographie der triumphalen Heimkehr des thebanischen Heeres gab zweifellos der Aufmarsch beim Nürnberger Parteitag ab. Die Architektur der Filmstadt Theben war nicht unbedingt klassisch-griechisch, eher brekerhaft neudeutsch. Bei all diesen An-

spielungen verwundert es im Nachhinein, dass die Schere der Zensur nur einmal zuschlug. Schünzel ließ Alkmene die folgenschweren Sätze sagen: »Ach ja, vor so vielen Leuten redet man leicht etwas, was man nachher selbst nicht glaubt.« Diese Szene stellte einen versteckten Angriff auf so starke Rednerpersönlichkeiten wie Hitler und Goebbels dar. »Für Hitler machten Reden vor Massenversammlungen, in denen er sich und Teile seiner Zuhörerschaft zu orgiastischen Kollektivberauschungen aufputschte, den Kern seiner politischen Identität; die verbotene Dialogzeile berührte mit der Glaubhaftigkeit den neuralgischen Punkt solch öffentlicher Zurschaustellung.« (Kraft Wetzel, LIEBE, TOD UND TECHNIK) – Reinhold Schünzel (1888–1954) war Schauspieler, Regisseur, Autor, Produzent, kurz ein Multitalent. Seit 1916 spielte er in über hundert Stummfilmen, spezialisierte sich als Regisseur auf Komödien, die sich durch ihre überaus starke ironische Haltung auszeichneten. Als sogenannter Halbjude war er seit 1933 nur im Besitz einer vorläufigen Arbeitserlaubnis. Das hinderte ihn jedoch nicht daran, seinen Sinn für tref-

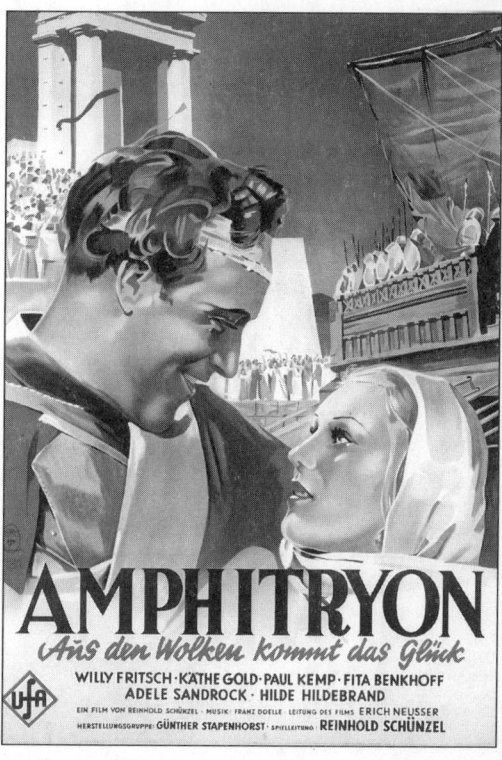

Amphitryon – Aus den Wolken kommt das Glück

fende Anspielungen in seinen Filmen zu verarbeiten, was auf die Dauer nicht gutgehen konnte. 1937 verließ er Deutschland und kam nach Auftritten am Broadway 1938 nach Hollywood, wo er zunächst Musikfilme inszenierte. Filmgeschichtlich höchst interessant sind die Verkörperung des finsteren Nazi-Schurken in Fritz Langs *Auch Henker sterben* (HANGMEN ALSO DIE, USA 1942) und die des Nazi-Sympathisanten Anderson in Alfred Hitchcocks *Berüchtigt* (NOTORIOUS, USA 1946). 1951 kehrt Schünzel aus dem Exil zurück. [V]

EIN ANDALUSISCHER HUND

(UN CHIEN ANDALOU). Frankreich 1928. R: *Luis Buñuel.* B: *Luis Buñuel, Salvador Dalí.* K: *Albert Dubergen.* M: *(Neuaufführung) Wagner, Beethoven und argentinische Tangos.* D: *Pierre Batcheff (Junger Mann), Simone Mareuil (Junge Frau), Jaime Miravilles und Salvador Dalí (Priester), Luis Buñuel (Mann mit Rasiermesser).* SW 24 Min.

Der wohl berühmteste Prolog der Filmgeschichte: Ein Mann schärft des Nachts sein Rasiermesser in der Nähe eines Balkons. Er betrachtet durch die Fensterscheiben den Himmel und sieht … eine leichte Wolke, die sich dem vollen Mond nähert. Dann der Kopf eines Mädchens mit weit aufgesperrten Augen. Eine Rasierklinge bewegt sich auf eins dieser Augen zu. Die leichte Wolke zieht jetzt am Mond vorüber. Die Rasierklinge fährt durch das Auge des Mädchens und schneidet es entzwei. Gelatine quillt heraus. »Dieser Prolog stimmt auf das ein, was der sich anschließende Film – und, wenn man will, große Teile des Werks Buñuels überhaupt – erwarten lässt: Beunruhigung, Aufstörung, Irritation, Schock. Doch der Skandal, den der Prolog, den der ganze Film meinte und der in ihm angelegt war, ist heute konsumierbar geworden, ein Stück Klassik, eine Erinnerung an Zeiten, in denen die Zerstörungen, die einer auf der Leinwand anrichtete, das Publikum noch verschrecken mochten. Die Grausamkeiten, die uns dieses Jahrhundert bescherte, haben den Schnitt durchs Auge, haben die Diskrepanzen und Disharmonien, die Buñuel in seinem Debüt arrangierte, vergleichsweise harmlos gemacht, zu obskuren Einfällen,

die von einer ungleich disharmonischeren Wirklichkeit längst überholt wurden.« (Klaus Eder, Reihe Film 6: LUIS BUÑUEL)

Ein andalusischer Hund gilt als der erste surrealistische Film. Die Gruppe der Surrealisten hatte sich Mitte der 1920er in Paris um ihre Wortführer André Breton und Louis Aragon gebildet. Unter dem Einfluss der Psychoanalyse Freuds beschäftigte sich die Gruppe vornehmlich in der Literatur und bildenden Kunst mit der »surrealité«, der Überwirklichkeit, die aus dem Unbewussten schöpft, die ohne Kontrolle durch die Vernunft in einem rein psychischen Automatismus in Schrift oder Bild festgehalten werden sollte. Nur jenseits der Logik glaubte man, Wahrheit zu finden. Die Bewegung, zu deren Mitgliedern u.a. auch die Schriftsteller Paul Eluard und Antonin Artaud und die Künstler Max Ernst, Hans Arp, Jean Miró und Giorgio de Chirico zählten, drohte sich in politischen Querelen aufzureiben, bis durch Salvador Dalí Ende des Jahrzehnts ein neuer Aufschwung verzeichnet werden konnte. Dalí lehnte jedoch den Automatismus und den Traum als passive Geisteszustände ab und propagierte den im Alltag ausgelebten Wahnsinn. Er wollte »alle Wünsche, Sehnsüchte und Begierden aller Menschen in skandalöser Weise in die Welt einschleusen, hineinschmuggeln, die Deformationen einer scheinbar gesunden Welt aufdrängen.« (Maurice Nadeau, GESCHICHTE DES SURREALISMUS) Gefordert ist der »Schock«, die wichtigste Waffe des Surrealismus. Dieser wird erreicht durch Entstellung der Realität oder durch das Herauslösen von Gegenständen aus ihrem herkömmlichen Sachzusammenhang. In diesem Sinne erarbeiteten Dalí und Buñuel binnen einer Woche das Drehbuch »nach einer sehr einfachen Regel … für die wir uns in voller Übereinstimmung entschieden hatten: Keine Idee, kein Bild zuzulassen, zu dem es eine rationale, psychologische oder kulturelle Erklärung gäbe; die Tore des Irrationalen weit zu öffnen; nur Bilder zuzulassen, die sich aufdrängten, ohne in Erfahrung bringen zu wollen, warum.« (Luis Buñuel, MEIN LETZTER SEUFZER)

Obwohl der Film insgesamt nur 24 Minuten lang ist, birst er gleichsam vor »Ideenreichtum«. Eine Inhaltsangabe kann daher nur unvollständig sein: Nach dem Prolog – acht Jahre später. Ein Radfahrer fährt freihändig durch eine Straßenschlucht, auf der Brust eine Schachtel mit diagonalen schwarzen und weißen Streifen. Irgendein Zimmer in einem dritten Stockwerk dieser Straße. In der Mitte ein Mädchen, ein Buch lesend, horcht auf, geht ans Fenster, schaut nach unten. Radfahrer hält an, kippt unvermittelt zur Seite in Dreckhaufen, erstarrt in der Kipplage. Mädchen kommt aus dem Haus, küsst Daliegenden stürmisch ... Dasselbe Zimmer: Das Mädchen sitzt am Bett – als hielte es Totenwache. Es dreht sich um, sieht männliche Gestalt, die mit großer Aufmerksamkeit etwas in der rechten Hand betrachtet. Die Frau kommt näher und betrachtet die Hand. Aus deren Mitte wimmeln Ameisen aus einem schwarzen Loch hervor. Überblendung Achselhaar eines Mädchens. Überblendung Seeigel, dessen Stacheln sich bewegen. Überblendung Kopf eines anderen Mädchens. Öffnen der Blende: Mädchen inmitten einer Gruppe von Personen, die eine von Polizisten errichtete Absperrung durchbrechen wollen. Mädchen versucht mit einem Stock eine am Boden liegende abgetrennte Hand mit lackierten Fingernägeln aufzuheben. Ein Polizist redet ungehalten auf sie ein, bückt sich, hebt die Hand auf, legt sie in die diagonal gestreifte Schachtel des Radfahrers, überreicht sie dem Mädchen, grüßt militärisch. Die Menge verläuft sich. Musik scheint in der Luft zu liegen. Die beiden Gestalten im dritten Stockwerk, die die Szene beobachtet haben, wiegen die Köpfe hin und her, als folgten sie dem Rhythmus dieser unfassbaren Musik[1]. Das Mädchen unten auf der Straße ist wie gelähmt. Es wird von einem Auto, das sich in schwindelerregender Fahrt näherte, überfahren und verstümmelt. Oben verfolgt der Mann das Mädchen. Er fasst ihr an die Brüste, die plötzlich zu Hinterbacken werden ... Das Mädchen, jetzt bekleidet, weicht zurück bis in eine Ecke, verschanzt sich geradezu hinter einem Lehnstuhl, betrachtet entsetzt das Treiben des Verfolgers. Doch dieser schleppt mit großer Anstrengung zwei Seile hinter sich her. Er kommt einfach nicht weiter, denn an den Seilen hängt Hemmendes: eine Korkplatte, eine Melone, zwei

Geistliche (vielleicht Priester, vielleicht nur Klosterschüler), dann zwei Konzertflügel, auf denen verwesende Eselskadaver liegen ... Viel später verwandeln sich Bücher in der Hand des Mädchens in Revolver. Tödlich verletzt fällt der Mann zu Boden, nicht im Zimmer, sondern im Park. Er versucht im Fallen die nackten Schultern einer Frau zu berühren ... Später oder früher? Ein Schmetterling in Großaufnahme. Der Mund des Mannes verschwindet, Ersatz geben die Achselhaare der Frau. Die Frau geht ins Nachbarzimmer an den Strand. Die Wellen spülen die gestreifte Schachtel und das Fahrrad an Land. Männliche Gestalt und Frau gehen am Strand entlang. Szenenwechsel – derselbe Strand? In der Mitte stehen, bis zur Brust im Sand versunken, die Gestalt und das Mädchen, beide blind, in verschlissener Kleidung, zerfressen von Sonnenstrahlen und einem Insektenschwarm.

Trotz Buñuels eindeutiger Warnung, nichts in dem Film symbolisiere irgend etwas (wie der Vorspanntext sagt), haben sich natürlich Generationen daran gemacht, ihn zu interpretieren. Die »Seil«-Szene bot sich dazu in besonderem Maße an: Die Liebe (das ungestüme Anrennen des Mannes) und die Sexualität (die Melone) seien gefesselt durch die religiösen Vorurteile (die zwei Geistlichen) und die stinkende bürgerliche Erziehung (die Flügel mit den Eselskadavern). Wie dem auch sei! Buñuel hatte bei der Voraufführung des Films im Kreise der Surrealisten gegen seine Erwartung großen Erfolg, er wurde endgültig in die Gruppe aufgenommen. Wie er in seinen Memoiren MEIN LETZTER SEUFZER zu berichten weiß, war dieser »surrealistische« Erfolg jedoch nicht von langer Dauer. Grund waren die anderen »Erfolge«, die sich beim allgemeinen Publikum einstellten: »Vierzig- oder fünfzigmal wurde ich angezeigt, die Leute gingen zur Polizei und verlangten, ›diesen obszönen und grausamen Film zu verbieten‹. Es war der Anfang einer langen Reihe von Beschimpfungen und Drohungen, die mich bis ins Alter verfolgt haben. Es kam während der Vorführungen sogar zu zwei Fehlgeburten, aber der Film wurde nicht verboten.« Es kam aber auch zu rechtsextremistischen Pro-

---

[1] *Die heute in den Kinos gezeigte Fassung ist erst 1960 mit Musik unterlegt worden*

testmärschen, was die Surrealisten jedoch nicht gestört hätte, hätte es da nicht diesen außergewöhnlichen kommerziellen Erfolg gegeben. Konnte ein Werk noch »schockieren«, wenn es Kasse machte? Buñuel bot an, den Film öffentlich zu verbrennen. Dazu kam es dann doch nicht mehr. Die Tage des surrealistischen Films in seiner reinsten Form waren schon gezählt. Buñuel drehte noch *Das goldene Zeitalter,* Jean Cocteau fand mit *Das Blut eines Dichters* den Weg zum Traum-Surrealismus und zur Poesie. Die Einführung des Tonfilms brachte eine erhebliche Verteuerung der Produktionskosten mit sich, so dass die experimentelle Filmarbeit in Europa fast zum Erliegen kam. Buñuel und die meisten anderen surrealistischen Regisseure verlegten sich auf Dokumentarfilme, die nur noch zum Teil surrealistische Inhalte hatten. Emigration und Kriegsdienst ließen die surrealistische Bewegung 1939 endgültig zerfallen. Viele, darunter Breton, Dalí und Buñuel, gingen nach Amerika.

ANGELS – ENGEL GIBT ES WIRKLICH!

(ANGELS IN THE OUTFIELD). USA 1994. R: William Dear. B: Dorothy Kingsley, Holly Goldberg Sloan, George Wells. K: Matthew F. Leonetti, Robert La Bonge. SpE: Frank W. Tarantino, Jan H. Aaris. D: Danny Glover (George Knox), Brenda Fricker (Maggie Nelson), Tony Danza (Mel Clark), Christopher Lloyd (Engel Al), Jay O. Sanders, Joseph Gordon-Levitt, Milton David jr, Taylor Negron, Tony Longo. F 98 Min.
Elfjähriges Knäblein sorgt mit himmlischer Unterstützung dafür, dass seine Baseballmannschaft die Meisterschaft gewinnt und der Trainer ihn adoptiert. Eine schmalztriefende Disney-Schnulze, die völlig außer acht lässt, dass sich der Hebräer im Himmel möglicherweise gar nicht für Baseball interessiert. Ein Remake des Films ANGELS IN THE OUTFIELD (USA 1951, Regie: Clarence Brown). [V]

ANNA UND ELISABETH

Deutschland 1933. R: Frank Wisbar. B: Gina Hink. K: Franz Weihmayr. M: Paul Dessau. D: Dorothea Wieck (Elisabeth), Hertha Thiele (Anna), Maria Wanck (Schwester Margarethe), Carl Balhaus (Martin), Mathias Wiemann (Mathias Te-sta), Dora Thalmer (Nena), Dorothea Thiess (Annas Mutter), Carl Wery (Annas Vater), Sybill Smolowa (Schiefhals), Karl Platen (Dorfarzt), Robert Eckert (Gutsnachbar), S. Elfeld, I. M. Lepanto (Geistliche), Willy Kaiser-Heyl, Roma Bahn, Margarete Kestra. SW 75 Min.
Die Bauerntochter Anna betet so inbrünstig am Totenbett ihres gerade verstorbenen Bruders, dass dieser – oh, Wunder! – wieder aufersteht. Fortan von tumben Tölpeln wie eine Heilige verehrt, wird sie zum Gut der gelähmten Elisabeth von Salis gerufen, wo sie ihre »Heilkunst« demonstrieren soll. Elisabeth – hysterisch in ihrer Angst, Anna könne sie wieder verlassen – fällt aus dem Rollstuhl und kann plötzlich wieder gehen. Ihr zweiter »Erfolg« macht Anna weit bekannt. Auch die Geistlichkeit interessiert sich für sie. Als sie auf Drängen Elisabeths den lungenkranken Organisten Mathias heilen soll, versagt sie. Elisabeth geht ins Wasser. Anna kriegt ihren braven Martl »und lebt das Leben, nach dem sie sich immer gesehnt hat, das Leben einer kleinen, einfachen, liebenden Frau.« (Pressetext) Rotz und Wasser haben die Leute seinerzeit in diesem Film geheult.

ANTZ!

(ANTZ!). USA 1998. R: Eric Darnell, Tim Johnson. B: Todd Alcott, Chris Weitz, Paul Weitz. M: Harry Gregson-Williams, John Powell. Spr: Wolfgang Draeger (Z), Norbert Gescher (Chip), Inken Sommer (Königin), Evelyn Gressman (Muffy), Jürgen Kluckert (Barbatus), Klaus Sonnenschein (General Mandible), Carola Ewert (Azteca), Helmut Krauss (Scout). F 83 Min. (Computeranimation).
So ein Ameisenstaat eignet sich natürlich bestens für Computeranimation, sind die digitalen Produktionsstätten doch ihrerseits mit Ameisenstaaten vergleichbar, wie ein Kritiker fand. Im Mittelpunkt der im Rechner gebastelten Einheitsfront der Gleichen steht die Figur der Ameise Z. Z ist ein Träumer ohne Fortune (»Als mittleres von fünf Millionen Kindern bekommt man keine Aufmerksamkeit«) und in seinem Charakterbild Woody Allen verwandt, der ihm im Original auch die Stimme leiht. Tagein, tagaus muss er mit seinesgleichen stumpfsinnige Arbeiten im Tunnel verrichten. Das ändert sich, als er sich in Prin-

zessin Bala (im Original: Sharon Stone) verliebt. In der Außenwelt, dem utopischen »Insektopia«, einem Picknick-Areal, öffnen sich ihnen neue Horizonte, genug, um dem faschistischen Ameisengeneral Mandibel Einhalt zu gebieten, der das ganze Volk in den Tod treiben will, um mit Bala eine Population reinrassiger Eliteameisen zu zeugen. *Antz!* wurde von Jeffrey Katzenbergs Dream-Works noch vor der Disney-Pixar-Konkurrenz *Das große Krabbeln* in die Kinos gebracht: sozusagen »A Bug's Life for Adults«. [V]

DER APFEL IST AB
(DIE GESCHICHTE VON ADAM UND EVA)

Deutschland 1948. **R:** *Helmut Käutner.* **B:** *Helmut Käutner, Bobby Todd.* **V:** *Musikalische Komödie von Kurd E. Heyne, Helmut Käutner, Bobby Todd.* **K:** *Igor Oberberg.* **SpE:** *Theodor Nischwitz.* **M:** *Bernhard Eichhorn.* **D:** *Bobby Todd (Adam Schmidt/Adam), Bettina Moissi (Eva Meier-Eden/Eva), Joana Maria Gorvin (Lilly Schmidt/Lilith), Arno Assmann (Dr. Lutz/Luzifer), Helmut Käutner (Prof. Petri/Petrus), Margarete Haagen, Theu Thiele, Gerda Corbett, Willy Maertens, Carl Voscherau, Bum Krüger, Rudolf Vogel, Horst Hächler, Irene von Meyendorff. SW. 103 (121) Min.*

Die »Nachrichter«, Käutners literarisches (Nachkriegs-)Kabarett, erzählen eine moderne Version vom Sündenfall im Paradies, und zwar am Beispiel des Apfelsaftfabrikanten Adam Schmidt, der sich in einem Sanatorium von durch zwei Frauen verursachten seelischen Strapazen erholen will und dort eine phantastische Traumvision von Adam und Eva hat, worauf er sich für eine dritte Frau entscheidet: »Wenn in diesem ›himmlischen‹ Kabarett-Film Adam und Eva cellophangewandet ihre Hände nach jenem sattsam bekannten Apfel ausstrecken, bekommt miteins das paradiesische Getier angstvolle Augen, der Himmel verfinstert sich und dumpfe Donnerschläge grollen von ferne. Erschreckt fahren die beiden Paradiesler zurück, bass erstaunt über solch unerwartete Reaktion. Wo sie doch ohne jede böse Absicht bloß mal angefasst hatten ...« (Walter Panofsky, SÜDDEUTSCHE ZEITUNG)

DIE ARCHE NOAH

(NOAH'S ARK). USA 1928. **R:** *Michael Curtiz.* **B:** *Anthony Coldeway.* **St:** *Darryl F. Zanuck.* **K:** *Hal Mohr, Barney McGill.* **SpE:** *Fred Jackman, Hans F. Koenekamp.* **M:** *Louis Silvers.* **D:** *Dolores Costello (Mary/Miriam), George O'Brien (Bill Travis/Japhet), Noah Beery (Nickloft/König Nephilim), Louise Fazenda (Hilda/Tavernenmaid),*

Antz!

Guinn Williams (Al/Sem), Paul McAllister (Minister/Noah), Nigel de Brulier (Soldat/Hohepriester), Anders Randolf (Deutscher/Anführer der Soldaten), Armand Kaliz (Franzose/Anführer der Wache), Myrna Loy (Tänzerin/Sklavin). SW 75(139) Min.

Nach einem Zugunglück finden die Elsässerin Maria und einige andere Passagiere Zuflucht in einem nahegelegenen Gasthof. Dort erreicht sie die Nachricht, dass der Erste Weltkrieg ausgebrochen ist. Hilda, die Besitzerin, ermöglicht Maria und den zwei amerikanischen Jungen Bill und Al die Flucht vor den anrückenden Truppen. In Paris verliebt sich Maria in Bill, der aber kurz darauf an die Front zieht. Als sie auf der Suche nach ihm die Avancen eines Russen zurückweist, sorgt Bill aus der Ferne dafür, dass sie als deutsche Spionin verhaftet und zum Tode verurteilt wird. In letzter Minute erkennt er sie. An diesem Punkt vergleicht der Film den Ersten Weltkrieg mit der Sintflut: Miriam, die Geliebte von Noahs Sohn Japhet, soll beim Festival des Jaghut geopfert werden. Noah, dem die Stimme Gottes befohlen hat, eine Arche zu bauen, warnt vor den Konsequenzen. Als der Hohepriester Miriam opfern will, trifft ihn ein Blitzschlag. Ein zweiter Blitz zerstört die Götzenstatue. In letzter Minute bringt Japhet seine Geliebte vor der Sintflut auf die Arche seines Vaters in Sicherheit. In der Gegenwart bringt ein Kurier gerade rechtzeitig die Nachricht vom Waffenstillstand. Mary und Bill feiern gemeinsam den Frieden. – »Große Besetzung, großes Thema, große Flut. Ihr Geld wert.« (PHOTOPLAY)

DIE ARCHE NOAH

(JACOB). Italien 1975. R: Marcello Baldi. D: Fosco Giacchetti, Luisa della Noce, Jean Morcier, Giorgio Cerioni. F 85 Min.

Reader's Digest-Fassung des Alten Testaments, die ihren Bogen vom Sündenfall über Kain und Abel, Noahs Arche und Abrahams Befreiung Lots bis hin zur Geschichte Jakobs spannt. – »Das Missverhältnis zwischen Titel und Inhalt offenbart eine Konzeptlosigkeit, die in vielen Szenen sichtbar wird.« (FILMDIENST)

ARIELLE – DIE MEERJUNGFRAU

(THE LITTLE MERMAID). USA 1989. R: John Musker, Ron Clements. B: Ron Clements, John Musker. LV: Hans Christian Andersen. K: John Cunningham, Ed Austin, Erroll Aubry. M: Alan Menken, Howard Ashman. Spr: Victor v. Halen (Louis), Frank Schaff-Langhans (Eric) Dorette Hugo, Ute Lemper (Arielle), Joachim Kemmer (Sebastian), Beate Hasenau (Ursula), Lutz Riedel (Flotsam/Jetsam), Jürgen Kluckert (Scuttle), Tobias Thoma (Fabius), Edgar Ott. F 85 Min. (Zeichentrick).

In ihrer Not unterschreibt Arielle einen Knebelvertrag der intriganten Seehexe Ursula: Doch sie verzichtet gern auf ihre hübsche Singstimme, um endlich bei dem geliebten Menschenprinzen Eric sein zu können, den sie vor dem Ertrinken gerettet hat. Schließlich triumphiert sie mit Hilfe ihrer Freunde Fabius und Scuttle auch noch über ihren strengen Vater. Ein rasanter, komischer und auch sentimentaler Film, nach H. C. Andersen. [V]

DER ARME MÜLLERSBURSCH UND DAS KÄTZCHEN

DDR 1970. R: Helmut Barkowsky, Lothar Barke. B: Lothar Barke, Helmut Barkowsky. LV: Gebrüder Grimm. K: Helmut Krahnert. A: Lothar Barke, Sieglinde Hamacher, Will Hamacher, Manfred Lau, Herbert Kneschke, Helmut Barkowsky, Gabi Otto, Christian Biermann, Heinz Günther, Eberhard Platz, Irmgard Henker, Erika Engelmann. M: Gerd Schotter. F 60 Min. (Zeichentrick).

Ein Müller schickt seine drei Söhne in die Welt hinaus: Derjenige, der mit einem stolzen Ross zurückkehrt, soll die Mühle erben und sein Nachfolger werden. Die beiden ältesten Söhne sind jedoch ein paar rechte Neidhammel: Sie lassen den jüngsten nachts allein im Wald zurück. Dort stößt er auf ein Kätzchen, das ihn bittet, drei Aufgaben zu erfüllen: Er soll einen Haufen Holz hacken, eine Wiese mähen und einen Unterstand für beides errichten. Der Junge tut, wie ihn geheißen. Als er zu seinem Vater zurückkehrt, ist er hoch zu Ross; seine faulen Brüder haben indes nur eine alte Schindmähre aufgetrieben. Das Erbe lacht, doch der Junge will die Mühle nicht mehr haben: Das Kätzchen hat sich nämlich in ein hübsches Mädchen verwandelt, und das ist ihm Belohnung genug. (Offen gestanden: Uns hätt's auch gereicht.)

ARTHUR, KÖNIG VON CAMELOT

(ARTHUR, KING OF CAMELOT/ARTHUR AND THE SQUARE KNIGHTS OF THE ROUND TABLE). GB 1987. **R:** *Zoran Janjic.* **B:** *Zoran Janjic.* **K:** *G. Sharpe.* **A:** *Kevin Roper, Leif Gram, Paul Luschwitz, Ray Bartle, Gus McLaren, Jean Tych, G. M. Cooke, Vivien Ray.* **M:** *Clare Bail, R. Bowden. F 79 Min. (Zeichentrick).*

11 Episoden à 6 Minuten lang ist dieser flotte Zeichentrickfilm für Kinder, der zeigt, welche Abenteuer der legendäre Fantasy-König Arthur bestehen musste, als er noch ein Wichtel war. [V]

ASCALON, DAS ZAUBERSCHWERT

(THE MAGIC SWORD). USA 1962. **R:** *Bert I. Gordon.* **B:** *Bernard Schoenfeld.* **St:** *Bert I. Gordon.* **K:** *Paul Vogel.* **SpE:** *Bert I. Gordon, Flora Gordon, Milt Rice.* **M:** *Richard Markowitz.* **D:** *Basil Rathbone (Lodak), Estelle Winwood (Sybil), Gary Lockwood (George), Anne Helm (Prinzessin Helen), Liam Sullivan (Sir Branton), John Mauldin (Sir Patrick), Leroy Johnson (Sir Ulrich), Angus Duncan (Sir James), Jacques Gallo (Sir Dennis), David Cross (Sir Pedro), Taldo Kenyon (Sir Anthony), Jack Kosslyn (Riese), Maila Nurmi (Hexe), Richard Kiel. F 80 Min.*

Von seiner Hexentante Sybil mit Zauberpferd und Zauberschwert ausgerüstet, zieht der wackre Ritter George zusammen mit sechs Genossen aus, die Prinzessin Helene aus den Fängen des Zauberers Lodak zu befreien. Einen haarigen Riesen, den tückischen Lavasumpf, eine Vampirin und die Höhle der Feuerdämonen überwindet er dank seiner magischen Utensilien und des Opfermuts seiner Gefährten noch allein; nur gegen Lodak und dessen Drachen benötigt er am Ende doch noch Sybils Hilfe. – Eine schön doofe, aber ungeheuer ulkige Verunstaltung der Legende von St. Georg und dem Drachen, die vor allem von ihren skurrilen Charakteren, der Corman-ähnlichen Betonung ihrer totalen Künstlichkeit und dem Spaß lebt, den alle Beteiligten bei ihrer Herstellung ganz offenbar hatten. Der Drache ist für einen Bert I. Gordon-Film auch nicht übel.

Ascalon, das Zauberschwert (Werkaufnahme)

ASCHENBRÖDEL

(SOLUSCHKA). UdSSR 1947. **R:** *Nadeshda Koscheworowa, Michail Schapiro.* **B:** *E. Schwartz.* **LV:** *Gebrüder Grimm.* **K:** *E. Schwartz.* **SpE:** *Boris Gorbatschow.* **M:** *Antonio Spadavoccia.* **D:** *Janina Scheimo (Aschenbrödel), Alexej Konssowskij (Prinz), Erast Garin (König), Wassili Merkurjew (Jäger), Faina Ranewskaja (Stiefmutter), Warwara Mjasnikowa (Fee), Sergej Filippow (Korporal), A. Rumujew, I. Klemenko, E. Junger, T. Sesenewskaja. SW 81 Min.*

»Das Kindliche an Grimms Märchen wurde kindisch, das Ethische der Vorlage erscheint als plumpe Zeigefingertaktik, das Zauberhafte als handgreifliche Theatralik in Bild und Wort. Verkünstelte Banalität.« (FILMDIENST)

ASCHENBRÖDEL

(SOLUTSCHKA/CHRUSTALNY BASMATSCHOK). UdSSR 1960. **R:** *Alexander Rou, Rostislaw Sacharow.* **B:** *Alexander Rou, Rostislaw Sacharow.* **K:** *Alexander Ginzburg.* **M:** *Sergej Prokofjew.* **D:** *Raissa Strutschkowa (Aschenbrödel), Gennadi Ledjach (Prinz). F 81 Min.*

Märchen-Ballett mit der Musik von Prokofjew.

ASCHENPUTTEL (USA 1950)

Anderer Titel für **Cinderella**

ASCHENPUTTEL

BRD 1950. **R:** *Alf Zengerling.* **B:** *Alf Zengerling.* **LV:** *Gebrüder Grimm.* **K:** *Erwin van Osen.* **D:** *Ernst Wehlan, Sylvia Torf, Erika Dannhoff, Evi Eva, Sonja Helleis. SW 47 Min.*

Über diesen Film ist nichts bekannt.

ASCHENPUTTEL

BRD 1955. **R:** *Fritz Genschow.* **B:** *Fritz Genschow, Renée Stobrawa.* **LV:** *Gebrüder Grimm.* **K:** *Gerhard Huttula.* **M:** *Richard Strauch.* **D:** *Rita-Maria Nowotny (Aschenputtel), Fritz Genschow (Vater), Renée Stobrawa (Baumfee), Werner Stock (Hofnarr), Aenne Bruck, Maria Axt, Renate Fischer, Rüdiger Lichti, Herbert Weissbach, Joachim Rödel, Gisela Schauroth, Erika Petrick, Anny Marlé, Ali Wonka, Regine Birkner, Henning Schlüter.* F 82 Min.

Eine recht freie Bearbeitung des Grimmschen Märchens vom armen, unterdrückten Mädchen, das der bösen Stiefmutter und deren Töchtern zu Diensten sein muss, jedoch von einer guten Fee einem ritterlichen, wohlhabenden Prinzen zugeführt wird. – Die Handlung wurde um einige Tanz- und Gesangseinlagen gestreckt und wartet mit Figuren auf, die in der literarischen Vorlage nicht in Erscheinung treten. – »Ein Sonderlob verdient der Darsteller des Hofnarren, der einzige, der einer erfundenen Nebenfigur Leben einzuhauchen verstand.« (FILMBEOBACHTER)

ASCHENPUTTEL

BRD/Frankreich/Spanien/ČSSR 1989. **R:** *Karin Brandauer.* **B:** *Michael Schulz.* **LV:** *Gebrüder Grimm.* **K:** *Helmut Pirnat.* **M:** *Christian Brandauer, Natascha Wilhelm.* **D:** *Petra Vigna (Aschenputtel), Claudia Knichel (Stiefschwester), Roswitha Schreiner (Stiefschwester), Krista Stadler (Stiefmutter), Stephan Meyer-Kohlhoff (Prinz), Jean-Marc Bory (Vater).* F 90 Min.

Das brave Mädchen Aschenputtel muss jede Menge Demütigungen durch eine böse Stiefmutter und deren leibliche Töchter ertragen, darf aber am Ende über sie triumphieren und wird vom netten Prinzen heimgeführt. – Das weltbekannte Märchen der Grimms in einer werkgetreuen Neuinszenierung, die auch den Reifeprozess der Hauptfigur nicht vergisst. Regie, Kamera und Musik machen den Film für Kinder zu einem visuellen Vergnügen. [V]

ASTERIX BEI DEN BRITEN

(ASTERIX CHEZ LES BRITONS). Frankreich 1986. **R:** *Pino van Lamsweerde.* **B:** *Pierre Tchernia, Adolf Kabatek.* **V:** *»Asterix bei den Briten« von* René Goscinny, Albert Uderzo. **K:** *Philippe Cosma.* **A:** *Keith Ingham.* **M:** *Vladimir Cosma.* **Spr:** *Manfred Lichtenfeld (Asterix), Wolfgang Hess (Obelix), Chris Howland (Teefax), Leo Bardischewski (Miraculix), Michael Habeck (Majestix), Christian Marschall (Cäsar), Hartmut Neugebauer (Motus).* F 79 Min. (Zeichentrick).

Asterix und Obelix, zwei Bewohner eines gallischen Dorfes, das sich der Einnahme durch die Römer bislang mutig hat widersetzen können, brechen nach Britannien auf, um ein Fässchen ihres unbesiegbar machenden Zaubertrankes abzuliefern – denn die Römer wollen ihr Imperium ausdehnen. Leider gehen sie des Trankes aufgrund unvorhergesehener Umstände verlustig, so dass der gewiefte Asterix sich etwas einfallen lässt: Er ersetzt das Gesöff durch Tee, so dass wir nun alle wissen, wie die Angelsachsen zu ihrem Lieblingsgetränk (»Ein Tässchen heißes Wasser und einen Tropfen Milch«) gekommen sind. Der Film hält sich eng an die Vorlage, wartet mit einer beeindruckenden Tricktechnik auf und ist eine Freude für Erwachsene jeglichen Alters, old fellow! [V]

ASTERIX, DER GALLIER

(ASTERIX, LE GAULOIS). Frankreich/Belgien 1967. **R:** *René Goscinny, Albert Uderzo.* **V:** *»Asterix, der Gallier« von René Goscinny, Albert Uderzo.* **B:** *Willy Lateste, Laszlo Monar, Jos Marissen.* **M:** *Gérard Calvi.* **A:** *Willy Lateste, Nic Broca, Eddy Lateste, C. Segers, M. Cnop, C. Vande, A. Pilar, E. Borremans, M. Houydoux, N. Kentels, C. Monfort, M. Carpentier.* F 70 Min. (Zeichentrick).

50 v. Chr. Seit langem schon verpassen die Bewohner eines kleinen gallischen Dorfes den römischen Besatzern eine blutige Nase nach der anderen. Über einen Spion erfährt der machtlüsterne Zenturio Gaius Bonus, dass das Geheimnis der Gallier in einem Zaubertrank besteht, der ihnen übermenschliche Kräfte verleiht. Kurz darauf lässt er den Druiden Miraculix beim Mistelpflücken im Wald ergreifen. Um ihn zu befreien, dringt Asterix, der intelligenteste Krieger des Dorfes, in das römische Lager ein. Nach längerem Bitten und Betteln Gaius Bonus', der mit Hilfe des Tranks gegen Rom marschieren und Caesar stürzen möchte, erklärt sich Miraculix schließlich be-

reit, einen Zaubertrank zu brauen. Der jedoch erweist sich nur als äußerst wirksames Haarwuchsmittel. Als es für die beiden Gallier ernst wird, taucht plötzlich Julius Cäsar höchstpersönlich auf und versetzt seinen verräterischen Zenturio kurzerhand in die Mongolei. Asterix und Miraculix dürfen in ihr Dorf zurückkehren. – Asterix ist vermutlich die populärste Comic-Figur überhaupt. Von den zahllosen raffinierten Querverweisen und Anspielungen (eine ausführliche Analyse gibt André Stoll, ASTERIX – DAS TRIVIALEPOS FRANKREICHS, Köln 1974), die diese Comic-Serie zu einem solchen Lesevergnügen für die Gebildeten und Halbgebildeten aller Stände macht, findet sich in dieser Verfilmung des ersten Bandes allerdings recht wenig. Zumal in der deutschen Fassung der hintergründige Humor der Vorlage statt dessen beständig hinter billigem Hauruck-Klamauk zurücktritt. Überdies ist das Ganze recht schwach animiert. [V]

ASTERIX EROBERT ROM

(LES DOUZE TRAVAUX D'ASTERIX). Frankreich 1975. R: René Goscinny, Albert Uderzo, Henri Gruel, Pierre Watrin. B: René Goscinny, Albert Uderzo, Pierre Tchernia. M: Gérard Calvi. A: Bernard Roso, Robert Maxfield, José Abel, Jean Müller, Jean Gillet, Patrick Cohen, Harold Whitacker, Vivian Miessen, John Perkins, Dave Unwin, Brian Larkin, Borge Ring, Christopher Evans, Georges Grammat, John Halas, Janine Clerfeuille, Jean-Pierre Jacquet, Denis Boutin, Alberto Ruiz, Christiane Clerfeuille, Claude Mon-

fort, Malcolm Bourne, Bob Clennell, Christian Davi, Patrick Deniau, Peter Glazier, Tessa Jones, Leszek Majtas, Ray Newman, Claude Morice, Anne Marie Legascoin, Yordamlis Bourgeois, Mary Schwarcz Pinter, Pierrette Gherardini, Dominique Pot, Jean-Pierre Tardivel, Jacques Galan, Didier Gourdin, Jacques Dimier. F 82 Min. (Zeichentrick).

Um die Sache mit dem widerspenstigen gallischen Dorf ein für allemal zu klären, wettet Caesar mit Majestix um seinen Lorbeerkranz, dass dessen Gallier an einer abgewandelten Fassung der zwölf Arbeiten des Herkules scheitern werden. Mit ei-

Asterix bei den Briten

ner kräftigen Dosis Zaubertrank ausgerüstet, machen sich Asterix und Obelix unter dem wachsamem Auge des Schiedsrichters Gaius Pupus an die Arbeit. Nachdem sie den überschallschnellen Sprinter Asbestos, den Speerwerfer Kermes und den germanischen Ringer Cylindrix bezwungen haben, verfällt Asterix beinahe den Versuchungen der Freudeninsel, bis ihn der hungrige Obelix aus seiner Verzückung reißt, als ihm die Priesterinnen kein Wildschwein servieren. Kurz darauf schlagen sie den Hypnotiseur Osiris mit seinen eigenen Waffen. Im Restaurant des Mannekenpix vertilgt Obelix ein Riesenmahl und anschließend noch eine wilde Bestie. Der Versuch, aus einem riesigen Verwaltungsgebäude ein bestimmtes Formular zu besorgen, treibt beide fast in den Wahnsinn, bis Asterix das System durch völlig unsinnige Formularanforderungen durcheinanderbringt. Auf einer unsichtbaren Hängebrücke überqueren sie einen krokodilgefüllten Abgrund, auf einem hohen Berg beantworten sie das Rätsel eines Alten Mannes, und auch die Geister auf dem Spukfeld stören sie nur geringfügig im Nachtschlaf. In der Arena des Kolosseums treffen Aste-

rix und Obelix auf ihre gallischen Freunde. Ohne große Mühe besiegen sie gemeinsam die Gladiatoren und wilden Tiere. Der geschlagene Caesar dankt ab und zieht sich zu seiner Cleopatra zurück. Nur zu krass deutet sich in diesem dritten, zum ersten Mal nach einem Originaldrehbuch inszenierten Asterix-Film bereits der bedauerliche Niedergang an, der dann nach dem Tode Goscinnys auch bei den Comics einsetzen sollte. Ohne die geringste Finesse haust *Asterix erobert Rom* plump mit seinen Gegenwartsanspielungen (einmal verschlägt es die Helden sogar in die Pariser Metro), während die Satire (u.a. auf den Beamtenapparat und die Waschmittelwerbung) in der Regel mit der geballten Wucht eines Holzhammers serviert wird. Über die Synchronisation in bewährtem Hauruck-Stil sei besser der Mantel des Schweigens gebreitet. »Aber was den Film wirklich ruiniert, ist die wenig einprägsame Charakterisierung seiner Helden und die unoriginelle Story. Der Kniff, die Helden jede neue Aufgabe mit zunehmender Leichtigkeit bewältigen zu lassen, verliert schnell an Reiz. Besser wäre unter diesen Umständen gewesen, die Zahl

Asterix erobert Rom

der Aufgaben zu halbieren und dem Rest des Films mit solideren Hinführungen mehr Substanz zu verleihen.« (MONTHLY FILM BULLETIN) [V]

ASTERIX IN AMERIKA

BRD 1994. **R:** *Gerhard Hahn.* **B:** *Thomas Platt, Ralph Rooster, Pierre Tchernia, Albert Uderzo.* **K:** *Barry Newton, Thorsten Falke.* **M:** *Harold Faltermayer.* **Spr:** *Peer Augustinski (Asterix), Ottfried Fischer (Obelix), Jochen Busse (Troubadix), Ralf Wolter (Miraculix), Andreas Mannkopf (Centurio), Thomas Reiner (Cäsar), Michael Habeck (Lukullus), Jürgen Scheller (Majestix), Christiane Backer (Ha-Tschi), Tommy Piper (Medizinmann). F 85 Min.(Zeichentrick).*

Der Druide Miraculix ist im heimischen Wäldchen unterwegs, um Zutaten für den Zaubertrank zu sammeln, der den Galliern Bärenkräfte verleiht, als er von dem schrägen Römer Lukullus gekascht und an den fernen Gestaden Amerikas ausgesetzt wird. Asterix und Obelix begeben sich auf die Suche, stöbern ihn in einem merkwürdigen Land mit noch merkwürdigeren Menschen (Indianern – der Verleih wollte die amerikanischen Kinos ›erobern‹) auf und eilen nach Hause, wo Cäsars Truppen inzwischen ihr Dorf abgefackelt haben und ihre Freunde im Kerker schmachten. Dann wird unheimlich gekloppt, bis der Sieg gegen die Imperialisten errungen ist und man zum obligatorischen Schlussgelage schreiten kann. – Dieser Asterix-Film ist eine rein deutsche Produktion. »Jeder, dem die Synchronisation früherer Produktionen mitunter ein bisschen dämlich vorkam, darf sich nun davon überzeugen, dass ein deutsches Originaldrehbuch nicht unbedingt besser ist. Der schlimmste aller Fälle ist eingetreten – Asterix ist nicht mehr zum Lachen.« (Peter Strotmann, FILMDIENST)

ASTERIX – OPERATION HINKELSTEIN

(LE COUP DE MENHIR). Frankreich/BRD 1989. **R:** *Philippe Grimond.* **B:** *George Roubicek, Yannik Piel, Adolf Kabatek. Zusätzliche deutsche Dialoge: Rolf Giesen.* **V:** *Motive von René Goscinny, Albert Uderzo.* **K:** *Craig Simpson.* **M:** *Michel Colombier.* **Spr:** *Jürgen von der Lippe (Asterix), Günter Strack (Obelix), Christian Marshall (Lügfix). F 81 Min.*

Zeichenfilm nach den Asterix-Geschichten vom Kampf der letzten aufrechten Gallier gegen die römischen Okkupanten. Ursprünglich war der köstliche Goscinny/Uderzo-Band um den »Kampf der Häuptlinge« als Vorlage vorgesehen, doch entnahm man dieser Geschichte aus unerfindlichen Gründen nur den Prolog: Druide Miraculix verliert nach einem Hinkelsteinwurf des bärenstarken Obelix zeitweise das Bewusstsein und kann keinen Zaubertrank mehr brauen. Den Rest des Films baute man um einen einem anderen Heft entlehnten »Seher« auf, der ein Spion der römischen Belagerer ist und die Gallier aus ihrem befestigten Dorf vertreiben soll. [V]

ASTERIX – SIEG ÜBER CÄSAR

(ASTERIX ET LA SURPRISE DE CESAR). Frankreich 1985. **R:** *Paul Brizzi, Gaeten Brizzi.* **B:** *Pierre Tchernia.* **LV:** *»Asterix als Legionär« und »Asterix als Gladiator« von René Goscinny, Albert Uderzo.* **K:** *Philippe Laine.* **A:** *Keith Ingham.* **M:** *Vladimir Cosma, Plastic Bertrand.* **Spr:** *Frank Zander (Asterix), Wolfgang Hess (Obelix), Christian Rohde (Cäsar), Sascha Hehn (Tragicomix), Christiana Höltl (Falbala). F 77 Min. (Zeichentrick).*

Der gewitzte Gallier Asterix, sein schlagkräftiger Freund Obelix und dessen winzige Töle Idefix eilen gen Rom, um die dralle Falbala zu befreien, die ein römischer Centurio entführt hat, der sie Cäsar zum Geschenk machen will – denn Obelix ist schwer verliebt! Auf ihrer Reise müssen sie jede Menge Abenteuer bestehen, bis sie als Gladiatoren im Circus Maximus auftreten, den sie erfolgreich kaputtmachen. – Der vierte Trickfilm-Streich nach den legendären Asterix-Comics von René Goscinny und Albert Uderzo beeindruckt durch flotte Animation und witzige Szenen. [V]

ASTERIX UND CLEOPATRA

(ASTERIX ET CLEOPATRE). Frankreich/Belgien 1968. **R:** *René Goscinny, Albert Uderzo.* **B:** *René Goscinny, Albert Uderzo.* **LV:** *»Asterix und Cleopatra« von René Goscinny, Albert Uderzo.* **B:** *René Goscinny, Albert Uderzo, Pierre Tchernia.* **M:** *Gérard Calvi.* **A:** *Vivian Miesen, Nic Broca, Marcel Colbrant, Lawrence Moorcroft, Børge Ring, Björn Frank Jensen, Per Ulvan Lygum. F 74 Min. (Zeichentrick).*

Asterix und Cleopatra

Um Julius Cäsar zu beweisen, dass die Ägypter nicht restlos dekadent sind, gibt Cleopatra bei dem schusseligen Architekten Numerobis einen Prachtpalast in Auftrag. Bauzeit drei Monate, andernfalls er den Krokodilen zum Fraß vorgeworfen wird. Numerobis holt sich Asterix, Obelix und Miraculix zu Hilfe, dank dessen Zaubertrank das Bauvorhaben zunächst munter voranschreitet. Als sein Rivale Pyradonis die Steinversorgung sabotiert, ziehen die drei Gallier den Nil hinauf. Die Versuche von Pyradonis' Handlanger, sie in der Cheops-Pyramide einzusperren, scheitern jedoch an Idefixens Spürsinn. Auch der Plan, die unliebsamen Fremden mit einem vergifteten Kuchen bei Cleopatra in Misskredit zu bringen, misslingt. Bald schon fürchtet Cäsar um seine Wette und lässt den halbfertigen Palast von seinen Legionären bombardieren. Per Zaubertrank gelingt es den Galliern, dem Angriff so lange zu trotzen, bis die von Idefix alarmierte Cleopatra auf dem Schlachtfeld eintrifft und ihrem Geliebten gehörig den Kopf wäscht. Allen Hindernissen zum Trotz wird der Palast schließlich rechtzeitig fertig. Cleopatra überschüttet ihren Architekten mit Gold; die drei Gallier kehren in ihr Dorf zurück. – Der einzige Asterix-Film, der den hintergründigen Humor der Vorlage annähernd kongenial auf die Leinwand zu übertragen verstand. Einen Teil seiner Wirkung verdankt *Asterix und Cleopatra* auch der einprägsamen Musik Gérard Calvis und den recht gut eingepassten Musical-Sequenzen, in denen u.a. der fette Obelix nach kargen Linsensuppen-Dinners von tanzenden Wildschweinen und singenden Emmentalern träumt. – »Ähnlich wie bei Disneys *Dschungelbuch* stellt auch hier die erzählbare Geschichte nur einen roten Faden dar, bildet die Story bloß die Schnur, an welcher sich dann die Perlen der Einfälle optischer, akustischer und dramaturgischer Art reihen. Interessant ist auch der Anfang des Films, der verkürzt drei Phasen der Entstehung eines Zeichentrickfilms zeigt: einfarbige Skizzen zu einzelnen Situationen, mehrschichtige, noch unbewegte Hintergrundgestaltung; fertig zusammengefügte animierte Episode.« (FILMDIENST) [V]

Ator – Herr des Feuers

ASTERIX & OBELIX GEGEN CÄSAR

(ASTERIX ET OBELIX CONTRE CAESAR). BRD/Frankreich/Italien 1998. **R:** *Claude Zidi.* **B:** *Claude Zidi, Gerard Lauzier.* **LV:** *Motive von Albert Uderzo und René Goscinny.* **K:** *Tony Pierce-Roberts.* **M:** *Jean-Jacques Goldman, Roland Romanelli.* **D:** *Christian Clavier (Asterix), Gérard Depardieu (Obelix), Roberto Benigni (Destructivus), Gottfried John (Julius Cäsar), Michel Galabru (Majestix), Claude Pieplu (Miraculix), Marianne Sägebrecht (Gutemine).* F 110 Min.
Eine Realfilmversion der herkulischen Comic-Taten von Asterix und Obelix gab es in den sechziger Jahren schon mal im französischen Fernsehen; der zu einer Zeit, da die Gallier-versus-Römer-Geschichten nicht mehr Kult, sondern ausschließlich Geschäft sind, in den Geiselgasteiger Bavaria Ateliers fabrizierte Spielfilm von Claude Zidi bleibt hinter den Erwartungen zurück: »Trotz detailgetreu nachgebildeten Dekors enttäuscht ... die filmische und tricktechnische Gestaltung der aufwendigen Produktion.« (ZOOM)

ATOR – HERR DES FEUERS

(ATOR, L'INVINCIBILE). Italien 1982. **R:** *David Hills [Joe d'Amato].* **B:** *David Hills.* **K:** *Frederick*

Seine Mutter war eine Prinzessin – sein Vater ein Barbar!
MILES O'KEEFFE
SABRINA SIANI
ATOR HERR DES FEUERS

Slonisco. **M:** *John Beck [Maria Cordio].* **D:** *Miles O'Keeffe (Ator), Sabrina Siani (Runn), Ritza Brown (Sanda), Edmund Purdom (Gribu), Laura Gemser (Maga Indun, die Hexe), Dakkar (Gran Sacerdote).* F 97 Min.

Während seiner Heirat raubt der Hohepriester des »Großen Geistes« dem mächtig starken Barbaren Ator die Frau. Um die Holde aus den Fängen des Spinnengottes zu befreien, verbündet sich Ator mit der Amazonenkriegerin Runn. Gemeinsam machen sie eine Hexe unschädlich, durchdringen das Land der lebenden Toten und stehlen den Schild des Mordor (!) aus dem Vulkan der Schatten. Derart ausgerüstet, räumt der Recke ohne Schwierigkeiten mit dem Großen Geist und dessen Schergen auf. Zwar bleibt Runn dabei auf der Strecke, dafür jedoch darf Ator mit der Geretteten zum Abspann über eine Wiese tollen. – Beeindruckend schlechtes *Conan*-Plagiat aus Italien, das die dortige Filmindustrie zu einer ganzen Reihe weiterer, nicht minder horribler Hymnen an das Knallchargentum anspornte. »Die grenzenlose Inkompetenz aller Beteiligten spottet jeder näheren Beschreibung.« (VARIETY) [V]

ATOR II – DER UNBESIEGBARE

(ATOR L'INVINCIBILE II). Italien 1983. **R:** *David Hills, [Joe d'Amato].* **B:** *David Hills.* **K:** *Dan Winters.* **M:** *Carlo Rustichelli.* **D:** *Miles O'Keeffe (Ator), Lisa Foster (Mila), David Cane (Zoran), Charles Boromel (Akronos), Robert Black (Bor), Donald Hodson (Elder).* F 86 Min.

Im altbekannten Fantasyland hat der weise Alchimist Akronos auf wundersame Weise »das Strahlende« entdeckt – eine Kraft, die die Menschheit vernichten kann. Damit sie nicht in falsche Hände gerät, lässt er nach seinem Freund Ator schicken, der mächtig starke Muskeln hat.

Ator II – Der Unbesiegbare

Doch hat er die Rechnung ohne seinen sinistren und verschlagenen Ex-Schüler Zoran gemacht, der in dieser technologischen Neuentwicklung eine prächtige Möglichkeit sieht, die »Weltherrschaft« (über ein paar lausige Dörfer und Schweineherden wohl) anzutreten. Ator ist rechtzeitig zur Stelle: Sein sausendes Schwert mäht Zorans Schergen haufenweise nieder, und er brät auch der garstigen Riesenschlange eins über, der man in magischen Vollmondnächten knackige Jungfrauen opfert.

In das Drehbuch hat man schätzungsweise DM 5,– investiert; der Rest des Etats (etwa DM 45,–) dürfte wahrscheinlich im Beutel des »Stars« Miles O'Keeffe gelandet sein, dessen Mimik und Schauspielkunst ungefähr dem Können von Lukas, dem Lokomotivführer (von der Augsburger Puppenkiste), entsprechen. Ein Film für Leute, die »nicht immer nur Hochgeistiges« sehen wollen. [V]

AUF DER GOLDENEN TREPPE SASSEN ...

(NA SLATOM KRYLZE SIDELI). UdSSR 1986. **R:** *Boris Ryzarew.* **B:** *Alexander Chmelik, Boris Ryzarew.* **K:** *Michail Goichberg, Sergej Shurbizki.* **M:** *Jewgeni Botjarow.* **D:** *Michail Pugowkin (Zar Fedot), Leonid Kurawljew (König), Gennadi Frolow (Zarewitsch Iwan), Jelena Denissowa (Prinzessin), Sergej Nikolajew (Zarewitsch Pawel). F 70 Min.*
Sozusagen eine musikalische Revue bekannter russischer Märchenfiguren, darunter die Hexe Baba Jaga und der unsterbliche Koschtschej.

AUF DER JAGD NACH DEM NIERENSTEIN

(JAKTEN PÅ NYRENSTEINEN). Norwegen 1996. **R:** *Vibeke Idsöe.* **B:** *Vibeke Idsöe.* **K:** *Kjell Vassdal.* **M:** *Ragnar Bjerkreim.* **D:** *Torbjörn T. Jensen (Simon), Jenny Skavlan (Alveola), Benjamin Helstad (Karta), Terje Strömdahl (Opa), Caecilie Norby (Oma), Kjersti Holmen (Frau Galle), Lage Fosheim (Galle jr.) Morten M. Faldaas (Secret-Agent). F 91 Min.*
Opa will nach Kopenhagen, um sich mit seinen alten Freunden zu treffen, doch er erkrankt: Der kleine Simon, 8, erhält daraufhin von seinem Teddy den Rat, sich mit einem Zaubertrank aus dem

Chemiekasten auf Mikrobengröße schrumpfen zu lassen, um die Ursache – einen Nierenstein – zu suchen. In Opas Körper entdeckt der Junge eine faszinierende Welt skurriler »Lebewesen« und eine bizarre Bande von »Salzhackern«, die im Begriff sind, einen monumentalen Nierenstein zu erschaffen. Die Reise ist abenteuerlich, witzig und bildend. »Die Computer- und Trickeffekte sind brillant, wobei die Geschichte trotz der effektvollen Inszenierung nie eine untergeordnete Rolle spielt. Der Film lebt von der Idee, das Körperinnere als menschlichen Mikrokosmos zu verstehen, in dem phantastische Gestalten ihrer Arbeit nachgehen.«

AUF DER SUCHE NACH BIGFOOT

(BIGFOOT). USA 1987. **R:** *Danny Huston.* **B:** *John Groves.* **St:** *Bruce Rowland.* **K:** *Frank Flynn.* **M:** *Chris Ledesma.* **D:** *James Sloyan (Dr. Zack Emerson), Gracie Harrison (Laura Davis), Joseph Maher (Jack Kendrix), Adam Karl (Kevin Emerson), Candace Cameron (Samantha Oneger), Colleen Dewhurst (Gladys Samcoe), Bernie White, Dawn Scott. F 90 Min.*
Kevin, der Sohn Dr. Emersons, und Sam, die Tochter Lauras, werden bei einem Gebirgsausflug in Oregon von einem behaarten Fabelwesen gerettet und beschützen es samt Gefährtin später vor Jägern. Jede Bigfoot-Film erzählt die gleiche doofe Geschichte, und diese TV-Produktion der Firma Disney ändert daran auch nichts. [V]

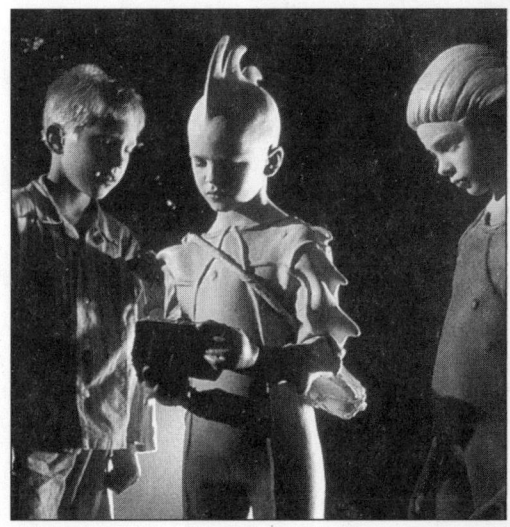

Auf der Jagd nach dem Nierenstein

AUF DER SUCHE NACH DEM GOLDENEN KIND

(THE GOLDEN CHILD). USA 1986. **R:** *Michael Ritchie.* **B:** *Dennis Feldman.* **K:** *Donald E. Thorin.* **SpE:** *Industrial Light & Magic.* **M:** *Michel Colombier.* **D:** *Eddie Murphy (Chandler Jarrell), Charlotte Lewis (Kee Nang), Charles Dance (Sardo Numspa), Victor Wong (Weiser alter Mann), Charlotte Lewis (Kee Nang), Randall Cobb (Til), James Hong (Dr. Hong), J. L. Reate (Goldenes Kind), Tiger Chung Lee (Khan), Tau Logo (Yu), Shakti (Kala), Pons Maar, Peter Kwong, Wally Taylor, Eric Douglas. F 93 Min.*

Diesmal albert Beverly-Hills-Cop Eddie Murphy als »auserwählter« Sozialarbeiter aus Los Angeles in Tibet herum.

Dort hat eine Figur mit dem unaussprechlichen Namen Sardo Numspa das zur Weltenrettung erschienene und mit plumpen »Spezialeffekten« begabte goldene Kind gekidnappt, um als Antichrist von eigenen Gnaden die Erde zu vernichten. Regisseur Michael Ritchie setzt voll auf die Bilderkraft der Trickfilm-Kiste: ›Good Eddie‹ balanciert auf wackligen Baumstümpfen über feuerspeiende Schluchten, reißt magische Messer aus glühenden Kohlen und setzt damit dem Schurken Sardo zu. Der verwandelt sich eine unendliche Schlusssequenz lang in eine fliegende Echse, die, wie einst die ersten Horror-Drachen Hollywoods, brüllend vom Himmel herabstürzt, um durchs Schiebedach in Eddies Straßenkreuzer zu gelangen – das wortkarge Erretter-Kind sitzt nämlich auf dem Beifahrersitz.« (DIE WELT)

»Die Illusionsmaschinerie läuft auf vollen Touren, zieht Eddie Murphy in ihr Räderwerk. Weil er nur glaubt, was er sieht, veranstaltet George Lucas' ›Effektefirma Industrial Light & Magic‹ eine Menge Zauber. Was für ein Name: das Kino als Ort, wo wir uns von der Industrie mit Licht verzaubern lassen. Neunzig Minuten lang darf man glauben, das Schicksal könne uns jederzeit wie ein Blumentopf auf den Kopf treffen. Oder die hübsche, aber unnahbare Tibetanerin könnte unter einen Wasserstrahl geraten und uns mit der plötzlichen Transparenz ihrer Bluse bezaubern. Für die magischen Momente im Kino reichen manchmal immer noch die simpelsten Effekte.« (Michael Althen, SÜDDEUTSCHE ZEITUNG) [V]

AUFRUHR IM HIMMEL

Anderer Titel für **Aufruhr im Himmelspalast**

AUFRUHR IM HIMMELSPALAST

(SUN WU-K'UNG TA NAO T'IEN-KUNG). China 1964. **R:** *Wan Lai-Ming.* **B:** *Li Kero, Wan Lai-Ming.* **LV:** *Roman von Wu Ch'eng-en.* **K:** *Zhang Guang-Yuan, Zhang Zheng-Yu. F 90 Min. (Zeichentrick.)*

Die Zeichenfilme der Animationsstudios von Shanghai haben einen unverwechselbaren Reiz, der stilistisch feiner ist als der der gelegentlich grobschlächtigen japanischen Anime. Erzählt wird die bekannte Fabel vom übermütigen Affenkönig, der nach einem Streit mit dem Drachenkönig zur Strafe im Himmel bleiben muss. Aber auch hier stiftet er genauso viel Unordnung wie auf der Erde. Die Dramaturgie macht Anleihen bei der Peking-Oper.

AUFRUHR IM SCHLARAFFENLAND

BRD 1957. **R:** *Otto Meyer.* **B:** *Inka Köhler-Rechnitz.* **LV:** *Carl Ludwig Bechstein.* **K:** *Gerhard Huttula.* **M:** *Norbert Schultze.* **D:** *Cordula Trantow, Alexa von Porembsky, Sabina Sesselmann, Alexander Engel, Werner Krüger, Harry Wüstenhagen, Helmut Ziegner, Uwe Peter Witt, Otto Czarski. F 81 Min.*

Im Kleinstaat Irgendwo herrscht Armut; man ernährt sich vorzugsweise von Heringen und Pellkartoffeln. Der Plan des Königs, seine Tochter mit dem Souverän von Persipanien zu vermählen, schlägt fehl, doch da er so gastfreundlich ist, schenkt ihm eine Fee einen silbernen Zauberknopf, mit dem er sich, den Hofschranzen und dem Volk das Schlaraffenland herbeiwünscht. Von nun an lebt man in Saus und Braus – was natürlich auch seine Folgen (Zahn- und Bauchweh) hat, denn die Übersättigung macht die Menschen faul und lustlos. Die Kinder sind jedoch auf Zack – im Verein mit ihrem Lehrer, dem königlichen Arzt und der Prinzessin starten sie einen erfolgreichen Feldzug gegen Unvernunft und Völlerei. – »Kann (ab 6 Jahren) mit Vergnügen gesehen werden.« (FILMBEOBACHTER)

AUFRUHR IM ZAUBERWALD (UDSSR 1964)

Anderer Titel für **Abenteuer im Zauberwald**

AUFRUHR IM ZAUBERWALD

(ELM-CHANTED FOREST). USA/ČSSR 1986. **R:** *Milan Blazekovic.* **B:** *Fred P. Sharkey.* **K:** *Milan Blazekovic.* **M:** *Dennis Leogrande. F 78 Min. (Zeichentrick).*

Peter Palette, Maler von Beruf, nächtigt im Wald unter einem Baum mit Zauberkräften. Als er erwacht, versteht er die Sprache der Tiere und gestaltet den vom grantigen König Kaktus regierten Wald mit bunten Farben um. Als der König sieht, dass Peter an seinem Stuhl sägt, setzt er Feuer, Wasser und Bagger gegen ihn ein. Doch vergebens. Schöne Bilder, aber ohne Witz. [V]

DER AUSGEFLIPPTE COLLEGE-GEIST

(SCHOOL SPIRIT). USA 1984. **R:** *Alan Holleb.* **B:** *Geoffrey Baere.* **K:** *Robert Ebinger.* **M:** *Tom Bruner.* **D:** *Tom Nolan (Billy Batson), Elisabeth Foxx (Judith Hightower), Daniele Arnaud (Medeleine), John Finnegan (Pinky Batson), Larry Linville (Präsident Grimshaw). F 87 Min.*

Billy Blödmann, *der* amerikanische Film-Student, kommt nach einem tödlichen Verkehrsunfall aufgrund der Schlunzigkeit eines Schutzengels noch mal mit 'nem blauen Auge davon, darf die Abreise ins Jenseits aber 'ne Weile verschieben und im Umfeld seiner Kommilitonen (sowie im Duschraum der Mädels) diverse gute Taten vollbringen, was ihm gefällt, weil er unsichtbar ist. Und 'ne ulkige »Monsterparty«, auf der Billy Scherze treiben kann, veranstalten die lustigen Studenten natürlich auch! Ha! Ha! Eine videogeborene »Komödie«, über die aber niemand mit einem IQ über 85 lachen kann. [V]

AUTO, GEIGE UND DER HUND KLECKS

(AUTOMOBIL, SKRIPKA I SOBAKA KLAKSA). UdSSR 1974. **R:** *Rolan Bykow.* **B:** *Alla Achundowa.* **K:** *Michail Ardabjewski.* **M:** *Maksim Dunajewski.* **D:** *Oleg Anofrijew (Musikant), Rolan Bykow (Dirigent/Katzengroßmutter), Georgi Wizin (Musikant), Natalja Tenischtschewa (Kusja), Andrej Gussew (Oleg), Zolak Wartasarjan (David), Sinowi Gerdt (Großvater), Alexej Smirnow. F 102 Min.*

Zwei musizierende Zauberer vom Himmel, die nur von Kindern gesehen werden können, treiben zusammen mit den Jungen Oleg und David allerlei Schabernack.

AUTOMÄRCHEN

DDR 1983. **R:** *Erwin Stranka.* **B:** *Erwin Stranka.* **LV:** *Jiří Marek.* **K:** *Helmut Bergmann.* **SpE:** *Ingo Baar, Wolfgang Chevallier, Heiko Ebert, Erich Günther, Frank Wittstock.* **M:** *Karl-Ernst Sasse.* **D:** *Kurt Böwe (Kalle Sengebusch), Marylu Poolman (Frau Sengebusch), Ramona Hennecke (Ima Sengebusch), Roman Kaminski (Koslowski), Deszö Garas (Piel), Michéle Marian (Heidelinde), Horst Weinheimer (Ulrich Neumann), Angela Brummer (Ursula Neumann), Frank Träger (Udo), Manuela Kirste (Ute), Wolfram Handel (Werkstattleiter), Dorit Gäbler (Barbara). F ca. 90 Min.*

Die Waldfee Heidelinde beeinflusst den braven Buchhalter Piel, mit 173 km/h über DDR-Landstraßen zu jagen; Herr Neumann verkauft einer schwarzen Katze seine Seele und erhält dafür einen rasanten Straßenkreuzer, dessen Betriebs- und Benzinkosten ihn fast in den Ruin treiben; der Kfz-Mechaniker Kalle, sämtlichem Übersinnlichen abhold, begegnet einem Abgesandten der Geisterwelt, der persönlich dafür sorgt, dass auf Erden recht viele Autounfälle stattfinden. – Satirischer Episodenfilm mit einem Schuss Phantastik, als Parabel auf jene besonders deutschen Autofahrer gedacht, die in simplen Fortbewegungsmitteln heilige Kühe sehen.

AVATAR – WIEDERGEBURT DES BÖSEN

(ETERNITY). USA 1989. **R:** *Steven Paul.* **B:** *Jon Voight, Steven Paul, Dorothy Koster Paul.* **K:** *John Lambert.* **M:** *Michel Legrand.* **D:** *Jon Voight (Edward James), Armand Assante (Romi Sean), Wilford Brimley (King Eric), Eileen Davidson (Dahlia Valerie), Kaye Ballard (Sabrina Selma). F 99 Min.*

Ein TV-Journalist erkennt in einem Rüstungsindustriellen den Bruder Kain, mit dem er, als edler Prinz Abel, in mittelalterlichen Träumen in Fehde liegt. Nur auf Video. [V]

AYLA UND DER CLAN DER BÄREN

(THE CLAN OF THE CAVE BEAR). USA 1985. **R:** *Michael Chapman.* **B:** *John Sayles.* **LV:** *»Ayla und der Clan der Bären« von Jean M. Auel.* **K:** *Jan*

de Bont. **SpE:** *Gene Grigg, Michael Clifford.* **M:** *Alan Silvestri.* **D:** *Daryl Hannah (Ayla), John Doolittle (Brun), James Remar (Creb), Pamela Reed (Iza), Thomas G. Waites (Broud), Martin Doyle (Grod), Tony Montanaro (Zoug), Mike Muscat (Dorv), Curtis Armstrong, Adel C. Hammond, John Wardlow, Keith Wardlow.* **F 93 Min.**

Gegen Ende der Altsteinzeit vor etwa 35 000 Jahren wird der Neandertaler vom Cro-Magnon abgelöst.

Wie das genau vor sich ging, wird hier handfest vorgeführt: Eines Tages nimmt der Clan der Bären widerwillig eine Fremde bei sich auf, ein blondes Cro-Magnon-Mädchen, eine aparte Steinzeit-Heidi namens Ayla. Ayla hat bei einem Erdbeben die Mama verloren und lernt jetzt die brutalen, primitiven Regeln der Neandertaler kennen, wobei sie sich auch gegen einzelne Mitglieder des Stammes zur Wehr setzen muss. Denn ihre »Überlegenheit«, ihre geistige Agilität rufen bei den eher tumben Mitgliedern des Clans nur Neid und Hass hervor. – Die Tatsache, dass die Vorlage aus der Feder einer Frau stammt, Jean M. Auel, rückt die Protagonistin in durchaus frühemanzipatorischer Weise in den Mittelpunkt des Interesses, doch gleichzeitig strapaziert der Film auch die Geduld der Zuschauer: »Zwischen dem Interesse am Evolutionsthema und dem an einer rührselig-faden Frauenutopie vermag sich der Regisseur nicht recht zu entscheiden und vermischt schließlich beides.« (NEUE ZÜRCHER ZEITUNG) [V]

B

DIE BACCHANTINNEN

(LE BACCANTI/LES BACCHANTES). Italien/ Frankreich 1960. **R:** *Giorgio Ferroni.* **B:** *Giorgio Stegani, Giorgio Ferroni.* **LV:** *Euripides.* **K:** *Pier Ludovico Pavoni.* **M:** *Mario Nascimbene.* **D:** *Pierre Brice, Taina Elg, Alberto Lupo, Alessandra Panaro, Akim Tamiroff. F 100 Min.*

Weil die Thebaner im alten Griechenland ihrem Gott Dionysos abtrünnig geworden sind, kommt es zu einer schrecklichen Dürre. Das Herrscherhaus beschließt, Dionysos mit einem Menschenopfer zu versöhnen (weil man sich so gleichzeitig eine Jungfer vom Halse schaffen kann, die der Dynastie gefährlich werden könnte). Dionysos jedoch will den Hader persönlich beilegen. Er kommt in menschlicher Gestalt auf die Erde, flirtet, zaubert, intrigiert – und bringt das Volk dazu, den König auszuschalten. Am Ende ist seine Position wieder gefestigt, und der langersehnte Regen fällt. – »Das Ganze als handfesten Kitsch zu bezeichnen, [wäre] eine unstatthafte Schmeichelei.« (FILMDIENST)

BAMBI

(BAMBI). USA 1942. **R:** *David D. Hand, James Algar, Bill Roberts, Norman Wright, Sam Armstrong, Paul Satterfield, Graham Heid.* **B:** *Larry Morey.* Story-Leitung *Perce Pearce.* **A:** *Franklin Thomas, Milton Kahl, Eric Larson, Oliver M. Johnston jr., Fraser Davis, Bill Justice, Don Lusk, Retta Scott, Kenneth Hultgren, Kenneth O'Brien, Louis Schmitt, Preston Blair, John Bradbury, Bernard Garbutt, Joshua Meador, Phil Duncan, George Rowley, Art Palmer, Art Elliott, Merle T. Cox, Tyrus Wong, Art Riley, Robert McIntosh, Travis Johnson, W. Richard Anthony, Stan Spohn, Ray Huffine, Ed Levitt, Joe Stahley.* **LV:** *»Bambi« von Felix Salten.* **M:** *Frank Churchill, Edward Plumb. F 69 Min. (Zeichentrick).*

Disneys sentimentale Geschichte vom Kitz, das in der Gemeinschaft seiner Freunde zum kapitalen Bock und Herrn des Waldes heranwächst, war eine extrem fotorealistisch gezeichnete Angelegenheit, die das Genre des Animationsfilms künstlerisch in eine Sackgasse zwang. Aber noch immer wird selbst der härteste Anarchist weich, wenn Bambi auf der technicolorbunten Leinwand erscheint. Vom drolligen Häschen Klopfer und dem Stinktier »Blume« ganz zu schweigen.

BAMBI

(DETSTWO BAMBI). UdSSR 1986. **R:** *Natalja Bondartschuk.* **B:** *Juri Jagibin, Natalja Bondartschuk.* **LV:** *»Bambi« von Felix Salten.* **K:** *Alexander Filatow.* **SpE:** *W. Losowski, W. Masochin.* **M:** *Boris Petrow.* **D:** *Galina Beljajewa (Faline), Nikolai Burljajew (Bambi), Lew Maris Liepa (Bambis Vater), Inna Makarowa (Nettla), Natalja Bondartschuk (Bambis Mutter), Olga Kabo (Marena), Alivars Leimanis (Karus), Alexander Somow (Ronno), Platon Sakwarilidse. F (80) 74 Min.*

Der Erlebnisse des kleinen Rehs Bambi mit den possierlichen Tieren in einem märchenhaft schönen Waldgebiet. Wie er die ersten Sprünge macht, seine Freundin Faline kennenlernt und lernen muss, dass Menschen, die auf die Jagd gehen, auch Wildbret nicht verschmähen. – Das Kuriose: Die Tiere nehmen zwischendurch menschliche Gestalt an. Nette Naturaufnahmen, ansonsten aber doch eher zum Wegsehen. Nach dem Klassiker von Felix Salten.

BARABBAS

(BARABBAS). Italien 1961. **R:** *Richard Fleischer.* **B:** *Christopher Fry.* **LV:** *»Barabbas« von Pär Lagerkvist.* **K:** *Aldo Tonti.* **M:** *Mario Nascimbene.* **D:** *Anthony Quinn (Barabbas), Silvana Mangano (Rachel), Arthur Kennedy (Pontius Pilatus), Kathy Jurado (Sara), Harry Andrews (Petrus), Vittorio Gassman (Sahak), Jack Palance (Torvald), Ernest Borgnine (Lucius), Norman Wooland (Rufio), Valentina Cortese (Julia), Michael Gwynn (Lazarus), Douglas Fowley (Vasasio), Robert Hall (Hauptmann der Gladiatoren), Lawrence Payne (Jünger), Arnoldo Foa (Joseph), Roy Mangano (Christus),*

Ivan Triesault (Imperator), Amma Baron (Maria), Paola Pitagora (Maria Magdalena), Antonio Segurini (Johannes), Friedrich von Ledebur (Legionär). F 143 Min.

Pilatus, der römische Statthalter Jerusalems, befragt – einem alten Brauch gemäß – die Hebräer, wem er die Freiheit geben soll: Jesus von Nazareth, der von seinen Anhängern »der König der Juden« genannt wird, oder dem Halsabschneider Barabbas. Die Menge will Jesus gekreuzigt sehen; Barabbas ist's recht. Obwohl er ein seltsames Gefühl verspürt, als er dem Todgeweihten kurz begegnet, lebt er fortan wieder sein altes Leben. Im Land hat sich jedoch einiges verändert: Barabbas' Geliebte Rachel, eine Hure, hat zu den Christen gefunden und prophezeit, dass Jesus von den Toten auferstehen wird. Barabbas verhöhnt sie; auch als Rachels Prophezeiung eintrifft, sieht er keinen Grund, ihr zu glauben. Rachel wird später vom Mob gesteinigt. Barabbas trinkt und raubt. Irgendwann verurteilt man ihn zu lebenslanger Zwangsarbeit in einer sizilianischen Schwefelmine, einer Strafe, der er zwanzig Jahre später nach einem Grubenunglück entgeht. Leicht ergraut, aber noch immer kräftig und skrupellos, dient er fortan dem Edelmann Rufio als Gladiator. Der Christ Sahak, Barabbas' einziger Freund, wird in der Arena umgebracht, als er sich weigert, einen Wehrlosen zu töten. Barabbas erkämpft sich nach einer wüsten Schlacht in der Arena die Freiheit. Es zeigt sich, dass er, der Mann, der immer hat glauben wollen (ohne es freilich zu können), etwas gelernt hat: Er setzt Sahak in den Katakomben Roms bei, dem heimlichen Treffpunkt der Christen. Als Kaiser Nero die Stadt in Brand steckt, um die Tat den Christen anzulasten, legt Barabbas bereitwillig mit Hand an. Er wird zusammen mit den Christen gekreuzigt.

Die zweite spielfilmlange Umsetzung des 1950 erschienenen und mit dem Nobelpreis ausgezeichneten Romans von Pär Lagerkvist (1891–1974) – der erste Film, der sich des Barabbas-Charakters annahm, wurde 1949 von Donald Taylor in Großbritannien unter dem Titel WHICH WILL YE HAVE gedreht, lief nur 39 Minuten –, war auch die schlechtere[2]. Obwohl das Produktionsbudget 10 Mio. $ betrug und das Statistenheer in die Tausende ging, gehört Richard Fleischers Version in die Kategorie jener italienischen Monumentalfilme, die Tiefgang durch Schwertergerassel und sinistre Schurken ersetzen, die sich ausnahmslos wie Knallchargen aufführen. Folglich ist sein *Barabbas* (der FILMDIENST sah in ihm, wahrscheinlich nicht ganz zu unrecht, einen »komplexbeladenen Herkules«) auch ein wortkarger Kraftmeier, der nicht kaputtzukriegen ist. – »Die Veränderung der Schlussszene [des Lagerkvistschen Romans] ist exemplarisch für den ganzen Film. Während Barabbas dort im Dunkel endet, ein Einsamer, von den Menschen Verlassener ... lässt ihn der Film den Märtyrertod mit der christlichen Gemeinde Roms sterben.« (FILMDIENST) [V]

BARABBAS – DER MANN IM DUNKEL

(BARABBAS). Schweden 1953. R: Alf Sjöberg. B: Alf Sjöberg, Pär Lagerkvist. LV: »Barabbas« von Pär Lagerkvist. K: Göran Strindberg, Sven Nykvist. M: Moses Pergament. D: Ulf Palme (Barabbas), Erik Strandmark (Petrus), Anders Henrikson (Prokurator), Georg Arlin (Lazarus), Hugo Björne (Blinder), Olof Widgren (Sahak), Inge Waern, Sif Ruud, Toivo Pawlo, Olle Hilding, Olof Sandborg, Holger Löwenadler, Stig Olin, Gösta Pruzelius, Eva Dahlbeck, Per Oscarsson, Ake Grönberg, Gösta Gustafsson, Jarl Kulle, Yvonne Lombard, Hariette Garellick, Lissi Alandh, Erik Hell, Helga Brofeldt, Sture Erieson, Alexander von Baumgarten, Henrik Schildt, Gunnar Sjöberg, Torsten Lilliecrona, Kolbjörn Knudsen, Segol Mann, Sven-Eric Gamble, Ulla Smidje, Birgitta Valberg, Barbro Hiorf af Ornäs, Jan-Olof Strandberg, Sven Magnusson, Peter Lingren, Manne Grünberger, Hans Straat, Erik Forslund, Gunnar Hellström, Gregor Dahlman, Adele Lundvall, Tom Walter, Gösta Holmström, Paul Granditzky, Ellika Mann, Nils Hiltgren, Ulf Qvarsebo, Lillemor Biornstad, Emy Storm, Tor Isedal, Mats Björne, Olof Nissmar, Birger Asander, Gustav Malmgren, Harry Dahlgren, Jan-Olof Rydkvist, Gunnel Wadner, Margaretha Krook, Gordon Löwenadler, Holger Kax, Fritz Uden, Eric Gus-

---

[2] *Wen wundert's? Der Produzent hieß schließlich Dino De Laurentiis!*

tafsson, Elisabeth Dejou, Anna Sjöholm, Anna-Lisa Fröberg, Göthe Grefbo, Alexander Taikon, Karin Högsten, Astrid Bodin, Ake Friedell. SW 111 Min.

Der Mörder Barabbas erlebt die Kreuzigung Christi, von dessen Heiligkeit er überzeugt ist, verspürt eine quälende seelische Erschütterung, die auch dann nicht weicht, als er sich in seinem Schlupfwinkel verkriecht. Er stößt auf bekennende Christen, ohne auf seiner Irrfahrt, die ihn in die römischen Katakomben und zu Petrus führt, selbst zum Glauben zu finden. Er erlebt die große Feuersbrunst mit, die die Hauptstadt des Römischen Weltreiches vernichtet und wird mit den dafür verantwortlich gemachten Christen, die ihn jedoch meiden und singend in den Tod gehen, gekreuzigt. Als letzter der Gefangenen, allein, ohnmächtig, befiehlt er Gott seine Seele an. – Der »mit großartigen, glanzvollen Bildern und wuchtigen Ensembleszenen im Stil expressionistischer Theatralik« (FILMBLÄTTER) brillierende Schwarzweißfilm Alf Sjöbergs weiß tatsächlich zu fesseln und ist die mit Abstand beste Umsetzung eines biblischen Themas überhaupt: »Bildvisionen von bestürzender menschlicher Entwürdigung (die Bordellszenen, die Sklavenarbeit), drastischen Grauens, fieberhafter Verzweiflung und ekstatischer Frömmigkeit werden aus Licht und Schatten auf die Leinwand geworfen. Im Nahausschnitt steigert sich die Aussage ins Unausweichbare, in der Distanz gewinnt sie eine feierliche Entrücktheit. Dem unerbittlichen Zugriff der Regie scheint immer nur die äußerste Form zu genügen.« (FILMDIENST) – »Ulf Palmes Barabbas lässt durch seine Einmaligkeit Gültiges, auch uns Berührendes durchscheinen. Hervorragend muss die Kameraarbeit genannt werden, die bedeutungsvolle Anwendung von Blende und Schnitt. Schwach sind allen Beteiligten die Szenen vom Brande Roms geraten.« (FILMBEOBACHTER)

DIE BARBAREN

(THE BARBARIANS/I BARBARI). Italien/ USA 1987. **R:** Ruggero Deodato. **B:** James R. Silke. **K:** Gianlorenzo Battaglia. **SpE:** Francesco Paolocci. **M:** Pino Donaggio. **D:** David Paul (Kutchek), Peter Paul (Gore), Richard Lynch (Kadar), Eva LaRue (Ismene), Virginia Bryant (Canary), Sheba Alahani (China), Michael Berryman (Dirtmaster), Tiziana Di Gennaro (Kara). F 87 Min.

In grauer Vorzeit verbünden sich als Kinder in die Sklaverei entführte Zwillingsbrüder mit einer Jahrmarktstruppe und einem Höhlenmädchen, um einen gestohlenen Zauberrubin wiederzufinden. – Fantasy-Gemetzel, dessen muskelbepackte Hauptdarsteller die Mimik des sie umgebenden Gesteins nicht übertreffen. [V]

BARBARIAN QUEEN

(BARBARIAN QUEEN). USA 1984. **R:** Hector Olivera. **B:** Howard R. Cohen. **K:** Rudy Donovan. **M:** Chris Young, James Horner. **D:** Lana Clarkson (Amathea), Dawn Dunlap (Taramis), Susana Traverso (Tiniara), Victor Bo (Strymon), Katt Shea (Estrild), Frank Zagarino (Argon), Arman Chapman (Arrakur), Tony Middleton (Zohar), Andrea Barbizon (Zoraida), Robert Carson (Shibdiz). F 72 Min.

Barbaren überfallen das Lager einer aus üppigen Maiden und muskulösen Burschen bestehenden Frühkultur und meucheln und schänden, damit die Heldin Amathea und ihre Kolleginnen ein Alibi für einen Rachefeldzug haben. – Als Fantasy getarnter Arsch & Titten-Film, in dem die Frauen ziemlich gut, die Kulissen hingegen ziemlich unecht aussehen. [V]

Die Barbaren

BARBARIAN QUEEN II – DIE RACHE IST MEIN

(BARBARIAN QUEEN II). USA 1989. **R:** *Jo Finlay.* **B:** *Howard Coken, Lance Smith.* **K:** *Francisco Bojorquez.* **M:** *Chris Young.* **D:** *Lana Clarkson (Athalia), Rebecca Wood (Ziela), Greg Wrangler (Aurian), Elizabeth Jaeger (Noki). F 79 Min.*

Nach dem Tod eines Fantasyland-Königs gelangt dessen Tochter Athalia in den Besitz eines magischen Zepters, das sie zur Herrscherin über alle Hütten und Schweinekoben macht. Als der usurpatorische Hundsfott Arkaris sie entführen will, entweicht sie in den Busch und tut sich mit denen zusammen, die dem Fiesling auch nicht grün sind. Jämmerlicher Fantasy-Schmarren über brandschatzende Hirnis und Muskelprotze, die sich in billigen Pappkulissen raufen. [V]

BÄRCHIS ABENTEUER IM WUNDERLAND

(THE CARE BEARS ADVENTURE IN WONDERLAND). Kanada 1986. **R:** *Raymond Jafelice.* **B:** *Susi Snooks, John Deklein.* **M:** *Trish Cullen, John Sebastian. F 75 Min. (Zeichentrick).*

Die Glücksbären eilen ins Wunderland, da ein böser Zauberer die Prinzessin entführt hat und die Macht übernehmen will. Weil Alice der Prinzessin zum Verwechseln ähnlich sieht, tut sie sich mit den Bärchen bis zum Happy End zusammen. »Bonbonfarbene Kinderverdummung.« (Ulli Hübsch, TZ)

DER BÄRENHÄUTER

DDR 1986. **R:** *Walter Beck.* **B:** *Walter Beck, Eva Görsch.* **LV:** *Gebrüder Grimm.* **K:** *Günter Heimann.* **M:** *Günther Fischer.* **D:** *Jens-Uwe Bogadtke (Christoffel), Janina Hartwig (Katarina), Manfred Heine (Teufel), Fred Delmare, Pedro Hebenstreit, Andrej Hoffmann, Leon Niemczyk, Hans Teuscher. F 81 Min.*

Da der König den Sold nicht ausgezahlt hat, wünscht sich der Soldat Christoffel zum Teufel. Der bietet ihm soviel Geld an, »als du mit aller Gewalt durchbringen kannst«. Bedingung: Christoffel darf sich sieben Jahre lang nicht waschen, nicht den Bart, nicht Nägel und Haare schneiden. Verstößt er gegen diese Regel, muss er fortan dem Fürsten der Hölle dienen. Mit diesem Märchen, das Walter Beck in gewohnt kargem Ennui inszenierte, schuf die DEFA den ersten Hippie-Film.

BARON MÜNCHHAUSEN

(BARON PRAŠIL). ČSSR 1961. **R:** *Karel Zeman.* **B:** *Karel Zeman, Joseph Kainar.* **LV:** *Gottfried August Bürger, Gustave Doré.* **K:** *Jiří Tarantik.* **SpE:** *Zdének Rozkopal.* **M:** *Zdének Liška.* **D:** *Miloš Kopecky (Baron Münchhausen), Jana Brejchova (Bianka), Rudolf Jelinek (Tonik). Eduard Kohout (General Ellemele), Jan Werich (Kapitän), Karel Höger (Cyrano), Bohus Zahorsky (Admiral). SW/F 79 Min.*

Verwundert muss Tonik, der erste Astronaut, der den Mond betritt, einsehen, dass ihm andere zuvorgekommen sind. Der Mond, die graublaue Fabellandschaft voll unbekanntem Nebel, wird längst von den Gestalten der menschlichen Phantasie für sich beansprucht: darunter die Mondfahrer Jules Vernes, Cyrano de Bergerac und der Lügenbaron Münchhausen. Dieser, der den Neuankömmling für einen Mondmann hält, lädt ihn ein, ihn auf die Erde zu begleiten, auf Münchhausens Erde, die es nur in unseren phantastischen Träumen gibt. Eine Gondel, getragen von geflügelten Pferden, bringt beide ans Ziel. Es gilt zunächst, die venezianische Prinzessin Bianka aus dem Palast des türkischen Sultans zu befreien. Das Vorhaben gelingt; beide sind ob der Schönheit der Prinzessin hingerissen, doch auch der Sultan will sie nicht kampflos ziehen lassen. Auf der Flucht vor den Verfolgern geraten die drei von einem phantastischen Abenteuer ins andere: Zuerst listenreicher Sieg über die türkische Flotte durch Selbstversenkung derselben, dann Rettung aus Seenot und Aufenthalt in einem Walfischbauch zwecks Einstudierung eines Menuetts; Reisen auf dem Meeresgrund in Begleitung von Meerjungfrauen und Haien; Ritt auf der Kanonenkugel (endlich!) und zu guter Letzt Sieg der Technik und des Fortschritts: Die drei kehren mit einer improvisierten Rakete zum Mond zurück. Die Liebe der Prinzessin gehört der Zukunft, gehört dem eher fantasielosen Raumfahrer Tonik. Münchhausen, Kavalier alter Schule, verliert mit Anstand. – Ein liebenswerter Film aus vergangenen Zeiten, als man noch mit hoffnungsfrohen, pathetischen Worten das beginnende Raumfahrtzeitalter beschwören konnte, den Aufbruch in eine unmittelbar bevorstehende neue Zeit feiern durfte. »Ich wollte mit diesem Film«, so Regisseur Karel Zeman, »einen Beitrag leisten zu den augenblicklich aktuellen Diskussionen in der Wissenschaft und Technik, aber auch einen Beitrag zum Bereich der Poesie und der Phantasie. Es gibt keinen Widerspruch zwischen der Phantasie des Technikers und der des Dichters. Die Phantasie des Dichters ist im Grunde genommen immer der Ausgangspunkt. Ehe der Mensch mit Hilfe der Technik die Möglichkeiten entwickeln konnte, die ihm gestatten, den Mond zu erreichen, hat er ihn bereits in seinen Träumen erobert.« (zit. n. ZENTRALE FILMOGRAPHIE. POLITISCHE BILDUNG) Doch was passiert, wenn Träume Wirklichkeit werden? Was findet der erste Mensch auf dem Mond, der US-Astronaut Armstrong, tatsächlich dort? Eine äußerst triste Gesteinsmülldeponie! Wieviel schöner wäre es gewesen, er hätte Münchhausen dort getroffen. Es besteht also doch – zum Glück – ein Widerspruch zwischen der Phantasie des Technikers und der des Dichters. Und nur die letztere kann uns heutzutage noch Vergnügen bereiten! Gerade Zemans Film sprüht von phantastischen Einfällen. Die Trickszenen sind meisterlich in die reale Handlung integriert, reale Personen bewegen sich in gezeichneten Kulissen, die bewusst an Stiche von Gustave Doré erinnern sollen (ähnlich verfuhr Zeman in *Die Erfindung des Verderbens* [1958] – Jules Verne-Illustrationen von Benett und Riou – und *Auf dem Kometen* [1969/70] – alte Ansichtspostkarten). »So wird die Realität mannigfaltig gebrochen, ergeben sich vielfältige Möglichkeiten zur Irritation. Die unterschiedlichsten Farben der monochromatisch eingefärbten Szenen spiegeln die Handlung oder die Psyche der Personen. Der scheinbar distanzierte Kommentar des Barons sorgt für ständige Brechungen, die seine Handlungen Lügen strafen oder sie in einem anderen Licht erscheinen lassen ... Ein Lobpreis der Fantasie, beeindruckend inszeniert und mit leisem Humor erzählt.« (Hans Messias, FILMDIENST) [V]

DER BAUER ALS MILLIONÄR
Österreich 1961. R: Rudolf Steinböck. V: »Der Bauer als Millionär« von Ferdinand Raimund. K: Sepp Ketterer. M: Paul Angerer. D: Käthe Gold (Lacrimosa), Josef Meinrad (Fortunatus Wurzel), *Paula Wessely (Die Zufriedenheit), Renate Holm (Die Jugend), Hans Moser (Das hohe Alter), Erik Frey (Der Hass), Christiane Hörbiger (Lottchen), Franz Böheim (Nigowitz), Erich Auer (Karl Schilf), Otto Schenk (Lorenz), Hugo Gottschlich (Afterling). F 94 Min.*

Abgefilmtes, wenn auch gut besetztes Theater. Ferdinand Raimunds romantisches Zaubermärchen und Volksstück in der Originalbesetzung der Salzburger Festspiele: die Geschichte des lebensvollen Bauern Fortunatus Wurzel. Der findet eines Tages vor seiner Hütte ein kleines Kind und zieht Lottchen groß. Das Unglück bricht herein, als Wurzel auch noch einen Schatz findet und zum Prasser und Säufer wird und auf jeden hereinfällt, der ihm seines Geldes wegen schmeichelt. Lottchen soll jetzt unbedingt einen reichen Juwelier heiraten, aber sie liebt doch den Fischer Karl. Das können die »höheren Mächte«, die in der Ewigkeit walten, nicht zulassen. Mitten in eines von Wurzels derb-fröhlichen Festen platzt die Jugend und nimmt Abschied von ihm. Das Alter tappt herein, Wurzel wird krank und bekommt Rheumatismus. Da wird der gewesene Bauer einsichtig. Er verflucht seinen Reichtum und wird ärmer als je zuvor. Jetzt stellen des Geschickes Mächte den Karl auf die Probe und führen ihn in Versuchung. Auf der Kegelbahn des Reichtums trifft er, so formuliert launig der Verleihprospekt der Wiener Union-Film, alle Neune. Er hat die Wahl: Geld oder Lottchen. Es kommt, wie es kommen muss: Karl bekommt sein Lottchen und Wurzel die verlorene Jugend zurück. Die Macht von Hass und Neid ist gebrochen.

BEASTMASTER – DAS AUGE DES BRAXUS
(BEASTMASTER – THE EYE OF BRAXUS). USA 1995. R: Gabrielle Beaumont. B: David Wise. K: Michael Davis III. M: Jan Hammer. D: Marc Singer (Dar), Tony Todd (Seth), Keith Coulouris (Bey), Lesley-Anne Down (Morgana), David Warner (Lord Agon), Casper van Dien (König Tal), J. D. Hall (Braxus), Patrick Kilpatrick (Jaggert), Olaf Pooley (Maldor), Kimberley Stanphill (Kala). F 87 Min.

Der Muskelmann Dar, der sich mit Tieren verständigen kann, bricht auf mit seinen Gefährten Seth, Morgana und Shada, um den jungen König

Tal zu befreien, der von dem bösen Zauberfürsten Agon festgehalten wird. Um in den Besitz des magischen Auges des Dämonen Braxus zu gelangen, das ewige Jugend und jede Menge Macht verheißt, zieht Agon alle Register des Bösen – bis zum unweigerlichen Ende. – Nicht sonderlich spannendes, in uralten Fantasy-Klischees watendes Filmgeschichtchen mit zahlreichen Einlagen unfreiwilliger Komik. [V]

BEASTMASTER – DER BEFREIER

(THE BEASTMASTER). USA 1982. **R:** *Don Coscarelli.* **B:** *Don Coscarelli, Paul Pepperman.* **K:** *John Alcott.* **SpE:** *Michael Minor.* **Ma:** *William Munns.* **M:** *Lee Holdridge.* **D:** *Marc Singer (Dar), Tanya Roberts (Kiri), Rip Torn (Maax), John Amos (Seth), Josh Milrad (Tal), Rod Loomis (König Zed), Ben Hammer (Dars Stiefvater), Ralph Strait (Sacco), Billy Jacoby (Dar als Junge), Janet DeMay (1. Hexe), Chrissy Kellogg (2. Hexe), Janet Jones (3. Hexe). F 94 Min.*

Der verschleppte Königssohn Dar wächst ohne Wissen um seine Herkunft bei einer Bauernfamilie auf. Recht früh erkennt der Knabe seine außergewöhnlichen Fähigkeiten. Er kann Tiere aller Art unter seine geistige Knute zwingen und sich in sie hineinversetzen. Diese Gabe kommt ihm als muskulöser Jüngling sehr zugute, als eine wilde Junn-Horde sein Heimatdorf niederbrennt und alle Bewohner außer ihm aufspießt. Dar verbündet sich mit einem Adler, einem Panther, zwei diebischen Frettchen und der hübschen Sklavin Kiri. Fortan setzt er alles daran, den grausamen Hohepriester Maax zu töten und dem gefangenen König Zed wieder auf den Thron zu helfen. Beim nächtlichen Einbruch in Maaxens Pyramidendomizil gelingt es dem ungleichen Team tatsächlich, Zed zu befreien. Doch dem senilen König (in Wirklichkeit Dars Vater) fällt nichts Besseres ein, als mit seinen treuen Anhängern zum Feldzug gegen Maaxens Armee gehirnamputierter Zombies anzutreten. Prompt landet er erneut im Kerker. Die Überlebenden alarmieren Dar. Und der metzelt natürlich nicht nur Maax und seine Truppen nieder, sondern räumt anschließend auch noch mit den angerückten Junn auf. – »It's rip-off time again.« (MONTHLY FILM BULLETIN) [V]

BEASTMASTER II – DER ZEITSPRINGER

(BEASTMASTER 2: THROUGH THE PORTAL OF TIME). USA 1990. **R:** *Sylvio Tabet.* **B:** *Jim*

Beastmaster – Der Befreier

Wynorski, R. J. Robertson. **LV:** *Andre Norton.* **K:** *Ronn Schmidt.* **M:** *Robert Folk.* **D:** *Marc Singer (Dar), Kari Wuhrer (Jackie Trent), Sarah Douglas (Lyranna), Wings Hauser (Arklon), Robert Z'Dar (Zavik).* F 103 Min.

Mit Tieren kommunizierender Fantasy-Mann flutscht durch ein magisches Loch in die irdische Gegenwart und stellt mit Hilfe einer Schönen zwei Bösewichtern aus seiner Zeit ein Bein, die im Los Angeles der Gegenwart eine Nuklearwaffe stehlen wollen, um sich daheim zu Weltbeherrschern aufzuschwingen. Ein paar MPs hätten es im Fantasyland bestimmt auch getan. [V]

BEDAZZLED
Anderer Titel für **Mephisto 68**

BEETLEJUICE
(BEETLE JUICE). USA 1988. **R:** *Tim Burton.* **B:** *Michael McDowell, Warren Skaaren.* **St:** *Michael McDowell, Larry Wilson.* **K:** *Thomas Ackerman.* **SpE:** *Robert Short, Chuck Gaspar, Alan Munro, Jacqueline Zietlow.* **M:** *Danny Elfman, Harry Belafonte.* **D:** *Michael Keaton (Betelgeuse), Alec Baldwin (Adam Maitland), Geena Davis (Barbara Maitland), Annie McEnroe (Jane Butterfield), Hugo Stanger, Rachel Mittelman, Catherine O'Hara, J. Jay Saunders, Mark Ettlinger, Jeffrey Jones, Winona Ryder, Sylvia Sidney, Robert Goulet, Glenn Shadix, Dick Cavett.* F 92 Min.

Rabenschwarze Gespensterkomödie mit phantastischen Effekten (die Leistungen der Maskenbildner wurden mit einem Oscar honoriert). Getreu klassischem *Topper-* und *Amityville Horror-*Vorbild mühen sich die jungverheirateten Maitlands, die bei einem Autounfall ums Leben kamen und nun als Geisterwesen ihr Dasein fristen, vergeblich, eine durchgedrehte New Yorker Yuppie-Familie zu vergraulen, die in ihr angestammt trautes Psycho-Heim einziehen und es im Designerstil verunstalten möchte. Obwohl von ihrer Leichen-Sozialberaterin vorgewarnt, wenden sie sich an den notorisch scheußlichen, wüsten Dämon und Bio-Exorzisten Betelgeuse, der Hollywoods Trickmaschine umgehend in Bewegung setzt. – »Wie Joe Dante gehört auch Tim Burton (der als

Trickzeichner bei Disney begann) zu jenen jungen Regisseuren, die die souveräne Missachtung menschlicher Anatomie und der Gesetze der Schwerkraft beim Trickfilm auf den Realfilm anwenden ...« (KÖLNER STADT-ANZEIGER) – Fürs Fernsehen wurde eine *Beetlejuice*-Zeichenfilmserie animiert.

BEING JOHN MALKOVICH
(BEING JOHN MALKOVICH). USA 1999. **R:** *Spike Jonze.* **B:** *Charlie Kaufman.* **K:** *Lance Acord.* **M:** *Carter Burwell.* **D:** *John Cusack (Craig Schwartz), Cameron Diaz (Lotte Schwartz), Catherine Keener (Maxine), John Malkovich (John Malkovich), Orson Bean (Dr. Lester), Mary Kay Place (Floris), Charlie Sheen (Charlie), Ned Bellamy (Derek Mantini), Red Buttons.* F 113 Min.

Craig Schwartz, ein arbeitsloser Marionettenspieler, findet eine Stellung im siebeneinhalbten Stock eines New Yorker Wolkenkratzers, wo die Decke so niedrig ist, dass man nur gebückt gehen kann. Hinter einem Aktenschrank entdeckt er einen Tunnel und rutscht hinab wie Alice ins Wunderland. 15 Minuten lang hat er eine völlig neue Sicht der Dinge, denn plötzlich befindet er sich in dem Schauspieler John Malkovich (der sich natürlich selbst spielt). Craigs Kollegin Maxine wittert das Geschäft ihres Lebens und verhökert den Trip an Fans des Darstellers: Sei John Malkovich. Endlich findet Craig, der Puppenspieler, einen Weg, Malkovich für sich tanzen zu lassen, aber da sind noch andere, die ältere Rechte auf

Beetlejuice

den Körper des aus *Killing Fields* und *In the Line of Fire* bekannten Schauspielers anzumelden haben. – Hauptdarsteller John Cusack, selbst ein erfahrener Drehbuchautor, nannte den Film »das krankste Ding, das mir selber nie eingefallen wäre. Es ist total originell, total neu, verzwickt, voller absurder Wendungen, sophisticated, geistig anspruchslos – und das alles gleichzeitig. Der Film ist wie ein Gemälde von Escher. Er hat Türen und Treppen, die in einen selbst hineinführen. Das ganze Projekt ist völlig wild und abgefahren.« – »Ein Dokument von purem Surrealismus«, nannte es die WASHINGTON POST. »Der Film spielt nicht in einem Traumuniversum, sondern in uns, aber mit einer merkwürdigen, nicht erklärbaren Wendung. Danach erfolgen alle Geschehnisse mit einer sturen Akkuratesse. So würde vermutlich John Malkovich spielen, wenn er feststellen würde, dass sein Vorderhirn ein Touristenziel mit einer ganz geringen Miete sein würde.«

BEN HUR

(BEN-HUR). USA 1924/26. R: Fred Niblo. R: (Wagenrennen) B. Reeves Eason. B: Carey Wilson,

Szenen aus Ben Hur – USA 1924/26 / Unten: Dreharbeiten

Bess Meredith, June Mathis. **LV:** *»Ben-Hur« von Lewis Wallace.* **K:** *René Guissart, Karl Struss, Percy Hilburn, Clyde de Vinna, E. Burton Steene, George Meehan.* **SpE:** *Paul Eagler, Cedric Gibbons, Horace Jackson, Arnold Gillespie, Ferdinand Pinney Earle.* **M:** *David Mendoza, William Axt (O-Fassung); Miklos Rozsa (Bearb. 1959); Gerd Luft, Elfi Böttrich, Brigitte Scherer (Tonmischung ZDF-Bearbeitung 1982).* **D:** *Ramon Novarro (Judah Ben Hur), Francis X. Bushman (Messala), May McAvoy (Esther), Betty Bronson (Jungfrau Maria), Claire McDowell (Prinzessin), Kathleen Key (Tirzah), Carmen Myers (Iras), Nigel de Brulier (Simonides), Mitchell Lewis (Scheich Ilderim), Frank Currier (Quintus Arrius), Leo White (Sanballat), Charles Beleher (Balthasar), Dale Fuller (Amrah), Winter Hall (Joseph).* SW/F 151(194) Min.

Jerusalem im zwanzigsten Jahr der modernen Zeitrechnung. Die Römer herrschen mit grausamer Härte über die Provinz. Der neue Prokurator zieht mit seinen Legionen im Triumphzug durch die Stadt. Da löst sich vom Altan (einem auf Säulen gestützten balkonähnlichen Vorbau) des Hauses der Familie Hur ein Ziegelstein und trifft den Statthalter. Der römische Hauptmann Messala wittert Verrat und lässt die »Attentäter« – Witwe Hur und Tochter Tirzah – einkerkern. Den Sohn der Witwe, Judah Ben Hur, seinen Jugendfreund, verbannt Messala auf eine Galeere. Bei einem Piratenangriff auf die Flotte kann Ben Hur den Befehlshaber Admiral Arrius retten. Er wird von ihm adoptiert und in Rom zum Wagenlenker ausgebildet. Ben Hur wird der beste, er gilt bald als unbesiegbar. Trotz seiner Erfolge, die ihm Ruhm und Ansehen einbringen, zieht es ihn zurück in die Heimat. Am Vorabend eines bedeutenden Wagenrennens in Antiochia verliert Scheich Ilderim seinen Wagenlenker. Hauptattraktion des Rennens soll Messala sein, bekannt als der beste Wagenlenker der Region. Ben Hur sieht eine Chance sich zu rächen und erklärt sich bereit, für Ilderim als »unbekannter Jude« an den Start zu gehen. Die ungeheure Brutalität, mit der die Kontrahenten sich bekämpfen, macht das Rennen zum mörderischen Kampf auf Leben und Tod. Messala bleibt auf der Strecke. Ben Hur erfährt, dass seine Mutter und seine Schwester an Lepra erkrankt und in ein fernes Tal gebracht worden sind. Seine Jugendliebe Esther will sie nach Jerusalem zurückholen, während Ben Hur eine galiläische Kampftruppe ausrüstet. Er will für den kommenden König der Juden streiten, doch Jesus lehnt seine Hilfe ab. Hohn- und Spottrufe der aufgewiegelten Menge fordern die Kreuzigung, verstummen jedoch, als der Messias ein totes Kind wiedererweckt und mit der Heilung der Aussätzigen die Familie Hur wieder zusammenführt. Aber der Weg ist vorbestimmt; Jesus zieht mit seinem Kreuz zur Richtstätte. – Die – wenn man so will – einzigen phantastischen Elemente des Films sind die Wunder Jesu; deswegen bereits von einem phantastischen oder gar Fantasy-Film zu sprechen, wäre übertrieben. *Ben Hur*, mit rund $ 6 Mio. die teuerste und erfolgreichste Produktion der Stummfilmzeit, gilt aber als eines der großen Vorbilder für den amerikanischen Monumentalfilm, der sich als beliebten Nebenschauplatz der eigentlichen Handlung oft das Leben Jesu aussuchte bzw. mit dem Urchristentum befasste, freilich meist in rührselig kitschigen Inszenierungen, die völlig auf äußerliche »Wunder« abstellten und daher dem christlichen Gedankengut in keiner Weise gerecht wurden. Ben Hur soll somit hier ausführlich stellvertretend für diese Filmgattung besprochen werden, zumal der Film historisch äußerst interessant ist und durch die akribische Rekonstruktionsarbeit der ZDF-Redakteure Jürgen Labenski und Gerd Luft wieder einem breiten Publikum zugänglich gemacht wurde.

Das Überraschende bei der Rekonstruktion war, dass immerhin zwanzig Minuten in Farbe gedreht waren und dem übrigen Teil durch monochrome Viragen (z.B. Nacht blau, Tag gelb, Wagenrennen grün, Verschwörung rotbraun usw.) der Anschein eines vollen Farbfilms gegeben worden war. Nach über einjähriger Recherche in den USA, Großbritannien, Frankreich und deutschen Archiven konnte vor allem durch die Unterstützung des Staatlichen Filmarchivs der DDR und des Archivs in Prag der Farbvirageplan und das gesamte Farbmaterial aufgetrieben werden. So wurde nach dem Originalschnittplan der Film Szene für Szene auf die ursprüngliche Vorführgeschwindigkeit gebracht, neu eingefärbt und geschnitten. Von der Original-Begleitmusik aus dem Jahre 1926 gab es nur noch die zweiminütige Titelmelodie. Das ZDF unterlegte den Film zusätzlich mit Musikauszügen aus William Wylers Remake und Kompositionen von weiteren 27 Komponisten. Das Ergebnis ist ein bemerkenswerter »Soundtrack«, der sich hören lassen kann. Überhaupt ist die ZDF-Rekonstruktion des Films rundum gelungen und äußerst sehenswert; ein unbedingtes Muss für jeden Filmfreund, das auch heute noch jeden Vergleich mit dem 1959 entstandenen Remake aushält, es sogar an Detailfreude übertrifft. – Spektakulär wie der Film ist seine Entstehungsgeschichte. Nach jahrelangen Querelen um die Filmrechte an dem Bestseller von Lewis Wallace (1827–1905), der 1880 erschien und dessen fünfzehnminütige Erstverfilmung im Jahr 1907 den ersten Urheberrechtsprozess der Filmgeschichte auslöste (die Wallace-Erben erhielten $ 25 000 zugesprochen), konnten die Dreharbeiten 1924 endlich beginnen, nachdem die stattliche Summe von rund $ 1 Mio. an den Rechteinhaber gezahlt worden war. Die Dreharbeiten sollten drei Jahre dauern. Die Regisseure Rex Ingram und George Brabin sowie George Walsh, der Star des Films, wurden zwischenzeitlich gefeuert, das bis dahin gedrehte Material kurzerhand vernichtet. Mit dem neuen Regisseur Fred Niblo und seinem Star Ramon Novarro, einem Mexikaner, der als Gegenpol zum Kult-Star Rudolph Valentino aufgebaut werden sollte, gerieten die Dreharbeiten auch nicht gerade in ruhigere Fahrwasser, wie das Magazin DER SPIELFILM IM ZDF zu berichten weiß: »Gedreht wurde zunächst in Italien, wo man auf dem Gebiet des historischen Monumental-Films große Erfahrungen hatte. Nun betrieben die Amerikaner hier mit viel Geld ein Unternehmen, das die italienische Filmproduktion inmitten politischer Wirren total ruinierte. Man okkupierte fast alle Produktionsstätten und verdarb mit Höchstgagen die Preise. Die große Seeschlacht wurde bei Livorno gedreht. Dazu hatte man anderthalb Jahre lang eine römische Flotte und Golthars Piratengaleeren – 100 Triremen mit Segeln und dreifachen Ruderbänken – nachbauen lassen, um sie dann mit Hilfe von hochbezahlten Matrosenstatisten wirkungsvoll brennend zu vernichten ... Tragische Unglücksfälle und ein sich zu schnell

erschöpfender Etat bewogen MGM zum Abbruch der Dreharbeiten in Italien. Man war überzeugt, in Los Angeles billiger arbeiten zu können, und ließ den gigantischen Circus Maximus von Antiochia noch einmal unter der Leitung des Architekten und Archäologen Horace Jackson nachbauen, und zwar so, dass die Arena durch eine exzellente Tricktechnik sogar noch größer wirken konnte. Ohne Tricks inszenierte dagegen B. Reeves Eason in prunkvoller Ausstattung mit 12 000 Statisten und zwölf Quadrigen das im wahrsten Sinne des Wortes mörderische Wagenrennen über sieben Runden und ließ es von 42 Kameras – aus eingebauten Unterständen, auf Automobilen und von einem Flugzeug aus – verfolgen, bis hin zum unvorhergesehenen Sturz des korinthischen Wagens, durch den vier Pferde starben und andere Quadrigen ebenfalls verunglückten. Ein Wettkampf von gigantischen Ausmaßen auf 16 000 Meter Film. Selbst das mit modernsten Techniken gedrehte Wagenrennen in der Neuverfilmung von 1959 reicht kaum an dieses Stummfilmereignis heran.«

BEN HUR
(BEN-HUR). USA 1959. **R:** *William Wyler. R (Wagenrennen) Yakima Canutt, Andrew Marton.* **B:** *Karl Tunberg.* **LV:** *»Ben-Hur« von Lewis Wallace.* **K:** *Robert L. Surtees.* **SpE:** *A. Arnold Gillespie, Lee Le Blanc, Robert R. Hoag.* **M:** *Miklos Rozsa.* **D:** *Charlton Heston (Judah Ben Hur), Stephen Boyd (Messala), Haya Harareet (Esther), Jack Hawkins (Quintus Arrius), Hugh Griffith (Scheich Ilderim), Martha Scott (Miriam), Cathy O'Donnell (Tirzah), Frank Thring (Pontius Pilatus), Sam Jaffe (Simonides), Finlay Currie (Balthasar), Terence Longdon (Drusus), George Relph (Tiberius), Adi Berber (Malluch), Laurence Payne (Joseph), Andre Morell (Sextus), Marina Berti (Flavia), Claude Heater (Christus), John Le Mesurier (Arzt), Stella Vitelleschi (Amrah), Jose Greci (Maria), John Horsley (Spintho), Richard Coleman (Metallus), Duncan Lamont (Marius), Ralph Truman (Adjutant des Tiberius), Robert Brown (Galeerenoffizier), Ferdy Mayne. F 217 Min.*
Remake des Stummfilms, inhaltlich fast identisch: Fürst Judah Ben Hur schwört seinem einstigen Jugendfreund, dem römischen Tribun Messala,

ewige Rache, weil dieser seine Mutter und Schwester in den Kerker warf und ihn selbst zu lebenslänglicher Galeerenstrafe verurteilte, obwohl er die Unschuld der drei an einem vermuteten Anschlag auf den römischen Prokurator Gratus kannte. Als Ben Hur in Ketten zur Galeere geführt wird, begegnet er Jesus, der ihm Wasser reicht. Nach drei Jahren schärfsten Galeerendienstes gelingt es Ben Hur, während einer Seeschlacht den Oberbefehlshaber der römischen Flotte, Quintus Arrius, vor dem Ertrinken zu retten. Der Römer gibt ihm die Freiheit zurück, macht ihn zu seinem Ziehsohn und Erben seines gesamten Vermögens. Ben Hur, nun Bürger Roms, begibt sich auf die Suche nach seinen Angehörigen. Günstige Umstände ermöglichen es ihm, bei einem Wagenrennen in Antiochia gegen Messala anzutreten. Nach einem dramatischen Zweikampf obsiegt Ben Hur. Messala wird, grauenhaft verletzt, aus der Arena getragen und stirbt. Schließlich findet Ben Hur Mutter und Schwester wieder, die beide in einer von Aussatz verseuchten Zelle gefangengehalten wurden und nun leprakrank in einer Erdhöhle außerhalb von Jerusalem leben. Beide werden im Augenblick von Christi Kreuzestod geheilt. Ben Hur begreift aus Jesu letzten Worten, dass Erbarmung und Vergeben die Welt mehr bewegen als alle Rachetaten. – *Ben Hur* ist, was die Oscars betrifft, noch immer der erfolgreichste Film der Geschichte. Bei zwölf Nominierungen heimste er immerhin elf der Trophäen ein. Doch auch »die raffinierte moderne Technik, darunter Stereo-Ton ... vermochte nicht, den Film aus der Masse der routinierten Filmepen der 50er Jahre herauszuheben«. (BUCHERS ENZYKLOPÄDIE DES FILMS) Einige aufwendige Passagen, wie die Seeschlacht und vor allem das Wagenrennen, boten eine Show von bis dahin kaum gekannten Ausmaßen jedenfalls für den Zuschauer, der den Stummfilm nicht gesehen hatte. Der Rest ist aufwendig inszeniert, doch insgesamt »überraschend phantasielos« (HALLIWELL'S FILMGUIDE), etwas »zähflüssig«, zu oft »gestelzt pathetisch«, wie der FILMBEOBACHTER resümiert, um dann fortzufahren: »Am schlimmsten ist freilich, dass das eigentliche Religiöse, sei es christlich, sei es jüdisch, in pastoralen Phrasen stecken bleibt.« Auch der katholische FILMDIENST befasst sich mit der religiösen Prägung des Films: »In die Atmosphäre eines technisch entfesselten Spektakulums, das an Superlativen alles bisher Gedrehte zurücklässt ($ 16,2 Mio. Kosten, 365 Sprechrollen, 50 000 Komparsen, über 1 Million Requisiten usw.), lassen sich die Geheimnisse des Glaubens und der Herzensbindung nicht hineintragen, auch wenn formales Bemühen und bewundernswerte Fertigkeit am Werk sind ... So wird, was sich im Erfolgsroman des amerikanischen Autors Lew Wallace noch als religiöse Gefühlsbewegung bescheidet, im Bestseller-Filmvorhaben zum überdimensionalen Effekt gesteigert: Religiöse Stimmung (Bethlehem), Schock-Realismus (Kreuzweg und Golgatha) und Wunderzauberei (Aussatzheilung) veräußerlichen die religiösen Motive der Handlung und spielen sie in eine dekorative religiöse Leere ... Charlton Heston stattet dieses Freiheitsdrama einer unterdrückten Minderheit gegen Machtgier, rassische und religiöse Vorurteile mit Spannung und Sympathie aus. Dass er als Sieger der Besiegte eines Mächtigeren wird, der sein Herz zum Verzeihen bekehrt, vollzieht sich

Ben Hur – USA 1959

freilich nur im Außenfeld seines Ringens; den Widerschein der Wahrheit fängt der Film nicht ein.«
[V]

BENJAMIN BLÜMCHEN –
SEINE SCHÖNSTEN ABENTEUER

BRD 1997. **R:** *Gerhard Hahn.* **B:** *Elfie Donnelly.* **M:** *Heiko Rüsse. F 75 Min. (Zeichentrick).*
Drei zusammengeklebte Filmchen aus der Berliner Hahn-Filmproduktion: Beim Besuch der Ausstellung »Neustadt in der Steinzeit« wird der sprechende Titelelefant von einem Saurierknochen am Kopf getroffen und wacht unter Höhlenmenschen auf, die Appetit auf Mammutsuppe haben. – In der zweiten Geschichte trifft Benjamin die kleine Hexe Bibi Blocksberg. – Zum Schluss tritt er in einem Ballonwettbewerb gegen den gemeinen Grafen von Zwiebelschreck an.

BEOWULF

(BEOWULF). USA 1999. **R:** *Graham Baker.* **B:** *Mark Leahy, David Chappe.* **K:** *Christopher Faloona.* **SpE:** *Giedrius Nagys, Jerrald Doerr, Alison Savitch.* **M:** *Ben Watkins.* **D:** *Christopher Lampert (Beowulf), Rhona Mitra (Kyra), Oliver Cotton (Hrothgar), Götz Otto (Roland), Patricia Velasquez (Pendra), Diana Dumbrava (Hrothgars Frau), Brent Jefferson (Will), Layla Roberts (Grendels Mutter), Roger Sloman, Robert Willox, Marcello Cobzarju, Vlad Jipa, Andrei Rusu, Vitali Bantas, Dan Alexandru, Florin Preoteasa, Julian Ilinca, Dorjn Zaharja. F 89 Min.*
Der jütländische König Hrothgar und seine Recken werden in ihrer Burg vom mörderischen Wüten des Seeungeheuers Grendel getroffen, so dass sie sie verlassen müssen. Beowulf, der Neffe des gotischen Königs, eilt ihm mit vierzehn Kriegern zu Hilfe, um das Ungeheuer zu töten. Die Goten verbringen eine Nacht in der Burg. Als Grendel erscheint, reißt Beowulf ihm in einem schrecklichen Kampf einen Arm ab. Hrothgar organisiert eine Siegesfeier, doch in der Nacht erscheint Grendels Mutter, um ihren Sohn zu rächen. Sie tötet einen Dänen und verschwindet mit dem abgetrennten Arm. Beowulf stürzt sich in den Teich, in dem die Ungeheuer leben und liefert sich einen Kampf mit Grendels Mutter. Mit einem Schwert, das den Ungeheuern gehört, kann

er sie köpfen. Er enthauptet Grendel, der seiner Verletzung zuvor schon erlegen ist. Beowulf und die Goten werden von Hrothgar reich belohnt und ziehen nach Hause. Als Beowulfs Onkel und dessen Sohn bei einer Schlacht ums Leben kommen, wird Beowulf neuer Gotenkönig und herrscht fünfzig Jahre. Als ein feuerspeiender Drache sein Land verwüstet, will er ihn erlegen. Seine Krieger verlassen ihn aus Furcht, nur der junge Wiglaf hält ihm die Treue. Sie töten den Drachen gemeinsam, doch Beowulf wird tödlich verletzt. – So hat zumindest ein unbekannter angelsächsischer Dichter des 8. Jahrhunderts das Versepos um Beowulf aufgeschrieben, das auf nordischen Legenden und (angeblich) historischen Ereignissen des frühen 6. Jahrhunderts basiert. Ein prächtiger Stoff für einen Fantasy-Film, sollte man meinen. Das Produkt, das Graham Baker mit Hilfe Mark Leahys und David Chappes daraus gefertigt hat, behandelt aber nur die erste Hälfte der Saga: Jede Nacht zur Geisterstunde erscheint das triefende Ungeheuer Grendel im Schloss des Barons von Sigriz, um sein Unwesen zu treiben und zitternde Menschlein zu erschlagen. Da die Burg bestens verriegelt ist, kann niemand dem Unhold entweichen, und so scheint für die wenigen Übriggebliebenen das letzte Stündlein geschlagen zu haben. Aber da tritt die Rettung in Gestalt des Recken Beowulf auf. »Was führt dich her?« wird der Tapfere gefragt. – »Die Finsternis«, antwortet er mit der Einsilbigkeit des echten Helden. – »Du behauptest, du bist hier, um gegen das Monster zu kämpfen.« – »Das ist keine Behauptung, das ist die Wahrheit.« – »Hast du eine Familie, Beowulf?« – »Ich hatte nie den Wunsch, eine Familie zu haben.« – »Aber das ist doch ein ganz natürliches Verlangen.« – »Dann habe ich nie ein natürliches Verlangen gehabt.« – »Was bist du?« – »Ich bin gefangen zwischen zwei Welten, genau das bin ich.« So ähnlich geht das die ganze Zeit, und weil das ein Film für Hirnlose ist, darf zum nervenden Disco-Sound noch schön was gemetzelt werden. – Die Welt, in der die Geschichte spielt, ist surreal, d.h. man weiß nie, ob sie ein alternatives Universum oder eine postapokalyptische Zukunft ist. Einerseits verfügen die Recken über Nachtsicht-Ferngläser, andererseits stehen sie einem mythischen Ungeheuer gegenüber, das in den finsteren Gängen einer mittelalterlichen Burg seine Opfer schlägt. Der Film verliert zugunsten breit geschilderter Eifersüchteleien zwischen Beowulf und dem profilierungssüchtigen Ritter Roland sein Ziel aus den Augen. Die hölzernen Dialoge und die mangelnde Dramatik lassen Originalität vermissen, und auch mit technisch hochgerüsteten Ferngläsern ist der Spannungsbogen kaum mehr zu erblicken. [V]

BERNADETTE – DAS WUNDER VON LOURDES

(BERNADETTE). Frankreich 1987. **R:** *Jean Delannoy.* **B:** *Jean Delannoy, Robert Arnaut.* **LV:** *»Das Lied der Bernadette« von Franz Werfel.* **K:** *Jean-Bernard Penzer.* **M:** *Francis Lai.* **D:** *Sydney Penny (Bernadette Soubirous), Jean-Marc Bory (Peyramale), Roland Lesaffre (François Soubirous), Michele Simonett (Louise Soubirous), Bernard Dheran (Dr. Dozous), François Dalout (Jacomett), Stephan Garcin (Nicolau), Arlette Didier (Mme. Milhet), Beata Tyshhiewicz (Mme. Pailhasson).* **F 118 Min.**
Remake von *Das Lied der Bernadette* (USA 1943; Regie: Henry King; Inhalt siehe dort). Im Jahr 1858 hatte die arme Müllerstochter Bernadette Soubirous in der Umgebung von Lourdes eine Marien-Erscheinung. Wer's glaubt, wird selig. [V]

BERNARD UND BIANCA – DIE MÄUSEPOLIZEI

(THE RESCUERS). USA 1976. **R:** *Wolfgang Reitherman, John Lounsbery, Art Stevens.* **B:** *Larry Clemons, Ken Anderson, Vance Gerry, David Michener, Burny Mattinson, Frank Thomas, Fred Lucky, Ted Berman, Dick Sebast.* **LV:** *»The Rescuers« und »Miss Bianca« von Margery Sharp.* **A:** *Oliver Johnston, Frank Thomas, Milt Kahl, Don Bluth.* **M:** *Artie Butler, Lieder (dt.) Wencke Myhre.* **F (Zeichentrick).**
Bianca, eine emanzipierte Mäusedame aus dem Disney-Studio, Delegierte der Internationalen Rettungsgesellschaft der Mäuse, bricht mit ihrem Kollegen Bernard auf, um das Waisenkind Penny aus der Gewalt der bösen Madame Medusa zu retten, die sich im sumpfigen Mississippi-Delta auf dem Wrack eines Raddampfers verkrochen hat. Damit die Kämpfe nicht allzu grauslich wirken, sorgt der Vogel Mr. Orville für die nötigen Komik-Einlagen. – Die Fertigstellung dieses $ 8

Mio. teuren Zeichentrickfilm dauerte vier Jahre und bewies, dass die Firma Disney noch allerhand auf der Pfanne hatte, um Kinder (und nicht alternde Erwachsene) angenehm zu unterhalten.

BERNARD & BIANCA IM KÄNGURUHLAND – DIE MÄUSEPOLIZEI II

(THE RESCUERS DOWN UNDER). USA 1990. **R:** *Hendel Butoy, Michael Gabriel.* **B:** *Jim Cox, Karey Kirkpatrick, Bryan Simpson, Joe Ranft.* **K:** *John Aardal, Chris Beck, Mary E. Lescher, Gary W. Smith, Chuck Warren.* **M:** *Bruce Broughton.* **F 105 Min. (Zeichentrick.)**
Witziger Zeichentrickfilm aus der Firma Disney mit zwei Mäusepolizisten, die nach Australien düsen, um einem Ersatz-Mowgli gegen den wildernden Umweltfrevler McLeach beizustehen. – »Die disneytypische Dämonisierung und Verniedlichung ist deutlich zurückgenommen. Dafür schwelgt das Team in rasanten und subjektiven Kameraperspektiven in die Höhen und Abgründe der Natur, und dabei leistet es sich immer wieder amüsante Intermezzi vom Mäusedinner im UN-Gebäude bis zum Nachtflug auf dem Rücken der Glühwürmchen. Der Film hält mit einem ständigen Angebot an Sensationen in Atem, ohne zu überanstrengen, die Mischung aus Spannung, Unterhaltung und Witz scheint angemessen dosiert zu sein.« (FAZ)

DER BETTELPRINZ

(DER VAR ENGANG). Dänemark 1966. **R:** *John Price.* **B:** *John Price.* **LV:** *Märchen von Hans Christian Andersen.* **K:** *Leif Jappe.* **D:** *Brigitte Price (Prinzessin von Illyrien), Peter Steen (Prinz von Dänemark), Dirch Passer, Hans W. Petersen, Ove Sprøgøe.* **F 91 Min.**
Abgefilmtes Theater, aber immerhin mit der Elite der dänischen Komik (Passer und Sprogøe). Aufgeführt wird ein Märchen von Hans Christian Andersen.

DIE BIBEL

(LA BIBBIA/THE BIBLE: IN THE BEGINNING). Italien/USA 1966. **R:** *John Huston. (Schöpfungsgeschichte: Ernst Haas).* **B:** *Christopher Fry, Jonathan Griffin, Ivo Perilli, Vittorio Bonicelli.* **K:** *Giuseppe Rotunno.* **SpE:** *Augie Lohman.* **M:** *Tos-*

hiro Mayuzumi. D: *Michael Parks (Adam), Ulla Bergryd (Eva), Richard Harris (Kain), Franco Nero (Abel), John Huston (Noah), Stephen Boyd (Nimrod), George C. Scott (Abraham), Ava Gardner (Sara), Peter O'Toole (Drei Engel), Zoe Sallis (Hagar), Gabriele Ferzetti (Lot), Eleonora Rossi Drago (Lots Weib), Alberto Lucantoni (Isaak), Robert Rietty (Abrahams Haushofmeister), Adriana Ambesi, Grazia Maria Spina (Lots Töchter), Claudie Lange, Luciano Conversi, Pupella Maggio, Peter Heinze, Angelo Boschaniol, Anna Maria Orso, Eric Leutzinger, Gabriella Pallotta, Rosanna de Rocco. F 175 Min.*

Episoden aus den ersten 22 Kapiteln des Ersten Buch Moses: Die Erschaffung der Welt, der Garten Eden und die Vertreibung aus dem Paradies, Kain und Abel, die Arche Noah, der Turmbau zu Babel, Abraham und Sara, Sodom und Gomorrha, Lots Weib, Geburt und Opferung des Isaak. – »Diese Bibel«, so schloss der FILMDIENST weiland seine eher laue Besprechung ab, »dient höchstens der Kasse der Filmleute.« Damit hatte der Rezensent den eigentlichen Zweck dieses »weitschweifigen, schwerfälligen, öden« Spektakels (MONTHLY FILM BULLETIN) natürlich auf den Punkt gebracht. Taucht nämlich im Vorspann irgendeines Films die Zeile »Produced by Dino de Laurentiis« auf, ist dies in aller Regel eine Lüge. Wie seine israelischen Kollegen Golan und Globus produziert auch dieser gerissene Geschäftsmann keine Filme, sondern mit allen Publicitytricks an den Mann gebrachte Packages, bei denen das eigentliche Thema im Prinzip Jacke wie Hose ist. So war auch *Die Bibel* zunächst nur Aufhänger eines Paketes, das, glaubte man der Werbung, jeden Cecil B. DeMille-Film in den Schatten stellen würde: 100 Stars zum Preis einer Kinokarte; Episoden aus dem Buch der Bücher, jeweils inszeniert von Visconti, Welles, Fellini und anderen Kunstgewaltigen der Filmbranche. Als es dann jedoch ans Eingemachte ging, prasselten die Körbe nur so hernieder, und *bello* Dino musste sich schließlich mit John Huston begnügen. Aber was machte das schon! Der Deal mit dem Package war gerettet, auch wenn Huston keine Spur religiöses Einfühlungsvermögen oder episches Gespür besaß und *Die Bibel* sich schließlich als »einfallslose, fade an den Buchstaben klebende Um-

setzung erwies. Abgesehen von Ernst Haas' optisch verblüffender Interpretation der Schöpfungsgeschichte und der gelegentlichen Erfindungsgabe des Ausstatters engt der Film seinen Blickwinkel ausgesprochen ein. Mythen werden abgeflacht statt erhellt, und es ist vielleicht bezeichnend für Hustons spöttische Annäherung, dass er, obwohl ihm die ersten 22 Genesis-Kapitel zur Verfügung standen, ein Drittel seines Films einer Sache widmet, die auf eine Slapstick-Version der Arche Noah und der Sintflut hinausläuft.« (AMERICAN DIRECTORS) [V]

BIG

(BIG). USA 1988. R: Penny Marshall. B: Gary Ross, Anne Spielberg. K: Barry Sonnenfeld. M: Howard Shore. D: Tom Hanks (Josh Baskin), Elizabeth Perkins (Susan Lawrence), John Heard (Paul Davenport), Jared Rushton (Billy), Robert Loggia (MacMillan), David Moscow (Josh als Kind), Jon Lovitz (Scotty Brennan), Mercedes Ruehl (Mrs. Baskin), Josh Clark, Kimberlee M. Davis, Oliver Block. F 104 Min.

Josh ist dreizehn, wäre aber gern erwachsen, weil er wegen seiner geringen Körpergröße ständig aufgezogen wird. Als er diesen Wunsch vor einem Jahrmarkts-»Zauberkasten« äußert, ist er am nächsten Morgen 33 – aber leider nur körperlich, und das führt zu merkwürdigen Situationen. – Tom Hanks ist die ideale Besetzung. Seine Gesten, seine Bewegungen, seine Mimik: Alles an Hanks verrät das Kind im Erwachsenen, das sich zunächst noch schrecklich verloren vorkommt, später jedoch in Windeseile zum erfolgreichen Spielzeugeinkäufer aufsteigt.

Big betrachtet die neuen Perspektiven, die sich Josh dabei auftun, mit einem kräftigen Schuss Wehmut, schreckt jedoch vor einfachen Lösungen zurück. Die Figuren sind vielschichtiger als die in vergleichbaren Körpertauschfilmen, und die Lehre funktioniert in beiden Richtungen. Doch dann verrät Penny Marshall ihre Botschaft an das amerikanische Verständnis von Gefühl, zieht sich bei ihrer Argumentation für eine schöne Kindheit selbst auf die Beharrlichkeit des Kindes (und die Überdeutlichkeit des ehemaligen Seifenopernstars) zurück. Zu guter Letzt muss Tom Hanks selbst dann noch mit seinem Gewissen ringen, als alle schon längst begriffen haben, wie schön es ist, ein Kind zu sein. [V]

BIG BOY – DER AUS DEM DSCHUNGEL KAM

(THE WORLD'S GREATEST ATHLETE). USA 1973. **R:** *Robert Scheerer.* **B:** *Gerald Gardnen, Dee Caruso.* **K:** *Frank Phillips.* **SpE:** *Eustace Lycett, Art Cruickshank, Danny Lee.* **M:** *Marvin Hamlisch.* **D:** *Jan-Michael Vincent (Nanu), Tim Conway (Milo Jackson), John Amos (Sam Archer), Roscoe Lee Browne (Gazenga), Dayle Haddon (Jane Douglas), Danny Goldman (Leopold Maxwell), Billy de Wolfe (Maxwell), Nancy Walker (Mrs. Petersen), Howard Cosell, Bud Palmen, Frank Giffond, Jim McKay (Kommentatoren). F 93 Min.*

Nachdem ihre Teams bei den Vorausscheidungen zur College-Meisterschaft kläglich eingegangen sind, entschließen sich Trainer Sam Archer und sein Assistent Milo Jackson zu einer Safari in Zambia. Dort stoßen sie auf den Wundersportler Nanu, einen Weißen, der von den Eingeborenen in bester Tarzan-Manier aufgezogen wurde. Mit einem raffinierten Trick nach Amerika gelockt, beginnt Nanu unter Aufsicht der Tutorin Jane Douglas sein Training. Als sich Jane Hals über Kopf in ihn verliebt, lässt ihr bisheriger Verlobter Leopold Nanus zaubermächtigen Stiefvater Gazenga einfliegen. Dieser enthüllt Nanu Sams miesen Trick und schrumpft Milo zur Warnung auf Daumengröße zusammen. Als Nanu aus Liebe zu Jane dennoch antritt, verhext ihn Gazenga so lange, bis Milo mit Hilfe einiger Woodoopuppen den Spieß umdreht. Nanu gewinnt alle noch ausstehenden Wettbewerbe und kehrt dann, sehr zum Ärger Sams, mit Jane nach Zambia zurück. Bei seinem nächsten Urlaub in China entdeckt der frustrierte Trainer einen unbekannten asiatischen Superathleten. – Eine langatmige Disney-Satire auf Tarzan und den Sportrummel. »Mit ein oder zwei Ausnahmen bewegt sich das schwache Drehbuch in den abgefahrenen Gewässern der Fernseh-Situationskomik.« (MONTHLY FILM BULLETIN) [V]

BIG TROUBLE IN LITTLE CHINA

(BIG TROUBLE IN LITTLE CHINA). USA 1985. **R:** *John Carpenter.* **B:** *Gary Goldman, David Z. Weinstein.* **K:** *Dean Cundey.* **SpE:** *Richard Edlund.* **M:** *John Carpenter, Alan Howarth.* **D:** *Kurt Russell (Jack Burton), Kim Cattrall (Gracie Law), Dennis Dun (Wang Chi), James Hong (Lo Pan), Victor Wong (Egg Shen) Kate Burton (Margo), Suzee Pai. F 99 Min.*

Ein Film für alle, die schon immer wissen wollten, wie wohl ein Kung Fu-Film für $ 20 Mio. aussieht: Grob gesagt geht es in Carpenters Film um einen zweitausend Jahre alten Chinesen, der für seine Frischzellenkur grünäugige Damen benötigt und sich deshalb an Jack Burtons Freundin vergreift, weshalb dieser zusammen mit halb Chinatown in das unterirdische Domizil des Bösewichts eindringt, gegen eine Reihe mysteriöser Gestalten ficht und den Schurken schließlich ausmerzt. Sicher nicht der glaubwürdigste Plot, gemessen am üblichen Standard solcher Kung Fu-Filme, bei denen es sozusagen zum guten Ton gehört, dass sich der Regisseur keinen Deut um plausible Geschichten oder gar Motivationen schert.

Doch einmal mehr inszeniert John Carpenter im Grunde gegen den Stoff; statt Rasanz bietet er eine weitere Variante seines seltsam sachlichen Miniatur-Stils, der noch die interessantesten Prämissen unter Wert verkauft. Der exzellenten Choreographie, der barocken Ausstattung, den passablen Tricks und seinem 20-Millionen-Budget zum Trotz, kann es *Big Trouble* in Sachen Unterhaltung nicht einmal mit einem x-beliebigen Jackie Chan-Streifen aufnehmen. Und es tut wirklich weh, mit ansehen zu müssen, wie Carpenter eine witzige Situation vorbereitet und die Pointe regelmäßig in den Sand setzt. Fairerweise ist jedoch zu sagen, dass es fast unmöglich ist, nach einem solchen Drehbuch einen ordentlichen Film zu inszenieren; einem Drehbuch, das allen Ernstes darauf besteht, einen normalen (d.h. nicht Kung-Fu-begabten) Trucker zur Identifikationsfigur eines Kung-Fu-Films zu machen. Ganz folgerichtig weiß Drehbuchautor W. D. Richter dann auch nichts Rechtes mit ihm anzufangen. Mal nutzt er ihn als Indiana Jones (»It's all in the reflexes«), dann wieder als comic relief: Während die Chinesen ihre obligaten, meterhohen Sprünge absolvieren, verbringt der Held den Schlussfight begraben unter einem dicken Gegner. Der Part ist im Prinzip unspielbar und so begnügt sich

Kurt Russell denn auch die meiste Zeit mit einem schlechten John Wayne-Imitat. [V]

BIGFOOT UND DIE HENDERSONS
(HARRY AND THE HENDERSONS). USA 1987. **R:** *William Dear.* **B:** *William E. Martin, William Dear, Ezra D. Rappaport.* **K:** *Allen Daviau.* **SpE:** *Henry Millar.* **Ma:** *Rick Baker.* **M:** *Bruce Broughton.* **D:** *John Lithgow (George Henderson), Melinda Dillon (Nancy Henderson), Don Ameche (Dr. Wallace Wrightwood), Kevin Peter Hall (Harry), Margaret Langrick (Sarah Henderson), Joshua Rudoy (Ernie Henderson), M. Emmett Walsh (George Henderson sen.), Bill Ontiverous (Sgt. Mancini).* **F 111 Min.**

Die Familie Henderson aus Seattle nimmt einen angefahrenen Bigfoot (eine Art amerikanischer Yeti) als Schoßtier auf, beschützt ihn vor einem schießwütigen Jäger sowie anderen Hysterikern und bringt das bärenstarke, doch brave Vieh in den Busch zurück. – Es gibt Dinge, gegen die kann nicht einmal der begabte John Lithgow etwas ausrichten: William Dears Affentanz um einen haarigen Bigfoot Modell Rick Baker beispielsweise. Die Hendersons, eine jener widerlich intakten Familien, wie es sie nur in Suburbia gibt, haben ihn bei einem Waldausflug über den Haufen gefahren und mit nach Hause genommen. Nun bumst sich Harry – ja, ja, so heißt er – des öfteren den Kopf an zu niedrigen Türen und guckt so lange aus rührend blauen Augen, bis ihn alle furchtbar lieb haben. Das heißt alle, bis auf die örtliche Bigfoot-Jagdbrigade: Böse schießwütige Menschen allesamt (Vorsicht, Moral!), was den unvoreingenommenen Beobachter wiederum zu der Annahme verleiten könnte, dass es in Suburbia keine Kinos gibt. Anderenfalls hätte es sich doch herumgesprochen, dass auch große haarige Etwasse und sonstige Schrumpelgnome nur etwas Liebe und gelegentlich ein Telefon brauchen. – »Routiniert inszenierte Komödie mit guten Einfällen, ironischen Anklängen an den amerikanischen Lebensstil und sentimental-kitschigen Passagen, die die Schutzbedürftigkeit der Natur und ökologische Zusammenhänge anspricht, ohne tiefer zu loten.« (FILMDIENST) [V]

EIN BIGFOOT UNTERM WEIHNACHTSBAUM
(BIG AND HAIRY). USA 1998. **R:** *Philip Sprink.* **B:** *Brian Daly.* **LV:** *Brian Daly.* **D:** *Robert Burke (Picasso Delap), Richard Thomas (Victor Delap), Donnelly Rhodes (Ludlow Bumstock), Trevor Jones (Bigfoot »Ed Tibbets«), Gregory Thirloway (Donovan), Stacy Grant (Mrs. Donovan), Tyler Thompson.* **F 90 Min.**
Ein »großes und haariges« (Originaltitel) amerikanisches Fabelwesen tritt in eine Basketballmannschaft ein und führt sie zum Sieg.

Bigfoot und die Hendersons

DAS BILDNIS DES DORIAN GRAY

(THE PICTURE OF DORIAN GRAY). USA 1945.
R: *Albert Lewin.* **B:** *Albert Lewin.* **LV:** *»Dorian Gray« von Oscar Wilde.* **K:** *Harry Stradling.* **Ma:** *Jack Dawn.* **M:** *Herbert Strothart.* **D:** *Hurd Hatfield (Dorian Gray), George Sandens (Lord Henry Wotton), Donna Read (Gladys Hallward), Angela Lansbury (Sibyl Vane), Peter Lawford (David Stone), Lowell Gilmore (Basil Hallward), Richard Fraser (James Vane), Douglas Walton (Allen Campbell), Morton Lowry (Adrian Singleton), Miles Mander (Sir Robert Bentley), Lydia Bilbrook (Lady Agatha), Bernard Gorcey. SW/F 110 Min.*

Dorian Gray, ein junger Lord mit einem Gesicht von melancholischer Schönheit, lässt sich von seinem Freund Basil malen. Der geistreich zynische Lord Wotton, der Dorian zum rücksichtslosen Ausleben seiner Jugend verführen will, bemerkt beim Betrachten des Gemäldes, dass dieses berückende Bildnis ewig jung bleiben werde, der Porträtierte aber wie jeder Mensch erbarmungslos altern müsse. Gerade diese Worte erwecken in Dorian das Verlangen, ewig jung und schön zu bleiben, um alle Sinnesfreuden auskosten zu können. Der mit der Intensität eines Gebets ausgesprochene Wunsch, er würde seine Seele geben, wenn statt seiner das Bildnis altere, wird auf wunderbare Weise erfüllt. Nach einer folgenhaften Liebesbeziehung zu der zarten Sibyl Vane, deren Selbstmord Dorian wiederum unter dem negativen Einfluss Lord Wottons mit leichter Hand übergeht, wird ihm der beginnende Identitätsverlust erstmals bewusst. Er entdeckt auf seinem Porträt »grausame Züge um den Mund, so deutlich, als betrachte er sich nach einer fürchterlichen Tat im Spiegel«. Mit der Zeit verliert Dorian aufgrund seiner Eskapaden moralisch jeden Halt. Voller Gier gibt er sich allen Lebensgenüssen hin. Er bleibt jung und faszinierend schön, sein Bildnis zeigt jedoch deutlich die Spuren von Ekel und Verbrechen, spiegelt den Verfall seiner Seele und seines Lebens wider, verwandelt sich langsam in eine abstoßende Fratze. Voller Abscheu sticht Dorian mit dem Messer in das Porträt. Er trifft sich selbst und zerstört sein wahres Ich. Zurück bleibt ein herrliches Porträt, so wie Dorian zu Lebzeiten ausgesehen hat, in all seiner wunderbaren und erlesenen Schönheit. Der Tote im Abendanzug, mit dem Messer im Herzen, ist verwelkt, voller Runzeln und von fast unerträglicher Hässlichkeit. – Oscar Wildes berühmter, einziger Roman THE PICTURE OF DORIAN GRAY erschien 1890 in Fortsetzungen in *Lippincott's Monthly Magazine,* ein Jahr später in der endgültigen Fassung als Buch. Der Stoff regte bereits die Phantasie der Filmemacher der frühen Stummfilmzeit an. Bis 1917 entstanden dänische, russische, englische, ungarische und deutsche Verfilmungen; danach sollten über 25 Jahre vergehen, bis sich die MGM des Buches annahm. Dass es erst Mitte der vierziger Jahre zur ersten Tonfilmfassung kam, überrascht um so mehr, da Hollywood schon in den dreißiger Jahren nahezu sämtliche Horrormythen auf Zelluloid gebannt hatte, der Roman Oscar Wildes auch auf einem der berühmtesten Horror-Motive fußt, dem des Dr. Jekyll und Mr. Hyde. Die ungewöhnliche Zurückhaltung der Filmproduzenten lässt sich jedoch aus der literarischen Vorlage erklären: Wildes Roman wirkt über weite Strecken melodramatisch, was relativ einfach in Filmsprache umgesetzt werden kann; sein Erzählstil wechselt aber häufig zwischen der realistischen und der symbolischen Darstellungsebene; darüber hinaus ist der Roman gespickt mit geistreichen, scharf pointierten, oft paradoxen Dialogen, darunter Diskussionen über Kunst, Kunstwerk und -theorie, die ihn aus der Masse der Handlungsromane herausheben und zu einem literarischen Meisterwerk machen. Albert Lewins Verfilmung ist überdurchschnittlich, was die Ausstattung im viktorianischen Stil und die Inszenierung als Melodram betrifft; man könnte sagen, ein gepflegter Horror-Film. Bilder von Lust und Verbrechen wären den damaligen amerikanischen Vorzensurbestimmungen bereits vor Drehbeginn zum Opfer gefallen, so dass sich Lewin auf die eigentliche Stärke der literarischen Vorlage hätte konzentrieren können. Das scheint ihm nicht immer gelungen zu sein. Die geistreichen Epigramme Lord Wottons etwa, die einen Hauptreiz des Romans ausmachen, werden – zumindest in der deutschen Synchronisation – nur unzureichend wiedergegeben. George Sanders, der den Wotton spielt, trage die Bonmots zwar »routiniert« vor, wie der Kritiker James Agee schrieb, aber seine Stimme klinge wie das »nervöse Rasseln eines Cellophan-Papiers«. Vielleicht war das der Grund, warum der deutsche Synchronsprecher so rasch und undeutlich spricht, dass er kaum verstanden werden kann. Trotz der Kritik lieferte Sanders in diesem Film eine seiner besten Leistungen. Überhaupt zeichnet sich die Produktion durch hervorragende schauspielerische Qualität aus, allen voran Hurd Hatfield in der Titelrolle und Angela Lansbury, die für die Rolle der Sibyl Vane für den Oscar nominiert wurde. Kameramann Harry Stradling konnte für seine Arbeit den Oscar des Jahres 1945 in Empfang nehmen. Fast eigenständige Berühmtheit hat das Gemälde des widerlichen alten Dorian gefunden, das Ivan Albright malte. Um dieses Bild in seiner Wirkung für den Zuschauer noch zu steigern und grauenvoller erscheinen zu lassen, wurden die letzten Szenen des Films in Technicolor gedreht. Solche Spielereien erweisen sich meist als Missgriff, so auch hier!

DAS BILDNIS DES DORIAN GRAY

BRD/Italien/Liechtenstein 1969. **R:** *Massimo Dallamano.* **B:** *Massimo Dallamano, Marcello Coscia, Günter Ebert.* **LV:** *»Dorian Gray« von Oscar Wilde.* **K:** *Otello Spila.* **M:** *Peppino de Luca, Carlo Pes.* **D:** *Helmut Berger (Dorian Gray), Herbert Lom (Henry Wotton), Marie Liljedahl (Sybil Vane), Richard Todd (Basil Hallward), Margaret Lee (Gwendolyn), Isa Miranda (Frau Ruxton), Eleonora Rossi-Drago (Frau Clouston), Maria Rohm (Alice Campell), Stuart Black (Jim Vane), Beryl Cunningham (Adrienne).* **F** *93 Min.*

»Besorgnis, hier seien große Überlegungen zum Verhältnis Literatur–Film anzustellen, Vermutungen, man müsse einiges über Oscar Wilde [und] seinen Roman ... wissen, erweisen sich als hochgradig unbegründet. Der letzte Satz des Romans, der auch am Filmende ähnlich auftaucht, trifft auch hier: ›Seine Identität mit Dorian Gray konnte nur anhand der Ringe, die dieser sonst zu tragen pflegte, festgestellt werden.‹ Hier sind allein der Titel und gewisse Züge der Story, die an den Roman erinnern.« (FILMBEOBACHTER)

Dorian Gray, Playboy, Jet-Setter, Halbweltler, lässt sich von seinem Freund Basil malen. Das Porträt zeigt ihn, mit nacktem Oberkörper, in Jeans, dazu ein lockeres Halstuch, scheinbar so schön und ausdrucksvoll, dass der Kunsthändler Wotton nicht nur das Bild, sondern auch Dorian besitzen will. Wotton »kümmert« sich um Dorian, führt ihn in die Gesellschaft ein, lässt ihn seine Affären ausleben. Alles um Dorian herum altert, sogar sein Porträt, nur er selbst bleibt äußerlich jung und schön. Doch jede Verworfenheit, und ihrer sind viele, gräbt sich auf mysteriöse Weise in die Porträtzüge ein. Er stellt Basil zur Rede wegen der Veränderungen an seinem Porträt, erkennt den Fluch, der auf ihm lastet. In der Hoffnung, ein neues Leben anfangen zu können, ersticht er den Maler. Doch das Porträt – und damit seine Zukunftsaussicht – ändert sich nicht. Da sticht er auf das verhasste Porträt ein – und bricht mit klaffender Wunde zusammen. Im Tod verändern sich seine Züge, das Porträt erstrahlt in jugendlichem, modischem Glanz. – »Das Ganze wurde in einem Stil verfilmt, der eine Mischung aus Zigarettenreklame, Body-Building, Kolle-Streifen und einem Schuss Aktenzeichen XY ... ungelöst darstellt.« (FILMBEOBACHTER) [V]

BILL COSBY: UNSER PAPA IST EIN GEIST

Anderer Titel für **Ghost Dad**

BLÄTTER AUS DEM BUCHE SATANS

(BLADE AF SATANS BOG). *Dänemark 1919/21.* **R:** *Carl Theodor Dreyer.* **B:** *Edgar Høyer, Carl Theodor Dreyer.* **LV:** *Marie Corelli.* **K:** *George Schnéevoigt.* **D:** *Helge Nissen (Satan);* 1. *Episode: Halvard Hoff (Jesus), Jacob Texiere (Judas), Erling Hansson (Johann), Wilhelm Jensen (Tischler);* 2. *Episode: Hallander Hellemann (Don Goméz), Ebon Strandin (Isabella), Johannes Meyer (Don Fernandes), Nalle Halden (Majordomus), Hugo Bruun (Fürst Manuel);* 3. *Episode: Tenna Kraft (Marie Antoinette), Emma Wiehe (Prinzessin), Jeanne Tramcourt (Genevieve), Elith Pio (Joséph), Viggo Wiehe (Fürst), Emil Helsengreen, Sven Scholander, Viggo Lindstrom, Vilhelm Petersen;* 4. *Episode: Carlo Wieth (Paavo), Clara Pontoppidan (Sin), Carl Hillebrandt (Rautaniemi), Karina Bell (Naima), Christian Nielsen (Soldat).* *SW 102 Min.*

Und Gott verfluchte Satan: »Wisse, für jeden, den du in Versuchung führst, soll sich deine Verdammnis um 50 Jahre mehren; aber für jeden, der dir widerstehen kann, sollen dir 1 000 Jahre deiner Strafe erlassen sein! Geh, setze dein böses Werk fort!« Ähnlich wie im Fauststoff personifiziert Carl Theodor Dreyer das Ewig-Böse in der Figur des Satans, den er in vier Episoden als ständigen Gegenspieler und Feindbild des Guten in das Geschehen einführt. In der ersten Episode kann Satan Judas überreden, seinen Herrn Jesus, dem eben noch das Volk zugejubelt hatte, zu verraten. Die zweite Episode spielt im 16. Jahrhundert in Sevilla. Don Gomez erweckt wegen seiner astrologischen Studien den Argwohn des Majordomus, der ihn an die Inquisition ausliefert. Satan in der Gestalt des Großinquisitors verurteilt Don Gomez zum Tode. Zur Zeit der französischen Revolution, so die dritte Episode, will Joséph Graf de Chambord die Königin Marie Antoinette vor dem sicheren Tode bewahren. Satans Auftritt als Jakobiner macht das Vorhaben zunichte. Joséph schließt sich der Revolution an. Die vierte Episode führt uns in die Neuzeit: Finnland 1918. Kommunisten unter der Führung Satans, hier in der Gestalt des russischen Mönchs Iwan, wollen den unschuldigen Bahnhofsstationsvorsteher Paavo und seine Frau Siri zwingen, die Roten zu unterstützen. Paavo und Siri weigern sich. Iwan gibt den Befehl zur Hinrichtung. Nur Paavo kann in letzter Minute gerettet werden. Schon die Kurzinhalte zeigen deutlich, welch Geistes Kind Dreyers Frühwerk ist: »Stockreaktionäre« (Karsten Witte, MEDIUM) Schwarzweißmalerei. Die Bösen, ungehobelt, verschlagen, hinterlistig; sie rauben, plündern, vergewaltigen. Die Guten leiden ohne Gegenwehr, ergeben sich stumm ihrem Schicksal. Die relativ ruhigen, z.T. recht langweiligen ersten drei Episoden münden in die für Dreyer völlig »untypische« (so Dieter Krusche, RECLAMS FILMFÜHRER) finnische Episode, in der der Regisseur mit vielen kurzen Einstellungen, die in einem harten Stakkato-Rhythmus montiert sind, sein Publikum gleichsam wachrütteln will vor dem Ausbund und Höhepunkt des unbegriffenen Ewig-Bösen, der russischen Revolution und dem Kommunismus – filmtechnisch gesehen die »Entfesselung sämtlicher damals verfügbarer kinematographischer Mittel«. (Karsten Witte, MEDIUM) Nur dieser Montagerhythmus macht den Film einigermaßen erträglich und für filmhistorisch Interessierte sehenswert. Unverkennbar ist der Einfluss von D.W. Griffiths Meisterwerk *Intoleranz* (INTOLERANCE, USA 1916), das sich ebenfalls in vier (allerdings parallel verlaufenden) Episoden mit der Uneinsichtigkeit des Menschen befasst. Carl Theodor Dreyer (1889–1968) hat in 45 Schaffensjahren insgesamt nur 14 Spielfilme inszeniert, ein untrügliches Zeichen für seine »Kompromisslosigkeit bei seinen künstlerischen Intentionen« (BUCHERS ENZYKLOPÄDIE DES FILMS) Dasselbe gilt für seine politischen Ansichten. Noch 1955 sagte er in einem Interview: »Ich glaube nicht an Revolutionen. Sie drehen oft das Rad der Entwicklungen zurück.«

DAS BLAUE LICHT

DDR 1976. **R:** *Iris Gusner.* **B:** *Iris Gusner, Dieter Scharfenberg.* **LV:** *Gebrüder Grimm.* **K:** *Jürgen Lenz.* **M:** *Gerhard Rosenfeld.* **D:** *Viktor Semjonow (Hans), Blanche Kommerell (Anne), Fred Delmare (Männlein), Marylu Poolman (Hexe), Helmut Straßburger (König), Katharina Thalbach (Prinzessin), Jaecki Schwarz (Knut).* F 81 Min.
Der verwundete Soldat Hans wird von seinem König entlassen, ohne dass ihm der Sold ausgezahlt wird. Eine Hexe, bei der er Unterschlupf findet, bittet ihn, einen geheimnisvollen blauen Stein aus einem Brunnen zu holen. Hans trickst die Hexe aus, behält den Stein für sich und erringt dadurch die Hilfe eines Zaubermännchens, das ihn mit Speise, Trank und neuem Selbstbewusstsein versorgt. Als Hans forsch vor den König tritt, um seinen noch ausstehenden Sold zu fordern, landet er im Verlies. Mit Hilfe des Zaubermännleins gelingt ihm die Flucht. Er entführt die Königstochter und lässt sie aus Rache für sich als Magd arbeiten, was den König ziemlich erbost. Hans soll am Galgen sterben, aber dank des Männleins triumphiert er am Ende doch über seinen Landesherrn.

DER BLAUE VOGEL

(THE BLUE BIRD/SINJAJA PTIZA). USA/UdSSR 1976. **R:** *George Cukor.* **B:** *Alexei Kapler, Hugh Whitemore, Alfred Hayes.* **LV:** *»Der blaue Vogel« von Maurice Maeterlinck.* **K:** *Freddie Young, Ionas Gricius.* **SpE:** *Georgi Senotov, Alexander Za-*

vialov, Roy Field. **M:** *Andrei Petrov.* **D:** *Elizabeth Taylor (Mutter/Mutterliebe/Hexe/Licht), Jane Fonda (Nacht), Ava Gardner (Luxus), Cicely Tyson (Katze), Robert Morley (Vater Zeit), Patsy Kensit (Mytyl), Todd Lookinland (Tyltyl), Will Geer (Großvater), Mona Washbourne (Großmutter), George Cole (Hund), Richard Pearson (Brot), Nazezda Pavlova (Blauer Vogel), Georgi Vitzin (Zucker), Margareta Terechova (Milch), Oleg Popov (Lachlust), Leonid Nevedomsky (Vater), Valentina Ganibalova (Wasser), Eugene Tscherbakov (Feuer), Harry Andrews (Eiche), Steven Warner, Monique Kaufman, Russel Lewis, Grant Bardsley, Ann Mannion (ungeborene Kinder), Pheona McLellan (krankes Mädchen).* F 99 Min.

Mytyl und Tyltyl, Kinder armer flämischer Holzfäller, werden eines Abends von ihrer Mutter ohne Essen ins Bett geschickt. Sie retten sich aus dieser misslichen Welt in das Reich der Träume. Dort treffen die Kinder die hässliche alte Fee mit dem guten Herzen, die sie inständig bittet, für sie den schönen blauen Vogel zu suchen. Nur dieser könne ihrer kranken kleinen Tochter helfen. Bei der Suche werden die Kinder begleitet vom Licht, von Wasser und Feuer, Brot und Milch, Hund und Katze; sie dringen in die Welt der Ungeborenen ein, gelangen über das Land der Erinnerungen, wo sie den toten Großeltern begegnen, ins Reich der Nacht. Zuletzt werden sie bedroht von der Welt des ewigen Wohlstandes und des Luxus. Doch immer, wenn sie glauben, den Vogel gefangen zu haben, folgt die Enttäuschung: Entweder entflieht das Tier, stirbt in ihren Händen oder verliert die Farbe. Der blaue Vogel lässt sich nicht fassen. Am Ende der Traumreise erkennen sie, dass das Wichtigste das ununterbrochene, aktive Streben des Menschen nach dem (persönlichen?) Glück ist. In die Realität zurückgekehrt, entdecken sie zu Hause eine himmelblaue Taube, die sie einem noch ärmeren Mädchen schenken. – »Ganz entfernt erinnert *Der blaue Vogel* an Victor Flemings zauberhaften Märchen-Film *Das zauberhafte Land,* doch sonst ist diese erste sowjetisch-amerikanische Coproduktion eine Enttäuschung ... [Sie] ist durchsetzt mit altklugen Sentenzen, die sich angestrengt um poetische Töne bemühen, die Phantasie der Inszenierung beschränkt sich auf Kostüme, Kulissen und Überblendungstricks.« (Hans Günther Pflaum, FILMDIENST) Für die Märchenexperten eine Anmerkung: Das französische Märchen *L'Oiseau bleu* (aus der Feenmärchensammlung *Les Contes des Fées* der Baronin d'Aulnoy, Erstdruck 1697), hierzulande unter dem Titel *Der blaue Vogel* durchaus bekannt, sollte nicht mit der literarischen Vorlage zu diesem Film verwechselt werden. Beide Stoffe besitzen – wenn überhaupt – nur minimale Gemeinsamkeiten.

DIE BLUME DER NACHT

(MARGUERITE DE LA NUIT). Frankreich/Italien 1955. **R:** *Claude Autant-Lara.* **B:** *Ghislaine Autant-Lara, Gabriel Arout.* **LV:** *Pierre MacOrlan.* **K:** *Jacques Natteau.* **M:** *René Cloërec.* **D:** *Michéle Morgan (Marguerite), Yves Montand (Monsieur Leon), Palau (Dr. Faust), Jean-Francois Calvé (Georges Faust), Massimo Girotti (Priester Valentin).* F 128 Min.

Monsieur Leon, eine moderne Inkarnation des Mephistopheles, erwählt sich den achtzigjährigen Dr. Faust als neues Opfer. In seinen Nachtclub eingeladen, verliebt sich der noch immer jungfräuliche Faust in die Sängerin Marguerite und verkauft für seine Jugend willig seine Seele. Tatsächlich verliebt sich auch Marguerite in den wieder jungen Faust, merkt aber bald, dass sie nicht glücklich werden können, solange der Vertrag mit dem Teufel nicht gelöst ist. Sie bietet Leon an, einen anderen zu suchen, der Fausts Stelle einnehmen würde. Als sie niemanden findet, unterzeichnet sie den Vertrag mit ihrem eigenen Blut. Faust indes hat für diesen außerordentlichen Liebesbeweis nur ein kühles Dankeschön übrig. Gerührt von ihrer großen Liebe, zerreißt Leon schließlich den Vertrag. Marguerite sinkt tot auf dem Polster eines geheimnisvollen U-Bahn-Wagens nieder, während Faust in die Hölle der Bürgertums zurückkehrt.

»Die traumähnlichen caligaresken Dekors und höllischen Farben scheinen nie mehr anzudeuten als Pappmaché und Studiolicht. Nichts ist glaubwürdig, nichts lädt das Publikum zur Identifikation ein. Darüber hinaus ist die Story konfus und langatmig, und die Intention dahinter recht obskur«, klagte das MONTHLY FILM BULLETIN, ohne zu ahnen, dass Autant-Laras Filme gerade deswegen einen gewissen Ruf genießen. *Die Blume der Nacht* ist natürlich eine leicht kommunistisch eingefärbte Attacke auf die Bourgeoisie (oder soll es wenigstens sein). »Faust, das ist der feige Bürger, und es ergibt sich eine bedeutende Szene, wenn er Mephisto auffordert, er möge der Geliebten durch einen Blumenstrauß eine Illusion mitgeben. Die Illusion nämlich, dass die Empfindung in jener Welt noch möglich ist, aus der Faust kommt und in deren grellrote Kulissen er wieder nichtswürdig untertauchen wird. Wenn die Güte beim Teufel liegt ... und Güte also in der zersetzten Welt eine Illusion ist, dann fällt jeder Vorteil jener Auffassung zu ... dass der Teufel der christlichen Welt als Beglücker sich aufspielen wird, indem er den Untergang derer bewirkt, die das Possenspiel des Lebens durch ihren Egoismus und ihre Lasterhaftigkeit leichtfertig unterminieren.« (FILMDIENST) Nichtsdestotrotz kann man nach solchen akademischen Fingerübungen recht gut verstehen, dass Autant-Lara als einer der ersten Regisseure ins Schussfeld des Kritikers und späteren Nouvelle Vogue-Heroen François Truffaut geriet.

DAS BLUT EINES DICHTERS

(LE SANG D'UN POÈTE). Frankreich 1931. **R:** *Jean Cocteau.* **B:** *Jean Cocteau.* **K:** *Georges Périnal.* **M:** *Georges Auric.* **D:** *Lee Miller (Statue), Enrique Rivero (Dichter), Pauline Carton (Dompteuse der Kinder), Féral Benga (Schwarzer Engel), Jean Desbordes (Maskierter Ludwig XV.), Odette Talazac, Barbette, Fernand Duchamps, Lucien Lager (Zuschauer in der Loge).* SW 52 Min.
Ein riesiger Farbrikschornstein. Er neigt sich. Er beginnt einzustürzen. Dieser Vorgang wird angehalten, erst am Schluss des Films fortgesetzt und vollendet. Dazwischen, in einer realen Sekunde, liegen Welten, liegt das ganze Geschehen des Films. Großaufnahme des Dichters. Er zeichnet einen Kopf. Er betrachtet seine Zeichnung mit dem Ausdruck des Schreckens. Ihr Mund lebt, die Lippen öffnen sich. Mit leidenschaftlicher Hand verwischt er die Zeichnung ... Am nächsten Morgen. Der eingeschlafene Dichter am Tisch, auf einem Gipsarm ruhend, eine Gipshand öffnend. In der Höhlung der Hand träumt der Mund, atmet im Schlaf. Der Dichter erwacht, erhebt sich; vorgebeugt nähert er sich der Statue, umkreist sie, und plötzlich – presst er die Hand auf ihren Mund. Die Anstrengung lässt die Adern des Arms schwellen. Die Hand zieht sich zurück. Die Statue bewegt sich. Ihr Mund lebt. Der Dichter wirft der Statue einen spöttischen Blick zu, entfernt sich von ihr. Die Statue spricht: »Glaubst du, es sei so einfach, sich einer Wunde zu entledigen und ihr den Mund zu verbieten?« – Das Zimmer hat nur Wände, keine Tür, kein Fenster. Anstelle der Tür ein hoher Wandspiegel. Der Dichter tastet sich die Wände entlang, gelangt an den Spiegel. Der Dichter ruft der Statue zu: »Mach mir auf!« – »Tritt in den Spiegel! Versuch's!« – Der Spiegel in seiner ganzen Größe. Der Dichter dringt in den Spiegel ein. Der Schrei einer Menge wie bei einem Feuerwerk! – Im Innern des Spiegels – der Flur eines billigen Hotels. Auf dem Hotelkorridor. Der Dichter blickt durch Schlüssellöcher in Zimmer: die Hinrichtung Kaiser Maximilians von Mexiko; eine Frau bringt einem Kind das Fliegen bei; ein Opiumraucher; ein Hermaphrodit ... Der Dichter erhebt sich. Hinter der Biegung des Flurs kommt ein Frauenarm hervor, einen Revolver in der Hand haltend. Stimme liest Gebrauchsanweisung vor. Dichter ergreift den Revolver, betastet ihn, führt aus, was ihm die Stimme angibt: »Man hebe den Lauf an die Schläfe ...

Das Blut eines Dichters

Man drücke ab!« Nach dem Schuss: Die Waffe entgleitet seiner Hand, Blut strömt seiner Schläfe, ein Lorbeerkranz formt sich um sein Haupt. »Ruhm, immer nur Ruhm!« Die geschlossenen Augen des Dichters öffnen sich, sein Gesicht ist wutverzerrt. Flucht durch den Korridor ... Der Spiegel in der Kammer stößt den Dichter aus. Religiöser Choral von Kinderstimmen. Dichter geht auf die Statue zu, packt einen Hammer, schlägt auf die Statue ein. Die Statue splittert, der Kopf bricht entzwei. Eine Wolke von Gipsstaub sinkt auf den Dichter nieder. »Wer Statuen zerbricht, sehe sich vor, leicht wird zur Statue er selbst ...!« Kinder machen eine Schneeballschlacht. Eins bleibt blutend liegen. Der Dichter spielt mit der Statue Karten. Er zieht dem blutenden Kind die Karte, die ihm fehlt, aus der Tasche. Er verliert trotzdem. Er tötet sich zum zweiten Male. Das Publikum in den Logen applaudiert ... Der Fabrikschornstein fällt endgültig zusammen.

Cocteau nennt seinen Erstlingsfilm einen »realistischen Dokumentarfilm über irreale Ereignisse« und bestreitet damit jeden Einfluss durch den Surrealismus, zu dem der Film oft gezählt wird. Eine gewisse Verwandtschaft ist nicht von der Hand zu weisen, betrachtet man *Das Blut eines Dichters* als filmischen Traum, in dem phantastische, jeder Logik widersprechende Ereignisse miteinander verknüpft werden. Ziel der Surrealisten war es jedoch, die Gesellschaft zu schockieren, das gewohnte Bild der Welt zu zersprengen. Cocteau dagegen lieferte »in diesem Film im Grunde nur ein Porträt von sich selbst, ein verschlüsseltes Exposé seiner Dichtungslehre. Alle scheinbar bizarren und irrationalen Bilder des Films – der Mund, der sich in der Hand des Dichters öffnet, die Statue, die lebendig wird, der Gang durch den Hotelkorridor, der Selbstmord und das Weiterleben, die Kartenpartie im Schnee – all diese Szenen und ihre Elemente sind Allegorien, Hinweise auf die Person des Autors ... Cocteaus Bilder in *Le Sang d'un Poète* [sind] rationale Konstruktionen, die nur den Blick auf das Innere ihres Schöpfers freigeben. Keine Szene des Films weist über sich selbst hinaus; seine Magie ist künstlich, entwickelt im Laboratorium, zudem nicht frei von Pose und Selbstgefälligkeit.« (Ulrich Gregor/Enno Patalas, GESCHICHTE DES FILMS). »Der Film war technisch sorgfältig gemacht, er war voller schockierender Bilder und ungewöhnlicher Bildverbindungen, phantastischer Geschöpfe und noch phantastischerer Ereignisse ... Aber nichts vermochte die Wahrheit zu verhüllen, dass *Das Blut eines Dichters* ein entsetzlich leerer Film war, eingesponnen in formvollendete pseudointellektuelle Konstruktionen, die zu nichts führten und nichts aussagten ... Der Film hat keine Unebenheiten und keine scharfen Kanten, aber was schlimmer ist, er hat kein Fleisch, es fehlt die eigentliche belebende Materie. *Das Blut eines Dichters* ist der Schlummer eines satten Egozentrikers, der sich wohl auch selber satt hat. Schlummer, erfüllt von Träumen über die Unsterblichkeit, über die große Kunst und das große Schöpfertum, doch diese Träume sind so blass und blutleer, dass sie keine poetische Vision zu schaffen vermögen.« (Jerzy Toeplitz, GESCHICHTE DES FILMS) Cocteaus Film ein Irrweg der Avantgarde? Wohl kaum! Seine Wirkung spricht dagegen, denn immer wieder fand Cocteau Nachahmer, besonders nach dem Zweiten Weltkrieg in den Filmen der amerikanischen Experimentatoren Maya Deren, Curtis Harrington und Kenneth Anger. Charlie Chaplin nannte den Film jedenfalls »ein klassisches Werk im Sinne des Vorbilds«. – Was *Das Blut eines Dichters* nicht nur in die zeitliche und formale Nachbarschaft von Buñuels surrealistischem Meisterwerk *Das goldene Zeitalter* rückt, ist die Finanzierung der beiden Filme. Beide kosteten rund eine Million Francs, die jeweils der Vicomte de Noailles aufbrachte, ein geradezu idealer Mäzen, der zunächst überhaupt keine Bedingungen an die Produktionen stellte. Als es jedoch zum Eklat um Buñuels *Goldenes Zeitalter* kam, weigerte er sich, *Das Blut eines Dichters* freizugeben, solange er mit seiner Gattin und seinen Freunden in den Logen der Schlussszenerie zu erkennen war. Cocteau sah sich gezwungen, die Logenszene zu wiederholen und den ganzen Schauplatz noch einmal aufzubauen. Mäzen Noailles war zufrieden, und als der Film mit einjähriger Verzögerung öffentlich aufgeführt wurde, überließ er den Film Cocteau und Auric (der die Musik geschrieben hatte) als gemeinsames Geschenk mit dem Recht, jederzeit nach Gutdünken über ihn zu verfügen.

BODY SWITCH
Anderer Titel für **Zauberhafte Zeiten**

DER BÖSE GEIST LUMPACI VAGABENDUS
Anderer Titel für **Lumpacivagabundus** (Deutschland 1922)

BOMBA, DER DSCHUNGELBOY
(BOMBA, THE JUNGLE BOY). USA 1949. **R:** *Ford Beebe.* **B:** *Jack DeWitt.* **LV:** *Roy Rockwood.* **K:** *William A. Sickner.* **D:** *Johnny Sheffield (Bomba), Peggy Ann Garner (Pat Harland), Onslow Stevens (George Harland), Charles Irwin (Andy Barnes), Smoki Whitfield (Eli), Martin Wilkins (Mufti). SW 87 Min.*
Ein unter wilden Urwaldtieren aufgewachsener Jungmann namens Bomba stößt in seinem Lebensbereich auf die verirrte Tochter eines Fotografen, nimmt sie unter seine Fittiche, zeigt ihr das Leben und Treiben im Dschungel und bringt sie sicher und wohlbehalten zu ihrem Vater zurück. – Erster Teil einer Tarzan-Spin-Off-Serie nach Motiven des US-Jugendbuchautors Roy Rockwood, dessen Name mit an Sicherheit grenzender Wahrscheinlichkeit ein Verlagspseudonym war, unter dem mehrere Autoren Texte schrieben. Die Bomba-Filme enthalten in der Regel keine oder nur wenige Fantasy-Elemente und werden lediglich der Vollständigkeit halber aufgeführt. Der »Kulturfilm mit eingeflochtener Handlung« (FILMBEOBACHTER) wurde auf beiden Seiten des Ozeans von der Kritik im großen und ganzen recht positiv aufgenommen. »Auch die technische Seite der Produktion«, so VARIETY, »ist ausnahmslos gut.«

BOMBA, DER ERBE TARZANS
(KILLER LEOPARD). USA 1954. **R:** *Ford Beebe.* **B:** *Ford Beebe.* **LV:** *Roy Rockwood.* **K:** *Harry Neumann.* **M:** *Marlin Skiles.* **D:** *Johnny Sheffield (Bomba), Russ Conway (Maitland), Bill Walker (Jonas), Milton Wood (Conji), Barry Bernhard (Charlie Pulham), Donald Murphy (Fred Winters), Beverly Garland (Linda Winters), Smoki Whitfield (Eli), Rory Mallinson (Deevers), Leonard Mudie (Inspektor Barnes), Harry Cording (Saunders). SW 71 Min.*
Bomba, inzwischen zum Manne herangereift,

hilft einer aus Hollywood in den afrikanischen (Studio-) Busch emigrierten platinblonden Aktrice bei der Suche nach ihrem Mann, der in dunkle Geschäfte verstrickt ist. Dabei muss er einen Leoparden erwürgen. Am Ende zeigt sich, dass der Gesuchte moralisch nicht mehr zu retten ist; gefesselt wird er seinem letzten Bestimmungsort zugeführt. Die Blondine kehrt ins Sündenbabel zurück; Bomba schaut ihr sehnsüchtig hinterdrein. – Der albernste Bomba-Film, den die Welt je gesehen hat. Johnny Sheffield scheint's denn auch selbst eingesehen zu haben: Nach diesem Fiasko drehte er noch *Der goldene Götze* (1954) und *Lord of the Jungle* (1955), dann war seine Karriere, die als Tarzans »Sohn« angefangen hatte, so gut wie beendet.

BOMBA, DER RÄCHER
(THE LION HUNTERS). USA 1951. **R:** *Ford Beebe.* **B:** *Ford Beebe.* **LV:** *Roy Rockwood.* **K:** *William A. Sickner.* **M:** *Marlin Skiles.* **D:** *Johnny Sheffield (Bomba), Morris Ankrum (Forbes), Ann Todd (Jean), Douglas Kennedy (Martin), Smoki Whitfield (Jonas), Robert Davis (Lohu), Woodrow Strode (Walu). SW 73 Min.*
Bomba befreit die von einer weißen Tierfangexpedition gefangenen Löwen aus ihren Käfigen, zieht sich die Wut der Jäger zu und freundet sich mit der netten Tochter eines Expeditionsteilnehmers an. – Der erste Bomba-Film, der nur Verrisse einheimste: »Handwerklich erreicht der Serienstreifen nicht einmal die Durchschnittsgrenze ... Das Hauptverdienst, wenn man von einem solchen sprechen will, kommt der Kamera zu.« (FILMDIENST) – »Johnny Sheffield kann in der Rolle des Dschungelboys Bomba nicht überzeugen. Seine Interpretation der Rolle kommt herüber wie die eines drittklassigen Tarzan, der sich an Lianen durch die Bäume schwingt und gelegentlich einsilbige Töne von sich gibt.« (VARIETY)

BOMBA, HERR DER ELEFANTEN
(ELEPHANT STAMPEDE). USA 1951. **R:** *Ford Beebe.* **B:** *Ford Beebe.* **LV:** *Roy Rockwood.* **K:** *William A. Sickner.* **SpE:** *Max Luttenberg.* **D:** *Johnny Sheffield (Bomba), Donna Martell (Lola), Edith Evanson (Miss Banks), Martin Wilkins (Häuptling*

Nagala), John Kellogg (Bob Warren), Myron Healey (Joe Collins), Leonard Mudie (Andy Barnes), Guy Kingsford (Mark Phillips). SW 70 Min.
Bomba, der Dschungelboy, legt sich mit zwei Elefantenjägern an, die nicht nur Unfrieden in seinen heimatlichen Dschungel bringen, sondern auch eine weiße Lehrerin und deren (in unseren Helden verliebte) Assistentin bedrohen, die sich alle Mühe geben, den Eingeborenen das Alphabet beizubringen. Es kommt, wie es kommen muss: Ein Bandit wird von seinem Komplizen umgebracht, der andere endet unter den Füßen einer Elefantenherde. – Standard-Eintopf nach Schema F.

BOMBA – RACHE IM DSCHUNGEL

(SAFARI DRUMS). USA 1953. **R:** *Ford Beebe.* **B:** *Ford Beebe.* **LV:** *Roy Rockwood.* **K:** *Harry Neumann.* **M:** *Marlin Siles.* **D:** *Johnny Sheffield (Bomba), Douglas Kennedy (Brad), Barbara Bestar (Peggy), Emory Parnell (Conrad), Paul Marion (Steve), Leonard Mudie (Barnes), Smoki Whitfield (Eli), Russ Conway (Collins). SW 66 Min.*
Bomba, der Dschungelboy, »der den ganzen Film über wie Dr. Grzimek Platz und Lebensrecht für wilde Tiere fordert« (FILMDIENST), unterstützt ein Aufnahmeteam, das aus beruflichen Gründen in seinem heimatlichen Urwald unterwegs ist. Als sich herausstellt, dass ein Mitglied der Crew ein Mörder ist (er hat einen Geologen getötet, der einen großen Diamantenfund gemacht hat), beginnt die Jagd nach dem Täter.

Ein Löwe nimmt den Guten die Arbeit ab und bringt den Bösling um. – In diesem Film nehmen die Archivaufnahmen allmählich überhand: Man wird das Gefühl nicht los, jede Natureinstellung schon mal gesehen zu haben. Der zweitschwächste Bomba-Film.

BOMBA UND DER SCHWARZE PANTHER

(BOMBA ON PANTHER ISLAND). USA 1949. **R:** *Ford Beebe.* **B:** *Ford Beebe.* **LV:** *Roy Rockwood.* **K:** *William A. Sickner.* **M:** *E. J. Kay.* **D:** *Johnny Sheffield (Bomba), Allene Roberts (Jucly Maitland), Lita Baron (Losana), Bill Walker (Luke), Charles Irwin (Andy Barnes), Harry Lewis (Bob Maitland), Smoki Whitfield (Eli), Martin Wilkins (Moki). SW 70 Min.*

Bomba, der Dschungelboy, spürt einem gefährlichen Panther nach, der den Farmbau eines Geschwisterpaares empfindlich stört, indem er diverse »Arbeitsneger« (FILMDIENST) reißt. Außerdem muss sich unser Held noch mit Naturkatastrophen, dämonengläubigen Eingeborenen und der örtlichen Fauna auseinandersetzen. – Der zweite Teil der nach den Büchern des Tarzan-Nachempfinders Roy Rockwood entstandenen Bomba-Serie kam bei der Kritik schon weniger gut an als sein Vorgänger: »Der Plot ist ein alter Hut«, fand VARIETY, »der nur dazu dient, haufenweise Ausschnitte aus Tierfilmen in die Handlung einzuflechten und Sheffields Talente als Schwimmer, Baum-zu-Baum-Hüpfer und Urwaldkenner zu präsentieren ... Das Füllmaterial zeigt indes diverse spannende Szenen: einen Kampf zwischen einem Leoparden und einem Wasserbüffel, einen Dschungelbrand und Sheffields tödliche Rauferei mit dem schwarzen Panther – damit auch die Kleinen ihren Spaß haben.«

Der FILMDIENST witterte in der Gestalt einer »eifersüchtigen, leichtgeschürzten Dienerin mit dem Gehabe eines Dschungelvamps« (1949, *Ohmigawd!*) mal wieder einen »erotischen Einschlag, der über den Rahmen des kindertümlichen Urwaldabenteuers hinausgeht.« Tja, Will Hays, wo warst du, als wir dich brauchten?

BOMBA UND DER TOTE VULKAN

(THE LOST VOLCANO). USA 1950. **R:** *Ford Beebe.* **B:** *Ford Beebe.* **LV:** *Roy Rockwood.* **K:** *Marcel Le Picard.* **M:** *Ozzie Caswell.* **D:** *Johnny Sheffield (Bomba), Donald Woods (Paul Gordon), Marjorie Lord (Ruth Gordon), John Ridgely (Barton), Elena Verdugo (Nona), Tommy Ivo (David), Don Harvey (Higgins), Grandon Rhodes (Charles Langley), Robert Lewis (Daniel). SW 69 Min.*
Der Dschungelboy Bomba und sein jugendlicher Freund David kennen die Lage einer versunkenen Stadt im Urwald, in der sich ein legendärer Schatz befinden soll. Barton und Higgins, zwei Abenteurer, erfahren davon, entführen die beiden und zwingen sie, ihnen den Weg dorthin zu zeigen. Bomba kann jedoch entkommen und einen Rettungstrupp organisieren, der den Strauchdieben das Handwerk legen soll. Als der in der

Nähe der versunkenen Stadt befindliche Vulkan ausbricht, kriegen die Entführer ihre Strafe. In den Urwald zieht wieder der Friede ein. – Der dritte Teil der Bomba-Serie ist spannender und sorgfältiger gemacht als seine Vorgänger. Studioszenen wurden mit Ausschnitten aus Tierfilmen gekoppelt, wie auch sonst. – »Ozzie Caswells Filmmusik zeigt ihre Qualitäten während der filmischen Höhepunkte.« (VARIETY)

BÖSE BUBEN IM WUNDERLAND

Anderer Titel für **Abenteuer im Spielzeugland**

DAS BÖSE KOMMT AUF LEISEN SOHLEN

(SOMETHING WICKED THIS WAY COMES). USA 1983. **R:** *Jack Clayton.* **B:** *Ray Bradbury.* **LV:** *»Das Böse kommt auf leisen Sohlen« von Ray Bradbury.* **K:** *Stephen H. Burum.* **SpE:** *Lee Dyer.* **M:** *James Horner.* **D:** *Jason Robards (Charles Halloway), Jonathan Pryce (Dark), Diane Ladd (Mrs. Nightshade), Pam Grier (Staubhexe), Royal Dano (Tom Fury), Vidal Peterson (Will Halloway), James Stacey (Ed), Mary Grace Canfield (Miss Foley), Shawn Carson (Jim Nightshade), Richard Davalos (Crosetti), Jack Dengel (Tetley), Bruce M. Fischer (Cooger).* **F 94 Min.**

Ein mysteriöser Zirkus (nicht ganz der des Dr. Lao, aber fast) schlägt sein Zelt vor einer verschlafenen amerikanischen Kleinstadt der zwanziger Jahre auf. Im Mittelpunkt dieser Disney-Version eines Romans von Ray Bradbury, dessen Verfilmung viele Jahre geplant war, bis sich Jack Clayton, der Regisseur des meisterhaften englischen Spukfilms *Schloss des Schreckens* des Stoffes annahm, steht der Zirkusdirektor Mr. Dark. Er erfüllt die geheimsten Wünsche der Menschen, aber zu einem vergleichsweise hohen Preis. Jim und Will, zwei neugierige und unerschrockene Jungen, aus deren Perspektive die Geschichte erzählt wird, legen dem unheimlichen Mann das Handwerk. – »Claytons Bradbury-Verfilmung läuft kommerziellen Mustern deutlich zuwider, ist im Grunde alles, was *Die unendliche Geschichte* hätte werden können: Ein sensibles, reifes Werk über die Macht der Wünsche und Träume und die Ausnutzung derselben, das trotzdem nicht auf die so heißgeliebten Spezialeffekte verzichtet. Ein Beweis, dass man Literatur verfilmen kann – und gerade Bradbury ist dank der unsäglichen *Mars-Chroniken* hier ein gebranntes Kind–, ohne zuviel aufzugeben. Bradbury ist in erster Linie ein Stilist, und so serviert auch Clayton in erster Linie atmosphärisch dichte Stimmung, aus der diverse Sequenzen wie die Spinneninvasion, der WIZARD OF OZ-Tornado, der den Karneval zum Höhepunkt davonwirbelt, oder andere Szenen, in denen sich das Grauen zu deutlich manifestiert, auch prompt herausfallen. Im allgemeinen aber entwickelt der Film aus der mittelwestlichen Postkartenidylle der Einleitungsszenen langsam und zielstrebig etwas Düster-Bedrohliches. Zudem glänzt der Film durch brillante Darsteller.

Der britische Theaterschauspieler Jonathan Pryce ist ein idealer Mr. Dark, die beiden Kinder schlagen Noah Hathaway um Längen, Jason Robards wiederum macht die zerstörten Illusionen seiner Vaterfigur unmittelbar einsichtig ...« (SCIENCE FICTION TIMES) Leider erreicht Claytons Verfilmung die Spannung der Bradbury-Vorlage nicht und wird deshalb nicht jeden Zuschauer zufriedenstellen.

DIE BRAUT DES PRINZEN

(THE PRINCESS BRIDE). USA 1988. **R:** *Rob Reiner.* **B:** *William Goldman.* **LV:** *»Die Braut des Prinzen« von William Goldman.* **K:** *Adrian Biddle.* **SpE:** *Nick Allder.* **M:** *Mark Knopfler.* **D:** *Cary Elwes (Westley), Mandy Patinkin (Inigo Montoya), Chris Sarandon (Prinz Humperdinck), Christopher Guest (Graf Rugen), Wallace Shawn (Vizzini), André the Giant (Fezzik), Robin Wright (Buttercup), Peter Falk (Opa), Fred Savage (Enkel), Billy Crystal (Zauberer), Carol Kane (Valerie), Mel Smith, Anne Dyson, Malcolm Storry, Willoughby Gray.* **F 98 Min.**

Um seinen kranken, computergeilen und leseunwilligen Enkel aufzuheitern, erzählt Opa Peter Falk die Geschichte vom Stallburschen Westley, der hübschen Prinzessin Buttercup sowie dem intriganten Prinzen Humperdinck, Riesen, Zaubrern und Ungeheuern in einer neuen, ungewöhnlichen Version. Die Fantasie des Jungen setzt die Geschichte in die entsprechend farbenprächtigen Bilder eines Abenteuermärchens um. Da gibt es schreiende Aale, eine »Lebensabsaugmaschine«; RVGs (Ratten von außergewöhnlicher Größe), einen »Katastrophenmantel« und die »Klippen des Wahnsinns«. – »Aus der hausbackenen Märchengeschichte wird ein knallbuntes Filmabenteuer, bei dem selbst der Enkel aus dem Staunen nicht mehr rauskommt.« (Rolf Selas, RHEINISCHE POST) [V]

EINE BRAUT FÜR KÖNIG DROSSELBART

Anderer Titel für **König Drosselbart**

DIE BREMER STADTMUSIKANTEN

BRD 1959. **R:** *Rainer Geis.* **B:** *Hubert Schonger.* **LV:** *Gebrüder Grimm.* **K:** *Peter Puluj.* **M:** *Raimund Rosenberger.* **D:** *Peter Thom, Max Bössl, Christa Welzmüller, Toni Mang, Peter Brand, Otto Friebel, Paul Bös, Edgar Wenzel. F 77 Min.*
Um dem Tod zu entgehen, machen sich ein Esel, ein Hund, eine Katze und ein Hahn – hier dargestellt durch menschliche Akteure in tierischen Masken – auf nach Bremen, weil man dort angeblich Stadtmusikanten sucht. Im Wald geraten sie mit einer Räuberbande aneinander, deren Hütte sie schließlich trickreich zu übernehmen verstehen. – Ein Grimmsches Märchen, frei bearbeitet: »Vorzügliche Masken in den Tierrollen, gute Farben und Fotografie. Die Schauspieler sind erstaunlich sicher geführt.« (FILMBLÄTTER)

DIE BREMER STADTMUSIKANTEN

BRD 1968. **R:** *Gedeon Kovacs.* **B:** *Hans Peter Doll, Günther Fleckenstein.* **LV:** *Gebrüder Grimm.* **K:** *Hermann Haindl.* **M:** *Aleida Montijn.* **D:** *Kurt Dommisch (Esel Grauschimmel), Ernstwalter Mitulski (Jagdhund Braunrock), Kirsten Dene (Katze Bartputzer), Rudolf Plent (Hahn Rotkopf), Gerhard Retschy (Räuberhauptmann Kinderschreck), Fritz Nydegger (Räuber Plotz), Michael Habeck (Räuber Blitz), Ulrike Ritter (Prinzessin Kinderlieb), Winfried Küppers (Prinz Wangenbleich). F 80 Min.*
Vier Haustiere, die es bei ihren Herren nicht mehr aushalten, machen sich auf den Weg nach Bremen, weil dort angeblich großer Mangel an Stadtmusikanten herrscht. Unterwegs begegnen sie einer Räuberbande, die sie jedoch mit einem listigen Plan in die Flucht schlagen können. – »Die beiden Autoren haben diese Erzählung neu ge-

staltet und damit dem alten Stoff zu einer unterhaltsamen Bühnenexistenz verholfen.« (DAS FERNSEHSPIELARCHIV) Der TV-Film entstand nach einer Aufführung der Städtischen Bühnen Frankfurt/Main.

BRENDA STARR

(BRENDA STARR). USA 1986. **R:** *Robert Ellis Miller.* **B:** *Jenny Wolkind, Noreen Stone, James David Buchanan.* **V:** *Comic-Serie von Dale Messick.* **K:** *Freddie Francis.* **M:** *Johnny Mandel.* **D:** *Brooke Shields (Brenda Starr), Timothy Dalton (Basil St. John), Diana Scarwid (Libby »Lipps« Lipscomb), Tony Peck (Mike Randall), Charles Durning (Livwright), Eddie Albert (Polizeichef), Jeffrey Tambor, June Gable, Nestor Serrano, Kathleen Wilhoite, Henry Gibson, Ed Nelson. F 92 Min.*
Eine Comic-Figur wird lebendig. Brenda Starr, die Lady mit den langen Wimpern und den roten Lippen, Starreporterin des New Yorker »Flash«, hüpft ihrem Schöpfer Mike vom Zeichentisch: »So ohne weiteres will Brenda nicht zurück und sich wieder von ihrem frustrierten Zeichner beschimpfen lassen. Also rasen sie mit- und gegeneinander durch die quirlige Zwischenwelt von Comic, Groschenromanze, Abenteuerfilm und Kinoklamauk. Die immer neu und schillernd aufgetakelte Brenda, Batwoman und Bondagentin in einer Person, rettet die zweifelhafte Zukunft der westlichen Welt und ihre Zeitung aus der Konkurrenz mit der blonden Libby vom ›Globe‹.« (TAGESSPIEGEL) – Trotz der guten Idee hält sich der Spaß in Grenzen. Der 1986 gedrehte Film verbrachte den größten Teil seines Lebens in einem Regal, bevor man ihn als Videokassette verwurstete. [V]

DER BRIEF AN DEN WEIHNACHTSMANN

(THE KID WHO LOVED CHRISTMAS). USA 1990. **R:** *Arthur Allan Seidelman.* **B:** *Sam Egan.* **K:** *Hanania Baer.* **M:** *Stanley Clarke.* **D:** *Trent Cameron (Waisenjunge), Cicely Tyson (Etta Lewison), Sammy Davis jr. (Sideman), Michael Warren (Tony Parks), Ray Parker jr. (T. C. Milton), Gilbert Lewis (Ed Slater), Charlie Murphy (Jamal), Ken Page (Dwight McCrea), Paula Anglin (Cora Duval), John Beal (Cameron), Ken Page,*

Della Reese, Esther Rolle, Ben Vereen, Vanessa Williams. F (100) 94 Min.

Amerikanischer TV-Film um einen Waisenknaben, der sich gegen den Widerstand der Bürokratie zu den Weihnachtsferien unbedingt einen Musikanten zum Stiefvater wünscht. Schließlich greift Santa Claus zu Gunsten des Jungen ein. Der letzte Film von Sammy Davis jr. ist nicht mehr als besserer Durchschnitt. [V]

BRIGADOON

(BRIGADOON) USA 1954. **R:** *Vincente Minnelli* **B:** *Alan Jay Lerner.* **K:** *Joseph Ruttenberg.* **M:** *Frederick Loewe* **D:** *Gene Kelly (Tommy Albright), Van Johnson (Jeff Douglas), Cyd Carisse (Fiona Campbell), Elaine Stewart (Jane Ashton), Barry Jones (Lundie), Albert Sharpe (Andrew Campbell), Hugh Laing (Harry Beaton), Tudor Owen (Archie Beaton), Dody Heath (Meg Brockie), Dee Turnell (Ann), Owen McGiveney (Angus), Eddie Quillan (Sandy), Jimmy Thompson (Charile C. Dalrymple), Virginia Bosler (Jean Campbell).* F 108 Min.

Alle hundert Jahre taucht irgendwo im schottischen Hochland aus dem Nichts die geheimnis-

volle Geisterstadt Brigadoon auf, deren Bewohner vom Allmächtigen persönlich die Genehmigung erhalten haben, die Zeiten zu überspringen, ohne den Veränderungen ausgesetzt zu sein, die der Verlauf der Geschichte nun mal mit sich bringt. Die Sache hat nur einen Haken: Niemand darf Brigadoon verlassen; und wer hier leben will, muss von seiner Vergangenheit und seinen weltlichen Bindungen Abschied nehmen. Kein Problem für den amerikanischen Sonnyboy Tommy, denn er hat sich unsterblich in die Beine der hüb-

Brigadoon

schen Fiona verliebt. Und zum Beweis seiner hehren Absichten tanzt er ihr am laufenden Meter eins vor. – Ein phantastisches Filmmusical bzw. eine »kuriose Mischung aus Broadwayatmosphäre und Freilichttheater im Stil eines Heimatspiels.« (FILMBEOBACHTER)

DIE BRÜDER LÖWENHERZ

(BRÖDERNA LEJONHJARTA). Schweden/Dänemark 1977. R: Olle Hellbom. B: Astrid Lindgren. LV: »Die Brüder Löwenherz« von Astrid Lindgren. K: Rune Ericson. M: Björn Isfeldt, Lasse Dahlberg. D: Staffan Götestam (Jonathan), Lars Söderdahl (Karl), Allan Edwall (Mattias), Gunn Wällgren (Sofia), Folke Hjort (Jossi), Per Oscarsson (Orvar), Tomy Johnsson (Hubert), Jan Nygren (Veder), Micha Gabay (Kader), Georg Ärlin (Tengil). SW/F 105 Min.

Anfang des 20. Jahrhunderts leben im Slumviertel Stockholms die beiden Brüder Jonathan und Karl, genannt Krümel. Karl, der jüngere, weiß, dass er nicht mehr lange zu leben hat. Jonathan erzählt ihm, um ihn zu trösten, vom phantastischen Land Nagijala, in das man nach dem Tod gelangt. Dort seien glanzvolle Abenteuer zu bestehen. Als im Haus Feuer ausbricht, springt Jonathan mit seinem Bruder auf den Armen aus dem Fenster. Jonathan überlebt den Sturz nicht. Karl aber glaubt weiterhin an die Erzählungen seines Bruders, und eines Tages kommt eine Taube an sein Fenster, um ihn in das wunderschöne, liebliche Kirschblütental nach Nagijala zu bringen. Eine Weile leben die beiden, die schon bald als die Brüder Löwenherz überall bekannt sind, in einem alten weißen Gehöft mit ihren treuen Pferden Grimm und Fyalar. Doch beständig droht Gefahr. Im benachbarten Dornrosental macht der tyrannische Tengil mit seinen schwarzen Rittern und dem Drachen Katla den Menschen das Leben zur Qual. Jonathan bricht auf, um für die Freiheit des Dornrosentals zu kämpfen. Sein Bruder folgt ihm ohne dessen Wissen und Zustimmung. Er erlebt die Grausamkeiten Tengils, bevor er Jonathan wiederfindet. Gemeinsam wollen sie den Feind besiegen. Durch den Mut und die Opferbereitschaft des Volkes und mit Hilfe der Freunde aus dem Kirschblütental gelingt es, Tengil und den Drachen zu vernichten. Endlich herrscht wieder Frieden, doch Jonathan ist beim Kampf verletzt worden. Er weiß, dass er sterben wird. Karl will seinen Bruder nicht mehr allein lassen. Er wird wieder mit ihm gemeinsam in den Tod springen. – Buch und Film waren – vor allem in Schweden – Ausgangspunkt erregter Diskussionen und Kontroversen. Der Streit entzündete sich u.a. an der Frage, ob in einem Kinderfilm, in dem es um Gut und Böse, Freiheit und Unterdrückung, aber auch um Leben und Tod geht, der Tod – schockierender noch: der Kindesselbstmord – in die kindliche Vorstellungswelt einbezogen werden darf. Unmöglich, eine objektive Antwort zu finden! Die einen meinen: »Dies ist kein Kinderfilm, aber Kinder sollten ihn sehen« (BERLINALE INFORMATIONSBLATT 1978), die anderen behaupten (fast) das Gegenteil: »Weit gefehlt: Dies ist ein Kinderfilm, und Regisseur Olle Hellbom bekennt sich ja ausdrücklich zu diesem Medium, und Erwachsene sollten ihn sehen.« (DER ABEND) Astrid Lindgren, die sowohl das Kinderbuch als auch das Drehbuch des Films geschrieben hat, verteidigt ihr Werk: »Es gibt Erwachsene, die mit Kindern nicht über den Tod sprechen. Aber Kinder wissen, dass es den Tod gibt. Warum also in Kinderbüchern nicht davon schreiben? In einigen Briefen, die ich von Kindern bekommen habe, die

Die Brüder Löwenherz

das Buch gelesen haben, schreiben sie mir, dass sie sich jetzt vor dem Tod nicht mehr fürchten.« Im übrigen erteilt die Schriftstellerin all jenen, die das Buch wegen seiner großen Interpretationsmöglichkeiten schätzen, eine deutliche Abfuhr: »Ich wollte mit *Die Brüder Löwenherz* kein religiöses Buch schreiben, in dem Jonathan die Rolle eines verkappten Gottes und Erlösers spielt; noch wollte ich, dass man in Tengil einen Hitler, Stalin oder anderen zeitgenössischen Tyrannen sieht; und Katla ist keine andere Schreibweise für die Atombombe. Und vor allen Dingen habe ich nie in meinem Leben daran gedacht, ein Buch zu schreiben, das mit dem Selbstmord von zwei kleinen Jungen endet. Aber ein Schriftsteller kann nicht verhindern, dass seine Leser seine Arbeit so interpretieren, wie es ihren eigenen Bedürfnissen und Gefühlen entspricht. Ein Buch ist das, was in der Kooperation von Autor und Leser entsteht. Ich kann gut verstehen, dass ein erwachsener Leser *Die Brüder Löwenherz* nach den obigen Mustern interpretieren könnte. Aber niemals Kinder: Kinder lesen das Buch, so wie ich es geschrieben und interpretiert habe, als einfache Geschichte ... Eine Geschichte über den Kampf um Freiheit und über die Liebe zweier Brüder. Auch als eine Geschichte über den Tod.« (Pressematerial der 28. Intern. Filmfestspiele Berlin 1978) Gleiches gilt für den Film, der »eine ungewohnte gestalterische Sorgfalt aufweist« (Beate Seeßlen-Hurler, MEDIEN & ERZIEHUNG) und durch »seine märchenhaft schönen Bilder betört«. (Hauke Lange-Fuchs, NORDLICHTBILDER)

BRÜDERCHEN UND SCHWESTERCHEN

BRD 1953. **R:** *Hubert Schonger, Walter Oehmichen.* **B:** *Hans Fitz.* **LV:** *Gebrüder Grimm.* **K:** *Wolf Schwan.* **M:** *Bert Grund.* **D:** *Götz Wolf, Maria Kottmeier, Arnold Marquis, Bettina Falckenberg, Elisabeth Waldenau, Martina Eginhardt, Annemarie Wernicke, Wolfried Lier, Ado Riegler, Hans Hermann Schaufuss. SW 64 Min.*
Der König ruft die Zauberin Usa, die seine kranke Frau heilen soll. Usa, die ihre Tochter zur Königin machen will, verhext die Kranke in einen Rosenstrauch und schickt des Königs Kinder, Brüderchen und Schwesterchen, in den Wald, wo der Junge in ein Reh verwandelt wird. Jäger finden die beiden und bringen sie aufs Schloss zurück. Da erscheint die wahre Königin als Fee, gibt Brüderchen seine menschliche Gestalt zurück und verwandelt die böse Usa nebst Tochter in grunzende Schweine. – Ein typisches bundesrepublikanisches Märchenmachwerk aus vergangener, noch fernsehloser Zeit Anfang der 50er Jahre, als man Kindern noch jeden Schwachsinn vorsetzen konnte, den das Zelluloid hergab. Es versteht sich von selbst, dass gerade die konfessionelle Filmkritik, die in erster Linie für den Aushangkasten am Kircheneingang geschrieben wurde, regelmäßig in Lobpreisungen ausbrach, als seien solch mäßige Märchenprodukte große Kunst. So heißt es im evangelischen FILMBEOBACHTER zu *Brüderchen und Schwesterchen:* »Die Märchengestalten und die Märchenatmosphäre sind fast rein erhalten. Sehr geschickte Sprecherzwischentexte sorgen dafür, dass die Kinder ganz bei der Sache sind. Unkomplizierte und trotzdem interessante Kameraeinstellungen, sparsamer Dialog, freundlicher Humor. Vor allem ein echtes, junges Reh, das gescheit und unbefangen richtig mitspielt, wird zum Entzücken aller Kinder. Der Streifen bringt es in seiner Einfachheit fertig, dass er die spontanen Regungen unserer Jüngsten an der richtigen Stelle zum Klingen bringt: Mitleid, Freude, Sorgen, Lachen, Spannung und alles, was an feinen Abstimmungen dazwischen liegt.« Spätestens der Hinweis des Kritikers, ein echtes, junges Reh spiele gescheit und unbefangen mit, lässt zwischen den Zeilen erkennen, was der Film nun wirklich ist: absoluter Kitsch! Aus Proporzgründen noch die Meinung des Kritikers des katholischen FILM-DIENST, der den Film zwar auch »hübsch und ansprechend« findet, sich aber auch mit der Frage nach dem Sinn einer solchen Märchenverfilmung befasst: »Die Hexe verzaubert einen kleinen Prinzen in ein Reh. Das ist im Märchen ganz einfach. Die Hexe sagt einen dunklen Spruch, und flugs ist es geschehen. Für die Filmkamera scheint es ebenfalls kein Problem zu sein. Eine Überblendung, und schon ist aus dem Kind ein Reh ... geworden. Aber diese rasche optische Verwandlung bleibt etwas schuldig.

Wenn im Märchen ein Junge in ein Reh umgezaubert wird, so geschieht damit eine schmerzliche und bedenkliche Entäußerung. Er wird sozusagen in eine niedrigere Daseinsdimension verbannt, und darin liegt das Symbolische des Vorgangs. Im Film erleben wir lediglich eine verwunderliche Auswechslung der Gestalten, deren Möglichkeit wir nicht begreifen und die mit anzusehen uns enttäuscht. Darum kann man ein Märchen nicht auf die realistische Art des gegenständlichen Vorspielens erzählen. Die optische Darstellung ist höchstens eine Dreingabe zu der als bekannt vorauszusetzenden Worterzählung.« Dem ist nur hinzuzufügen, dass es Märchen wie *Brüderchen und Schwesterchen,* die bei vielen Völkern in vielen Variationen zu Hause sind, nicht *verdient* haben, verfilmt zu werden. Sie wirken allein in der Phantasie des Lesers oder des Zuhörers.

DAS BUCKLIGE PFERDCHEN

(KONJUK-GORBUNOK). UdSSR 1975. **R:** *Iwan Iwanow-Wano.* **B:** *Iwan Iwanow-Wano, Anatoli Wolkow.* **LV:** *Pjotr Jerschkow.* **K:** *N. Woinow.* **A:** *L. Michin, V. Rotschero, I. Trojanowa, A. Beljakow.* **M:** *W. Oranski, W. Wassiljew. F 75 Min. (Zeichentrick).*

Der einfältige Iwan begegnet beim Bewachen eines Kornfeldes einem Fabelwesen, das ihm zwei edle Rösser und ein kamelhöckriges Pferdchen schenkt. Der Zar kauft Iwan die beiden Rösser ab und schickt ihn später mit dem buckligen Freund hinaus, um diverse Aufgaben zu erfüllen: Er soll den Feuervogel fangen, die Sonnentochter entführen und einen Zauberring aus einem Fluss bergen. Iwan erledigt alle Aufgaben zur Zufriedenheit seines Herrn. Doch als die Sonnentochter ihn in mehreren Flüssigkeiten baden lässt, verwandelt er sich in einen ansehnlichen jungen Edelmann, der schließlich die Hand der Entführten gewinnt. – Wie immer: der Bescheidene gewinnt, der Gierige verbrennt sich gehörig den Achtersteven. Aber leider nur im Märchen ... [V]

C

CAMELOT

(CAMELOT). USA 1967. **R:** *Joshua Logan.* **B:** *Alan Jay Lerner.* **LV:** *»Der König auf Camelot« von T. H. White.* **K:** *Richard Kline.* **M:** *Frederick Loewe.* **D:** *Richard Harris (König Arthur), Vanessa Redgrave (Guinevere), Franco Nero (Lancelot Du Lac), David Hemmings (Mordred), Laurence Naismith (Merlin), Lionel Jeffries (König Pellinore), Estelle Winwood (Lady Clarinda), Sue Casey (Lady Sybil), Pierre Olaf (Dap), Peter Bromilow (Sir Sagramore), Anthony Rogers (Sir Dinaden), Gary Marshal (Sir Lionel), Gary Marsh (Tom von Warwick), Nicolas Beauvy (Arthur als Kind).* F 158 Min.

König Arthur, der Herrscher von Camelot, erinnert sich vor dem Beginn einer großen Schlacht in mehreren Rückblenden an die Zeit, in der alles angefangen hat: Wie er König von England wurde, indem er das magische Schwert aus einem Felsen zog; wie er die hübsche Guinevere freite; wie der edle Ritter Lancelot Du Lac ihn im Zweikampf besiegte; wie dieser in die Tafelrunde aufgenommen und Arthurs Vertrauter wurde; wie Lancelot sich in Guinevere verliebte; wie die Königin Lancelots Zuneigung erwiderte; wie Arthur ihre Untreue anfangs ignorierte; wie sein unehelicher Sohn das Paar auf frischer Tat ertappte; wie Guinevere ins Kloster geschickt wurde; wie Lancelot sie befreite und auf eine Burg brachte, die Arthurs Truppen nun belagern, weil die Untreue eines Liebespaares ein ganzes Reich in Krieg und Untergang gestürzt hat.

Die Filmversion des Fantasy-Romans THE ONCE AND FUTURE KING von T. H. White wurde zunächst von Alan Jay Lerner und Frederick Loewe zu einem erfolgreichen Broadway-Musical umgearbeitet, was der Grund ist, weshalb in diesem überlangen Zelluloidstreifen ausgiebig gesungen wird, obwohl keiner der Akteure mit seinen Tönen zu überzeugen weiß. Der Film, »der sich nicht entscheiden kann, ob er mehr Wert auf Stil oder auf Realismus legen soll« (HALLIWELL'S FILMGUIDE), heimste fast nur Verrisse ein, wobei Regisseur Joshua Logan nicht nur eine »schwere Hand« (FILMDIENST) bescheinigt wurde: »Je weiter die Handlung fortschreitet, um so ernster, ja sentimentaler wird sie erzählt ... Ist schon Richard Harris kein Ideal von einem König, so ist der als Westernheld bekannte Franco Nero sicher weder ein strahlender noch ein komischer Ritter.« (FILMDIENST) – »Die Bauten, Kostüme und Akteure erwecken den Eindruck, als säßen sie auf der Leinwand herum und warteten auf eine konsolidierende Magie, die jedoch niemals in Erscheinung tritt.« (THE NEW YORKER) – »Das Ergebnis ist ein überlanger Wirrwarr.« (HALLIWELL'S FILMGUIDE)

CAMELOT –
DER FLUCH DES GOLDENEN SCHWERTES

(SWORD OF THE VALIANT). GB 1982. **R:** *Stephen Weeks.* **B:** *Stephen Weeks, Philip M. Breen, Howard C. Pen.* **K:** *Freddie Young, Peter Hurst.* **M:** *Ron Geesin.* **D:** *Miles O'Keeffe (Ritter Gawain), Sean Connery (Der Grüne Ritter), Cyrielle Claire (Linet), Leigh Lawson (Humphrey), Trevor Howard (König Arthur), Ronald Lacey (Oswald), Peter Cushing, Lila Kedrova, John Rhys-Davies.* F 85/98 (101) Min.

Ein geheimnisvoller Grüner Ritter, den man zwar enthaupten, aber nicht töten kann, sucht Camelot heim. Der edle Sir Gawain, seines Zeichens Ritter der Tafelrunde, bricht zu einer Queste auf, um das Rätsel zu lösen. Das Unternehmen kann man auch unter der Überschrift zusammenfassen: Ein guter Schauspieler trifft einen schlechten – Miles (Ator) O'Keeffe, der Meister des Holzfilms, gegen Sean Connery, der auch schon mal bessere Tage gesehen hat. [V]

CASPER

(CASPER). USA 1995. **R:** *Brad Silberling.* **B:** *Sherri Stoner, Deanna Oliver.* **V:** *Comic von Joseph Oriolo.* **K:** *Dean Cundey.* **A:** *Phil Nibbelink, Eric Armstrong.* **SpE:** *Industrial Light & Magic, Den-*

nis Muren, Michael Lantieri. **M:** *James Horner.*
D: *Christina Ricci (Kat Harvey), Bill Pullman (Dr. James Harvey), Cathy Moriarty (Carrigan Crittenden), Eric Idle (Dibs), Amy Brenneman (Amelia Harvey), Chauncey Leopardi (Nicky), Spencer Vrooman, Malachi Pearson, Ben Stein, Don Novello, Ernestine Mercer. F 100 Min.*

Ursprünglich war »Casper the Friendly Ghost« eine Zeichenfilmserie aus dem Famous-Studio der Paramount, jetzt hat der kleine Geist, der niemandem etwas Böses zuleide tun kann, digitale Gestalt angenommen. Er lebt mit seinen drei gespenstischen Onkeln in einer Geistervilla und sehnt sich nach zwischenmenschlichen Kontakten. Endlich freundet er sich mit dem Mädchen Kat an, deren Vater, ein »Geistertherapeut«, dem Spuk ein Ende bereiten soll, da eine geldgierige Erbin das Anwesen verkaufen will. [V]

CASPER TRIFFT WENDY

(CASPER MEETS WENDY). USA 1998. **R:** *Sean McNamara.* **D:** *Shelley Duvall, Teri Garr, George Hamilton. F 90 Min.*

Das kleine Gespenst Casper tut sich mit der Junghexe Wendy zusammen, um den Menschen Streiche zu spielen. Fortsetzung des Films *Casper* (USA 1994). Nur auf Video. [V]

CASPER – WIE ALLES BEGANN

(CASPER: A SPIRITED BEGINNING). USA 1997. **R:** *Sean McNamara.* **B:** *Thomas McClusker, Rob Kerchner.* **K:** *Christian Sebaldt.* **SpE:** *OCS, Freeze Frame, Pixel Magic.* **M:** *Udi Harpaz.* **D:** *Steve Guttenberg (Tim Carson), Brendon Ryan Barrett (Chris Carson), Lori Loughlin (Sheila Fistergraff), Rodney Dangerfield (Bürgermeister Hunt), Michael McKean (Bill Chase), Shannon Chandler (Jennifer). F 94 Min.*

Das kleine Gespenst Casper, das eigentlich an der Grusel-Universität studieren soll, tut sich mit seinen »Kollegen« Stinky, Strech und Fatso zusammen, die in einer alten Villa hausen. Diese soll jedoch einem Warenhaus Platz machen. Im Verbund mit einer Bürgerinitiative und dem Architektensöhnchen Chris geht man dagegen an, was zu Komplikationen führt, da Casper ein freundlicher Geist ist, dem es widerstrebt, den Menschen Streiche zu spielen. Klamaukfilm mit animierten

Gespenstern, dialogtechnisch voll auf der Höhe. Nur auf Video. [V]

CÉLINE UND JULIE FAHREN BOOT

(CELINE ET JULIE VONT EN BATEAU). Frankreich 1974. **R:** *Jacques Rivette.* **B:** *Edouardode Gregorio, Juliet Berto, Dominique Labourier, Bulle Ogier, Marie-France Pisier, Jacques Rivette.* **K:** *Jacques Renard.* **M:** *Jean-Marie Sénia.* **D:** *Juliet Berto (Céline), Dominique Labourier (Julie), Bulle Ogier (Camille), Marie-France Pisier (Sophie), Barbet Schroeder (Olivier), Philippe Clevenot (Guilo), Nathalie Asnar (Madlyn), Marie-Thérèse Saussure (Poupie), Jean Douchet (Déde), Adele Taffetas (Alice), Anne Zamire (Lil), Monique Clément (Myrtille). F 192 Min.*

In einem Pariser Park begegnet die Bibliothekarin Julie der Magierin Céline. Sie freunden sich an, ziehen gemeinsam in eine kleine Wohnung und tauschen ab und an ihre Rollen. Eines schönen Tages betritt Julie bei einem Ausflug durch die geheimen Gärten von Paris ein seltsames Haus. Zwei Stunden später verlässt sie es wieder, bar jeder Erinnerung, nur mit einem seltsamen Bonbon in der Hand. Erst als sie zusammen mit Céline an dem Bonbon lutscht, erinnert sie sich wieder: In dem Haus spielte sich eine seltsame Tragödie ab. Der reiche Witwer Olivier steht zwischen den Frauen Camille und Sophie, hat seiner verstorbenen Gattin aber das Wort gegeben, um seiner kränkelnden Stieftochter Madlyn willen nie mehr zu heiraten. Neugierig geworden, besucht auch Céline das Haus. Wieder bringt erst das Zauberbonbon (lies: LSD) die Erinnerung zurück. Die beiden Frauen wiederholen das Experiment mehrmals und übernehmen abwechselnd die Rolle von Madlyns Kinderschwester Angele. Doch die Geschichte in der Geschichte tritt scheinbar auf der Stelle, unterscheidet sich von jedem Besuch zum nächsten nur in Kleinigkeiten. Von ihrer Amme erfährt Julie unterdessen, dass sie in ihrer Kindheit ein geheimnisvolles Mädchen kannte, das in einem ebensolchen mysteriösen Haus wohnte und eines Tages plötzlich verschwand. Schließlich dringen Céline und Julie gemeinsam in das Haus ein, stiften einige Verwirrung unter den Geistern, die sie nach wie vor ignorieren, und entführen das Kind, das offenbar umgebracht werden soll, um einer der beiden Frauen den Weg zu ebnen. Als Céline, Julie und Madlyn am darauffolgenden Tag eine Bootsfahrt durch den Bois de Bologne machen, fährt ein Kahn an ihnen vorüber. Auf ihm befinden sich die Statuen von Olivier, Sophie und Camille. – »Aller en bateau« bedeutet in etwa, jemandem einen Bären aufzubinden. Und genau das tut auch Jacques Rivette, dessen Film am Ende den Kreis schließt, noch einmal jene Szene wiederholt, in der sich Céline und Julie zum ersten Mal begegnen. Ob die Erlebnisse der Mädchen Realität oder Phantasie sind, bleibt dem Zuschauer überlassen. Wie *Die Handschrift von Saragossa* ist auch Rivettes Film eine gute Stunde zu lang, nein, besser: der normalen Sehgewohnheit nicht angepasst. Gerade das macht jedoch den Reiz dieses vielleicht fantasyvollsten aller Fantasy-Filme aus. »Bei ihren magischen Experimenten stoßen [Céline und Julie] auf eine Geschichte, eine novellistische Vision, die irgendwo aus der Erinnerung stammt, deren Personen ihnen bekannt vorkommen, deren Entwicklung aber aus den erlebten Bruchstücken zusammengesetzt oder aus der weitererzeugenden Phantasie mit Hilfe mühsam erworbener Bonbons buchstäblich herausgelutscht werden muss. Die parodierten Mademoiselles des Herrn Proust; zwei lutschende, wiehernde Mädchen auf der Suche nach einer versunkenen Zeit, einer Zeit der steifen Gesellschaftsrituale, wie es sie wohl in der Wirklichkeit nie, sehr wohl aber in den Starfilmen der vierziger Jahre gegeben hat: süß-falsche Wunschzitate aus dem kollektiven Unbewussten einer Generation, der die Medien die Mythen lieferten.« (SÜDDEUTSCHE ZEITUNG)

CHAOTISCHES HALLOWEEN

(ERNEST SCARED STUPID). USA 1991. **R:** *John Cherry.* **B:** *Charles Gale, Coke Sams.* **K:** *Hanania Baer.* **M:** *Bruce Arntson.* **D:** *Jim Varney (Ernest P. Worrell), Eartha Kitt (Lady Hackmore), John Cadenhead (Tom Tulip), Bill Byrge (Bobby Tulip), Austin Nagler (Kenny), Jonas Moscartolo, Shay Astar.* F 91 Min.
Der geistig unterbelichtete Ernest baut mit seinen Freunden ein Baumhaus und erweckt versehentlich einen Troll aus seinem Jahrhunderte währen-

den Schlaf. Dieser stellt allerlei Unsinn an, bis er am Halloween-Abend gebannt werden kann. Lauwarme Familienkomödie aus einer Serie, zu der auch *Ernst rettet Weihnachten* gehört. Nur auf Video. [V]

CHARLES DICKENS' WEIHNACHTSGESCHICHTE

(A CHRISTMAS CAROL). GB 1984. **R:** *Clive Donner.* **B:** *Roger O. Hirson.* **LV:** *»A Christmas Carol« von Charles Dickens.* **K:** *Tony Imi.* **M:** *Nick Bicât.* **D:** *George C. Scott (Ebenezer Scrooge), Nigel Davenport (Silas Scrooge), Frank Finlay (Jacob Marley), Susannah York (Mrs. Cratchit), Lucy Gutteridge (Belle), Angela Pleasence (1. Geist), Roger Rees (Fred Hollywell), David Warner (Bob Cratchit), Edward Woodward, Anthony Walters, Michael Gough, Joanne Whalley.* F 97 Min.
TV-Verfilmung der bekannten Weihnachtsgeschichte von Charles Dickens, die zeigt, wie der egoistische Geizhals Mr. Scrooge im viktorianischen England von den Geistern seiner Vergangenheit zu einem normalen Menschen bekehrt wird.

CHARLEY UND DER ENGEL

(CHARLEY AND THE ANGEL). USA 1973. **R:** *Vincent McEveety.* **B:** *Roswell Rogers.* **LV:** *»The Golden Evenings of Summer« von Will Stanton.* **K:** *Charles F. Wheeler.* **M:** *Buddy Baker.* **D:** *Fred MacMurray (Charles Appleby), Cloris Leachman (Nettie Appleby), Harry Morgan (Engel), Kurt Russell (Ray Ferris), Kathleen Cody (Leonora Appleby), Vincent van Patten (Willie Appleby), Scott Kolden (Rupert Abbleby), George Lindsay (Pete), Richard Bakalyan (Buggs), Brabare Nichols (Sadie), Edward Andrews (Bankier).* F 91 Min.
Die USA in den dreißiger Jahren: Charles Appleby, ein knurriger Geschäftsmann, der sich während der Weltwirtschaftskrise bemüht, sein Unternehmen über Wasser zu halten, vernachlässigt die Familie. Eines Tages begegnet er einem Engel, der ihm sagt, seine Zeit sei abgelaufen; das Jüngste Gericht warte auf ihn. Charles bittet entsetzt um Aufschub. Während der Engel auf neue Dienstanweisungen wartet, geht Charles in sich und versucht, ein besserer Mensch zu werden. Daraus entwickelt sich ein Chaos ohnegleichen,

das noch schlimmer wird, als ein Mitglied seiner Familie in kriminelle Machenschaften verwickelt und Charley selbst verhaftet wird. – Eine der seichten Komödien, die dem amerikanischen Publikum das Weihnachtsfest versüßen sollen; hergestellt von der Firma Disney, die damals ausschließlich Filme für die ganze Familie machte.

CHARLIE –
ALLE HUNDE KOMMEN IN DEN HIMMEL

(ALL DOGS GO TO HEAVEN). USA 1989. **R:** *Don Bluth, Barry Goldman, Dan Kuenster.* **B:** *Davis N. Weiß, Don Bluth, Gary Goldman, Ken Cromar, Larry Leker, Linda Miller, David Steinberg.* **K:** *Ciaran Morris, Jim Mann.* **M:** *Ralph Burns.* **Spr:** *Harald Juhnke (Charlie), Andreas Mannkopf (Itchy), Roberto Blanco (King Gator), Anna Riedel (Anne-Marie), Regina Lemnitz (Himmelshündin), Wolfgang Dehler (Carface), Santiago Ziesmer (Killer), Uwe Büschken (Harold), Marina Krogull (Kate). F 85 Min. (Zeichentrick).*

»Hundehasser, herhören: Ihr kommt nicht auf eure Kosten. Denn *Alle Hunde kommen in den Himmel,* wie der Original- und der deutsche Untertitel lauten, und da wollt ihr – Optimisten des Lebens danach – sie ja wohl am allerwenigsten wissen, diese grässlichen Kläffer und Koter (richtig: ohne ö), die euch hienieden schon genug auf die Nerven gehen (fast so sehr wie ihre Herr- und Frauchen). Zwar muss man erst um-, um in den Himmel zu kommen; doch ist selbst an ersterem das Vergnügen getrübt, weil Charlie wieder-

kommt. Kein Wunder. Nicht nur hängt der Himmel voller (Lebens-)Uhren, was höchst verwunderlich ist, weil das Jenseits doch einen zeitlosen Schlusspunkt bilden soll; er hält auch pro Schnauze nur ein fußmattengroßes Wölkchen parat, weniger Quadratmeter, als ein deutscher Schäferhund beanspruchen darf (und darin nicht mit einem ausländischen Asylanten zu verwechseln); zu allem Überfluss aber schwirrt eine unerträglich beflissen säuselnde Hundedame herum, sozusagen die Empfangs-Petra. Und da Charlie sowieso noch mit seinem mörderischen Compagnon Pitbull abrechnen will, manipuliert er seinen Chronometer, stürzt sich in eine Art Zeittunnel und geht auf sausende Talfahrt. Da haben wir ihn wieder.« (FRANKFURTER RUNDSCHAU) [V]

CHARLIE – EINE HIMMLISCHE
WEIHNACHTSGESCHICHTE

(AN ALL DOGS CHRISTMAS CAROL). USA 1998. **R:** *Paul Sabella.* **B:** *Jymn Magon.* **LV:** *»A Christmas Carol« von Charles Dickens.* **M:** *Mark Watters. F 80 Min. (Zeichentrick).*

Vorgeschichte siehe *Charlie – Alle Hunde kommen in den Himmel.* Der Bösewicht Carface will mit Hilfe einer Hypnosepfeife alle Hunde dazu bringen, ihre Weihnachtsgeschenke an Herrchen und Frauchen bei ihm abzuliefern, doch ein Engel schenkt dem Köter Charlie und seinen Spießgesellen Wunderhundemarken, mit denen sie sich in Geister verwandeln und dem Gierschlund sein bisheriges Leben und seine Zukunft zeigen, bis er das Schändliche seines Tuns einsieht und aufgibt. [V]

CHARLIE UND DIE SCHOKOLADENFABRIK

(WILLY WONKA AND THE CHOCOLATE FACTORY). USA 1970. **R:** *Mel Stuart.* **B:** *Roald Dahl.* **LV:** *»Charlie and the Chocolate Factory« von Roald Dahl.* **K:** *Arthur Ibbetson.* **SpE:** *Albert Whitlock, Jim Danforth.* **M:** *Walter Scharf, Leslie Bricusse, Anthony Newley.* **D:** *Gene Wilder (Willy Wonka), Jack Albertson (Opa Joe), Peter Ostrum (Charlie Bucket), Michael Bollner (August Stopf), Ursula Reit (Frau Stopf), Denise Nickerson (Violetta Wiederkau), Dodo Denny (Frau Glotze),*

Charlie – Alle Hunde kommen in den Himmel

Paris Themmen (Mickie Glotze), Leonard Stone (Herr Wiederkau), Julie Dawn Cole (Angela Zart), Roy Kinnear (Herr Zart), Diana Sowle (Frau Bucket), Aubrey Wood (Bill), David Battley (Turkentine), Günter Meisner (Otto Slugworth), Peter Capell (Tinker), Werner J. Heyking (Jopeck), Ernst Ziegler (Opa George), Dora Altmann (Oma Georgina), Franziska Liebing (Oma Josephine), Peter Stuart (Winkelmann). F 89 Min.

Charlie lebt mit seinen Eltern und Großeltern gegenüber der größten Schokoladenfabrik der Welt, die nie jemand betritt oder verlässt. Da Charlies Familie arm ist, gibt's an den Geburtstagen stets nur ein Täfelchen Schokolade; kein Wunder, dass Charlie oft von ganzen Süßigkeitsbergen träumt. Eines Tages gelangt er in den Besitz einer Eintrittskarte, die zu einer Besichtigung der Schokoladenfabrik berechtigt. Zusammen mit Opa und anderen Eintrittskartenbesitzern macht Charlie sich auf. Herr Wonka, der Fabrikbesitzer, lädt die Gäste zu einer Fahrt auf seinem Schokoladenfluss ein, wobei der verfressene August Stopf seine Gier nicht bezähmen kann, bei einer heimlichen Kostprobe die Balance verliert und von der Strömung mitgerissen wird. Violetta Wiederkau, eine andere gierige Göre, testet das neue Wonka-Wunderkaugummi und verwandelt sich in eine Blaubeere. Angela Zart, die aufgeblasene Pute vom Dienst, wird bei dem Versuch, eine goldene Eier legende Gans zu stehlen, von einem Förderband erfasst. Mickie Glotze, der das Leben am liebsten vor der Mattscheibe verbringt, wird in TV-Zeilen zerlegt, als er diverse Tafeln Schokolade mitgehen lassen will. Herr Wonka wollte ihnen jedoch nur eine Lehre erteilen; die aufgebrachten Eltern der Kinder erfahren, dass ihre Bälger zur Abholung bereit seien. Charlie, der als einziger gezeigt hat, dass er zwischen dein und mein unterscheiden kann, wird zu Wonkas Erben ernannt, denn er hat außerdem dem schurkischen Mr. Slugworth widerstanden, der ihn angestiftet hat, in der Schokoladenfabrik Werkspionage zu betreiben. – Roger Ebert in der CHICAGO SUN-TIMES: »Neun von zehn Kinderfilmen sind witzlos, blöd und zeigen, dass sie ihr Publikum geringschätzen – was auch der Grund ist, warum Kinder keine Kinderfilme mögen.« Diesem jedoch verlieh er vier Sterne. – »*Charlie und die Schokoladenfabrik*, ein Kinderfilm, weist eine besondere Qualität auf, die meist sogar in Erwachsenenfilmen zu kurz kommt: Man weiß nie, was als nächstes passiert.« (Anita Earle, SAN FRANCISCO CHRONICLE) Der Film wurde in den Münchner Bavaria-Ateliers gedreht, was auch die Mitarbeit relativ vieler deutscher Schauspieler erklärt.

CHICKEN RUN – HENNEN RENNEN

(CHICKEN RUN). GB 2000. **R:** *Nick Park, Peter Lord.* **B:** *Peter Lord, Nick Park.* **St:** *Karey Kirkpatrick.* **K:** *Tristan Oliver, Dave Alex Riddet.* **A:** *Loyd Price.* **M:** *Harry Gregson-Williams, John Powell. F 91 Min.*

Animierte Plastilinhühner aus der Werkstatt von Aardman *(Wallace & Gromit)* proben auf einer stacheldrahtumwehrten, KZ-ähnlichen Hühnerfarm, einem Eierlege-Camp, den Aufstand gegen ihre Sklavenhalter und Schlächter, Mrs. Tweedy und ihren Gatten. Die Tweedys installieren nämlich auf dem Hof eine große Hühnerverwertungsmaschine, um von der Eierproduktion auf die automatisierte Herstellung von Hühnerpastete (»Mrs. Tweedy's Chicken Pie«) umzustellen. Die biedere Henne Ginger lässt nichts unversucht, um dem sich anbahnenden Grauen zu entkommen und stiftet die anderen als Revolutionärin zum Ausbruch in ein goldenes Land auf der anderen Seite des Hügels an. (Von der Ablösung der Ausbeuter ist noch keine Rede.) Ihr zur Seite steht ein Hahn (und Zirkusakrobat) namens Rocky (im Original gesprochen von Mel Gibson),

Chicken Run – Hennen rennen

der den Mädels das Fliegen beibringen soll. – »Wie gegenwärtig keine anderen Trickfilmregisseure haben Park und Lord den ästhetischen Wert der anthropomorphen Tierfiguren wiederentdeckt: als Projektionsfläche für eine Psychologie, die ihre Glaubwürdigkeit nicht in der Kopie des menschlichen Ausdrucksrepertoires sucht, sondern in der konsequenten Verwendung eines stilistisch besonderen Codes. Das gilt für den Film insgesamt: In jeder einzelnen Szene ist ihm die Handschrift der Animatoren und das Handwerk der technischen Anfertigung abzusehen – aber nicht in einer ästhetisch konservativen, auf ›Unmittelbarkeit‹ oder ›Natürlichkeit‹ setzenden Weise, sondern im Gegenteil: im emphatischen Gebrauch der Hühnerfiguren als rein künstlicher Wesen, denen jede charakterliche Prägung und Regung stets wieder neu anzuzählen ist.« (Jens Balzer, BERLINER ZEITUNG)

A CHINESE GHOST STORY

(QIANNÜ YOUHUN). Hongkong 1987. **R:** *Ching Siu-Tung.* **B:** *Yuen Kai-Chi.* **K:** *Poon Hang-Seng, Sander Lee, Tom Lau, Wong Wing-Hang.* **M:** *Romeo Diaz, James Wong.* **D:** *Leslie Cheung (Ning Tsai-shen), Joey Wang (Nieh Hsiao-Tsing), Wu* **Ma:** *(Yen Che-hsia), Lau Siu-Ming (Lau Lau), Ling Bo (Shao Qing).* F 93 Min.

Ghostbusters aus Fernost: Der ebenso naive wie tolpatschige Geldeintreiber Ning Tsai-shen sucht ausgerechnet im Lan-Ro-Spuktempel Zuflucht, in dem der Geist der schönen Nieh Hsiao-Tsing gemeinsam mit seinen Schwestern vorbeikommende Wandersleute betört, die später von der nach Blut lechzenden und in einem Baum hausenden Herrin der Geister nach Strich und Faden ausgesaugt werden, worauf sie als zombiehafte Jämmerlinge ihre Tage fristen müssen. Mit Hilfe des taoistischen Geisterjägers Yen (»Es ist besser unter den Geistern als unter den Menschen«) und dank wahrhafter Liebe übersteht der Jüngling jedoch alle Gefahren. Eine durchaus ansehbare und flotte Mischung aus Schläger- und Fantasyfilm. – »*A Chinese Ghost Story,* in dem Motive einer klassischen Sammlung chinesischer Geistergeschichten aus dem siebzehnten Jahrhundert auf sehr heutige Weise verarbeitet werden, ist eine phantastische Genre-Verschmelzung von Martial-Arts, Horror und Romantik, in der die Szenen bisweilen auch ganz unvermittelt in Musical-Nummern mit Gesang und Tanz ausbrechen können. Manchmal wirkt dieses fabulierfreudige Kino – das mit der Geisterwelt oft sehr materialistische Späße treibt und sowieso nie ganz ernst, aber auch nur selten ganz parodistisch wird – so simpel und entdeckerfreudig wie etwa ein Méliès in den Kindertagen des Films, und manchmal trickst es auch so abgebrüht raffiniert wie etwa ein Spielberg mit seinen elektronisch generierten Effekten.« (STUTTGARTER ZEITUNG) [V]

A CHINESE GHOST STORY II

(QIANNÜ YOUHUN II). Hongkong 1990. **R:** *Ching Siu-Tung.* **B:** *Lau Tai Mok, Lam Kee To, Leung Yiu Ming.* **K:** *Wong Ngok Tai.* **M:** *Romeo Diaz.* **D:** *Leslie Cheung (Ning Tsai-shen), Jacky Cheung (Zhi-Qiu), Joey Wang (Qing Feng), Michelle Li (Yue-Chi), Liu Chen (Hohepriester), Wu* **Ma:** *(Yan), Waise Lee (Hu).* F (90) 98 Min.

Vor bösen Magiern flüchtender chinesischer Steuereintreiber findet Freunde in einem Geister jagenden Mönch und zwei Schwestern, die ihren zu Unrecht verurteilten Vater retten wollen – wobei es unerlässlich ist, sich mit sämtlichen Satansbraten der Unterwelt zu raufen. Fortsetzung von *A Chinese Ghost Story* (Hongkong 1987). Turbulente, alle Trick-Register ziehende phantastische Mär ohne wahrnehmbare Handlung, die aber noch mehr draufhaut als der Vorgänger. [V]

A CHINESE GHOST STORY III

(QIANNÜ YOUHUN III). Hongkong 1991. **R:** *Ching Siu-Tung.* **B:** *Tsui Hark, Roy Seto.* **K:** *Lau Mun-Tong.* **M:** *Romeo Diaz, James Wong.* **D:** *Tony Leung Chiu-wai (Fong), Jacky Cheung (Yin), Wang Xu-Xien, Nina Li (Butterfly), Lau Shiu-Ming.* F 104 Min.

Ein hungriger Geist stiftet Geisterfräulein an, Opfer für ihn zu suchen. Der Mönch Fong kommt zu dem Tempel, in dessen Umfeld er aktiv ist, und eine der »Untergebenen« bemüht sich um seine Seele. Um sie mit Hilfe seines Meisters und eines gierigen Fechter-Exorzisten zu erlösen, muss er dem Oberdämon das Handwerk legen. – Komödiantisch stärker akzentuierte zweite Fortsetzung von *A Chinese Ghost Story.* – »Als das Mönchlein das Geisterfräulein erlöst, fahren sie durch die Wolken in die Sonne, wo er für kurze Zeit vergoldet am Himmel schwebt. – Ching zitiert hier den Schluss von *Ein Hauch von Zen*.« (FILMDIENST) Nur auf Video. [V]

CINDERELLA

(CINDERELLA). USA 1950. **R:** *Wilfred Jackson, Hamilton Luske, Clyde Geronimi.* **B:** *Kenneth Anderson, Ted Sears, Homer Brightman, Joe Rinaldi, William Peet, Harry Reeves, Winston Hibler, Erdmann Penner.* **LV:** *Charles Perrault.* **A:** *Marvin Woodward, Hal Ambro, George Nicholas, Hal King, Judge Witaker, Fred Moore, Hugh Fraser, Phil Duncan, Cliff Nordberg, Ken O'Brien, Harvey Toombs, Don Lusk.* **SpE:** *George Rowley, Joshua Meador, Jack Boyd, Ub Iwerks.* **M:** *Mack David, Jerry Livingston, Al Hoffmann. F 74 Min.*

Das Waisenmädchen Cinderella, das mit seiner bösen Stiefmutter und deren beiden faulen, nichtsnutzigen Töchtern unter einem Dach lebt, muss tagaus, tagein hart arbeiten. Zum Glück jedoch sind die Tiere (vorwiegend Vögel und Mäuse) mit ihr gut Freund, so geht ihr die Arbeit oft leicht von der Hand, und sie verliert nicht den Lebensmut.

Als der König des Landes für seinen Sohn eine passende Gattin sucht, lädt er alle schönen Mädchen des Reiches zu einem Ball in den Palast ein. Cinderella, die ihr Glück ebenfalls gern versuchen möchte, bekommt zu hören, sie habe zuvor die Hausarbeit zu verrichten; abgesehen davon habe sie keine standesgemäßen Gewänder, um in den Palast eingelassen zu werden. Beide Probleme werden jedoch von den Tieren rasch aus der Welt geschafft: Sie unterstützen Cinderella bei der Arbeit und schneidern ihr ein passendes Gewand, das die neidischen Stiefschwestern gleich zerfetzen. Doch eine gute Fee kommt dem geplagten Mädchen zu Hilfe und versorgt sie mit einem passenden Outfit und einem Vierspänner. Um Mitternacht freilich wird der Zauber verflogen sein; bis dahin muss sie den Ball verlassen haben. Der Prinz hat, wie zu erwarten, nur Augen für Cinderella, aber als sie sich ihm kurz vor Mitternacht entzieht, verliert sie einen Tanzschuh, was ihn veranlasst, in seinem Reich nach einer Dame Ausschau zu halten, der er passt ...

»Die Aufgabe, der sich Disneys Stab gegenübersah, war vergleichbar mit der von *Schneewittchen und die sieben Zwerge:* genügend Nebenfiguren und Zerstreuungssequenzen einzufügen, um diese einfache und bekannte Geschichte auszustaffieren. Die Haupt-›Erfindungen‹ in dieser Hinsicht waren Cinderellas tierische Freunde: die Mäuse Jacki und Karli, die Singvögel, der Hund Bruno – und deren kollektiver Feind, der Kater Luzifer.

Die Tiere haben im gesamten Film einen hohen Stellenwert, und zwar schon mit der allerersten Szene: Die kleinen Vögel wecken Cinderella, helfen ihr auf und beim Anziehen ... Inmitten dieser ausgelassenen Szene sehen wir auch das Erwachen der Mäuse. Jacki wird vom Gesang geweckt, reckt sich mit einem Gähnen, leckt sein Haar, kämmt es zurück (woraufhin es sofort wieder unordentlich nach vorn fällt) und stellt zu seinem Verdruss fest, dass sich sein Schwanz während der Nacht verknotet hat ... In der Küche setzt der listige Kater Luzifer derweil dem extrem gelassen bleibenden Hund Bruno zu ... Um zu ihrem Frühstück zu kommen, müssen die Mäuse Luzifer eine Weile ablenken.

Dies funktioniert zwar, doch auf dem Rückweg belädt Karli sich zu schwer, verliert sein Gepäck und wird von Luzifer entdeckt, was zu einer wahnwitzigen Verfolgungsjagd führt. Die verängstigte Maus sucht Zuflucht in einer Teetasse, die Cinderella anschließend einer ihrer Schwestern reicht – mit einem katastrophalen Ergebnis ... Während des ganzen Films werden die Handlungen der Menschen und Tiere auf diese Weise perfekt zusammengefügt, wobei eine Szene auf natürliche Weise zur anderen führt.« (Leonard Maltin, THE DISNEY FILMS) *Cinderella* war denn auch ein kolossaler Erfolg, was nicht zuletzt am aberwitzig komischen Spiel der Mäuse und den gemeinen Taten des Katers Luzifer lag, der am Ende dann aber doch noch sein Fett bekam. – »Man könnte alle Superlative wiederholen, die bereits über *Schneewittchen* und *Bambi* geschrieben wurden, und man müsste noch einige dazu erfinden, um Disneys Leistung gerecht zu werden. Seine Zeichenfilme nehmen eine Sonderstellung in der Kunst der Menschheit ein.« (Georg Herzberg, FILMECHO)

CINDERELLAS SILBERNER SCHUH

(THE SLIPPER AND THE ROSE). GB 1976. **R:** *Bryan Forbes.* **B:** *Bryan Forbes, Robert Sherman, Richard Sherman.* **K:** *Tony Imi.* **M:** *Robert Sherman, Richard Sherman.* **D:** *Gemma Craven (Cinderella), Richard Chamberlain (Prinz Edward), Annette Crosbie (Fee), Edith Evans (Königin), Christopher Gable (John), Michael Hordern (König), Kenneth More (Lordkanzler), Margaret Lockwood (Stiefmutter), Julian Orchard (Montague), Lally Bowers (Königin), John Turner (Haushofmeister), Sherrie Hewson (Palatine), Keith Skinner (Willoughby), Polly Williams (Lady Caroline).* *F 127 Min.*

Musical-Version des bekannten Märchens vom armen Mädchen Aschenputtel, das von der bösen Stiefmutter und seinen beiden verzogenen Schwestern geknechtet und ausgebeutet wird, bis eine gute Fee dafür sorgt, dass es seinen Märchenprinzen bekommt. Aus Gründen der Sozialkritik, lässt die Gute ihren adeligen Galan am Ende sitzen, damit die unstandesgemäße Heirat keine politischen Verwicklungen heraufbeschwört. – »Die Musik, fürchte ich, geht zum einen Ohr rein und zum anderen raus ... kein Mensch hätte sie sich auch nur eine Minute länger gewünscht.« (Michael Billington, ILLUSTRATED LONDON NEWS) – »Überlang und ohne Witz und Zauber.« (HALLIWELL'S FILM GUIDE)

CINDY UND DAS ZAUBERRÄTSEL

(THE MAGIC RIDDLE). Australien 1990. **R:** *Yoram Gross.* **B:** *Yoram Gross, Leonard Lee.* **A:** *Junko Ayoyama, Sue Beak, Nicholas Harding, Athol Henry, Paul McAdam, Ray Nowland.* **M:** *Guy Gross.* *F 90 Min. (Zeichentrick).*

Willkommen zum großen Märchenrätsel, hier ist alles bunt gemischt: Aschenputtel Cindy, die für ihre böse Stiefmutter, eine ungerechte Hexe, hart malochen muss, sucht Rat und Hilfe bei Pinocchio, den sieben Zwergen, Robin Hood und anderen legendären Gesellen. [V]

CONAN, DER ABENTEURER – WIE ALLES BEGANN

(CONAN). BRD/USA 1997. **R:** *Charles Bail, Martin Denning.* **B:** *Martin Denning, Mark Roper, Rob Stewart, Frank Wayne.* **K:** *Adolfo Bartoli, Raphael Smadja.* **M:** *Charles Fox.* **D:** *Ralph Möller (Conan), Danny Woodburn (Otli), T. J. Storm (Bayu), Robert McRay (Zzeben), Jeremy Kemp (Hissah Zul), Ally Dunne (Karella).* *F 88 Min.*

Irgendwann im »Hyborischen Zeitalter«: Um zu verhindern, dass der Barbar Conan ihn um seine Macht bringt, hetzt der Tyrann Hissah Zul ihm seine Schergen auf den Hals. – Pilotfilm einer TV-Serie, die vorgibt, auf Erzählungen des Autors Robert E. Howard (1906–1936) zu basieren, jedoch völlig außer acht lässt, dass die von diesem Menschen erfundene Gestalt Conan, die durchaus bereit war, Frauen gegen Pferde einzutauschen, weder Teamgeist hatte (und mithin auch nicht mit Sidekicks arbeitete) noch Interesse daran zeigte, Tyrannen zu entmachten – es sei denn, um ihre Stelle einzunehmen.

CONAN, DER BARBAR

(CONAN THE BARBARIAN). USA 1982. **R:** *John Milius.* **B:** *John Milius, Oliver Stone.* **K:** *Duke Callaghan.* **SpE:** *Nick Allder.* **M:** *Basil Poledouris.* **D:** *Arnold Schwarzenegger (Conan), James Earl Jones (Thulsa Doom), Max von Sydow (König Osric), Sandahl Bergman (Valeria), Ben Davidson (Rexor), Cassandra Gaviola (Hexe), Gerry Lopez (Subotai), Mako (Zauberer), Valerie Quinnessen (Yasimina), William Smith (Conans Vater), Luis Barboo (Rothaar), Franco Columbo (Scout), Leslie Foldvary (Opfer bei der Schlangenzeremonie), Gary Herman (Osrics Leibwächter), Erick Holmey (Kriegsoffizier), Akio Mitamura (Mongolischer General), Nadiuska (Conans Mutter), Jorge Sanz (Conan als Junge), Jack Taylor (Priester), Sven Ole Thorsen (Morgrim), Kiyoshi Yamasaki (Schwertmeister).* *F 126 Min.*

Die graue Vorzeit, kurz nach dem Untergang von Atlantis. Auf der Suche nach Metall gelangt der dämonische Thulsa Doom mit seinen Recken in das eiskalte, vom Schnee verwehte Nordland Cimmeria. Seine Leute töten gnadenlos die Bewohner eines kleinen Dorfes. Einige Kinder, die das Gemetzel überleben, werden nach Süden verschleppt. Unter ihnen auch der Knabe Conan, dessen Mutter Thulsa Doom eigenhändig köpft. Die Kinder sterben bei der Fronarbeit, nur Conan überlebt. Durch lange Jahre selbständigen Mühlendrehens zum muskulösen Mann gereift, behauptet er sich in tödlichen Schaukämpfen und wird schließlich in die Freiheit entlassen. Sogleich zieht er aus, um sich an Thulsa Doom zu rächen. Nachdem er sich ein Schwert besorgt, eine Hexe entkörperlicht und in dem Mongolen Subotai einen Gefährten gewonnen hat, will er sein Glück im Reiche König Osrics von Zamora versuchen. Dort tut er sich mit Valeria, der Königin der Diebe, zusammen und startet einen großen Fischzug. Osric lässt Conan und seine Gefährten festnehmen, verspricht ihnen jedoch die Freiheit, wenn sie seine Tochter Yasimina aus Thulsa Dooms Klauen befreien. Dieser ist inzwischen zum Führer des gefürchteten Schlangenkultes aufgestiegen. Nachdem Conan in der Maske eines Priesters in Dooms Tempel eingeschlichen ist, wird er entlarvt und an einen Baum gekettet: ein Fressen für die Geier. Valeria und Subotai retten ihn, lassen den Toten von einem Magier wieder zum Leben erwecken und setzen zum Sturm auf Thulsa Dooms Tempel an. Es kommt zu einem fürchterlichen Blutbad. Die Entführung Yasiminas gelingt, doch Valeria stirbt an einem Schlangenpfeil.

Nach der siegreichen Schlacht gegen Dooms Armee dringt Conan erneut in dessen Marmorpyramide ein, köpft den Sektenführer und steckt hernach den Tempel in Brand.

Conan, der Prototyp aller Barbaren, ist das geistige Kind Robert E. Howards (1906–1936), eines literarisch eher unterentwickelten Schreiberlings, der als Kind stets verprügelt wurde, sich hernach per Bodybuilding zum Muskelprotz entwickelte und sich mit 30 eine Kugel durch den Kopf schoss, als er vom Tod seiner Mutter erfuhr.

Conan, der Barbar

Zwischen 1932 und 1936 publizierte er 17 Conan-Storys in dem Pulp-Magazin *Weird Tales,* vier weitere erschienen posthum in anderen Zeitschriften. Der eigentliche Siegeszug Conans begann erst zwei Jahrzehnte später, als L. Sprague de Camp, Lin Carter und andere Autoren Howards Storys und diverse Fragmente zusammenfassten, ergänzten und in Buchform herausbrachten. – »Conan«, so ärgerte sich Hans Joachim Alpers in der SCIENCE FICTION TIMES über den in diesen Sword & Sorcery-Geschichten verzapften Schmarren, »spaltet mit Vorliebe Schädel, rammt seinen Gegnern das Schwert in den Bauch, hackt ihnen Glieder ab, stößt sein Schwert tief in den Leib, bohrt den Speer in den Körper, schlägt Schädel ein oder lässt sie bersten ... Zivilisation ist für Conan Degeneration, Weichheit, Feigheit, Verschlagenheit, Falschheit. Die Bewohner der Städte parfümieren sich und laufen in geckenhafter Kleidung herum, sie treiben Zauberkünste (oder Wissenschaft, was genauso schlecht ist) und ihre Städte sind Höhlen des Verbrechens und des Lasters ... Conan ist natürlich ein Weißer, aber es kommen auch Farbige in den Geschichten vor, etwa kannibalische Neger, wollüstige Negerhäuptlinge. Leute mit lautlosem Schritt und gekrümmter Nase (!) und hässliche gelbe Menschen; alles Schurken, heimtückisch und verräterisch.« – Mitte der Siebziger war es endlich soweit: Da sich Millionen Fan-Fliegen nicht irren können, witterte der italienische Produzent Dino De Laurentiis Morgenluft und machte sich daran, mit Mr. Ex-Universum Arnold Schwarzenegger in der Titelrolle einen Conan-Film zu produzieren. Jedoch: Als die »stupide Psychopathen-Fassung des *Krieg der Sterne*« (TIME) nach einigem Hin und Her 1982 anlief, war das Entsetzen groß. Statt eines fröhlichen Schlagetotfilms mit viel Blut hatte Regisseur John Milius es gewagt, den Fans ein existentialistisch verbrämtes Passionsspiel zu servieren, das mit ihrem Lieblingsraufbold nichts zu tun hatte: Dieser Conan enthielt denkbar wenig phantastische Elemente, fing dafür mit einem Nietzsche-Zitat (»Was uns nicht umbringt, macht uns nur noch

Conan, der Barbar

stärker«) als Einleitung an und entpuppte sich bald als »Mischmasch aus griechischer und nordischer Mythologie, fernöstlichen Epen und Wagner-Opern, aktuellen Anspielungen (Blumenkinder und Mun-Sekte) und Anleihen beim Fantasy-Zeichner Frank Frazetta« mit der »Grazie und dem Grips eines Brontosaurus« (Helmut W. Banz, DIE ZEIT). – »Das Problem von Conan ist«, pflichtete auch MONTHLY FILM BULLETIN bei, »dass die antiliberale Haltung trotz reichlicher Gegenwartsbezüge doch reichlich beschränkt ist. Und als normale Sword and Sorcery ist der Film ein tödlicher Langweiler. Die Dialoge sind weniger anachronistisch denn funktionell, für dumpfe Gemüter geschrieben; die spektakulären Elemente wiederum – die spanischen Drehorte und der pompöse Soundtrack Basil Poledouris' – gehen zurück auf die Epen der Sechziger (als Essay über Heldentum bleibt der Film genauso in der Startbox stehen wie seinerzeit *El Cid*). Trotz aller mythologischen Vorwände sind die Figuren aus plattestem Comic-Material geschnitten, und weder die christushaften Leiden ... noch die ödipale Natur seiner Rache verleihen Schwarzeneggers Conan irgendeine Tiefe.« – Doch als die Fans es merkten, war der Barbar schon in den Brunnen gefallen. De Laurentiis nämlich, gewiefter Geschäftsmann, hatte so viele Filmkopien ziehen lassen, dass jedermann den Film gesehen hatte, bevor die negative Mundpropaganda ihre Wirkung tat. »Fazit: Ein Film wie ein Hamburger – fade und ohne Nährwert, aber trotzdem erfolgreich.« (SCIENCE FICTION TIMES) [V]

CONAN, DER ZERSTÖRER

(CONAN THE DESTROYER). USA 1984. **R:** *Richard Fleischer.* **B:** *Stanley Mann.* **St:** *Gerry Conway, Roy Thomas.* **K:** *Jack Cardiff.* **SpE:** *John Stirber, Carlo Rambaldi, Emilio Ruiz del Rio.* **M:** *Basil Poledouris,* **D:** *Arnold Schwarzenegger (Conan), Grace Jones (Zula), Wilt Chamberlain (Bombaata), Mako (Akiro), Tracey Walter (Malak), Sarah Douglas (Taramis), Olivia D'Abo (Jehnna), Pat Roach (Menschenaffe/Toth-Amon),*

Jeff Corey (Großwesir), Sven Ole Thorsen (Togra), Bruce Fleischer (Dörfler), Ferdinand Mayne (Anführer der Hornwächter). F 101 Min.

Mit dem Versprechen, seine dahingeschiedene Liebe Valeria wieder zum Leben zu erwecken, überredet die böse Königin Taramis Conan, ihre Nichte Jehnna auf einer tödlichen Mission zu begleiten. Es gilt, aus dem Schloss des Magiers Toth-Amon einen magischen Schlüssel zu beschaffen, der Zugang zu einer Gruft gewährt, in dem sich ein juwelenbesetztes Horn befindet, mit dem sich wiederum der träumende Gott Dagoth zum Leben erwecken lässt. Zusammen mit Jehnna, seinem Sidekick Malak und dem Hünen Bombaata, der ihn auf Taramis' Wunsch nach Abschluss der Mission umbringen soll, macht sich Conan auf den Weg. Unterwegs rettet er seinen Zaubererfreund Akiro vor Kannibalen und die Banditin Zula vor aufgebrachten Dörflern. Im Schloss Toth-Amons besiegt Conan den Magier im Duell und räumt hernach auch gleich mit Bombaatas Meuchelmördern auf. Jehnna führt sie zur Gruft des Horns, wo es Bombaata während des Kampfes mit den Hornwächtern gelingt, die als Opfer für Dagoth auserkorene Jehnna zu entführen. Als Conan und seine Mitstreiter ins Schloss gelangen, hat der auferstandene Dagoth Taramis umgebracht und den halben Palast in Schutt und Asche

Conan, der Barbar

gelegt. Im Kampf gelingt es Conan, das Horn aus der Stirn des Monsters zu reißen. Dagoth verwandelt sich in einen Scherbenhaufen. Jehnna übernimmt den Thron und ernennt Akiro zum Hofzauberer, Zula zum Hauptmann der Wache und Malak zum Hofnarren. Conan dagegen, noch immer von Valeria schwärmend, reitet von dannen.

Nach dem nicht gerade positiven Echo auf *Conan, der Barbar* brachte der zweite Anlauf einen radikalen Kurswechsel. Statt wie Milius an Peckinpah orientierte sich Richard Fleischer an den Herkules-Filmen des Vittorio Cottafavi, sowohl was die naive Erzählweise, den technischen Standard als auch das augenzwinkernde, beinahe parodistische Kokettieren mit den formalen, inhaltlichen und sonstigen Schwächen des Films anging. Auf der Strecke blieben dabei (wie zuvor) der Geist der Vorlage und die Gunst der Fans, die es gar nicht gern sahen, wenn Conan als jene Witzfigur entlarvt wird, die er eigentlich ist. »Doch trotz Humor und Action überwiegt der Eindruck eines bloßen Routine-Jobs, die eher spartanischphantasielos ausgeführten Bauten ... und die äußerst zwiespältigen Tricks bleiben stets als sol-

Conan, der Zerstörer

che erkennbar und verstärken das Künstliche ... Selbst die beste Erfindung, Toth-Amons Spiegelkabinett, ist in Wirklichkeit ein alter Hut, mit dem Auftritt des Magiers in der Kutte von Poes Rotem Tod und zurückgehend auf Orson Welles' LADY FROM SHANGHAI ... Auch das stürmische Finale ist von der Idee her, Carlo Rambaldis von 16 Mann gesteuerten Monstergott Dagoth nur bruchstückhaft und durch Licht- und Schatteneffekte während des Gewitters über der Stadt nie ganz deutlich zu zeigen, keineswegs neu. Alle Anstrengungen gehen verloren, wenn der Unhold aus kommerziellen Erwägungen dann doch sichtbar wird.« (HEYNE SF MAGAZIN) [V]

CONGO

(CONGO). USA 1995. **R:** *Frank Marshall.* **B:** *John Patrick Shanley.* **LV:** *Roman von Michael Crichton.* **K:** *Allen Daviau.* **SpE:** *Stan Winston Studio, Michael Lantieri, Scott Farrar, Industrial Light & Magic.* **Gorilla-Choreographie:** *Peter Elliott.* **M:** *Jerry Goldsmith.* **D:** *Dylan Walsh (Dr. Peter Elliot), Laura Linney (Karen Ross), Ernie Hudson (Monroe Kelly), Grant Heslov (Richard), Joe Don Baker (R. B. Travis), Tim Curry (Herkermer Homolka), Adewale »Walé« Akinnuoye-Agbaje (Kahega), Willie Amakye (Hauptträger), Bruce Campbell (Charles Thavis). F 108 Min.*

Ein Primatologe bringt die Gorilladame Amy, die die Zeichensprache beherrscht, zusammen mit einem rumänischen Glücksritter und einem High-Tech-Kommunikationsexperten zurück ins Krisengebiet des Kongo, wo man gleich eine untergegangene und von Affenmonstern bewachte Kultur findet, die schlussendlich in einem Vulkanausbruch untergehen darf. Michael Crichton, der offenbar so etwas wie eine Schreibfabrik betreibt, kann es sich inzwischen leisten, jeden Mist zu verkaufen, den fleißige amerikanische Pulp-Schreiber schon in den dreißiger Jahren am Serien-Fließband herstellten. [V]

CONQUEST

(CONQUEST/LA CONQUISTA DE LA TIERRA PERDIDA). Italien/Spanien/Mexiko 1983. **R:** *Lu-*

cio Fulci. **B**: *Gino Capone, José Antonio de la Lama jr.* **St**: *Giovanni di Clemente.* **K**: *Alejandro Alonso Garcia.* **SpE**: *Studio Anzellotti.* **M**: *Franco Rufini, Mauro Meniconi.* **M**: *Claudio Simonetti.* **D**: *George Rivero (Maxz), Andrea Occhipanti (Ilias), Sabrina Siani (Ocron), Conrado San Martin, Violeta Cela, José Gras Palau. F 92 Min.*
Auf dem Weg, die meist nackt in ihrem Gemache ruhende Wolfsgöttin Ocron umzubringen, bekommen es zwei Vorzeitkrieger mit diversen Wolfsmenschen, Zombies und Dämonen zu tun. – Lucio Fulcis neuer Großauftrag für die Schlachthäuser in der Umgebung von Cinecittà: »Fachleute werden sofort die sehnsüchtige, fast liebevolle Art wiedererkennen, mit der Fulci alle Arten der Verwesung vorführt.« (MONTHLY FILM BULLETIN) [V]

COPPELIA

Österreich 1967. **R**: *Truck Branss. B/M Léo Delibes, Charles Nuitter.* **K**: *Martin Wolf, Udo Neukomm.* **D**: *Susanne Kirnbauer (Swanilda/Coppelia), Karl Musil (Franz), Willy Dirtl (Coppelius), Arnold Jandosch (Bürgermeister), Hilde Kozna, Giselle Cech, Judith Gerber (Swanildas Freundinnen), Günther Falusy, Franz Wilhelm, Michael Birkmeyer (Franzens Freunde). F 76 Min.*
Weil Franz der hübschen Coppelia im Haus gegenüber schöne Augen macht, dringt seine Braut Swanilda mit einigen Freundinnen kurzerhand in deren Domizil ein. Dort entdecken sie, dass Coppelia nur eine Puppe ist: ein mechanisches Wunderwerk, wie alle absonderlichen Dinge im Haus hergestellt von dem mysteriösen »Puppendoktor« Dr. Coppelius. Als jener unerwartet zurückkehrt, flüchten die Freundinnen. Swanilda versteckt sich. Auch Franz trifft im Haus des Puppenmachers ein. Mit Beschwörungsformeln aus einem Zauberbuch versucht Coppelius, des betäubten Franzens Seele seiner Puppe einzupflanzen. Tatsächlich beginnt Coppelia zu leben. In Wahrheit ist es freilich nur die der Puppe verblüffend ähnlich sehende Swanilda, die kurz darauf mit Franz das Weite sucht. Dr. Coppelius ist aufgebracht, reicht dem Brautpaar aber dann die Hand zum Frieden.

Léo Deibes' und Charles Nuitters Ballett in zwei Akten basiert auf E.T.A. Hoffmanns Erzählung »Der Sandmann« und wurde am 25. Mai 1870 im Théâtre Impérial de l'Opera in Paris uraufgeführt. Truck Branss' Film ist eine für das Österreichische Fernsehen produzierte Aufzeichnung einer Ballett-Vorführung, an der die Fachkritik zwar die technischen Details lobte, die Schauspieler aber mit Ausnahme Karl Musils als nicht gerade adäquat bezeichnete.

CROSSWORLDS

(CROSSWORLDS). USA 1996. **R**: *Krishna Rao.* **B**: *Krishna Rao, Raman Rao.* **K**: *Christopher Walling.* **M**: *Christophe Beck.* **D**: *Rutger Hauer (A.T.), Josh Charles (Joe), Stuart Wilson (Ferris), Andrea Roth (Laura), Perry Anzilotti (Rebo), Richard McGregor (Stu), Jack Black (Steve). F 87 Min.*
Die Jagd nach einem albanischen (aha!) Zepter, das die grenzöffnende (Banalität kennt halt keine Grenzen!) Vorherrschaft in einer Parallelwelt öffnet. Nur auf Video. [V]

CRYSTAL EYE

(THE CRYSTAL EYE). Südafrika 1988. **R**: *Joe Tornatore.* **B**: *Mike Angel.* **K**: *Tom De Nove.* **M**: *Tont Roman, Chris Squire.* **D**: *Jameson Parker (Luke Ward), Cynthia Rhodes (Vicky Philips), Michael Lane (Hashim), Andre Jacobs (Frenchie), David Sherwood (Emilio), Johnny Noble. F 100 Min.*
Ein amerikanischer Abenteurer und ein italienischer Archäologe stoßen auf der Reise nach Afghanistan mit Hilfe eines mysteriösen Kristalls auf Ali Babas legendären Schatz. Halbphantastischer Abenteuerschinken billigster Machart. [V]

aus ihrer Wohntulpe entführt, kann jedoch fliehen und verbringt den Winter im Heim einer freundlichen Mäusefamilie. Im Frühjahr kehrt sie in Begleitung eines Maikäfers auf dem Rücken einer Schwalbe ins Tulpenland zurück, wo sie ihren Prinzen findet. – Ein stellenweise an Disney erinnernder Zeichentrickfilm, »stilistisch zwar nicht einheitlich, aber dennoch durch die originell und witzig gezeichneten Tiere ... mit Vergnügen anzusehen.« (PROGRESS-FILMPROGRAMM) [V]

DÄUMELINE

Anderer Titel für **Don Bluths Däumeline**

DÄUMLING UND DIE SIEBENMEILENSTIEFEL

(PULGARCITO). Mexiko 1958. **R:** *René Cardona.* **B:** *René Cardona, Adolfo Lopez Portillo.* **LV:** *Gebrüder Grimm.* **K:** *José Ortiz Ramos.* **SpE:** *José Ortiz Ramos.* **M:** *Raul Lavista, Enrique Jorrin.* **D:** *Cesareo Quezedas (Tom), Maria Elena Marques (Fee), Jost Elias Moreno (Menschenfresser), Manuel Donde.* *F 78 Min.*

Die sieben Söhne eines Holzfällers werden im Wald von einem riesigen Menschenfresser überfallen. Auf der Flucht gelangen sie in die verschlampte Hütte des Bösewichts, dessen Gattin zwar nicht kleiner, aber weitaus umgänglicher und eine Fee a.D. ist, die nicht mehr zaubern kann, da ihr Gefährte (einst ein netter Jägersmann) ihren Zauberstab versteckt hat. Der kleine Tom überlistet den Menschenfresser, schafft den Zauberstab herbei und verwandelt das Gigantenpaar in das zurück, was es ursprünglich war. Mit Gold und Geschmeide beladen zieht er mit seinen Brüdern heimwärts. – Der kleine Däumling auf mexikanisch, diesmal in Gestalt eines normalen Jungen, der nur zwergenhaft erscheint, weil sein Widersacher als Riese auftritt. Regisseur René Cardona hat sich einen Namen als Inszenator dritt- und viertklassiger SF- und Horrorfilme wie *Horror-Monster schlagen zu* (Mexiko 1970) und *Tintorera – Meeresungeheuer greifen an* (GB/Mexiko 1977) gemacht.

DÄUMLINGS WUNDERSAME REISEN UND ABENTEUER

(JEANNOT L'INTREPIDE). Frankreich 1951. **R:**

D

DIE DAME, DER TEUFEL UND DIE PROBIERMAMSELL

Deutschland 1919. **R:** *Rudolf Biebrach.* **K:** *Karl Freund.* **D:** *Henny Porten (Mannequin), Alfred Abel (Kavalier), Ida Perry (Millionärin), Eugen Rex.* *SW 60 Min.*

Ein Mannequin, das nur allzugern den teuren Hermelinpelz in der Auslage besäße, darf dank eines reichen Kavaliers eine Woche lang Millionärin spielen. – »Reizende hübsche Vertauschgeschichte« (DER KINEMATOGRAPH), deren Fantasy-Element sich auf eine Traumsequenz beschränkt, in der der Kavalier dem Mannequin als Teufel erscheint, sie in die Hölle entführt und ihr drei Aufgaben als Preis für den Mantel auferlegt.

DIE DAME IST DER GATTE

(TURNABOUT). USA 1940. **R:** *Hal Roach.* **B:** *Mickell Novak, Berne Giler, John McClain, Rian James.* **LV:** *Thorne Smith.* **K:** *Norbert Brodine.* **M:** *Arthur Morton.* **D:** *Adolphe Menjou (Phil Manning), Carole Landfis (Sally Willows), John Hubbard (Tim Willows), Mary Astor (Marion Manning), Donald Meek (Henry).* *SW 80 Min.*

Das Ehepaar Tim und Sally, das sich in seinem Rollenverhalten nicht wohl fühlt, schlüpft mit Hilfe einer mysteriösen Gottheit in die Haut des jeweils anderen, muss aber feststellen, dass auch dieses Leben nicht der wahre Jakob ist. Vergnügliche Fantasy-Komödie nach einem Roman des Geisterspezialisten Thorne Smith.

DÄUMELINCHEN

(OYA-YUBI HIME). Japan 1977. **R:** *Yugo Serikawa.* **B:** *Ikuko Oyabu.* **LV:** *Hans Christian Andersen.* **K:** *Yugo Serikawa.* **A:** *Osamu Tezuka.* **M:** *Shunsuke Kikuchi.* *F 61 Min. (Zeichentrick).*

Die kleine Elfe Däumelinchen wird von Fröschen

Jean Image. **B:** *Paul Colline.* **K:** *Jean Image.* **A:** *A. Champeaux.* **M:** *René Cloërec, Paul Colline.* F 54 Min. (Zeichentrick).

Ein humanoider Winzling, im französischen Original »Jeannot l'Intrepide« (das tapfere Hänschen) genannt, gelangt ins Reich der Insekten, hilft dem Volk der Käfer vor einem bösen Drachen, besucht die Stadt der Bienen, wird zum Fest der Bienenkönigin eingeladen, wehrt listig den Angriff räuberischer Wespen ab und entschwindet schließlich in einem Libellen-»Helikopter« in Richtung Heimat. – »Die zahlreichen formspielerischen Einfälle des ›französischen Walt Disney‹ Jean Image können eigentlich nur vom erwachsenen Publikum richtig verstanden werden. Wenn allerdings der endlose Raupenomnibus über die Leinwand rollt oder der kleine Däumling im Netz böser Spinnen zappelt, dann werden auch die Sympathien der Kleinsten für den wundersamen Helden wach. Geschickt nutzt Image alle Tricks aus der Wildwest- und Seeräuberfilmpraxis. Ein in Farbe und Form einfallsreicher und schöner Zeichenfilm.« (Hans G. Berthold, FILMBLÄTTER) Die Originalfassung wurde auf den Festivals von Venedig und Triest mit dem 1. Preis für den besten Kinderfilm des Jahres ausgezeichnet.

DAVID UND GOLIATH

(DAVID E GOLIA). Italien 1959. **R:** *Richard Pottier, Ferdinando Baldi.* **B:** *V. Scarpelli, G. Mangini, A. Molteni.* **K:** *Adalberto Albertini.* **SpE:** *Carlo Rambaldi.* **M:** *Carlo Innocenzi.* **D:** *Ivo Payer (David), Kronos (Goliath), Orson Welles (König Saul), Giulia Rubini (Michol), Eleonora Rossi Drago (Ribecha), Pierre Cressoy (Jonathan), Massimo Serato (Abner), Edward Hilton (Samuel), Furio Meniconi (König der Philister).* F 98 Min.

Im Jahre 1000 v. Chr. wird der Hirtenjunge David von dem Propheten Samuel zum zukünftigen König von Israel »gesalbt«. Alsbald verspürt er in seinem Inneren das Wirken göttlicher Kräfte, die ihm übermenschliche Fähigkeiten verleihen. Nachdem er zahlreiche Heldentaten vollbracht hat, ruft ihn der dekadente Finsterling König Saul an seinen Hof. Als zwischen seinem Land und den Philistern Krieg ausbricht und sich das Kampfesglück dem Feinde zuwendet, da in seinen Reihen ein Drei-Meter-Riese namens Goliath aktiv ist, stellt David sich ihm entgegen und hypnotisiert ihn mit der Zauberkraft seiner Stimme. Der Riese fleht um sein Leben, als Davids Schwert seine Kehle berührt; David gibt ihm noch eine Chance und stellt sich ihm mit einer simplen Schleuder entgegen: Sein Sieg beflügelt die Israeliten dermaßen, dass sie die Philister schlagen. Da Davids Beliebtheit steigt, trachtet Saul ihm nach dem Leben. Ein Anschlag auf ihn misslingt. Um ihn endgültig loszuwerden, verspricht Saul dem jungen Mann die Hand seiner Lieblingstochter Michol, wenn es ihm gelingt, hundert Philister zu töten. Auch diese Aufgabe erledigt David mit Bravour. Statt der verlangten hundert erschlägt er zweihundert. – »Der Stil des Films orientiert sich ausschließlich zum optisch sinnfälligen Schlachten- und Kulissengemälde. In gleichem Maße wie der Schwulst unschöner Mammutdekorationen mit sichtlichem Vergnügen aufgetragen wird, entgleitet den Regisseuren … die Führung der Schauspieler.« (FILMDIENST) – »Orson Welles als Saul hätte bestimmt das Zeug, den König in all seiner Zwiespältigkeit darzustellen, kommt aber nicht zum Zuge.« (FILMBEOBACHTER) – »Die einzige Herausforderung, bei Schundfilmen wie *David und Goliath* … stellte für Welles das Faktum dar, die Rollen so rasch wie möglich ›abzureißen‹ und wieder aus der Stadt zu verschwinden. Sein darstellerischer Einsatz in diesem minderwertigen Streifen kann wohl am treffendsten mit ›minimal‹ umschrieben werden. In *David und Goliath* wechselt [er] tatsächlich häufiger seine Kostüme als den Gesichtsausdruck.« (Joseph McBride, ORSON WELLES: SEINE FILME – SEIN LEBEN) [V]

DEATHSTALKER III

(DEATHSTALKER III AND THE WARRIORS FROM HELL). USA 1988. **R:** *Alfonso Corona.* **B:** *Howard R. Cohen.* **K:** *Javier Cruz.* **M:** *Israel Torres, Alejandro Rulfo.* **D:** *John Allen Nelson (Deathstalker), Carla Herd (Clarissa/Elezena), Thom Christopher (Troxartes), Terri Treas (Camisarde), Aaron Hernan (Nicias), Roger Curdney (Inares), Agustin Salvat (Makut), Claudia Inchaurregui (Marinda).* F 82 Min.

Der säbelrassende Abenteurer Deathstalker und eine Prinzessin kämpfen mit einem bösen Zauberer um den Besitz dreier Juwelen, mit denen sich eine Armee aus Toten heraufbeschwören lässt. Diese sollen dazu dienen, ein Schreckensregime zu errichten. Dass der Plan des Bösmanns vereitelt wird, hat das Drehbuch vorgesehen. Fortsetzung des Fantasy-Films *Mystor – Der Todesjäger* (USA 1986), der auch nicht gerade das Gelbe vom Ei war. [V]

DECAMERON

(IL DECAMERON). Italien 1970. **R:** *Pier Paolo Pasolini.* **B:** *Pier Paolo Pasolini.* **LV:** *»Decamerone« von Giovanni Boccaccio.* **K:** *Tonino Delli Colli.* **M:** *Pier Paolo Pasolini, Ennio Morricone.* **D:** *Franco Citti (Ciappelletto), Ninetto Davoli (Andreuccio von Perugia), Angela Luce (Peronella), Patrizia Capparelli (Alibech), Jovan Jovanovic (Rustico), Gianni Rizzo (Mönchvorsteher), Pier Paolo Pasolini (Giotto, Maler), Silvana Mangano (Madonna), Vincenzo Amato, Giuseppe Zicaina.* **F** *111 Min.*

»Mit *Decameron, Pasolinis tolldreiste Geschichten* und *Erotische Geschichten aus 1001 Nacht* begab Pasolini sich auf einen ›populären‹ Weg, der leider auch ein Weg der Kompromisse mit der Industrie sein sollte. Die vielschichtige dialektische Struktur seiner früheren Filme gab er auf zugunsten einer planen Erzählweise, die sich zwar immer noch einer eindrucksvollen Bildsprache bediente; doch schien es Pasolini in diesen Filmen mehr und mehr auf die plakative Aneinanderreihung derber erotischer Effekte anzukommen ... Jedoch vermögen seine Erklärungen, er habe mit der ›Trilogie des Lebens‹ politische Absichten verfolgt, indem er das Problem der Unterdrückung der Sexualität aufgegriffen habe, nicht zu überzeugen. In ihnen erscheint vielmehr eine Anpassung an die Mechanismen der Unterhaltungsindustrie.« (Ulrich Gregor, GESCHICHTE DES FILMS) Die Trilogie sollte die Form eines märchenhaften Bildwerks haben, in dem es nur so wimmelt von menschlichen Schicksalen, die miteinander verflochten sind. Pasolini, der Schriftsteller, kehrte zu seinen Wurzeln zurück. Die Filme sollten der spielerische Ausbruch seiner Freude am Fabulieren sein. Dazu wählte er die drei Meisterwerke früher, aufkeimender Erzählkunst. »Um die Phasen nachzuzeichnen, in denen der

Mensch – der neue Mensch, das Verbindungsglied zwischen archaischen, bäuerlichen Idealen und humanistischen Werten – sich selbst als geistiger Handlungsträger seines eigenen Geschicks entdeckte.« (Enzo Siciliano, PASOLINI) Pasolini inszeniert acht Episoden aus Boccaccios Novellensammlung. (Der Zyklus, entstanden zwischen 1349 und 1353, enthält »hundert Geschichten, Fabeln, Parabeln oder wirkliche Begebenheiten ... die zur verderblichen Zeit der letzten Pest von sieben Damen und drei jungen Männern erzählt wurden, den holden Damen zugedacht, die voll Furcht und Scham die Liebesflammen im zarten Busen verborgen« tragen.) *1. Andreuccio von Perugia:* Ausgeraubt und betrogen von einer Dirne, wird Andreuccio von zwei Kirchenräubern gezwungen, in den Sarkophag eines eben beigesetzten Bischofs zu klettern. Er soll den wertvollen Ring von der Hand des Toten ziehen. Als er behauptet, er habe ihn nicht gefunden, lassen sie die Grabplatte niederfallen. Andere Grabschänder öffnen das Grab erneut; Andreuccio kann sie verscheuchen und zieht mit dem Ring von dannen. *2. Musetto und die Nonnen:* Taubstummer Landarbeiter im Nonnenkloster kann wie durch ein Wunder plötzlich sprechen, geht weiterhin seinen Pflichten und den Lüsten der Nonnen nach. *3. Peronella:* Ehemann kehrt zu früh zurück, Peronella versteckt Liebhaber in Weinfass, sagt, ein Käufer inspiziere es gerade. Ehemann steigt ins Fass, um es gründlich zu säubern; Liebhaber setzt Liebesspiel mit Peronella am äußeren Fassrand fort. *4. Ciappelletto:* Mörderischer Draufgänger erkrankt, legt auf dem Sterbebett eine völlig erlogene Beichte ab, die ihm zum Begräbnis eines Heiligen verhilft. *5. Lisabetta und Lorenzo:* Drei Brüder töten und verscharren den Geliebten ihrer Schwester. Diese findet den Leichnam, schneidet den Kopf ab und setzt ihn zu Hause in einen Blumentopf. Als die Brüder den Topf entdecken, werfen sie ihn weg. Lisabetta stirbt an Gram. *6. Calerina:* Liebesverhältnis unter dem Dach der Eltern. Diese verzeihen, weil der Liebhaber aus reichem Hause ist und das Mädchen heiraten will. *7. Tingoccio und Meuccio:* Meuccio, an sexueller Überanstrengung gestorben, kehrt aus dem Jenseits zurück, um seinem eher prüden Freund mitzuteilen, dass man sich dort nicht um irdische Ausschweifungen kümmere. Tingoccio verliert daraufhin seine Furcht vor der Fleischessünde und eilt zur »verwitweten« Geliebten seines toten Freundes. *8. Der »Wunder«-Priester:* Ein Priester überzeugt einen armen, alten Bauern, dass er aus dessen junger Frau eine Stute machen könne. Als er zuletzt »zustößt«, rebelliert der Gehörnte. Die Verwandlung missglückt, der Priester ist jedoch erleichtert. – »Pasolini zeigte sich als glänzender Dekorateur, fasste seine Bilder in wie vom Goldstaub des Ästhetizismus gestreifte Rahmen, legte aber auch den ungewöhnlichen Scharfsinn des Showman an den Tag: Er webte in seine Gobelins Handlungsabläufe mit unverhohlen sexuellem Inhalt ein. Er zeigte männliche und weibliche Akte und Erektionen in zum Teil so übersteigerten Proportionen, dass der Skandal dadurch vervielfacht wurde ... Dass ein Autorenfilm wegen obszönen Inhalts angezeigt wurde, war in Italien so gang und gäbe, dass es schon fast zur Werbekampagne beim Anlaufen des Films gehörte. Die Trilogia della vita passierte jedoch diese Klippe und wurde freigesprochen. Die Kunst siegte also über die Pornographie ...« (Enzo Siciliano, PASOLINI) Darüber, was Kunst ist und was Pornographie, lässt sich auch heute noch streiten!

DIE DEGENERIERTEN

(BINI SATYRICON). Italien 1969. **R:** *Gian Luigi Polidoro.* **B:** *Rodolfo Sonego.* **LV:** *Titus Petronius Arbiter.* **K:** *Bensto Romano Frattari.* **M:** *Carlo Rustichelli.* **D:** *Ugo Tognazzi, Don Backy, Franco Fabrizi, Valerie Lagrange. Tina Aumont. F 122 Min.*

Dieser Film ist ein hastig heruntergekurbeltes, schamloses Rip-Off des bekannten Films *Fellinis Satyricon,* flugs auf den Markt gebracht, um von der Vorab-Publizität des anderen zu profitieren. Routinemäßig und glatt in Szene gesetzt, wenn auch mit großem Kostüm- und Ausstattungsaufwand. »Und mit einem zotigen Dialog versehen, der wohl Heiterkeit auslösen soll.« (FILMDIENST)

THE DEVIL AND MAX DEVLIN

(THE DEVIL AND MAX DEVLIN). USA 1981. **R:** *Steven Hilliard Stern.* **B:** *Mary Rodgers.* **K:** *Ho-*ward Schwartz. **M:** *Buddy Baker.* **D:** *Elliott Gould (Max Devlin), Bill Cosby (Barney Satin), Susan Anspach (Penny Hart), Adam Rich (Toby Hart), Julie Budd (Stella Summers), David Knell (Nerve Nordlinger). F 96 Min.*

Emsig arbeitet die Leiche des kaltherzigen Hausverwalters Max Devlin an ihrer Wiederkehr. Schließlich hat ihr Beelzebub respektive seine rechte Hand Barney Satin ein allzu verlockendes Angebot gemacht: Binnen zwei Monaten soll Max die Seelen von drei Unschuldslämmern der Hölle überschreiben. Bei zwei Trotteln klappt es sofort, nur der dritte erweist sich als widerspenstig. Disney-Komödie, die leider nicht zuviel aus dem Stoff herausholt. [V]

DER DIBBUK

(DER DYBBUK). Polen 1937. **R:** *Michal Waszynski.* **B:** *Alter Kacyzna, Marek Arenstein.* **V:** *Stück von Scholem Ansky.* **M:** *Henoch Kon.* **D:** *Avrom Morevski (Rabbi), Moyshe Lipman (Sender), Lili Liliana (Lea), Leon Libgold (Chanan), Gershon Lamberger (Nisson). SW 120 Min. (O.m.U.)*

Einem Talmudstudenten bricht es das Herz, als seine Angebetete einen anderen heiraten soll. Als Geist (Dibbuk) fährt er in ihren Körper ein. Zwar kann ein Rabbi ihn vertreiben, doch Lea überlebt die Trennung nicht. Regisseur Waszynski, ein Mitarbeiter F. W. Murnaus, war vom deutschen Expressionismus beeinflusst und ein Vertreter des jiddischen Kinos, das in den dreißiger Jahren in Polen und den USA einige heute selten zu sehende phantastische Werke zustande brachte.

DICK UND DOOF: RACHE IST SÜSS

Anderer Titel für **Abenteuer im Spielzeugland**

DER DIEB VON BAGDAD

(THE THIEF OF BAGHDAD). USA 1924. **R:** *Raoul Walsh.* **B:** *Elton Thomas [Douglas Fairbanks].* **St:** *Edward Knoblock, Lotta Woods.* **K:** *Arthur Edeson.* **SpE:** *Hampton del Ruth, Ned Mann, P. H. Whitman.* **D:** *Douglas Fairbanks (Dieb), Julanne Johnston (Prinzessin), Anna May Wong (Mongolische Sklavin), Snitz Edwards (Böser Gehilfe des Diebs), Charles Beleher (Heiliger), Sojin (Cham Shang), K. Nambu (Shangs Berater), Sadakichi Hartmann (Shangs Hofzauberer), Winter-*

Blossom (Sklave der Laute), Etta Lee (Sklavin des Sandbretts), Brandon Hurst (Kalif), Tote du Crow (Weissager), Noble Johnson (Indischer Prinz), Mathilde Comont (Persischer Prinz), Charles Stevens (Erwecker), Sam Baker (Schwertmeister), Jess Weldon, Scotty Mattraw, Charles Sylvester (Eunuchen). SW 135 Min.

Mit einem Zauberseil in den Palast des Kalifen von Bagdad gelangt, wird der Dieb bei seinem Raubzug plötzlich der schlafenden Prinzessin gewahr. Er stellt sich als »Achmed, Prinz der Meeresinseln und sieben Paläste« vor und gewinnt durch einen kleinen Zufall auch tatsächlich das Recht, sie heiraten zu dürfen. Doch das Lügengebäude stürzt ein und der Kalif lässt ihn dem Palastaffen zum Fraß vorwerfen. Die verliebte Prinzessin verhilft dem Dieb zur Flucht und schenkt ihm unter innigen Liebesschwüren einen Ring. Als sie kurz darauf verkündet, sie werde denjenigen heiraten, der ihr binnen sieben Monden den kostbarsten Schatz der Welt zu Füßen legt, sucht der Dieb in einer Moschee Rat und Zuspruch. Ein weiser Alter gibt ihm zu verstehen, dass er das Glück erst verdienen müsse. Willig macht sich der Dieb auf

die Suche nach der magischen Truhe von Nazir. Sein Weg führt durch das Tal des Feuers, die Höhle der verzauberten Bäume, auf den Grund des Ozeans, vorbei an Drachen, Riesenfledermäusen und Wasserspinnen. In der Zitadelle des Mondes endlich fündig geworden, eilt er auf einem fliegenden Pferd nach Bagdad zurück – gerade rechtzeitig, um die Stadt vor den anrückenden Horden des Mongolenprinzen Cham Shang zu bewahren. Mit Zaubersamen aus der Truhe beschwört er eine Armee herauf; Bagdad wird befreit, und die beiden Liebenden können auf einem fliegenden Teppich in den Sonnenuntergang entschweben. – Nach den Erfolgen von *Das Zeichen des Zorro* (1920), *Der vierte Musketier* (1921) und *Robin Hood* (1922) stand Douglas Fairbanks, vielleicht der populärste Star des amerikanischen Stummfilms, auf der Höhe seines Ruhms. Ganz im Geiste dieser Filme, in denen sich die »Qualität des Abenteuers mit amerikanischem Pragmatismus und einer gewissen Erfolgsorientiertheit« (DER ABENTEURER) verbanden, war daher auch sein nächstes Projekt *Der Dieb von Bagdad* zunächst vor allem als Hymne an diesen dynamischen *all-american hero* konzipiert, der mit vollendeter Körperbeherrschung glänzt, Szenerien nicht einfach nur betritt, sondern in sie hineinspringt und in seinen akrobatischen Kunststücken allen Gesetzen der Schwerkraft zu trotzen scheint. Insofern erstaunt es nicht, wenn dieser Geschichte aus 1001 Nacht ein ausgesprochen amerikanischer Geist zu eigen ist. »Was ich will, das hole ich mir«, erläutert der nonchalante Dieb ohne Namen zu Anfang seine Lebensphilosophie, »meine Belohnung erwartet mich im Diesseits. Das Paradies ist der Traum eines Narren und Allah nur ein Märchen.« Und nachdem er sich tatsächlich alles geholt hat, dessenthalben er ausgezogen war, formen sich am Ende noch einmal glitzernde Sterne zum Motto des Films: »Happiness has to be earned«; das Glück muss man sich verdienen. – Um diese Botschaften wirksam ans Publikum zu bringen, scheute der Produzent, Drehbuchautor und Hauptdarsteller in Personalunion weder Mühe noch Kosten. »Für *Robin Hood* hatten der Ausstatter William Cameron Menzies und er ein nor-

Der Dieb von Bagdad – USA 1924

mannisches Schloss erbaut. Im *Dieb von Bagdad* wollten sie das noch übertreffen und entwarfen eine seltsame, einfallsreiche Phantasielandschaft: einen Palast und eine Stadt komplett mit Kuppeln und Minaretten, surrealen Brücken und Treppen. Die Böden waren gekachelt, und die Gebäude spiegelten sich in ihnen. Wände glänzten silbrig, so dass die Stadt wie ein Ballon zu schweben schien ... Überdies tintete man den Film: grün in den Sequenzen mit den Ungeheuern; rosa in den romantischen Szenen mit dem Dieb und der Prinzessin, sepia in den Bagdad-Aufnahmen und blau den Rest des Films.« (MAGILL'S SURVEY OF CINEMA) – Ebenso viel Aufwand betrieb man bei den für die damalige Zeit überragenden, wenn auch heute stellenweise arg durchsichtigen Spezialeffekten. In einer Aufnahme hing der (stahlnetzverstärkte) fliegende Teppich samt Fairbanks tatsächlich hoch oben in der Luft an einem 25 Meter hohen Kameragalgen. Faszinierend bis auf den heutigen Tag William Cameron Menzies' Bauten. *Der Dieb von Bagdad* lehnte sich nicht nur bewusst an deutsche Stummfilme wie *Der müde Tod* an, in denen gleichfalls architektonische Strukturen dominierten: Fairbanks hatte sogar die Auslandsrechte an Langs Film erstanden und ihn so lange zurückgehalten, bis er dessen Tricks in seinem Film kopiert hatte. »Ornamentierung wird zum Selbstzweck, der Film zum spektakulären und populären Maskenspiel für Millionen. Sicher, Fairbanks' Charme fehlt keineswegs. Von größerer Wichtigkeit ist jedoch die Art, wie die Bauten das Auge erfreuen und anregen. Grundkonzept dabei, wie die sich windenden Linien und die bewusst herausgearbeiteten Oberflächenstrukturen beweisen, ist die Art Nouveau. Es ist als ob man eine Reihe mobiler, schwarzweißer Tuschezeichnungen zum Leben erweckt hätte.« (John C. Tibbets/James M. Welsh, HIS MAJESTY THE AMERICAN) – »Man könnte einen ganzen Abend damit verbringen, einfach nur den Treppen zuzusehen, wie sie, Rennpferden gleich, von Szene zu Szene springen und wie ein gewaltiger Katarakt durch die verschiedenen Bogengänge strömen.« (Vachel Lindsay, THE ART OF THE MOVING PICTURE)

Der Dieb von Bagdad – 1940

DER DIEB VON BAGDAD

(THE THIEF OF BAGHDAD). GB/USA 1940. **R:** *Ludwig Berger, Michael Powell, Tim Whelan, Zoltan Korda, William Cameron Menzies, Alexander Korda.* **B:** *Lajos Biro, Miles Malleson.* **K:** *Georges Perinal, Osmond Borradaile.* **SpE:** *Lawrence Butler, W. Percy Day, Tom Howard, Johnny Mills.* **M:** *Miklos Rozsa.* **D:** *Conrad Veidt (Jaffar), Sabu (Abu), John Justin (Achmed), June Duprez (Prinzessin), Rex Ingram (Dschinn), Miles Malleson (Sultan), Morton Selten (König), Mary Morris (Halima), Bruce Winston (Kaufmann), Hay Petrie (Astrologe), Roy Emerton (Kerkermeister), Allan Jeayes (Erzähler), Adelaide Hall (Sängerin). F 106 Min.*

Im Hafen von Basra bittet der blinde Bettler Achmed für seinen schlauen Dackel um Almosen. Der eben eingetroffene Zauberer Jaffar weiß nur zu gut, was es mit beiden auf sich hat und lässt das Paar an den Hof des Gastgebers bringen. Dort erzählt der Bettler den Palastschönheiten seine Geschichte: Einst war er der Kalif von Bagdad, bevor ihn sein Großwesir Jaffar verriet und in den Kerker werfen ließ. Nur dank der Hilfe des kleinen Diebs Abu gelang ihm die Flucht nach Basra. Von der Schönheit der Prinzessin von Basra sogleich verzaubert, drang er in ihren Lustgarten ein. Beide schworen sich ewige Liebe. Aber auch Jaffar begehrte die Prinzessin. Er schlug seinen entmachteten Rivalen mit Blindheit und verwandelte Abu in einen Hund. Seither liegt die liebeskranke Prinzessin in einem todesähnlichen Schlaf. Achmed, der mittlerweile gemerkt hat, wo er ist, erweckt sie mit einem Kuss, lässt die Prinzessin

seiner Blindheit wegen aber mit Jaffar davonsegeln. Auf dem Schiff hebt der böse Zauberer für den Preis einer Umarmung den Fluch auf. In einer zerbrechlichen Schaluppe machen sich Achmed und Abu an die Verfolgung. Doch Jaffar beschwört einen Sturm herauf, der das kleine Boot kentern lässt. Für den gestrandeten Abu, den es an einen einsamen Strand verschlagen hat, beginnen phantastische Abenteuer. Er begegnet einem riesigen Dschinn, presst ihm drei Wünsche ab, kämpft im Tempel des Allsehenden Auges gegen eine Riesenspinne, findet Achmed mit Hilfe des Auges und wünscht ihn in einem Zornesausbruch nach Bagdad zurück. Damit sind allerdings die drei Wünsche aufgebraucht. Vom Dschinn verlassen, steht Abu allein in einem einsamen Canyon. Wütend zertrümmert er das Allsehende Auge und findet sich unvermittelt im Land der Legenden wieder. Auf einem gestohlenen fliegenden Teppich kehrt er von dort gerade noch rechtzeitig nach Bagdad zurück, um Achmed und die Prinzessin vor der Enthauptung zu retten und den bösen Jaffar mit einem Schuss aus einer unfehlbaren Armbrust von seinem fliegenden Pferd zu holen. – Alexander Kordas Remake des Fairbanks-Stoffs ist, wenn schon nicht das gelungenste, so doch immerhin das aufwendigste Filmmärchen aus Tausendundeine Nacht. In sattem Technicolor stehen weiße Marmorpaläste vor einem tiefblauen Himmel, im Hafen flattern die roten Segel von Jaffars Schiff im Wind. Statisten drängen sich in den Bilderbuchbasaren, während semiramisgleiche Lustgärten die Liebe zu ihrem Recht kommen lassen. Und über allem residiert, als Dämon mit durchdringenden Augen, Conrad Veidt. »Dass der *villain*, im Angesicht des drohenden Weltkriegs, von einem Deutschen ... verkörpert wird, ist gewiss kein Zufall.« (Rolf Giesen, DER PHANTASTISCHE FILM) – Dennoch scheinen die Lobeshymnen, die sich allerorten finden – »bezaubernd« (FILMDIENST); »Zaubereien in Farben« (DER SPIEGEL); »brillant« (KINE WEEKLY) –, gelinde überzogen. Trotz aller äußeren Pracht kann *Der Dieb von Bagdad* seine verwickelte Produktionsgeschichte nicht völlig verbergen. Kordas Hang zum Grandiosen hatte bereits kurz nach Beginn der Dreharbeiten für den Bruch mit dem deutschen Regisseur Ludwig Ber-

ger geführt. Berger nämlich konzentrierte sich hauptsächlich auf die Schauspieler und kümmerte sich weniger um die teuren Hintergründe. Um ihn aus dem Vertrag zu ekeln, spielte Korda den diktatorischen Co-Regisseur. Unmittelbar vor den einzelnen Takes warf er regelmäßig Bergers Regieanweisungen völlig über den Haufen und erteilte Stab und Besetzung eigene Instruktionen. Als Berger nicht gleich aufgab, beauftragte Korda zwei weitere Regisseure mit der Inszenierung größerer Filmteile. Tim Whelan sollte die Actionszenen handhaben, während Michael Powell sofort an die Küste von Cornwall gesandt wurde, um die Begegnung zwischen Abu und dem Dschinn, und, zusammen mit Lawrence Butler, einige andere Trickszenen zu inszenieren. Als dann der Zweite Weltkrieg ausbrach, verlegte Korda die Produktion nach Amerika, wo sein Bruder Zoltan und Ausstatter William Cameron Menzies die noch ausstehenden Szenen im Grand Canyon abdrehten. Insgesamt arbeiteten sechs Regisseure am *Dieb von Bagdad*. – Weite Teile fallen daher auch deutlich auseinander, um so mehr, als die abenteuerlichen und märchenhaften Elemente des Fairbanks-Films, ganz im Familienunterhaltungs-Sinne, klar voneinander getrennt wurden. Wunder und phantastische Abenteuer blieben nun, wie in *Peter Pan*, dem Kind vorbehalten. Während Sabu das naive Element recht gut zur Wirkung brachte, fehlte seinen erwachsenen Partnern John Justin und June Duprez indes die Erfahrung, mit der sie sich hätten gegen die Pracht der Ausstattung und Effekte behaupten können. Trotz einer ungleich besser erzählten Story erscheint *Der Dieb von Bagdad* daher des öfteren als Vorfahr späterer »Nummernrevuen« wie *Der dunkle Kristall* oder *Krull*. Als solcher bleibt er allerdings sehenswert. – Drei Oscars für Farbkamera, Farbausstattung und die Spezialeffekte, die heute jedoch zum großen Teil nur mehr lächerlich wirken. [V]

DER DIEB VON BAGDAD

(THE THIEF OF BAGHDAD). GB/Frankreich 1978. R: Clive Donner. B: A. J. Carothers, Andrew Birkin. K: Denis Lewiston. SpE: John Stears, Dick Hewitt, Ray Caple, Allan Bryce. M: John Cameron. D: Kabir Bedi (Prinz Taj), Roddy McDo-

wall (Hassan), Peter Ustinov (Kalif), Terence Stamp (Jaudur), Pavla Ustinov (Yasmine), Frank Finlay (Abu Bakar), Marina Vlady (Perisade), Ian Holm (Torwächter), Daniel Emilfork (Lampengeist). F 102 Min.

Zwischen dem Prinzen Taj und dem schurkischen Wesir Jaudur kommt es zu einem Duell um die Hand der Prinzessin Yasmine. Als sich Jaudur dabei als unsterblich erweist, da er seine Seele auf einem hohen Berg versteckt hat, ersinnt Yasmines Vater eine Notlösung: Beide Anwärter werden ausgesandt, das für sie Wertvollste auf dieser Welt zu beschaffen. Mit Hilfe des kleinen Diebes Hassan klaut Taj einen fliegenden Teppich und macht sich auf den Weg zum Tempel des Allsehenden Auges. Bevor sie jedoch, einem Tip des Auges folgend, das Versteck von Jaudurs Seele erreichen, beschwört dieser einen Sturm herauf, der den Teppich zerfetzt. Taj stürzt in die See und landet an einer einsamen Küste, wo er einem Flaschengeist begegnet. Dank ihm gelingt es, Jaudurs Seele zu vernichten. Happy-End im Kalifenpalast. – TV-Film, der fleißig bei Walsh und Korda klaut, »ohne auch nur annähernd die Spannung, die Fröhlichkeit, die Märchenhaftigkeit, den visuellen Reichtum und die großzügige Ausstattung dieser beiden Filme zu erreichen ... Auch die Trickaufnahmen des ... Remakes sind überwiegend von schlechter Qualität. Einziger Lichtblick: Peter Ustinov als Kalif.« (Rolf Giesen, VAMPIR) [V]

DER DIEB VON DAMASKUS

Anderer Titel für **Abu Andar, Held von Damaskus**

DIE DIEBIN VON BAGDAD

BRD 1952. R: Carl Lamac. B: Gustav Kampendonk. K: Willy Winterstein. M: Lotar Olias. D: Sonja Ziemann (Fatme), Rudolf Prack (Achmed), Paul Kemp (Kalif Omar), Theo Lingen (Hadschi), Fita Benkhoff (Suleika), Hubert von Meyerinck (Hussa Hussa), Fritz Odemar (Ibrahim), Walter Giller (Omar), Kurt Rackelmann (Hassan), Joachim Rake (Ali), Horst von Otto (Seim), Kurt A. Jung (Mansor), Carl Voscherau (Sandu), Kurt Fuss (Halef), Hans Jürgen Weidlich (Amento), Horst Beck (Arzt), Joachim Wolff (Teppichhändler). SW 90 Min.

Suleika, die xanthippenhafte Gattin des völlig vertrottelten Kalifen Omar von Bagdad, dem man nachsagt, ein »Gähnen« Allahs habe ihn erzeugt, bereitet sich auf den Besuch des indischen Prinzen Ali vor. Doch dieser wird von der Bande des Räuberhauptmanns Achmed mattgesetzt. In der Maske Alis begibt Achmed sich mit den Seinen an den Hof, denn man hat's auf den nicht kleinen Staatsschatz abgesehen. Suleika hat jedoch Probleme mit der Hofetikette, denn die diebische Fatme, die Pflegetochter des versoffenen Magiers Ibrahim (dessen Zaubersprüche immerhin wirkungsvoll genug sind, dass er den menschlichen Geist von Körper zu Körper verpflanzen kann), hat ihr sämtliche Kleider gestohlen. Alles bläst zur Jagd auf die Diebin von Bagdad, aber als man sie gefangen hat, machen ihr die Männer – Kalif und Achmed eingeschlossen – kollektiv den Hof. Fatme jedoch entscheidet sich für den (entlarvten) Betrüger Achmed, mit dem sie in Begleitung Ibrahims, denn der kennt auch das Geheimnis des ewigen Lebens, in die Wüste hinaus flieht. Mit einer fröhlichen Walzermelodie auf den Lippen: »Wir schaukeln uns ganz sachte durch das Leben, / Manchmal haut es hin, mal geht es daneben. / Und wie's auch kommt, wir sagen immer heiter: / Nur weitermachen, weiter, immer weiter / Man muss von unten rauf, nur oben ist es hell, / Das Leben ist ein Traum / und er vergeht so schnell!«

DILAN

Türkei/Schweiz/BRD 1986. R: Erden Kiral. B: Omer Polat, Erden Kiral. K: Martin Gressmann. M: Nizamettin. D: Derya Arbas (Dilan), Hakan Balamir (Kerim), Yilmaz Zafer (Paso Bey), Mehmet Erikci (Mirkan), Güler Okten (Dilans Mutter). F 90 Min.

Dilan, ein junges, aber schon sehr stolzes und eigenwilliges Mädchen aus Anatolien, steht zwischen zwei Männern. Für wen soll sie sich entscheiden: für Paso Bey, den Sohn eines Großgrundbesitzers, oder für den armen Hirten Mirkan, der die 25 Schafe Brautpreis nicht aufbringen kann? Der Vater nimmt ihr die Entscheidung ab und wählt Mirkan, doch der reiche Paso Bey ist ein schlechter Verlierer. Mit dem ihm ergebenen verlogenen Stallburschen Kerim, der inmitten von Kuhmist von einer besseren Welt träumt und sich in phantastischen Tagträumen als Rächer der Unterdrückten sieht, zettelt er eine Intrige an. Mirkan soll im Iran sein Pferd verkaufen, um seiner Braut ein wertvolles Hochzeitsgeschenk zu erstehen. Vergeblich wartet Dilan auf die Rückkehr des Geliebten, den Kerim beseitigt hat. Dafür darf der jetzt in Mirkans Haus wohnen, wo ihn seine Selbstvorwürfe und zusammenphantasierten Visionen wie Erinnyen geißeln. Um den Geliebten zu rächen, nimmt Dilan zum Schein Pasos Werbung an, aber als sich der Bräutigam ihr nähert, bringt sie ihn um.

DINOSAURIER

(DINOSAURS). USA 2000. **R:** *Ralph Zondag, Eric Leighton.* **B:** *John Harrison, Robert Nelson Jacobs, nach einem Drehbuch von Walon Green.* **St:** *Thom Enriquez, John Harrison, Robert Nelson Jacobs, Ralph Zondag.* **K:** *David R. Hardberger, S. Douglas Smith.* **M:** *James Newton Howard, Kate Bush.* **F 82 Min.**

Nur ein Iguanodon-Ei bleibt vom Angriff eines fleischfressenden Carnosaurus verschont. In einer erregenden Eröffnungssequenz wird es von balgenden Oviraptoren und einem Pteranodon

entführt. Als sich der Flugsaurier mit Möwen kabbelt, landet es wohlbehalten auf einer Lemureninsel. Die Lemuren kümmern sich ganz reizend um das frisch geschlüpfte Iguanodonbaby Aladar, doch als feurige Streifen den Horizont rot färben und die Insel von Meteoriten getroffen wird, beginnt der Auszug aus dem Paradies. Aladar und seine Lemurenfreunde schließen sich einer Saurierkarawane an, die von dem hartherzigen Iguanodon Kron geführt wird. Der hat nichts für Kranke und Schwache übrig, aber zum Schluss beweisen Aladar und seine Freunde, dass David über Goliath triumphiert: Ein gieriger Carnosaurus wird von ihm in die Tiefe geschubst. Das ist rechte Disney-Moral. Der Film wurde geplant, als *König der Löwen* in die Kinos kam, aber anders als dieser oder Don Bluths ähnlich gelagerter *In einem Land vor unserer Zeit* sind die Helden nicht von Hand gezeichnet, sondern vom Computer animiert. – »Von den frühesten Stadien der Produktion an wollten die Regisseure Zondag und Leighton die Grenzen der Glaubwürdigkeit bei der Gestaltung ihrer prähistorischen Hauptdarsteller neu definieren. Andere Filme hatten bereits das Konzept der Kombination von computergenerierten Figuren mit Live-Action-Hintergründen benutzt, aber der Erfolg von ›Disneys Dinosaurier‹ war ganz von der Fähigkeit der Zuschauer abhängig, die Figuren als real zu akzeptieren.« [Pressetext]. Viel Mühe wurde auf die Integration der digitalen Figuren in natürliche Locations (festgehalten mit der »Dino-Cam«) und auf eine realistische Textur der Creatures gelegt. »Bei der Darstellung der Haut haben wir einen gigantischen Durchbruch erzielt«, so Sean Phillips vom Model Development Department. »Ursprünglich hatten wir vor, die Haut wie eine schrumpfende Verpackung um die Muskeln zu wickeln, aber das funktionierte nicht. Schließlich haben wir einen Weg gefunden, die Muskeln zwischen der Haut und den Knochen zu drapieren. Die Muskeln waren ein Haufen verschiedener Polygone – im wesentlichen kleine Dreiecke – und jeder Punkt der Haut war in der Lage, das ihm nächste Polygon zu finden und sich an ihm festzusetzen. Wenn sich die Muskeln bewegten und

Dinosaurier

ihre Simulationen aufgrund der Knochenbewegung vollführten, veränderten sich auch der ursprüngliche Abstand und die Position der Haut an der Muskulatur. Die Haut verwandelte sich im Grunde in ein elastisches Netz, das sich in alle Richtungen dehnen konnte. Das gab uns die Möglichkeit, auf einer Art Karte der Schuppen genau anzuzeigen, wo sich die Haut entspannen oder sich glätten sollte. Und so konnten wir Haut und Muskeln exakt nach unseren Anforderungen angleichen.« (Das alles ist freilich noch nichts gegen das Fell der Lemuren!) Hat es die Mühe gelohnt – jetzt nicht technisch gefragt, sondern künstlerisch? Die Diskussion ist schon einmal so ähnlich geführt worden. In den vierziger Jahren, als *Bambi* herauskam, dem dieser Film dramaturgisch sehr verwandt ist. Auch seinerzeit verlangte Disney von seinen Animatoren absoluten Fotorealismus – und das, um eine vollkommen phantastische Fabel über sprechende (!) Tiere zu erzählen. Alle Behauptung, es handle sich um eine realistische Darstellung von Rehen damals und Dinosauriern heute, schießt darum ins Leere. Der Fotorealismus ist einer irrealen Geschichte oktroyiert. Es ist nett zu sehen, aber künstlerisch absolut nicht erforderlich.

DER DISKRETE CHARME DER BOURGEOISIE

(LE CHARME DISCRET DE LA BOURGEOISIE). Frankreich 1972. R: Luis Buñuel. B: Luis Buñuel, Jean-Claude Carrière. K: Edmond Richard. D: Fernando Rey (Rafaele Costa, Botschafter von Miranda), Delphine Seyrig (Simone Thèvenot), Stéphane Audran (Alice Sénéchal), Jean-Pierre Cassel (Henri Sénéchal), Paul Frankeur (François Thévenot), Claude Piéplu (Colonel), Bulle Ogier (Florence), Julien Bertheau (Bischof), Michel Piccoli (Innenminister), Muni (Bäuerin), Milena Vukotic (Ines), Georges Douking (Todkranker Gärtner), Pierre Maguelon (Polizeibrigadier), François Maistre (Kommissar Deplus), Maria Gabriella Maione (Terroristin), Bernard Musson (Kellner), Robert Le Béal (Schneider). F 100 Min.

Buñuel in seinen Lebenserinnerungen: »Im Zusammenhang mit dem *Würgeengel* habe ich schon erwähnt, wie sehr Handlungen und Sätze, die sich wiederholen, mich reizen. Wir suchten nach einem Vorwand für eine sich wiederholende Handlung, als [Produzent] Silberman uns etwas erzählte, was ihm passiert war. Er hatte Leute zu sich zum Essen eingeladen, sagen wir an einem Dienstag, vergaß aber, es seiner Frau zu sagen, und vergaß außerdem, dass er selbst an diesem Dienstag zum Essen eingeladen war. Die Gäste kommen also mit Blumen beladen gegen neun Uhr an. Seine Frau ist im Negligé, weiß von nichts, hat selbst schon gegessen und will ins Bett gehen. Daraus entstand die erste Szene von *Der diskrete Charme der Bourgeoisie*. Man brauchte das nur weiterzuentwickeln, sich verschiedene Situationen auszudenken – ohne der Wahrscheinlichkeit allzuviel Gewalt anzutun –, in denen eine Gruppe von Freunden Gelegenheit zu einem gemeinsamen Essen zu finden versucht, was ihr aber nicht gelingt.« (Luis Buñuel, MEIN LETZTER SEUFZER)

Die Hauptfiguren des Films, der Botschafter von Miranda, einem fiktiven lateinamerikanischen Land, das Ehepaar Thévenot, ihre Tochter Florence und das Ehepaar Sénéchal, gehören zur genießenden Klasse, pflegen Kultur, Lebensart und feine Manieren. Sie besuchen sich gegenseitig in einer Kette von Einladungen, das dazugehörende Essen soll zum kulinarischen Ritual erhoben werden, doch wird dessen Vollzug immer wieder gestört. »Die genießende Klasse wird um ihren Genuss gebracht.« (Michael Schwarze, BUÑUEL) Die Einladenden haben die Einladung vergessen, die Eingeladenen stehen vor der Tür. Man beschließt, gemeinsam ein Restaurant aufzusuchen. Dessen Besitzer ist aber soeben verstorben und im Nebenraum aufgebahrt, was nicht gerade zur Aufheiterung der Dinierenden beiträgt. Beim nächsten Treff der Freunde müssen sie ihr Mahl mit Soldaten teilen, denen das Haus während eines Manövers zur Verfügung gestellt werden muss. Der Colonel will sich jedoch »revanchieren« und lädt alle zu sich ein. Die Hähnchen, die sie dort serviert bekommen, sind aus Pappe, die Wohnung, in der gespeist wird, entpuppt sich gar als Bühne, der Vorhang hebt sich, der Zuschauerraum ist voll besetzt, das Rampenlicht tut sein übriges, den so Ausgesetzten drängt sich das peinliche Gefühl auf, ihren Text vergessen zu haben. Weil die Gastgeber beim nächsten Treffen nicht anwesend sind (sie treiben es gerade im Garten), vermuten die anderen eine Verschwörung. Während des Essens werden sie verhaftet und im Gefängnis Augenzeugen grausamer Folterszenen, die sich im Nachhinein als Traumvisionen des Kommissars erweisen. Endlich werden sie zu Anfang des nächsten Diners von Terroristen hingemetzelt; nur der Botschafter kann sich unter dem Tisch verstecken, doch überwältigt von seiner Fresslust, greift er nach einem appetitlichen Stück Fleisch, wird entdeckt und erschossen. Wieder ein Traum?! Am Ende sieht man die Freunde über eine Landstraße hetzen, sie »leben« also doch. – »Ohne dass Buñuel zwischen Traum und Wirklichkeit noch unterscheiden möchte, inszeniert er hier die Rituale der Bourgeoisie. Die Umgangsformen sind weitgehend aufs Essen beschränkt, die Erfindungen der Kochkunst sind interessanter als die Geschehnisse der Politik.« (Klaus Eder, LUIS BUÑUEL)

Um das Motiv des verhinderten Dinierens gruppieren sich eine Vielzahl anderer Buñuelscher Motive. Insofern ist der Film in erster Linie »ein Buñuel-Remake, dasselbe, was Buñuel immer gemacht hat, nur noch einmal anders. Nicht schöpferische Subjektivität, sondern deren Abwesenheit, die lakonische Selbstvergessenheit des Autors findet man darin. Der Zuschauer spaziert durch einen Analogienwald, trifft Unbekanntes im Bekannten, stößt auf den Ursprung in der Verdopplung, glaubt zu träumen und kann doch nicht erwachen.« (Jürgen Ebert, FILMKRITIK) Eins der bekanntesten Handlungselemente des Films ist das Bischofs-»Motiv«. Bei der Familie Sénéchal bewirbt sich ein Bischof um die Stelle des Gärtners. Er bekommt sie, wird eines Tages zu einem todkranken »Gärtner«-Kollegen gerufen. Der alte Mann beichtet ihm die Morde an den – wie sich herausstellt – Eltern des Bischofs. Der erteilt dem Sterbenden die Absolution, legt die Schrotflinte an, drückt ab und wird im ganzen Film nicht mehr gesehen. »Es ging darum, das richtige Gleichgewicht zu finden zwischen der Realität der Situation, die logisch und alltäglich sein musste, und der Häufung von unerwarteten Widerständen, die aber nie phantastisch oder ausgefallen wirken sollten. Der Traum kam uns zu Hilfe und sogar der Traum im Traum. Und dann

war ich noch besonders froh, dass ich in diesem Film das Rezept meines Martini dry unterbringen konnte.« (Luis Buñuel, MEIN LETZTER SEUFZER) Vielleicht ist die Erwähnung des bourgeoisesten Getränks überhaupt die Erklärung dafür, dass Buñuel die bourgeoiseste Auszeichnung, die die Filmwirtschaft zu vergeben hat, den Oscar für den besten fremdsprachigen Film, wider Erwarten annahm, obwohl er ihn für einen der übelsten Preise hielt, an deren Abstimmung 2 500 Idioten beteiligt seien. Oder sind beide Fälle nur der Ausdruck des von Buñuel so geschätzten schwarzen Humors?

DOKTOR AIBOLIT

(DOKTOR AIBOLIT). UdSSR 1938. **R:** *Wladimir Nemoljajew.* **B:** *Jewgeni Schwarz.* **LV:** *»Doktor Aibolit« von Kornej Tschukowski.* **K:** *A. Petrow.* **M:** *A. Warlamow.* **D:** *Maxim Strauch, Pjotr Galadschew.* SW 74 Min.
Doktor Aibolit, die russische Version von Hugh Loftings Dr. Dolittle, muss nach Afrika, um kranke Tiere zu retten.

DR. COPPELIUS

(EL FANTASTICO MUNDO DEL DR. COPPELIUS/COPPELIA). *Spanien/USA 1966.* **R:** *Ted Kneeland.* **B:** *Ted Kneeland.* **V:** *Léo Delibes, Charles Nuitter.* **K:** *Cecilio Paniagua.* **M:** *Léo Delibes, Raymond Guy Wilson.* **D:** *Claudia Corday (Swanilda/Coppelia), Caj Selling (Franz), Walter Slezak (Dr. Coppelius), Eileen Elliott (Brigitta), Luis Prendes (Bürgermeister), Milorad Miskoviteh (Tanzmeister), Veronica Kusmin (Röm. Puppe), Carmen Rojas (Span. Puppe).* F 97 Min.
Eine um einige »filmischere« Elemente bereicherte Fassung von *Coppelia* (Inhalt siehe dort): Bevor Coppelius versucht, Franzens Seele auf Coppelia zu übertragen, erlebt er in einem Traum großartige Erfolge mit seinen Puppen. Und statt leer auszugehen, erkennt er, wieviel ihm doch das Dorfmädchen Brigitta bislang immer bedeutet hat.

DR. DOLITTLE

(DOCTOR DOLITTLE). *GB 1966.* **R:** *Richard Fleischer.* **B:** *Leslie Bricusse.* **LV:** *»Dr. Dolittle und seine Tiere« von Hugh Lofting.* **K:** *Robert Surtees.*

SpE: *L. B. Abbott, Art Cruickshank, Emil Kosa jr., Howard Lydecker.* **M:** *Leslie Bricusse.* **D:** *Rex Harrison (Dr. Dolittle), Anthony Newley (Matthew Mugg), Samantha Eggar (Emma Fairfax), Richard Attenborough (Albert Blossom), Peter Bull (General Bellowes), Muriel Landers (Mrs. Blossom), Geoffrey Holder (Willie Shakespeare), William Dix (Tommy Stubbins), Portia Nelson (Sarah Dolittle), Norma Varden (Lady Petherington). F 150 Min.*

Dr. Dolittle, Held einer 12 Bände umfassenden Kinderbuchserie des Anglo-Iren Hugh Lofting (1886–1947), kam erst relativ spät zu Filmehren. War das literarische Vorbild noch ein kleiner, rundlicher, schüchtern wirkender, fast greiser Kauz (der allerdings im Verlauf seiner Abenteuer ebensowenig altert wie die Tiere, mit denen er sich in ihrer Sprache unterhalten kann), so wurde mit dem dynamischen, fast hager aussehenden Rex Harrison als Film-Dolittle ein äußerlich völlig anderer Typ gewählt. Harrison hatte dafür einige Erfahrung auf dem Gebiet des Musicals aufzuweisen, hatte er doch 1964 für seine Rolle als Higgins in *My Fair Lady* den Oscar als bester Hauptdarsteller zugesprochen bekommen. Und gerade mit dem Film-Musical *Dr. Dolittle* sollte der zugkräftige Musical-Star seinen großen Erfolg wiederholen. So wenigstens die Hoffnung der Produzenten. Doch davon später! – Im Jahre 1845 lebt in einem kleinen englischen Provinznest Dr. Dolittle, der längst die Behandlung von Menschen aufgegeben hat, um sich der Tierwelt zuzuwenden. Mit der Zeit hat er wie ein Besessener über 400 Tiersprachen von »Alligatorisch« bis »Zebräisch« erlernt, darunter auch die von längst für ausgestorben gehaltenen Geschöpfen. Dolittles größter Wunsch ist es, die rosarote Riesenseeschnecke zu entdecken und mit ihr zu sprechen. Missmutige Mitbürger stellen ihn jedoch vor Gericht, und trotz schwerwiegender Beweise seiner Fähigkeiten wird er für unzurechnungsfähig erklärt. Es gelingt ihm, vor dem Abtransport in die Klapse zu fliehen. Seine Freunde Matthew und Tommy, ferner der Affe Tschi-tschi und der Papagei Polynesia bringen ihn auf ein Schiff, das zum Auslaufen bereitliegt. Sie stechen sofort in See, begleitet von Emma Fairfax, einer glühenden Verehrerin des Doktors, die sich als blinder Passagier an Bord geschlichen hatte. Nach vielen Abenteuern und Widrigkeiten trifft Dr. Dolittle tatsächlich die rosa Riesenseeschnecke, die nach einem Schiffbruch als Transportmittel für die Reisegefährten angeheuert wird. Erst als Dolittle vom Aufstand der Tiere in ganz England hört, der seine Begnadigung erwirkt hat, entschließt er sich, auf dem Rücken einer Riesenmotte heimzukehren.

Dr. Dolittle kam in der internationalen Filmkritik erstaunlich schlecht weg und entwickelte sich zum finanziellen Flop. Da halfen auch keine noch so intensiven PR-Bemühungen. Als sich das Debakel abzeichnete, versuchte die Produktionsfirma Fox wenigstens, die Academy-Mitglieder für die Oscar-Nominierung zu beeinflussen. Zu Sondervorführungen wurden riesige Buffets voll Kaviar und anderer Spezialitäten aufgetischt. »Wir erkannten, dass uns teure Anzeigen diesmal nicht helfen würden«, erinnert sich ein Pressemann der Fox (zit. n. Stresau, DER OSCAR), »die ganze Stadt zerriss sich bereits das Maul darüber, wie schlecht der Film war. Also überzogen wir das Budget gewaltig und kauften teure Tournedos und importierten Champagner. Danach zeigten wir dann den Film. Die Wähler haben ihn gewissermaßen durch eine sektfarbene Brille gesehen.« Zunächst schien die Rechnung aufzugehen. So wurde der Film für die Kategorien Bester Film, Ausstattung, Kamera, Original-Musik, Musikbearbeitung, Schnitt, Song, Spezialeffekte und Ton

Dr. Dolittle

nominiert, doch am Ende erhielt er nur zwei »Neben«-Oscars: für den Song »Talk to the Animals« und die Spezialeffekte. Bei aller Negativ-Kritik dürfte der Film aber noch heute bei Kindern und Jugendlichen seine Anhänger finden. Die Phantasie der literarischen Vorlage ist trotz der äußerlich andersartigen Titelfigur und der starken Kürzungen und Vereinfachungen gut getroffen, die Tricks sind verblüffend, die Melodien z.T. Ohrwürmer. Ein friedliches Fantasy-Musical, das eine Gegenwelt schafft, die sich wohltuend abhebt von den sogenannten Klassikern für Kinder, in denen farbenprächtig geschilderte Helden sieg- und blutreich über Schlachtfelder galoppieren.

DR. DOLITTLE

(DOCTOR DOOLITTLE). USA 1997. **R:** Betty Thomas. **B:** Nat Mauldin, Larry Levin. **LV:** »Dr. Dolittle und seine Tiere« von Hugh Lofting. **K:** Russell Boyd. **M:** Richard Gibbs. **D:** Eddie Murphy (Dr. John Doolittle), Ossie Davis (Archer Doolittle), Oliver Platt (Dr. Mark Weller), Peter Boyle (Calloway), Richard Schiff (Dr. Gene Reiss), Jeffrey Tambor (Dr. Fish), Kyla Pratt (Maya Dolittle), Kristen Wilson, Raven Symoné, Steven Gilborn. F 85 Min.

Remake des gleichnamigen Films von 1967. Dr. Dolittle versteht seit seiner Kindheit die Sprache der Tiere (was ihm freilich niemand glaubt) und hilft ihnen, wo er kann, was sein Leben sehr verändert. – Moderne Umsetzung des Kinderbuch-Klassikers von Hugh Lofting, diesmal mit einer Wahnsinns-Gagflut, elektronisch animierten Viechern und einem nervend drauflos quasselnden Hauptdarsteller. – »Lieblos zusammengeschluderte Nummernrevue, die nicht mal ansatzweise an den Witz der Toyota-Werbung heranreicht.« (Volker Ganske, TIP)

DR. FAUSTUS

(DOCTOR FAUSTUS). GB 1967. **R:** Richard Burton, Nevill Coghill. **B:** Nevill Coghill, Wolf Mankowitz. **LV:** Christopher Marlowe. **K:** Gabor Pogany. **M:** Mario Nascimbene. **D:** Richard Burton (Dr. Faustus), Andreas Teuber (Mephistopheles), Ian Marter (Kaiser), David McIntosh (Luzifer), Richard Carwardine (Cornelius), Elizabeth Taylor (Helena), Elizabeth O'Donovan (Kaiserin), Je-

remy Eccles (Belzebub), Ram Chopra, Adrian Benjamin, Richard Heffer, Hugh Williams, Gwydion Thomas, Nicholas Loukes, Richard Durden-Smith, Patrick Barwise, Jeremy Chandler, Angus McIntosh, Ambrose Coghill, Anthony Kaufmann, Julien Wontner, Richard Harrison, Nevill Coghill. SW 92 Min.

Bereits ein Jahr nach Erscheinen des deutschen Volksbuchs Historia von D. Johann Fausten (1587, vgl. Anmerkungen zu Faust – Eine deutsche Volkssage) wurde das Buch ins Englische übertragen, stilistisch mehr als nur eine Übersetzung, der in der Geschichte der Weltliteratur insofern größte Bedeutung zukommt, als sie zur Verbreitung des Faust-Stoffes maßgeblich beitrug. Christopher Marlowe (1564–1593), bedeutendster englischer Dramatiker vor Shakespeare, dramatisierte den Faust-Stoff erstmalig für die Bühne (»Tragicall History of D. Faustus«, um 1590 uraufgeführt). Im Gegensatz zur deutschen »Volkssage« erhält in Marlowes Werk der Typus des Forschers der Renaissance und des nach Lebensgenuss strebenden Menschen größeren Spielraum. Die Festlegung auf das »warnende Beispiel« entfällt. Faust ist hier in seinem Wissensdrang fast unersättlich. Marlowe lockert zusätzlich das Geschehen auf, indem er Szenen mit Wagner und den Clownfiguren Robin und Dick einarbeitet. Die antike Frauengestalt Helena vervollständigt das Figurenensemble. – Richard Burton hatte 1966 den Dr. Faustus bei der Oxforder Bühneninszenierung gratis gespielt (ein Entgegenkommen, weil er hier vor Jahren seine ersten Schritte als Schauspieler gewagt hatte). Das Laienensemble, inkl. Ehefrau Elizabeth Taylor, regte ihn dazu an, das Ganze zu verfilmen. »Auf keinen Fall wurde bloß abfotografiert oder eine leicht modifizierte Filmversion einer historischen Inszenierung fürs Archiv hergestellt, oder ein Modell für den Export ... [Im] Film sollte kein dramatischer Charakter, keine spezifische Faust-Deutung, sondern der Archetyp vorgestellt werden, scharf profiliert gegen den bildgewordenen Hintergrund seiner Träume, Erfahrungen, Leistungen ... Burtons Faustus beherrschte als Gesicht und Halbfigur den Vordergrund der Leinwand, später gesellte sich ihm seitlich manchmal der Kahlkopf des Mephistopheles zu. Fast alles übrige spielte im Hintergrund. Reale Umwelt und Traumwelt unterscheiden sich methodisch kaum ... Die Make-up-Metamorphosen der Taylor, die immer wieder an strategischen Punkten des Films als bildkräftigende Erinnerung an Faustus' größten Seelenpreis wie eine protäische Vision auftaucht, sind zahllos und reichen von ägyptisch über silbern-statuesk bis zum Evaskostüm von hinten. Miss Taylor hat da offensichtlich ihrer eigenen reichen Phantasie freien Lauf lassen dürfen, wobei eine deutliche Neigung zu hellenistischem Barock, aufs höchste orientalisch eingefärbt, festzustellen ist, aber auch kräftige Spuren von Hollywood.« (Gertrud Mander, FILM) – »Von Burtons Film-Illustrierung im Historienspektakel-Stil wird das Kunstwerk jedoch zerstört. Weder ist noch etwas von der Faszination zu spüren, die vor Jahrhunderten von den Freveln und von der prometheischen Kühnheit des Gelehrten und Zauberers Faustus ausging, noch auch nur ein Hauch von dem Reiz, der heute die Lektüre des Volksbuches von D. Johann Fausten, Marlowes Quelle ... zum Vergnügen macht.« (FILM-DIENST)

DOKTOR FAUSTUS

BRD 1982. R: Franz Seitz. B: Franz Seitz. LV: »Doktor Faustus« von Thomas Mann. K: Rudolf Blahacek. M: Benjamin Britten, Rolf Wilhelm. D: Jon Finch (Adrian Leverkühn), André Heller (Puppenspieler/Mönch/Dr. Eberhard Schleppfuss/Dienstmann/Madame/Er–Satan), Hanns Zischler (Dr. Serenus Zeitblom), Gaby Dohm (Elsbeth Leverkühn), Heinz Weiss (Jonathan Leverkühn), Adrian Mann (Adrian als Knabe), Patrick Mosel (Serenus als Knabe), Otto Mächtlinger (Nikolaus Leverkühn), Eva-Ingeborg Scholz (Frau Butze), Siegfried Palm (Wendell Kretzschmar), Nanni Preissinger (Mädchen im Dom/Hexe), Günther Wittmann (Beamter), Hans Korte (Professor Kumpf), Ulrich Günther (Baworinski), Guido Thomsen (Probst), Herbert Grönemeier (Deutschlin), Andreas Polasek (Dungersheim), Toni Huber (von Teutleben), Dieter Mainka (Schappeler), Jan Köster (Hubmeyer), Marie Lebée (Lada), Elma Karlowa (Coco/Vettel), Lothar G. Buchheim (Dr. Erasmi), Ulrich Reß (Student), Balduin Baas (Dr. Zimbalist), Margot Hielscher (Senatorin Rodde),

Siemen Rühaak (Rudolf Schwertfeger), Veronika Fitz (Else Schweigestill), Thekla Mayhoff (Clementine Schweigestill), Marie-Hélène Breillat (Marie Godeau), Alice Treff (Tante Isabeau), Gerhard Polt (Kastellan in Linderhof). F 137 Min.
Thomas Mann (1875–1955) verarbeitet in seinem 1947 erschienenen Roman *Dr. Faustus – Das Leben des deutschen Tonsetzers Adrian Leverkühn, erzählt von einem Freunde* die gesamte literarische Tradition des Faust-Stoffes, deutet sie dichterisch gestaltend, formt sie um, »zitiert« sie. Nicht Goethes Faust, sondern das Volksbuch von 1587, *Historia Von Dr. Johann Fausten* (vgl. *Faust – Eine deutsche Volkssage*) bildet Grundlage und Ausgangspunkt des Romans, denn Thomas Mann setzt Schicksal und Charakter des modernen Musikers Adrian Leverkühn und zugleich des ganzen deutschen Volkes in Parallele zu denen des Zauberers aus dem Volksbuch. »Der geistige Hochmut des nur mit teuflischen Mitteln sein künstlerisches Ziel erreichenden Tonsetzers, Verschließung gegen das Kreatürliche und gegen die Liebe, Betäubung durch teuflische Musik und schließlich die große Abschieds- und Bekenntnisszene mit ›Dr. Fausti Wehklag‹ und der sich dann anschließende Sturz in teuflische Umnachtung sind aus dem Volksbuch genommene, ins Moderne übertragene Motive, denen auch der Hintergrund eines Zeitenumbruchs nicht fehlt. Faust-Fabel und Faust-Gestalt wurden damit auf ihre ursprüngliche aktuelle, moral- und zeitkritische Bedeutung als symptomatische Krisenerscheinung eines Zeitalters zurückgeführt.« (Elisabeth Frenzel, STOFFE DER WELTLITERATUR). Doch Thomas Mann belässt es nicht bei den historischen Wechselbeziehungen: »Dies eine Mal wusste ich, was ich wollte und was ich mir aufgab: nichts Geringeres als den Roman meiner Epoche, verkleidet in die Geschichte eines hochprekären und sündigen Künstlerlebens.« So ist der Roman mit einem dichten Konzentrat kunst- und musiktheoretischer Erörterungen, mit historischen Fakten, theologischen, philosophischen und literarischen Verweisen, ja sogar persönlichen Daten angereichert. Leverkühns Lebensgeschichte, in vielen Einzelheiten der von Friedrich Nietzsche nachempfunden, wird im Fortgang des Romans immer deutlicher in Beziehung gesetzt

mit dem Schicksal des dem nationalsozialistischen Rausch verfallenen Deutschland. Leverkühn ist ein Held seiner Zeit, ein Mensch, der das Leid der Epoche trägt, der in sich verhängnisvolle Elemente der »deutschen Seele« vereint. Mann erzählt die Geschichte des Adrian Leverkühn aus der Perspektive des Freundes und Biographen Serenius Zeitblom. Dieser rekapituliert das Geschehen aus der Sicht und Erkenntnis der Jahre 1943 bis 1945. Der formale Grundgedanke, das Leben Leverkühns nicht unmittelbar darzustellen, ist von Mann konsequent, mit gelegentlich virtuoser und sogar parodistischer Meisterschaft verwirklicht worden. Dieser Kunstgriff, so Mann, sei notwendig gewesen, um eine gewisse Durchheiterung des düsteren Stoffes zu erzielen. Dabei ist Zeitblom keineswegs nur Erzähler, sondern verkörpert von Anfang an als Romanfigur das biedere deutsche Humanistentum, das das als wesensfremd empfundene Dämonische instinktiv aus seinem Weltbild ausschaltet, trotz klarer Ablehnung aber ohnmächtig in dessen Bann gerät. Insgesamt vermittelt der Roman, den der Autor selbst seinen »vielschichtigsten, kompliziertesten und persönlichsten« genannt hat, eher eine Flut von Gedanken und Assoziationen als eine Geschichte. Was Wunder, dass das Werk als unverfilmbar galt! Franz Seitz, der sich schon mehrfach mit unterschiedlichem Erfolg an Mann-Verfilmungen gewagt hat, als Produzent von Rolf Thieles *Tonio Kröger* und *Wälsungenblut* und Hans W. Geissendörfers *Zauberberg,* als Regisseur von *Unordnung und frühes Leid,* erfüllte sich einen alten Traum und wollte mit diesem Film das Unmögliche möglich machen.

Adrian Leverkühn, 1885 geboren, zeigt schon in jungen Jahren erstaunliche Intelligenz. Seine schulischen Erfolge beeindrucken ihn in keiner Weise, er strebt von Beginn an nach Höherem. Er entdeckt seine Leidenschaft für die Musik, bricht ihretwegen ein Theologie-Studium ab. Kunst in ihrer absoluten Vollkommenheit sei nur möglich mit einem »höllischen Feuer unter dem Kessel«. Leverkühn sucht die Unterstützung des Höllenfürsten. Er begibt sich nach Leipzig, wo er am Konservatorium studieren will. Bei seiner Ankunft führt ihn ein hinkender Dienstmann in ein Bordell. Das Mädchen Lada, Esmeralda genannt,

wie die Spezies »Hetaera esmeralda« aus des Vaters Schmetterlingssammlung, nähert sich ihm in durchsichtiger Nacktheit, doch Leverkühn entzieht sich ihr durch Flucht. Wie von einem inneren Zwang getrieben, folgt er ihr später nach und schlägt auch ihre Warnung aus, sie sei von der Syphilis infiziert. Er erkennt in ihr das Werkzeug des Teufels und nimmt die Ansteckung mit der Geschlechtskrankheit bewusst in Kauf. Denn dieser Akt ersetzt das Ritual der Blutunterschrift, mit der der Teufel gewöhnlich seine Verträge besiegelt. Aus einer Eishöhle in visionärer Gletscherlandschaft steigt der Satan empor und tritt Leverkühn entgegen. Dieser muss sich verpflichten, nur den Teufel und die Seinen zu lieben, sonst niemanden. Dafür verspricht ihm Satan die »Flammen des Schöpferischen«. Leverkühn steigert sich in einen wahren Arbeitsrausch. Gewaltige Symphonien, Suiten, Kantaten, Oratorien entstehen unter seiner Feder. Doch seine Zeit ist bemessen, sein persönliches Glück bleibt ihm versagt. Die wenigen, denen er sich in Zuneigung nähert, müssen sterben. Immer wieder wird er an seinen Pakt mit dem Teufel erinnert. Innerlich aufgezehrt, legt er vor Freunden ein Geständnis ab. Danach will er sein letztes großes Werk vorstellen. Ein paralytischer Schock schleudert ihn zu Boden. Gelähmt dämmert er seinem Tod im Jahr 1940 entgegen, dem Zeitpunkt, an dem sich der Höllentaumel der Nationalsozialisten zur Apokalypse hochmütigen Deutschtums steigert.

»Nach dem Skilaufen sei er mit Freunden beim Dämmerschoppen zusammengewesen, merkt Seitz in den Notizen zu seinem ehrgeizigen Projekt an, als sein Blick durch das Fenster auf eine gewaltige Gletscherlandschaft fiel. ›Angesichts dieser imposanten Gebirgsszenerie‹, so Seitz wörtlich, ›kam mir die gletscherhaft verstärkte Welle von Frost in den Sinn, die Adrian Leverkühn beim Teufelsgespräch entgegenschlägt.‹ Für Seitz wurde diese Spontanassoziation zur ›Initialzündung‹, einen der gewaltigsten und anspruchsvollsten Romane, den die Weltliteratur kennt, in Szene zu setzen. Das ist ihm ... nicht nur nicht gelungen, sondern hat auch ausgerechnet jene Szene zur verkitschten Posse degradiert, auf die sein ›Initialzündungserlebnis‹ basiert. Da verabschiedet sich der Teufel nämlich mit einem derart grotesken Diabolo-Lachen, dass man meint, man schaue der Inszenierung einer Schmierenoperette zu. Spätestens hier muss man sich fragen, was Seitz eigentlich aus dem Mannschen Werk herausgelesen hat. Sind es etwa jene Bildassoziationen von der untergehenden sechsten Armee vor Stalingrad oder von Goebbels' Sportpalast-Proklamation vom totalen Krieg, die neben anderem Dokumentarfilmmaterial penetrant irritierend in den Film einmontiert wurden? Oder sind es Schauspieler, die vergessen haben, dass eine geniale Vorlage nicht gleich bei jeder Geste, bei jedem Blick Bedeutungsschwangeres verlangt? Der Peinlichkeit von Seitz' Verfilmung wird zumindest André Heller gerecht. Er spielt seinen vielgestaltigen Teufel mit jener abgehalfterten Wiener Kaffeehausdekadenz, die ihm schon privat so gequält zu Gesicht steht. Kurz und gut: Seitz hat wie sein Protagonist Leverkühn nach den Sternen gegriffen und dabei die Verhältnismäßigkeit seiner Mittel aus den Augen verloren. Das kostet dann auch Manns feinsinniger Ironie den Kopf!« (J. M. Thie, FILMBEOBACHTER, der uns verzeihen möge, dass wir ihn so ausführlich zitieren, aber wir finden seine Kritik absolut zutreffend!)

DON BLUTHS DÄUMELINE

(DON BLUTH'S THUMBELINA). USA/Irland 1993. R: Don Bluth, Gary Goldman. B: Don Bluth. LV: Hans Christian Andersen. A: John Pomeroy (Leitung), John Hill, Richard Bazley, Jean Morel, Len Simon, Piet Derycker, Dave Kupczyk. M: William Ross, Barry Manilow. Spr: Wolfgang Ostberg (Jacquimo), Sonja Deutsch, Angelika Milster (Mutter), Dorette Hugo, Jana Werner (Däumeline), Marco von Jascheroff (Hero). F 86 Min. (Zeichentrick).
Däumeline, das Blumenmädchen, lebt mit seiner Mutter glücklich auf einem kleinen Hof, singt und tanzt mit den Tieren, sehnt sich aber nach einem Wesen ihresgleichen, das mit ihr nicht nur durchs Leben geht, sondern auch so winzig klein ist wie sie. Cornelius, der Elfenprinz, erhört sie und würde ganz gern mit ihr in die Nussschale steigen, die ihr als Bettchen dient. Doch auch die verschlagene Krötendame Delores ist von Däumelines Singstimme ganz angetan. Sie entführt die Klei-

ne, will aus ihr einen großen Varietéstar machen und nach Kräften absahnen. Und damit alles in der Familie bleibt, soll die Kleine den Kröterich Grundel ehelichen. Däumeline entkommt, nur um bei dem schmierigen Käfer Berkeley zu landen, der sie in einem Käfer-Ensemble auftreten lässt. Im Winter kriecht Däumeline in Miss Feldmaus' Schuh unter und muss erfahren, dass Prinz Cornelius bei der Rettungsaktion jämmerlich erfroren sei. Betrübt willigt sie in die Hochzeit mit Meister Mole, dem blinden Maulwurf, ein. Doch da erscheint, im letzten Augenblick, der aufgetaute Cornelius, damit das Märchen ein kindgerechtes Ende findet. – »Es gibt alle möglichen Gründe, aus einer Erzählung einen Zeichentrickfilm zu machen«, ließ Don Bluth verlauten. »Für gewöhnlich ist es eine für Kinder geeignete Botschaft, die mich dazu inspiriert. Im Falle von Däumeline war das die Geschichte eines kleinen Mädchens, das sich bemüht, in eine Welt hineinzufinden, die ihr in allem viel zu groß ist – bis sie einen Platz findet, wo die Proportionen stimmen. Kinder stehen jeden Tag vor der Herausforderung, in die Umgebung der Erwachsenen hineinzuwachsen, während sie gleichzeitig lernen, in ihre eigene kindliche Welt zu passen, jene Welt, die schließlich für immer in unserer Erinnerung bleibt. Däumeline macht sich darüber Sorgen, ob sie wohl alleine zurechtkommt, und sie erfährt ihre eigene Stärke, als sie dem Ruf ihres Herzens folgt. In diesem Sinne ist genau das die Erfahrung, die alle Kinder beim Erwachsenwerden machen: Herausforderungen anzunehmen und auf ihr Gewissen zu hören.« Als Däumeline realisiert wurde, krachte es bereits bei der Don Bluth Ireland Limited in Dublin. Beendet werden musste der Film in Burbank, Kalifornien, dem Studiositz von Bluths einstigem Arbeitgeber Disney. [V]

DON QUICHOTTE

(DON QUICHOTTE). UdSSR 1957. R: Grigori Kosinzew. B: Jewgeni Schwarz. LV: »Der sinnreiche Junker Don Quijote von la Mancha« von Miguel de Cervantes. K: Andrei Moskwin, Appolinari Dudko. M: Kara Karalew. D: Nikolai Tscherkassow (Don Quichotte de la Mancha), Jun Tohubejew (Sancho Pansa), T. Agamirowa (Altisidora), L. Kasjanowa (Aldonza), L. Wertinskaja

(Herzogin), B. Freindlich (Herzog), G. Wizin (Carrasco), O. Wildand (Heuchlerin), S. Birman (Hausmeister). F 97 Min.

»Ihr Menschen des zwanzigsten Jahrhunderts! Verzeiht mir, wenn ich noch einmal zu euch spreche; aber übt Nachsicht mit einem alten Manne, der mit der Zeit ein wenig geschwätzig wurde. Seht, mein Leben währt schon viele hundert Jahre, seit mich mein innigster Freund, der wahrhafte Dichter Miguel de Cervantes Saavedra, zur Unsterblichkeit emporhob. Cervantes, wie ihr wisst, wurde am 9. Oktober 1547 geboren und hatte bis zum 23. April 1616 Zeit zu leben und zu dichten; dann schied er von hinnen und wurde in Madrid im Kloster der barfüßigen Trinitarierinnen begraben. Ich aber blieb hier, mitten unter euch, gestern, heute, übermorgen ... In zwei Büchern hat Cervantes wahr und wahrhaftig mein Leben, meine Liebe und meine Träume aufgezeichnet. Ich selbst hätte es nicht besser gekonnt, so sehr sind wir eins gewesen, mein Dichter und ich ... Einen Film lang könnt ihr mich nun auf meinen ritterlichen Fahrten begleiten, und ihr werdet zugeben, dass sie höchst bemerkenswert enden, nämlich mit der Einsicht: ›Sich niemals verbergen, stets kämpfen! Kämpfend führen wir das Menschengeschlecht in ein Zeitalter, wo über Habsucht und Vorurteile die Gerechtigkeit siegt.‹ Lacht ruhig von Herzen über mich, wenn ich in einer Schweineherde verzauberte Feinde vermute, wenn ich den Schwüren Unwürdiger glaube und von üblen Verbrechern gesteinigt werde, zum Dank dafür, dass ich sie befreite. Lacht, ohne euch zu schämen, über mich, wenn ich als traurige Gestalt auf meiner Rosinante hänge, das Wirtshaus für ein Zauberschloss halte und von üblen Kunden gefoppt werde. Lacht ruhig, wenn sich die einfältige dicke Magd mit dem goldenen Herzen vor mich stellt und wenn ich den Beteuerungen eines Herzogs glaube. Wisst: Ich konnte die Menschen ja nur mit den Maßstäben meiner eigenen Empfindungen messen und musste ihnen aufs Wort glauben, wenn sie Treue, Ehre oder Liebe schwuren. Lacht über mich, wenn ich in der Windmühle den großmächtigen Riesen Freston vermute und ihn ritterlich angreife. Bedenkt, dass meine Phantasie verwirrt wurde durch viele romantische Ritterromane, die meine einzige geistige Nahrung darstellten. Lacht ruhig, aber schämt euch auch der Tränen nicht, wenn ihr mein Herz erblickt unter dem Narrenpanzer, hinter dem ich es verbergen musste, um nicht von allen sofort erkannt zu werden. Meinem Sancho Pansa, dem gutmütigen, dicken, einfachen Bauern, konnte ich es entdecken, und er vermochte meine echte Sehnsucht nach Wahrhaftigkeit zu begreifen. Er ist in vielem vernünftiger als ich, ich weiß es. Aber unsere Erfahrungen haben uns weiser gemacht, meinen Dichter, meinen Sancho und mich; denn wir drei sind eine Einheit! Und wir lieben euch mit eurem Lachen und euren Tränen. Das wollte ich euch noch sagen! So lebt denn besser, aber nicht weniger glücklich als euer Don Quichotte von der Mancha, dessen Namen einst war und wieder sein wird Alonso Quijano der Gute.« (Heinz Hofmann, PROGRESS FILMPROGRAMM)

Die Filmgeschichte hat es auf einige Verfilmungen des spanischen Volksepos gebracht; die interessantesten kamen jedoch nie über das Planungsstadium heraus. So verwarf Orson Welles sein Vorhaben, das er in Mexiko realisieren wollte, und der Italiener Hugo Fregonese wollte seine Inszenierung tatsächlich mit dem Einsatz von Gary Cooper krönen. In der Stummfilmzeit entstanden neun Bearbeitungen, die sich meist nur auf wenige Motive des Romans beschränkten; eine spanisch-dänische Co-Produktion aus dem Jahre 1926, sah Pat und Patachon in den Hauptrollen, zumindest äußerlich eine treffende Besetzung. Die erste Tonfilm-Version entstand unter der Regie von G.W. Pabst 1933 in Frankreich, mit Fjedor Schaljapin, dem berühmten russischen Sänger, als Titelheld eine absolute Fehlbesetzung, der Film insgesamt »versteinert im Ästhetizismus ... ein Album meisterhafter Fotografien« (Sadoul, GESCHICHTE DER FILMKUNST). 1934 entstand in den USA ein Zeichentrickfilm (Regie: Ub Iwerks); die 1948 in Spanien entstandene Verfilmung von Rafael Gil litt daran, dass während der Dreharbeiten der Darsteller des Don Quichotte starb und ersetzt werden musste. In den USA wiederum nahmen sich Abbott und Costello des Stoffes an und verwursteten ihn schändlich. Die auch heute noch sehenswerteste Kinoversion ist die russische. Einzelne, filmgerechte Episoden wurden ausgewählt, in der Reihenfolge verändert, doch treffend zu einer neuen Einheit zusammengesetzt. »[Es] entstand ein großartiger volkstümlicher Bilderbogen, der aber die Tragik unter all dem komischen Geschehen klarzumachen weiß im Sinne des Dichters ... Zu Fall kam dabei das typisch Spanische, vor allem die Grandezza und der bizarre spanische Stolz ... Die Geschichte des ›Ritters von der traurigen Gestalt‹ wurde damit weicher, versponnener, märchenhafter und vielleicht sogar menschlich rührender. Vorzüglich die beiden Hauptdarsteller.« (FILMDIENST)

DAS DOPPELLEBEN DES HERRN MITTY

(THE SECRET LIFE OF WALTER MITTY). USA 1947. **R:** *Norman Z. McLeod.* **B:** *Ken Englund, Everett Freeman.* **LV:** *Erzählung »Walter Mittys Geheimleben« von James Thurber.* **K:** *Lee Garmes.* **M:** *David Raksin.* **D:** *Danny Kaye (Walter Mitty), Virginia Mayo (Rosalind vân Hoorn), Konstantine Shayne (Peter van Hoorn), Boris Karloff (Dr. Hollingshead), Fay Bainter (Mrs. Mitty), Ann Rutherford (Gertrude Griswold), Thurston Hall (Bruce Pierce), Gordon Jones (Tubby Wadsworth), Florence Bates (Mrs. Griswold), Reginald Denny (RAF-Oberst), Henry Corden (Hendrick), Doris Lloyd (Mrs. Follinsbee), Fritz Feld (Anatole), Frank Reicher (Maasdam), Milton Parsons (Butler/Tyler).* F 110 Min.

Walter Mitty, Lektor in einem Schundromanverlag, in der harten Realität des Geschäftslebens mehr als eine Null, sucht in phantastischen Träumen seinen seelischen Ausgleich. Mittelpunkt seiner Tagträume, die ihn auf höchste Höhen eines heldischen Daseins emporheben, ist immer dasselbe blonde Mädchen, das er aus den schwierigsten Situationen retten muss. Verwickelter wird die Lage allerdings, als eben jenes Mädchen ihm lebendig gegenübertritt und ihn bittet, Verfolger in die Flucht zu schlagen. Walter wird in tatsächliche Abenteuer verstrickt, die so unwahrscheinlich sind, dass sie niemand glauben kann. Schließlich bewirkt eine pseudopsychiatrische Behandlung bei Dr. Hollingshead, dass Walter selbst das nur für reine Phantasieerzeugnisse hält. – »Ein Handlungsplateau, auf dem sich Danny Kaye produzieren kann im besten Sinn des Wortes. Er ist ein Tausendsassa, lachmuskeltreffsicher und ein echter Komödiant ... Ein Schuss Surrealismus, ein Schuss Psychologie, viel Witz und noch mehr Humor, echte und geträumte Abenteuer voll komischer Spannung ergeben einen Film, der in seiner Art und seiner Wirkung wohl einmalig ist.« (FILMDIENST)

DORNRÖSCHEN

Deutschland 1917. **R:** *Paul Leni.* **B:** *Rudolf Presber.* **LV:** *Gebrüder Grimm.* **K:** *Alfred Hansen.* **M:** *Frank Strobel.* **D:** *Harry Liedtke (Prinz), Mabel Kaul (Dornröschen), Käthe Dorsch (Königin), Georg Kaiser (König), Viktor Janson (Hofmarschall), Paul Biensfeld, Hermann Picha.* SW 64 Min.

»Am Donnerstag Abend wurde im Union-Palast Kurfürstendamm ein neuer Film der Projektions-AG Union, *Dornröschen*, vorgeführt. Die Union hat damit ihren gewaltigsten Ausstattungsfilm hergestellt. Das alte, liebgewordene Märchen ist in eine romantische Hofatmosphäre übertragen, mit Königen, Prinzen, Ammen, Feen und alten Hexen. Und man muss dem Regisseur Paul Leni größte Anerkennung aussprechen, dass er diesen sagenhaften Gestalten nichts von ihrem geheimnisvollen Reiz genommen, dass er dem Märchen einen Rahmen geschaffen hat, dessen strenge Stilreinheit in Deutschland bisher nicht erreicht worden ist ... Das Märchen selbst ist mit großem Geschick für die Zwecke des Films bearbeitet: sie wahrte den poetischen Unterton und wich geschickt allen Modernisierungen aus.

Rudolf Presbers Verse behandeln mit Frische und Keckheit das Thema auf seine Weise, so dass ein enger Konnex zwischen der Darbietung und der sichtbar gefesselten Zuschauerschar hergestellt wurde.« (LICHTBILD-BÜHNE, 1917) Die Musik der Wiederaufführung komponierte Frank Strobel.

DORNRÖSCHEN

Deutschland 1936. **R:** *Alf Zengerling.* **B:** *Alf Zengerling.* **LV:** *Gebrüder Grimm.* **K:** *Willi Teske.* *Pädagogische Beratung: Dr. Hans Bußmann.* **M:** *(Liedertexte) Dr. Hans Bußmann.* **D:** *Ilse Petri (Dornröschen), Lia Fricke, Walter Brückner, Olaf Bach, Erna Morena, Rose Kind.* SW 73 Min.

Ach, wie sehr wünscht sich die Königin doch ein Kind! Sie hat schon Visionen, sieht in einer Blume, in Doppelbelichtung, ein Babyface – oh, und endlich ist es soweit. Ein Frosch verspricht ihr: »Ehe ein Jahr vergeht, wirst du ein Kind zur Welt bringen.« So geschieht es, doch da erscheint eine böse Fee und verpatzt mit ihrem Fluch die Kindstaufe: Hahahahaha! Eine gute Fee mildert den Fluch: Nicht sterben soll Dornröschen an ihrem 15. Geburtstag, sondern nur hundert Jahre schlafen. Nach dieser Zeit – Auftritt Prinz. Dornröschen: »Ich muss geschlafen haben.« – Prinz: »Hundert Jahre.« – Dornröschen (erstaunt): »Hundert Jahre? Und wer bist du?« – Prinz: »Ein Königssohn.«– Dornröschen (wehmütig): »Ein Königssohn.« Es ist nicht verwunderlich, dass Alf Zengerlings Märchenfilme vom Jugendfilm-Verleih alsbald gegen Schongerfilm-Produktionen ausgetauscht wurden, zu hölzern sind sie: armseliger, amateurhaft wirkender Kintopp.

DORNRÖSCHEN

BRD 1955. **R**: Fritz Genschow. **B**: Fritz Genschow, Renée Stobrawa. **LV**: Gebrüder Grimm. **K**: Gerhard Huttula. **M**: Hans-Joachim Wunderlich. **D**: Karin Hardt (Königin), Fritz Genschow (König), Angela von Leitner (Dornröschen). Gert Reinholm (Prinz Florestan), Renée Stobrawa (Böse Fee), Gustav Bertram, Elfe Schneider, Wulf Rittscher, Gisela Schauroth, Rudolf Stör, Anni Marlé, Theodor Voegeler, Walter Bluhm. F 98 Min.

Prinzessin Dornröschen wird am 16. Geburtstag von einer bösen Fee in ewig währenden Tiefschlaf versetzt. Auch das Schlosspersonal muss dran glauben, wo immer es gerade geht und steht. Hundert Jahre später wagt sich der mutige Prinz Florestan durch die dichte Dornenhecke, die Dornröschens Schloss inzwischen umwuchert. Mit einem Kuss erlöst er die Verzauberte von ihrem Fluch. – »Großen Spaß machen ... vor allem jene Szenen, bei denen die Schlossbewohner in den 100jährigen Zauberschlaf fallen und während der Arbeit erstarren, von der paradierenden Wachablösung und dem hühnerrupfenden Küchenmädchen bis zum Koch, der einem Küchenjungen gerade eine Ohrfeige geben will. Groß ist der Jubel, wenn nach dem erlösenden Kuss des Prinzen alles wieder in Bewegung kommt und die in der Luft hängende Backpfeife doch noch ihr Ziel findet.« (Ernst Bohlius, FILMECHO)

DORNRÖSCHEN

(SPJASCHTSCHAJA KRASSAWIZA). UdSSR 1964. **R**: Apolinari Dudko, Konstantin Sergejew. **B**: Appolinari Dudko, Konstantin Sergejew, Iossif Schapiro. **LV**: »La Belle au Bois Dormant« von Charles Perrault; »Spjaschtschaja krassawiza« (Dornröschen), Ballett von Iwan Wsewlowski, Marius Petipa und Peter Iljitsch Tschaikowski (1890). **K**: Anatoli Nasarow. **M**: Peter Iljitsch Tschaikowski. **D**: Alla Sisowa (Prinzessin Aurora), Juri Solowjew (Prinz Désiré), Natalja Dudinskaja (Böse Fee Carabosse), Irina Bashenowa (Gute Fee Lila), Wsewolod Uchow (König), Olga Sabotkina (Königin), Anatoli Gridin. F 109 Min.

Tschaikowskis Dornröschen-Ballett. Wie es die böse Fee Carabosse bei ihrer Geburt vorausgesagt hat, sticht sich Prinzessin Aurora am 16. Geburtstag an der Dorne einer Rose und fällt in Tiefschlaf. Ein Jahrhundert vergeht, bis ein Prinz erscheint und sie durch einen Kuss weckt.

DORNRÖSCHEN

DDR 1967. **R**: Heide Draexler-Just. **LV**: Gebrüder Grimm. **K**: Erwin Anders. **M**: Peter Iljitsch Tschaikowski. **D**: Anita Hütter (Dornröschen), Norbert Thiel (Prinz Goldmund), Gisela Wehle (Gute Fee), Ursula Kain (Böse Fee), Wend Rodatz (Narr). SW 74 Min.

TV-Film. Märchenballett.

DORNRÖSCHEN

DDR 1971. **R**: Walter Beck. **B**: Margot Beichler, Gudrun Deubener-Rammler, Walter Beck. **LV**: Gebrüder Grimm. **K**: Lothar Gerber. **M**: Klaus Lenz, Hermann Anders. **D**: Juliane Koren (Dornröschen), Burkhard Mann (Prinz), Helmut Schreiber (König), Evamaria Heyse (Königin), Vera Oelschlegel, Dorothea Garlin, Angela Brunner, Gerlinde Leider, Karin Gundermann, Theresia Wider, Margot Busse, Renate Michel, Verena Grimm, Sonja Hörbing, Renate Schroff, Brigitte Krause, Barbara Dittus (Feen), Fritz Decko (Majordomus), Dieter Wien, Thomas Langhoff (Hauptleute), Erich Bräuer (Gärtner), Klaus Pönitz (Koch), Martin Hellberg (Spielmann), Jaecki Schwarz, Jörg Knoche (Ritter), Waltraud Kramm, Agnes Kraus (Spinnerinnen), Nico Turoff (Wirt), Bruno Carstens, Sepp Klose, Joachim Pape (Edelmänner),

Ruth Mickan, Lilo Grähn, Evelyn Höpfner (Edelfrauen), Ostara Körner (Bäuerin), Gerhard Paul (Tischler), K. H. Siewert (Goldschmied), Günther Drescher (Schneider), Zofia Slaboszowska, Karin Beewen (Mägde), Matthias Merker (Page). F 71 Min.

Prinzessin Dornröschen sticht sich einer alten Prophezeiung zufolge am 16. Geburtstag an einer Spindel und fällt in einen hundert Jahre währenden Schlaf, aus dem sie ein mutiger Prinz mit einem Kuss erweckt. Gegen den DEFA-Märchenfilmregisseur Walter Beck sind selbst die Brüder Grimm machtlos. Bei dem im Studio für Dokumentarfilme geschulten Kinderfilmer geraten die zauberhaftesten Geschichten zu einer Mischung aus sozialistischem Realismus und Kunstgewerbe, getreu Becks Credo: »Das Märchen ist artifiziell, kein wirkliches Leben.« – Also leblos. [V]

DORNRÖSCHEN

(SLEEPING BEAUTY). USA 1987. R: David Irving. B: Michael Berz. LV: Gebrüder Grimm. K: David Gurfinkel. D: Morgan Fairchild (Königin), Tahnee Welch (Dornröschen), Sylvia Miles (Rote Fee), David Holliday (König), Nicholas Clay (Prinz), Kenny Baker (Elf), Jane Weidlin (Weiße Fee), Julian Chagrin (Hofberater), David Holliday. F (90) 83 Min.

Königstochter wird von böser Fee verflucht und fällt in einen Tiefschlaf, aus dem sie hundert Jahre später durch den Kuss eines Prinzen erweckt wird. US-Musical des bekannten Märchens, in Israel aufgenommen. »Beeindruckende, aber zu lange Nacherzählung.« (Mick Martin/Marsha Porter, VIDEO MOVIE GUIDE) [V]

DORNRÖSCHEN

ČSSR/BRD 1990. R: Stanislav Párnicky. B: Jana Kakosová. LV: Gebrüder Grimm. D: Danka Dinková (Dornröschen), Gedeon Burkhard (Wilhelm Johann), Judy Winter (Königin), Jozef Adamovič (König), Zdena Studénková. F 90 Min.

TV-Film. – »Auch wenn der Film hohes Einfühlungsvermögen in den Stoff beweist, so steht er sich mit seiner angestrengten Suche nach ›schönen‹ Bildern bisweilen selbst im Weg. Dennoch gute Unterhaltung für Kinder.« (FILMDIENST) [V]

DORNRÖSCHEN UND DER PRINZ

(SLEEPING BEAUTY). USA 1958. R: Clyde Geronimi, Eric Larson, Wolfgang Reitherman, Les Clark. B: Erdman Penner. LV: Charles Perrault. M: George Bruns, Peter Iljitsch Tschaikowski. A: Milt Kahl, Franklin Thomas, Marc Davis, Oliver Johnston jr., John Lounsbery. F 75 Min. (Zeichentrick).

Während der Taufe verhängt die böse Hexe Malefiz einen Fluch über die neugeborene Tochter König Stefans. An ihrem 16. Geburtstag wird sich Prinzessin Aurora an einer Spindel stechen und sterben. Die drei anwesenden Feen Flora, Fauna und Sonnenschein können den Fluch nicht aufheben, aber mildern. Statt dem Tod erwartet Aurora nun todesähnlicher Schlaf, aus dem sie nur der Kuss eines Liebenden wieder erwecken kann. Zur Sicherheit wächst Aurora bei den Feen im Wald heran, bis sie am Morgen ihres 16. Geburtstags Prinz Philip kennen und lieben lernt. Das gemeinsame Abendessen indes fällt aus. Aurora, von den Feen über ihre wahre Identität aufgeklärt, ist zum väterlichen Schloss geeilt, wo sich der Fluch bereits erfüllt hat. Malefiz' Dämonen schleppen Philip, den einzigen, der jetzt noch ihren Plan gefährden könnte, in die Hexenburg. Dank Feenhilfe kann er jedoch den zahlreichen Monstern und Wächtern entkommen. Schließlich, als selbst eine herbeigezauberte Dornenhecke rund um Stefans Schloss Philip nicht aufhalten kann, verwandelt sich Malefiz in einen feuerspeienden Drachen und greift selbst ein. Trotz magisch gestärkten Schwertes und Schildes hat Philip einen schweren Stand gegen das Ungetüm. Auf einer hohen Klippe in die Enge getrieben, schleudert er sein Schwert auf Malefiz. Der Drache stürzt in die Tiefe, und Philip küsst Aurora ins Leben zurück.

Mit einem Budget von $ 6 Mio. war Dornröschen und der Prinz der bis dato aufwendigste Zeichentrickfilm der Disney-Studios. Bis zu dem mehr als 25 Jahre später entstandenen Taran und der Zauberkessel blieb das »frohmachende Erlebnis für vielleicht alle Altersstufen« (FILMDIENST) der einzige Zeichentrickfilm, der je in 70-mm-Technirama und Stereoton gedreht wurde. Um die Schwächen der nicht sonderlich originellen Story zu übertünchen, bemühte sich Disney um fast totalen Realismus. Mit dem TV-Starlet Helene Stanley in der Titelrolle ließ er sogar vorher real drehen und anschließend von Animatoren nachzeichnen. – Als der mit enormem Werbeaufwand gestartete Film im Februar 1959 seine Premiere erlebte, beeindruckte der »wilde Spuk süßlich-flittriger Abgeschmacktheiten«, der »streckenweise mehr an die Erfindungen eines schwachsinnig gewordenen Heimatfilmdichters erinnert als an ein Märchen« (FILMBEOBACHTER), indes nur die wenigsten. Hie und da lobte man zwar die »naive, an Rousseau erinnernde Traumhaftigkeit« (TIME) oder die »Farben, die an frühe Holzschnitte gemahnen« (NEW YORK HERALD TRIBUNE). Im großen und ganzen attestierte man dem Film jedoch humorlose Sterilität und befand Disneys Bestreben um Realismus als eher unpassend. »Mit der Gegen-Wirklichkeit des Märchens haben die Erfindungen der Disney-Produktion nichts zu tun. Nichts Wunderbares haben die Ereignisse und Gestalten des Films: sie stammen allesamt aus der Typologie populärer Hollywood-Spielfilme ... Verbravt und verbiedert wie die Figuren ist die ganze optische Darbietung: großer Wert ist gelegt worden auf natürlichen Faltenwurf, realistische Bewegungen der Figuren und korrekte Tiefenperspektiven. Gelegentlich ist einer der fünf Chef- oder der zehn Hintergrundzeichner aus der Reihe getanzt und hat ein Dekor oder eine Menschengruppe freimütig stilisiert, dann aber beherrschen wieder sklavisch naturgetreue, wie abfotografierte und aufgeklebte Details das Bild.« (FILMKRITIK) – »Man kann nicht abstreiten, dass *Dornröschen* viel Lärm um Nichts ist, während ein Film wie *Dumbo* durch seine anspruchslose Fröhlichkeit jeden Zentimeter seiner simplen Geschichte, zur Wirkung brachte, ohne dabei besonders ›heavy‹ zu erscheinen. ›Heavy‹ ist *Dornröschen* trotzdem nur, was das Maß an Anstrengung angeht, das in die Gestaltung der Bilder eingeflossen ist. Als Unterhaltungsware bewegt sich der Film sehr flott. Ein Übermaß an Humor, Romantik, Songs und Spannung ist geschickt ineinander verwoben, so dass kein Bestandteil aus der Mischung herausfällt ... Der Fehler von *Dornröschen* liegt in seinem begrenzten Appeal. Das Problem ist nicht, dass die Drachensequenz zu gruslig für die Jüngeren wä-

re, sondern dass sie erst so spät im Film kommt. Sonst ereignet sich in der ganzen Geschichte eben nichts sonderlich Aufregendes oder Komisches, das die Jüngeren bei der Stange halten könnte ... Kurz gesagt: *Dornröschen* ist ein sehr guter, aber mehr für ältere Zuschauer denn für Kinder gemachter Film.« (Leonard Maltin, THE DISNEY FILMS) Der relative Misserfolg des Films bedeutete gleichzeitig auch das Ende von Walt Disneys klassischer Märchen-Ära. Fortan beschränkte sich das Studio bei seinen immer seltener werdenden Zeichentrickausflügen vornehmlich auf wenig phantasievolle, dafür allerdings erfolgreiche Tierfilme.[V]

DOUBLE DRAGON – DIE 5. DIMENSION

(DOUBLE DRAGON). USA 1995. **R:** *James Yukich.* **B:** *Michael Davis, Peter Gould.* **St:** *Paul Dini, Neal Shusterman.* **K:** *Gary B. Kibbe.* **SpE:** *Pacific Data Images, Illusion Arts.* **M:** *Jay Ferguson.* **D:** *Mark Dacascos (Jimmy Lee), Scott Wolf (Billy Lee), Robert Patrick (Koga Shuko), Julia Nickson (Sartori Imada), Alyssa Milano (Marian Delario), Kristina Malandro Wagner (Linda Lash), John Mallory Asher, Leon Russom, Michael Berryman, Vanna White, George Hamilton. F 88 (96) Min.*

Los Angeles, 2007: Eine von Erdbeben ausgelöste Flutwelle hat weite Teile der südkalifornischen Metropole unter sich begraben und den Hollywood Boulevard in einen breiten Strom verwandelt. Gewalt und Chaos herrschen im zerstörten »New Angeles«. Hier endet die Science Fiction und beginnt das Märchen. Es waren einmal zwei verwaiste, schlagkräftige Brüder, die in selbiger trostloser Umgebung aufwuchsen. Eines Tages erhalten Jimmy und Billy Lee von ihrer Pflegemutter eine Hälfte eines chinesischen Talismans, der ihr Leben dramatisch verändert. Denn der skrupellose Gangboss Koga Shuko, der über die andere Hälfte verfügt, trachtet danach, beide Teile des mystischen Amuletts zu vereinigen, das dem Besitzer grenzenlose Macht verspricht.

Koga Shukos Darsteller Robert Patrick wurde bekannt als Kampfmaschine T-1000 in *Terminator 2.* – Uninspirierte Verfilmung eines Videospiels. [V]

DER DRACHE

(LAMJATA). Bulgarien 1974. **R:** *Todor Dinow.* **B:** *Nikolai Chaitow.* **LV:** *Parabel von Nikolai Chaitow.* **K:** *Boris Janakiew.* **M:** *Alexandyr Brysizow.* **D:** *Nikola Todew, Georgi Parzalow, Petyr Slabakow, Iwan Gaidardshiew, Wassil Michailow.* F 80 Min.

Wen sollen die geknechteten, doch kampfentschlossenen Bauern eines bulgarischen Dorfes mehr fürchten: den Drachen oder den Bojar, der sie ausbeutet?

DER DRACHE DANIEL

DDR 1989. **R:** *Hans Kratzert.* **B:** *Katrin Lange.* **K:** *Eberhard Borkmann.* **M:** *Reinhard Lakomy.* **D:** *Jens Sander (Daniel), Katrin Waligura (Karoline Sommerfeld), Gert-Hartmut Schreier (Daniels Vater), Joachim Zschocke (Mandelkow), Gunnar Helm (Daniel als Drache).* F 89 Min.

Kurz vor der Wende entstandenes DEFA-Märchen vom achtjährigen Daniel, der über beide Ohren in seine Lehrerin verliebt ist. Als er erfährt, dass Fräulein Sommerfeld nicht mehr aus den Ferien zurückkommt, da sie heiraten wird, ist er stinksauer. Das Zauberhorn des schrulligen Modellbauers Meister Mandelkow verwandelt ihn daraufhin drehbuchgemäß in einen feuerspeienden Drachen, der die Sommerfeld entführen will, nur dass das erwartete Ungetüm gar nicht so aussieht wie ein Drache.

Es wurde ein Kleinwüchsiger in einen primitiven Gummianzug mit Flügeln gesteckt: Der Kopf ist eine Mischung aus Hund, Ratte und Elmer Fudd. Für Flugszenen wurde die Konstruktion von der »Trick«-Abteilung an eine Art Wäscheleine gehängt.

DAS DRACHENSCHLOSS

(THE DRAGON OF PENDRAGON CASTLE). GB 1950. **R:** *John Baxter.* **B:** *Mary Cathcart Borer.* **St:** *J. M. Smith.* **K:** *Arthur Grant.* **D:** *Robin Netscher (Peter Fielding), Hilary Rennie (Judy Fielding), Jane Welsh (Mrs. Fielding), J. Hubert Leslie (Sir William Magnus), Graham Moffat (Paddy), David Hannaford (Bobby), Leslie Bradley (Ferber), C. Denier Warren (Morgan), Lily Lapidus (Mrs. Morgan), David Miller, Anne Blake, Suzanne Gibbs.* SW 60 Min.

Schloss Pendragon liegt an einem sturmumtosten Küstenstreifen Schottlands, aber sein Besitzer ist dermaßen verschuldet, dass er die Räume seines mittlerweile zur Pension umfunktionierten Anwesens kaum noch ordentlich heizen kann. Um sich nicht dem Grimm seiner Gäste auszusetzen, läßt er seine Kinder Brennholz sammeln. In einer Höhle stoßen sie auf einen echten Drachen. Aus der Familienchronik wissen sie jedoch, dass die Drachen ihren Vorfahren in Zeiten der Not stets beigestanden haben. Der kleine Bobby freundet sich mit dem Ungetüm an und lockt es in den Schlosskeller. Der Drache erweist sich als umgängliche Kreatur – fortan heizt er mit seinem Feueratem das alte Gemäuer. Problematisch ist allerdings seine Ernährung: Ist er satt, heizt er den Gästen dermaßen ein, dass sie vor Hitze stöhnen, hat er Hunger, müssen sie frieren. Als die Gäste den Drachen im Keller entdecken, suchen sie ihr Heil in der Flucht. Doch nachdem der ungewöhnliche Untermieter die Kinder auf die Spur eines versteckten Schatzes gebracht hat, kann man es sich erlauben, wieder mit konventionelleren Mitteln zu heizen. Dem Ruf seiner »Ahnen« folgend, sieht der Drache seine Aufgabe als erledigt an und verschwindet wieder im Meer.

Der Film, zum besten Jugendfilm 1950 gekürt, heimste einhelliges Lob ein: »Die Atmosphäre ist mit ihrer etwas düster ausgefallenen Vordergründigkeit typisch englisch, was vielleicht Erwachsenen, nicht aber Kindern auffallen wird. Die Qualifizierung als bester Jugendfilm 1950 ist deshalb verdient, weil man nicht ein billiges Greuelmärchen auftischen, sondern den kleinen Leuten das Fürchten abgewöhnen wollte.« (FILMBEOBACHTER) – »Die Verquickung des äußeren Geschehens mit der nur transparent sichtbar werdenden belehrenden Tendenz (Tierliebe, Furchtlosigkeit, Dankbarkeit) ist glänzend gelungen.« (FILMDIENST)

DER DRACHENTÖTER

(DRAGONSLAYER). USA 1981. **R:** *Matthew Robbins.* **B:** *Hal Barwood, Matthew Robbins.* **K:** *Derek Vanlint.* **SpE:** *Brian Johnson, Dennis Muren, Phil Tippett, Ken Ralston.* **M:** *Alex North.* **D:** *Peter MacNicol (Galen), Caitlin Clarke (Valerian), Ralph Richardson (Ulrich), John Hallam*

(Tyrian), Peter Eyre (Casiodorus), Albert Salmi (Greil), Chloe Salaman (Prinzessin Elsbeth), Sydney Bromley (Hodge), Emrys James (Simon), Roger Kemp (Horsrik), Ian McDiarmid (Bruder Jakobus), Ken Shorter, Jason White (Handlanger), Yolanda Palfrey (Opfer), Douglas Cooper, Alf Mangon, David Mount, James Payne, Chris Twinn (Urländer). F 110 Min.

Alljährlich opfert der urländische König Casiodorus dem das Land bedrohenden Drachen Vermithrax eine Jungfrau zum Dinner. Bestimmt wird das Opfer dabei durch eine landesweite Lot-

terie. Um der unerfreulichen Praxis ein Ende zu setzen, begibt sich eine Handvoll Bauern zum Schloss Cragganmore, um den letzten Zauberer Ulrich zu bitten, das Ungeheuer zu töten. Dieser willigt ein, stirbt jedoch scheinbar bei dem Versuch, Tyrian, dem General des Königs, seine magischen Kräfte zu beweisen. Daraufhin bekommt sein Lehrling Galen den Schwarzen Peter zugespielt. An der Höhle des Drachen angekommen, erzeugt er mit Ulrichs Amulett einen Erdrutsch, der das Monster begräbt. Doch Casiodorus schwant Böses: Galen wird gefangengenommen. Kurz darauf beweisen einige Erdbeben, dass Vermithrax in der Tat noch sehr lebendig ist. Mit Hilfe der Prinzessin Elsbeth, die inzwischen entdeckt hat, dass ihr Name nie in der Lotterie vertreten war, gelingt Galen die Flucht. Als sich Elsbeth freiwillig zum nächsten Opfer erklärt, gibt ihm der verzweifelte Casiodorus auch das Amulett zurück. Doch der Rettungsversuch scheitert an Tyrians Eingreifen, die Prinzessin wird flambiert. In der Hölle des brennenden Wassers kämpft Galen ein weiteres Mal gegen den Drachen, vermag ihn aber trotz eines magischen Speers nicht zu be-

DER DRACHENTÖTER

Der Drachentöter

zwingen. Da erinnert sich eines seltsamen Befehls und wirft den Lederbeutel mit Ulrichs Asche ins Wasser. Wie geplant, kehrt dieser ins Leben zurück und stellt sich auf einem Berggipfel den Angriffen des fliegenden Ungeheuers. Als der Drache ihn in seinen Klauen davonträgt, zerstört Galen auf Ulrichs Befehl das Amulett. In einer gewaltigen Explosion vergehen Drache und Magier.

Der etwas einfältige, von Traurigkeit über den Verlust der Magie nur so überquellende Plot und diverse Tricksequenzen sind natürlich bei *Jäger des verlorenen Schatzes* und *Krieg der Sterne* geklaut. Dennoch ist den Disney-Studios ein ganz ordentlicher Film gelungen. Wilde Naturromantik und fast Monty Python-ähnliche Schilderungen eines bäuerlichen Lebens in Dreck und Armut verbinden sich zu einem stimmungsvollen Bild des frühen Mittelalters, und auch der per Go-Motion-Verfahren getrickste Drache, eine »Familienausgabe des Alien-Monsters« (MONTHLY FILM BULLETIN), kann sich sehen lassen. – »Die Spannung leidet unter einigen dramaturgischen Ungereimtheiten und allzu langgedehnten Sequenzen. Aber sobald der ›Böse Wurm aus Thrakien‹ aus seiner Erdhöhle kriecht und feuerspeiend seine Angriffe fliegt, fühlt man sich in die Welt der Sagen und Märchen zurückversetzt und möchte am liebsten dem Magier den ›Zauberstab‹ entwinden und selbst gegen das Monster kämpfen. Denn *Der Drachentöter* lässt trotz seiner virtuos eingesetzten Technik noch Platz für Träume und Phantasien, die den meisten Filmen dieses Genres abgeht.« (FILMDIENST) Der Film erhielt zwei Oscar-Nominierungen für Spezialeffekte und Musik. [V]

DRAGONHEART
(DRAGONHEART). USA 1996. **R:** *Rob Cohen.* **B:** *Charles Edward Pogue.* **St:** *Patrick Reade Johnson, Charles Edward Pogue.* **K:** *David Eggby.* **SpE:** *Industrial Light & Magic.* **M:** *Randy Edelman.* **D:** *Dennis Quaid (Bowen), Pete Postlethwaite (Gilbert), Mario Adorf (Dracos Stimme), David Thewlis (Prinz Einon), Julie Christie (Königin Aislinn), Dina Meyer (Kara), Jason Isaacs (Felton), Brian Thompson, Lee Oakes, Wolf Christian. F 103 Min.*

Die Slowakei im 10. Jahrhundert: Ritter Bowen, ein zynischer Jung-Siegfried und aspirierender Drachenkiller, macht gemeinsame Sache mit Draco, dem letzten feuerspeienden Drachen. Gemeinsam inszenieren sie Schaukämpfe und foppen die depperte Landbevölkerung, der Bowen Rettung vor der plötzlich über sie hereingebrochenen Drachenplage verheißt. Draco hat sein halbes Herz einst an den Prinzen Einon verschenken müssen, ein moralisch reichlich fragwürdiges Subjekt. »Töte mich, damit auch er, der böse Herrscher, tot ist«, fleht er Bowen zum Schluss an. Der Wunsch wird erfüllt, die Komparserie darf die Himmelfahrt eines Techno-Drachen bestaunen. Denn Draco ist ein vollendet computeranimiertes Ungetüm aus den Rechnern von Industrial Light & Magic. Sean Connery lieh ihm Stimme (in der deutschen Synchronisation: Mario Adorf) und Mimik. – »Dieser Koloss aus der Animations-Retorte kann latschen und fliegen, kann schmollen und zürnen und sich wie ein zufriedener Hund ausstrecken. Er wackelt mit dem gepanzerten Po, zuckt schlenkernd mit den überlangen Flügeln und kämpft mit dem peitschenden Schwanz. Ihn muss man einfach mögen.« (BERLINER MORGENPOST) [V]

DRAGONHEART – EIN NEUER ANFANG
(DRAGONHEART 2: A NEW BEGINNING). USA 1999. **R:** *Doug Lefler.* **B:** *Shari Goodhartz.* **K:** *Buzz Feitshans.* **SpE:** *Metrolite.* **M:** *Mark McKenie, Randy Edelman.* **D:** *Chris Masterson (Geoffrey), Henry Van Gorkum (Osric), Henry O (Kwan), Rona Figueora (Lian). F 81 Min.*

Dragonheart

Der Drache ist tot, es lebe der Drache! Frisch wie Godzilla junior ist sein computergezeugter Nachfolger aus dem Ei geschlüpft: Dracos Sohn heißt Drake und freundet sich in dem Kloster, wo er aufwächst, schnell mit dem netten Stallburschen Geoffrey an.

Drake sehe wie eine Teenager-Ausgabe von Draco aus, freut sich Produzentin Raffaella De Laurentiis. Drake hat natürlich auch Feinde. Sein ärgster heißt Osric, zuerst nur ein Drache in Menschengestalt, aber er kann sich auch in einen echten Fafnir verwandeln. De Laurentiis: »Nach dem ersten Film hatten wir einen Deal mit Mattel Toys. Die haben gemeint, es sei schade, dass wir zur Abwechslung keinen bösen Drachen gehabt hätten und keinen Kampf der Drachen. So habe ich ihnen versprochen, dass wir das im nächsten Teil bringen.« Und wem das nicht reicht, der wird in diesem Videorelease mit Kung-Fu-Einlagen made in Bratislava (wo der Film gedreht wurde) wachgehalten, dank zweier vom Drehbuch eingeführter Charaktere aus China. Übrigens hat sich Regisseur Doug Lefler, der von Disney kommt, als Harryhausen-Fan geoutet. Da wüsste Ray Harryhausen aber von ... [V]

DRAGONWORLD

(DRAGONWORLD). USA 1994. **R:** *Ted Nicolaou.* **B:** *Suzanne Glazener Naha, Ted Nicolaou.* **St:** *Charles Band.* **K:** *Alan M. Trow.* **SpE:** *Mark Rappaport, David Allen, Chris Endicott, Jim Danforth, Harry Walton.* **M:** *Richard Band.* **D:** *Sam Mackenzie (Jonny McGowan), Brittney Powell (Beth Armstrong), John Galvin (Bob Armstrong), Lila Kaye (Mrs. Cosgrove), Courtland Mead (Johnny), Andrew Keir (Großvater), John Woodwine (Lester McIntyre). F 80 Min.*

Ein weiterer Fantasytrip von Charles Band und Moonbeam Entertainment, diesmal für Kinder, eine Mischung aus *King Kong* und *Gorgo:* In Schottland wird ein kleiner Drache entdeckt, der sich mit einem Waisenjungen anfreundet. Ein gerissener Unternehmer will das ungewöhnliche Haustier leihweise in einem Vergnügungspark ausstellen und überhaupt nicht mehr zurückgeben. [V]

DREI ENGEL AUF DER TODESINSEL

(THE LOST EMPIRE). USA 1984. **R:** *Jim Wynorski.* **B:** *Jim Wynorski.* **K:** *Jacques Haitki.* **M:** *Alan Howarth.* **D:** *Melanie Vincz (Angel Wolfe),*

Dragonheart – Ein neuer Anfang

Raven de la Croix (Whitestar), Angela Aames (Heather), Paul Coufos (Rick), Bob Tessier (Koro), Angus Scrimm (Dr. Sin Do), Blackie Dammett (Krager), Linda Shayne (Cindy), Angelique Pettyjohn (Peitschen-Lilli). F 83 Min.

Der böse Dr. Sin Do alias Li Chuk ist mit dem Teufel im Bunde, dem er für den Preis seiner Unsterblichkeit täglich eine Seele liefern muss. Daneben ist er gerade auf der Suche nach dem zweiten Auge des Avatar, einem lemurischen Kristall, der ihm die absolute Weltherrschaft garantieren soll. Um solch ruchlosem Treiben Einhalt zu gebieten, schreibt sich die Polizistin Wolfe mit ihren herbeizitierten Freundinnen Whitestar und Heather für Sin Dos Trainingsprogramm ein. Nach einigen Abenteuern auf dessen Insel im Südpazifik gelingt es ihnen tatsächlich – wer hätte es gedacht? –, dem drachenhäutigen Bösewicht den Garaus zu machen und seine Insel in die Luft zu jagen. – Ernst gemeint ist diese Amazonenstory natürlich nicht. Und ab und an verbinden sich die unbeabsichtigten Gags auf Kosten der wahrlich hochbegabten Schauspieler und Tricktechniker mit den absichtlichen Anspielungen auf *Conan*, *Chariots of Fire* und diversen anderen Filmen zu einem unwiderstehlich komischen Ganzen. Dennoch ist das Ganze wohl »in erster Linie eine Tittenparade« (VARIETY). Nur auf Video. [V]

DREI ENGEL FÜR MAX
Anderer Titel für **The Devil and Max Devlin**

DIE DREI GOLDENEN HAARE
DES ALLESWISSERS
(TRI ZLATE VLASY DEDA VSEVEDA). ČSSR 1963. **R:** *Jan Valášek.* **B:** *Milan Pavlík.* **LV:** *K. J. Erben.* **K:** *Ivan Fric.* **M:** *Zdenék Liška.* **D:** *Radovan Lukavský, Alfred Strejcek, Jana Kasanová, Hana Kreihanslová, Václav Lohnický, Otomar Krejca. F 71 Min.*

Einem König wird prophezeit, seine Tochter werde dereinst den Sohn eines armen Wiegenbauers ehelichen. Daraufhin befiehlt er, sämliche neugeborenen Knaben seines Reiches umzubringen. Der Befehl wird jedoch nicht konsequent ausgeführt. Als der Jüngling herangewachsen ist und um die Hand der Prinzessin anhält, schickt der König ihn auf eine Mission, um sich als würdig zu erweisen: Er muss Meer, Wüste und Hölle durchqueren und ihm drei goldene Haare des Alleswissers bringen.

DIE DREI GOLDENEN HAARE
DES SONNENKÖNIGS
(JULIENKA A SINKO-KRÁL). ČSSR 1981. **R:** *Martin Tapák.* **B:** *Peter Glocko.* **LV:** *Märchen der Gebrüder Grimm und Märchen von Pavol Dobšinský.* **K:** *Vincent Rosinec.* **M:** *Svetozár Štracina.* **D:** *Stefan Skrúvaný (Plavcik), Tereza Pokorná (Julienka), Michal Docolomanský (König Svetoslav), Milan Lasica (Astrologe), Martin Marek (Otlak), Emilia Vásáryová (Königin), Eliska Nosalková (Sonnenfee), Karol Zachar (Sonnenkönig Vratko). F 82 Min.*

Das vom slowakischen Schriftsteller Pavol Dobšinský aufgezeichnete »Märchen vom Sonnenkönig« entspricht in Grundzügen dem »Teufel mit den drei goldenen Haaren«: Der arme Köhlersbursche Plavcik, der unter der Obhut von Mutter Sonne aufwächst, befreit mit drei Haaren vom goldenen Schopf des Sonnenkönigs ein verdorrtes Land vom Wassermangel und König Svetoslav vom Einfluss seines bösen Hofastrologen. Annehmbare Märchenunterhaltung für die Kleinen.

DREI HASELNÜSSE FÜR ASCHENBRÖDEL
Anderer Titel für **Drei Nüsse für Aschenbrödel**

Drei Nüsse für Aschenbrödel

DREI NÜSSE FÜR ASCHENBRÖDEL

(TRI ORISKY PRO POPELKU). ČSSR/DDR 1973. **R:** *Václav Vorliček.* **B:** *Václav Vorliček.* **LV:** *Božena Němcová.* **K:** *Josef Illik.* **M:** *Karel Swoboda.* **D:** *Libuše Safranková (Aschenbrödel), Pavel Trávniček (Prinz), Daniela Hlanacová, Rolf Hoppe. F 86 Min.*

Das fleißige und couragierte Mädchen Aschenbrödel wird von seiner bösen Stiefmutter und deren nichtsnutziger Tochter wie eine Dienstmagd gehalten, kann jedoch dank forschen Auftretens und der Hilfe dreier Zaubernüsse, die ihr ein Kutscher schenkt, das Herz eines sich antiautoritär gebärdenden Königssohns erobern. – Die tschechische Version des Märchens bemüht sich nicht nur um Witz und Humor, sondern lässt Aschenbrödel auch aktiv und engagiert werden. [V]

DIE DREI WELTEN DES GULLIVER

Anderer Titel für **Herr der drei Welten**

DREI WÜNSCHE

(TRI PRANI). ČSSR 1958. **R:** *Ján Kadár, Elmar Klos.* **B:** *Vratislav Blazek, Ján Kadár, Elmar Klos.* **K:** *Rudolf Stahl.* **M:** *Jiří Sternwald.* **D:** *Bohus Zahorsk (Magier), Rado Markovic (Petr), Tatjana Beljaková (Vera). SW 95 Min.*

Petr und Vera leben in Prag. Als Petr in der Straßenbahn einem alten Mann seinen Platz anbietet, entpuppt sich dieser als Magier aus dem Märchenland, der ihm drei Wünsche offeriert. Die ersten beiden (ein Tag ohne Arbeit, ein bisschen Glück an der Schießbude) werden ihm erfüllt, ohne dass er sie sich so recht überlegt hat; der dritte (Glück fürs ganze Leben) verändert beider Dasein: »Doch mit der neuen Wohnung, dem Auto und der beruflichen Beförderung wachsen auch die Einsichten über Wert und Unwert des Glücks, das dem Menschen mühelos in den Schoß fällt. Ein glückliches Leben ... hat ohne eigenes Zutun unübersehbar seine Schattenseiten.« (FILMDIENST)

DREIST UND GOTTESFÜRCHTIG

(IN GOD WE TRUST). USA 1980. **R:** *Marty Feldman.* **B:** *Marty Feldman, Chris Allen.* **K:** *Charles Correll.* **M:** *John Morris.* **D:** *Marty Feldman (Bruder Ambrosius), Louise Lasser (Mary), Peter Boyle (Dr. Melmoth), Richard Pryor (Gott), Andy Kaufman (Armageddon T. Thunderbird), Wilfrid Hyde-White (Abt Thelonius), Severn Darden (Priester). F 97 Min.*

Um Geld für sein Kloster aufzutreiben, zieht der Trappistenmönch Ambrosius in die weite Welt hinaus. Mit Hilfe der netten Nutte Mary, die ihm auch das »Zölibatieren« ein für allemal austreibt, tritt er schließlich in die Dienste des Billy Graham-Verschnitts Armageddon T. Thunderbird. Als er sich mit diesem überwirft, rettet ihn der liebe Gott aus höchster Bedrängnis. – »*Dreist und gottesfürchtig* ist eine seltene Leistung: eine Komödie ohne jeden Lacher.« (VARIETY) [V]

DIE 13. BRAUT DES PRINZEN

(TRINAISTATA GODENIZA NA PRINZA). Bulgarien 1986. **R:** *Iwanka Grybtschewa.* **B:** *Gebrüder Mormarew.* **K:** *Grischa Wagenstein.* **M:** *Georgi Genkow.* **D:** *Georgi Mamalew, Borjana Puntschewa, Pawel Poppandow, Iwan Grigorow, Georgi Parzalow. F 87 Min.*

Auch die bulgarischen Märchenfilmhersteller lassen sich nicht lumpen, wenn es darum geht, in verwirrender Reihenfolge zu mischen, was eigentlich nicht zusammengehört: die Geschichte vom wohlbeleibten Prinzen und der nicht minder unattraktiven Prinzessin, die natürlich keinen Gefallen aneinander finden, mit der Fabel von drei Außerirdischen.

DER 13. KRIEGER

(THE 13th WARRIOR). USA 1999. **R:** *John McTiernan.* **B:** *William Wisher, Warren Lewis.* **LV:** *»Eaters of the Dead« von Michael Crichton.* **K:** *Peter Menzies jr.* **M:** *Jerry Goldsmith.* **D:** *Antonio Banderas (Ahmed Inn Fahdlan), Omar Sharif (Melchidisek), Diane Venora (Königin Hrothgar), Dennis Storhoi (Herger). F 102 Min.*

Muselmane steht gemeinsam mit einem Dutzend Wikingern dem norwegischen König Hrothgar gegen eine Bande dämonischer Menschenfresser bei. Wurde einzig aus dem Grund gemacht, um das Bankkonto Michael Crichtons weiter aufzufüllen.

DER DRITTE PRINZ

(TRETÍ PRINC). ČSSR 1982. **R:** *Antonín Moskalyk.* **B:** *Ota Hofman, Antonín Moskalyk.* **LV:** *Märchen »Die Zwillingsbrüder« von Karel Jaromír Erben.* **K:** *Jiří Sámal.* **M:** *Ivan Kurz.* **D:** *Pavel Trávniček (Prinz Jaromír/Prinz Jaroslav), Libuše Safránková (Prinzessin von dem diamantenen Felsen/Prinzessin Milena), Ludek Munzar (König), Jana Hlavácová (Königin), Jiří Bartoska (Jindrich, dritter Prinz).* F 91 Min.

Der dritte Königssohn muss seine Brüder aus dem Bann der schönen Prinzessin vom Diamantenberg befreien. Der Prager Szenarist Ota Hofman (1928–1989) hat den tschechischen Kinderfilm entscheidend geprägt: *Clown Ferdinand* und *Pan Tau* gehören zu seinen Schöpfungen. [V]

DSCHAFARS RÜCKKEHR

(RETURN OF JAFAR). USA 1994. **R:** *Toby Shelton, Tad Stones, Alan Zaslove.* **B:** *Duane Capizzi, Douglas Langdale, Mark McCorkle, Robert Schooley, Tad Stones.* **A:** *Shigeru Yamamoto.* **M:** *Mark Watters.* F 66 Min. (Zeichentrick).

Vorgeschichte siehe *Aladdin* (USA 1992): Nachdem der Zauberer Dschafar mit Hilfe des Räubers El Fatal aus der Wunderlampe entwischt ist, in die ihn Aladin verbannt hat, zieht er alle Register, um den Sultan und Prinzessin Jasmin in seine Gewalt zu bringen. Der Papagei Jago, Dschafars Berater, erweist sich wieder mal als schräger Vogel. Als die Not am größten ist – Aladin soll hingerichtet werden –, ist sein Freund, der Dschinn, nicht weit. – Ein mit geringem technischen und künstlerischen Aufwand für den Videomarkt produzierter Film aus den Disney-Studios, der seinem Vorgänger zwar nicht das Wasser reichen kann, aber nette Unterhaltung liefert. Nur auf Video. [V]

DAS DSCHUNGELBUCH

(THE JUNGLE BOOK). USA 1942. **R:** *Zoltan Korda.* **B:** *Laurence Stallings.* **LV:** *»Das Dschungelbuch« von Rudyard Kipling.* **K:** *Lee Garmes, W. Howard Green.* **SpE:** *Lawrence Butler* **M:** *Miklos Rosza.* **D:** *Sabu (Mowgli), Joseph Calleia (Buldeo), John Qualen (Barbier), Frank Puglia (Gelehrter Brahmane), Rosemary de Camp (Messua), Patricia O'Rourke (Mahala), Ralph Byrd (Durga), John Mather (Rao), Faith Brook (Engländerin), Noble Johnson (Sikh).* F 108 Min.

Der indische Junge Mowgli, als Kind in den Dschungel verschlagen und dort von Wölfen aufgezogen, kehrt zu den Menschen zurück und hat Schwierigkeiten, sich in ihrer Welt zurechtzufinden. Gewissenlose Gesellen nutzen seine Naivität aus und entlocken ihm das Geheimnis eines Schatzes, nach dessen Entdeckung sie einander aus Habgier töten und den Urwald in Brand stecken. Mowgli wendet sich enttäuscht von den Menschen ab und kehrt zu den Tieren zurück, deren Sprache er spricht. – »Die Poesie der unvergleichlichen Tier- und Landschaftsaufnahmen, der verborgenen Schönheit des indischen Dschungels, der nicht nur optisch und farblich, sondern auch im Ton ... eindringlich erfasst wurde, wird [den Zuschauer] gefangennehmen.« (FILMBEOBACHTER) Der Film erhielt Oscar-Nominierungen für Kameraarbeit, Spezialeffekte und Filmmusik.

DAS DSCHUNGELBUCH

(THE JUNGLE BOOK). USA 1967. **R:** *Wolfgang Reitherman.* **B:** *Larry Clemons, Ralph Wright, Ken Anderson, Vance Gerry.* **LV:** *»Das Dschungelbuch« von Rudyard Kipling.* **A:** *Milt Kahl, Frank Thomas, Oliver Johnston, John Lounsbery.* **M:** *George Bruns, Songs: Robert B. Sherman, Richard M. Sherman.* **Spr:** *Edgar Ott (Baloo), Joachim Cadenbach (Baghira), Stefan Sczodrok (Mowgli), Erich Kestin (Kaa), Martin Hirthe (Colonel Hathi), Siegfried Schürenberg (Shir Khan), Klaus Havenstein (König Louis).* F 78 Min. (Zeichentrick).

Der zwölfte abendfüllende Zeichenfilm der Disney-Produktion wurde noch zu Lebzeiten von Walt Disney begonnen, der im Dezember 1966 an fortgeschrittenem Lungenkrebs verstarb (er hatte zeitlebens bei seinen Zeichnern Zigaretten geschnorrt). Besonders in Deutschland war diese Kipling-Verfilmung um den Knaben Mowgli (in der Sprache der Wölfe, bei denen er aufwächst, bedeutet sein Name soviel wie »Fröschlein«) und jede Menge sympathisches Viehzeug sehr populär. King Louis, der König der Affen, jazzt wie Satchmo, der Bär Baloo treibt es lieber mit Ruhe und Gemütlichkeit – und Shir Khan, der gefährliche Tiger, ist eine der bestanimierten Zeichenfilmfiguren (Animation: Milt Kahl).

DAS DSCHUNGELBUCH
*(RUDYARD KIPLING'S THE JUNGLE BOOK).
USA 1994.* **R:** *Stephen Sommers.* **B:** *Stephen Sommers, Ronald Yanover, Mark D. Geldman.*
LV: *»Das Dschungelbuch« von Rudyard Kipling.*
K: *Juan Ruiz Anchia.* **M:** *Basil Pouledouris.* **D:** *Jason Scott Lee (Mowgli), Cary Elwes (Capt. Boone), John Cleese (Dr. Plumford), Lena Headey (Kitty), Jason Flemyng (Wilkins), Stefan Kalipha (Buldeo), Ron Donachie (Harley), Anirudh Ahrawal (Tabaquo), Faran Tahir (Nathoo). F 109 Min.*
Werkgetreueres Remake des Films von 1942. Mowgli, als Kind im indischen Dschungel verlorengegangen und von Wölfen aufgezogen, stößt 15 Jahre später auf die Offizierstochter Kitty, die ihn mit in die britische Garnison nimmt. Der schusselige Dr. Plumford lehrt ihn die englische Sprache. Der mit Kitty verlobte Captain Boone wüsste gern über die Herkunft eines kostbaren Dolchs Bescheid, den Mowgli bei sich trägt: Er stammt aus einer verlassenen, von Affen bewohnten Stadt im Urwald, in der eine Kobra einen Schatz bewacht. Mowgli kehrt in den Dschungel zurück, als er bemerkt, dass die Zivilisation für ihn nicht das Wahre ist. Boone lässt die Maske fallen: Er kidnappt Kitty und zwingt Mowgli, ihm die verlassene Stadt und ihre Schätze zu zeigen. Doch die Kobra verübelt ihm seine Gier ... Als Abenteuer kann der Film durchaus unterhalten, doch an den Charme des Originals kommt er nicht heran. [V]

DUCK TALES – DER FILM
(DUCK TALES: THE MOVIE – TREASURE OF THE LOST LAMP). USA 1990. **R:** *Rob Hathcock.*
B: *Alan Burnett.* **M:** *David Newman. F 73 Min. (Zeichentrick).*
Nur gelegentlich erfolgreich plündern die »Duck Tales« das um Längen bessere Comic-Werk des 2000 verstorbenen »guten Zeichners« Carl Barks: Uncle Scrooge (Dagobert Duck) und seine drei Neffen geraten aladinmäßig an einen Zauberer, der den Dschinn einer alten Wunderlampe für seine zweifelhaften Ziele einsetzen will. Der Film zur Fernsehserie.

Das Dschungelbuch – USA 1994

DER DUDELSACKPFEIFER

(STRAKONICKY DUDAK). ČSSR 1955. **R:** *Karel Steklý.* **D:** *Kveta Fialová, Rudolf Hrusinsky, Maria Tomásová, Jirina Petrovická, Vlasta Fabiánová. SW 90 Min.*

Eine mit tschechischer Gemütlichkeit in Szene gesetzte böhmische Volkssage: Vergebens sucht der arme Musikant, Sohn einer bestraften Waldfee, mit seinem Instrument, einem verzauberten Dudelsack, Reichtum und Erfolg. Gerettet wird er nur, weil die Mama und ein einfaches Bauernmädchen in Treue fest zu ihm stehen.

DUELL

Anderer Titel für **Unsterbliches Duell**

DAS DUELL DER BESTEN

(ORLANDO FURIOSO). Italien 1983. **R:** *Giacomo Battiato.* **B:** *Giacomo Battiato, Luciano Vincenzoni, Sergio Donati.* **K:** *Dante Spinotti.* **M:** *Cooper & Hughes.* **D:** *Rick Edwards (Orlando), Tanya Roberts (Angelica), Barbara De Rossi (Bradamante), Ron Moss (Ruggero), Zeudi Araya (Marflsa), Maurizio Nichetti (Atlante), Anthony Vogel, Leigh McCloskey, Giovanni Vesentin. F 100 Min.*

Während eines mittelalterlichen Krieges zwischen Christen und Mauren verlieben sich zwei durch den Glauben getrennte Paare ineinander und gehen am Ende liebevoll vereint der untergehenden Sonne entgegen. Nebenher versucht man einander auf blutige Weise zu massakrieren. – Von Ludovico Ariostos (1474–1533) phantastischem Epos DER RASENDE ROLAND (1521) und der »dem Glaubenskampf zugrundeliegende[n] Motivwelt mit dem phantastisch-märchenhaften, von Feen, Magiern und Monstren bevölkerten Handlungsbereich« (KINDLERS LITERATURLEXIKON) keine Spur: »So wenig furios die Figur des Orlando ist, so blass ist auch das historische Umfeld. Der Konflikt zwischen Christen und Mauren dient nur als Anlass für zahlreiche Schwertkämpfe. Deutlich trägt der Film die negativen Züge einer Billigproduktion. Die Handlung zerfließt in Episoden und Nebenereignisse, die vielfach lose in der Luft hängen bleiben.« (Wilfried Paqué, FILMBEOBACHTER) – »Ein kümmerliches Mischprodukt aus Ritter- und Fantasy-Film.« (FILMDIENST) [V]

DUMBO – DER FLIEGENDE ELEFANT

(DUMBO). USA 1941. **R:** *Ben Sharpsteen.* **B:** *Otto Englander.* **St:** *Bill Peet, Aurelius Battaglia, Joe Rinaldi, George Stallings, Webb Smith.* **A:** *Norman Ferguson, Wilfred Jackson, Bill Roberts, Jack Kinney, Sam Armstrong, Vladimir Tytla, Fred Moore, Ward Kimball, John Lounsbery, Arthur Babbitt, Wolfgang Reitherman.* **M:** *Oliver Wallace, Frank Churchill. F 64 Min.*

Mit einiger Verspätung trudelt der Klapperstorch bei der Zirkuselefantin Jumbo ein. Als die anderen Elefanten den kleinen Dumbo wegen seiner riesigen Segelohren aufziehen und seine Mutter deshalb sauer wird, sperrt der Zirkusdirektor sie in einen Käfig.

In der Maus Timothy findet der von allen geschnittene Dumbo einen Freund. Als er in einer Elefantenpyramide auftreten soll und das ganze Zirkuszelt zum Einsturz bringt, wird er dazu verdonnert, für die Clowns den dummen August zu spielen und aus einem brennenden Haus in ein Sprungtuch zu hüpfen. Kurz darauf schlürft Dumbo zufällig einen Rüssel voll Champagner. Er bekommt einen Schluckauf und pustet bunte Sektblasen aus seinem Rüssel, die sich zu einem rosa Elefanten formen. »Die nun folgende Sequenz kann man gar nicht genug loben ... Aus dem Rüssel dieses Elefanten quillt ein anderer. Bald sind es vier Elefanten, die aus ihren Rüsseln den Song von der ›Parade der rosa Elefanten‹ trompeten. Zu den Klängen dieses Marsches in Moll beginnt ein surrealer Traum aus Form, Raum, Farbe, Licht und Humor. Da marschieren beispielsweise zwei Elefanten dahin. Der große tritt ständig auf den kleineren vor ihm, der sich dabei prompt aufbläht. Schließlich tritt der kleine dem großen in den Hintern, worauf dieser sich in drei riesige Elefanten teilt. Daraufhin bläht sich der Kleine auf, nimmt ein goldenes Becken und zerquetscht damit die drei Elefanten zu zwölf kleinen, die am Rand des Bildes emporklettern. Dahinter sieht man ein Close-up von Dumbos Gesicht, der dem ganzen Marsch mit verträumtem Blick zusieht. Zum Schluss hellt sich der vorher schwarze Hintergrund zum Morgenhimmel auf und die langsam schmelzenden Elefanten verwandeln sich in Wolken.« (Leonard Maltin, THE DISNEY FILMS) Langsam fährt die Kamera auf einen

Baum zu. Verdutzt bemerken einige Krähen, dass da ein Elefant und eine Maus in der Krone sitzen. Keine Frage: Dumbo ist geflogen. Mit einer »Zauberfeder« überredet Timothy seinen skeptischen Freund, es noch einmal zu versuchen. Und siehe da: Es klappt. Bei seinem nächsten Auftritt als Clown breitet Dumbo die Ohren aus und düst im Tiefflug über die Zuschauer hinweg. Die Sensation ist perfekt. Dumbo befreit seine Mutter aus der Haft, wird ein Star und hat damit, zumindest nach amerikanischen Vorstellungen, wohl sein Glück gemacht. – Disneys vierter abendfüllender Zeichentrickfilm entstand unter ausgesprochen ungünstigen Umständen. Nicht nur, dass sich *Fantasia* bei der Erstauswertung als Misserfolg entpuppt hatte und der Zweite Weltkrieg eine Reihe überaus wichtiger Auslandsmärkte blockierte: Überdies hatte Disney im März 1941 den Chefzeichner Art Babbitt fristlos gefeuert, weil er der Cartoonzeichner-Gewerkschaft angehörte. Unmittelbare Folge war ein neun Wochen langer Streik, der das Studio bis in die Grundfesten erschütterte. So war *Dumbo* in erster Linie daraufhin angelegt, das ramponierte Image der Märchenfabrik auf Vordermann und das Studio möglichst schnell wieder aus den roten Zahlen zu bringen. Dies hatte drei weitreichende Konsequenzen: Zum einen verzichtete Disney erstmals auf jene finsteren Szenen, die die Eltern und Kinderpsychologen an *Pinocchio* und *Schneewittchen* so entsetzt hatten. Zum zweiten reduzierte er die Menschen auf gesichtslose Schatten und unberechenbare Silhouetten und konzentrierte sich ganz auf die Tiere, mit denen er seit jeher eine glücklichere Hand gehabt hatte. Und zum dritten verzichtete er auf schicke, teure Multiplan-Effekte und spielte statt dessen mit den grammatischen und syntaktischen Regeln des Realfilms. Die zeitgenössische Kritik delektierte sich denn auch an dem »gelungenen psychologischen Gebrauch der Farbe, dem superben Schnitt und der amüsanten Satire auf abstrakte Filme« (ROB WAGNER'S SCRIPT). Andere bemerkten erfreut, dass Dumbo »mehr Kameraeinstellungen aufweist als *Citizen Kane* und den Zuschauer mindestens ebenso subtil und offensichtlich beeinflusst« (PM). – Dass der recht einfache, unprätentiöse Film zu einem Klassiker geriet, der nicht

nur 38 Jahre später eine wesentliche Rolle in Steven Spielbergs *1941* spielen, sondern auch den weiteren Kurs der Disney-Studios entscheidend beeinflussen sollte, lag neben seinem Charme wohl auch an der Botschaft, die sich recht deutlich von Disneys üblichem Credo abhob: »Dumbos Problem ist seine individuelle Existenz, die er schließlich als Tugend und Vorteil erkennen lernt. Nachdem die Disney-Filme sonst zur Anpassung an bestimmte Idealvorstellungen anspornen, kommt diese Umarmung der Individualität sowohl sehr erfrischend wie seltsam anregend.« (Blake Lucas, MAGILL'S SURVEY OF CINEMA) – »*Dumbo* ist ein wenig mehr als nur das abgewandelte Märchen vom hässlichen jungen Entlein. Und auch das Märchen vom hässlichen jungen Entlein ist ein wenig mehr als nur eine rührende Kindergeschichte. Die echten Märchen haben außer ihrer sichtbaren Moral ihre geheimen Symbole: Nimm sie ernst, dann ist alles das Leben. Oder umgekehrt, um mit Novalis zu reden: dann ist alles ein Märchen.« (Gunter Groll, SÜDDEUTSCHE ZEITUNG) [V]

DER DUNKLE KRISTALL
(THE DARK CRYSTAL). GB 1982. R: Jim Henson, Frank Oz. B: David Odell. St: Jim Henson. K: Oswald Morris. SpE: Roy Field, Brian Smithies. M: Trevor Jones. Puppenspieler Jim Henson (Jen/Skeks/Hohepriester), Kathryn Mullen (Kira), Frank Oz (Aughra/Skeks-Kammerherr), Dave Goelz (Fizzgig/Skeks-General), Brian Muehl (Skeks-Ornamentalist/Urzah/Jens Mentor), Hugh Spight (UrRu-Koch/Windstelzer), Robbie Barnett (UrRu-Numerologe/Windstelzer), Swee Lim (UrRu-Jäger/Windstelzer), Steve Whitmire, Louise Gold, Bob Payne, Mike Quinn, Tim Rose (Skekse), Jean Pierre Amiel, Simon Williamson, Hus Levant, Toby Philpott, Dave Greenaway, Richard Slaughter (UrRus). F 93 Min.
Ein anderer Planet: Von seinem UrRu-Mentor wird der letzte überlebende Gelfling Jen auf die Suche nach der Scherbe des dunklen Kristalls geschickt. Vor tausend Jahren, so erfährt er, bei der letzten großen Konjunktion der drei Sonnen, sei der Kristall zerbrochen und die einst so friedliche Rasse der UrSkeks habe sich in zwei Teile – die militaristischen Skekse und die philosophischen

UrRu – gespalten. Nun, da erneut der Tag der großen Konjunktion heranrücke, sei es an der Zeit, den Kristall zu heilen und so beide Rassen wieder zu verschmelzen. Nur ein Gelfling könne solches jedoch zuwege bringen. Bei der einäugigen Astronomin Aughra fündig geworden, trifft Jen auf seinem Weg ins Skekse-Schloss, dem Standort des Kristalls, unerwartet auf das Gelflingmädchen Kira. Doch auch die um ihre Macht fürchtenden Skekse sind inzwischen hinter den Gelflingen her. Mehrmals entrinnen Jen und Kira ihren Garthim-Soldaten und einem verräterischen Skeks-Renegaten, bevor sie nach einem wilden Ritt auf Windstelzern durch einen unterirdischen Gang endlich in die Kammer des dunklen Kristalls gelangen. Dank Kiras Opfermut gelingt es Jen, den Splitter einzufügen. Skekse und UrRu verschmelzen zu einer Rasse, erwecken Kira wieder zum Leben und schießen danach kometengleich gen Himmel. Die zurückbleibenden Gelflinge blicken auf ein neu erblühtes Paradies.

Der dunkle Kristall ist ein Musterbeispiel für die Stärken und Schwächen moderner Fantasy-Filme. Einerseits ist diesem glänzend getricksten Puppenfilm aus der Werkstatt der Muppet-Macher Jim Henson und Frank Oz eine überbordende Phantasie zu eigen, die den Film zu einem wahren Genuss fürs Auge macht: Wo man auch hinsieht, in jedem Gebüsch kreuchen und fleuchen die merkwürdigsten Figuren. Anders sieht es da leider mit der Geschichte all dieser exzentrischen Geschöpfe aus, die der Film eigentlich erzählen sollte. Sieht man einmal von der angenehm versöhnlichen Idee ab, Gut und Böse am Ende zu einem neuen Ganzen verschmelzen statt einander ausrotten zu lassen, wird sehr schnell »offensichtlich, dass Henson und Oz zwar die ... Handlungsträger des Films ... erschaffen haben, doch damit zugleich ihre eigene Arbeit schon fast beendet haben, denn die Handlung, eigentlich das wichtigste bei so einem Film, geht nun völlig daneben«. – Ein derartig kurioses Sammelsurium abgeschmackter Fantasy-Klischees hat man selten je auf kurze 92 Minuten zusammengedrängt gesehen.« (SCIENCE FICTION TIMES) »Wie in so ambitionierten Filmen wie *Blade Runner* oder *Diva* sind auch hier die Bilder wichtiger als der Inhalt. Die langsame Prozession der UrRus durch eine wellenförmige Wüste; der schmuddelige Dogenpalast der Skekse, in dem diese hinreißend unmanierlichen Fresser lebende Podlinge verzehren und ansonsten ihre Eroberungspläne ausbrüten; Jens Traumsequenz, in der kurz Hoffnung und Erinnerung aufblitzt – all das sind Szenen, die das Budget ($ 26 Mio.) und die Aufmerksamkeit des Zuschauers zu rechtfertigen vermögen.« (TIME) [V]

DIE DUNKLE MACHT DES SONNENGOTTES
Anderer Titel für **Jack the Snake – die dunkle Macht des Sonnengottes**

Der dunkle Kristall

EDIPO RE – BETT DER GEWALT

(EDIPO RE). Italien 1967. **R:** *Pier Paolo Pasolini.* **B:** *Pier Paolo Pasolini.* **LV:** *Sophokles.* **K:** *Giuseppe Ruzzolini.* **M:** *Pier Paolo Pasolini (afrikanische, rumänische, japanische Volksmusik, Mozart).* **D:** *Franco Citti (Ödipus), Silvana Mangano (Iokaste), Carmelo Bene (Kreon), Julian Beck (Teiresias), Alida Valli (Merope), Luciano Bartoli (Laios), Francesco Leonetti (Diener des Laios), Ahmed Bellachmi (Polybos), Ninetto Davoli (Angelo), Pier Paolo Pasolini (Alter Priester), Jean-Claude Biette (Priester).* **F 104 Min.**

Ein Szenengemisch in mindestens vier Episoden, eingerahmt von Sequenzen, die in der Poebene spielen, in der Lombardei nach dem Ersten Weltkrieg und in der Gegenwart. Mittelpunkt des Films bildet die prächtig gestaltete Schilderung einer Frühzeit, die, geschichtlich kaum zu erfassen, dennoch wie eine quälerische Vorwegnahme wirkt. – Ödipus, einst als Baby von seinem Vater, König Laios von Theben, in der Ödnis ausgesetzt, gefunden und adoptiert von König Polybos, in Korinth zum athletischen Kämpfer und Betrüger aufgewachsen, befragt das Delphische Orakel. Es verkündet ihm: »Du wirst deinen Vater töten und deine Mutter heiraten.« Ödipus flieht aus Korinth, doch alle Wege führen Richtung Theben. An einer Wegkreuzung kommt es zu einer Auseinandersetzung mit Soldaten, die einen hohen Reisenden begleiten. Ödipus macht kurzen Prozess und tötet alle, nicht ahnend, dass er König Laios vor sich hatte. Dann befreit er Theben von der Sphinx. Anstatt ihre Rätsel zu lösen, wirft er sie kurzerhand in einen Abgrund. Für diese Tat erhält er die Hand Iokastes, der Witwe des ermordeten Königs Laios. Die Pest, die in Theben Einzug gehalten hat, fordert die Bestrafung des unbekannten Königsmörders. Der blinde Seher

Teiresias orakelt Ödipus, er wisse als einziger die Antwort auf die Frage nach dem Mörder. Iokaste wiegelt ab: Laios habe man einst prophezeit, er werde von seinem Sohn getötet werden, deshalb habe er das Kind nach der Geburt in der Wüste ausgesetzt. Nachforschungen lösen das Rätsel, Iokaste erhängt sich, Ödipus sticht sich die Augen aus, die »die Wahrheit nicht sehen konnten«. Der Film endet in den Kolonnaden Bolognas der Gegenwart. Der blinde Ödipus spielt Flöte, erst vor einer Kirche, dann an einem Fabriktor, dann legt er sich zum Sterben nieder: »Ist von Anfang an die Zukunft beschlossen? Dürfen wir uns nicht wehren, müssen wir alles hinnehmen?« – *Edipo Re* und der zwei Jahre später entstandene Film *Medea* bilden in Pasolinis Werk eine thematische Einheit. Beide beschäftigen sich mit Stoffen der griechischen Mythologie, beide eigenwillig rekonstruiert und mit modernen Ideen versehen. »Endpunkt der Suche und der Blindheit des Ödipus ist (wie im ganzen Werk Pasolinis impliziert), dass das Leid des Menschen nicht vom Zufall bestimmt und auch nicht, möge es noch so intim und brennend sein, an irgendeine historische Ursache gebunden ist; das menschliche Leid ist existentiell und schicksalhaft, es ist an das lebendige Leben gebunden und gehört nicht zum historischen Bereich – dorthin, wo die großen tragischen Mythen es angesiedelt haben.« (Guido Piovene, zit. n. Enzo Siciliano, PASOLINI) Pasolini spielt in seinem ersten Farbfilm furios mit Farbwirkungen. Seine Mythenlandschaft ist Marokko, weil es dort »nur ein paar Hauptfarben gibt: Ocker, Rosa, Braun, Grün und die Bläue des Himmels.« (Oswald Stack, PASOLINI ON PASOLINI) Die Schauspieler tragen bizarre und befremdliche Gewänder, Kopfbedeckungen, Masken, Waffen und Schmuck: »Eine phantastische Synthese aus Aztekischem, aus Sumerischem, Schwarzafrikanischem und Vorantik-Griechischem, die im Zusammenspiel mit den wüstenhaften, hitzeflimmernden Ebenen zu Insignien einer imaginären prähistorischen Zeit verschmelzen.« (Wolfram Schütte, PASOLINI)

EICHHÖRNCHEN UND DIE ZAUBERMUSCHEL

(VEVERKA A KOUZELNA MUSLE). ČSSR 1988. **R:** *Vera Plivová-Simková.* **B:** *Vera Plivová-Sim-*

ková. **K:** *Antonín Holub.* **M:** *Michal Pavlicek.* **D:** *Helena Vitovská (Katka), Jiří Shmitzer, Veronika Freimanvá, Marie Rosulková, Lubor Tokos, Libuše Havelková.* F 73 Min.

Das Mädchen Katka findet eine Zaubermuschel, die ihr alle Wünsche erfüllt, solange sie nicht von Selbstsucht und Eitelkeit geleitet sind.

EINER GEGEN DAS IMPERIUM

(IL MONDO DI YOR). Italien/Türkei 1983. **R:** *Anthony M. Dawson [Antonio Margheriti].* **B:** *Robert Bailey, Anthony M. Dawson.* **LV:** *Roman von Juan Zanotto und Ray Collins.* **K:** *Marcello Masciocchi.* **SpE:** *Antonio Margheriti, Eduardo Margheriti, Antonella Margheriti.* **M:** *John Scott, Guido de Angelis, Maurizio de Angelis.* **D:** *Red Brown (Yor), Corinne Clery (Kalaa), Alan Collins (Pag), John Steiner (Overlord), Carole Andre (Ranoa), Aytekin Akkaya (Ukan), Marina Rocchi, Sergio Nicolai, John Steiner.* F 87 Min.

In einer fernen Erdzukunft, in der die Menschheit in die Barbarei zurückgefallen ist, schlägt sich der muskulöse Schwertschwinger Yor durch verwunschene Lande und gerät mit allerlei mythischen Ungeheuern (Drachen, Vögeln, künstlichen Lebewesen) aneinander. Sein großer Gegenspieler entpuppt sich als »Wissenschaftler«, der nach dem Zusammenbruch der menschlichen Zivilisation alle Macht an sich gerissen hat. Yor besiegt auch ihn. – »Das muss man gesehen haben, um es glauben zu können. Dies ist einer jener Filme, die das Genre so unwiderstehlich machen können, wenn Sie wissen, was ich meine. Nur Fans können so etwas sehen, ein Kritiker würde das mit Recht als blanken Unsinn abtun.« (Peter Gaschler, HEYNE SF-MAGAZIN) – »Wer diesen Film in den Verleih bringt, muss die unter Zwölfjährigen im Blick haben. Niemand, der älter ist, würde das Ding kaufen.« (VARIETY) [V]

DER EISBÄRKÖNIG

(KVITEBJÖRN KONG VALEMON). Norwegen/Schweden/BRD 1991. **R:** *Ola Solum.* **B:** *Erik Borge.* **LV:** *Norwegisches Märchen.* **K:** *Philip Oegaard.* **SpE:** *Jim Henson's Creature Shop.* **M:** *Geir Boehren, Bent Aserud.* **D:** *Tobias Hoesl (König Valemon), Maria Bonnevie (Prinzessin), Anna-Lotta Larsson (Hexe), Jack Fjeldstad (Winterland-Kö-*

nig), Jon Laxdal, Rüdiger Kuhlbrodt, Ulrich Faulhaber. F 90 Min.

König Valemon wird für sieben Jahre von einer Hexe verflucht, da er sich weigert, sie zu ehelichen. Fortan kann er sich tagsüber nur in Gestalt eines Eisbären zeigen. Er verliebt sich in die Tochter des Winterlandkönigs und erlebt an ihrer Seite phantastische Abenteuer.

EISENHANS

DDR 1988. **R:** *Karl Heinz Lotz.* **B:** *Karl Heinz Lotz, Michael Göthe, Paul Lehmann, Katrin Lange.* **LV:** *Gebrüder Grimm.* **K:** *Michael Göthe.* **M:** *Andreas Aigmüller.* **D:** *Dirk Schoedon (Eisenhans), Gundula Köster (Prinzessin Ulrike), Asad Schwarz (Prinz Joachim), Johannes Knittel (Wilder König), Werner Godemann (Milder König), Peter Prager (Schwarzer Reiter).* F 82 Min.

Die wilden Jäger der Felsenburg sperren den Eisenhans, den Schutzgeist der reinen Quellen und Herrscher des Waldes, in einen Käfig, aber Prinz Joachim lässt ihn frei. Um nicht von seinem Vater bestraft zu werden, flieht Joachim hinaus in den Wald zum Eisenhans und jobbt später als Tellerwäscher in einem Schloss, wo er heimlich mit der ortsansässigen Prinzessin turtelt. Da überfällt der Schwarze Reiter, der schon Joachims Vater schachmatt gesetzt hat, das Königreich des milden Königs. Jetzt kann nur noch der Waldheini helfen.

DIE EISFEE/EINE ENKELIN AUS EIS

(LEDJANAJA WNUTSCHKA). UdSSR 1981. **R:** *Boris Ryzarew.* **B:** *Boris Ryzarew.* **K:** *Andrej Kirillow.* **M:** *aus Werken von Peter Iljitsch Tschaikowski.* **D:** *Swetlana Orlowa (Ljuba, die Eisfee), Andrej Gradow (Gridja), Ljudmila Schagalowa (Großmutter Katarina), Boris Saburow (Großvater Jeremej), Albert Filosow (Fürst), Waleri Dolshenkow (Timoschka), Olga Grigorjewa (Nastassija), Wladimir Nikitin (Brautwerber).* F 70 (73) Min.

Zuneigung zu den Menschen macht aus einem Schneeflöckchen ein Mädchen. Es ist die schöne Ljuba, die Tochter von Väterchen Frost, die von einem alten Ehepaar an Kindes Statt angenommen wird. Die Intrigen eines gemeinen Fürsten treiben sie ins Reich des Eises zurück. Jetzt drohen auch alle anderen zu Eis zu erstarren, aber die Liebe des Töpfers Gridja erlöst die Eisfee. [V]

EISPRINZESSIN

BRD 1995. R: Danny Huston. B: Diether Dehm, Katarina Witt, John Goldsmith. D: Katarina Witt (Ella), Christopher Barker (Prinz), Ivan Desny (Graf), Vernon Dobtcheff (Kanzler), Daniela Lunkewitz, Rosalynn Sumners, Hans Peter Minetti. F 60 Min.

Gegen den Widerstand seines niederträchtigen Kanzlers macht sich ein junger Prinz auf die Suche nach seinem »Aschenputtel«. – Ein in Babelsberg realisiertes seichtes TV-Film-Märchen mit dem früheren Eisstar der DDR Katarina Witt.

EL TOPO

(EL TOPO). Mexiko 1971. R: Alexandro Jodorowsky. B: Alexandro Jodorowsky. K: Raphael Corkidi. M: Alexandro Jodorowsky. B: Alexandro Jodorowsky (El Topo), Brontis Jodorowsky (Brontis als Junge), Robert John (Brontis als Erwachsener), Mara Lorenzo (Mara), David Silva (Colonel), Paula Romo (Frau in Schwarz), Hector Martinez, Juan José Gurrola, Victor Fosado, Augustin Isunza (Vier Meister), Jacqueline Luis (Zwergenfrau), José Antonio Alcaraz (Sheriff), Felipe Diazgarza (Deputy), Julien de Meriche (Priester). F 123 Min.

Mit seinem kleinen Sohn Brontis auf dem Rücken reitet ein in schwarzes Leder gehüllter Fremder, El Topo, durch die Wüste. Nachdem der Junge ein Bild seiner Mutter begraben hat, kommen beide in eine kleine Stadt, die vor kurzem durch die Männer eines abtrünnigen Colonels verwüstet wurde. El Topo verfolgt die Männer in ein abgelegenes Kloster, tötet sie, kastriert ihren Anführer, gibt seinen Sohn den Mönchen zur Obhut, und reitet mit der Frau Mara in die Wüste. Mara überzeugt ihn, dass er die vier mystischen Meister der Wüste bezwingen muss. Das gelingt ihm auch. Weil er dabei jedoch sehr unfair zu Wege geht, taucht eine zweite Frau auf und jagt ihm eine Wagenladung Kugeln in den Leib. Eine Gruppe inzestuöser Zwerge findet seinen schrecklich zugerichteten Körper und schleppt ihn in ihre Höhle in den Bergen. Zwanzig Jahre wird der Wiedergenesene dort als Heiliger verehrt. Als die Bewohner eines nahegelegenen Dorfes die Zwer-

ge in ihrem Berg einschließen, gräbt El Topo ein Loch zur Oberfläche. Er entdeckt, dass sein Sohn nun Priester des Dorfes ist. Mit Dynamit sprengt er eine Seite des Berges in die Luft. Die befreiten Zwerge rennen zum Dorf, werden aber von der Bevölkerung brutal niedergemäht. Im Gegenzug massakriert El Topo das gesamte Dorf mit Ausnahme seines Sohnes, übergießt sich hernach mit Benzin und zündet sich an. Sein Sohn, nun ebenfalls in schwarzes Leder gehüllt, reitet mit El Topos Zwergenfrau und seinem neugeborenen Sohn in die Wüste.

Dieser Film, dessen Inhalt nur in groben Zügen wiedergegeben werden kann, ist mit Sicherheit das schrägste Werk Alexandro Jodorowskys: ein ultrabrutales, surrealistisches Kultstück, so recht nach dem Geschmack aller Acid-Freaks; wie diese stets auf der nicht enden wollenden Suche nach neuen grellen Empfindungen und bizarren Illusionen ohne den geringsten Sinngehalt. »Der zweistündige Film zerfällt in zwei Teile: die Reise El Topos zu den vier Meistern im Stil eines Italo-Western von Leone: pathetisch, indisch, blutig und gewalttätig; und El Topos Versuch, die wie Maulwürfe unter der Erde hausenden, durch Inzucht verkrüppelten Wesen ans Licht zu führen: ein Zarathustra-Teil mit stark satirischen, antiamerikanischen, antireligiösen, sarkastischen Sequenzen (Russisch Roulette als Erweckungsgottesdienst).« (FRANKFURTER RUND-SCHAU)

»Dazwischen lassen Größen grüßen: Godards *Weekend,* auf vier Jahrtausende gestreckt, die bizarrsten Szenen Buñuels, Reste von Fellinis *Satyricon,* Rückstände aus der Mottenkiste Dalís und Unterhosen des Marquis des Sade, und das alles wird zu einem echten Jodorowsky, gebunden durch metaphysischen Quark aus der Milch katholischer Denkart.« (DER SPIEGEL) – »Der Sinn? Dieser Maulwurfs-Alptraum gehört zu den Filmen, die man nicht ›verstehen‹ muss: Sie sind traumatisch, assoziativ, lassen Spielraum für Emotionen, Aggressionen, Bibel-Erinnerungen und psychoanalytische Pfadfindertouren.« (ABENDZEITUNG)

»Fragwürdiger freilich noch als das ebenso eitle wie konfuse Werk, dem der zirzensische Glanz des späteren *Montana Sacra* weitgehend fehlt, erscheint die Begründung, mit der die Wiesbadener Filmbewertungsstelle *El Topo* ein Prädikat verweigerte. Der Film, ›dessen Krankhaftigkeit nur noch durch Psychoanalyse zu klären ist‹, wurde von der FBW in einer ärgerlich faschistoiden Begründung als ein Stück entarteter Kunst verdammt.« (DIE ZEIT) Von genau jener FBW übrigens, die *Rambo* das Prädikat »Besonders wertvoll« zuerkannte. [V]

DIE ELF SCHWÄNE

(DIKIJE LEBEDI). UdSSR 1988. **R:** *Helle Karis.* **B:** *Helle Karis, Sawwa Kulisch, Juhan Viiding.* **LV:** *Hans Christian Andersen.* **K:** *Ago Russ.* **M:** *Oleg Karawaitschuk.* **D:** *Katri Horma (Elisa), Juris Zagars (Junger König), Andris Zagars (Erzbischof), Ines Aru (Mutter), Liina Orlowa (Böse Königin).* F (86) 81 Min.
Poetischer Märchenfilm von den elf Brüdern, die der Fluch der bösen Stiefmutter in Schwäne verwandelt hat, und ihrer Schwester, der Prinzessin Elisa, die elf Brennesselhemden strickt, damit sie zurückverwandelt werden.

ELLIOTT, DAS SCHMUNZELMONSTER

(PETE'S DRAGON). USA 1977. **R:** *Don Chaffey.* **Zeichentrick-R:** *Don Bluth.* **B:** *Malcolm Marmorstein.* **St:** *I. Miller, S. S. Field.* **K:** *Frank Phillips.* **M:** *Irwin Kostal.* **A:** *Ken Anderson,* **D:** *Sean Marshall (Pete), Helen Reddy (Nora), Mickey Rooney (Lampie), Jim Dale (Dr. Terminus), Red Buttons (Hoagy), Shelley Winters (Lena), Jane Kean (Miss Taylor), Jim Backus (Bürgermeister), Charles Tyner (Merle), Gary Morgan (Grover), Jeff Conaway (Willie), Cal Bartlett (Paul).* F 106 Min.
Der neunjährige Waisenknabe Pete ist mit einem vier Meter großen Drachen befreundet. Elliott, so heißt das recht schreckhafte Tier, kann fliegen, Feuer spucken und sich unsichtbar machen. Als Pete auf der Flucht vor seinen hartherzigen Pflegeeltern in das kleine Fischerstädtchen Passamaquoddy kommt und dort beim Leuchtturmwärter Lampie und dessen Tochter Nora Unterschlupf sucht, wollen die jedoch nicht so recht an das Fabeltier glauben. Aufgeschlossener zeigt sich da schon der reisende Quacksalber Dr. Terminus, nachdem er miterlebt hat, wie Elliott den Schulunterricht seines Schützlings durcheinander-

bringt. Terminus will den Drachen zu teurer Medizin verarbeiten und tut sich deswegen mit den Pflegeeltern Petes zusammen. Mit einem Trick lockt man Elliott in ein Bootshaus, wo er sich zunächst in aufgespannten Netzen verheddert, bevor er mit seinem feurigen Atem schließlich alles in die Flucht schlägt. Als ein Sturm ausbricht und die Scheinwerfer ausfallen, spielt Elliott mit seiner Flamme Leuchtturm und geleitet ein Schiff sicher in den Hafen.

An Bord findet Nora ihren lange verschollenen Verlobten Paul wieder, Pete bleibt bei seiner neuen Familie, und Elliott fliegt auf der Suche nach einem neuen hilfsbedürftigen Kind davon. – Wie *Die tollkühne Hexe* zog auch dieser Disney-Film in den Siebzigern aus, den Erfolg von *Mary Poppins* zu wiederholen. Herausgekommen ist lediglich restaurative, streng nach Rezept gekochte »Familienunterhaltung«. Die Figuren bleiben Abziehbilder, Musik und Choreographie sind wenig inspiriert, und Don Chaffeys Regie lässt sich am freundlichsten wohl mit konventionell umschreiben. Einzig die Zeichentrickszenen Don Bluths ragen etwas aus dem faden Mischmasch heraus. *Elliott das Schmunzelmonster* ist vielleicht das beste Beispiel für den Niedergang, den die Disney-Studios nach dem Tode ihres Gründers, unter Leitung des Schwiegersohns Ron Miller, erlebten. [V]

ELVES

(ELVES). USA 1989. **R:** *Jeffrey Mandel.* **B:** *Jeffrey Mandel.* **D:** *Dan Haggerty, Ken Carpenter, Julie Austin, Stacey Dye, Chris Graham, Kenneth Grahame, Deanne Lund, Borah Silver.* F 90 Min.
Ein Elf soll nach dem Willen eines nationalsozialistisch engagierten Großvaters dessen jungfräuliche Enkelin schwängern und damit den Grundstock für eine neue Herrenrasse legen. Als der Elf ihr auf den Fersen ist, sitzt sie mit zwei Freunden in einem Warenhaus fest, und nur ein abtrünniger Weihnachtsmann kann sie retten. – Der Plot sagt wohl alles. [V]

EMELYA UND DER ZAUBERFISCH

Russland 1992. **R:** *Boris Ryzarew.* **B:** *Boris Ryzarew.* **K:** *Michail Rogovoy.* **M:** *Vladimir Korchagin.* **D:** *Alexander Polyanin (Emelya).* F 85 Min.

Russischer Märchenfilm: Ein Bauernjunge fängt einen Zauberfisch, der ihm jeden Wunsch zu erfüllen verspricht, und wird an den Zarenhof geholt.

ENDLICH WIEDER 18

(EIGHTEEN AGAIN). USA 1987. **R:** *Paul Flaherty.* **B:** *Josh Goldstein, Jonathan Price.* **K:** *Stephen M. Katz.* **M:** *Billy Goldenberg.* **D:** *George Burns (Jack Watson), Charlie Schlatter (David Watson), Tony Roberts (Arnold), Anita Morris (Madelyn), Miriam Flynn (Betty), Jennifer Runyon (Robin), Red Buttons (Charlie), George DiCenzo (Trainer), Bernard Fox, Kenneth Tigar, Anthony Starke, Jonathan Price.* F 97 Min.

Jack Watson, 81, steinreich, findet sich nach einem Autounfall im Körper seines sensiblen 18jährigen Enkels wieder, will noch mal ordentlich auf die Pauke hauen und erlebt zum zweiten Mal das Vergnügen und die Frustrationen einer Teenie-Existenz. – Konventionell gestrickte Körpertausch-Komödie, die nur mit Fantasy-Elementen spielt, aber durch den Hollywood-Veteranen George Burns an Drive gewinnt. [V]

ENGEL AUF ABWEGEN

(IT CAME UPON THE MIDNIGHT CLEAR). USA 1981. **R:** *Peter Hunt.* **B:** *George Schenck, Frank Cradea.* **K:** *Dean Cundey.* **M:** *Arthur B. Rubinstein.* **D:** *Mickey Rooney (Mike Halligan), Scott Grimes (Robbie Westin), Barrie Youngfellow (Kate Westin), George Gaynes (Erzengel), Gary Bayer (Rick Westin), Christina Pickles (Chris), William Griffis, Hamilton Camp, Elisha Cook, Annie Potts, Lloyd Nolan.* F 100 Min.

TV-Film. Ex-Cop Mike, inzwischen Engel von Beruf, kehrt zur Erde zurück, um in Gabriels Auftrag den Weihnachtsengel zu suchen, der aber ordentlich was getankt hat. Hick! Durchschnittliche Fernsehkost. [V]

EIN ENGEL AUF ERDEN

(MADEMOISELLE ANGE). BRD/Frankreich 1959. **R:** *Geza von Radvanyi.* **B:** *René Barjavel, Geza von Radvanyi.* **K:** *Roger Hubert.* **M:** *Jean Wiener.* **D:** *Romy Schneider (Engel/Stewardess), Henri Vidal (Pierre Chaillot), Jean Paul Belmondo (Michel), Michèle Mercier (Prinzessin Augusta von Münchenberg), Margarethe Hagen (Oberengel), Erika von Thellmann (Tante der Prinzessin), Ernst Waldow (Corelli), Franz Otto Krüger (Zahnarzt).* F 86 Min.

Ein weiblicher Schutzengel begibt sich in Gestalt einer Stewardess auf die Erde, um zu verhindern, dass der Rennfahrer Pierre, den seine Angebetete schmählich im Stich gelassen hat, Dummheiten macht. Trotz der permanenten Einmischungsversuche eines altjüngferlichen (ebenfalls weiblichen) »Oberengels« gelingt es ihr, ihn vom Liebeskummer zu heilen, den Großen Preis von Nizza gewinnen zu lassen und dem Mädchen zuzuführen, dessen Körper sie sich zwecks Bewältigung ihrer irdischen »Mission« ausgeliehen hat. – »Merklichen Witz hat Radvanyis Regie allerdings nicht vorzuweisen; weder im Wort noch im Bild wird die Phantasie des Stoffes bestätigt.« (FILMDIENST) [V]

DER ENGEL MIT DER TROMPETE

(THE HORN BLOWS AT MIDNIGHT). USA 1945. **R:** *Raoul Walsh.* **B:** *Sam Hellman, James V. Kern.* **St:** *Aubrey Wisberg.* **K:** *Sid Hickox.* **SpE:** *Lawrence Butler.* **M:** *Franz Waxman.* **D:** *Jack Benny (Nathanael), Alexis Smith (Elizabeth), Dolores Moran (Fran), Allyn Joslyn (Osidro), Reginald Gardiner (Archie Dexter), Guy Kibbee (Chief), John Alexander (Doremus), Franklin Pangborn (Sloan), Margaret Dumont (Rodholder), Bobby Blake (Junior), Ethel Griffies (Lady Stover), Paul Harvey (Thompson), Truman Bradley (Ansager), Mike Mazurki (Humphrey Rafferty), John Brown (Lew), Murray Alper (Tony), Pat O'Moore.* SW 75 Min.

Ein Engel wird mit dem Auftrag zur Erde geschickt, um Mitternacht die »Trompete des Jüngsten Gerichts« erschallen zu lassen, damit unsere nichtsnutzige Welt aus dem Universum gefegt wird. Peinlicherweise tritt nach seinem Erscheinen sofort Murphys Gesetz in Kraft, das bekanntlich besagt, dass alles, was schiefgehen kann, schiefgehen wird. Sämtliche Umstände sind gegen den wackeren Nathanael, zum Segen der Erde, aber auch zu seinem eigenen: Die fehlgeschlagene Aktion entpuppt sich als Alptraum eines kleinen Trompeters, der im Werbefunk für die musikalische Untermalung von Spots zuständig ist. – »Eine leichtgewichtige Komödie, die sich aber offenbar nicht entscheiden kann, ob sie nun dem Fantasy-Genre zugehörig oder reiner Slapstick ist.« (VARIETY)

ENTE GUT – ALLES GUT!

(EVERYTHING'S DUCKY). USA 1961. R: Don Taylor. B: John Fenton Murray, Benedict Freedman. K: Carl Guthrie. M: Bernard Green. D: Mickey Rooney (Bettle McKay), Buddy Hackett (John Paul Jones), Jackie Cooper (Lt. Parmell), Joanie Sommers (Nina Lloyd), Roland Winters (Capt. Lewis Bollinger), Gene Blakely, Gordon Jones, Richard Deacon. SW 80 Min.

McKay und Jones, zwei tumbe Toren im Dienst der US Navy, freunden sich mit der eigenwilligen Ente »Bürzelmann« (im Original: Scuttlebutt) an, die nicht nur die Formel für ein neues Satellitenlenksystem der Marine kennt, sondern auch sprechen kann.

Der Film zielt auf das Humorpotential von Zehnjährigen ab, aber die werden sich, so sie Grips haben, mit Grausen von dieser Plotte abwenden. (Dieser Film ist nicht zu verwechseln mit *Ente gut, alles gut* (CHICKEN AND DUCK TALK, Hongkong 1988 von Clifton Ko.)

ENTENZAUBER

(SZEGENY DSZONI ES ARNIKA). Ungarn 1984. R: Andras Solyom. B: Ervin Lazar. K: Lorand Mertz. M: Istvan Martha. D: Tamas Puskas (Johann), Zsuzsa Nyertes (Arnika), Mari Torocsik (Zauberin), Istvan Bujtor (König Ostor), Laszlo Banhidy. F 81 Min.

Ein Wandersmann und eine Prinzessin überlisten eine Hexe, die schon zahlreiche Menschen in Enten verwandelt hat.

ER – STÄRKER ALS FEUER UND EISEN

(GUERRA DEL FERRO/IRONMASTER: LA GUERRE DU FER). Italien/Frankreich 1982. R: Umberto Lenzi. B: Dardano Sacchetti, Alberto Cavallone, Gabriel Rossini, Lea Martino. K: Giancarlo Ferrando. M: Guido de Angelis, Maurizio de Angelis. D: Sam Pasco (Ela), George Eastman

(Wood), Elvire Audray (Isa), Pamela Field (Lith), Brian Redford (Tog), William Berger (Mogo), Benito Stefanelli, Giovanni Cianfriglia, Jacques Her-

Oben: Er – Stärker als Feuer und Eisen
Unten: Ente gut – alles gut!

lin, Areno D'Adderio, Walter Lucchini, Nello Pazzafini, Alessandro Prete. F 94 Min.

»Und es geschah 4 500 Jahre vor unserer Zeit!« blökt die Verleihwerbung: Wood und Ela, zwei urzeitliche Muskelprotze, die sich um einen öden Landstrich raufen, bekämpfen einander mit bis dato nie gesehenen Waffen – einem »Schwert« sowie Pfeil und Bogen. Dem »guten« Recken winkt am Ende die knackige blonde Maid, mit der er in die Ferne zieht. – Ein billiger Barbarenschinken mit »erbärmlicher Ausstattung und miserabler Schauspielerleistung« (FILMDIENST), der höchstens noch den legendären Mann mit dem sechsten Sinn begeistern kann (weil dem bekanntlich die fünf anderen fehlen). [V]

ERASERHEAD

(ERASERHEAD). USA 1977. R: David K. Lynch. B: David K. Lynch. SpE: David K. Lynch. K: Frederick Elmes, Herbert Cardwell. D: Jack Nance (Henry Spencer), Charlotte Stewart (Mary X), Allen Joseph (Mr. X), Jeanne Bates (Mrs. X), Judith Anna Roberts (Hübsches Mädchen in der Halle), Laurel Near (Frau im Heizkörper), V. Phipps-Wilson (Hauswirtin), Jack Fisk (Mann im Planeten), Jean Lange (Großmutter), Thomas Coulson (Junge), John Monez (Schnorrer), Darwin Jostin (Paul), Neil Moran (Boss), Hal Landon jr. (Bleistiftmacher), Jennifer Lynch (Kleines Mädchen), Brad Keeler (Kleiner Junge), Peggy Lynch, Doddie Keeler (Straßengräber), Gill Dennis (Mann mit Zigarre), Toby Keeler (Schläger), Raymond Walsh (Roundheels). SW 90 Min.

Schockierend. Abstrakt und überrealistisch. Kryptisch, komisch und grotesk: die Horror-Fantasy der Innenwelt. Bild für Bild zieht der Debütfilm des Kunststudenten David Lynch den Zuschauer in eine nur selten auf der Leinwand gezeigte Zwischenwelt, den Dämmerzustand zwischen Wirklichkeit und Traum. Langsam, doch dafür um so wirksamer. Sicher von Buñuels *Andalusischem Hund* abstammend, wenn man unbedingt Vergleiche braucht, und doch in einer ganz eigenen unirdischen Filmsprache formuliert: »Wenn jemand durch den Besuch eines Films nachweisbaren Schaden nehmen könnte, stünden die Chancen nicht schlecht, dass es sich bei diesem Film um *Eraserhead* handelte.« (MOVIETONE NEWS) – Henry lebt in einer finsteren Einzimmerwohnung nahe einer Fabrik. An seinem Bett steht ein knorriger kleiner Baum, der aus einem kleinen Erdhaufen auf seinem Nachttisch wächst. Er zieht seine Socken aus, legt sie auf die Heizung. Die Socken verzischen. Der junge Mann, dem die Haare sprichwörtlich zu Berge stehen, legt eine Fats Waller-Platte auf und stiert ausdruckslos vor sich hin. Henry erhält einen Anruf von seiner Freundin Mary X, die ihn zum Abendessen bei ihren Eltern einlädt. Mr. X beschwert sich, dass die Nachbarschaft zum Teufel geht. Mrs. X serviert das Abendessen: kleine Hähnchen, deren Beine zucken, als Henry sie tranchieren will. Als er sie zerschneidet, quillt ein endloser Blutstrom aus ihnen hervor. Mrs. X zwingt Henry zur Heirat mit Mary. Ein Kind sei unterwegs. Das Krankenhaus sei sich noch nicht sicher, ob es sich überhaupt um ein Kind handle, wirft Mary ein. Henrys Nase blutet. Mary zieht in Henrys Wohnung. Das Baby entpuppt sich als Missgeburt, an Thalidomid-Säuglinge erinnernd, eine Art Schafsembryo mit Vogelschädel, eingehüllt in Mullbinden, ständig schreiend. Im Briefkasten finden sich Würmer für das Kind. Mary verlässt ihren Mann. Henry schläft mit einer Nymphomanin; sein Bett verwandelt sich in einen Sumpf. Henry blickt in seinen Heizkörper,

Eraserhead

wo ein blondes, puppenhaftes Mädchen mit ausgeprägten Hamsterbacken auf einer Drehbühne tanzt und Würmer zertritt, die vom Himmel regnen. Henry träumt, dass der missgestaltete Fötus auf der Kommode aus seinem Körper wächst und ihm den Kopf vom Rumpf stößt. Der Kopf fällt durch die Dunkelheit, landet auf der Straße. Ein Junge hebt ihn auf und bringt ihn zu einem Bleistiftmacher, der ihn zu Radiergummi verarbeitet. Das Kind schreit weiter. Henry versucht, es zu beruhigen. Ohne Erfolg. Er verliert die Nerven, reißt ihm die Bandagen ab, sticht mit einer Schere in dem rohen Fleisch herum. Schaum quillt hervor, überflutet das Zimmer, die Welt. Henry schließt sich dem Mädchen im Heizkörper an. Die Leinwand wird gleißend hell.

»Allein die Faszination des Films, die unmittelbare Spannung, die er erzeugt, entfaltet sich unabhängig davon, ob man seine narrativen Elemente ›versteht‹. Er wirkt gerade durch seine einfachen, stark erfundenen und häufig bestechend umgesetzten Bilder und Szenen, deren Einheitlichkeit sich schon vor ihrer inhaltlichen Verknüpfung zu einem komplexen assoziativen Gefüge durch die verwendeten inszenatorischen und fotografischen Mittel herstellt.« (FRANKFURTER RUNDSCHAU) In *Eraserhead* gibt es keine rasanten Kamerafahrten, nur lange, meist statische Einstellungen. Dunkle, expressionistisch anmutende Bilder mit harten Schatten und hämmernde, nicht enden wollende Klänge auf dem Soundtrack bilden einen hypnotischen Teppich, auf dem der Zuschauer in die Welt des glücklichen Katatonikers Henry schreitet. Die in Wahrheit natürlich die Welt seines eigenen Unterbewusstseins darstellt. Nach und nach verliert er die Kontrolle, wie sie Henry schon zu Beginn des Films verloren hat. Passives Ertragen. Eingerahmt wird Lynchs Meisterwerk von Szenen, in denen ein entstellter Mann – Gott? Der Geist Borges'? – mysteriöse Schalter und Hebel bedient.

»Die erschreckenden und oft auch ekelerregenden Visionen stehen in diesem Sinne als Ausdrucksformen für eine neurotische Beziehung zu einer Umwelt, die ausschließlich unter dem Blickwinkel lähmender Lebens- und Zukunftsangst wahrgenommen wird. Die in ihrer sozialen Existenz nicht näher definierten Personen sind denn auch einem nur schwer fassbaren Zwang untergeordnet, der sie an ihrer eigenen Entfaltung hindert und der sie zerstörerischen Handlungsweisen unterwirft ... Es sind Kräfte am Werk, die offenbar nur aufgebrochen werden können durch eine andere Kraft: jene der Emotion.« (NEUE ZÜRCHER ZEITUNG) – »Psychopathisch. Hypnotisch. Beckett. Alptraum. Die Rezensenten-Assoziationen bringen's nicht. Das Vokabular der Filmkritik ist nicht aufgearbeitet. ›Sehgewohnheiten aufbrechen‹ und dergleichen Klassifikationen für nicht Klassifizierbares sind fehl am Platz.« (SOUNDS)

ERIK, DER WIKINGER
(ERIK THE VIKING). GB 1988. R: Terry Jones. B: Terry Jones. K: Ian Wilson. SpE: Richard Conway, Kent Houston. M: Neil Innes. D: Tim Robbins (Erik), Terry Jones (König Arnulf), Eartha Kitt (Freya), Mickey Rooney (Großvater), John Cleese (Halfdan der Schwarze), Imogen Stubbs (Prinzessin Aud), Tsutomu Sekine (Sklaventreiber), Anthony Sher (Loki), Gary Cady (Keitel), Charles McKeown (Svens Vater), Tim McInnery (Sven), John Gordon Sinclair (Ivar), Richard Ridings (Thorfinn). F 94 (108) Min.

Götterdämmerung. Fenrir der Wolf hat die Sonne verschlungen. Jetzt lastet tiefer Winter auf dem Hohen Norden, und die Menschheit dreht durch. Das Problem zu lösen, bricht der einfältige Wikinger Erik mit den härtesten Trinkern und Raufbolden seiner Zeit nach Atlantis-West (im Original: Hy-Brasil) auf. Dort findet er das Wunderhorn, dessen kräftiger Schalmeienklang die Götterschar von Asgard aus ihrem Schlummer reißt und dem sonnenlosen Zeitalter des Ragnarök ein Ende bereitet. – Die Geschichte hatte Ex-Python Terry Jones gelegentlich als Märchen für seinen siebenjährigen Knaben Bill geschrieben und 1983 unter dem Titel »The Saga of Erik the Viking« veröffentlicht. Für ein Erwachsenenpublikum satirisch aufgemotzt, wurde es nach der bösen Sexgroteske *Personal Services* sein zweiter Kinofilm in eigener Regie. » ... eine entwaffnend blöde Mixtur aus Blut-und-Schlamm-Realismus, Walhalla-Parodie, bemühter Botschaft, derbstem ›overacting‹ (von Terry Jones als König Arnulf bis zu John Cleese als Bösewicht Halfdan der Schwarze) und Fantasy-Szenen, die vom Lächerlichen (der Kampf mit einem See-Drachen) bis zum (fast) Sublimen reichen: etwa wenn das Schiff der Wikinger über den Rand der Welt fällt.« (KÖLNER STADT-ANZEIGER) Die deutsche Fassung ist 14 Minuten kürzer. [V]

ERNST RETTET WEIHNACHTEN

(ERNEST SAVES CHRISTMAS). USA 1988. **R:** *John Cherry.* **B:** *B. Kline, Ed Turner.* **K:** *Peter Stein.* **SpE:** *Mike Weesner, Tim McHugh.* **M:** *Mark Snow.* **D:** *Jim Varney (Ernst), Douglas Seale (Weihnachtsmann), Oliver Clark (Joe Carruthers), Noelle Parker (Pamela Trenton), Gailard Sartain (Chuck), Billie Bird, Bill Byrge, Robert Lesser, Key Howard, Jack Swanson.* F 91 Min.

Klamauk-Klamotte um einen schusseligen Taxifahrer, der dem Weihnachtsmann hilft, einen Nachfolger zu finden.

EROTISCHE GESCHICHTEN AUS 1001 NACHT

(IL FIORE DELLE MILLE E UNA NOTTE). Italien/Frankreich 1973. **R:** *Pier Paolo Pasolini.* **B:** *Pier Paolo Pasolini, Dacia Marasni.* **LV:** *Geschichten der Liebe aus 1001 Nächten.* **K:** *Giuseppe Ruzzolini.* **M:** *Ennio Morricone.* **D:** *Franco Citti, Ninetto Davoli, Teresa Bouché, Franco Merli, Margareth Clementi, Ines Pellegrini, Alberto Argentini, Luigina Rocchi, Salvatore Sapienza, Francesco Paolo Governale, Barbara Grandi, Zeudi Biasolo, Gioacchino Castellina, Elizabetta Vito Genovese, Mohamed Ali Zedi, Abadit Ghidei, Jocelyn Munchenbach, Salvatore Verdetti, Jeanne Gauffin Matthieu, Christian Aligny.* F 130 Min.

Nach *Decameron* und *Pasolinis tolldreiste Geschichten* bilden die *Erotischen Geschichten aus 1001 Nacht* den dritten Teil dessen, was Pier Paolo Pasolini seine »Trilogie des Lebens« nennt. Er hat fünfzehn Liebeserzählungen aus der berühmten Geschichten- und Märchensammlung des Orients ausgewählt und ineinander verschlungen. Als äußere Rahmenhandlung wird die Geschichte Nur-el-Dirs und der schönen Sklavin Zummurrud erzählt, die durch böse Machenschaften getrennt werden. Als Mann verkleidet, steigt Zummurrud zum Herrscher eines fernen Königreichs auf, während Nur-el-Dir auf der Suche nach der Geliebten durch Landschaften wandert und dabei Geschichten selbst erlebt und erzählt bekommt. Am Ende ihrer Irrfahrten, nach komischen, tragischen, mysteriösen und grotesken Abenteuern, finden die Liebenden endlich zueinander.

»Die *Erotischen Geschichten* sind gelungener und erträglicher als die beiden vorangehenden Teile ... Immer noch gelingt es Pasolini, die Lust am Fabulieren adäquat ins Bild umzusetzen ... Es entsteht ein Kaleidoskop des Lebens, etwas konfus zwar, aber nicht ohne Charme. – Gewiss, man findet auch in diesem Film alle Obsessionen Pasolinis versammelt: Homoerotik, Phalluskult etc. Die teilweise ordinären und geilen Späße in *Decameron* und *Canterbury Tales* sind jedoch einer unbeschwerteren, kultivierteren und raffinierteren Freude am Geschlechtlichen gewichen ... Durch den ganzen Film zieht sich das Bestreben, wie in einem Filigran die arabische Kultur durchschimmern zu lassen. Mit fast ethnographischer Akribie hat Pasolini den Alltag und die Gesellschaft des arabischen Mittelalters einzufangen versucht. Er hat in Jemen, Eritrea, Persien und Nepal wunderbare Landschaften, pittoreske Dörfer und Städte gefunden und mit Gestalten bevölkert, die noch aus der Zeit Harun-al-Raschids zu stammen scheinen. Hier liegen wohl die besten Qualitäten des Films.« (Franz Ulrich, FILMDIENST)

DAS ERSTE EVANGELIUM – MATTHÄUS

(IL VANGELO SECONDO MATTEO). Italien 1964. **R:** *Pier Paolo Pasolini.* **B:** *Pier Paolo Pasolini.* **LV:** *Matthäus-Evangelium.* **K:** *Tonino Delli Colli.* **M:** *Johann Sebastian Bach, Wolfgang Amadeus Mozart, Serge Prokofieff, Anton Webern, Luis E. Baclov.* **D:** *Enrique Irazoqui (Christus), Margherita Caruso (Junge Maria), Susanna Pasolini (Alte Maria), Marcello Morante (Joseph), Mario Socrate (Johannes der Täufer), Settimio Di Porto (Petrus), Alfonso Gatto (Andreas), Marcello Galdini (Jakob), Giacomo Morante (Johannes), Giorgio Agamben (Philippus), Guido Ceretani (Bartholomäus), Rosario Migale (Thomas), Ferruccio Nuzzo (Matthäus), Luigi Barbini (Jakob, Sohn des Alfeo), Elio Spaziani (Thaddäus), Enzo Siciliano (Simon), Otello Sestili (Judas), Rodolfo Wilcock (Kaiphas), Alessandro Clerici (Pontius Pilatus),*

Amerigo Bevilacqua (Herodes I.), Francesco Leonetti (Herodes II.), Franca Cupane (Herodias), Paola Tedesco (Salome), Rossana di Rocco (Engel des Herrn), Eliseo Boschi (Joseph von Arimathia), Natalia Ginzburg (Maria von Bethanien), Renato Terra (Pharisäer). SW 136 Min.

»Ich wusste, dass ich das Neue Testament nach der Methode der Analogie verfilmen würde ... Süditalien ermöglichte es mir, die Transposition der alten in die moderne Welt ohne eine archäologische oder philologische Rekonstruktion vorzunehmen.« (Pasolini zit. n. Oswald Stack, PASOLINI ON PASOLINI) Pasolini hält sich streng an den Text des Evangeliums: Von der Verkündigung Mariä bis zum Kreuzestod Christi »mit geringfügigen Kürzungen und kleinen Ergänzungen aus Jesaias, dargestellt in Apulien, Lukanien und Kalabrien von meist ortsansässigen Laien; gewidmet der gütigen, fröhlichen, leutseligen Erscheinung Johannes XXIII.« Keine exakte Rekonstruktion, keine Modernisierung, dafür aber aus der Kenntnis von zwei Jahrtausenden biblischer Überlieferung eine eigene Interpretation, eingebettet in die trostlosen, wie von Gott verlassenen Landschaften Süditaliens. Pasolinis Christus hat sozialrevolutionäre Züge, ist Vorkämpfer für die soziale Gerechtigkeit, der es nicht bei der reinen Nächstenliebe bewenden lässt. – Kaum ein Film Pasolinis hat derart viele und kontroverse Meinungen provoziert wie dieser. Wolfram Schütte in Reihe Film Bd. 12, PIER PAOLO PASOLINI: »Bei der Premiere auf der Mostra in Venedig randalierten vorweg schon italienische Faschisten gegen die zu erwartende ›Beschmutzung einer Quelle des christlichen Abendlandes‹

durch den atheistischen Marxisten; französische Kritiker sahen in dem Film einen ›unverantwortlichen Betrug und Ästhetizismus‹, eine ›zweifelhafte Analogie Lenins mit Christus‹; während liberale Kritiker und linke Theologen in der Bundesrepublik den Film teils als ›den besten aller misslungenen Jesusfilme‹, teils als ein ›Stück ... zu unserer aller Erlösung‹ lobten und verteidigten, warfen linke oder sich marxistisch gerierende Kritiker dem [Film] ... vor, er sei ›ein konformistischer Film‹, der nicht ›radikal genug mit der Bibelexegese gebrochen‹ habe, womit die ›christliche Ideologie verniedlicht‹ werde, was zu einer ›fragwürdigen Interpretation des Christentums‹ führe, das ›nicht marxistisch ist‹«. Pasolini hat bereits vier Jahre später einem Teil der kritischen Einwände recht gegeben: »Es ist ein außerordentlich widersprüchlicher Film, von Grund auf zweideutig und aus den Fugen geraten – besonders die Figur des Christus: manchmal ist er ebenso peinlich wie rätselhaft. Es gibt (im Film) einige schreckliche Momente, für die ich mich schäme, die fast gegenreformatorisches Barock sind, abstoßend: die Wunder. Das Wunder der Brote und der Fische und Christus auf dem Wasser gehend: das ist ekelhafter Pietismus. Der Sprung von dieser Art Heiligen-Bilder-Szenen zu der leidenschaftlichen Gewalt und Politik seiner Predigten ist so groß, dass die Christus-Figur des Films im Publikum ein großes Gefühl des Unbehagens verbreitet. Die Katholiken kommen aus dem Film mit dem Gefühl, dass ich Christus schlecht gemacht habe. Er ist in Wirklichkeit nicht schlecht, er ist nur voller Widersprüche. Während die Widersprüche im Text jedoch Widersprüche des Gehalts, der Bedeutung, der Leidenschaft, des Glaubens, der Religion sind, sind die Widersprüche in meinem Film eher existentieller Art und deshalb beunruhigender.« (Oswald Stack, PASOLINI ON PASOLINI)

DER ERSTE RITTER

(THE FIRST KNIGHT). USA 1995. **R:** *Jerry Zucker.* **B:** *William Nicholson.* **K:** *Adam Greenberg.* **SpE:** *John Evans, Terry Glass.* **M:** *Jerry Goldsmith.* **D:** *Sean Connery (König Arthur),*

Das erste Evangelium – Matthäus

Der erste Ritter

Richard Gere (Lancelot), Julia Ormond (Lady Guinevra), Ben Cross (Malagant), John Gielgud (Oswald), Liam Cunningham (Sir Agravaine), Christopher Villiers (Sir Kay), Valentine Pelka (Sir Patrise), Colin McCormack (Sir Mador), Ralph Inesen (Ralf). F 133 Min.
Einmal mehr werden wir an Camelots in Disneyland-Glanz erstrahlenden Hof gebeten und an die sagenhaft zechende Tafelrunde geladen. Richard Gere, damals schon fast 50, nutzte die letzte Chance, als jugendlicher Lancelot der Liebe zu der wankelmütigen Königsbraut Guinevra zu erliegen, wobei er nach der sehr frei erzählten Sage von Sean Connerys Bräutigam Artus auf frischer Tat ertappt wird. Um die Scharte wettzumachen, steht der leidenschaftliche Einzelkämpfer mit fernöstlich angehauchten Kampftechniken dem gütigen König als erster Ritter gegen den boshaft in schwarzes Leder gehüllten, wie ein gefallener Engel von der Tafelrunde abgefallenen Recken Malagant bei. – Pompös und streckenweise unfreiwillig komisch. [V]

ERZÄHLUNGEN EINER WEISSEN SCHLANGE
(HAKUJA DEN). Japan 1958. **R:** *Taiji Yabushita.* **B:** *Taiji Yabushita.* **M:** *Chuji Kinoshita.* **A:** *Akira Daikubara, Yasuji Mori, Yasuo Otsuka, Yusaku Sakamoto, Kazuo Kusano. F 75 Min. (Zeichentrick).*

Der junge Hsu Hsien freundet sich mit einer weißen Schlange an. Als ihn seine Eltern zwingen, sie auszusetzen, verliebt er sich in die hübsche Pai Niang, die sich als Inkarnation der weißen Schlange erweist. Doch der Zauberer Fa Hai will die Liebenden auseinanderbringen. Panda und Mimi, seine beiden Tierfreunde, können nicht verhindern, dass Hsu von einer hohen Klippe in den Tod stürzt. Um den Preis ihrer Unsterblichkeit fordert Pai Niang vom Drachengott das Leben ihres Geliebten zurück. Ihr Wunsch wird gewährt. Mit einem gewaltigen Seesturm versucht Fa Hai ein letztes Mal, sie zu überwältigen. Als er Pai Niang und Hsu Hsien endgültig in seiner Macht hat, verschont er sie jedoch, gerührt durch die Reinheit ihrer Liebe. – Nach alten chinesischen Sagen eigenartig bedächtig erzählter Film, dem man gerade bei seinen Tierfiguren nur zu deutlich das technisch nicht erreichte Disney-Vorbild ansieht. Interessant an diesem ersten abendfüllenden Zeichentrickfilm aus Japan sind jedoch sein Einfallsreichtum und die ungewöhnliche Farbenpracht.

ES LEBEN DIE GEISTER
Anderer Titel für **Unsere Geister sollen leben**

ES LEBT!
(HABITAT). Kanada/Niederlande 1996. **R:** *Rene Daalder.* **B:** *Rene Daalder.* **K:** *Jean Lepine.* **M:** *Ralph Grierson.* **D:** *Balthazar Getty (Andreas Symes), Tchéky Karyo (Hank Symes), Kenneth Welsh (Coach Marlowe), Laura Harris (Deborah Marlowe), Brad Austin (Blaine). F 99 Min.*
Öko-Thriller: Ausgerechnet der Sohn eines ökologisch bewussten Forscherpaares, dem seine Alten auf den Keks gehen, wird mit einem durch ein fehlerhaftes Experiment im Hause verursachten tropischen Biotop konfrontiert. Nur auf Video. [V]

ES WAR EINMAL
(LA BELLE ET LA BÊTE). Frankreich 1945. **R:** *Jean Cocteau.* **B:** *Jean Cocteau.* **LV:** *Mme. Leprince de Beaumont.* **K:** *Henri Alékan.* **M:** *Georges Auric.* **D:** *Jean Marais (Avenant, das Untier, der Prinz), Josette Day (Schöne), Mila Parélly und Nane Germon (Schwestern Adélaide und Félicie), Marcel André (Vater der Schönen), Michel Auclair*

(Bruder der Schönen), Raoul Marco *(Wucherer)*,
Gilles Watteaux, Noë Blin. SW 95 Min.

Es war einmal in dem ort- und zeitlosen Land der
Märchen. Darin wohnte ein reicher Kaufmann
mit drei Töchtern und einem Sohn. Doch eines
Tages verlor er in einem Sturm seine reichbela-
denen Schiffe und damit sein Vermögen, so dass
ihm nur die Arbeit und seine Kinder blieben. Bella war die jüngste, fleißigste, anmutigste und
schönste der Töchter. Sie führte den Haushalt
und versorgte den Vater, ja, sie war ihm so zugetan, dass sie sogar das Heiratsangebot Avenants,
des Freundes ihres Bruders, ausschlug. Als der Vater eines Tages in eine entfernte Stadt reisen muss,
wünscht sich die bescheidene Bella nur eine
blühende Rose als Mitbringsel. In nebliger Dämmerung verirrt sich der Kaufmann und gelangt zu
einem geheimnisvollen Schloss, das in einem ver-
wilderten Park liegt. Als er eine Heckenrose
pflückt, taucht der Schlossherr auf – ein grauenvoller Anblick, seine Kleider sind menschlich,
doch seine Gesichtszüge ähneln denen eines gefährlichen Tieres. Der Schlossherr fordert für die
gebrochene Rose den Tod des Kaufmanns, es sei
denn, eine seiner Töchter würde sich für ihn opfern. Der Kaufmann erbittet Bedenkzeit. Bella
fühlt sich für den Vater verantwortlich, sie geht
heimlich auf das Schloss. Sie fühlt sich vom grässlichen Anblick des Wesens abgestoßen, aber auch
von seiner Anhänglichkeit gerührt. Der Schlossherr überhäuft sie mit Geschenken. Da er von der
Reinheit, der Schönheit und dem Mut des
Mädchens fasziniert ist, begehrt er sie zur Frau.
Sie lehnt beharrlich ab, obwohl ihr Widerwillen
gegen die Bestie immer mehr schwindet. Die Tage gehen dahin, Bella bangt um ihren Vater, dessen baldigen Tod sie erahnt. Sie will ihn besuchen.
Der Schlossherr beschwört sie, rechtzeitig
zurückzukommen, da er ohne sie nicht weiterleben kann. Als Beweis seines Vertrauens gibt er
Bella die fünf Geheimnisse seiner Macht mit auf
die Reise: die Rose, den Spiegel, den Handschuh,
das Pferd und den Schlüssel, mit dem man die
Schatzkammer der Bestie, den Pavillon der Dia-

na, öffnen kann. Der todkranke Vater wird beim
Anblick Bellas wieder gesund. Die neidischen
Schwestern, der Bruder und Avenant wollen Bel-
la überreden, nicht zur Bestie zurückzukehren.
Bella will ihren Schwur auf keinen Fall brechen,
sie spürt ihre Liebe zu dem Untier. Des Nachts
stehlen die Schwestern ihr den Schlüssel zur
Schatzkammer, veranlassen den Bruder und
Avenant, auf dem Zauberschimmel zum Schloss
zu reiten, wo sie die Bestie töten und den Schatz
rauben sollen. Voller Sorge um den verloren geglaubten Schlüssel und die Bestie eilt Bella zum
Schloss. Im Park findet sie das sterbende Wesen.
Der Tod tritt in dem Augenblick ein, als Bruder
und Avenant versuchen, in den Pavillon der Diana einzudringen. Avenant wird von einem Pfeil
der steinernen Diana getroffen, um daraufhin die
Gestalt des Untiers anzunehmen. Währenddessen
verwandelt sich unter Bellas liebendem Blick der
einstige Schlossherr in einen strahlenden jungen
Mann, dessen äußere Ähnlichkeit mit Avenant
nicht zu übersehen ist. Bella nimmt das Heiratsangebot der »Bestie« an. Bald wird sie Prinzessin.
Sie folgt ihrem Prinzen ...

Fünfzehn Jahre nach seinem ersten Film *Das
Blut eines Dichters* enttäuschte Jean Cocteau bei
der Uraufführung von *Es war einmal* in Cannes
Jury und Kritiker, die ein surrealistisches Experiment, zumindest aber eine philosophische Interpretation zu Gegenwartsfragen erwartet hatten.
Cocteau zauberte eine Märchenphantasie, die
aufgrund ihres künstlerischen Ranges die Zeiten
überdauert hat und noch immer zu den besten Filmen der Geschichte zählt. Einzigartig sein Einfallsreichtum, mit einfachsten Mitteln die größte
Wirkung zu erzielen, eine übernatürliche Märchenwelt zu schaffen, in der sich selbst die Filmtricks organisch ins feenhafte Geschehen einfü-

Es war einmal (rechts: Jean Cocteau)

133

gen: das verwunschene Schloss mit Türen, die sich von selbst öffnen und schließen; Kerzenkandelaber, die, von Menschenarmen gehalten, wie von Geisterhand entzündet werden; steinerne Statuen, die plötzlich lebendig in das Geschehen eingreifen; der Zauberspiegel, mit dem man alles beobachten kann. In aller Erinnerung bleibt die Bestie, ein Ausbund von Hässlichkeit mit wilden Reißzähnen, aber auch mit seltsam anrührenden, unendlich wehmütigen und gutmütigen, oft traurigen Augen. Jean Marais in seiner Autobiographie SPIEGEL MEINER ERINNERUNG: »Für das Ungeheuer hatte ich mir einen Hirschkopf vorgestellt. Ich dachte nur an schöne Wälder. Bérard machte mir klar, dass es kein pflanzenfressendes, sondern ein fleischfressendes Tier sein müsste. Auch ein noch so prächtiges Hirschgeweih würde das Publikum nur zum Lachen reizen. Unser Tier musste etwas Erschreckendes haben. Er hatte recht ... Das Schminken dauerte bei mir fünf Stunden – drei fürs Gesicht, eine für jede Hand. Wie eine Perücke war meine Maske gearbeitet, Haar für Haar auf Tüll genäht und aus drei Teilen bestehend, die aneinandergeklebt wurden. Meine Zähne wurden teilweise mit schwarzem Lack optisch zugespitzt, und auf die Eckzähne kamen von Goldklammern gehaltene Hauer. Dieses fleischfressende Tier aß nur Pürees und Kompotte, und zwar an Labédyères Tafel; die Schlossherren hatten uns schließlich doch noch ihren Park zur Verfügung gestellt. Entgeistert starrten die Kinder auf dieses seltsame Wesen, das mit ihnen zu Mittag aß. Aus Angst, meine Maske zu beschädigen, sprach ich wenig und bemühte mich, die Lippen möglichst nicht zu bewegen – Resultat: Man verstand nicht, was ich sagen wollte, und Marais hatte schlechte Laune ...« Diese verzog sich spätestens, als sich der Erfolg des Films einstellte. Durch einen Riesenzufall handelte Marais mit dem Produzenten des Films statt der Gage eine prozentuale Beteiligung aus – und verdiente Millionen. [V]

ES WAR EINMAL EIN KÖNIG
(BYL JEDNOU JEDEN KRAL). ČSSR 1955. R: Borivoj Zeman. B: Jan Werich, Jiří Brdečka, Borivoj Zeman. LV: Božena Němcová. K: Jan Roth. M: Václav Trojan. D: Jan Werich, Vlasta Burian, Irene Kacirková, Stella Májová, Milena Dvorska. F 107 Min.

... der hatte drei Töchter. Diejenige, die ihn am meisten liebte, sollte das Königreich erben. Die eine liebte ihn wie Gold, die andere wie das Gold ihrer Kehle, doch die jüngste liebte ihn wie Salz. Da glaubte sich der König von ihr verhöhnt und verstieß sie. Dann will er den Beweis antreten, wie nutzlos Salz doch sei. Er lässt alles Salz vernichten, was dem Land letztendlich große Not und ihm selbst die Einsicht bringt, dass man zwar ohne Gold, nicht aber ohne Salz leben kann. Er lässt die jüngste Tochter zurückholen und beweist seine Volksverbundenheit, indem er das königliche Dreimäderlhaus mit höchst unköniglichen, ärmlichen Freiern verheiratet. – Aus diesem Volksmärchen aus der Sammlung von Božena Němcová, der bedeutendsten tschechischen Schriftstellerin des 19. Jahrhunderts, ist ein großartiger Film geworden. Wie ernst die Tschechen ihre Märchenfilmproduktion nahmen und nehmen, beweist die Tatsache, dass sich die besten Schauspieler des Landes – in diesem Fall Jan Werich und Vlasta Burian – nicht scheuen, bei solchen Unternehmungen mitzuspielen, sich sogar in Höchstform präsentieren.

DIE ESELSHAUT
Anderer Titel für **Die Prinzessin mit der Eselshaut**

EXCALIBUR
(EXCALIBUR). USA 1981. R: John Boorman. B: Rospo Pallenberg, John Boorman. LV: »Der Tod Arthurs« von Thomas Malory. K: Alex Thomson. SpE: Peter Hutchinson, Alan Whibley, Wally Veevers. M: Trevor Jones. D: Nigel Terry (König Arthur), Nicol Williamson (Merlin), Nicholas Clay (Lancelot), Helen Mirren (Morgana), Cheri Lunghi (Guenevere), Paul Geoffrey (Parsifal), Robert Addie (Mordred), Gabriel Byrne (Uther), Keith Buckley (Uryens), Katrine Boorman (Igrayne), Liam Neeson (Gawain), Corin Redgrave (Cornwall), Niall O'Brien (Kay), Patrick Stewart (Leondegrance), Clive Stewart (Ector), Charley Boorman (Mordred als Knabe), Barbara Byrne (Morgana als Kind). F 140 Min.

Das dunkle Zeitalter. Nebel, Finsternis, erdige fahlgelbe Töne beherrschen die ersten Minuten des Kampfgetümmels. In einer bestechenden Gegenlichtaufnahme tritt Merlin aus dem Feuerschein und befiehlt den Kontrahenten, sich am See zu sammeln. Die Farben wandeln sich zu einem hellen Grün, aus dem See erscheint Excalibur, das »Schwert der Macht«. Doch der auserwählte neue Träger Uther Pendragon missbraucht die Macht des Schwertes; nicht die friedliche Einheit herzustellen, sondern allein zu siegen, zu töten, zu herrschen, ist seine Absicht. Und Liebe bedeutet für ihn lediglich Besitz: So sehr begehrt er Igrayne, die Frau des Herzogs von Cornwall, dass der eben erst geschlossene Waffenstillstand daran zerbricht. Schnell verdüstern sich die Farben wieder. Uthers Machtdrang droht Merlins Pläne zu sabotieren. Nur zu bereitwillig unterstützt ihn der Zauberer daher bei seinem Weg in den Untergang. Für den Preis der daraus entstehenden Frucht verhilft er Uther zu einer Liebesnacht mit Igrayne. Auf dem Nebelatem des heraufbeschworenen Drachen gelangt Uther, dem Merlins Magie das Aussehen Cornwalls verliehen hat, in dessen Burg. Während Uther mit Igrayne dem Höhepunkt entgegentreibt, erlischt parallel dazu das Leben Cornwalls, der bei der Verfolgung von Uthers Armee in einen Speer stürzt. Neun Monate später fordert Merlin seinen Tribut: das Kind, das in jener Nacht gezeugt wurde. Widerwillig gibt Uther es ihm, überlegt es sich jedoch noch einmal und reitet Merlin hinterher. Von Rebellen überfallen und tödlich verwundet, treibt er Excalibur mit letzter Kraft in einen Stein, aus dem es nur ein würdiger König wieder befreien kann. – 18 Jahre vergehen. Merlins Plan trägt erste Früchte. Mit dem Erscheinen des jungen Arthur, Uthers Sohn, hellt sich die Finsternis auf. Durch eine Kette scheinbarer Zufälle dazu veranlasst, zieht er Excalibur aus dem Stein: Arthur ist der neue König. Sein Wagemut und Stolz bekehren einige unüberzeugte Ritter, er verliebt sich darüber hinaus in die schöne Guenevere. Doch auch Arthur ist nicht ohne Fehl. Im Duell gegen den übermächtigen Lancelot lässt er sich von seinem Zorn leiten und benutzt Excalibur, wie sein Vater, zum Töten. Das Schwert zerbricht. Arthur bereut seine Tat sogleich, und die Königin der See gibt ihm eine neue Chance. Sie repariert Excalibur, der genesene Lancelot wird Arthurs erster

Ritter. Nach zahlreichen Schlachten ist das Land befriedet. Merlin initiiert die Gründung einer Tafelrunde und vollendet damit seinen Plan. Camelot ist für ihn die Hoffnung, die Kontinuität der alten Welt zu garantieren, in einer Endzeit, in der mit dem aufblühenden Christentum gleichzeitig eine Götterdämmerung hereinbricht. Doch die Intrigen und Ränkespiele, die er zu diesem Zweck inszeniert hat, rächen sich allmählich: Die Zauberin Morgana, Arthurs Halbschwester, lässt kurz nach der Heirat das Gerücht verbreiten, Lancelot habe ein Verhältnis mit Arthurs Frau Guenevere. Schließlich muss Arthur einsehen, dass Morgana recht hat. Sein Mentor Merlin versucht noch einmal, das Geschick zu wenden, wird aber von Morgana in einen Kristall verbannt. Als Morgana, die das Aussehen Gueneveres angenommen hat, Inzest mit Arthur begeht und von ihm einen Sohn, Mordred, empfängt, ist ihr Triumph komplett. Angesichts des beidseitig vollzogenen Ehebruchs verzichtet Arthur auf Excalibur und fällt in Schwermut. Das Land wird von Hungersnöten und Pestilenz heimgesucht. Um wiederzufinden, was verloren ist, sendet Arthur seine Ritter auf die Suche nach dem Gral. Lange Jahre vergehen ob der ergebnislosen Odyssee durch surrealistische Landschaften. Fast alle Ritter fallen Morganas Machenschaften zum Opfer, nur Parsifal entgeht ihrer tödlichen Versuchung. Er findet den Gral erst, als er sich seiner Rüstung entledigt, nackt und bloß, der unschuldige Tor, der er einst war, in die Gralsburg eintritt. Die Botschaft des Grals aber (»Ihr seid das Land, und das Land seid ihr«) bringt kein Heil, sondern Untergang. Mit neuem Lebensmut stellt Arthur sich der finalen Schlacht gegen Mordred, während um ihn herum das Land erblüht. Einzig Parsifal überlebt das blutige Gemetzel, das mit der gegenseitigen Ermordung Arthurs und Mordreds ein Ende nimmt. Auf Geheiß des sterbenden Königs übergibt er Excalibur wieder der Königin der See. Wo es ruhen wird, bis sich ein neuer König seiner würdig erweisen wird.

Excalibur ist ohne Frage die Urmutter aller modernen Fantasy-Filme. Erstmals finden sich in dieser Addition aller Klischeevorstellungen zum Thema Märchen/Mythos/Sage explizit die Botschaften und Inhalte dieser speziellen Untersparte Fantasy. Regisseur John Boorman: »Der Zauberer Merlin repräsentiert die natürliche Magie. Freilich sehen wir ihn in der Geschichte als jemand, der seine Macht verliert. Er ist der letzte

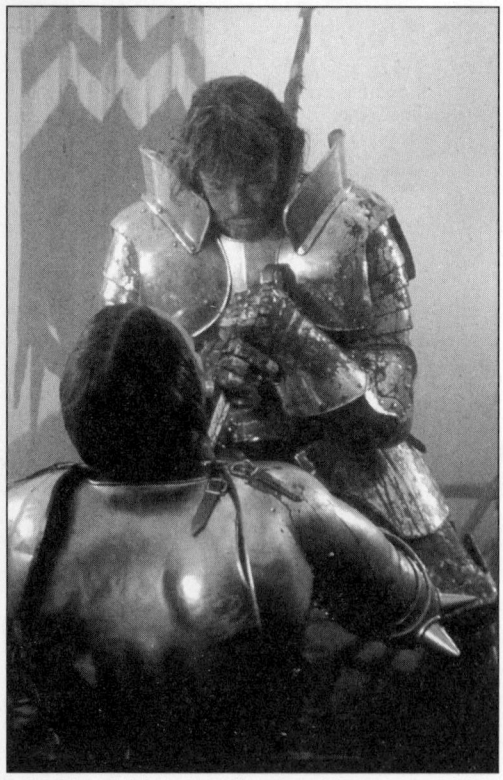

Zauberer, er steht am Ende einer Reihe von Druiden und Alchimisten. Der heutige Mensch verliert sein magisches Verhältnis zur Natur und verlässt sich mehr auf seinen Verstand. Eben das ist eine der wesentlichen Aussagen der Legende, dass der Mensch seine magische Beziehung zur Natur einbüßt und eine Richtung einschlägt, die direkt zu unserer gegenwärtigen Technologie und Wissenschaft führt. Aber ohne diese magische Beziehung sind wir unvollkommen. Wir sind der Natur entfremdet, haben etwas Lebenswichtiges verloren. Wir haben zu viel unserer Technologie geopfert. Wie können wir das wiederfinden? Auf keinen Fall gibt es ein Zurück zu der verlorenen Unschuld der Vergangenheit, wir können nicht wieder im Wald leben. Wir müssen also eine eigene Alternative für die Zukunft finden. In der Legende ist das die Suche nach dem Gral, ein Versuch, auf spirituell-transzendentem Weg die Verbindung mit der Magie wiederherzustellen. Davor stehen wir heute.« Soviel Jung auf einmal war dann aber auch John Boorman nicht geheuer. So rumort denn konstant die Ironie im Untergrund, wird das allgegenwärtige Pathos aufgebrochen, mahnen die kleinen bissigen Kommentare Merlins, dass man das Ganze doch bitte nicht zu ernst nehmen sollte. Nichtsdestotrotz erregte der opulente Bilderrausch bei den Fans des kargen Denkerkinos dezentes Grausen ob soviel Trivialität. Stellvertretend für viele ähnlich lautende Kritiken die des FILMDIENST, der die Latte natürlich bei Bresson anlegte: »Nebelschwaden wabern, die Musik wagnert und mahlert, und Merlin und Morgana lassen ihre Zaubertricks steigen. An Stelle von echter Magie stellt sich jedoch meist nur Hollywood-Kitsch ein, und die streckenweise wie eine Orgie aus Blech, Blut und Blendwerk wirkenden Szenen erscheinen als das genaue Gegenteil zu den kargen Bildern, mit denen Robert Bresson in *Lancelot, Ritter der Königin* eine fast abstrakte, mystische Verinnerlichung erzielt hat. Boorman geht es überhaupt nicht um geistig-kulturelle Aspekte, weder um eine historische Situierung noch um eine geistige Vertiefung oder gar neue Deutung, sondern um das bildhafte, sinnli-

Excalibur

che Nacherzählen eines großartigen Sagen- und Abenteuerstoffes.« Zugegeben: Höchst trivial ist das Ganze sicher. Wer nun aber argumentiert, dass die »pompöse Soap-Opera« Boormans »jegliche Phantasie beim Zuschauer schon im Ansatz erstickt« (FILMBEOBACHTER), vertauscht Ursache und Wirkung. Hätte der Mensch noch Phantasie, bräuchte er nicht die prall mit Bildern gefüllten Gegenwelten der modernen Fantasy-Filme, um seine in der tristen Betongegenwart verkümmerte Phantasie zu reaktivieren. So liegt denn auch der Grund für den Kassenerfolg von *Excalibur* zum großen Teil in Boormans visuellem Genie, den von Alex Thomson bestechend schön abfotografierten irischen Urlandschaften sowie Tony Pratts verschwenderischer Ausstattung: »Boorman bedient sich ganz ungeniert aus der Bildvorstellung der Malerei des späten 19. Jahrhunderts etwa. Präraffaelitische Dekadenz, mystisch überhöhte Landschaftsbilder wie in der Nachromantik, überzogene Farbwerte des Symbolismus usw. wechseln ab mit Monumentalkitsch, der hingegen von Frazetta sein könnte, und geht über in Farbwerte und Kulissendetails, die man von Corman her kennt. Und das alles auch noch mit Selbstzitaten des Regisseurs aus *Zardoz* und *Beim Sterben ist jeder der Erste* ver-

sehen, wird tatsächlich zu einem fesselnden Feuerwerk der Bildeindrücke und Anspielungen. Boorman ist ein genialer Kompilator; das gilt auch für die Musik. Geschickt benutzt er Motive von Wagner und Orff und unterwirft sie souverän seiner effektsicheren Dramaturgie. Bisweilen freilich ufert das ein wenig aus ... aber insgesamt rundet sich das doch zu einem mythischen Gesamtkosmos, der zwar weitgehend trivial und oberflächenbetont ist, aber doch ziemlich einzigartig in Spannung, Effekt und atmosphärischer Kraft.« (Hubert Haslberger, FILMDIENST) – »Wenn dieses Filmgewitter namens *Excalibur* auch ein wenig zwergenhirnig sein mag, so ist es doch immerhin ein echtes Gewitter.« (Pauline Kael, NEW YORKER) [V]

F

DIE FABEL VON REINEKE FUCHS

(LE ROMAN DU RENARD). Frankreich 1928. **R:** *Ladislas Starewitsch.* **B:** *Irène Starewitsch, Jean Nohain, Antoinette Nordmann.* **M:** *Vincent Scotto.* *SW 63 Min.*

Der Pole Starewitsch hatte noch vor der Revolution in Russland begonnen, Figuren von Insekten kinematographisch zu animieren. Später übersiedelte er nach Frankreich und drehte, unterstützt von seinen Töchtern, weitere Trickfilme, die durch den Naturalismus der Puppengestaltung und Animation noch heute beeindrucken. Als sein Hauptwerk gilt *Die Fabel von Reineke Fuchs:* Der listenreiche Reineke Fuchs behauptet sich gegen eine machtvolle Allianz der anderen Tiere, die sich gegen ihn verbünden und ihn seiner Ränke wegen vor Gericht stellen wollen. – Eine rekonstruierte Fassung wurde 1999 von La Sept in Auftrag gegeben.

FÄHRMANN MARIA

Deutschland 1935. **R:** *Frank Wisbar.* **B:** *Hans-Jürgen Nierentz, Frank Wisbar.* **K:** *Franz Weihmayr.* **M:** *Herbert Windt.* **D:** *Sybille Schmitz (Maria), Aribert Mog (Mann vom anderen Ufer), Peter Voß (Fremder, Tod), Carl de Vogt (Geiger), Karl Platen (Alter Fährmann), Eduard Wenck (Dorfschulze), Gerhard Bienert (Gutsherr).* *SW 83 Min.*

Einer der ganz wenigen »Legenden«-Filme mit phantastischem Inhalt, die im Dritten Reich entstanden: Maria übernimmt die durch den Tod des alten Fährmanns frei gewordene Stelle. Eines Abends setzt sie einen von Reitern verfolgten Verwundeten über. Sie versteckt ihn in ihrer Kate, pflegt ihn und beginnt ihn zu lieben. Wieder bei Kräften will er zurück in die Heimat, um den Befreiungskampf fortzusetzen, doch ein Fieberanfall wirft ihn aufs Lager zurück. Der Tod kommt, will sich von Maria übersetzen lassen, um den Verwundeten zu holen. Maria fährt ihn ins Dorf, tanzt auf einem Bauernfest mit ihm, will ihn abschütteln, sich für den Geliebten opfern. Sie geht mit dem Tod über den Sumpf, der zwischen Dorf und Fluss liegt. Wie durch ein Wunder verschlingt der Sumpf den Tod, lässt Maria jedoch entkommen. Die beiden Liebenden setzen über den Fluss und ziehen einer gemeinsamen Zukunft entgegen. – »Solche Geschichten ... sind immer Männerträume, hier imaginiert in romantisch aufgeladener mittelalterlicher Allegorik, die ›den Tod‹ mit ›der Liebe‹ ringen lässt. Die als hingebungsvolle Selbstaufgabe zelebrierte Liebesfähigkeit, die Sybille Schmitz hier mit schmelzender Emphase verkörpert, ist das Phantastische in diesem Film, ist die in mythologischen Stoff gekleidete Utopie ungebrochener Emotionalität, die sich mit der – hier romantisch belebten – Natur noch eins weiß.« (Kraft Wetzel/Peter A. Hagemann, LIEBE, TOD UND TECHNIK) »Ein sehr schöner Legenden-Film, der der von Fritz Langs *Müdem Tod* begründeten Tradition mehr verpflichtet ist als Leni Riefenstahls *Blauem Licht*.« (Christa Bandmann/Joe Hembus, KLASSIKER DES DEUTSCHEN TONFILMS)

DIE FAHRTEN DES ODYSSEUS

(ULISSE). Italien 1954. **R:** *Mario Camerini.* **B:** *Franco Brusati, Mario Camerini, Ennio De Concini, Hugh Gray, Ben Hecht, Ivo Perilli, Irwin Shaw.* **LV:** *Homer.* **K:** *Harold Rosson.* **SpE:** *Eugen Schüfftan* **M:** *Alessandro Cigognini.* **D:** *Kirk Douglas (Odysseus), Silvana Mangano (Penelope/Circe), Anthony Quinn (Antinoos), Rossana Podesta (Nausikaa), Sylvie (Euriclea), Daniel Ivernel (Euriloco), Jacques Dumesnil (Alkinoos), Franco Interlenghi (Telemach), Elena Zareschi (Kassandra), Evi Maltagliati, Ludmilla Dudarova, Oscar Andriani, Tania Weber, Piero Lulli, Alessandro Ferson, Ferrucio Stagni, Umberto Silvestri (Ringer/Polyphem), Gualtiero Tumiati, Teresa Pellati, Mario Feliciani, Michele Riccardini.* *F 113 Min.*

Nach zehnjähriger Belagerung der angeblich uneinnehmbaren Stadt Troja gelingt es den Griechen unter Odysseus, König Priamos' Truppen mit einem Trick (dem »trojanischen Pferd«) zu narren und zur Aufgabe zu zwingen. Priamos' Tochter, die Priesterin Kassandra, verflucht die Sieger, die fortan ruhelos über die Meere eilen müssen, ohne ihre Heimat Ithaka je wiederzusehen. Zwanzig Jahre später wird Odysseus, der das Gedächtnis verloren hat, allein an die Küste des Reiches der Phäaken geschwemmt. König Alkinoos nimmt ihn auf; seine Tochter Nausikaa verliebt sich in den nachdenklichen und stolzen Fremden. In einer Rückblende erfahren wir, was Odysseus in den Jahren zuvor erlebt hat: Nach dem Verlassen Trojas muss sich sein Schiff der Attacke von Sirenen erwehren, deren magischer Gesang normalerweise jeden Seefahrer ins Verderben lockt; Odysseus bezwingt sie, indem er seinen Männern befiehlt, sich die Ohren mit Wachs zu verstopfen. Auf einer Insel begegnet man dem einäugigen Riesen Polyphem, doch auch diese Gefahr wird überstanden. Erst als man auf die mysteriöse Zauberin Circe stößt, wird die Lage wirklich bedrohlich: In der Gestalt Penelopes, Odysseus' Gattin, verführt sie den Helden, verwirrt seinen Zeit- und Realitätssinn und verwandelt seine Mannschaft in Schweine. Doch auch Circe kann bezwungen werden; ein Sturm aber macht dem Leben der ihren Fängen Entkommenen ein Ende. Nur Odysseus überlebt. – Als Odysseus' Erinnerungen zurückkehren, bricht er in der Maske eines Bettlers nach Ithaka auf, wo sich seine Frau Penelope inzwischen einer großen Schar aufdringlicher Freier erwehren muss, die ihn für tot, seinen Sohn Telemach für zu jung zum Herrschen und sich selbst für den besten zukünftigen König halten. Ohne sich zu erkennen zu geben, prüft Odysseus die Treue seiner Gattin, dann gibt er sich Telemach zu erkennen, mit dessen Hilfe er die rüpelhaft auftretende Buhlergemeinde per Pfeil und Bogen in den Orkus schickt. – »Homer würde staunen. Staunen wir ruhig mit!« (FILMDIENST) [V]

EIN FALL FÜR DIE BORGER

(THE BORROWERS). USA 1997. **R:** *Peter Hewitt.* **B:** *Gavin Scott, John Camps.* **LV:** *Mary Norton.* **K:** *Trevor Brooker.* **D:** *John Goodman*

(Ocious Potter), Jim Broadbent (Pod Clock), Celia Imrie (Homily Clock), Flora Newbigin (Arrietty Clock), Tom Felton (Peasgreen Clock). F 86 Min.

Die Borger sind eine winzige Menschenrasse, die unerkannt in den Häusern der Normalmenschen leben und u.a. für das Verschwinden all jener Gegenstände verantwortlich sind, die diese vermissen: Sie borgen sie sich eben nur mal aus. Die vierköpfige Borger-Familie Clock lebt im Haus der Familie Lenders, deren jüngster Sohn Pete ihnen allmählich auf die Schliche kommt. Doch das ist noch nicht das Schlimmste: Eine viel größere Gefahr droht von dem schrägen Immobilienspekulanten Potter, der sich Haus und Grundstück der Lenders' unter den Nagel reißen will, um Luxuswohnungen zu bauen. Die Clocks setzen sich gegen ihn zur Wehr, weil sie keinen Bock haben, sich der Welt der »normalen« Menschen auszusetzen. Und Pete steht an ihrer Seite ...

FALSCHES SPIEL MIT ROGER RABBIT

(WHO FRAMED ROGER RABBIT?). USA 1988. **R:** *Robert Zemeckis, Richard Williams.* **B:** *Jeffrey Price, Peter S. Seaman.* **LV:** *Roman von Gary K. Wolf.* **K:** *Dean Cundey.* **A:** *Richard Williams, Andreas Deja und andere.* **SpE:** *Industrial Light & Magic.* **M:** *Alan Silvestri.* **D:** *Bob Hoskins (Eddie Valiant), Christopher Lloyd (Judge Doom), Joanna Cassidy (Dolores), Stubby Kaye (Marvin Acme), Alan Tilvern (R.K. Maroon), Richard Le Parmentier (Lt. Santino), Wolfgang Ziffer (Roger Rabbit). F 103 Min.*

Die Fahrten des Odysseus

Technisch faszinierender Mischfilm aus Zeichentrick und Live Action, eine Gemeinschaftsproduktion von Disney und Amblin Entertainment. Roger Rabbit, eine mit Bugs Bunny verwandte Zeichenfilmfigur aus Toontown, wird fälschlich wegen Mordes gesucht. Privatdetektiv Eddie Valiant kommt bei seinen Recherchen einem Komplott des Cartoon-Hassers Judge Doom auf die Spur. Richard Williams und Industrial Light & Magic integrierten Roger und die anderen Cartoonhelden glaubwürdig in die Handlung. [V]

FANTASIA

(FANTASIA). USA 1940. Gesamtregie Ben Sharpsteen. B: Joe Grant, Dick Huemer. Toccata und Fuge in D-Moll: R: Samuel Armstrong. M: Johann Sebastian Bach. A: Cy Young, Art Palmer, Daniel MacManus, George Rowley, Edwin Aardal, Joshua Meador, Cornett Wood. Nussknacker-Suite: R: Samuel Armstrong. M: Peter Iljitsch Tschaikowski. A: Arthur Babbitt, Les Clark, Don Lusk, Cy Young, Robert Stokes. Der Zauberlehrling: R: James Algar. M: Paul Dukas. A: Les Clark, Riley Thompson, Marvin Woodward, Preston Blair, Edward Love, Ugo D'Orsi, George Rowley, Cornett Wood. Le Sacre du Printemps: R: Bill Roberts, Paul Satterfield. M: Igor Strawinski. A: Wolfgang Reitherman, Joshua Meador. Pastorale: R: Hamilton Luske, Jim Handley, Ford Beebe. M: Ludwig van Beethoven. A: Fred Moore, Ward Kimball, Eric Larson, Arthur Babbitt, Oliver M. Johnston jr., Don Towsley. Tanz der Stunden: R: T. Hee, Norman Ferguson. M: Amilcare Ponchielli. A: Norman Ferguson. Die Nacht auf dem Kahlen Berge/Ave Maria: R: Wilfred Jackson. M: Modest Mussorgsky, Franz Schubert. A: Vladimir Tytla. Kommentar: Deems Tylor. F 120 Min. (Zeichentrick).

Nach einer kurzen Vorstellung des von Leopold Stokowski dirigierten Orchesters beginnt eine abstrakte Collage verschwommener Farben und Formen zu Bachs »Toccata«. Violinbögen flitzen über die Leinwand, tiefe Töne wälzen sich in roten Dünen dahin, schwere Wolkenmassen sammeln sich zu Orgelpfeifen, bis sich alles zu einem gelblichen Licht aufhellt, gegen das sich zum Schluss die Silhouette des Dirigenten abhebt.

Kommentator Deems Taylor stellt das nächste Stück auf dem Programm vor. Zu den verspielten Klängen der »Nussknacker-Suite« tanzen Pilze, Goldfische, Feen, Disteln und Orchideen ein niedliches Flora-und-Fauna-Ballett, während gleich darauf Micky Maus als größenwahnsinniger »Zauberlehrling« im Traum zwar über Meer und Sterne gebieten kann, in der Realität aber seine liebe Not mit wasserschleppenden, sich ständig vervielfältigenden Besen hat. Nachdem Micky kurz dem Dirigenten gratuliert hat, geht es zu den Klängen von Strawinskis »Sacre du Printemps« in die Urzeit. Vulkane spucken im Takt ihre Lava, im Meer beginnt das Leben. Der Abriss der Evolutionsgeschichte endet mit dem Aussterben der Dinosaurier unter dem heißen Licht einer orangegelben Sonne. Die Musiker nutzen die Abwesenheit des Dirigenten zu einer kleinen Jam-Session. Die sichtbare Tonspur tanzt fröhlich mit. Als nächstes steht Beethovens »Pastorale« auf dem Programm. In bacchantischer Fröhlichkeit tummeln sich Zentauren, Einhörner und fliegende Pferde in einer mythologischen Landschaft, bis Göttervater Zeus mit gewaltigen Blitzen dazwischenfährt. Ponchiellis »Tanz der Stunden«, dargebracht von Krokodilen, Straußen und einer graziösen Nilpferdballerina im Spitzenröckchen, folgt die dämonische Vision einer »Nacht auf dem Kahlen Berge«. Der Gipfel öffnet sich zu einem Paar riesiger Schwingen. Tschernobog kommt zum Vorschein und beschwört die verfluchten Geister der Gehenkten und andere Nachtmahre zu einem Hexensabbat, bevor er sie einen nach dem anderen in die feurigen Abgründe der Hölle stürzt. Als die Dämmerung heraufzieht, faltet Tschernobog die Schwingen zusammen, wird wieder zur Bergkuppe. Unten am Boden zieht eine Prozession erleuchteter Pilger zu Schuberts sakralem »Ave Maria« durch einen Wald in Form einer gotischen Kathedrale. Das Licht des Morgens hat die Schrecken der Nacht besiegt.

»Bilder zum Hören – Musik zum Schauen« lautete weiland der Werbeslogan zu Walt Disneys bis heute umstrittenstem Film. *Fantasia* ist wahlweise »Markstein einer neuen Kunst« (Emil Ludwig) oder »experimentaler Mammutkitsch« (Friedrich Luft), »neuester Orbis Pictus« (SÜDDEUTSCHE ZEITUNG) oder »Symptom für den Zusammenbruch der zivilisierten Welt« (NEW YORK HER-ALD), oder auch, ganz schlicht und einfach, ein »Popfilm« (FILMKRITIK). Am meisten stieß sich die Kritik an der Grundidee des Films, eine Kunstform auf eine ganz andere zu übertragen. »Natürlich ist solcherlei Musik-Interpretation im musikalisch-strengen Sinne ein Unding. Jede Kunstform wirkt durch sich selbst und ist nicht übersetzbar in andere Form. Musik, absolutester Bereich der Kunst, der reinste von allen, ist weder illustrierbar, noch soll sie Assoziationen an Nilpferde oder Elfen vermitteln. Aus Beethoven Programmusik zu holen: natürlich ist's ein Unding. Im strengen Sinne. Doch wer ist schon so streng mit Disney? Auch gilt das nur für die reine, nicht für die ihrerseits schildernde Musik. Nicht für gehobene Unterhaltung wie Dukas oder Ponchielli. Hier passt, was Disney tut, vortrefflich ... Bei Beethovens ›Pastorale‹ aber, wo die süßen, kleinen Zentauren kokettieren und die Pegasusserln flattern, ging mir's zu weit. Zwar überliefert man von Beethoven, er habe bei gewissen Passagen von seinen Musikern ›mehr Rot‹ verlangt oder ›mehr Gold‹, was Disney recht zu geben scheint. Doch sicher verlangte er nicht ›mehr Zentauren‹ oder ›mehr fliegende Pferde‹«. (Gunter Groll, SÜDDEUTSCHE ZEITUNG) – Wie die zahlreichen Literaturverfilmungen kämpft auch *Fantasia* mit dem Problem, dass sie die Phantasie des Lesers/Hörers auf ein einziges Bild festlegen muss. Meinungsverschiedenheiten betreffs der Umsetzung, wie sie sich an den Beethoven- und Strawinski-Episoden entzündeten, sind daher ganz unvermeidbar; um so mehr, als der Geist hinter den Bildern ein unverkennbar amerikanischer ist. *Fantasia* ist ein Film, der so nur in Amerika entstehen konnte, wo seit jeher ein nicht zuletzt durch die Distanz geschaffenes, ungezwungeneres Verhältnis zu etwas besteht, was hierzulande durch einen Zaun von der breiten Masse getrennt ist: alles andere als ein Film für »biedere Kunstfrömmler« (Reinhold Reitberger, WALT DISNEY). Wer sich daran stört, dass Sätze gekürzt und um Oktaven transponiert werden, sollte *Fantasia* fernbleiben. Über jeden Zweifel erhaben allerdings bleiben die technischen Qualitäten. In seiner brillanten Animation und der raffinierten Anwendung der Multiplan-Kamera ist *Fantasia*

ohne Frage der Zenit in Disneys Schaffen. Zahlreiche Kunst- und Stilrichtungen gehen hier eine Synthese ein: die Experimentalfilme Oscar Fischingers, der für kurze Zeit an der Toccata-Episode arbeitete, dann aber gefeuert wurde; die Schubert-Sequenz erinnert an Caspar David Friedrich; Mussorgsky an Bosch und Blake; Beethoven ist eine Verknüpfung aus Art Deco-Elementen und den Symbolisten des 19. Jahrhunderts. Es ist vielleicht einer der vielen Widersprüche dieser Silly Symphonies-Apotheose, dass gerade jene Szenen, die von der Kritik besonders gewürdigt wurden – jene nämlich, in denen Disney dem Stil des Hauses treu blieb – weniger im Gedächtnis haften bleiben. Die komischen Bilder der »Nussknackersuite« und des »Tanz der Stunden« verblassen schnell. Woran man sich erinnert, das sind die pathetische Evolutionsgeschichte und die »Nacht auf dem Kahlen Berge« mit seinem eindrucksvollen Dämon, für den Bela Lugosi Modell gestanden hat, (ohne dass man seine Pantomime benutzt hätte). Allen Sequenzen ist jedoch das Disneysche Weltbild zu eigen. »Natur ist da nicht so sehr Inspirationsquelle als das ideologische Klischee einer letzten Wahrheit jenseits des von Menschen Gemachten, Gesellschaftlichen, von Kultur und Zivilisation.« (FILMKRITIK) »Witz und Komik in der Disneyschen Wirklichkeit entspringen nicht Fehlleistungen, sondern geschehen durch das Spiel der Verwandlungen, das ohne Ende ist, denn seine Zeit ist nicht linear wie die der Erwachsenen und der Geschichte, sondern rund wie die der Kinder und der Musik. In Disneys Metamorphosen lebt ihr doppelter Ursprung. Der eine liegt in der Kindheit zurück. Wie das kindliche Auge sehend verwandelt, so verwandeln in *Fantasia* sich Irrlichter in Elfen, Fliegenpilze in Chinesen, Blüten in Tänzerinnen, Farben in Fische, tanzt ein Nilpferd mit einem Alligator. Aber wie nachts, als von draußen ein Licht auf den Vorhang fiel, aus den dunklen Mustern plötzlich ein Schwarzer blickte, ist in *Fantasia* der Felsenberg in die Gestalt des Luzifer verwandelt. Der andere Ursprung der Disneyschen Metamorphosen ist das Naturleben selbst: so verwandeln in *Fantasia* sich Wasser in Eis, grüne in gelbe Blätter, Feuer in Felsen, die glühende in die düster bewusstlos lebende Erde, helle Wolken in dunkle, das Gold des Abends in das Blau der Nacht.« (Helmut Färber, SÜDDEUTSCHE ZEITUNG) In der Filmgeschichte steht *Fantasia* trotz Bozzettos Parodieversuchs *Allegro non troppo* noch heute einzigartig da. »Lasst uns darin übereinstimmen ... dass der schlaue und kauzige Vater von Micky Maus, Schneewittchen und einer Schar weiterer Lieblinge des Zeichentricks diesmal etwas hervorgebracht hat, das wirklich konventionelle Formeln über Bord wirft und kühn die Möglichkeiten des Films für einfallsreiche Experimente entdeckt. Wir stellen ganz einfach fest, dass *Fantasia* großartig ist.« (Bosley Crowther, NEW YORK TIMES) Dem ist nichts hinzuzufügen.

FANTASIA 2000

(FANTASIA 2000). USA 2000. **R:** *Eric Goldberg, James Algar, Gaetan Brizzi, Paul Brizzi, Hendel Butoy, Francis Glebas, Don Hahn, Pixote Hunt.* **B:** *Don Hahn, Irene Mecchi, David Reynolds.* **K:** *Timothy Suhrstedt.* **M:** *James Levine dirigiert das Chicago Symphony Orchestra.* F 74 Min. *(Zeichentrick).*

Nicht Kinder seien diesmal die Zielgruppe der Disney-Leute, genauso wenig wie es bei ihrem klassischen *Fantasia* der Fall war, die man schon damals baukastenmäßig weiterentwickeln wollte, schreibt die TAZ, sondern die »Cartoon meets Classic Leute, die sich ihre Best-of-Beethoven-CD per Teleshopping bestellen. Erwachsene also, die vergessen haben, wie gut ihnen Disney-Filme früher mal gefallen haben, und die schon mit einem gepflegten Abend in digitaler Animations-Hightech-Atmosphäre zufrieden sind.« In sieben Episoden erzählt *Fantasia 2000* von Baumfeen, die gegen einen Waldbrand antanzen, Schmetterlingen, die vor dem Weltuntergang davonflattern, fliegenden Buckelwalen, Flamingos, die sich zu Camille Saint-Saens »Karneval der Tiere« die Stelzen verdrehen, oder Donald Duck, der die Rolle von Noahs Gehilfen übernimmt und Daisy auf dem Berg Ararat knutscht. Aus dem Original von 1940 wurde die Episode von Micky Maus als Zauberlehrling eingeschmuggelt. – »Disneys Erben greifen hier tief in die Kiste abendländischer Mythen-Ikonographie. In Strawinskys ›Feuervogel‹-Adaption entspricht zwar der böse Zauberer

Kaschtschei dem ›Nacht auf dem Kahlen Berge‹-Satan des Originals. Doch nun folgt keine Natur-Gotik-›Ave Maria‹-Kathedrale als Verschmelzung von Natur, Religion, Kunst und Kitsch: eine ›grüne‹ Quellnymphe begegnet einem Hirsch als ernstem, streng autoritären Prinzip und wohl auch erotischer Verlockung. Doch nichts wird aus dem Vollzug, die Naturschöne wächst und wuchert fort und fort, überzieht Berg und Tal mit frischem Grün, wird gar zur Flora selber – eine nicht einmal unaparte Metamorphose einer Ovid-Metamorphose. Die Nymphe Daphne wird von Zeus in einen Lorbeerbaum verwandelt, um sie den sexuellen Avancen Apolls zu entziehen, bei Richard Strauss in glitzerndstem Fis-Dur.« (FAZ)

FANTASY ISLAND – DIE GEISTERINSEL

(GEORGE'S ISLAND). Kanada 1990. **R:** *Paul Donovan.* **B:** *Paul Donovan, Maura O'Connell.* **K:** *Les Kriszan.* **M:** *Marty Simon.* **D:** *Nathaniel Moreau (George Waters), Ian Bannen (Capt. Waters), Sheila McCarthy (Miss Birdwood), Maury Chaykin (Droonfield), Vicky Ridler (Bonnie), Gary Reinecke (Capt. Kidd), Brian Downey, Irene Hogan.* F 86 Min.

Mit seinem an den Rollstuhl gefesselten Großvater, der ihn mit jeder Menge Seemannsgarn gefüttert hat, flüchtet Klein-George aus Nova Scotia vor einer fiesen Lehrerin auf eine Insel, wo ein paar Piraten aus Captain Kidds Clique nach 250 Jahren zu neuem Leben erwachen. Schatzsuche ist angesagt. Ein Schmarrn von Regisseur Paul Donovan, der sich später die TV-Serie »Lexx: The Dark Zone« ausgedacht hat. [V]

FAUST

BRD 1988. **R:** *Dieter Dorn.* **K:** *Gernot Roll.* **M:** *Roger Jannotta.* **D:** *Helmut Griem (Faust), Romuald Pekny (Mephistopheles), Sunnyi Melles (Margarete), Cornelia Froboess (Marthe), Maria Nicklisch (Hexe), Rolf Boysen (Zuneigung), Peter Lühr (Dichter), Helmut Stange, Axel Milberg, Martin Flörchinger, Richard Beek, Gabi Geist, Michael Tregor, Judit Achternbusch.* F 169 Min.

Inhalt Siehe *Faust – Eine deutsche Volkssage.* »Was im Theater als Geniestreich durchgehen könnte, der zudem Umbaupausen überflüssig macht, wirkt im Kino lähmend und öde.« (DER SPIEGEL) Trotzdem – weil's Theater und mithin kulturell wertvoll ist: FBW-Prädikat »Wertvoll«.

FAUST – EINE DEUTSCHE VOLKSSAGE

Deutschland 1926. **R:** *Friedrich Wilhelm Murnau.* **B:** *Hans Kyser.* **LV:** *»Faust« von Johann Wolfgang von Goethe, Christopher Marlowe.* **K:** *Carl Hoffmann.* **M:** *Werner R. Heymann.* **M:** *(ZDF-Fassung 1976) Wolfgang Dauner, Rolf Unkel.* **D:** *Gösta Ekman (Faust), Emil Jannings (Mephisto), Camilla Horn (Gretchen), Frieda Richard (Mutter), Wilhelm Dieterle (Valentin), Yvette Guilbert (Marthe), Eric Barclay (Herzog von Palma), Hanna Ralph (Herzogin von Palma), Hans Brausewetter (Bauernbursche), Lothar Müthel (Mönch), Werner Fütterer (Erzengel), Hans Rameau, Hertha von Walter, Emmy Wyda. SW 120 Min.*

Der Ursprung des Faust-Stoffes liegt im 16. Jahrhundert; erste Anfänge stellen der historische Faust und die Volkssage aus dem Jahre 1587 dar. Der »historische« Georg Faust wurde etwa 1480 geboren und starb um 1540 »eines schrecklichen Endes«, wie mehrere Quellen zu berichten wissen. »Die Bemerkung in der *Zimmerschen Chronik*, Faust sei ›ellendiglichen gestorben‹, lässt auf einen unnatürlichen (vielleicht durch chemische Experimente verursachten) Tod schließen.« (Hans Henning, ENZYKLOPÄDIE DES MÄRCHENS) Zeitgenössischen Berichten zufolge ist Faust außergewöhnlich viel gereist und hat sich in deutschen Städten wie Erfurt, Nürnberg, Leipzig und Wittenberg und in den Zentren der europäischen Kultur (Prag, Krakau, Wien, Paris, Venedig) betätigt. Wie diese Tätigkeit und sein Leben ausgesehen haben, ist nicht ganz klar. Zeitgenössische Nachrichten nennen ihn nach heutigen Begriffen einen Kurpfuscher, Astrologen oder Alchimisten, erwähnen wiederholt einen »bösen Geist«, mit dem Faust umgegangen sei, oder Zauberei, der er mächtig war. »Ohne Zweifel trägt Faust Charakterzüge eines Menschen, der dem Jahrhundert der Renaissance und der Reformation angehört. Die freiere Stellung in der Gesellschaft und der Umgang mit naturwissenschaftlichen Kenntnissen, die noch nicht allge-

Faust – Eine deutsche Volkssage, 1926

mein erklärt sind, haben ihm Bewunderung eingetragen. In Faust ist das Bild eines besseren Daseins des Menschen verkörpert. Ohne standesmäßige Vorurteile und Reichtümer zu besitzen, wächst Faust aus der Enge und Gebundenheit weiter Teile des mittelalterlichen Denkens heraus. Dies ist die Ursache dafür, dass sein Leben und Treiben im Volke lebendig bleibt und sich an seine Gestalt zahlreiche Anekdoten und Erzählungen anschließen ...« (Hans Henning) Nach 1540 werden die Nachrichten über den historischen Faust weitergegeben und in anekdotischer Form ausgeschmückt, wobei sein magisches und geheimnisvolles Wesen meist übertrieben dargestellt wird. Unter dem Titel *Historia Von D. Johann Fausten* erscheint 1587 das Faustbuch in Frankfurt am Main, das seither als die alte »deutsche Volkssage« bekannt ist. Darin hat der unbekannte Verfasser zwar umlaufende Erzählungen und Anekdoten berücksichtigt, das Leben Fausts jedoch frei gestaltet und ihm eine andere »Richtung« gegeben. Aus lutherischem Geist, in der Absicht, die Leser zu warnen, behandelt er das böse Beispiel Fausts. »Die Warnung bezieht sich auf den Teufelsbünder und Naturforscher. Auf beiden Wegen gerät der Mensch schließlich in einen Gegensatz zur Theologie und zu grundsätzlichen Glaubensfragen. Trotz der gegebenen Volksüberlieferung im 16. Jahrhundert wird die Faust-Gestalt im Sinne der Kirche umgewandelt, um die Wirkung des bewunderten Faust einzugrenzen ... Die *Historia* ist demnach das Ergebnis einer Umbiegung der Volkstradition.« (Hans Henning) Die *Historia* ist Ausgangspunkt der Ausbreitung des Fauststoffes innerhalb der gesamten Weltliteratur. Hauptinhalt des Stoffes sind immer die Stel-

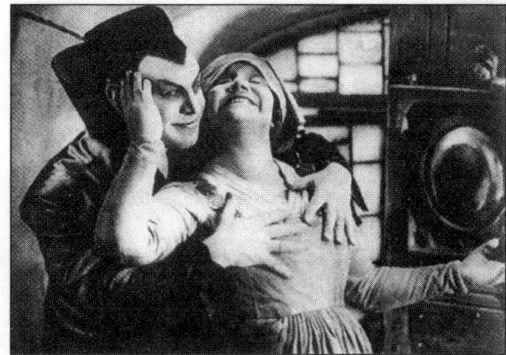

lung des Menschen in der Welt, sein Selbstverständnis und sein Streben nach Wissen und Erkenntnis. Wichtige Gesichtspunkte dabei sind das
Überschreiten von gesellschaftlichen oder welt-
anschaulichen Grenzen und die Absicht, zusätzliche Kräfte zur Erhöhung des Daseins, meist über-
natürlicher Art, wie Magie und Teufelspakt, zu
gewinnen. Gerade die häufige Bindung der Faust-
gestalten in all ihren Spielarten an Zauber und
Teufel gilt bis ins 19., z.T. sogar bis ins 20. Jahrhundert zumeist als selbstverständlich, wird auch
in das Medium des Films übernommen. Dabei erweist sich das Faust-Thema schon zu Frühzeiten
des Stummfilms als außergewöhnlich attraktiv.
Georges Méliès, der Pionier des Films, bringt es
bis 1909 immerhin auf sechs Streifen mit Faust-
motiven. Bis 1922 entstehen in Frankreich 14, in
USA 7, in anderen Ländern 6 weitere Verfilmungen, darunter eine deutsche aus dem Jahre 1910
unter der Regie von Oscar Meßter mit Henny und
Franz Porten (ein Dreieinhalb-Minuten-Opus,
bei dem zu den Klängen einer Schallplatte – Gounods Faust-Oper *Margarethe* – vor der Kamera
mimisch synchron agiert wurde, frühes Playback

also!). Bei all diesen Filmen handelte es sich bis
auf wenige Ausnahmen um sehr kurze, kaum
zehnminütige Inszenierungen. *Faust – Eine deutsche Volkssage* sollte nach dem Willen der Produktionsfirma Ufa zum ersten Mal dem Faust-
Thema einen würdigen, repräsentativen Film-
Rahmen schaffen. Dazu stellte sie die für die damalige Verhältnisse ungeheure Summe von zwei
Millionen Reichsmark zur Verfügung. Unter den
über dreißig Faust-Varianten ist der Ufa-Film der
bisher einzige, der sich bemühte, möglichst dicht
am Volksbuch aus dem Jahr 1587 zu bleiben,
wenn sich auch einige Sequenzen, wie das Vorspiel im Himmel und Gretchens Tod, offensichtlich an der Faust-Bearbeitung Goethes orientierten.

Prolog im Himmel: Während die apokalyptischen Reiter die Erde mit Pest, Krieg und Hungersnöten heimsuchen, wettet Mephisto mit dem
Erzengel, dass er Gott um den Preis der Herrschaft über die Erde die Seele des Faust abringen
werde. »Kannst du in Faust das Göttliche zerstören: Dein sei die Erde!« – »Dem Bösen widersteht kein Mensch! Die Wette gilt!« Die Pest

kommt über das Land. Verheerend wütet die Seuche. In wenigen Tagen liegt die halbe Stadt im Sterben. Um seine Mitbürger von ihr zu befreien, schließt der greise Wissenschaftler Faust mit Mephisto einen Pakt. Er genießt einen Tag Jugend, Reichtum und Macht und verführt an ihrem Hochzeitstag die Herzogin von Parma, die schönste Frau Italiens. Mephisto tötet den Herzog im Duell. Faust kennt nur noch eins: Er will seine Jugend behalten, er verlängert den mit Blut unterschriebenen Vertrag. Mephisto schleppt Faust von Abenteuer zu Abenteuer und präsentiert ihm alle Schätze dieser Welt. Doch Faust ist unglücklich. In seiner Heimatstadt lernt er am Ostertag Gretchen kennen und verführt sie, während Mephisto ihre Muhme Marthe Schwertlein ablenkt. Faust tötet Gretchens Bruder Valentin und muss fliehen. Gretchen wird an den Pranger gestellt und von allen geächtet. Im Schneegestöber bringt sie ihr Kind zur Welt, legt es im Fieberwahn in eine Schneewehe, wo es erfriert. Als Kindesmörderin wird sie verurteilt und zum Scheiterhaufen geführt. Faust hört ihre Hilferufe, verwünscht seine ewige Jugend und kehrt zurück. Als Greis steigt er zu ihr auf den Scheiterhaufen. Vereint und entsühnt entfliehen sie diesem Leben. Epilog: Der Erzengel triumphiert über Mephisto, weil ein Wort den Pakt zunichte macht. »Wie heißt das Wort?« – »Das Wort, das jubelnd durch die Schöpfung schallt, das Wort, das jeden Schmerz und Kummer stillt, das Wort, das alle Menschenschuld versöhnt, das ewige Wort ... Du kennst es nicht? – »Wie heißt das Wort?« – »Liebe.« Mephisto bedeckt sein Gesicht vor dem blendenden Erzengel.

Drehbuchautor Hans Kyser reduzierte die vielschichtige Problematik des Stoffes auf die einfache Darstellung von Gut und Böse. Faust ist hier weder der mittelalterliche Teufelsbündler noch der Renaissancemensch, der sich seiner selbst bewusst wird und Himmel und Erde erforschen will. Kysers Faust verschreibt sich zunächst nur dem Teufel, um gegen die Pest vorzugehen, erst dann um seine Jugend zu erhalten und Gretchen zu verführen. Diesem Drehbuch vermochte Regisseur Friedrich Wilhelm Murnau bei seiner Verfilmung nicht die philosophische Tiefe zu geben, die gerade die Deutschen bei ihrem Nationalepos er-

warteten. So ließen nach der Uraufführung die deutschen Kritiker an dem Film »kaum ein gutes Haar, teils mit der Begründung, geistiges Schicksal sei halt im Film nicht wiederzugeben.« (Ilona Brennicke/Joe Hembus, KLASSIKER DES DEUTSCHEN STUMMFILMS) In dieselbe Kerbe schlug ein amerikanischer Kritiker, der bemerkte, dass »in dem Film vom ganzen Drama ... nur das Libretto zu Gounods Oper gerettet wurde.« (NATIONAL BOARD OF REVIEW MAGAZINE) Ganz anders die französische Kritik nach der Pariser Premiere 1927: »Bis auf den heutigen Tag hat kein anderer Film den Eindruck einer vom ersten bis zum letzten Bild so leidenschaftlich erfüllten Kraft und Bewegung vermittelt. Darüber hinaus ist der Beweis erbracht, dass ein Werk der Leinwand ein rein visuelles und plastisches Werk sein kann, und nur, wenn wir diesen Film so sehen, enthüllt er uns seinen wahren Sinn und seine tiefste Philosophie. Der Schöpfer dieses Faust vollbringt das Wunder, uns in jeder Minute, jeder Sekunde die komplette und persönliche Vision seiner Welt zu präsentieren.« (L'EUROPE NOUVELLE) So wogt die Filmkritik seit fast sechzig Jahren von einem Extrem zum anderen. Von »hohlem Bombast und verlogener Lieblichkeit« (Gregor/Patalas, GESCHICHTE DES FILMS), vom »unbefriedigenden Gefühl, dass von einem der schönsten Werke der Weltliteratur nur einige interessante Stückchen wiederzufinden waren« (Toeplitz, GESCHICHTE DES FILMS) und von der Unfähigkeit des Regisseurs, »eine normale Leidenschaft zu schildern« (Sadoul, GESCHICHTE DER FILMKUNST) war da die Rede, doch genauso leidenschaftlich, wie die inhaltlichen Mängel verdammt wurden, wurden die furiosen Regieeinfälle und die Technik als grandios gefeiert. Murnaus *Faust* gilt tatsächlich neben Fritz Langs *Metropolis* als das große Special Effects-Pionierwerk der zwanziger Jahre, als eines der wichtigsten Erfindungswerke der Filmgeschichte überhaupt. Da es noch keine geeignete Filmtechnik gab, musste sie eigens für den Film entwickelt werden. Zusammen mit dem Kameramann Carl Hoffmann zeichneten vor allem die Architekten Robert Herlth und Walter Röhrig dafür verantwortlich. Sie bauten eine Modelllandschaft von 35 Metern Länge und 20 Metern

Breite, über die die Kamera »fliegen« sollte. Ohne den damals noch unbekannten Kamera-Kran gelang die Aktion mittels Spezial-Tieflader. Für die Eröffnungssequenz im Himmel baute Herlth einen Dampfgenerator mit vielen Rohrausgängen, durch die Dampfstrahlen gegen einen Wolkenhorizont gedrückt wurden; das Ganze wurde mit einer Batterie von Scheinwerfern zu einer »Lichtsymphonie« (Lotte H. Eisner, DIE DÄMONISCHE LEINWAND) verwoben, die den Höhepunkt in der Verwendung des Helldunkelprinzips in deutschen Stummfilmen darstellt: »Die chaotischen Dunstschwaden der ersten Einstellungen, das Licht, das aus Nebeln geboren wird, die Strahlen, die hier eine Luftwand durchdringen, diese brausende optische Fuge, die durch die Weite des Himmels zu hallen scheint – das alles nimmt uns den Atem.« (Lotte H. Eisner). In jüngster Zeit hat Eric Rohmer in seiner bemerkenswerten Schrift über MURNAUS FAUST-FILM anhand einer Vielzahl von Szenenaufrisszeichnungen nachgewiesen, dass Murnau sämtli-

che Mittel mobilisierte, um seine Vorstellungen von der totalen Beherrschung des Raumes zu verwirklichen: »Sämtliche Formen – die der Gesichter, der Körper, der Gegenstände wie die der Landschaften und der Naturerscheinungen, Schnee, Licht, Feuer, Wolken – sind nach seiner Vorstellung aus der genauen Kenntnis ihrer Wirkungsweise heraus gestaltet oder umgestaltet. Niemals sonst hat ein Film so wenig auf den Zufall gesetzt.« [V]

FAUST

BRD 1960. **R:** *Peter Gorski, Gustaf Gründgens.* **B:** *Gustaf Gründgens.* **LV:** *»Faust« von Johann Wolfgang von Goethe.* **K:** *Günther Anders.* **M:** *Mark Lothar.* **D:** *Will Quadflieg (Faust), Gustaf Gründgens (Mephistopheles), Ella Büchi (Gretchen), Elisabeth Flickenschildt (Marthe Schwertlein), Hermann Schomberg (Theaterdirektor), Eduard Marks (Wagner), Max Eckard (Valentin), Uwe Friedrichsen (Schüler), Heinz Reincke (Frosch), Hans Irle (Altmayer), Friedrich G. Beck-*

haus (Brander), Karl H. Wüpper (Siebel), Heidi Leupolt (Lieschen), Gustl Busch (Hexe). F 128 Min.

Faust ist Goethes universalste Dichtung, zugleich eine der bedeutendsten, wenn nicht sogar die bedeutendste deutsche Dichtung überhaupt. Sie stützt sich quellenmäßig auf das Volksbuch *Historia von D. Johann Fausten* (vgl. *Faust – eine deutsche Volkssage*) und Christopher Marlowes Faust-Drama (vgl. *Dr. Faustus*). Goethe beschäftigte sich mit dem Stoff und der Dichtung sechzig Jahre. Die erste Niederschrift erfolgte in den Jahren 1774/1775, von der eine Abschrift erhalten ist, der sog. Urfaust, der bereits die wichtigsten Bestandteile des späteren 1. Teils enthält. Dieser wurde von Goethe in Abschnitten 1790 und 1808 veröffentlicht. Der 2. Teil wurde erst ein Jahr vor Goethes Tod abgeschlossen. Goethe versiegelte das Werk, um sicherzugehen, dass es erst nach seinem Tod publiziert würde. Ursprünglich nicht für die Bühne bestimmt, hat der Faust seinen festen Platz im deutschen Bühnenrepertoire. Als Gesamtwerk zählt er in Form, Gehalt und weltumspannender Thematik zu den größten Dichtungen der Weltliteratur, auf gleicher Stufe wie die Epen Homers, Dantes Göttliche Komödie und die Bühnenwerke Shakespeares.

Gorskis Film ist die (gekürzte) Wiedergabe der berühmten Gustaf Gründgens-Inszenierung im Deutschen Schauspielhaus in Hamburg. Unter

Faust

der künstlerischen Oberleitung zeigt der Film das Vorspiel auf dem Theater und der Tragödie erster Teil. Die Theaterinszenierung gilt noch heute als Kulturereignis ersten Ranges. Gründgens sah in der Verkörperung des Mephisto, den er 1932 zum ersten Mal und danach über 600mal gespielt hatte, sein künstlerisches Lebensanliegen. Der Film gab ihm die Gelegenheit, seine Rolle noch mehr in den Mittelpunkt zu stellen, da man gezwungen war, das Stück auf die vertretbare Kinolänge von gut zwei Stunden zu kürzen. Die Faust-Monologe wurden stark gekürzt, dadurch zwangsläufig die Figuren von Faust und Gretchen an den Rand des Geschehens gedrängt. Doch hatte sich Gründgens nicht mit dem bloßen Abfilmen der Inszenierung begnügt: »Aufgabe dieser Verfilmung muss es sein, die genaue Mitte zu finden zwischen gefilmtem Theater und reinem Film. Das Resultat einer dreißigjährigen Bemühung um Goethes Faust darf weder abfotografiert noch durch filmische Interessanz aufgeweicht werden. Der Sinn der Inszenierung, nämlich die Abkehr von jeder Art Mystizismus, Verschwommenheit und Malerei, muss unter allen Umständen erhalten bleiben und darf nicht auf Kosten ›schöner Bilder‹ verfälscht werden.« (Gustaf Gründgens, zit. nach ZENTRALE FILMOGRAPHIE – POLITISCHE BILDUNG) Gründgens' faustische Suche nach einem werkgerechten Filmstil zeigt sich besonders in dem äußerst aktiven und lebendigen Schnitt und fast brutalen Gebrauch des Lichts. Letzteres unterstreicht jedoch im besonderen Maße seine eigene Persönlichkeit – für alle Zeit scheint zumindest im deutschen Sprachraum festzustehen: Gustaf Gründgens ist *der* Mephisto!

DER FEENPRINZ

(TÜNDER LALA). Ungarn 1982. **R:** *Ilona Katkics.* **B:** *Magda Szabó.* **K:** *Gyula Bónis.* **M:** *Péter Wolf.* **D:** *Irina Alfiorova, Béla Ernyei, Marci Mészáros, Kornél Gelley, Gabor Nagy, Sandor Horváth. F 83 Min.*

»Im Feenreich ist der Teufel los. Der Zauberer erpresst die Königin, weil diese den Hauptmann

Amolfi heiraten will. Der Prinz möchte keine Fee sein, sondern in einen Menschen umgewandelt werden. Der eine Minister weiß nicht, was der andere tut, so dass alles drunter und drüber geht. Wie am Ende doch jeder zu seinem Recht kommt, erzählt dieser Märchen-Film des ungarischen Fernsehens.« (FILMSPIEGEL)

FEIVEL, DER MAUSWANDERER
(AN AMERICAN TAIL). USA 1986. **R:** *Don Bluth.* **B:** *Judy Freudberg, Tony Geiss.* **St:** *David Kirschner.* **A:** *John Pomeroy, Dan Kuenster, Linda Miller.* **K:** *David R. Ankney, Joe Juliano, Marylin O'Connor.* **M:** *James Horner, Cynthia Weil, Barry Mann.* **Spr:** *Tobias Thoma (Feivel), Uschi Hugo (Bridget), Edgar Ott (Tiger), Chariklia Baxevanos, Bianca Krahl, Hans W. Hamacher, Robert Dietl.* *F 81 Min. (Zeichentrick).*

Eine gezeichnete Fabel um Mäuse und andere Tiere liefert die Vorlage für eine Parabel jüdischer Einwanderung aus dem zaristischen Russland ins Gelobte Land Amerika. Die Straßenkater, die hier mit dem Eintreiben von Schutzgeldern beschäftigt sind, brechen über die Familie Mauskewitz und das kecke Mäusekind Feivel mit ebenso schöner Regelmäßigkeit herein wie die Kosaken in die russischen Bauernhäuser. – Mit diesem von Don Bluth gestalteten Zeichenfilm hat sich Produzent Steven Spielberg zum ersten Mal den heimlichen Wunsch erfüllt, in die Fußstapfen seines großen Vorbilds Walt Disney zu treten. [V]

FEIVEL, DER MAUSWANDERER –
DER SCHATZ VON MANHATTAN
(AN AMERICAN TAIL III: THE TREASURE OF MANHATTAN). USA 2000. **R:** *Larry Latham.* **B:** *Len Uhley.* **M:** *Michael Tavera. F ca. 75 Min. (Zeichentrick).*

Feivel Mauskewitz auf Schatzsuche. Ein Lageplan führt zu einer ungeahnten Welt unter der Stadt, wo der tapfere kleine Mäuserich Prinzessin Cholina trifft. Sie hat den Schlüssel zur größten Kostbarkeit: dem Traum von einer wunderbaren Zukunft. Ein schwaches Drehbuch und ein ziemlicher Qualitätsabstieg seit dem ersten Kinofilm des Mauswanderers.[V]

FEIVEL, DER MAUSWANDERER IV:
DAS UNGEHEUER VON MANHATTAN ISLAND
(AN AMERICAN TAIL IV: THE MYSTERY OF THE NIGHT MONSTER). USA 1999. **R:** *Larry Latham.* **B:** *Ben Uhley.* **M:** *Michael Tavera, James Horner, Barry Mann. F 78 Min. (Zeichentrick).*

Der russische Einwanderer Feivel Mauskewitz (eine Maus) begleitet die für die »Nagerpost« tätige Journalistin Nelly in die Unterwelt seiner neuen Heimatstadt New York, denn in Chinatown soll sich ein Ungeheuer herumtreiben. – Turbulentes Abenteuer mit skurrilen Gestalten und wilden Verfolgungsjagden in einer Großstadt zu Anfang des 20. Jahrhunderts. Nur auf Video. [V]

FEIVEL, DER MAUSWANDERER
IM WILDEN WESTEN
(AN AMERICAN TAIL: FEIVEL GOES WEST). USA 1992. **R:** *Phil Nibbelink, Simon Wells.* **B:** *Flint Dille.* **St:** *Charles Swenson.* **A:** *Nancy Beiman, Kristof Serrand, Rob Stevenhagen.* **M:** *James Horner, David Foster. F 75 Min. (Zeichentrick).*

Im zweiten Teil heißt es auch für die Familie Mauskewitz und Feivel »Westward, ho!« Nach ihren Erlebnissen in den Straßen von New York schließen sie sich in Erwartung einer besseren Zukunft dem großen Treck gen Westen an. Feivel hat sich in den Kopf gesetzt, ein richtiger Lawman zu werden, der die windschiefen Saloons von finsteren Gesellen reinigt. So geht er bei Wylie Burp, einem legendären Sheriff-Köter, in die Lehre. Die gealterte Wyatt Earp-Parodie spricht übrigens mit der Stimme von James Stewart.

Feivel, der Mauswanderer

FELD DER TRÄUME

(FIELD OF DREAMS). USA 1989. **R:** *Phil Alden Robinson.* **B:** *Phil Alden Robinson.* **LV:** *»Shoeless Joe« von W. P. Kinsella.* **K:** *John Lindley.* **SpE:** *Bruce Nicholson.* **M:** *James Horner.* **D:** *Kevin Costner (Ray Kinsella), Amy Madigan (Annie Kinsella), Gaby Hoffman (Karin Kinsella), Ray Liotta (Joe Jackson), Timothy Busfield (Mark), James Earl Jones (Terence Mann), Burt Lancaster (Dr. Graham), Frank Whaley (Archie Graham), Dwier Brown (John Kinsella).* F 106 Min.

»What a day for a daydream!« Ein phantastischer, wenn auch leicht kitschiger Baseball-Film: Kevin Costner als ehemaliger Studentenaktivist, der sich mit Kind und Kegel irgendwo in Iowa verkrochen hat, vernimmt beim abendlichen Spaziergang zwar nicht die Stimme Gottes, wohl aber bekommt er von einer nicht weniger überirdischen, übersinnlichen oder was auch immer Stimme gesagt: »Wenn du es baust, wird er kommen«. Ray Kinsella glaubt dem Traum (»Ich bin sechsunddreißig und habe in meinem Leben noch nie etwas Verrücktes getan«). Er verwandelt sein Maisin ein Baseballfeld, eine Pilgerstätte des amerikanischen Nationalsports, worauf »er«, der 1919 wegen eines ungeklärten Bestechungsskandals auf Lebzeiten gesperrte Baseballheld »Shoeless« Joe Jackson immerhin im Tode wieder zum Trainieren kommt und seine geisterhaften Freunde mitbringt. Zum Schluss sind alle Beteiligten mit ihrer Vergangenheit ausgesöhnt. – »Die Selbstfindung eines Mannes auf der Suche nach längst verloren geglaubten Sehnsüchten und Idealen, inszeniert als Hymne auf die Kraft der Träume und den Mut zum Risiko.« (FRANKFURTER RUNDSCHAU)

FELLINIS SATYRICON

(SATYRICON). Italien 1969. **R:** *Federico Fellini.* **B:** *Federico Fellini, Bernardino Zapponi.* **LV:** *Gaius Petronius Arbiter.* **K:** *Giuseppe Rotunno.* **M:** *Nino Rota, Alhan Mimaroglu, Tod Dockstader, Andrew Rudin.* **D:** *Martin Potter (Encolpius), Hiram Keller (Ascyltus), Max Born (Giton), Salvo Randone (Eumolpus), Fanfulla (Vernaccio), Marcello Bonini (Erster Richter), Alberto Benucci (Zweiter Richter), Ingrid Embon (Kaiserin inkognito), Gordon Mitchell, Donyale Luna, Lucia Bose, Carlo Giordana, Joseph Wheeler, Mario Romagnoli.* F 135 Min.

In diesem Film entwirft Fellini ein surrealistisch durcheinandergewürfeltes Bild der römischen Kaiserzeit nach dem literarischen Vorbild des Gaius Petronius Arbiter, einem Abenteuer- und Schelmenroman. Im Mittelpunkt stehen die erotischen Abenteuer zweier junger Männer. Führer durch die Unterwelt, als die der Handlungsort des Films von Anfang an erscheint, ist Encolpius, ein hübscher Jüngling, der sich vorerst mit seinem Zimmergenossen Ascyltus um die Liebe des Knaben Giton streitet. In Begleitung des Dichters Eumolpus nimmt er an einem Gastmahl des Trimalchio teil, das als beispiellose Schlemmerei und Manifestation des schlechten Geschmacks eines Emporkömmlings aufgezogen ist und mit einer vorweggenommenen Trauerfeier für den Gastgeber endet. Dann treffen sich Encolpius, Ascyltus und Giton wieder auf einem mit Sklaven vollgestopften Schiff, dessen Kommandant sich in Encolpius verliebt und ihn auf der Stelle heiratet. Später treffen Ascyltus und Encolpius in einer vornehmen Villa, deren Bewohner Selbstmord begangen haben, eine zurückgebliebene Sklavin, mit der sie eine vergnügte Nacht verbringen. Nach zwei weiteren Episoden mit einer Nymphomanin und einem Hermaphroditen muss Encolpius in einem Labyrinth gegen den stierköpfigen Minotaurus kämpfen; doch erweist sich das

Fellinis Satyricon

Ganze als ein Scherz zu Ehren des Lach-Gottes. Bei der Schönen, bei der sich Encolpius für das Ausgestandene schadlos halten darf, blamiert er sich jämmerlich durch Impotenz. Von diesem Gebrechen wird er von der Zauberin Enotea geheilt. Ascyltus und kurz darauf Eumolpius gehen den Weg allen Fleisches. Letzterer legt in seinem Testament seinen Erben die Pflicht auf, seinen Leichnam zu zerstückeln und aufzuessen. Encolpius wendet sich von dieser Szene ab und besteigt mit anderen jungen Leuten ein Schiff, um in ferne Gegenden zu fahren. – »Fellini inszenierte den Film als ein gigantisches und zugleich absurdes Spektakel inmitten von Dekors, die ihre Pappnatur keineswegs verleugneten. Eine Flut von Monstrositäten ergoss sich über die Leinwand, bei deren Häufung Fellini allerdings das Gefühl für die Proportionen verloren ging. Der Film degenerierte zu einem theatralisch dargebotenen Abnormitätenzirkus.« (Ulrich Gregor, GESCHICHTE DES FILMS) [V]

FELLINIS STADT DER FRAUEN
Anderer Titel für **Die Stadt der Frauen**

FERIEN MIT SINDBAD
(WHAT THE MOON SAW). Australien 1989. **R:** *Pino Amenta.* **B:** *Frank Howson.* **K:** *David Connell.* **M:** *John Capek.* **D:** *Andrew Shehard (Steven Wilson), Pat Evison (Pearl Wilson), Max Phipps (Zachary), Danielle Spencer (Emma Pearce), Kim*

Feuer und Eis

150

Gyngell (Jim Shilling), Mark Hennessy (Tony), Jan Friedl (Mrs. Melrose), Kurt Ludesher (George). F 96 Min.

Steven, 9, schaut sich im Theater eine Vorstellung des phantastischen Märchens »Sindbads letztes Abenteuer« an und wird unversehens in die Handlung hineinversetzt. Bei seinen Abenteuern rettet er eine Prinzessin, die einer Theaterminin sehr ähnlich sieht.

FEUER UND EIS

(FIRE AND ICE). USA 1982. **R:** *Ralph Bakshi.* **B:** *Roy Thomas, Gerry Conway.* **K:** *Francis Grumman.* **M:** *William Kraft.* **A:** *Brenda Banks, Carl A. Bell, Bryan Berry, Lillian Evans, Steve Gordon, Debbie Hayes, David Hoover, Charles Howell, Adam Kuhlman, Mauro Maressa, Russell Mooney, Jack Ozark, William Reeinos, Mitch Rochon, Tom Tataranowicz, Bruce Woodside. F 82 Min. (Zeichentrick).*

Der böse Zauberer Nekron überzieht die Welt mit einer neuen Eiszeit, die die letzten Überlebenden der Menschheit in vulkanisches Gebiet, den »Hort des Feuers«, zurückgedrängt hat. Als Jarol, der Herrscher der Vulkanmenschen, nicht auf Nekrons letztes Ultimatum eingeht, lässt dieser die Prinzessin Teegra entführen. Eine wilde Hetzjagd entbrennt. Mit Hilfe des mysteriösen Fremden Darkwolf gelingt es dem jungen Recken Larn zwar, Teegra aus den Pratzen von Nekrons Untermenschen zu befreien. Kurz darauf jedoch werden sie beim Angriff eines Tentakelmonsters wieder getrennt. Teegra landet in Nekrons Eiskerker. Mit Larn und Darkwolf an der Spitze entsendet Jarol schließlich seine Drachenfalkenarmee. Darkwolfs wilder Entschlossenheit (Motto: »Wenn du gegen Nekron kämpfst, musst du lernen, mit dem Schmerz zu leben«) können selbst Nekrons hypnotische Kräfte nicht lange widerstehen.

Entworfen hat die Figuren dieses Zeichentrickfilms der bekannte Fantasy-Maler Frank Frazetta, dessen Heldinnen sich vor allem durch ihre Busenproportionen auszeichnen. So entpuppt sich denn auch Teegra als dralle Superfrau, wie geschaffen für alle Voyeure, die im Kinosessel am liebsten leise mitlechzen. Ansonsten freilich hat dieser zur Gänze mit echten Schauspielern gedrehte und anschließend nachgezeichnete Barbarenstreifen herzlich wenig zu bieten: »Zwar ist die Geschichte spannend erzählt und die Konzentration auf wenige Handlungsträger erweist sich ebenfalls als vorteilhaft gegenüber [Bakshis] bisherigem Hang zu Massenszenen. Aber von den Bildentwürfen Frazettas hätte man sich die gleiche Detailverliebtheit und bizarre Phantasie ge-

Feuer und Eis

wünscht, die seine Bildbände auszeichnet.« (FILMDIENST) – Nicht zuletzt durch den Verzicht auf einen epischen Rahmen kommt dann auch die ganze, der Heroic Fantasy eigene Ideologie so deutlich wie selten zum Vorschein: Über weite Strecken der Handlung kann man so bewundern, wie der karg animierte arische Held die kaum artikulationsfähigen, zudem negroid gestylten Untermenschen dank seines Intellekts im Dutzend abschlachtet. Erstaunlich nur, wie sehr sich Bakshi, der Macher von *Starker Verkehr,* in anderer Hinsicht zurückhält. Obwohl sich doch eine Vergewaltigung der drallen Teegra nahtlos ins ärgerliche Ganze einfügen würde. [V]

FEUER UND SCHWERT

BRD/Irland 1981. **R:** *Veith von Fürstenberg.* **B:** *Max Ziehlmann.* **K:** *Jacques Steyn.* **M:** *Robert Lovas.* **D:** *Christoph Waltz (Tristan), Antonia Preser (Isolde), Leigh Lawson (Marke), Peter Firth (Dinas), Vladek Sheybal (Anret), Walö Lüönd (Gorvenal), Christine Wipf (Brangäne), Leigh Lawson (König Marke), Kurt Raab (Canelon).* F 95 Min.
Nach dem Kampf mit einem Ritter von der hübschen Isolde gesundgepflegt, beschließt der edle Recke Tristan, seine Krankenschwester zur Frau zu nehmen. Mit einem Liebestrank, der sie für immer aneinander bindet, besiegeln beide das Gelübde. An den Hof seines Herrn zurückgekehrt, merkt Tristan zu spät, dass die irische Prinzessin, die er König Marke als Gemahlin bringen soll, seine Isolde ist. Schließlich kommt es, wie es kommen muss: Nachdem man die beiden Liebenden bei einem Techtelmechtel ertappt hat, wird Tristan des Hofes verwiesen und Isolde in ein Aussätzigen-Dorf verbannt. Als sich Tristan etliche Jahre später in seinem neuen Beruf als Mordbrenner eine tödliche Verwundung zuzieht, lässt er nach der inzwischen begnadigten Isolde schicken. Aus Eifersucht sorgt seine derzeitige Geliebte indes für sein vorzeitiges Ende. Isolde legt sich neben den Leichnam ihres Geliebten und scheidet ebenfalls dahin.

Dass John Boormans *Excalibur* bei dieser Umsetzung des Tristan-Motivs Pate gestanden hat, dürfte auch filmisch weniger Bewanderten nicht entgehen. Wie so oft jedoch, wenn ein Regisseur in diesem unserem Lande aus den intellektuellen Dunstschwaden der Beziehungskisten hinaus ins grelle Licht der Unterhaltungsfilme tritt, kam ein rechter Murks heraus. – »Während Boorman sich zu einem furiosen Feuerwerk des Trivialkinos aufschwingt, bleibt von Fürstenbergs Film weitgehend gefälliges und liebevolles aber etwas temperamentloses Kunsthandwerk ... Die inhaltliche Neuakzentuierung beschränkt sich eigentlich weitgehend auf eine Vergrößerung oder Nivellierung der erotischen und religiösen Motive aus den mittelalterlichen Vorlagen. Dabei gerät die obsessive Liebesgeschichte ... zur ziemlich müden Ehebruchs- und Triebgeschichte.« (FILMDIENST)

FEUER, WASSER UND POSAUNEN / DURCH DICK UND DÜNN

(OGON, WODA I MEDNYJE TRUBY). UdSSR 1968. **R:** *Alexander Rou.* **B:** *Michail Wolpin, Nikolai Erdman.* **K:** *Dmitri Surenski.* **SpE:** *Juri Molowski, Leonid Akimow.* **M:** *Nikolai Budaschkin.* **D:** *Georgi Milljar (Kastschej/Das Gerippe Unsterblich), Natalja Sedych (Aljonuschka), Alexej Katyschew (Wasja), Vera Altaiskaja (Baba Jaga), Lew Potjomkin (Schwarzbart), Alexander Chwylja (Kahlkopf), Anatoli Kubazki (Holzauge), Leonid Charitonow (Zar Fedul VI.), Michail Pugowin (Zar), Pjotr Pawlenko (Meer-Zar), Anastassija Sujewa (Märchenerzählerin).* F (79) 87 Min.
Märchenfilm aus Alexander Rous »Baba Jaga/Gerippe Unsterblich«-Reihe: Nachdem er sich um zweihundert Jahre verjüngt hat und ihm die hundertvierjährige Hexe Baba Jaga als Braut nicht mehr angemessen scheint, lässt der Zauberer Kastschej (Gerippe Unsterblich) die schöne Aljonuschka kidnappen. Jetzt soll sie den geilen alten Bock heiraten. Ihr Verlobter, der Köhlerbursche Wasja-Wassiljok, muss durch dick und dünn, durch Feuer und Wasser gehen, bis er wieder mit seiner Liebsten vereint ist. [V]

DIE FEUERROTE BLUME

(ALENKI ZWETOTSCHEK). UdSSR 1978. **R:** *Irina Powolozkaja.* **B:** *Natalja Rjasanzewa.* **K:** *Alexander Antipenko.* **M:** *Edison Denissow.* **D:** *Marina Iljitschowa (Aljonka), Lew Durow (Kaufmann Jerefej), Alla Demidowa (Zauberin), Alexej Tschernow (Alter), Alexander Abdulow (Prinz),*

Walentin Gneuschew *(Jegorka)*, Olga Korytkows-
kaja *(Arina)*, Jelena Wodolasowa *(Akuline)*. F 67
Min.
Eine russische Version des Märchens von der
Schönen und dem Ungeheuer aus dem Zentralen
Studio für Kinder- und Jugendfilme »Maxim Gor-
ki«, Moskau: Der Kaufmann, der auf Reisen geht
und seinen drei Töchtern ein Geschenk machen
will, findet in einem verwunschenen Schlosspark,
was sich die jüngste, Aljonka, nach einem Traum
gewünscht hat: eine feuerrote Blume. Als der
Schlossherr, den der Zauber der »Herrin der Langeweile« in ein blättriges Ungeheuer verwandelt
hat, als Sühne für den Frevel sein Leben fordert,
opfert sich die Tochter für den Vater und erlöst
Ungeheuer (und Zuschauer) durch die Kraft ihrer Liebe. [V]

DAS FEUERZEUG

DDR 1959. **R:** *Siegfried Hartmann.* **B:** *Anneliese
Kocialek, Fred Rodrian, Siegfried Hartmann.* **LV:**
Hans Christian Andersen. **K:** *Erich Gusko.* **SpE :**
Ernst Kunstmann **M:** *Siegfried Bethmann.* **D:** *Rolf
Ludwig (Soldat), Johannes Maus (Hans), Paul
Böttcher (Schneider), Heinz Schubert, Rolf De
Frank, Fritz Schlegel, Hannes Fischer, Anna-Ma-
ria Besendahl.* SW 82 Min.
Im 19. Jahrhundert begegnet ein entlassener Soldat einer Hexe, die ihm rät, aus einem hohlen
Baum einen Schatz und ein Feuerzeug zu bergen.
In der Stadt jedoch unterstützt der Soldat mit seinem Reichtum vorwiegend Nichtsnutze, die er
fälschlicherweise für Freunde hält. Drei monströse Hunde, denen er mit Güte begegnet, erweisen sich im Verein mit dem armen Schuster-
jungen Hans als seine wirklichen Freunde: Als er
fast am Galgen endet, werden sie von der Zauberkraft des Feuerzeugs herbeigerufen und retten
ihn. – »Auch in Detailfragen beschränken sich [die
Autoren] auf das Wesentliche, weil ... kleine Kinder ... nur in geringem Umfang dergleichen aufnehmen können. Aus dem gleichen Grund, aber
auch um die Bildsprache stärker wirken zu lassen,
wurde ... weitgehend auf Dialoge verzichtet. Das
allerdings erforderte einen Schauspieler, der pan-

tomimisch stark begabt ist. In Rolf Ludwig, dem
diese Rolle auf den Leib geschrieben zu sein
scheint, wurde dieser Schauspieler gefunden.«
(FILMSPIEGEL)

FINIST – HELLER FALKE

(FINIST, JASNY SOKOL). UdSSR 1975. **R:** *Gennadi Wassiljew.* **B:** *Alexander Rou, Lew Potjom-*

Das Feuerzeug
Oben: Werkaufnahme (Spiegelverfahren)

kin. **LV:** *Roman von N. Schestakow.* **K:** *Wladimir Okunew, Juri Malinowski.* **M:** *Wladimir Schainski.* **D:** *Wjatscheslaw Wokressenski (Finist), Swetlana Orlowa (Aljonuschka), Michail Pugowkin (Woiwode), Michail Kononow (Schreiber Jaschka), Lew Potjomkin (Kartáus Spinnewitsch Rotbart), Ljudmila Chitjajewa (Bäuerin Anfissa), Georgi Wizin (Bauer Agafon), Georgi Milljar (Kastrjuk).* **F 77 Min.**

Dieser Märchenfilm des Gorki-Studios wurde von Alexander Rou noch vor seinem Tod vorbereitet. Sein Assistent Gennadi Wassiljew stellte die weitere Version von der Schönen und dem Ungeheuer fertig. Der tapfere Recke Finist, der einzige, der dem finsteren Zauberer Kartáus und seinen Horden gefährlich werden könnte, wird in ein zotteliges Waldungeheuer mit Triefaugen, Hörnern und Plattmaul verwandelt, aber die Liebe der schönen Aljonuschka ist stärker als aller Zauber. [V]

DER FISCHER VON GALILÄA

(THE BIG FISHERMAN). USA 1959. **R:** *Frank Borzage.* **B:** *Howard Estabrook, Rowland V. Lee.* **LV:** *»Der große Fischer« von Lloyd C. Douglas.* **K:** *Lee Garmes.* **M:** *Albert Hay Malotte.* **D:** *Howard Keel (Simon Petrus), Susan Kohner (Fara), John Saxon (Voldi), Martha Hyer (Herodias), Herbert Lom (Herodes Antipas), Ray Stricklyn (Deran), Marian Seldes (Arnon), Alexander Scourby (David Ben-Zadok), Beulah Bondi (Hanna), Jay Barney (Johannes der Täufer).* **F 180 Min.**

Um ihre entehrte und verstoßene Mutter zu rächen, will die arabische Prinzessin Fara ihren Vater Herodes Antipas, den Tetrarchen von Galiläa, umbringen. In dessen Residenz freundet sie sich mit dem Fischer Simon Petrus an, den die Wunderheilung eines kranken Kindes und die Auferweckung seiner Schwiegermutter inzwischen zu einem überzeugten Anhänger des Messias werden ließ. Seine Lehren und die miterlebte Hinrichtung Johannes des Täufers lassen sie bald an der Rechtmäßigkeit ihrer Absichten zweifeln. Obwohl als Hofdolmetscherin in einer idealen Position, verzichtet Fara auf ihre Rache und kehrt mit Simon nach Arabien zurück. Dort hat sich Prinz Deran mittlerweile des Thrones ihres Geliebten Voldi bemächtigt. Er verspricht Voldi

und Fara die Freiheit, wenn Simon ihn von seiner Lähmung befreit.

Als er jedoch sein Wort bricht, stirbt er. Voldi wird zum König von Arabien gekrönt, die bekehrte Fara kehrt mit Simon nach Galiläa zurück. – Ein aufwendiges 70-mm-Epos, das zwar durch seine Zurückhaltung der kirchlichen Kritik angenehm auffiel, den Filmen Cecil B. DeMilles aber dennoch nicht das Wasser reichen kann. »Diese Bibelspektakel kann man nicht nach denselben Maßstäben wie einen normalen Abenteuerfilm bewerten. Ihnen ist etwas Pädagogisches zu eigen, das so manche Erhabenheit in der Geschichte und die steife Zeichnung der Figuren entschuldigt. Aber das Drehbuch von *Der Fischer von Galiläa* ... und Frank Borzages Regie quillt davor nur so über, während die nötigen Gegengewichte völlig abgehen.« (VARIETY)

DER FLASCHENTEUFEL

BRD 1952. **R:** *Ferdinand Diehl.* **B:** *Ferdinand Diehl.* **SpE:** *Ferdinand Diehl.* **LV:** *»Das Flaschenteufelchen« von Robert Louis Stevenson.* **K:** *Hans Schmid.* **M:** *Ernst Brandner.* **D:** *Jochen Hauer (Onkel Benjamin).* **SW 74 Min.**

Bei der Fahrt über einen See fischen vier Kinder eine Flasche mit einem seltsamen Männchen aus dem Wasser. Auf ihr Drängen hin erzählt ihnen Onkel Benjamin, der Kapitän, die Geschichte des Flaschengeistes, der seinem Eigentümer zwar alle Wünsche erfüllt, jedoch auch die Seele raubt, wenn er die Flasche kurz vor seinem Tod nicht billiger hergibt, als er sie eingekauft hat. Nachdem die Flasche aus dem Besitz eines Zauberers in die Hände des Kaspers Larifari und seiner Frau Gretel gelangt ist, wandert sie zu einem Zirkusdirektor und einem Fischer. Als sie nur mehr einen Pfennig wert ist, kommt sie wieder Kasper in die Hände. Ein frommer Eremit macht schließlich dem ganzen Spuk ein Ende. – Eine etwas episodische Real/Puppenfilm-Mischung aus dem Hause Diehl, »so recht auf das kindliche Gemüt zugeschnitten.« (FILMDIENST)

DER FLIEGENDE HOLLÄNDER

DDR 1965. **R:** *Joachim Herz.* **B:** *Joachim Herz, Harald Horn.* **V:** *Richard Wagner.* **K:** *Erich Gusko.* **M:** *Richard Wagner.* **D:** *Anna Prucnal (Senta),*

Fred Düren (Fliegender Holländer), Gerd Ehlers (Daland), Mathilde Danegger (Mary), Herbert Graedtke (Erik), Hans-Peter Reinecke (Steuermann), Albert Zahn, Fredy Barten, Richard Hilgert, Horst Kube (Matrosen), Peter Dommisch, Kurt Rackelmann, Nico Turoff (Dalands Mannschaft), Alois Hermann (Wirt), Friedrich Tietge (Hafenmeister), Veronika Axmann (Mädchen), Hans Flössel, Harald Grünert, Günter Rüger, Hans Feldner (Gäste), Willi Schmidt, Egon Schmidt, Helmut Hein, Harry Franz, Horst Frank, Günter Weichler. SW 101 Min.

Der Inhalt der Wagner-Oper (Norwegen, um 1650): »Ein norwegisches Segelschiff sucht im tobenden Sturm den schützenden Fjord auf. Unbemerkt vom Steuermann, den der Schlaf übermannte, legte neben Dalands Frachter noch ein zweites, unheimliches Schiff mit blutroten Segeln an: es gehört dem Holländer, den die Sage den ›Fliegenden‹ nennt. Alle sieben Jahre darf dieser Kapitän an Land gehen und die Treue eines liebenden Mädchens erproben; wird er enttäuscht, so ist er verdammt, für weitere sieben Jahre auf See hinauszufahren ... Da erscheint Daland, in seiner Biederkeit das ganze Gegenteil des dämonischen Fremden, und bietet ihm Obdach, ja sogar die Ehe mit seiner Tochter Senta. Daland seinerseits überzeugt sich vom Reichtum seines zukünftigen Eidams.« (Hans Schnoor, OPER – OPERETTE – KONZERT) Der Jäger Erik ist jedoch auch in Senta verliebt, und so kommt es zum vorprogrammierten Konflikt: »Dramatisch endet das Spiel damit, dass der Holländer Zeuge einer heftigen Auseinandersetzung zwischen Senta und Erik wird. Aber nun ist der dämonische Übermensch reif für den Erlösungstod. Für Sentas Treueschwüre hat er kein Ohr mehr – der Holländer und Senta versinken ... in den Wogen.« (Hans Schnoor). Der Fliegende Holländer, eine legendäre Gestalt, deren »Existenz« man bis ins Jahr 1821 zurückverfolgen kann, ist im Laufe der Zeit zum Motiv zahlreicher Novellen, Romane, Gedichte und Opern geworden. Der Name beschreibt entweder ein Geisterschiff oder den Kapitän desselben, einen störrischen Eigenbrötler (Gotteslästerer, Leuteschinder, Satansjünger), den einst ein heftiger Sturm daran hinderte, das Kap der Guten Hoffnung zu umsegeln und der

seither in selbstgewählter/ihm aufgezwungener Ruhelosigkeit über die Meere irrt. Der Film, den Joachim Herz 1965 mit Unterstützung des Leipziger Gewandhausorchesters und dem Chor der Leipziger Oper hergestellt hat, ist eine Adaption der Oper von Richard Wagner (1813–1883), die sich jedoch prominenter Filmschauspieler bedient, denen nicht weniger bekannte DDR-Operngrößen ihre Stimmen liehen. Die »Fantasy-Effekte« dieser Produktion sind jedoch nicht von Bedeutung, zumal der Fliegende Holländer und sein verfluchtes Schiff erst spät zum Zuge kommen. – »Fred Düren scheint mir in der Rolle des Holländers eine eklatante Fehlbesetzung zu sein; seine Darstellung entbehrt emotionaler Tiefe, so dass er einen völlig unromantischen Charakter erzeugt; doch würde man es wohl jedem Schauspieler verzeihen, wenn er lediglich seekrank aussieht, sagt man ihm, er möge sich über die Reling beugen und gespenstisch wirken, während ein anderer seine Verdammnis besingt.« (Konstantin Bazarov, MONTHLY FILM BULLETIN)

DER FLIEGENDE HOLLÄNDER

BRD 1991. **R:** Eckhardt Schmidt. **B:** Richard Wagner. **K:** Xaver Schwarzenberger. **M:** Richard Wagner. **D:** Julia Varady (Senta), Robert Hale (Fliegender Holländer), Anni Schlemm (Mary), Peter Seiffert (Erik), Jakko Ryhänen (Daland), Ulrich Ress (Steuermann). F 138 Min.

Inhalt siehe Der Fliegende Holländer (DDR 1965). Die Aufzeichnung einer Inszenierung von Henning v. Gierke an der Bayerischen Staatsoper.

DAS FLIEGENDE MOPED

(THE DIRT BIKE KID). USA 1986. **R:** Hoite C. Caston. **B:** David Brandes, Lewis Colick. **K:** Daniel Lacambe. **M:** Bill Bowersock, Phil Shenale. **D:** Peter Billingsley (Jack Simmons), Patrick Collins (Mike), Stuart Pankin (Hodgkins), Anne Bloom (Janet Simmons), Sage Parker (Miss Clavell), Chad Sheets (Bo), Gavin Allen (Max), Danny Breen (Flaherty), Weasle Forshaw (Big Slime), John William Galt (Chief), Courtney Kraus (Beth), Holly Schenck (Sue), Al Evans (Zak), Bill Shaw (Ben), Brian Sadler (Jimmy), Tyress Allen (Sergeant), Angie Bolling, Gene Sleete, Betty R. King, Barnett Shpritz, Harvey Christiansen, Gary Carter, Dale Kassel, Beth Larsen, Elaine Williams, Emily Rose Kelley. F 91 Min.

Ein Mischung aus Motorrad-, Teenie- und Fantasyfilm: Mit seiner ganz ungewöhnlichen Yamaha setzt ein junger Protagonist einem gemeinen Bankier zu. [V]

DAS FLIEGENDE SCHIFF

(LETAJUSCHTSCHI KORABL). UdSSR 1960. R: Michail Juferow, Artur Woitezki. B: Anatoli Schijan. LV: ukrainisches Volksmärchen. K: Lew Schtifanow. D: Larissa Gordejtschik (Aljonka), Igor Schatrow, A. Rogowzewa, R. Kljawin, W. Dalski. F 69 (62) Min.

Das Mädchen Aljonka, das an den Ufern des Dnjepr lebt, wird von einem Zauberer entführt. Kotigoroschko, ihr Bruder, macht sich auf den Weg ins Zauberreich, um sie zu befreien. In einem fliegenden Schiff kehren die Geschwister in die Heimat zurück.

DER FLIEGENDE TEPPICH

(HODJA FRA PJORT). Dänemark 1985. R: Brita Wielopolska. B: Brita Wielopolska. LV: Ole Lund Kierkegaard. K: Peter Klitgaard. SpE: Jan W. Jacobsen. M: Sebastian. D: David Bertelsen (Hodja), Zuhal Özdemir (Smaragd), Lars Junggren (Ratte), Holger Boland (El Faza), Astrid Henning-Jensen (Alte Frau), Stig Hoffmeyer, Leif-Sylvester Petersen, Debbie Cameron, Michele Björn-Andersen, Bent Börgesen. F 82 Min.

Ein böser Sultan will den fliegenden Teppich unter seine Kontrolle bringen, aber da hat er seine Rechnung ohne den kleinen Hodja und seine Freundin, das Waisenmädchen, gemacht. Die Szenen mit dem fliegenden Teppich wurden via Aufprojektion gelöst.

DER FLIEGENDE TEPPICH

Anderer Titel für **Pat und Patachon im Raketenomnibus**

FLUCH DES VERBORGENEN SCHATZES

(I CACCIATORI DEL COBRA D'ORO). Italien 1982. R: Anthony M. Dawson [Antonio Margheriti]. B: Tito Carpi. St: Gianfranco Couyoumdjian. K: Sandro Mancori. SpE: Apollonio Abadesa. M: Carlo Savina. D: David Warbeck (Bob Jack-

son), Almanta Suska (June/April), John Steiner (David Bracken), Alan Collins (Onkel), Protacio Dec (Yamato). F 88 Min.

Im Zweiten Weltkrieg fahnden die Geheimagenten Bob und Dave im Südpazifik nach einer goldenen Kobra, die ihrem Besitzer übernatürliche Kräfte verleihen soll. Die hübsche June und ihr Onkel, die ihrerseits nach Junes verschwundener Schwester April suchen, schließen sich ihnen an. Gemeinsam überwindet man Schlangengruben und ähnliche Fallen, bis sich April als Herrscherin jenes Stammes erweist, der auch die Kobra in seinem Besitz hat, bis June und der Onkel ihr wahres (böses) Gesicht zeigen und pflichtschuldigst bei einem Vulkanausbruch draufgehen, und Bob mitsamt April und Kobra in die Zivilisation zurückkehren darf. – Man könnte sich bei diesem italienischen, auf den Philippinen gedrehten Rip off den Spaß machen, alle Elemente zu suchen, die Margheriti *nicht* bei Spielbergs *Jäger des verlorenen Schatzes* geklaut hat. Allzu viele würden's nicht werden. Und weil in Italien eine Idee gleich für mehrere Filme ausreicht, kurbelte der flinke Antonio noch eine Fortsetzung herunter: *Jack the Snake – die dunkle Macht des Sonnengottes*. [V]

FRANCIS – EIN ESEL, HERR GENERAL

(FRANCIS). USA 1949. R: Arthur Lubin. B: David Stern. K: Irving Glassberg. SpE: David S. Horsley. M: Frank Skinner. D: Donald O'Connor (Peter Stirling), Patricia Medina (Maureen Gelder), ZaSu Pitts (Valerie Humpert), Ray Collins (Colonel Hooker), John McIntire (General Stevens), Eduard Franz (Colonel Plepper), Howland Chamberlain (Major Nadel), James Todd (Colonel Saunders), Robert Warwick (Colonel Carmichael), Frank Faylen (Sergeant Chillinghacker), Anthony Curtis (Captain Jones). SW 90 Min.

An der Burma-Front wird der hinter die feindlichen Linien geratene Leutnant Peter Stirling von einem sprechenden Esel namens Francis gerettet. Wieder im Hauptquartier landet er jedoch recht schnell in der Klapsmühle, als er seinen Vorgesetzten den Hergang der Rettung erklären will und der Esel sich plötzlich weigert, das Maul aufzumachen. Erst einem Fünf-Sterne-General gelingt es, Francis das Sprechen zu befehlen. Mit Orden überschüttet, treten Peter und sein Esel den Heimflug an. – Eine simple, leidlich unterhaltsame Klamotte mit einigen harmlosen Seitenhieben gegen das Militär, die es dennoch auf sechs (in Deutschland nicht gezeigte) Fortsetzungen brachte. In den Sechzigern verbriet Regisseur Arthur Lubin das Thema noch einmal in der TV-Serie *Mr. Ed,* einer recht populären Situationskomödie über ein sprechendes Pferd.

FRANZ STELLT ALLES AUF DEN KOPF

(ZAZRACNY HLAVOLAM). ČSSR 1967. **R:** *Václav Táborský.* **B:** *Jiří Cirkl, Václav Táborský.* **K:** *Josef Stretcha, Miroslav Sinkule.* **M:** *Bohuslav Ondrácek.* **D:** *Antonin Vmácka (Franz), Zdének Jánský (Beda), Josef Novotný (Jindrich), Martina Podéstová (Helena), Miroslava Untermüllerová (Mara), Jan Vostracil (Vorsitzender), Josef Koza (Vorsteher), Pavel Landovský (SNB), Vladimir Stach (Lehrer).* SW/F 82 Min.

Im Sperrmüll findet Franz einen Zauberring, der ihm alle Wünsche erfüllt. Er zaubert einen Berg Kirschen herbei, verwandelt einen kläffenden Hund in ein Kamel und seinen Intimfeind Jindrich in eine Ziege und erweckt die steinerne Springbrunnenfigur auf dem Marktplatz zum Leben. Nachdem seine Freundin und seine Mitschüler von dem Geheimnis erfahren haben, bricht das Chaos erst richtig aus. Als ihm die zunächst ungläubigen Erwachsenen nach einigem Schabernack schließlich den Ring abnehmen, büßt er seine Zauberkraft ein. – »Die Welt der kleinen Stadt ist realistisch ... Die Kinder erleben ihre Wunder, mit denen sie bald wie selbstverständlich umgehen; die Erwachsenen sehen nur unverständliche Vorgänge, die sie mit ihrem Schulwissen nicht erklären können. So kommt der Film gerade der Erlebnis- und Vorstellungswelt der Kinder entgegen; ganz sicher kann er die Fantasie der jungen Zuschauer beflügeln.« (FILMDIENST)

FRANZ VON ASSISI

(FRANCIS OF ASSISI). USA 1961. **R:** *Michael Curtiz.* **B:** *Eugene Vale, James Forsyth, Jack Thomas.* **LV:** *Louis de Wohl.* **K:** *Piero Portalupi.* **M:** *Mario Nascimbene.* **D:** *Bradford Dillman (Franz), Dolores Hart (Claire), Stuart Whitman (Paul), Eduard Franz (Peter), Pedro Armendariz (Sultan),* Cecil Kellaway (Kardinal Hugolino), Finlay Currie (Papst), Mervyn Johns (Bruder Juniper), Athene Seyler (Tante Buona), Russell Napier (Bruder Elias). F 106 Min.

Im 13. Jahrhundert: Franz, Sohn eines reichen Kleiderhändlers, freundet sich mit dem verarmten Adligen Paul an und rettet ihm in einer Schlacht das Leben. Als er jedoch das Wort Gottes vernimmt, quittiert er den Dienst mit der Waffe und gründet nach seiner Aburteilung mit dem Segen des Papstes den Franziskanerorden. Sehr zum Ärger seines Freundes Paul, dessen große Liebe Claire vom Armutsgelübde der Mönche sehr angetan zu sein scheint: Aus Freunden werden erbitterte Feinde. Einige Zeit später überzeugt Franz den Papst, ihn ins Heilige Land gehen zu lassen, um den Brutalitäten von Pauls Kreuzrittern Einhalt zu gebieten. Es gelingt ihm, die Achtung des herrschenden Sultans zu gewinnen. Bevor er seine Friedensmission abschließen kann, erreicht ihn die Neuigkeit, dass sein Orden das Armutsgelübde gebrochen hat. Zutiefst enttäuscht und fast erblindet zieht er sich in eine einsame Höhle zurück. Im Sterben erscheinen die Wundmale Christi auf seinem Leib. – *Franz von Assisi* demonstriert in erster Linie, dass zuviel vornehme Zurückhaltung bei der Schilderung religiöser Thematiken mitunter auch von Nachteil sein kann. Michael Curtiz' Regie ist einfallslos, Drehbuch wie Darsteller gleichermaßen unbeholfen und Piero Portalupis Kamera steht in der Regel genau am falschen Platz. – »Ben Hur ohne das Streitwagenrennen.« (MONTHLY FILM BULLETIN)

DIE FRAU, DIE VOM HIMMEL FIEL

(THE GODDESS OF LOVE). USA 1988. **R:** *Jim Drake.* **B:** *Don Segall, Mitch Margo.* **K:** *Gil Hubbs.* **M:** *Mitch Margo, Dennis Dreith, A.S. Diamond.* **D:** *Vanna White (Venus), David Naughton, David Leisure, Amanda Bearse, Philip Baker Hall, Betsy Palmer, John Rhys-Davies, Richard Penniman, Ray O'Connor.* F 90 Min.

TV-Stück. Vielleicht von (Fernseh-) Filmen wie diesem gelangweilt, begibt sich die olympische Venus nach Los Angeles, um dem geliebten Friseur die zukünftige Braut abspenstig zu machen. [V]

FRAU HOLLE

BRD 1948. **R:** *Harry Grimm.* **B:** *Felix Emmel, Peter Hamel.* **LV:** *Gebrüder Grimm.* **K:** *Karl Attenberger, Heinz Schnackertz.* **M:** *Bernhard Eichhorn.* **D:** *Eldie Bayer (Goldmarie), Trude Bock (Pechmarie), Hertha von Hagen (Frau Holle), Carl Wery, Hans Seitz.* SW 60 Min.

Es war einmal eine Frau, die hatte zwei Töchter – eine fleißige und eine stinkfaule. Als der Fleißigen eine Spindel in den Brunnen fällt, hechtet sie hurtig hinterher, um sie zu bergen, doch sie stürzt ab und findet sich in einem verwunschenen Land wieder, wo sie in die Dienste einer alten Tante tritt, die sich Frau Holle nennt und jedesmal, wenn sie ihre Kissen ausschüttelt, Schnee auf die Erde fallen lässt. Nachdem unser fleißiges Mariechen Frau Holle lange Jahre treu gedient hat, wird es von Heimweh ergriffen. Frau Holles magische Kräfte überschütten es mit güldenen Münzen, dann darf es die Heimreise antreten. Die faule Schwester, ob des Reichtums der anderen von Neid zerfressen, hüpft ebenfalls in den Brunnen, aber da sie jede Arbeit scheut, besteht ihr Lohn am Ende darin, dass Frau Holle ihr eine Ladung Pech auf die Rübe kippt. – Ein scharfer Streifen!

FRAU HOLLE

BRD 1954. **R:** *Fritz Genschow.* **B:** *Fritz Genschow, Renée Stobrawa, Ursula Horwits.* **LV:** *Gebrüder Grimm.* **K:** *Wolf Göthe, Gerhard Huttula.* **M:** *Richard Strauch.* **D:** *Renée Stobrawa (Frau Holle), Werner Stock (Schwarzer Peter), Melitta Kiefer, Rita Maria Nowottny, Gustav Bertram, Eberhard Fechner, Erika Petrick, Rudi Geske, Anneliese Würtz, Reiner Hengst, Hannes Huben, Heidi Ewert, Uwe Witt, Klaus Pfeifer, Dagmar Kuckuck, Kurt Fleck.* F 88 Min.

Der »Schwarze Peter«, eine Brunnenfigur auf einem kleinstädtischen Marktplatz, erwacht zum Leben und verführt zwei Waisenkinder zu allerlei Streichen. Damit sie nicht auf der schiefen Bahn enden, greift die Zauberin Frau Holle ein, entführt sie in ihr Reich und erzählt ihnen die Geschichte von Goldmarie und Pechmarie, auf dass sie erkennen, dass es ohne Fleiß keinen Preis gibt. – »Einer der schönsten Märchenfilme deutscher Produktion nach dem Kriege.« (Hans G. Berthold, FILMBLÄTTER)

FRAU HOLLE

DDR 1963. **R:** *Gottfried Kolditz.* **B:** *Gottfried Kolditz, Günter Kaltofen.* **LV:** *Gebrüder Grimm.* **K:** *Erich Gusko.* **M:** *Joachim Dietrich Link.* **D:** *Karin Ugowski, Katharina Lind, Mathilde Danegger, Elfriede Florin, Jürgen Pörschmann, Herbert Graedtke.* F 60 Min.

»Die Fabel hält sich an die Grimmsche Fassung, erzählt von dem fleißigen und dem faulen Mädchen, die aus unterschiedlichen Motiven zu Frau Holle kommen und nach dem Wert ihrer Arbeit belohnt werden ... Der Film ist ein vollkommener Bruch mit jeder traditionellen bildlichen Märchenerfassung. Er stieß deshalb damals bei den sowjetischen Regisseuren auf Ablehnung, deren Märchenfilme stärkstens von der bei ihnen lebendigen Folklore geprägt sind.« (Hellmuth Häntzsch, UND ICH GRÜSSE DIE SCHWALBEN) [V]

FRAU HOLLE

(PERINBAJA). BRD/ČSSR/Österreich 1985. **R:** *Juraj Jakubisko.* **B:** *Lubomír Feldek, Juraj Jakubisko.* **LV:** *Gebrüder Grimm.* **K:** *Dodo Simoncic.* **M:** *Petr Hapka.* **D:** *Giulietta Masina (Frau Holle), Petra Vancíková (Goldmarie), Milada Ondrasíková (Pechmarie), Tobias Hoesl (Jakub), Pavol Mikulík (Vater).* F 94 Min.

»Meine Frau Holle ist weder ein Kinderfilm noch ein Film für Erwachsene«, beschied der tschechische Regisseur Juraj Jakubisko die etwas ratlosen Kritiker. »Jakubisko erzählt das Grimmsche Märchen in einer freien Version unter Einbeziehung anderer Motive. Hier rettet Frau Holle – wenn auch nicht ganz uneigennützig – den kleinen Jakub vor dem Zugriff ihrer Widersacherin, der Sensenfrau. Jakub wird nun fleißig angehalten, der würdigen alten Dame hinter den Wolken – von der Masina mit großer Güte und Freundlichkeit gespielt – tatkräftig zur Hand zu gehen. Das geschieht. Und es scheint außerdem mehr Spaß und Sport als Arbeit zu sein. Denn Regisseur Jakubisko kreiert den amüsanten Gag, Frau Holle nicht die Betten schütteln, sondern sie wie auf einem Trampolin auf dem riesigen Federbett hüpfen und springen zu lassen, was dann die bekannten Folgen hat. Jakub jedoch, kaum erwachsen, drängt es danach, wieder Mensch und dort nützlich zu sein, wo Hilfe dringender benötigt wird. Auf der gläsernen Erdkugel Frau Holles ist das hübsche Mädchen Elzbieta zu sehen, das von Stiefmutter und Stiefschwester grausam wie einst das Aschenputtel behandelt wird. So setzt der junge Mann seine gesicherte Assistentenposition aufs Spiel, flieht auf dem Federbett, das sogar fliegen kann, und verdingt sich bei Elzbietas Vater als Knecht.« (NEUES DEUTSCHLAND) [V]

FRAU HOLLE – DAS MÄRCHEN VON GOLDMARIE UND PECHMARIE

BRD 1961. R: *Peter Podehl.* B: *Horst Rietschel, Ulrich Schonger.* LV: *Gebrüder Grimm.* K: *Reiner Walzel.* M: *Fred Sporer.* D: *Lucie Englisch (Frau Holle), Madeleine Binsfeld (Goldmarie), Iris Meyer (Pechmarie), Adi Adametz, Walter Feuchtenberg, Alfons Teuber.* F 73 Min.

Die fleißige Goldmarie, die widerspruchslos alle ihr auferlegten Arbeiten erledigt, wird von der Zauberin Frau Holle reich mit Gold belohnt, ihre faule Schwester jedoch, die lieber Däumchen dreht und den ganzen Tag verpennt, erhält eine Pechdusche. – »Wer redlich seiner Arbeit nachgeht, läuft Gefahr, betrogen zu werden, doch ihm gehört das Himmelreich. Wer dagegen seinem eigenen Willen folgt, sich nicht in blindwütige, von anderen verordnete Arbeiten stürzt und am Ende gar einen Destruktionstrieb gegen die Mechanismen, die er nicht so recht durchschaut, entwickelt, wird büßen. – In der Tat, etwas für Kinder.« (Gerd Maximovic, SCIENCE FICTION TIMES)

EINE FRAU NAMENS HARRY

BRD 1990. R: *Cyril Frankel.* B: *Vivian Naefe.* K: *Heinz Hölscher.* D: *Thomas Gottschalk (Harry), Fiona Fullerton (Katherina), Heinz Hoenig (Michael), Mandy Perriment (Harriet), Heinz Mareck (Graf), Maria Perschy (Mutter), Eddi Arent (Psychiater), Jochen Busse (Androloge), Robert Dietl (Gynäkologe), Stephanie Beacham (Christine), Charles Gray (Teufel), Julia Kent, Sabine Dorr, Andrea Schober, Linda Joy, Daniel Friedrich, Sabina Trooger, Käthe Jänicke.* F 95 Min.

Die altbekannte Pakt-mit-dem-Teufel-Story, 946. Aufguss: Die Sekretärin Harriet, die im Leben nicht recht weiterkommt, lässt sich nach einem Suizidversuch mit dem Satan ein, der sie in einen erfolgreichen Mann verwandelt, macht aber, als sie sich verliebt, alles wieder rückgängig. Eine langatmige Komödie, mit deren Realisation nicht nur die Autorin unzufrieden war.

FRAUEN, DIE MAN TÖTERINNEN NANNTE

(TRE SUPERMEN CONTRO LE AMAZZONI). Italien 1973. R: *Alfonso Brescia.* B: *Alfonso Brescia, Mimmo Scavara.* K: *Fausto Rossi.* M: *Franco Micalizzi.* D: *Nick Jordan (Aru), Mark Hannibal (Mug), Yueh Hua (Chang), Karen Yeh (May May Wong), Malisa Longo (Mila).* F 100 Min.

Zwei Banditen helfen einem falschen Zauberer bei der Ausbildung eines eingeschüchterten Dorfes. Es geht gegen die Amazonen, die das Dorf immer wieder überfallen. Ziemlich zähe Melange aus Akira Kurosawa, Western und der griechischen Mythologie: so recht nach dem Geschmack der Zuschauer, die man Schundfilm-Freunde nannte. [V] *(Supermänner gegen Amazonen)*

FREAK ORLANDO

BRD 1981. R: *Ulrike Ottinger.* B: *Ulrike Ottinger.* K: *Ulrike Ottinger.* M: *Wilhelm D. Siebert.* D: *Magdalena Montezuma (Orlando/Orlanda), Delphine Seyrig (Helena Müller), Albert Heins (Herbert Zeus), Claudio Pontoja, Hiro Uschiyama (Tänzer), Gaffi (Chronistin), Eddie Constantine (Säulenheiliger), Else Nabu (Wilgeforte), Franca Magnani (Reporterin), Therese Zemp, Jackie Raynal, Maria Buchelt, Paul Glauer, Alfred Raupach, Luzia Raupach, Monika Ullemeyer, Dirk Zalm, Luc Alexander, Jochen Benner, Paolo Espinoza, Gerard Hoffmann, Dan van Husen, Reinhard von der Marwitz, Jörg Matthey, Stefan Menche, Konrad Regber, Peter Schmittinger, Emile Snystheuvel, Barbara Beutler, Erika Rabau, Ula Stöckl, Ellen Umlauf, Jill Lucas, Vivian Lucas, Beate Kopp, Günther Notthoff, Waltraud Klotz, Dorothea Moritz, Eva Ebner, Renate Pimp, Walter Busch, Sarah Blum, Alf Bold, Peter Gente, Wieland Speck, Angela Reinhard, Wilhelm D. Siebert, Klaus Knittel, Emma Henze, Petra Kray.* F 126 Min.

Der Hermaphrodit Orlando durchwandert die Jahrhunderte und erlebt in mehreren Episoden

den Ausverkauf der alten Mythen, aber auch die Wunderglaubigkeit des Mittelalters, die spanische Inquisition, die Abnormitätenshows des 19. Jahrhunderts und die Plastikwelt der Gegenwart. All das wird vor dem Hintergrund der Stadt Freak City erzählt, einem Gemeinwesen, in dem wir den Mythen der Gegenwart begegnen: Zwergen, Riesen, Amazonen, Lederboys, verfolgten Künstlern und Wissenschaftlern, Säulenheiligen, Flagellanten, siamesischen Zwillingen, bärtigen Damen, Warenhäusern, an magischen Feuern aufgebrühten Zaubertränklein und einem Wettbewerb, in dem der Hässlichste mit einem Wanderpokal ausgezeichnet wird. – Kein Zweifel, unser geliebter Innenminister[3] wird an diesem Streifen seine helle Freude gehabt haben, illustriert er doch trefflich das Streben all jener blasierten Intellektuellen, die das Medium Film dazu missbrauchen, für sich und ihre spinnerten Freunde nichts anderes als Selbstbefriedigung zu betreiben, ohne einen Gedanken an jene zu verschwenden, die ins Kino gehen, um sich ein paar Stunden unterhalten zu lassen. Wie vieles andere, was der deutsche Film auskotzt, wird er (vielleicht) sagen, ist auch diese Produktion eine Schaumschlägerei, die man für ein paar tausend nickelbebrillte Traumtänzer inszeniert hat, die mit haschumflortem Blick die Schubkastelkinos unserer Universitätsstädte bevölkern und die Trostlosigkeit unserer phantasiearmen Zeit beweinen – und um ein paar kluge Rezensenten zu beschäftigen, die in Periodika, die eh kein Schwein liest, alles tun, um in essayistischer Form über die blühende Phantasie der Ulrike Ottinger auf eloquenteste Weise klugzuscheißen. – Und das Schlimme daran ist, dass er damit völlig richtig liegt.

FREDDIE DER SUPERFROSCH

(FREDDIE AS F.R.O.7). GB 1992. **R:** *Jon Acevski*. **B:** *Jon Acevski, David Ashton.* **K:** *Rex Neville.* **M:** *David Dundas, Rick Wentworth.* F 87 Min. (Zeichentrick).

Der Frosch Freddie heißt eigentlich Frederic und ist ein französischer Prinz. Seine tückische Tante Messina hat ihn, wie schon seine Eltern, verzau-

bert, da sie die Macht mit niemandem teilen will. Freddie entwischt mit Hilfe eines kleinen Seeungeheuers, macht Karriere in der Welt der Frösche und setzt nach London über, um für den Secret Service zu arbeiten, denn auch der ist daran interessiert, Messina das Handwerk zu legen. – Ein spritziger, aufwendig gestalteter Film, in dem ein Fröschlein (könnte es einen besseren französischen Geheimagenten geben?) im Auftrag Ihrer Majestät einer Schurkin Mores lehrt und die Abenteuer James Bonds gekonnt veralbert. [V]

DER FREISCHÜTZ

BRD 1968. **R:** *Joachim Hess.* **B:** *Joachim Hess.* **K:** *Hannes Schindler.* **M:** *Carl Maria von Weber.* **D:** *Tom Krause (Ottokar), Toni Blankenheim (Kuno), Arlene Saunders (Agathe), Edith Mathis (Ännchen), Ernst Kozub (Max), Gottlob Frick (Kaspar), Hans Sotin (Einsiedler), Franz Grundheber (Kilian), Regina Marheineke (Brautjungfer), Bernhard Minetti (Samiel).* F 127 Min.

Nachdem der junge Jäger Max seine sichere Hand verloren hat, wird er von allen Leuten verspottet. Der böse Kaspar, der sich dem Teufel verschrieben hat, überzeugt ihn davon, dass er das Herz der holden Agathe, der Tochter des Försters Kuno, nur gewinnen kann, wenn er Zauberkugeln schmiedet, die nie danebentreffen. »Fortan geistert Samiel, ein Höllenfürst, in der traulichen Waldgegend umher und macht die ganze Atmosphäre des Stückes, trotz aller Harmlosigkeit von Scherz, Rauferei und Tanzerei, doch irgendwie sehr unheimlich.« (Dr. Hans Schnoor, OPER – OPERETTE – KONZERT) Nachdem Max sechs seiner »Freikugeln« verschossen hat, muss er mit der siebenten den sogenannten »Probeschuss« abgeben, der beweisen soll, dass er das richtige Zeug zu einem Försternachfolger hat. Er zielt auf eine Taube, doch Kaspar stürzt tödlich getroffen zu Boden. Ein Eremit klärt die Umstehenden schließlich auf, dass Max von finsteren Kräften geführt wurde, ohne dass er davon wusste. Es herrschen Friede, Freude und Eierkuchen. – »Die Szene in der Wolfsschlucht [beim Gießen der Freikugeln] fährt sämtliche Effekte auf, die schauerlich wirken sollen, ohne dass auch nur einer erfolgreich

---

[3] *In diesem Jahr hieß der Bundesinnenminister der BRD Friedrich Zimmermann (CSU).*

gelänge – inklusive eines Mondes, der durch einen Pappkarton zur Sichel wird, bevor er wieder voll wird.« (MONTHLY FILM BULLETIN)

DER FREUND DES LUSTIGEN TEUFELS
(PRZYJACIEL WESOLEGO DIABLA). Polen 1986. **R:** *Jerzy Lukaszewicz.* **B:** *Jerzy Lukaszewicz.* **K:** *Jerzy Lukaszewicz.* **M:** *Marek Bilinski.* **D:** *Waldemar Kalisz (Janek), Piotr Dziamarski (Piszcalka), Franciszek Pieczka (Witalis), Zbigniew Grabski, Marian Zdenicki, Janusz Sterninski. F 92 Min.*
Erste Regiearbeit eines begabten polnischen Kameramanns: Mit der Hilfe eines Teufelchens meistert ein kleiner Junge alle Gefahren und hilft seinem erblindeten Pflegevater.

DER FROSCHKÖNIG
Deutschland 1940. **R:** *Alf Zengerling* **B:** *Alf Zengerling.* **LV:** *Märchen der Gebrüder Grimm.* **K:** *Herbert Kebelmann.* **M:** *Kurt Blume.* **D:** *Paul Walker. SW 30 Min.*
Ein kleinwüchsiger Akteur hopst im Froschkostüm durch die Pfaueninsel (Berlin) und andere Locations und verwandelt sich wunschgemäß, wenn auch etwas zu schnell, in einen Prinzen.

DER FROSCHKÖNIG
BRD 1954. **R:** *Otto Meyer.* **B:** *Emil Surmann.* **LV:** *Gebrüder Grimm.* **K:** *Willi Kuhle.* **M:** *Norbert Schultze.* **D:** *Olga Limburg, Stanislav Ledinek, Siglinde König, Ruth Nimbach, Hans Kwiet, Franz Nicklisch, Marion Degler, Dorothea Wieck. SW/F 87 Min.*
Typisches bundesrepublikanisches Märchenprodukt der goldenen fünfziger Jahre, dem man den Zwang, mit möglichst geringem technischen, personellen und finanziellen Aufwand zu produzieren, geradezu ansieht, das aber mit bahnbrechenden »Ideen« das Grimmsche Märchen verhunzt: Die ursprünglich unerzogene und launenhafte Prinzessin ist nun ein fröhliches, gutes und tierliebendes (!) Mädchen, kontrastiert von zwei neidischen und eitlen Schwestern (ein absolut neues Märchenfeeling!); dazu zeigt ein Vorspiel, wie die Verzauberung des Prinzen vonstatten ging, und die technische Krönung des Ganzen ist der Einsatz der Farbe, was allerdings den damals auf Lobpreisung jedes dieser Machwerke spezia-

lisierten FILMBEOBACHTER zu kurzfristig kritischen Tönen veranlasste: »Zu bedauern ist ... dass der Streifen erst nach der Rückverwandlung des Prinzen für ein knappes Schlussstück farbig wird, übrigens kräftig und lebendig farbig, eine Wonne für die Kinder.«

DER FROSCHKÖNIG
DDR 1987. **R:** *Walter Beck.* **B:** *Walter Beck.* **LV:** *Gebrüder Grimm.* **K:** *Wolfgang Braumann.* **SpE:** *Erich Günther, Heiko Ebert.* **M:** *Günther Fischer.* **D:** *Jana Mattukat (Henriette), Jens-Uwe Bogadtke (Froschkönig), Peter Sodann (König), Franziska Glöss-Ebermann (Florentine), Susanne Lüning (Geraldine), Thomas Wolff (Askold), Gunter Friedrich, Janina Hartwig. F 67 (64) Min.*
Walter Beck hat wieder zugeschlagen: Die Prinzessin ist unterm sozialistischen Realismus des DEFA-Studios für Spielfilme zu einer Schlampe degeneriert und der Frosch ist ein Stop-Motion-Klops, den der Animator vor lauter Schaumgummi kaum noch bewegen kann. Behäbig und mit erhobenem Zeigefinger inszeniert.

DER FROSCHKÖNIG
(THE FROG PRINCE). USA/Israel 1988. **R:** *Jackson Hunsicker.* **B:** *Jackson Hunsicker.* **St:** *Jackson Hunsicker.* **K:** *Amnon Salomon.* **LV:** *Gebrüder Grimm.* **D:** *Aileen Quinn (Prinzessin Zora), Clive Revill (König William), Helen Hunt (Prinzessin Henrietta), John Paragon (Ribbit /Prinz), Shmuel Atzmon (Baron v. Wobbel), Eli Gorenstein (Koch), Jeff Gurner (Gesandter), Yasha Einstein, Ya'akov Alperin, Hahman Leor, Yoram Lowenstein (Ratgeber), Aaron Kaplan (Page), Moshe Ish-Kassit (Schlafender Wächter). F (86) 82 Min.*
Ein Versuch der amerikanisch-israelischen Cannon-Produktion, dem alten Märchen etwas Neues abzugewinnen: diesmal mit Gesangseinlagen. [V]

DER FROSCHKÖNIG
(ZABI KRAL). CSFR/BRD 1990. **R:** *Juraj Herz.* **B:** *Bernd Fiedler, Juraj Herz.* **LV:** *Gebrüder Grimm.* **K:** *Vladimir Krepelka, Vladimir Murat.* **SpE:** *Jan Valach, Vlado Valach.* **M:** *Zdenék Merta.* **D:** *Iris Berben (Königin), Michael Degen (König), Linda*

Rybová (Prinzessin), Michal Dlouhy (Prinz), Therese Herz (Rosa), Karl Greif. F 90 Min.
TV-Film. Das alte Märchen in »moderner« Aufbereitung: Die Prinzessin pfeift auf weibliche »Tugenden« und tollt herum wie die Jungs; der Prinz umbalzt die Frauen bei Hofe. Also muss die Fee ihr Schicksal in dieser seichten Mär ohne phantastische Atmosphäre ein wenig manipulieren.

DIE 5000 FINGER DES DR. T.

(THE 5000 FINGERS OF DR. T). USA 1953. **R:** *Roy Rowland.* **B:** *Dr. Seuss [Theodore Geisel], Allan Scott.* **St:** *Dr. Seuss.* **K:** *Frank Planer.* **M:** *Frederick (Friedrich) Hollander.* **D:** *Tommy Rettig (Bart Collins), Peter Lind Hayes (Zabladowski), Mary Healy (Mrs. Collins), Hans Conried (Dr. Terwilliker), John Heasley (Whitney), Robert Heasley (Judson), Noel Cravat (Sergeant Lunk), Henry Kulky (Stroogo).* F 88 Min.
Der kleine Bart träumt viel, besonders wenn er am Klavier sitzt. Gerade wird er von Kapuzenmännern mit Schmetterlingsnetzen verfolgt, als er kurzfristig wieder aufwacht, um erneut die Tasten zu bearbeiten. Das soll er auf Wunsch seiner Mutter und des gestrengen Klavierlehrers Dr. Terwilliker. Nur der Klempner Zabladowski, der einen neuen Ausguss in der Küche anbringt, zeigt Verständnis für Bart, was den Jungen aber nicht hindert, wieder einzuschlafen. Das gleichförmige Ticken des Metronoms führt ihn in das geheimnisvolle Land des großen Musikmeisters Dr. T., eines manchmal komischen, doch auch bösartigen Tyrannen, der in seinem Zauberschloss ein Riesenklavier errichtet hat, das von 500 Jungen mit 5 000 Fingern gespielt werden soll. Und weil er andere Instrumente nicht leiden kann, hält Dr. T. im Keller seines Schlosses Musiker gefangen, die eben diese anderen Instrumente spielen. Bart will mit seinem Freund Zabladowski in das Schloss eindringen, um seine Mutter, die Dr. T. in Hypnose versetzt hat, zu befreien. Er bastelt sich dazu einen Geräuschschlucker, doch bei dessen Einsatz fliegt ihm das Gerät um die Ohren, und er erwacht. Die Wirklichkeit hat ihn wieder; er lässt das Klavier stehen und geht endlich zum Baseball. – Amerikanisches Filmmusical, »musikalisch belanglos ... manchmal sogar originell, auch sentimental und somit konsumgerecht« (FILMBEOBACHTER); »Ein durchaus ungewöhnliches Angebot ... das es jedoch auf Dauer sehr schwer haben wird, sich durchzusetzen.« (VARIETY) – »Ein echtes Unikum.« (HALLIWELL'S FILMGUIDE)

DIE FURCHTLOSEN VIER

BRD 1997. **R:** *Jürgen Richter, Michael Coldewey, Eberhard Junkersdorf.* **B:** *Bert Henry, Dagmar Kekulé, Georg Reichel.* **LV:** *Gebrüder Grimm.* **M:** *Peter Wolf.* **Spr:** *Mario Adorf (Esel Fred), Sandra Schwarzhaupt (Katze Gwendolyn), Bernd Schramm (Hund Buster), Joachim Kemmer (Hahn Tortellini), Hartmut Engler, Peer Augustinski, Katharina Thalbach, Frank Zander.* F 84 Min. *(Zeichentrick).*
Hund Buster, Katze Gwendolyn, Hahn Tortellini und Esel Fred werden ausgemustert und finden sich zum Quartett der Bremer Stadtmusikanten zusammen. Diesmal geht es jedoch nicht gegen Räuber, sondern gegen Dr. Gier und den Großkonzern »Mix-Max«. In den firmeneigenen Schlachtmaschinen droht ihr letztes Stündlein ...

G

DIE GABE DES BÖSEN ZAUBERERS

Anderer Titel für **Das Geschenk des schwarzen Zauberers**

GALGAMETH – DAS UNGEHEUER DES PRINZEN

(THE ADVENTURES OF GALGAMETH/GALGAMETH). USA 1996. **R:** *Sean McNamara.* **B:** *James Angeli.* **K:** *Christian Sebaldt.* **M:** *Richard Marvin.* **D:** *Devin Oatway (Prinz Devin), Johna Stewart-Bowden (Julia), Sean McNamara (König Henryk), Stephen Macht (El El), Tom Dugan (William), Time Winters (Templeton), Richard Steven Horvitz (Kinch), Ken Horley (Footy), James Nixon (Bertrand), Elizabeth Cheap (Periel), Lou Wagner (Żethar), Patrick Richwood (Grecy), Corneliu Tigancu (Zhidao), Delix Silly (Klein-Galgy). F 99 Min.*

Tückischer Berater vergiftet in einem Königreich vor unserer Zeit die herrschende Majestät, nimmt deren Position ein und schickt den Erbprinzen ins Exil. Dieser befreit sein Volk mit Hilfe eines kleinen Drachen, der sich von Metall ernährt, und erobert den Thron zurück. – Ein Familienfilm.

[DIE] GALOSCHEN DES GLÜCKS

(GALOSE STASTIA). ČSSR / BRD / Österreich 1986. **R:** *Juraj Herz.* **B:** *Alex Koenigsmark, Juraj Herz.* **LV:** *Hans Christian Andersen.* **K:** *Jozef Simoncic.* **M:** *Michael Kocáb, Carl Maria von Weber, Joseph Strauß.* **D:** *Jana Brejchová (Glücksfee/Sorgenfee), Towje Kleiner (Assistenzarzt), Luis Lopez Vasquez (Schulrat), Tereza Pokorná (Mina), Marek Brodský (Student), Miroslav Donutil, Jan Hrusínsky. F 90 Min.*

Die von Feen verzauberten Galoschen bringen ihrem Träger Glück und erfüllen seine Wünsche. Zum Schluss vereinen sie Mina und ihren Studenten. – »Die Drehbuchautoren haben bei ihrer Arbeit jeglichen sentimentalen Unterton vermieden. Statt dessen wird eine doppelbödige, eine dialektische Sicht auf Dinge und Vorgänge bevorzugt: Neben der Freude steht auch immer das Leid, neben dem Glück wohnt auch der Kummer, und die Hoffnung liegt nicht weit entfernt von der Verzweiflung. Die beiden Pole des Lebens sollen nicht als unversöhnliches Paar, vielmehr als notwendig zusammengehörend, erlebt und begriffen werden, als Einheit im Leben und Handeln der Menschen. Die Feen Glück und Sorge stehen dafür. Wem sich der Mensch zuwendet, dafür trägt er allein die Verantwortung. Nicht unabänderliches Schicksal lenkt seine Bahn, er selbst muss das Geschick in die Hand nehmen.« (77 MÄRCHENFILME) [V]

DIE GÄNSEHIRTIN AM BRUNNEN

DDR 1979. **R:** *Ursula Schmenger.* **B:** *Margot Beichler.* **LV:** *Gebrüder Grimm.* **D:** *Jaroslava Schallerová (Trulle/Prinzessin Marie), David Schneider (Hans), Christine Schorn (Alte/Fee Allmuthe), Günter Naumann (König), Ingrid Schunk-Föhr (Königin), Mana Göring, Viola Schweitzer (Prinzessinnen), Joachim Zschocke (König Volkhard), Peter Dommisch (Zeremonienmeister), Klaus-Peter Plessow (Junker Herzlieb), Thomas Wolff (Prinz Machmud), Christina Tschiersch, Nicole Zeitler. F 57 Min.*

TV-Film. Der Schmied Hans erfährt in einem Traum, dass er eine verstoßene Prinzessin finden und zum Traualter führen wird. Er begegnet ihr in Gestalt einer Gänsehirtin.

DIE GÄNSEMAGD

BRD 1957. **R:** *Fritz Genschow.* **B:** *Fritz Genschow.* **LV:** *Gebrüder Grimm.* **K:** *Gerhard Huttula.* **M:** *Richard Strauch.* **D:** *Fritz Genschow (Alter König), Renée Stobrawa (Königin), Günter Hertel (Junger Prinz), Rita Maria Nowotny (Prinzessin), Renate Fischer-Fuller (Kammerzofe), Wolfgang Draeger, Alexander Welbat (Kumpane), Theodor Vogeler, Hans-Peter Hack, Hans Wernitz, Walter Diehl, Otto Sommer. F 76 Min.*

»Es ist das besondere Verdienst Fritz Genschows, dass er dem deutschen Märchenfilm immer wieder eine Gasse schlägt. Seine neueste Verfilmung der Geschichte von der Gänsemagd und dem

Pferd Fallada entzückt die kleinen und die großen Kinder. Berlins Grunewald und das Charlottenburger Schloss geben einen erstaunlich wirkungsvollen Hintergrund für das märchenhafte Geschehen.« (Erika Daub, FILMBLÄTTER) Wie sich die Zeiten ändern! Was in den 50er Jahren gefeiert wurde, bringt heute nur noch ein peinlich berührtes Lächeln hervor. Vom Märchen, das von der auf der langen Reise zu ihrem Verlobten erniedrigten und in die Rolle der Magd gedrängten Königstochter erzählt (» ... gilt als eine der schönsten und reichsten Erzählungen der ganzen Grimmschen Sammlung«, Walter Schef, LEXIKON DER ZAUBERMÄRCHEN), ist bei Genschows »freier« Bearbeitung kaum etwas übriggeblieben. Seine operettenhaft angelegte Inszenierung ist konsequent albern-komisch und würde heutzutage beim Filmfestival des schlechten Films einen der ersten Preise einheimsen. Selbst der Kritiker des FILMDIENST, dem Märchenfilm durchaus zugetan, bemängelte »den theatralisch-gekünstelten Inszenierungston, den stilunreinen Dialog, den sprunghaften Szenenwechsel und die unbegründeten Großaufnahmen von ziemlich ausdrucksarmen Gesichtern.«

DIE GÄNSEPRINZESSIN

Anderer Titel für **Die Geschichte von der Gänseprinzessin und ihrem treuen Pferd Falada**

EIN GANZ VERRÜCKTER FREITAG

(FREAKY FRIDAY). USA 1976. R: *Gary Nelson.* B: *Mary Rodgers.* LV: *»Freaky Friday« von Mary Rodgers.* K: *Charles F. Whee.* M: *Johnny Mandel.* D: *Jodie Foster (Annabel), Barbara Harris (Ellen Andrews), John Astin (Andrews), Patsy Kelly (Mrs. Schmauss), Dick van Patten (Harold Jennings), Sorrell Booke (Mr Dilk), Kaye Ballard (Trainer), Alan Oppenheimer (Joffert), Ruth Buzzi (Trainerin), Marc McClure (Boris Harns), Marie Windsor (Mrs. Murphy), Charlene Tilton (Bambi). F 98 Min.*

Nach einem heftigen Streit wünschen sich die dreizehnjährige Annabel und ihre Mutter Ellen zur gleichen Zeit, dass sie ihren Körper mit dem des anderen tauschen könnten. Prompt geht ihr Wunsch in Erfüllung. Bald hat Annabel ihre liebe Not mit elektrischen Schreibmaschinen und diversen Küchengeräten, während Ellen in Annabels Körper an einem Wasserski-Rennen teilnehmen muss. Als sie schließlich in höchster Not zur selben Zeit um Hilfe brüllen, kehren ihre Geister wieder in die richtigen Körper zurück. – »Ein Sonntagsschulvortrag für familiengerechtes Verhalten.« (FILMECHO)

GARIB IM LANDE DES DSHINN

(GARIB W STRANE DSHINNOW). UdSSR 1977. R: *Ali Settar Atakschijew.* B: *Hikmet Sija.* K: *Scharif Scharifow.* M: *Arif Melikow.* D: *Bachtijar Chanysade (Garib/Sachib), Muchtar Manijew (Akschad), Amalja Panachowa (Sarri), A. Dshawadow (Garaschad), G. Chanysade (Raki), G. Efendijewa (Serengis), K. Abbassow (Satan). F 73 Min.*

Ein Dämon erscheint den Zwillingsbrüdern Garib und Sachib und verspricht demjenigen einen Haufen Gold, der ihm in die Unterwelt der Dschinn folgt und ihnen sein Wissen vermittelt. Garib kann der Verlockung nicht widerstehen, doch als er Satans Reich verlassen will, weigern sich die Dschinn, ihn ziehen zu lassen, und er muss sich heimlich aus dem Staub machen.

DER GAUNER VON BAGDAD

(IL LADRO DI BAGDAD/LE VOLEUR DE BAGDAD). Italien/Frankreich 1960. R: *Arthur Lubin.* B: *Augusto Frassinetti, Filippo Sanjust, Bruno Vailati.* K: *Tonino delli Colli.* SpE: *Thomas Howard.* M: *Carlo Rustichelli.* D: *Steve Reeves (Karim), Georgia Moll (Amina), Arturo Dominici (Prinz Osman), Edy Vessel (Kadija), Georges Chamarat (Zauberer), Daniele Vargas, Antonio Battistella, Fanfulla, Giancarlo Zarfati, Rosario Borelli, Eduardo Bergamo, Luigi Visconti, Gina Mescetti, Antonio Rosmino, Ignazio Dolce, Mohammed Agrebi, Joudi Mohammed Jamil, Franco Cobianchi, Anita Tedesco, Walter Grant, Mario Passante, Chignone F 88 (90) Min.*

Beim Diebszug durch die königliche Hochzeitsgesellschaft von Bagdad verliebt sich der als Prinz verkleidete Dieb Karim in die Braut, Prinzessin Amina. Osman, der eigentliche Anwärter, reagiert darob verständlicherweise sauer und flößt seiner plötzlich heiratsunwilligen Ehefrau in spe einen Zaubertrank ein. Bei der bereits in Karim verliebten Amina löst er damit allerdings nur einen todesähnlichen Schlaf aus. Auf den Rat eines Zauberers macht sich Karim auf die Suche nach der heilenden blauen Zauberblume. Nachdem er sich einen Weg durch einen Wald aus Schlangenbäumen gehackt hat, der Feuergrube und einer hübschen Hexe entkommen ist, einen unsichtbaren Riesen und eine Gruppe eierköpfiger Menschen bezwungen hat, schwebt er auf einem fliegenden Pferd in den Tempel der Blume ein. Bevor er Amina heiraten kann, gilt es aber noch, aus einem Zauberdiamanten eine Armee von Doppelgängern heraufzubeschwören, um die Truppen des enttäuschten Osman aufzureiben. – »Die Tricks, wichtiger Bestandteil eines Filmes dieser Art, sind vergleichsweise wenig gekonnt; Humor ist selten am Werk; die Dialoge bleiben Papier; der Orient riecht nach Pappe und Kleister; wiewohl viele Aufnahmen in Tunis entstanden«, meinte der FILMDIENST zu diesem knallbunten Remake des Fairbanks-Films und umschrieb damit genau die Kluft zwischen Gerne Wollen und Nicht Können, die solche Filme zu einem Lachschlager ersten Ranges machen. – »Steve Reeves hat die Vitalität und den Charme eines Motorrad-Bullen. Und die anderen Charaktere benehmen sich wie die verblüfften und stoischen Opfer eines solchen.« (NEW YORK TIMES)

GEFÄNGNIS

(FÄNGELSE). *Schweden 1949.* **R:** *Ingmar Bergman.* **B:** *Ingmar Bergman.* **K:** *Göran Strindberg.* **M:** *Erland von Koch.* **D:** *Doris Svedlund (Birgitta-Carolina), Birger Malmsten (Thomas), Eva Henning (Sofi), Hasse Ekman (Martin Grandé), Stig Olin (Peter), Irma Christenson (Linnea), Anders Henriksson (Paul), Marianne Löfgren (Frau Bohlin), Kenne Fant (Arne), Inger Juel (Greta), Curt Masreliez (Alf), Torsten Lilliecrona (Filmfotograf), Segol Mann (Beleuchter), Börje Mellvig (Kommissar), Åke Engfeldt (Polizist), Gunilla Klosterberg, Lasse Sarri, Åke Fridell, Bibi Lindqvist, Arne Ragneborn, Brita Brunius. SW 78 Min.*

Der Filmregisseur Martin Grandé wird im Studio von seinem alten Mathematiklehrer besucht. Dieser schlägt vor, einen Film über die Hölle zu drehen: Die Erde sei die wirkliche Hölle. Im Film sollen die Verurteilung des Mannes, der die erste Atombombe geworfen, und die eines Mädchens, das sein Kind getötet hat, gegenübergestellt werden. Martin erzählt seinem Freund Thomas und dessen Frau von der Anregung. Thomas regt ein anderes Sujet an: Die junge Prostituierte Birgitta-Carolina wird von ihrem »Verlobten« Peter auf die Straße geschickt; als sie ein Kind bekommt, wird es von Peter und seiner Schwester getötet. Tage später irrt Thomas nach einer Auseinandersetzung mit seiner Frau ziellos durch die Stadt und trifft Birgitta-Carolina, mit der er eine Nacht in einem schäbigen Dachzimmer verbringt. Zunächst stellt sich befreiende Freude ein, als sich die beiden mit einem alten Filmprojektor einen naiven Stummfilm ansehen. Doch die turbulente Verfolgungsjagd endet plötzlich, als der Tod auf der Leinwand erscheint und sie in die Wirklichkeit der Angst zurückholt. Birgitta erlebt Angstvisionen, die sie an den Ort ihrer Schuld zurückkehren lassen: Ein »menschlicher« Wald, in dem alles Lebendige zur bedrohenden Geste erstarrt; ein schwimmendes Embryo in einer Badewanne, ein Mann, der eine Auster fischt und ihre Schalen achtlos in die Wanne zurückwirft; ein Unbekannter, der sie verfolgt. Bald meldet sich der Letztere als alter Kunde und will angestammte »Rechte« geltend machen. Birgitta verweigert sich ihm, er misshandelt sie mit seiner brennenden Zigarette. Da stößt sich Birgitta in ihrer Verzweiflung ein Messer ins Herz. Thomas kehrt resigniert zu seiner Frau zurück, die er auch weiterhin immer mehr verlieren wird, ohne sie verlassen zu müssen. Der alte Lehrer taucht noch einmal im Studio auf. Martin ist sich jetzt seiner Sache sicher: »Man kann Ihren Film nicht drehen, weil er mit einem Fragezeichen enden würde. Wenn man an Gott glauben würde, wäre alles kein Problem. Andernfalls gibt es keinen Ausweg.«

Der erste ganz persönliche und individuelle Film Ingmar Bergmans, in dem Realität und Fiktion einander durchdringen und in dem der Regisseur versucht, sein großes Thema »Teufelsglauben« ins Medium Film zu übertragen. Dazu Ingmar Bergman in den berühmten Langzeit-Interviews, die er den schwedischen Kritikern Björkman, Manns und Sima Ende der sechziger Jahre gab (BERGMAN ÜBER BERGMAN):

»Nun wollen wir die Geschichte mit dem Teufel ein für allemal klarstellen. Wenn man ganz vorne anfängt, kann man sagen, dass der Gottesbegriff mit den Jahren sein Aussehen geändert hat, bis er ausgewischt wurde und verschwand oder etwas ganz anderes mit ihm passiert ist. Die Hölle ist für mich immer ein suggestives Milieu gewesen, aber ich habe nie etwas anderes gemeint, als dass sie wirklich auf der Erde war. Die Hölle ist von den Menschen geschaffen worden, und sie existiert auf der Erde. Was ich geglaubt habe, und zwar lange geglaubt habe, war, dass eine virulente Bosheit existiert, die in keiner Weise von Milieu und Erbfaktoren abhängig ist. Wir können es die Erbsünde nennen oder was auch immer – eine aktive Bosheit, die der Mensch im Unterschied zu den Tieren ganz allein besitzt. Die Struktur des Menschen als Mensch ist so beschaffen, dass er immer destruktive Tendenzen gegen sich selber wie auch gegen seine Umwelt in sich trägt, bewusst oder unbewusst. Als Verkörperung dieser virulenten, ständig existierenden und unbegreiflichen, für uns unfaßbaren Bosheit habe ich eine Person geschaffen, die Teufelszüge der mittelalterlichen Moralität trägt. Es wurde ein heimliches Spiel für mich, in verschiedenen Zusammenhängen eine Teufelsfigur dabeizuhaben. Ihre Bosheit war eine Feder im Uhrwerk. So sieht es aus mit den Teufelsgestalten in meinen frühen Werken.«

DAS GEHEIMNIS DER AMARYLLIS

(THE EYES OF AMARYLLIS). USA 1982. **R:** *Frederick King Keller.* **B:** *Stratton Rawson, Frederick O'Hara.* **LV:** *»The Eyes of Amaryllis« von Nathalie Babbitt.* **K:** *Michael G. Mathews, Skip Roessel.* **M:** *Roger Luther.* **D:** *Ruth Ford (Geneva Reade), Martha Byrne (Jenny), Guy Boyd (George Reade), Jonathan Bolt (Seward), James Spruill (Jewel), Brendan Ward (John Folger). F 90 Min.*
Die elfjährige Jenny zieht zu ihrer erkrankten und etwas absonderlichen Großmutter Geneva Reade, die in einem einsam gelegenen Haus am Meer lebt und auf die Rückkehr ihres dreißig Jahre zuvor ertrunkenen Mannes wartet. Obwohl die Nachbarn die alte Dame für verrückt halten, gewinnt Jenny Zutrauen zu ihr und gerät immer stärker in den Bann ihrer phantastischen Erzählungen. Und irgendwann begegnet ihr ein geheimnisvoller junger Mann, der offenbar längst tot und mit den Geheimnissen des Meeres auf seltsame Art verbunden ist ... – Frederick King Keller, der bereits mit seinem phantastischen Film *Die unsterblichen Tucks* (USA 1980; ebenfalls nach einem Roman von Nathalie Babbitt) auf sich aufmerksam machte, hat es auch in dieser unaufdringlichen Produktion bestens verstanden, den Zuschauer bei der Stange zu halten: »In den besten (und auch spannendsten) Momenten gelingt es dem Film, den realen Raum und die Zeit aufzuheben und eine Welt entstehen zu lassen, in der Gefühle wie Liebe und Sehnsucht, gegenseitige Anteilnahme und Achtung und nicht zuletzt der Mut zur Fantasie rationale Grenzen aufheben. Hier wird der Film zu einer Utopie vom ›besseren‹ Leben, zu dem auch die Einheit von Mensch und Natur gehört.« (Horst Peter Koll, FILM-DIENST)

DAS GEHEIMNIS DER FESTUNG

(TAINA KREPOSTI). UdSSR 1960. **R:** *Ali Settar Atakschijew.* **B:** *Mamed Hussein Tachmasib.* **K:** *Arif Narimanbekow, M. Mustafajew.* **M:** *R. Gadshijew.* **D:** *Ali Seinalow (Simnar Khan), Andrej Fait (Gei-Ges-Kossa), Tamara Kokowa (Metanet). F 81 Min.*
Dieser trickreiche Märchenfilm aus dem Studio Baku erzählt von der Not der Menschen in der aserbaidschanischen Wüste. Ein grausamer Khan kontrolliert die spärlichen Wasserquellen. Mit einem ungeheuren Felsblock lässt er den Weg des Flusses versperren, bis alles am Fuß des Berges gelegene Land verdorrt, aber Doktor Eldostu und seine Pflegetochter Metanet können den Steinen Wasser entlocken. Der Khan und sein Zauberer setzen alles daran, hinter das Geheimnis zu kommen, aber Menschen und Tiere des Landes erweisen sich als stärker.

DAS GEHEIMNIS DER VERWUNSCHENEN HÖHLE

(DARBY O'GILL AND THE LITTLE PEOPLE). USA 1959. **R:** *Robert Stevenson.* **B:** *Lawrence Edward Watkin.* **LV:** *Erzählungen von H. T. Kavanagh.* **K:** *Winton C. Hoch.* **SpE:** *Peter Ellenshaw, Albert Whitlock, Eustace Lycett, Danny Lee.* **M:** *Oliver Wallace.* **D:** *Albert Sharpe (Darby O'Gill), Janet Munro (Katie), Sean Connery (Michael Mc-*

Bride), Jimmy O'Dea (König Brian Conners), Kieron Moore (Pony Sugrue), Estelle Winwood (Witwe Sugrue), Jack MacGowran (Heinzelmann). F 93 Min.

Darby O'Gill, der dem Alkohol für gewöhnlich stark zuspricht, stürzt in einen Brunnen und findet sich im Reich der Kobolde wieder. Brian Conners, der König der Leprechauns, gewährt ihm drei Wünsche. Charmanter Fantasyfilm aus der Walt Disney-Produktion nach einem irischen Volksmärchen. Die Aufnahmen mit den Heinzelmännchen wurden mittels perspektivischer Tricks realisiert: Der (todkranke) Darsteller Albert Sharpe agierte nahe vor der Kamera, das Zwergenvolk in einiger Entfernung. Es hört sich einfach an, ist aber toll gemacht. [V]

DAS GEHEIMNIS DER VIER KRONJUWELEN

(TREASURE OF THE FOUR CROWNS). USA 1982. **R:** Ferdinando Baldi. **B:** Lloyd Battista, Jim Pryce, Jerry Lazarus. **St:** Tony Petito. **K:** Marcello Masciocchi. **SpE:** Fredy Unger, Germano Natali, Carlo de Marchis. **M:** Ennio Morricone. **D:** Tony Anthony (J. T. Striker), Ana Obregon (Liz), Gene Quintano (Edmund), Francisco Rabal (Sokrates), Jerry Lazarus (Rick), Emiliano Redondo (Jonas), Francisco Villena (Professor Montgomery), Kate Levan (Besessene), Lewis Gordon (Popo). F (3D) 100 Min.

Sektenführer Jonas ist der stolze Eigentümer zweier antiker Kronen, in denen die Westgoten vor 400 Jahren die Mächte des Guten und Bösen eingeschlossen haben sollen. Auf Drängen von Professor Montgomery, der Schlimmes für die Zukunft der Menschheit befürchtet, erklärt sich der Abenteurer J. T. Striker bereit, die beiden Kronen aus Jonas' hypermodern abgesicherter Bergfestung zu rauben. Dazu wiederum muss er erst einmal den Schlüssel der Kronen aus einer alten Burg voller kichernder Skelette und rollender Feuerkugeln besorgen. Mit einer fix zusammengestellten »Kobra, übernehmen Sie«-Crew macht sich J. T. an den Angriff auf die Festung. Nach einer waghalsigen Kletterpartie am Deckenbalken des lasergeschützten Kronsaals endlich am Ziel angelangt, benutzt er die überirdische Macht der

Kronen, um Jonas und seinen Anhängern als lebender Flammenwerfer den Garaus zu machen. Und weil die Menschheit für solche Kräfte noch nicht reif ist, vernichtet er nach seinem Amoklauf beide Kronen in einem Anfall von Größe. – Ein dummdreistes, recht konfuses Spielberg-Plagiat aus dem Hause Cannon, das sein Heil in überreich zur Schau gestelltem 3D-Schnickschnack sucht. Dass man in der schlampig abgemischten deutschen Fassung mindestens zweimal den Originalton durchhören kann, ist allerdings nicht Regisseur Baldis Fehler. [V]

DAS GEHEIMNIS DES BERGSEES

(TAINA GORNOWO OSERA). UdSSR 1954. **R:** Alexander Rou. **B:** M. Jersinkjan, A. Owanjessowoi. **LV:** Erzählung »Na beregu Sewana« (Am Ufer des Sewan) von Wachtang Ananjan. **K:** J. Dildarjan, D. Feldman. **D:** Knarik Sarojan (Asmik), Nersik Oganesjan (Kamo), Romik Pogosjan (Grikor), Rubik Chansadjan (Seto), Nelli Melkumjan (Sweta), Wiktorija Torsibaschjan (Knarik). F 69 Min.

Alte Sagen und Legenden um Wasserbüffel und böse Berggeister und von der Suche nach einem unterirdischen Kanal, der einem Bergdorf das dringend benötigte Wasser bringen soll.

DAS GEHEIMNIS DES SEEHUND-BABYS

(THE SECRET OF ROAN INISH). USA/Irland 1994. **R:** John Sayles. **B:** John Sayles. **LV:** Roman »Secret of the Ron Mor Skerry« von Rosalie K. Fry. **K:** Haskell Wexler. **M:** Mason Daring. **D:** Jeni Courtney (Fiona), Mick Lally (Hugh), Susan Lynch (Selkie), Gerard Rooney (Liam), Richard

Das Geheimnis der verwunschenen Höhle

Sheridan (Eamon), John Lynch (Tadhg), Eileen Colgan (Tess), Cillian Byrne (Jamie), Pat Slowey, Dave Duffy. F 102 Min.

Folkloristisch getöntes, von Haskell Wexler stimmungsvoll fotografiertes Kunstmärchen: Die zehnjährige Fiona wird zu ihren Großeltern geschickt, die in einem Dorf an der Nordwestküste Irlands leben. Dort erfährt sie von den Selkies, den sagenumwobenen Seehund-Menschen. Allein die deutsche Synchronisation mindert das Vergnügen. [V]

DAS GEHEIMNIS DES ZAUBERSCHWERTES

(THE SECRET OF THE SWORD). USA 1985. **R:** *Ed Friedman, Lou Kachivas, Marsh Lamore, Bill Reed, Gwen Wetzler.* **B:** *Larry Ditillo, Roben Forward. Shuki Levy, Halm Saban, Erika Lane. F 100 Min. (Zeichentrick).*

Der Muskelprotz He-Man (Ächz!) sucht im Fantasyland nach seiner Schwester She-Ra (Stöhn!), die der Bösmann Hordak entführt hat. Und wer sind wir, um anzuzweifeln, dass er sie nach allerlei Schwertfuchteleien auch befreit?

DER GEHEIMNISVOLLE RITTER

(TIN SOLDIER). USA 1995. **R:** *Gregory Gieras, Jon Voight.* **B:** *Patrick J. Clifton.* **M:** *Benedict Brydern.* **D:** *Trenton Knight (Billy), Jon Voight (Yarik), Ally Sheedy (Billys Mutter), Dom DeLuise (Fallon), Bethany Richards (Toni), Aeryk Egan (Clyde), Pablo Irlando (Riordan), Brandon Harper (David), Eric Simon (Clerk), Steven Paul, Trenton Knight. F 92 Min.*

TV-Film: Nach einem Umzug in eine andere Stadt wird der 12jährige Billy in die Kämpfe zweier Banden verwickelt und findet Hilfe bei einem Spielzeugritter, der sich in einen Menschen verwandelt, sich in eine Ballerina verliebt und in die Auseinandersetzung eingreift. Ein allzu seichtes Märchen.

DER GEIST DES BIENENSTOCKS

(EL ESPERITU DE LA COLMENA). Spanien 1972. **R:** *Victor Erice.* **B:** *Angel Fernandez Santos, Victor Erice.* **K:** *Luis Cuadrado.* **M:** *Luis de Pablo.* **D:** *Fernando Fernan Gomez (Fernando), Teresa Gimpera (Teresa), Ana Torrent (Ana), Isabel Telleria (Isabel), Laly Soldevilla (Dona Lucia), Mi-*

guel Picazo (Arzt), José Villasante (Frankenstein), Juan Margallo (Verbrecher). F 95 Min.

»Es war einmal ein Dorf in der kastilischen Hochebene um das Jahr 1940 ...« Die Kinder Ana und Isabel leben mit ihren Eltern, zwei intellektuellen Sonderlingen – er beschäftigt sich praktisch und philosophisch mit der Bienenzucht, sie versucht über das Rote Kreuz Briefkontakt mit einem im Bürgerkrieg verschollenen Freund aufzunehmen – auf einem feudalen Gutshof außerhalb des Dorfes, in dem die Zeit stillzustehen scheint. Ana, die sensiblere und ernsthaftere Schwester, baut sich, angeregt durch die Vorführung von James Whales *Frankenstein* im Gemeindesaal und die scheinbar damit korrespondierenden Ereignisse in ihrer Umwelt, eine eigene Traumwelt zwischen Todessehnsucht und Hoffnung auf. So erwartet sie bis zum letzten Moment auf den Gleisen stehend den herannahenden Zug, ist fasziniert von besonders giftigen Pilzen, sucht intensiv nach Geistern. Da entdeckt sie am »Geister«-Brunnen Fußabdrücke und findet im Bauernhof einen Deserteur. Diesen versorgt sie als ihr »Monster« bis zu seiner Erschießung. In einer Nacht, als sie seinen Tod ahnt, irrt sie durch den Wald. Am Ufer eines Sees begegnet ihr das Film-Monster. Während der erschossene Deserteur unter der Kinoleinwand des Gemeindesaals aufgebahrt wird, fällt Ana in eine schwere Nervenkrise. Auch nach ihrer Gesundung bleibt die Sehnsucht nach dem Geist bestehen. – »Die Feinfühligkeit und Präzision, mit der die kleine Hauptdarstellerin die Rolle der Ana ausfüllt, sind auch in die Inszenierung eingeflossen. Lange Totalen ... Überblendungen derselben Einstellung ... relativieren die Zeit. Und der Horror, der Todesschrecken wird nicht durch harte Schnittechniken provoziert, sondern kommt, ganz dem lyrischen Whaleschen Vorbild verhaftet, fast zärtlich von der Leinwand.« (FILMDIENST) – »Ein feinfühliger, wunderschön gearbeiteter Film ... [Sein] Charme erwächst aus der rührenden Schlichtheit der einzelnen Szenen.« (VARIETY)

EIN GEIST ZUM KÜSSEN

(LOVE CAN BE MURDER). USA 1982. **R:** *Jack Bender.* **B:** *Rob Gilmer.* **M:** *Steven Bramson.* **D:** *Jaclyn Smith (Elizabeth Bentley), Corbin Bernsen*

(Nick Peyton), Anne Francis (Maggie), Cliff De Young (Brad Donaldson), Tom Bower (Mike Riordan), Nicholas Pryor (Philip Carlyle), Bruce Vilanch (Bernie), Pamela Roberts (Althea), Doug Hale (Edmund Carlyle), Scott N. Stevens (Gordon), Kimberley La Marque (Samantha), Cameron Watson (Phil), Susan Brown, Elaine Kagan, John Carter. F 120 Min.

TV-Film: Liz Bentley kriegt die Panik, als Brad sie heiraten möchte. Zu seiner und ihrer Eltern Überraschung haut sie in den Sack und eröffnet eine Privatdetektei. In den Räumen, die sie mietet, hängt jedoch der Geist ihres Vorgängers Nick Peyton herum, der 1948 ermordet wurde. Er bewegt sie dazu, den Fall seines Ablebens aufzuklären. Natürlich bleibt es nicht aus, dass sie sich in ihn verliebt ...

DIE GEISTER, DIE ICH RIEF ...

(SCROOGED). USA 1988. R: Richard Donner. B: Mitch Glazer, Michael O'Donoghue. LV: »A Christmas Carol« von Charles Dickens. K: Michael Chapman. SpE: Eric Brevig. M: Danny Elfman. D: Bill Murray (Francis Xavier Cross), Karen Allen (Claire Phillips), John Forsythe (Lew Hayward), Bobcat Goldthwait (Eliot Loudermilk), John Glover (Bryce Cummings), David Johansen (Geist vergangener Heiligabende), Carol Kane (Geist des diesjährigen Heiligabends), Robert Mitchum (Preston Rhinelander), Nicholas Phillips (Calvin Cooley), Michael J. Pollard (Herman), Miles Davis (Straßenmusikant). F 101 Min.

Am Heiligabend wird der hartherzige Frank Cross, Präsident einer Fernsehgesellschaft, wie zu erwarten nach Dickens-Vorbild, von drei Geistern heimgesucht, die ihm die Vergangenheit, Gegenwart und Zukunft seines Lebens zeigen, um ihn zum Besseren zu läutern und zu einem brauchbaren Mitglied der menschlichen Gesellschaft zu bekehren – denn ein Kotzbrocken wie er hält Weihnachten für einen dummen Schmarren. Beim ersten Geist handelt es sich um Franks ehemaligen Boss, inzwischen ein bröckelndes Gerippe. Ein übersinnlicher Taxifahrer kutschiert ihn sodann zu einer bösartigen Weihnachtsfee, die ihm die Leere seines Lebens plastisch vor Augen führt. Der Geist der kommenden Weihnacht hat ein leichtes Spiel mit Frank, der folgerichtig vor

den TV-Kameras die Botschaft der Liebe verkündet. – »Regisseur Richard Donner verzettelt sich beim Läuterungsprozess trotz der blendenden Einfälle, den TV-Irren von Zombies, Monstern, grässlichen Visionen heimsuchen zu lassen.« (Kai Niemayer, ABENDZEITUNG)

DIE GEISTERJÄGER

(SHADOW CHASERS). USA 1985. R: Kenneth Johnson. B: Kenneth Johnson. K: John McPherson. M: Joe Harnell. D: Dennis Dugan (Edgar Benedek), Trevor Eve (Jonathan MacKensie), Nina Foch (Dr. Moorhouse), Marcia Strassman (Stella Pence), Bobby Fite (Billy). F 95 Min.

Parapsychologe schwimmt in kalifornischer Kleinstadt auf der Ghostbusters-Welle.

GELIEBTER SPINNER

(BILLY LIAR). GB 1962. R: John Schlesinger. B: Keith Waterhouse, Willis Hall. LV: Keith Waterhouse, Willis Hall. K: Denys Coop. M: Richard Rodney Bennett. D: Tom Courtenay (Billy Fisher), Julie Christie (Liz), Wilfred Pickles (Geoffrey Fisher), Mona Washbourne (Alice Fisher), Ethel Griffies (Florence), Finlay Cume (Duxbury), Rodney Bewes (Arthur Crabtree), Helen Fraser (Barbara), George Innes (Eric Stamp), Leonard Rossiter (Shadrack), Godfrey Winn (Disc-Jockey), Ernest Clark (Gefängnisdirektor), Leslie Randall (Danny Boone), Gwendolyn Walis (Rita). SW 98 Min.

Ein frustrierter junger Mann namens Billy Fisher, seiner kleinbürgerlichen Familie und seines Jobs als Angestellter eines Bestattungsunternehmens überdrüssig, flüchtet sich in äußerst realistisch wirkende Tagträume, um dem täglichen Einerlei zu entkommen. In seiner Innenwelt tritt er als revolutionärer, umjubelter Held des Phantasiestaates Ambrosia auf und bringt es fertig, sich für den Mitarbeiter eines TV-Komikers zu halten, dem er irgendwann mal ein paar Gag-Manuskripte geschickt hat. Erst als er dem Kleinstadtmief entflieht, um nach London zu gehen, wird er – plötzlich ganz auf sich allein gestellt – wach. Fantasy? Mitnichten! Aber weil's die Kollegen in aller Herren Länder wegen der Traumsequenzen dafür halten, wollen wir nicht puritanisch sein, zumal John Schlesingers Werk tatsächlich ein ausgezeichnetes und ansehbares Ding ist. »Über die Bewusstseinsschilderung hinaus verdient der Film Beachtung durch die scheinbar beiläufige Erfassung verdeckter Neigungen und Charakterzüge, menschlicher Anfälligkeiten und Vorurteile. Zumeist erscheint die Aufweisung solcher Eigenschaften sowohl in der Traumwelt wie in der Realität. Am deutlichsten ausgeprägt sind darunter eine latente Anfälligkeit fürs Heldisch-Pathetische bei der jungen Generation und eine mühsam unterdrückte Lust zum Kommandieren bei der älteren. Hinter der Doppelschichtigkeit des Films ist mehr noch verborgen, als es zunächst scheint. Kaum zufällig dürften die zahlreichen militärischen Symbole gewählt sein; und es ist kein purer Gag mehr, wenn Billy den Bestattungsunternehmer, der zuvor seine Leichenwagen wie einen Heereskonvoi per Funk durch die Straßen des Städtchens dirigierte, in rebellischer Attitüde beleidigt und im Geiste niederschießt.« (FILMBEOBACHTER)

GERMANICUS IN DER UNTERWELT

(MACISTE CONTRA I MOSTRI). Italien 1961. **R:** *Guido Malatesta.* **B:** *Arpad de Riso, Guido Malatesta.* **K:** *Giuseppe la Torre.* **M:** *Gian Stellari, Guido Robuschi.* **D:** *Leg Lewis (Germanicus), Margaret Lee (Raja), Luciano Mann (Aidar), Andrea Aureli (Fuan), Birgit Bergen (Moah), Fulvia Gasser, Miriam Kent, Tania Snidersic, Rocco Spataro, Ivan Pengow, Demeter Bitenc, Giovanni Pazzafini, Mimmo Maggio. F 90 Min.*

3 000 Jahre vor unserer Zeit: Ein friedliches Völkchen will sich gerade auf der fruchtbaren Sonnenebene niederlassen, als es von einem brüllenden Saurier aufgeschreckt wird. Der flink auf den Plan tretende Steinzeit-Kraftmeier Germanicus (im Original: Maciste) tötet das schuppige Vieh und rettet die Hilflosen, die bald darauf von den barbarischen Druiden-Horden des Wüstlings Fuan überfallen werden: Man benötigt dringend weiblichen Nachschub für den Opferstein. Germanicus schreitet erneut ein. Mit Unterstützung einer Handvoll Getreuer bewahrt er die entführten Frauen vor dem Tod. Doch nun hat er sich den blinden Hass Fuans auf den Hals geladen, der Germanicus' Schützlinge wutschäumend vernichten will. Ein plötzliches Erdbeben entscheidet den ungleichen Kampf. Germanicus rettet seine Freunde zum dritten Mal und wirbelt Fuan in

den Orkus. – Das einzig Sehenswerte an dieser Stümperei ist das Schmollmündchen der untalentierten Mimin Margaret Lee, über die Klaus Kinski in seinem Buch ICH BIN SO WILD NACH DEINEM ERDBEERMUND (München 1975) allerlei pikante Details zu berichten weiß. – »Das Ganze mutet wie ein Witz an, allerdings wie kein sehr lustiger. Der Eindruck drängt sich auf, als seien zumindest für die weiblichen Angehörigen beider Völkerstämme die drittklassigen Nachtlokale Roms durchkämmt worden. Ihre ›kultischen‹ Tänze sind zum Erbarmen.« (FILMDIENST)

DAS GESCHENK DES SCHWARZEN ZAUBERERS

(PODAROK TSCHORNOWO KOLDUNA). UdSSR 1978. **R:** *Boris Ryzarew.* **B:** *Wladimir Fedossejew, Iossif Olschanski.* **K:** *Christofor Trjandafilow.* **M:** *Kirill Wolkow.* **D:** *Jelena Kondratjewa (Wassilissa), Boris Schtscherbakow (Iwan), Larissa Danilina (Matrjona), Swetlana Orlowa (Bisgurn), Lija Achedshakowa, Viktor Sergatschow (Vogelscheuchen). F 63 Min.*

Wassilissa, der kinderlosen Matrjona von Mutter Erde geschenkt, erhält von einem Zauberer ein Kleid, das angeblich jeden Wunsch erfüllt, in Wahrheit aber nur Unglück bringt. Ein unbedachter Wunsch, in der Eifersucht geäußert, lässt ihren Freund, den Schmied Iwan, erblinden. So ziehen die beiden aus, den Brunnen mit dem lebendigen Wasser zu suchen, das Iwan wieder sehend machen soll. Der Zauberer tut derweil alles, um zu verhindern, dass die beiden Liebenden jemals ihr Ziel erreichen. Aber Wassilissas Liebe triumphiert über alle Zauberei.

DIE GESCHICHTE VOM ARMEN HASSAN

DDR 1958. **R:** *Gerhard Klein.* **B:** *Rosel Klein, Gerhard Klein.* **LV:** *nach einem ujgurischen Volksmärchen.* **K:** *Götz Neumann.* **M:** *Hans-Dieter Hosalla.* **D:** *Ekkehard Schall (Hassan), Erwin Geschonneck (Kaufmann Machmud), Ernst Otto Fuhrmann (Kadi), Georgetta Sager (Fatima), Heinz Schubert (Wasserhändler). F 60 Min.*

Der Lastenträger Hassan, der den Wachhund eines reichen Kaufmanns in Notwehr erschlägt, wird von einem bestochenen Kadi verurteilt, dem Kaufmann fortan als Hund zu dienen. Als das Pferd des Reichen gestohlen wird, muss Hassan auch noch diesen Job übernehmen. Aber jetzt reicht es ihm. Der erniedrigte, gedemütigte Hassan sprengt seine Ketten und trinkt aus der Quelle des Reichen. Als Lehrstück angelegte Märchenparabel der DEFA. [V]

DIE GESCHICHTE VOM GOLDENEN TALER

DDR 1985. **R:** *Bodo Fürneisen.* **B:** *Bodo Fürneisen, Eberhard Borkmann, Joachim Nestler, Manfred Freitag.* **LV:** *Hans Fallada.* **K:** *Eberhard Borkmann.* **SpE:** *Kurt Marks, Erich Günther.* **M:** *Michael Heubach.* **D:** *Reiner Heise (Hans Geiz), Antje Straßburger (Anna Barbara), Dirk Brennemann (Martin), Doris Thalmer.* F 85 Min.

Mit der Hilfe eines (nach dem Schüfftanschen Spiegeltrick-Verfahren realisierten) daumengroßen Putzmännchens, das auf den Namen Martin hört, findet eine Waise im Keller eines Geizhalses einen legendären goldenen Taler und erlöst den Däumling. Spartanischer Kinderfilm des Fernsehens der DDR aus dem DEFA-Studio Babelsberg, nach einem Kunstmärchen von Hans Fallada.

DIE GESCHICHTE VOM KLEINEN MUCK

DDR 1953. **R:** *Wolfgang Staudte.* **B:** *Peter Podehl, Wolfgang Staudte.* **LV:** *Wilhelm Hauff.* **K:** *Robert Baberske.* **SpE:** *Ernst Kunstmann.* **M:** *Ernst Roters.* **D:** *Thomas Schmidt (Muck), Johannes Maus (Alter Muck), Friedrich Richter (Mukrah), Trude Hesterberg (Ahavzi), Alwin Lippisch (Sultan), Silja Lesny (Amarza), Heinz Kammer (Bajazid), Gerhard Hänsel (Hassan), Wilhelm Hinrich Holtz (Oberster Ramudschin), Richard Nagy (Oberer Ramudschin), Gerhard Frickhöffer (Unterer Ramudschin), Werner Peters (Unterster Ramudschin), Charles Hans Vogt (Magier), Harry Riebauer (Läufer Murad), Ursula Kempert (Sklavin), Friedrich Gnass (Stadtwächter), Wolf Beneckendorff (Schulmeister), Johannes Rhein (Mustafa), Helene Riechers (Zahnlose Alte), Else Koren (Frau im mittleren Alter), Lutz Götz (Mann mit dem Teppich), Fritz Wolff (Onkel mit den Büchern), Wolf Kaiser (Wachhauptmann), Alfred Land (Dicker Schwager), Otto Sommer (Töpfermeister), Otto Lange (Töpfermeister), Willi Schwabe (Geselle Jussef), Wilhelm Otto Eckhardt (Vater*

Die Geschichte vom Goldenen Taler

Murad), Julius Klee (Karawanenführer), Fredy Barten (Obsthändler), Jean Brahn (Teppichverkäufer), Heinz Appel (Arzt), Emil Leser (Arzt), Karl Block, Hermann Dieckhoff (Ärzte), Toni Meitzen (Reisender), Herbert Scholz (Onkel), Joe Schorn (Tuchhändler). F 100 Min.

Der Film erzählt die abenteuerliche Geschichte des kleinen Muck, der auf der Suche nach dem Glück die Welt und die Menschen kennenlernt. In einer kleinen Stadt im Orient wird der alte Muck aufgrund seines Buckels von Kindern und Erwachsenen gehänselt und verspottet. Eines Tages aber gelingt es ihm, eine Kinderschar, die gerade wieder Scherze mit ihm treibt, in sein Haus

zu locken und so lange festzuhalten, bis sie sich seine Lebensgeschichte angehört hat. »Vor vielen Jahren war ich noch ein kleiner Junge wie ihr ...«, beginnt der alte Muck seinen Bericht. Als Sohn eines alten Gelehrten hatte er zunächst eine friedliche, liebevolle Kindheit. Doch der plötzliche Tod seines Vaters lässt ihn vor seinen habgierigen Verwandten fliehen, die sich um das Erbe streiten. Allein und einsam macht er sich auf den Weg, den Kaufmann zu suchen, »der das Glück verkauft«, und zwar gegen ein paar Glasscherben. Nach langer erfolgloser Wanderschaft gerät er in die Gewalt der Hexe Ahavzi, die unzählige Katzen hält, die Muck als Sklave hüten und betreuen soll. Mit Hilfe einer Katze findet er Pantoffel und einen Wanderstab, die ihn mit Zauberkräften ausstatten. Mit den Pantoffeln kann er schneller laufen als alle Wunderläufer des Reiches zusammen. Bald wird er Oberläufer und, nachdem er mit dem Stab einen Goldschatz im Palastgarten entdeckt hat, sogar Schatzmeister des Sultans. Von nun an will er andere glücklich machen, doch schon bald fällt er den Intrigen des korrupten Hofstaats zum Opfer. Er wird eingekerkert, dann muss er das Land verlassen. Arm, wie er auszog, wandert Muck weiter. An einem See entdeckt er zwei seltsame Feigensorten. Isst man von der einen, wachsen einem Eselsohren, isst man von der anderen, verschwinden sie wieder. Sofort kehrt Muck, als Händler verkleidet, an den Hof des Sultans zurück und verkauft die verhängnisvollen Feigen an eine Hofschranze. Bei einem Hochzeitsmahl kosten der Sultan, seine Gäste und Würdenträger von den Früchten. Der erwünschte Erfolg bleibt nicht aus. Weil Muck als Retter in der Not auftritt und die vom Zauber Befallenen von ihren langen Ohren befreien kann, erhält er die Pantoffel und den Stab zurück. Doch von der Zauberei hat er endgültig genug. Er sieht ein, dass wahres Glück nicht mit Zauberdingen zu gewinnen ist. Irgendwo in der einsamen Wüste lässt er die Wunderdinge zurück. Er lebt sein Leben und wird zu jenem alten Muck, den die Kinder nun verspotten. Doch weil der alte, bucklige Muck eine so gute Geschichte zu erzählen weiß, die die Herzen der Kinder gewinnt, kann er fest damit

Die Geschichte vom kleinen Muck

rechnen, dass diese in Zukunft auf seiner Seite sind.

»Mit dem Film *Die Geschichte vom kleinen Muck* gelang Staudte die Verfilmung eines deutschen Märchens, die in ihrer Qualität von bundesdeutschen Märchenverfilmungen der 50er Jahre nicht annähernd erreicht wurde – ein Film, der Kinder und Erwachsene nach wie vor faszinieren kann. Der mit großem Aufwand gedrehte Film bezieht seine Wirkung aus der abenteuerlichen Geschichte, dem Spiel der Darsteller (vor allem des kleinen Muck), dem orientalischen Kolorit aus Tausendundeine Nacht, seinen Trickaufnahmen und seiner Farbdramaturgie. Die Geschichte ist – wie bei Wilhelm Hauff – in eine Rahmenhandlung eingebettet. Die Grundgeschichte wurde an einigen Punkten im Sinne der Vorstellungen der Autoren ergänzt bzw. verändert: Bei Hauff erzählt ein Vater seinem Kind die Lebensgeschichte des kleinen Muck; im Film ist es der altgewordene Muck, wodurch dem Geschehen größere Dramatik und Authentizität verliehen wird. Damit wurde auch Staudtes Absicht deutlicher und verständlicher, dass die Kinder im Film ihr Verhalten gegenüber dem körperbehinderten Muck ändern. Bei Hauff muss der in Ungnade gefallene Muck um Gnade betteln, im Film verschafft er sich seine Freiheit, indem er den Sultan aus einer lächerlichen Lage befreit. Der Film ist an jenen, von Hauffs Vorlage abweichenden Stellen besonders geprägt von Staudtes gesellschaftlicher Einstellung: Abneigung gegen Hass und Benachteiligung, Deutlichmachen korrupter Zustände und Herrschaftsverhältnisse, Verhinderung von Krieg, Mitgefühl mit den gesellschaftlich Benachteiligten.« (Hans Strobel, MEDIEN UND ERZIEHUNG) Dem bleibt nur Erstaunliches über die Produktionsbedingungen hinzuzufügen: Die Verfilmung der *Geschichte vom kleinen Muck* stellte eine Verlegenheitslösung dar. Staudte arbeitete zu dieser Zeit intensiv an den Vorbereitungen zur Verfilmung von Brechts »Mutter Courage«. Er drehte bereits Probeaufnahmen in Farbe mit Helene Weigel, als die Arbeiten wegen nicht zu überwindender Differenzen mit Brecht abgebrochen werden mussten. Um die Vorarbeiten wenigstens zum Teil zu retten und das leerstehende Studio auszulasten, wurde die *Geschichte vom kleinen Muck* realisiert. Es zeugt von der Klasse des Regisseurs, dass er trotz der vorangegangenen Querelen imstande war, einen Unterhaltungsfilm mit soviel Sinn für Humor zu drehen, in dem er alle Register des Märchenkinos zog und der auch heute noch im deutschen Sprachraum von der Inszenierung her einzigartig und unübertroffen ist. [V] *(Der kleine Muck)*

DIE GESCHICHTE VON DER GÄNSEPRINZESSIN UND IHREM TREUEN PFERD FALADA

DDR 1988. **R:** *Konrad Petzold.* **B:** *Konrad Petzold, Angelika Mihan, Marion Wallroth.* **LV:** *Gebrüder Grimm.* **K:** *Hans Heinrich.* **M:** *Zdenek John.* **D:** *Dana Morakova (Aurinia), Michaela Kuklova (Liesa), Eberhard Mellies (König Ewald), Karsten Janzon (Kürdchen), Gerry Wolf (Siegbert), Regina Bayer (Junge Königin), Peter Zimmermann (Junger König), Alexander Höchst (Prinz Ivo).* F 89 Min.

Unterwegs zu einem Prinzen, den sie ehelichen will, wird Prinzessin Aurinia von ihrer mit Zauberkräften arbeitenden Gefährtin Liesa ihrer Habe beraubt und zum Schweigen gebracht. Am Königshof spielt Liesa die Rolle der Prinzessin, die zum Gänsehüten geschickt wird. Doch ist das Auge des Adels auch von Zauberkräften nicht zu foppen: Der wackere Prinz Ivo erkennt (fast) sogleich, wer die wahre Prinzessin ist. Nach der Entlarvung Liesas steht der Hochzeit nichts mehr im Wege. Brav abgefilmtes Märchen aus der DEFA-Produktion.

GESCHICHTEN AUS EINEM FLIEGENDEN KOFFER

(STORIES FROM A FLYING TRUNK). GB 1979. **R:** *Christine Edzard.* **B:** *Christine Edzard.* **LV:** *Erzählungen von Hans Christian Andersen.* **K:** *Robin Browne, Brian West.* **SpE:** *Ken Worringham.* **M:** *Gioacchino Rossini.* **D:** *Murray Melvin (Hans Christian Andersen), Ann Firbank (Mutter), John Tordoff (Landstreicher), Tasneem Maqsood (Mädchen mit den Schwefelhölzern), John Dalby (Königin Viktoria), Johanna Sonnex (Klein-Ida), Gerd Larsen (Choreographin), Lesley Collier (Prinzessin), Patricia Napier, Graham Fletcher, The Royal Ballet, London (Gemüse).* F 88 Min.

In eine Rahmenhandlung eingebettet sieht man drei animierte Andersen-Märchen: »Von Töpfen,

Tellern und anderen Küchengeräten«, »Das Mädchen mit den Schwefelhölzern« und »Idas Blumen«.

GESCHLOSSENE GESELLSCHAFT

(HUIS CLOS). *Frankreich 1955.* **R:** *Jacqueline Audry.* **B:** *Pierre Laroche.* **LV:** *»Bei geschlossenen Türen« von Jean-Paul Sartre.* **K:** *Robert Juillard.* **M:** *Joseph Kosma.* **D:** *Arletty (Ines), Franck Villard (Garein), Gaby Sylvia (Estelle), Renaud-Mary (Empfangschef), Danièle Delorme (Florence), Isabelle Pia (Tod), Michèle Cordue (Leben), Yves Deniaud, Suzanne Dehelly, Claude Nicot, Paul Frankeur, Jean Debueourt, Nicole Courcel, Arlette Thomas, Jean Murat, Jacques Chabassol, Jacques Duby, Giani Esposito. SW 92 Min.*

Ein Hotel eigener Art ist das! In endlosen Korridoren hausen die Verstorbenen in abgesperrten widerwärtigen Hotelzimmern ohne Fenster und ohne Tageslicht, dafür aber mit künstlichem, das man nicht abschalten kann. Ein Ort der Verdammnis, die Hölle des heutigen Menschen. Keiner für sich allein! Die »Direktion« hat die höllische Angewohnheit, nur Leute zusammenzustecken, die einander im Wege sind. Ein teuflisches Vergnügen, drei Neuankömmlinge an den persönlichen Ort der Hoffnungslosigkeit und immerwährenden Qual zu bringen. Dort können sie allenfalls noch die Sitze tauschen, ansonsten sich nur gegenseitig auf die Nerven gehen. Hier sollen sie, zwei Frauen und ein Mann, gemeinsam die Rechnung ihres verpfuschten Lebens bezahlen. Da ist Garein, Intellektueller, auch Journalist, vor allem Deserteur, von einem Hinrichtungskommando liquidiert: mit jedem Wort und jeder Bewegung das traurige Fazit seines feigen, gehetzten, erbärmlichen Daseins. Da ist Estelle, die Kindesmörderin, zu früh gestorben an Lungenentzündung: In mannstoller Lebensgier verlangt sie nichts anderes als die Befriedigung ihrer unersättlich-sinnlichen Reizbarkeit. Und schließlich Ines, die Lesbierin, durch Gasvergiftung umgekommen: Ihr Verlangen steigert sich bis hin zum Sadismus. Doch langsam! Zunächst sind da die Selbsttäuschungen und Unaufrichtigkeiten den anderen gegenüber. Der Zündstoff ist gelegt, schon bald kommt es zur Kettenreaktion. Estelle begehrt den Mann, und nur den Mann, Ines die Frau, und nur die Frau, Garein hält das nicht aus. In nackter Selbstsucht schleudern sie sich ihren Hass, ihren Ekel, ihre Verachtung entgegen. Sie können nicht ausbrechen, sie sind gefangen in einem Teufelskreis, in dem jeder zum Peiniger und zum Gepeinigten wird. »Also dies ist die Hölle. Niemals hätte ich geglaubt ... Ihr entsinnt euch: Schwefel, Scheiterhaufen, Bratrost ... Ach, ein Witz! Kein Rost erforderlich. Die Hölle, das sind die andern.« Die drei bleiben zurück, an den Zustand gekettet, den sie sich selbst auf Erden bereiteten. Für immer und in Ewigkeit müssen sie das wiederholen, was sie selbst aus sich gemacht haben. »Weitermachen« – das ist die Hölle der Existentialisten.

Werkgetreue Verfilmung eines der besten Theaterstücke Jean-Paul Sartres mit hervorragenden Schauspielern. Wie schon bei seinem Filmdrehbuch *Das Spiel ist aus* akzeptiert Sartre eine mehr oder weniger anonyme »Direktion«, die eine unbestimmte Macht über die Toten ausübt, was seiner Lehre vom Existentialismus (»Der Mensch existiert nur in dem Maße, in welchem er sich verwirklicht«) widerspricht. »Gäbe es also schließlich doch so etwas wie eine höhere Macht? Oder ist diese den raffiniertesten Strafvollzug erklügelnde, letzte Instanz nur um des Theatereffektes willen bemüht und füllt somit nur eine Lücke in der kristallharten Logik? Der Existentialist Sartre lässt die Frage offen.« (RECLAMS SCHAUSPIELFÜHRER)

DAS GESICHT

(ANSIKTET). *Schweden 1958.* **R:** *Ingmar Bergman.* **B:** *Ingmar Bergman.* **K:** *Gunnar Fischer.* **M:** *Erik Nordgren.* **D:** *Max von Sydow (Albert Emanuel Vogler), Ingrid Thulin (Manda Vogler/Aman), Äke Fridell (Tubal), Naima Wifstrand (Voglers Großmutter), Lars Ekborg (Simson), Gunnar Björnstrand (Medizinalrat Vergérus), Erland Josephson (Konsul Egerman), Gertrud Fridh (Ottilia Egerman), Toivo Pawlo (Polizeiwachtmeister Starbeck), Ulla Sjöblom (Henrietta Starbeck), Bengt Ekerot (Johan Spegel), Sif Ruud (Sofia Garp), Bibi Andersson (Sara), Birgitta Petersson (Sanna), Oscar Ljung (Antonsson), Axel D. Berg (Rustan), Tor Borong, Arne Mårtensson, Frithiof Bjärne (Zöllner). SW 100 Min.*

Stockholm, 1846. Mit Hilfe einer »dämonischen« Maske gelingen Vogler, Leiter eines »Magnetischen Heiltheaters«, allerlei übersinnliche Phänomene, die sich jedoch als Taschenspielertricks entlarven lassen. Um sich an der Gesellschaft, die ihn bloßgestellt hat, zu rächen, setzt er Hypnose ein, erzeugt mit einer untergeschobenen Leiche viel Entsetzen, bleibt aber den Beweis seiner Kraft letztendlich schuldig, obwohl ein Ruf ans Königshaus sein Image im letzten Augenblick aufpoliert und er rehabilitiert zu sein scheint. – »Nur für Erwachsene von abseitigem Interesse.« (FILMDIENST) – »Versuchsobjekt für Grübler.« (FILMBEOBACHTER) – »Faszinierendes Spiel zwischen Realität und Illusion.« (Dieter Krusche, RECLAMS FILMFÜHRER) – »*Das Gesicht* rief große Verwirrung hervor, als er anlief, daran besteht kein Zweifel. Und eine gewisse düstere Stimmung. Es war auch die Zeit, als die Kritiker ernsthaft damit anfingen, meine Filme zu verreißen und dadurch mein Publikum furchtbar zu erschrecken ... Nein, es gibt keinen Grund, [den Film] ernst zu nehmen.« (BERGMAN ÜBER BERGMAN)

DAS GESPENST

BRD 1983. **R:** *Herbert Achternbusch.* **B:** *Herbert Achternbusch.* **K:** *Jörg Schmidt-Reitwein.* **D:** *Herbert Achternbusch (Ober), Annamirl Bierbichler (Oberin), Kurt Raab (Poli), Dietmar Schneider (Zisti), Judit und Rita Achternbusch (Schwestern), Ann Poppel (Frau), Sepp Bierbichler (Römer/Vertreter), Franz Baumgartner (Römer/Priester), Werner Schroeter (Bischof), Gabi Geist (Ehefrau). SW 90 Min.*

Auf die Bitte einer Kloster-Oberin steigt Christus vom Kreuze: »Wenn ihr mir einen zeigt, der nicht vom Kreuz herab will, will ich zu ihm hinauf.« Von ihr zum Ober der Klosterbar ernannt, bedient er zwei besoffene Polizisten, die auf den Gedanken kommen, Scheiße zu bestellen. Nach einer ergebnislosen Suche auf dem Viktualienmarkt gelangt der Ober in ein Polizeirevier. Die zwei Polizisten Poli und Zisti mühen sich redlich, erschießen sich jedoch am Ende. Ober und Oberin wandern aufs Land. An einem Weiher bindet man drei in der Gebärmutter der Oberin aufbewahrte Frösche an ein Kreuz. Drei Römer, die bei der Kreuzigung zugegen waren, kommen hinzu und unterhalten sich mit ihnen. Die Oberin tauscht mit ihrem Bischof theologische Spitzfindigkeiten aus: »Die Menschen wollten es nicht wissen, da haben wir es ihnen eingebleut.« Unterdessen tut der Ober im Haus eines gehörnten Ehemanns einige Wunder und entlarvt den Liebhaber der Ehefrau. Die Oberin verwandelt sich in einen Falken. In ihren Klauen trägt sie den in eine Schlange verwandelten Ober davon.

Eine schönere Fangfrage gibt es nach wie vor kaum. Darf Kunst alles? Oder im Einzelfall: Darf ein Künstler zwei Polizisten zeigen, die auf den Wunsch Christi die Hosen runterlassen und sich bemühen, in Schnapsgläser zu scheißen? Einen Christus, der mit einer Nonne ins Bett steigt, über den Münchner Viktualienmarkt zieht und um etwas Scheiße bittet? Interessant an Herbert Achternbuschs *Das Gespenst* ist vor allem sein geschicktes Spiel mit dieser Fangfrage, auf die seinerzeit beinahe jeder hereinfiel. Wendeminister Zimmermann (der das Ganze »säuisch« fand und Achternbusch die letzte Filmförderungsrate vorenthielt) ebenso wie die Vertreter des Klerus (die der Film in einen regelrechten Kirchenkrieg stürzte) oder die braven Bürger im Lande, die mit fleißigen Unterschriftenaktionen dem Filmverleih den Kadi auf den Hals hetzten. Und natürlich auch die Halbgötter des Feuilletons, die die Frage in ihren Hymnen zwar grundsätzlich bejahten, ihrer Courage dann aber doch nicht so ganz trauten und mit aller gebotenen Wortgewalt einen Ausweg aus der Zwickmühle konstruierten. Etwa so: »Achternbusch hat hier sicher bewusst die wütendsten Vorwürfe der Blasphemie riskiert, und doch gehen diese an diesem unerbittlich bösen und unerbittlich moralischen Film vorbei: Nicht Gott wird hier gelästert, sondern die Bilder, die sich die Menschen von ihm gemacht haben, und die Menschen selbst, die sich dieser Bilder zu ihren Zwecken bedienen, nachdem sie sie mit der Kreuzigung bereits zu schaffen begonnen haben«, druckste Achternbuschs eifrigster Hofdiener H. G. Pflaum in der SÜDDEUTSCHEN ZEITUNG herum. Noch ärger wand sich der Bielefelder Universitätsprofessor Jörg Drews in seinem Gutachten, als er sich nach diversen Querverweisen auf Dostojewski (Ächz!) einer Szene widmete, in der laut Staatsanwaltschaft dem Christus am Kreuze eine Rinderzunge aus dem Mund hängt. »Aus der Größe der Zunge auf eine tierische Zunge zu schließen, scheint mir fahrlässig ... Viele Szenen und Sätze bei Achternbusch sind mehrfachdeterminiert und weisen also auf verschiedenen Ebenen verschiedene Bedeutungen auf.« – Angesichts eines solchen Filmes erfüllen diese Verdrehspiele beinahe schon den Tatbestand der Feigheit vor dem Feind. Provokationen (und *Das Gespenst* ist ein unbestreitbar blasphemischer Film) haben ihre Berechtigung. Provokationen müssen sein. Die besten Provokationen sind jene, die den Provozierten zum Nachdenken herausfordern. Die schlechtesten jene, die der unbeachtete Künstler als letzten Rettungsanker benutzt. Exakt hier liegt das Problem von *Das Gespenst.* Achternbusch würde seinem Ruf als radikaler Querdenker nicht gerecht, würde er die Wege, die zu einer ernsthaften Auseinandersetzung führen könnten, nicht ganz bewusst verbauen. Ganz bewusst kokettiert er mit seinem filmischen Dilettantismus, präsentiert das Ganze als grobschlächtige Bauernposse mit quälend langen, statischen Einstellungen und nervenaufreibend deklamierten Endlos-Monologen. Wie in all seinen Werken sorgt der absolute Wille zur Irritation so für eine gefährliche Gratwanderung. Für den Atheisten, aber auch für denjenigen, der bereit ist, sich auf die »schöne, kräftige Einfalt eines Legendenspiels« (DER SPIEGEL) einzulassen, ist *Das Gespenst* schlicht ein langweiliger Film. Was Stanley Kubrick völlig zu Recht als die Todsünde des Kinos überhaupt bezeichnet.

EIN GESPENST AUF FREIERSFÜSSEN

(THE GHOST AND MRS. MUIR). USA 1947. R: *Joseph L. Mankiewicz.* B: *Philip Dunne.* K: *Charles Lang jr.* SpE: *Fred Sersen, L. B. Abbott.* M: *Bernard Herrmann.* D: *Gene Tierney (Lucy Muir), Rex Harrison (Captain Gregg), George Sanders (Miles Fairley), Edna Best (Martha), Vanessa Brown (Anna), Natalie Wood (Anna als Kind), Robert Coote (Coombe), Anna Lee (Mrs. Fairley), Isobel Elsom (Angelika), Victoria Horne (Eva), William Sterling (Bill). SW 104 Min.*

Rex Harrison als bärbeißiger Geist eines Kapitäns verliebt sich in Lucy Muir, die neue Eigentüme-rin seines Hauses. »Der Geist und Mrs. Muir« wurde zwischen 1968 und 1970 von Twentieth Century-Fox auch als Fernsehserie aufbereitet; die Titelrollen spielten Edward Mulhare und Hope Lange.

DAS GESPENST DER FREIHEIT

(LE FANTÔME DE LA LIBERTÉ). Frankreich 1974. R: *Luis Buñuel.* B: *Luis Buñuel, Jean-Claude Carrière.* K: *Edmond Richard.* D: *Adriana Asti (Schwester des 1. Polizeipräfekten/Dame in Schwarz), Julien Bertheau (1. Polizeipräfekt), Jean-Claude Brialy (M. Foucauld), Adolfo Celi (Arzt von M. Legendre), Paul Frankeur (Gastwirt), Michel Lonsdale (Hutfabrikant), Pierre Maguelon (Gendarm Gérard), François Maistre (Professor), Hélène Perdrière (Alte Tante), Michel Piccoli (2. Polizeipräfekt), Claude Piéplu (Polizeikommissar), Jean Rochefort (M. Legendre), Bernard Verley (Hauptmann der Dragoner), Monica Vitti (Mme. Foucauld), Milena Vukotic (Krankenschwester), Jenny Astruc (Frau des Professors), Pascale Audret (Mme. Legendre), Ellen Bahl (Kinderschwester), Philippe Brigaud (Satyr), Philippe Brizard (Barmann), Agnes Capri (Schuldirektorin), Jean Champion (1. Arzt), Jacques Deharry (Gerichtsvorsitzender), Anne-Marie Deschott (Edith Rosenblum), Michel Dhermay (Offizier), Philippe Lancelot (2. Offizier), Paul Le Person (Pater Gabriel), Pierre Lary (Freigesprochener Mörder), Marius Laurey (Friedhofswächter), Alix Mahieux (Empfangsdame), Maxence Mailfort (Leutnant der Dragoner), Annie Monange (Opfer des Mörders), Gilbert Montagne (Junger Mönch), Muni (Hausmädchen), Bernard Musson (Pater Raphael), Jean Mauvais (Polizeibeamter), Marc Mazza (Panzerführer), Marcel Pérès (Mönch), Marie-France Pisier (Mme. Calmette), Pierre-François Pistorio (François), Jean Rougerie (Gast), Andre Royer (Brigadier). F 104 Min.*

Die Milchstraße, Der diskrete Charme der Bourgeoisie und *Das Gespenst der Freiheit* stehen im Werk Buñuels trotz gegenteiliger Auffassung des Regisseurs in einem engen Sachzusammenhang. Keiner der Filme hat eine durchgehende Handlung, es gibt nur noch Geschichten. War *Die Milchstraße* eine Anthologie antiklerikaler Motive seiner frühen Filme, ein Panorama der Irrtümer und Irrwege der katholischen Kirche, die noch durch eine »Rahmenhandlung« (die Pilgerfahrt) zusammengehalten wurde, nahm sich Buñuel im *Diskreten Charme* ein besonders bourgeoises Ritual vor, das des Dinierens, um es durch ständige Verhinderung zu entlarven. Im *Gespenst der Freiheit* denunziert er die Rituale des Bürgertums schlechthin, regelmäßig durch die »surrealistische« Verkehrung. Polizisten erhalten Unterricht über die Verhältnismäßigkeit von Gesetzen; der Polizeipräsident verübt Einbrüche. Eltern zeigen die Entführung ihrer Tochter an; das Mädchen steuert (neben ihnen stehend) Informationen zur Person bei. Bei einem abendlichen Empfang sitzen die Gäste nicht auf Stühlen, sondern auf WCs; das Kacken gehört zur Abendordnung, zum Essen zieht man sich verschämt an ein stilles Örtchen zurück. Im Park verteilt ein Mann Ansichtskarten an Mädchen; die Eltern eines Mädchens entrüsten sich über diese »anstößigen« Karten: Sie zeigen harmlose Ansichten von Paris. Ein Mörder, zur schlimmsten Strafe verurteilt, sieht sich am Ende mit der Freiheit bestraft ...

Der Film ist wie ein Stafettenlauf, eine Episode reiht sich an die nächste, irgendeine Figur, irgendein Gegenstand reicht in die nächste Episode hinüber. »Die Konstruktion des Films basiert auf dem Zufall. Mich fasziniert die Unbestimmtheit des Zufalls. Wie sehr wichtige Dinge geschehen durch die Verkettung von Zufällen. In dem Film erfolgt alles nach dem Gesetz des Zufalls. Der Film könnte endlos weitergehen.« (Luis Buñuel, zit. n. Michael Schwarze, BUÑUEL)

DAS GESPENST VON CANTERVILLE

(THE CANTERVILLE GHOST). USA/GB 1986. **R:** *Paul Bogart.* **B:** *George Zateslo, Sue Grafton, Steven Humphrey.* **LV:** *Oscar Wilde.* **D:** *John Gielgud (Sir Simon de Canterville), Ted Wass (Harry Canterville), Andrea Marcovicci (Lucy Canterville), Alyssa Milano (Jennifer Canterville), Harold Innocent (Hummle Umney), George Baker (Onkel Hesketh), Dorothea Phillips (Tante Gretchen), Bill Wallis (Prof. Fenton Cook).* **F** *94 (96) Min.*
TV-Film. Die amerikanische Familie Canterville erbt ein Schloss in Großbritannien, ahnt jedoch nicht, dass es vom Geist des Sir Simon de Can-

terville bewohnt wird, der dreihundert Jahre zuvor für den Tod seiner Gattin und seiner Tochter verantwortlich war. Bisher ist es ihm stets gelungen, alle Erbwilligen zu vertreiben; diesmal freundet er sich mit der kleinen Jennifer an, die ihn bittet, ihr die Stiefmutter Lucy vom Hals zu schaffen. Als es so aussieht, als müsse Vater Harry das Gemäuer an einen Hotelkonzern verkaufen, um finanziell zu überleben, ändert Sir Simon seine Pläne: Harry verspricht, alles zu tun, damit der Besitz in der Familie bleibt; Jennifer bittet den Tod, Sir Simon endlich sterben zu lassen. – Amüsantes Remake von *Das Gespenst von Canterville* (USA 1944, Regie: Jules Dassin) nach der Erzählung von Oscar Wilde: Englands distinguiertester First-Class-Mime John Gielgud wirkt hier ein wenig wie sein eigener Geist.

GESPENSTER AUS DEM DACHFENSTER

(STRAIDIA Z VIKYRE). ČSSR 1987. **R:** *Radim Cvrcek.* **B:** *Radim Cvrcek, Eduard Perger.* **K:** *Karel Kopecky.* **D:** *Rudolf Hrusinsky, Jana Stepanková, Josef Somr, Katka Sulajdová.* **F** *78 Min.*
Ein alter Mann, der bewegliche Geister aus Holz schnitzt, widersetzt sich dem Wunsch eines Händlers, auf ähnliche Weise mit seiner Tochter zu verfahren.

DER GESTIEFELTE KATER

BRD 1955. **R:** *Herbert B. Fredersdorf.* **B:** *Christof Schulz-Gellen.* **LV:** *Gebrüder Grimm.* **K:** *Ted Kornowicz.* **M:** *Richard Strauch.* **D:** *Margitta Sonke, Harry Wüstenhagen, Martin Volkmann, Helmut Ziegner, Wilhelm Grothe, F. W. Schröder-Schrom, Christa Oenicke, Günter Hertel, Brigitte Fredersdorf, Waltraud Förster.* **F** *68 Min.*
Hinz, der gestiefelte Kater, ist das einzige Erbstück, das der Müller seinem dritten Sohn Heinrich vermacht. Mit List und Einfallsreichtum verhilft das Tier seinem Herrn zum Grafentitel. Der Kater besiegt den bösen Zauberer und besetzt dessen Schloss. Graf und Schlossherr Heinrich festigt seine Macht durch die Heirat mit der Tochter des benachbarten Königs Wonnebald, alles natürlich auf Betreiben des gestiefelten Katers. – Einigermaßen werkgerechte, wenn auch total anspruchslose Verfilmung des Märchens französischen Ursprungs aus der Grimmschen Sammlung.

Das große Manko damaliger bundesrepublikanischer Märchenfilmproduktion, die Märchen, die in der Regel nur Stoff für eine halbstündige Verfilmung zuließen, durch übertriebene Landschaftsaufnahmen und unsinnige Rahmenhandlungen aufzupeppen, ist hier durch unmerkliche Ausweitungen der Handlung umgangen worden. Der Premierenbericht von Hans-Günter Berthold in FILMBLÄTTER liest sich heutzutage bei dem allgemeinen Medienhorror, dem Kinder ausgesetzt sind, wie ein Märchen aus alter Zeit: »Für die jugendlichen Märchenfreunde gewiss ergötzlich und aufregend, all ihre Lieblinge so schön bunt und lebendig auf der Leinwand zu sehen. Nur allzu grausliche Gestalten, wie der böse Zauberer, erregten lautes und schmerzvolles Weinen, was man den Kindern ersparen sollte. Sonst viel Freude und Spaß ob der gelungenen Katerideen und -streiche.«

DER GESTIEFELTE KATER

(PUSS IN BOOTS). USA/Israel 1987. R: *Eugene Marner.* B: *Carole Lucia Satrina.* LV: *Charles Perrault.* K: *Avi Karpick.* M: *Rafi Kadishson.* D: *Christopher Walken (Gestiefelter Kater), Jason Connery (Corin), Carmela Marner (Prinzessin Vera), Yossi Graber (König), Elki Jacobs (Lady Clara), Amnon Meskin (Ogre). F 96 Min.*
Inhalt siehe *Der gestiefelte Kater* (BRD 1955, Regie: Herbert B. Fredersorf). Dies ist eine in Israel aufgenommene US-Variante der Geschichte, produziert von der im Genre des Märchenfilms sehr rührigen, aber nur selten wirklich originellen Cannon-Produktion.

DAS GESTOHLENE GLÜCK

(SAMPO). UdSSR/Finnland 1958. R: *Alexander Ptuschko.* B: *Wiktor Witkowitsch, Grigori Jagdfeld.* LV: *das Epos »Kalevala« von Elias Lönnrot (1835/49).* K: *Gennadi Zekawy, Wiktor Jakuschew.* M: *Igor Morossow.* D: *Urho Saarmosalmi (Väinämöinen), A. Orotschko (Hexe Louhi), Iwan Woronow (Ilmarinen), Andrus Oschin (Lemminkäinen), Ada Woizik (Lemminkäinens Mutter), Eeve Kivi (Annikki), Georgi Milljar (Zauberer), Michail Trojanowski (Magier). F 99 resp. 95 Min.*
»Das Sujet dieses Films nach Motiven des unsterblichen karelisch-finnischen Volksepos ›Kalevala‹ ist der Kampf zwischen dem Volk des lichten, sonnigen Kalevala mit der bösen Hexe Louhi, die in dem düsteren, kalten Pohiela wohnt. Louhi will den Menschen die Liebe stehlen. Sie entführt die schöne Annikki und wirft sie in ein furchtbares Verlies, wo der Frost, die bösen Winde und der Nebel hausen. Aber Lemminkäinen, der mutige Geliebte Annikkis, und ihr Bruder, der Schmied Ilmarinen, eilen dem Mädchen zu Hilfe. ›Ich werde euch verraten, wo die Schöne ist‹, sagt die Hexe, ›baut mir aber erst die Zaubermühle Sampo.‹ Ilmarinen schmiedet die Mühle. Annikki ist gerettet. Aber Lemminkäinen kann die Wundermühle nicht der alten Hexe lassen. Er kehrt nach Pohiela zurück und nimmt sie an sich. Auf dem Heimweg schickt ihm die Hexe auf See einen Wirbelsturm nach, und die Mühle Sampo zerschellt. Aber selbst kleine Splitter von ihr bringen dem Volke Glück. Wo sie, von der starken Hand des Volkssängers Väinämöinen geschleudert, zu Boden fallen, sprießt Gerste, weiden Schafe, schwimmen Wildgänse, Wildenten und Taucher. Das Volk feiert fröhlich die Hochzeit Annikkis und Lemminkäinens. Doch Louhi entführt die Sonne. Über Kalevala heulen Schneestürme hinweg, das Meer bedeckt sich mit Eis, es wird dunkel. Ilmarinen schmiedet ihnen eine neue Sonne, aber bald erlischt auch sie. Da treten die Menschen Kalevalas einen Feldzug gegen Pohiela an. Den Weg erleuchtet ihnen der letzte Splitter der Mühle Sampo, der sich in Nordlicht verwandelt hat. Und Lemminkäinen befreit die Sonne.« (SOWJETFILM) – Die Verfilmung der Kalevala-Gesänge war eine Gemeinschaftsproduktion von Mosfilm mit der finnischen Suomi-Film und sollte unter der Regie des märchen- und trickfilmerfahrenen Alexander Ptuschko sicher nicht nur dem Dichter Elias Lönnrot ein Denkmal setzen, sondern auch das politische Klima zwischen Finnland und der Sowjetunion bessern helfen. »Wichtige Komplexe des Films wurden in typischen Landschaften Kareliens gedreht, räumlich eng begrenzte Szenen entstanden im Atelier; die Übergänge von Außen- und Atelieraufnahmen sind meist kaum zu erkennen. Die notwendigen Filmtricks sind durchweg gelungen. Bei dem vielfachen Feuerzauber und dem Nordlicht wurde

mit transparenten Vorhängen und den Effekten farbigen Lichts gearbeitet. Echte Spiegeltricks sind die Verwandlung von Adler und Taube in Louhi und Annikki sowie die mehrfach beschworenen Bilder fernliegenden Geschehens. Das ist alles künstlich gebaut und kunstvoll ausgeleuchtet; dabei gelangen Aufnahmen, die die Wirkung kräftiger Holzschnitte haben. Viele Bildlösungen wurden als erkennbare ›Zitate‹ aus der bildenden Kunst des 19. Jahrhunderts gefilmt: Die Waldlandschaften gemahnen an Gemälde von Iwan Schischkin, der Untergang des Floßes ist den Seebildern Iwan Aiwasowskis nachgestaltet. Das Pathos vieler Szenen ist den Gemälden und Graphiken zum ›Kalevala‹ von Akseli Gallen-Kallela nahe.« (77 MÄRCHENFILME) Der Streifen liegt in Sovscope (99 Min.) und in Normalformat (95 Min.) vor. [V]

GESTOHLENES LEBEN

(ŠINEL). UdSSR 1959. **R:** Alexej Batalow. **B:** A. Solowjow. **LV:** »Der Mantel« von Nikolai Gogol. **K:** G. Maranjan. **M:** N. Sidelnikow. **D:** Rolan Bykow, J. Tolubejew, A. Joschkina, I. Punsowa, G. Teich. SW 75 Min.
Inhalt siehe Der Mantel (Italien 1952) von Alberto Lattuada. – »Der Geist des toten Schreibers triumphiert rächerisch über die Vision der bösen Exzellenz, die, gleichfalls räuberisch ihres Mantels entledigt, den gedemütigten Schreiber für den Täter hält ... Diese Verfilmung löst die Aufgabe auf eigenartige Weise: Sie stellt die Handlung in enge, oft in diffusen Grautönen schwebende Räume, die teils an den frühen Expressionismus ... erinnern, teils surrealistische Stimmungen hervorrufen und damit die realistische Schwere ebenso dämpfen wie verdichten. Und in diesen Milieus lässt man einen Schauspieler ... agieren, der mit seiner Schmächtigkeit und seinem ahnungslosen, schmerzlich-freundlichen Clownsgesicht unerhört beredsame Pantomimik bietet ... Die Regie überdehnt diese unablässigen mimischen Passagen gelegentlich, doch bleiben sie selbst dann fesselnd ... wenn die Figur in wahnwitziger Verzweiflung schneedurchstäubte Straßenzüge entlang oder über endlose Treppen gewirbelt wird wie eine hektisch übermanipulierte Marionette.« (FILMDIENST)

GEVATTER TOD

DDR 1980. **R:** Wolfgang Hübner. **B:** Wolfgang Hübner, Wera und Claus Küchenmeister. **LV:** Gebrüder Grimm. **K:** Hans-Jürgen Sasse. **M:** Karl-Ernst Sasse. **D:** Dieter Franke (Gevatter Tod), Jan Spitzer (Jörg), Bert Paul (Stanislaus), Erika Pelikowsky (Muhme Ursel), Hannes Fischer (Bürgermeister), Janina Hartwig (Barbara), Erika Pelikowsky, Bert Paul, Adolf Peter Hoffmann, Siegfried Kilian. F 60 Min.
Märchenfilm des Fernsehens der DDR vom Tod, der über Erfolg und Misserfolg seines Patenkindes wacht, das zum Arzt heranreift und feststellen muss, dass der Tod endgültig ist. – »In einem mittelalterlichen Gedicht fanden die Autoren Wera und Claus Küchenmeister diese ungewöhnliche Darstellung des Todes: nicht ein klapperndes Gerippe, furchteinflößend und gruselig, kein Spukbild, sondern ein Landmann, Teil der Natur ... In dieser entscheidenden Veränderung gegenüber der überlieferten Vorlage ist die künstlerische Methode des Films erkennbar. Keine schaurig-schöne, von der Wirklichkeit gelöste Zauberwelt wird erzählt, sondern eine realistische Geschichte mit phantasievollen Elementen. Das Märchen verstanden als Volksdichtung, als poetische Verdichtung realer Inhalte.« (77 MÄRCHENFILME)

DIE GEWALTIGEN SIEBEN

(MACISTE IL GLADIATORE FIU FORTE DEL MONDO). Italien 1962. **R:** Michele Lupo. **B:** Lionello de Felice, Ernesto Guida. **K:** Guglielmo Mancori. **M:** Francesco de Masi. **D:** Mark Forest (Maciste), Scilla Gabel (Prinzessin Talima), John Chevron (Bango), Erno Crisa (Oniris), Vittorio Sanipoli (Rufo), Germano Longo (Lidonio), Dan Vadis (Sidone), Harold Bradley (Pukos), Maurizio Conti, Carlo Pisa Cane. F 96 Min.
Prinzessin Talima soll zur Königin des kleinasiatischen Staates Mersabad gekrönt werden, doch der Edelmann Oniris, dem die freiheitlichen Ansichten der zukünftigen Monarchin nicht gefallen, will dies verhindern und sich durch einen Putsch an die Macht bringen. Sein Adlatus Rufo wirbt in Rom einen Trupp gefährlicher Gladiatoren an, die zusammen mit den einheimischen Halsabschneidern Oniris' schmutzigen Plan in die

Tat umsetzen sollen. Talima wird von ihrer Schwester verraten und landet im Kerker. Der große Held Marcellus (im Original: Maciste) mischt sich in die Affäre ein, stellt sich den sieben Gladiatoren und besiegt einen nach dem anderen. Als sich ein Gardehauptmann auf seine Seite stellt, kann Talima befreit und der Plan des Usurpators vereitelt werden. – Der übliche Kampffilm um einen antiken Helden, diesmal etwas weniger einfältig gemacht – und ohne echte Fantasy-Elemente. »Ansonsten fällt das pseudohistorische Machwerk nicht aus dem Rahmen solcher Phantasieprodukte.« (FILMDIENST) – »Gute Dekorationen und Kostüme; eine flotte, aber kaum Eigenständigkeit zeigende Regieleistung. Die Brutalitäten sind jedoch des Guten etwas zuviel.« (MONTHLY FILM BULLETIN)

DAS GEWAND

(THE ROBE). USA 1953. **R:** Henry Koster. **B:** Philip Dunne, Gina Kaus. **LV:** »Das Gewand des Erlösers« von Lloyd C. Douglas. **K:** Leon Shamroy. **M:** Alfred Newman. **D:** Richard Burton (Marcellus Gallius), Jean Simmons (Diana), Victor Mature (Demetrius), Michael Rennie (Petrus), Jay Robinson (Caligula), Dean Jagger (Justus), Torin Thatcher (Senator Gallius), Richard Boone (Pontius Pilatus), Betta St. John (Miriam), Jeff Morrow (Paulus), Ernest Thesiger (Tiberius), Dawn Addams (Junia), Leon Askin (Abidor), Helen Beverley (Rebecca), Frank Pulaski (Quintus), David Leonard (Marcipor), Michael Ansara (Judas), Jay Novello (Tiro), Nicholas Koster (Jonathan), Frank De Kova (Sklavenhändler), Harry Shearer (David), Francis Pierlot (Dodinius), Emmett Lynn (Nathan), Thomas Brown Henry (Marius), Sally Corner (Cornelia), Rosalind Ivan (Julia), Anthony Eustrel (Sarpedon), Arthur Page (Ruben), Pamela Robinson (Lucia), Peter Raynolds (Lucius), Virginia Lee (Tänzerin), Jean Corbett, Joan Corbett (Sklavinnen), George E. Stone (Cracchus), Marc Snow (Auktionator). F 133 Min.

Als der römische Tribun Marcellus Gallius nach der Kreuzigung Christi mit einigen Wachsoldaten um die Habe des Nazareners würfelt, gewinnt er das Gewand des Toten, doch als er es berührt, fährt ihm ein gewaltiger Schock durch die Glieder (und der Himmel verfinstert sich). Von nun an wird Marcellus von einer schweren Gemütskrankheit befallen: Unerklärlicherweise leidet er an einem starken Schuldkomplex. Von seinem (gläubigen) Sklaven Demetrius Gottesmörder und römischer Hund gescholten, droht Marcellus allmählich dem Wahnsinn zu verfallen; Kaiser Tiberius schickt ihn schließlich nach Palästina zurück, denn er ist der Meinung, dass nur ein Irrsinniger den Irrsinn der neuen Religion bekämpfen kann. Marcellus jedoch läuft zu den Christen über. Caligula, der neue Machthaber in Rom, »dem Hitlerscher Wahnsinn im Gesicht ge-

Das Gewand

schrieben steht« (Rolf Giesen, DER PHANTA-STISCHE FILM), versucht zwar, den plötzlich nachdenklich gewordenen Tribun zur Räson zu bringen, doch vergebens: Tapfer geht Marcellus, der seinem neuen Herrn nicht abschwören will, mit seiner Geliebten Diana in den Märtyrertod. – »Diese Fabel«, fand der FILMBEOBACHTER anläßlich der deutschen Erstaufführung, »ist im Kern nicht schlecht. Aber Hollywood wäre nicht Hollywood, wenn es nicht zur Einführung seines neuen Cinemascopeverfahrens ... daraus die Sensation der Sensationen gemacht hätte.« – »Die biblische Landschaft erstreckt sich in selten gesehener, panoramischer Schönheit dahin, die Erde zittert unter dem breiten Schritt der Legionen, die Pracht des römischen Kaiserhofes wechselt mit der ergriffenen Menge am Weg des Erlösers, der schwere Gang unter dem Kreuz wächst riesig in das Gewissen hinein, der Himmel wölbt sich unermesslich, die überirdischen Stimmen dringen geheimnisvoll von allen Seiten ins Ohr, und dem Auge erschließen sich ganz neue Perspektiven.« (FILMECHO) – *Das Gewand* kostete die für damalige Zeiten nahezu unvorstellbare Summe von $ 4,5 Mio., machte sich jedoch schnell bezahlt. Oscar-Nominierungen entfielen auf Richard Burton, Leon Shamroy (Kamera) und den besten Film des Jahres. [V]

EIN GEWÖHNLICHES WUNDER

(*OBYKNOWENNOJA DSUDO*). *UdSSR 1977.* **R:** *Mark Sacharow.* **B:** *Jewgenij Schwarz.* **LV:** *Stück von Jewgenij Schwarz.* **K:** *Nikolai Nemoljajew.* **M:** *Gennadi Gladkow.* **D:** *Oleg Jankowski (Zauberer), Irina Kuptschenko (Gattin des Zauberers), Alexander Abdulow (Bär), Jewgenij Leonow (König), Andrej Mironow (Minister), Jewgenija Simonowa (Prinzessin), Jekaterina Wassiljewa (Dame).* F 120 Min.
Verfilmung eines russischen Bühnenstücks: Um seiner Frau seine Liebe zu beweisen, erfindet ihr Mann ein Märchen vom verwunschenen Bären, der durch die Kraft der Liebe wieder in die menschliche Gemeinschaft aufgenommen werden kann.

GHOST – NACHRICHT VON SAM

(*GHOST*). *USA 1990.* **R:** *Jerry Zucker.* **B:** *Bruce Joel Rubin.* **K:** *Adam Greenberg.* **SpE:** *Bruce Nicholson, Ned Gorman, Katherine Kean, Richard Edlund.* **M:** *Maurice Jarre.* **D:** *Patrick Swayze (Sam Wheat), Demi Moore (Molly Jensen), Whoopi Goldberg (Oda Mae Brown), Tony Goldwyn (Carl Brunner), Rick Aviles (Willie Lopez), Gail Boggs (Louise), Amelia McQueen (Clara), Vincent Schiavelli (Geist in der U-Bahn).* F 127 Min.
Sam ist Börsenmakler und Wall Street-Yuppie. Dirty Dancer Patrick Swayze spielt ihn. Auf dem Nachhauseweg vom Theater werden er und Freundin Molly alias Demi Moore, die eine kunstsinnige Keramikerin spielt, überfallen. Als ein Schuss fällt, läuft Sam weg, dreht sich um und sieht, wie sich Molly über einen Toten beugt, der er selber ist. Als Toter und jüngster Angehöriger der Geisterwelt sieht er nur eine Chance, sich ihr verständlich zu machen und sie vor Schaden durch seinen Mörder zu schützen (und gleichzeitig das Verbrechen an seiner Person aufzuklären): Er wendet sich an ein Medium. Aber Oda Mae Brown, alias Whoopi Goldberg, ist so richtig gar keine Seherin, sondern praktiziert dreiste Scharlatanerie und Bauernfang und ist selbst über-

Ghost – Nachricht von Sam

rascht, als sie zum ersten Mal eine richtige Geisterstimme aus dem Jenseits vernimmt. [V]

GHOST DAD

(GHOST DAD). USA 1990. **R:** *Sidney Poitier.* **B:** *Chris Reese, Brent Maddock, S. S. Wilson.* **K:** *Andrew Laszlo, David B. Nowell.* **M:** *Henry Mancini.* **D:** *Bill Cosby (Elliott), Denise Nicholas (Joan), Kimberly Russell (Diane), Salim Grant (Danny), Brooke Fontaine (Amanda), Christine Ebersole (Carol), Barry Corbin, Dakin Matthews, Dana Ashbrook (Toni Ricker), Omar Gooding (Stuart), Arnold Stang, Ian Bannen.* F 80 (84) Min.
Der ziemlich gestresste, völlig überarbeitete Mr. Elliot ist Witwer und Vater dreier Kinder. Als er bei einem Unfall in einem Taxi ums Leben kommt, darf er als Geist ein paar Tage auf Erden wandeln, um die Finanzen seiner Nachkommenschaft zu ordnen. – Hübsche Unterhaltung für den einfältigeren Teil des Familienpublikums. [V]

GHOST DAD – NACHRICHT VON PAPA

Anderer Titel für **Ghost Dad**

GHOSTFEVER

(GHOST FEVER). USA/Mexiko 1984 (86). **R:** *Alan Smithee [Lee Madden].* **B:** *Oscar Brodney, Ron Rich, Richard Egan.* **K:** *Javier Ruvalcaba Cruz.* **M:** *James V. Hart.* **D:** *Sherman Hemsley (Buford Jethro), Luis Avalos (Benny Alvarez), Jennifer Rhodes (Madame St. Esprit), Deborah Benson (Linda), »Smokin« Joe Frazier (Tucker), Myron Healey, Pepper Martin, Diana Brookes.* F 94 Min.
Bekanntlich verheißt der Regiename Alan Smithee wenig Gutes. Buford und Benny, zwei Polizistentölpel, in einer drittklassigen Gespenster-»Komödie« um Voodoofluch, Zombies und Vampire. Nur auf Video. [V]

GHOSTWRITER

(GHOSTWRITER). USA 1989. **R:** *Kenneth J. Hall.* **B:** *Kenneth J. Hall.* **K:** *Nicholas von Sternberg.* **M:** *Reg Powell, Sam Winans.* **D:** *Audrey Landers (Angela Reid), Judy Landers (Billie Blaine), Jeff Conaway (Tom Farrell), Anthony Franciosa (Vincent Carbone), David Doyle, Joey Travolta, John Matuszak, Peter Paul, David Paul, Dick Miller, Ken Tobey.* F 90 Min.

Hollywood-Klatschreporterin lernt ruhelosen Geist einer ermordeten Schauspielerin kennen, veröffentlicht in ihren Kolumnen deren »Tagebücher« und gerät in die Bredouille, als deren Mörder, inzwischen Karrierepolitiker, aufgeschreckt wird und ihr im finalen Showdown in einem Wachsmuseum an den Kragen will. – Lahme Geisterkomödie, deren Darsteller spielen, »als wären sie von allen guten Geistern verlassen.« (FILMDIENST) Nur auf Video. [V]

GIB MIR MEINE HAUT ZURÜCK

(RENDE-MOI MA PEAU). Frankreich 1980. **R:** *Patrick Schulman.* **B:** *Patrick Schulman.* **K:** *Jacques Assuerus, André Zarra.* **SpE:** *Bertrand Bellouin.* **M:** *Patrick Schulman.* **D:** *Bee Michelin (Marie), Erik Colin (Jean-Pierre), Chantal Neuwirth (Zora), Alain Flick (Shoms), Mario D'Alba (Datsun), Daniéle Gueble (Lucy), Jean-Luc Bideau (Krishmoon).* F 87 (110) Min.
Um ihren Zauber-Akku wieder aufzuladen, macht sich die gutbürgerliche Mittelstandshexe Zora auf den Weg zum großen Zauberguru Krishmoon. Dabei rauscht sie jedoch beinahe in die Wagen des Fernsehmechanikers Jean-Pierre und der hübschen Marie. In einem Zornausbruch mobilisiert Zora ihre letzten Kräfte und vertauscht die Körper ihrer Unfallgegner: Jean-Pierres Geist steckt nun in Maries Körper und umgekehrt. Und nachdem die üblichen Kalauer, die sich aus einer solchen Situation ergeben könnten, alle durchgespielt sind, schicken Jean-Pierre und Marie den Okkult-Detektiv Shoms und dessen Assistenten Datsun auf die Suche nach Zora. Nach einer ausgedehnten Tour durch die Stuben diverser Hellseher wird man auf der Südseeinsel des großen Krishmoon endlich fündig. Krishmoon hat zwar auch schon seine kleinen Probleme mit dem Zauber-Akku, kann den Körpertausch aber doch rückgängig machen. Fast. – »Eine hirnrissige Satire auf Paranormales und religiöse Sekten« (VARIETY), deren deutsche Fassung um 23 Minuten gekürzt ist. [V]

EINE GLÄNZENDE WELT

(BLISTAJUSCHTSCHI MIR). UdSSR 1984. **R:** *Bulat Mansurow.* **B:** *Bulat Mansurow.* **LV:** *»Blistajuschtschi mir« (1924) von Alexander Grin.* **K:** *Ni-*

kolai Wassilkow. **M:** *Alexander Lunatscharski.* **D:** *Tjit Hjarm (Drud), Ilze Liepa (Runa), Julie Tudre (Tavi), Lew Prygunow, Pawel Kadotschnikow, Juri Katin-Jarzew.* F 112 Min.

Die Parabel von Drud, der von selbst fliegen kann, ohne Hilfe aller Maschinen.

DER GLÄSERNE PANTOFFEL

(THE GLASS SLIPPER). USA 1955. **R:** *Charles Walters.* **B:** *Helen Deutsch.* **LV:** *Gebrüder Grimm, Herbert Farjeon, Eleanor Farjeon.* **K:** *Arthur E. Arling.* **M:** *Bronislau Kaper.* **D:** *Leslie Caron (Ella), Michael Wilding (Prinz Charles), Keenan Wynn (Kovin), Estelle Winwood (Mrs. Touquet), Elsa Lanchester (Witwe Sonder), Barry Jones (Herzog), Amanda Blake (Bordena), Lisa Daniels (Serafina), Lurene Tuttle (Lulu), Lilliane Montevecchi (Tehara).* F 95 Min.

Die arme Ella, die nur für ihre böse Stiefmutter und deren eitle Töchter schuften muss, begegnet im Wald einem Prinzen, der sie zu einem Ball auf sein Schloss einlädt und dazu bewegt, in gläserne Schühchen zu schlüpfen, woraufhin er seinem Volk kundtut, sie sei eine Prinzessin, die er zu ehelichen gedenke. – Eine aller phantastischen Elemente entkleidete Version des Aschenputtel-Märchens, das auf einem Broadway-Musical basiert; hier nur der Vollständigkeit halber aufgelistet. Für das Genre bedeutungslos.

DER GLÖCKNER VON NOTRE-DAME

(THE HUNCHBACK OF NOTRE-DAME). **R:** *Gary Trousdale, Gary Wise.* **B:** *Tab Murphy, Irene Mecchi, Bob Tzudiker, Jonathan Roberts.* **LV:** *»Notre-Dame de Paris« von Victor Hugo.* **M:** *Alan Menken, Stephen Schwartz.* F 90 Min. (Zeichentrick).

Die Disney-Zeichner haben William Dieterles Version des Stoffes von 1939 (mit Charles Laughton und Maureen O'Hara) sehr genau studiert. Doch einen »Kinder- und Familienfilm« aus etwas zu machen, das damals als Freakshow oder Horror galt, erscheint absurd (und ist Disney auch nicht unbedingt gut bekommen). Drei Domgeister, lebendig gewordene Wasserspeier der Kathedrale Notre-Dame, die dem buckligen Glöckner Quasimodo, einem ringerhaften Kraftpaket, in seinem Kampf um die Gunst der schönen Es-

meralda beistehen, sollen das Zeichenfilmelement einschließlich *comic relief* rechtfertigen. Auf verschlungenen Pfaden wurden sie aus einem nie gewordenen Fernsehprojekt um drei Domgeister auf dem Kölner Dom »entlehnt«. Aber das ist eine andere Geschichte. – »Nett anzuschauen, wie Quasimodo ausgelassen über die Dächer schlittert und durch Regenrinnen surft. Noch netter anzuschauen, wie die drei nicht ganz fertig gewordenen gotischen Wasserspeier Victor, Hugo und Laverne auf ihren Rümpfen rumrumpeln. Ein buchstäblich steinerweichendes Trio mit wirklich tierischen Fratzen, das nur für Quasimodo lebendig wird und diesem mit mehr oder weniger guten Ratschlägen beisteht. Und doch können solche Szenen den dunklen Grundton der Geschichte nur hie und da aufhellen. Zu raumeinnehmend ist hier das Böse, zu leinwandbedeckend dessen Schatten, als dass sich diese Geschichte je ganz von ihrer bedrohlich-drückenden Atmosphäre befreien könnte.« (STUTTGARTER ZEITUNG)

DER GLÜCKS-BÄRCHI-FILM

(THE CARE BEARS MOVIE). USA 1985. **R:** *Arna Selznick.* **B:** *Peter Sauder.* **M:** *Patricia Cullen, David Bird, Walt Woodward.* **A:** *Charles Bonifacio, Anne Marie Bradwell, Ralf Palmer, David Brewster, John Collins, Roy Meurin, J. Daniel Smith.* F 76 Min. (Zeichentrick).

In einem Internat erzählt der nette Mr. Cherrywood seinen Schützlingen die Geschichte von den Glücksbären. Die leben in einem Wolkenkuckucksheim aus lauter Herzchen und passen darauf auf, dass die Menschen nicht vergessen, füreinander da zu sein. Außerdem sind sie glückliche Besitzer eines Regenbogenrettungsstrahls, mit dem sie sich auf die Erde beamen können. Leider ist das Gerät gerade jetzt kaputt, wo doch eine böse Hexe drauf und dran ist, mit Hilfe des von allen vernachlässigten Nicholas alles Schöne, Gute und Wahre aus der Welt zu verbannen. Doch da sind ja Gott sei Dank noch Kim und Jason, zwei Geschwister, die den Bären dabei helfen wollen, die böse Hexe wieder in das Zauberbuch zu verbannen. Gemeinsam ziehen sie in den Wald der Gefühle, wo ihnen viele liebe Tiere dabei helfen, den bösen schwarzen Adler zu besiegen, den die Hexe zu ihrer Vernichtung ausgesandt hat. Da Kim und Jason aber ganz fest an das Gute glauben, gelingt es ihnen sogar, Nicholas aus dem bösen Bann zu reißen und der Welt die Liebe zurückzugeben. Genau jenen Nicholas übrigens, der als Mr. Cherrywood nun das Internat leitet. Und weil dank ihm nun auch die Filmleute wieder ihr Herz für die Kinder entdeckt haben, haben sie einen putzigen, ganz doll bunten Limited-Animation-Film gemacht, hinter dessen Sirup-Power sich jeder Disney-Film neidvoll verstecken müsste.

GLÜCKSBÄRCHI 2. TEIL – JETZT IM ABENTEUERLAND

(CARE BEARS II: A NEW GENERATION). Kanada 1986. **R:** Dale Scott. **B:** Peter Sauder. **A:** Charles Bonifacio. **M:** Patricia Cullen, Dean und Carol Parks. F 77 Min. (Zeichentrick).
Vorgeschichte siehe Der Glücks-Bärchi-Film. Die Glücks-Bärchis bringen zwei aus einem Ferienlager entwichene Kinder, die sich im Wald verlaufen haben, auf den rechten Weg und legen dem bösen Zauberer Max das Handwerk. Plakativ vorgetragener Heile-Welt-Kitsch für Fünfjährige und Nachzieher zu Der Glücks-Bärchi-Film. [V]

DIE GLÜCKSBÄRCHI-VIDEOSHOW

(THE CARE BEARS VIDEO SHOW). Kanada 1983. **R:** Pino van Lamsweerde. **B:** Peter Sauder. **M:** Gary Morton, Hagood Hardy. F 49 Min. (Zeichentrick).
Zwei Episoden aus dem Leben der Glücksbären: In »Der Kampf mit der Eismaschine« will der tückische Professor Kaltherz sämtliche Kinder

mit einer Eismaschine einfrieren; in »Das Land ohne Gefühle« landet der von zu Hause ausgerissene Kevin in den Händen des gleichen Schurken und wird von diesem in ein gefühlloses Lebewesen verwandelt.

GODSPELL

(GODSPELL). USA 1973. **R:** David Greene. **B:** David Greene, John-Michael Tebelak. **V:** John-Michael Tebelak, Stephen Schwartz. **K:** Richard G. Heimann. **M:** Stephen Schwartz. **D:** Victor Garber (Victor), David Haskell (David), Jerry Sroka (Jerry), Lynne Thigpen (Lynne), Katie Hanley (Katie), Robin Lamont (Robin), Gilmer McCormick (Gilmer), Joanne Jonas (Joanne), Merrell Jackson (Merrell), Jeffrey Mylett (Jeffrey). F 101 Min.
Eine Gruppe von Blumenkindern spielt in New York Episoden aus dem Leben Christi nach, so die Taufe der Apostel (die in einem Brunnen im Central Park stattfindet), die Bergpredigt, die Geschichte vom barmherzigen Samariter und dem verlorenen Sohn sowie der Vertreibung der durch dampfende Maschinenungeheuer dargestellten Pharisäer. Nach dem Abendmahl wird Christus an das Drahtgitter eines Schrottplatzes geschlagen. »Das ambivalente und unsinnige Ende des Films zeigt die jubelnden Apostel, die den gekreuzigten, aber scheinbar nicht wieder auferstandenen Jesus davontragen und schließlich in der anonymen Menge verschwinden.« (MONTHLY FILM BULLETIN) – Unbeholfene, eher mäßig choreographierte Adaption eines Broadway-Erfolgs, die bei der Entwicklung der Grundidee – Versuch der Verwirklichung christlicher Ideale in einer heutigen Großstadt – zumeist an der naiven Oberfläche kleben bleibt.

DAS GOLDENE DING

BRD 1971. **R:** Ula Stöckl, Edgar Reitz, Alf Brustellin, Nicos Perakis. **B:** Ula Stöckl, Edgar Reitz, Alf Brustellin, Nicos Perakis. **K:** Edgar Reitz. **M:** Nikos Mamangakis. **D:** Christian Reitz (Jason), Oliver Jovine (Orpheus), Konstantin Sautier

Godspell

(Tiphis), Hermann Haberer (Ankäus), Wolfgang Heinz (Castor), Klaus Kayser (Calais), Michael Heinz (Pollux), Christian Stein (Zethes), Ramm Vahabzadeh (Lynkeus), Michael Jeron (Herakles), Mario Zöllner (Hyklas), Alf Brustellin (Äson), Angela Elsner (Iris), Reinhard Hauff (Pelias), Erich Beth (Argos), Hans H. Brustellin (1. Offizier), Katrin Seybold (Hypsiphile), Waki Zöllner (Kyzikos), Ute Ellin (Klitis), Oscar v. Schab (Chiron), Colombe Smith (Medea), Thomas Haberfellner (Bruder), Wolfgang Bächler (Aietes), Antje Ellermann (Priesterin). F 118 Min.

Nachdem der machthungrige Pelias König Äson mit Hilfe des Militärs umgebracht hat, macht sich der Königssohn Jason auf, um den Traum seines Vaters zu vollenden: Er will »das goldene Ding« finden, ein sagenumwobenes Kleinod, das sich im Lande Kolchis befindet. Viele griechische Königssöhne schließen sich ihm an, darunter auch Herakles, Orpheus, Castor und Pollux. Angst kennen sie nicht, denn sie wissen, dass es keine Götter gibt, sondern nur Tricks, um die Menschen einzuschüchtern. Mit ihrem Segler Argo brechen sie auf und bestehen zahlreiche Abenteuer an fernen Gestaden. Nach vielen Kämpfen gegen die Natur stößt man in Kolchis auf die Königstochter Medea, die zwar nicht ungefährlich ist, aber Jason und den Seinen aus Liebe hilft, das gesteckte Ziel zu erreichen und den aufgebrachten Einheimischen zu entkommen. – Dass beinahe alle Rollen dieses Films von Kindern besetzt wurden, hatte hauptsächlich finanzielle Gründe, verleiht der Geschichte (in der übrigens auch der Humor nicht zu kurz kommt) jedoch einen zusätzlichen Reiz. Edgar Reitz, einer der vier Regisseure und Autoren, zu diesem Fantasy-Streifen: »Eine richtige schöne Offenheit beim *Goldenen Ding*, in dem wir unsere Liebe zum Kino, zu einer bestimmten Form des Abenteuerfilms darzustellen versucht haben – und gleichzeitig zu zeigen, dass wir eigentlich dazu das Geld nicht haben. Deswegen die ›kindliche‹ Form: dass wir die Rollen mit Kindern besetzten, alles in einer mehr embryonalen Form beließen. Der Film als ökonomisches Embryo, ganz bewusst.« (DIE FILMEMACHER) *Das goldene Ding* gehört zu den wenigen kontinentaleuropäischen Fantasy-Produkten der Nachkriegszeit, die man sich ansehen

kann, ohne Bauchgrimmen zu kriegen. Eine hübsche, ansehnliche, rundherum gelungene Sache.

DIE GOLDENE GANS

BRD 1953. **R:** *Walter Oehmichen.* **B:** *Marion Luhmann.* **LV:** *Gebrüder Grimm.* **K:** *Wolf Schwan.* **M:** *Bert Grund.* **D:** *Ina Peters (Prinzessin), Jochen Hauer (König), Werner Lieven (Hofmarschall), Alfred Menhard (Arzt), Herbert Kroll, Wolfried Lier (Minister), William Schwartz (Kleiner Mohr), Helga Geffken, Renate Schenk, Ursula Weiss, Eva Weiss (Hofdamen), Elisabeth Waldenau (Wäscherin), Franz Fröhlich (Vater), Klaus Havenstein (Hans), Hans Clarin (Siebengescheit), Wilmut Borell (Hochhinaus), Martin Borns (Waldmännlein), Hans Küpper (Clown), Nora Minor (Dürre), Hans Elwenspoek (Bürgermeister), Viktor Afritsch (Schornsteinfeger), Ado Riegler (2. Bürgermeister), Ruth Kappelsberger (Kellnerin), Thea Aichbichler (Bürgermeisterin), Paul Schwed (Zimmermann), Claudia Bethge (Magd), Karl Fugunt (Offizier). F 65 Min.*

Der König des Märchenlandes hat eine Tochter, die alles hat und dennoch unglücklich ist: Sie kann nicht lachen. Um diesen Missstand zu beseitigen, lässt er verkünden, er wolle demjenigen die Prinzessin zur Frau geben, der sie aus ihrer Melancholie erwecken kann. So machen sich drei unterschiedliche Brüder auf den Weg, ihr Glück zu versuchen. Als sie unterwegs von einem Zwerg um ein Stück Brot gebeten werden, erweisen sich die Brüder Hochhinaus und Siebengescheit als kalt und herzlos; der »dumme« Hans jedoch, der dem Männlein hilft, wird belohnt: Er bekommt eine goldene Gans geschenkt, an der jeder kleben bleibt, der sie berührt. Als Hans das Schloss erreicht, befindet er sich in Begleitung einer Schlange von Neugierigen – denn jeder, der ihm unterwegs begegnet ist, hat das Tier berühren wollen. Die Prinzessin lacht, doch der König will seine Tochter keinem Hanswurst geben. Als die Prinzessin ebenfalls an der Gans kleben bleibt, muss er sein Versprechen einlösen. – »Trotz einiger Längen ist dieser Märchenfilm kindertümlich und klug gemacht. Nur der, der gut zu anderen ist, trägt den Sieg davon. Nur ein guter Mensch kann andere Menschen ändern. Das verstehen die Kinder, denen dieses Märchen mit schönen Bildern, netten Kostümen und gelungenen Belehrungen vorgespielt wird.« (FILMBEOBACHTER)

DIE GOLDENE GANS

DDR 1964. **R:** *Siegfried Hartmann.* **B:** *Günther Kaltofen, Siegfried Hartmann.* **LV:** *Gebrüder Grimm.* **K:** *Karl Plitzner.* **M:** *Siegfried Bethmann.* **D:** *Kaspar Eichel, Karin Ugowski, Katharina Lind, Renate Usko, Peter Dommisch, Uwe-Detlef Jessen.* *F 69 Min.*

»Beim Holzschlagen im Wald traf der Schusterjunge Klaus eines Tages ein altes Mütterchen und teilte mit ihm Speis und Trank. Zum Lohn für seine Freundlichkeit erhielt er eine Gans, die hatte Federn aus purem Gold. Und alle Habsüchtigen und Neugierigen, die klebten daran fest: Lies, die immer alles besser wissen wollte, Gret, die alles besser wusste, der Müller mit seinem Esel, der Gastwirt und die anderen. Mit diesem ... seltsamen Anhang zog Klaus in die Stadt, wo die Prinzessin wohnte, die darüber aus ganzem Herzen lachte.« (FILMSPIEGEL) Und deren Hand er schließlich errang, wie's in Märchen üblich ist.

DER GOLDENE GÖTZE

(THE GOLDEN IDOL). USA 1954. **R:** *Ford Beebe.* **B:** *Ford Beebe.* **LV:** *Roy Rockwood.* **K:** *Harry Neumann.* **M:** *Marlin Skiles.* **D:** *Johnny Sheffield (Bomba), Smoki Whitfield (Eli), Anne Kimbell (Karen Marsh), Paul Guilfoyle (Ali Ben Mamoudi), Leonard Mudie (Barnes), Roy Glenn (Gomo), Rick Vallin (Abdullah), James Adamson (Ezekial), William Tannen (Reed), Don Harvey (Graves).* SW 72 *Min.*

Bomba, der Dschungelboy, ein Nachfolger des legendären Affenmenschen Tarzan, schlägt sich im Dschungel mit europäischen und arabischen Langfingern herum, die einem unter seinem Schutz stehenden Watussi-Stamm eine wertvolle goldene Götzenstatue entwenden wollen. Am Ende triumphiert die Wissenschaft: Die wasserstoffblonde Abgesandte eines Museums darf mit der begehrten Trophäe gen Heimat ziehen. – »Keine irgendwie bedeutsamen Landschafts- oder Tieraufnahmen trösten über den Unsinn der Handlung hinweg«, fand der gestrenge Kritiker des FILMBEOBACHTER (der sich wieder mal, wie wir vermuten, ins falsche Kino verirrt hatte).

GOLDENE HÖRNER

Anderer Titel für **Der Hirsch mit dem goldenen Geweih**

DIE GOLDENE JUNGFRAU

Anderer Titel für **Der treue Johannes**

DER GOLDENE PFEIL

(LA FRECCIA D'ORO). Italien 1962. **R:** *Antonio Margheriti.* **B:** *Bruno Vailati, Augusto Frassinetti, Filippo Sanjust, Giorgio Prosperi, Giorgio Arlorio.* **K:** *Gabor Pogany.* **SpE:** *Fernando Mazza.* **M:** *Mario Nascimbene.* **D:** *Tab Hunter (Hassan), Rossana Podesta (Jamila), Umberto Melnati (Dünner Lampengeist), Giustino Durano (Geistesabwesender Lampengeist), Mario Feliciani (Baktiar), Jose Jaspe (Sabrath), Gianpaolo Rosmino (Mokbar), Renato Baldini (Prinz von Bassora), Rosario Borelli (Prinz von Aleppo), Ceco Zamurovich (Prinz von Samarkand), Dominique Boschero (Königin des Felsentals), Abdel Moneim Ibrihim (Captain Hamit), Omar Zoulfikar (Zauberer).* F 92 *Min.*

Um seine Macht endgültig zu festigen, ersinnt der schurkische Wesir Baktiar, der vor Jahren den wahren Sultan von Damaskus meucheln ließ, eine scheinbar unlösbare Aufgabe. Wer Jamila, die inzwischen volljährige Nichte des Sultans, heiraten und damit den Thron besteigen will, muss einen Bogen spannen und einen unfehlbaren goldenen Zauberpfeil abfeuern. Wider Erwarten gelingt dem Dieb Hassan das Kunststück. Statt zum Schützen zurückzukehren, wie es die Legende will, fliegt der Pfeil jedoch davon. Jamilas Vertrauter erkennt in Hassan das Kind, das seinerzeit entführt wurde, worauf ihn Baktiar als Schwindler beschuldigt. Kurzerhand entführt Hassans Bande die Prinzessin. Als sich der Dieb unterwegs in Jamila verliebt, beschließt er gegen den Willen seiner Männer, sie ohne Lösegeldforderung nach Damaskus zurückzubringen. Prompt lässt ihn Baktiar in den Kerker werfen. Drei Lampengeister verhelfen ihm zur Flucht und erklären sich bereit, ihm bei der Suche nach dem Pfeil zu helfen, solange Hassan sauber bliebe. Als seine diebischen Instinkte trotzdem mit ihm durchgehen, muss er auf Geheiß der Lampengeister eine Reihe gefährlicher Abenteuer bestehen. Nach

Abenteuern in Ägypten und in der Höhle der Flammenmenschen endlich fündig geworden, kehrt Hassan samt Pfeil auf einem fliegenden Teppich nach Damaskus zurück. Mit Geisterhilfe gelingt es ihm, Baktiars Armee zu vernichten und zusammen mit Jamila den Thron zu besteigen. – »Die Spezialeffekte sind ungewöhnlich unterschiedlicher Qualität und die Lampengeister werden meist nur als schwache Witzfiguren benutzt. Ferner kränkelt der Film an mangelndem Schwung und Tab Hunters flauem Spiel.« (MONTHLY FILM BULLETIN)

DER GOLDENE REGENBOGEN

(FINIAN'S RAINBOW). USA 1968. **R:** *Francis Ford Coppola.* **B:** *E.Y. Harburg, Fred Saidy.* **V:** *Burton Lane, E.Y. Harburg.* **K:** *Philip Lathrop.* **M:** *Ray Heindorf.* **D:** *Fred Astaire (Finian McLonergan), Petula Clark (Sharon), Tommy Steele (Og), Don Francks (Woody), Barbara Hancock (Susan), Keenan Wynn (Senator Rawkins), Al Freeman jr. (Howard), Brenda Arnau (Farmpächterin), Avon Long, Roy Glenn, Jerster Hairston (Pilger), Louis Silas (Henry), Dolph Sweet (Sheriff). F 144 Min.*
Mit seiner Tochter Sharon und einem Topf voll Gold, den er dem Heinzelmann Og gestohlen hat, kommt der Ire Finian McLonergan ins Regenbogental. Dort will er den Topf am Ende des Regenbogens vergraben, auf dass sich sein Schatz auf magische Weise vervielfältige. Bevor es dazu kommt, wird er in die Machenschaften des Senators Rawkins verwickelt. Der möchte das kleine Dorf Glocca Morra versteigern lassen, weil die Einwohner die Steuern nebst Zinsen nicht bezahlen können. Schuld an der Zahlungsunfähigkeit ist ein bis dato erfolgloses Experiment, Minze und Tabak zu kreuzen. In letzter Sekunde trifft Woody mit dem Geld ein. Auch Finian steuert sein Scherflein bei und erhält dafür ein kleines Stück Land. Als er nachts den Topf im Wald vergräbt, taucht Og auf und fordert das Gold zurück. Der Topf, so erfährt Finian, erfülle nämlich drei Wünsche, solange man über ihm stehe. Nach dem dritten verwandle sich das Gold in Schlamm und alle Heinzelmänner in ganz gewöhnliche Sterbli-

che. Finian weigert sich, seine Beute zurückzugeben. Kurz darauf schließen einige Geologen aus den Goldspuren im Wald, dass Glocca Morra auf einer reichen Mine liegt. Aufgrund dieser Nachricht erhalten die Einheimischen überall Kredit und decken sich per Warenhauskatalog mit Luxusgütern aller Art ein. Als der rassistische Senator daraufhin erneut versucht, Glocca Morra einzusacken, wünscht ihm die wütende Sharon eine schwarze Hautfarbe an. Sie wird der Hexerei angeklagt und soll am nächsten Morgen auf dem Scheiterhaufen enden, wenn der Senator bis dahin seinen natürlichen Teint nicht zurückbekommen hat. Unterdessen hat sich Og in Woodys taubstumme Schwester Susan verliebt und wünscht sich, dass sie sprechen kann. Da er dabei zufällig über seinem eigenen Goldtopf steht, geht der Wunsch prompt in Erfüllung. Og beißt in den sauren Apfel und verwandelt den Senator wieder in einen Weißen. Der nun ein Mensch gewordene Heinzelmann heiratet Susan, Sharon geht mit Woody den Bund der Ehe ein, und schließlich bringen einige Funken aus dem Scheiterhaufen auch den Mentholtabak zum Brennen. Die Zukunft des Regenbogentals ist gesichert. Finian jedoch zieht weiter: auf der Suche nach einem neuen Regenbogen.

Wie sehr viel später bei seinen katastrophalen Flops *Einer mit Herz* und *Cotton Club* hatte Francis Ford Coppola auch mit diesem Musical keine sehr glückliche Hand. Im Falle von *Der goldene Regenbogen* lag es freilich eher am Thema denn

Der goldene Regenbogen

an der Inszenierung, die »sich besonders um die Integrierung von Landschaft um das Geschehen bemühte.« (GESCHICHTE DES FILMS) Ungewöhnlich an Coppolas Verfilmung dieses Broadway-Erfolges aus dem Jahr 1947 ist daneben auch die Gestaltung der Tanzsequenzen, die er, statt sie in einer einzigen Einstellung zu zeigen, am Schneidetisch in ein ganzes Mosaik aus kurzen, durch Jump Cuts getrennten Einstellungen zerlegte. – So brillant Coppolas Technik und Fred Astaires schwungvolle Tänze aber auch sind, bleibt dennoch ein fader Nachgeschmack zurück. »... die Hymne auf den Konsumismus; der Weiße, der damit bestraft (!) wird, schwarz zu werden, und nur versöhnt werden kann, indem man ihn wieder weiß macht; die kapitalistische Ideologie der Vermehrung des Reichtums, des Wachstums; die Ideologie von der Heilung aller gesellschaftlichen Wunden durch materielle Güter. Unter ideologiekritischem Aspekt betrachtet, weist sich Coppola mit diesem Film wenn nicht als Reaktionär, so doch als vehement unsensibel aus, und wenn schon nicht für die Politik, so doch mindestens im Zeitgefühl.« (FRANCIS FORD COPPOLA) Heute vielleicht noch deutlicher als damals.

DAS GOLDENE SCHWERT
(THE GOLDEN BLADE). USA 1953. R: Nathan Juran. B: John Rieb. K: Maury Gertsman. M: Joseph Gershenson. D: Rock Hudson (Harun), Piper Laurie (Kairusan), Gene Evans (Hadi), Kathleen Hughes (Bakamra), Steven Geray (Barkus), George Macready (Jaffar), Edgar Barrier (Kalif), Vic Romito (Sherkan), Anita Ekberg, Erika Norden, Lori Nelson, Alice Kelly, Valerie Jackson (Dienerinnen). F 81 Min.
In einem Trödlerladen ersteht der junge Harun ein Zauberschwert, dessen Gravierung seinem fortan unbesiegbaren Besitzer den Thron verheißt. Wie der Zufall es will, rettet er kurz darauf Kairusan, die Tochter des Kalifen, vor den Häschern des Großwesirs. Als er mit dessen Sohn Hadi um die Hand der Prinzessin kämpft, vertauscht dieser das Schwert. Harun verliert, dringt jedoch in der Hochzeitsnacht in den Palast ein und fordert es zurück. In dem Tumult ermordet der Großwesir den Kalifen, ruft seinen Sohn zum

neuen Herrscher aus und rammt das Zauberschwert in eine Wand. Da es jedoch nur dem dauerhafte Macht verleiht, der es aus der Wand befreit, versuchen alsbald einige Muskelmänner, Techniker und Zauberer ihr Glück. Erst Harun gelingt es, das Schwert aus der Wand zu ziehen. Nachdem er die Prinzessin endlich geheiratet hat, erhält er von ihr den Ehrentitel »Al Raschid«. – Mit Fantasy hat das Ganze trotz Zauberschwert allerdings nicht viel zu tun. In erster Linie interessiert sich Nathan Juran hier dafür, die prunkvolle Ausstattung und diverse Schleiertänze ins rechte Technicolor-Licht zu rücken.

DER GOLDENE TEMPEL DER AMAZONEN
(AMAZONES DU TEMPLE D'OR). Frankreich 1985. R: James Gartner [Alain Payet]. B: Alain Payet. D: Analia Ivars (Liana), Jean-René Grossart (Simpson), William Berger (Uruck), Antonio Mayans (Bud), Olivier Mathot, Françoise Blanchard, Stanley Kapoul (Koukou), Jean-Claude Lerner, Eva Léon, Emilio Linder, Claude Machal, Alicia Pedreira. F 88 Min.
Eine Expedition sucht im Dschungel den legendären Goldenen Tempel knackiger Amazonen, und Liana, eine spärlich bekleidete Angehörige eben dieses Volkes, rächt den Tod ihrer Eltern. Ein billiges Schundprodukt. Nur auf Video. [V]

DAS GOLDENE ZEITALTER
(L'AGE D'OR). Frankreich 1930. R: Luis Buñuel. B: Luis Buñuel, Salvador Dalí. K: Albert Duverger. M: Luis Buñuel (Mozart, Beethoven, Mendelssohn, Debussy, Wagner, Georges van Parys). D: Lya Lys (Frau), Gaston Modot (Mann), Max Ernst (Chef der Banditen), Pierre Prévert (Préman, ein Bandit), Caridad de Labaerdesque, Lionel Salem, Madame Noizet, Liorens Artigas, Duchange, Ibanez, Pancho Cossio, Valentine Hugo, Marie Berthe Ernst, Jacques B. Brunius, Simone Cottance, Paul Eluard, Manuel Angeles Ortiz, Juan Esplandio, Pedro Flores, Juan Castane, Joaquin Roa, Pruna, Xaume de Maravilles. SW 60 Min.
Skorpione. Vermoderte Skelette, mit den Resten kirchlicher Ornate notdürftig verhüllt, liegen im Sand einer Insel. Auf Booten kommt eine »feine« Gesellschaft an, den Grundstein zu einer neuen

Stadt zu legen. Zwischen den Ehrengästen wälzen sich stöhnend zwei Liebende im Dreck und stören empfindlich die nur in Fetzen verständliche feierliche Ansprache. Ihre animalische Gier kennt keine Rücksichten, sie müssen mit Gewalt getrennt werden. Der Hauptdarsteller tritt einen Kriegsblinden mit Füßen. Eine Monstranz wird im Rinnstein abgestellt. Rom ist inzwischen um tausende Jahre gealtert. Die Liebenden sehen sich auf einer Party wieder. Sie stehen ein paar Meter voneinander entfernt. Durch die Halle fährt ein Eselskarren mit trinkenden Bauern. Rauchwolken schlagen aus der Tür zur Küche, halb erstickt sinkt ein Zimmermädchen zu Boden. Der Jagdhüter erschießt seinen kleinen Sohn; dessen Spiel hatte ihn beim Zigarettendrehen gestört. All das ist Nebensache. Die Liebenden kommen einander nicht näher. Der Mann ohrfeigt die Gastgeberin. Pures Entsetzen greift um sich, *oh shocking!* Die Liebenden wollen aufeinander zugehen. Im Park lecken sie sich die Finger, er stöhnt, sein Gesicht überzieht sich mit Blut. Er reagiert mit ohnmächtiger Wut. Wieder im Haus, zerbeißt er ein Kissen, wirft eine brennende Kiefer, einen Erzbischof, einen Pflug aus dem Fenster und stürzt eine Giraffe ins Meer, entledigt sich der Symbole der Sklaverei. Aus einem einsamen Turm, dem Château de Selligny des Marquis de Sade, treten die vier Überlebenden der bestialischsten Orgie, die je ausgetragen wurde (»Die 120 Tage von Sodom«). Als erster der Herzog von Blangis, mit Schnauz- und Kinnbart, gekleidet wie die Juden zu Beginn unserer Zeitrechnung. Der Herzog ein Jesus Christus? Unter dem Gewand der Frömmigkeit verbirgt sich die verworfenste Ausschweifung. Das letzte Bild: ein Kreuz mit Haaren des Heuchlers, von Schnee überdeckt, vom Wind verwirrt.

Schon mit seinem zweiten Film (nach *Ein andalusischer Hund*) erreicht Buñuel sein »surrealistisches« Ziel: Durch Entstellung der Realität in widersinnige Sachzusammenhänge »schockierte« er die bürgerliche Welt bis in ihre Fundamente. Zwar hatte der Film die Zensur anstandslos passiert, was möglicherweise daran lag, dass er dort als »Traum eines Verrückten« präsentiert wurde. Bei den Vorführungen im Kino gab es bald Zwischenfälle, die eskalierten. Ein Augenzeuge berichtet: »Die Vorführung war etwa eine Stunde im Gange, als plötzlich ein schrecklicher Schrei im Orchesterraum ertönte. Ich saß auf dem Balkon in der Loge, neben mir saß ein älterer Herr. Es war gerade etwas Antikirchliches oder Antiroyalistisches auf der Leinwand; nicht die Szene mit den Skeletten (die war längst vorbei). Jemand hatte eine Bombe gegen die Leinwand geworfen. Der alte Mann neben mir sprang auf und schlug mir eins über den Kopf! Ich weiß nicht warum! Es gab eine richtige Saalschlacht. Unten brüllten die ›Camelots du roi‹ den Film nieder. Dann versuchten sie, in den Vorführraum zu stürmen, um an den Film heranzukommen, aber der war verschlossen, und die Eisentür konnten sie nicht aufbrechen. So zerstörten sie das Foyer – es war wirklich eine Schande. Sie zerstörten die berühmte Geräuschorgel, die der Futurist Russolo gebaut hatte; es war die erste dieser Art. Am Eingang hingen eine Reihe von Bildern von Picasso, Man Ray und Picabia, die einfach in Stücke gerissen wurden. Die Polizei brauchte eine Stunde, um den Raum von Störern zu befreien.« (Hans Richter, zit. n. Michael Schwarze, BUÑUEL) Der Skandal von *L'Age D'Or* war perfekt. Eine Woche später verbot der Polizeipräfekt den Film »zur Wahrung der öffentlichen Ordnung«. Das Verbot blieb 50 Jahre in Kraft; der Film war nur in Privatvorführungen und Kinematheken zu sehen. 1980 kam er in New York, 1981 in Paris heraus. Mit seinem zweiten Film erreicht Buñuel gleichsam die Experimentierphase seines ersten. Galt *Ein andalusischer Hund* noch als reizvoll-bizarrer, amüsanter Versuchsballon, den das bürgerliche Publikum als solchen auch nur verstanden haben wollte, so verstärkte der Regisseur in *L'Age D'Or* den paradoxen Wirklichkeitscharakter des Surrealen und verband diesen mit seinen aggressiven politischen Überzeugungen. Dieser giftige Protest gegen die Unterdrückung des Menschen, gegen die Sklaverei der geltenden Moralvorstellungen verdarb dem bürgerlichen Publikum kräftig den Geschmack: »Dieser Film war ein Manifest des von den Surrealisten ekstatisch gepriesenen *amour fou*, der jede Konvention verneinenden, den Menschen aus allen Fesseln – sowohl den sozialen wie denen des rationalen Bewusstseins – befreienden absoluten Liebe. Die Protagonisten des Films ... erregten mit ihrer Liebe den Ärger und die Empörung aller Instanzen der Autorität. Wohl selten wurden die Kräfte der ›Ordnung‹ – Kirche, Familie, Polizei und Armee – von der Leinwand herunter so blasphemisch attackiert wie in diesem Film.« (Ulrich Gregor/Enno Patalas, GESCHICHTE DES FILMS) Buñuel hatte auch diesen Film mit Salvador Dalí machen wollen, doch passte Dalí die sozialpolitische Richtung nicht. So änderte Buñuel das bereits erarbeitete Konzept völlig, setzte aber »aus Freundschaft« Dalís Namen neben den seinen in den Vorspann und vermerkt in seinen Memoiren MEIN LETZTER SEUFZER, der Film habe ihm sehr gefallen. Hier irrt Buñuel. Dalí in seinen Lebenserinnerungen SO WIRD MAN DALÍ: »Wie vorausgesehen, hatte Buñuel mich verraten und, um sich auszudrücken, Bilder gewählt, die aus dem Himalaja meiner Ideen Papierschiffchen machten. *Das goldene Zeitalter* war ein antiklerikaler, irreligiöser Film geworden ... Die Politik, das Engagement, wie die Surrealisten sagten, hatte uns auseinandergebracht; ich gab auf den Marxismus so viel wie auf einen Furz, wobei mich ein Furz immerhin erleichtert und inspiriert. Die Politik erschien mir wie ein Krebs, der die Poesie zerfrisst.«

GOLDENER FARN

(ZLATE KAPRADI). ČSSR 1962. **R:** *Jiří Weiss.* **B:** *Jiří Weiss.* **LV:** *Roman von Jan Drda.* **K:** *Bedrich Batka.* **M:** *Jiří Srnka.* **D:** *Vít Olmer, Daniela Smutná, Karla Chadimová, František Smolík, Radoslav Brzobohaty. SW 113 Min.*
Sehenswerter Märchenfilm um einen »goldenen Farn«, der einem jungen Schäfer die Liebe der schönen Waldfee einbringt, doch Ehrgeiz und Untreue machen das Happy-End zunichte.

GOODBYE, CHARLIE

(GOODBYE, CHARLIE). USA 1964. **R:** *Vincente Minnelli.* **B:** *Harry Kurnitz.* **V:** *George Axelrod.* **K:** *Milton Krasner.* **M:** *André Previn.* **D:** *Tony Curtis (George Tracy), Debbie Reynolds (Charlie als Frau), Harry Madden (Charlie als Mann), Pat Boone (Bruce Minton), Walter Matthau (Leopold Sartori), Joanna Barnes (Janie), Laura Devon (Rusty Sartori), Ellen McRae (Franny), Martin Gabel*

(Morton Craft), Roger Carmel (Inspektor), Myrna Hansen (Starlet), Michael Jackson (M. J.). F 116 Min.
Als der ungarische Filmproduzent Leopold Sartori den Salonlöwen Charlie Sorel beim Techtelmechtel mit seiner Frau erwischt, erschießt er ihn kurzerhand. Bald darauf taucht ein blondes Mädchen in Charlies Residenz auf und behauptet, sie sei die Reinkarnation des Verstorbenen. Mit ihrer lückenlosen Kenntnis auch intimster Details aus Charlies Leben gelingt es ihr schnell, den Testamentsvollstrecker und ehemaligen Freund Charlies, George Tracy, zu überzeugen. Sogleich beginnt sie, hemmungslos mit dem Playboy Bruce Minton zu flirten. Nebenbei erpresst sie auch die Damen der Gesellschaft, mit denen ihr früheres Ich Schäferstündchen erlebte. George fühlt sich immer mehr von ihr angezogen, übersieht jedoch, dass auch Leopold Sartori ein Auge auf Charlie geworfen hat. Als es zu einer hässlichen Szene kommt, wird sie von Sartoris eifersüchtiger Frau erneut erschossen. Doch Charlie wird ein zweites Mal wiedergeboren: diesmal als Hund von Georges hübscher Nachbarin. – Ein enttäuschender Film des hemmungslosen Stilisten Vincente Minnelli, dessen außerordentliches Talent für Ästhetik und fluide Kameraführung in dieser so dialogreichen wie pointenarmen Broadway-Komödie nur sehr selten zum Tragen kommt.

DIE GOONIES

(THE GOONIES). USA 1985. **R:** *Richard Donner.* **B:** *Chris Columbus.* **St:** *Steven Spielberg.* **K:** *Nick MeLean.* **SpE:** *Micheal McAlister, Matt Sweeney.* **D:** *Sean Astin (Mikey), Josh Brolin (Brand), Jeff Cohen (Chunk), Corey Feldman (Mouth), Kern Green (Andy), Martha Plimpton (Stef), Ke Huy Quan (Data), John Matuszak (Slouth), Robert Davi (Jake), Joe Pantoliano (Franeis), Anne Ramsey (Mama Fratelli). F 111 Min.*
Auf dem Speicher eines Museumskurators entdecken vier leicht ausgeflippte Kinder die Schatzkarte eines gewissen »Einäugigen Willie«, eines Piratenkapitäns, der vor einigen Jahrhunderten mit seinem Schiff in einer riesigen Höhle eingeschlossen wurde. Um zu verhindern, dass ihr

Wohngebiet, die Boondocks, demnächst an den piekfeinen Country Club verkauft wird, beschließen die vier, den Schatz zu suchen. Verstärkt durch drei Freunde finden sie bald das Haus, das laut Karte über dem Eingang zur Höhle stehen soll. Just dort hat sich indes die eben aus dem Gefängnis entwischte Gangsterfamilie Fratelli versteckt. Mit einem Trick gelangen die »Goonies« in den Keller. Dort entdecken sie ein grausliges Ungeheuer – in Wahrheit einen der Gangsterbrüder – und den Durchgang in das Höhlensystem. Ein Hindernislauf durch die mit Fallgruben, Wasserrutschbahnen, Toten-Orgeln und sonstigen unangenehmen Überraschungen nur so gespickten Gänge beginnt. Zudem haben inzwischen auch die Gangster Wind von dem Schatz bekommen und die Verfolgung aufgenommen. Auf dem skelettübersäten Piratenschiff trifft man sich wieder. Mit Hilfe des Ungeheuers gelingt es den Goonies schließlich, die Gangster zu besiegen und mit den Schätzen des Einäugigen Willie aus der einstürzenden Höhle zu entkommen. – Ein von Steven Spielberg produzierter, mit *in-jokes* gepfefferter Abenteuerfilm nach dem Muster eines Dungeons & Dragons-Spiels, dessen grenzenlose Hysterie einem bald schon auf die Nerven geht: »Wie in jeder Geisterbahn ist auch hier alles in etwa so subtil wie eine zuschnappende Mausefalle. Ein dichter, erdrückend frenetischer, mit viel Slapstick und wenig Charme ausgestatteter Film, der erfahren, nicht genossen werden will.« (TIME) Ein Buch zum Film gab's auch: James Kahn/Steven Spielberg: *Die Goonies*, München 1985. [V]

EINE GÖTTIN AUF ERDEN

(DOWN TO EARTH). USA 1947. **R:** *Alexander Hall.* **B:** *Don Hartman, Edwin Blum.* **K:** *Rudolph Maté.* **M:** *George Duning, Heinz Roemheld.* **D:** *Rita Hayworth (Terpsichore), Larry Parks (Danny Miller), Marc Platt (Eddie), Roland Culver (Mr. Jordan), James Gleason (Max Corkle), Edward Everett Horton (Engel 7013), Adele Jergens (Georgia Evans), George MacReady (Joe Mannion), William Frawley (Polizeileutnant), Jean Donahue (Betty), Kathleen O'Malley (Dolly), William Haade (Spike). F 101 Min.*

Die Muse Terpsichore ist entsetzt darüber, wie der Broadway-Produzent Danny Miller sie in seinem geplanten Jazz-Musical »Swinging the Muses« zu behandeln gedenkt. Kurzerhand lässt sie sich von Mr. Jordan auf die Erde befördern, wo sie sich dank ihres Könnens schnell die Hauptrolle ertanzt. Es dauert nicht lange, bis Terpsichore ihren Willen durchgesetzt, Danny den Kopf verdreht und sein Stück künstlerisch wertvoller macht. Als das Musical bei der Vorpremiere in Philadelphia allerdings durchfällt, wird Danny mulmig zumute. Immerhin hat ein berüchtigter Gangster die Show finanziert. Flugs kehrt er zum ursprünglichen Konzept zurück und landet einen Riesenerfolg am Broadway. Terpsichore entschwebt wieder in den Himmel. Jahre später kehrt der verstorbene Danny an ihre Seite zurück. – Wie die meisten Fortsetzungen kommt auch dieses Musical trotz einiger guter Songs nicht an seinen Vorläufer *Urlaub vom Himmel* heran. »Grundvoraussetzung für jede Art von Fantasy ist, dass

Die Goonies

sie in ihrem Bezugsrahmen glaubhaft bleibt, um vom Publikum akzeptiert zu werden. *Eine Göttin auf Erden* gelingt das nie.« (VARIETY) Überdies hat wohl jeder Film, in dem die Muse des Tanzes ungelenkiger ist als die sonstigen Ballettratten, ein klitzekleines Problem. Im Vergleich zu dem Remake *Xanadu* allerdings verdient Alexander Halls Film wahre Lobeshymnen.

THE GREEN MILE

(THE GREEN MILE). USA 1999. **R:** *Frank Darabont.* **B:** *Frank Darabont.* **LV:** *»The Green Mile« von Stephen King.* **K:** *David Tattersall.* **M:** *Thomas Newman.* **D:** *Tom Hanks (Paul Edgecomb), David Morse (Brutus Howell), Bonnie Hunt (Janice Edgecomb), Michael Clarke Duncan (John Coffey), James Crowell (Hal Moores), Michael Jeter (Eduard Delacroix), Doug Hutchison (Percy Wetmore), Sam Rockwell (Wild Bill), Graham Green, Harry Dean Stanton, Gary Sinise. F (188) 182 Min.*

»Meine Bücher sind das literarische Äquivalent eines Big Mac mit einer großen Portion Pommes«, summierte Autor Stephen King einmal sein Werk. Dieses hier reiht sich angemessen ein. – Die Todgeweihten lassen grüßen. »The Green Mile« ist der mit grünem Linoleum ausgelegte Todestrakt im Tennessee der dreißiger Jahre, im Gefängnis Cold Mountain in Louisiana. »Dead Man Walking, Dead Man Walking!« So kündigt der Ruf einen neuen Delinquenten an: einen riesenhaften Schwarzen, der sich als christusgleicher Wunderheiler entpuppt, unschuldig an der Gewalttat ist, die ihm zur Last gelegt wird, und doch auf dem elektrischen Stuhl stirbt. Dieser auf den ersten Blick durch seine Masse einschüchternde John Coffey ist ein im Grunde gutmütiger Onkel Tom, der nicht nur vom Zipperlein bis zum lethalen Gehirntumor der Gattin des Gefängnisdirektors alles heilen, sondern sogar die von einem bösen Mithäftling gemeuchelte Maskottchen-Maus wieder zum Leben erwecken kann. Er saugt die Leiden aus fremden Körpern heraus und spuckt sie als summenden Fliegenschwarm aus. Zum Dank darf er vor seiner Hinrichtung, die er für die Sünden anderer auf sich nimmt, zum ersten und letzten Mal im Leben Fred Astaire auf der Leinwand »I'm in Heaven« singen hören. Der ganz anständige, ihm herzlich zugetane, weil vom chronischen Blasenkatarrh geheilte Wärter und Oberaufseher Paul Edgecomb wird ein Methusalem und hat in einer in der Gegenwart spielenden Rahmenhandlung als über Hundertjähriger alle überlebt: ein frommes, anrührendes Mysterienspiel. Gott sei seiner Seele gnädig.

GREMLINS – KLEINE MONSTER

(GREMLINS). USA 1984. **R:** *Joe Dante.* **B:** *Chris Columbus.* **K:** *John Hora.* **SpE:** *Dream Quest Images, Fantasy II Film Effects, Visual Concepts Engineering (Bob MacDonald sr.).* **Gremlins-Entwurf und Bedienung:** *Chris Walas.* **M:** *Jerry Goldsmith.* **D:** *Zach Gilligan (Billy Peltzer), Phoebe Cates (Kate), Hoyt Axton (Rand Peltzer), Polly Holliday (Mrs. Deagle), Frances Lee McCain (Lynn Peltzer), Dick Miller (Futterman), Glynn Turman (Roy Hanson), Keye Luke (Chinese), Scott Brady (Sheriff Frank), Corey Feldman (Pete), Jonathan Banks (Deputy Brent), Edward Andrews (Corben) John Louie (Junger Chinese), Judge Reinhold (Gerald), Chuck Jones (Jones). F 108 Min.*

Auf der Suche nach einem Weihnachtsgeschenk für seinen Sohn Billy stößt der Möchtegern-Erfinder Rand Peltzer in Chinatown auf ein seltsames kleines Wuscheltier. Mit auf den Heimweg bekommt er drei Regeln für dessen Haltung: Ins Tageslicht darf man das Vieh nicht bringen. Nass darf es nicht werden. Und niemals, *niemals* darf man es nach Mitternacht füttern. Unter dem Tannenbaum ist Billy ganz hingerissen von dem »Mogwai«, den er auf den Namen Gizmo tauft. Als Billys Freund jedoch aus Versehen ein Glas Wasser über Gizmo leert, quellen aus dessen Rücken fünf Pelzknäuel, die sich in Windeseile zu ausgewachsenen, deutlich rüpeligeren Mogwais entwickeln. Und als er der krakeelenden Meute nach Mitternacht – die Mogwais haben das Kabel seines Elektroweckers zernagt – noch ein Hähnchen kredenzt, verpuppen sie sich in glitschige Kokons, aus dem sie alsbald als kleine sadistische Reptilungeheuer wieder ausschlüpfen. Mit Küchenmixer, Mikrowellenherd und langem Messer gelingt es Billys Mutter zwar, vier der Gremlins den Garaus zu machen. Doch der Anführer entkommt und hüpft in den Swimmingpool eines nahegelegenen CVJM. In kürzester Zeit verwandelt eine Gremlinhorde die friedliche Kleinstadt in ein Tollhaus. Als sich die kleinen Monster zur Krönung einer wilden Nacht *Schneewittchen und die sieben Zwerge* ansehen, jagt Billy das Kino per Gasexplosion in die Luft. Doch erneut entwischt der Anführer. In einem Kaufhaus kommt es schließlich zum Showdown. Mit Hilfe von Gizmo und Freundin Kate kann Billy den Gremlin – drauf und dran, sich in einen Springbrunnen zu stürzen – ins Licht der aufgehenden Sonne locken, wo er auf besonders eklige Weise zerfällt. Tags darauf steht der alte Chinese, von dem sein Vater den Mogwai erworben hat, vor der Tür und holt Gizmo wieder ab.

Gremlins ist sowohl ein anarchistisches Anti-Weihnachtsmärchen von erfrischender Zynik als auch eine wahre Fundgrube für den Kino-Fan: bis zum Rand vollgestopft mit Zitaten aus jenen Filmen, die sich Joe Dante und Produzent Steven Spielberg in ihrer Jugend reingezogen haben. Das reicht von recht offensichtlichen Anspielungen auf *Die Dämonischen*, *Blutgericht in Texas* und *Das zauberhafte Land* über die Gastauftritte von Steven Spielberg, Robby, dem Roboter (aus *Alarm im Weltall)*, und George Pals *Zeitmaschine* bis zu den Dekorationen, die direkt aus Capras *Ist das Leben nicht schön?* stammen. Dick Miller, eine Art Elisha Cook des phantastischen Films, darf auch nicht fehlen. Hier spielt er den Baggerfahrer Futterman, der jedem ausländischen Produkt mit Misstrauen begegnet. Und in einem Ortskino läuft ein (fiktiver) Film namens »A Boy's Life«,

was wiederum rein zufällig der Arbeitstitel von Spielbergs *E.T.* war: »Der Film ist sein eigenes Triple Feature.« (Joe Dante) – »Aber es hieße dem

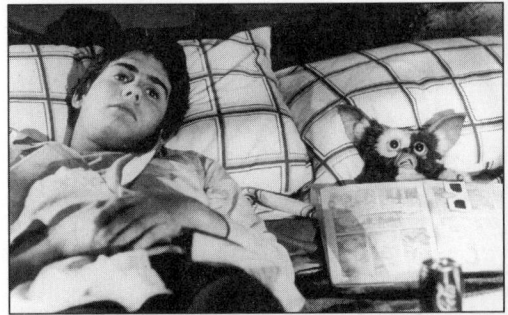

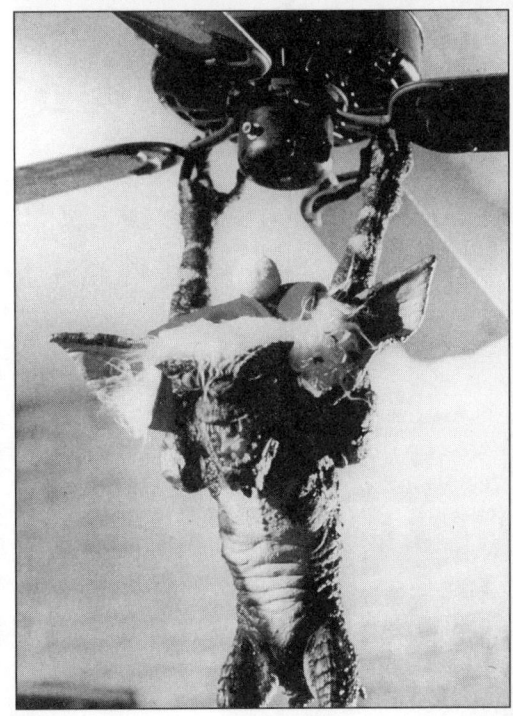

Gremlins – Kleine Monster

Film unrecht zu tun, wollte man ihn allein auf diesen Aspekt festlegen. Auf einer anderen, nicht minder komischen und sinistren Ebene ist diese Geschichte eine durchaus einleuchtende, aufklärerische Parabel auf die Ambivalenz des Wunderbaren und darauf, wie wenig der Mensch auf Grund seiner Unreife diesem Wunderbaren gewachsen scheint. Es kommt nicht von ungefähr, dass die Gremlins sich bei ihren Anschlägen mit Vorliebe der Technik bedienen – und es ist keineswegs zufällig, dass der Vater des jungen Helden ein phantasiereicher Erfinder von Küchengeräten ist, der aber zuletzt immer nur bösartige kleine Küchenmonster zustande bringt. Die Gremlins, das sind die Kobolde des technologischen Irrsinns ... Dante ist hier mit den griffigen Mitteln des Horror- und Schnulzenkinos eine hinterhältige Attacke auf die moderne Gesellschaft gelungen, bei der man sich zudem noch, wenn auch mit schlechtem Gewissen, köstlich

amüsiert.« (FILMDIENST) Das Buch zum Film: George Gipe: *Gremlins*, München 1984. [V]

GREMLINS II – DIE RÜCKEHR DER KLEINEN MONSTER

(GREMLINS II: THE NEW BATCH). USA 1990. **R:** *Joe Dante.* **B:** *Charlie Haas.* **K:** *John Hora.* **SpE:** *Rick Baker.* **M:** *Jerry Goldsmith.* **D:** *Zach Galligan (Billy Peltzer), Phoebe Cates (Kate Beringer), John Glover (Daniel Clamp), Robert Prosky (Opa Fred), Robert Picardo (Forster), Christopher Lee (Dr. Catheter) , Haviland Morris (Maria Bloodstone), Dick Miller, Hulk Hogan, Paul Bartel, Leonard Maltin, Bubba Smith, Jackie Joseph, Gedde Watanabe, Keye Luke, Kathleen Freeman, Howard Mandel, Tony Randall. F 99 Min.*
Vorgeschichte siehe *Gremlins – Kleine Monster.* Der erste Gremlins-Film hat Kohle gemacht. Was lag näher als ein Nachzieher? Diesmal entdeckt der inzwischen nach New York gezogene Billy Peltzer im Genetiklabor des treffend benamten »Dr. Catheter« das Fabelwesen, das schon im ersten Teil Verwirrung stiftete. Und natürlich kommt es mit Wasser in Berührung, damit wir uns die alte Geschichte mit den gleichen alten Witzen noch mal anschauen können – diesmal in einem Großstadt-Wolkenkratzer. [V]

GREYSTOKE – DIE LEGENDE VON TARZAN, HERR DER AFFEN

(GREYSTOKE – THE LEGEND OF TARZAN, LORD OF THE APES). GB 1984. **R:** *Hugh Hudson.* **B:** *P. H. Vazak [Robert Towne], Michael Austin.* **LV:** *»Tarzan, der Affenmensch« von Edgar Rice Burroughs.* **K:** *John Alcott.* **SpE:** *Albert J. Whitlock.* **Ma:** *Rick Baker.* **M:** *John Scott.* **D:** *Christopher Lambert (Tarzan/John Clayton), Andie McDowell (Jane Porter), Ralph Richardson (Earl of Greystoke), Ian Holm (Kapitän Philippe D'Arnot), James Fox (Lord Esker), Cheryl Campbell (Alice Clayton), Paul Geoffrey (Jack Clayton), John Wells (Evelyn Blount), Nigel Davenport (Jack Downing), Tali McGregor (Tarzan mit 6 Monaten), Daniel Potts (Tarzan mit 5 Jahren), Eric Langlois (Tarzan mit 12 Jahren), Elliot W. Cane*

Greystoke – Die Legende von Tarzan, Herr der Affen

(Silberbart), Alisa Beck (Kala), John Alexander (Weißauge). F 135 Min.

Nach einem Schiffbruch stranden der englische Lord Jack Clayton und seine Gemahlin Alice an einer einsamen afrikanischen Küste. Man zieht sich in ein selbstgebautes Baumhaus zurück, wo Alice nach Geburt ihres Sohns an Malaria stirbt. Kurz darauf schlägt auch für ihren Gatten das letzte Stündlein, als ein Riesenaffe in das Baumhaus eindringt. Jacks Sohn wird von einer Äffin adoptiert, die kurz zuvor ihr eigenes Kind verloren hat. Jahre später rettet der zu einem stattlichen Muskelprotz herangewachsene Säugling den belgischen Forscher Philippe D'Arnot, den einzigen Überlebenden einer Expedition, vor bösen Eingeborenen. Aus einem Amulett im Baumhaus schließt D'Arnot messerscharf, dass es sich bei seinem Retter um den Enkel des Earls von Greystoke handelt. Er bringt John, wie er ihn getauft hat, einige Worte bei und segelt mit ihm nach England. Großvater nimmt John trotz seiner Dschungelmanieren freundlich auf, stirbt aber bald, als er in einem Anfall von Übermut auf einem Silbertablett die Treppe hinunterrutscht. Inzwischen in die Amerikanerin Jane Porter verliebt, erbt John Titel, Schloss und Ländereien, vermag sich jedoch in der steifen britischen Gesellschaft nicht recht wohlzufühlen. Bei der Eröffnung eines neuen Naturkundemuseums entdeckt er seinen Affenvater und befreit ihn aus dem Käfig. Doch dessen Flucht endet tragisch: Ein Polizist erschießt das Tier. Desillusioniert ob seiner Erfahrungen mit der Zivilisation kehrt John wieder in seinen Dschungel zurück. Jane und D'Arnot schauen ihm sinnierend nach.

Für Freddie Formalästhet dürfte dieser 42. angeblich authentische Tarzan-Film ohne Zweifel das wichtigste Ereignis seit der Erfindung des Sockenhalters sein. Und das nicht mal zu Unrecht: Für orgiastische Schauer des Entzückens sind die erlesenen Aufnahmen des Kubrick-Kameramanns John Alcott, die exquisiten Affenmasken Rick Bakers und das Spiel Ralph Richardsons auf jeden Fall gut. Überdies hat sich der Regisseur bei seinem Ausflug in die Niederungen der Trivialliteratur mächtig was gedacht: »Erscheint die Welt seiner Väter, in die John zurückkehrt, zunächst mit leiser Sympathie, allenfalls liebevoll karikiert

gezeichnet, so nimmt ihr rücksichtsloser Anspruch auf das Individuum schließlich beherrschende Züge an. Der Dschungel, in den John am Ende des Films wieder entflieht, erscheint vergleichsweise als Hort der persönlichen Freiheit, was angesichts der Ungeschminktheit seiner Präsentation kaum denkmöglich ist. Dieser Schluss hat nicht, wie bei so vielen die wilde Ursprünglichkeit romantisierenden Filmen, etwas mit Zivilisationsfeindlichkeit zu tun, wohl aber mit der Menschenfeindlichkeit einer sich überlegen dünkenden Gesellschaftsordnung.« (FILMDIENST) Trotzdem hat der kreißende Kunstberg nur ein langweiliges, prätentiöses Mäuschen geboren. Greystoke leidet an fortgeschrittener Intellektualitis: Wo Burroughs die Botschaft subtil im Hintergrund verpackte, fetzt Hudson sie einem regelrecht um die Ohren. Die erste Begegnung zwischen Tarzan und D'Arnot beispielsweise steht an Symboltracht der zwischen Eva und der Schlange in nichts nach. Was bei *Excalibur* indes noch überraschend gut funktionierte, hier missrät's total. Zum einen sind die Charaktere platt und uninteressant, zum zweiten besteht ihre Geschichte aus wenig mehr als einer lendenlahmen Aneinanderreihung von Sterbeszenen, und zum dritten steht der ehemalige Werbefilmer Hugh Hudson, der, »ganz der Progressive, auch noch eine probate Umweltbotschaft verwurstet« (Corinne Schelbert, SPEKTRUM FILM), formal nun wirklich gleich mehrere Etagen unter John Boorman. – »Die ›authentische‹ Tarzan-Legende ist das ganz sicher nicht. Hätte Burroughs noch miterleben dürfen, wie seine knusprige Geschichte hier zu einem steifen, superteuren, künstlerisch ach so wertvollen Theaterstück umgestylt wurde, er hätte sich vermutlich grün geärgert ... Statt an Lianen zu schaukeln oder auch nur herumzukriechen, hockt dieser Tarzan in großen englischen Zimmern und grübelt heftig über Mensch und Schöpfung nach – ein Museumsstück, komplett mit unberührter Staubschicht.« (CINEFANTASTIQUE)

GRIMMS MÄRCHEN VON LÜSTERNEN PÄRCHEN
BRD 1969. **R:** *Rolf Thiele.* **B:** *Rolf Thiele.* **LV:** *Gebrüder Grimm.* **K:** *Wolf Wirth.* **M:** *Bernd Kampka.* **D:** *Marie Liljedahl (Schneewittchen), Eva v.*

Rueber-Staier (Aschenputtel), Ingrid van Bergen (Königin), Gaby Fuchs (Dornröschen), Kitty Gschopf, Evelyn Dutree (Stiefschwestern), Walter Giller (Hans I.), Peter Hobberger (Hans II.), Hugo Lindinger (Bauer), Isolde Stiegler (Alte). F 91 Min.

Hans eins und Hans zwei, zwei Bauerntölpel im Mittelalter, tauschen einen Goldklumpen gegen ein Ross ein, das sie eilenden Fußes in einen Zauberwald bringt, wo Schneewittchen von einem lüsternen Jäger bedrängt wird. Nachdem die beiden ihren Gaul gegen eine Kuh, diese gegen ein Schwein und das wiederum gegen eine Gans eingetauscht haben, stoßen sie auf das Schloss der Prinzessin Dornröschen, die sie mit einem Kuss und einem zünftigen GV wieder zum Leben erwecken wollen. Die Prinzessin entpuppt sich jedoch als dermaßen sexbesessen, dass die Helden Reißaus nehmen und in einem Gasthaus landen, wo man gerade damit beschäftigt ist, das liebreizende Aschenputtel einer ungewöhnlichen Bestimmung zuzuführen (man will es nämlich verspeisen). Obwohl Hans und Hans keine Helden sind, können sie die Fresslustigen ausschalten und Aschenputtel retten. Als eine böse Hexe sie in ein Taubenpärchen verwandelt, brechen sie auf, um die rote Zauberblume zu finden, die jedermann das Glück beschert: Schneewittchen wird von einem Edelmann vor der bösen Königin gerettet; Aschenputtel kriegt ihren Prinzen; Dornröschen wird von einem netten Jüngling beglückt, und Hans und Hans erhalten wieder menschliche Gestalt. – Dass die Grimmschen Märchen nicht ausnahmslos Kinderlektüre sind, weiß man; dass sie

verdrängte Erotik enthalten, so fand die Kritik, brauche man jedoch nicht damit zu dokumentieren, indem die böse Königin sich zum Dinner männliche Geschlechtsteile servieren lässt. – »Der abstoßendste Aspekt ... ist die Überbetonung widerlichster Metzeleien und das Weglassen dessen, was relativ zuträglicher Sex hätte sein können. Obwohl es von Nuditäten wimmelt, konzentriert sich die reale Handlung auf die deutliche Zurschaustellung abgehackter Finger, Zehen und Füße sowie ganzer Körper, die in Nahaufnahmen liebevoll aufgeschlitzt werden.« (VARIETY) – »Der Film ... ist in keiner Phase kühn, sondern einfachhin schmutzig. Manche der Darsteller, etwa Walter Giller ... dürften sich kaum einmal so unter Preis verkauft haben.« (FILMDIENST) [V]

DER GRINCH

(HOW THE GRINCH STOLE CHRISTMAS). USA 2000. **R:** *Ron Howard.* **B:** *Peter Seaman, Jeffrey Price.* **LV:** *»Wie der Grinch Weihnachten gestohlen hat!« von Dr. Seuss [Theodore S. Geisel].* **K:** *Don Peterman.* **SpE:** *Kevin Mack, Jurt Williams, Digital Domain, Rhythm & Hues, Centropolis Effects.* **Ma:** *Rick Baker.* **M:** *James Horner.* **D:** *Jim Carrey (Grinch), Taylor Momsen (Cindy Lou Who), Bill Irvin (Lou Lou Who), Jeffrey Tambur (Bürgermeister May Who), Molly Shannon (Betty Lou Who), Christine Baranski (Martha May Whovier), Clint Howard (Whobris), Mary Stein (Miss Rue Who), Mindy Sterling (Clarnella), Rachel Winfree (Rose), Lacey Kohl (Christina), Jim Meskimen (Who Lihan), Otto Sander (Erzähler). F 105(110) Min.*

Der 1991 verstorbene Dr. Seuss alias Theodore Geisel gilt in Amerika als Klassiker des Kinderbuchs. Sein dort berühmtes Weihnachtsmärchen vom monströsen Grinch, einem von Kindesbeinen als Außenseiter abgestempelten Eremiten und Höhlenbewohner, der den Einwohnern eines Phantasie-Mikrokosmos namens Whoville das Weihnachtsfest in Form von Christbäumen und Geschenken wegnehmen will, wurde schon 1966 als Zeichenfilm realisiert und von Boris Karloff gesprochen. Ron Howards Spielfilmversion ist am Anfang nur schwer zu ertragen; zu schrill und

Der Grinch

geschmacklos ist das amerikanische Christmas, doch Rick Bakers Maskenkunst und die kongeniale Darstellung des grimassenreichen Jim Carrey als grünes pelziges Unwesen, das sich zum Schluss durch die Liebe eines kleinen Mädchens vom Weihnachtshasser und Whoville-Gegner zum passablen Zeitgenossen entwickelt, retten das Projekt. Ron Howard: »Ich habe stets Jim Carrey in der Rolle des Grinch gesehen, weil der Grinch diese mythische Proportion besitzt und sein ganzes Verhalten aus einer spontanen Antriebskraft resultiert. Wenn er provoziert, wenn er sich bewegt und wenn Kraft von dem Charakter ausgeht, dann ist Jim in seinem Element. Also ist der Querschnitt dessen, was den Grinch thematisch ausmacht und was Jim Carrey als Schauspieler definiert, ein perfekter Gleichklang. Seine unglaubliche Vorstellungskraft, Energie und physischen Fähigkeiten machten ihn perfekt und zur einzigen Wahl, um den Grinch zum Leben zu erwecken.«

GRITTA VOM RATTENSCHLOSS
Anderer Titel für **Gritta von Rattenzuhausbeiuns**

GRITTA VON RATTENZUHAUSBEIUNS
DDR 1985. **R:** *Jürgen Brauer.* **B:** *Jürgen Brauer, Christa Kozik.* **LV:** *»Das Leben der Hochgräfin Gritta von Rattenzuhausbeiuns« von Bettina und Gisela v. Arnim.* **K:** *Jürgen Brauer.* **M:** *Stefan Carow.* **D:** *Nadja Klier (Gritta), Hermann Beyer (Julius Ortel von Rattenzuhausbeiuns), Suheer Saleh (Anna Bolena Nesselkrautia), Fred Delmare (Müffert), Mark Lubosch (Peter), Peter Sodann (König), Ilja Kriwoluzky (Prinz Bonus), Wolf-Dieter Lingk (Pekavus), Heide Kipp (Äbtissin). F 83 Min.*
Kinderfilm aus dem DEFA-Studio für Spielfilme: Die kleine Gritta ist Tochter eines wunderlichen Hochgrafen, den die Leute im Dorf »Spinnefix« nennen. Grittas beste Freunde im windschiefen Turmschloss sind die Ratten und besonders ihr Anführer, der einen Ohrring trägt und die Sprache der Menschen versteht. Als der Graf die ebenso reiche wie strenge Anna Bolena heiratet, fühlt sich Gritta vernachlässigt und wird auch noch auf eine Klosterschule geschickt, wo sich die Äbtissin am Vermögen der Schülerinnen gütlich tut. Gritta flieht mit sechs anderen Mädchen. Inzwischen ist ihre Familie verarmt, weil die Ratte, die Gritta rächen wollte, das Testament der reichen Anna Bolena aufgefressen hat. So ziehen sie mit dem Baby – Gritta hat ein Brüderchen bekommen – durchs Land. Vater erfindet jede Menge unpraktischer Sachen, zum Beispiel eine Thronrettungsmaschine, die den Usurpator Pekavus im richtigen Augenblick beseitigt, während der echte König, der in einen Schrank gesperrt wurde, von den Ratten freigenagt wird. Gritta wird darauf zur königlichen Beraterin ernannt.

DAS GROSSE GEHEIMNIS DES MARCELINO
(MARCELINO PAN Y VINO). Spanien 1955. **R:** *Ladislao Vajda.* **B:** *José Maria Sanchez Silva, Ladislao Vajda.* **LV:** *José Maria Sanchez Silva.* **K:** *Enrique Guerner.* **M:** *Pablo Sorozabal.* **D:** *Pablito Calvo (Marcelino), Rafael Rivelles (Prior), Antonio Vico (Bruder Pförtner), Joaquin Roa (Bruder Glocke), Mariano Azana (Bruder Schlecht), Juan Calvo (Bruder Grießbrei), Adriano Dominguez (Bruder Taufe), Rafael Calvo (Bürgermeister), José Marco Davo (Schmied und zweiter Bürgermeister), Isabel de Pormes (Junge Mutter). SW 90 Min.*
Ein Franziskanermönch erzählt einem kranken Mädchen die Geschichte des Feiertages »Marcelino Pan y Vino (Brot und Wein)«: Vor den Toren des Klosters entdeckt ein Franziskaner einen ausgesetzten Säugling. Nach einer ergebnislosen Suche nach den Eltern nimmt der Orden das Kind auf und tauft es auf den Namen Marcelino. Fünf Jahre später ist er zu einem aufgeweckten Bengel herangewachsen. Um ihm die Neugier auszutreiben, verbieten ihm die Mönche, die Dachkammer zu betreten. Marcelino wagt sich trotzdem nach oben und findet ein verwittertes Kreuz. Nach dem ersten Schrecken geht er immer wieder auf den Dachboden und beginnt, sich mit dem Mann am Kreuz zu unterhalten. Tatsächlich steigt Christus herab und nimmt die Gaben des Jungen – Brot und Wein, die dieser aus den Vorratskammern des Ordens stiehlt – freundlich an. Schließlich werden die Mönche aufmerksam. An dem Tag, als sie Marcelino auf den Dachboden folgen, hat der Mann am Kreuz ihm jedoch bereits seinen innigsten Wunsch erfüllt: seine eigene und die Mutter des Gekreuzigten zu sehen. – »In der schlichten und einfältigen Weise, wie sie einer Legende

angemessen ist, erzählt der Film ohne technische Kniffe und dramaturgische Effekthascherei und bietet zugleich einen kulturgeschichtlich interessanten Einblick in das Leben eines kleinen primitiven Bettelmönchklosters. Die Darstellung des Wunders ist so dezent und im Widerschein auf die handelnden Personen, vor allem das Kind, andererseits so realistisch gehalten, dass der Zuschauer sich weder verletzt, noch peinlich berührt fühlt.« (FILMBEOBACHTER) – »Das stets ein hohes Maß an Charakterisierung erreichende Spiel muss im Falle des Jungen als außerordentliche Leistung bezeichnet werden ... Der Film ist in angemessenem, wunderschönem, seltsam wirksamem Stil gedreht: Schwarz und Weiß ist in einer unzähligen Vielfalt von Kompositionen nebeneinander gestellt – schwarze Augen in bleichen Gesichtern, ein schwarzer Kopf auf einem weißen Kissen, helles Sonnenlicht und dunkle Schatten; plane Silhouetten gegen einen gleißenden Himmel ... Ein sanfter, ungewöhnlicher Film: leichtgewichtig, aber von großem Charme.« (MONTHLY FILM BULLETIN)

DAS GROSSE KRABBELN

(A BUGS'S LIFE). USA 1998. **R:** *John Lasseter, Andrew Stanton.* **B:** *Andrew Stanton, Donald McEnery, Bob Shaw.* **St:** *John Lasseter, Andrew Stanton, Joe Ranft.* **M:** *Randy Newman. F. 93 Min. (Computeranimation).*

Als die fleißigen Ameisen und ihre Wintervorräte wie gewohnt von gefräßigen, unersättlichen Grashüpfern bedroht werden, trommelt der pfiffige Flik eine Bande angeblich tapferer, starker Käfer zusammen. Doch die bunt zusammengewürfelte Truppe entpuppt sich nicht als sieben Samurai oder glorreiche Sieben, als »wild bunch«, sondern als völlig kampfuntaugliches, pazifistisches, gerade aus seinem Vertrag entlassenes Zirkusvölkchen. – Nach *Toy Story* ein weiterer kindgerechter, computergenerierter Streifen aus der schlagenden Verbindung Disney und Pixar Animation Studios. Die reichlich cleane Ästhetik, die bei der *Toy Story* aus demselben Haus kaschiert werden konnte, bleibt Geschmackssache. [V]

DIE GRÖSSTE GESCHICHTE ALLER ZEITEN

(THE GREATEST STORY EVER TOLD). USA

1963. **R:** *George Stevens.* **Co-R:** *David Lean* **B:** *James Lee Barrett, George Stevens.* **V:** *Fulton Oursler, Harry Denker.* **K:** *William C. Mellor, Loyal Griggs.* **SpE:** *J. McMillan Johnson, Clarence Slifer, Arnold Gillespie, Robert R. Hoag.* **M:** *Alfred Newman,* **D:** *Max von Sydow (Jesus), Dorothy McGuire (Maria), Robert Loggia (Josef), Claude Rains (Herodes), José Ferrer (Herodes Antiphas), Marian Seldes (Herodias), John Abbott (Abel), Rodolfo Acosta (Hauptmann), Philip Coolidge (Chuza), Michael Ansara (Befehlshaber), Dale Jenkins (Philip), Joe Perry (Archelaus), Charlton Heston (Johannes, der Täufer), Donald Pleasence (Judas), Roddy McDowall (Matthäus), Gary Raymond (Petrus), Robert Blake (Simon), Burt Brinckerhoff (Andreas), John Considine (Johannes), Jamie Farr (Thaddeus), David Hedison (Philip), Peter Mann (Nathaniel), Tom Reese (Thomas), Telly Savalas (Pontius Pilatus), Angela Lansbury (Claudia), Johnny Seven (Adjutant), Paul Stewart (Questor), Harold J. Stone (Varus), Cyril Delevanti (Melchior), Mark Lenard (Balthasar), Frank Silvera (Caspar), Joanna Dunham (Maria Magdalena), Janet Mergolin (Martha), Michael Tolan (Lazarus), Carroll Baker (Veronika), Pat Boone (Mann am Grab), Sal Mineo (Urias), Van Heflin (Bar Armand), Ed Wynn (Aram), Shelley Winters (Frau), Chet Stratton (Theophil), Ron Whelan (Annas), John Lupton (Redner), Russell Johnson (Schreiber), Abraham Sofaer (Josef von Arimatäa), Martin Landau (Kaiphas), Nehemiah Persoff (Shemiah), Joseph Schildkraut (Nikodemus), Robert Busch (Gesandter), John Crawford (Alexander), Victor Buono (Sorak), John Wayne (Hauptmann), Sidney Poitier (Simon von Cyrene), Richard Conte (Barabbas), Frank de Kova (Folterknecht), Joseph Sirola (Dumah). F 196 (235) Min.*

Dieser Film behandelt den Lebens- und Leidensweg Jesu von Nazareth, der mit überirdischen Kräften Blinde sehend und Lahme gehend macht, Aussätzige heilt, Tote wiedererweckt, Liebe predigt und Gutes tut, ohne sich von den politischen und religiösen Strömungen seiner Zeit vereinnahmen zu lassen. Der Gotteslästerung angeklagt, stirbt er schließlich am Kreuz, woraufhin sogar ein römischer Hauptmann (John Wayne!) erkennt: »Wahrlich, dieser Mann ist der Sohn Gottes.« – Adaption einer von 1947–1957 laufenden US-Hörspielreihe, kalkuliert mit einem Budget von $ 6 Mio., fertiggestellt für eine Summe von über $ 20 Mio.; eine der größten Katastrophen der Filmgeschichte, die nur deswegen von sich reden machte, weil sie ein geradezu unglaubliches Aufgebot an Hollywood-Stars präsentierte. Die Laufzeit wurde nach der Vorpremiere (vor geladenen Gästen) von 298 Min. auf 235 Min. (BRD-Fassung: 196 Min.) zusammengeschnitten, da man in einem Anfall von Selbstkritik bemerkt hatte, dass die größte Geschichte aller Zeiten auch die längste und langweiligste geworden war. Die fröhliche Schnippelei im Studio sorgte freilich auch dafür, dass sich diverse Leinwandgrößen in der Endfassung gar nicht erst wiederfanden, obwohl sie förmlich darum gebettelt hatten, in dieser Mammutproduktion mitspielen zu dürfen. Diverse nicht-amerikanische Lizenznehmer (etwa die mexikanischen) gingen nach einer ersten Begutachtung des Hollywood-Flops gleich dazu über, *Die Größte Geschichte aller Zeiten* als den »neuesten John Wayne-Film« anzupreisen, obwohl der Duke kaum eine Minute im Bild ist und nur einen Satz spricht. Nach der Premiere orakelte das Fachblatt VARIETY: »Der Film sieht zwar so teuer aus, wie er gewesen ist, oder jedenfalls beinahe; aber auch wenn man ihn ordentlich anpreist, wird's gar nicht so einfach sein, ihn zu verkaufen.« – Wie wahr, wie wahr! Ob er seine horrenden Produktionskosten inzwischen eingespielt hat, darf mit Fug und Recht bezweifelt werden.

GROSSE VÖGEL – KLEINE VÖGEL

(UCCELACCI I UCELLINI). Italien 1965. **R:** *Pier Paolo Pasolini.* **B:** *Pier Paolo Pasolini.* **K:** *Mario Bernardo, Tonino Deli Colli.* **M:** *Ennio Morricone.* **D:** *Toto (Innocenti Toto/Bruder Ciccillo), Ninetto Davoli (Innocenti Ninetto/Bruder Ninetto), Femi Benussi (Luna), Rossana di Rocco (Ninettos Freundin), Lena Lin Solaro (Urganda/La Sconisciuta), Rosina Marini (Bäuerin), Renato Capogna, Pietro Davoli (Rüpel), Gabriele Baldini (Dantes Zahnarzt), Riccardo Redi (Ingenieur), Umberto Bevilacqua, Cesare Gell, Alfredo Leggi, Renato Montalbano, Mario Pennisi, Fides Stagni, Giovanni Tarallo, Vittorio Vittori. SW 88 Min.*

»Wohin die Menschheit geht? Wer weiß das!« Vater und Sohn, unterwegs dorthin, treffen einen sprechenden Raben, der sie von nun an begleitet. Der Vogel kommt aus »dem Land Ideologie«, wohingegen die alte und die junge Menschheit »aus dem Dorf der Not kommt, aus der Straße des Hungers, am Fuße des Berges Dummheit«. Der Rabe versucht die wandernde Menschheit durch kluge Geschichten zu belehren. Darin bekommen die beiden Mönche Toto und Ninetto vom Heiligen Franziskus den Auftrag, den Spatzen und Falken das christliche Evangelium der Liebe in deren Sprache zu predigen. Als es ihnen nach langer Zeit gelungen ist, müssen sie erkennen, dass die Falken noch immer die Spatzen töten. Franziskus, mit den Worten Papst Pauls VI. vor der UNO, fordert sie auf, so lange ihre Bemühungen fortzusetzen, bis die Ungleichheit der Klassen, Nationen, Rassen eines Tages aufgehoben ist. Doch Vater und Sohn haben aus dem Gleichnis nichts gelernt.

Auf ihrer weiteren Wanderschaft kassieren sie Nackenschläge, teilen aber auch so gut es geht aus, immer begleitet vom lästigen Kommentar des Besserwissers (mit dem offenbar der Chef der italienischen Kommunisten, Togliatti, gemeint war). Der Rabe beklagt am Ende sich selbst. Indirekt bietet er sich zur Speise an: Wer einen Professor verspeise, werde selbst so etwas wie ein Professor. Und so verschlingen die beiden aus Hunger und Überdruss den Raben der Ideologie und wandern weiter.

Das Thema des Films ist eins der wirklich klassischen Themen der Literatur: eine Reise auf der Suche nach etwas. Toto und Ninetto suchen auf den Straßen der Welt und in der Geschichte materielle und geistige Nahrung. So erinnern sie vor allem an Don Quichotte und Sancho Pansa. Der Rabe will sie lehren, wie man die Welt mit dem Verstand, nicht nur mit dem Gefühl kennenlernen kann. Am Ende bleibt die Naivität Sieger, und der Verstand muss sich, hat er seine Aufgabe erfüllt, von dieser Naivität verschlingen lassen. »Die Filmhandlung ist abstrakt und nicht greifbar. Die Abenteuer sind mit Symbolen beladen und hängen etwas in der Luft. Sie werden erst durch die traumtänzerische Gestik von Toto und die natürliche Lebensfreude von Ninetto aufgefangen.

Was steckt verschlüsselt hinter den beiden komischen Gestalten und vor allem hinter dem frenetischen Krächzen des Raben? ... Die beiden Personen unternehmen eine Reise durch die ›Krise der Ideologien‹ auf der Suche nach einer möglichen Kontinuität, einem wenn auch ›irregulären‹ Gleichklang mit den aus der Widerstandsbewegung übriggebliebenen Hoffnungen. Sprachrohr sind der Autor und der Rabe ... Geschichte und Ideologie sind zentrale Themen, die mit Ironie und Komik behandelt werden. Pate gestanden haben bei dieser Reise in eine Fabelwelt Fedro und La Fontaine.« (Enzo Siciliano, PASOLINI)

DER GRÖSSTE SIEG DES HERKULES

(ERCOLE L'INVINCIBILE). Italien 1964. **R:** *Al World [Alfredo Mancori].* **B:** *Kirk Mayor, Pat Klein, Alfredo Mancori.* **K:** *Claude Haroy.* **D:** *Dan Vadis (Herkules), Spela Rozin (Teica), Carol Brown (Königin Eta), Ken Clark (Kabaol), John Simons (Barbar), Jeanette Barton, Hugo Arden, Red Ross.* **F 82 Min.**

König Tideo, der Herrscher eines mythischen Reiches, will Herkules, dem Sohn des Zeus, seine liebliche Tochter Teica zur Frau geben, wenn er das Land von einem bösen Drachen befreit. Kein Problem! Doch dann überfällt der finstere Kabaol Tideos Untertanen mit seinen Heerscharen und verschleppt sie in das Untergrundreich der Königin Eta.

Auch das ist kein Grund zur Panik, denn unser bärtiger Held – diesmal verkörpert von Dan Vadis, dem Mann mit den unbeweglichen Gesichtszügen – hat reichlich Erfahrung darin, wie man machthungrigen Königinnen und deren tückischen Beratern beikommt: Ein gerade rechtzeitig eruptierender Vulkan, dessen Naturkräfte sich der Held zunutze macht, lässt das Reich des Bösen in feuriger Lava ersaufen.

DIE GRÜNEN WEIDEN

(THE GREEN PASTURES). USA 1936. **R:** *Marc Connelly, William Keighley.* **B:** *Marc Connelly, Sheridan Gibney.* **LV:** *Roark Bradford.* **K:** *Hal Mohr.* **M:** *Hall Johnson.* **D:** *Rex Ingram (De Lawd/Adam/Hezdrel), Oscar Polk (Gabriel), Eddie Anderson (Noah), Frank Wilson (Moses), George Reed (Deshee/Isaac), Abraham Gleaves (Erzengel),* *Myrtle Anderson (Eva), Al Stokes (Kam), Edna M. Harns (Zeba), Ray Martin (Shem), Dudley Dickerson (Cham), Jimmy Burress (Japhet), William Cumby (Abraham), David Bethea (Aaron), Ernest Whitman (Pharao).* **SW 90 Min.**

In Mr. Deshees Sonntagsschule träumt ein phantasiebegabtes schwarzes Mädchen eine schwarze Fassung des Alten Testaments: die Erschaffung der Welt und die Vertreibung aus dem Paradies, die Sintflut, der Auszug aus Ägypten und die Geschichte Abrahams.

Als diese, nur mit schwarzen Schauspielern besetzte Verfilmung von Marc Connellys pulitzerpreisgekröntem Broadway-Stück 1936 in die Kinos kam, bescheinigte die Kritik der »einfachen, bezaubernden und fesselnden Fabel« (VARIETY), dass man darin etwas »von jenem Glauben findet, der Berge versetzt« und es schwer sei »irgend etwas an der simplen, erfreulichen Theologie oder am Film überhaupt zu bemäkeln« (NEW YORK TIMES). Heute würde diese Anhäufung von »Onkel Tom«-Klischees zu Recht als Rassendiskriminierung gelten.

GULLIVERS REISEN

(GULLIVER'S TRAVELS). USA 1939. **R:** *Dave Fleischer.* **B:** *Dan Gordon, Cal Howard, Ted Pierce, Izzy Sperber, Edmond Seward.* **LV:** *»Gullivers Reisen« von Jonathan Swift.* **K:** *Charles Schettler* **A:** *Seymour Kneitel, Willard Bowsky, Tom Palmer, Grim Natwick, William Henning, Roland Crandall, Tom Johnson, Robert Leffingwell, Frank Kelling, Winfield Hoskins, Orestes Calpani.* **M:** *Victor Young, Ralph Rainger, Leo Robin, Sam Timberg, Al Nelburg, Winston Sharples.* **F 76 Min. (Zeichentrick).**

Der Seemann Gulliver wird an den Strand der Insel Liliput gespült. Da man ihn für einen gefährlichen Riesen hält, wird er misstrauisch beäugt und von den Untertanen des Königs in Ketten gelegt. Bald jedoch bricht ein Streit zwischen Gullivers »Gastland« und dem Nachbarstaat aus, da man sich nicht einigen kann, wessen Nationalhymne bei der Trauung zweier Königskinder erklingen soll. Gulliver sprengt seine Fesseln und betätigt sich als Friedensstifter. – »Es mangelt weder an skurrilen Einfällen, noch an Anmut und Leichtigkeit der Gestaltung. Szenen wie die Fesselung Gullivers oder das Festbankett, das ihm zu Ehren gegeben wird und bei dem Gulliver einen seiner Finger mit dem Liliputkönig tanzen lässt, gehören zu den Kabinettstücken aller Zeichentrickfilme.« (FILMBEOBACHTER) *Gullivers Reisen* war nach der erfolgreichen Disney-Produktion *Schneewittchen und die sieben Zwerge* (USA 1937) der zweite Versuch, einen abendfüllenden Spielfilm ganz von g200ezeichneten Charakteren tragen zu lassen. Das Resultat war befriedigend, finanziell jedoch weit weniger erfolgreich. – »Eindrucksvolle Unterhaltung, die Kindern ebenso Spaß machen wird wie Erwachsenen.« (VARIETY) [V]

GULLIVERS REISEN

(GULLIVER'S TRAVELS). GB/Belgien 1976. **R:** *Peter Hunt.* **B:** *Don Black.* **LV:** *»Gullivers Reisen« von Jonathan Swift.* **K:** *Alan Hume.* **A:** *Denis Rich.* **M:** *Michel Legrand.* **D:** *Richard Harris (Gulliver), Catherine Schell (Mädchen), Norman Shelley (Vater), Meredith Edwards (Onkel). F 77 Min.*

Nachdem er auf der Insel Liliput gestrandet ist, gewinnt der Seemann Gulliver das Vertrauen des örtlichen Herrschers und steht dessen Volk beim Ausbruch eines Krieges mit dem Nachbarland dergestalt bei, dass er mit seinen Riesenkräften die feindliche Flotte entführt.

Als die Gastgeber daraufhin in Kriegsbegeisterung ausbrechen, steht er auch dem Gegner bei und sorgt dafür, dass auf der Insel ewiger Friede herrscht. – Mischung aus Real- und Zeichentrickfilm, nicht ohne Witz gemacht und goutierbar für alle Altersstufen. – »Ohne allzu große Ansprüche, aber doch auch voller Aktion und gelungener Bildeinfälle.« (Karl Klusen, FILMDIENST)

GULLIVERS REISEN

(GULLIVER'S TRAVELS). USA/GB 1995. **R:** *Charles Sturridge.* **B:** *Simon Moore.* **LV:** *»Gullivers Reisen« von Jonathan Swift.* **K:** *Howard Atherton.* **SpE:** *Tim Webber.* **M:** *Trevor Jones.* **D:** *Ted Danson (Lemuel Gulliver), Mary Steenburgen (Mary Gulliver), James Fox (Dr. Bates), Ned Beatty (Grultrud), Geraldine Chaplin (Kaiserin Munodi), Omar Sharif (Graf von Glubdubdrib), Peter O'Toole, Sir John Gielgud (Prof. Sonnenschein), Edward Fox (General Limtoc), Kristin Scott-Thomas (Unsterbliche Torwächterin), Phoebe Nichols (Kaiserin), Alfre Woodward (Königin), Sashi Kapoor (Radscha), Robert Hardy. F 95 (190) Min.*

Mit zahlreichen internationalen Stars aufwartende TV-Verfilmung des Klassikers von Jonathan Swift, die aufgrund ihrer Produktions- und Schauwerte durchaus auch im Kino hätte landen können.

GUNAN – KÖNIG DER BARBAREN

(GUNAN IL GUERRIERO). Italien 1982. **R:** *Frank Shannon [Franco Prosperi], Pietro Regnoli.* **K:** *Franco Cuppini.* **M:** *Francesco Pregadio.* **D:** *Peter McCoy (Gunan), Diana Roy, Maria Luisa Longo, Sabrina Siani. F 76 Min.*

Eine Mordbrennerbande metzelt die Bevölkerung eines frühzeitlichen Dorfes nieder. Zwei kleine Buben überleben die Attacke, reifen zu Männern heran und machen sich auf die Suche nach den Bösewichtern, um sich zu rächen. Nur einer von beiden erreicht das Ziel. – Ein plattes und ziemlich einfältiges Plagiat von *Conan, der Barbar* – nur noch dümmer! – »Der Film hinterlässt den Eindruck, als sei er von Amateuren mit Laiendarstellern ... im Kölner Vorgebirge gedreht worden.« (FILMBEOBACHTER)

H

HABT IHR EINEN LÖWEN ZU HAUSE?

(MATE DOMA IVA?). ČSSR 1963. **R:** *Pavel Ho-bl.* **B:** *Sheila Ochová, Bohumil Sobolka.* **St:** *Sheila Ochová, Bohumil Sobolka.* **K:** *Jiří Vojta.* **M:** *Wilhelm Bukový.* **D:** *Ladislav Ocenasek (Josef), Josef Filip (Hans), Olga Machonivá (Mädchen), Jan Brychta (Maler). F 85 Min.*
Zwei kleine Jungen, deren Schule für einen Tag geschlossen ist, stromern durch Prag und erleben allerlei Phantastisches: Sie treffen einen sprechenden Hund, besuchen ein Museum, in dem ihnen ein ausgestopfter Bär zeigt, wie man Rollschuh läuft. Sodann gelangen sie in den Palast eines Magiers, verwandeln Hunde in Musikanten, versuchen sich als Streitwagenfahrer und begegnen noch Geistern in Ritterrüstungen. – Ein schöner Kinderfilm, unterhaltsam.

DER HAKEN

DDR 1984. **R:** *Edgar Kaufmann.* **B:** *Edgar Kaufmann.* **LV:** *»Der Haken« von Gerhard Rentzsch.* **K:** *Rolf Sohre.* **M:** *Reinhard Lakomy.* **D:** *Gert-Hartmut Schreier (Benno), Cornelia Lippert (Kate), Wolfgang Greese (Direktor), Horst Schulze (Pastor), Rudolf Frickau (Opa Arnim). F 65 Min.*
Moderne Version des Märchens vom Fischer, seiner Frau und dem wundertätigen Butt.

HALLOWEEN TWINS –
JETZT HEXEN SIE DOPPELT

(DOUBLE DOUBLE TOIL & TROUBLE). USA 1993. **R:** *Stuart Margolin.* **B:** *Jürgen Wolff.* **K:** *Richard Leiterman.* **M:** *Richard Bellis.* **D:** *Mary-Kate Olsen (Lynn), Ashley Olsen (Kelly), Cloris Leachman (Agatha/Sophie), Meshach Taylor (Mr. N.), Phil Fondacaro (Oscar). F 93 Min.*
Lynn und Kelly machen die Entdeckung, dass ihre Großtante eine böse Hexe ist und ihre brave Zwillingsschwester in ein Schattenreich gezaubert hat. Mittels eines erbeuteten Zauberstabs und mit Unterstützung eines Clowns und eines kleinen Gauners versuchen sie, die Sache rückgängig zu machen. Ein modernes Märchen für die Kleinen. Nur auf Video. [V]

EIN HALSBAND FÜR MEINE LIEBSTE

Anderer Titel für **Eine Halskette für meine Geliebte**

EINE HALSKETTE FÜR MEINE GELIEBTE

(OSHERELE DLJA MOJEJ LJUBIMOI/SAMKAU-LI TSCHEMI SATRFOSTWIS). UdSSR 1971. **R:** *Tengis Abuladse.* **B:** *Tamas Meliawa, Tengis Abuladse, Achmedshan Abu-Bakar.* **K:** *Lomer Achwlediani.* **M:** *Nodar Gabunja.* **D:** *Ramas Giorgobiani (Bachadur), Nani Bregwadse (Aischa), Erosi Mandshagaladse (Dulgurum), Ramas Tschchikwadse (Daud), Leonid Engibarow (Suguri). F 74 Min.*
Auf seiner Wanderschaft durch die kaukasische Bergwelt gerät Bachadur, ein junger Träumer, der ein Geschenk für seine Geliebte sucht, an Teufel und Zauberinnen, bis er heimkehren kann mit dem schönsten Geschenk: einer phantastischen Erzählung. – »Bilder einer unendlich schönen, traumhaften Landschaft zeigt uns Abuladse, von Dörfern, wabenhaften Lehmhäusern und skurrilen Figuren, die sämtlich nur halb der Wirklichkeit zu entstammen scheinen.« (SPIELFILME IM DEUTSCHEN FERNSEHEN, 1975)

DIE HANDSCHRIFT VON SARAGOSSA

(REKOPIS ZNALEZIONY W SARAGOSSIE). Polen 1964. **R:** *Wojciech J. Has.* **B:** *Tadeusz Kwiatkowski.* **LV:** *»Die Handschrift von Saragossa« von Jan Potocki.* **K:** *Mieczyslaw Jahoda.* **M:** *Krzysztof Penderecki.* **D:** *Zbigniew Cybulski (Alfons van Worden), Kazimierz Opalinski (Einsiedler), Iga Cembrzynska (Prinzessin Emina), Joanna Jedryka (Prinzessin Zibelda), Siawomir Linder (Alfons' Vater), Miroslawa Lombardo (Alfons' Mutter), Alexander Fogiel (Spanischer Edelmann), Franciszek Pieczka (Pascheco), Ludwik Benoit (Paschecos Vater), Barbara Krafftowna (Camilla), Pola Raksa (Inezilla), August Kowalczyk (Abgesandter der Heiligen Inquisition), Adam Pawlikowski (Kab-*

balist), Beata Tyszkiewicz (Dona Rebecca Uzeda), Gustaw Holoubek (Don Pedro Velasquez), Leon Niemczek (Don Avadoro), Krzysztof Litwin (Don Lopez Suarez), Stanislaw Igar (Don Gaspar Suarez), Bogumil Kobiela (Toledo), Juliusz Jablczynski (Aquillar), Elzbieta Czyzewska (Frasquetta). SW 206 Min.

Während der Belagerung von Saragossa stößt Graf Potocki auf ein seltsames Manuskript. Zusammen mit einem spanischen Offizier, der ihn eigentlich gefangennehmen wollte, sich dann aber selbst für das Manuskript interessierte, weil es die Geschichte eines seiner Vorfahren erzählt, beginnen beide zu lesen: Auf dem Weg nach Madrid macht Alfons van Worden, der Anführer der Wallonen-Garde, in einer kleinen Schänke in den Bergen von Sierra Morena halt. Zu seiner Überraschung laden ihn dort zwei maurische Prinzessinnen, Emma und Zibelda, zum Essen ein und machen ihm einen Heiratsantrag, weil er Mitglied einer bekannten Moslem-Familie sei. Nach zahlreichem Geisterspuk wacht Alfons am nächsten Morgen unter einem Galgen auf. Er trifft einen alten Einsiedler, der ihn auffordert, die Geschichte seiner Eltern zu erzählen und ihn hernach bittet, sich die Geschichten des angeblich vom Teufel besessenen Pascheco anzuhören. Pascheco berichtet von seiner zweiten Frau Camilla, deren Schwester Inezilla und davon, dass auch er eines Morgens unter einem Galgen aufgewacht sei. Am nächsten Morgen liegt auch van Worden wieder unter dem Galgen. Er wird von der Inquisition verhaftet, befreit und begegnet einem Kabbalisten, der ihn in sein Schloss nach Madrid einlädt. Unterwegs schließt sich ihnen ein Fremder namens Don Velasquez an. Rebecca, die Schwester des Kabbalisten, empfängt die Männer und überredet van Worden zum Bleiben, damit er sich die Geschichten des Zigeuners Avadoro anhört. Avadoro erzählt von dem Ritter Toledo, dessen toter Freund ihn heimsuchte und behauptete, im Fegefeuer zu schmoren. Er erzählt aber auch die Geschichte des Don Lopez Suarez, der Avadoro seinerseits von den Liebesabenteuern und -problemen seiner Söhne berichtete. Verwirrt von all diesen stets auf sich selbst zurückkommenden Geschichten verlässt Alfons das Schloss des Kabbalisten und kehrt zur einsamen Schänke zurück. Dort trifft er den Scheich von Golomez, der ihm gesteht, seinerzeit den Einsiedler gespielt zu haben, um ihn auf die Probe zu stellen. Wieder unterwegs macht Alfons in einem anderen Rasthaus Station. Als ihm ein Kellner mitteilt, zwei fremde Prinzessinnen hätten ihn zum Abendessen eingeladen, fängt er laut zu lachen an ... – *Die Handschrift von Saragossa*, entstanden nach dem erst 1958 wieder aufgefundenen Roman des polnischen Grafen Jan Potocki, ist eine knapp dreieinhalb Stunden lange Fingerübung zum Thema Unendlichkeit von Geschichten, »eine feinnervige Kreuzung von individueller Imagination, historischer Erinnerung und spektakulär beschreibendem Kolossalgemälde ... Seine unzähligen, originellen Anspielungen und Bezüge zu verschiedenen Ländern, Regimen, zur Gegenwart, zu allgemein menschlichen Schwächen, politischen und institutionellen Besonderheiten sind in einem dramaturgischen Mixbecher geschüttelt, mit dem – im Text des Films zu bleiben – ›unreine Kräfte ihr Unwesen treiben‹ wollten. ›Die Teufel treten bisweilen in verschiedener Gestalt auf‹ (es können schon meckernde Ziegen sein); aus Totenköpfen werden Weinpokale. Has aktualisiert Potockis ›Erfindungsabenteuer‹ mit entsprechendem Bilderspuk eines durch die geschichtlichen Realitäten gezogenen Geister-Ulks von schaurig-verzauberter Vorstellungswelt bis zur erheiternd in Frage gestellten, ironisch nachbereiteten Aufklärung: Romantischer und psychosomantischer Eulenspiegel aus zwei filmisch verschmolzenen Jahrhunderten des Postrationalismus.« (Leo Schönecker, FILMDIENST) »Die *Handschrift* bietet im wahrsten Sinne des Wortes phantastisches Kino, was den phantasievollen und nicht nur spekulativen Umgang mit seinen Gattungselementen meint. Der kinematographische Geniestreich aus Polen sieht sich wie ein Traum an – nicht ohne Sinn und Verstand, sondern nur seinen eigenen Regeln gehorchend, die nicht unbedingt die Regeln menschlicher Logik sein müssen.« (ZITTY) Es sei jedoch nicht verschwiegen, dass sich Has' Film auch sehr bewusst einer solchen Bewunderung empfiehlt und, gerade in der zweiten Hälfte, des öfteren in reinen Manierismus ausartet. Und zwar ungefähr dann, wenn sich die Figur in einer Geschichte, die selbst im Rahmen einer größeren Geschichte steht, die selbst im Rahmen einer noch größeren Geschichte steht, die wiederum Teil jener noch größeren Geschichte ist, von der die Rahmenhandlung ihren Ausgang nahm, dranmacht, selber noch eine Geschichte zu erzählen. Wenn Sie diesen Satz auf Anhieb verstanden haben, dürfte Ihnen der Film viel Freude bereiten.

HANS CHRISTIAN ANDERSEN UND DIE TÄNZERIN

(HANS CHRISTIAN ANDERSEN). USA 1952. **R:** *Charles Vidor.* **B:** *Moss Hart.* **St:** *Myles Connolly.* **K:** *Harry Stradling.* **M:** *Frank Loesser.* **D:** *Danny Kaye (Hans Christian Andersen), Farley Granger (Niels), Zizi Jeanmaire (Doro), Joey Walsh (Peter), Philip Tonge (Otto), Erik Bruhn (Husar), Roland Petit (Prinz im Ballett), John Brown (Schulmeister), John Qualen (Bürgermeister), Jeanne Lafayette (Celine), Robert Malcolm (Pförtner), George Chandler (Farmer), Fred Kelsey, Gil Perkins (Gendarmen), Peter Votrian (Lars).* F 112 Min.

Der Schuhmacher Hans Christian Andersen betätigt sich in seiner Freizeit als Märchenerzähler. Alltägliche Ereignisse spinnt er zu bunten Geschichten um des Kaisers neue Kleider, den standhaften Zinnsoldaten und das hässliche Entlein aus, mit denen er die Kinder des kleinen dänischen Städtchens Odense unterhält. Als sich der Schulmeister diese Ablenkung verbittet, zieht Hans nach Kopenhagen. Dort lernt er die verheiratete Tänzerin Doro kennen und lieben. Mit ihr in der Hauptrolle führt das Königliche Theater schließlich sogar ein phantasievolles Ballett nach seiner Geschichte von der kleinen Meerjungfrau auf. Auf der Höhe seines Erfolges muss er jedoch erkennen, dass Doro trotz gegenteiligen Augenscheins sehr in ihren Mann verliebt ist. Enttäuscht kehrt Hans nach Odense zurück. – Charles Vidor ist vielleicht ein Musterexemplar dessen, was man in der Filmbranche euphemistisch als Routinier bezeichnet. Seine solide inszenierten Filme bieten in der Regel zwar annehmbare Unterhaltung, kommen über guten Durchschnitt aber nie hinaus. *Hans Christian Andersen und die Tänzerin* ist da keine Ausnahme, obwohl ihm mit Danny Kaye ein passabler Komiker zur Verfügung stand und der typisch ame-

rikanische Zuckerbäckerkitsch fast schon wieder künstlerische Qualitäten aufwies. »Wenn irgendwo die Verwandtschaft zwischen Farbfilm und Malerei demonstriert wird, dann in diesem Film. Die Farbe ist hier nicht nur Kulisse oder Steigerung der Realität, sie ist künstlerisch gehandhabte Technik, ja ein Element der Dramaturgie ... Ob der Film dem Märchendichter Andersen und seinen Geschichten gerecht wird, muss allerdings dahingestellt bleiben. Die Märchen sind in Revuen und Chansons verwandelt, gute Revuen, nicht immer gute Chansons. Von dem inneren Glanz und dem stillen, poetischen Wert der eigentlichen Welt des Dichters ist nicht mehr viel übrig geblieben.« (FILMBEOBACHTER)

HANS RÖCKLE UND DER TEUFEL

DDR 1972. **R:** *Hans Kratzert.* **B:** *Hans Kratzert.* **LV:** *Ilse Korn, Vilmos Korn.* **K:** *Wolfgang Braumann.* **M:** *Günther Fischer.* **D:** *Rolf Hoppe (Hans Röckle), Peter Aust (Flammfuß), Simone von Zglinicki (Lisa), Matthias Günther (Jakob), Christa Lehmann (Ellermutter), Herbert Köfer (Reichenbach), Regina Beyer (Margret), Helmut Schreiber (Baron), Joseph Schorn (Zacharias), Theresia Wider (Dame), Pedro Hebenstreit (Hausierer), Jörg Hochschild (Konrad), Karin Haseloff (Lenchen), Karl Maschwitz (Lakai), Klaus Ebeling (Fuhrmann), Gerd Lübbert (Bauer), Peter Heiland (Knecht), Gisela Asbach, Renate Wendel (Bäuerinnen), Christa Unger, Kristine Rouvel (Tänzerinnen), Brunhild Lautenbach (Mädchen), Veit Peter Treuholz (Wirt), Jürgen Nass, Janus Rehor, Klaus Galler, Herbert Hoffmann, Alexander Onody (Teufel).* F 84 Min.

Der Tüftler Hans Röckle schließt mit dem Teufel Rammfuß einen Pakt: Für das Talent der »Zauberkraft an Kopf und Händen« will er ihm, sobald er keinen Spaß mehr an der Arbeit hat, seine Seele geben. Seine Erfindungen – die Nadel »Nähselber« und eine regenerzeugende Flöte – verschenkt er an Menschen, deren Los er damit erleichtert, doch als wirtschaftlich stärkere Kräfte versuchen, sich in deren Besitz zu bringen, verliert er die Freude an seinem Tun. Mit Hilfe seines Fernrohrs »Überallhin« und seiner Zauberstiefel deponiert er sie »im Land von Morgen und Übermorgen« und legt den Teufel so herein.

HANS TRUTZ IM SCHLARAFFENLAND

Deutschland 1917. **R:** *Paul Wegener.* **B:** *Paul Wegener.* **K:** *Frederik Fuglsang.* **D:** *Paul Wegener (Bauer Hans Trutz), Lyda Salmonova (Frau Trutz), Ernst Lubitsch (Teufel), Wilhelm Diegelmann, Rochus Gliese, Gertrud Welcker, Fritz Rasp. SW 4 Akte (1225 m).*

»In seinem neuen Film behandelt er [Wegener] die Sehnsucht, ohne Arbeit Früchte des Lebens zu genießen, jene Sehnsucht, deren Erfüllung bald die Sehnsucht nach Arbeit erweckt. Also ein Tendenzstück! Wegener arbeitet auch hier wieder mit der Verwendung von Tricks, bei deren Erfindung er wieder außerordentlich glücklich war. So mancher derselben rief auch beim Fachmann helles Entzücken hervor. Man muss es den Bestrebungen Wegeners lassen, sie sind ehrlich gemeint und dienen einem erzieherischen Zweck. Wegener als Darsteller ist eine Erquickung für sich. Wie er seine Persönlichkeit nicht in den Vordergrund stellt, wie er dem Ganzen dient, ist geradezu vorbildlich. Dazu gehört auch, dass er nur seine Idee kennt und die hübschesten Szenen anderen Mitspielenden leiht, wodurch dem Ganzen jede Selbstverherrlichung genommen ist. Dazu sind alle die Szenen zu rechnen, die im Schlaraffenland spielen. Wieviel Humor steckt in ihnen! Dazu gehört aber auch die Figur des Bösen, des Teufels, den er Ernst Lubitsch hat spielen lassen. Eine Riesenleistung bezüglich der künstlerischen Wiedergabe, für den Darsteller gleichzeitig eine Preisgabe der persönlichen Schönheit. Will man das Urteil über die neue Wegenersche Schöpfung zusammenfassen, dann muss man sagen, hier ist ein weiterer Schritt zur Veredelung der Kinokunst getan, hier ist eine tiefe Idee dem Verständnis auch des Kindes nahe gebracht, eine Idee, die auch dem Erwachsenen viel gibt. [...] Bei einer Aufführung anlässlich einer Wohltätigkeitsvorstellung des unter dem Protektorat Ihrer Exzellenz V. Ihne stehenden Kriegsblindenheims wurde der Film nach jedem Akt sehr lebhaft beklatscht.« (DER KINEMATOGRAPH) Ja, ja, die Blinden ...

HÄNSEL UND GRETEL

(HANSEL AND GRETEL). USA 1954. **R:** *John Paul.* **B:** *Adelheid Weft, Padriac Colum.* **V:** *Engelbert Humperdinck, Gebrüder Grimm.* **K:** *Martin Munkacsi.* **A:** *Joseph Horstmann, James Summers.* **M:** *Engelbert Humperdinck, Franz Alters. F 80 Min. (Puppenfilm)*

Humperdincks Märchenoper als farbiger Puppentrickfilm mit für die damalige Zeit absolut neuartigen Figuren, die sich von ihren Vorgängern durch bessere Beweglichkeit der Gliedmaßen und veränderliche Gesichtszüge unterscheiden. »[Die] Produktion wirkt zu Anfang bezaubernd und unterhaltsam, doch schon bald ist es ermüdend zuzuschauen, was auf den statischen und unnatürlichen Bewegungsablauf bei den Puppen und die anspruchsvolle Natur der Opernpartitur zurückzuführen ist.« (Richard B. Jewell/Vernon Harbin, THE RKO STORY) – »Keep-smiling-Niedlichkeit.« (FILMBEOBACHTER)

HÄNSEL UND GRETEL

BRD 1954. **R:** *Fritz Genschow.* **B:** *Fritz Genschow, Renée Stobrawa.* **LV:** *Gebrüder Grimm.* **K:** *Gerhard Huttula.* **M:** *Richard Strauch.* **D:** *Renée Stobrawa, Rita Maria Nowotny, Erika Petrick, Erika Kruse, Fritz Genschow, Werner Stock, Elisabeth Ilna. SW/F 87 Min.*

Während in der Rahmenhandlung (schwarzweiß) Hannes und Greta, Halbwaisen und Direktorenkinder, keine Stiefmutter haben wollen, werden Hänsel und Gretel im Märchen und in Farbe von ihrer Mutter im Wald ausgesetzt. Das hat erstens nicht viel mit dem Grimmschen Vorbild zu tun und trägt zweitens auch nicht gerade zur Klarheit des Ganzen bei. Durch »herzerfrischende Kinderliedeinlagen« (FILMDIENST), durch die ach so beliebten Tierfilmteilchen und durch Traumszenen im Reich des Königs »Guten Appetit« erweitert, entfernt sich die sehr freie Bearbeitung immer mehr von der bekannten Vorlage, nimmt ihr aber auch die Brutalität.

HÄNSEL UND GRETEL

BRD 1954. **R:** *Walter Janssen.* **B:** *Gerhard F. Hummel.* **LV:** *Gebrüder Grimm.* **K:** *Wolf Schwan.* **M:** *Giuseppe Becce.* **D:** *Barbara Gallauner, Ellinor von Wallerstein, Ellen Frank, Jürgen Micksch, Maren Inken Bielenberg, Jochen Riestelmann. F 55 Min.*

Konkurrenzprodukt zu Fritz Genschows im selben Jahr entstandenen »modernen« Version, das sich sehr eng an die Grimmsche Vorlage hält, deren Grausamkeiten jedoch ebenfalls sorgsam vermeidet. Technisch und vor allem pädagogisch schon in den 50er Jahren ein Rückschritt in die Zeit, als die Bilder laufen lernten.

HÄNSEL UND GRETEL –THE MAGIC FOREST

BRD 1998. **R:** *Volker Collmann.* **B:** *Rolf Giesen, Michaela Rothmund, Per Lygum.* **LV:** *»Hänsel und Gretel« Märchen der Gebrüder Grimm.* **A:** *František Krejci, Ulrich Nitzsche, Aygün Völker u.a.* **M:** *Volker Collmann.* **Spr:** *Arne Elsholtz (Hexe), Dorette Huge (Gretel), Oliver Rohrbeck (Hänsel). F 61 Min.*

Der erste im Babelsberger Filmstudio hergestellte abendfüllende Zeichenfilm. Eine mit Techno-Sound modernisierte Version des Grimmschen Märchens von Hänsel und Gretel. Drei in Teufel verwandelte Reiher schützen die beiden Kinder, die sich im Wald verlaufen haben, vor der Gier einer kurzsichtigen Hexe.

HÄNSEL UND GRETEL VERLIEFEN SICH IM WALD

BRD 1969. **R:** *F. J. Gottlieb.* **B:** *F. J. Gottlieb.* **K:** *Petrus Schloemp.* **M:** *Attila Zoller.* **D:** *Dagobert Walter, Barbara Klingered, Francy Fair, Herbert Fux, Karl Dall. F 84 Min.*

Da der stets geile Hänsel bei Gretel sexuell nicht so recht zum Zuge kommt, lässt er sich mit einer mannstollen Gräfin ein, die er jedoch – oh, je! – nicht befriedigen kann. Als er kneift und zu Gretel zurückfindet, altert die adelige Dame in Sekundenschnelle und entwickelt zwei prächtige Draculazähne. – Ha, ha!

HARLEKIN

(HARLEQUIN). Australien 1981. **R:** *Simon Wincer.* **B:** *Everett de Roche.* **K:** *Gary Hansen, John Honey.* **M:** *Brian May.* **D:** *Robert Powell (Gregory Wolfe), Carmen Duncan (Sandra Rast), David Hemmings (Nick Rast), Broderick Crawford (Doc Wheelan), Mark Spain (Alex Rast), Gus Mercurio (Bergier). F 96 Min.*

Eine moderne Variante des Rasputin-Motivs: Ein geheimnisvoller Wunderheiler und Magier mit hypnotischen Fähigkeiten nimmt zunehmenden Einfluss auf das Leben eines aufstrebenden Senators, der als Nachfolger eines unter mysteriösen Umständen verunglückten Staatsmannes propagiert wird. Mit seinen Kunststücken verblüfft der »Harlekin« nicht nur den leukämiekranken kleinen Sohn, sondern auch die Gattin des Senators. Den politischen Beratern jedoch, die den Politiker nur als Werkzeug benutzen wollen, erscheint der »Harlekin« so suspekt, dass sie ihn mittels gefälschter Unterlagen als Betrüger brandmarken und ins Gefängnis werfen wollen. Aber der Beschuldigte entkommt und mobilisiert noch einmal seine Kräfte. [V]

HARRY UND DIE HENDERSONS

Anderer Titel für **Bigfoot und die Hendersons**

DER HASENHÜTER

DDR 1977. **R:** *Ursula Schmenger.* **B:** *Ursula Schmenger, Margot Beichler.* **LV:** *Episode aus dem Grimmschen Märchen »Der Vogel Greif« / »Der Hasenhüter« von Ludwig Bechstein.* **K:** *Siegfried Hönicke.* **M:** *Jürgen Wilbrandt.* **D:** *Jaroslava Schallerová (Küchenmagd Anne/ Prinzessin Adelheid), Jan Spitzer (Schäfer Konrad), Erik S. Klein (König Felsenherz), Doris Thalmer (Annes Patin). F 49 Min.*

Märchenfilm des Fernsehens der DDR. Der Schäferbursche Konrad soll die schöne Königstochter freien und zur Probe einen Tag lang des Königs Hasen hüten, ohne einen zu verlieren. Doch Konrad, der keine Mühe mit den Hasen hat, mag die eitle Prinzessin nicht und wählt ihre Doppelgängerin aus dem Volk, die Küchenmagd Anne.

HATSCHIPUH

BRD 1986. **R:** *Ulrich König.* **B:** *Ulrich König, Franz Marischka.* **K:** *Franz Rath.* **M:** *Fritz Muschler.* **D:** *Toni Berger (Anton Reiter), Gustl Bayrhammer (Wirt), Adelheid Arndt (Annemarie Reiter), Henry van Lyck (Otto Leder), Michael Schwarzmeier (Josef Reiter), Jan Steinbeck (Sebastian Reiter), Werner Zeussel (Knecht Franz), Franz Marischka (Bauer). F 95 Min.*

Depperter Bauernsohn will den Hof seiner Ahnen an eine schräge Type aus der Stadt verkaufen, doch die in seinem Gehöft hausenden, rote Mützen tragenden Butzemänner, zu denen auch der heftig niesende Hatschipuh gehört, wissen dies mit List und Schläue zu verhindern. Den Kleinen wird's in dieser Mischung aus Real- und Trickfilm Spaß machen. [V]

HAUT DEN HERKULES

(THE THREE STOOGES MEET HERCULES). USA 1961. **R:** *Edward Bernds.* **B:** *Elwood Ullmann.* **K:** *Charles S. Welborn.* **M:** *Paul Dunlap.* **D:** *Moe Howard (Moe), Larry Fine (Larry), Joe De Rita (Curly Joe), Vicki Trickett (Diane Quigley), Quinn Redeker (Schuyler Davis), George N. Neise (Odius), Samson Burke (Herknies), Mike McKeever (Ajax), Marlin McKeever (Argo), Gene Roth (Kapitän), Gregg Martell (Simon), Hal Smith (Theseus), Lewis Charles (Achilles), Emil Sitka (Schäfer), John Cliff (Odysseus), Diana Piper (Helena), Barbara Hines (Anita), Cecil Elliot (Matrone), Terry Huntington (Hecuba), Edward Foster (Freddie), Rusty Wescoatt (Philo).* SW 89 Min.
Moe, Larry und Joe, drei Super-Hirnis der relativen Gegenwart von 1961, arbeiten in Ithaka (bei New York) in einem Laden, der von dem arroganten Flegel Ralph geleitet wird. Als sie an der Zeitmaschine herumspielen, die Schuyler, der Freund ihrer Kollegin Diane, entwickelt hat, werden die fünf ins griechische Ithaka von 961 v. Chr. versetzt. Dort hat ein aufgeblasener Kerl namens Odius, der dem Flegel Ralph frappierend ähnelt, Odysseus entthront. Auf der Flucht vor dem Tyrannen gelangen die fünf ins Land des Königs von Rhodos, der von Schuyler verlangt, er solle ihn von einem zweiköpfigen Zyklopen befreien. Mit Hilfe einer Ladung Tranquilizer gelingt Schuyler das gefährliche Unternehmen; anschließend macht er sich einen Namen als Bezwinger mythischer Ungeheuer. Als er und seine Freunde erfahren, dass Odius Diane zwingen will, ihn zu ehelichen, eilen sie nach Ithaka zurück, wo Schuyler gegen den berühmten (aber ziemlich doofen) Herkules antreten muss. Der Sohn des Zeus bekommt nicht nur die Prügel seines Lebens: Schuyler kann ihn auch bewegen, seine Schlägerkarriere zu beenden und sich fortan als den Mann feiern zu lassen, der Odysseus auf den Thron zurückgebracht hat. Der eklige Ralph kriegt sein Fett, als er mit der Zeitmaschine ins 17. Jahrhundert verschlagen wird: Nun muss er unter religiösen Spinnern leben, die nach Amerika ausgewandert

sind. – Eine Satire auf die zahllosen italienischen Herkules-, Samson-, Ursus und Maciste-Filme; amerikanisch, lautstark und voller Gags. »Der Film ist natürlich kaum subtiler als ein Bulldozer« (Howard Thompson, NEW YORK TIMES), »aber Moe, Larry und Joe wissen genau, auf welches Pedal sie treten müssen, um einen Lacher zu erzielen.«

HAWK – HÜTER DES MAGISCHEN SCHWERTES

(HAWK THE SLAYER). GB 1980. **R:** *Terry Marcel.* **B:** *Terry Marcel, Harry Robertson.* **K:** *Paul Benson.* **SpE:** *Effects Associates.* **M:** *Harry Robertson.* **D:** *John Terry (Hawk), Jack Palance (Voltan), Bernard Bresslaw (Gort), Ray Charleson (Crow), Peter O'Farrell (Baldin), Morgan Sheppard (Ranulf), Cheryl Campbell (Monica), Annette Crosbie (Äbtissin), Catriona McCall (Elaine), Shane Briant (Drogo), Harry Andrews (Abt), Christopher Benjamin (Fitzwaiter), Roy Kinnear (Wirt), Patrick Magee (Geistlicher), Ferdy Mayne (Alter Mann), Graham Stark (Sparrow), Warren Clarke (Scar), Declan Mulholland (Sped), Derrick O'Connor (Ralf), Peter Benson (Schwarzer Zauberer), Patricia Quinn (Frau), Anthony Milner (Ferret), Eddie Stacey (Chak), Ken Parry (Thomas), Stephen Rayner (Peter), Maurice Colbourne, Barry Stokes, John Carney, Joe England, Frankie Cosgrave, Melissa Wiltsie, Linsay Brook, Robert Putt, Mark Cooper.* F 93 Min.
Irgendwann im Mittelalter: Der hässliche Schwertkämpfer Voltan bringt aus Habgier den eigenen Vater um. Sein Bruder Hawk, ausgestattet mit einem magischen Schwert, will mit Unterstützung eines bunt zusammengewürfelten Haufens professioneller Schlagetots den feigen Mord an seinem Erzeuger rächen und erhält die Chance, als Voltan ein Kloster terrorisiert, um an einen in dessen Grüften versteckten legendären Schatz heranzukommen. Am Ende siegt The Good One mit Hilfe seiner magischen Klinge. – Ein Low Budget-Film, dessen Hauptdarsteller man kaum beschuldigen kann, Schauspieler zu sein: Neben dem bewährten, auf Erzschurken abonnierten Jack Palance wirkt er wie ein Sonntagsschüler, der sich in einen Ritterfilm verirrt hat. Obwohl die Geschichte mit einigen Fantasy-Versatzstücken (Hexe, Zauberschwert, Riese,

Zwerg) aufwartet, »sieht er doch eher aus wie eine Episode [aus dem Leben] Ivanhoes oder Robin Hoods«, fand das britische Magazin STARBURST und resümierte: »Der Film ist eine sehr große Enttäuschung.« [V]

HEAVY METAL

(HEAVY METAL). USA 1981. **R:** *Gerald Potterton.* **B:** *Dan Goldberg, Len Blum.* **M:** *Elmer Bernstein. Soft Landing:* **R:** *Jimmy T. Murakami.* **St:** *Dan O'Bannon.* **M:** *Jerry Riggs.* **A:** *Joanna Fryer, Hilary Audus. Grimaldi:* **R:** *Harold Whitaker. Harry Canyon:* **R:** *Pino van Lamsweerde.* **St:** *Dan Goldberg, Len Blum.* **M:** *Blue Öyster Cult, Donald Fagen, Jerry Riggs, Stevie Nicks, Journey:* **A:** *Doug Crane, Ray de Silva, Peter Miller, Fabio Pacifico, Greg Reyna, Norm Roen, Chris Schouten, Ken Stephenson, Stephen Weston. Den:* **R:** *Jack Stokes.* **St:** *Richard Corben.* **A:** *Hilary Audus, Bob Balser, Bobbie Clennel, Rich Cox, Douglas Crane, Michael Dudok de Wit, Richard Fawdry, Joanne Fryer, Jerry Hibbert, Mike Hibbert, Dick Horn, Dave Livesy, Red Lodge, Alastair McIlwain, Edric Radage, John Perkins, Jack Stokes, Mike Williams. Captain Sternn:* **R:** *Paul Sabella, Julian Szupocha.* **St:** *Bernie Wrightson.* **M:** *Cheap Trick.* **A:** *Shivan Ramsaran, Paul Sabella, Julian Szuchopa.*

B-17: **R:** *Barry Nelson.* **St:** *Dan O'Bannon.* **M:** *Don Felder.* **A:** *Vic Atkinson, Jeff Hale, Fred Hellmich, Ruth Kissane, Bill Littlejohn, Spencer Peel, Norm Roen, Sebastian, Bill Perkins. So Beautiful & So Dangerous:* **R:** *John Halas.* **St:** *Angus McKie.* **M:** *Grand Funk Railroad, Cheap Trick, Nazareth, Don Felder, Dammy Hagar, Trust:* **A:** *Brian Larkin. Taarna:* **R:** *John Bruno.* **St:** *Dan Goldberg, Len Blum.* **M:** *Black Sabbath, Devo.* **A:** *Jose Abel, Gary Mooney, Ernesto Lopez, Sean Newton, Milt Gray, Zdenko Gasparovic, Dan Thompson, Mitch Rochon.* F 90 Min. (Zeichentrick).

Als der Astronaut Grimaldi seiner Tochter ein grünes Juwel schenken will, zerschmilzt ihm dieses kurzerhand. Dem schockierten Mädchen stellt sich die Kugel als Loch-nar, Summe alles Bösen, vor. Zum Beweis seiner Macht erzählt Loch-nar sechs Geschichten. *Harry Canyon:* Ein Taxifahrer im New York des Jahres 2031 lässt sich von der Tochter eines Archäologen überreden, Lochnar dem fetten Mafiaboss Rudnick abzuknöpfen. *Den:* Ein schmalbrüstiger Schulknabe wird in einen Muskelprotz verwandelt und auf einen fernen Planeten versetzt, wo er seine neugewonnene Potenz an einem gleichfalls verschleppten Mädchen ausprobieren darf und nebenbei noch einem Barbarenstamm den Garaus macht. *Captain Sternn:* Vor Gericht verwandelt sich ein mickriger Buchhalter in einen tobsüchtigen Riesen und ermöglicht dem Angeklagten, einem Massenmörder, damit die Flucht. *B-17:* Eine Flugzeugbesatzung fällt halbverwesten Zombies zum Opfer. *So Beautiful & So Dangerous:* Eine dralle Sekretärin aus dem Pentagon wird von zwei koksenden Außerirdischen entführt und darf es in deren Raumschiff mit einem Roboter treiben. *Taarna:* Von den letzten Überlebenden herbeizitiert, rottet eine Bikinischönheit auf einem Riesenvogel die Mörder ihres Volkes aus und löst sich hernach in Luft auf. Mit ihr vergeht auch Loch-nar.

Streng genommen sind nur zwei der Geschichten, nämlich *Den* und *Taarna*, der Fantasy zuzurechnen. *Harry Canyon* etwa nimmt Ridley Scotts SF-Film *Blade Runner* vorweg, *B-17* gar ist Hor-

Heavy Metal

ror pur. Was die thematische Bandbreite angeht, wird *Heavy Metal* seiner französischen Comic-Vorlage »Métal Hurlant« also durchaus gerecht. Ähnliches gilt im übrigen für die sadomasochistischen Anklänge, die sexistischen Rollenmuster und das insgesamt recht reaktionäre Weltbild, das des öfteren allerdings mit einer Prise Selbstironie serviert wird. Dennoch sind diese Zeichentrick-Episoden weit entfernt von den »sorgfältigen, detailverspielten und von surrealen Einfällen lebenden Bildkompositionen von bemerkenswertem formalen Niveau« (FILMDIENST), die seine Vorlage auszeichnen. »Die Animation ist mal krude, dann wieder prätentiös; der mit Rock-Musik überladene Soundtrack regelrecht angriffslustig; und die verstümmelten Geschichten verraten samt und sonders ihre Comic-Heft-Ursprünge. Ergebnis: Der Film hält den Zuschauer konstant auf Distanz. Vielleicht ist er auch für Leute gedacht, denen etwas Stärkeres als Popcorn durch die Adern fließt. Aber selbst als *trip movie* hält er keinem Vergleich mit *Fantasia* und *2001* stand.« (TIME)

DER HEILIGE ORDEN DER DELTA-RITTER

(QUEST OF THE DELTA KNIGHTS). USA 1993. R: James Dodson. B: Redge Mahaffey. D: David Warner (Baydool/Lord Vultare), Olivia Hussey (Mannerjay), Corbin Allred (Tee), Brigid Conley Walsh (Thena), Sarah Douglas (Maydeed), Richard Kind (Wamthool), Peter Sands (Jamteer), Robert Miano (Händler), Stephen Gregory Foster (Fantle), Sam Fontana (Rando), David Kriegel (Leonardo), Veronica Bird (Anreonne), Edward Ivory (Auktionator), Chuck L. Hilbert, Priscilla Allen. F 83 Min.

Der Sklave Tee wird an den »Bettler« Baydool verkauft, der sich als Angehöriger der mysteriösen Delta-Ritter entpuppt: Er hat in Tee den Auserwählten erkannt, der die Menschheit in ein neues Zeitalter führen soll, und unterrichtet ihn in den geheimen »Wissenschaften«, die dereinst die Macht des bösen Vultare und seiner grausamen Herrin Mannerjay brechen sollen. Zusammen mit dem nichtsnutzigen Maler Leonardo aus dem Dörfchen Vinci (!) und dem Mädchen Thena macht Tee sich auf die Suche nach dem Harem ... hoppla, den Schätzen des Archimedes. – Der Film wurde von einer Garagenproduktion mit Unterstützung der als Statisten mitwirkenden Arbeiter und Angestellten eines amerikanischen Freizeitparks gedreht – auf dem Gelände, auf dem sie ansonsten arbeiten.

DIE HEILIGE VON FATIMA

(THE MIRACLE OF OUR LADY OF FATIMA). USA 1952. R: John Brahm. B: Crane Wilbur, James O'Hanlon. K: Edwin DuPar. M: Max Steiner. D: Susan Whitney (Lucia dos Santos), Sherry Jackson (Jacinio Marto), Sammy Ogg (Francisco Marto), Gilbert Roland (Hugo da Silva), Angela Clarke (Maria Rosa), Frank Silvera (Arturo dos Santos), Jay Novello (Antonio), Richard Hale (Pater Ferreira), Norman Rice (Manuel Marto), Frances Morris (Olympia). F 104 Min.

Beim Schafehüten erscheint drei portugiesischen Kindern die Jungfrau Maria und verkündet ihnen, dass der Erste Weltkrieg bald vorüber wäre und demnächst weitere Wunder zu erwarten seien. Als sie ihr Erlebnis erzählen, reagiert die Kirche mit Skepsis, die Regierung gar mit Repressalien. Allen Dementis zum Trotz pilgern immer größere Scharen von Gläubigen nach Fatima. Am 13. Oktober 1917 erleben 70 000 Menschen, wie Maria bei ihrem Erscheinen Krüppel kuriert und die Sonne am Himmel anhält. – »Der Versuch, den auf weite Strecken als frommes Märchen abrollenden Buntstreifen durch eine lustige Vagabundenfigur aufzuheitern, durch höchst zynische Einsprengsel über die geschäftliche Ausnützung des Wunders die Gegenwelt des Frommen zu zeichnen und durch einen dokumentarfilmartigen Schluss Legende und Wirklichkeit vollends zu mischen, führt zu einem Zwitter, der mit dem vielfach ins Pompöse verfälschten Milieu weder filmischen Ansprüchen genügt noch ein unverbildetes religiöses Gefühl befriedigt.« (DIE NEUE ZEITUNG)

DIE HEINZELMÄNNCHEN

BRD 1956. R: Erich Kobler. B: Erich Kobler, Konrad Lustig. LV: August Kopisch. K: Wolf Schwan. M: Carl Stueber. D: Bobby Todd, Heini Göbel, Klaus Havenstein, Nora Minor, Tom Straßmeier, Dietrich Thoms, Ado Riegler, Monika Ettrich, Helmut Lieber. F 75 Min.

Nach einer alten rheinischen Sage (die August Kopisch zum Anlass für seine bekannte Ballade von den Heinzelmännchen von Köln nahm) kamen nachts die besagten kleinen Männchen, um den Menschen bei der Arbeit zu helfen. Solange sie weder gesehen noch gestört wurden, war alles gut. Als aber die neugierige Schneidersfrau Erbsen auf die Treppe streute, um die Wichte zu sehen, stolperten diese darüber und purzelten hinunter. Von Stund an waren die Heinzelmännehen für immer verschwunden. – »Eine Sage ist kein Märchen. Sie ist im Unterschiede zu diesem schon an Zeit und Ort gebunden, also schon in geschichtlicher Zeit beheimatet. Reicht sie auch nicht in archaische Seelenzustände des Volkes hinab, so webt doch auch um sie noch viel Geheimnisvolles ... Die kostümierten Mädelchen, die hier Heinzelmännchen spielen, sind gewiss putzig und niedlich anzusehen, sie sind aber kostümierte kleine Menschenkinder und nicht die Heinzelmännehen der Sage. Es ist auch nicht einzusehen, warum wohl so viele Märchenfilme ausgerechnet in der Biedermeierzeit spielen. Sie müssten im Halbdunkel und in einem ganz anderen Inszenierungsstil spielen. Sie dürfen nicht Neugierde befriedigen wollen, sondern müssen echte, nicht verniedlichende Märchenstimmung schaffen und das Geheimnisvolle nicht mit dem Scheinwerfer anstrahlen. So betrachtet, ist dieser gut gemeinte Film bedauerlich verfehlt.« (FILMBEOBACHTER)

HELDEN DER LUFT
Anderer Titel für **Pat und Patachon im Raketenomnibus**

HELENA
Deutschland 1923/1924. 1. Teil: Der Raub der Helena. 2. Teil: Der Untergang Trojas. **R:** *Manfred Noa.* **B:** *Hans Kyser.* **K:** *Gustave Preiss, Ewald Daub.* **D:** *Edy Darclea (Helena), Wladimir Gaidarow (Paris), Carlo Aldini (Achilles), Hanna Ralph, Adele Sandrock, Albert Steinrück, Carl de Vogt, Albert Bassermann, Fritz Ulmer, Karl Wüstenhagen.* SW 106/141 Min.
Als Belohnung dafür, dass er in seinem Traum Aphrodite zur schönsten aller Göttinnen gewählt hat, bringt diese den Trojaner Paris mit der griechischen Königin Helena zusammen. Von ihrer Schönheit verzaubert, entführt er sie kurzerhand. Erbost versammelt ihr Gatte Menelaos daraufhin eine Armee und zieht gegen Troja. Nach langer Belagerung dringen die Griechen mit einem hölzernen Pferd in die Stadt ein und machen Troja dem Erdboden gleich. – Ein Nachzieher zu Fritz Langs *Die Nibelungen,* der sich bei seiner aufwendigen Nacherzählung der Ilias ganz auf Äußerlichkeiten konzentrierte und entsprechend schnell in der filmgeschichtlichen Versenkung verschwand. »Mit je gewaltigerem Ernst und Pomp die mythischen ›Großfilme‹ ihre Vorlagen nutzen, desto barbarischer die unfreiwillige Travestie. Statt dass sie die alten Epen in die Sichtbarkcit locken, gerät ihnen der Mythos zum Kolportage- und Ausstattungsstück, das nicht einmal spannend ist; statt dass sie Helena den Zeitgenossen nahebringen, beschwören sie nur den Schatten der ›Schönen Helena‹ herauf, deren entzückender Zynismus ungleich realer ist als die schöne Gebärde ihrer Schwester vom Film.« (Siegfried Kracauer, FRANKFURTER ZEITUNG)

HELLO AGAIN – ZURÜCK AUS DEM JENSEITS
(HELLO AGAIN). USA 1987 **R:** *Frank Perry.* **B:** *Susan Isaacs.* **K:** *Jan Weincke.* **M:** *William Goldstein.* **D:** *Shelley Long (Lucy Chadman), Judith Ivey (Zelda), Gabriel Byrne (Kevin Scanlon), Corbin Bernsen (Jason Chadman), Sela Ward (Kim Lacey), Austin Pendleton (Junior Lacey), Carrie Nye (Regina Holt), Robert Lewis (Phineas Devereaux), Madeleine Potter (Felicity), Thor Fields (Danny Chadman).* F 96 Min.
Ein Jahr nach ihrem Erstickungstod wird eine Hausfrau aus Long Island von ihrer hexenhaften Schwester ins Leben zurückgezaubert. Die Geisterfrau muss jedoch einsehen, dass sie nicht da weitermachen kann, wo sie aufgehört hat, namentlich in ihrer Beziehung zu einem Schönheitschirurgen. Ein Fantasyfilm, der alle Wünsche offenlässt. [V]

HERBIE DREHT DURCH
(HERBIE GOES BANANAS). USA 1980. **R:** *Vincent McEveety.* **B:** *Don Tait.* **St:** *Gordon Buford.* **K:** *Frank Philips.* **SpE:** *Danny Lee.* **M:** *Frank de Vol.* **D:** *Joaquin Garay III. (Paco), Cloris Leach-*

man (Tante Louise), Charles Martin Smith (Davie Jones), John Vernon (Prindle), Stephen W. Burns (Pete Stancheck), Elyssa Davalos (Mellissa), Harvey Korman (Kapitän Blythe), Richard Jaeckel (Bill Shepard). F 92 Min.

Das vierte Abenteuer des beseelten Wunderautos: Auf dem Weg zu einem Rennen in Brasilien freundet sich Herbie mit dem kleinen Taschendieb Paco an. Der wiederum wird von drei Gaunern verfolgt, die auf der Suche nach einem Goldschatz im Dschungel sind. Gegen den Willen seiner beiden Fahrer rettet Herbie Paco mehrfach aus der Bredouille und zerlegt schließlich das Flugzeug, mit dem das endlich fündig gewordene Verbrechertrio gerade fliehen will. – Eine läppische, allzu kindlich-süße Fortsetzung, die im Grunde eigentlich nur beweist, dass Ideen doch etwas von Teeblättern an sich haben: Je öfter man sie aufbrüht, um so wäßriger schmeckt das Endprodukt. »Was der Geschichte an Substanz fehlt, das geben die Darsteller im anderen Extrem durch übertriebenes Chargieren.« (FILMBEOBACHTER)

HERBIE GROSS IN FAHRT

(HERBIE RIDES AGAIN). USA 1974. **R:** Robert Stevenson. **B:** Bill Walsh. **St:** Gordon Buford. **K:** Frank Phillips. **SpE:** Alan Maley, Art Cruickshank, Eustace Lycett, Danny Lee. **M:** George Bruns. **D:** Helen Hayes (Oma Steinmetz), Ken Berry (Willoughby Whitfield), Stefanie Powers (Nicole Harris), Keenan Wynn (Alonzo Hawk), John McIntire (Judson), Huntz Hall (Richter), Ivor Barry (Chauffeur), Dan Tobin, Raymond Bailey (Rechtsanwälte), Vito Scotti (Taxifahrer), Liam Dunn (Doktor). F 88 Min.

Um die alte Oma Steinmetz aus ihrem Spritzenhaus zu ekeln, das dem geplanten Wolkenkratzer im Wege steht, engagiert der Baulöwe Alonzo Hawk seinen schusseligen Neffen Willoughby. Von Omas Untermieterin Nicole aufgeklärt, wechselt der jedoch alsbald die Seiten. Als Hawk kurzerhand die Einrichtung abtransportieren lässt, gelingt es dem Trio mit Hilfe von Omas tollem VW-Käfer Herbie, die Sachen wiederzubeschaffen. Nachdem der Versuch, das Spritzenhaus per Gerichtsbeschluss abreißen zu lassen, mit der Demolierung seines eigenen Hauses endet, setzt Hawk schließlich als Ultima ratio eine Armee von Bulldozern in Marsch. Doch Herbie ruft alle Volkswagen San Franciscos herbei und kann dadurch den infamen Plan in letzter Sekunde vereiteln. – Passabel, ganz nach einschlägigen Disney-Formeln aufbereitete Fortsetzung zu *Ein toller Käfer:* Wie immer sorgt der Slapstick auch bei älteren Zuschauern für ein, zwei Lacher, wie immer erweist sich der Bösewicht als böser Wicht, wie immer ist die Oma sehr patent, und wie immer marschieren der naive Held und seine streitbare Freundin am Ende in den Ehehimmel. [V]

DAS HERBSTGESCHENK DER FEE

(OSSENNI PODAROK FEJ). UdSSR 1984. **R:** Wladimir Bytschkow. **B:** Anatoli Galijew, Wladimir Bytschkow. **LV:** Hans Christian Andersen. **K:** Wladimir Kalaschnikow. **M:** Jewgeni Krylatow. **D:** Valentin Nikulin (Alter Meister), Maria Surina (Mädchen), Witali Kotowizki (Laternenanzünder), Anatoli Rawikowitsch (Schreiber), Jewgeni Steblow (Dichter). F 76 Min.

So oft die Zauberschuhe der Glücksfee auch den Besitzer wechseln, dauerhaftes Glück bringen sie keinem.

HERBSTGLOCKEN

Anderer Titel für **Von der schönen Zarentochter und den sieben Recken**

HERCULES IM LABYRINTH DES MINOTAURUS

(HERCULES IN THE MAZE OF THE MINOTAUR). USA 1994. **R:** Josh Decker. **B:** Andrew Dettmann, Daniel Truly. **K:** James Bartle. **M:** Joseph Lo Duca. **D:** Kevin Sorbo (Hercules), Anthony Quinn (Zeus), Tawny Kitaen (Deianira), Ray Anthony Parker (Minotaurus), Nic Fay (Andius), Andrew Thurtell (Danion), Paul McIver (Äson), Simon Lewthwaite (Klonus), Rose McIver (Ilea), Geoff Allen (Martan), Pio Terei (Gastwirt), Sydney Jackson (Darthus), Katrina Hobbs, Warren Carl (Pärchen), Marise Wipani (Jungfer), Terry Batchelor (Trikonis), Lawrence Wharerau, John Mellor (Rüpel), Maya Dalziel, Andrew S. Glover sen., Scott Freeman. F 87 Min.

TV-Film. Der antike Sagenheld Hercules dringt in den Irrgarten des gefürchteten stierköpfigen Fabelwesens Minotaurus vor, eines einst stattlichen, doch bösen jungen Mannes, den Zeus verwandelt hat. Es gilt, Menschen zu retten, die der Minotaurus in seinem Höhlenreich gefangen hält. – US-TV-Kost üblicher Machart.

HERCULES IM REICH DER TOTEN GÖTTER

(HERCULES IN THE UNDERWORLD). USA 1994. **R:** *Bill L. Norton.* **B:** *Andrew Dettmann, Daniel Truly.* **K:** *James Bartle.* **M:** *Joseph Lo Duca.* **D:** *Kevin Sorbo (Hercules), Anthony Quinn (Zeus), Jorge Gonzales (Eryx), Marlee Shelton (Iole), Cliff Curtis (Nessus), Tawny Kitaen (Deianira).* *F 87 Min.*

TV-Film. Eigenartige Dämpfe entweichen aus der Unterwelt. Hercules nimmt sich der Sache im Auftrag der schönen Iole an. Seine Gattin Deianira und der Zentaur Nessus folgen ihm. Nessus haßt den Sohn der Götter; als er dessen Frau vergewaltigen will, verliert er das Leben. Doch der Umhang, den er Hercules, seine Tat bereuend, schenkt, ist ein tückisches Instrument, das unserem Helden auf seiner Mission beinahe den Garaus macht ...

HERCULES UND DAS AMAZONENHEER

(HERCULES AND THE AMAZON WOMEN). USA 1994. **R:** *Bill L. Norton.* **B:** *Christian Williams, Jule Selbo, Andrew Dettman, Daniel Truly.* **K:** *James Bartle.* **M:** *Joseph Lo Duca.* **D:** *Kevin Sorbo (Herkules), Anthony Quinn (Zeus), Michael Hurst (Iolaus), Jennifer Ludlam (Alkmene), Roma Downey (Hippolyta), Lucy Lawless (Lysia), Lloyd Scott (Pithus), Christopher Brougham (Lethan), Tim Lee (Ilus), Jill Sayre (Ania), Murray Keane (Tiber), Andrew Thurtell (Kurlon), Mick Rose (Hector), David Taylor (Franco), Nina Sosanya (Chilla), Kristin Darragh, Tamara Waugh (Lucina), Fiona Mogridge (Illa), Jeff Boyd (Echetus), Simone Kessel (Jana), Nick Kemplen (Lustmolch), Maggie Tarver, John Steemson, Jacques Dupreyroux, Peter Malloch.* *F 87 Min.*

TV-Film. Bewohner eines vorzeitlichen Dorfes werden überfallen und rufen den Halbgott Herkules zu Hilfe. Diesem gelingt es, die Belagerer als maskiertes Amazonenheer zu entlarven und mit den Kerlen zu versöhnen, auf dass fortan Friede herrsche zwischen den Geschlechtern: Er selbst geht mit leuchtendem Beispiel voran. »Geschlechterkrieg auf Steinzeitniveau.« (TV-MO-

VIE) Seit die Amerikaner den antiken Sandalenträger entdeckt haben, verliert der Mythos seinen Reiz immer mehr: Haben wir uns etwa 1960 in die damals »Monsterfilme« genannten italienischen Herkulesfilme geschlichen, um unseren Muckimann jetzt als Opfer der Political Correctness zu erleben? [V]

HERCULES UND DAS VERGESSENE KÖNIGREICH

(HERCULES AND THE LOST KINGDOM). USA 1994. **R:** *Harley Cokliss.* **B:** *Christian Williams.* **K:** *James Bartle.* **M:** *Joseph Lo Duca.* **D:** *Kevin Sorbo (Hercules), Renée O'Connor (Deianira), Robert Trevor (Waylin), Anthony Quinn (Zeus), Onno Boelee (Gargan), Eric Close (Prinz Telamon), Elizabeth Hawthorne (Königin Omphale), Nathaniel Lees (Priester), John Sumner (Gastwirt), Barry Hill (König Ilus), Gilbert Goldie (Nevus), Patrick Wilson (Abt), Todd Rippon (Melus), Francis Bell (Auktionator), Brenda Kendall (Janus), Peter Rowley, Jay Saussey, Lee Jane Foreman, Chic Littlewood, Alex Beasley, Daniel Warren, Darren Warren, Maggie Tarver, George Boyle.* *F 87 Min.*

TV-Film: Göttersohn Hercules rettet mit Hilfe der hübschen Deianira, die er vor dem Opfertod bewahrt, die Stadt »Troy« (Nachhilfe: Troja) vor einem Fluch Heras, den Tücken eines Mönchsordens und macht Bekanntschaft mit einer Seeschlange. – Amerikanische Verfilmung eines Mythos, den Cinecittà immer recht schundig auf die Leinwand brachte. Die US-Fassung ist natürlich viel glamouröser; die Damen der Vorzeit sind ausnahmslos schick geschminkt. [V]

HERCULES UND DER FLAMMENDE RING

(HERCULES AND THE CIRCLE OF FIRE). USA 1994. **R:** *Doug Lefler.* **B:** *Andrew Dettman, Barry Pullman.* **K:** *James Bartle.* **M:** *Joseph Lo Duca.* **D:** *Kevin Sorbo (Hercules), Anthony Quinn (Zeus), Tawny Kitaen (Deianira), Christopher Brougham (Janus), Kevin Atkinson (Cheiron), Mark Ferguson (Prometheus), Stephanie Barrett (Phaedra), Christopher Brougham (Warlock/Janus), Mell Weatherly (Hexe), Alexander Gandar (Telemon), Joseph Greer (Peleus), Kerry Gallagher (Amalthea), John Watson (Priester), Yvonne Lawley (Bäuerin).* *F 87 Min.*

TV-Film. In der antiken Sagenwelt: Hera hat das ewige Licht gestohlen, und auf der ganzen Welt breitet sich eine Eiswüste aus. Selbst Prometheus, der den Menschen einst das Feuer gebracht hat, wirkt ziemlich erkaltet. Der Göttersohn Hercules und Deianira gehen in Zeus' Auftrag auf den höchsten Berggipfel, um im flammenden Ring alles auf eine Karte zu setzen.

HERCULES UND XENA –
DER KAMPF UM DEN OLYMP

(HERCULES & XENA: THE BATTLE FOR MOUNT OLYMPUS). USA 1998. **R:** *Lynne Naylor.* **B:** *John Loy.* **M:** *Joseph Lo Duca, Michele Brourman, Amanda McBroom.* F 90 Min. *(Zeichentrick).*
TV-Film. Muskelmann Herkules und seine Kampfgefährtin Xena kloppen sich mit Ungeheuern und erwecken den Neid der im Olymp hausenden Götter. Simpel gestricktes Zeichentrick-Abenteuer mit flotten Sprüchen und Musik. Nur auf Video. [V]

HERCULES – ZUG DER HELDEN

(HERCULES). USA 1997. **R:** *John Musker, Ron Clements.* **B:** *Ron Clements, John Musker, Donald McEnery, Bob Shaw, Irene Mecchi.* **A:** *Chris Bailey, Nancy Beiman, Nik Ranieri, Gerald Scarfe.* **M:** *Alan Menken.* **Spr:** *Till Schweiger (Hercules), Jasmin Tabatabai (Megara), Stefan Jürgens (Pech), Mirco Nontschew (Schwefel), Arne Elsholtz (Hades), Mogens v. Gadow, Thomas Dehler.* F 93 Min. *(Zeichentrick)*
»Das Produktionsteam fuhr zwar zur Inspiration nach Griechenland und in die Türkei, fand aber auch im British Museum in London alle möglichen Zeichentrickvorlagen in der griechischen Kunstabteilung. So wird die Bemalung unzähliger antiker Vasen zum Cartoon. Figuren und Muster schweben durchs Bild: Fünf hellenistische funky divenartige Musen, die sich je nach Licht dunkellila bis pink färben, besingen im Gospelstil die Geschichte des Göttersohnes Zeus' und Heras: Herkules. Der Olymp erscheint in satter Airbrushmanier in Pink, Türkis mit Goldflitter auf flauschigen rosafarbenen Plüschwolken ... Die Story folgt dem bekannten Mythos, wenn auch mit kleinen Abweichungen. Die wie üblich von

Zeus betrogene und im Fall Herkules mehr als üblich rachsüchtige Hera wurde zu seiner leiblichen Mutter umgeschrieben. Ehebruch und verwirrende Verwandtschaftsverhältnisse haben im amerikanischen Kinderfilm nichts zu suchen. Anfangs ist Hercules ein tolpatschiger Junge mit X-Beinen. Als er von seiner wahren Herkunft erfährt, verlässt er die Pflegeeltern Amphitryon und Alkmene, um mit seinem tatsächlichen Vater Zeus das erste Mal Kontakt aufzunehmen. Dieser schickt ihn zu dem Heldentrainer Philoctetis (mit der Stimme von Danny DeVito). Der kleine Satyr lässt sich noch einmal überreden und pumpt Hercules zum Superhelden auf, wie wir sie seit jeher kennen: von Tarzan, Arnold Schwarzenegers Conan, der Barbar, bis zu G.I. Joe und *Masters of the Universe* als Zeichentrickhelden. Dazu singen dann die Musen: ›Muckis machen müde Männer munter!‹« (TAZ) In der Großstadt Theben avanciert Herc bald zur stadtbekannten Actionfigur und verliebt sich in die selbstbewusste Meg[ara]. Die aber ist schon seinem alten Widersacher Hades versprochen, einem alten, blauen Punk mit Haarflamme.

Hercules geht mit Hades einen Deal ein, in dessen Verlauf er für einen Tag auf seine Superkräfte verzichten will. Darauf hat der Schurke nur gewartet und lässt prompt die unter dem Namen Titanen firmierenden vier Mega-Roboter gegen den Olymp los. Jetzt beweist Hercules wahres Heldentum und rettet Megaras Seele aus dem Meer der Toten. – Entworfen wurde der Disney-Film von dem ätzenden Londoner Karikaturisten Gerald Scarfe, Designer der Pink-Floyd-Show *The Wall.* Koregisseur Ron Clements war im ersten Augenblick entsetzt, als er Scarfes Skizzen sah: »Weil sie uns zu grotesk, zu absurd erschienen, keiner hatte so etwas je in einem Trickfilm gesehen.« John Musker über die Scarfismen, an denen man sich buchstäblich schneiden kann (selbst die Wolken haben Spitzen): »Scarfes Stil zwang alle, sich künstlerisch zu strecken, das war anfangs schwierig und anstrengend.« Heraus kam dennoch ein Kompromiss, Disney-like: Zynismen wurden abgebogen, Härten herausgenommen.

HERKULES

(HERCULES). Italien 1983. **R:** *Lewis Coates [Luigi Cozzi]* **B:** *Lewis Coates.* **K:** *Alberto Spagnoli.* **SpE:** *Germano Natali.* **M:** *Pino Donaggio.* **D:** *Lou Ferrigno (Herkules), Ingrid Anderson (Cassiopeia), William Berger (Minos), Brad Harris (Augias), Sybil Danning (Ariadne), Rossana Podesta (Hera), Mirella D'Angelo (Circe), Bobby Rhodes (Xenodama), Gianni Garko (Valcheus), Yehuda Efroni (Doreon), Delia Boccardo (Athene), Claudio Cassinelli (Zeus), Eva Robbins (Dädalus).* **F 99 Min.**

Nach dem gewaltsamen Tod seiner Pflegeeltern zieht Herkules gen Troja, wo er die schöne Cassiopeia kennen- und lieben lernt. Kaum wagt er jedoch die ersten zarten Annäherungsversuche, als sein Göttervater auch schon mit Blitz und Donner dazwischenfährt und ihn aufs Meer versetzt. Cassiopeia nämlich ist dem schurkischen König Minos versprochen, der, wie sich herausstellt, auch für den Tod von Herkules' Pflegeeltern verantwortlich ist. Der wiederum ist inzwischen auf der Insel der Zauberin Circe gelandet. Nach dem Kampf gegen die Hydra und einem Ausflug in den Hades endlich auf Kreta angekommen, besiegt er Minos im Duell und rettet Cassiopeia vor dem Feuervogel Phönix. Und weil der Muskelprotz dazu Minos' Zauberschwert verwendet hat, geht auch gleich die ganze Insel in Flammen auf. – Wenn man's nicht auf der Leinwand sähe, man würde diesen idiotischen Mythen-Eintopf mit seinem rosa blubbernden Wackelpudding (alias Phönix) und den diversen Stahlmonstern aus dem Märklin-Baukasten nicht für möglich halten. »Einen Einblick in die Vorlagentreue dieses Films kann man vielleicht aus der Tatsache gewinnen, dass er Dädalus als mädchenhaften Kobold und Atlantis als einen anderen Planeten präsentiert. Daneben ... versichert er dem Zuschauer auch noch, dass die Planeten in Wirklichkeit Bruchstücke eines kosmischen Marmeladenglases seien.« (MONTHLY FILM BULLETIN) [V]

Herkules und die Königin der Amazonen

HERKULES, DER HELD VON KARTHAGO

(LA VENDETTA DI URSUS). Italien 1961. **R:** *Luigi Capuano.* **B:** *M. Corciolini, Luigi Capuano, G. Scolaro, R. Gianviti.* **K:** *Oberdan Troiani.* **M:** *Carlo Innocenzi.* **D:** *Samson Burke (Herkules), Wandisa Guida (Sira), Livio Lorenzon (Zagro), Nadine Sanders (Sabra), Nerio Bernardi (Alteo), Roberto Chevalier (Dario), Gina Rovere, Gianni Rizzo, Franco Fantasia, Ugo Sasso, Inazio Balsamo. F 88 Min.*

Herkules (im Original: Ursus) und sein Brüderchen bewahren die Prinzessin Sira davor, den machthungrigen und hinterhältigen König Zagro zu ehelichen. – Eine schwachbrüstige Remmidemmi-Show, für die man nicht mal *einen* Drehbuchautor benötigt hätte.

HERKULES – RÄCHER VON ROM

(ERCOLE CONTRO ROMA). Italien/Frankreich 1964. **R:** *Piero Pierotti.* **B:** *Arpad de Riso, V. Scolaro.* **K:** *Augusto Tiezzi.* **M:** *Angelo Francesco Lavagnino.* **D:** *Alan Steel (Herkules), Wandisa Guida (Urpia), Domenico Palmara (Quintus Trajanus), Daniele Vargas (Filippus Afrus), Livio Lorenzon, Andrea Aureli. F 85 Min.*

Heimtückler Filippus lässt Gordianus, den Statthalter von Ravenna, ermorden. Dessen Tochter Urpia verliert angesichts des Gemetzels den Verstand und lebt fortan als Bauernmädchen in einer Kate. Arminia, die Schwester des Herkules, ruft ihren Bruder zu Hilfe, der – unterstützt vom edlen Feldherrn Quintus Trajanus – den Intrigantenklüngel kurzerhand abschafft. Am Ende darf Trajanus die wieder genesene Urpia als Gattin heimführen. – Von Rom findet sich in diesem Film keine Spur. »Die Handlung ist so primitiv wie die Spielkunst des bizepsgewaltigen Athleten.« (MÜNCHENER MERKUR) [V]

HERKULES, DER SCHRECKEN DER HUNNEN

(IL TERRORE DIE BARBARI). Italien 1959. **R:** *Carlo Campogalliani.* **B:** *Nino Stresa, Carlo Campogalliani, Gino Mangini, Giuseppe Taffarel.* **K:** *Adalberto Alberti* **M:** *Carlo Innocenzi.* **D:** *Steve*

Reeves (Emiliano), Chelo Alonso (Landa), Giulia Rubini (Lidia), Luciano Marin (Marco), Andrea Checchi (Herzog Delfo), Bruce Cabot (König Albuin), Livio Lorenzon (Igor), Fabrizio Capucci (Bruno), Gino Scotti (Graf Danjele). F 82 Min.

Im Jahr 568 fallen die Hunnen unter der Führung eines Rüpels namens Igor (!) in den Norden des heutigen Italien ein und werden von einem einheimischen Muskelmann namens Emiliano, den der deutsche Verleih uns rotzfrech als Herkules verkauft, nach diversem Gerangel in die Flucht geschlagen. – Ein Aktionsfilm im Barbarenmilieu. »Das Ganze vermöchte allenfalls Zehnjährige zu unterhalten, wäre es nicht über die Maßen mit höfischem Lotterleben und selbstzweckhaft grausamen Mördereien und ›Wahrheitsproben‹ angereichert.« (FILMDIENST) [V]

HERKULES, DER SOHN DER GÖTTER

(ULISSE CONTRO ERCOLE). Italien/Frankreich

Lou Ferrigno als Herkules

1961. **R:** *Mario Caiano*. **B:** *Mario Caiano*. **K:** *Alvaro Mancori*. **M:** *Armando Trovaioli*. **D:** *Michael Lane (Herkules), George Marchal (Odysseus), Alessandra Panaro (Helena), Gianni Santuccio (Lago), Dominique Boschero (Aria), Raf Baldassarre (Adrastus), Raffaela Carra (Leuko), Raffaele Pisu, Eleonora Bianchi, Gabriele Tinti, Tino Bianchi, Nado Angelini*. F 101 Min.

Voller Ingrimm darüber, dass Odysseus gewagt hat, den Zyklopen Polyphemos zu blenden, verlangt der Meeresgott Poseidon vor einer aus »wattebärtigen Trotteln« und »konventionellen Sex-Bomben« (FILMDIENST) bestehenden Götterschar, der mythische Seefahrer dürfe seiner Strafe nicht entgehen. Zeus macht seinen Sohn Herkules, der sich gerade in die dralle Helena verliebt hat, zum göttlichen Erfüllungsgehilfen. Nach einer wüsten Seeschlacht, die mit dem Untergang seines Schiffes endet, gelingt Odysseus jedoch die Flucht. An unbekannten Gestaden gestrandet, stoßen Jäger und Gejagter erneut aufeinander und werden von einem Trupp humanoider Vogelmenschen überwältigt. Beide können aus dem Palast der örtlichen Königin fliehen. Odysseus, nun Herkules' Gefangener, gelingt es kurz darauf, seinen Häscher zu übertölpeln – jedoch nur, um in eine Grube zu fallen, die sich als Zugang zum unterirdischen Reich des Zwergenkönigs Lago entpuppt. Herkules kann den bösen Wicht mit Hilfe seiner Braut Helena austricksen und gegen dessen Widersacher König Ireanus ausspielen. Im Augenblick höchster Gefahr rettet er auch Odysseus, der in einer steinernen Quetschkammer plattgedrückt zu werden droht. Nachdem Odysseus die Braut des pflichtbewussten Göttersohnes vor einem schauerlichen Schicksal im Bett des lüsternen Prinzen Adrastus bewahrt hat, fleht Herkules Zeus an, Gnade vor Recht ergehen zu lassen. Der Rauschebart im Olymp lässt sich nicht lumpen. – »Zwar soll man an solche Filmschinken nicht den Maßstab historischer Glaubwürdigkeit anlegen; eine Freundschaft jedoch zwischen Herkules und Odysseus ist ein reichlich starkes Stück. Es entspricht in seiner geschichtlichen Dimension annähernd einer Kampfgemeinschaft zwischen Jung-Siegfried und Prinz Eugen gegen Mao Tse-tung.« (FILMDIENST) [V]

HERKULES EROBERT ATLANTIS

(ERCOLE ALLA CONQUISTA DI ATLANTIDE). *Italien/Frankreich 1961*. **R:** *Vittorio Cottafavi*. **B:** *Duccio Tessari, Alessandro Continenza, Vittorio Cottafavi*. **St:** *Archibald Zounds jr*. **K:** *Carlo Carlini*. **M:** *Gino Marinuzzi*. **D:** *Reg Park (Herkules), Fay Spain (Antinea), Laura Altan (Ismene), Ettore Manni (Androkles), Luciano Marin (Hylos), Salvatore Furnar (Timoteus), Mimmo Palmara (Castor), Mario Valdemarin (Gabor), Mario Petri (Zenith), Mino Doro, Enrico Maria Salerne, Gianmaria Volonte, Alessandro Sperli, Ivo Garrani (Könige von Megara, Ambracia, Sparta, Athen und Megalien)*. F 103 Min.

Androkles, der König von Theben, segelt mit seinem Mentor Herkules und dessen Sohn Hylos aus, um hinter den Ursprung der zahlreichen Klimaphänomene zu kommen, die Griechenland seit einiger Zeit bedrohen. An fremden Gestaden kentert das Schiff. Androkles wird von den Nebeln des Vergessens verschluckt. Herkules wiederum muss sich mit dem vielgestaltigen Schutzgott Proteus herumschlagen, der sich gerade die hübsche Prinzessin Ismene von Atlantis als Frühstück einverleiben will. Als er die Gerettete in den Palast ihrer Mutter Antinea begleitet, harren seiner dort einige unangenehme Enthüllungen. Antinea hat eine arische Herrenrasse herangezüchtet, mit der sie die Welt unterjochen will; Androkles ist zum willenlosen Roboter geworden und versucht, ihn umzubringen, und Ismene soll erneut geopfert werden. Schließlich kommt Herkules hinter das Geheimnis von Antineas Macht – ein versteinerter Blutstropfen aus den Adern des Gottes Uranus, der, wie ihm der alte Priester Zenith erzählt, nur durch das Licht der Sonne vernichtet werden kann. Inzwischen befreit Hylos die Sklaven und marschiert mit ihnen auf den Palast zu, wo sie jedoch von Antineas Armee ohne große Schwierigkeiten aufgerieben werden. Herkules und Hylos enden im Raum des Vergessens. In bewährter Manier zertrümmert der Göttersohn die Wände und haut hernach ein Loch in den Berg, in dem der Blutstropfen liegt. Das Sonnenlicht trifft das versteinerte Uranusblut und Atlantis versinkt in Schutt und Asche. In letzter Sekunde gelingen Herkules, Hylos, Ismene und dem kurierten Androkles die Flucht.

Vittorio Cottafavis zweiter Herkules-Film fällt zwar deutlich gegenüber *Die Rache des Herkules* ab, zeigt aber dennoch, was ein einigermaßen fähiger B-Film-Regisseur, den Budget-Beschränkungen und herzlich unbegabten Schauspielern zum Trotz aus einem solchen Stoff machen kann. »Ein respektloses Drehbuch, Comic Strip-Episoden, harmlose Gewalt und die auf artifizielle Weise prächtigen Kostüme und Sets vereinigen sich zu einem unterhaltsamen Musterbeispiel für jenen feinen Instinkt, den Cottafavi, beinahe als einziger unter seinen italienischen Kollegen, für diese Art von Kino zu haben scheint ... Obwohl das verwirrende Skript all die traditionellen Symbole aus *Flash Gordon* und *Garth* einbringt, macht Cottafavi doch nie den Fehler, sein Material zu wichtig zu nehmen. Seinen flamboyanten Schnitt, die Arrangements, die Landschaftskompositionen usw. könnte man in einem anderen, höherstrebenden Rahmen wohl für prätentiös halten; der hier gebotene kindliche Traum von ritterlichen Taten rechtfertigt jedoch sein berühmtes mise-en-scène.« (MONTHLY FILM BULLETIN) – »Die Anfangskeilerei der Herkuleskumpane ist so hinreißend inszeniert und mit so wendiger Kamera aufgenommen, dass ich sie dem steifen Pathos in Eisensteins vielgerühmter Schlacht auf dem Peipussee ohne Bedenken vorziehe.« (FILMKRITIK) [V]

HERKULES IM NETZ DER CLEOPATRA

(SANSONE). *Italien 1961.* **R:** *Gianfranco Parolini.* **B:** *Giorgio Simonelli, Gianfranco Parolini.* **K:** *Francesco Izzarelli.* **M:** *Carlo Innocenzi.* **D:** *Brad Harris (Herkules), Mara Berni (Cleopatra), Brigitte Corey (Jamine), Carlo Tamberlani (Botan), Alan Steel (Macingo), Serge Gainsbourg (Warkalla), Irena Prosen (Mila), Gianfranco Gasparri, Manja Golec, Romano Ghini, Nik Stefanini. F 97 Min.*

Warkalla, der geldgierige Ratgeber des Stadtstaates Sullam, hat es auf den Schatz des kleinen Reiches abgesehen. Um an ihn heranzukommen, hat er die junge Königin Mila eingekerkert und seine Gespielin Cleopatra an deren Stelle gesetzt. Herkules (im Original: Samson), von Jugend an mit Mila befreundet, tut sich mit den örtlichen Freiheitskämpfern zusammen, um die Thronräu-

ber zu verjagen, was ihm nach allerlei Intrigen, Duellen und Kraftproben auch gelingt. – Die 50. Drehbuchfassung einer alten, alten Geschichte, was wir seinerzeit als Kinder gar nicht gemerkt haben. [V]

HERKULES IN NEW YORK

(HERCULES IN NEW YORK). *USA 1970.* **R:** *Arthur A. Seidelman.* **B:** *Aubrey Wisberg.* **K:** *Leo Lebowitz.* **M:** *John Balamos.* **D:** *Arnold Schwarzenegger (Herkules), Arnold Stang (Pretzy), Taina Elg (Nemesis), Michael Lipton (Pluto), James Karen (Professor), Deborah Loomis, Ernest Graves, Tanny McDonald, Howard Burstein, Merwin Goldsmith, George Bartenieff. F 94 Min.*

Vom ewigen Einerlei auf dem Olymp genervt, begibt sich Herkules, der Sohn des Zeus, gegen die Anweisung seines Vaters wieder zur Erde hinab, wo er alsbald in die Fänge einer Sportmafia gerät, die seine Muskelkraft gern für dunkle Zwecke ausbeuten möchte. Mit Unterstützung eines hilfreichen Brezelverkäufers, der ständig knapp bei Kasse ist, gelingt es dem tumben Blödling, der zwischendurch noch einen »Bären« niederringt, nach allerlei laienhaft in Szene gesetzten »Abenteuern« wieder in die heimatlichen Gefilde zurückzukehren, Vater Zeus zur Freude. – Die Langeweile, die dieses filmische Unprodukt verbreitet, ist unbeschreiblich. Die Kamera scheint ein Amateur gehalten zu haben, und den Part Arnold Schwarzeneggers hätte ebenso gut ein Männlein von der Augsburger Puppenkiste spielen können. Die meisten »Schauspieler«, die an der Erstellung dieses Brechmittels beteiligt waren, haben wohlweislich darauf verzichtet, sich durch eine Angabe ihrer Rolle identifizieren zu lassen. Listig, listig! – Nur auf Video. [V]

HERKULES, SAMSON UND ODYSSEUS

(ERCOLE SFIDA SANSONE). *Italien 1963.* **R:** *Pietro Francisci.* **B:** *Pietro Francisci.* **K:** *Silvano Ippoliti.* **M:** *Angelo Francesco Lavagnino.* **D:** *Kirk Morris (Herkules), Richard Lloyd (Samson), Enzo Cerusico (Odysseus), Liana Orfei (Delilah), Andrea Fantasia (König Laerte), Aldo Giuffre (König Seren), Fulvia Franco. F 92 Min.*

Herkules eilt den Bewohnern von Ithaka zu Hilfe, die von einem monströsen Seeungeheuer bedroht werden. Zusammen mit dem Helden Odysseus begibt er sich, von König Laerte unterstützt, auf die Jagd. Die Begegnung zwischen den Menschen und dem Monster endet mit einem zu Bruch gegangenen Schiff. Herkules und die Überlebenden der Katastrophe finden sich an fernen Gestaden wieder – in der Nähe von Gaze, der Stadt des Tyrannen Seren, der mit dem Rebellenführer Samson im Streit liegt. Herkules wird mit Samson verwechselt und gerät in einen Hinterhalt. Delilah, Serens Geliebte, erpresst ihn, ihr Samson auszuliefern. Doch der Rebellenführer und der Sohn des Zeus verbünden sich, bringen den Tempel der Philister zum Einsturz und töten Seren. – »Das Ungeheuer des Meeres ist ... leicht als ein in Großaufnahme schnaubender Seelöwe zu erkennen ... Schon nach den ersten hölzernen Dialogen wird klar, dass es sich um einen ›ernsthaften‹ Versuch handelt, die antike Sagenwelt in einem Eintopfgericht mit viel Muskeln und Sehnen ... darzureichen.« (FILMDIENST)

HERKULES UND DIE KÖNIGIN DER AMAZONEN

(ERCOLE E LA REGINA DI LIDIA). Italien /Frankreich 1959. **R:** *Pietro Francisci.* **B:** *Pietro Francisci, Ennio de Concini.* **K:** *Mario Bava.* **M:** *Enzo Masetti.* **D:** *Steve Reeves (Herkules), Sylva Koscina (Jole), Sylvia Lopez (Omphale), Gabriele*

Antonini (Odysseus), Primo Carnera (Antäus), Patricia della Rovere (Penelope), Sergio Fantoni (Eteokles), Mimmo Palmara (Polyneikes), Cesare Fantoni (Ödipus), Andrea Fantasia (Laertes), Aldo Fiorelli (Argos), Fulvio Carrara (Kastor), Willy Colombini (Pollux), Gino Mattera (Orpheus), Walter Grant (Äskulap), Elda Tattoli (Herkules' Pflegerin), Marisa Valenti (Sklavenmädehen), Nino Marchetti (Fossore), Gianni Loti (Sandone). F 94 Min.

Zusammen mit seinem neuen Lehrling Odysseus auf dem Weg, den Nachfolgestreit der Ödipus-Söhne Eteokles und Polyneikes zu schlichten, trinkt Herkules von den Wassern des Vergessens und verfällt der Amazonenkönigin Omphale. Gerade noch rechtzeitig retten die von Odysseus alarmierten Argonauten den Helden aus den Fängen der lasziven Schönheit, die ihre Liebhaber nach dem Akt stets einbalsamieren lässt. Herkules' Friedensmission aber ist in der Zwischenzeit kläglich gescheitert: Eteokles erdreistet sich sogar, des Muskelmannes Frau Jole als Faustpfand gegen den anrückenden Polyneikes zu verwenden. Kaum ist Herkules jedoch durch einen unterirdischen Fluss im Kerker von Theben angekommen, als sich die beiden Brüder entscheiden, das Nachfolgeproblem in einem für beide tödlich endenden Zweikampf zu lösen. Als Herkules daraufhin die Truppen von Polyneikes' machtlüsternem General Amphiraos aufreibt, kehrt wieder Friede ein. – »Sehr, sehr weit von einem mythologischen Meisterwerk entfernt, erzeugt [der Film] aus seinen billigen Sets und Kostümen, den einfallsreichen Liebesdreiecken und Muskelgroßtaten statt dessen eine Atmosphäre durch und durch weltlicher Unterhaltung.« (Jon Solomon, THE ANCIENT WORLD IN THE CINEMA) – »Aus eben diesem Grund entrinnt er auch der Langeweile, harrt man doch mit offenem Mund, ob der bis dato miterlebte Schwachsinn überhaupt noch übertroffen werden kann.« (THE YORK HERALD TRIBUNE)

Herkules und die Königin der Amazonen

HERR DER DREI WELTEN

(THE THREE WORLDS OF GULLIVER). USA/ GB/Spanien 1960. R Jack Sher. **B:** *Arthur Ross, Jack Sher.* **LV:** *»Gullivers Reisen« von Jonathan Swift.* **K:** *Wilkie Cooper.* **SpE:** *Ray Harryhausen.* **M:** *Bernard Herrmann.* **D:** *Kerwin Mathews (Dr. Lemuel Gulliver), Jo Morrow (Gwendolyn), June Thorburn (Elizabeth), Lee Patterson (Reedresal), Gregoire Aslan (König von Brobdingnag), Basil Sydney (König von Liliput), Charles Lloyd Pack (Makovan), Martin Benson (Flimnap), Mary Ellis (Königin von Brobdingnag), Marian Spencer (Königin von Liliput), Peter Bull (Lord Bermogg), Alec Mango (Galbet), Sherri Alberoni (Glumdalitch). F 97 Min.*

Der Medicus Lemuel Gulliver sagt den Britischen Inseln mit seiner Braut Elizabeth Ade, da er der Meinung ist, anderswo seien die Menschen weniger habgierig, unmoralisch und heuchlerisch. Als sie sich nach Indien einschiffen, geraten sie in einen Sturm und werden über Bord gespült. Gulliver findet sich allein auf der Insel Liliput wieder, deren winzige Bewohner ihn für einen gefährlichen Riesen halten und in Eisen legen. Als die Liliputaner gegen ein Nachbarvolk in den Krieg ziehen, weil dieses darauf besteht, Frühstückseier an der runden statt der spitzen Seite aufzuschlagen, eilt er ihnen zu Hilfe. Bald jedoch muss er das Land aufgrund einer Intrige verlassen und landet im Reich der Riesen, wo nun er den Part des Winzlings zu spielen hat. In Brobdingnag findet er auch die verschwundene Elizabeth wieder, die der König des Landes wie einen Paradiesvogel in einem Puppenhaus gefangenhält. Als Gulliver den Hass des Zauberers Makovan auf sich zieht, muss er erneut fliehen. Ein kleines Mädchen ist ihm und Elizabeth dabei behilflich. Die beiden kehren nach Hause zurück. Gulliver hat zwar keine pekuniären Reichtümer erworben, aber viel gelernt: Er weiß nun, dass die Menschen im Guten wie im Bösen auf der ganzen Welt gleich sind.

Jonathan Swift (1667–1745), geboren in Dublin und dort als Dechant an der St. Patrick-Kirche tätig, fiel bereits im Jahre 1704, nach der Veröffentlichung seines MÄHRGEN VON DER TONNE, ZUM ALLGEMEINEN NUTZEN DES MENSCHLICHEN GESCHLECHTS ABGEFASSET (dt. 1729) bei sämtlichen einflussreichen Zeitgenossen in Ungnade, weil er den Klerikern beider Konfessionen mächtig auf die Zehen trat. Auch sein bekanntestes Werk, TRAVELS INTO SEVERAL REMOTE NATIONS OF THE WORLD, BY LEMUEL GULLIVER, FIRST A SURGEON AND THEN A CAPTAIN OF SEVERAL SHIPS (1726; dt. 1727/28), bekannt geworden unter dem Titel GULLIVERS REISEN, war als bissige Attacke auf die Missstände seiner Zeit konzipiert. Der Film hat sich seiner Figur über ein Dutzend Mal angenommen, u.a. in *Gullivers Reisen* (USA 1939; Regie: Dave Fleischer) und *Gullivers Reisen* (GB/Belgien 1976; Regie: Peter Hunt). Die vorliegende Fassung ist sicher die schönste, was nicht zuletzt an der soliden Trickarbeit des weltbekannten Stop-Motion-Experten Ray Harryhausen liegt, wenngleich das fertige Gesamtprodukt nicht die Bissigkeit der Swiftschen Vorlage erreicht. – »Swift, klinisch rein für Kinder, mit exzellenten Spezialeffekten.« (Alan Frank, THE SCIENCE FICTION AND FANTASY FILM HANDBOOK) [V]

DER HERR DER RINGE

(THE LORD OF THE RINGS). USA 1977. **R:** *Ralph Bakshi.* **B:** *Chris Conkling, Peter S. Beagle.* **LV:** *»Der Herr der Ringe« von J.R.R. Tolkien.* **K:**

Herr der drei Welten

Timothy Galfas. **M:** *Leonard Rosenman.* **A:** *Nick Vasu Inc. F 133 Min. (Zeichentrick).*

Auf Geheiß des Zauberers Gandalf macht sich der Hobbit Frodo Beutlin zusammen mit seinen Gefährten Sam Gamdschie, Peregrin Tuck und Meriadoc Brandybock auf die gefährliche Reise ins Land Mordor, um den Meisterring im Schicksalsberg zu vernichten und ihn damit dem Zugriff des bösen Sauron zu entziehen. Dank der Hilfe des einstigen Königs Aragorn gelangen die Hobbits ins sichere Bruchtal, wo der Elbenrat zur Un-

terstützung Frodos die Neunergemeinschaft des Ringes gründet. Doch die Weiterreise steht unter einem ungünstigen Stern: In den Minen von Moria fällt Gandalf einem Feuerdämon zum Opfer; nach einem kurzen Aufenthalt im friedlichen Lothlorien entzweit der finstere Einfluss von Frodos Ring die Gefährten. Frodo und Sam machen sich allein auf den Weg nach Mordor. Unterwegs begegnen sie Gollum, dem einstigen Besitzer des Rings, der ihnen nicht ganz uneigennützig Hilfe anbietet. Inzwischen verteidigen die restlichen Mitglieder der Gemeinschaft das Schloss König Theodens gegen Sarumans anrückende Ork-Scharen. Alles scheint verloren, als Gandalf, von den Toten auferstanden, der Schlacht die entschcidende Wende gibt. Fortsetzung folgt.

»Man nehme einen Teil gut durchgerührter irischer Sagen, einen Teil blättrig geschnittener Grimms Märchen und einen Teil kurz gegorenen Perry Rhodan. Diese Zutaten mische man gut durch, schichte sie sodann in eine Hermann Hesse-Backform und wärme alles schön lange auf. Zum Schluss schüttle man sich den Staub der

Der Herr der Ringe

Weltflucht von seinen Füßen und pudere den Auflauf damit kräftig ein. Dieses ... Rezept begründete den Weltruhm von Tolkien und seinem Buch ›Der Herr der Ringe‹«. (UNSERE ZEIT) – »Allein von der englischen Ausgabe wurden zehn Millionen Exemplare verkauft, und weltweit wurden rund 50 Millionen Exemplare abgesetzt (was Tolkien zum wohl erfolgreichsten Fantasy-Autor werden ließ). Der Erfolg des ... Werkes setzte in großem Maßstab bezeichnenderweise erst in den späten sechziger Jahren ein, als die Trilogie in Taschenbuchausgaben erschien und auf ein Publikum vor allem junger Leser traf, das im Anschluss an eine Phase vergeblichen politischen Engagements nach einer frustrationsmildernden Weltfluchtdroge suchte.« (H. J. Alpers/W. Fuchs/R. M. Hahn/W. Jeschke, LEXIKON DER SCIENCE FICTION LITERATUR) – Von den überall kursierenden Buttons »Gandalf for President« animiert, begann sich schließlich auch der Film für Tolkien zu interessieren. An der Aufgabe, dessen überbordenden Einfallsreichtum auf Realfilm zu übertragen, scheiterte freilich Stanley Kubrick ebenso wie John Boorman und die Beatles. Erst als Produzent Saul Zaentz Mitte der Siebziger den Zeichentrick-Regisseur Ralph Bakshi verpflichtete, war das Ei des Kolumbus gefunden. – »Grundsätzlich ist bei diesem Film die Entscheidung einer Verfilmung als Zeichentrickfilm zu begrüßen, weil schon nach einiger Zeit das Sagenthema im Zeichentrickfilm realer wirkt, als wenn man es als Realfilm auf die Leinwand gebracht hätte. Anders als abfotografiertes Geschehen bringt nämlich die Zeichnung mit ihrem leicht karikierenden Element eine Art literarisches Element in den Film ein, eine Handschrift, die mehr Interpretationen erlaubt und größeren Phantasiefreiraum gibt als sonst üblich ... Insgesamt gesehen hätte ... vermutlich auch Tolkien seine Freude an dieser Verfilmung, weil sie etwas vom Sinngehalt seiner sagenhaften Erzählung vermittelt, die in einer attraktiven, unterhaltenden Form nacherzählt wird.« – Mit dieser Meinung stand der Kritiker des FILMBEOBACHTER allerdings recht allein auf weiter Flur. Dass *Der Herr der Ringe* in einigen Szenen (z.B. Frodos Flucht vor den Schwarz-

en Reitern an der Furt von Bruchtal) der Vorlage tatsächlich ziemlich nahekam, änderte nichts daran, dass Bakshi ansonsten eine Riesenchance schnöde vertan hatte. Das fing schon bei der Animation an. Um Zeit und Geld zu sparen, hatte sich Bakshi einmal mehr der Rotoskopie bedient: Die Kampfszenen bei Helms Klamm beispielsweise ließ er mit echten Schauspielern und einer echten Burg drehen. Hernach wurden die Aufnahmen dann eingefärbt und gegebenenfalls noch retuschiert. »Hätte Bakshi aus der Not des Kostensparens eine Tugend gemacht, dann hätte er das Rotoskopieren bewusst und maßvoll in den Film integrieren müssen: Tolkiens Buch als Zusammentreffen mehrerer Welten ... bietet sich ja geradezu als Möglichkeit der Mischung der Medien an: Die Hobbits hätten dann frei gezeichnet, die Zwerge karikiert-rotoskopiert, die Elben rotoskopiert, die Menschen fotografiert-eingefärbt und die Orks und Schattengeister (so wie sie sind) Silhouetten sein können.« (Rolf Giesen, DAS GROSSE BUCH VOM ZEICHENFILM) – Statt dessen würfelte Bakshi jedoch die Stile bunt durcheinander, ließ einen Charakter (Aragorn) mal als gezeichnete Figur und dann wieder als eingefärbten Videoclip auftreten und bewies damit

Der Herr der Ringe

im Großen und Ganzen auf animationstechnischem Gebiet ebenso wenig Sinn und Verstand wie bei der sicher schwierigen, aber lange nicht unmöglichen Adaption der Vorlage im allgemeinen. »Die Binnenstruktur des Romans, in dem sich die Welt der Mittelerde nur langsam erschließt, spiegelt sich im Film nicht wider. Ralph Bakshi hat in seiner Zeichentrickversion lediglich die wichtigsten Handlungselemente abgehakt, zwar viel Mühe auf pittoreske Hintergrundbilder verwandt, aber die innere Spannung der Geschichte verloren ... Diejenigen, die die Geschichten, Welten und Mythologien von J. R. R. Tolkien lieben und kennen, werden diesen Film enttäuscht und entrüstet verlassen. Die anderen stehen vor einem verwirrenden Zettelkasten ohne dramaturgische Brillanz.« (FILMDIENST) – Die Fortsetzung, nachdem das abrupte Ende des Films förmlich heischte, wurde in der Tat gedreht. Nicht von Bakshi allerdings, und nicht fürs Kino: Der von der britischen Firma Rankin/Bass *(Das letzte Einhorn)* zusammen mit einem japanischen Team hergestellte Zeichentrickfilm THE RETURN OF THE KING endete im Mai 1980 auf den amerikanischen Fernsehschirmen. Neues Spiel, neues Glück: Eine neue *Lord of the Rings*-Version ist längst in der Mache. Im November 2001 startet der erste Teil der Filmtriologie von Peter Jackson. [V]

HERRSCHER DES DSCHUNGELS

(JUNGLE MOON MEN). USA 1955. R: Charles S. Gould. B: Dwight V. Babcock, Joe Pagano. K: Henry Freulich. M: Mischa Bakalainikoff. D: Jean Byron (Ellen Marston), Johnny Weissmuller (Dschungel-Jim), Helen Stanton (Ohma), Bill Henry (Bob Prentice), Myron Healey (Mark Santo), Billy Curtis (Damu), Michael Granger (Nolimo), Frank Sully (Max), B. F. Chapman (Marro), Kenneth L. Smith (Link), Ed Hinton (Regan). SW 70 Min.

Diesmal begleitet unser Freund Schunkel-Jim eine Expedition in die mystisch verbrämte Unterwelt- und Urwaldheimat der zwergenhaften Mondanbeter, die von der weißen Zauberin Ohma beherrscht werden. Ohma erfreut sich seit Jahrtausenden der ewigen Jugend, da sie gelegentlich in einem geheimen Jungbrunnen

plantscht. Natürlich will sie den schon etwas gesäßlastig gewordenen Jim als Mit-Tückebold an ihrer Seite sehen, doch wie wir alle wissen, verbietet es der Hays Code, dass sich das Herz eines Gerechten mit des Schicksals finstren Mächten verbündet! Um der Gerechtigkeit zum Siege zu verhelfen, zeigt Schunkel-Jim den giftpfeilspuckenden Zwergnegern erst mal, was ein Herrenmensch alles kann, wenn das Schicksal hilfloser Hollywood-Aktricen auf dem Spiele steht. Und dann bemüht er sich höchstpersönlich darum, Frl. Ohma ihrem wohlverdienten Schicksal zuzuführen: auf starken Armen trägt er sie aus ihrer finstern Höhle ins Sonnenlicht hinaus, wo sie prompt zu einem Aschehäuflein zerfällt. Und die Moral von der Geschicht: »Der Friede im Urwald ist hergestellt, die Herrschaft der Zauberin gebrochen, und die Expedition kehrt mit reichen Schätzen und Erfahrungen in die Zivilisation zurück.« (ILLUSTRIERTE FILM-BÜHNE) – »Es hieße allerdings, mit Kanonen auf Spatzen zu schießen, wollte man sich über den genormten Blödsinn erregen«, meinte der FILMBEOBACHTER: »Es gibt nun einmal ein kindliches Entwicklungsalter, in dem solch letzten Endes harmlose Phantastereien zur beliebten Geisteskost gehören. Bedenklich wird es nur, wenn Überdosen davon genossen werden oder Menschen diesem Entwicklungsstadium verhaftet bleiben.«

DER HERRSCHER VON CORNWALL

(JACK THE GIANT KILLER). USA 1960. R: Nathan Juran. B: Orville H. Hampton, Nathan Juran. K: David S. Horsley. SpE: Jim Danforth, Howard A. Anderson, Gene Warren, Wah Ming Chang, Tim Baar, Marcel Delgado, Don Sahlin, Tom Holland, David Pal. M: Paul Sawtell, Bert Shefter. D: Kerwin Mathews (Jack), Judi Meredith (Elaine), Torin Thatcher (Pendragon), Walter Burke (Garna), Roger Mobley (Peter), Barry Kelley (Sigurd), Don Beddoe (Heinzelmann), Dayton Lummis (König Mark), Anna Lee (Lady Constance), Helen Wallace (Jacks Mutter), Tudor Owen (Kanzler), Robert Gist (Kapitän McFadden), Ken Mayer (Bootsmann). F 94 Min.

Nach langen Jahren in der Verbannung kehrt Pendragon, Herr aller Kobolde und Furien, von seiner einsamen Insel zurück, um den Thron von

Cornwall zu erobern. Er sendet einen gehörnten Riesen aus, der König Marks Tochter Elaine entführt. Doch Jack, ein Bauernsohn, erschlägt das Monster mit der Sense und rettet die Prinzessin. Zum Ritter geschlagen, soll er Elaine ins sichere Frankreich geleiten. Pendragon hetzt seine Dämonen gegen das Schiff, und Elaine wird ein zweites Mal entführt. Als Jack auf Verfolgung drängt, wirft die meuternde Mannschaft ihn und den Schiffsjungen Peter über Bord. Der alte Wikinger Sigurd fischt die beiden auf. Mit der Hilfe von Sigurds reimwütigen Flaschengeist, der Jack im Austausch gegen seine Freiheit drei Wünsche gewährt, dringt der »Riesentöter« in Pendragons Schloss ein. Elaine jedoch steht mittlerweile unter einem Zauberbann. Als der von ihr betäubte Jack wieder erwacht, liegt er in Ketten. Sigurd ist in einen Hund, Peter in einen Schimpansen verwandelt. Jack kann sich befreien, zertrümmert Elaines Spiegelbild und löst sie damit aus dem Bann. Im Schutz einer (recht drolligen) grünen Riesenkrake, die der Heinzelmann gegen Pendragons zweiköpfiges Monster heraufbeschworen hat, entkommen die vier aufs Schiff. Damit sind die drei Wünsche erschöpft. Jack muss allein

gegen den geflügelten Gargoylen antreten, in den sich der erboste Pendragon verwandelt hat. Hoch in den Lüften stößt er ihm das Schwert ins Genick, Sigurd und Peter erlangen ihre menschliche Gestalt zurück, und Jack kann mit seiner Elaine in den Regenbogen davonsegeln. – *Der Herrscher von Cornwall* ist natürlich ein recht unverfrorenes Plagiat von *Sindbads sieben Reisen*. Der Produzent, Edward Small, war einer derjenigen gewesen, die die Finanzierung des Harryhausen-Projekts abgelehnt hatten. Als sich zur großen Verblüffung aller dessen Erfolg abzeichnete, hängte Small sich kurzerhand an den sich abzeichnenden Trend, verpflichtete Nathan Juran, Kerwin Mathews und Torin Thatcher – Regisseur und Hauptdarsteller des *Sindbad*-Films – und schuf mit der Stop-Motion-Hilfe Jim Danforths seine Version der Siebten Reise, die sich daneben auch recht frei bei dem Heinzelmann-Märchen *Das Geheimnis der verwunschenen Höhle* (USA 1959; Regie: Robert Stevenson) und Cocteaus *Es war einmal* bediente. Im Gegensatz zu vielen anderen Rip-Offs aber braucht *Der Herrscher von Cornwall* den Vergleich mit dem Vorbild nicht zu scheuen. Dass »die Schauspieler fürchterlich und

Der Herrscher von Cornwall

die Dialoge noch schlimmer« sind, wie die NEW YORK TIMES vermeldete und Danforths Tricks auch nicht gerade das Gelbe vom Ei sind, erhöht eher noch den naiven Charme dieses knalligen, durchaus selbstironischen Sonntags-Matinee-Films. »Die Freude an der Tricktechnik, mit der soviel Phantasie allein zu bewältigen war, ist groß, auch wenn die Regie dem Plumpen und Groben häufig den Vortritt lässt. Es ist ein kindlicher Spaß am Unvorhersehbaren und Unbegreiflichen ... an der märchenhaften Überwindung des Bösen durch das Gute ... Hätte man es fertig gebracht, die undifferenzierte Buntheit der Szenerie in eine überlegtere Ordnung zu fügen, so könnte das Vergnügen vollkommener sein.« (FILMDIENST)

DIE HEXE OHNE BESEN

(A WITCH WITHOUT A BROOM/UNA BRUJA SIN ESCOBA). USA/Spanien 1966. **R:** *Joe Lacy.* **B:** *Howard Berk.* **St:** *José Luis Navarro, José Maria Elorietta.* **K:** *Alfonso Nieva.* **M:** *F. Garcia Morcillo.* **D:** *Jeff Hunter (Garver Logan), Maria Perschy (Marianna), Gustavo Rojo (Caius), Perla Cristal (Octavia), Reginald Gillam (Don Ignacio), Al Mulock (Wurlitz), Katharine Ellison (Yolanda), Felix Defauce (Necio), Esperanza Roy (Valeria), John Clarke (Kutscher), Carl Rapp, Susan Talbot, Lewis Gordon, May Johnson, Gillian Simpson. F 88 Min.*

Mr. Logan, ein US-Professor an der Madrider Uni, wird von der Hexe Marianna mittels Magie ins 15. Jahrhundert geholt, da sie unsterblich in ihn verliebt ist. Logan möchte natürlich in die Gegenwart zurück, was Marianna aber nicht bewerkstelligen kann, denn dazu braucht sie die Hilfe ihres Vaters Wurlitz, der gerade auf seinem Besen zu einer Zauberer-Tagung geflogen ist. Als die beiden ein Raum/Zeit-Experiment durchführen, um Wurlitz' Spur aufzunehmen, landen sie a) in einer vorgeschichtlichen Epoche, b) im Rom des 1. Jahrhunderts n. Chr. (wo sie als Sklaven verkauft werden und ein Wagenrennen gewinnen) und c) im Jahr 1999, wo eine Handvoll weiblicher Überlebender des Dritten Weltkriegs von Logan verlangen, er solle mit ihnen ein neues Menschengeschlecht begründen. Als die eifersüchtige Marianna ihren Vater findet, bittet sie ihn, sie und Logan auf ewig ins 20. Jahrhundert

zu befördern. Logan erwacht in einem Krankenhausbett und erfährt, er habe durch übermäßige Einnahme von Vitaminpillen an Halluzinationen gelitten. Seine Krankenschwester entpuppt sich jedoch als Marianna. – Was sich in der Kürze ganz witzig anhört und eine tolle Persiflage auf Science Fiction-, Fantasy- und Steinzeitfilme hätte werden können, geriet jedoch zu einer müden Schlafpille. Ob Regisseur Joe Lacy Kinderbelustigung betreiben wollte, steht nicht fest (dazu gibt's in diesem Streifen auch zuviel Fleisch zu sehen). Thema verschenkt.

DIE HEXE UND DER ZAUBERER

(THE SWORD IN THE STONE). USA 1963. **R:** *Wolfgang Reitherman.* **B:** *Bill Peet.* **LV:** *»Der König auf Camelot« von T. H. White.* **M:** *George Bruns.* **A:** *Franklin Thomas, Milt Kahl, Oliver Johnston jr., John Lounsbery. F 75 Min.*

Bei der Suche nach einem Pfeil, den sein großmäuliger Stiefbruder Kay in den Wald geschossen hat, stößt der junge Waisenknabe Floh auf die einsame Hütte des Zauberers Merlin. Der kann in die Zukunft blicken und weiß deshalb, dass der wie vorausgesagt durchs Strohdach hereingeschneite Knabe zu Höherem bestimmt ist. Die Details allerdings – Floh wird das legendenumwobene Schwert aus dem Stein ziehen und damit König von England werden – hat der gutmütige Rauschebart bereits wieder vergessen. Kurz entschlossen zaubert er deshalb das gesamte Hütteninventar in den Koffer und zieht mit seiner vorlauten Eule Archimedes in den wackligen Schlossturm, den Hector, Flohs Stiefvater, ihm freundlicherweise anbietet. Unter dessen misstrauischen Augen macht sich Merlin tags darauf an die Ausbildung Flohs. Um ihm beizubringen, dass nur Wissen wahre Macht bedeutet, verwandelt er seinen Schützling nacheinander in einen Goldfisch und ein Eichhörnchen. Am Ende in einen Spatz verwandelt, rettet sich Floh auf der Flucht vor einem Falken in die Hütte der bösen Hexe Mim. In letzter Sekunde braust Merlin heran und liefert sich mit Mim ein Zauberduell, bei dem sich beide in alle möglichen und unmöglichen Tiere verwandeln, um den Gegner auszuschalten. Inzwischen bereitet sich Kay auf ein Turnier in London vor. Floh begleitet ihn als Schildknappe, merkt aber kurz vor Beginn des Turniers, dass er Kays Schwert verloren hat. Bei der Suche nach einem Ersatz stößt er schließlich auf das Schwert im Stein. Als Merlin von einem Ausflug auf die Bermudas zurückkehrt, sitzt Floh alias Arthur bereits auf dem Königsthron.

Die Hexe und der Zauberer basiert laut Vorspann auf dem Roman von T. H. White, hat mit dessen bekannter Nacherzählung der Artus-Legende aber herzlich wenig zu tun. Ein filmischer Nebensatz ist alles, was bei Disney von der Sage übrig bleibt; der Rest ist ein Beweis der These »Verstand über Muskelkraft«. Entsprechend oft hantiert der Film auch mit Anspielungen auf die Gegenwart.

Der Schlussgag gar bezieht sich in der Originalfassung auf einen 1963 recht bekannten TV-Werbespot. Das turbulente Ganze ist wie üblich sehr gut animiert und recht witzig anzusehen. Höhepunkt dabei ist fraglos das Zauberduell zwischen Merlin und Mim, bei dem sich die beiden u.a. in Elefanten, Mäuse, Krokodile, Hühner, Schildkröten, lila Drachen und einen Mumpsbazillus verwandeln. »Dennoch erinnert *Die Hexe und der Zauberer* eher an Disneys Realfilme aus dieser Zeit denn die klassischen Zeichentrickfilme, die man gemeinhin mit dem Studio verbindet. Wie so viele der Realfilme liefert er 75 Minuten rundheraus vergnügliche Unterhaltung, aber nichts, was der Zuschauer hernach aus dem Kino mit nach Hause nehmen könnte.« (Leonard Maltin, THE DISNEY FILMS) – »Einen Pluspunkt hat dieser neue Film allerdings gegenüber früheren Produktionen: es fehlt das süßliche Liebespaar und damit ein gerüttelt Maß an Gelegenheit, Kitsch unterzubringen.« (FILMDIENST) Es gab immerhin eine Oscar-Nominierung für die beste Musikbearbeitung.

HEXEN

(HÄXAN). Schweden 1920/22. **R:** *Benjamin Christensen.* **B:** *Benjamin Christensen.* **K:** *Johan Ankerstjerne.* **M:** *(1969): Daniel Humair.* **D:** *Maren Pedersen (Hexe), Clara Pontoppidan (Nonne), Tora Teje (Moderne Hysterikerin), Elith Pio (Junger Mönch), Benjamin Christensen (Teufel/Eleganter Doktor), Oscar Stribolt (Dicker Doktor), Johs Andersen (Oberster Inquisitor), Karen Winther (Anna), Emmy Schønfield (Marie, die Näherin), Alice O'Fredericks (Vom Teufel Besessene). SW 102 Min.*

Expressionistischer Film-Essay. Christensen zeigt Fälle von »Hexerei«, eingebettet in eine dokumentarische Spielhandlung, in Mittelalter und Gegenwart. Er beschäftigt sich mit den psychologischen Ursachen und Wirkungen, lässt dabei keinen Augenblick einen Zweifel daran, dass es Hexerei im eigentlichen Sinne nicht gibt, dass sie Ausgeburt einer kindlich-primitiven Auffassung von der mythischen Welt und vom Aufbau der realen Welt ist. Einige »Stationen« des Films: Der »liebestolle« Mönch, der durch Einnahme eines Elixiers alle Hemmungen fallen lässt; die junge Frau betrügt ihren schlafenden Mann mit dem Teufel; eine im erotischen Delirium befindliche Nonne; der »böse« Blick der einäugigen Bettlerin; die Folterwerkzeuge; die Mönche, die einen Leichnam vom Friedhof stehlen. Diesen seltsam kauzigen, zum Teil burlesken Einfällen stellt der Regisseur die Gegenwart (von 1921) entgegen. Er verfremdet die Spielszenen im Nachhinein, indem er die Darsteller in ihrer realen Existenz vorführt – meist Insassen von Altersheimen, mit diversen Gebrechen behaftet, die in Großaufnahmen geradezu gespenstische Dimensionen bekommen. Dann vergleicht er in einem längeren Exkurs den »historischen« Aberglauben mit dem Schicksal einer hysterischen Frau der Gegenwart, stellt damit dem Hexenwahn Hysterie, aber auch Schlafwandeln und Kleptomanie gegenüber. Der Film endet mit Bildern einer modernen Wahrsagerin und der resignierenden Feststellung, dass Aberglaube auch heute noch existiere. – »Einen geglückten Versuch, eine Synthese aus Dokumentation und Dichtung zu schaffen, kann man den Film nicht gerade nennen. Als Dokumentation ist er wenig zuverlässig. Aber diese Unzulänglichkeiten des Films werden aufgehoben durch seinen prächtigen Einfallsreichtum ... *Hexen* ist für sich gesehen einer der großen Experimentalfilme der Filmgeschichte.« (Ib Monty, THE MACMILLAN DICTIONARY OF FILMS AND FILMMAKERS)

HEXEN AUS DER VORSTADT

(CARODEJKY Z PREDMESTI). ČSFR 1990. **R:**

Drahomira Králová. **B:** *Kveta Kursová, Drahomira Králová.* **K:** *Miroslav Cvorsjuk.* **M:** *Jaroslav Uhlir.* **D:** *Lucie Cechová (Veronika), Tereza Fliegerová (Petra), Marie Tomásová (Emma), Dana Syslová (Tante Lida), Rudolf Pellar (František). F 88 Min.*

Um zu verhindern, dass geldgierige Bauspekulanten ein mitten in einer tristen Vorstadt liegendes, von zwei älteren Frauen bewohntes Biotop der Erweiterung des städtischen Betondschungels opfern, drehen Veronika und Petra, zwei kleine Mädchen, mit Hilfe eines gefundenen Zauberbuches und des Lehrers František nach diversen, nicht unkomischen, Fehlschlägen ein magisches Ding und verwandeln das verwilderte Grundstück in ein schützenswertes Naturdenkmal. Routiniert in Szene gesetztes modernes Märchen.

HEXEN HEXEN

(THE WITCHES). GB 1990. **R:** *Nicolas Roeg.* **B:** *Allan Scott.* **LV:** *»The Witches« von Roald Dahl.* **K:** *Harvey Harrison.* **SpE:** *Jim Henson's Creature Shop, Paul Wilson.* **M:** *Stanley Myers.* **D:** *Anjelica Houston (Miss Ernst/Großhexe), Mai Zetterling (Helga), Jason Fisher (Luke), Rowan Atkinson (Stringer), Bill Paterson (Jenkins), Brenda Blethyn (Mrs. Jenkins), Jane Horrocks (Miss Irvine), Charlie Potter (Brun Jenkins), Anne Lambton (Frau in Schwarz), Sukie Smith (Marlene), Rose English (Dora), Jenny Runacre (Elsie), Annabel Brooks (Nicola). F 92 Min.*

Die Hexen der Welt starten zum Großangriff gegen die Menschlichkeit im allgemeinen und die Kindheit im besonderen. Nachdem die norwegische Großmutter (Mai Zetterling) mit ihrem neunjährigen Waisenenkel Luke nach England verzogen ist, kommt es zur ersten Begegnung mit einer waschechten Hexe, aber glücklicherweise hat die Oma das Waisenkind vorher gründlich über diese Sippschaft aufgeklärt: Hexen tragen mit Vorliebe Männerschuhe, weil sie keine Zehen haben, sind unter ihren Perücken glatzköpfig, leiden unter Schuppenflechte, haben stechend lilafarbene Pupillen und hassen mit Vorliebe kleine Kinder. Darum wollen sie die Gören auch allesamt mit einem speziellen Konfekt in Mäuse verwandeln. So jedenfalls beschließen sie es auf ihrem alljährlichen Hexenkongress in Cornwall, der sinnigerweise unter dem Deckmantel eines Frauenvereins gegen die Misshandlung von Kindern stattfindet. Zwar wird Luke in eine Maus verwandelt, aber trotz dieses Handikaps kann er

Hexen hexen

dem hexenhaften Treiben Einhalt gebieten. – »Nicolas Roeg hat den Höhepunkt, das Kinderfressentreffen und den finalen Mäusetanz-Hessenkessel mit wildbewegter Kamera in Szene gesetzt. Der verzerrte Gesichtertaumel ist fotografiert, als seien es lebendig gewordene Bilder von George Grosz oder Hieronimus Bosch, von einem Comiczeichner neu designt.« (TAZ) [V]

DIE HEXEN VON EASTWICK

(THE WITCHES OF EASTWICK). USA 1987. **R:** *George Miller.* **B:** *Michael Cristofer.* **LV:** *John Updike.* **K:** *Vilmos Zsigmond.* **SpE:** *Mike Lantieri.* **A:** *Ellen Lichtward.* **M:** *John Williams.* **D:** *Jack Nicholson (Daryl van Horne), Cher (Alexandra Medford), Susan Sarandon (Jane Spofford), Michelle Pfeiffer (Sukie Ridgemont), Veronica Cartwright (Felicia), Richard Jenkins (Clyde Alden), Keith Jochim (Walter Neff), Carel Struycken (Fidel), Helen Lloyd Breed (Mrs. Biddle), Caroline Struzik (Carol Medford). F 118 Min.*Drei frustrierte Frauen im kleinen New England-Städtchen Eastwick wünschen sich gleichzeitig den Liebhaber ihrer Träume, und sofort taucht der Teufel unter dem Namen Daryl van Horne (sein Name spielt sowohl auf seine Hörner wie auf Geilheit an) höchstpersönlich auf. Er ist außerdem steinreich. Die Damen lassen sich nur allzu gern mit ihm ein. Doch als sich bei allen Nachwuchs einstellt und sie begreifen, was er ist, hört die Idylle auf. Der Teufel ist nicht nur geil, sondern auch autoritär. Die Damen schlagen zurück, und er hat nichts mehr zu lachen. – Jack Nicholson spielt sich selbst. Das Damentrio ist auch nicht übel.

HEXENSABBAT

(BOSZORKANYSZOMBAT). Ungarn 1984. **R:** *János Rózsa.* **B:** *István Kardos.* **K:** *János Kende.* **M:** *Zdenkó Tamássy.* **D:** *Dorottya Udvaros (Stiefmutter), Enikö Koltai (Dornröschen Doppelgängerin), Róbert Koltai (Grimm), Zoltán Papp (Grimm), Antal Páger (Alter Mann), Imre Kamondy (Sein Enkel). F 87 Min.*
Ein Stelldichein Grimmscher Märchenfiguren: Schneewittchens böse Stiefmutter will verhindern, dass der Prinz Dornröschen wachküsst. Sie wirft die sattsam bekannten Gestalten des Märchenlandes in den Kerker, um ihre Erfinder, die Brüder Grimm, unter Druck zu setzen, damit sie den guten Ausgang ihrer Märchen ändern.

HIGH SPIRITS – DIE GEISTER SIND WILLIG!

(HIGH SPIRITS). USA 1987. **R:** *Neil Jordan.* **B:** *Neil Jordan.* **K:** *Alex Thomson.* **SpE:** *Derek Meddings, Paul Wilson.* **M:** *George Fenton.* **D:** *Peter O'Toole (Peter Plunkett), Steve Guttenberg (Jack), Beverly D'Angelo (Sharon), Daryl Hannah (Mary Plunkett), Liam Neeson (Martin Brogan), Liz Smith (Peters Mutter), Ray McAnally (Peters Vater), Jennifer Tilly (Miranda), Mary Coughlan (Katie), Peter Gallagher (Bruder Tony). F 97 Min.*
Um sein Schloss vor dem Ruin zu bewahren, täuscht der bei einem amerikanischen Tycoon hochverschuldete Ire Peter Plunkett US-Touristen für harte Dollars ein Spukschloss vor, ohne freilich zu ahnen, dass sich in seinem Gemäuer auch echte Gespenster zur Geisterstunde ein passables Stelldichein geben. Jack, ein Tourist, verliebt sich bei dieser Gelegenheit in den Geist einer attraktiven Ahnin Mary. Doch Mary wird seit zweihundert Jahren allnächtlich von ihrem eifersüchtigen Gatten erdolcht. – Die Darsteller dieser Komödie tun sich streckenweise recht schwer gegen die von Derek Meddings und Paul Wilson aufgefahrenen, hier und da von *Ghost Busters* abgeschauten Spezialeffekte und Modellaufnahmen. [V]

HIGHLANDER – ES KANN NUR EINEN GEBEN

(HIGHLANDER). GB 1986. **R:** *Russell Mulcahy.* **B:** *Gregory Widen, Peter Bellwood, Larry Fergu-*

Die Hexen von Eastwick

son. **K:** *Gerry Fisher, Tony Mitchell.* **SpE:** *Martin Gutteridge.* **M:** *Queen.* **D:** *Christopher Lambert (Connor McLeod), Sean Connery (Ramirez), Clancy Brown (Kurgan), Roxanne Hart (Brenda Wyatt), Beatie Edney (Heather), Alan North (Lt. Frank Moran), Sheila Gish, Jon Polito, Hugh Quarshie, Christopher Malcolm.* F 116 Min.

»Im Mittelpunkt dieser kruden Mischung aus Vampir- und Ritterfilm, aus Western, *fantasy* und Melodram: der grundsätzliche Kampf zwischen Gut und Böse, wie immer in Hollywoods Genrekino. Nur sind die Menschen hier bloße Staffage. Die Auseinandersetzung findet auf einer höheren Ebene statt – unter Männern, die unsterblich sind. Sie sehen aus wie Menschen, sie handeln und empfinden oft wie Menschen, aber sie altern nicht, und verletzen können sie sich nur untereinander. Seit Jahrhunderten streiten sie in rituellen Schwertkämpfen um die höchste Gunst: der letzte der Unsterblichen zu sein – und damit göttlich und sterblich zugleich.« (Norbert Grob, DIE ZEIT) – Ex-Tarzan Christopher Lambert als Connor McLeod, ein langhaariger Krieger aus den schottischen Highlands, eingeweiht und ausgebildet von einem weisen Grande aus Sevilla (Sean Connery), erscheint im New York des 20. Jahr-

hunderts in Turnschuhen und Blue Jeans und trägt Schwertkämpfe mit Kurgan, dem brutal-animalischen schwarzen Ritter aus dem Osten, aus, der ihn aus der Defensive lockt. – Den Schwertkampf-Fans scheint's gefallen zu haben, wie sich an der Zahl der Fortsetzungen belegen lässt. [V]

HIGHLANDER II – DIE RÜCKKEHR

(HIGHLANDER II: THE QUICKENING). 1990. **R:** *Russell Mulcahy.* **B:** *Jill Gurr.* **K:** *Phil Meheux.* **M:** *Stewart Copeland.* **D:** *Christopher Lambert (Connor McLeod), Sean Connery (Ramirez), Virginia Madsen (Louise Marcus), Michael Ironside (Katana), John C. McGinley (Blake), Allan Rich (Alan Neyman), Steven Grives (Hamlet), Phil Brock, Rusty Schwimmer.* F 88 (108) Min.

Connor McLeod, der Mann aus dem schottischen Hochland, hat am Sterbebett seiner Frau geschworen, die Menschheit zu retten (sehr anständig von ihm!) und anstelle der durch Umwelteinflüsse zerstörten Ozonschicht einen künstlichen Schutzpanzer, »The Shield«, um die Erde herum ausgetüftelt, der die Menschheit vor den Strahlen der Sonne schützt. So einfach lässt sich das beheben, wenigstens im Fantasy-Film. Aber gemach, im Jahr 2024 macht die Untergrundkämpferin Louise Marcus von der Aktivistengruppe Cobalt die folgenschwere Entdeckung, dass sich die Ozonschicht inzwischen wieder regeneriert hat und der teure Panzer überflüssig ist. Blake, der Chef der einflussreichen Betreiberfirma The Shield Corporation, hält diese Erkenntnis jedoch aus leicht ersichtlichen Gründen geheim. So müssen der Highlander und sein alter Lehrmeister Ramirez wieder einschreiten, aber da mischt sich der Widersacher und Erzschurke Katana ein, der Diktator von Zeist, dem imaginären Planeten der Unsterblichen, und fordert Connor zu einem entscheidenden Kampf heraus. Katana stellt sich ihm im Kraftwerksgebäude in den Weg. Mit einem gezielten Hieb trennt McLeod den Kopf des Bösewichts vom Rumpf und zerstört den Laser, der den Schutzschild speist. – Laut Presseheft filmte man den

Jack (Amerikaner) verknallt sich in Mary (Gespenst) Was sind schon 200 Jahre Altersunterschied, wenn man sich wirklich liebt

Ein Film von NEIL JORDAN

HIGH SPIRITS
DIE GEISTER SIND WILLIG!

High Spirits – Die Geister sind willig!

spektakulären Kampf zwischen MacLeod und Katana auf einem Autodach im Weinanbaugebiet von San Juan in den Anden, auf der 1920 erbauten Calingasta-Straße. Sehr zum Wohle. [V]

HIGHLANDER III – DIE LEGENDE

(HIGHLANDER – THE SORCERER/HIGHLANDER – THE FINAL DIMENSION). USA/ Kanada 1994. **R:** *Andrew Morahan.* **B:** *Paul Ohl.* **St:** *William Panzer.* **K:** *Steven Chivers.* **SpE:** *Louis Craig.* **M:** *J. Peter Robinson.* **D:** *Christopher Lambert (Connor McLeod), Mario Van Peebles (Kane), Deborah Unger (Alex Smith/Sarah), Mako (Nakano), Raoul Trujillo, Jean-Pierre Pérusse (Krieger), Martin Neufeld (Stenn), Daniel Do (Takamura), Gabriel Kakon (John), Frederick Y. Okimura (Alter Japaner), Michael Jayston.* F 99 Min.

Diesmal schlägt sich der unsterbliche Schotte in New York mit dem fiesen mongolischen Magier Kane herum. Unendlich banale Fortsetzung des ersten Films, die sowohl den zweiten Teil als auch die Entwicklung der TV-Serie ignoriert. (Der vierte Teil lag bei Redaktionsschluss noch nicht auf Video vor) [V]

HI-HI-HILFE!

(HELP!). GB 1965. **R:** *Richard Lester.* **B:** *Marc Behm, Charles Wood.* **St:** *Marc Behm.* **K:** *David Watkins.* **SpE:** *Cliff Richardson.* **M:** *John Lennon, Paul McCartney, Ken Thorne.* **D:** *John Lennon (John), Paul McCartney (Paul), George Harrison (George), Ringo Starr (Ringo), Leo McKern (Clang), Eleanor Bron (Ahme), Victor Spinetti (Foot), Roy Kinnear (Algernon), John Bluthal (Bhuta), Patrick Cargill (Inspektor).* F 91 Min.

»Weshalb interessieren sich die Hohepriester der gefürchteten Göttin Kali für die Beatles? Weshalb wird Ringo von einer orientalischen Gang bis an das Ende der Welt verfolgt? Was wollen die obskuren Gangster von ihm?« (ILLUSTRIERTER FILM-KURIER) All diese Fragen sind leicht zu beantworten: 1965 befand sich die britische Musikformation The Beatles auf dem Höhepunkt ihrer Karriere, und aus dieser Tatsache gedachte der gewiefte Produzent Walter Shenson Profit zu ziehen. Der Autor Marc Behm und der 33jährige amerikanische Regisseur Richard Lester (er hatte mit der SF-Komödie *Auch die Kleinen wollen nach oben* [GB 1962] einen Erfolg erzielt und in Cannes für *Der gewisse Kniff* [GB 1965] den Großen Preis abgestaubt) waren die richtigen Männer für das Projekt, denn sie verstanden es, das Lebensgefühl dieser Zeit perfekt auf die Leinwand zu bringen. Zwar hebt der für die Geschichte wichtige Fantasy-McGuffin (ein magischer Ring) niemanden aus dem Schuhwerk, doch

**Highlander II –
Die Rückkehr**

liefert die Story jede Menge Gelegenheiten, surreale Gags an den Mann zu bringen. Der Rest der Handlung (die in dekorativer Landschaft musizierenden Beatles, die ständig von den trotteligen Angehörigen der Sekte verfolgt werden, ohne dies richtig wahrzunehmen), ist nur das nötige Drumherum, um ihre neuen Songs an den Fan zu bringen. Um den (aus welchen Gründen auch immer) an Ringos Finger haftenden Klunker zu erbeuten, den sie für eine Opferzeremonie brauchen, verfolgt eine Hohepriesterin mit einem Kommando debiler Toren die Musiker über die Alpen auf die Bahamas. Doch ihre Tricks nützen nichts: So gern der drollige Drummer ihn auch los wäre, der Ring lässt sich nicht lösen. Gute Gags am Rande sind ein alle naselang auftauchender geographieschwacher Kanalschwimmer, der nach Liverpool will, und ein irrer Wissenschaftler, der tödliche Waffen erfindet. Beatle Paul wird durch eine merkwürdige Spritze in einen Däumling verwandelt. – »Richard Lester verwendet alle formalen Gags, die seit der Erfindung der Kinematographie erfunden wurden: extreme Weitwinkelobjektive, Zeitraffer, Farbfilter, Tiefenschärfeverschiebungen, Zeitlupe, schräggestellte Kameras, Spiegel, pleonastische Untertitel etc. Für Fleming-Fans gibt es eine Menge parodistischer Anspielungen zu registrieren, für Symbolsucher ebenso (man denke nur an die zugleich viel- und nichtssagende Episode mit dem musikalischen Tiger). Das dynamische Tempo dieses Films wird wohl immer der Wunschtraum eines Stanley Kramer ... bleiben, und die filmische Ästhetik des Streifens sucht

Der Himmel soll warten

sogar unter den übrigen Filmen Richard Lesters ihresgleichen vergeblich.« (Hans Langsteiner, ANDROMEDA) [V]

HILFE, ICH BIN EIN HUND

(DOGMATIC). USA 1996. R: Neil Fearnley. B: George Zaloom. D: Michael Riley (Dennis Winslow), Leila Kienzle (Amy), David Leisure (Pal Acres). F 90 Min.
TV-Film: Da Werbekaufmann Dennis unbedingt Karriere machen will, erscheint er sogar zur eigenen Hochzeit mit dem Handy. Als er einen Auftrag für Hundefutterwerbung an Land ziehen soll, geht alles schief. Verzweifelt wünscht er sich, er könne so sorglos vor sich hin leben wie sein Hund. – Und wie in Fantasy-Komödien üblich, wird ihm der Wunsch – Schwupps! – erfüllt: Er tauscht die Identität mit dem kleinen Kläffer und hat fortan ganz andere Probleme.

HILFE, ICH BIN MEIN HUND ...
UND MEIN HUND IST ICH
Anderer Titel für **Hilfe, ich bin ein Hund**

DER HIMMEL SOLL WARTEN

(HEAVEN CAN WAIT). USA 1978. R: Warren Beatty, Buck Henry. B: Elaine May, Warren Beatty. V: Harry Segall. K: William A. Fraker. M: Dave Grusin. D: Warren Beatty (Joe Pendleton), Julie Christie (Betty Logan), Dyan Cannon (Julia Farnsworth), Charles Grodin (Tony Abbott), Jack Warden (Max Corkle), James Mason (Mr. Jordan), Buck Henry (Engel 7013), Vincent Gardenia (Detektiv), Dolph Sweet (Trainer), John Randolph (Früherer Besitzer der Rams), Keene Curtis (Oppenheim), R. G. Armstrong (Manager), Morgan Farley (Middleton), Frank Campanella (Conway), Hamilton Camp (Bentley). F 101 Min.
Modernisiertes Remake des Films Urlaub vom Himmel (Inhalt siehe dort): Joe Pendleton ist nun Footballprofi, Betty Logan eine resolute Grüne, und der Film als Ganzes ein Ego-Trip Warren Beattys, der zwar annehmbar unterhält, mit dem zeitbezogenen Unterbau des Vorläufers aber einiges an Wirkung einbüßt. – »Okay, aber nichts Besonderes.« (NEW MUSICAL EXPRESS) [V]

DER HIMMEL ÜBER BERLIN

(LES AILES DU DESIR). BRD/Frankreich 1987. **R:** *Wim Wenders.* **B:** *Wim Wenders, Peter Handke, Richard Reitinger.* **LV:** *in Zusammenarbeit mit Peter Handke.* **K:** *Henri Alékan.* **M:** *Jürgen Knieper, Laurent Petitgand, Laurie Anderson, Crime and the City Solution, Nick Cave & The Bad Seeds, Sprung aus den Wolken, Tuxedomoon, Minimal Compact.* **D:** *Bruno Ganz (Damiel), Solveig Dommartin (Marion), Otto Sander (Cassiel), Curt Bois (Homer), Peter Falk (Filmstar), Hans Martin Stier (Sterbender), Elmar Wilms (Trauriger Mann), Sigurd Rachman (Selbstmörder).* F/SW 127 Min.

»Man übertreibt nur wenig, wenn man das Verhältnis der Amerikaner zum deutschen Film als schizophren bezeichnet: Von eingefleischten Cinephilen bewundert, löst er beim großen Publikum eher Abwehrgefühle aus. Deutsche Filme gelten als tiefsinnig, schwerfällig und langweilig – also genau das, was der amerikanische Kinobesucher unter gar keinen Umständen sehen will.« (FAZ) – Nicht nur das amerikanische, möchte man hinzufügen: Auch das deutsche Publikum tut sich schwer, obwohl der Wim inzwischen mehrere Anläufe über den großen Teich gemacht und sich reichlich Mühe gegeben hat, den Geschmack eines größeren Publikums wenigstens halbwegs zu befriedigen. *Der Himmel über Berlin* gehört zu Wenders' absolut tödlichen Filmen, die Langeweile breitet sich wie ein Leichentuch über diesen Berliner Film, trotz des Auftritts der Engel Damiel (Bruno – gähn! – Ganz) und Cassiel (Otto – schnarch! – Sander). Damiel sehnt sich nach Erdfestigkeit, und darum verliebt er sich ausgerechnet in eine Trapezkünstlerin, die mit Flügelattrappe in der Zirkuskuppel turnt: »Schüchtern streckt er seine Hand nach der Nackten aus, zeichnet vorsichtig mit dem Finger ihre Nackenlinie nach. Aber er kriegt keinen Kontakt, erfährt nur die eigene Transparenz. Oder ist es die ihre? Wir sind ja im Kino: Sind wir etwa alle Engel?« (SÜDDEUTSCHE ZEITUNG) [V]

EIN HIMMELHUND VON EINEM SCHNÜFFLER

(OH, HEAVENLY DOG!). USA 1980. **R:** *Joe Camp.* **B:** *Rod Browning, Joe Camp.* **K:** *Don Reddy.* **M:** *Evel Box. Dressur Frank Inn, Juanita Inn.* **D:** *Chevy Chase (Benjamin Browning), Jane Seymour (Jackie Howard), Omar Sharif (Malcolm Bart), Robert Morley (Bernie), Alan Sues (Freddie), Donnelly Rhodes (Montanero), Stuart Germain (Higgins), John Stride (Alistair Becket), Barbara Leigh Hunt (Margaret), Margaret Courtenay (Lady Chalmers).* F 103 Min.

Bei seinen Nachforschungen in einem Mordfall wird der leicht verschrobene Privatdetektiv Benjamin Browning hinterrücks erstochen. Im Himmel gewährt man ihm allerdings die Chance, auf die Erde zurückzukehren und den Fall zu lösen. Leider aber nur in Gestalt des Straßenköters Benji. Geschickt schmeichelt sich der Hundedetektiv bei der Journalistin Jackie Howard ein und entlarvt den Täter: Malcolm Bart, den Assistenten eines Anwärters für den Posten des Premierministers, der seinen Boss vor einem Skandal bewahren wollte. Da Benji dabei jedoch die himmlische Kulanzzeit überschritten hat, muss er nun weiter als Hund durch die Straßen ziehen. Barts letztes Opfer Jackie leistet ihm als Katze Gesellschaft. – Dritter Film mit dem sprichwörtlichen Underdog Benji, der sich in erster Linie auf die (gelungene) Tierdressur und die (weniger gelungenen) Clownerien des »Saturday Night Live«-Stars Chevy Chase konzentriert. Was die Parodie angeht, die sich an so ziemlich allem zwischen Lassie und dem *Krieg der Sterne* versucht, umschreibt der Begriff *hit or miss* die Taktik dieser Neuauflage von *You Never Can Tell* (USA 1951; Regie: Lou Breslow) vielleicht am besten. Merkwürdig nur, dass die Autoren ausgerechnet vor der sich anbietenden Persiflage des Detektivfilms zurückschrecken. [V]

HIMMELSSPIEL

(HIMLASPELET). Schweden 1942. **R:** *Alf Sjöberg.* **B:** *Rune Lindström, Alf Sjöberg.* **V:** *Rune Lindström.* **K:** *Gösta Roosling.* **M:** *Lillebror Sonderlundh.* **D:** *Rune Lindström (Mats Ersson), Eivor Lindström (Marit), Holger Lowenadler (König Salomon), Emil Fjellström (Gammel-Jerk, der Satan), Anders Henriksson (Gottvater), Gudrun Brost, Arnold Sjöstrand, Nils Gustafsson, Hugo Björn.* SW 105 Min.

Mats Erssons Braut soll eine Seuche hervorgerufen haben. Als Hexe wird sie verbrannt. Mats will von Gott im Himmel Gerechtigkeit fordern und macht sich zu ihm auf. Auf seiner Wanderschaft durchläuft er verschiedene Stationen aus der biblischen Geschichte und trifft die Propheten Elias, Jesaias, Jonas und Jeremias, die Apostel, Maria und Joseph, den armen Lazarus. »Gammel-Jerk«, der Satan, führt ihn an den Hof König Salomons, wo aus dem ehrlichen Mats ein skrupelloser Intrigant wird, der im Verlauf seines Lebens durch üble Machenschaften zum reichen Mann wird. Als er alt ist, will der Teufel ihn holen; aber Marit bittet bei Gottvater für ihn. So steht Mats seiner Marit endlich auf der Himmelswiese gegenüber, beide jung und schön, wie einst.

»Bei der Verfilmung ... hat Sjöberg es verstanden, den naiven Stil echter Volkskunst zu bewahren. Er stellte das Überwirkliche so selbstverständlich in die schwedische Landschaft, dass ein Bild ungebrochener Übereinstimmung entstand. Der mystische Grundton des Films, die Einbeziehung der Landschaft und des Lebens einfacher Menschen in die Handlung, schlug außerdem eine Brücke zur großen Tradition des schwedischen Stummfilms.« (Dieter Krusche, RECLAMS FILMFÜHRER) Die Handlung der literarischen Vorlage, Rune Lindströms religiöses Volksstück *Vom Wege, der zum Himmel führt,* war alten naiven Wandmalereien der Provinz Dalarna entnommen, daher auch die filmische Rahmenhandlung, in der ein Maler in einem Bauernhaus diese Legende als Zimmerschmuck an die Wand malt.

HIMMLISCHE SOMMERFERIEN

(MEATBALLS III: SUMMER JOB). USA 1987. **R:** *George Menduluk.* **B:** *George Menduluk.* **K:** *Peter Benison.* **M:** *Paul Zaza.* **D:** *Sally Kellerman (Roxy), Patrick Dempsey (Rudy), Mark Blutman (Andy), Isabelle Mejias (Wendy), George Buza (Gene), Al Waxman (Peter), Shannon Tweed (Liebesgöttin), Sam Stone (Koch), Caroline Arnold (Unerfahrene), Maury Chaykin, Corey Feldman, Ronnie Hawkins. F 93 Min.*

Nach ihrem Ableben wird der Porno-Aktrice Roxy Du Jour aufgrund ihres üblen Lebenswandels der Eintritt in den Himmel verwehrt: Sie soll zuerst mal eine gute Tat vollbringen und gibt sich alle Mühe, dem vom Pech verfolgten Teenager Rudy eine Freundin zu verschaffen: am besten die dralle Gattin des Ferienlagerleiters, auf dessen Gelände Rudy ein paar Kröten verdienen will. [V]

EIN HIMMLISCHER LIEBHABER

(CHANCES ARE). USA 1989. **R:** *Emile Ardolino.* **B:** *Perry Howze, Randy Howze.* **K:** *William A. Fraker.* **M:** *Maurice Jarre.* **D:** *Cybill Shepherd (Corinne Jeffries), Robert Downey jr. (Alex Finch), Ryan O'Neal (Philip Train), Mary Stuart Masterson (Miranda Jeffries), Christopher McDonald (Louie Jeffries), Josef Sommer (Richter Fenwick), Joe Grifasi (Omar), Susan Ruttan (Frau im Buchladen), Fran Ryan (Mavis Talmadge), James Noble (Dr. Bailey). F 108 Min.*

Déjà-vu-Klamotte des *Dirty Dancing*-Regisseurs Emile Ardolino:

Ein Verkehrsunfall rafft einen engagierten jungen Staatsanwalt hinweg, aber er mag sich nicht fügen, als er vor der himmlischen Einwanderungsbehörde steht: »Ich muss arbeiten, meine Frau wartet, und ich hab eine Tischreservierung.« Deshalb wird ihm, wie dem Münchner im Himmel, die Gnade einer Reinkarnation, der sprichwörtlich späten Geburt, zuteil, als Sohn einer richtig asozialen Familie. 23 Jahre später beginnt Alex Finch, inzwischen Yale-Absolvent, die Wahrheit zu dämmern, als er, wie es der Zufall fügt, bei seiner früheren Frau Corinne einzieht. Dabei verliebt er sich in seine (wenn auch nicht leibliche) Tochter Miranda. – »Wohl weniger dank ausgefeilter Regiekünste als vielmehr mit Hilfe dieser amüsanten, aber eindeutig nur als Vorstellung legitimierten Konstellation, die dem Freudschen Register der Inzestwünsche und -tabus die Untertöne einer befreienden Persiflage abgewinnt, ist Ardolino eine beschwingte Komödie voll linder Wehmut und einer Art ausgleichender sexueller Gerechtigkeit im Leben nach dem Tode gelungen.« (FRANKFURTER RUNDSCHAU). [V]

EIN HIMMLISCHER SCHNÜFFLER

(JUSTIN CASE). USA 1988. **R:** *Blake Edwards.* **B:** *Blake Edwards.* **K:** *Isidore Mankofsky.* **M:** *Henry Mancini.* **D:** *George Carlin (Justin Case), Molly Hagan (Jenny Spalding), Gordon Jump, Timothy Stack, Kevin McClarnon, Douglas Sills, Paul Sand. F 90 Min.*

TV-Film. Mit Hilfe seiner neuen Sekretärin klärt der Geist eines ermordeten Detektivs das Geheimnis um seinen Tod. [V]

EIN HIMMLISCHER SÜNDER

(HEAVEN CAN WAIT). USA 1943. **R:** *Ernst Lubitsch.* **B:** *Samson Raphaelson.* **V:** *Laszlo Bus-Fekete.* **K:** *Edward Cronjager.* **M:** *Alfred Newman.* **D:** *Don Ameche (Henry van Cleve), Gene Tierney (Martha), Charles Coburn (Hugo van Cleve), Eugene Pallette (E. F. Strabel), Marjorie Main (Mrs. Strabel), Laird Cregar (Teufel), Allyn Joslyn (Albert van Cleve), Spring Byington (Bertha van Cleve), Louis Calhern (Randolph van Cleve), Clarence Muse (Jasper), Signe Hasso (Mademoiselle).* **F 112 Min.**

Zeit seines recht lotterhaften Lebens ist Henry van Cleve der Arbeit aus dem Wege gegangen. Nach seinem Tode meldet er sich daher vorsorglich gleich in der Hölle. Doch der Teufel ist nicht recht von seinen »Meriten« überzeugt und lässt sich sein Leben erzählen: Schon als 15jähriger war der verzogene Sohn reicher Eltern mit seiner Hauslehrerin lieber durch die Nachtclubs gezogen statt Französisch zu lernen. Mit 26 schnappte Henry seinem spießigen Cousin Albert dessen Braut Martha weg, verlor sie wegen zahlreicher Affären, gewann sie zurück, führte eine restlos glückliche Ehe und zeugte einen Sohn, der, wie sich herausstellte, ganz nach dem Vater schlug. Nach dem Tode Marthas wollte sich der Casanova wieder ins volle Menschenleben stürzen, blitzte wegen seiner Alters aber überall ab. In den Armen einer Krankenschwester ereilte Henry mit siebzig der Tod. »Als dann die Summe des ganzen Lebens gezogen wird, stehen den großen und kleinen Sünden Henrys doch erhebliche Pluswerte, wie die anhängliche Liebe zu seiner Frau und deren veredelnder Einfluss auf ihn gegenüber, die ausreichen, ihn vor der Verdammung zu bewahren.« (FILMDIENST) – Obwohl die Rahmenhandlung ein Gericht im Jenseits zum Thema hat, ist *Ein himmlischer Sünder* streng genommen nicht dem *Film blanc* zuzurechnen. Lubitschs erster und einziger Farbfilm, der sich in einer Frühstücksszene direkt und in seiner Flashback-Konstruktion ganz allgemein recht stark auf *Citizen Kane* bezieht, erzählt das Leben eines Schwerenöters, in dem sich auch der Regisseur selbst erkennen lässt. Die für ihn typische Art und Weise, mit der er die scheinbar trivialen Gelüste Henrys zunächst dem Spott des Zuschauers anheimgibt, wandelt sich im zweiten Teil sehr schnell zu einer für Lubitsch erstaunlichen Wärme und Menschlichkeit. Parallel dazu verschieben sich auch die Sympathien des Zuschauers, die bis zu diesem Punkt Henrys geplagten Verwandten und Freunden (insbesondere seinem Cousin Albert) gehörten. Man kann den Film, wenn man will, als unterhaltsamen Essay zum Thema Vergebung der Trivialität sehen. Wie immer präsent der sogenannte Lubitsch-Touch, die Fähigkeit, mit vielsagenden kleinen Details mehr zu bewirken als durch lang ausgespielte Szenen. Ganz zwanglos verweben sich das »Mosaik veralberter Klischees« (James Agee) und die sorgsam beobachteten Details der einzelnen Zeitperioden (Kleidung, Sprache, der Übergang von den steifen Neunzigern in die aufgelockerte Art-Deco-Ära der Zwanziger und vieles mehr) zu exakt jenem Netz der Konventionen, aus denen Henry auszubrechen versucht. In signifikanter Weise abgewandelt jedoch ein anderes Markenzeichen: die sich schließende Tür. Signalisierte er damit ansonsten immer eine sexuelle Begegnung, gerät sie am Ende des Films unversehens zu einem Symbol der Sterblichkeit, fast als ob Lubitsch damit auf seinen eigenen, schwer angegriffenen Gesundheitszustand Bezug nehmen wollte. *Ein himmlischer Sünder* – Bilanz eines Lebens in mehrfacher Hinsicht.

EIN HIMMLISCHER TEUFEL

(IL PICCOLO DIAVOLO). Italien 1988. **R:** *Roberto Benigni.* **B:** *Vincenzo Cerami, Roberto Benigni.* **K:** *Robby Müller.* **M:** *Evan Lurie.* **D:** *Roberto Benigni (Giuditta), Walter Matthau (Maurice), Nicoletta Braschi (Nina), John Lurie (Cusatelli), Stefania Sandrelli (Patrizia), Paolo Baroni (Saverio), Franco Fabrizi, Giacomo Piperno, Flavio Bonacci, Annabella Schiavone, John Karlsen, Mirella Falco.* **F 98 (110) Min.**

Ein schräges Teufelchen entwischt aus der Hölle und freundet sich nach einem Exorzismus mit dem Geistlichen Maurice an. Da es erst vierhundert Jahre alt ist, weiß es nicht das Geringste über die Welt und ihre Schlechtigkeit – vom Sex ganz zu schweigen. Aber es trifft sich gut, dass auch der Pater der Weiblichkeit nicht abhold ist. Eine gagreiche Klamotte, deren deutsche Synchronisation aber, wie Praktikanten der italienischen Sprache behaupten, eine Menge Witze versenkt und dadurch an Humor verliert. [V]

HINTER DEM HORIZONT

(WHAT DREAMS MAY COME). USA 1998. **R:** Vincent Ward. **B:** Ron Bass. **LV:** Richard Matheson. **K:** Eduardo Serra. **SpE:** Digital Domain. **M:** Michael Kamen. **D:** Robin Williams (Chris Nielsen), Annabella Sciorra (Annie Nielsen), Cuba Gooding jr. (Jenseitsführer Albert), Max von Sydow (Spurenleser), Rosalind Chao (Leona), Jessica Brooks (Marie Nielsen), Josh Paddock (Ian Nielsen), Lucinda Jenne (Mrs. Jacobs), Matt Salinger (Reverend Hanley), Maggie McCarthy (Stacey Jacobs). F 106 Min.

Zuerst verlieren Chris Nielsen, ein Kinderarzt, und seine Frau Annie ihre Kinder, dann stirbt Chris an den Folgen eines Auffahrunfalls. Aber – dank aufwendiger Computertechnik – lebt er weiter in den Ölbildern, die seine Frau, eine gelernte Restauratorin, in Erinnerung an ihre erste Begegnung gemalt hat. »Achtung, es breughelt«, warnte die BERLINER ZEITUNG verschmitzt, als Robin Williams alias Chris durch Landschaften stapft, die an Monet, van Gogh und Caspar David Friedrich erinnern. Als sich Annie das Leben nimmt, macht sich Chris wie Orpheus auf die gefahrvolle Odyssee in die Hölle (wo Selbstmörder nun einmal landen) und beweist einmal mehr, dass Liebe stärker ist als der Tod. Die Hölle, findet die Kritikerin der WOCHE, sehe so aus, als habe Disney Dante gelesen.

Hinter dem Rampenlicht

HINTER DEM RAMPENLICHT

(ALL THAT JAZZ). USA 1979. **R:** Bob Fosse. **B:** Bob Fosse, Robert Alan Arthur. **K:** Giuseppe Rotunno. **M:** Ralph Burns. **D:** Roy Scheider (Joe Gideon), Jessica Lange (Angelique), Ann Reinking (Kate Jagger), Leland Palmer (Audrey Paris), Cliff Gorman (David Newman), Ben Vereen (O'Conner Flood), Erzsebet Foldi (Michelle), Michael Tolan (Dr. Ballinger), Max Wright (Joshua Benn), William Le Massena (Jonesy Hecht), Chris Chase (Leslie Perry), Deborah Geffner (Victoria), Kathryn Doby (Kathryn), Anthony Holland (Paul Dann), Robert Hitt (Ted Christopher), John Lithgow (Lucas Sergeant). F 123 Min.

Der Broadway-Regisseur Joe Gideon ist ein narzisstischer Workaholic, der jeden neuen Tag mit Zigaretten, Pep-Pillen und dem seinem Spiegelbild entgegengeschleuderten Satz »It's showtime, folks« beginnt. Bei den Proben zu seiner neuen Show erwählt er die junge Kate als Star. Ungerührt ob der Tatsache, dass auch seine Ex-Frau Audrey mitwirkt, macht er sie zu seiner neuen Geliebten. Schließlich bescheren Joe zahllose berufliche und private Probleme einen Herzinfarkt. Während der Operation inszeniert er im Geiste sein eigenes Leben als gigantische Show. Des weiteren unterhält er sich immer öfter mit dem weißgekleideten Todesengel Angelique. Unterdessen bangen seine Produzenten um das neue Musical. Einerseits sollte Joe möglichst schnell wieder die Arbeit aufnehmen, andererseits würde im Fall seines Todes die Versicherung mehr zahlen, als sie verlöre, wenn die Show floppt. Die Operation endet erfolgreich. Doch der egomanische Joe ist so sehr von seinen Komaträumen fasziniert, dass er bewusst einen tödlichen Rückfall heraufbeschwört, um die Show seines Lebens zu einem spektakulären Finale bringen zu können.

Stark autobiographisch angehauchtes Herzinfarkt-Musical, in dem Bob Fosse (wie später bei Star 80) mit grandiosen ästhetischen Effekten, einem regelrecht musikalischen Schnitt und den suggestiven Bildern des Fellini-Kameramannes Giuseppe Rotunno die Oberflächlichkeit seines Ego-Denkmals zu kaschieren versucht. »Derartige Bild-Folgen und Rhythmen, wie sie in den fiebrigen Todesvisionen des Joe Gideon elektrisierend aufscheinen, sind im Kino selten so perfekt zu sehen ... Ob das zwiespältige Furioso, die kontroverse Show-Philosophie eher der Selbstironie oder der Geschmacklosigkeit zuneigt, das muss wohl jeder Betrachter selbst entscheiden. Sicher ist, dass dieses im wahrsten Sinn des Wortes üppige Kino-Prunkstück mit seinen ausschweifenden, Lebensgier und Todesangst gleichermaßen für den Gebrauch in die Fun- und Entertainment-Branche vermarktenden Tendenzen nicht zu den moralisch ernst zu nehmenden Auseinandersetzungen mit den angeritzten Themen Leben, Liebe, Beruf und Erfüllung zu rechnen ist, sondern letztlich nur leere Show-Effekte reflektiert.« (FILMECHO) Vier Oscars für Ausstattung, Kostüme, Musik und Schnitt. [V]

HINTER DER SCHEUNE IST EIN DRACHE

(XZA HUMAY JE DRAK). ČSSR 1982. **R:** *Radim Cvrcek.* **B;** *Markéta Zinnerová.* **LV:** *Markéta Zinnerová,* **K:** *Karel Kopecký.* **M:** *Harry Macourek.* **D:** *Jiří Cisler, Stefan Kvietek, Josef Kemr, Lubomir Kostelka, Ivana Andrlová, Jan Stasny. F 95 Min.*

»Ein ganz und gar untypischer Drache ist die Hauptfigur dieses ... Kinderfilms. Er ist zwar riesengroß, aber hat nur einen Kopf, frisst Holzkohle und ist auch sonst ein äußerst friedfertiger Geselle. Allerdings hat sein Geschlecht – wie alle Kinder wissen – nicht gerade den besten Ruf, und so fürchtet natürlich auch König Jan um sein Töchterlein, denn Drachen verspeisen mit Vorliebe Prinzessinnen.« (FILMSPIEGEL)

DER HIRSCH MIT DEM GOLDENEN GEWEIH

(OLEN – SOLOTYJE ROGA). UdSSR 1972. **R:** *Alexander Rou.* **B:** *Lew Potjomkin, Alexander Rou.* **K:** *Juri Djakonow, Wladimir Okunew.* **M:** *Arkadi Filippenko.* **D:** *Raissa Rjasanowa (Mutter Jewdokija), Ira Tschigrinowa (Maschenka), Lena Tschigrinowa (Daschenka), Georgi Milljar (Baba Jaga), Wladimir Below (Kirjuscha), Juri Chartschenko (Waldgeist Chochrik), Iwan Baida (Waldgeist Tjap), Anatoli Gorbatschow (Waldgeist Ljab), Michail Pugowkin (Räuberhauptmann Irod). F 66 Min.*

Maschenka und Daschenka, die Töchter einer alten Witwe, werden beim Pilzesuchen von der Hexe Baba Jaga in Rehe verwandelt. Bruder Kirjuscha wird zu einer Ziege. Bei dem Versuch, die Kinder zu befreien, rettet Mutter Jewdokija unterwegs einem Hirsch mit goldenem Geweih das Leben und erhält zum Dank einen Ring, mit dem sie den Zauber der Hexe bricht. [V]

HITCH, DER GEIST AUS DER FLASCHE

(WISHMAN). USA 1991. **R:** *Michael Marvin.* **B:** *Michael Marvin.* **M:** *Bob Christianson.* **D:** *Paul Le Mat (Basil Hanks), Geoffrey Lewis (Leggett Hitchcock), Paul Gleason (Joshua Silverstein), Quin Kessler (Lily Andon), Nancy Parsons (Mrs. Crabbe), Brion James (Staten Jack Rose), Gailard Sartain (Dr. Abe Rogers), Michael D. Roberts, Rance Howard, Tony Amendola. F 82 Min.*

TV-Klamotte. Der versoffene Dschinn Hitch geht seiner Flasche verlustig, und seine Zauberkräfte nehmen ab. Der Schrotthändler Basil, der ihm helfen will, macht sich auf, um sie in dem Antiquitätenladen zu erbeuten, in dem sie gelandet ist. Zum Dank verhilft Hitch ihm zu einer Braut, die als reiche Erbin unter einem schrägen Vormund leidet.

DAS HÖCKERPFERDCHEN

(SKASKA O KANKE-GORBUNKE). UdSSR 1961. **R:** *Alexander Radunski, Soja Tulubjewa.* **B:** *Alexander Radunksi.* **LV:** *Erzählung »Konjok-gorbunok« (Das bucklige Pferdchen) von Pjotr Jerschow.* **K:** *Michail Silenko, Jewgeni Jazun.* **M:** *Rodion Schtschedrin.* **D:** *Maja Plissezkaja, Wladimir Wassiljew, Anja Scherbinina, Alexander Radunski. F 86 Min.*

Jerschow hat sein Kunstmärchen von den guten Taten Iwanuschkas und seines treuen Höckerpferdchens im Zauberreich 1834 als neunzehnjähriger Student veröffentlicht. Die vorliegende Filmversion erzählt die Fabel als Ballett.

HODJA UND DER FLIEGENDE TEPPICH

Anderer Titel für **Der fliegende Teppich**

HOLLYWOOD MONSTER

BRD 1987. **R:** *Roland Emmerich.* **B:** *Roland Emmerich, Thomas Kubisch.* **K:** *Karl Walter Linden-*

Hollywood Monster

laub. **M:** *Hubert Bartholomae.* **D:** *Jason Lively (Warren McCloud), Jill Whitlow (Laurie), Tim McDaniel (Fred), Paul Gleason (Stan Gordon), Leonard Lansink (Karl), Ian McNaughton (Frederick McCloud), Chuck Mitchell (Rosenbaum), Julian Curry (Anwalt), Toby Kaye (Carol), Cynthia Frost (Sekretärin). F 112 Min.*

Mit Unterstützung eines urigen Gnom-Geistes sucht ein junger Schauspieler den Schatz seines Urgroßvaters. Er findet ihn nach den üblichen Querelen mit dem üblichen bösen Widersacher. – Roland Emmerich, inzwischen Top-Verdiener in Hollywood, begann seine Regiekarriere als »kleiner Spielberg aus Sindelfingen« und drehte seine ersten Filme in einer alten Fabrikhalle. Zwar ist *Hollywood Monster* handwerklich nett gemacht, aber wenn man die Umgebung nach einer Weile sanft entschnarchen hört, liegt dies eher darin begründet, dass die Beherrschung reinen Formalkrams ohne die der Schreibkunst (die Dialoge sind zum Brüllen dämlich) noch lange keinen spannenden Film macht. [V]

HOOK

(HOOK). USA 1991. **R:** *Steven Spielberg.* **B:** *James V. Hart, Malia Scotch Marmo, Nick Castle.* **LV:** *»Peter Pan« von James Matthew Barrie.* **K:** *Dean Cundey.* **SpE:** *Industrial Light & Magic.* **M:** *John Williams.* **D:** *Dustin Hoffman (Captain Hook), Robin Williams (Peter Banning/Peter Pan), Julia Roberts (Tinkerbell), Bob Hoskins (Smee), Maggie Smith (Oma Wendy), Caroline Goodall (Moira), Charlie Korsmo (Jack), Amber Scott (Maggie), Laurel Cronin (Liza), Phil Collins (Inspektor Good), Arthur Malet, Isaiah Robinson. F 135 Min.*

Wenn Disney an *Peter Pan* nicht vorbeigegangen ist, so kann es sein illegitimer Ziehsohn Steven Spielberg noch weniger. Dabei hat der Regisseur Angst vorm Fliegen, wie er in einem Interview gestand. Piratenkäptn Hook verlässt die imaginären Grenzen von »Nimmerland« und entführt die Kinder Jack und Maggie, um in seinem Verlangen nach Vergeltung den Erzrivalen Peter Pan herauszufordern. Aber Peter Banning, der karriereversessene, allein dem Materialismus verpflichtete Vater der Kinder, glaubt nicht mehr an Elfen und muss bei den verlorenen Jungen und bei der fingerhohen Fee Tinkerbell erst wieder in die Lehre gehen. Wenn ihr nicht werdet wie die Kinder ...! [V]

HOPP! UND EIN MENSCHENAFFE IST DA

(HOP! A JE TU LIDOOP). ČSSR 1977. **R:** *Milan Muchna.* **B:** *Miloš Macourek.* **K:** *Emil Sitorek.* **D:** *Josef Kemr, Vladimir Dlouhý, Monika Halová, Josef Vinklar. F 91 Min. TV-Film.*

Nachdem ein Flaschengeist ihnen zu immensem Wohlstand verholfen hat, lassen die Einwohner eines tschechischen Kleinstädtchens die Masken fallen und zeigen ihren wahren Charakter. – »Komödiantisches Märchen, das Themen aus orientalischen Erzählungen mit westlichen Jugendproblemen und einer Kritik am Kleinbürgertum verbindet.« (FILMDIENST) Sehenswert.

HOTEL ZUR UNSTERBLICHKEIT

(WINGS OF FAME). Niederlande 1990. **R:** *Otokar Votocek.* **B:** *Otokar Votocek, Herman Koch.* **K:** *Alex Thompson.* **M:** *Paul Michael Van Brugge.* **D:** *Peter O'Toole (Valentin), Colin Firth (Brian Smith), Marie Trintignant (Bianca), Andréa Ferréol (Theresa), Maria Becher (Dr. Frisch), Gottfried John (Ziatogorski), Walter Gotell (Empfangschef), Ellen Umlauf. F 105 Min.*

Der Autor Brian erschießt den alten Filmstar Valentin, kommt jedoch kurz darauf selbst ums Leben und findet sich in einer mysteriösen Insel-Zwischenwelt wieder, die wie ein Luxushotel aussieht. Dort stößt er nicht nur auf sein Opfer, sondern auch auf allerlei andere Berühmtheiten. Solange man sich auf Erden an sie erinnert, genießen sie jeden erdenklichen Komfort, doch je mehr ihr Ruhm verblasst, um so schäbiger wird ihre Umwelt.

DER HUND, DER HERR BOZZI HIESS

(UN ANGEL PASO SOBRE BROOKLYN). Italien/Spanien 1957. **R:** *Ladislao Vajda.* **B:** *Istvan Bekeffi, Gian L. Rondi, U. Guerra, O. Alesil, Ladislao Vajda.* **K:** *Enrique Gerner.* **M:** *Bruno Canifora.* **D:** *Peter Ustinov (Herr Bozzi), Pablito Calvo (Tonino), Arnoldo Tieri (Bruno), Silvia Marco (Giulia), José Isbert (Pietrino), Maurizio Arena (Alfonso), Isabel De Pomes (Toninos Mutter). SW 90 Min.*

Italiens Einwanderer in Brooklyn kennen den Rechtsanwalt und Hausbesitzer Bozzi, die Verkörperung des gefühllosen Emporkömmlings, der völlig stur gegenüber den Nöten seiner Mitmenschen ist. Um Bettler von der Wohnungstür zu vertreiben, hat er sich ein gefährliches Hundebellen antrainiert. Eines Tages steht eine alte Frau vor der Tür, die mit einem Kanarienvogel herumzieht und Märchen verkauft, »wunderschöne Märchen, das Stück zu fünf Cent«. Sie verwünscht Herrn Bozzi in die Gestalt eines Hundes. Nur die Liebe eines Menschen könne ihn wieder erlösen. Herr Bozzi erlebt nun die alte Umgebung aus der Perspektive eines hungrigen, herumgestoßenen Fleischerhundes. Er versteht jedes Menschenwort, kann selbst aber nur bellen. Mit Steinen beworfen, von anderen Hunden gehetzt, schleicht Hund Bozzi, genannt Caligula, durch die Gassen von Brooklyn, bis ein kleiner Junge sein Freund wird. Als eine Horde anderer Jungen den Kleinen überfällt, stürzt Caligula hinzu, um ihn zu schützen. Aus dem als Opfer seiner Selbstlosigkeit totgeschlagenen Hund wird wieder der Herr Bozzi, aber ein anderer Bozzi, der Freundlichkeit und Verständnis für seine Nachbarn übrig, ja sogar mit Kindern zu spielen gelernt hat.

– »Humorvoller und treffsicher inszenierter Märchenfilm aus unseren Tagen ... Ein reines Vergnügen.« (FILMBEBACHTER)

HUNDRA

(HUNDRA). Italien/Spanien/USA 1983. **R:** *Matt Cimber.* **B:** *Matt Cimber, John Goff.* **K:** *John Cabrera.* **M:** *Ennio Morricone.* **D:** *Laurene Landon (Hundra), John Ghaffari (Napatkin), Marissa Casel (Drachima), Ramiro Oliveros (Pateray), Luis Lorenzo. F 105 Min.*

An (vermutlich) einem Donnerstag in grauer Vorzeit metzeln Barbaren einen fremden Stamm nieder. Die dralle Kriegerin Hundra, die derweil in den heimatlichen Wäldern jagt, ist die einzige Überlebende. Und natürlich schreit ihr wildes Amazonenherz nach Rache! Mit der Ausführung derselben beschäftigt sich der Rest dieser unter Freunden schlechter Filme sehr beliebten Fantasy-Mär von Matt Cimber, dem letzten Ehemann der Sexbombe Jayne Mansfield. [V]

HÜTER DES DRACHENS

(LEGEND OF THE WHITE DRAGON). USA/Polen 1986. **R:** *Jerzy Domaradzki, Janusz Morgenstern.* **B:** *Robert C. Fleet.* **LV:** *Robert C. Fleet.* **K:** *Ryszard Lencewski.* **M:** *Janusz Stokłosa.* **D:** *Christopher Lloyd (Jim Martin), Dee Wallace Stone (Alta), Allison Balson (Jewel), Soon-Teck Oh (Tai Ching), Christopher Stone (Doc Westmore), Luke Askew (Frank Brown), Kazimierz Kaczor (Bürgermeister), Charles Kivette, Archie Lee Simpson, Zbigniew Lesien, Zdisław Sosnierz, André Blumenfeld. F 88 Min.*

Irgendwas muss hier geographisch durcheinandergeraten sein: In einem Balkandorf in einem fiktiven Land beschützt ein Drache aus dem Reich der Fabel einen umweltbewussten US-Geologen vor den Machenschaften eines chinesischen Zauberers. Nur auf Video. [V]

I

ICH BIN DEM WEIHNACHTSMANN BEGEGNET

(J'AI RENCONTRE LE PERE NOEL). Frankreich 1984. **R:** *Christian Gion.* **B:** *Didier Kaminka, Christian Gion.* **K:** *Jacques Assuerus.* **SpE:** *Grey Berkeley, Ron Berkeley.* **M:** *Francis Lai.* **D:** *Karen Cheryl (Lehrerin/Fee), Armand Meffre (Weihnachtsmann), Eric Chapuis (Simon), Alexia Haudot (Elodie), Dominique Hulin (Ogre), Jean-Louis Foulquier (Vater), Helene Zidi (Mutter), Jeanne Herviale (Oma). F 83 Min.*

Der Weihnachtsmann rettet die Eltern eines siebenjährigen Jungen aus der Gefangenschaft afrikanischer Rebellen.

ICH BIN DU

(VICE VERSA). USA 1988. **R:** *Brian Gilbert.* **B:** *Dick Clement, Ian La Frenais.* **K:** *King Baggot.* **M:**

ILJA MUROMEZ

David Shire. **D:** *Judge Reinhold (Marshall Seymour), Fred Savage (Charlie Seymour), Corinne Bohrer (Sam), Swoosie Kurtz (Tina), David Proval (Turk), Jane Kaczmarek (Robyn), Gloria Gifford (Marcie), William Prince (Avery). F 98 (100) Min.*

Schlaffe Körpertausch-Komödie, wie sie allenthalben gedreht wird. Beschrieben wird, dass jedes Alter seine Vor- und Nachteile hat: Mittels eines magischen Thai-Schädels tauscht ein Workaholic den Körper mit dem seines elfjährigen Sohnes. Unterhaltsam, wenn man nicht allzu hohe Ansprüche stellt. [V]

ICH SUCHE MEINEN MÖRDER

Anderer Titel für **Die merkwürdigen Abenteuer des Mr. Topper**

ILJA MUROMEZ – DER KAMPF UMS GOLDENE TOR

(ILJA MUROMEZ). UdSSR 1956. **R:** *Alexander Ptuschko.* **B:** *Michail Kotschnew.* **K:** *Fjodor Proworow.* **SpE:** *Alex Renkow, J. Swidetelew, B. Trawkin.* **Ma:** *I. Tschetschenin.* **M:** *Igor Morossow.* **D:** *Boris Andrejew (Ilja Muromez), Nelli Myschkowa (Wassilissa), Andrej Abrikossow (Fürst Wladimir), Natalja Medwedewa (Fürstin Apraxia), Alexej Schworin (Sokolnitschek), Schukur Burchanow (Khan), Georgi Djomin (Dobrynja Nikititsch), Sergej Stoljarow (Aljoscha Popowitsch), Sergej Martinson (Mischatytschka), S. Dschamanow (Sartak), I. Arepina (Aljonuschka), W. Solowjow (Kassjan). F 91 Min.*

Russland im 11. Jahrhundert: Plündernde Tugaren unter Führung ihres Khan entführen bei einem Angriff Wassilissa, die Frau des gelähmten Bauern Ilja Muromez, in die Sklaverei. Von fahrenden Sängern durch ein Stehaufwasser geheilt und mit einem unbesiegbaren Schwert ausgestattet, zieht Ilja nach Kiew, um Fürst Wladimir seine Dienste anzubieten. Auf dem Weg dorthin macht er das gefährliche Windscheusal unschädlich. Seine markigen Worte auf der Ratsversammlung tun dann ihr übriges, den Fürsten zu beeindrucken. Zum vollwertigen Recken er-

Ilja Muromez –
Der Kampf ums goldene Tor

nannt, zieht Ilja in die Schlacht. Er befreit seine Frau und schickt sie mit einem Schiff nach Kiew. Doch der Transport wird überfallen, Wassilissa gerät erneut in Gefangenschaft. Ein Intrigant schwärzt den Helden an, und Ilja landet im Kerker. Als die Tugaren vor Kiew stehen, sieht Wladimir notgedrungen sein Unrecht ein. Ilja wird befreit und tritt gegen Khans stärksten Kämpfer an, in dem der verdutzte Recke den eigenen Sohn erkennen muss. Darüber aufgeklärt, wechselt dieser das Lager. Selbst der herbeizitierte Drache kann Khans Truppen nicht mehr vor der Niederlage retten.

Was reine Schauwerte angeht, hält diese seltsame, durchaus schwülstige Liaison aus Märchen, Mythos und monumentaler Action jedem Vergleich mit westlichen Produkten stand. Imposante Schlachtengemälde, phantasievolle Kulissen und hochästhetische Landschaftsaufnahmen machen diese Umsetzung der Bylinen, der altrussischen Heldenlieder, zumindest fürs Auge interessant. Mit Ausnahme des Pappmaché-Drachen kann sich auch die Tricktechnik, die sich vor allem in den unaufdringlichen Effekten (wie der Statistenvervielfältigung in den großen Kampfszenen) hervortut, durchaus sehen lassen. »Die Schilderung des Kriegsgeschehens scheint der Phantasie eines kindlichen Publikums angepasst.

Freilich mag man gerade darin einige Reize entdecken; der schnaubende Drachen fordert ebenso zum Lachen heraus wie der greuliche Windblaser oder der zähnefletschende, beinschlenkernde tatarische Gesandte. Insgesamt ist der Film aber doch von einer fatalen patriotischen Tendenz; die Feinde der nationalen Sache werden zu Untermenschen degradiert; besonders die Gegenüberstellung von germanischer Aufrichtigkeit und slawischer Verschlagenheit erinnert verdächtig an die Demagogie von Nazifilmen.« (FILMKRITIK) – Freilich mag der Zuschauer in unserer aufgeklärteren (?) Zeit, ähnlich wie bei den einschlägigen Kalten-Kriegs-Produkten aus den USA, auch darin einen gewissen Reiz entdecken: eine Möglichkeit, solche demagogischen Techniken zu analysieren, aus ihnen vielleicht die Reaktionen der zeitgenössischen östlichen Filmkritik (»eine Mischung aus naturalistischem Schlachtengetümmel und schlechtem Geschmack«, FILM – GESTERN UND HEUTE) ableiten zu können. »Mit den Bojaren, der reichen Kaste von Verwaltungsräten am Fürstenhof, etablierte und egoistische Nichtsnutze, könnten sich ... manche Funktionärskreise getroffen fühlen, und die selbstherrlichen Anführer auf beiden Seiten – auch Fürst Wladimir begeht mit seinen despotischen Allüren einige böse Fehler – könnten

durchaus mit versteckten Zweifeln am Personen-
kult zu tun haben, schließlich entstand dieses Heldenepos drei Jahre nach Stalins Tod.« (SÜD-
DEUTSCHE ZEITUNG)

IM BANN DES KALIFEN

*(ARABIAN ADVENTURE). GB 1978. R: Kevin
Connor. B: Brian Hayles. K: Alan Hume. SpE:
George Gibbs, Richard Conway, David Harns. M:
Ken Thorne. D: Christopher Lee (Alcazar), Oliver
Tobias (Hassan), Milo O'Shea (Khasim), Emma
Samms (Zuleira), Puneet Sira (Majeed), Peter Cus-
hing (Wazir al Wuzara), Capucine (Vahishta),
Mickey Rooney (Daad el Shur), Joh Wyman
(Bahloul), John Ratzenberger (Achmed), Shane
Rimmer (Abu), Hal Galili (Assaf), Elizabeth Welch
(Bettlerin), Suzanne Danielle (Tänzerin), Athar
Mahik (Mahmoud), Milton Reed (Dschinn). F 98
Min.*

Die Stadt Jadur steht unter der Knute des zaubermächtigen Kalifen Alcazar. Als Prinz Hassan
von Bagdad bei ihm um die Hand seiner Stieftochter Zuleira anhält, schlägt ihm der Kalif, der zur
Vermeidung lästiger Gewissenskonflikte sein gutes Ich in einen Zauberspiegel verbannt hat, einen
Handel vor: Vor der Heirat muss Hassan die Rose von Elil beschaffen, die ihren Besitzer unbesiegbar macht. Begleitet von Alcazars Leibwächter Khasim, der ihn nach Abschluss der Mission
umbringen soll, schwingt sich der Prinz auf einen

Im Bann des Kalifen

fliegenden Teppich und macht sich auf den Weg.
Hoch oben in der Luft taucht plötzlich der junge
Majeed auf dem Teppich auf. Dem verdutzten
Prinzen erklärt er, er habe sich bei seiner Flucht
vor Alcazars Häschern per Zaubersaphir in Sicherheit gewünscht. Auf Elil gelandet, überwindet das Trio einen bösen Dschinn, ein Rudel me-
taller Drachen, einen Sumpf aus Dornenbüschen und einen verzauberten Wald. Nachdem
Hassan und Majeed die Rose gepflückt haben und
dank Majeeds Äffchen knapp einem Anschlag
Khasims entronnen sind, schließen sie sich den
Rebellen von Jadur an. Mit der Zauberkraft der
Rose bringen sie eine Teppicharmada zum Fliegen und bezwingen Alcazars Leute in einer Luft-
schlacht. Hassan befreit dessen gute Seele aus dem
Zauberspiegel und darf mit Zuleira happy enden.
– »Die schöne Fabel gerät unversehens zu schnei-
diger Technik. Denn vor lauter Übereifer, all die
bekannten Traumerfindungen aus dem Morgen-
land ... richtig anschaulich auf die Leinwand zu
bringen, schossen die Hersteller übers Ziel hinaus und verhackstückten das blumige Spintisieren
der Erzählung zu handfester Trickfilmmechanik.
Derlei perfektionierte Poesie verblüfft zunächst,
nimmt aber im Verlauf des Films immer mehr
überhand und wird zum Selbstzweck.« (FILM-
BEOBACHTER) – »Krieg der Sterne auf fliegenden Teppichen.« (VARIETY) [V]

IM KÖNIGREICH DER ZAUBERSPIEGEL

*(KOROLEWSTWO KRIWYCH SERKAL). UdSSR
1963. R: Alexander Rou. B: Witali Gubarew, Lew
Arkadjew. K: Wladimir Dulzew, Leonid Akimow.
M: A. Filippenko. D: Olja Jukina (Olja), Tanja
Jukina (Ajlo), M. Baryschewa (Oma), Andrej Sto-
pran (Freund), I. Kusnezow, Tamara Nossowa,
Georgi Milljar, Alexander Chywlja, Wera Altais-
kaja. F 80 Min.*

TV-Märchenfilm aus dem Gorki-Studio. Mit
ihrem Spiegelbild Ajlo hat Olja eine Menge Abenteuer im Königreich der Zerrspiegel zu bestehen.
Die Erlebnisse läutern die Kleine und machen aus
einem ungezogenen Kind ein braves Mädchen.

IM REICH DER ZERRSPIEGEL

Anderer Titel für **Im Königreich der Zauberspiegel**

IMMER WIEDER GLÜCK

BRD 1950. **R:** *Ferdinand Diehl.* **B:** *Rainer Maria Geis.* **St:** *Ferdinand Diehl.* **K:** *Hans Schmid.* **A:** *Ferdinand Diehl.* **M:** *Ernst Brandner, Kurt Graunke.* **Spr:** *Ferdinand Diehl, Anton Reimer, Karl Hanft, Herbert Gernot.* **D:** *Puppen von Hermann Diehl. SW 90 Min. (Puppenfilm).*

Der Diehlsche Puppentrick-Kasper Larifari muss auf einer fernen Insel nach einer Wunderblume fahnden, die allein eine kranke Prinzessin kuriert. Obwohl ein Kobold sein Schiff versenkt, erreicht er die Insel und arrangiert sich mit den Eingeborenen, deren Zeichnung – nun ja: schweigen wir besser. Im übrigen ist die Animation so langsam, wie Ferdinand Diehl es selbst war.

IN EINEM LAND VOR UNSERER ZEIT

(THE LAND BEFORE TIME). USA/Irland 1988. **R:** *Don Bluth.* **B:** *Stu Krieger.* **St:** *Judy Freudberg, Tony Geiss.* **K:** *Jim Mann.* **A:** *David Goetz, Don Moore, Vera Lanpher.* **Spr:** *Wilhelm Borchert (Erzähler), Kim Hasper (Littlefoot), Arnold Marquis (Rooter), Andrea Imme (Cera), Karl Schulz (Daddy Topps), Almut Eggert, Tobias Thoma, Wolfgang Ziffer. F 69 Min. (Zeichentrick).*

Noch vor Jurassic Park und lange vor Disneys Dinosaurier produzierten Steven Spielberg und George Lucas zusammen mit Don Bluth ein Zeichenfilm-Abenteuer um Dino-Kids. Littlefoot, der seine Mama verloren hat (sie wurde von einem Tyrannosaurus gekillt), und seine dreikäsehohen Kumpane haben in einer Welt des Fressens und Gefressenwerdens, auf der Odyssee nach dem prähistorisch Gelobten Tal allerhand zu erleben und bezwingen zum Schluss nach dem Zeichenfilmgesetz des David-schlägt-Goliath sogar einen Scharfzahn, einen T-Rex. Mama wäre vermutlich sehr stolz auf ihren wackeren Kleinen gewesen. [V]

IN EINEM LAND VOR UNSERER ZEIT 2

(THE LAND BEFORE TIME II: THE GREAT VALLEY ADVENTURE). USA 1994. **R:** *Roy Allen Smith.* **B:** *Dev Ross, John Loy, John Ludin.* **M:** *Michael Tavera, James Horner, The Roches. F 70 Min. (Zeichentrick).*

TV-Nachzieher zu *In einem Land vor unserer Zeit.* Zwei vegatarische Jungsaurier, die mit ihrer Sippschaft in einem idyllischen Tal leben, bringen nach einem Ausflug in die Bergwelt das Ei einer fleischfressenden Echse mit, kümmern sich um das ausgeschlüpfte Baby und müssen erfahren, dass es am besten dort aufgehoben ist, wo es herkommt. Mit Multi & Kulti ist es in der Drachenwelt offenbar nicht weit her. [V]

IN EINEM LAND VOR UNSERER ZEIT 3

(THE LAND BEFORE TIME III: THE TIME OF THE GREAT GIVING). USA 1994. **R:** *Graham Morris, Roy Allen Smith.* **B:** *John Loy, John Ludin, Dev Ross.* **SpE:** *Kim Jung.* **M:** *Michael Tavera, James Horner. F 68 (71) Min.*

Der Absturz eines Meteoriten schneidet in einem idyllischen Tal lebende Dinosaurier vom Trinkwasser ab und setzt eine ökologische Kettenreaktion in Gang, die alles Leben bedroht. Alle müssen bei der Aufgabe zusammenarbeiten, das Wasser wieder zum Strömen zu bringen, auch die Hirnlosen. – Ein Produkt, das die Mitte der neunziger Jahre grassierende Dino-Film-Welle ausbeutet; dies jedoch mit einem feinen Bildungsauftrag für die Kleinen. [V]

IN EINEM LAND VOR UNSERER ZEIT 4

(THE LAND BEFORE TIME IV: JOURNEY THROUGH THE MISTS). USA 1995. **R:** *Roy Allen Smith.* **B:** *Dev Ross.* **M:** *Michael Tavera. F 71 Min.*

Der Großvater des kleinen Sauriers Littlefoot erkrankt und kann nur durch die Blüten der mysteriösen Nachtblume geheilt werden. Littlefoot und seine Freunde begeben sich in das Land des Nebels, begegnen manchen Gefahren, finden die begehrte Blume und kehren mit ihr zurück, damit es happy endet. [V]

IN JENEN TAGEN

Deutschland 1947. **R:** *Helmut Käutner.* **B:** *Helmut Käutner, Ernst Schnabel.* **K:** *Igor Oberberg, Heinz Pehlke.* **M:** *Bernhard Eichhorn.* **D:** *Erich Schellow (Karl), Gert Schaefer (Willi), Helmut Käutner (Stimme des Autos), Winnie Markus (Sy-*

bille), Werner Hinz (Steffen), Karl John (Peter Keyser), Franz Schafheitlin (Dr. Wolfgang Buschenhagen), Hans Nielsen (Wolfgang Grunelius), Willy Maertens (Wilhelm Bienert), Ida Ehre (Frau S. Bienert), Rudolf Jugert (Briefträger), Erica Balqué (Dorothea Wieland), Hermann Speelmanns (August Hintze), Hans Mahnke (Herr Niginski), Isa Vermehren (Erna), Margarete Haagen (Baronin von Thorn), Erwin Geschonneck (Herr Schmitt), Carl Raddatz (Josef), Bettina Moissi (Marie). SW 87 (111) Min.

In sieben Episoden filmt Helmut Käutner einen Querschnitt (1933–45) von der Deutschen in Zukunft liebstem Kind. Es geht um ein Autowrack,

das sich selbst, gesprochen vom Regisseur, an den Zuschauer wendet. – »Das ›Ding‹, so lang mit Füßen getreten und ohne Verwandtschaftsbeziehung zum Menschen, besinnt sich auf seine Seele; die zur passiven Dulderin degradierte Materie – das abgewrackte Auto – erzählt.« (Wolfdietrich Schnurre, DER NEUE FILM)

INDIANA JONES UND DER LETZTE KREUZZUG

(INDIANA JONES AND THE LAST CRUSADE). USA 1989. **R:** *Steven Spielberg.* **B:** *Jeffrey Bam, George Lucas, Menno Meyjes.* **K:** *Douglas Slocombe.* **SpE:** *Dave Watkins, Industrial Light & Magic.* **M:** *John Williams.* **D:** *Harrison Ford (Indiana Jones), Sean Connery (Prof. Henry Jones), Denholm Elliot (Marcus Brody), River Phoenix (Indiana Jones als Junge), Alison Doody (Elsa Schneider), John Rhys-Davies (Sallah), Julian Glover (Walter Donovan), Michael Byrne, Kevork Malikyan, Alexei Sayle, Robert Eddison.* F 127 Min.

Das hab ich von Papa gelernt, und zwar im Handumdrehn. »An deinen Abenteuern teilzuhaben, Indy«, versichert der Senior dem Junior lako-

Indiana Jones und der letzte Kreuzzug

nisch, »ist eine interessante Erfahrung.« Im letzten Teil der Trilogie (sie spielt 1938) braucht Indiana Jones nicht nur Schlapphut und Peitsche, sondern auch einen angestaubten »James Bond« (auch wenn es Sean Connery nicht gerne hört) zum Vater, um die Nazis nach Strich und Faden zu foppen und bei der Suche nach dem Heiligen Gral, einem McGuffin fürwahr, als Sieger aus dem tricktechnisch überdrehten Rennen hervorzugehen. – »Archäologie, Licht und Magie: Spielbergs und Indianas Träume sind inspiriert von alten Büchern, aus Mittelalter und Romantik. Die jungen Cineasten Hollywoods, von Milius und Coppola bis Spielberg und Lucas, sind fasziniert nicht nur von der japanischen, sondern auch von der deutschen Seele. Wobei die Nazis, Indys Erzfeinde, nichts als proppere Pappkameraden in schmucken Uniformen sind: Sie spielen mit dem Feuer, ohne sich seiner Gefährlichkeit bewusst zu sein.« (Fritz Göttler, SÜDDEUTSCHE ZEITUNG) [V]

INDIANA JONES UND DER TEMPEL DES TODES
(INDIANA JONES AND THE TEMPLE OF DOOM). USA 1984. **R:** *Steven Spielberg.* **B:** *Willard Huyck, Gloria Katz.* **St:** *George Lucas.* **K:** *Douglas Slocombe, Allen Daviau.* **SpE:** *Industrial Light & Magie (Micheal McAlister, Bruce Nicholson, Craig Barron, Derek Howarth, Dennis Muren, Lorne Peterson, George Gibbs).* **Ma:** *Tom Smith.* **M:** *John Williams.* **D:** *Harrison Ford (Indiana Jones), Kate Capshaw (Willie Scott), Ke Huy Quan (Short Round), Amrish Puri (Mola Ram), Roshan Seth (Chattar Lal), Ray Singh (Maharadschah), Philip Stone (Captain Blumburtt), Roy Chiao (Lao Che), David Yip (Wu Han), Ric Young (Kao Kan), Chua Kah Joo (Chen), Rex Ngui (Maître Hd'), Philip Tann (Handlanger), Dan Aykroyd (Weber).* F 118 Min.
Shanghai, 1935. Mit Mühe und Not entkommt der amerikanische Archäologe Indiana Jones einigen chinesischen Banditen, die ihn nach erfolgreichem Abschluss einer Mission kurzerhand vergiften, erschießen und erdolchen wollen. Zusammen mit der Sängerin Willie Scott und dem

koreanischen Waisenknaben Short Round gelingt ihm die Flucht im Flugzeug. Über dem Himalaya freilich ist das Entsetzen groß, als man bemerkt, dass sich die Piloten inzwischen verabschiedet haben und der Benzintank auch ziemlich leer ist. Mit einem aufblasbaren Gummiboot springt das Trio ab und landet nach einer wilden Rutschpartie in einem indischen Dorf. Auf Bitte des Dorfältesten erklärt Jones sich bereit, die vor kurzem von Kali-Anbetern entführten Kinder des Stammes und den gleichfalls gestohlenen Sankhara-Stein zu suchen. In einer Mine unter dem Palast des örtlichen Maharadschahs entdeckt er den Tempel der Kali, wird aber gefangengenommen. Wie sich er-

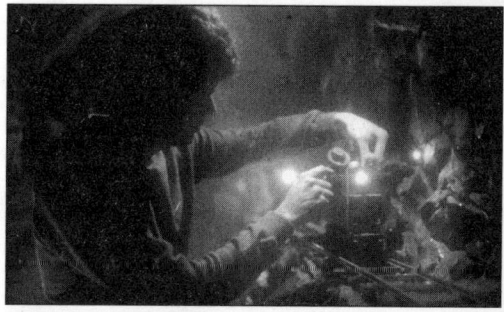

Oben: Trickarbeiten bei Industrial Light & Magic
Unten: Indiana Jones und der Tempel des Todes

weist, haben die Sektierer die Kinder entführt, um sie in der Mine nach den restlichen vier Sankhara-Steinen, der Quelle der Macht Kalis, suchen zu lassen. Per Zaubertrank raubt man Indiana für kurze Zeit den Willen. Gerade im Begriff, Willie als nächstes Opfer in die Lava zu schleudern, reißt Short Round ihn aus der Trance. Eine wilde Verfolgungsjagd durch die Minenschächte findet auf einer Hängebrücke ihr Ende. Mola Ram, der Sektenchef, stürzt in den Tod, die Kinder kehren in ihr Dorf zurück.

Quantitativ gesehen, übertrifft dieses »Prequel« zu *Jäger des verlorenen Schatzes* seinen Vorläufer klar nach Punkten: Noch gemeinere Schurken, noch mehr Thrills, noch mehr ekliges Krabbelgetier. Qualitativ entpuppte sich Indiana Jones jedoch als gelinde Enttäuschung, was sich auch in den Reaktionen der amerikanischen Presse (»eine Schande, wie Spielberg hier jeglicher Sinn für feinere Nuancen abgeht«, tadelte VARIETY) bemerkbar machte. Interessanterweise zeigte man sich in Europa, wo man dreißig besonders grauslige Sekunden aus dem Film entfernt hatte, diesmal eher nachsichtig. Hier und da bemäkelte man zwar, Spielberg hätte sich vielleicht etwas mehr auf seine Figuren konzentrieren sollen und »Willie sei doch ein gewaltiges Stück von dem draufgängerischen, an Hawks-Filme erinnernden Mädel des früheren Films« entfernt (MONTHLY FILM BULLETIN). Im großen und ganzen aber bescheinigte man dem Film »Höhepunkte des phantastischen Abenteuerfilms, wie man sie schon lange nicht gesehen hat, die zum Besten auf ihrem Gebiet gehören und TEMPLE OF DOOM zu nicht selten brillanter Kinounterhaltung verhelfen« (Peter Gaschler, HEYNE SF-MAGAZIN). – Dennoch bleibt ein fader Nachgeschmack zurück. Nicht nur, dass das Drehbuch des relativ unfähigen Autorengespanns Huyck/Katz auch nicht annähernd jene optimale Verdichtung gängiger Abenteuermythen in einem Bild (die Bundeslade, die Nazis) erreicht, die das Kasdan-Skript des Originals auszeichnet; hinzu kommt, dass Indiana Jones des öfteren gegen seine innere Logik verstößt und damit gewaltig an Spannung verliert. Der Film spielt in der realen Welt, Indiana Jones ist ein normaler Mensch und damit auch den normalen Naturgesetzen unterworfen. *Jäger* erkannte dies an und löste seine Cliffhanger auf zwar unwahrscheinliche, aber nicht unmögliche Weise auf. *Indiana Jones* dagegen zieht sich des öfteren an seinen eigenen Haaren aus dem Sumpf: Springt man in einem Schlauchboot aus einem Flugzeug und hüpft hernach über eine 200 Meter hohe Klippe in einen reißenden Bach, kann auch ein relativ robuster Typ seine Knochen einzeln aufsammeln. Und wenn man auf einer Hängebrücke steht und das Halteseil durchschneidet, ergibt das nach allen Regel der Physik einen blutigen Klecks an der Felswand und nicht einen verzweifelt an den Brückenresten hängenden Helden. – Wen solche Schwächen nicht so stören, kann sich an einer hemmungslos überdrehten Achterbahnfahrt erfreuen, die jeden Autisten aus seinem Dämmerdasein reißen dürfte. »Das Problem des Films ist nur, dass dem Zuschauer schneller die Luft ausgeht als den Protagonisten, denn Spielberg lässt ihm keine Verschnaufpause. Durch die aufwühlende Musik und den rasanten Schnitt wird man von einem Höhepunkt zum nächsten gepeitscht. Anfangs klebt man noch vor Spannung in seinem Sessel, dann eher vor Ermüdung.« (FILMDIENST) – *Indiana Jones und der Tempel des Todes* erhielt einen Oscar für Spezialeffekte und eine Nominierung für die Musik. Das Buch zum Film: Michael French: *Indiana Jones und der Tempel des Todes,* München 1985. [V]

DER INDIANER IM KÜCHENSCHRANK

(THE INDIAN IN THE CUPBOARD). USA 1995. R: Frank Oz. B: Melissa Mathison. LV: Lynne Reid Banks. K: Russell Carpenter. SpE: Industrial Light & Magic. M: Randy Edelman. D: Hal Scardino (Omri), Litefoot (Little Bear), Lindsey Crouse (Jane), Richard Jenkins (Victor), Rishi Bhat (Patrick), Steve Coogan, David Keith, Sakina Jaffrey, Vincent Kartheiser, Nestor Serrano. F 96 Min. Die wunderbare Geschichte vom neunjährigen Omri, der in einem magischen Schränkchen seine Spielfiguren zum Leben erwecken kann. Auch der Irokese Bear erwacht durch den Zauberdreh aus seiner Plastilinstarre und versteht die Welt nicht mehr. Lynne Banks, die Autorin der Vorlage, hat das Gegenwartsmärchen ihren Söhnen erzählt. Der jüngste war damals acht und hieß – Omri: »Wir hatten ein Haus in London gekauft,

und die frühere Besitzerin, eine alte Dame, hatte verschiedene Dinge zurückgelassen, unter anderem einen kleinen Badezimmerschrank. Der Spiegel war schon verblichen, das ganze Schränkchen sah eigentlich ziemlich schäbig aus.« Omri konnte es nicht leiden und riet, es wegzuschmeißen, aber Mama war dagegen: »›Aber das wäre doch schade, einen magischen Schrank einfach wegzuwerfen!‹ Keine Ahnung, warum ich das gesagt habe, aber wenn Kinder einem irgend etwas an den Kopf schleudern, dann kann man dem oft begegnen, indem man mit Phantasie antwortet, anstatt einfach nur ›Nein!‹ zu rufen.« Ein idealer Stoff für den früheren Muppets-Macher Frank Oz. Oz über den Vorwurf, ein »altmodischer« Regisseur zu sein: »›Der Indianer‹ ist ein Märchen, ein altmodischer Stoff, da wäre es ganz falsch gewesen, dem eine Art von Hipness aufzupropfen. Dann bin ich lieber altmodisch – und gut.«

DAS INDISCHE GRABMAL

1. Teil: Die Sendung des Yoghi. 2. Teil: Der Tiger von Eschnapur. Deutschland 1921. **R:** *Joe May.* **B:** *Fritz Lang, Thea von Harbou.* **LV:** *»Das indische Grabmal« von Thea von Harbou.* **K:** *Werner Brandes.* **D:** *Conrad Veidt (Maharadscha von Eschnapur), Erna Morena (Savitri), Olaf Fönss (Herbert Rowland), Mia May (Irene), Lya de Putti (Mirrha), Paul Richter (MacAllan), Bernhard Goetzke (Yoghi Ramigani), Karl Platen (Rowlands Diener), Wilhelm Diegelmann (Kapitän), Hermann Picha (Gelehrter), Wolf von Schwind, Lewis Brody. SW 108/93 Min.*

Um die Untreue seiner Gattin Savitri zu bestrafen, will der Maharadscha von Eschnapur sie und ihren Geliebten MacAllan lebendig einmauern lassen. Der europäische Ingenieur Herbert Rowland verweigert die Arbeit. Daraufhin versucht der Fürst, sich dessen Braut Irene gefügig zu machen. Die Bemühungen der Verlobten, die vor Liebesunglück schmachtende Fürstin und ihren Geliebten zu retten, scheitern: MacAllan wird von Tigern zerrissen, die Ehebrecherin gibt sich selbst den Tod. – Nach heutigen Begriffen ist *Das indische Grabmal* kein Fantasy-Film, obwohl im ersten Teil ein Yoghi allerlei übersinnliche Kraft entfaltet. Der Film ist vielmehr ein Beispiel für das damals äußerst beliebte Genre des exotischen Abenteuerfilms, dessen Schauplätze eher der Phantasie der Filmemacher entsprachen als der Wirklichkeit (eine Tendenz, die heutzutage ähnliche Produktionen – wie etwa die *Indiana Jones*-Filme – in der Regel ganz bewusst nachvollziehen). Gleiches gilt für die Handlung. Sie hat mit der Realität meist soviel zu tun wie ein Märchen aus Tausendundeine Nacht. Mit dieser Erstverfilmung des Romans von Thea von Harbou, einer Superproduktion, die immerhin rund 20 Mio. Mark verschlang, wurde der Grundstein für ein heute noch existentes verkitschtes Indienbild ge-

Oben: Zeichnung aus dem Nachlass von Joe May / Unten: Das indische Grabmal

legt, wie es sich Klein Erna oder Else Stratmann vorstellt. Ernsthafte Kritiker bemängelten schon damals, die Autoren hätten das Indische sehr europäisch-berlinerisch angehaucht, vor allem aber die völlig atypische Schwatzhaftigkeit des indischen Fürsten, mit der er seine seelischen Erlebnisse einem Fremden offenbart. Einem entrüsteten Leserbrief eines Inders an die DEUTSCHE ALLGEMEINE ZEITUNG nach zu schließen, musste jeder, der sich mit den Sitten und Gebräuchen des Orients vertraut machen wollte, schon bald feststellen, »dass dort eine Annäherung zwischen einem Mann – mag er Orientale oder Europäer sein – und besonders einer verheirateten Frau, zumal der Gemahlin eines so hochstehenden Fürsten, zu den Unmöglichkeiten gehört oder über Haufen von Leichen und durch Ströme von Blut führt.« (zit. n. Reinhold Keiner, THEA VON HARBOU)

DAS INDISCHE GRABMAL

1. Teil: Der Tiger von Eschnapur. 2. Teil: Das indische Grabmal. Deutschland 1938. **R:** *Richard Eichberg.* **B:** *Arthur Pohl, Richard Eichberg, Hans Klaehr.* **LV:** *»Das indische Grabmal« von Thea von Harbou.* **K:** *Ewald Daub, Hans Schneeberger, H.*

O. Schulze, W. Mayer-Bergelt. **D:** *Fritz von Dongen (Maharadscha von Eschnapur), Alexander Golling (Prinz Ramigani, Vetter des Maharadscha), Hans Stüwe (Fürbringer, Architekt), Kitty Jantzen (Irene Traven, seine Verlobte), Theo Lingen (Emil Sperling), Gisela Schlüter (Lotte Sperling, seine Frau), Gustav Dießl (Sascha Demidoff, Ingenieur), La Jana (Indira, eine indische Tänzerin), Karl Haubenreisser (Gopal), Olaf Bach (Sadhu), Rosa Jung (Myrrha), Albert Hörrmann (Ragupati), Gerhard Bienert (Ratani, Werkmeister), S. O. Schoening (Dr. Putri), Hans Zesch-Ballot (Fjedor Borodin), Harry Frank (Mischa Borodin), Carl Auen, Rudolf Essek, Jutta Jol, Fred Goebel, Claus Pohl, Paul Rehkopf, Valy Arnheim, Arthur Reinhard, Josef Peterhans, das indische Menaka-Ballett.* SW 90/94 Min.

Remake und erste Tonfilmversion mit nur unwesentlichen inhaltlichen Änderungen gegenüber dem Stummfilm Joe Mays von 1921, inszeniert von Richard Eichberg. – »Seit Mitte der zehner Jahre unaufhörlich Filme ausstoßend, war Eichberg der König der Berliner Schnauze und von einer geradezu wollüstigen spekulativen Bedenkenlosigkeit. In seiner Fassung der Indien-Filme erklimmt der bombastische Kitsch himmlische Höhen (diese Fassung ist dank unaufhörlicher Wiederaufführungen in Kino und Fernsehen die bekannteste) ... Das Beste an dem Film ist natürlich die schöne La Jana – ›die vollkommene Blöße‹, so Alfred Polgar –, wie sie mit ihren schönen Gliedern durch den Film gleitet als Hohepriesterin eines Kultes, der überhaupt nicht daran denkt, die kalten Statuen eines Shiva zu feiern, weil er seine heiße Befriedigung in sich selber findet.« (Christa Bandmann/Joe Hembus, KLASSIKER DES DEUTSCHEN TONFILMS)

DAS INDISCHE GRABMAL

1. Teil: Der Tiger von Eschnapur. 2. Teil: Das indische Grabmal. BRD 1958. **R:** *Fritz Lang.* **B:** *Werner Jörg Lüddecke.* **LV:** *»Das indische Grabmal« von Thea von Harbou, Film von Richard Eichberg (1938).* **K:** *Richard Angst.* **M:** *Michel Michelet, Gerhard Becker.* **D:** *Debra Paget (Sitha), Paul*

Das indische Grabmal

Hubschmid (Harald Berger), Claus Holm (Dr. Walter Rhode), Sabine Bethmann (Seine Frau), Inidjinoff (Yama, Oberpriester), René Deltgen (Fürst Ramigani), Jochen Brockmann (Padhu), Jochen Blume (Asagara), Luciana Paoluzzi (Bahrani), Guido Celano (General Dagh), Angela Portaluri (Bäuerin), Richard Lauffen (Bhowana), Helmut Hildebrand (Ramiganis Diener), Panos Papadopoulos (Bote), Walther Reyer (Chandra, der Maharadscha von Eschnapur). F 101/101 Min.

Remake des Remakes, endlich von Fritz Lang inszeniert, der schon gemeinsam mit Thea von Harbou das Drehbuch für den Stummfilm geschrieben hatte, damals aber von Joe May ausgebootet wurde und somit sein (mit diesem Stoff geplantes) Regiedebüt verschieben musste. Lang änderte den Schluss: Die Maharadscha-Gattin Sitha feiert ein Happy End mit dem Architekten, der Maharadscha zieht sich als Guru in die Einsamkeit zurück. Fritz Lang ist darüber nicht gerade glücklich geworden: »Diese beiden Indien-Schnulzen sind ein Desaster ... Sie haben überall viel Geld eingespielt, aber ich für meinen Teil hasse sie.« (zit. n. CAHIERS DU CINEMA) [V]

INDISCHE RACHE

BRD 1951. **R:** *Richard Eichberg. Zusammenschnitt der beiden Teile von Das indische Grabmal (Deutschland 1938; Credits siehe dort). SW 110 Min.*

»Kurz vor seinem Tod hat Richard Eichberg aus seinen weltberühmten Filmen *Der Tiger von Eschnapur* und *Das indische Grabmal* diesen Streifen zusammengeschnitten. Die der blühenden Phantasie Thea von Harbous entsprungene Handlung ist dadurch natürlich noch rasanter, sprunghafter und unwahrscheinlicher geworden. Das macht aber nichts. Im Gegenteil: Die Sensationen jagen sich jetzt so, und die Augen des naiven Zuschauers werden so pausenlos mit spektakulären Attraktionen bombardiert, dass kein Mensch sich zum Nachdenken verführt fühlt. Da kommen selbst die Monster[4]-Shows eines Cecil B. Dé Mille nicht mehr mit. Und so sind alle Voraussetzungen dafür gegeben, dass der große Rich-

ard noch einmal über sein Grab hinaus das Publikum seiner beiden berühmtesten Filme in Begeisterung versetzt.« (FILMBEOBACHTER)

DIE INSEL DER SELIGEN

Deutschland 1913. **R:** *Max Reinhardt.* **B:** *Arthur Kahane.* **K:** *Friedrich Weinmann.* **D:** *Wilhelm Diegelmann (Gutmütiger Vater/Meergott), Willy Prager (Heftiger Vater/Triton), Gertrud Hackelberg (Tochter des Gutmütigen), Lore Wagner (Tochter des Heftigen), Werner Latz (Kecker Jüngling), Ernst Hofmann (Verträumter Jüngling), Friedrich Kühne (Griesgrämiger Junggeselle/Wasserteufel), Ernst Matray (Zerstreuter Junggeselle/Faun), Mary Dietrich (Galathea, Herrin der Fluten), Erika de Planque (Amor), Greta Schröder (Psyche), Leopoldine Konstantin (Circe). SW ca. 68 Min.*

Zwei Mädchen, zwei Jünglinge, die Väter der Mädchen und zwei Junggesellen lassen es sich beim Picknick an mediterranem Gestade gutgehen. Die Mädchen und die Jünglinge brechen mit zwei Ruderbooten zu einer idyllischen Insel unweit der Küste auf, während die Zurückgebliebenen sich volllaufen lassen. Volltrunken stechen auch sie dann in See, um zu der Insel zu gelangen. Rund um die der Insel vorgelagerten Klippen tummeln sich nackte Najaden [Flussnymphen] und Wasserteufel; die Insel selbst ist die Heimat der Götter. Amor und Psyche beobachten das Treiben der nacheinander Eintreffenden. Amor schießt seine Pfeile ab, und bald raufen sich Faune und Meeresgötter um die Mädchen. Circe und die Najaden bemächtigen sich der Jünglinge. Als dann noch die Herren eintreffen, zu deren Empfang ein Unwetter lostobt, werden auch sie von Amors Pfeilen traktiert, so dass das Durcheinander vollkommen ist. Circe nimmt sich der Väter an, um sie anschließend in Schweine zu verwandeln. Doch zum Schluss ist die junge Liebe am rechten Platz, und friedlich-fröhlich sind Götter, Menschen und Schweine vereint. – Max Reinhardt (1873–1943) war der wichtigste Repräsentant des deutschsprachigen Theaters und somit auch der wichtigste Lehrherr des deutschen Stummfilms. Ernst Lubitsch, F. W. Murnau, Paul

---

[4] *Das hier angeführte Monster hat nichts mit einem Ungeheuer zu tun. Der Begriff Monsterfilm war in den fünfziger Jahren der gängige Ausdruck für Monumentalfilm.*

Leni, Paul Wegener, Wilhelm Dieterle, Emil Jannings, Conrad Veidt und Erna Bergner kamen direkt von den Reinhardt-Bühnen zum Film, Regisseure, Architekten und Kameraleute des impressionistischen, expressionistischen, naturalistischen und realistischen Films ließen sich erklärtermaßen von ihm beeinflussen. Darüber hinaus galt Reinhardts besondere Leidenschaft der Pantomime, und wer bei ihm »in die Schule ging«, konnte als Darsteller wie als Regisseur völlig ohne Worte auskommen und war geradezu prädestiniert für den Stumm-Film. So verwundert es, dass seine »Flimmerstücke« oder »Flims«, wie er sie nannte, bei der Kritik, beim Publikum und in der Filmgeschichte ohne Wirkung blieben. – »*Die Insel der Seligen* ist im Grunde nichts anderes als eine Variation (des Sommernachtstraums) ... als Ferienspaß gespielt und in der Manier eines begabten Amateurfilmers festgehalten: scheue Liebende und rüpelnde Bürger und göttliche Wesen, die sich in die Liebeshändel der Irdischen mischen und um ein Haar darin hängen bleiben, das Ganze durchweht vom Zauber arkadischer Natur, aber ... zur bloßen Neckerei stilisiert. Von der berühmten Licht- und Bild-Magie des Meisters keine Spur, von der Faszination der Pantomime selbst in dem Menschen und Götter vereinenden Reigen nur ein Hauch. Die größte Aufmerksamkeit fand der Film dank seines Bekenntnisses zu nackten Najaden-Brüsten bei der Zensur.« (Ilona Brennicke/Joe Hembus, KLASSIKER DES DEUTSCHEN STUMMFILMS)

IRON WARRIOR

(*IRON WARRIOR – THE LEGEND*). *USA 1987.* **R:** *Al Bradley [Alfonso Brescia].* **B:** *Steven Lutto, Al Bradley.* **K:** *Wally Gentleman.* **M:** *Charles Scott.* **D:** *Miles O'Keeffe (Halgor), Savina Gersak (Janna), Tim Lane (König), Elisabeth Kaza (Phaedra), Iris Peynado (Deeva), Frank Dadi (Trogar). F 84 Min.*
Um der bösen Hexe Phaedra die Stirn zu bieten, deren Sturmtruppen in einer imaginären Zeit unter Führung des bösen Trogar ihr Königreich bedrohen, schließt sich Prinzessin Janna mit dem muskelprotzigen Schwertkämpfer Halgor zusammen und stößt auf die gute Fee Deeva, die ihr helfen soll. Von Deeva, Phaedras Schwester, erfahren sie, dass der wackere Halgor einen Zwillingsbruder hat, der als Kind geraubt und zum Führer ihrer Böslinge erzogen wurde. Es kommt, wie es kommen muss: Am Ende stehen Halgor und sein Zwilling sich in einem Schwertduell gegenüber, bei dem die Funken sprühen. – Ein von Untalenten erdachter und von Knallchargen gespielter Mummenschanz, dessen Inhalt einem zu referieren nicht leicht fällt, da er den Zuschauer schnell in den Schlaf wiegt. Nur auf Video. [V]

IRONMASTER

Anderer Titel für **Er – Stärker als Feuer und Eisen**

DIE IRRFAHRTEN DES HERKULES

(*GOLIATH CONTRO I GIGANTI*). *Italien 1960.* **R:** *Guido Malatesta.* **B:** *Gianfranco Parolini, Giovanni Simonelli.* **St:** *Cesare Seccia.* **K:** *Alessandro Ulloa.* **M:** *Carlo Innocenzi.* **D:** *Brad Harris (Herkules), Fernando Rey (Bokan), Gloria Milland (Elea), Barbara Carrol (Daina), José Rubio (Briseos), Carmen de Lirio (Diamira), Fernando Sancho (Namathos), Gianfranco Gaspari, Lina Rosales, Luigi Martura, Nello Pazzafini, Ray Martino, Ignazio Dolce. F 87 Min.*
Der schurkische Thronräuber Bokan hetzt die Königstochter Elea von Beirath gegen den Kriegshelden Herkules (im Original: Goliath) auf, indem er ihr einredet, dieser sei für den Tod ihres Vaters verantwortlich, den er freilich selbst bewerkstelligt hat. Elea, die den Beteuerungen des Tückebolds Glauben schenkt, schmuggelt sich mit einem Trick auf das Schiff des Kriegsheimkehrers, das alsbald in einem sturmgepeitschten Meeresgebiet von monströsen Ungeheuern angefallen wird und absäuft. An unbekanntem Gestade gestrandet, muss sich das kleine Häuflein der Überlebenden gegen einen Amazonentrupp behaupten, doch schließlich erreicht man in Verkleidung die Stadt Beirath, wo Bokan gleich Schritte einleitet, um seine Haut zu schützen. Herkules und Elea erkennen nicht nur Bokans Falschheit, sondern auch, dass sie einander lieben. Trotz der zahlreichen Überrumpelungsversuche der Vasallen Bokans können sie dem Usurpator fortgesetzt entfleuchen und sein Regime mit Hilfe der aufgebrachten Bevölkerung hinwegfe-

gen. Im Tal der Riesen kommt es zum letzten Showdown, als Jagoran, des Schuftes wildentschlossener Leibgardist, die holde Prinzessin diversen Bestien opfern will. – Die Story kennen wir schon, allein gebricht es uns an Lust, sie auch noch ein 79. Mal zu glauben! – »Der Aufwand an heulenden Ungeheuer-Attrappen, prunkvollen Palastszenen, Gladiatorenkampf und akrobatischem Schlachtgetümmel ist sehr beträchtlich, und wer solche Schaugepränge mit Moritaten schätzt, kommt voll auf seine Kosten.« (FILMDIENST) [V]

IRRTUM IM JENSEITS

(A MATTER OF LIFE AND DEATH). GB 1946. **R:** *Michael Powell.* **B:** *Michael Powell, Emeric Pressburger.* **K:** *Jack Cardiff.* **SpE:** *Douglas Woolsey, Henry Harris, Percy Day.* **M:** *Allan Gray.* **D:** *David Niven (Peter Carter), Kim Hunter (June), Roger Livesey (Dr. Reeves), Marius Goring (Kontrolleur 71), Robert Coote (Bob), Raymond Massey (Abraham Farlan), Kathleen Byron (Engel), Abraham Sofaer (Richter), Joan Maude (Chefaufzeichnerin), Bob Roberts (Dr. Gaertler), Betty Potter (Mrs. Rucker), Edwina Max (Mrs. MacEwan),* *Robert Atkins (Vikar), Richard Attenborough (RAF-Pilot), Bonar Colleano (USAF-Pilot). SW/F 104 Min.*

Im Zweiten Weltkrieg wird der RAF-Pilot Peter Carter abgeschossen, trotzdem überlebt er den Absturz der Maschine – sehr zum Unwillen der Herren des Jenseits, die sich schon auf seine Ankunft vorbereitet haben. Ein zur Erde geschickter Kontrolleur soll Peter überzeugen, dass er »widerrechtlich« lebt; ein jenseitiges Gericht soll über seinen Fall entscheiden. Peter weigert sich (natürlich), doch bald stellt sein Freund Dr. Reeves fest, dass er durch den Aufprall einen schweren Hirnschaden davongetragen hat. Nur eine gefährliche

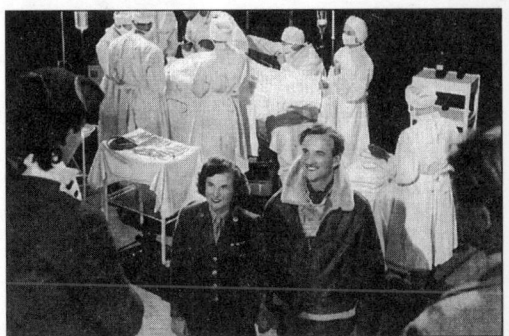

Irrtum im Jenseits

Operation kann ihn retten. Als Peter zu halluzinieren beginnt, bereitet man die Operation vor, doch leider kommt Dr. Reeves bei einem Motorradunfall ums Leben. In der Narkose findet Peter sich im Jenseits vor dem Gericht der Toten wieder: Es besteht aus Angehörigen von Nationen, die England aufgrund seiner Vergangenheitspolitik nicht eben wohlgesonnen sind. Der Ankläger entpuppt sich als der anti-britisch eingestellte Abraham Farlan, das erste Todesopfer auf Seiten des amerikanischen Unabhängigkeitskrieges, und die Geschworenen sind Franzosen, Buren, Russen, Chinesen, Inder und Iren. Dr. Reeves, inzwischen ins Jenseits gelangt, übernimmt den Part des Verteidigers und kann den Richter schließlich überzeugen, dass eine aus Amerikanern bestehende Jury den Fall wahrscheinlich objektiver beurteilen könnte. Der Richter stimmt zwar zu, doch die neuen Geschworenen entpuppen sich als Angehörige der gleichen Nationen: Einwanderer mit US-Pass; Menschen, die Freiheit über alles schätzen und keine antibritischen »Vorurteile« haben. Reeves' Plädoyer für den aufrechten jungen Mann, der sich zwischenzeitlich in eine hübsche Amerikanerin verliebt hat, fällt so positiv aus, dass sich schließlich sogar der himmlische Kontrolleur auf seine Seite stellt. In der Realwelt ist Peters Gehirnoperation inzwischen weit gediehen. Die Kamera zeigt die Hände des Chirurgen, die gerade den alles entscheidenden Eingriff vornehmen. Wird Peter sterben? Das Gesicht des Chirurgen zeigt plötzlich die Züge des himmlischen Richters ...

IST DAS LEBEN NICHT SCHÖN?

(IT'S A WONDERFUL LIFE). USA 1946. **R:** *Frank Capra.* **B:** *Frances Goodrich, Albert Hackett, Frank Capra, Jo Swerling.* **LV:** *Philip van Doren Stern.* **K:** *Joseph Walker, Joseph Biroc.* **M:** *Dimitri Tiomkin.* **D:** *James Stewart (George Bailey), Donna Reed (Mary Hatch), Lionel Barrymore (Henry Potter), Thomas Mitchell (Onkel Billy), Henry Travers (Clarence), Beulah Bondi (Mrs. Bailey), Gloria Grahame (Violet Bick), Todd Karns (Harry Bailey), H. B. Warner (Gower), Ward Bond (Bert), Frank Faylan (Ernie), Samuel S. Hinds (Va-*

Ist das Leben nicht schön?

ter Bailey), Mary Treen (Cousin Tilly), Frank Hagney (Leibwächter), Sheldon Leonard (Nick). SW 129 Min.

Ein stiller Weihnachtsabend in dem Städtchen Bedford Falls. Überall beten die Menschen für George Bailey, der sich nach einem schlimmen Zwischenfall in seiner Bank mit Selbstmordabsichten trägt. Gott entschließt sich, George den Schutzengel Clarence zu Hilfe zu schicken, jedoch nicht ohne dem Engel zweiter Klasse kurz das bisherige Leben seines Schützlings in Spezialeffekten zu schildern: George, so stellt sich heraus, ist ein klassisches Opfer widriger Umstände und konnte seinen Wunsch, in die weite Welt hinauszuziehen, nie verwirklichen. Zwangsweise übernahm er nach dem Tode seines Vaters dessen »Bailey Building and Loan«, um Bedford Falls nicht in die Hände des skrupellosen Henry Potter fallen zu lassen; zwangsweise opferten er und seine Frau Mary ihre Aussteuer, um bei einem von Potter inszenierten Bankansturm die Katastrophe zu verhindern; zwangsweise konnte er wegen eines tauben Ohrs nicht an die Front. An diesem Weihnachtsabend nun verlegte sein Onkel Billy aus Versehen $ 8000. Potter bemerkte das Missgeschick, steckte das Geld in die eigene Tasche und verständigte Presse und Staatsanwalt von den angeblichen Betrügereien Georges. Just als sich dieser deshalb von einer Brücke stürzen will, taucht sein Schutzengel auf. George glaubt ihm kein Wort und wünscht sich in einem Anfall von Verzweiflung, nie geboren worden zu sein. Clarence sieht seine letzte Chance und versetzt seinen Schützling in eine Alternativwelt, in der es ihn nie gegeben hat. Als sich George auf den Heimweg macht, erkennt er Bedford Falls, das nun Potterville heißt, nicht wieder. Auf der Hauptstraße stehen Bars und Striplokale; auf dem Friedhof findet er das Grab seines Vetters Harry, den er in jungen Jahren vor einem tödlichen Unfall auf dem Eis bewahrt hat; aus der hübschen Mary ist eine verhärmte Bibliothekarin geworden; ja, nicht mal seine eigene Mutter erkennt ihn. Endlich von seinen Minderwertigkeitsgefühlen befreit, kehrt George in seine Welt zurück. Unter dem Weihnachtsbaum überreichen ihm sei-

ne Freunde $ 8000, die sie mühsam aus ihren Ersparnissen zusammengekratzt haben.

»Ist das Leben nicht schön?«, so Manny Farber in der NEW REPUBLIC, sei Frank Capras Versuch, »dem Publikum weiszumachen, dass das Leben in Amerika genauso ist wie die Cover Norman Rockwells für die *Saturday Evening Post.«* In der Tat ist diese romantische, für ihren Regisseur typische Moralität eine Hymne auf das provinzielle Kleinbürgertum und die unheroischen, sich ihrer Bedeutung oft gar nicht bewussten Helden, die ihr Smalltown USA vor der Bosheit und der Dekadenz der Großstadt, hier verkörpert durch Potter, bewahren. Ganz folgerichtig entlarvt Capra Georges Träume von Reisen in ferne Länder als Flausen und schickt den an sich selbst Zweifelnden zur Unterstreichung gar in die Hölle von Potterville. So naiv und unzeitgemäß die hier vertretenen Thesen aber auch sein mögen, verfehlt der alle Heiligabend aufs neue ausgestrahlte Film seine Wirkung trotzdem nicht. Verantwortlich dafür ist neben Capras intelligenter Regie und einem Drehbuch, das mit seltener Präzision seiner inneren Logik treu bleibt, vor allem die Leistung James Stewarts, der wohl idealen Verkörperung der Fiktion des anständigen Menschen. Ihm verdankt der Film jene angenehme, wenn auch kurzfristige Wärme, die dieses Hohelied auf die Freundschaft auch in der mutigen, zynischen Zeit noch auszustrahlen imstande ist.

IWAN UND MARJA

(IWAN DA MARJA). UdSSR 1975. R: Boris Ryzarew. B: Alexander Chmelik. K: Alexej Tschardynin. M: Alexander Tschaikowski. D: Iwan Bortnik (Iwan), Tatjana Piskunowa (Marja), Iwan Ryshow (Zar Jewstignej), Lija Achedshakowa (Agrafena), Nikolai Burljajew (Markisett), Walentin Nikulin (Gespenst Timoscha), Wiktor Sergatschow, Michail Kosakow, Walentin Gaft. F 88 Min.

Der forsche Soldat Iwan, der die Hand der Zarentochter ausgeschlagen und den Zaren erzürnt hat, und das schöne Bauernmädchen Marja behaupten ihre Liebe gegen den dummen Machthaber. [V]

JABBERWOCKY

(JABBERWOCKY). GB 1977. **R:** *Terry Gilliam.* **B:** *Charles Alverson, Terry Gilliam.* **K:** *Terry Bedford, Julian Doyle.* **SpE:** *John F. Brown, Valerie Charlton, Clinton Cavers, Jen Effects.* **M:** *De Wolfe.* **D:** *Michael Palin (Küfer Dennis), Max Wall (König Bruno der Fragwürdige), Deborah Fallender (Prinzessin), John Le Mesurier (Kanzler Passelewe), Annette Badland (Griselda Fischfinger), Warren Mitchell (Fischfinger), Brenda Cowling (Frau Fischfinger), Harry H. Corbett, Rodney Bewes (Knappen), Bernard Bresslaw (Hauswirt), Paul Curran*

(Dennis' Vater), Graham Crowden (Anführer der Fanatiker), Dave Prowse (Schwarzer Ritter). F 100 Min.

Ein friedlicher Wald irgendwo im mittelalterlichen England. Urplötzlich lüpft es einen Pilzsucher aus dem Bild. Ein greller Schrei; kurz darauf fällt der Unglückliche als säuberlich abgenagtes Skelett wieder zu Boden: Der Jabberwock hat wieder mal zugeschlagen. Szenenwechsel. Von seiner angebeteten Zweizentnermaid Griselda Fischfinger vernachlässigt und seinem sterbenden Vater verstoßen, zieht der tumbe Küfer Dennis aus, in der von Flüchtlingen bereits überfüllten Hauptstadt sein Glück zu machen. Dort hat sich König Bruno der Fragwürdige, ein seniler Brabbelgreis, auf die zahllosen Spötteleien seiner Untertanen hin aufgerafft, ein Turnier zu veranstalten. Den Sieger erwarten die Hand der Prinzessin, das halbe Königreich und das Vorrecht, den Jabberwock umbringen zu dürfen. Während des blutigen Turniers freundet sich Dennis mit einem lüsternen Knappen an. Kurz darauf wird er nach einer kleinen Schlägerei in einer Taverne verhaf-

Jabberwocky

tet. Dank eines kleinen Steinschlags in des Königs arg wackligem Palaste gelingt ihm jedoch die Flucht. Dennis landet im Turm der Prinzessin, die ihn prompt für ihren Traummann hält. Umnebelt von Gedanken an Griselda, traut er sich aber nicht, die günstige Gelegenheit zu ergreifen und tritt statt dessen als Nonne verkleidet den Rückzug an. Mittlerweile ist auch das Turnier beendet. Um dem Knappen des Gewinners einen Gefallen zu tun, legt Dennis für die Nachtwache dessen Rüstung an, während dieser sich schöneren Beschäftigungen hingibt. Am nächsten Morgen liegt er zerquetscht unter dem Bett des Gastwirtes und seiner Frau. Dennis beißt in den sauren Apfel und zieht mit dem Weißen Ritter in die Schlacht. Ein munteres Morden beginnt: Der Weiße Ritter stirbt im Duell mit dem von den Kaufleuten zur Bewahrung des profitablen Status quo ausgesandten Schwarzen Ritter, der seinerseits zwar im Duell mit dem plötzlich aufgetauchten Jabberwock siegreich bleibt, zum Schluss aber mit dem tödlich verwundeten Monster in eine Schlucht stürzt. Der übriggebliebene Dennis, weniger lachender denn ratloser Vierter, zieht mit dem Kopf des Ungeheuers in die Stadt, verzichtet schweren Herzens auf Griselda und reitet mit der Prinzessin in den Sonnenuntergang. – »Jabberwocky« ist ein auch im Film zitiertes Gedicht aus Lewis Carolls Roman »Alice hinter den Spiegeln« (1872). Angesichts der sprichwörtlich verrückten Vorlage berührt es um so merkwürdiger, dass Terry Gilliams Blut & Dreck-Groteske (im Gegensatz zu *Die Ritter der Kokosnuß* etwa) tatsächlich so etwas wie eine lineare Geschichte erzählt. Eine bitterböse Geschichte zudem, die durchaus mehr im Sinn hat, als nur schnell mal den gängigen Märchenklischees und hehren Ritterschmachtfetzen ans Bein zu pinkeln: »Gilliam lässt seine in mittelalterlichen Dekors und Kostümen agierenden Protagonisten denken und reden wie einen heutigen Politökonomen. Der Handwerker überlegt sich Rationalisierungsmaßnahmen zur Profitsteigerung, in der Schmiede herrscht schon Fließbandarbeit, die (im wahrsten Sinne des Wortes) Rüstungsindustrie verdient am Tode im Turnier gefallener Ritter, und die Zünfte (Gewerkschaften) bilden ein absolutes Berufsmonopol ... Wie zum Hohn erzählt Gilliam seine

hintergründige Geschichte in gelackten ›Werbefoto-Bildern‹, deren Inhalte aber eher an die apokalyptischen Visionen eines Hieronymus Bosch und an die pralle Lebensfreude eines Pieter Breughel erinnern. Aus diesem Gegensatz, brillant unterstützt von den kongenial nachempfundenen Szenenausstattungen, entwickelt Gilliam den Reiz seines bis in die Nebenrollen von ausgezeichneten Schauspielern und originellen Typen getragenen Films.« (FILMDIENST) – »Zum Erbrechen schön.« (VIDEO-RUNDSCHAU) [V]

JACK FROST – DER EISKALTE KILLER

(JACK FROST). USA 1998. **R:** *Troy Miller.* **B:** *Mark Steven Johnson.* **K:** *Laszlo Kovacs.* **M:** *Trevor Rabin, Lawarence Jordan.* **D:** *Michael Keaton (Jack Frost), Joseph Cross (Charlie Frost), Mark Addy (Mac MacArthur), Kelly Preston (Gabby Frost), Henry Rollins (Sid Gronic), Andy Lawrence (Tuck Gromic). F 101 Min.*

Der Musiker Jack Frost gehört zu jenen innerlich Verwahrlosten, für die die Familie erst nach der Karriere kommt. Wo war er, als sein Sohn Charlie die Masern hatte? Und jetzt, als die Familie zusammen zum Weihnachtsfest weg will, bekommt er die Nachricht, dass der Plattenfuzzi, der die Band in Zukunft produzieren will, die Gruppe unbedingt bei sich zu Haus unterm Christbaum auftreten lassen möchte. Um der lieben Karriere willen nimmt Jack auch diese Strapaze auf sich. Als er zur Familie zurückfährt, verunglückt er mit dem Wagen tödlich. Strafe muss sein. Ein Jahr später. Charlie spielt Mundharmonika und wünscht sich seinen Dad zurück. Er bekommt ihn tatsächlich – als Schneemann (als was sonst sollte auch einer wiedergeboren werden, der Frost heißt?). Charlie traut seinen Augen nicht, als der Schneemann ihn anspricht und sich von Chester, dem Familienköter, gefällig anpinkeln lässt: »Das gibt's nicht. Das kann nicht sein. Das ist alles nicht wahr. Das kann nicht wahr sein. Ich bin gerade mal 12, das ist zuviel für mich etc. pp.« Auch Jack ist unbehaglich zumute: »Dass ich so wieder zurückkommen muss! Meine Güte, ist das peinlich!« Zum Schluss sind Vater und Sohn aber doch ganz froh, als der einsichtige Schneemann dem Jungen zu mehr Selbstbewusstsein bei Sport und Spiel (Eishockey) verhilft: »Ich war so verdammt damit beschäftigt, Erfolg zu haben, dass ich gar nicht ... Du bist mein größter Erfolg, mein Sohn.« Irgendwann hat aber auch der schlechteste Film ein Ende: Jack verabschiedet sich von Frau und Kind und verspricht immer irgendwie dazusein. – Ein überflüssiges Rührstück nach dem Motto: « ... jeder von uns verdient eine zweite Chance.«

JACK THE SNAKE –
DIE DUNKLE MACHT DES SONNENGOTTES
(THE ARK OF THE SUN GOD). Italien/Türkei 1984. **R:** *Antonio Margheriti.* **B:** *Giovanni Simonelli, Giovanni Paolucci.* **K:** *Sandro Mancori.* **M:** *Aldo Tamborelli.* **D:** *David Warbeck (Jack Speer), Susie Sudlow (Carol), John Steiner, Anthony Berner, Ricardo Palacios, Aytekin Akkaya, Suleyman Turhan, Alan Collins. F 90 Min.*
Verfolgt von bösen Sektierern und unterstützt von einem archäologischen Hilfsarbeiter namens Küchenschabe, macht sich der Trickdieb Jack Speer, genannt Jack the Snake, auf die Suche nach dem Zepter des Gilgamesch. Nachdem er das lavageschützte Schloss des goldenen Tempels geöffnet und den Sarkophag gefunden hat, lösen die Verfolger einen Sicherungsmechanismus aus. Der Tempel fällt in Schutt und Asche, Jack und seine Kumpane, zu denen auch seine Freundin Carol und ein britischer Kunstsammler samt Butler gehören, entkommen mit dem Zepter. – Ein miserabel inszenierter Abenteuerfilm, in dem die schauerlich schlechten Schauspieler immerfort von Mystischem plappern, ohne dass auch nur das Geringste davon auf dem Bildschirm zu sehen wäre. Nur auf Video. [V]

JACK UND DIE BOHNENSTANGE
(JACK AND THE BEANSTALK). USA 1952. **R:** *Jean Yarbrough.* **B:** *Nat Curtis, Felix Adler.* **K:** *George Robinson.* **M:** *Heinz Roemheld, Bob Russell, Lester Lee.* **D:** *Lou Costello (Jack), Bud Abbott (Dink), Buddy Baer (Sergeant Riley/Riese), Dorothy Ford (Haushälterin), Shaye Cogan (Eloise Larkin/Prinzessin), James Alexander (Prinz Arthur), Barbara Brown (Jacks Mutter), David Stollery (Donald), William Farnum (König). F/SW 78 Min.*
Abbott & Costello, die Tölpel vom Dienst, nehmen einen Job als Babysitter an. Als Costello bei der Lektüre eines Märchens einschläft, findet er sich und seinen Kumpel im Traum in einem phantastischen Königreich wieder, das von einem bösen Riesen bedroht wird. Natürlich verlieben sich die beiden prompt in des Königs Töchterlein. Als der Riese die liebreizende Prinzessin entführt, lassen sie sich mit Hilfe einer in den Himmel wachsenden Zauberbohne ins Schloss des Riesen hinaufbefördern. Sie befreien die Entführte, töten den Bösewicht und stehlen eine goldene Eier legende Gans. – »Weder das Produktionskonzept noch das Drehbuch weist ein Übermaß an Phantasie auf – beides bewegt sich eher in einem standardisierten Rahmen. Die Späße Abbotts und Costellos sind jedoch gut genug, um die Sache befriedigend herüberzubringen.« (VARIETY)

JACK UND DIE WUNDERBOHNEN
(JACK AND THE BEANSTALK). USA 1967. **R:** *Gene Kelly.* **B:** *Gene Kelly.* **A:** *Hanna/Barbera.* **M:** *Samy Cahn, James Van Heusen,* **D:** *Gene Kelly, Marian McKnight, Bobby Rhia. F 55 Min. (Zeichentrick/Real).*
Der Junge Jack tauscht eine Kuh gegen eine Handvoll Wunderbohnen ein, die, nachdem er sie gesät hat, in den Himmel wachsen. Zusammen mit dem Mann, dem er die Bohnen verdankt, besteigt er eins der seltsamen Gewächse und findet sich in einem Märchenland wieder, das von einem gefräßigen Riesen terrorisiert wird. – Kombination aus Real- und Zeichentrickfilm, »grobschlächtig in den Trickszenen, mit allzu kitschigen Akzenten« (FILMDIENST), produziert für das US-Fernsehen. Da Gene Kelly mit von der Partie ist, dürfen wir uns auch an zahlreichen Tanz- und Gesangseinlagen erfreuen. – »Ein etwas sorgfältiger gemachtes TV-Special, aber nichtsdestoweniger eine Routineproduktion.« (Bruno Edera, FULL LENGTH ANIMATED FEATURE FILMS)

JÄGER DES SARAZENENSCHATZES
Anderer Titel für **Die Rache des Ali Baba**

JÄGER DES VERLORENEN SCHATZES
(RAIDERS OF THE LOST ARK). USA 1981. **R:** *Steven Spielberg.* **B:** *Lawrence Kasdan.* **St:** *Georges Lucas, Philip Kaufman.* **K:** *Douglas Slocombe, Paul Beeson.* **SpE:** *Industrial Light & Magic (Richard Edlund, Kit West, Bruce Nicholson, Joe*

Johnston). **Ma:** *Tom Smith, Dickie Mills, Christopher Walas.* **M:** *John Williams.* **D:** *Harrison Ford (Indiana Jones), Karen Allen (Marion Ravenwood), Paul Freeman (Belloq), Ronald Lacey (Toht), John Rhys-Davies (Sallah), Denholm Elliot (Marcus Brody), Alfred Molina (Satipo), Wolf Kahler (Dietrich), Anthony Higgins (Gobler), Vic Tablian (Barranca/Mann mit Äffchen), George Harris (Katanga), Fred Sorenson (Jock), Eddie Tagoe (Pirat), Pat Roach (Riesiger Sherpa/Erster Mechaniker), Christopher Frederick (Otto), Terry Richards (Schwertkämpfer). F 155 Min.*

Südamerika, 1936: Kaum hat der Archäologe und Freizeitabenteurer Indiana Jones eine wertvolle Goldstatue aus einem mit Fallen gespickten Inkagrab ergattert, als sein Rivale Belloq sie ihm schon wieder abnimmt. Frustriert nach Amerika zurückgekehrt, erhält Indy Besuch vom Geheimdienst. In Ägypten, so erfährt er, seien die Nazis auf die Spur der verschollenen Bundeslade des Alten Testaments gestoßen, die jede Armee, die sie vor sich herträgt, angeblich unbesiegbar macht. Noch hätten sie jedoch die »Quelle der Seelen« nicht gefunden, wo die Lade seit Jahrtausenden vergraben sei. Indy macht sich auf die Suche. In Nepal treibt er bei seiner einstigen Geliebten Marion, der Tochter des verstorbenen Ägyptologen

Ravenswood, ein Schmuckstück auf, das den Schlüssel zur Quelle der Seelen darstellt. Einige Mordanschläge später kann er die Bundeslade tatsächlich aus der von Schlangen wimmelnden Quelle der Seelen bergen, nur um kurz darauf von Belloq und dessen Nazi-Verbündeten wieder in die Grube zurückgeworfen zu werden. Die schier aussichtslose Flucht aus der Quelle der Seelen gelingt. Eine Verfolgungsjagd entbrennt, bei der die Lade mehrfach den Besitzer wechselt. Bereits auf hoher See und scheinbar in Sicherheit, wird Indys Schiff von einem deutschen U-Boot gekapert. Auf einer einsamen Insel öffnet Belloq schließlich die Lade. Luminose Geister schießen heraus und zerschmelzen die bösen Deutschen. Indy und Marion bleiben als einzige ungeschoren und können die Lade nach Amerika transportieren – wo sie der Geheimdienst in einem riesigen unterirdischen Lager verstauen lässt.

Jäger des verlorenen Schatzes war der erfolgreichste Film des Jahres 1981 und zog ein amerikanisches Plagiat – *Höllenjagd bis ans Ende der Welt* (USA 1983, Regie: Brian G. Hutton, keine Fantasy!)–, diverse italienische Rip-offs sowie zwei kurzlebige TV-Serien nach sich. Daneben gibt es die Fortsetzungen *Indiana Jones und der Tempel des Todes* und *Indiana Jones und der letz-*

Jäger des verlorenen Schatzes

te *Kreuzzug* sowie eine TV-Reihe um die Abenteuer des jungen Indy. Das Stilprinzip des Films wiederum machte so rasch Schule, dass *Jäger* im Vergleich mit den aufgedrehteren Folgefilmen heute fast schon lahm wirkt. – »In *Raiders of the Lost Ark* ist der Abenteuerfilm zusammengeschmolzen zu reiner Form, Kino ›ein leeres Zeichen, reine Abstraktion‹ geworden, wie man in der FILMKRITIK schrieb ... Er ist aus den Versatzstücken aller Abenteuerfilme – eine Montage von Filmzitaten – und nach dem dramaturgischen Prinzip der *Cliffhangers,* der Serial-Folgen gebaut, die ihre Helden scheinbar ohne Aussicht auf Rettung über der tödlichen Schlucht hängen ließen, um erst in der nächsten Folge zu verraten, wie sie dennoch dem Tod entgehen konnten. Es gibt nur einfach keine Wartezeiten in *Raiders of the Lost Ark*. Die wenigen retardierenden Passagen sind eher wirkungspsychologisch motiviert als erzählerisch, da man für den Effekt auch Pausen braucht. Es stellt sich hier auch nicht das Problem, mit welchen erzählerischen Mitteln man den Zuschauer in den Bann des Unwahrscheinlichen, des Abenteuers zieht, da dem Zuschauer gar keine Zeit bleibt, die Frage nach Wahrscheinlichkeit oder Logik zu stellen. *Raiders of the Lost Ark* hat die Ästhetik eines Trailers.« (Christoph Fritze/Georg Seeßlen/Claudius Weil, DER ABENTEURER). – *Jäger* ist ein durch und durch amerikanischer Film, für den es schon einer amerikanischen Kinomentalität bedarf, will man als Zuschauer Spielbergs »intellektuelle Lust an der vollkommenen Trivialität, die spielerische Freude an der Unwahrscheinlichkeit« (NEUE ZÜRCHER ZEITUNG) nachvollziehen. Kein Wunder also, dass die deutschen Kritiker, die in der Regel mit Langnese-Eiskonfekt statt Popcorn auskommen müssen, kaum ein gutes Haar an dem Film ließen. Besonders angewidert zeigte man sich allerorts von einer Szene, die eigentlich nur entstand, weil der Hauptdarsteller an Durchfall litt und die Sache schnell hinter sich bringen wollte: »Ich sah, wie dieser neue amerikanische Held ... nicht mehr den fairen Kampf sucht, anders als die Gary Cooper und Errol Flynn des alten Hollywood, sondern die möglichst effiziente Vernichtung des Feindes. Einen prächtigen Araber, der sich ihm mit blankem Krummschwert entgegenstellt, schießt er beiläufig über den Haufen: Das war der größte Lacherfolg im Kino ... Wenn je die kriegerischen Reden der Reagan und Caspar Weinberger der Unterstützung von zwei Hollywood-Demagogen bedurft hätten: in George Lucas (Produktion) und Steyen Spielberg (Regie) haben sie sich freiwillig gemeldet.« (Hans C. Blumenberg, DIE ZEIT). Neben *Die rote Flut* und *Rambo 2* nimmt sich dieses »perfekte Action-Spektakel«, das »totales Spannungskino bietet und zugleich ironische Distanz ins Spiel bringt« (FILMBEOBACHTER), heute freilich doch recht harmlos aus. – *Jäger des verlorenen Schatzes* erhielt vier Oscars für Ausstattung, Schnitt, Spezialeffekte und Ton und vier Nominationen für Kamera, Musik, Regie und besten Film. Das Buch zum Film: George Lucas/Steven Spielberg/Campbell/Black: *Jäger des verlorenen Schatzes,* München 1984. [V]

JAMES UND DER RIESENPFIRSICH

(JAMES AND THE GIANT PEACH). USA 1996. **R:** *Henry Selick.* **B:** *Karey Kirkpatrick, Jonathan Roberts, Steve Bloom.* **LV:** *Roald Dahl.* **K:** *Pete Kozachik, Hiro Narita.* **A:** *Paul Berry, Anthony Scott, Michael Belzer, Tom St. Amand, Harry Walton.* **M:** *Randy Newman.* **D:** *Paul Terry (James Henry Trotter),* Joanna *Lumley (Tante Spitzig), Miriam Margolyes (Tante Schwamm), Pete Postlethwaite (Alter Mann), J. Stephen Coyle (2. Reporter), Steven Culp (Vater), Grirocco Dunlap, Michael Girardin, J. Stephen Coyle, Tony Haney, Katherine Howell.* F 80 Min.
Phantastische Roald Dahl-Geschichte um einen Jungen, der seinen tyrannischen Tanten entkommt, indem er in einem riesigen Pfirsich Zuflucht sucht. Von da ab wechselt die Live Action in (Replacement-)Stop Motion. Der Junge begegnet in der Frucht einem insektenhaften, launigen Sextett, vom Glühwurm über den Grashüpfer bis zur sexy Schwarzen Witwe. Gemeinsam stechen sie in See und brechen zur Stadt ihrer Träume auf. Würdiger Nachfolger von *Nightmare Before Christmas*. [V]

JASON UND DIE ARGONAUTEN

(JASON AND THE ARGONAUTS). GB 1963. **R:** *Don Chaffey.* **B:** *Jan Read, Beverley Cross.* **K:** *Wil-*

Jason und die Argonauten

kie Cooper. **SpE:** *Ray Harryhausen.* **M:** *Bernard Herrmann.* **D:** *Todd Armstrong (Jason), Nancy Kovack (Medea), Gary Raymond (Acastos), Laurence Naismith (Argos), Niall MacGinnis (Zeus), Michael Gwynn (Hermes), Douglas Wilmer (Pelias), Jack Gwillim (König Aietes), Honor Blackman (Hera), John Cairney (Hylas), Nigel Green (Herkules), Patrick Troughton (Phineas), Andrew Faulds (Peleus), John Crawford (Peirithoos), Douglas Robinson (Euphemos), Fernando Poggi (Kastor). F 104 Min.*

Zwanzig Jahre, nachdem Pelias seinen Vater ermordet und den Thron von Thessalien erobert hat, kehrt der rechtmäßige Thronerbe Jason zurück, um Rache zu nehmen. Doch Pelias trickst den leichtgläubigen Jungen aus und redet ihm ein, er müsse erst einmal das Goldene Vlies aus dem Lande Kolchis beschaffen. Bei einer kleinen Olympiade sucht Jason sich ein schlagkräftiges Team zusammen und segelt mit der Argo los. Nach einer Flaute auf der Bronzeinsel angekommen, stoßen zwei Argonauten zufällig auf die Schatzkammer der Götter. Als sie eine überdimensionale Haarnadel mitgehen lassen, erwacht Talos, der bronzene Hüter des Schatzes, zum Leben. Mit Hilfe der Göttin Hera gelingt es Jason, dessen Achillesferse ausfindig zu machen und den Riesen auszuschalten. Auf ihrer Weiterfahrt befreien Jason und die Argonauten den blinden Propheten Phineas von zwei Harpyien und erhalten zum Dank ein Amulett, das sie sicher durch die Symplegaden bringen soll. Nachdem sie dort mit angesehen haben, wie schlagende Felsen ein Schiff aus Kolchis zerquetschen, wirft Jason das Amulett ins Wasser. Der Gott des Meeres taucht auf, stemmt sich zwischen die Felsen und gewährt den Argonauten sichere Durchfahrt. In den Wrackteilen des Kolchis-Schiffes finden sie eine Überlebende: Medea. Endlich in Kolchis angekommen, heuchelt deren Vater Aietes den Argonauten gegenüber zunächst Freundlichkeit, lässt sie dann aber in den Kerker werfen, als ihm ein Verräter, Pelias' Sohn Acastos, die wahren Motive enthüllt. Dank Medeas Hilfe gelingt den Argonauten die Flucht. Jason erschlägt die siebenköpfige Hydra, die das Vlies bewacht, und lenkt mit zwei Argonauten die Verfolger auf sich. Auf einer Bergspitze beschwört Aietes aus den sie-

ben Zähnen der Hydra sieben Skelette herauf, die sich auf die Argonauten stürzen. Nur Jason überlebt den Fechtkampf und kann am Ende mit Medea davonsegeln.

Jason und die Argonauten ist ein Musterbeispiel für schlechtes Timing: Als der Film 1963 uraufgeführt wurde, hatten unzählige Herkules- und Maciste-Filme auch den Gutmütigsten den letzten Sagennerv getötet. Insbesondere die amerikanische Kritik setzte daher kollektiv die Scheuklappen auf und zerriss die ausnehmend gut getrickste, ganz und gar nicht schundige »Verbindung von antiker Sage, phantastischer Illusion und Abenteuer« (Fritze/Seeßlen/Weil, DER ABENTEURER) in der Luft. Man belegte den Film mit Adjektiven wie »absurd« und »plump« (NEW YORK TIMES), ärgerte sich über die ironischen Anflüge – »Zeus und Hera gucken so ausdauernd in ihren Wasserfernseher, dass sie sicher einige Dosen Nektar und ein gefrorenes Ambrosia-Dinner zur Hand hatten« (TIME), und befand ansonsten, dass »das mythologischen Geschichten innewohnende amüsante Gespür für phantasievoll-lyrisches Abenteuer einmal mehr von gimmickhaften Tricks überdeckt wird« (NEW YORK HERALD TRIBUNE).

Dass sich »Stil und Handlungsführung ... nicht vom üblichen Klischee« unterscheiden, wie der etwas objektivere FILMDIENST bemerkte, ist sicher richtig. Dennoch ist *Jason und die Argonauten* einer der wenigen mythologischen Filme, denen es gelingt, dem willigen Zuschauer jene phantasievollen Vorstellungen wiederzubringen, die die einst im zarten Kindesalter gelesenen griechischen Sagen evozierten. Verantwortlich dafür sind in erster Linie die leicht irrealen Stop-Motion-Tricks Ray Harryhausens, die den Betrachter weder in steriler Perfektion ersticken noch so schlecht gemacht sind, dass sie ihn aus der Fiktion reißen. »Trotz einiger ernstlicher Schwächen ragen verschiedene Aspekte des Films in Konzeption und Ausführung hervor ... Die willkommen ironische Zeichnung der Götter verdross 1963 viele Kritiker, die nicht wussten, dass die epischen Dichter Homer und Ovid die Götter mit sehr ähnlicher Respektlosigkeit schilderten ... Und obwohl man einwenden kann, dass in der ›Argonautica‹ keine Skelette vorkommen ... hätte Apollonius vermutlich selbst die Skelettkrieger aus *Sindbads siebte Reise* übernommen, wenn er dazu die Gelegenheit gehabt hätte.« (Jon Solomon, THE ANCIENT WORLD IN THE CINEMA) [V]

JEDE FRAU BRAUCHT EINEN ENGEL

(THE BISHOP'S WIFE). USA 1947. **R:** *Henry Koster.* **B:** *Robert E. Sherwoood, Leonardo Bercovici.* **LV:** *»The Bishop's Wife« von Robert Nathan.* **K:** *Gregg Toland.* **SpE:** *John Fulton.* **M:** *Hugo Friedhofer.* **D:** *Cary Grant (Dudley), Loretta Young (Julia Brougham), David Niven (Henry Brougham), Monty Woolley (Professor Wutheridge), James Gleason (Sylvester), Gladys Cooper (Mrs. Hamilton), Elsa Lanchester (Matilda), Isabel Jewell (Hysterische Mutter), Regis Toomey (Miller), Tito Vuolo (Maggenti), Sarah Edwards (Mrs. Duffy), Anne O'Neal (Mrs. Ward). SW 103 Min.*
Als Antwort auf ein Stoßgebet des Bischofs Henry Brougham, den bittere Finanzierungssorgen wegen einer neuen Kathedrale plagen, taucht ein Engel namens Dudley auf und macht sich sogleich ans wundersame Werk. Julia jedoch, die Frau des Bischofs, hält den neuen Gast für einen normalen Menschen und verliebt sich alsbald in ihn, der nebenher noch für einige andere Hilfsbedürftige kleine Wunder tut. Als der Bischof davon Wind bekommt, will er Dudley in einem kleinen Wutanfall verprügeln, merkt aber dann, dass er in Zukunft nicht nur den kirchlichen, sondern auch seinen häuslichen Pflichten nachkommen sollte. Nach erfülltem Auftrag entschwebt Dudley in den Himmel, jedoch nicht ohne zuvor sämtliche Erinnerungen an ihn zu löschen. – Ein amüsanter Nachzügler zur *Film blanc*-Welle, die mit Ende des Zweiten Weltkriegs sehr schnell ihren eigentlichen Daseinsgrund einbüßte. – »Sonst ist der Film ungewöhnlich sauber, flott inszeniert und auch in schauspielerischer Hinsicht gut. Sichtlich mangelhaft ist allerdings die Fotografie, während die Filmtricks, die die kleinen Wunder des Engels veranschaulichen, technische Vollendung verraten.« (FILMDIENST) Der Film erhielt einen Oscar für den besten Ton, außerdem vier Nominierungen für Regie, Schnitt, Musik und besten Film.

JENNY

(PORTRAIT OF JENNIE). USA 1948. **R:** *William Dieterle.* **B:** *Paul Osborn, Leonardo Bercovici, Peter Berneis, Ben Hecht, Robert Nathan.* **LV:** *Roman von Robert Nathan.* **K:** *Joseph August, Lee Garmes.* **SpE:** *Paul Eagler, J. McMillan Johnson, Russell Shearman, Clarence Slifer.* **M:** *Dimitri Tiomkin unter Verwendung von Kompositionen Claude Debussys.* **D:** *Jennifer Jones (Jennie Appleton), Joseph Cotten (Eben Adams), Ethel Barrymore (Miss Spinney), Lillian Gish (Mutter Maria), Cecil Kellaway (Matthews), David Wayne (Gus O'Toole), Albert Sharpe (Moore), Henry Hull, Florence Bates (Mrs. Jekes), Felix Bressart, Clem Bevans, Maude Simmons (Clare Morgan). SW/F 86 Min.*
Ein modernes, melancholisches Märchen mit stark fantastischem, traumhaftem Einschlag (auf Cycloramic-Leinwand und mit einem Hurrikan Cyclophonic-Ton), das Produzent David Selznick für seine geliebte Jennifer Jones gewählt hatte. Eben Adams, ein erfolgloser Maler, merkt, dass die Frau, die er im Central Park in New York trifft, zusehends um Jahre altert. Offensichtlich handelt es sich bei der Dame um eine Tote. Mit dem Bild, das er von ihr malt, wird er endlich berühmt. – Kameramann Joseph August erlag während der Dreharbeiten einem Herzschlag. Der Film wurde ein finanzielles Fiasko. Selznick: »*Jenny* war die Grenze; weiter gehe ich nicht.« Weiter konnte er nicht!

JENNY – DAS PORTRÄT EINER LIEBE
Anderer Titel für **Jenny**

JESUS

(JESUS). USA 1979. **R:** *Peter Sykes, John Kirsh.* **B:** *Barnet Fishbein.* **LV:** *Lukas-Evangelium.* **D:** *Brian Deacon (Jesus), Rivka Noiman (Maria), Yossef Shiloah (Josef), Niko Nitai (Simon Petrus), David Goldberg (Judas), Eli Danker (Judas Ischariot), Miki Mfir (Pontius Pilatus), Eli Cohen (Johannes der Täufer), Shmuel Tal (Johannes). F 117 Min.*
Das Leben Jesu als Anlaß eines oberflächlichen Bilderbogens, der geradezu sklavisch an den Texten des Lukas-Evangeliums klebt. Ob man der Bibel damit gerecht wird, dass man wenig talentierte Schauspieler Gleichnisse herunterhaspeln lässt,

deren Sinngehalt sich ihnen nur zu deutlich entzieht, und das Ganze dann mit den üblichen musikalischen Orgasmen und einer Erzählerstimme garniert, die beim »Wort zum Sontag« besser aufgehoben wäre, sei allerdings dahingestellt. – »Prinzipiell von den Frommen für die ohnehin bereits Gläubigen gemacht.« (VARIETY) Die Aufnahmen erfolgten in Israel.

JESUS CHRIST SUPERSTAR

(JESUS CHRIST SUPERSTAR). USA 1972. **R:** *Norman Jewison.* **B:** *Melvyn Bragg.* **V:** *Tim Rice.* **K:** *Douglas Slocombe.* **M:** *Andrew Lloyd Webber.* **D:** *Ted Neeley (Jesus), Carl Anderson (Judas Ischariot), Yvonne Elliman (Maria Magdalena), Barry Dennen (Pontius Pilatus), Bob Bingham (Kaiphas), Larry T. Marshall (Simon, der Zelot), Jo-shua Mostel (Herodes), Kurt Yaghjian (Annas), Philip Toubus (Petrus). F 107 Min.*

Eine Handvoll junger Leute fährt in die Wüste Negev und führt in dortigen Ruinen eine modernisierte Musical-Fassung des Lebens und Leidens Jesu auf: Die Römer tragen nun Maschinenpistolen und Militärkluft, das Volk Jerusalems wirkt wie dem Gelände um Woodstock entsprungen, und die Gewissensbisse des Judas, der zu einer Art Antiheld hochstilisiert wird, werden durch vorbeirollende Panzer und tieffliegende Jets angedeutet. Nach der abschließenden Kreuzigung (die Auferstehung wird ausgespart) steigen die Schauspieler in ihren klapprigen Bus und fahren von hinnen. – Nach dem weltweiten Erfolg des gleichnamigen Musicals (1969) von Andrew Lloyd Webber (Musik) und Timothy Rice (Text) war eine Verfilmung nur eine Frage der Zeit. Technisch kann sich der drei Jahre später in

Israel entstandene *Jesus Christ Superstar* durchaus sehen lassen, auch wenn Norman Jewison einmal mehr dem Hang zu ästhetischen, aber leeren Bildern frönt und im Laufe des Films zusehends in synthetischem Kunsthandwerk versinkt. Trotzdem erscheint der Film in einer Dekade, die mit Steven Spielbergs *E.T.* ihre eigene Interpretation des Passionsspiels gefunden hat, erschreckend banal. Sowohl durch seine Musik (»ein schwaches Isaac Hayes-Imitat«, urteilte VARIETY) als auch durch seine ganze Grundidee verweist *Jesus Christ Superstar* nur zu deutlich auf seine Entstehungszeit, als in den USA die Jesus People-Bewegung grassierte und man hierzulande die altehrwürdige Orgel für kurze Zeit durch E-Gitarren ersetzte, was man dann gleich »Rock-Messe« nannte. Zumal aus der Distanz entlarvt sich der Film bald als das, was er im Grunde von vornherein war: nicht originärer Ausdruck eines Lebensgefühls, sondern Spekulation auf einen kurzlebigen Trend. Das *Saturday Night Fever* der Jesus-Generation.

JESUS VON NAZARETH

(THE PASSOVER PLOT). USA/Israel 1976. **R:** *Michael Campus.* **B:** *Millard Cohan, Patricia Knop.* **LV:** *Hugh J. Schonfeld.* **K:** *Adam Greenberg.* **M:** *Alex North.* **D:** *Zalman King (Jesus), Harry Andrews (Johannes der Täufer), Hugh Griffith (Kaiphas), Donald Pleasence (Pontius Pilatus), Scott Wilson (Judas), Dan Ades (Andreas), Michael Baseleon (Matthäus), William Burns (Simon Petrus). F 88 Min.*

Jesus als politischer Revoluzzer, der zusammen mit seinen Apostel-Rebellen erst aus dem Untergrund, dann ganz offen gegen die römischen Unterdrücker anrennt und schließlich als letzten Schlag gegen das Establishment die eigene Kreuzigung in die Wege leitet. – Formal durch Close up-freudige TV-Dramaturgie und heftiges Chargieren aller Beteiligten gekennzeichnete Adaption des kontroversen Buchs von Hugh J. Schonfeld: »Auf Jesu Reden und Aussprüche sollte man besser nicht achten.« (FILMDIENST) [V]

Jesus Christ Superstar

JIANG HU: HELDIN DES SCHWERTES

Anderer Titel für **Das unbesiegbare Schwert**

JIMMY UND DIE PIRATEN

(THE BOY AND THE PIRATES). USA 1960. **R:** *Bert I. Gordon.* **B:** *Lillie Hayward, Jerry Sackheim.* **K:** *Ernest Haller.* **SpE:** *Herman Townsley.* **M:** *Albert Glasser.* **D:** *Charles Herbert (Jimmy Warren), Susan Gordon (Katrina van Keif), Murvyn Vye (Blackbeard), Paul Guilfoyle (Snipe), Joseph Turkel (Abu, der Flaschengeist), Archie Duncan (Scroggins), Than Wyenn (Hunter), Al Cavens (Holländischer Kapitän), Mickey Finn (Peake), Morgan Jones (Warren), Timothy Carey (Morgan).* F 83 Min.

Am Strand von Massachusetts findet der 10jährige Piratexperte Jimmy Warren eine angeschwemmte Flasche. Als er sich wünscht, unter Seeräubern zu leben, tut es einen kleinen Knall und er findet sich vier Jahrhunderte in der Vergangenheit an Bord von Blackbeards Piratenschiff wieder. In der Flasche nämlich ist ein Flaschengeist, der dem Jungen hämisch mitteilt, dass er das Gefäß binnen kürzester Frist an den Strand zurückbringen muss, will er nicht seinen Platz in ihr einnehmen. Doch der frischgebackene Schiffsjunge weiß sich zu helfen: Nach einigen Abenteuern auf hoher See, wo er unter anderem die gleichaltrige Katrina von einem überfallenen Schiff rettet, manipuliert er eine Schatzkarte in der Kapitänskajüte dahingehend, dass sie Blackbeard an besagten Strand führt. Von seinen Träumen kuriert, kehrt Jimmy dort in die Gegenwart zurück.

Einer der seltenen Glücksfälle im Schaffen des Produzenten Bert I. Gordon, der die Welt für gewöhnlich mit miesen Monsterfilmen und idiotischen H. G. Wells-Verunstaltungen heimsuchte: »Was der Produzent hier anbietet, ist ein verlockender Abenteuerstoff in der Märchenperspektive, voller optischer Effekte und mit köstlichen Dialogen«, lobte der FILMDIENST zu Recht, schränkte dann aber noch ein, dass die »robust dargebotene Märchenmischung ... erst ab 14 vertretbar« sei. Es sind Kritiken wie diese, die uns, die wir den recht harmlosen Kinderfilm im Fernseh-Nachmittagsprogramm gesehen haben, wünschen lassen, wir hätten auch einen solchen Fla-

schengeist und könnten eine Kopie von Lucio Fulcis *Conquest* zwanzig Jahre in die Vergangenheit zurückschicken.

JOEY

BRD 1985. **R:** *Roland Emmerich.* **B:** *Roland Emmerich, Hans J. Haller, Thomas Lechner.* **K:** *Egon Werdin.* **SpE:** *Helmut Umbecht, Hubert Bartholomae, FuturEffects, Rolf Giesen.* **M:** *Hubert Bartholomae.* **D:** *Joshua Morell (Joey), Tammy Shields (Sally), Jerry Hall (William), Sean Johnson (Bobby), Mathias Kraus (Bernie), Christine Goebbels (Alice), Ray Kaselonis jr. (Steven), Eva Kryll (Laura), Jan Zierold (Martin), Barbara Klein (Dr. Haiden), Axel Berg (Ralph), Linda Caroll (Jessica), Christian Claaszen (Peter Collins), Christoph Lindert (Sheriff), Chaplan Brown (Pfarrer), Rolf Giesen.* F 98 Min.

Poltergeist auf schwäbisch: der zweite, nur vordergründig amerikanisierte und auf wenn nicht Spielberg-, so doch Spielhügel-Format getrimmte Spielfilm des heute international bekannten oder berüchtigten (wie immer es beliebt) deutschen Infantil-Regisseurs Roland Emmerich. Im Mittelpunkt des Interesses steht ein neunjähriger Knabe, der über ein rotes (Spielzeug-)Telefon Kontakt mit seinem verstorbenen Daddy unterhält.

Nur so bewältigt er den üblen Spuk, der sich im Nachbargebäude abspult, wo Bauchredner Fletcher, der nicht weiß, dass er seit langem tot ist, und seine bösartige Bauchrednerpuppe geistern und jede Menge Sindelfinger Gören erschrecken. Während der Dreharbeiten wurde der Plot ständig ergänzt durch neue Kinoimpressionen von Roland: *Gremlins* usw. Was immer gerade anlief, musste verwurstet werden. Auch Zwerge haben bekanntlich klein angefangen ... – Mehr über Roland Emmerich im *Lexikon der 2002 schlechtesten Filme.*

JOLANTA

(JOLANTA). UdSSR 1963. **R:** *Wladimir Gorikker.* **B:** *Wladimir Gorikker.* **LV:** *Oper »Jolanta« von Peter Tschaikowski.* **K:** *Wadim Mass.* **M:** *Peter Tschaikowski.* **D:** *Natalja Rudnaja, Fjodor Nikitin, Juri Perow, Alexander Beljawski, Pjotr Glebow, Walentina Uschakowa.* F 82 Min.

Verfilmung der Märchenoper von Tschaikowski: Eine blinde Königstochter wird durch die Liebe zu einem Prinzen geheilt und wieder sehend.

JORINDE UND JORINGEL

DDR 1986. **R:** *Wolfgang Hübner.* **B:** *Wolfgang Hübner, Wera und Claus Küchenmeister.* **LV:** *Gebrüder Grimm.* **K:** *Hartwig Strobel.* **M:** *Karl-Ernst Sasse.* **D:** *Susanne Lüning (Jorinde), Thomas Stecher (Joringel), Jutta Wachowiak (Alte), Walfriede Schmitt (Mutter), Hans-Peter Reinecke (Vater), Volkmar Kleinert (Marodeur), Günter Junghans (Geharnischter), Michael Gerber (Trommler).* F 75 Min.

Eine Liebesgeschichte vor dem Hintergrund des Dreißigjährigen Krieges. Liebe, will der Film sagen, ist durch Krieg bedroht. Die tiereschlachtende Erzzauberin der Brüder Grimm wird zur lebensbewahrenden, matriarchalisch geprägten Seherin, die Jorinde wie all die anderen in Vögel verwandelten Mädchen in ihrer friedlichen Welt nur vor Unheil bewahren will und sie erst freigibt, als die Schrecken des Krieges gebannt sind.

JUMANJI

(JUMANJI). USA 1995. **R:** *Joe Johnston.* **B:** *Jonathan Hensleigh, Greg Taylor, Jim Strain.* **LV:** *Roman von Chris van Allsburg.* **K:** *Thomas Ackerman.* **SpE:** *Alec Gillis, Tom Woodruff jr., Industrial Light & Magic.* **M:** *James Horner, Agnes Baltsa, Cole Porter.* **D:** *Robin Williams (Alan Parrish), Jonathan Hyde (Sam Parrish/Van Pelt), Kirsten Dunst (Judy Shepherd), David Alan Grier (Carl Bentley), Bradley Pierce (Peter Shepherd), Bonnie Hunt (Sarah Whittle), Bebe Neuwirth (Nora), Adam Hann-Byrd, Patricia Clarkson.* F 108 Min.

Mischung aus Lewis Carroll, Jean Cocteau und Computerspiel: Zwei ehemalige Klassenkameraden befreien einen Mitschüler, der vor 26 Jahren von einem verzauberten Brettspiel verschlungen wurde, indem sie das angefangene und nicht beendete Spiel zu Ende spielen: »Ein Spiel für jeden, der darauf sinnt, wie er seiner Welt entrinnt.« – »Mit jedem Würfelspiel steigert sich das Tohuwabohu. Monsun, Moskitos, Tigerspinnen und ein dem Wahn verfallener Großwildjäger – nichts wird ausgespart, der Schrecken wird komisch, das Komische grausig. Am Ende ist's aber allzu viel

Schockschwerenot, denn Abenteuerkaskaden ermüden, je länger sie dauern.

Den größten Anteil am Spaß dieses Films haben die Wundertiere und Naturgewalten von Amalgamated Dynamics, Inc. und das Computer-Team von Industrial Light & Magic ...« (SÜDDEUTSCHE ZEITUNG) – besonders während einer digital realisierten Tier-Stampede mit Löwen, Krokodilen, Menschenaffen und einer Nashornherde. [V]

DER JUNGE HERKULES

(YOUNG HERCULES). USA/Neuseeland 1997. **R:** *T. J. Scott.* **B:** *Andrew Dettman, Daniel Truly.* **K:** *John Mahafee.* **M:** *Joseph Lo Duca.* **D:** *Ian Bohen (Herkules), Dean O'Gorman (Iolaos), Chris Conrad (Jason), Johna Stewart (Yvenna), Kevin Smith (Pelias/Ares), Nathaniel Lees (Kiron).* F 88 Min.

Nachdem Herkules auf Anweisung seiner Mutter die Kampfschule bestanden hat, macht er sich zusammen mit seinen Freunden auf die Suche nach dem goldenen Vlies. Es fliegen die Fetzen. Nur auf Video. [V]

DER JUNGE MIT DEN GRÜNEN HAAREN

(THE BOY WITH THE GREEN HAIR). USA 1948 **R:** *Joseph Losey.* **B:** *Ben Barzman, Alfred Lewis Levitt.* **St:** *Betsy Beaton.* **K:** *George Barnes.* **M:** *Leight Harline, Constantin Bakaleinikoff, Eddie Pyle.* **D:** *Pat O'Brien (Gramp), Robert Ryan (Dr. Evans), Barbara Hale (Miss Brand), Dean Stockwell (Peter Frye), Samuel S. Hinds (Dr. Knudson), Walter Catlett (»The King«), Richard Lyon (Michael), Charles Meredith (Piper), Regis Toomey (Davis), David Clarke (Friseur), Billy Sheffield (Red), John Calkins (Danny), Teddy Infuhr (Timmy), Dwayne Hickman (Joey), Eilene Janssen (Peggy), Charles Arnt (Hammond), Russ Tamblyn, Curtis Jackson (Schüler).* F 82 Min.

In einer englischen Kleinstadt wird kurz nach dem Zweiten Weltkrieg ein Junge mit kahlgeschorenem Kopf von der Polizei aufgegriffen. Zunächst widerwillig erzählt er dem Psychologen seine Geschichte: Aufgewachsen bei Verwandten erfährt er durch einen Zufall, dass er im Krieg die Eltern bei einem Luftangriff verloren hat. Aus Gram färben sich seine Haare grün. Die Farbe lässt sich nicht auswaschen. Niemand weiß, was das zu bedeuten hat. Die Kinder hänseln den Jungen, die Erwachsenen glauben, Milch oder Wasser seien daran schuld. Der Junge sieht sich in die Enge getrieben, er möchte den Makel loswerden. Er flieht in einen tiefen Wald, fällt vor Erschöpfung hin und bleibt weinend liegen. Da sieht er auf einer Lichtung Kriegsopfer und -waisen stehen. Sie reden auf ihn ein. Sein grünes Haar sei ein Symbol der Hoffnung auf eine bessere Welt ohne Kriege und Kriegsfolgen. Jedermann könne in ihm den Kriegswaisen erkennen. Er müsse die Gelegenheit nutzen, gegen Infamie und Sinnlosigkeit eines jeden Krieges zu predigen. Überzeugt von seiner Bestimmung kehrt der Junge zurück, doch sieht er sich dem Druck seiner Umwelt nicht gewachsen. Schließlich willigt er ein, sein Haar scheren zu lassen, da der Arzt meint, es werde in natürlicher Farbe nachwachsen. Die Rasur macht den Jungen verstockt und sprachlos. Erst der Psychologe kann ihm helfen. Die Haare werden wieder grün wachsen. Der Junge wird den Kampf gegen den Krieg fortsetzen. – Selten wirkt aus heutiger Sicht ein »Anti-Kriegsfilm« so missglückt, so völlig untauglich, den Zuschauer zum Nachdenken über die Nutzlosigkeit des Krieges zu bewegen. Sein Inhalt ist jedenfalls nur aus der unmittelbaren Nachkriegssituation, wie sie Hollywood sich vorstellte, zu verstehen. Da konnte selbst der spätere Meisterregisseur Joseph Losey nichts mehr retten. Möglicherweise fehlte es ihm hierbei noch an der nötigen Erfahrung. Er charakterisierte seinen Erstling später als »ungeschickt und gelegentlich peinlich emotional«. Mit den unrealistischen Szenen – etwa auf der Waldlichtung – sei er »einfach nicht fertig geworden«. Alan Frank sieht es in THE SCIENCE FICTION AND FANTASY FILM HANDBOOK wesentlich krasser: »Der Film ... ist so zuckersüß, dass er – bei aller Fairness – eine Warnung vor Zuckerkrankheit enthalten sollte. Fantasy von der hohlsten Seite.«

DIE JUNGFRAU UND DAS UNGEHEUER

(PANNA A NETVOR). ČSSR 1978. **R:** *Juraj Herz.* **B:** *František Hrubín, Ota Hofman, Juraj Herz.* **LV:** *Mme. Leprince de Beaumont.* **K:** *Jiří Macháne.* **M:** *Petr Hapka.* **D:** *Zdena Studánková (Schöne), Vlastimil Harapes (Ungeheuer), Václav Vosko*

(Vater), Jana Brejchová (Gavina), Zuzana Kocuriková (Malinka). F 90 Min.

Nachdem ein Kaufmann seine Ware in einem verwunschenen Wald verloren hat, muss er, um für seine drei Töchter und sich sorgen zu können, sein letztes Hab und Gut verkaufen. Auf dem Weg in die Stadt, wo er das Bild seiner geliebten Frau veräußern will, kommt er an einem verfallenen Schloss vorbei, in dem er Rast macht und einschläft. Am nächsten Morgen liegen statt des Bildes Geld und Schmuck vor ihm. Verwundert und dankbar zugleich steckt er die Gaben ein und pflückt in Gedanken von einer wilden Hecke eine Rose, die er seiner jüngsten Tochter mitbringen will. Da stellt sich ihm plötzlich ein Ungeheuer – halb Mensch, halb Raubvogel – in den Weg und fordert für die Rose sein Leben; es sei denn, eine seiner Töchter opfere sich für ihn. Die jüngste Tochter erklärt sich bereit, geht in den Wald, schläft ein und träumt von einem schönen Prinzen. Das Ungeheuer will die Schlafende töten, doch bei ihrem Anblick verliebt es sich auf der Stelle, obwohl eine innere Stimme warnt: »Wenn du sie nicht tötest, wirst du die Qualen deines Fluchs hundertfach erleiden.« Als die Jungfrau erwacht, schreckt sie entsetzt vor dem Untier mit der gütigen Stimme zurück, kann jedoch ungehindert fliehen. Instinktiv verspürt sie von nun an die Liebe zu dem fremden Wesen. Sie kehrt in das Schloss zurück und zu dem ihr im Traum erschienenen Prinzen. – Die berühmteste Adaption des klassischen Märchens aus der Sammlung der Madame Leprince de Beaumont ist ohne Zweifel *Es war einmal* von Jean Cocteau. Cocteaus Film hat als künstlerisch geschlossenes Werk von hohem Rang Maßstäbe gesetzt. »Dennoch wagten es Juraj Herz und Ota Hofman, ihre Version dagegenzusetzen. Es gelang ihnen, diese Parabel von der Kraft der Liebe – zwar in Grundzügen ähnlich – anders zu beleben ... Sie entschieden sich ... die rein romantische Ebene des Märchens zu verändern und statt dessen seinen Horrorcharakter mehr zu betonen. Dies gelang durch die vorzügliche Anwendung filmtechnischer Tricks, durch die kontrastreiche Architektur des realistischen Kaufmannshauses und des pastellbraun gehaltenen, verfallenen Märchenschlosses, vor allem aber durch die abstoßende

Raubvogelmaske, die mehr und mehr menschliche Züge verrät und Empfindungen offenbart, so dass die Gestalt schon bald für den Betrachter zum Träger von Sympathie und Mitgefühl wird.« (DER SPIELFILM IM ZDF) Regisseur Juraj Herz über die Unterschiede seines Films zu dem von Cocteau: »Die Menschen haben ständig jenes etwas elegante Märchen Jean Cocteaus in Erinnerung. Ich habe es jedoch in etwas rauherer und schrofferer Form gedreht. Der Sitz des Ungeheuers ist kein bequemes, komfortables Schloss, vorbereitet für eine Prinzessin. Das Ungeheuer, das hier lebt, ist wirklich ein Tier, das bloß eine menschliche Stimme, ein Gewissen hat und sich wie ein Mensch verliebt. Es nährt sich aber wie ein Raubtier von rohem Fleisch und Blut.«

DIE JUNGFRAU UND DAS UNGEHEUER
Anderer Titel für **Die Schöne und das Ungeheuer**

DIE JUNGFRAU UND DER TEUFEL
(FLICKAN OCH DJÄVULEN). Schweden 1944. **R:** *Erik Faustman.* **B:** *Bertil Malmberg.* **K:** *Hilding Bladh.* **D:** *Stig Jarrel (Teufel), Gun Wallgren (Jungfrau), Sven Miliander, Linnea Hillberg, Hilda Borgström, Anders Ek. SW 88 Min.*
Ein junges Mädchen wächst – vom Teufel, der sich als ambulanter Händler verkleidet hat, protegiert – heran, um den Fluch einer auf dem Scheiterhaufen verbrannten Hexe zu erfüllen, deren Seele auf sie übergegangen ist. Ausgesandt, um Zwietracht zwischen einem Bauern und dessen Weib sowie einem Vater und seinen Söhnen zu säen, wird der teuflische Bann durch die Kraft der Liebe und diverser Gebete gebrochen. – »Beachtlich ist die Kameraarbeit, die sich eines harten, holzschnittartigen Licht- und Schattenspiels bedient und damit einem schwer modellierbaren Stoff am gerechtesten wird.« (FILMDIENST) Keine leichte Kost für Normalverbraucher.

DIE JUNGFRAUENBRÜCKE
(DJÄVULENSÖGA). Schweden 1960. **R:** *Ingmar Bergman.* **B:** *Ingmar Bergman.* **K:** *Gunnar Fischer.* **M:** *Domenico Scarlatti.* **D:** *Jarl Kulle (Don Juan), Bibi Andersson (Britt-Marie), Stig Järrel (Satan), Nils Poppe (Pfarrer), Gertrud Fridh (Frau Renata), Sture Lagerwall (Pablo), Gunnar Björnstrand*

(Schauspieler), Georg Funkquist (Graf Armand de Rochefoucauld), Gunnar Sjöberg (Marquis Giuseppe Maria de Macopanza), Axel Düberg (Jonas), Torsten Winge (Alter), Kristina Adolphson (Verschleierte Frau), Allan Edwall (Ohrendämon), Ragnar Arvedson (Wächterdämon), Börje Lundh (Friseur), Lenn Hjortzberg (Klistierarzt), John Melin (Schönheitsarzt), Sten-Torsten Thuul (Schneider), Arne Lindblad (Assistent), Svend Bunch (Verwandlungskünstler), Tom Olsson (Schwarzer Masseur). SW 87 Min.
Den Teufel sticht ein Gerstenkorn. Es gilt, des Pastors Töchterlein noch acht Tage vor der Hochzeitsnacht zu verführen. Der Teufel fährt scharfes Geschütz auf; er reaktiviert nach 300 Jahren Don Juan.

Doch vergebens, gegen die ausgefuchste Mischung aus bewährtem Seelenschmerz, einstudierter Romantik und aristokratischer Kühle bleibt die ihrem Jonas treue Britt-Marie immun. Nur Don Juan bekommt Schwierigkeiten mit dem Herzschlag. Sein Diener Pablo nutzt die Gelegenheit, wider die Gesetze der Hölle die Frau des Pastors zu umgarnen. Im Wettkampf mit der Hölle siegt am Ende die »Güte des Himmels«. Durch überflüssiges Geprahle der Braut verliert der Teufel dann doch noch sein Gerstenkorn. – »Der Titel ist eine Spekulation des Verleihs. Man dachte an die ein Jahr zuvor, 1959, gedrehte *Jungfrauenquelle* und erhoffte sich ein gezähmtes *Schweigen*. Aber Bergmans Komödie, sein fünfundzwanzigster Film, hat nichts von beiden ... So banal sich die Synopsis liest, so fad, so formal antiquiert und langweilig ist der Film ... wichtig für die Biographen, aber sonst höchst überflüssig.« (Wolf Dresp, FILM) – »Der verschwommenen und unschlüssigen Konzeption entspricht die mangelhafte Gestaltung, als ob alles zwischen Theaterproben in einer ausgeräumten Requisitenkammer mit halber Lust improvisiert worden wäre. Man meint, Bühnenkleister, Schminke und Puder riechen zu können. Die Schauspieler spielen so, als habe man ihre Gage gesperrt.« (FILMDIENST)

DIE JUNGFRAUENQUELLE
(JUNGFRUKÄLLAN). Schweden 1959. **R:** *Ingmar Bergman.* **B:** *Ulla Isaksson.* **LV:** *Ballade »Herr Tö-*

res Döttrar i Wänge« (Die Töchter Herrn Töres zu Wänge). K: *Sven Nykvist.* M: *Erik Nordgren.* D: *Max von Sydow (Töre), Birgitta Valberg (Märeta), Gunnel Lindblom (Ingeri), Birgitta Pettersson (Karin), Axel Düberg (Magerer), Tor Isedal (Zungenloser), Allan Edwall (Bettler), Ove Porath (Junge), Axel Slangus (Brückenwärter), Gudrun Brost (Frida), Oscar Ljung (Simon), Tor Borong, Leif Forstenberg (Knechte).* SW 89 Min.

Mittelalterliche Legende. Ein unberührtes Mädchen wird, als es mit Opferkerzen zur Kirche reitet, von drei Hirten, Brüdern, von denen einer ein Knabe ist, vergewaltigt und umgebracht. Wie ein Wunder entspringt plötzlich unter der Leiche eine Quelle. Die drei kommen zu einem Hof, bitten um Unterkunft, bieten die Kleider ihres Opfers zum Kauf, nicht ahnend, dass sie vor den Eltern des Mädchens stehen. Im Morgengrauen werden die beiden Schurken und ihr unschuldiger jüngerer Bruder auf bestialische Weise vom Vater des Mädchens erledigt. In der aufkeimenden Gewissheit, dass er sich durch seinen furchtbaren Racheakt selbst mit Blutschuld beladen hat, schwört der Vater, an der Quelle eine Kirche zu bauen. – »Dazu möchte ich feststellen, dass *Die Jungfrauenquelle* ein Betriebsunfall ist. Der Film ist ein bisschen auf Tourismus zugeschnitten und eine miserable Imitation von Kurosawa. Es war meine hingebungsvollste japanische Filmperiode, ich war selbst fast ein Samurai geworden ... Sowohl *Die Jungfrauenquelle* als auch *Das Teufelsauge* sind tote Filme.« (BERGMAN ÜBER BERGMAN) Der »tote« »Betriebsunfall« wurde als solcher in Hollywood nicht erkannt und erhielt 1960 den Oscar als bester ausländischer Film.

DAS JÜNGSTE GERICHT FINDET NICHT STATT

(IL GIUDIZIO UNIVERSALE). Italien/Frankreich 1961. R: *Vittorio De Sica.* B: *Cesare Zavattini.* St: *Cesare Zavattini.* K: *Gabor Pogany.* M: *Alessandro Cicognini.* D: *Vittorio Gassman (Dandy), Fernandel (Witwer), Ernest Borgnine (Flieger), Melina Mercouri (Contessa), Lino Ventura (Vater), Alberto Sordi, Jack Palance, Silvana Mangano, Vittorio De Sica, Paolo Stoppa, Anouk Aimée, Georges Riviére, Jaime de Mora y Aragon, Domenico Modugno, Renato Rascel, Ell Davis, Akim Tamiroff, Franco Franchi, Nino Manfredi, Mike Bongiorno, Eleonora Brown, Elisa Cegani, Jimmy Durante, Marisa Merlini, Andreina Pagnani, Giuseppe Janigro, Alberto Bonucci, Sergio Jossa, Lilly Lembo, Prinzessin Karamann, Maria Pia Casillo, Gaddo Treves, Mario Abussi, Remington Olmstead, Giuseppe Porelli, Nando Angelini, Edith Peters, Giacomo Furia, Regina Bianchi, Lamberto Maggiorani, Luigi Bonos, Ottavio Bugatti, Ugo D'Alessio, Eugenio Maggi, Pietro de Vico, Enzo Pelito, Luigi Reder, Agostino Salvetti, Mario Passante, Nello Ascoli.* SW/F 89 Min.

Eine mysteriöse (offenbar im Himmel beheimatete) Stimme tut der erstaunt aufhorchenden Bevölkerung Neapels kund und zu wissen, dass der Ofen aus und der Tag des Jüngsten Gerichts gekommen sei – was den Menschen genügend Gelegenheit bietet, mit sich ins Reine zu kommen. So mancher geht in sich, sinniert über sein Dasein nach, verflucht sich, weil er es vertan hat und gelobt Besserung – für den Fall, dass der Kelch noch mal an ihm vorübergeht.

Zum angekündigten Zeitpunkt passiert freilich nichts; Grund genug für Herrn und Frau Jedermann, auf der Stelle wieder in den alten Schlendrian zu verfallen und den lieben Gott einen guten Mann sein zu lassen. – Vittorio De Sicas »satirische Kritik am religiösen Massenwahn« (Ulrich Gregor, GESCHICHTE DES FILMS AB 1960) ist in seiner Episodenhaftigkeit zwar nicht unwitzig gemacht, vom Fantasy-Gehalt her jedoch eher Schonkost.

K

KADMOS, TYRANN VON THEBEN

(ARRIVANI I TITANI). Italien/Frankreich 1962.
R: *Duccio Tessari.* **B:** *Ennio de Concini, Duccio Tessari.* **K:** *Alfio Contini.* **SpE:** *Joseph Natanson.* **M:** *Carlo Rustichelli.* **D:** *Pedro Armendariz (Kadmos), Giuliano Gemma (Crios), Antonella Lualdi (Hermione), Jacqueline Sassard (Antiope), Gerard Sety (Hippolytos), Serge Nubret (Rator), Tania Lopert (Licinia), Ingrid Schoeller, Franco Lantieri, Monica Berger, Isarco Ravaioli, Luisa Rispoli.* F 105 Min.*

Um den selbsternannten Gottkönig Kadmos zu stürzen, befreit Zeus den Titanen Crios aus seinem Gefängnis in der Unterwelt. Schnell verliebt sich dieser in dessen hübsche Tochter Antiope, die Kadmos gefangenhält, da ihm die Sibylle einst orakelt hat, er werde sterben, sobald sich Antiope in einen anderen Mann verliebe. Crios kehrt in die Unterwelt zurück und stiehlt Plutos nur bei Nacht funktionierenden Tarnhelm. Wieder oben angekommen, muss er freilich feststellen, dass Kadmos seine Tochter inzwischen auf eine einsame Insel verfrachtet hat und dort von der schlangenhaarigen Medusa bewachen lässt. Crios trickst die Gorgone aus und rettet Antiope, wird beim Kampf gegen Kadmos' Männer jedoch schwer verwundet. Antiope landet erneut in Gefangenschaft. Zur Verstärkung lässt Zeus auch die anderen Titanen frei, die ihrem kleinen Bruder zu Hilfe kommen. Mittels einiger Blitze, die Crios beim Zyklopen an der Ecke erworben hat, dringen sie in Kadmos' Palast ein, töten den Tyrannen und befreien Antiope. – Eine Persiflage, die mit mäßigem Erfolg etwas zu parodieren versucht, was an sich selbst schon Parodie ist.

EIN KÄFER GEHT AUFS GANZE

BRD/Schweiz 1971. **R:** *David Mark [Rudolf Zehetgruber].* **B:** *Alexander de Callier, Rudolf Zehetgruber.* **K:** *Pierre Pereira, Ken Hoover, Alexander Posch, Boris Larin, W. Min Keb, Josef Vavra.* **SpE:** *Christian Harman.* **M:** *Hans Hammerschmied/Roman Kwiatkowski.* **D:** *Richard Lynn (Ben), Kathrin Oginski (Daktari Jo), Jim Brown (Howard), Gerd Duwner (James Butler), Constanze Sieck (Angie Jo), Lex County (Nick Hallmark), Bob Mackay (von Springel), Harry Fuß (Graf de la Motta), Grete Elb (Gräfin de la Motta), Surender Singh (Singh), Bob Dean (Abdul).* F 92 Min.*

Banaler deutscher »Toller Käfer«-Verschnitt, möglicherweise ein Abschreibungsprodukt, das an internationalen Schauplätzen in Österreich und Daressalam unter der Oberaufsicht von Rudolf Zehetgruber entstand: Nachdem er mehrfach den Besitzer gewechselt hat (vgl. *In jenen Tagen*), findet der vermenschlichte VW-Käfer »Dudu« in Ben einen Freund fürs Leben. Beide wollen an einer Rallye in Afrika teilnehmen, werden aber von der verständnislosen Rennleitung abgewiesen. Eine letzte Chance sehen Ben und der tolle Käfer darin, sich dem Besitzer eines Luftkissenbootes als Service-Wagen und Fahrer zur Verfügung zu stellen. Während alle anderen Wagen weite Umwege machen, entscheidet sich Nick, der Besitzer des Luftkissenboots, für die Luftlinie, und ab geht die Post durch Flüsse, Schlangensümpfe, auf Eisenbahnschienen usw.

EIN KÄFER GIBT VOLLGAS

BRD/Schweiz 1972. **R:** *Rudolf Zehetgruber.* **B:** *Rudolf Zehetgruber.* **K:** *Hannes Staudinger, Acácio de Almeida, Rüdiger Meichsner.* **SpE:** *Karl Baumgartner, Willy Hörmandinger.* **M:** *Jürgen Elert.* **D:** *Joachim Fuchsberger (Plato), Robert Mark (Jimmy Bondi), Kathrin Oginski (Magnolia), Heinz Reincke (Maggio), Heidi Hansen (Tamara), George Goodman (Cyrill), Arturo Duarte (Da Silva), Ottorino Polentini (Shapiro), Karl Otto Alberty (Marchese), Kurt Jaggberg (Chico), Hansi Waldherr (Dralle), Sergio Testori (Gonzales).* F 91 Min.*

Ein Volkswagen läuft und läuft und läuft unbeirrt weiter in die ewigen Jagdgründe des Schwachsinns: Wunderkäfer »Dudu« und Agent Jimmy Bondi triumphieren über eine Falschgeld-Bande. Aus dem Werberatschlag der Constantin-Film: »Rudolf Zehetgruber, Autor, Regisseur und Produzent dieses heiteren Abenteuers, hat sich eine Menge einfallen lassen, um seinen Wunderkäfer ›Dudu‹ als unschlagbare Geheimwaffe gegen allerlei Gangster und Bösewichte einzusetzen und mit allem, was dieses tolle Auto kann, ins rechte Licht zu rücken. Das Super-Ding auf vier Rädern geht mit 180 Sachen in die Kurve, schwimmt, taucht, fliegt, springt, boxt, schießt, schlägt, stößt und spuckt, dass es nur so raucht und kracht und Ihr vergnügtes Publikum sich vor Spaß auf die Schenkel schlägt.«

DER KAISER AND DIE NACHTIGALL

(CÍSAŘUV SLAVIK). ČSSR 1947. **R:** *Jiří Trnka, Miloš Makovec.* **B:** *Jiří Trnka, Jiří Brdečka.* **LV:** *Hans Christian Andersen.* **K:** *Ferdinand Pecenka.* **M:** *Václav Trojan.* **D:** *Jaromir Sobota, Helena Patočková. F 71 Min. (Puppenfilm).*

Ein Junge, der in einem prächtigen, von der Außenwelt durch eine hohe Mauer abgeschnittenen Garten lebt, hat einen seltsamen Fiebertraum: Er träumt von einem chinesischen Kaiser, der sich vom Gesang einer Nachtigall verwöhnen lässt, bis diese ihm zu »unverlässig« wird und er sie durch einen mechanischen Vogel ersetzt. Doch der Kaiser, von einem strengen Hofzeremoniell umgeben, das sein Dasein in jeder Minute regelt und vorschreibt, wird zu einem unglücklichen Menschen. Als die ihn umgebende Langeweile dermaßen überhand nimmt, dass sie sein Leben bedroht, taucht die echte Nachtigall wieder auf, und ihr natürlicher Gesang rettet sein Leben. Der Maschinenvogel zerspringt, der Kaiser wird wieder gesund – und mit ihm auch der gelangweilte, kranke Träumer, der es nun zum ersten Male wagt, die ihn von den anderen Kindern trennende Mauer zu überwinden. – »Dass dies alles so ungemein lebendig wird, so erregend und begeisternd ist, ist allein das Verdienst des tschechischen Regisseurs Jiří Trnka. Er ist ein Bildzauberer mit ganz ungewöhnlicher Macht, und ein eigenständiger Stilschöpfer dazu. Zugleich aber illustrieren diese grobgeschnittenen Holzpuppen eindringlicher als ein Schauspieler die Starrheit und For-

melhaftigkeit der mechanisierten Hofwelt. Das Geheimnis dieser Spannung liegt in Trnkas souveräner Bildkomposition. Er macht das Rechteck der Leinwand wieder zum Spannungsfeld. Nie gibt es den Drang, die Fläche um jeden Preis zu füllen, er wagt es etwa, einen Puppenkopf in einem engen Fenster-Dreieck allein auf die dunkle Fläche zu setzen, um dann gleich einen größeren und weiteren Raum hinterherzustellen. Es ist fast, als wäre da mit dem Film eine neue Dimension gewonnen. Eine Annäherung an die Gesetze' der abstrakten Bildgestaltung ist jedenfalls bei aller Gegenständlichkeit unverkennbar.« (FILMBEOBACHTER) – »Ein exzellenter Film.« (VARIETY)

KALLE UND DIE ENGEL

(KALLE OCH ENGLENE/KALLE OCH ÄNGLARNA). Norwegen/Schweden 1993. **R:** *Ole Björn Salvesen.* **B:** *Kjell Sundstedt, Ole Björn Salvesen.* **K:** *Erling Thurmann-Andersen.* **M:** *Gunnar Edander.* **D:** *Tom Beck Letessier (Kalle), Karl Sundby (Michael), Unni Kristin Skagestad (Mutter), Helge Jordal (Vater), Peter Width Kristiansen (Johnny). F 85 Min.*

Nachdem Kalles Vater, ein aktiver Umweltschützer, bei einem Flug mit einem selbstgebauten Drachen tödlich verunglückt, landet in Großvaters Apfelbaum der Engel Michael, der den Toten in den Himmel überführen soll. Kalles Vater weigert sich, in höhere Sphären aufzusteigen – es sei denn, die Engel demonstrieren mit ihm für saubere Luft. Kalle pflegt Michael, dessen Flügel gebrochen ist, gesund; zwei Erzengel tauchen auf, um den vermissten Kollegen zu suchen. Großvater, dem der Knabe sich anvertraut, hat die Idee, wie man die Engel besänftigen und Kalles Vater dazu bringen kann, mit ihnen in den Himmel zu gehen. – Thema des Films ist die Frage, wie ein Kind mit dem Ableben eines geliebten Menschen fertig wird. Regisseur Salvesen und Autor Rundsted haben es in dieser Geschichte mit viel Herz und Bravour gemeistert.

DAS KALTE HERZ

Deutschland 1923. **R:** *Fred Sauer.* **B:** *Fred Sauer, Walter Wassermann.* **LV:** *»Das kalte Herz« von Wilhelm Hauff.* **K:** *Heinrich Gärtner.* **D:** *Fritz*

Schulz, Grete Reinwald, Frieda Richard, Heinrich Peer, Philipp Manning, Paul Walker, Victor Costa, Gustav Trautschold, Edith Penner, Harry Berger. SW ca. 60 Min. (Stummfilm).

Inhalt siehe *Das kalte Herz* (DDR 1950) von Paul Verhoeven.

DAS KALTE HERZ

DDR 1950. **R:** *Paul Verhoeven.* **B:** *Paul Verhoeven, Wolff von Gordon.* **LV:** *»Das kalte Herz« von Wilhelm Hauff.* **K:** *Bruno Mondi.* **SpE:** *Ernst Kunstmann.* **M:** *Herbert Trantow.* **D:** *Lutz Moik (Peter Munk), Hanna Rucker (Lisbeth), Paul Bildt (Glasmännlein), Erwin Geschonneck (Holländer-Michel), Lotte Löbinger (Munks Mutter), Paul Esser (Ezechiel), Hansgeorg Laubenthal (Hannes), Walter Tarrach (Amtmann), Alexander Engel (Lisbeths Onkel), Herbert Kiper (Hochzeitslader), Karl Hellmer (Meister Anton), Karl-Heinz Deickert (Elias), Eva Probst (Bärbel), Egon Brosig, Heinz Förster-Ludwig, Bernhard Goetzke, Peter Hein, Viktor Janson, Walter Klam, Hans Krull, Friedrich Honna, Ruth Lommel, Marliese Ludwig, Friedrich Maurer, Eduard Matzik, Wolfgang Erich Parge, Willi Prager, Renée Strobrawa, Otto Stoeckel, Walter Strasen, Franz Torns, Franz Weber.* F 104 Min.

»Im Schwarzwald, da, wo er am dichtesten ist, lebte vor vielen Jahren ein junger Köhler, Peter Munk. Er brannte das Holz der Tannen zu Kohle und lebte davon mühselig mit seiner Mutter. Als es soweit war, dass er seine Lisbeth heiraten wollte, da merkte er, dass Armut eine böse Sache sei, denn für eine Frau und Kinder wollte das karge Brot nicht langen. Er wünschte sich von Herzen eine Änderung dieses Zustandes, und da er ein Sonntagskind war, wollte er mit einem Male sein Glück erreichen und Ansehen haben wie andere reiche Leute auch. Darum ging er zu dem kleinen Waldgeist, dem Glasmännlein, das im Schwarzwald hauste, und trug seine Wünsche vor. Das Glasmännlein fand sie recht töricht, aber es erfüllte sie ihm. Peter hatte nun im Gasthaus immer so viel wie der reiche Ezechiel in der Tasche und konnte so gut tanzen wie der Tanzbodenkönig. Den dritten Wunsch erfüllte er ihm nicht, denn das kluge Glasmännlein sah ja, wie es um Peter bestellt war; und richtig – Peter kaufte

eine Glashütte und hätte, wenn er nun an die Arbeit gegangen wäre, sein gutes Auskommen gehabt, aber Peter war mehr im Wirtshaus und auf dem Tanzboden zu finden, und da er sich nicht um seine Glashütte kümmerte, verlor er sie. Sie wurde an dem Tag, an dem seine Hochzeit sein sollte, versiegelt. Peter hatte noch versucht, mit dem reichen Ezechiel zu würfeln, um wieder die Tasche voll Geld zu bekommen, aber er hatte vergessen, dass er ja immer nur so viel Geld in der Tasche haben würde wie Ezechiel. Als er diesem alles abgewonnen hatte, hatte er selbst nichts mehr und wurde obendrein von den erbosten Mitspielern als Betrüger und Zauberer betrachtet. Peter ging nicht in sich und dachte nicht darüber nach, was er wohl falsch gemacht hätte, sondern ging trotzig zu einem anderen Geist des Schwarzwaldes, dem Holländer-Michel. Das war ein anderer Kerl als das Glasmännlein – ein Flößer mit einer riesigen Flößerstange, aber mit kalten Augen und einem bösen Mund. Peter war nicht wohl, als er den Holländer-Michel fand, und hatte Angst, denn dieser versprach ihm Reichtum und Einfluss, das, was Peter sich sehr wünschte, aber er verlangte dafür sein warmes Herz und wollte ihm einen kalten Stein dafür in die Brust setzen. Peter sagte ja! Und bekam das kalte Herz.« (PROGRESS FILMILLUSTRIERTE) – Und damit fing die Misere des Peter Munk an: Der Stein, der nun anstelle seines Herzens seine Gefühle leitete, machte ihn zu einem ekelhaften Ausbeuter, Menschenschinder und Raffhals, zu einem Mann, der nur noch den Mammon anbetete und seine Lisbeth im Stich ließ; doch weil er gar so habgierig war, wollte er sie auch keinem anderen gönnen, und so kehrte er aus den fernen Niederlanden, wo große Geschäfte ihn eine Weile aufgehalten hatten, in den Schwarzwald zurück, Lisbethens zartem Händchen wegen. Schundnickel, der er war, reagierte er auf jede Herzensregung seiner Gemahlin mit Hass, und eines Tages ging er gar so weit, sie zu erschlagen, bloß weil sie einem armen Mann in der Not beigestanden hatte. Nun harrte der Galgen des reichen Mannes, dem einfiel, dass er beim Glasmännlein noch einen dritten Wunsch frei hatte: Und mit einem Trick legte er den Holländer-Michel herein, damit dieser ihm sein warmes Herz zurückgab. Noch einmal kam ihm das Glasmännlein zu Hilfe, um ihm angesichts des tobenden Holländer-Michel beizustehen. Und als der geläuterte Peter es bat, seinem Leben ein Ende zu setzen, baute es sich vor ihm auf und sagte: »Man muss sein Leben leben, arbeiten und schaffen für sich und andere.« Und als Peter mit seiner Axt in den Wald ging, um Holz zu schlagen, geschah ein Wunder: Es wurde plötzlich Frühling, und neben ihm stand Elisabeth. »Peter wusste jetzt, dass das nicht erarbeitete Geld keinen Segen bringt und dass Habgier den Menschen verdirbt. Die Arbeit für und mit seinesgleichen formt den Menschen und sein Herz.« (PROGRESS FILMILLUSTRIERTE) – Dass Geld den Menschen nicht glücklich macht, ist einem im Leben so oft gepredigt worden, dass man geneigt ist, hinter dieser Weisheit den Plan zu wittern, die weniger Begüterten davon abzulenken, dass eine parasitäre Schicht von dem von ihnen erarbeiteten Mehrwert profitiert, aber Paul Verhoeven und die DEFA hatten, als der Film entstand, gewiss anderes im Sinn, als diese Erkenntnis via Zelluloid zu verbreiten. Es erstaunt einen heute nicht mehr, dass der nach monatelangen Vorarbeiten und sechsmonatiger Drehzeit entstandene erste deutsche Farbfilm nach dem Krieg ein auf ein kindliches Publikum zielendes Märchen war: den DDR-Kulturschaffenden muss klar gewesen sein, dass eine Ideologie, die für ein Miteinander plädiert, nicht mit dem marxistischen Holzhammer operieren durfte, wollte sie die Auswirkungen der tausendjährigen Erziehung von 1933–1945 torpedieren und die junge Generation für sich einnehmen. Die Aussage, dass »die Arbeit für und mit seinesgleichen den Menschen und sein Herz formt«, war ihnen ein guter Ansatzpunkt, die Aufbruchsstimmung zu forcieren, die sich in einem (wenn auch kleinen) Teil der Bevölkerung breitgemacht hatte. – »Dass am Ende alle guten Kräfte zusammenwirken, ist für ein Märchen selbstverständlich, aber in diesem DEFA-Film scheinen alle gemeinsam aufzubrechen, um eine neue Welt zu zimmern – ein deutlicher Verweis auf die Entstehungszeit des Films.« (ZITTY) – »Das Drehbuch hielt sich im wesentlichen an den poetischen Gehalt und die ethischen Ziele der gleichnisstarken Vorlage. Leider kann dem Regisseur nicht der Vorwurf erspart bleiben, dass er in der Schauspielerführung, obwohl ihm beste Nachwuchskräfte zur Verfügung standen, ins Deklamatorische abgleitet, wie in fast allen seinen Filmen.« (FILMDIENST) [V]

KAMPF DER GIGANTEN

(URSUS IL GLADIATORE RIBELLE). Italien 1962. **R:** *Domenico Paolella.* **B:** *Domenico Paolella, Sergio Sollima, Alessandro Ferrau.* **K:** *Carlo Bellero.* **M:** *Carlo Savina.* **D:** *Dan Vadis (Drusus), José Greci (Arminia), Alan Steel (Commodus), Nando Tamberlani (Marc Aurel), Carlo Delmi (Septimus), Gianni Santucci (Letus). F 90 Min.*
Nach dem Tod des römischen Kaisers Marcus Aurelius kommt dessen grausamer und kriegerischer Sohn Commodus an die Macht, ein Mann, der sich zum Vergnügen gelegentlich als Gladiator betätigt und weder in der Politik noch in der Arena Gnade kennt. Da er auch den legendären (inzwischen zum Christentum konvertierten) Muskelmann Ursus besiegen möchte, lässt er dessen Geliebte entführen. Ursus tritt gegen Commodus an, freilich ohne zu ahnen, dass gewisse Rebellenkräfte seine Waffe mit einem Mechanismus versehen haben, der Commodus töten soll. Das unfreiwillige Attentat misslingt; Commodus schäumt und schickt sich an, die Verschwörer aufzureiben. Er wird jedoch durch den Offizier Septimus und dessen Truppen geschlagen, wobei Ursus' Muskeln seine Hauptstreitmacht stellen. – Ein Gladiatorenfilm wie drei Dutzend andere; sein Fantasy-Element erhält er (zumindest in der Originalfassung) durch den Einsatz des mythischen Helden mit den mächtigen Muckis. – »Kindern sind die Catch-Passagen nicht zuzumuten«, meinte der FILMDIENST 1963, »Erwachsenen nicht die Ausgabe des Eintrittsgeldes.« [V]

KAMPF DER TITANEN

(CLASH OF THE TITANS). GB 1981. **R:** *Desmond Davis.* **B:** *Beverley Cross.* **K:** *Ted Moore, Egil S. Woxholt.* **SpE:** *Ray Harryhausen, Jim Danforth, Steven Archer, Brian Smithies.* **M:** *Laurence Rosenthal.* **D:** *Harry Hamlin (Perseus), Judi Bowker (Andromeda), Burgess Meredith (Ammon), Laurence Olivier (Zeus), Maggie Smith (Thetis), Claire Bloom (Hera), Ursula Andress (Aphrodite), Jack Gwillim (Poseidon), Susan Fleetwood (Athe-*

ne), Pat Roach (Hephaestus), Sian Phillips (Cassiopeia), Flora Robson, Freda Jackson, Anna Manahan (Stygische Schwestern), Tim Pigott-Smith (Thallo), Neil McCarthy (Calibos), Donald Houston (Acrisius). F 118 Min.

Aus Rache für ihren Sohn Calibos, der von Zeus zu einem greulichen Monster umgestaltet wurde, da er aus purer Jagdlust alle geflügelten Pferde bis auf eines abgeschlachtet hat, beamt die Göttin

Thetis Zeus' Sohn Perseus von der sicheren Insel seiner Kindheit in die Stadt Joppe. Und weil sie gerade mieser Stimmung ist, verhängt sie gleich noch einen Fluch über Calibos' frühere Geliebte Andromeda: Jeder Freier muss ab sofort ein Rätsel lösen. Gelingt es ihm nicht, endet er auf dem Scheiterhaufen. Dank eines Tarnhelms, den ihm sein Göttervater hat zukommen lassen, kommt Perseus schnell hinter das Geheimnis. Ein riesiger Geier transportiert den Geist der Andromeda Nacht für Nacht in Calibos' Sumpf-Domizil, wo die Unglückliche das jeweils neueste Rätsel erfährt. Perseus fängt das letzte fliegende Pferd ein, fliegt in der folgenden Nacht dem Geier nach, hackt Calibos die Hand ab und löst tags darauf das Rätsel der Andromeda. Bevor es jedoch zur Heirat kommt, verhängt Thetis einen neuen Fluch: Binnen dreißig Tagen soll Andromeda einem Seeungeheuer geopfert werden. Unterstützt von der Metalleule Bubo sucht Perseus Rat bei den stygischen Schwestern, die ihn ins Land der Toten weiterschicken. Nur mit dem Kopf der dort lebenden Medusa, deren Anblick alles in Stein

Kampf der Titanen

verwandelt, könne Perseus das Ungeheuer bezwingen. Gesagt, getan: In Charons Boot rudert Perseus über den Styx, schlägt Medusa den Kopf ab und kommt nach einem tödlichen Zweikampf mit Calibos gerade rechtzeitig nach Joppe zurück, um seine Zukünftige zu retten. – Harryhausens zweiter, bis in Einzelheiten bei *Jason und die Argonauten* abgekupferter Ausflug in die griechische Mythologie: »Formal und inhaltlich an manches Hollywood-Produkt der fünfziger Jahre erinnernd, versucht *Kampf der Titanen ...* auf anderen Gebieten zu überzeugen. So wurden die Nebenrollen mit einer Reihe glanzvoller Namen besetzt, die Hauptrollen dagegen mit unbekannten Darstellern, die wohl auch in Zukunft nicht weiter auffallen werden. Doch die eigentlichen Stars des Films sind die Trickfiguren des Special Effect-Gurus Ray Harryhausen, dessen Stop Motion-System Dynarama hier allerdings weniger überzeugt. Die phantastische Tricktechnik von *Star Wars* oder *Begegnung der dritten Art* ist bereits so perfekt, dass Steigerungen kaum möglich scheinen. Harryhausens Konzession an den Zeitgeschmack in Gestalt einer mechanischen Eule, die mit ihrer humorvollen Intelligenz und diversen Quietsch-Geräuschen an die Roboter in den Lucas-Filmen erinnert, wirkt denn auch überflüssig und trägt dazu bei, den naiven Charme des Films zu untergraben. In Figuren wie dem an Shakespeares Caliban (in THE TEMPEST) gemahnenden Sumpf-Fürsten Calibos, dem Meeresungeheuer oder dem fliegenden Pferd Pegasus blitzt noch einmal die Handschrift Harryhausens auf, kann aber nicht die inhaltlichen Schwächen und Ungereimtheiten des Films überdecken.« (Rainer Casper, FILMBEOBACHTER)

Figuren von Ray Harryhausen – Kampf der Titanen

KAMPF IN DEN WOLKEN

(A GUY NAMED JOE). USA 1943. **R:** *Victor Fleming.* **B:** *Dalton Trumbo.* **K:** *George J. Folsey jr., Karl Freund.* **SpE:** *A. Arnold Gillespie, Donald Jahraus, Warren Newcombe.* **M:** *Herbert Stothart.* **D:** *Spencer Tracy (Pete Sandidge), Irene Dunne (Dorinda Durston), Van Johnson (Ted Randall), Ward Bond (Al Yackey), James Gleason (Col. »Nails« Kilpatrick), Lionel Barrymore, Barry Nelson, Esther Williams, Don DeFore.* SW (120) 115 Min.

Die phantastische Geschichte eines amerikanischen Bomberpiloten (Spencer Tracy), der von einem Einsatz über Nazideutschland nicht mehr zurückkehrt. Im Himmel wird er zum Schutzengel eines angehenden jungen Piloten befohlen, der sich ausgerechnet in seine Liebste verknallt. Aber Patriotismus geht auch bei Engeln vor. (Von Steven Spielberg, unter Ausschluß der Kriegsmission, unter dem Titel *Always* neu verfilmtes Originaldrehbuch von Dalton Trumbo.)

KAMPF UM ATLANTIS

(IL CONQUISTATORE DELL'ATLANTIDA). Italien 1965. **R:** *Alfonso Brescia.* **B:** *Alfonso Brescia, Franco d'Este.* **K:** *Fausto Rossi.* **D:** *Kirk Morris (Herkules), Luciana Gilli (Virna), Andrea Scotti (Karh), Piero Lulli (Ramir), Hélène Chanel (Ming), Mahmud El Sabba.* F 90 Min.

Herkules, der Göttersohn, wird nach einem Schiffsuntergang von der drallen Tscherkessenprinzessin Virna gesundgepflegt und entwickelt heftige Gefühle für sie. Doch leider muss sie, um ihr Volk vor dem Untergang zu bewahren, den Herrscher der sagenhaften Wüstenstadt (!) Atlantis ehelichen. Auf der Suche nach der Angebeteten gerät er zusammen mit dem Berberkönig Karh nach Atlantis – doch nur um festzustellen, dass der böse Großwesir das Mädchen hat einkerkern lassen, um sie irgendwelchen finsteren Göttern zu opfern. – Der übliche Schnittabfall aus den wilden Sechzigerjahren, als in Cinecittà noch auf Teufel komm raus produziert wurde und Kerle mit dicken Muckis und Schwertern weit mehr zählten als Kerle, die mit der Feder umgehen konnten. Primitiv-Fantasy auf sehr geringem Niveau; gerade das Richtige für die Analphabeten des deutschen Privatfernsehens.

DER KAMPF UMS GOLDENE TOR

Anderer Titel von **Ilja Muromez – Der Kampf ums goldene Tor**

KAPITÄN SINDBAD

(CAPTAIN SINBAD). USA/BRD 1963. **R:** *Byron Haskin.* **B:** *Samuel B. West, Harry Reis, Guy Endore.* **K:** *Günter Senftleben.* **SpE:** *Lee Zavitz, Augie Lohman, Tom Howard.* **M:** *Michel Michelet.* **D:** *Guy Williams (Sindbad), Heidi Brühl (Jana), Pedro Armendariz (El Kerim), Abraham Sofaer (Galgo), Bernie Hamilton (Quintus), Helmut Schneider (Bendar), Margaret Jahnen (Hofdame), Rolf Wanka (Kalif), Walter Barnes (Rolf), James Dobson (Iffritch), Maurice Marsac (Achmed), Henry Brandon (Colonel Kabar), John Crawford (Aram), Geoffrey Toone (Mohar).* F 85 Min.

Der Tyrann El Kerim hat die Macht über das Königreich Baristan an sich gerissen und Kalif wie Hofzauberer unter seinen Bann geschlagen. Nach einer längeren Seereise heimgekehrt, fordert der in die Prinzessin Jana verliebte Sindbad flugs den Bösewicht zum Duell. Dabei muss er jedoch feststellen, dass dieser unverwundbar ist, bewahrt Kerim sein Herz doch in einem abgelegenen, von feuerspeienden Ungeheuern bewachten Elfenbeinturm auf. Nachdem ihm dank der Hilfe Janas die Flucht aus Kerims Kerker geglückt ist, macht sich Sindbad mit seinen Männern auf den Weg zum Turm, vorbei an riesigen Rochs, einem unsichtbaren Riesen und einer neunköpfigen Hydra. An einem baumdicken Seil in die Kuppel des Turms emporgeklettert, gelingt es ihm schließlich, das Herz zu zerstören und Jana vor dem Tod auf dem Richtblock zu retten, den El Kerim ihr zugedacht hat. – In den Münchner Bavaria-Studios gedrehte deutsch/amerikanische Co-Produktion, die für ihr Leben gern den märchenhaften Geist des *Diebs von Bagdad* atmen würde, allerdings ob der faden Regie, der dürftigen Story und der schauerlichen Trickaufnahmen immer wieder ins Husten kommt.

KÄPT'N BLAUBÄR – DER FILM

BRD 1999. **R:** *Hayo Freitag.* **B:** *Walter Moers.* **K:** *Graham Tiernan.* **M:** *Wolfgang von Henke, Fred Timm, Joachim Schlüter.* F 81 Min. (Zeichentrick).

Der fernsehbekannte Lügenbär, sein Kumpan Hein Blöd und die Wellenzwerge in einem abendfüllenden Animationsfilm der TFC-Trickcompany.

KAROLINAS SILBERFADEN

(SEREBRJANAJA PRJASHA KAROLINY). UdSSR 1985. R: Helle Murdmaa. B: Helle Murdmaa, Wladislaw Korshez. K: Ago Ruus. M: Olawu Echala. D: Katrin Bagala (Karolina), Martin Wejnmann (König Gaspar), Rejn Aren (König Karel), Salme Reek (Amme). F 75 Min.
Ein musikalisches Märchen: Jeden Freier hat Prinzessin Karolina abgewiesen. Mit einer Zauberspule lockt der verkleidete Prinz Gaspar sie aus dem Schloss, um die verwöhnte Prinzessin mit einer anderen Seite des Lebens zu konfrontieren. Nach Abenteuern mit einem Zwerg, bösen Feen, Sumpfteufeln, Seejungfrauen und Räubern gelangt sie zu Gaspar, der sie aber nur zur Frau nehmen will, wenn sie tüchtig arbeiten lernt.

KARLSSON AUF DEM DACH

(VÄRLDENS BÄSTA KARLSSON). Schweden 1975. R: Olle Hellbom. B: Olle Hellbom, Astrid Lindgren. LV: »Karlsson vom Dach« von Astrid Lindgren. K: Lars Björne, Bertil Rosengren. M: Georg Riedel. D: Lars Söderdahl (Lillebror), Mats Wikström (Karlsson), Catrin Westerlund, Stig Ossian Ericson, Staffan Hallerstam. F 101 Min.

Lillebror, Schulanfänger, wünscht sich nichts sehnlicher als einen Hund, da seine Geschwister schon älter, die Eltern berufstätig sind und er sich einsam fühlt. Eines Tages lernt er Karlsson kennen, einen Erwachsenen in Kindergestalt, der auf dem Dach eines Stockholmer Wohnhauses wohnt und nicht nur fliegen, sondern in Lillebrors Augen einfach alles kann. Doch niemand glaubt an die Existenz des fliegenden Freundes. Gemeinsam erleben sie viele Abenteuer und merkwürdige Situationen. Karlssons »Scherze« enden in der Regel für Lillebror mit Aufregung und Ärger. Endlich bekommt er von seinen Eltern einen Hund geschenkt, allerdings verbunden mit der Bedingung, sich die »Phantasiegestalt« Karlsson endlich aus dem Kopf zu schlagen. Doch auch die Eltern machen bei der Geburtstagsfeier Bekanntschaft mit Karlsson, beschließen aber, niemandem von dessen Existenz zu verraten, um nicht das Interesse der Medien auf sich zu ziehen. Lillebror hat in seinem Hund einen neuen Freund gewonnen. Karlsson kann sich getrost zurückziehen. – Einer von vielen Kinderfilmen, in denen kindliche Phantasie personifiziert wird, trotz der literarischen Vorlage Astrid Lindgrens, bei Kindern wegen der vielen Streiche äußerst beliebt, eine matte Inszenierung. »Stark fällt der Film in all seinen ›irrealen‹ Sequenzen ab, eben durch die mangelnde Darstellungskraft des Karlsson und auch durch innere Unstimmigkeiten in der Logik der Erzählung.« (Klaus Keller, FILMDIENST)

Karlsson auf dem Dach

KARUSSELL

(CAROUSEL). USA 1956. **R:** *Henry King.* **B:** *Phoebe Ephron, Henry Ephron.* **V:** *Ferenc Molnar, Oscar Hammerstein II, Benjamin F. Glazer.* **K:** *Charles G. Clarke.* **M:** *Richard Rodgers.* **D:** *Gordon MacRae (Billy), Shirley Jones (Julie), Cameron Mitchell (Jigger), Barbara Ruick (Carrie), Claramae Turner (Nettie), Robert Rounseville (Snow), Gene Lockhart (Sternenhüter), Audrey Christie (Mrs. Mullin), Susan Luckey (Louise).* F 111 Min.

Im Himmel muss der Sternenputzer Billy Bigelow erfahren, dass es seiner ehemaligen Frau Julie und ihrer Tochter Louise drunten auf der Erde ziemlich dreckig geht. Er erinnert sich, wie er einst seinen Job als Karussellausrufer verlor, weil er mit Julie flirtete, wie sie für die Heirat ihren Job aufgab, er sich weigerte, selbst Arbeit zu finden, und sich schließlich, als Julie ein Baby erwartete, entschloss, das nötige Geld auf schnelle Weise, nämlich per bewaffnetem Überfall, zu verdienen. Dummerweise stürzte er dabei jedoch ins eigene Messer. Fünfzehn Jahre später hängt die Tat noch immer wie ein Schatten über der Familie. Billy steigt auf die Erde herab, gibt sich Louise gegenüber als Freund ihres Vaters aus und schenkt ihr einen Stern, der ihr das Selbstvertrauen zurückgibt.

Eine Adaption von Ferenc Molnars »Liliom«, in der Henry King den Charme des Theaterstücks mit der geballten Wucht des Cinemascope-Verfahrens erschlägt. »Bei den Ballettszenen ist das Format nicht ohne Reiz, aber in intimeren Szenen wird alles Einfache simpel, Sentimentalitäten werden ungebührlich vergröbert, und alles, was nur als farbiger Tupfer gedacht ist, wird riesenhaft ins Bild gezerrt.« (FILMDIENST)

KASPERS REISE UM DIE WELT

BRD 1950. **R:** *Volker von Collande.* **B:** *C. A. Engel, Max Jacob.* **K:** *Willy Peter Bloch.* **M:** *W. Bloch.* SW 68 Min. (Puppenfilm).

Kasperle und sein Kumpel Sepp (zwei frühe Punks, wenn man's genau nimmt) reisen mit ausgeflippten Transportmitteln um die Welt: Auf dem Rücken eines Storchs geht's nach Afrika, auf einem Elefanten nach Australien (!), und den Nordpol erreicht man per Ballon. Nebenbei haben sie jede Menge Abenteuer zu bestehen.

KASPERS REISE ZU DEN ZWERGEN

BRD 1954. **R:** *Hella Mora.* **B:** *Ingeborg Grunewald.* **K:** *Karl Fraunholz.* **M:** *Ernst Brandner.* **Spr:** *Alfred Balthoff, Friedrich Joloff, Hans Clarin.* SW (mit Farbsequenz) 85 Min. (Puppenfilm).

Der Filmtitel sagt alles. Ein Handpuppenspiel, »für die Kleinsten erdacht und geschaffen, die den Vorgängen auf der Leinwand mit kindlich-impulsiver Anteilnahme folgen.« (Rudolf Netzler, FILMECHO) Prädikat »Wertvoll«.

KATJA UND DER TEUFEL

Anderer Titel für **Die Teufelskäthe**

KATJA UND DIE GESPENSTER

(KACENKA A STRASIDLA). Tschechien/BRD 1992. **R:** *Jindrich Polák.* **B:** *Jindrich Polák, Václav Sasek.* **K:** *Josef Vanis.* **M:** *Karel Svoboda.* **D:** *Helenka Vitovská (Katja), Jiří Schmitzer (Vater), Jana Krausová (Mutter), Lubomir Kostelka (Swoboda), Josef Somr (Notar), Svatopluk Benes, Jirina Bohladová, Eva Vejmelková.* F 88 (235) Min.

Zusammenschnitt einer TV-Serie (8 Folgen): Katja erbt auf dem Wiener Rummelplatz eine Geisterbahn und repariert eine vor hundert Jahren stehengebliebene Uhr. Dies erweckt die Geister des Hypnotiseurs Caligari, des Mediums Eva und der Hexe Bertha zu neuem Leben, die ihr anschließend gegen böse Böslinge zur Seite stehen. – Flotte, liebevoll gemachte Jugend-Fantasy, wie nur die Tschechen sie hinkriegen.

DER KATZENPRINZ

(KOCICI PRINC). ČSSR/DDR 1978. **R:** *Ota Koval.* **B:** *Ota Koval, Ota Hofman.* **K:** *Andrej Barla.* **M:** *Luboš Sluka.* **D:** *Pavel Hachle (Radek), Zaneta Janetová (Theresa), Vlastimil Hašek (Vater), Jana Andrsová-Vectomová (Mutter), Alena Kreuzmannová, Winfried Glatzeder, Bohumil Vávra.* F 84 Min.

Radek und Theresa, Kinder eines Restaurators, ziehen mit ihren Eltern in das Schloss des finsteren Albert, eines unheimlichen Mannes, der keine Katzen mag und bald darauf eine Katzenmutter und ihre Jungen ersäuft. Zwar kann Radek die Kätzchen bergen, doch atmen sie nicht mehr. Es soll jedoch, wie er weiß, ein Zauberwasser geben, das Tote wieder lebendig macht, und so begibt er sich mit seiner Schwester ins Märchenland, um es zu erobern. Auf der Reise begegnen sie allerlei bekannten Märchenfiguren und Fabelwesen und müssen zahlreiche Gefahren bestehen. Radek setzt sich mit Mut und List durch und wird zu einem richtigen Märchenprinzen, der auch Hexen und Adler nicht fürchtet, und seine kleine Schwester behält selbst in den Situationen einen klaren Kopf, in denen er den Zauberkräften zu unterliegen droht. Nach einem abschließenden Kampf mit einer Riesenkrake, den Radek mit Hilfe Theresas überlebt, kehren sie auf Alberts Schloss zurück und verändern mit dem Zauberwasser die Umgebung und die Menschen. Alles Böse wird zum Guten, die Kätzchen beginnen ein neues Leben, und sogar der grantige Albert durchläuft eine wunderbare Charakterwandlung. – »Kulissen, Requisiten und Bildchoreographie sind sorgfältig durchdacht und mit Geschmack arrangiert. Wie in vielen Filmen der Ostblockstaaten ist die familiäre Zuwendung und Begleitung positiv, gleichsam der gute Boden, aus dem Urvertrauen zum Leben erwachsen kann.« (Paula Linhart, FILMDIENST)

KIDS DER TAFELRUNDE

(KIDS OF THE ROUND TABLE). Kanada 1995. **R:** *Robert Tinnell.* **B:** *David Sherman.* **K:** *Roxanne Di Santo.* **M:** *Normand Corbeil.* **D:** *Johnny Morina (Alex), Malcolm McDowell (Merlin), Michael Ironside (Buitch Scarsdale), Maggie Castle (Jenny), Christopher Olscamp (Norman), Rene Simard (Stu), Roc Lafortune (Gil). F 85 Min.*
Beim Ritterspielen im Wald findet Alex, 11, in einem Felsen König Arthurs Schwert Excalibur, begegnet dem Zauberer Merlin und beweist während einer Geiselnahme großen Mut. Biedere Durchschnittskost. Nur auf Video. [V]

KIRIKU UND DIE ZAUBERIN

(KIRIKOU ET LA SORCIÈRE). Frankreich/Belgien/Luxemburg 1998. **R:** *Michel Ocelot.* **B:** *Michel Ocelot.* **K:** *Daniel Borenstein.* **A:** *Rija Studio, Exist Studio Budapest.* **M:** *Youssou N'Dour. F 74 Min. (Zeichentrick).*
Der kleine Kiriku befreit nach vielen Abenteuern sein afrikanisches Heimatdorf vom Fluch der Hexe Karaba. – Regisseur Michel Ocelot über das Projekt: »Die Idee für den Film hatte ich, als ich vor ein paar Jahren ein westafrikanisches Märchen las ... Ich wollte diesen Film nicht nur als Künstler und Autor. Mich bewegte darüber hinaus Persönliches: Ich hatte eine glückliche Kindheit in Guinea, mein sentimentales Verhältnis zu diesem Kontinent ist natürlich. Und dieses Märchen habe ich als Ausgangspunkt genutzt, um eine einfache, grundlegende Geschichte zu erzählen über die Fragen, die ich als Kind gestellt habe, und die Überzeugungen, die mich noch als Erwachsener leiten.«

KLAUS UND KLÄUSCHEN
Anderer Titel für **Der kleine und der große Klaus**

DAS KLEID
DDR 1961/90. **R:** *Konrad Petzold.* **B:** *Egon Günther.* **LV:** *»Des Kaisers neue Kleider« von Hans Christian Andersen.* **K:** *Hans Hauptmann.* **M:** *Günter Hauk.* **D:** *Wolf Kaiser (Kaiser), Eva-Maria Hagen (Mädchen aus dem Volk), Horst Drinda (Geselle), Werner Lierck (Geselle), Günther Simon (Fleischer), Kurt Rackelmann (Innenminister). F 88 Min.*
DDR-Fassung des Andersen-Märchens, die, zwei Tage nach dem Mauerbau fertiggestellt, wegen politischer Anspielungen in der Versenkung verschwand und zur Wende wiederentdeckt wurde.

DER KLEINE DÄUMLING
(TOM THUMB). USA/GB 1958. **R:** *George Pal.* **B:** *Ladislas Fodor.* **LV:** *Gebrüder Grimm.* **K:** *Georges Perinal.* **SpE:** *Tom Howard.* **A:** *Project Unlimited* **M:** *Douglas Gamley, Ken Jones.* **D:** *Russ Tamblyn (Däumling), Alan Young (Rudi), June Thorburn (Waltraud, die Waldfee), Terry-Thomas (Oswald), Peter Sellers (Antonio), Bernard Miles (Jonathan), Jessie Matthews (Anna), Ian Wallace (Schuster), Peter Butterworth (Kapellmeister), Peter Bull (Ausrufer). F 94 Min.*
Weil der brave Holzfäller Jonathan den Lieblingsbaum der Waldfee Waltraud verschont hat, gewährt ihm diese drei Wünsche. Und als das kinderlose Holzfällerehepaar die drei Wünsche verschwendet, gewährt ihnen Waltraud sogar noch einen vierten – einen Sohn, und sei er nur so groß wie ein Daumen. Der herbeigewünschte Däum-

ling freundet sich mit den Puppen in seinem überreich ausgestatteten Kinderzimmer und dem Stadtpfeifer Rudi an, der seinerseits in Waltraud verliebt ist. Als Däumling mit Rudi auf den Karneval geht und von einem Ballon davongetragen wird, schießen ihn die Gauner Oswald und Antonio mit einer Schleuder herunter. Aus Dank lässt sich Däumling überreden, zum »Wohle armer Kinder« beim Raub der Stadtkasse mitzumachen. Kaum ist er jedoch wieder zu Hause, als die Münze, die ihm Oswald als Belohnung geschenkt hat, in den Kuchenteig fällt. Vom »Gähnemann« in den Schlaf gesungen, wacht er am nächsten Morgen wieder auf, um zu erleben, wie die Soldaten des Bürgermeisters die Münze im Kuchen entdecken und seine Stiefeltern verhaften. Zusammen mit Rudi eilt Däumling zum Schloss der Gauner. Als Oswald und Antonio flüchten wollen, kriecht er in das Pferdeohr und dirigiert das Tier zur Stadt, wo Jonathan und Anne ausgepeitscht werden sollen. Die Gauner wandern ins Gefängnis, seine Eltern kommen frei, Rudi küßt endlich seine Waltraud in die Welt der Sterblichen, und auch Däumling findet eine gleich große Puppenfreundin. – Wer schon mal den Einkaufsrausch erleben durfte, der Mr. und Mrs. Smith aus Kentucky beim Anblick deutscher Kuckucksuhren und Spieldosen regelmäßig überfällt, dürfte sich über den Erfolg dieses ungeheuerlichen Zuckerbäckerkitsches bei US-Publikum und -Kritik kaum wundern. Mehr als jeder Disney-Film ist *Der kleine Däumling* maßgeschneidert auf die amerikanische Mentalität: Auf technisch perfekte Weise bestätigt George Pals Kombination aus Puppen- und Realfilm all die krausen Vorstellungen, die man sich drüben von good old Germany macht. Russ Tamblyns wilde Tänze können sich dabei durchaus sehen lassen, Terry-Thomas und Peter Sellers sind zwei ausgesprochen ulkige Bösewichte, und die Kombination aus Puppen und echten Schauspielern ist »so geschickt gemacht, dass kein Zuschauer die peinliche Naht entdecken wird, die zwei verschiedene Arten Kino voneinander trennt.« (TIME) Bekömmlicher wird das kariesträchtige Ganze, das sich (im Original) nicht entblödet, seinen Schurken Iwan zu taufen, dadurch freilich auch nicht. »Das Grimmsche Märchen zeigt sich hier in einer mit anderen Motiven

verquickten ... verflachten und versüßlichten Mixtur, die nur gelegentlich die ursprüngliche Märchenstimmung trifft. Die erheiternden Trickaufnahmen und zahlreichen akrobatischen Tanzeinlagen bezeugen die Perfektion des materiellen Hollywood-Apparates, sind aber nichtsdestoweniger in solchem Rahmen allzusehr auf die Spitze getrieben.« (FILMDIENST) Was nun aber nicht heißen soll, dass *Der kleine Däumling* eine »Kritik« wie die im FILMBEOBACHTER verdient hat, der nur etwas von »abwegiger Geschmacksrichtung« faseln konnte, die man tunlichst nicht nach »Deutschland, dem Herkunftsland aller Kindermärchen« einführen sollte. Wer zwischen Spessart und Immensee im Glashaus der Spießermoral sitzt, sollte tunlichst nicht mit Steinen werfen. – Einen Oscar für die Spezialeffekte.

DAS KLEINE GESPENST

BRD 1992. **R:** *Curt Linda.* **B:** *Curt Linda.* **LV:** *»Das kleine Gespenst« von Otfried Preußler.* **K:** *Marilena Voicu.* **A:** *Susi Bauermann.* **M:** *Kambiz Giahi.* **Spr:** *Elfriede Kuzmany (Gespenst), Gustl Weishappel (Uhu), Eva Kinsky (Maus), Klaus Havenstein (Reporter), Niels Clausnitzer (Bürgermeister), Jürgen Scheller (Kommissar).* F 86 Min. (Zeichentrick).
Zu gern wäre das kleine weiße Nacht- mal ein Taggespenst. Endlich hat es die Chance, als die defekte Turmuhr bei strahlendem Sonnenschein zur Geisterstunde läutet. Da wird aus dem harmlosen weißen ein schwarzer Geist, der Angst und Schrecken verbreitet.

DER KLEINE GIGANT

(BEANSTALK). USA 1994. **R:** *Michael Paul Davis.* **B:** *Michael Paul Davis.* **K:** *Adolfo Bartoli.* **M:** *Kevin Bassinson.* **D:** *J. D. Daniels (Jack Taylor), Amy Stock-Poynton (Rebecca Taylor), Patrick Renna (Danny), Stuart Pankin (Riese), Margot Kidder (Dr. Kate Winston), Patrick Renna, David Naughton.* F 78 Min.
Modernes Remake von *Jack und die Wunderbohnen.* Jack stößt ins Haus des Riesen am Ende einer in den Himmel ragenden Bohnenpflanze vor und foppt mit seiner Mutter und einer Hobby-Archäologin einen Kredithai. Ohne aufwendige Tricks gemachte, in einer Pappdeckelwelt spie-

lende Veräppelung der Erwachsenenwelt. Nur auf Video. [V]

DIE KLEINE HEXE

(MALÁ CARODEJNICE). ČSSR/BRD 1983. **R:** *Zdenek Smetana.* **B:** *Kamil Pixa, Zdenek Smetana, Jaroslav Vokrál.* **LV:** *»Die kleine Hexe« von Otfried Preußler.* **K:** *Jiří Sevcík, Zdenek Pospísil.* **A:** *Boris Masník, Jiří Tyller.* **M:** *Petr Skoumal.* F 91 Min. (Zeichentrick).

Die kleine Hexe ist schon 127 Jahre alt (was man der Animationszeichnung freilich nicht anmerkt). Trotzdem kennt sie aus dem Zauberbuch nur 13 Seiten, und auch die geraten ihr manchmal durcheinander. Statt Regen fallen Mäuse und Tannenzapfen vom Himmel, und ihr Besen wird verbrannt, als sie sich zur Walpurgisnacht am Felsberg zum Tanz der Hexen einfindet. Doch die kleine Hexe hat ein gutes Herz, sie ist hilfsbereit gegen jedermann und widersteht zum Schluß sogar der intriganten Hexe Bimbula. Gemeinschaftsproduktion des Studios Jiří Trnka und des Süddeutschen Rundfunks.

DER KLEINE MAGIER

(LE JEUNE MAGICIEN/THE YOUNG MAGICIAN). Kanada/Polen 1986. **R:** *Waldemar Dziki.* **B:** *Waldemar Dziki.* **K:** *Wit Dabal.* **M:** *Krzesmir Delski.* **D:** *Rusty Jedwab (Peter), Edward Garsan (Alexander), Natasza Maraszek (Margaret), Daria Trafankowska (Mutter), Mariusz Benoit (Vater), Wladyslaw Kowalski.* F 92 Min.

Der kleine Peter hat telekinetische Kräfte, sorgt für allerlei Chaos, entschärft eine neue militärische Waffe und fällt Vertretern der Regierung in die Hände. Gut gemachter Kinderfilm mit Slapstick-Situationen und spannenden Verfolgungsjagden. Nur auf Video. [V]

DIE KLEINE MEERJUNGFRAU

(NALA MORSKA VILA). ČSSR 1975. **R:** *Karel Kachyna.* **B:** *Ota Hofman.* **LV:** *Hans Christian Andersen.* **K:** *Jaroslav Kucera.* **M:** *Zdenék Liška.* **D:** *Miroslava Safránková, Radovan Lukavský, Marie Rosulková, Petr Svojtka.* F 75 Min.

Eine Meerjungfrau rettet einen Königssohn vor dem Ertrinken und verliebt sich in ihn. Da sie ihn nicht aufgeben will, hat sie keine andere Wahl, als das Reich des Meereskönigs (ihres Vaters) zu verlassen und bei den Menschen zu leben. Um dies zu erreichen, muss sie ihre Stimme opfern. Lange Jahre lebt sie am Hofe des Prinzen, ohne ihm erklären zu können, dass sie ihn gerettet hat. Erst als der Prinz eine andere ehelichen muss (um die Finanzlage seines Landes steht's nicht sonderlich gut), erkennt sie ihren Fehler und bittet darum, wieder ins Unterwasserreich eingelassen zu werden. Um dies zu erreichen, soll sie jedoch ihren geliebten Prinzen töten: eine Forderung, die sie nicht erfüllen kann. – Ordentliche Kameraarbeit, hübsche Dekorationen. Ein empfehlenswerter Kinderfilm.

DER KLEINE MUCK

Deutschland 1943. **R:** *Fritz Fiedler.* **B:** *Ruth Hoffmann.* **LV:** *Motive der »Geschichte vom kleinen Muck« von Wilhelm Hauff.* **K:** *Kurt Attenberger.* **M:** *Fritz Wenneis.* **D:** *Gustav Waldau (Herr Mond), Ernst Martens (König Silberhaar), Christa Caporrici (Königin Herzlinde), Christa Berndl (Prinzessin Mareile), Christian Fiedler (Prinz Goldhaar), Willi Puthmann (Muck), Elise Aulinger (Böse Fee), Viktor Gehring (Riese Bumbo), Heinz Burkhardt (Hofmarschall), Julius Riedmüller (Hofkoch), Otto Buhl (Schnelläufer).* SW 83 Min.

Als der kleine Muck 12 Jahre ist, sterben seine Eltern. Etwa zur gleichen Zeit werden König Silberhaars Kinder, Prinzessin Mareile und Prinz Goldhaar, von einer bösen Fee im Wald verzaubert. Der König schreibt eine hohe Belohnung für denjenigen aus, der die Kinder findet und wiederbringt. So zieht Muck in die Welt hinaus und macht sich auf die Suche. Er gerät in die Fänge einer bösen Hexe, für die er Katzen und Hunde hüten muss. Ein besonders großer Hund, mit dem er sich angefreundet hat, führt ihn in eine verborgene Kammer. Dort findet Muck ein Zauberstöckchen und Zauberschuhe, mit denen er der Hexe entfliehen kann. Im Reich des Riesen Bumbo sieht er eine Gänsehirtin, die dem Riesen dienen muss. Sie ist in Wirklichkeit die verzauberte Prinzessin Mareile. Als sie weint, verwandeln sich ihre Tränen in blanke Perlen. Muck steckt eine Handvoll Perlen ein und zaubert sich mit dem Stöckchen an den Königshof. Um zum König vorgelassen zu werden, muss er einen spannenden Wettkampf mit dem schnellsten Läufer des Reiches gewinnen. Doch wird er des Diebstahls bezichtigt, als man bei ihm die Perlen findet. Die Königin, in deren Händen sich die Perlen wieder in Tränen verwandeln, spürt, dass die Tränen von ihrer Tochter stammen und läßt Muck aus dem Gefängnis holen. Mit dem Versprechen, die Königskinder zu befreien, eilt er erneut ins Reich des Riesen Bumbo, jagt diesen mit dem Zauberstöckchen aus dem Land und erlöst Prinz und Prinzessin. Zurückgekehrt, werden sie mit einem großen Fest empfangen, der kleine Muck als großer Retter gefeiert. – Überdurchschnittlicher deutscher Märchenfilm, sorgfältig gestaltet mit herrlicher Typenzeichnung (etwa der Rennläufer Dünn oder der Koch), dazu eine Rahmenhandlung: Der alte Mondmann wacht über das Glück des kleinen Muck und der Prinzessin, die zur gleichen Stunde das Licht der Welt erblickten.

DER KLEINE MUCK
Anderer Titel für **Die Geschichte vom kleinen Muck**

DIE KLEINE NIXE
Anderer Titel für **Die traurige Nixe**

DER KLEINE PRINZ
DDR 1966. **R:** *Konrad Wolf.* **B:** *Angel Wagenstein.* **LV:** *»Der kleine Prinz« von Antoine de Saint-Exupéry.* **K:** *Günter Marczinkowsky.* **Ma:** *Günter Hermstein, Inge Merten.* **M:** *Kiril Cibulka. Gesang Manfred Krug, Kinder- und Jugendchor des Deutschlandsenders.* **D:** *Christel Bodenstein (Prinz), Eberhard Esche (Pilot), Inge Keller (Schlange), Klaus Piontek (Fuchs), Anna-Katharina Matschat (Rose), Wolfgang Heinz, Horst Schulze, Fred Düren, Jürgen Holtz.* **F 74 Min.**
DDR-Fernsehfilm vom kleinen Prinzen (Konrad Wolfs Ehefrau Christel Bodenstein), der einem in der Wüste abgestürzten Piloten von seinen Erlebnissen auf anderen Planeten berichtet.

DER KLEINE PRINZ
(MALINKIJ PRINC). UdSSR 1967. **R:** *Arunas Schebrunias.* **B:** *Arunas Schebrunias.* **LV:** *»Der kleine Prinz« von A. de Saint-Exupéry.* **K:** *A. Di-*gimas. **D:** *Evaldas Mikalajunas (Kleiner Prinz), Donatas Banionis (König), Otar Koberidse (Pilot).* **F 65 Min. (O.m.U.).**
Litauische Fassung des Märchens vom notgelandeten Flieger und dem kleinen Prinzen. Inhalt siehe *Der kleine Prinz* (Frankreich 1975).

DER KLEINE PRINZ
(THE LITTLE PRINCE). USA 1974. **R:** *Stanley Donen.* **B:** *Alan Jay Lerner.* **LV:** *»Der kleine Prinz« von Antoine de Saint-Exupéry.* **K:** *Christopher Challis, Paul Wilson.* **SpE:** *John Richardson.* **M:** *Frederick Loewe, Alan Jay Lerner.* **D:** *Richard Kiley (Pilot), Steven Warner (Prinz), Bob Fosse (Schlange), Gene Wilder (Fuchs), Joss Ackland (König), Clive Revill (Geschäftsmann), Victor Spinetti (Geschichtsforscher), Graham Crowden (General), Donna McKechnie (Rose).* **F 89 Min.**
»Das lyrisch-zarte Märchen von Antoine de Saint-Exupéry wurde in ein melodisch wenig stimmiges Musical mit teilweise aufdringlichen Bildern umgewandelt, das dem Charakter der Vorlage in keiner Weise gerecht wird. Der verbleibende Sinngehalt steht einer unvoreingenommenen Lektüre geradezu im Weg.« (FILME 1981–1984) – »Flatterhafte Regiearbeit kombiniert mit einem flauen Drehbuch und einer Fülle armseliger Musical-Nummern trampelt einen zarten Klassiker in Grund und Boden.« (Alan Frank, THE SCIENCE FICTION AND FANTASY FILM HANDBOOK)

DER KLEINE PRINZ
(LE PETIT PRINCE). Frankreich 1975. **R:** *Jean-Luis Guillermon.* **B:** *Jean-Luis Guillermon.* **LV:** *»Der kleine Prinz« von Antoine de Saint-Exupéry.* **K:** *Donato Bottiglione, Yves Pouffary.* **M:** *Jean-Pierre Berlingen, Jacques Danjean, Gustav Mahler, Johann Sebastian Bach, Silvia Onete.* **D:** *Guy Gravis (Saint-Exupéry), Alexandre Warner (Prinz), Daniel Royan (Planetenbewohner), Rosemarie Vörkel (Stimme der Rose).* **F 75 Min.**
In einem gediegenen Arbeitszimmer sitzt Saint-Exupéry und erzählt seine Geschichte: Als ich sechs Jahre alt war, sah ich einmal in einem Buch über den Urwald, das »Erlebte Geschichten« hieß, ein prächtiges Bild. Es stellte eine Riesenschlange dar, wie sie ein Tier verschlang. In dem Buch

hieß es: ›Die Boas verschlingen ihre Beute als Ganzes, ohne sie zu zerbeißen. Daraufhin können sie sich nicht mehr rühren und schlafen sechs Monate, um zu verdauen.‹ Ich habe damals viel über die Abenteuer des Dschungels nachgedacht, und ich vollendete mit einem Farbstift meine erste Zeichnung ... Ich habe den großen Leuten mein Meisterwerk gezeigt und sie gefragt, ob ihnen meine Zeichnung nicht Angst mache. Sie haben mir geantwortet: ›Warum sollen wir vor einem Hut Angst haben?‹ Meine Zeichnung stellte aber keinen Hut dar. Sie stellte eine Riesenschlange dar, die einen Elefanten verdaut. Ich habe dann das Innere der Boa gezeichnet, um es den großen Leuten deutlich zu machen. Sie brauchen ja immer Erklärungen ... Die großen Leute haben mir geraten, mit den Zeichnungen von offenen oder geschlossenen Riesenschlangen aufzuhören und mich mehr für Geographie, Geschichte, Rechnen und Grammatik zu interessieren ... Die großen Leute verstehen nie etwas von selbst, und für die Kinder ist es zu anstrengend, ihnen immer und immer wieder erklären zu müssen ...«

So wörtlich der Anfang des Buches, so wörtlich der Anfang des Films; für jeden Kenner des Buches dürfte es eine Überraschung sein, wenn er den Film erstmals sieht, dass sich dieser beinahe wörtlich an den Text der literarischen Vorlage hält. Der Ich-Erzähler (Saint-Exupéry), Berufspilot, macht nach einer Flugzeugpanne in der Einsamkeit der Wüste die Bekanntschaft des kleinen Prinzen. Der Prinz, ein »kleiner, ganz außergewöhnlicher Herr«; hat seinen winzigen Planeten mit den drei Kratern, von denen zwei tätig und einer erloschen ist, bereits vor Jahresfrist verlassen, weil er mit der stolzen und eitlen Rose in »Schwierigkeiten« geraten war und an ihrem Wert zu zweifeln begonnen hatte. Seine lange Reise, von der er dem Flieger erzählt, führt ihn zu anderen Planeten. Die einzelnen Stationen sind als Folge von Parabeln zu verstehen, die Verhaltensweisen negativer Menschentypen umreißen: Zunächst besucht er den König des Asteroiden 325, einen absoluten Monarchen, der sehr darauf bedacht ist, dass man seine Autorität respektiert. Seine Befehle hält er für sehr vernünftig, da sie nur gebieten, was man selber gerade will. Den kleinen Prinzen will er zum Justizminister ma-

chen. Doch da niemand da ist, über den er richten kann, soll er über sich selbst richten, denn dies ist am schwersten und gelingt nur den Weisen. Auf dem zweiten Planeten lernt der kleine Prinz den Eitlen kennen, der in seinen Mitmenschen nur den Bewunderer sieht. Der Säufer wohnt auf dem nächsten Planeten. Er trinkt, um zu vergessen, dass er sich schämt, weil er trinkt. Der vierte Planet ist der des Geschäftsmannes, der nie Zeit hat, sondern nur mit Additionen langer Zahlenreihen beschäftigt ist und sich dabei sehr ernst und wichtig nimmt. Nur dreimal sei er in seiner Karriere gestört worden. Auf dem fünften, dem kleinsten, Planeten befinden sich eine Laterne und ein Laternenanzünder. Der Laternenanzünder hält sich treu an die Weisung, abends die Laterne zu entzünden und sie morgens wieder zu löschen. Da sich der Planet im Gegensatz zu früher so schnell dreht, dass ein Tag nur eine Minute dauert, wird die Arbeit zur Tortur. Und doch ist der Laternenanzünder der einzige, den der kleine Prinz nicht lächerlich findet: »Das kommt vielleicht daher, weil er sich mit anderen Dingen beschäftigt statt bloß mit sich selbst.« Der sechste Planet ist zehnmal größer als der vorherige und wird von einem Geographen bewohnt. Dieser weiß jedoch nichts, da er es ablehnt, selbst zu forschen. Er sei nur dazu da, auszuwerten. Der Geograph rät dem kleinen Prinzen, die Erde zu besuchen ... »Der siebte Planet war also die Erde. Die Erde ist nicht irgendein Planet! Man zählt da einhundertelf Könige, wenn man, wohlgemerkt, die Negerkönige nicht vergisst. Siebentausend Geographen, neunhunderttausend Geschäftsleute, siebeneinhalb Millionen Säufer, dreihundertundelf Millionen Eitle, kurz – ungefähr zwei Milliarden erwachsene Leute.« Auf der Erde angelangt, trifft der kleine Prinz zunächst auf die Schlange, die alle Rätsel mittels ihres Giftes zu lösen vermag. Sie erzählt ihm, dass man auf der Erde einsam unter Menschen sei. Von einer Blume erfährt er, dass der Wind die Menschen, die der kleine Prinz sucht, verweht hat. »Es fehlen ihnen die Wurzeln, das ist übel für sie.« Doch der Fuchs lehrt den kleinen Prinzen das Geheimnis der Freundschaft und Liebe, das darin besteht, dass ein Mensch für den anderen Verantwortung trägt. Man kenne nur Dinge, die man gezähmt habe, d.h. zu denen man Bindungen geschaffen hat. Der kleine Prinz, der einen Garten voller Rosen gesehen hat, beweint den Verlust der Einzigartigkeit seiner Rose. Er erkennt seinen Irrtum: Da er sie pflegte, sie mit Wasser versorgte und vor dem scharfen Wind schützte, wurde sie einzig für ihn. Um sie vor dem Verdursten zu retten, muss er auf seinen Planeten zurückkehren. Die Schlange beißt ihn in den Knöchel, und er fällt lautlos in den Wüstensand. Exupéry hat inzwischen das Flugzeug reparieren können. Er findet den Körper des kleinen Prinzen nicht mehr. So kann er sicher sein, dass er den Weg zurück gefunden hat. Seit der Begegnung mit dem kleinen Prinzen in der Wüste liebt Exupéry es, »des Nachts den Sternen zuzuhören. Sie sind wie fünfhundert Millionen Glöckchen. Irgendwo da draußen weiß er einen Freund ...

»Die gedankentiefe und zartempfundene Geschichte vom kleinen Prinz ... ist die von unmittelbarer Lebenserfahrung geprägte dichterische Darstellung einer moralischen Erkenntnis. Die einfache Diktion dient der Absicht des Autors, die Sprache und Sichtweise des Kindes wiederzugeben, das mit dem Herzen das Innere der Dinge ergreift, ohne sich von der äußeren Erscheinung beirren zu lassen, und ist nicht zuletzt aus Saint-Exupérys Achtung vor der Wahrheit und dem Ernst des Worts zu verstehen ... Das zentrale Thema dieses ›Weltraummärchens‹, das einer der größten Bucherfolge der Nachkriegszeit wurde, ist die Aufhebung der Einsamkeit in der Freundschaft. Der kleine Prinz ist nichts anderes als ein Teil von Saint-Exupéry selbst, der der rationalen Sehweise der Erwachsenen, ihrer Besitzergreifung der Welt durch Zahlen, ihrer Art der Beweisführung und ihrer Logik in den Parabeln von der Rose und vom Fuchs das Gebot der Mitmenschlichkeit entgegenhält. ›Man sieht nur mit den Augen des Herzens in der richtigen Weise. Das Wesentliche ist unsichtbar für die Augen.‹« (KINDLERS LITERATUR LEXIKON) – Die Filmversion dieses tiefsinnigen Märchens hält sich (allzu?) strikt an das Vorbild, fügt den Inhalten nichts hinzu, vergisst auch nichts, bedient sich einfacher, unkomplizierter Bilder. Der kleine »Prinz« verliert als reale menschliche Figur, als ein »großes Kind«, viel von seiner Ausstrahlungskraft. Das größte Manko des Films ist jedoch seine Unruhe, nicht die der Bilder, sondern vielmehr die des Geschichtenvortrags. In rund 75 Minuten wird fast der gesamte originale Text heruntergehetzt, so dass derjenige, der die Geschichte nicht kennt, kaum allen elementaren Fragen der menschlichen Existenz, die Buch und Film aufwerfen, folgen kann. »Immerhin ist der Film, den mangels Originalität des Bildes über weite Strecken die Stimmen der Figuren tragen, in der deutschen Synchronisation hervorragend gestaltet und lädt ein zur Auseinandersetzung mit einem der wohl wichtigsten und schönsten Kinderbücher aller Zeiten. Und das ist – unter dem Strich – nicht wenig.« (J. S., FILMDIENST)

DER KLEINE PRINZ

BRD 1997. **R:** *Theo Kerp, Jaroslav Jakuba.* **B:** *Norbert Golluch.* **LV:** *»Der kleine Prinz« von Antoine de Saint-Exupéry.* **K:** *Walter Schmidt, Stefan Melchior, Heinz Busert.* **M:** *Johannes Roloff. F 65 Min. (Zeichentrick).*
Inhalt siehe *Der kleine Prinz* (Frankreich 1975). Diese Zeichentrickversion, die sich recht exakt an die Buchvorlage hält, basiert gestalterisch auf den Illustrationen, die Autor Saint-Exupéry seinem Werk beigegeben hat. »Das ist dem Film weniger gut bekommen. Aus lauter Respekt hat man es wohl nicht gewagt, diese Illustrationen nur als Vorbild für eine filmische Neugestaltung zu nutzen. So wirkt das Ergebnis über weite Strecken in der Tat wie eine Abfolge von Buchillustrationen.« (Filmdienst)

DER KLEINE SCHORNSTEINFEGER
AUF DEM MEERESGRUND

(THE WATER BABIES/DZIECI WODNE). GB/ Polen 1978. **R:** *Lionel Jeffries.* **B:** *Michael Robson, Lionel Jeffries.* **LV:** *»The Water Babies« von Charles Kingsley.* **K:** *Ted Scaife.* **A:** *Cuthbert Cartoons, Miroslaw Kijowicz, J. Stokes.* **M:** *Phil Coulter.* **D:** *James Mason (Grimes), Bernard Cribbins (Masterman), Joan Greenwood (Lady Harriet), David Tomlinson (Sir John), Paul Luty (Sladd), Tommy Pender (Tom), Samantha Gates (Ehe), Billie Whitelaw (Toms Patin). F 90 Min.*
Der Schornsteinfegerlehrling Tom wird fälschlich eines Diebstahls bezichtigt und entzieht sich

seinen erbosten Verfolgern durch einen Sprung ins Wasser. Zu seinem Erstaunen stößt er dort auf die »Wasserkinder«, ein Volk seltsamer Fabelwesen. Momentan müssen diese sich gegen einen bösen Hai und einen elektrischen Aal zur Wehr setzen. Mit Toms Hilfe besiegen die Wasserkinder ihre fischigen Unterdrücker. Tom wird rehabilitiert, so dass seiner Rückkehr in die Menschenwelt nichts mehr im Wege steht. – »Ein einfallsreiches und abenteuerliches Märchen, das sehr anschaulich Lebens- und Verhaltensweisen beschreibt.« (FILMDIENST) Ein zusätzlicher Lichtblick (neben den in Polen entstandenen Zeichentricksequenzen): James Mason als versoffener Schornsteinfegermeister Grimes und Bernard Cribbins als sein verschlagener Gefährte, »ein Schurkenduo, das eher zum Lachen als zum Fürchten reizt«. (VARIETY)

DIE KLEINE SEEJUNGFRAU [ČSSR 1975]
Anderer Titel für **Die kleine Meerjungfrau**

DIE KLEINE SEEJUNGFRAU
(NINGYOHIME). *Japan 1975.* **R:** *Takuo Noda, Tomoji Katsumata.* **B:** *Ikuko Oyabu/Mieko Osanai.* **LV:** *Hans Christian Andersen.* **K:** *Shigeyoshi Ikeda/Yasuhiro Yamada.* **M:** *Takekuni Hiraiwa. F 73 Min. (Zeichentrick).*
Die Tochter des Meereskönigs möchte die Welt der Menschen kennenlernen, gelangt im Rachen eines Wals an die Oberfläche, erblickt einen Prinzen und verliebt sich in ihn.

DER KLEINE UND DER GROSSE KLAUS
DDR/ČSSR 1971. **R:** *Celino Bleiweiss.* **B:** *Celino Bleiweiss, Horst Hardt, Wera und Claus Küchenmeister.* **LV:** *»Der kleine und der große Klaus« von Hans Christian Andersen.* **K:** *Horst Hardt.* **M:** *Rainer Hornig.* **D:** *Fred Düren (Kleiner Klaus), Siegfried Kilian (Großer Klaus), Hannes Fischer (Müller), Monika (Marylu) Poolmann (Frau des Müllers), Monika Woytowicz (Frau des Kleinen Klaus), Arno Wyzniewski (Küster). F 67 Min.*
Märchenfilm des Fernsehens der DDR. Der ungerechte große Klaus lässt den kleinen Klaus tagaus, tagein für sich schuften, und sonntags muss der Kleine auch noch um die Pferde des Großen bitten, damit er seinen eigenen Acker umpflügen

kann. Aber der kleine Klaus lässt sich nicht unterkriegen, nicht mal, als der große ihn in einem Sack ersäufen will. Während der Große in der Kirche seine Seele für die böse Tat stärkt, wird der Kleine aus dem Sack befreit, den er mit Steinen füllt. Als der große Klaus den kleinen, den er doch ertränkt zu haben glaubt, quicklebendig vor sich sieht und ihn eine Geschichte von einer lieblichen Seejungfrau erzählen hört, die ihm Seevieh geschenkt habe, gibt es für ihn kein Halten mehr. Gierig springt er ins Wasser und geht unter.

DER KLEINE ZAUBERER UND DIE GROSSE 5
DDR 1977. **R:** *Erwin Stranka.* **B:** *Erwin Stranka.* **LV:** *Uwe Kant.* **K:** *Peter Brand.* **M:** *Uve Schikora.* **D:** *Jürgen Heinrich (Herr Schneidewind), Karin Schröder (Frau Schneidewind), Jörn Gust (Oliver), Fred Delmare (Fiebig), Heinz Behrens (Bruckbach), Erich Petraschik (Opa), Ernst-Georg Schwil (Krempiehl), Arnim Mühlstädt (Zahnarzt), Carola Braunbock (Dame), Ralph Schäfer (Merkel), Bernd Meier (Stefan), Holger Koch (Hans-Günter), Helge Schwarz (Thomas), Ines Otto (Monika), Birgit Schäfer (Kerstin), Lutz Freiberg (Bernd), Max von Doszewski (Ohlmeier), Werner Schmidt-Winkelmann (Professor), Axel Niering, Hansi Gransee, Ingo Rosin, René Dickow. F 70 Min.*
Der Film geht von der Prämisse aus, dass Zauberei erlernbar ist; mithin ist sie auch Unterrichtsfach an der Schule. Oliver, der kleine Held der Geschichte, hat jedoch in diesem Fach eine 5 bekommen, die er seinem Vater nicht zeigen möchte. Also bemüht er sich trotz seiner mangelhaften Kenntnisse, die unerwünschte Zensur fortzuzaubern. Doch er bringt nur sprechende Meerschweinchen und karierte Gänse zustande. Seiner Mutter gelingt es schließlich, ihm klarzumachen, dass man Fünfen am besten mit Einsen wieder ausgleicht. – Ein Kinderfilm.

DIE KLEINE ZAUBERFLÖTE
BRD 1997. **R:** *Curt Linda.* **B:** *Curt Linda* **LV:** *Märchen von Emanuel Schikaneder, Oper von Wolfgang Amadeus Mozart.* **K:** *Marilena Voicu.* **A:** *Susi Bauermann, Zdenek Janda, Markus Vachek.* **M:** *Ulrich Kümpfel, Wolfgang Amadeus Mozart.* **Spr:** *Nikolaus Paryla (Papageno), Axel Malzacher (Prinz Tamino), Anika Pages (Pamina), Rosema-*

rie Fendel (Königin der Nacht), Bettina Redlich (Papagena), Horst Raspe, Michael Mendl, Lisa Kreuzer, Katharina Lopinski, Kerstin de Ahna. F 62 Min. (Zeichentrick).

Mozarts Oper von der Zauberflöte, inhaltlich abgespeckt und bearbeitet (deshalb eben die »kleine« Zauberflöte) in einer deutschen Trickfilmfassung. »Ein Kinderfilm, dessen ästhetische Qualitäten auch für Erwachsene offensichtlich sind und der trotzdem Kinder nie überfordert. Kunst und Volksvergnügen zugleich.« (Ponkie, AZ)

EIN KLEINOD FÜR MEINE GELIEBTE

Anderer Titel für **Eine Halskette für meine Geliebte**

DIE KLUGEN DINGE

DDR 1972/73. **R:** *Rainer Hausdorf.* **B:** *Rainer Hausdorf.* **LV:** *»Die klugen Dinge« von Samuil Marschak.* **K:** *Lothar Gerber.* **M:** *Karl-Ernst Sasse.* **D:** *Blanche Kommerell (Vera), Gunter Sonneson (Peter), Adolf Peter Hoffmann (Der Alte), Hans-Jürgen Silbermann (Schneider), Siegfried Worch (Noch ein Schneider). F 70 Min.*

In der Hochzeitsnacht landet ein Paar in einer Märchenwelt, in der Gebrauchsgegenstände Wunderkraft besitzen, allerdings nur dann, wenn sie in die Hände guter Menschen gelangen.

DER KNABE, DER FLIEGEN KONNTE

(THE BOY WHO COULD FLY). USA 1986. **R:** *Nick Castle.* **B:** *Nick Castle.* **K:** *Steven Poster, Adam Holender.* **M:** *Bruce Broughton.* **D:** *Lucy Deakins (Milly Michaelson), Jay Underwood (Eric), Bonnie Bedlia (Charlene Michaelson), Fred Savage (Louis Michaelson), Colleen Dewhurst (Mrs. Sherman), Fred Gwynne (Onkel Hugo), Louise*

Fletcher (Psychiaterin), Janet MacLachlan (Mrs. D'Gregario), Jennifer Michas (Mona), Michelle Bardeaux (Erin), F 105 Min.

Milly zieht mit Bruder Lewis und der frisch geschiedenen Mutter in ein neues Stadtviertel. Zwar müssen sie sich auch dort mit Problemen herumschlagen, doch sie findet einen Freund in dem Nachbarsjungen Eric, einem Autisten, der, wie sie bald feststellt, tatsächlich fliegen kann. – »In die Länge gezogene Familienstory mit braver Moral, wenig Spannung und triefendem Gefühl.« (Georg Lacher-Remy, ZITTY) [V]

KNIGHTSKATER – RITTER AUF ROLLERBLADES

(A KID IN KING ARTHUR'S COURT). USA 1995. **R:** *Michael Gottlieb.* **B:** *Michael Part, Robert L. Levy.* **K:** *Elemér Ragályi.* **M:** *J. A. C. Redford.* **D:** *Thomas Ian Nicholas (Calvin Fuller), Joss Ackland (König Artus), Art Malik (Lord Belasco), Paloma Baeza (Prinzessin Katey), Kate Winslet (Prinzessin Sarah) Daniel Craig (Kane), David Tysall (Ratan), Ron Moody (Merlin), Barry Stanton (Schmied), Michael Meehan (Ladenbesitzer). F 117 (90) Min.*

Calvin, 15, beim Baseball ein Pechvogel, aber auf Rollerblades fix, fliegt bei einem Erdbeben durch Zeit und Raum, findet sich am Hofe des geistig angeschlagenen Legendenkönigs Arthur wieder und mobilisiert ihn gegen einen bösen Fürsten, der das Reich Camelot in den Untergang treiben will. Ein Dumm-Dumm-Geschoß aus der Firma Disney, das sich in speichelleckerischer Manier bemüht, eine Zielgruppe ins Kino zu locken, deren Leben sich um gerade aktuelle Modetändeleien dreht. [V]

KNÜPPEL AUS DEM SACK

(OBUSKU Z PYTLE VEN!). ČSSR 1955. **R:** *Jaromir Pleskot.* **B:** *Jiří Brdečka, Jaromir Pleskot.* **LV:** *Gebrüder Grimm.* **K:** *Josef Strecha, Jiří Tarantík.* **M:** *Jan F. Fischer.* **D:** *Ladislav Pešek (Musikant), Josef Beyvi (Gastwirt), František Smolik (Zauberer), Renata Borová, Aleš Košnar. F 78 Min.*

Ein armer Musikus, der für seine sechs Kinder sorgen muss, wird, als er hungrig ein Wirtshaus aufsucht, von dessen Inhaber verspottet und da-

Der Knabe, der fliegen konnte

vongejagt. Ein Zauberer, mit dem er sein letztes Stück Brot teilt, schenkt ihm zum Dank einen Tisch, der sich, ruft man »Tischlein, deck dich«, mit den erlesensten Speisen füllt, einen Golddukaten kackenden Esel und einen Leinensack mit einem Knüppel, der wüst zuschlägt, gibt man den Befehl dazu. Beim zweiten Besuch im Gasthaus vertauscht der habgierige Wirt den Wundertisch und den Goldesel gegen ein gewöhnliches Möbel und ein ebensolches Grautier. Als der Musikus seinen Kindern zeigen will, was sie können, geschieht natürlich nichts, woraufhin er den Zauberknüppel einsetzt, um den Wirt zur Herausgabe seines Besitzes zu zwingen. – »Pädagogisches Fingerspitzengefühl der Regie gibt dem jungen Publikum neben dem Märchenvergnügen eine Lehre von menschlicher Güte und Bosheit mit. Der beste Bilderbuchtyp ist der dicke, hinterhältige Wirt Josef Beyvi.« (FILMBLÄTTER)

DIE KOBOLDE SIND LOS

(LEAPIN' LEPRECHAUNS!). USA 1994. **R:** *Ted Nicolaou.* **B:** *Michael McGann, Ted Nicolaou.* **K:** *Adolfo Bartoli.* **M:** *Richard Koz Kosinski, John Zeretzka, William Levine.* **D:** *John Bluthal (Michael Denneby), Grant Cramer (Jon Denneby), Sharon Lee Jones (Sarah Denneby), Gregory Edward Smith (Mikey), Godfrey James (König Kevin), Tina Martin (Elfenkönigin). F 81 Min.*
Als der Sohn seinen Großvater entmündigen lassen will, um rund um dessen irische Schlossruine einen Freizeitpark zu errichten, kommen dem Alten drei Kobolde und die Elfenkönigin zu Hilfe. Nur auf Video. [V]

DER KOMET IM MUMINLAND

(MOOMIN). Niederlande/Japan 1992. **R:** *Hiroshi Saito.* **B:** *Lars Jansson.* **LV:** *»Der Komet im Muminland« von Tove Jansson.* **A:** *Toshiki Yamazaki.* **M:** *Vader Abraham [Pierre Kartner]. F 76 Min. (Zeichentrick).*
Die urigen Mumins sind eine Trollfamilie und waren in den sechziger Jahren im deutschen Fernsehen ein großer Erfolg des Marionettentheaters Walter Oehmichen. In diesem aus einer TV-Serie zusammengeschnittenen Film wird das Mumin-

Die Konferenz der Tiere

tal von einem abstürzenden Kometen bedroht, doch die Katastrophe bleibt aus, da der Störenfried aus dem All vorbeifliegt. Die Animation ist nicht das Gelbe vom Ei, aber noch schlimmer ist die Musik. Ein fürs Kabelfernsehen produzierter Film. »Eine handwerkliche Umsetzung auf niedrigem Niveau, dürftige Hintergründe und nichtssagende Dialoge (in nervender Synchronisation) treiben dem Mumin-Freund die Tränen in die Augen.« (FISCHER FILM-ALMANACH)

DIE KONFERENZ DER TIERE

BRD 1969. **R:** *Curt Linda.* **B:** *Curt Linda.* **LV:** *»Die Konferenz der Tiere« von Erich Kästner.* **K:** *Wolfgang Dietrich, Ivan Masnik, Barbara Linda.* **A:** *Borislav Sajtinac, Paul Fierlinger, Armin Becker, Heinrich Barta, Eva Marino.* **M:** *Erich Ferstl.* **Spr:** *Georg Thomalla (Löwe), Charles Regnier (General), Bruni Löbel (Maus), Anton Reimer (Eisbär), Ernst Fritz Fürbringer (Elefant), Rosemarie Fendel (Eule). F 85 Min. (Zeichentrick).*
Ein Zirkus ist in die Stadt gekommen. Es tritt auf: die Hauptattraktion, der Löwe. Bei seinem Sprung durch den Feuerreifen fängt seine prächtige Mähne Feuer, er steht im Nu in Flammen, und schon bald brennt der ganze Zirkus. Panik! Alles drängt ins Freie. Nur ein paar Kinder fassen sich ein Herz und befreien ihre Freunde, die Tiere, aus den Käfigen. Der Löwe, der König der Tiere, entkommt – etwas lädiert zwar – in die Freiheit. Er ist beunruhigt über die Kriege, die sich die Menschen liefern. Zwar kommen bei ihm und seinen Beratern Zweifel darüber auf, ob es sich überhaupt lohnt, den Menschen bei der Lösung ihrer Probleme zu helfen, doch müsse man ein-

fach aktiv werden, um den Kindern beizustehen. So wird eine Konferenz aller Tiere einberufen, die nach Mitteln und Wegen suchen soll, die Menschen zu Glück und Frieden zu zwingen. Die Militärs aber, als sie merken, was da vor sich geht, schlagen Alarm, so dass bei einem Treffen der Staatsmänner zum ersten Mal Einigkeit erzielt werden kann; Einigkeit darüber, dass man sich nicht von Tieren zu einer Einigung über den Frieden zwingen lassen will. General Zornmüller befiehlt die allgemeine große Mobilmachung. Das Hochhaus der Tiere wird von Soldaten umstellt. General Zornmüller überbringt den Tieren das Ultimatum: Die Konferenz solle unverzüglich aufgelöst werden. Trotz allgemeiner Niedergeschlagenheit weiß die Eule Rat. Sie mobilisiert die Motten, und kurz darauf sind alle Uniformen der Menschen vernichtet. Die Staatsmänner müssen sich etwas Neues einfallen lassen. Ihre Methoden werden rigoroser, sie reden nur noch von Gehorsam, Ruhe, Ordnung, beschwören die »Schule der Nation«, verherrlichen den »Heldentod« in Uniform. Die Tiere setzen dagegen. Mit Finten, komischen Aktionen und viel List können sie eine kriegerische Katastrophe verhindern. Dann greifen sie zum äußersten Mittel: Kurz entschlossen nehmen sie allen Eltern ihre Kinder weg. Innerhalb einer Nacht sind sämtliche Kinder der ganzen Welt verschwunden, versteckt von den Tieren. In ihrem Schmerz revoltieren die Eltern gegen Militärs und Politiker. Die Verführer der Menschheit müssen klein beigeben, und so ist der Friede (wenigstens im Film) perfekt. – Curt Lindas *Konferenz der Tiere* ist der erste programmfüllende deutsche Zeichentrickfilm. Über zweieinhalb Jahre wurde in über 8 000 Stunden an dem Film gearbeitet. Ein Mitarbeiterstab fertigte über 140 000 Einzelzeichnungen an, deren Figuren vor über 200 farbigen Hintergründen agieren. Dabei beließ Linda seine Figuren fast so starr und unbeweglich wie wandelnde Scherenschnitte, ein grafischer Effekt, der den vergleichbaren Disney-Produktionen deutlich unterlegen ist und zu massiver Kritik herausforderte. Was Inhalt und Ideen betrifft, ist der Film jedoch »jeder Disney-Konkurrenz gewachsen. Sein Stil verschiebt den Akzent von der üblichen niedlichen Viechersentimentalität auf das hinterlistig Ab-

strakte, Groteske und Absurde – er verbindet auf superbe Art Ästhetik, Bosheit und Moral ... Fazit: Traum von der Wehrkraftzersetzung.« (Ponkie, ABENDZEITUNG) [V]

KÖNIG ARTHUR
Anderer Titel für **Merlin und das Schwert**

KÖNIG DER FISCHER
(THE FISHER KING). USA 1991. **R:** *Terry Gilliam.* **B:** *Richard LaGravenese.* **K:** *Roger Pratt.* **M:** *George Fenton.* **D:** *Robin Williams (Parry), Jeff Bridges (Jack Lucas), Amanda Plummer (Lydia), Mercedes Ruehl (Anne Napolitano), Michael Jeter (Alternder Sänger), Bradley Gregg, Wiliam Jay Marshall, William Preston, Jayce Bartok, Dan Futterman, Christian Clemenson, Tom Waits, Carol Smalls. F 138 Min.*

Für Regisseur Terry Gilliam ist das Radio steter Quell der Inspiration gewesen: »Das Radio war der wirkliche Brunnen meiner Imagination, das waren nur Töne. Besser als Filme, weil es mir erlaubte, die Bilder selbst hinzuzufügen; ich konnte alles, was ich wollte, zu diesen Tönen erfinden.« So steht im Mittelpunkt dieses märchenhaft getönten Films, der den Konflikt ganz anders löst als Oliver Stones *Talk Radio,* auch ein Radiomann, freilich ein desillusionierter, denn was er an Lebensweisheiten übers Mikro verbreitete, ging nach hinten los. Ein Hörer hat Jacks Sprüche allzu wörtlich genommen und unter den Gästen eines Restaurants ein Massaker veranstaltet. Unter den Opfern war auch die Frau eines Professors für mittelalterliche Geschichte, der darüber zum Obdachlosen in den Straßen New Yorks wurde. Parry (Robin Williams), zum zerknautschten Prediger der Erlösung und quirligen Ritter unter den Brücken degeneriert und auf der Suche nach dem seelenvollen Gral, richtet den Absteiger in einer Art Rollenspiel wieder auf: Der König der Fischer drohte in Parrys Lieblingssage seiner Wunde, dem Verlangen nach dem Gral, zu erliegen, aber da kam der Narr und erlöste ihn mit einem Schluck Wasser. – »New York als Zauberwald der Artussage, das heißt auch, den Wald nicht mehr sehen vor lauter Bäumen. Irrtum und Verirrung ist nur der höchste Zustand der Gnade. So wechseln Jack und Parry ständig ihre Rollen, gegeneinander, füreinander, sind mal Erlöser und mal Versucher, und oft läuft beides auf das gleiche hinaus. Ein Film der Zirkularität ...« (Fritz Göttler, SÜDDEUTSCHE ZEITUNG) [V]

KÖNIG DER KÖNIGE

(KING OF KINGS). USA/Spanien 1960. **R:** *Nicholas Ray.* **B:** *Philip Yordan.* **K:** *Franz Planer, Milton Krasner, Manuel Berenguer.* **M:** *Miklos Rosza.* **D:** *Jeffrey Hunter (Jesus Christus), Siobhan McKenna (Maria), Hurd Hatfield (Pontius Pilatus), Ron Randell (Lucius), Viveca Lindfors (Claudia), Rita Gam (Herodias), Carmen Sevilla (Maria Magdalena), Brigid Bazlen (Salome), Harry Guardino (Barabbas), Rip Torn (Judas), Frank Thring (Herodes Antipas), Guy Rolfe (Kaiphas), Maurice Marsac (Nikodemus), Gregoire Aslan (Herodes), Royal Dano (Petrus), Edric Connor (Balthasar), Robert Ryan (Johannes, der Täufer), George Coulouris (Kameltreiber), Conrado San Martin (Pompejus), Gerard Tichy (Joseph), José Antonio (Johannes als Kind), Luis Prendes (Dieb), José Nieto (Kaspar), Ruben Rojo (Matthäus), Fernando Sancho (Irrer), Michael Wager (Thomas), Felix de Powes (Joseph von Arimatäa), Adriano Rimoldi (Melchior), Barry Keegan (Dieb), Rafael Luis Calvo (Simon von Cyrene), Tino Barrero (Andreas), Francisco Moran (Blinder). F 168 Min.*
Die Lebens- und Leidensgeschichte Christi, in der Filmbranche auch unter dem spöttischen Titel »Ich war ein Teenager-Jesus« bekannt. – »Da er zu viel berichten will, eilt der Film in Riesenschritten durch die Heilsgeschichte, von der Eroberung Jerusalems bis zur Erscheinung des Auferstandenen in Galiläa. Früh schon setzen die Erfindungen ein, durch die plausible Zusammenhänge geschaffen oder Charaktere entwickelt werden sollen. Gravierend wird dies bei der Umdeutung zweier Charaktere: Barabbas und Judas. Barabbas ist hier Berufsrebell, militanter Nationalistenführer, dem der Messias als jüdischer König geeignet erscheint. Schon als Pilatus nach Jerusalem zieht, überfällt er in der Wüste die Legionen; den Einzug Christi in die Stadt nutzt er zu einem Massensturm auf die römische Festung. Zwei mörderische Schlachten ... die nie stattfanden, doch einen prächtigen Kontrast zu den andächtigen Massen der Bergpredigt ... ergeben. Judas hingegen wird zum Verräter aus nicht unedlem Motiv: Mit der Aufstandsbewegung sympathisierend, will er Jesus durch Todesgefahr zwingen, die Engelsmächte zum irdischen Beistand ... herabzurufen. Es ist nicht die Einsicht in seine Tat, sondern das Sichversagen des Messias, das ihn verzweifeln lässt.« (FILMDIENST) Das Lager der Kritiker war nach der Uraufführung gespalten wie nie: Was für das Branchenfachblatt VARIETY »kurz gesagt: ein toller Streifen« war, war für TIME »die unbestritten rührseligste, unechteste, gefühlsduseligste und auf monströse Weise ungeschlachteste aller Bibelgeschichten, die Hollywood im letzten Jahrzehnt erzählt hat.«

DER KÖNIG DER LÖWEN

(THE LION KING). USA 1994. **R:** *Roger Allens, Rob Minkoff.* **B:** *Irene Mecchi, Jonathan Roberts, Linda Woolverton.* **A:** *Mark Henn, Andreas Deja und andere.* **M:** *Hans Zimmer, Tim Rice, Elton John.* **Spr:** *Frank Lorenzengel (Simba), Wolfgang Kühne (Mufasa), Thomas Fritsch (Scar), Alexandra Wilcke (Nala), Hella v. Sinnen (Shenzi). F 88 Min. (Zeichentrick).*
Auf Simba, dem Löwenkind, lastet ein schwerer Schuldkomplex: Es glaubt, schuld am Tod seines Vaters Mufasa, des Königs der Löwen, zu sein, weil es beim übermütigen Spiel eine Gnu-Stampede ausgelöst hat. Beim Versuch, Daddy zu retten, kam es zu einem tödlichen Absturz. Was Simba (noch) nicht ahnt: Der böse Onkel Scar hat ein klein wenig nachgeholfen beim Sturz des verhaßten Bruders, weil er gerne selbst Löwenkönig wäre. »Ein klassisches Königsdrama also, das die Disney-Produktion hier liefert, Freud und Lévi-

König der Könige

Strauss wie aus dem Lehrbuch; die ›Mythologien‹, gemixt mit ein wenig ›Totem und Tabu‹. Purer Ödipus, mit verdrehten Vorzeichen – Oper, Intrige, Psychoanalyse: die Story wird zum Lehrgang in die Kulturgeschichte. ›Denn ohne Täuschung und ohne Verrat gibt es keine Psychologie‹, so Julia Kristeva, in einer Untersuchung der Beziehung von Adoleszenz und Fiktion, die man auch als Kommentar zu fünfzig Jahren Disney-Produktion lesen kann. Am Rande der beherrschten Welt ist die Sogwirkung des Unbekannten besonders stark für die Jungen. Die haben ›ein Recht auf das Imaginäre‹, sagt Kristeva, das gilt auch für Simba. Die Kunst bei Disney hat Züge eines Kults, aber das Sakrosankte ist immer auch das Komische.

Der Teiresias des Films, der trunkenblaue Schamanen-Pavian Rafiki, ist ein verschrumpelter, unwürdiger Greis. Und die besten Freunde in seiner Einsamkeit findet Simba unter den Deklassierten: das Warzenschwein Pumbaa und das Erdhörnchen Timon. ›Hakuna Matata‹ singen sie gemeinsam. Happy Birthday mag das heißen oder einfach die Aufforderung, es mit Gemütlichkeit zu probieren ...« (SÜDDEUTSCHE ZEITUNG)

KÖNIG DROSSELBART

BRD 1954. **R:** *Herbert B. Fredersdorf.* **B:** *Emil Surmann.* **LV:** *Gebrüder Grimm.* **K:** *Willi Kuhle.* **M:** *Norbert Schultze.* **D:** *Georg Gütlich (König), Gisela Fritsch (Prinzessin), Ottokar Runze (König Drosselbart), Peter Lehmbrock (Flitzo), Kurt Vespermann (Oberhofmeister), Günter Mehrholz (Bammel), Maria Hofen (1. Hofdame), Mia Adomat, Else König, Alexa von Porembsky. SW 70 Min.*

»Mit braver Sorgfalt und Liebe ist hier das Märchen vom König Drosselbart nacherzählt: Von der Prinzessin, die den ersten Besten nehmen muss, weil ihr des Freiers Bart nicht gefällt, und die doch den König Drosselbart bekommt, weil er sich als ›erster bester‹ Spielmann verkleidete. Das ursprünglich sehr moral-strenge Märchen (Strafe für die Überheblichkeit) ist sanft (und manchmal etwas neckisch) abgerundet worden, was jedoch dem Vergnügen der Kinder keinen Abbruch tut. Eine sehr zahme, herzige Bilderbuchgeschichte, vór allem durch die talentvollen Hauptdarsteller nett anzuschauen.« (Ponkie, FILMBLÄTTER) – »Dieser Film nahm sich selbst so ernst, dass er sich bei den Berliner Filmfestspielen einem internationalen Publikum vorstellte. Nehmen wir ihn also auch ernst. Er enthält neben der Handlung ... folgende Bestandteile: einen Erzähler, der vor lauter Kinderfreundlichkeit ganz verkrampft spricht; einen Hofnarren, der von sich behauptet, er könne alle Menschen zum Lachen bringen, es aber bei keinem einzigen schafft; einen jungen Königssohn, der nicht singen, reiten und fechten kann, es aber trotzdem eifrig tut (hat der Regisseur noch nie eine Fechtszene in einem mittelmäßigen amerikanischen Abenteuerfilm gesehen?); ein Schloss, das so wenig märchenhaft ist wie ein Finanzamt; Kostüme, die nicht sitzen, und – was sehr schwer wiegt – einen völlig ungeformten Dialog ... Das ganze Manöver des Prinzen, seine Braut zu ›prüfen‹, ist eine einzige Lüge. Dieses ist nicht der erste unzulängliche deutsche Märchenfilm.« (FILMDIENST) – Anmerkung: Auch Starkritiker wie Ponkie hatten in ihrer frühen Schaffenszeit geistige Blindflüge – das beruhigt!

KÖNIG DROSSELBART

DDR 1965. **R:** *Walter Beck.* **B:** *Günter Kaltofen, Walter Beck.* **LV:** *Gebrüder Grimm.* **K:** *Lothar Gerber.* **M:** *Wolfgang Lesser.* **D:** *Karin Ugowski (Prinzessin Roswitha), Manfred Krug (König Drosselbart), Martin Flörchinger (König Löwenzahn), Eva-Maria Heyse (Hofdame Beatrix), Helmut Schreiber (König Heinz-Eduard), Achim Schmidtgen (König Wenzel), Arno Wyzniewski (Prinz Kasimir), Gerd E. Schäfer (Herzog Adolar), Bruno Carstens, Fritz Decho, Horst Buder, Manfred Heine. F 74 Min.*

Wütend über den Hochmut seiner Tochter, die alle Freier abweist, gibt der König sie einem Spielmann zur Frau, der sich bemüht, ihre Sturheit zu brechen. Erst als sie sich gewandelt hat, gibt dieser sich als König Drosselbart zu erkennen. Da der Regisseur Walter Beck heißt, ist so viel nicht zu erwarten, trotz der Mitwirkung von Manfred Krug (noch vor der *Spur der Steine*).

KÖNIG DROSSELBART

(KRAL DROZIDA BRADA). ČSSR/BRD 1984. **R:**

Miroslav Luther. **B:** *Tibor Vichta, Miloš Rupeldt, Miroslav Luther.* **LV:** *Gebrüder Grimm.* **K:** *Vladimir Hollos.* **M:** *Jiří Stivin.* **D:** *Adriana Tarábková (Prinzessin Anna), Lukás Vaculik (König Drosselbart), Marian Labuda (Kerkermeister), Gerhard Olschewski (König Matthias), Maria Schell. F 95 Min.*

Inhalt siehe *König Drosselbart* (DDR 1965). – »Ein Kinderfilm, der versucht, das alte Motiv von der Zähmung einer Widerspenstigen auf seinen psychologischen Kern zurückzuführen, ohne dabei die bunte Phantasiewelt des Märchens zu zerstören.« (FILMDIENST) [V]

KÖNIG MIDAS

DDR 1962. **R:** *Günther Stahnke.* **B:** *Günter Kunert, Günther Stahnke.* **K:** *Lothar Gerber.* **M:** *Kurt Schwaen.* **D:** *Dietrich Heilmann, Stephan Meyer, Lutz Sakowski, Günter Pudak, Manfred Hennecke. F 51 Min.*

In einer kleinen Stadt führen Schüler die Sage von König Midas auf: Zum Dank dafür, dass er Bacchus gesundgepflegt hat, gewährt ihm dieser einen Wunsch. Ab sofort verwandelt sich alles, was Midas berührt, in pures Gold. Weil er von goldenem Fleisch nicht leben kann, bereut er seinen Wunsch sehr schnell. Bacchus zieht sein Geschenk zurück, lässt Midas als Warnung jedoch Eselsohren wachsen.

DER KÖNIG UND DER VOGEL

(LE ROI ET L'OISEAU). Frankreich 1967–1979. **R:** *Paul Grimault.* **B:** *Jacques Prévert, Paul Grimault.* **LV:** *Hans Christian Andersen.* **K:** *Gérard Soirant.* **M:** *Wojciech Kilar, Jacques Prévert, Joseph Kosma. F 84 Min. (Zeichentrick).*

Hoch über seinem Palast regiert der schielende König Charles. Dieser lässt alles und jeden, der sich in seiner Nähe bewegt, durch Falltüren in die Verliese seines Imperiums verschwinden. Menschen degenerieren zu willenlosen Marionetten, eigene Ideen sind nicht gefragt, der König herrscht (fast) absolut. Nur ein Vogel, der über ihm auf dem Turmdach lebt, leistet Widerstand, spricht sogar aus, was niemand zu sagen wagt. Versuche, den rebellischen Widersacher mundtot zu machen, scheitern. Eines Nachts aber geschieht Ungeheures: Zwei Figuren aus der Gemälde-sammlung des Königs erwachen zum Leben – die schöne Schäferin und der Schornsteinfeger; sie bekennen einander ihre Liebe und bereiten ihre Flucht vor. Der König aber begehrt selbst das Mädchen, weil »es ja schon immer so war, dass Schäferin und König sich lieben«, wie man aus den Märchen weiß. Eine Verfolgungsjagd beginnt, der die Verliebten nur mit Hilfe des Vogels entrinnen können. Durch die Labyrinthe des Palastes, Kanalsysteme und Treppenlandschaften gelangen sie in die Unterstadt, in die menschliche Wracks, die nie ein Sonnenstrahl erreicht, unter dem Joch der Sklaverei der Befreiung harren. Es scheint, dass Schornsteinfeger, Hirtin und Vogel verloren sind. Am Fließband müssen sie das Konterfei des Königs produzieren, die Schäferin unter Pomp und Pracht gar den Despoten ehelichen. Doch am Ende entkommen alle dem Gefängnis in der Unterstadt. Vogel und Schornsteinfeger führen eine riesige Menschenmenge hinaus in die Freiheit. Auch die Schäferin wird gerettet. Ein Riesenroboter, die Gewaltmaschinerie des Königs, richtet sich mehr und mehr gegen sich selbst. Zuletzt liegt das System in Trümmern. – Der Film ist im Kern eine Adaption von Andersens Märchen »Die Hirtin und der Schornsteinfeger«. Hinzu kommt eine phantastische »Rahmenhandlung«, in der sich apokalyptische Visionen einer Diktatur, eine zart gezeichnete Liebesgeschichte, aber auch der unerschütterliche Wille zur Freiheit ineinander verflechten. In dreißigjähriger Vorbereitungszeit und dreizehn konzentrierten Arbeitsjahren entstand diese Welt der Phantasie. Jacques Prévert, der Poet aus Paris, Drehbuchautor der *Kinder des Olymps,* schrieb den Text für seinen Freund, den Zeichner Paul Grimault, einen Experten auf dem Gebiet des gezeichneten Spiel- und Werbefilms. Eine frühe Fassung kam 1953 unter dem Titel des Andersenmärchens ins Kino, mit der Grimault jedoch nicht einverstanden war. Aus diesem einstündigen Film wurden Szenen von insgesamt 40 Minuten Länge in die jetzige Fassung übernommen. Der Rest von immerhin 44 Minuten wurde neu konzipiert. Immerhin bringt es der Film auf 177 480 Einzelbilder, die wegen bescheidenerer technischer Möglichkeiten im Gegensatz etwa zu den Disney-Filmen alle von Hand gezeichnet werden mussten. – »Was sich dem Kind als bezauberndes Märchenabenteuer eröffnet, wird dem aufmerksamen Erwachsenen zum politischen Gleichnis und zum literarischen Genuß. Jacques Préverts Buch ist ein vertracktes Spiel mit Realitätsebenen und politisch-existenziellen Bildern ... eine Märchenerzählung, die dem Zuschauer einiges über Macht, soziale Hackordnung und Organisation des totalitären Staates ins Gedächtnis ruft.« (Hubert Haslberger, FILMDIENST) – »Prévert ... und Grimault haben mit ihrem *Der König und der Vogel* ein Meisterwerk geschaffen, das zeitlos ist.« (Margret Köhler, MEDIEN UND ERZIEHUNG) [V]

DAS KÖNIGREICH DER VEXIERSPIEGEL

Anderer Titel für **Im Königreich der Zauberspiegel**

EIN KÖNIGREICH VOR UNSERER ZEIT

(WIZARD OF THE LOST KINGDOM II). USA 1988. R: *Charles B. Griffith.* B: *Lance Smith.* K: *Geza Sinkovics.* M: *David M. Rubin.* D: *David Carradine (Der Finstere), Bobby Jacoby (Tyor), Mel Welles (Caedmon), Lana Clarkson (Amathea), Susan Lee Hoffman (Idun), Blake Bahner (Erman), Henry Brandon (Zarz), Wayne Grace (Vanir), Edward Blackoff (Loki), Sid Haig (Donar), Diana Burton (Freyja), Sharon Compton (Mutter), W. T. Zacha, Dale Swann, Joseph Perry, Victoria Morsell, Kristine Killea, Brogan Young, Michael Melvin, Gary Rooney, Richard Brose, Gus Rethwisch.* F 78 Min.

Nachdem die drei üblichen bösen Fürsten die drei üblichen Königreiche erobert haben, macht sich der übliche junge Held mit dem üblichen Haudegen auf, um diesen Ländern die Freiheit zu bringen. Einer der vielen Billigfilme, mit denen David Carradine seine Brötchen verdient. Dem aufmerksamen Betrachter wird nicht entgehen, dass die Macher, allen voran der corman-geschulte Charles B. Griffith, den Unsinn selbst nicht ganz ernst genommen haben. [V]

KRABAT

(KRABAT). ČSSR/BRD 1977. R: *Karel Zeman.* B: *Karel Zeman.* LV: »Krabat« von Otfried Preußler. K: *Bohumil Pikhart, Zdenek Krupa.* M: *František*

Belfin. F 75 Min. *(Zeichen/ Legetrick).*

Die Handlung dieses Märchens aus der Lausitz spielt im 16. Jahrhundert. Der Waisenjunge Krabat zieht als Bettler (wie viele andere Kinder) durch das Land. Eines Tages folgt er einem sprechenden Raben zu einer geheimnisvollen schwarzen Mühle. Dort soll er mit elf anderen das Müllerhandwerk, aber auch »alles andere« erlernen. Zu spät bemerkt er, in was er geraten ist. Tagsüber muss er schwere Müllerarbeit verrichten, abends werden er und seine Leidensgenossen vom unheimlichen einäugigen Meister in Raben verwandelt und in der Zauberei unterwiesen. Dabei müssen sich die Lehrlinge allerlei Zaubereien gefallen lassen, bei denen sie als Helfer für die Betrügereien des Meisters fungieren. Nur einmal im Jahr dürfen die Jungen die Mühle verlassen, zu Karsamstag. Jeweils zu zweit fliegen sie als Raben unheimliche Plätze an, Stätten, an denen Menschen gewaltsam zu Tode gekommen sind. Dort müssen sie über Nacht ausharren. Krabat sieht bei solcher Gelegenheit die schöne Katorka, die singend Osterwasser schöpft. Er verliebt sich in sie und fühlt sich von Stund an erst recht unglücklich. Grausamer Höhepunkt im Leben der Jungen sind die alljährlich am Weihnachtstag stattfindenden Zweikämpfe des Meisters mit seines gelehrigsten Schülers. Dieser muss (s)ein Grab ausheben und sich dem Meister zum Zauberwettkampf stellen, auf Leben und Tod. Immer geht der ungleiche Kampf zugunsten des Meisters aus. Danach steht die Mühle so lange still, bis ein neuer Lehrbursche das Dutzend wieder voll macht. Krabat lebt in seiner Hoffnung nur von einem Osterfest zum nächsten. Im dritten Jahr zeigt er sich Katorka in Menschengestalt. Heimlich verbringen sie einen Tag zusammen. Das Mädchen will Krabat von seinem grausamen Schicksal erlösen. Sie bittet den Meister, ihm das Leben zu schenken. Der Meister schlägt ihr höhnisch vor, das eigene Leben für das Krabats einzusetzen. Wenn sie mit verbundenen Augen aus der Schar der Lehrjungen Krabat herausfinde, solle er frei sein, wenn nicht, habe sie ihr Leben verwirkt. Auf der letzten Seite des großen Zauberbuchs steht: »Liebe überwindet jeden Zauber!« Katorka findet Krabat, die Mühle geht in Flammen auf, der Meister kommt darin um. Die Lehrjungen ziehen in die Welt hinaus. Krabat bleibt mit Katorka zusammen. – »Der Tscheche Karel Zeman, durch viele Animationsfilme international bekannt geworden, hat sich dieses düster-traurigen Stoffes angenommen und ihn in einen phantasievollen Spielfilm verwandelt. Geschickt mischt er seine gezeichneten Figuren mit realer Darstellung – das spritzende, schäumende Wasser des Mühlbachs ist echt, ebenso das Feuer, das am Schluß den gespenstischen Ort vernichtet – und verstärkt damit wirksam die optischen Effekte. Sehr gelungen sind auch die fortwährenden Verwandlungen des Zauberers in immer andere Tiergestalten, für die der Zeichentrickfilm natürlich ideale technische Möglichkeiten bietet.« (Carla Rhode, ZITTY) – »Der Film ist technisch brillant und von hohem künstlerischem Niveau, (allerdings auch) ›grausam‹, sogar für Erwachsene unheimlich ›brutal‹ ... voll unberechenbarer Schrecken ... Die Vorführung vor Kindern führt zu (folgendem) Dilemma: Der Film scheint wegen seiner drastischen Darstellungsweise für Kinder unter 10 Jahren total ungeeignet, gleichzeitig sind ältere Kinder an der Märchenhandlung uninteressiert und werden durch die Handlung nicht befriedigt.« (KINO FÜR KINDER) – Der Film ist eher etwas für erwachsene Freunde des Animationsfilms.

KREUZ UND SCHWERT
(LA SPADA E LA CROCE). Italien 1958. **R:** *Carlo Ludovico Bragaglia.* **B:** *Ottavio Poggi.* **K:** *Marcelo Masciocchi.* **M:** *Roberto Nicol.* **D:** *Yvonne De Carlo (Maria Magdalena), Jorge Mistral, Massimo Serrato, Rossana Podesta, Andrea Aureli, Philippe Hersent, Rossana Rory, Mario Girotti. F 105 Min.*
Die Kurtisane Maria Magdalena, die den Juden Anan liebt, den Zeloten Barabbas unterstützt und mit dem Römer Cajus Marcellus befreundet ist, versucht den wundertätigen Jesus von Nazareth, der sie einst aufgrund eines Ehebruchs vor der Steinigung bewahrt hat, vor der Kreuzigung zu retten. Doch all ihre Taten fruchteten nichts. Am Ende gelobt sie, fortan nur noch für die Verkündigung des Evangeliums zu leben.

DAS KREUZ VON GOLGATHA
(GOLGATHA). Frankreich 1935. **R:** *Julien Duvi-*

vier. **B:** *Julien Duvivier.* **LV:** *Jacques Raymond.* **K:** *Jules Krüger.* **M:** *Jacques Ibert.* **D:** *Robert le Vigan (Jesus), Jean Gabin (Pontius Pilatus), Harry Baur (Herodes), Charles Granval (Kaiphas), Hubert Prélier (Simon Petrus), Lucas Gridoux (Judas), Juliette Verneuil (Maria), Vana Yami (Maria Magdalena), Edwige Feuilère (Claudia). SW 97 Min.*
»In diesem Film tritt die religiöse Mystik vor der dramatischen Realität der Geschehnisse in den Hintergrund. Man beabsichtigt nicht eine großartige Darstellung ... sondern die möglichst wahrheitsgetreue Wiedergabe der Ereignisse, die vor neunzehnhundert Jahren ein Volk dazu brachten, den Tod eines Mannes zu fordern. Die ganzen Unsinnigkeiten, Ungerechtigkeiten und Abscheulichkeiten, die damit verbunden sind, sollen hier zum Ausdruck kommen.« (Jean Gabin) – Realismus fürwahr: Julien Duvivier warf alle Proteste des Klerus in den Wind und wagte es, wie vor ihm bereits Cecil B. DeMille in *König der Könige* (USA 1927), Jesus in einer Nahaufnahme abzubilden. Als seine Passionsgeschichte nach dem Krieg nach Deutschland kam, sah sich der Filmverleih aufgrund der zu erwartenden Blasphemie-Vorwürfe indes bemüßigt, alle Nahaufnahmen zu schneiden. Übrig blieb ein (für die damalige Zeit in der Tat recht harter) Torso, dem im Grunde der Hauptdarsteller fehlt und der auch in anderer Hinsicht nicht vollends befriedigen konnte. Trotz der sehr guten schauspielerischen Leistungen und beachtlichen Massenszenen, die durchaus denen Cecil B. DeMilles vergleichbar sind, wirkt *Kreuz von Golgatha* fast wie ein nachvertonter Stummfilm. »Duvivier bemüht sich, die statischen Tableaus des Films aufzuladen. Er schwenkt wild mit seiner Kamera herum und kommt doch nie bei einer Nahaufnahme oder einem echt wirkenden Dialog zwischen seinen Akteuren an. Immer nur hübsche Postkarten, oder besser Heiligenbildchen: die rechte Zierde für Jacques Iberts opernhafte Musik.« (Dudley Andrew)

DER KRIEGER DES KAISERS
(CHIN YUNG/A TERRA-COTTA WARRIOR). Hongkong 1989. **R:** *Ching Tung Yee.* **B:** *Lee Bik Wah.* **K:** *Peter Pao.* **M:** *James Wong, Joseph Koo, Romeo Diaz.* **D:** *Zhang Yimou (Mong Tian Fong), Gong Li (Twon/Lili Chu), Yu Yung Kang (Bai Yun*

Fei), Wu Tian Min (Kinodirektor), Luk Suk Ming (Kaiser Qin), Tse Pok Man (Tsui Fok). F 106 (145) Min.

Unautorisierte Neuverfilmung von Boris Karloffs THE MUMMY: Ein Elixier, das die Geliebte einem vor 3000 Jahren zum Tode verurteilten Soldaten eingeflößt hat, macht diesen unsterblich. In den dreißiger und achtziger Jahren des 20. Jahrhunderts begegnet er seiner wiedergeborenen Geliebten.

DER KRIEGER UND DIE HEXE

(THE WARRIOR AND THE SORCERESS). USA 1984. R: John C. Broderick. B: John C. Broderick. K: Leonard Solis. M: Louis Saunders. D: David Carradine (Kain), Luke Askew (Zeg), Maria Socas (Naja), Anthony De Longis (Kief), Harry Townes (Bludge), William Marin (Bal Caz). F 81 (74) Min.
Vorzeitlicher Krieger in einer verwüsteten Welt bietet zwei sich um einen Dorfbrunnen streitenden Gruppen seine Dienste an, lernt eine Zauberin kennen und sorgt dafür, dass die Bösen sich gegenseitig ausrotten. Akira Kurosawas *Yojimbo* (1960) lässt grüßen. Viel Säbelgerassel und Knallchargen-Agieren in einer zum Gähnen langweiligen Geschichte.

DAS KRISTALLPANTÖFFELCHEN

Anderer Titel für **Aschenbrödel** (UdSSR 1960)

KRULL

(KRULL). GB 1983. R: Peter Yates. B: Stanford Sherman. K: Peter Suschitzky. SpE: Derek Meddings, Steven Archer, Terry Reed. M: James Horner. D: Ken Marshall (Colwyn), Lysette Anthony (Lyssa), Freddie Jones (Ynyr), Francesca Annis (Witwe im Netz), Alun Armstrong (Torquil), David Battley (Ergo), Bernard Bresslaw (Rell), Liam Neeson (Kegan), John Welsh (Smaragd-Prophet), Graham McGrath (Titch), Tony Church (Turold). F 120 Min.
Während der Heirat zwischen Prinz Colwyn und Prinzessin Lyssa greifen die Truppen des »Unbeschreiblichen Ungeheuers« das Schloss an und entführen Lyssa in dessen Schwarze Festung. Unterstützt vom weisen Ynyr, dem Amateurzauberer Ergo, einem Zyklopen und einer Diebesbande macht sich Colwyn daran, den Standort der Schwarzen Festung ausfindig zu machen, die sich bei jedem Sonnenaufgang an einen anderen Ort teleportiert. Nach Fehlschlägen in der Höhle des Smaragdenen Propheten und dem Sumpf ist der Besuch bei der Witwe im Kristallspinnennetz schließlich von Erfolg gekrönt. Auf Flammenrössern ans Ziel gelangt, entern sie noch gerade rechtzeitig die Festung. Mit der Macht ihrer Liebe bezwingen Colwyn und Lyssa gemeinsam das Ungeheuer. Die Festung zerbricht, die Trümmer verschwinden im All. – »Yates inszenierte *Krull* zweifellos auf den äußeren Effekt hin, überrascht jedoch durch einen beherrschten, zeitweise verhaltenen Erzählrhythmus, mit dem er eine beklemmende Spannung aus den bekannten Themen herauslockt«, lobte der FILMDIENST diese aus zahllosen Vorbildern zusammengebraute »Nummernrevue« (SCIENCE FICION TIMES).

Kull – der Eroberer

Nun lässt sich über Geschmack bekanntlich ja nicht streiten. Dennoch sei angemerkt, dass wir uns nicht sonderlich für einen Film begeistern können, der alle alten abgedroschenen Klischees, die wir schon aus tausend anderen Filmen kennen, auf besonders tranige Weise noch einmal auftischt. Erst recht nicht, wenn das Drumherum aus schwülstigen Dialogen, platten Pappdeckelcharakteren und den schwächsten Tricks besteht, die je in einem Projekt dieser Budget-Größenordnung zu sehen waren. [V]

EIN KUCKUCKSEI AM ZARENHOF

Anderer Titel für **Am Sankt-Nimmerleinstag**

KULL – DER EROBERER

(KULL THE CONQUEROR). USA 1997. **R:** *John Nicolella.* **B:** *Charles Edward Pogue.* **LV:** *Erzählungen von Robert E. Howard.* **K:** *Rodney Charters.* **SpE:** *Gianetto de Rossi.* **M:** *Joel Goldsmith.* **D:** *Kevin Sorbo (Kull), Tia Carrere (Akivasha), Thomas Ian Griffith (Taligaro), Litefoot (Ascalante), Harvey Fierstein (Juba), Karina Lombard (Zareta).* F 92 Min.

Nachdem der Barbar Kull den gegnerischen König von Valusia im Kampf besiegt hat, vermacht das Volk ihm dessen Krone. Die Hofschranzen des verblichenen Herrschers, speziell Hauptmann Taligaro und der Magier Enaros, dürsten jedoch selbst nach der Macht.

Um sie zu erringen, bringen sie die Hexenkönigin Akivasha ins Spiel. Leider haben sie nicht mit deren Tücke gerechnet, denn sie umgarnt erfolgreich den neuen König und reißt die Macht an sich, um Valusia im Chaos untergehen zu lassen. Nur der »Atem des Valka« kann ihre Macht beschneiden, und ihn zu finden, ist Kulls neue Aufgabe. – Ein Produkt der Firma De Laurentiis, die eigentlich, seit sie in den USA beheimatet ist, noch nie etwas Ordentliches auf die Beine gestellt hat. Nur auf Video. [V]

KWAIDAN

(KWAIDAN). Japan 1964. **R:** *Masaki Kobayashi.* **B:** *Yoko Mizuki.* **LV:** *Roman von Yakumo Koizumi [Lafcadio Hearn].* **K:** *Yoshio Miyajima.* **M:** *Toru Takemitsu.* **D:** *Rentaro Mikuni (Samurai), Michiyo Aratama (Erste Ehefrau), Misako Watanabe (Zweite Ehefrau), Tatsuya Nakadai (Minokichi), Keiko Kishi (Schneefrau/Yuki), Katsuo Nakamura (Hoichi), Tetsuro Tamba (Samurai-Geist), Takashi Shimura (Priester), Kanemon Nakamura (Kannai), Shu Takizawa (Autor), Jun Tazaki (Samurai-Krieger).* F 163 Min.

Episodenfilm mit vier Geistergeschichten von Lafcadio Hearn: 1. *Kurokami* (Schwarzes Haar): Ein junger Samurai lässt seine erste Frau sitzen, um durch eine zweite Ehe zu Reichtum und Prestige zu gelangen. Schließlich kehrt er zu der ersten zurück, die er immer noch liebt, doch die ist inzwischen zum Geist geworden, der den Treulosen in den Wahnsinn treibt. – 2. *Yuki-onna* (Die Schneefrau): Eine gespenstische Schneefrau schont das Leben eines jungen Holzfällers, nimmt ihm aber das Versprechen ab, zu niemandem über das Erlebnis zu sprechen. Er heiratet, wird Vater und erzählt seiner Frau von dem, was einst im Schneesturm geschah. Es stellt sich heraus, dass er keine andere als die Schneefrau geheiratet hat, ohne sie zu erkennen. – 3. *Miminashi Hoichi* (Der ohrlose Hoichi): Ein Priester schützt einen blinden Geschichtenerzähler, der die Biwa, eine Art Laute, schlägt, vor den Geistern eines in einer Seeschlacht untergegangenen Samurai-Geschlechts, doch vergisst er, Hoichis Ohren mit den schützenden Zeichen zu versehen. – 4. *Chawan no naka* (In einer Teeschale): Der Leibwächter eines Edlen sieht im Wasser einer Trinkschale das Gesicht eines Geistes. Die Geschichte hat ein offenes Ende. Der Schriftsteller, der sie aufzuschreiben begonnen hat, ist verschwunden. Der Verleger, der ihn sucht, erblickt das Spiegelbild des Autors in einem Wasserbehälter.

LANCELOT, RITTER DER KÖNIGIN

(LANCELOT DU LAC). Frankreich/Italien 1974. **K:** *Robert Bresson.* **B:** *Robert Bresson.* **K:** *Pasqualino de Santis.* **M:** *Philippe Sarde.* **D:** *Luc Simon (Lancelot), Vladimir Antolek-Orsesek (König Arthur), Laura Duke Condominas (Königin Guinevere), Humbert Balsan (Gawain), Arthur de Montalemberg (Lionel), Patrick Bernard (Mordred). F 85 Min.*

Die Ritter der Tafelrunde König Arthurs sind ausgezogen, um den Heiligen Gral zu finden, den sie irgendwo in der Bretagne vermuten, doch zwei Jahre später kehren sie geschlagen, reduziert und mutlos nach Camelot zurück. Da Gott seine Ritter offenbar verlassen hat, denkt Arthur darüber nach, die Tafelrunde aufzulösen. Ritter Lancelot, der heimlich ein Verhältnis mit Arthurs Frau Guinevere hat, glaubt jedoch, nur dies sei der Grund für das Scheitern ihrer Mission. Als Arthurs Ritter zu einem Turnier gefordert werden, nimmt Lancelot, ohne seinen Namen zu nennen, an den Kämpfen teil und wird schwer verwundet. Eine alte Frau findet ihn im Wald und pflegt ihn gesund. Nach seiner Genesung entführt Lancelot Guinevere, doch Arthur lässt ihn wissen, er sei des Blutvergießens müde und bereit, seine Gattin wieder aufzunehmen. Bevor Guinevere ihn erreicht, rebelliert Lancelots Erzfeind Mordred gegen den König. Lancelot zieht wieder in den Kampf, doch die Mannen des Empörers erweisen sich als siegreich. – »Wer in Cannes 1974 die Premiere miterlebte, der sah bald, dass Bresson sein Prinzip des Aussparens und Entdramatisierens auch auf einen solchen Stoff anzuwenden versteht. Die drängendste Liebe zeigt sich hier verstohlen, die grausigsten Schlachten (bei denen Köpfe rollen und Blut in Strömen fließt) werden zu temperierten, zeichenhaften Bildern eines Ritus, der unausweichlich scheint. Die Ritter, die nach der vergeblichen Gralssuche sozusagen den Sturz vom Ewigen ins Diesseits hinter sich haben, wirken wie Schatten ihrer selbst. Sie sind im Dunkeln, in den Wäldern, klappern mit ihren Rüstungen, geben hier und da schimmernden Abglanz ihrer ehemaligen Herrlichkeit und Zuversicht. Noch die stolzen Turniere und Schlachten sind blasse Fragmente. Teilaspekte, deren Ganzes jeweils ausgeschlossen bleibt. Bresson verknüpft Detailbilder, viel Dunkles und von außen Tönendes zu einem Gesamtbild eines fatalen Zeitsturzes, eines Endzeitlichen, den Beckettschen Schrumpf- und Endspielen nicht unähnlich.« (KINO FÜR UNS) Der Film enthält zwar keine ausgesprochenen Fantasy-Elemente, gehört aber zur Legende um König Arthur von Camelot.

LANCELOT, DER VERWEGENE RITTER

(LANCELOT AND GUINEVERE). GB 1962. **R:** *Cornel Wilde.* **B:** *Richard Schayer, Jefferson Pascal.* **LV:** *»Der Tod Arthurs« von Thomas Malory.* **K:** *Harry Waxman, Robert Thomson.* **M:** *Ron Goodwin.* **D:** *Cornel Wilde (Sir Lancelot), Jean Wallace (Guinevere), Brian Aherne (König Arthur), George Baker (Sir Gawain), Archie Duncan (Sir Lamorak), Adrienne Corri (Lady Vivian), Michael Meacham (Sir Mordred), Iain Gregory (Sir Tors), Mark Dignam (Sir Dragonet), John Barrie (Sir Bedivere), Richard Thorpe (Sir Gareth), Joseph Tomelty (Sir Kaye), Graham Stark (Rian), Geoffrey Dunn (Edric), Walter Gotell (Sir Cedric), Peter Prowse (Brandagorus), Christopher Rhodes (Ulfus), John Longden (König Leodogran), Bob Bryan (Sir Dorjak), Violetta Farjeon (Zofe). F 127 Min.*

Lancelot, Ritter der Königin

König Arthur will Guinevere, die Tochter des Königs Leodogran, heiraten, doch ein Gesandter informiert ihn, dass die Hochzeit nur stattfinden wird, wenn Arthur jemanden findet, der Leodograns besten Mann schlagen kann. Arthur schickt Ritter Lancelot in den Kampf, der den Gegner tödlich verletzt und auf dem Rückweg nach Camelot einen Anschlag auf das Leben Guineveres verhindert, hinter dem Mordred steckt, Arthurs illegitimer Sohn. Bald erkennen Lancelot und Guinevere, dass sie einander lieben, aber Lancelot ist dem König treu ergeben, so dass Guineveres Hochzeit wie geplant stattfindet. Die beiden finden heimlich zueinander. Der sie bespitzelnde Mordred informiert Arthur über die Untreue seiner Gattin. Guinevere soll auf dem Scheiterhaufen enden. Lancelot flieht, kehrt jedoch in letzter Sekunde zurück, um sie zu retten. König Arthur revidiert das Urteil: Er schickt den Ritter ins Exil und die ihm Angetraute ins Kloster, auf dass sie sich bessere. Später fällt er einem Mordkomplott Mordreds zum Opfer; es kommt zu einem Bruderkrieg in England, den der zum zweiten Mal zurückkehrende Lancelot schließlich beendet. Er findet auch Guinevere wieder – die inzwischen das Gelübde einer Nonne abgelegt hat. – »Cornel Wilde, ein Flüchtling vor den Mantel-und-Degen-Filmen Hollywoods, hat einen eigenen Versuch in diesem Genre unternommen, um zu zeigen, wie man dergleichen anfassen sollte. Und er hat sich wirklich bemüht ... etwas anderes zu bringen; hart gearbeitet und eine Menge Geist und Planung in diese gut fotografierte Farbproduktion gesteckt. Die Ausstattung, die Requisiten und die Kostüme sind der Beachtung wert, die Kameraführung und die Beleuchtung treffen die Stimmung der jeweiligen Situation ... Abgesehen von spannenden Scharmützeln und einer pfundigen Turnierszene gibt es zwei aufregende und gut inszenierte Schlachtsequenzen. Der exzessive Blutfluß wird die Dame an Ihrer Seite möglicherweise erbleichen lassen, doch jene erfreuen, die harte, kernige Action zu schätzen wissen.« (Robert Salmaggi, NEW YORK HERALD TRIBUNE) – Ordentlich was aufs Haupt kriegte Regisseur und Hauptdarsteller Wilde jedoch vom FILMDIENST, der heftige Kritik an dem »unter dem pseudohistorischen Schwulst hervorlugenden libertinen Charakter der Eheauffassung« und der »einfallsreichen Roheit in den Kampfszenen« anmeldete: »Wie selten ein Produkt dieser Gattung vertritt der Film jene Butzenscheibenauffassung vom Rittertum, die zwischen Blut und Blumen eine verlogene Romantik ansiedelt und kriegerische Wirren zu einer sportlich-neckischen ›Freizeitbeschäftigung‹ vereinfacht.«

LAND DER LIEBE

Deutschland 1937. **R:** *Reinhold Schünzel.* **B:** *Reinhold Schünzel, Eva Leidmann.* **LV:** *Stück* »*Die Hofloge« von Karl Farkas.* **K:** *Werner Bohne.* **M:** *Alois Melichar.* **D:** *Albert Matterstock (Der König/Junger Mann), Gusti Huber (Prinzessin Julia), Valerie von Martens (Fürstin), Wilhelm Bendow (Ministerpräsident), Oskar Sima (Polizeipräfekt), Erik Ode (1. Beamter), Werner Stock (2. Beamter), Erich Ziegel (Hofmarschall), Olga Limburg (Direktrice), Hadrian Maria Netto (Adjutant des Königs), William Huch (Zeremonienmeister), Erich Walter (Diener Kaspar), Maria Seydler (Nonne). SW 91 Min.*

Es war einmal ein König, der regierte einen fiktiven, märchenhaften Operettenstaat, ein so winziges Land, dass kein Geograph es in seine Karten einzeichnen wollte. Aber so klein war das Land Inkognito nun wieder auch nicht, dass es nicht seine Kabinettskrise gehabt hätte. Der König, so um die 45 Jahre, will partout nicht heiraten. Nach dem Willen des Ministerpräsidenten soll er aber die 17jährige Prinzessin Julia, die in einem Kloster erzogen wurde, in die Ehe heimführen, und es wird ein Rendezvous vereinbart. Doch bei dieser freudigen Gelegenheit trifft Julia nicht den König, sondern einen jüngeren Mann und verliebt sich sogleich in ihn. Da wird Franz, der junge Mann, wegen eines vermeintlichen Bombenattentats verhaftet. Der König benutzt den Zwischenfall, um sich der Verlobung zu entziehen. Aber der Herr Polizeipräfekt weiß Rat: Franz sieht dem König kolossal ähnlich und soll ihn nach dem dramaturgischen Muster des »Gefangenen von Zenda« ersetzen, damit gleichzeitig die Krise lösen. So soll Julia doch noch zum Brautaltar geführt werden. Inzwischen verliebt sich der wirkliche König in Julias Mama, die Fürstin Ilonka. – Den Nationalsozialisten waren die

Anspielungen der heiteren Filmoperette natürlich nicht geheuer. *Amphitryon*-Regisseur Reinhold Schünzel verließ noch vor der Premiere das Land.

LAPITCH, DER KLEINE SCHUHMACHER

BRD/Kroatien 1997. R: Milan Blazekovic. B: Pajo Kanizaj, Jeffrey Stepakoff. LV: Ivana Brlic-Mazuranic. K: Ernest Gregl, Tomislav Gregl. M: Hermann Weindorf, Curtis Briggs. Spr: Manuel Straube (Lapitch), Julia Kaufmann (Lisa), Michael Wahlke (Melvin). F 83 Min. (Zeichentrick).
Der Schuster-Mäuserich Lapitch, der sich wegen eines zu eng geratenen Stiefelpaars von seinem Meister ungerecht behandelt fühlt, geht auf die Walz. Er entlarvt den diebischen Lumpen Rattenkralle und rettet die drollige Zaubermaus Lisa, die sich als Tochter seines Meisters entpuppt. – Ein hübsches Kindfilmchen mit einem mutigen Mäusehelden und Happy End. [V]

LAST ACTION HERO

(LAST ACTION HERO). USA 1993. R: John McTiernan. B: Shane Black, David Arnott. St: Zak Penn, Adam Leff. K: Dean Semler. SpE: Sony Pictures Imageworks, Richard Greenberg (R/Greenberg Associates West, Inc.), Boss Film, Fantasy II, Visual Concepts Engineering, The Baer Animation Company, Industrial Light & Magic, Computer Film Company, Composite Image Systems, Image G. M: Michael Kamen. D: Arnold Schwarzenegger (Jack Slater), Austin O'Brien (Danny Madigan), F. Murray Abraham (John Practice), Charles Dance (Benedict), Frank McRae (Dekker), Robert Prosky (Nick), Anthony Quinn (Vivaldi), Mercedes Ruehl (Dannys Mutter), Sir Ian McKellen (Der Tod), Toru Tanaka (Asiate), Bridgette Wilson, C. Dance, Tom Noonan (Ripper), Tina Turner, Chevy Chase, Robert Patrick, Jean-Claude Van Damme, Richard Penniman, Joan Plowright (Lehrerin), James Belushi, Sharon Stone, Damon Wayans, Art Carney (Frank), Sylvester Stallone, Little Richard, Maria Shriver, James Cameron, Melvin Van Peebles. F 121 (136) Min.
Film im Film mit jeder Menge Gaststars: Noch nie hat der 11jährige Danny Madigan einen Film seines Kinoidols, des Supercops Jack Slater, versäumt. Zum Start seines neuesten Filmopus darf er mit einer vergoldeten Eintrittskarte in sein Stammkino, das »Pandora«. Der alte Filmvorführer will das Ticket einst von dem berühmten Entfesselungskünstler Harry Houdini geschenkt bekommen haben: »Das ist eine Karte mit magischen Kräften. Diese Karte wird dir die Türen zu einer fremden Welt öffnen. Von heute an soll sie dir gehören.« Dank der wundersamen Eintrittskarte findet sich Danny auf der Leinwand wieder, auf dem Rücksitz von Slaters Cabrio, mitten in einer atemberaubenden Verfolgungsjagd. Weil er die Anfangsszenen des Films gesehen hat, kann Danny seinem Idol detaillierte Informationen über gewisse Hintergründe liefern. Er weiß zum Beispiel, dass der Gangster Vivaldi Slaters Cousin Frank umbringen lassen will, weil der ihm einen großen Drogendeal versaut hat. Auf der Leinwand sind die beiden erst mal sicher. Das ändert sich aber, als sich Benedict, Vivaldis Killer, das magische Ticket schnappt und sich aus der Filmhandlung in das reale New York absetzt. Hier jedoch ist Slater genauso verwundbar wie jeder andere. – »Kindergartencop« Arnold Schwarzenegger zeichnete für diese etwas andere Vermarktung seines Leinwandimages auch als Produzent verantwortlich.

LATE FOR DINNER – EINE ZEITLOSE LIEBE

(LATE FOR DINNER). USA 1991. R: W. D. Richter. B: Mark Andrus. K: Peter Sova. M: David Mansfield. D: Brian Wimmer (Willie Husband), Peter Berg (Frank Lovegren), Peter Gallagher (Bob Freeman), Bo Brundin (Dr. Daniel Chilblains), Jessica Husband (Colleen Flynn), Marcia Gay Harden (Joy Husband), Kyle Secor (Leland Sha-

Last Action Hero

kes), Michael Beach (Dr. David Arrington), Cassy Friel (Jessica Husband als Kind), Ross Malinger (Donald Freeman als Kind). F 88 (92) Min.

Dr. Daniel Chilblains, ein exzentrischer Pfuscher, nutzt die Gunst der Stunde. Um seine medizinische Vision zu erfüllen, friert er Willie Husband, einen arbeitslosen Milchmann, und dessen Stiefbruder Frank Lovegren, der an einer unheilbaren Nierenkrankheit leidet, nach einer unerquicklichen Schießerei 1962 ein. 1991, nach Chilblains Tod und nachdem ein Truck einen Kurzschluß verursacht hat, wachen die beiden zu neuem alten Leben auf: in einer Zeit, wo zwei Hamburger zwölf Dollar kosten und Menschen mit schnurlosen Telefonen durch die Straßen latschen. Trotz aller Schwierigkeiten können die beiden in den Schoß der Familie zurückkehren, zu Willies jetzt fünfzigjähriger Frau und seiner dreißigjährigen Tochter: »Laß uns von vorn beginnen.« – Ein modernes Märchen aus dem Hause Castle Rock. [V]

DAS LEBEN IST EIN ROMAN

(LA VIE EST UN ROMAN). Frankreich 1983. **R:** *Alain Resnais.* **B:** *Jean Gruault.* **K:** *Bruno Nuytten.* **M:** *M. Philippe-Gérard.* **D:** *Ruggero Raimondi (Michel Forbek), Vittorio Gassman (Walter Guarini), Geraldine Chaplin (Nora Winkle), Fanny Ardant (Livia Cerasquier), Pierre Arditi (Robert Dufresne), Sabine Azéma (Elisabeth Rousseau). F 111 Min.*

Der Schrei einer Krähe. Der Liebesseufzer einer schönen Frau. Ein Schloss. So beginnen gewöhnlich nur Kitschromane oder Märchen, in denen ein Held auszieht, den Drachen zu erlegen. Aber auch in Alain Resnais' Film, der drei Geschichten ineinander verschachtelt, geht es um ein altes Schloss in den Ardennen. Anfang des 20. Jahrhunderts nimmt der exzentrische Graf Forbek seinen alten Traum in Angriff, einen »Tempel des Glücks« zu schaffen. Eine überbordende, ornamentale Architektur der verschiedensten Stile soll zugleich einen Vorgeschmack auf die erste Stufe des paradiesischen Zustands seiner Bewohner darstellen. Der Ausbruch des Ersten Weltkriegs verhindert die Fortführung des ambitionierten Projekts. Lediglich die prachtvollen Kellergewölbe und ein Seitentrakt mit Zinnen und Kuppeln sind fertiggestellt. Ein weiterer Versuch Forbeks,

doch noch die »Umerziehung zum Glück« zu realisieren, entwickelt sich zum absoluten Desaster. Sechzig Jahre später beherbergt der unvollendete Bau ein Internat, aber der Geist von damals ist in den Räumen noch spürbar. Die Teilnehmer eines Kolloquiums mit dem hochfliegenden Thema »Die Erziehung der Vorstellungskraft« suchen nur mehr das Abenteuer der Liebe. Man beschimpft sich, man fällt sich glücklich in die Arme. Ungeahnte Liebeskonstellationen stellen sich heraus. Die dritte Parallelgeschichte fabuliert von drei Kindern, die in dem Internat leben. Sie träumen in den dunklen Gewölben und labyrinthischen Fluren ein einfaches Märchen zusammen, das vom jungen Helden handelt, der den Drachen besiegt und den schrecklichen Tyrannen und Kindermörder erschlägt. – Psycho-Drama und Burleske, Fantasy, Dokumentarfilm und Musical. Einige Schauspieler agieren, als wären sie justament einem expressionistischen Stummfilm entsprungen. – Alain Resnais *(Letztes Jahr in Marienbad):* » ... ich habe niemals gesehen, dass ein Drehbuch regelmäßig und systematisch gewesen wäre, zuerst acht Seiten, dann dreißig, dann neunzig, dann hundert ... nein: die Szenen schreiben sich auf einen Schlag, es entstehen andere, und schließlich bildet sich eine Art Monstrum heraus, ein Monstrum, das es zu amputieren, zu kneten, zu schleifen gilt.«

LEGENDE

(LEGEND). GB 1985. **R:** *Ridley Scott.* **B:** *William Hjortsberg.* **K:** *Alex Thomson.* **SpE:** *Stanley Sayer.* **Ma:** *Vince Prentice, Rob Bottin.* **M:** *Jerry Goldsmith.* **D:** *Tom Cruise (Jack), Mia Sara (Prinzessin Lilli), Tim Curry (Herr der Finsternis), David Bennent (Gump), Alice Playten (Blix), Billy Barty (Moosball), Cork Hubbert (Pilz-Tom), Peter O'Farrell (Pox), Kiran Shah (Blunder), Annabelle Lanyon (Oona). F 94 Min.*

Der Herr der Finsternis hat eine Heidenangst vor Sonnenstrahlen und möchte deshalb die beiden Zaubereinhörner, die der Welt das Tageslicht garantieren, aus dem Weg räumen. Sehr gelegen kommt ihm dabei, dass der junge Waldbursche Jack seiner prinzeßlichen Liebe Lilli gerade die beiden Fabeltiere vorführt. Als seine Helfershelfer eins der Einhörner umbringen, stürzt die Welt in eine Eiszeit. Lilli will ihren Fehler wieder gutmachen, landet dabei aber mit dem letzten Einhorn im Verlies des Herrn der Finsternis. Zusammen mit dem Troll Gump, der Elfe Oona und einigen anderen Zwergen bricht Jack zum Schloss der Finsternis auf. Als er Lilli nach unheimlichen Begegnungen mit Sumpfgeistern und monströsen Gefängniswächtern wiedersieht, scheint sie bereits in die Gewalt des Herrn der Finsternis geraten zu sein. Statt das letzte Einhorn wie geplant umzubringen, zerschlägt Lilli jedoch seine Fesseln. Jack stellt sich dem Herrn der Finsternis und pustet ihn per eingespiegelter Sonnenstrahlen zurück in die Hölle. Buntschillernde Seifenblasen, Stürme aus roten Kirschblüten und rauchige Sets, in denen sich die Lichtstrahlen um so blauer abzeichnen: *Legende* sieht aus, als hätte jemand eine schlechte Ridley Scott-Parodie inszenieren wollen. Rechtfertigten *Alien* und *Blade Runner* ihre aufregenden Tableaus noch durch ihren bewohnten Look, bleibt diese »dampfende Melange aus hohlen Märchenmythen und dem Extrakt moderner Videogames« (Pit Rietmüller, SPEKTRUM FILM) irgendwo auf halbem Wege zur völligen Künstlichkeit eines *Zeit der Wölfe* in einem klinischen Naturalismus hängen, der sich der Phantasie regelrecht in den Weg stellt: Ähnlich könnten vielleicht die Rotoskopie-Vorlagen eines Disney-Films aussehen. Formal ist *Legende* konzentrierte Statik, jeden Moment davon bedroht, endgültig einzufrieren, was Scott durch heftigen Zeitlupeneinsatz oft noch bewusst heraufbe-

schwört. In den wenigen, schlecht geschnittenen Action-Szenen wiederum steht die Kamera für gewöhnlich am falschen Platz. Mit dem Versagen der Bilder kommen denn auch die üblichen Schwächen dieser Mega-Budget-Filme so krass wie nie zum Vorschein: Die Dialoge sind gestelzt, die Story hauchdünn, David Bennent hausiert mit penetranten Manierismen, und Tom Cruise und Mia Sara dürften das fadeste Liebespaar der letzten Kinojahre sein. – »Das ist ein Film wie der Obstsalat von Libby's: die Farben sind farbiger, das Parfüm parfümierter und der Sirup süßer ... Ein romantisches Märchen soll die *Legende* sein, doch tatsächlich ist sie nicht mehr als eine Ansammlung schwülstiger Klischees. Weiße Hengste werden mit Papphörnchen zum Einhorn gemacht, und sehr viel Weichzeichner verwischt die Konturen – so dick aufgetragen entpuppt sich jene vorgebliche Romantik als allzu berechnetes Kunstprodukt vom Fließband. Man hat die Auswahl, so etwas als Peinlichkeit oder unfreiwillige Satire aufzufassen.« (Dieter Oßwald, GUCKLOCH)

DIE LEGENDE DER GOLDENEN PERLE
Anderer Titel für **Die 7. Macht**

LEGENDE VON DER LIEBE
(LEGENDA O LJUBWI). UdSSR/Indien 1984. **R:** *Latif Faisijew, Umesh Mehra.* **B:** *Ulmas Umarbekow, Latif Faisijew.* **K:** *Dawron Abdulajew, Abdu Rashid Palpu.* **M:** *Wladimir Milow, Anni Malik.* **D:** *Sunni Deol, Punam Dchillon, Nabi Rachimow, Shammi Kapur, Frunse Mkrtschjan, Sakir Muchamedshanow. F 135 (141) Min.*
Gemeinschaftsproduktion von Usbekfilm und Eagle-Films Bombay: »Nichts kann den Kaufmannssohn Issat aus Buchara hindern, im fernen Indien jenes unbekannte Mädchen zu suchen, dessen Bildnis ihm vom Grunde eines Wasserkruges entgegenschimmerte. Das Schicksal bestimmte die beiden füreinander. Ihre Liebe endete tragisch. In den Legenden Indiens und Usbekistans blieben Issat und Sania unsterblich bis auf den heutigen Tag. Der sowjetische Regisseur Latif Fai-

Legende

sijew, der bereits bei der ersten usbekisch-indi-schen Koproduktion *Ali Baba und die 40 Räuber* Regie führte, entrollt diese Geschichte wie einen prachtvoll orientalischen Bilderbogen.« (FILM-SPIEGEL)

DIE LEGENDE VON DER MONDPRINZESSIN

(TAKETORI MONOGATARI). Japan 1987. **R:** *Kon Ichikawa.* **B:** *Ryuzo Kikushima, Mitsutoshi Ishigami, Shinya Hidaka, Kon Ichikawa.* **K:** *Setsuo Kobayashi.* **SpE:** *Teruyoshi Nakano.* **M:** *Kensaku Tanigawa.* **D:** *Toshirô Mifune (Taketori-no-Miyatsuko), Ayako Wakao (Tayoshime, seine Frau), Yasuko Sawaguchi (Kaya/Prinzessin Kaguya), Koji Ishizaka (Mikado), Kiichi Nakai (Otomo-no-Dainagon, Minister), Koasa Shumputei, Takatoshi Takeda.* **F 116 (120) Min.**

Die japanische Legende von der Mondprinzessin stammt aus dem 9. Jahrhundert. Ein Bauer findet in einer goldenen Kapsel ein strahlend schönes Baby mit blauen Augen. In Sekundenschnelle wächst es auf die Größe eines fünfjährigen Mädchens. Die Kleine muss vom Himmel gefallen sein. Der Bauer und seine Frau adoptieren die Mondprinzessin. Sie ist jedoch nur vorübergehend auf der Erde, an Stelle ihres gerade verstorbenen Kindes. Zwar finden sich drei adlige Freier, aber ihr Werben ist vergebens. Die Prinzessin wird auf den Mond zurückgerufen.

DIE LEGENDE VON PINOCCHIO

(THE LEGEND OF PINOCCHIO). USA/BRD/ Frankreich 1996. **R:** *Steve Barron.* **B:** *Sherry Mills, Steve Barron, Barry Berman.* **LV:** *Carlo Colladi.* **K:** *Juan Ruiz Anchia.* **SpE:** *Henson's Creature Shop.* **M:** *Rachel Portmann.* **D:** *Martin Landau (Geppetto), Geneviève Bujold (Leona), Udo Kier (Lorenzini), Bebe Neuwirth (Felinet), Rob Schneider (Volpe), Corey Carrier (Lampwick), Richard Claxton (Saleo), David Nykl (Infantino), Wallace Shawn (Rektor).* **F 96 Min.**

Einen »Pinocchio aus Babelsberg« meldete der KÖLNER STADT-ANZEIGER: »›Pinienauge‹ hatte Colladi seine Puppe genannt, doch dieser neue Pinocchio fand seine Augen in Babelsberg. Computeranimiert und einer Marionette aus der Henson-Werkstatt appliziert, blinzeln sie wie Bambiaugen auf einer Ernst-Barlach-Skulptur.«

Daran stimmt allenfalls die Feststellung, dass das hölzerne Bengele einem Kunstwerk von Barlach ähnelt. Es sieht geradezu melancholisch-schwindsüchtig aus. Ansonsten ging die Geschichte so: Ursprünglich wollte Francis Ford Coppola einen PINOCCHIO produzieren und war sogar einen Tag in Babelsberg, um sich das ehemalige DEFA-Atelier anzusehen. Aus seinem Projekt wurde jedoch nichts. Rasch schnappte eine andere amerikanische Produktion unter Regisseur Steve Barron *(Teenage Mutant Ninja Turtles)* nach dem abgenagten Knochen und lud einen deutschen Partner ein, Dieter Geissler, den fabelhaften Produzenten der *Unendlichen Geschichte*, deutsche Fördergelder aufzutreiben. Dafür durften seine Leute auch die Drähte des Hensonschen Animatronics-Pinocchio digital retuschieren. Ein Hauptdreh hat in Babelsberg niemals stattgefunden, sondern in der alten tschechischen Stadt Ceský Krumlov.

DER LEHRLING DES MEDICUS

(UTSCHENIK LEKARJA). UdSSR 1983–84. **R:** *Boris Ryzarew.* **B:** *Issai Kusnezow.* **K:** *Andrej Kirillow.* **M:** *Mikael Tariwerdijew.* **D:** *Oleg Kasantschejew (Radomir), Oleg Golubizki (Wassili), Natalja Wawilowa (Todorka), Ariadna Schengelaja (Maria, Todorkas Mutter), Michail Glusski (Kostja).* **F 70 (87) Min.**

Radomir, ein junger Bursche, lebt von der Einfalt der Leute, denen er Wunderheilmittel andreht: Verjüngungspulver aus Babylon, Kügelchen, die angeblich gegen Dummheit helfen. In Wahrheit bestehen die Arzneien nur aus getrocknetem Ziegendreck, Hornpulver und bunten Kieseln. Doch als er sich in die schöne Todorka verliebt, die eine kranke Mutter hat, gibt er sein trügerisches Tun auf und wird zum Medicus, der jedem Kranken hilft, ob arm oder reich.

LEPRECHAUN

(LEPRECHAUN). USA 1992. **R:** *Mark Jones.* **B:** *Mark Jones.* **K:** *Levie Isaacks.* **M:** *Kevin Kiner.* **D:** *Warwick Davies (Leprechaun), Jennifer Aniston (Tory), Ken Olandt (Nathan), Mark Holton (Ozzie), Robert Gorman (Alex), John Sanderford (J. D.), Shay Duffin (Dan O'Grady), Pamela Mant, John Volstad.* **F 86 Min.**

Ein Farmer findet einen Goldschatz, und ein gewalttätiger Gnom wird aus jahrelanger Gefangenschaft befreit und auf Teenager losgelassen. Nur auf Video. [V]

LEPRECHAUN II

(LEPRECHAUN II). USA 1994. **R:** Rodman Flender. **B:** Turi Meyer, Al Septien. **K:** Jane Castle. **M:** Jonathan Elies. **D:** Warwick David (Leprechaun), Charlie Heath (Cody), Shevonne Durkin (Bridget), Adam Biesk (Ian), James Lancaster (William O'Day), Clint Howard (Tourist), Kimmy Robertson, Arturo Gil, Sandy Baron. F 81 Min.
Da ein Kobold tausend Jahre vor Beginn der Handlung im heimischen Irland nicht an die menschliche »Braut« herankam, die er sich ausgesucht hat, erscheint er in den USA der Gegenwart, um deren Nachfahrin Bridget zu holen. Mit Brutalität und magischen Fähigkeiten, die ihn zur Sinnestäuschung der Menschen befähigen, geht er gegen die Familie vor, doch Bridgets Freund nimmt den Kampf auf und kann ihn schließlich töten. – Wenn dem US-Produzenten nix mehr einfällt, tut es noch immer eine Fortsetzung. Die keltische Sagenwelt ist ja so reich an plünderbaren Mythen.

DAS LETZTE EINHORN

(THE LAST UNICORN). USA/GB/Japan 1982. **R:** Arthur Rankin jr., Jules Bass. **B:** Peter S. Beagle. **LV:** »Das letzte Einhorn« von Peter S. Beagle. **M:** Jimmy Webb. **A:** Lester Abrams, Torn Hara, Katsuhisa Yamada, Guy Kubo, Minoru Nishida. F 92 Min. (Zeichentrick).
Von Jägern erfährt das Einhorn im Zauberwald, dass es das letzte seiner Art ist. Als ihm ein reimwütiger Schmetterling auf seine Fragen hin erklärt, dass der rote Flammenstier König Haggards vor undenklichen Zeiten sämtliche Einhörner ans Ende der Welt getrieben habe, zieht das Fabeltier aus, seine Gefährten zu suchen. Auf der Reise wird es mit einer Welt konfrontiert, die Phantasie und Träume aus ihrem Leben verbannt hat: Bauern, denen das Einhorn begegnet, sehen in ihm nur einen gewöhnlichen Schimmel, und als das zu sorglose Tier von der Hexe Mammy Fortuna für ihren Mitternachtskarneval eingefangen wird, muss diese ihm ein künstliches Horn anhexen, um die

Das letzte Einhorn

298

Menschen von seiner Echtheit zu überzeugen. Vom Möchtegern-Zauberer Schmendrick befreit, erreicht das Einhorn schließlich König Haggards Schloss. Prompt erscheint der rote Stier und nimmt die Jagd auf. Der verzweifelte Schmendrick lässt seiner Magie freien Lauf und verwandelt das Einhorn in ein hübsches Mädchen. Dem Einzug in Haggards Schloss steht nichts mehr im Wege. Ein sterblicher Mensch geworden, vergisst das einst unsterbliche Einhorn allerdings nach und nach seine Mission und verguckt sich statt dessen in Haggards Adoptivsohn Lir. Durch eine Zauberuhr in die Höhle des roten Stiers gelangt, verwandelt Schmendrick das zwischen ihren Gefühlen für Prinz Lir und ihrem Pflichtbewusstsein hin und her gerissene Mädchen zurück. Dank Lirs Opfermut treibt das Einhorn den roten Stier ins Meer. Während Haggards Schloss in Schutt und Asche fällt, kehrt eine ganze Einhornherde aus den schäumenden Wogen an Land zurück. – »Ein Teil der gelungenen Wirkung des Films ist sicherlich auf das Drehbuch von Beagle selbst zurückzuführen, in dem er es verstanden hat, zumindest die Kernszenen der Geschichte in ihrer Funktion zu erhalten, wenn auch manches von dem fabulierfreudigen Detail verlorenging. Und genau wie das Buch faßt auch der Film diesen Versuch der Remythologisierung der Welt nicht immer bierernst auf, sondern mit jenem notwendigen Maß an ironischer Distanz, die in Klamauk umschlagen kann ... [Im übrigen ist] die sorgfältige Synchronisation hervorzuheben ... wenn auch die eingesprochenen Texte mancher Songs sicher nur eine Notlösung darstellen.« (SCIENCE FICTION TIMES) Trotzdem mischen sich einige Wermutstropfen in den Genuß. Mitunter schwelgen Musik und Animation in soviel Kitsch, dass es auch hartgesottenen Disney-Freunden zuviel werden kann. Und so phantasievoll und detailreich die Hintergründe auch sein mögen, sieht es bei den bewegten Bildern schon ganz anders aus. »Die Animation besorgen die Japaner, die ja auch nahezu alles, was an Zeichentrick in unseren Fernsehprogrammen zu besichtigen ist, animiert haben. Die beherrschen die eingeschränkte Animation ... leider sehr perfekt. Die Bewegungen wirken schematisch, und es kommt selten zu Charakterisierungen. Vor allem das Ein-

horn und sein Gegenstück, das Menschenkind, können nicht überzeugen, auch der Königssohn bleibt lediglich Folie und Farbe.« (UNSERE ZEIT) Dennoch ist *Das letzte Einhorn* fraglos einer der gelungeneren Fantasy-Filme aus neuerer Zeit. »Für den literarisch Gebildeten verbirgt sich hinter dem geschickt kalkulierten und handwerklich außerordentlich detailsicheren Trickfilm-Märchen ein vielschichtiges Sammelsurium bekannter Motive und Symbole aus Legenden, Volks- und Kunstmärchen ... König Haggard, der zerrissene Greis, der die Poesie eifersüchtig für sich allein in Besitz nimmt und dadurch letztlich zerstört, ist eine eindrucksvolle Symbolfigur für das gebrochene Verhältnis des modernen Menschen zum Wunderbaren und Schönen.« (FILMDIENST) [V]

DIE LETZTE VERSUCHUNG CHRISTI

(THE LAST TEMPTATION OF CHRIST). USA/ Kanada 1988. R: Martin Scorsese. B: Paul Schrader. LV: »Christus wird wieder gekreuzigt« von Nikos Kazantzakis. K: Michael Ballhaus. D: Willem Dafoe (Jesus), Barbara Hershey (Maria Magdalena), Harvey Keitel (Judas Ischariot), David Bowie (Pontius Pilatus), Verna Bloom (Maria), Harry Dean Stanton (Paulus), Irvin Kershner (Zebedäus), John Lurie (Jakob), André Gregory, Juliette Caton, Robert Blossom, Gary Basrada. F 163 Min.

Nach einer Statistik von 1985 trat der Heiland in 135 mehr oder weniger frommen Filmen auf. Es ist erstaunlich, wie sehr eine mythologisch-religiöse Figur, eine schiere (synkretistische) Erfindung der Evangelisten, noch immer die Gemüter jener erregt, die jeden Mist glauben. Am Vorabend der Premiere im August 1988 demonstrierten 7 500 Fromme vor den Universal Studios in Hollywood (und bezahlten auch noch die Parkgebühren).

In New York erwarteten die Besucher Transparente mit Aufschriften wie »Der richtige Jesus war frei von Sünde«, »Führe uns NICHT in Versuchung« oder »Vater, vergib ihnen, denn sie wissen nicht, was sie tun«. Die Organisation »Women for America« forderte die Aktionäre der damaligen Universal-Betreibergesellschaft MCA auf, ihre Papiere abzustoßen, um einen Kurssturz auszulösen. Die Bewegung »Campus Crusade for Christ« bot an, sämtliche Kopien des Films aufzukaufen, um sie dann zu vernichten. – Dabei wollte Regisseur Scorsese, der im katholischen Milieu von Little Italy aufwuchs, Priester werden, scheiterte aber bei der Aufnahmeprüfung zum Theologie-Studium an der Fordham University. 1972 gab ihm Barbara Hershey, später Darstellerin der Maria Magdalena, einen Jesus-Roman des 1957 in Freiburg verstorbenen exkommunizierten *Alexis Sorbas*-Autors Nikos Kazantzakis zu lesen. (Das Buch wurde bei der Veröffentlichung mit einem Bann der griechisch-orthodoxen Kirche belegt.) Zehn Jahre darauf (gerne hätte Scorsese den Jesus mit seinem *Taxi Driver* Robert De Niro besetzt), sollte es dann soweit sein mit einer Verfilmung, aber die Produktionsfirma Paramount bekam im letzten Augenblick kalte Füße angesichts zahlreicher Protestbriefe, und so sprang Universal ein, worauf die Dreharbeiten in Marokko endlich beginnen konnten. Was nun will uns der Sturm im Wasserglas sagen, über den die Blasphemie wie Morgenluft witternde Pharisäer derartige Krokodilstränen vergießen? Nun, Jesus wird als Schwächling beschrieben, am liebsten

würde er das Kreuz anderen aufladen, ein Kollaborateur der römischen Besatzungsmacht. Und Judas will mit seinem »Verrat« lediglich das Zeichen zum Aufstand gegen die Okkupanten aus Rom setzen. Besonders stoßen sich die Kritiker an der Kreuzigung: Der leidende Jesus halluziniert sich ins sichere Privatleben zurück und hat auch kurz Geschlechtsverkehr mit Maria Magdalena. Ganz klar, hier wurde das Reinheitsgebot überschritten. Doch wäre der als Provokation geplante Film ohne die Proteste zerplatzt wie eine Seifenblase: »Die entscheidenden Einwände gegen den Film liegen nicht auf dem Gebiet der Ethik, sondern dem der Ästhetik. In dem Bestreben, uns die biblischen Vorgänge möglichst nahe zu bringen, hat der Drehbuchautor Paul Schrader die Grenze zur Trivialität und Lächerlichkeit mehrfach überschritten. Wenn Jesus im Garten von Gethsemane den schlafenden Petrus weckt und auf den Vorwurf ›Vermochtest du nicht eine Stunde zu wachen?‹ die Antwort erhält: ›I am sorry‹ (was er mit einem höflichen ›It doesn't matter‹ quittiert), dann breitet sich im Kino nicht Ergriffenheit aus, sondern Heiterkeit.« (Jörg v. Uthmann, FAZ)

Liane, das Mädchen aus dem Urwald

LIANE, DAS MÄDCHEN AUS DEM URWALD

BRD 1956. **R:** *Eduard von Borsody.* **B:** *Ernst von Salomon.* **LV:** *Anne Day Helveg.* **K:** *Bruno Timm.* **M:** *Erwin Halletz.* **D:** *Marion Michael (Liane), Hardy Krüger (Thoren), Irene Galter (Dr. Jacqueline Goddard), Peter Moosbacher (Teleky), Rudolf Forster (Amelongen), Reggie Nalder (Viktor Schöninck), Rolf von Nauckhoff (Prof. Danner), Ed Tracy (Kersten), Reinhard Kolldehoff (Keller), Herbert Hübner (Warmuth), Jean Pierre Faye (Tanga), Arno Paulsen (Polizist). F 88 Min.*

Bei der Suche nach einer seltenen Orchidee stößt der Fotograf Thoren im afrikanischen Busch auf eine leichtbekleidete junge Weiße, die über einen angeblich wilden Eingeborenenstamm herrscht. Liane, so heißt das Mädchen, geht dem faszinierten Thoren wie ein Tier ins Netz und er »zähmt« sie mit Hilfe seiner Freundin Jacqueline soweit, dass man sich mit ihr verständigen kann. Als Liane Vertrauen zu Thoren gewonnen hat, zeigt sie ihm ein vergilbtes Foto ihrer Mutter. Thoren nimmt das Mädchen mit nach Deutschland, wo es sich als Tochter eines reichen Hamburger Reeder-Ehepaares entpuppt, das in den Wirren des Zweiten Weltkrieges mit einem Schiff untergegangen ist. Lianes Großvater, ein schwerreicher Mann, freut sich darauf, sein einziges Enkelkind in die Arme schließen zu können. Liane zieht sich jedoch recht bald die Feindschaft ihres Vetters Schöninck zu, der keine Möglichkeit verstreichen lässt, um das unschuldige Naturkind als fiese Erbschleicherin hinzustellen. Am Ende ermordet er den alten Mann aus reiner Habgier, um die Tat Lianes afrikanischem Freund Tanga in die Schuhe zu schieben. Nachdem man ihn entlarvt hat, begeht Schöninck Selbstmord. Liane und Thoren kehren in den Busch zurück (in dem Thoren in der Fortsetzung, *Liane, die weiße Sklavin*, jedoch ungesehen bleibt).

Dieser bundesdeutsche Tarzan-Verschnitt auf weiblich schlug seinerzeit wie eine Bombe ein, was hauptsächlich auf das zwar leichtgeschürzte, aber stets klinisch reine Fräulein Michael zurückzuführen war, das damals gerade 16 Lenze auf die Beine brachte. In der Tat hatte man zuvor im deutschen Nachkriegskino dergleichen kaum zu sehen bekommen, weshalb die Filmtheater dann auch scharenweise von älteren Herren im Trenchcoat

frequentiert wurden. Die klerikale Kritik nahm die relative Nacktheit der Hauptdarstellerin zum Anlaß, um sich über die Simplizität der Geschichte zu ereifern, die man in der Regel (und nicht einmal ganz zu unrecht) lapidar als »einfach und primitiv« bezeichnete. Wüster waren da schon die Angriffe auf den »naturtümlichen« Zustand der Bekleidung der Filmheldin; da wurde kein herabsetzendes Adjektiv ausgelassen, so dass der in jeder Beziehung naive Unterhaltungsfilm plötzlich dastand wie einer jener geheimnisumrankten 8-mm-Streifen, die in den späten fünfziger und frühen sechziger Jahren höchstens im Heimkino wohlhabender Lustgreise zu bestaunen waren: »Es ist wohl nicht gut möglich, in den Verdacht der Prüderie zu geraten, wenn man gerade dieses heuchlerische Verfahren als peinlich empfindet – ein Verfahren, das mit sentimentalen, in keiner Weise begründeten Natürlichkeitsvorstellungen operiert, um dem gaffenden Kinobesucher mehr oder weniger attraktive Nuditäten preiszugeben. Viel ärgerlicher als der Tatbestand ist die ungenierte Absicht, die ihn veranlaßt hat ... Man spekuliert dreist auf bestimmte Anfälligkeiten des Kinobesuchers, von dem man anzunehmen scheint, er leide an jenen Komplexen, die gewisse Zeitgenossen nach dem ›Montmartre‹ oder auf die ›Reeperbahn‹ zu tragen pflegen.« (FILMDIENST) – »Dass dieser Film, der die nur mit ihrem Haar und einem ... Lendenschurz spärlich verhüllte Liane zeigt, ab 12 Jahren bereits freigegeben worden ist, scheint uns ein schwerer Missgriff zu sein«, tönte der FILMBEOBACHTER (der zudem meinte, ein Besuch des Films sei zwar »ab 18 Jahren möglich, jedoch nicht zu empfehlen«). Eine auf 82 Minuten Laufzeit verkürzte »Neufassung« wurde später ab 6 Jahren freigegeben. Unter dem Titel *Liane – die Tochter des Dschungels* existiert auch ein 102 Minuten langer Zusammenschnitt beider Teile des *Liane*-Zyklus. [V]

LIANE, DIE WEISSE SKLAVIN

BRD/Italien 1957. **R:** *Hermann Leitner, Gino Talamo.* **B:** *Ernst von Salomon.* **LV:** *Anne Day Helveg.* **K:** *Kurt Grigoleit.* **M:** *Erwin Halletz.* **D:** *Marion Michael (Liane), Adrian Hoven (Frank), Friedrich Joloff (Frazer), Rik Battaglia (Ibrahim), Rolf* von Nauckhoff (Prof. Danner), Marisa Merlini (Schwester), Saro Urzi (Polizeioffizier), Lei Ilima (Ku-Lala), Ed Tracy (Kersten), Nerio Bernardi (Prinz Derman), Jean Pierre Faye (Tanga), Rainer Penkert (Funker). F 87 Min.

Frustriert von der Zivilisation kehrt das wie Tarzan im Urwald aufgewachsene Mädchen Liane in die heimatlichen Gefilde zurück. Der Pilot Frank – unterwegs, um den Sklavenhändlerring des bösen Ibrahim zu sprengen – sucht sie auf und bittet um ihre Mitarbeit. Liane sagt zu, läuft jedoch auf dem Weg nach Uruki dem tückischen Sklavenjäger Frazer vor die Flinte, der Frank anschießt und Liane als Geisel nimmt. Der orientalische Prinz Derman und seine Leibgarde retten Frank und helfen ihm bei der Befreiung Lianes und der Zerschlagung von Ibrahims Bande. Dass Liane nach der glücklichen Ankunft in Hamburg (siehe *Liane, das Mädchen aus dem Urwald*) wieder in den Dschungel zurückkehrt, hat allerdings einen handfesten Grund: »Denn dort kommt der kassenfüllende Lendenschurz zur Wirkung, der sich so unerhört gut verkauft, und dort lassen sich auch die unkontrollierbarsten Abenteuer zusammenspinnen, mit denen sich der deutsche Film auf die Spuren des modernen Tarzanmädchens begeben möchte. Allerdings ohne jedes Talent, wie diese haarsträubend primitive Fortsetzung beweist.« (H. H., FILMBEOBACHTER)

Der FILMDIENST sah im zweiten Teil der bundesdeutschen Dschungel-Saga nach dem Roman von Anne Day Helveg einen »geistlosen deutschen Abenteuerfilm, dessen Leistungen an das Niveau älterer Vereinsbühnen erinnern« und meldete Vorbehalte »wegen der Ungeniertheit, mit der die mangelhafte Bekleidung eines jungen Mädchens ausgebeutet wird« an: »Was hier ›unberührte Unschuld‹ genannt wird, [ist] in Wirklichkeit nur Spekulation auf das Geld unreifer Lüstlinge.« [V]

DAS LICHT DER LIEBE

BRD 1990. **R:** *Gunther Scholz.* **B:** *Wolf Müller.* **LV:** *Motive des Versepos »König Renés Tochter« von Henrik Hertz.* **K:** *Claus Neumann.* **M:** *Friedbert Wissmann.* **D:** *Sven Jansen (Bengel), Eva Vejmelková (Reglindis), Rolf Hoppe (Markgraf), Dietrich Mechow (Arzt), Linde Sommer (Äbtissin), Peter Slabakov (Schwarzer Reiter), Tereza Pergnerova (Gigi). F 83 Min.*

Götterdämmerung für den DEFA-Film: eine historische Liebesgeschichte mit märchenhaft-poetischen Zügen, die ihren Anfang am Hofe Karls des Großen nimmt, im Jahre 804. Um den Markgrafen von Thüringen und den Slawenkönig Slawomir zu befrieden, diktiert Karl den beiden Vasallen die Verheiratung ihrer Kinder Reglindis und Bogumil. Durch dieses Edikt wird ein von der Natur mit Häßlichkeit und Armut bedachter plebejisch-bäuerlicher Junge, den wegen seiner Namenlosigkeit alle nur »Bengel« rufen und der abstehende Ohren Marke Dumbo hat, zur Hauptperson. Nachdem Bogumil auf Betreiben des Markgrafen verschwunden ist, pflegt Bengel einen geheimnisvollen Schwarzen Reiter gesund, von dem alle annehmen, er habe die Pest, und fragt sich, von diesem animiert, wer er sei: »Seinen Namen muss man kennen, seine Herkunft, sonst ist man wie die Schweine da.« Die Antwort: Der Namenlose findet, dass er genauso gut Bogumil sein könnte und nimmt dessen Identität an. Wie im Volksmärchen folgt nun die Geschichte vom armen Jungen, der sich auf den Weg macht, die ihm zugesprochene Prinzessin zu finden und sein Recht auf Heirat und Thron einzufordern. Endlich steht er vor dem Mädchen und ist überrascht, dass sie ausgerechnet ihn, den Häßlichsten aller Häßlichen, für schön hält. Allerdings ist sie blind und vertraut nur ihren Gefühlen. Zwar unternimmt der Markgraf vieles, um ihn aus dem Weg zu räumen, aber mit Hilfe des Schwarzen Reiters kommt alles ins Lot. – Regisseur Gunther Scholz: »Unbarmherzig stößt uns der Alltag immer wieder mit der Nase darauf, was an menschlichen Werten bedroht ist, teilweise schon verlorengegangen ist. Ewiges Feld für die Kunst ... Wieviel an Vorurteilen ist in der Welt? Nicht zufällig und sehr hämisch wurde unser junger Hauptdarsteller auf die DEFA-Annonce ‚Wer hat abstehende Ohren, eine zu große Nase oder andere Schönheitsfehler und trotzdem Mut und Kraft zu einer Hauptrolle ...?‘ aufmerksam gemacht – was sich dann für uns als Glückstreffer erweisen sollte ... Unser Hauptdarsteller brachte ein ungewöhnliches Gesicht mit. Immer wieder stolpert man über seine Ohren. Diese ständig anwesende

Äußerlichkeit ist einfach erforderlich. Vieles funktioniert nur, weil es nicht nur behauptet wird, sondern weil es da ist. Als eine durch konkrete Bilder ständig überprüfbare Komponente. Auf der einen Seite der arme, unschöne Junge und auf der anderen die schöne, reiche Prinzessin. Das sind Setzungen, mit denen die Märchen operieren. Trotzdem erzählen wir kein Märchen, sondern eine historische Geschichte. Darauf legen der Autor und ich großen Wert. Denn es passiert nichts Unwirkliches, nichts Phantastisches. Keine übersinnlichen Kräfte lösen die Konflikte.« Wenn man so will, sind die letzten Zuckungen des DEFA-»Märchen«films Anti-Fantasy, und gerade das macht ihnen das Überleben nicht leicht.

LIEBE, TOD UND TEUFEL

Deutschland 1934. **R:** *Heinz Hilpert, Reinhard Steinbicker.* **B:** *Kurt Heuser, Pelz von Felinau, Liselotte Gravenstein.* **LV:** *»Das Flaschenteufelchen« von Robert Louis Stevenson.* **K:** *Fritz Arno Wagner.* **M:** *Theo Mackeben.* **D:** *Käthe von Nagy (Kokua), Albin Skoda (Kiwe), Brigitte Horney (Rubby), Klaus Hellmer (Lopaka), Aribert Wäscher (Mournier), Erich Ponto (Alter), Paul Dahlke (Gouverneur), Rudolf Platte (Spunda), Oskar Sima (Kiano), Albert Florath (Notar), S.O. Schoening (Collins), Walter Ladengast (Jerry), Josef Dahmen (Macco), Hans Kettler (Balmer), Karl Hannemann (Hein), Fred Immler (Wickham), Kurt Uhlig (Titill). SW 99 Min.*

Der Matrose Kiwe geht auf der Südseeinsel Kona an Land und ersteht eine Flasche mit magischen Kräften: Was man sich wünscht, erfüllt sie, doch wer als ihr Besitzer stirbt, wird auf ewig in der Hölle braten. Kiwe wünscht sich ein Haus, das er kurz darauf erbt. Er verkauft die Flasche, um sie los zu sein, doch als er die ansehnliche Kokua heiraten will, stellt er fest, dass er an Lepra erkrankt ist. Um wieder gesund zu werden, jagt er der Flasche hinterher, bis er sie wiederfindet und für einen Cent zurückkaufen kann. Kokua heiratet ihn. Da man sich des Flaschen-Fluches nur entledigen kann, wenn man sie billiger verkauft als man sie erworben hat, steht Kiwe nun vor einem unlösbaren Problem; denn eine kleinere als eine Ein-Cent-Münze gibt es nicht. Doch seine Gemahlin weiß Rat: Die Flasche muss für einen französischen Centime an den Mann gebracht werden, denn der ist weniger wert als ein Cent. Aber das Geschäft geht nicht über die Bühne. Kiwe wird von Tag zu Tag depressiver. Kokua will ihm das Teufelsding schließlich durch einen Strohmann abkaufen lassen, um sich für Kiwe zu opfern. Doch der Strohmann, ein trinkfreudiger Seemann, hat keine Angst vor der ewigen Verdammnis. Auf die Hölle, so meint er, sei er schon lange scharf. Er behält die Flasche. Kokua und Kiwe sind erlöst, auch wenn ihr Haus am Ende in Flammen steht. – Die Verfilmung einer Erzählung von Robert Louis Stevenson; die erste im Tonfilm. »Die Zauberflasche ist nur, was bei Hitchcock der McGuffin [ist]: der Wink mit dem Zaunpfahl, das gegenständliche Leitmotiv, auf dessen Spur sich der Zuschauer locken lässt in die absonderlichsten Kinowelten.« (Kraft Wetzel/Peter Hagemann, LIEBE, TOD UND TECHNIK)

LIEBER GUTER WEIHNACHTSMANN

DDR 1983. **R:** *Jochen Thomas.* **D:** *Jochen Thomas, Hans-Joachim Hanisch, Monika Hetterle. SW 60 Min.*

TV-Film des Fernsehens der DDR. – »Durch einen Irrtum wird der Weihnachtsmann aus dem himmlischen Rat verstoßen und auf die Erde verbannt. Hier macht er sich als Heizer in einem Kinderkrankenhaus bald unentbehrlich. Als das Hospital durch einen heftigen Schneesturm von der Außenwelt abgeschnitten wird, darf er sich als Weihnachtsmann betätigen.« (TV-SPIELFILM)

LIEBESGRÜSSE AUS DEM JENSEITS

(KISS ME GOODBYE). USA 1982. **R:** *Robert Mulligan.* **B:** *Charlie Peters.* **K:** *Don Peterman.* **M:** *Ralph Burns.* **D:** *Sally Field (Kay Villano), James Caan (Jolly Villano), Jeff Bridges (Rupert Baines), Paul Dooley (Kendall), Claire Trevor (Charlotte Banning), Dorothy Fielding (Emily), William Prince (Reverend Hollis). F 97 Min.*

Als Kay Villano drei Jahre nach dem Ableben ihres Gatten Jolly den Ägyptologen Rupert ehelichen will und in das Haus einzieht, in dem ihr Mann den Tod fand, geht's los: Jolly erscheint als Geist, um in Erfahrung zu bringen, ob Rupert der Richtige für sie ist. Dann jedoch steht ihm der Sinn nach einer Ehe zu dritt. Was natürlich nicht gut gehen kann, so dass Kay alsbald einen Geisteraustreiber braucht. VARIETY: »Höflicherweise sollte man es vielleicht so formulieren, dass alle drei Hauptdarsteller in ihren bisherigen Filmen durchgehend besser waren.« Was möglicherweise auch der Grund war, aus dem diese altbackene Geisterkomödie in Deutschland ihre Erstaufführung in Form einer Videokassette erlebte. Unbefriedigendes Remake einer brasilianischen Komödie aus dem Jahr 1978. [V]

DAS LIEBESKONZIL

BRD 1981. **R:** *Werner Schroeter.* **B:** *Dietrich Kuhlbrodt, Roberto Lerici, Horst Alexander.* **LV:** *»Das Liebeskonzil« von Oskar Panizza.* **K:** *Jörg Schmidt-Reitwein, Stefano Guidi, Christian Engländer.* **D:** *Antonio Salines (Teufel/Dr. Panizza) , Magdalena Montezuma (Doppelzeugin), Kurt Raab (Gerichtspräsident), Renzo Rinaldi (Gottvater), Agnes Nobecourt (Maria), Roberto Tesconi (Jesus), Margit Carstensen (Staatsanwältin), Heinrich Giskes (Verteidiger), Kristina van Eyck (Agrippina), Gabriella Gomez-Ortega.* F 95 Min.
Ein Himmelsbote bringt Gott die Nachricht, die Menschen – speziell die am Hofe des Borgia-Papstes Alexander VI. im Italien zur Zeit der Renaissance – führten ein lasterhaftes Leben. Ein daraufhin einberufenes Himmelskonzil beauftragt den Teufel, eine Strafe zu erfinden, die die Menschen tödlich treffe. Satan zeugt mit Salome eine Tochter, die auf der Erde die Syphilis verbreitet. Dieses vom Irrenarzt Oskar Panizza (1853–1921) geschriebene, 1894 veröffentlichte Werk brachte dem Verfasser ein Jahr Gefängnis wegen Gotteslästerung ein. Das Stück wurde im April 1981 im römischen Teatro Belli aufgeführt und mit dem Münchener Prozeß als Rahmenhandlung von Werner Schroeter abgefilmt. – Unter Zeitdruck hergestellter Theaterfilm, »der in seinen schönen, gutausgeleuchteten Bildern ganz hübsch anzuschauen ist« (Holger Twele, FILMBEOBACHTER), sich aber insgesamt »schlaff und zähflüssig« (Günter Graf, FILMDIENST) dahinquält.

DIE LIEBESNÄCHTE DES HERKULES

(GLI AMORI DI ERCOLE). Italien/Frankreich 1960. **R:** *Carlo Ludovico Bragaglia.* **B:** *Luciano Doria, Alessandro Continenza.* **K:** *E. Serafin.* **M:** *Carlo Innocenzi.* **D:** *Mickey Hargitay (Herkules), Jayne Mansfield (Deianira), Moira Orfei (Hippolyte), Massimo Serato, Rossella Como.* F 95 Min.
Herkules, der Sohn des Zeus, hat sich in die wasserstoffblonde Deianira, ein frühes Exemplar des Homo Hollywoodensis, verguckt, was diversen welt- und göttlichen Neidhammeln offenbar nicht paßt. Von kleinlichen Eifersuchtsgefühlen geplagt, hetzen sie dem jungen Halbgott mythische Drachen und männermordende Amazonen auf den Hals. Natürlich obsiegt unser wackerer Held mit Leichtigkeit. Am Ende kann er seine (ihm auch im wirklichen Leben angetraute) Gattin heimführen. – Mickey Hargitay, einstiger Mr. Universum und Mr. Mansfield, tut sich ebenso schwer wie in jeder anderen Rolle, die er leichtsinnigerweise angenommen hat. Wenn seine Maske überhaupt je einen Ausdruck zeigt, dann den absoluter Hilflosigkeit. Dennoch ist sein Fantasy-Erstling eher erheiternd als zu Tränen rührend: Der Humor, der unfreiwillige, kommt jedenfalls nicht zu kurz. [V]

LIEBESTRAUM

(PRICELESS BEAUTY). Italien 1988. **R:** *Charles Finch.* **B:** *Charles Finch.* **K:** *Luciano Tovoli.* **M:** *Danny B. Bequet, Leonida Fabrizio.* **D:** *Christopher Lambert (Mike Monroe), Diane Lane (China), Francesco Quinn (Peter), Claudia Ohana (Lisa), Monica (Scattini) (Nicoletta).* F 91 Min.
Frustrierter Rocksänger lernt in Italien einen weiblichen Dschinn kennen und verliebt sich. Eine langweilige Schnulze; ein aufgeblasenes Nichts. [V]

DAS LIED VON BERNADETTE

(THE SONG OF BERNADETTE). USA 1943. **R:** *Henry King.* **B:** *George Seaton.* **LV:** *»Das Lied der Bernadette« von Franz Werfel.* **K:** *Arthur Miller.* **M:** *Alfred Newman.* **D:** *Jennifer Jones (Bernadette Soubirous), Charles Bickford (Dekan Peyramale), William Eythe (Antoine Nicolau), Vincent Price (Dutour), Lee J. Cobb (Dr. Dozous), Gladys Cooper (Marie Theresa), Anne Revere (Louise Soubirous), Roman Bohnen (François Soubirous), Mary Anderson (Jeanne Abadie), Charles Dingle (Jacomet), Edith Barrett (Croisine Bouhouhorts), Sig*

Ruman (Louis Bouriette), Ermadean Walters (Marne Soubirous). SW 157 Min.

Beim Spaziergang durch die Wälder um Lourdes erscheint der jungen Bernadette die Mutter Maria. Als das Mädchen auf Geheiß der Erscheinung den Dekan auffordert, in der Nähe der Grotte eine Kirche zu bauen, fordert dieser ein Wunder als Beweis. Statt der verlangten Rosen im Februar entspringt jedoch eine kleine Quelle, die schnell ihre wundersame Wirkung unter Beweis stellt. Die Jahre vergehen. Lourdes wird zum berühmten Wallfahrtsort. Bernadette zieht sich ins Kloster zurück und überzeugt schließlich auch Schwester Marie Theresa, die ihrer Geschichte von Anfang an keinen Glauben schenken wollte. Nicht willens, sich selbst in Lourdes kurieren zu lassen, stirbt Bernadette kurz darauf an einer Lungenentzündung. – *Das Lied von Bernadette,* eine weitgehend vorlagengetreue Adaption des Romans von Franz Werfel, war einer der größten Erfolge des Jahres 1944, machte Jennifer Jones zum Star, heimste vier Oscars für Ausstattung, Hauptdarstellerin, Kamera und Musik ein und sorgte für einen kleinen Sturm im kirchlichen Wasserglas, da Henry King es erstmals gewagt hatte, die Jungfrau Maria leibhaftig auf der Leinwand erscheinen zu lassen. Heute kann man das arg ehrfürchtige Ganze nicht mehr ansehen, ohne sich dabei den Gähnmuskel zu verrenken. Was allerdings weniger gegen den qualitativ recht ordentlichen Film als gegen die heutige Zeit spricht.

DAS LIED VON DER WALDFEE

(LESNJA PESNJA MAWKA). UdSSR 1981. R: *Juri Iljenko.* B: *Juri Iljenko.* LV: *Lessja Ukrainka.* K: *Juri Iljenko.* M: *Jewgeni Stankowitsch.* D: *Ludmilla Jefimenko (Mawka), Viktor Kremljow (Lukasch), Iwan Mikolaitschuk, Boris Chmelnizki, Maja Bulgakowa, Ludmilla Lobsa, Wiktor Demertasch, Nina Schazkaja, Swetlana Sergejewa.* F 82 Min.

»In einem tiefen, jungfräulichen Wald lebt die schöne Mawka, ein Abbild der sich ständig wandelnden, unvergänglichen Natur. Sie verliebt sich in den Bauernburschen Lukasch, der so schön auf der Hirtenflöte bläst. Der willenlose, in Alltagssorgen befangene Lukasch gerät unter den Einfluß seiner bösen Mutter und verliert seine musi-

kalische Begabung. Mawka, die Liebesglück und Liebesleid kennengelernt hat, weckt seine schlafende Seele wieder auf und opfert dafür das Kostbarste, was sie hat: ihre Unsterblichkeit.« (Juri Iljenko über seinen Film) Und: »Verschlossenheit ist die poetische Existenzform dieses Films. Symbolen und Metaphern messe ich große Bedeutung als Mittel der Formung bei. Jedenfalls kann man damit immer etwas betonen, unterstreichen ... Mein Anliegen ist moralische Vollkommenheit, Vervollkommnung des geistigen Lebens, Kompromisslosigkeit im Kampf für das Gute. Es sind die Aufgaben jedes Künstlers.« (PROGRESS-FILMPROGRAMM)

LILIOM

(LILIOM). Frankreich 1934. R: *Fritz Lang.* B: *Fritz Lang, Robert Liebmann.* V: *Franz [Ferenc] Molnar.* K: *Rudolph Maté, Louis Née.* SpE: *Ferdinand Pinney Earle.* M: *Jean Lenoir, Franz Waxman.* D: *Charles Boyer (Liliom), Madeleine Ozeray (Julie), Forelle (Mme. Moseat), Robert Arnoux (Dreher), Roland Toutain (Seemann), Alexandre Rignault (Hollinger), Henri Richaud (Kommissar), Richard Darencet (Polizist), Antonin Artaud (Scherenschleifer), Raoul Marco (Detektiv), Alcover (Alfred), Leon Arvel (Arbeiter), René Stern (Kassierer), Maximilienne (Mme. Menoux), Mimmi Funès (Marie), Viviane Romance (Zigarettenverkäuferin), Mila Parély (Himmlische Stenotypistin), Rosa Valetti.* SW 120 Min.

Liliom, Rummelplatzausrufer mit Charme und Vitalität, dazu leichtsinniger und verspielter Vorstadt-Casanova, gibt seine Stellung auf einem Pariser Kirmesplatz auf wegen des Dienstmädchens Julie, das ein Kind von ihm erwartet. Zunächst überglücklich, versinkt er bald in Verzweiflung und lässt sich von einem Saufkumpan für einen Raubüberfall gewinnen. Als der Coup misslingt, begeht Liliom auf der Flucht vor der Polizei Selbstmord. Zwei schwarz gekleidete Herren geleiten ihn vor das himmlische Kommissariat, wo er seinen Prozeß bekommt. Filmaufnahmen werden als Beweismaterial vorgeführt, die demonstrieren, dass er seine Frau grundlos geohrfeigt hat. Dafür muss er sechzehn Jahre Höllenfeuer erleiden. Dann darf er einen Tag zurück auf die Erde, um seiner herangewachsenen Tochter etwas Gutes zu tun. Als Fremder spricht er sie an und schildert ihr den nie gekannten Vater als Taugenichts. Als sie sich weigert, dies zu glauben, erregt er sich so, dass er sein Kind unbeherrscht ohrfeigt. Der Unterteufel triumphiert, die Engel haben es schon immer gewusst: Liliom ist unverbesserlich! Erneute Strafe droht, doch die Tränen von Mutter und Tochter, die der Erinnerung an Liliom gelten, fallen auf die Waage der himmlischen Gerechtigkeit und geben den Ausschlag zu seinen Gunsten.

»Liliom ist ein leichtgewichtiges Gegenstück zu dem tiefergehenden, mit dem Geist der deutschen Romantik beschwerten Stumm-Film *Der müde Tod:* In Form der Legende wird die Frage gestellt, ob die Macht der Liebe den Tod besiegen kann.« (Michael Töteberg, FRITZ LANG) Auf seinem Weg ins Exil Hollywood machte Fritz Lang gewissermaßen auf der Durchreise in Paris Station und drehte nach dem erfolgreichen Boulevardstück des gebürtigen Ungarn Ferenc Molnar (1878–1952, wie Lang ebenfalls USA-Emigrant) diese Filmversion. Die irdische Handlung wurde nach Paris verlegt, die »himmlischen« Verhältnisse mit viel Witz und Ironie als Spiegelbild den irdischen gleichgesetzt. So entspricht die Aufnahmestation im Himmel bis ins Detail der Polizeiwache auf Erden. Der mürrische Himmelswärter fertigt in typischem Bürokratenverhalten die Neuankömmlinge ab. Die berühmteste Szene des Films ist die von unten aufgenommene Sequenz, in der die schwarzgekleideten Himmelsboten Liliom unterfassen und mit ihm in den Himmel aufsteigen. Die Szene regte Jean Cocteau zu *Orpheus* an. Erwähnenswert auch, dass die Rolle des mystischen Scherenschleifers von Antonin Artaud gespielt wurde, dem surrealistischen Schriftsteller und Schöpfer des »Theaters der Grausamkeit«. – Als der Film Ende 1984 zum ersten Mal in bundesdeutsche Kinos kam, war die Aufnahme unterschiedlich. Für Josef Schnelle vom FILMDIENST »wirkt dieser Film heute – im guten Sinne – antiquiert und modern zugleich«. Er sei ein vielschichtiges Kinoerlebnis nicht nur – aber ganz besonders auch – für Freunde des Filmschaffens von Fritz Lang, formal meisterlich zwischen getragenem Stummfilmmelodram und kunstvoller Tonfilmkollage inszeniert. Winfried

Günther von EPD FILM hält den Streifen nicht nur für den schwächsten, sondern auch für den untypischsten Lang-Film. »Ansonsten schlägt leider das dem Film zugrunde liegende Theaterstück voll durch, dergestalt, dass theatralische Situationen, bühnenmäßig gespielt, als solche belassen und abfotografiert werden, ohne dass sie mit zum Sujet gemacht oder wirklich filmisch gestaltet würden ... Mit verquälter Anstrengung, aber zäher Beharrlichkeit spielt der Film, vom nächtlichen Rendezvous Lilioms und Julies im Park bis zur Begegnung Lilioms mit seiner Tochter, eine solche Szene nach der anderen oft in langen Einstellungen, die einem nichts davon ersparen, durch; sie ersparen einem vor allem auch nichts von der oft reichlich penetranten Kraftmeierei Charles Boyers und der noch penetranteren maskenhaften Leidensmiene Madeleine Ozerays sowie dem steinerweichenden Leidenstimbre in deren Stimme – da haben die fast durchweg besseren Nebendarsteller, allen voran Alcover und Florelle, keine Chance mehr, ein Gegengewicht zu schaffen ... Es hat bei den Autoren, die über Lang schrieben, nicht an Versuchen gefehlt, thematische Querverbindungen zu anderen Lang-Filmen, für den Regisseur charakteristische Motive an Liliom aufzuzeigen. Das [ist u.a.] die starke Bedeutung des Schicksalhaften und auch der letztendliche Triumph der Liebe, welcher, ebenso wie der Übertritt von der irdischen in die jenseitige Sphäre, auf den *Müden Tod* zurückverweist ... Der ohne qualifizierenden Zusatz angestellte Vergleich zwischen *Liliom* und dem *Müden Tod* hat auf der Ebene der sinnlichen Erscheinung der Filme etwas geradezu Albernes ... Das ist wirklich Filmexegese von hinten durch die Brust ins Auge.« Quintessenz: Den Film muss man gesehen haben!

LIMIT UP – ZUM TEUFEL MIT DER KOHLE
Anderer Titel für **Eine teuflische Karriere**

LIPPELS TRAUM
BRD 1990. R: Maria Theresia Wagner. B: Maria Theresia Wagner. LV: »Lippels Traum« von Paul Maar. K: Wolfgang Treu. M: Michael Gajare. D: Constantin Trettler (Lippel), Gila v. Weitershausen (Mutter), Felix v. Manteuffel (Vater), Irm Hermann (Frau Jakob), Hannelore Hoger (Frau Jesch-

ke), Siegfried Kernen (Göltenpott), Hans Clarin (König), Selda Özöncel, Sandro Richi, Klaus Dittmann. F 84 Min.

Philipp, 10, genannt Lippel, erträumt sich während einer Urlaubsreise seiner Eltern, während er von der garstigen Frau Jeschke »betreut« wird, die ihm sogar das Lesen verbietet, ein märchenhaftes Abenteuer aus Tausendundeiner Nacht, das inhaltlich und formal niemanden so recht überzeugen kann. Gut gemeinter, aber leider niemanden vom Hocker reißender Kinderfilm.

LISZTOMANIA

(LISZTOMANIA). GB 1975. R: Ken Russell. B: Ken Russell. K: Peter Suschitzky. SpE: Colin Chilvers, Roy Spencer. M: Rick Wakeman, Franz Liszt, Richard Wagner. D: Roger Daltrey (Franz Liszt), Paul Nicholas (Richard Wagner), Veronica Quilligan (Cosima), Ringo Starr (Papst), Sara Kestelman (Prinzessin Caroline), Fiona Lewis (Marie D'Agoult), Nell Campbell (Olga Janine), Andrew Reilly (Hans von Bülow), Anulka Dziubinska (Lola Montez), Rick Wakeman (Thor/Siegfried). F 104 Min.

Auf einer Party, wo es von Musikgrößen nur so wimmelt, bittet der junge Komponist Richard Wagner den derzeitigen Superstar Franz Liszt, ihm doch ein bisschen auf die Sprünge zu helfen und bei einem Konzert auch etwas von seiner Musik zu spielen. Als er dieses tut, buhen die Teenies Liszt aus. Zutiefst gekränkt, plant Wagner perfide Rache. Er versetzt Liszts Abendtrunk insgeheim mit K.O.-Tropfen und saugt dem Betäubten allabendlich das Blut und die musikalischen Inspirationen aus. Nach einem Abenteuer am russischen Zarenhof verschreibt sich der ahnungslose Liszt der Religion. Eines Tages besucht ihn der Papst und fordert ihn auf, an Wagner einen Exorzismus durchzuführen. Wagner nämlich sei durch seine innige Hingabe an faschistische Philosophien inzwischen zum Antichristen geworden. Liszt macht sich auf den Weg in Wagners Spukschloss. Dieser ist gerade mit der Erschaffung eines Golems beschäftigt. Als sich jedoch das Kunstwesen nicht als rechter Antisemit, sondern biersaufender Idiot entpuppt, zerstört er es. Mit seiner Musik bringt Liszt das Schloss zum Einsturz, fällt aber kurz darauf den Woodoo-Nadeln von Wagners

Frau Cosima zum Opfer. Im Himmel steigt er mit seinen zahlreichen Liebschaften in ein Raumschiff und fliegt zur Erde, wo er den als Hitler wiederauferstandenen Wagner mit einer Strahlenpistole endgültig erledigt. – »Lisztomania ist ein weiteres Beispiel für einen total ausgeflippten Russell-Film ... Russell schließt hier seine in Mahler begonnene Attacke auf Richard Wagner und seine Frau Cosima (Liszts Tochter) ab ... Der Film hat sehr wenig mit Liszts Leben und seiner Kunst zu tun. Verstehen kann man ihn erst recht nicht. Trotzdem ist er sehr ulkig.« (KEN RUSSELL: A GUIDE TO REFERENCE SOURCES)

LITAN

(LITAN, LA CITÉ DES SPECTRES VERTS). Frankreich 1981. R: Jean-Pierre Mocky. B: Jean-Pierre Mocky. K: Edmond Richard. M: Nino Ferrer, Schostakowitsch. D: Marie-Jose Nat, Jean-Pierre Mocky, Nino Ferrer. F 90 Min.

Mockys Film setzt den Zuschauer einem treibenden Sog aus irreal/realen Alptraumvisionen und poesievoller Horror-Ornamentalistik aus. Die Grotten einer nicht näher lokalisierten Geisterstadt bergen ein tödliches Geheimnis.

LITTLE BIGFOOT

(LITTLE BIGFOOT). USA 1995. R: Art Camacho. B: Richard Preston. St: Scott McAboy. K: Ken Blakey. M: Louis Febre. D: Ross Malinger (Payton), Matt McCoy (Sheriff Clifton), P. J. Soles (Carolyn), Kenneth Tigar (Largo), Kelly Packard (Lanya), Don Stroud (McKenzie), Chris Finch (Peter), Francis Fallon (Vinnie), Gregg Brazzel (Red), Timothy D. Baker (Turnbull). F 92 Min.

Bei einem Ausflug in die amerikanische Bergwelt lernt Klein-Payton ein kleines haariges Fabelwesen kennen, das ebenso Mythos ist wie der Schneemensch: Little Bigfoot lebt mit seinen Eltern in einer Höhle, doch ihre idyllische Umwelt wird von dem üblichen Lumpen-Kapitalisten bedroht, der die Familie Bigfoot beseitigen will, damit er Bäume fällen und damit Kohle machen kann. Biederer TV-Film, der den Kleinen sagen möchte, wie wichtig es ist, die Natur zu lieben. Leider ist die Machart des Films so entsetzlich schlecht, dass Bigfoot und die Hendersons (USA 1987, R: William Dear) dagegen fast gut wirkt.

LITTLE NEMO –
ABENTEUER IM SCHLUMMERLAND

(LITTLE NEMO IN SLUMBERLAND). USA/ Japan 1992. **R:** *William T. Hurtz, Masami Hata.* **B:** *Chris Columbus, Richard Outten, Ray Bradbury.* **LV:** *Comics von Winsor McCay (1905–1911).* **M:** *Thomas Chase, Steve Rucker, Richard M. Sherman, Robert B. Sherman. F 85 Min.*

Winsor McCays in wöchentlichen Folgen für den New York Herald gezeichneter Comic-Strip um »Little Nemo in Slumberland«, die bizarren Erlebnisse eines Jungen im Reich des Schlafs, war einer der ersten großen künstlerischen Erfolge des jungen Mediums und diente McCay 1911 auch als Vorlage für einen der ersten kurzen Zeichenfilme. Spät erst kam eine abendfüllende Version, aber mit McCays Intentionen, seinem an der Plakatkunst der »Belle Epoque« orientierten Stil deckt sie sich nur bei oberflächlicher Betrachtung, trotz Mitwirkung von Ray Bradbury, der die Vorlage schrieb, und Comiczeichner Möbius alias Jean Girault, der Entwürfe beisteuerte. Eher mutet das Unternehmen von der freundlichen Aufnahme bei König Morpheus, der Nemo zu seinem Thronerben ernennt, den Intrigen des grüngesichtigen Flip und um die unfreiwillige Befreiung des Königs des Alptraumlandes aus seinem Verlies wie eine ungesunde Mischung aus Walt Disney (bei dem sich William T. Hurtz seine Sporen verdient hat) und Anime made in Tokyo an: » ... von den legendären Jugendstiltableaus des Originals hat Hurtz nur überbordenden Kitsch übriggelassen. Aus dem bei McCay eher schmalen Nemo ist nun ein zu groß geratenes Baby mit dicken Pausbacken geworden, das im sackähnlichen Strampelanzug durch ein quietschbuntes Schlaraffenland hüpfen muss.« (TAZ) [V]

LOCKENDES GLÜCK
Anderer Titel für Sadkos Abenteuer

LOLA RENNT

BRD 1998. **R:** *Tom Tykwer.* **B:** *Tom Tykwer.* **K:** *Frank Griebe.* **SpE:** *Das Werk.* **A:** *Studio Film Bilder, Stuttgart.* **M:** *Tom Tykwer, Johnny Klimek, Reinhold Heil.* **D:** *Franka Potente (Lola), Moritz Bleibtreu (Manni), Herbert Knaup (Lolas Vater), Armin Rohde (Herr Schuster), Joachim Król (Nor-*

bert von Au, Penner), Heino Ferch (Ronnie), Nina Petri (Frau Hansen), Suzanne von Borsody (Frau Jäger), Lars Rudolph (Kassierer Kruse), Ludger Pistor (Herr Meier), Sebastian Schipper (Mike). F 79 Min.

Tom Tykwer, Filmmaniac aus Wuppertal und ehemaliger Berliner Off-Kino-Macher, gehört in Deutschland mit zu denen, die den phantastischen Film genau studiert haben. Begeistert von *King Kong,* probierte er mit einer Amateurkamera, ähnliches zu veranstalten, doch das Glück winkte erst, als sich der Autodidakt konsequent von den Vorbildern löste. Sein Erfolgsfilm *Lola rennt,* seine dritte Regie-Arbeit, spielt an einem Sommertag, an dem eine kurze Zeitspanne über Liebe, Leben und Tod entscheidet. Lola und Manni sind Anfang zwanzig und ein Liebespaar. Manni jobbt als Geldkurier für einen Autoschieber. Doch an diesem Tag läuft alles schief: Als er den Kontrolleuren in der U-Bahn zu entwischen versucht, vergisst er die Plastiktüte mit den 100 000 Mark. Ein Penner greift sich das Geld und verschwindet damit. In 20 Minuten (Punkt High Noon-Time) will Mannis Boß das Geld abholen. Verzweifelt ruft Manni Lola an. Wenn er das Geld nicht rechtzeitig abliefert, ist er ein toter Mann. Lolas Hirn rast: 20 Minuten, um 100 000 Mark zu besorgen, 20 Minuten, die über Leben und Tod entscheiden. Lola stürzt aus dem Haus und rennt los. Durch die Straßen Berlins. Um die Moneten, irgendwie, aufzutreiben. Von hier an verschachtelt Tykwer drei sich wiederholende, aber anders verlaufende Versionen der Geschichte in atemloser Musikvideoästhetik: »Dieser Film will vor allem neu, neu, neu sein, und damit basta. Tykwer macht Fenster auf. Nicht nur die Staffelung in drei Episoden, die alle an Punkt A beginnen, dieselben Personen involvieren, aber gänzlich anders ausgehen, suggeriert ein interaktives Moment. Auch die mehrmals eingefügten Zeichentricksequenzen ziehen nochmals das Tempo an. Kongenial zeigt das Trickfilmfigürchen Lola als das, was sie ist: eine Comic-persona. Der Film folgt ihr und taucht vom Wohnzimmer aus einen Schnitt weiter in den Fernsehbildschirm ein, wo sich ihr Marathon im Anime-Format abrollt. Eben doch ein Experimentalfilm, der mit Methode vorgeht. Flüchtige Begegnungen mit Passanten werden, klick, klick, klick, als hyperschnell gespielte Kurz-videos vorgeführt. In Zeitraffersekunden surrt ein fremdes Leben vorbei, als hätte man den Finger auf der Fast-foreward-Taste.« (Gudrun Holz, TAZ)

THE LORDS OF MAGICK

(THE LORDS OF MAGICK) USA 1988 **R:** *David Marsh.* **B:** *David Marsh, Sherman Hirsch.* **K:** *Bruce Burnside.* **M:** *Greg Stewart.* **D:** *Brendan Dillian jr. (Salatin), Ruth Zakarian (Prinzessin Luna), Jarret Parker (Michael Redglen), Mark Gauthier (Ulrich Redglen), David Snow (Thomas).* F 98 Min.

Ulrich und Michael, zwei weiße Magier aus dem 10. Jahrhundert, werden durch den Fluch des Zauberers Salatin in die Gegenwart (1988) geschleudert und müssen sich, um in Los Angeles zurechtzukommen, an die neue Lage anpassen. In ihre Zeit zurückgekehrt, nutzen sie die dort erworbenen Kenntnisse, um die Königstochter Luna aus der Gewalt eines Böslings zu befreien. – »Primitiv-Fantasy erster Garnitur.« (VIDEO-MARKT) [V]

LORENZ IM LAND DER LÜGNER

BRD/Luxemburg 1997. **R:** *Jürgen Brauer.* **B:** *Beate Hanspach, Anne Goßens, Jürgen Brauer.* **LV:** *»Gelsomino Nel Paese Dei Bogierdi« von Gianni Rodari.* **K:** *Jürgen Brauer.* **SpE:** *Per Lygum, Cine-Magic, Rolf Giesen.* **M:** *Manuel Karpinski.* **D:** *Fabian Oscar Wien (Lorenz), Mechtild Hönmann (Elise), Marianne Sägebrecht (Tante Martha), Rolf Hoppe (König), Jochen Busse (Minister), Volker Prechtel (Spitzel).* F 81 Min.

Lorenz, ein unternehmungslustiger Junge, entdeckt mit seinem Floß eine Insel voller Merkwürdigkeiten. Hier wird mit Falschgeld bezahlt und nicht mit echten Goldmünzen, die Hunde miauen, die Katzen bellen. Ein gezeichneter Kater namens Hinze hilft Lorenz im Land der Lügner.

LOTTERGEIST BEETLEJUICE

Anderer Titel für **Beetlejuice**

DER LÖWE DES GELBEN MEERES

(DAITOZOKU). Japan 1963. **R:** *Senkichi Tani-guchi.* **B:** *Takeshi Kimura, Shinichi Sekizawa.* **K:** *Takao Saito.* **SpE:** *Eiji Tsuburaya.* **M:** *Masaru Sato.* **D:** *Toshiro Mifune (Skeza), Makoto Satoh (Schwarzer Pirat), Mie Hama (Sobei), Jun Funato (Premier), Ichiro Arishima (Li), Kumi Mizuno (Miwa), Akiko Wakabayashi (Yaya), Mitsuko Kusabue, Tadao Nakamura, Jun Tazaki, Takashi Shimura, Eisei Amamoto.* F 94 Min.

Der Samurai Skeza ist wegen Piraterie zum Tode verurteilt worden. Dank einiger Bestechungsmanöver entkommt er jedoch aus dem Gefängnis und segelt über den Pazifik davon. Nachdem er Schiffbruch erlitten und seine Schatztruhe an den berüchtigten Schwarzen Piraten verloren hat, spült es Skeza an einen einsamen Strand. Vom Amateurzauberer Li kuriert, erfährt er, dass das Land unter der Knute des tyrannischen Premierministers steht. Dieser spielt schon seit langem mit dem Gedanken, den König zu ermorden und die Prinzessin Yaya zu ehelichen. Überdies ist er mit einer Hexe im Bunde, deren Blick alles in Stein verwandelt. Mit Hilfe Lis vereitelt Skeza ein Attentat auf den König und folgt dem Premier zu einem Treffen mit dem Schwarzen Piraten, der das Schiff von Yayas Verlobtem, dem Prinzen von Thailand, versenken soll. Kurz entschlossen rettet Skeza den Prinzen vor einem nassen Tod und führt dessen Männer zum Angriff auf den Palast. Dort will der Premier Yaya gerade mit Gewalt zum Ja-Wort zwingen. Nachdem Skeza im Kampfgetümmel den Schwarzen Piraten im Duell besiegt hat, der Premier von einer Zugbrücke zerquetscht wird, die Hexe aus Versehen in einen Spiegel guckt und zu Stein erstarrt und Prinz und Prinzessin endlich heiraten, segelt der Samurai hinfort, neuen Abenteuern entgegen. – Nachdem sich die diversen *Godzilla-* und *Rodan*-Filme auch im Ausland unerwarteten Erfolges erfreuten, wagte sich die Toho-Company mit *Der Löwe des gelben Meeres* bewusst auf ein Parkett, das bislang Hollywood vorbehalten war. Wie immer beim Aufeinandertreffen restlos verschiedener Kino-Mentalitäten vermochte das Ergebnis jedoch keinen so recht zu befriedigen. Der Film entpuppte sich als unbeholfene Kreuzung aus Samurai und Sindbad, der seine zahlreichen Stilbrüche mehr schlecht als recht mit kindischen Anzüglichkeiten (z.B. versetzt der bloße Anblick eines Busens den

Zauberer in tiefe Trance) zu überdecken versuchte. »Das Problem ist, dass Taniguchi und seine Kollegen (darunter Monsterfilm-Veteranen wie der Tricktechniker Tsuburaya und Drehbuch-Co-Autor Sekizawa) Harryhausen auf seinem ureigensten Gebiet kaum etwas entgegenzusetzen haben. Nach westlichem Standard weist der Film zu viel Plot und zu wenig Musik auf. Der relativ große technische Aufwand kann nicht verbergen, dass sich alles bis zum Exzeß um die romantischen Verwicklungen von fünf, sechs Leuten dreht und die Tricktechniker nicht willens sind, mehr als zwei verschiedene Spezialeffekt-Sorten zu verwenden.« (MONTHLY FILM BULLETIN) [V]

DER LÖWE UND DIE HEXE

(THE LION, THE WITCH AND THE WARDROBE). GB/USA 1979. **R:** *Bill Melendez.* **B:** *David D. Connell, Bill Melendez.* **LV:** *»The Lion, the Witch and the Wardrobe« von C. S. Lewis.* **K:** *Nick Boisson, Chris King, Gary Knowldon, Elvira Leon, Peter Turner.* **M:** *Michael J. Lewis.* F *96 Min.* *(Zeichentrick).*
Vier Kinder werden in das Zauberreich Narnia verschlagen, in dem ewiger Winter herrscht. Einer alten Legende zufolge sollen sie dort die Macht einer bösen Hexe brechen. Nach einem 1950 erschienenen Jugend-Fantasy-Klassiker des britischen Schriftstellers Clive Staples Lewis. Die Animation geht nicht über das hinaus, was man bereits aus billigen Sonntagsvormittags-Zeichentrickserien kennt. [V]

LUMPAZIVAGABUNDUS

Deutschland 1922. **R:** *Carl Wilhelm.* **B:** *Carl Wilhelm.* **LV:** *»Der böse Geist Lumpazivagabundus« von Johann Nestroy.* **K:** *Willy Gaebel.* **D:** *Hans Albers (Lumpazivagabundus), Otto Laubinger, Karl Etlinger, Hans Brausewetter, Wilhelm Diegelmann, Josefine Dora.* SW *ca. 85 Min.*
Johann Nestroy (1801–1862) gelang mit seinem Zauberspiel mit Gesang DER BÖSE GEIST LUMPAZIVAGABUNDUS ODER DAS LIEDERLICHE KLEEBLATT (1833) der große Durchbruch. Es ist bis in unsere Tage sein erfolgreichstes, populärstes, sozusagen »klassischstes« Stück geblieben. Bezeichnenderweise gilt das Stück in der Geschichte des Wiener Volkstheaters als Wendepunkt hin zum Realismus. Bis dahin hatten »Romantische Zaubermärchen«, die den Zuschauer in entlegene Länder und Zauberreiche entführten, bei denen Feen und Zauberer entscheidend in die Handlung eingriffen, in der Publikumsgunst weit vorne gelegen. Das Übernatürliche, die »Übermächte«, treten jetzt bei Nestroy – ironisch karikiert – nur noch in einer kurzen Rahmenhandlung auf. Lumpazivagabundus, der »Beherrscher des lustigen Elendes, Beschützer der Spieler und Protektor der Trinker«, ist zwar der Titelheld, hat aber in der Posse nur einen Kurzauftritt. Er ist der Schutzpatron der drei Handwerksburschen Leim, Zwirn und Knierim, die als Haupthelden die eigentliche Handlung beherrschen. – Es geht um eine »himmlische« Wette. Die mächtige Glücksfee Fortuna glaubt, allein Reichtum könne jeden Menschen auf den rechten Weg bringen. Lumpazivagabundus setzt dagegen: Selbst die Liebesfee Amorosa sei mächtiger als die Glücksfee. Zum Beweis ihrer Behauptung will Fortuna ihr Füllhorn über drei lockere Gesellen ausschütten, die bisher in größter Armut gelebt haben. Wenn wenigstens zwei von ihnen durch den Reichtum zur Vernunft kämen, wäre Fortunas Macht erwiesen. Leim, Zwirn und Knierim gewinnen das große Los: 100 000 Taler. Sie trennen sich, wollen sich aber nach Ablauf eines Jahres wieder in Wien treffen. Der prachtliebende Schneider Zwirn führt in einer eleganten Villa ein zu mondänes Leben; der trunksüchtige Schuster Knierim versäuft sein Geld; nur der brave Tischler Leim macht sein Glück und heiratet die Tochter seines Wiener Meisters. Obwohl Leim den beiden anderen am Jahrestag eine auskömmliche Existenz anbietet, wollen Zwirn und Knierim nicht auf ihr freies Vagabundenleben verzichten. Die Glücksfee Fortuna gibt sich geschlagen. Die Liebesfee Amorosa aber bringt durch die Macht der Liebe die beiden Gesellen doch noch auf den rechten Weg und verbannt damit den bösen Geist endgültig und für immer aus dem Feenreich. – Nestroys Stück wurde schon in der Stummfilmzeit mehrfach verfilmt: 1911 in Dänemark von Sören Nielsen und 1923 unter dem Titel *Andersson, Pettersson och Lundström* in Schweden von Carl Bareklind. Carl Wilhelm drehte mit nahezu derselben Besetzung 1921 eine österreichische,

1922 eine deutsche Version. Beide Filme dürfte man bestenfalls als abgefilmtes Theater bezeichnen. »Der Regisseur, Herr Wilhelm, hat die hübsche Aufführung des Nestroyschen LUMPAZI (im Staatstheater) in geschmackvollen Bildern festzuhalten gesucht ... In einigen Bildern wird der Versuch gemacht, mehr als gefilmtes Theater zu bringen, da sind dem Fotografen einige originelle Einstellungen, dem Regisseur einige drollige Bilder gelungen.« (DAS TAGEBUCH) In der Besetzungsliste fällt als Lumpazivagabundus der Name Hans Albers auf. Er hatte die Rolle auch auf der Bühne verkörpert. Für ihn bedeutete die Filmarbeit schnelles Geld. Wegen seiner durch das schlechte Filmmaterial bedingten stechendschwarzen Augenhöhlen war er in der Stummfilmzeit stets der Bösewicht vom Dienst, und das in nahezu hundert Filmen. Erst der Tonfilm und das wesentlich bessere Material verhalfen ihm dann zu seinem Image: blond mit blauen, klaren Augen.

LUMPAZIVAGABUNDUS

Deutschland 1936. **R:** *Geza von Bolvary.* **B:** *Max Wallner.* **LV:** *»Der böse Geist Lumpazivagabundus« von Johann Nestroy.* **K:** *Werner Brandes.* **M:** *Hans Lang, Josef Petrak.* **D:** *Paul Hörbiger (Lumpazivagabundus/Knierim), Heinz Rühmann (Zwirn), Hans Holt (Leim), Hilde Krahl (Pepi), Alice Brandt (Palpiti), Fritz Imhoff (Strudl), Ferdinand Maierhofer (Hoblmann), Anton Pointner (Graf von Monte Christo), Edith Wolff (Paula), Maria Holst (Amorosa), Lotte Koch (Fortuna), Gretl Wagner (Büglerin), Hanns Obonya (Piccolo), Eduard Loibner (Wirt), Traudl Link (Kellnerin), Karl Skraup (Hausierer), Liselotte Nekut (Traudl), Eugen Günther (Vagabund), Richard Eybner (Baptiste).* SW 94 Min.*
Keine werkgetreue, sondern eine durchaus werkgerechte Verfilmung nach Motiven der Posse von Johann Nestroy. Ziel der Produzenten war es, das typische Wiener Volksstück einem breiten deutschen Publikum näher zu bringen. Der Wiener Schauspieler Paul Hörbiger arbeitete intensiv an der Adaption: »Als ob Nestroy die Verfilmung seiner unsterblichen Posse vorausgeahnt hätte, hinterließ er uns ... so viele gänzlich voneinander abweichende Fassungen, dass es sich wirklich lohn-

te, sie einzeln durchzuarbeiten. Bei Durchsicht älterer Bühnenfassungen entdeckte ich Szenen, bei denen ich mich fragte, wie es möglich gewesen war, an diesen ungehobenen Schätzen bisher vorbeizugehen. Ich spürte Redewendungen und Aussprüche auf, die seinerzeit von der Zensur verboten waren, aber nun jede Bedenklichkeit verloren hatten. So kommen Aphorismen echt Nestroyscher Prägung in diesem Film vor, der eigentlich eine Zusammenfassung sämtlicher von Nestroy geschriebener Versionen darstellt.« (Paul Hörbiger, zit. n. Gregor Ball/Eberhard Spiess, HEINZ RÜHMANN UND SEINE FILME)

Drei Wanderburschen gewinnen das große Los, teilen untereinander und machen sich auf, ihr Glück zu finden. Zwirn, der Schneider, geht nach Paris, wo er sein Geld schnell verjubelt. Leim, der Tischler, kehrt nach Wien zurück und kann im letzten Moment seine Angebetete Pepi vor der Zwangsheirat mit einem anderen retten. Schuster Knierim mietet eine stillgelegte Mühle, macht daraus eine Herberge für sauflustige Wanderburschen und hält gut mit.

Nach einem Jahr treffen sich die drei vereinbarungsgemäß an der gleichen Stelle, wo ihnen seinerzeit das Glück lachte. Sie wissen nicht, dass ihr Glück auf einer Wette zwischen den Feen Fortuna und Amorosa mit dem »Menschenverführer« Lumpazivagabundus beruht. Nur wenn es ihm gelingen sollte, einen der Wanderburschen auf die schiefe Bahn zu bringen, darf der böse Geist sein Gastspiel auf Erden weiter fortsetzen. Leim hat inzwischen Pepi geheiratet und will den Kumpanen bei der Gründung einer neuen Existenz helfen. Zwirn entsagt seinem liederlichen Lebenswandel, doch Knierim bleibt Lumpazivagabundus treu. – Amüsante, auf Heinz Rühmann in der Rolle des wankelmütigen Schneiders Zwirn zugeschnittene Verfilmung, mit vielen Schlagern und Gassenhauern wie »Wozu ist die Straße da« und »I riach an Wein«.

LUMPAZIVAGABUNDUS

BRD 1956. **R:** *Franz Antel.* **B:** *Kurt Nachmann.* **LV:** *»Der böse Geist Lumpazivagabundus« von Johann Nestroy.* **K:** *Hans H. Theyer.* **M:** *Hans Land, Josef Petrak.* **D:** *Paul Hörbiger (August Knierim),*

Gunther Philipp (Willibald Zwirn), Joachim Fuchsberger (Johann Leim), Hans Moser (Hobelmann), Waltraut Haas (Pepi Hobelmann), Jester Naefe (Signora Palpiti), Renate Ewert (Traudl), Günther Lüders (Lumpazivagabundus), Jane Tilden (Fortuna), Werner Finck (Stellaris), Fritz Muliar (Stranzl), Hugo Gottschlich (Schnapperl), Fritz Imhoff (Fassl), Rudolf Carl (Strolch). F 100 Min.

Farbige Neuverfilmung, die »breit ausgespielt, gemächlich, freundlich, bunt und ohne jeden zündenden Funken dahinplätschert« (FILMBEOBACHTER), wieder mit dem glänzenden Paul Hörbiger als Knierim, mit Gunther Philipp als Zwirn, der Heinz Rühmann nicht das Wasser reichen kann, und mit Joachim Fuchsberger als Tischler Leim, der wie immer – wenn es im weitesten Sinne um Liebe und Humor geht – völlig überfordert ist. Bemerkenswert, wenn auch nicht unbedingt treffend, ist die überirdische Wette, die durch die Wortspielereien Werner Fincks Kabarettreife erlangt. Dass Hans Moser und der noch jugendliche Fritz Muliar in jeder Rolle ihren »Typ« stehen, ist selbstverständlich.

M

MACAO ODER DIE RÜCKSEITE DES MEERES

Schweiz/BRD 1988. **R:** *Clemens Klopfenstein.* **B:** *Clemens Klopfenstein, Wolfram Groddeck, Felix Tissi.* **K:** *Clemens Klopfenstein.* **M:** *Christine Lauterburg, Res Margot, Susanne Jaberg, Thomas Keller, Esther Müller-Jaberg, Shirley Wong, David Ma.* **D:** *Max Rüdlinger (Mark Grundbacher), Christine Lauterburg (Alice Grundbacher), Hans-Dieter Jendreyko (Pilot), Hans Rudolf Twerenbold (Herr Herrmann), Che Tin Hong (Ping), Paul Spahn, Greti Isler, Joseph Wäfler, Res Margot, Ieong Sio Heng, Chan Yuen Shi, Chok Ka Cheng, Che Pui San, Wong Pui San, Shirley Wong, Antonio Correira de Lemos, Lo Veng Kin, Niels Vestergard.* F 90 Min.

Von ZDF Mainz und SRG Bern kofinanzierte Parabel von Schweizer Dialektforschern, die mit dem Flugzeug irgendwo zwischen Zürich und Stockholm abstürzen und nicht genau wissen, wo sie sind: im Jenseits oder auf der anderen Seite der Erde. – »In Klopfensteins Filmen sucht sich das Handwerk des Filmemachens noch einmal gegen die Industrie zu behaupten; anläßlich *Macao* bemerkte Ralph Eue, Klopfenstein gehöre ›zu jenem Dutzend Partisanen eines ›dritten Weges der Kinematographie‹, der irgendwo zwischen den Polen Straub/Huillet und Spielberg verläuft‹« (CINEGRAPH) Hört sich unheimlich an (und ist es wahrscheinlich auch).

MACBETH

(MACBETH). USA 1948. **R:** *Orson Welles.* **B:** *Orson Welles.* **V:** *»Macbeth« von William Shakespeare.* **K:** *John L. Russel, William Bradford.* **M:** *Jacques Ibert.* **D:** *Orson Welles (Macbeth), Jeannette Nolan (Lady Macbeth), Dan O'Herlihy (Macduff), Edgar Barrier (Banquo), Roddy McDowall (Malcolm), Erskine Sanford (Duncan, König von Schottland), Alan Napier (Geistlicher), John Dierkes (Ross), Keene Curtis (Lennox), Peggy Webber (Lady Macduff), Lionel Braham (Siward, Graf von Northumberland), Archie Heugly (Junger Siward), Christopher Welles (Macduffs Sohn), George Chirello (Seyton), Gus Schilling (Pförtner), Jerry Farber (Fleance, Banquos Sohn), Lurene Tuttle (Gentlewoman), Morgan Farley (Arzt), Brainerd Duffield, William Alland, Robert Alan (Mörder), Charles Lederer und zwei Goldwyn Girls (Hexen).* SW 92 Min.

»Das alte Schottland ... verloren im Nebel, der zwischen der überlieferten Geschichte und der Zeit der Sage hängt.« Der Nebel lichtet sich. Eine abgehackte Hand fällt in einen dampfenden Kessel. Ton und Erde brodeln auf. Drei Hexen formen einen Kopf daraus. Irgendwoher hört man das Wort »Macbeth«. – Macbeth und Banquo haben sich als tapfere Feldherren ihres Königs Duncan bei der Niederwerfung aufständischer Vasallen erwiesen. Ehe sie nach Hause zurückkehren, treffen sie auf drei Hexen, die einen magischen Kreis um sie ziehen und ihnen die Zukunft weissagen: Macbeth wird von ihnen als Than von Cawdor und künftiger König begrüßt,

Macbeth – USA 1948

Banquo als der Stammvater einer langen Königsreihe. Inzwischen wird der jetzige Than von Cawdor des Hochverrats für schuldig befunden und zum Richtblock geführt. Unter Trommelwirbel fällt die Axt. Der König bestimmt Macbeth wegen seiner Verdienste zum neuen Than von Cawdor; der Prophezeiung erster Teil ist erfüllt. Macbeth teilt die wunderbare Begegnung mit den Hexen seiner Gemahlin mit, deren Ehrgeiz, einst Königin zu werden, vor Mordgedanken nicht zurückschreckt. Schneller als erwartet ergibt sich eine Möglichkeit zur Verwirklichung ihrer blutrünstigen Pläne. König Duncan kommt mit seinem Gefolge auf die Burg Dunsinane, Macbeths Stammsitz. Lady Macbeth drängt ihren Mann, den König des Nachts zu ermorden. Sie geht die Steintreppe zu Duncans Zimmer hinauf. Wie der nahende Tod zieht ihr Schatten über den schlafenden König. Die Wachen sind betrunken, schlafen ihren Rausch aus. Lady Macbeth drückt dem zögernden Gatten die mitgeführten Dolche in die Hand. Jetzt liegt sein Schatten über Duncans Bett ... Die tönerne Figur, von den Hexen in Händen gehalten, hat eine Krone auf dem Kopf. Macduff entdeckt am Morgen den Mord. Die Wachen halten die Mordwerkzeuge noch in Händen, ihre Kleider sind blutverschmiert, Lady Macbeth hat an alles gedacht. Macbeth erdolcht in vorgetäuschter Wut die Wachen und lenkt den Verdacht, Anstifter des Mordkomplotts zu sein, auf Duncans flüchtenden Sohn Malcolm. Macbeth wird zum König ernannt. Den einzigen Mitwisser der Weissagung, Banquo, lässt er ebenfalls ermorden, doch Banquos Sohn Fleance kann entkommen. Als bei einem Bankett auf Burg Dunsinane Banquos Geist, blutüberströmt, am Tische sitzt, verwirrt sich Macbeth in unverständlichen Reden, denn nur er sieht den Ermordeten. Wieder plagen ihn die Prophezeiungen der Hexen: Er solle Macduff nicht trauen, ihm selbst könne keiner schaden, der von einem Weibe geboren sei, und nie würde er besiegt, wenn nicht der große Birnams-Wald zum Schloss Dunsinane emporsteige. Unbarmherzig lässt Macbeth die Familie Macduffs verfolgen. Macduff indessen schließt mit Fleance einen Bund gegen den Tyrannen. Das Blatt wendet sich zu Macbeths Ungunsten. Lady Macbeth kann die Bilder der Vergangenheit nicht abstreifen und fällt in geistige Umnachtung. Während sich Englands Heer unter Führung Macduffs zum Kampfe rüstet, verlassen Macbeths Gefolgsleute nach und nach ihren Herrn. Macbeth ist fast allein, als die englischen Angreifer, mit Bäumen getarnt, die Burg stürmen. Im direkten Zweikampf mit Macduff, der vor der Zeit aus dem Mutterleib geschnitten wurde, fällt Macbeth. Als Macduff ihm mit einem Schwerthieb den Kopf vom Rumpfe trennt, fällt die Krone von der Tonfigur der Hexen.

»Ich bezweifle, ob sich Shakespeare fürs Kino eignet, denn im Film kann man zwar nahezu alles besser machen als auf der Bühne, nur mit dem Versesprechen, da hapert es. Macbeth vielleicht, mit dieser düsteren Heidelandschaft, könnte sich am ehesten als großartige Filmvorlage erweisen, als perfekte Mischung aus *Sturmhöhen* und *Frankensteins Braut*«, so Orson Welles in seiner berühmt augenzwinkernden Art in einem Interview für MODERN SCREEN (1940). Dabei hatte sich Welles sozusagen seit Kindesbeinen mit Shakespeare beschäftigt. Auf der Bühne spielte er schon mit siebzehn Jahren in Hamlet, Timon von Athen, Richard III., Romeo und Julia, und mit einundzwanzig verlegte er in seiner Bühnenproduktion die Macbeth-Handlung nach Haiti und ließ alle Rollen von Schwarzen spielen. Das Angebot, Macbeth zu verfilmen, kam von Republic Pictures, einer Gesellschaft, die auf B-Filme spezialisiert war. Dementsprechend niedrig war das Budget mit $ 700 000 angesetzt. Die Produktionszeit sollte drei Wochen nicht übersschreiten. Das war nur möglich, weil als Grundlage für den Film Welles' Bühnenproduktion in Salt Lake City diente, die 1947 beim Utah Centennial Festival herausgekommen war. Für den Film verwendete Welles Kulissen aus Pappmaché, die sich bewegen ließen und jederzeit dem Ort der Handlung angepaßt werden konnten. Außerdem wurde der Ton vorproduziert, so dass die eigentliche Inszenierung im Play-Back-Verfahren erarbeitet wurde: Während der Aufnahme kam der Ton aus Lautsprechern, die Darsteller brauchten nur den Mund zu bewegen. Diese Methode erwies sich beim Schnitt des Films, der ohne Welles erfolgte, als großes Handikap, da die Lippenbewegungen nicht immer mit dem Gesprochenen in Einklang gebracht werden konnten. Bei der Uraufführung 1948 wurde der Film dermaßen verrissen, dass er zurückgezogen und neu bearbeitet wurde. Er wurde von 107 Minuten auf rund 90 Minuten gekürzt, der Ton teilweise neu aufgenommen. Selbst Welles musste in London seine Dialoge erneut auf Band sprechen, um sie nachträglich in den Film einzuarbeiten. 1949 wurde der Film neu herausgebracht. Die Reaktion änderte sich kaum. »Jene dürftige Krawallplotte *Macbeth* ... ähnelt in der Tat einem Horrorfilm ... Welles' erschreckte Mimik, seine emporschnellenden Brauen und aufgerissenen Augen lassen einen an Lon Chaney jr. denken, der verzweifelt darum bittet, in eine Zelle eingeschlossen zu werden, bevor er zu heulen anfängt. *Macbeth* besitzt eine gewisse barbarische Vitalität aufgrund der rapiden Bildfolge und einer kraftvollen Kameraführung. Dramaturgisch indes bleibt der Streifen flach.« (Joseph McBride, ORSON WELLES) »Es stimmt, dass die Sets eintönig sind, dass die Besetzung von einem Blinden zusammengestellt sein muss (besonders bei Lady Macbeth, Malcolm und Macduff). Es ist auch wahr, dass Welles selbst viel zu theatralisch agiert, statt die Verschlagenheit der Titelfigur stärker zu betonen. Auch wird Shakespeares Text im schlechtesten Sinne amerikanisiert. All das ist wahr. Aber es ist eben nur die eine Wahrheit. Dieser Film wird der Shakespeareschen Vorlage auf seine Weise gerecht. Er ist angemessener Macbeth, zugeschnitten für das Kino, für ein Millionenpublikum.« (Henry Hart, FILMS IN REVIEW) – Abschließend eine Anmerkung zum phantastischen Element des Welles-Films: »[Welles] ist es gelungen, seine Hexen nicht als jene Karikaturen darzustellen, die das Mittelalter aus ihnen gemacht hatte, sondern so, wie sie nach einer älteren Tradition zu sein haben: Überlebende eines prähistorischen Stammes mit edlen und ehrwürdigen Riten, von feierlicher und geschlechtsloser Schönheit, dazu bestimmt, jene Dinge darzulegen, welche sich jenseits von Gut und Böse, jenseits des rationalen Menschen, jenseits der Weisheit, des Mitleids und des Todes befinden.« (Maurice Bessy, ORSON WELLES)

MACBETH

(MACBETH). GB 1960. R: *George Schaefer*. B: *George Schaefer*. V: »Macbeth« von William Shakespeare. K: Fred A. Young. M: Richard Addinsell. D: Maurice Evans (Macbeth), Judith Anderson (Lady Macbeth), Michael Hordern (Banquo), Ian Bannen (Macduff), Felix Aylmer (Arzt), Megs Jenkins (Gentlewoman), Jeremy Brett (Malcolm), Barry Warren (Donalbain), William Hutt (Ross), Charles Carson (Cathness), Trader Faulkner (Seyton), George Rose (Pförtner), Valerie Taylor (1. Hexe), Anita Sharp Boisler (2. Hexe), April Olrich (3. Hexe), Brewster Mason (Angus), Simon Lack (Menleith), Scot Finch (Fleance), Robert Brown (Sergeant), Michael Ripper (1. Mörder), Douglas Wilmer (2. Mörder). F 108 Min.
»Kraftvoll und blutig!« (VARIETY) – »Schaefer bringt *Macbeth* ohne wesentliche Kürzungen, fast ohne ein Wort, das nicht von Shakespeare stammt. Und doch wurde kein guter Film daraus ... Woran liegt es, dass *Macbeth* 1960 wie eine Mischung von Abenteuerfilm und Schauerballade wirkt? Die Antwort klingt beinah paradox: Schaefer klammerte sich so sehr an Shakespeares Text – wie Bühnenregisseure es fast nie tun –, dass er Shakespeare tötete. Die Dialoge, die auf der stilisierten Bühne dominieren, werden in der naturalistischen Szenerie dieses Films oft zum unglaubwürdigen Beiwerk ... Schaefer drehte einen Bilderbuchfilm, der an der Oberfläche bleibt. Das Mienenspiel der zweitrangigen Besetzung beschränkt sich auf Augenrollen, die deutschen Synchronsprecher bleiben lustlos ... Blut im Technicolorfilm ist immer problematisch, hier fließt es an der Grenze von Kitsch und Gänsehaut.« (FILMDIENST)

MACBETH

(MACBETH). GB 1971. R: Roman Polanski. B: Roman Polanski, Kenneth Tynan. V: »Macbeth« von William Shakespeare. K: Gilbert Taylor. M: The Third Ear Band. D: Jon Finch (Macbeth), Francesca Annis (Lady Macbeth), Martin Shaw (Banquo), Nicholas Selby (Duncan), John Stride (Ross), Stephan Chase (Malcolm), Paul Shelley (Donalbain), Terence Bayler (Macduff), Andrew Laurence (Lennox), Frank Wylie (Mentieth), Bernard Archard (Angus), Bruce Purchase (Cathness), Keith Chegwin (Fleance), Noel Davis (Seyton), Noelle Rimmington (Junge Hexe), Maisie MacFarquhar (Blinde Hexe), Elsie Taylor (1. Hexe), Vic Abbott (Cawdor), Diane Fletcher (Lady Macduff), Mark Dightam (Macduffs Sohn), William Hobbs (Junger Seyward), Alf Joint (Alter Seyward), Michael Balfour (1. Mörder), Andrew MacCulloch (2. Mörder), Bill Drysdale (1. Reitknecht), Roy Jones (2. Reitknecht), Richard Pearson (Arzt), Sydney Bromiey (Pförtner), Howard Lang (1. alter Soldat), David Ellison (2. alter Soldat), Terence Mountain (Soldat), Paul Hennen (Lehrling), Patricia Mason (Lady), Jan Hogg (1. Lehnsmann), Geoffrey Reed (2. Lehnsmann), Nigel Ashton (3. Lehnsmann), Beth Owen, Maxine Skelton, Janie Kells, Olga Anthony, Roy Desmond, Pam Foster, John Gordon, Barbara Grimes, Aud Johansen, Dickie Martyn, Christina Paul, Don Vernon, Anna Willoughby (Tänzer). F 140 Min.

Polanskis Eröffnungssequenz ist bemerkenswert. An einem einsamen Strand, von dem sich die Flut gerade zurückgezogen hat, kommen drei Hexen daher, die einen quietschenden Karren hinter sich herziehen. Zwei der Hexen sind alt, eine überraschend jung und hübsch, dazu stumm. Aus dem Karren nehmen sie die abgerissene Schlinge eines Galgenstricks und einen abgehackten Arm. Beides begraben sie im feuchten Sand und übergießen das Ganze mit Blut. Sie murmeln Beschwörungen, beschließen sich zu trennen, ziehen in verschiedene Richtungen weiter, bis der aufkommende Nebel sie verschlingt. Der Nebel füllt das gesamte Bild und dient als Hintergrund für die Credits, doch aus dem Off sind die Geräusche einer heftigen Schlacht zu hören. Der Nebel lichtet sich, gibt den Blick frei auf ein blutiges Schlachtfeld. »Die aus zwei Szenen bestehende Eröffnungssequenz enthält schon fast die gesamte Thematik des Macbeth-Stoffes, verdeutlicht darüber hinaus den Interpretationsansatz Polanskis. Die Hexen sind keine übernatürlichen Wesen, sondern gewöhnliche Zauberinnen und Trödlerinnen, deren (oft blutiges) Gewerbe die Magie und Prophetie ist. Die junge Hexe zeigt, dass Hexen nicht zeitlos sind, sondern der Alterung, also auch der Sterblichkeit unterworfen sind, dass sie andererseits aber ihre Kontinuität wahren können, indem sie junge Hexen rekrutieren und sie in ihre Geheimnisse einweihen ... So wie sie nicht einfach in der Luft verschwinden – wie Shakespeares Bühnenanweisung vorschreibt – so ist ihr Erscheinen auch nicht mit Blitz und Donner begleitet. Nur auf den ersten Blick mag es überraschen, dass Polanski nicht die in dem Stoff enthaltene Möglichkeit ausspielt, das Okkulte, Übernatürliche zu betonen. Aber Polanskis Intention ist es, die mystischen Vorgänge, denen Macbeth erliegt, als politische Verstrickungen zu deuten; so finden in Macbeth alle ursprünglich phantastischen Handlungsteile eine psychologische oder soziale Erklärung.« (Paul Werner, ROMAN POLANSKI) Dieser Aspekt wird besonders deutlich beim Auftritt von Banquos Geist, wie es bei Shakespeare heißt. Der Zuschauer erkennt diesen als Halluzination des nach dem Mord psychisch verwirrten Macbeth. Polanski wechselt ständig von der subjektiven (Kamera-) Perspektive Macbeths, aus der Banquo blutverschmiert mitten unter den Gästen des Banketts sitzt, in die objektive Perspektive, die nur einen leeren Platz an der Festtafel zeigt. Der Schluß hebt sich von dem des Dramas deutlich ab. Donalbain neidet seinem Bruder die frisch erworbene Königswürde. Er sucht die Hexen auf, um das Orakel zu befragen. Er wird der nächste sein, der den Kampf um die Krone entfachen wird. »Polanski erhebt damit Macbeths individuelle Verstrickung in Ambition und Leidenschaft

Macbeth – GB 1971

zum historischen Prinzip; wieder einmal vertritt er seine These, dass sich die Geschichte in immer gleichen Zyklen wiederholt.« (Paul Werner, ROMAN POLANSKI) – Polanskis Film wurde schon im Vorfeld der Fertigstellung von der US-Presse heruntergemacht, die das finanzielle Engagement von Playboy-Chef Hugh Hefner an einem Shakespeare-Projekt als unverzeihliche Dreistigkeit brandmarkte. Die Gerüchte um eine Nacktszene der Lady Macbeth verstärkten die Angriffe und brachten dem Film die Verballhornung »MacBett« ein. Nach dem Start ließ die US-Kritik kein gutes Haar an ihm, was sich negativ auf die Einspielergebnisse auswirkte. Erst die britische Presse feierte den Film – mit kessen Worten und Überschriften wie »MacBrillant« und »Macbeth ist Sieger«, was jedoch die finanziellen Verluste nicht wettmachen konnte. Die deutsche Kritik beschränkte sich darauf, Brutalitäten herauszustellen: »Äußerlich wort- und werkgetreue Verfilmung von Shakespeares Tragödie, die aber das innere Drama durch zu starke Betonung der spektakulären Effekte – Blutrünstigkeiten und Scheußlichkeiten – verfehlt« (FILMDIENST) und »überflüssiger Beitrag zur Reihe der zur Zeit recht zahlreich vertretenen Gewaltfilme« (MEDIUM). Zum Schluß sei Paul Werner zitiert, der die beste Polanski-Werkmonographie geschrieben hat: »*Macbeth* ist durchaus als eine gelungene Übertragung des Bühnenstücks in das Medium Film zu bezeichnen, bei der Polanski an keiner Stelle die Vorlage vergewaltigt, vielmehr eine der zahlreichen Interpretationsmöglichkeiten, seinen persönlichen Neigungen entsprechend, herausgreift und weiterentwickelt. Polanskis Version hebt sich wohltuend von den meist als ausgesprochene ›Schauspielerfilme‹ gestalteten Macbeth-Adaptionen ab, denen es in den seltensten Fällen gelingt, schwülstige Theatralik zu vermeiden.« P.S.: Der Macbeth-Stoff ist über 15mal verfilmt worden, darunter 9 Stummfilme und 2 Kriminalfilme. Akira Kurosawas Version *Das Schloss im Spinnwebwald* (1957) dürfte wohl die gelungenste und interessanteste Bearbeitung sein. [V]

MACBETH

(MACBETH). *Frankreich/BRD 1986.* **R:** *Claude d'Anna.* **B:** *Francesco Maria Piave, Claude D'Anna.* **V:** *»Macbeth« von William Shakespeare.* **K:** *Pierre Dupoey.* **M:** *Giuseppe Verdi.* **D:** *Leo Nucci (Macbeth), Shirley Verret (Lady Macbeth), John Leysen (Banco), Philippe Volter (Macduff), Antonio Barasorda (Malcolm), Sergio Fontana (Arzt), Anna Caterina Antonacci (Dama), Gianfranco Casarini (Diener), Gaston Sartim, Natale De Carolis, Marco Fanti.* F 135 Min.

»Grabesstimmung, die Hexen barbusig auf der blubbernden Müllkippe, Ratten auf dem Tisch – nicht eben einladend, dafür aber treffend die Atmosphäre, die Regisseur Claude d'Anna seiner Verfilmung der Verdi-Oper ... angedeihen läßt.« (Volker Boser, AZ)

DIE MACHT DES SCHWERTES

(XIN LIU XING HU DIE JIAN/BUTTERFLY AND SWORD). *Hongkong 1993.* **R:** *Michael Mak.* **B:** *Chong Ching.* **K:** *Chan Wing She.* **D:** *Michelle Yeoh (Schwester Ko), Joey Wong (Butterfly), Tony Leung (Meng Sing Wan), Donnie Yan (Chip Yeung), Jimmy Lin.* F 83 Min.

Kriegermärchen aus Hongkong um eine Schwertkämpferin und ihren schüchternen Bruder, die mittels eines greisen Eunuchen, der sie gegen einen Verschwörer ausschickt, von einem Thronräuber instrumentalisiert werden. Die gekürzte deutsche Videofassung trägt wenig zum Verständnis bei. Nur auf Video. [V]

DIE MÄCHTE DES LICHTS

(SORCERESS). *USA 1983.* **R:** *Brian Stuart.* **B:** *Jim Wynorski.* **K:** *Alex Phillips jr.* **SpE:** *New World Effects, John Buechler.* **D:** *Leigh Harris (Mira), Lynette Harris (Mara), Bob Nelson (Erlik), David Milbern (Pando), Bruno Rey (Baldar), Robert Ballesteros (Traigon), Ana de Sade (Dellisia), Douglas Sanders (Hunnu), Tony Stevens (Khrakannon), Martin LaSalle (Krona), Silvia Masters (Kanti), William Arnold (Dargon), Teresa Conway (Amaya), Lucy Jensen (Tänzerin), Michael Fountain (Spieler), Peter Farmer, Charles Rogers, Philip Garrigan, Mark Arevan, Gloria Meister, Randy Rothman, Marla Hill, Ginger Baum, Gerald Hood.* F 82 Min.

Als Preis für seine Unverwundbarkeit hat der Tyrann Traigon seinem Gott sein Erstgeborenes als Opfer versprochen. Dummerweise beschert ihm die Gemahlin jedoch Zwillinge. Nachdem der Plan, beide umzubringen, am Eingreifen eines Magiers scheitert, zieht sich Traigon zurück und leckt zwanzig Jahre seine Wunden. Mira und Mara reifen zu gut gebauten Amazonen heran, die überdies auf geistige Weise miteinander verbunden sind. Als die Schergen ihres Vaters schließlich ihre Zieheltern umbringen, machen sie sich mit dem Barbaren Erlik, dem Wikinger Baldar und dem Satyr Pando auf eine »gefahrvolle Odyssee durch ein mythologisches Labyrinth von Fabelwesen: Von Zombies über Nymphen ... und Affenplanetenbewohnern bis hin zu einem geflügelten Lichtgott in Löwengestalt ist alles vertreten, was diesmal Freund und Feind ausmacht ... Am Schluß wartet in Gestalt zweier typischer Sagenprinzen eine zusätzliche Belohnung auf die beiden Heldinnen, die als Mächte des Lichts die der Dunkelheit besiegt haben.« (FILMBEOBACHTER)

Nach *Conan*, *Talon* und *Beastmaster* konnte auch Roger Corman der Barbaren-Versuchung nicht mehr widerstehen. Wie die meisten der von ihm produzierten Billigfilme ist auch dieses farbenfrohe Zitaten-Potpourri mit dem Quentchen Witz extra inszeniert, so dass man sich nicht allzu sehr im Sessel winden muss. [V]

MACISTE BEKÄMPFT DIE UNTERWELT
Anderer Titel für **Maciste und die Königin der Nacht**

MACISTE BESIEGT DEN FEUERTEUFEL
(IL TRIONFO DI MACISTE). Italien 1961. **R:** *Amerigo Anton.* **B:** *Arpad de Riso, Nino Scolaro.* **K:** *Oberdan Troiani.* **M:** *Carlo Innocenzi.* **D:** *Kirk Morris (Maciste), Cathia Caro (Antea), Ljuba Bodin (Königin Tenefi), Aldo Bufilandi (Themail), Carla Caló (Yalis), Cesare Fantoni (Agadon), Guilio Donnini (Omnes), Attilio Dottesio (Arsino), Bruno Tocci (Tabos), Piero Leri, Salvatore Lago, Lucy Randi, Alfredo Salvadori, Calisto Calisti. F 86 Min.*
Ein heimtückisches Thronräuberpaar, das dem heidnischen Kult des mysteriösen »Feuerteufels« huldigt, hat den rechtmäßigen König des irgendwo am Nil befindlichen Reiches Axur beseitigt und trachtet nun dem Erbprinzen nach dem Le-

ben. Maciste, der dem jungen Mann zu Hilfe eilt, gerät in die Fänge der drallen Königin Tenefi und wird mit einem ihm das Gedächtnis raubenden Zaubertrank außer Gefecht gesetzt. Dank guter Freunde und der Zauberin Yalis kann man die Wirkung des Gebräus neutralisieren. Maciste setzt seine Muckis ein, um das Götzenbild des Feuerteufels zu kippen. Im nachfolgenden Einsturz-Chaos (Bestandteil nahezu sämtlicher Muskelhelden-Filme) werden die Thronräuber von herabfallenden Trümmern erschlagen. Technisch hatten die alten Ägypter offenbar allerhand drauf: Ihre Falltüren funktionieren wie geschmiert.

MACISTE, DER HELD VON SPARTA
(MACISTE, GLADIATORE DI SPARTE). Italien/Frankreich 1964. **R:** *Mario Caiano.* **B:** *Mario Amendola, Alfonso Brescia, Albert Valentin.* **K:** *Pier Ludovico Pavoni.* **M:** *Carlo Franci.* **D:** *Mark Forest (Maciste), Elisabeth Fanty (Christin), Robert Hundar (Cäsar), Marilu Tolo (Olympia), Peter White (Prätorianer-Kommandeur). F 100 Min.*
Maciste arbeitet als Gladiator im Dienst eines römischen Kaisers, der von seiner rechten Hand, dem Prätorianer-Kommandeur, nach allen Regeln der Kunst verscheißert wird, da es selbigen nach Macht dürstet und er die Christen haßt. Maciste hält jedoch zu den Christen und führt sie in die Freiheit; zwischendurch prügelt er sich mit einem Mann in einem Zottelkostüm, der vorgibt, ein Orang-Utan zu sein. – Selten so gelacht! –»Für jeden Geschmack hält der Film etwas bereit: Intrigen und höfischen Überdruß; Gladiatorenkämpfe und Schlachtgetümmel, Liebesidylle und Haßausbrüche, frommes Christenleben und heidnisches Laster.« (FILMDIENST) Nur keine ausgesprochenen Fantasy-Elemente.

MACISTE – DER RÄCHER DER PHARAONEN
(MACISTE NELLA VALLE RE/LE GEANT DE LA VALLEE DES ROIS). Italien/Frankreich 1960. **R:** *Carlo Campogalliani.* **B:** *Oreste Biancholi, Ennio de Concini.* **K:** *Riccardo Pallotini.* **M:** *Carlo Innocenzi.* **D:** *Mark Forest (Maciste), Chelo Alonso (Königin Smedes), Angelo Zanolli (Kenamun), Vira Silenti (Tekaet), Frederica Ranchi (Nofret), Carlo Tamberlani (Armitee), Peter Dorric (Wesir), Ni-*

no Musco (Nenneka), Ignacio Dolce, Zvonimir Rogoz, Andrea Fantasia. F 90 Min.

Im 3. Jahrhundert v. Chr., irgendwo in Ägypten: Smedes, die persische Gattin des örtlichen Pharaos, lässt ihren Mann beseitigen, überzieht das Land mit Mord und Brand und will es mit Hilfe eines schurkischen Großwesirs an die Perser verschachern. Prinz Kenamun, der der falschen Schlange im Weg steht, wird mit einer magischen Kette außer Gefecht gesetzt, die seinen Geist verwirrt. Zwischendurch wird aus einem Steinbrocken in der Wüste der mächtige Muskelmann Maciste »geboren«, der sich sogleich auf die Seite der unterdrückten Volksmassen stellt und dem armen Königssohn helfen will. Als unser Held sich der bösen Königin sexuell verweigert, landet er in jenen abgrundtiefen Grüften, in denen die Guten immer landen, wenn sie zu frech sind. Nach dem Ausbruch (Gähn), organisiert er eine großangelegte Revolte, befreit den Prinzen von der Zauberkette und entmachtet Smedes, die auf der Flucht einem Rudel zukünftiger Krokodillederhandtaschen zum Opfer fällt. – Mark Forest ist in der Rolle des Maciste ungefähr so charmant wie unser alter Freund Fozzie-Bär; Chelo Alonso (die mit dem bösen Blick) gibt jedoch einen passablen weiblichen Bösewicht ab.

MACISTE, DER RÄCHER DER VERDAMMTEN

(MACISTE ALL'INFERNO). Italien 1962. R: Riccardo Freda. B: Eddy H. Given, Oreste Biancoli, Piero Pierotti. K: Riccardo Pallottini. M: Carlo Franci. D: Kirk Morris (Maciste), Helene Chanel (Hexe), Angelo Zanolli (Charley Law), Andrea Bosic (Richter), Gina Mascetti (Wirtin), Charles Fawcett (Arzt), Antonella della Porta (Mary), Donatella Mauro (Doris), John Karlsen (Bürgermeister), Antonio Ciani (Robert), Puccio Ceccarelli (Goliath), Remo de Angelis (Prometheus), Vira Silenti (Martha Grund). F 91 Min.

Im 17. Jahrhundert (!) eilt der antike Muskelmann Maciste einer mutmaßlichen schottischen Hexe zu Hilfe, die auf dem Scheiterhaufen verbrannt werden soll. Nachdem er den sogenannten Hexenbaum entwurzelt hat, von dem alles Unheil dieser Welt ausgeht, entdeckt er den Eingang

zur Unterwelt. Dort lauern allerlei Gefahren auf ihn – Löwen, Geier, Schlangen, der Riese Goliath und eine falsche Zauberin, die ihn behexen will. Als sie sich vom gutmütigen Charme des diensthabenden Rächers der Verdammten rühren lässt, zerfällt sie zu Staub. Der Fluch des Bösen verliert seine Wirkung. Die mutmaßliche Hexe ist gerettet. Maciste jedoch »muss weiterziehen, weil es seine Bestimmung ist, immer und überall auf der Welt den Bedrängten zu helfen.« (ILLUSTRIERTE FILMBÜHNE)

MACISTE, DER SOHN DES HERKULES

(MACISTE NELLA TERRA DI CICLOPI). Italien 1961. R: Antonio Leonviola. B: Oreste Biancoli, Gino Mangini. K: Riccardo Pallottini. M: Carlo Innocenzi. D: Mitchell Gordon (Maciste), Chelo Alonso (Königin Capis), Germano Longo (König Agisander), Vira Silenti (Penope), Dante di Paolo (Ifitos), Paul Wynter (Mambo), Aldo Bufi Landi (Siro) Massimo Righi (Efros), Giotto Tempestini (Aronios), Raffaella Pelloni, Tullio Altamura, Antonio Meschini. F 92 Min.

Capis, die Königin von Sadok, kann aufgrund eines bösen Fluches der Circe erst dann wieder lieben, wenn sie die Nachfahren des Odysseus dem letzten Zyklopen ausgeliefert hat. Nachdem ihre Horden den vorletzten Abkömmling des Seefahrers getötet haben und dessen Söhnchen samt einem Getreuen in die Berge entkommen ist, schaltet sich der Held Maciste ins Drehbuch ein, um Capis Mores zu lehren. In Sadok sieht er sich allerlei Gemeinheiten und Verschwörungen ausgesetzt, doch dann verliebt sich die Herrscherin in

Maciste, der Sohn des Herkules

ihn. Mit Zaubertrank-Hilfe setzt sie Maciste matt und entlockt ihm den geheimen Aufenthaltsort des entkommenen Jungen. Als ihr Gespiele Ifitos dem Zyklopen das Kind zum Fraß vorwerfen will, schlägt Maciste zu. Während eines wüsten Kampfes zwischen Goodie und Baddie kommt Capis, inzwischen reumütig, um. Maciste lässt das Höhlengewölbe des Zyklopen mit Hilfe seiner gewaltigen Kräfte einstürzen. – »Die bunt bebilderte Moritat mit dem gutmütigen Schützer der Witwen und Waisen im Mittelpunkt solch erheiternder Kraftakte wäre ein recht abenteuerlicher Filmspaß für Kinder.« (FILMDIENST) [V]

MACISTE GEGEN DIE KOPFJÄGER

(MACISTE CONTRO I CACCIATORI DI TE-STE). Italien 1962. R: Guido Malatesta. B: Guido Malatesta. K: Domenico Scala. M: Gian Stellari, Guido Robuschi. D: Kirk Morris (Maciste), Laura Brown (Königin Amoha), Alfredo Zammi (Kermes), Frank Leroy (Ariel), Demeter Bitenc, Ines Holder, Corinne Capri, Letizia Stephan, Luigi Esposito, Alessio Oregare, Giovanni Pazzafini. F 79 Min.

Nachdem ein Erdbeben die Heimatinsel eines kleinen Völkchens verwüstet hat, bringt Maciste, der Sohn des Herkules, die Überlebenden auf einem Floß übers Meer und landet im Reich der Inkas (!), deren Königin Amoha in ständiger Furcht vor den Übergriffen eines Kopfjägerstammes lebt. Selbige werden von Kermes angeführt, der ihr Reich erobern will und sich bereits ihres greisen Vaters bemächtigt hat. Nachdem Kermes auch noch Amoha kidnappt und zwingen will, ihn zu ehelichen, naht Maciste und zeigt ihm, was eine Harke ist. – Maciste ist nur selten da, wenn man ihn braucht, und auch die im Titel auftauchenden Kopfjäger spielen kaum mehr als eine Gastrolle. – »Anspruchsloses Laientheater.« (FILM-DIENST)

MACISTE IM KAMPF MIT DEM PIRATENKÖNIG

(MACISTE CONTRO LO SCEICCO). Italien 1962. R: Domenico Paolella. B: Sergio Sollima, Gian Paolo Callegari, Mario Ferrari. K: Gaetano Valle, Carlo Bellero. M: Carlo Savina. D: Ed Fury (Maciste), Erno Crisa (Abdel Kader), Gisella Arden (Isabella), Piero Luth (Ramiro), Massimo Ca-rocci (Antonio), John McDouglas (Herzog von Malaga), Adriano Miscantoni (Alvarez), Carlo Pisacane (Ali), Mara Berni (Zuleima), Anna Ranalli, Carl Latimer, Gino Soldi, Amadeo Trilli, Mimmo Poll, Eddy Nogara. F 94 Min.

Obwohl im Dunkel der Vorzeit geboren (siehe Maciste, der Rächer der Pharaonen), treibt unser muskulöser Held sein Unwesen im 17. Jahrhundert, wo er auf bewährte Weise eine wüste Rangelei zwischen einem spanischen Adeligen und einem machthungrigen Muselmanen entscheidet: Scheich Abdel Kader hat nämlich den Herzog von Malaga eingekastelt und will dessen schöne Tochter Isabella zwingen, ihn zum Mann zu nehmen, damit er das Reich ihres Vaters dem seinigen einverleiben kann. Piratenkönig? Ho, ho! Fantasy-Elemente? Oh, no! Italienischer Originaltitel: »Maciste gegen den Scheich«.

MACISTE IN DER GEWALT DES TYRANNEN

(MACISTE ALLA CORTE DEL GRAN KHAN). Italien/Frankreich 1961. R: Riccardo Freda. B: Oreste Biancoli, Duccio Tessari. K: Riccardo Pallottini. M: Carlo Innocenzi. D: Gordon Scott (Maciste), Yoko Tani (Prinzessin Li-Sing), Dante di Paolo (Großer Khan), Gabriele Antonioni (Chu), Valery Inkijinoff (Oberpriester), Helene Chanel (Liu-Tai), Leonardo Severini, Chu Lai-Chit, Luong Ham Chau. F 90 Min.

Im 13. Jahrhundert ermordet der Großkhan der Mongolen den Kaiser von China. Dessen Tochter Li-Sing flieht zunächst in ein Kloster, während der bärenstarke Held Maciste (den es, so scheint's, durch Zeit und Raum verschlagen hat, lebt er doch meist in der Antike) sich ihres Bruders annimmt. Der Khan ist jedoch ein arger Tückebold, denn er lässt a) Li-Sing festnehmen, b) ihren Bruder töten und c) Maciste in ein winziges Grabgewölbe sperren. Von einer geisterhaften Götterstimme wieder zu den Lebenden gerufen, lässt der Held so heftig seine Muskeln spielen, dass die Erde aufbricht und sämtliche Halunken ins Gras beißen. – Diese Szene wird jedem unvergeßlich bleiben, der sie einmal gesehen hat: Selbst die hartgesottensten Schund-Film-Fans lagen seinerzeit (1962) wiehernd auf dem Boden. Besonders ergötzlich: der erfrischende (jedoch stets unfreiwillige) Humor der Akteure.

MACISTE IN DER HÖLLE

(MACISTE ALL'INFERNO). Italien 1925. **R:** *Guido Brignone.* **LV:** *Motive aus der »Göttlichen Komödie« von Dante.* **K:** *Ubaldo Arata, Massimo Terzano.* **SpE:** *Segundo de Chomón.* **D:** *Bartolomeo Pagano (Maciste), Umberto Guarracino, Mario Salo, Pauline Polaire, Domenico Serra. SW 85 (90) Min.*

In einem Wettbewerb der Turiner Itala-Film wurde der Hafenarbeiter Bartolomeo Pagano 1914 unter fünfzig Konkurrenten ausgewählt, in dem Monumentalfilm CABIRIA den bärenstarken Maciste zu geben. Besonders in Deutschland und Österreich hatte Pagano eine große Fangemeinde, die jedem seiner weiteren Stummfilmabenteuer begeistert folgte. »Als wahres ›Teufelswerk‹ erweist sich erst 1925 MACISTE ALL'INFERNO: Der Film ist eine ungewöhnliche Mischung aus Groteske, Rührstück, Phantasie und Komödie, in der es dem Regisseur Guido Brignone mit Unterstützung des Zauberkünstlers Segundo de Chomón gelingt, Dante und Méliès, Gustave Doré und Fritz Lang zu einem eigenartigen, aber äußerst sehenswerten filmischen Konglomerat aus Expressionismus und Kitsch, mediterraner Sinnlichkeit und gotischer Diabolik zu verschmelzen. Auch Pagano – placiert zwischen einen schrecklichen Barbaren à la Caligula, lüsterne Teufelsweiber, einen Pluto, der an den Feuerspucker in ›Pinocchio‹ erinnert, und einen Haufen Höllenbewohner, die einer mittelalterlichen Szene entnommen zu sein scheinen – schwelgt in seiner Rolle.« (CINEGRAPH)

MACISTE UND DIE KÖNIGIN DER NACHT

(MACISTE L'UOMO PIU FORTE DEL MONDO). Italien 1961. **R:** *Antonio Leonviola.* **B:** *Marcello Baldi, Giuseppe Mangone.* **K:** *Alvaro Mancori.* **M:** *Armando Trovaioli.* **D:** *Mark Forest (Maciste), Moira Orfei (Königin Halis Mojab), Paul Wynter (Bango), Gianni Garko (Katar), Raffaella Carrà (Saliura), Enrico Glori (Kahab), Roberto Miali (Loth), Ferdinando Tamberlani (Hi-Tur). F 95 Min.*

Halis Mojab, die Königin der Nacht, gebietet über das unterirdische Reich der »Maulwurfmen-

Maciste und die Königin der Nacht

321

schen«, seltsamen Getümen »in einer Art Bettlaken und Unterhosengewandung« (FILM-DIENST), die kein Sonnenlicht vertragen und deshalb ausschließlich nächtens aktiv sind. Nachdem sie das Reich des Königs von Aran in Klump gehauen und dessen Sohn Loth nebst Braut Saliura entführt haben, dringt Maciste, der Rächer der Enterbten, in die labyrinthischen Tiefen des Nachtreiches ein, würgt Löwen und Riesenaffen, verdreht Halis Mojab den Kopf, legt sich mit dem tückischen Hohepriester Kahab an und wiegelt die Sklaven der Maulwurfmenschen gegen ihre Peiniger auf. Ein unglaublicher Kraftakt des Helden bewirkt, dass das Sonnenlicht in die unterirdische Stadt fällt. Die Dunkelmänner müssen reihenweise ihr Leben lassen. – »In seinem technischen Aufwand und seiner geistigen Primitivität gleicht dieser Film den vorherigen ... der Serie.« (FILMDIENST) Den Part der entführten Prinzenbraut spielte die später Millionen scheffelnde italienische Entertainerin und Schlagersängerin Raffaella Carra.

MACISTES GRÖSSTES ABENTEUER

(MACISTE CONTRO IL VAMPIRO). Italien 1961. **R:** *Giacomo Gentilomo.* **B:** *Sergio Corbucci, Duccio Tessari.* **K:** *Alvaro Moncori.* **M:** *Angelo Francesco Lavagnino.* **D:** *Gordon Scott (Maciste), Gianna Maria Canale (Astra), Jacques Sernas (Kurtik), Leonora Ruffo (Giulia), Annabella Incontrera (Magda), Mario Feliciani, Van Aikens, Rocco Vitolazzi, Guido Celano, Renato Terra-Caiazzi. F 92 Min.*
Nachdem arabische Piraten Macistes Heimatdorf überfallen, sein Mütterlein erschlagen und seine Braut Giulia entführt haben, bricht der rechtschaffene und muskulöse Held ins Reich eines erzlumpigen Sultans auf. Dieser wird jedoch, so stellt sich bald heraus, von einem vampirischen Bösmann beherrscht, der seine Opfer nicht nur aussaugt, sondern auch zu gesichtslosen, willfährigen Zombies macht. Natürlich muss Maciste den Mächten der Finsternis (Gähn) Einhalt gebieten: Dabei steht ihm der nicht weniger unheimliche König des Reiches der Unterwelt (eine Art frühzeitlicher Viktor Frankenstein mit Labor) zur Seite, der den Vampir auch nicht leiden kann. Keine Frage, dass Maciste der Gerechtigkeit zum wohlverdienten Sieg verhilft. – »Schön doof ... aber immer wieder eine wahre Freude zum Ansehen.« (Hahn/Jansen, LEXIKON DES HORROR-FILMS)

MACUNAIMA

(MACUNAIMA). Brasilien 1969. **R:** *Joaquin Pedro de Andrade.* **B:** *Joaquin Pedro de Andrade.* **LV:** *»Macunaima« von Mário Raul de Morais Andrade.* **K:** *G. Cosulich, A. Beato.* **M:** *M. de Andrade.* **D:** *Grande Otelo, Paolo José, Dina Sfat. F 104 Min.*
Ein brasilianischer Eingeborener verwandelt sich nach einem Bad in einer sprudelnden Quelle in einen Weißen und verlässt den Dschungel, um in die Stadt zu gehen, wo er mit Bettlern und Terroristen Bekanntschaft schließt, hinter einem Zauberstein herjagt und am Ende wieder im Urwald verschwindet, um fortan mit einer ansehnlichen Prinzessin zusammenzuleben. – »Übervoll von Einfällen, merkwürdig und fremd anmutend, radikal und lustig, surrealistisch und revolutionär – so wirkt dieser Film, der sich jeder Einordnung widersetzt.« (ZITTY)

MADAME X – EINE ABSOLUTE HERRSCHERIN

BRD 1978. **R:** *Ulrike Ottinger.* **B:** *Ulrike Ottinger.* **K:** *Ulrike Ottinger.* **M:** *Ethnologische Abteilung des Museums Dahlem.* **D:** *Tabea Blumenschein (Madame X), Monika von Cube (Karla Freud-Goldmund), Roswitha Janz (Noa-Noa), Irena von Lichtenstein (Blow-up), Lutze (Betty Brillo), La Mona (Omega Zentauri), Yvonne Rainer (Josephine de Collage), Claudia Skoda (Flora*

Madame X – Eine absolute Herrscherin

Tannenbaum), Mackay Taylor (Belcampo/Schön-feld), Hella Utesch (Hoi-Sin). F 141 Min.

Eine bunt zusammengewürfelte Gruppe von Frauen aller Nationen (darunter eine Försterin, eine Künstlerin, eine Hausfrau, ein Fotomodell, eine Pilotin und eine Insulanerin) lässt sich von der mysteriösen Madame X, der Herrscherin über das Chinesische Meer, per Zeitung, Radio, Flugblatt und Flaschenpost bewegen, der schnöden Umwelt Adieu zu sagen und sich auf eine abenteuerliche Kaperfahrt zu begeben. Dass es dazu nicht kommt, weil Madame X absolute Unterwerfung verlangt und die Frauen so zwingt, »mörderisch-männliche Verhaltensweisen« (FILMDIENST) an den Tag zu legen, basiert auf der Erkenntnis, dass man ein neues Leben nur durch den Tod erringen kann. Am Ende schiffen sich die Frauen, nachdem sie eine »Wiedergeburt« erfahren haben, mit Madame ein. Hei-ho! – Was aber auch nicht kaschieren kann, dass *Madame X* ein stinklangweiliger Film ist, der eine Kürzung um 100 Minuten durchaus hätte vertragen können. – »Zwar hat dieses homoerotische Phantasie-Produkt witzige Momente, die bestechen. Aber die Utopievorstellungen erscheinen in ihrer irrational-radikalen Abwegigkeit nicht als mögliche Alternative, sondern vielmehr als falscher Symbolismus einer exotischen Inferiorität.« (Manfred Hobsch, FILMBEOBACHTER)

DAS MÄDCHEN AUF DEM BESEN
Anderer Titel für **Saxana, die Hexe**

DAS MÄDCHEN AUF DEM BESENSTIEL
Anderer Titel für **Saxana, die Hexe**

DAS MÄDCHEN AUS DEM WALD
(LA SORCIERE). *Frankreich 1955* **R:** *Andre Michel.* **B:** *Jacques Companeéz, Christiane Imbert.* **LV:** *Alexander Kuprin.* **K:** *Marcel Grignon.* **M:** *Norbert Glanzberg.* **D:** *Marina Vlady (Aino), Maurice Ronet (Lambert), Nicole Courcel (Kristina), Michel Etcheverry (Camoin), Ulf Palme (Matti), Rune Lindström (Pastor), Erik Hell (Pullinen), Ulla Lagnell (Pastorenfrau), Erik Hellström (Erik), Naima Wifstrand (Mai).* SW 98 Min.

Der französische Ingenieur Laurent soll im Auftrag einer schwedischen Gutsbesitzerin in einer abgelegenen Gegend eine Straße bauen. Dabei lernt er das blonde Mädchen Aino kennen, das mit seiner Mutter an einem einsamen Waldsee lebt, über mysteriöse Heilkräfte verfügt und von den Menschen für eine Hexe gehalten wird. Die beiden verlieben sich trotz der Sprachbarriere ineinander, aber da Aino von sich glaubt, sie sei »anders«, geht ihr Verhältnis tragisch aus: Von den tumben Waldbauern und dem opportunistischen Pastor, der sich weigert, die beiden zu trauen, boykottiert, verzweifelt Aino so sehr, dass sie sich am Ende wieder im Wald verkriecht. – »Marina Vlady in der Titelrolle ist eine Fehlbesetzung; sie lässt nicht vergessen, dass sie aus der Zivilisation kommt und in schwedischen Wäldern nichts zu suchen hat. Die übrigen Darsteller halten sich wacker.« (FILMBEOBACHTER)

DAS MÄDCHEN AUS DER FEENWELT ODER DER BAUER ALS MILLIONÄR
BRD 1988. **R:** *Jürgen Flimm.* **B:** *Ferdinand Raimund.* **D:** *Otto Schenk (Wurzel), Lena Stolze (Lottchen), Wolfgang Böck, Robert Grass, Gertraud Jesserer, Karl Paryla, Karl Merkatz, J. Stemberger.* F 160 Min.

TV-Version des Raimundschen Volksstücks von der phantastischen Läuterung des Bauern Wurzel.

DAS MÄDCHEN MIT DEN FEUERZEUGEN
BRD 1987. **R:** *Ralf Huettner.* **B:** *Ralf Huettner, Andy Hoetzel.* **LV:** *Hans Christian Andersen.* **K:** *Diethard Prengel.* **M:** *Andres Köhner.* **D:** *Enrico Böttcher (Ringo), Arnold Frühwald (Aga), Rupert Seid (Weißer Riese), Stefan Wood (Spasski), Eva Ordonez (Engel), Ortrud Beginnen (Heimleiterin), Henry van Lyck (Polizist), Iris Disse (Vera), Ulrike Folkerts, Silke Wülfing, Marissa Fernandino.* F 105 Min.

Am Weihnachtsabend schenkt ein barmherziger Engel vier Behinderten drei Wünsche und verhilft ihnen zu einer neuen Lebensperspektive.

DAS MÄDCHEN MIT DEN SCHWEFELHÖLZERN
BRD 1953. **R:** *Fritz Genschow.* **B:** *Joachim Barckhausen, Graf Stenbock-Fermor.* **LV:** *Hans Christian Andersen.* **K:** *Arndt von Rautenfeld.* **M:** *Richard Strauch.* **D:** *Johanna Wichmann, Fritz Gen-*

schow, Sabine Eggert, Regina von Bredow, Karin Reinholdt, Gustav Bertram. SW 38 Min.

Am Weihnachtsabend sitzen Mutter und Tochter in ihrer schönen, warmen Wohnung. Hartherzig weist die Tochter ein Mädchen, das Zündhölzer verkaufen will, ab. Daraufhin erzählt die Mutter das Märchen von dem Mädchen mit den Schwefelhölzchen, für den Zuschauer ins Bild gesetzt von einem Kinderballett. Gerührt von der Erzählung, holt die Tochter das vor dem Fenster wartende Mädchen herein.

DAS MÄDCHEN MIT DEN WUNDERHÖLZERN

(LITTLE MATCH GIRL). USA 1987. **R:** Michael Lindsay-Hogg. **B:** Maryedith Burrell. **LV:** Hans Christian Andersen. **K:** Kenneth MacMillan. **SpE:** David Gaithier. **M:** John Morris. **D:** Keshia Knight Pulliam (Molly), Rue McClanahan (Frances Dutton), William Daniels (Heywood Dutton), John Rhys-Davies (Polizeichef Murphy), William B. Davis (Dr. Sam Easton), Maryedith Burrell (Rita), Hallie Foote (Mary-Margaret Dutton), Jim Metzler (Joseph Dutton), Robyn Stevan (Lindsay Dutton), William Youmans (Neville Dutton). F (96) 87 Min.

TV-Film. – 1920 in Neuengland angesiedelte TV-Fassung des Andersen-Märchens mit Frank-Capra-Touch: Vor Jahren hat sich Heywood Dutton mit seinem Sohn verkracht. Kurz vor dem Weihnachtsfest bemüht sich Frances, die beiden wieder zusammenzubringen, was ihr mit Hilfe der jungen Molly glückt, da jedes Mal, wenn sie ein Streichholz anzündet, irgendwo etwas Gutes passiert. Außerdem rettet sie die Bewohner der kleinen Stadt vor den garstigen Umtrieben eines Großgrundbesitzers. Routiniert in Szene gesetztes, rührseliges Familienfilmchen.

MADE IN HEAVEN

(MADE IN HEAVEN). USA 1987. **R:** Alan Rudolph. **B:** Bruce A. Evans, Raynold Gideon. **K:** Jan Kiesser. **M:** Mark Isham. **D:** Timothy Hutton (Mike Shea/Elmo Barnett), Kelly McGillis (Annie Packer/Ally Chandler), Maureen Stapleton (Tante Lisa), Don Murray (Ben Chandler), Marj Dusay (Packer), Ray Gideon (Packer), Zack Finch (Billy Packer), Ann Wedgeworth (Annette Shea), James Gammon (Steve Shea), Mare Winningham (Brenda Carlucci), Neil Young, Tom Robbins, James Tolkan, Ric Ocasek, John Considine, Ellen Barkin, Debra Winger. F 100 Min.

Mike ertrinkt und kommt in den Himmel, wo er Annie kennenlernt, die dort geboren ist. Sie lernen einander lieben, doch dann wird Annie ausersehen, sich auf der Erde als Menschin zu bewähren. Oh je ... Mike gelingt es, ebenfalls zur Erde gesandt zu werden. Dort hat er sämtliche Erinnerungen an sein himmlisches Dasein verloren und dreißig Jahre Zeit, sie für sich zu gewinnen. »Der Spezialist für schwüle Leidenschaften und heißblütige Liebeskämpfe ist sichtlich überfordert. Er verheddert sich nur zwischen himmlischem Kitsch und irdischer Nostalgie.« (Harald Pauli, TEMPO) [V]

MADRA, DAS ACHTKÖPFIGE DRACHENMONSTER

(OROCHI, THE EIGHT-HEADED DRAGON). Japan 1994. **R:** Takao Okawara. **B:** Wataru Mimura. **K:** Yoshinori Sekuguchi. **SpE:** Koichi Kawakita. **M:** Kyoko Ogino. **D:** Masahiro Takashima, Yasuko Sawaguchi, Sekiji Maro. F 100 Min.

Mit einer Handvoll Gefolgsleute muss der göttliche Prinz und Samuraikrieger mehreren Ungeheuern und einem bösen, der Erde feindlich gesonnenen Antigott Paroli bieten. Ein sehr vordergründiges, lahmarschig in die Länge gezogenes Fantasyabenteuer. Höhepunkt des Geisterbahnabenteuers ist eines jener typischen Gummi-Ungeheuer, eine veritable Hydra mit jeder Menge Schlangenköpfen an unsichtbaren Strippen, die die Special Effects-Leute der Toho ziehen (Madras Auftritt ist dennoch zu kurz, um seinen prominenten Platz im Titel zu rechtfertigen). Viel Feuer wird gespien, und auch bunte Strahlen sind hübsch einkopiert. In dem großen Fantasyfilm NIPPON TANJO (1959) mit Toshiro Mifune haben wir das schon viel besser gesehen. [V]

MAGIC CHRISTIAN

(MAGIC CHRISTIAN). GB 1969. **R:** Joe McGrath. **B:** Terry Southern, Joseph McGrath, Peter Sellers. **LV:** Terry Southern. **K:** Geoffrey Unsworth. **M:** Ken Thorne. **D:** Peter Sellers (Sir Guy Grand), Ringo Starr (Youngman Grand), Wilfrid Hyde-White (Klaus), Laurence Harvey (Hamlet), Spike Milligan (Warden), Christopher Lee (Vampir), Raquel Welch (Sklaventreiberin), Leonard Frey (Psychiater), Isabel Jeans (Tante Agnes), Richard Attenborough (Oxford-Trainer), Caroline Blakiston (Tante Esther), Dennis Price. F 92 Min.

Guy Grand, ein exzentrischer Geldsack genießt die Macht, die der Mammon ihm verleiht, bis zum Äußersten. Er adoptiert den im Park herumlungernden Penner Junior und verdeutlicht ihm auf zynischste Weise, welche Macht Reichtum über die Menschen hat: Er funktioniert einen Theatermonolog zu einer grotesken Strip-Show um, lässt für 100 Pfund einen Polizisten einen Strafzettel fressen, Geschäftsleute in einer Jauchegrube nach Banknoten tauchen, ruiniert mit einer Schere ein für teures Geld erstandenes Rembrandt-Porträt und führt seinen Schützling in die lustigen Riten der Geldanbeter ein: Auf der Luxusjacht »Magic Christian« organisiert er ein Fest, das in ein surrealistisches Höllenspektakel übergeht und mit sämtlichen Figuren der populären Mythologie aufwartet: Von Dracula und King Kong über knutschende Muskelmänner, Fellinische Zwerge, nackte weibliche Galeerensklaven (die von der peitschenschwingenden Raquel Welch angetrieben werden) und einen vergnügt an der Bar sitzenden Roman Polanski ist auf dem Boot alles anzutreffen, was vor dem Mammon bereitwillig auf die Knie fällt. Die Verfolgung und Erniedrigung der breiten Volksmassen, dargestellt von einem Drehbuchautoren-Trio, das sich gewaschen hat, unter der Anleitung des Herrn McGrath: Ein bizarres, äußerst gemeines Pop-Märchen, das in überdrehter Form Fiktion und Wirklichkeit vermischt und mit nachgerade teuflischer Treffsicherheit all jene auf die Schippe nimmt, die nach außen hin die Macht des Mammons verachten, sich aber keine Gelegenheit entgehen lassen, an ihren Segnungen zu partizipieren – und sei es um den Preis der eigenen Menschenwürde. Gewiss kein klassisches Fantasy-Thema, aber auf seine Art einmalig und typisch für seine Zeit – und ein Vorläufer gewisser deutscher Fernseh-»Unterhaltungssendungen« der neunziger Jahre.

MAGIC COP

(MAGIC COP). Hongkong 1990. R: Wei Tong. B: Kan Cheung Tsang, Shun Chi Leung. D: Lam Ching Ying (Onkel Fung), Nishiwaki Michiko (Zauberer), Wilson Lam (Lam), Miu Kiu Wai (Sgt. Miu), Wong Mei Wah (Lin), Billy Chow, Michiko Nishiwaki. F 87 Min.

Onkel Fung, ein mit Zauberkräften operierender Ex-Kripomann, will den Tod der Tochter seiner Nachbarin aufklären und stößt bei seinen Ermittlungen auf japanische Drogenschmuggler, die recht fleißig die Käfte des Übernatürlichen einsetzen.

In einer endlosen Zauberorgie zerschmettert er das Böse, das ihm u.a. als laszive Verführerin und böses Ungeheuer in den Weg tritt. – Turbulenter Hongkong-Heuler mit vielen komischen Effekten und rasantem Geprügel, der freilich wahren Cineasten trotzdem nicht gefällt.

MAGIC ISLAND

(MAGIC ISLAND). USA 1995. R: Sam Irvin. B: Neil Ruttenberg, Brent V. Friedman. K: James Lawrence Spencer. M: Richard Band. D: Zachary Ty Bryan (Jack), Edward Kerr (Prinz Morgan), Jessie-Ann Friend (Lilli), Lee Armstrong, French Stewart. F 85 Min.

Jack, 13, lebt bei seiner Mutter, die keine Zeit für ihn hat. Die Haushälterin Lucinda gibt ihm ein magisches Buch, das ihn sofort in die Geschichte versetzt, die er liest: Er legt sich auf einer Insel des 18. Jahrhunderts mit dem Piraten Schwarzbart an, der mit seinem Buch einen Schatz aufspüren will und gewinnt das Herz einer Nixe. Ein unterhaltsames und witziges Fantasy-Abenteuer. »Die unendliche Geschichte im Readers Digest-Format.« (Jochen Rack, FILMDIENST) Nur auf Video. [V]

MAGIC MURDER

(WITCH HUNT). USA 1994. R: Paul Schrader. B: Joseph Dougherty. K: Jean-Yves Escoffier. M: Angelo Badalamenti. D: Dennis Hopper (Phillip Lovecraft), Penelope Ann Miller (Kim Hudson), Eric Bogosian (Larson Crockett), Sheryl Lee Ralph (Hypolita Cropotkin), Julian Sands (Finn Macha). F 94 Min.

Privatdetektiv der McCarthy-Ära ermittelt in einem Fall, in dem ein Filmproduzent auf magische Weise umgebracht wurde. Nur auf Video. [V]

MAGIC STICKS

BRD 1987. **R:** *Peter Keglevic.* **B:** *Christopher Ragazzo, George Kranz, Peter Keglevic.* **K:** *Edward Klosinski.* **M:** *George Kranz.* **D:** *George Kranz (Felix), Kelly Curtis (Shirley, von Felix angetrommelte Querflötenspielerin), Chico Hamilton (Jazz), David Margulies (Goldfarb), Jack McGee (McShady) John Gallagher (Trenchcoat), Reginald Val Johnson (Lakritze), Joe Silver (Pfandleiher), Michael R. Howard (Maestro), Ted Lambert (Ken).* F 91 Min.

Dem Trommler und Sänger George Kranz (»Ich will nur trommeln«) ist die Rolle des im Existenzkampf begriffenen Felix auf den Leib geschrieben, der als deutscher Drummer in New York von einem Straßenhändler zwei Schlagzeugstöcke bekommt. Wenn er mit ihnen trommelt, geht voll die Post ab und die Menschheit um ihn herum, wenigstens die in New York geborene, beginnt unwillkürlich in rhythmischen Verrenkungen zu hopsen, denn die Drum-Sticks sind *voll* verzaubert. Cool. Eine Konfrontation mit dem organisierten Verbrechen, das seine gierigen Hände ausstreckt, ist unvermeidlich. – Ursprünglich war das schwunglos zusammengeklöppelte Projekt als Musikvideo geplant, und das wäre es auch besser geblieben: »Der deutsche Film, der seiner ideologischen Überfrachtetheit entkommen wollte, ist mal wieder hollywood-gegangen: und daneben. Abgespeckt von Inhalten bleibt der Versuch zurück, eine richtige Kinogeschichte zu erzählen, die dann allerdings doch wieder ganz deutscher Film ist: Sie funktioniert nicht, weil die Zutaten nicht gut abgemischt sind.« (TAZ) [V]

MAGIC WOMAN

(IF THE SHOE FITS). USA/Frankreich 1990. **R:** *Tom Clegg.* **B:** *Timothy Prager.* **St:** *Madeline di Maggio, Pamela Wallace.* **M:** *Didier Vasseur.* **D:** *Rob Lowe (Francesco Salvitore), Jennifer Grey (Kelly Carter/Prudence), Alison Hornus (Domino), Elisabeth Vitali (Véronique), Andrea Ferreol (Wanda), Rebecca Potok (Mimi Larcher), Sacha Briquet (Cirage), Florence Pelly (Taffy), Josephine Penedo (Carol), Fabienne Chaudet (Empfangsdame), Marie-Ange De Toffoli, Céline Arbaud, Christel Chouchane, Brenda Kane, Gaby*

Revner, Darcy Staggers (Mannequins). F 90 Min. TV-Film. Kelly malocht in Paris als simple Garderobiere für den schicken Modezaren Francesco und träumt davon, eines Tages Schuhe zu entwerfen. Natürlich interessiert Francesco sich nicht die Bohne für sie. Bis Kelly eines Tages auf der Straße der guten Fee begegnet, die ihre Schuhe verzaubert: Fortan verwandelt sich das eine unscheinbare Mädel, sobald es die Schuhe trägt, in das rassige Mannequin Prudence. Da horcht Francesco auf. Doch liebt er sie oder nur ihr schickes Outfit? Da brauchste nicht lange zu fragen ... [V]

MAGICAL MYSTERY TOUR

(MAGICAL MYSTERY TOUR). GB 1967. **R:** *The Beatles.* **B:** *The Beatles.* **K:** *Aubrey Denar, Tony Busbridge, Daniel Lacamore, Mike Sarason.* **M:** *The Beatles.* **D:** *John Lennon, Paul McCartney, George Harrison, Ringo Starr, Victor Spinetti, Jessie Robbins, Nat Jackley, Jan Carson, George Claydon, Derek Royce, Mandy Weet.* F 50 Min.

TV-Film, Premiere am 26.12.1967 in der BBC. Eine ausgeflippte Gruppe von Reisenden, zu denen auch die Beatles gehören, unternimmt mit einem poppig angemalten Bus eine Fahrt ins Blaue (eine sogenannte »Mystery Tour«) und erlebt zunehmend surrealer werdende Abenteuer. – Ein von der Beatles-Firma Apple produziertes musikalisches Märchen, das nur den Fans der famosen Vier aus Liverpool gefallen wird, da die Machart des Films recht amateurhaft ist. (Die Kritik hat den Film jedenfalls in der Luft zerrissen.) Die Songs der Begleit-LP sind allerdings einiges wert: »Magical Mystery Tour« (Lennon/McCartney), »Your Mother Should Know« (McCartney), das surrealistische Meisterwerk »I am the Walrus« (Lennon), »Fool on the Hill« (McCartney), »Flying« (Lennon/McCartney) und »Blue Jay Way« (Harrison).

DER MAGIER

(THE MAGICIAN OF LUBLIN). Israel/BRD/Kanada 1979. **R:** *Menahem Golan.* **B:** *Irving S. White, Menahem Golan.* **LV:** *Roman von Isaac Bashevis Singer.* **K:** *Adam Greenberg.* **M:** *Maurice Jarre.* **D:** *Alan Arkin (Yasha Mazur), Louise Fletcher (Emilia), Shelley Winters (Elzbieta), Valerie Perri-*

ne (Zeftel), Lou Jacobi (Wolsky), Warren Berliner, Shai K. Ophir, Lisa Whelchel, Zachi Noy. F 114 Min.

Menahem Golan erzählt die Geschichte eines jüdischen Zauberkünstlers, der an seiner frevelhaften Hybris zugrunde zu gehen droht und schließlich als Eremit geläutert wird. Als die Angehörigen der Geliebten, die sich seinetwegen das Leben genommen hat, seine Hütte stürmen wollen, um Lynchjustiz zu verüben, wachsen ihm Flügel und er erhebt sich in die Luft. »Die spielerisch-schwebenden Anklänge an die Sage von Ikarus, an die zahllosen Mythen von der scheiternden Selbsterhöhung des Menschen, Prometheus und Faust etwa, bleiben zu sehr dem Realen verhaftet und werden im Film nie gültig eingelöst.« (FILM-DIENST) Mit deutschen Abschreibungsgeldern (N. F. Geria III) finanziert.

DAS MAGISCHE SCHWERT –
DIE LEGENDE VON CAMELOT

(THE MAGIC SWORD: QUEST FOR CAME-LOT). USA 1998. **R:** Frederik Du Chau. **B:** Kirk de Micco, William Schifrin. **St:** Jacqueline Feather, David Seidler. **LV:** »The King's Damsel« von Vera Chapman. **K:** Mark Dinicola. **M:** Patrick Doyle, David Frost, Carole Bayer Sager. **Spr:** Nena/Nana Spier (Kayley), Hartmut Engler/Simon Jäger (Garret), Joachim Hübner/K. Dieter Klebsch (Ruber), Heike Gentsch/Cornelia Meinhard (Lady Juliana), Olli Dittrich, Wigald Boning (Drache). F 86 Min. (Zeichentrick).

Sir Ruber stiehlt König Arthurs Zauberschwert Excalibur, um die Herrschaft über das Reich Camelot zu erringen. Lady Juliana, die Witwe des Tafelrundenritters Sir Lionel, den Ruber auf dem Gewissen hat, ist wenig begeistert, als ihre Tochter Kayley aufbricht, um es zurückzuerobern. Zusammen mit dem Blinden Garrett, einem zweiköpfigen Drachen und einem Falken bricht sie auf, um das Königreich zu retten, allen Gefahren zum Trotze. – »Die Entwürfe der Figuren scheinen direkt aus Disneys Papierkorb zu stammen. Die Animation wirkt holprig, die Hintergründe wirken seltsam blaß. Und die weichgespülten Songs möchte man seinem ärgsten Feind nicht einmal als Berieselung im Supermarkt zumuten.« (TIP)

DIE MAINACHT

(MAJSKAJA NOTSCH ILI UTOPLENNIZA). UdSSR 1952. **R:** Alexander Rou. **B:** Konstantin Issajew. **LV:** Erzählung »Maiskaja notsch ili Utoplenniza« (Eine Mainacht oder Die Ertrunkene) von Nikolai Gogol. **K:** Gawriil Jegjasarow. **M:** S. Potozki, unter Verwendung von Liedern von Nikolai Rimski-Korsakow. **D:** N. Dossenko (Lewko), Tatjana Konjuchowa (Hanna), Alexander Chwylja (Ortsvorsteher), Georgi Milljar (Schreiber), A. Dunaiski (Schnapsbrenner), G. Gumiljewski (Kalenik). F 63 Min.

Aus dem Dorfweiher taucht in einer Mainacht eine Nixe auf, Geist einer ertrunkenen Jungfrau, um zwei Liebenden zu ihrem Glück zu verhelfen.

MALPERTUIS

(MALPERTUIS: HISTOIRE D'UNE MAISON MAUDITE). Belgien/Frankreich/BRD 1971. **R:** Harry Kümel. **B:** Jean Ferry. **LV:** »Malpertuis« von Jean Ray. **K:** Gerry Fisher. **M:** Georges Delerue. **D:** Orson Welles (Cassavius), Mathieu Carrière (Yann), Susan Hampshire (Euryale/Nancy/Alice), Michel Bouquet (Dideloo), Jean-Pierre Cassel (Lampernisse), Sylvie Vartan (Bets), Daniel Pilon (Matias), Walter Rilla, Dora Van der Groen. F 110 Min.

Der Matrose Yann, schön und blondgelockt, geht in einer kleinen flämischen Hafenstadt an Land. Er sucht das Haus seiner Eltern, wird dabei von einem geheimnisvollen Mädchen verfolgt, betritt eine Hafenkneipe und wird zusammengeschlagen. Er findet sich unter vertrauten Gesichtern auf Malpertuis wieder, einem weitverzweigten, labyrinthischen Haus, das seinem unermeßlich reichen Onkel Cassavius gehört. Dieser, ein brüllender, zynischer Fettwanst, scheint gerade auf Yann gewartet zu haben. Er will sein Testament machen und endlich sterben. Überall auf Malpertuis, dessen Zimmerfluchten, Korridore, Etagen, Treppenhäuser als wirres, kaum überschaubares Reich für sich erscheinen, hausen eigenartige Typen, die offenbar nur auf den Tod des Haustyrannen warten. Als er stirbt, bindet das Testament alle Anwesenden an Malpertuis: Nur wer bleibt, kann Erbe werden. Alleinerbe soll endlich aber das letzte verbliebene Paar sein. Auf weitem und doch so engem Raum aufeinander angewiesen, herrscht eine Atmosphäre giftiger Intrigen, Missgunst und kaum versteckter Feindseligkeit. Nach merkwürdig irrationalen Vorgängen kommt Yann endlich hinter das Geheimnis des Hauses und seiner Bewohner: Cassavius hatte einst die letzten verbliebenen Gottheiten geraubt und nach Malpertuis gebracht. Hier verkommen sie zu höchst elenden Menschen: Venus erscheint als alte Vettel, Prometheus als Bettler, der auf seiner Lampe zittert, nur die Gorgone blüht in ewiger Jugend. Yann selbst scheint von Malpertuis loskommen zu können. Er erwacht aus einer tiefen Ohnmacht. Die Folge des Niederschlags zu Anfang? War alles nur ein Alptraum? Er verlässt scheinbar geheilt die Praxis eines Psychiaters, doch begegnet er auf dem Korridor Patienten, die ihm schon alle in der »Vision« erschienen sind. Er öffnet eine Tür und findet sich in Malpertuis wieder.

»Eine schlüssige Interpretation dieser Geschichte ist weder notwendig noch möglich: zu inhomogen sind die Motive, die den assoziativen Gesetzen von Träumen folgen. Aber wer sich darauf einlässt, erlebt fantastisches Kino, einen ganzen Kosmos von Mythenfiguren verschiedensten Ursprungs, zu einer Einheit gebracht durch Kümels Ästhetik, die von wunderschön arrangierten Einstellungen bis hin zu jähen Schockbildern reicht und mit einer seltenen stilistischen Geschlossenheit uns mit der Welt unserer Träume konfrontiert.« (Hans Günther Pflaum, FILMDIENST) – »Die zunächst ebenso undurchsichtigen wie unheimlichen Vorgänge im Schloss verwebt Kümel mit Hilfe seines exzellenten britischen Kameramanns Gerry Fisher und eines sorgfältig ausgewählten Darsteller-Teams ... zu einem vielfältig schillernden Trugbild aus Mythologie, Alptraum und Psychopathologie. Kümel ... öffnet Türen zu einer phantastischen Welt, deren faszinierendem Sog sich nur hoffnungslos Phantasielose entziehen können.« (Bodo Fründt, DIE ZEIT)

DER MANN, DEN MAN TÖTEN SOLLTE
(COVJEK KOGA TREBA UBITI). Jugoslawien 1979. **R:** *Veljko Bulajic.* **B:** *Veljko Bulajic, Bruno di Geronimo, Ratko Durovic, Stevan Bulajic.* **K:** *Branko Ivatovic.* **M:** *Joze Privsek.* **D:** *Zvonimir Crnko, Vladimir Popovic, Charles Millot, Ranko Kovacevic, Tanja Boskovic. F 105 Min.*
Aus der Geschichte vom legendären Scepan dem Kleinen, der im 18. Jahrhundert über Montenegro geherrscht haben soll, wird eine Parabel vom Kampf der Hölle um die Welt.

DER MANN, DER DIE WELT VERÄNDERN WOLLTE
(THE MAN WHO COULD WORK MIRACLES). GB 1937. **R:** *Lothar Mendes.* **B:** *H. G. Wells.* **LV:** *»Der Mann, der Wunder vollbringen konnte« von H. G. Wells.* **K:** *Harold Rosson.* **SpE:** *Ned Mann, Lawrence Butler, Edward Cohen.* **M:** *Mischa Spolianski.* **D:** *Roland Young (George Fotheringay), Ralph Richardson (Col. Winstanley), Joan Gardner (Ada Price), Ernest Thesiger (Maydig), Sophie Stewart (Maggie Hooper), George Zucco (Moody),*

Malpertuis

Bernard Nedell (Reporter), George Sanders, Torin Thatcher, Ivan Brandt (Götter). SW 80 Min.

Dem kleinen Angestellten Fotheringay wird von drei Gottheiten die Macht verliehen, Wunder zu tun. Nachdem er Freunden und Kollegen einen Gefallen getan und einen kleinkarierten Polizisten zuerst in die Hölle und dann nach Amerika versetzt hat, weiß er allerdings nichts Rechtes mehr mit der neuen Macht anzufangen. Ein Priester und ein Major wollen ihn dazu bringen, die Welt nach ihren Vorstellungen umzugestalten. Schließlich hat Fotheringay von guten Ratschlägen genug und macht sich, bereits größenwahnsinnig geworden, selbst ans Werk. Er zaubert sich einen gigantischen Palast und die führenden Politiker, Militärs und Wissenschaftler aller Nationen herbei, die für ihn alle Probleme dieser Welt lösen sollen. Als diese mehr Bedenkzeit erbitten, hält Fotheringay den Lauf der Erde an. Ernüchtert durch die sich daraus ergebenden katastrophalen Folgen, wünscht er sich, wieder ein normaler Mensch zu werden.

Ein mitunter arg dialoglastiges Forum für den Austausch gesellschaftlicher Theorien. Stellenweise wirkt die »brillant ersonnene, gespielte, inszenierte und technisch respektable tragikomische Gesellschaftsträumerei mit spektakulärem Slapstick« (KINE WEEKLY) dadurch doch recht ermüdend.

MANNEQUIN

(MANNEQUIN). USA 1986. **R:** *Michael Gottlieb.* **B:** *Michael Gottlieb, Edward Rugoff.* **K:** *Timothy Suhrstedt.* **SpE:** *Phil Cory.* **M:** *Sylvester Levay.* **D:** *Andrew McCarthy (Jonathan Switcher), Kim Catrall (Emmy), Estelle Getty (Claire Timkin), James Spader (Richards), G.W. Bailey (Felix), Carole Davis (Roxie), Meshach Taylor (Hollywood) Christopher Maher, Stephen Vinovich, Phyllis Newman.* F 90 Min.

Jonathan arbeitet in einer Firma, die Schaufensterpuppen herstellt. Eine Puppe hat es ihm besonders angetan, doch als er sich über Gebühr mit ihr beschäftigt, kriegt er die Fleppen. Da er auch als Gärtner, Pizzabäcker und Luftballonverkäu-

fer eine Niete war, hält seine Freundin Roxie wenig von ihm. Dann entdeckt Jonathan im Fenster eines Warenhauses die Puppe, die ihn seinen Job gekostet hat. Er rettet die Chefin des Unternehmens vor einem herunterfallenden Reklameschild und kriegt einen Job als Laufbursche. Um seinem Püppchen nahe zu sein, hilft er dem durchgedrehten Dekorateur Hollywood. Püppchen erwacht zum Leben und erweist sich als Reinkarnation einer altägyptischen Jungfrau. In den Nächten ihres Zusammenseins entwerfen Jonathan und sie Schaufensterdekorationen, die die Kundschaft anziehen. – Wer auf den Auftritt von Mannequins wartet, sieht sich enttäuscht: So heißen im englischen Sprachraum die Schaufen-

Der Mann, der die Welt verändern wollte

sterpuppen. Von leichter Hand inszenierte Fantasy-Komödie, die nett unterhält und das Yuppie-Leistungsdenken auf die Schaufel nimmt. Die Fortsetzung folgte 1990. [V]

MANNEQUIN 2 – DER ZAUBER GEHT WEITER

(MANNEQUIN TWO: ON THE MOVE). USA 1990. R: Stewart Raffill. B: Edward Rugoff, David Isaacs, Ken Levine, Betsy Israel. K: Larry Pizer. SpE: Joey di Gaetano. M: David McHugh. D: Kristy Swanson (Jessie), William Regsdale (Jason/Prinz William), Meshach Taylor (Hollywood Montrose), Terry Kiser (Graf Spretzle), Stuart Pankin (James), Cynthia Harris (Mom), Andrew Hill Newman (Andy), John Edmondson (Rolf), Phil Latella (Egon), Julie Foreman. F 95 Min.
Und weil wir mit Mannequin Profit gemacht haben, hier nun die »Fortsetzung«, die uns die Geschichte noch einmal erzählt: Der Warenhaus-Laufbursche ist diesmal der Jungdekorateur Jason und sein Püppchen eine verzauberte Maid aus dem Mittelalter, die auf einer Werbetour in den USA landet und von dem bösen Grafen Spretzle tyrannisiert wird, der Zauberkräfte hat. – Ein billiger Nachzieher, wie viele Filme, deren Titel nicht ohne eine Zahl auskommen. [V]

DER MANTEL

(IL CAPOTTO). Italien 1952. R: Alberto Lattuada. B: Luigi Malerba, Cesare Zavattini, Alberto Lattuada, Enzo Corelli, Giorgio Prosperi, Giordano Corsi, Leonardo Sinisgalli. LV: »Der Mantel« von Nikolai Gogol. K: Mario Montuori. M: Felice Lattuada. D: Renato Rascel (Carmine De Carmine), Yvonne Sanson (Caterina), Antonella Lualdi (Vittoria), Sandro Somaré (Verlobter), Giulio Stival, Maria Carena. SW 85 Min.
Ein kleiner Büroangestellter, der lange Zeit für einen neuen Mantel gespart hat, stellt plötzlich fest, dass »Kleider (wirklich) Leute machen«, denn fortan ist ihm nicht nur das Glück hold, sondern auch sein Selbstbewusstsein paßt sich der neuen Lage an. Tragisch wird sein Leben erst, als ihm ein Räuber zu nächtlicher Stunde den kostbaren Besitz entreißt: Seine Lebenskraft sinkt rapide, er stirbt. Doch bald lassen unerklärliche Ereignisse die Stadt aufhorchen: Der Geist des Gedemütigten ist zurückgekehrt, um sich an all jenen Menschen zu rächen, die ihn im Laufe seines Lebens erniedrigt haben ...

DER MANTEL

(SCHINEL). UdSSR 1959. R: Alexej Batalow. B: Leonid Solowjow. LV: »Der Mantel« von Nikolai Gogol. K: Genrich Marandshjan. M: Nikolai Sidelnikow. D: Rolan Bykow (Akaki Akakijewitsch Baschmatschkin), Juri Tolubejew (Petrowitsch), A. Jeschkina (Seine Frau), Jelena Ponsowa (Wirtin), G. Teich (Bedeutende Persönlichkeit). SW 73 Min.
Baschmatschkin, ein armer Beamter im zaristischen Petersburg, spart sich einen Mantel vom Munde ab. Als ihm dieses Kleidungsstück gestohlen wird, stirbt er aus Gram und erscheint als Geist. Die erste Filmversion der Gogol-Geschichte stammte aus dem Jahr 1926 und war von Grigori Kosinzew und Leonid Trauberg, die zweite, eine Modernisierung unter der Regie von Alberto Lattuada, entstand 1952 unterm italienischen Neorealismus.

MÄRCHEN EINER WANDERUNG

Anderer Titel für **Eine phantastische Geschichte**

DAS MÄRCHEN VOM BÄREN ONDREJ

(MEDVED A STRASIDLA). ČSSR 1959. R: Jaroslav Mach. B: J. Z. Novák. K: Václav Hunka. M: František Belfin. D: Jaroslav Marvan (König), Aglaia Moráková (Prinzessin Blanka), Sobeslav Sejk (Prinz Hynek), Jiriná Bohdalová (Zofe Anuska), Jiří Papez (Ondrej), Vladimír Huber (Ondrejs Vater). F 45 (92) Min.
Die Freier erscheinen in Scharen, um um die wunderschöne Prinzessin Blanka zu werben, aber die Prinzessin gibt vor, ans Heiraten noch nicht denken zu wollen. Am Seerosenteich hat sie sich nämlich in den Jägersmann Ondrej verknallt, und da sind ihr die anderen Freier wurscht. Daraufhin befiehlt der ungeduldige Vater, dass der zwölfte Freier seine Tochter bekommen soll, basta! Um an den Hof zu gelangen, lässt sich Ondrej von seinem Vater in ein Bärenfell nähen und tanzt so drollig, dass der Hofstaat der Meinung ist, dass er der allerbeste Bräutigam ist. In der DDR lief der tschechische Film in einer stark gekürzten Version.

MÄRCHEN VOM DÄUMLING

(SPRIDITIS/POHADKA O MALICKOVI/MALT-SCHIK-S-PALTSCHIK). ČSSR/UdSSR 1986. R: *Gunars Piesis.* B: *Gunars Piesis.* LV: *Märchen »Spiritio« (Daumesdick) von Anna Brigadere.* K: *Martins Kleins.* M: *Imants Kalnins.* D: *Roland Neiland (Däumling), Miroslava Soucková (Prinzessin Goldhaar), Miloslav Horácek (Teufel), Antra Liedskalniná (Zauberin), Zdenék Rehor (König). F 83 Min.*

Weil ihn die Stiefmutter tyrannisiert, zieht der Däumling in die weite Welt und rettet die Prinzessin Goldhaar vorm Teufel, doch inmitten der Falschheit und Intrigen des königlichen Hofstaats fühlt sich der Dreikäsehoch unwohl und ist froh, als er wieder unter vertrauten Menschen ist. Eine Gemeinschaftsproduktion von Filmstudio Barrandov und Filmstudio Riga nach Motiven eines lettischen Theaterstücks, mit reichlich Gesangseinlagen.

MÄRCHEN VOM SONNENKÖNIG

Anderer Titel für **Die drei goldenen Haare des Sonnenkönigs**

MÄRCHEN VOM TAPFEREN RECKEN

(BUSCHUUGIJN ULGER). Mongolische Volksrepublik 1979. R: *P. Zogdsol.* B: *P. Zogdsol.* LV: *Mongolisches Märchen.* K: *L. Scharawdorsh.* M: *Z. Namsraidshaw.* D: *O. Ganbat (Buschchüü), S. Genden (Tansar Chaan), Z. Sain-Sanaa (Prinzessin), N. Dagijrands, N. Suwdaa. F 86 Min.*

Ein Hirtenjunge phantasiert sich in kühne Heldentaten.

DAS MÄRCHEN VOM ZAREN SALTAN

(SKASKA O ZARE SALTANE). UdSSR 1966. R: *Alexander Ptuschko.* B: *Alexander Ptuschko, Igor Gelejn.* LV: *Märchenpoem von Alexander Puschkin.* K: *Igor Gelejn, Walentin Sacharow.* M: *Gawril Popow.* D: *Wladimir Andrejew (Zar Saltan), Larissa Golubkina (Zarin), Oleg Widow (Gwidon), Ksenia Rjabinkina (Schwanenprinzessin), Sergej Martinson (Vormund des Zaren), O. Wiklandt (Base), W. Iwljewa (Weberin). F 122 Min.*

Nach Motiven des gleichnamigen Märchens von Alexander Puschkin: Intrigen verleiten den Zaren Saltan, seine Frau und den gemeinsamen Sohn

in einem Faß im Meer auszusetzen. Eine verwunschene Schwanenprinzessin und ihre riesenhaften Brüder bringen alles wieder ins rechte Lot. Einer der schwächeren Fantasyfilme des Regisseurs Ptuschko *(Sadko; Ilja Muromez).*

DAS MÄRCHEN VON DEN ZAUBERPERLEN

(SKASKA O WOLSCHEBNOM BISSERE). UdSSR 1988. R: *Ilmurad Bekmijew.* B: *Swetlana Michaltschenko.* LV: *Turkmenische Volksmärchen.* K: *Batyr Atajew.* M: *Murad Atajew.* D: *Tyllagosel Geldyjewa (Aigul), Jussup Kulijew (Murad), Begentsch Gunibekow (Aman). F 95 Min.*

Ein Kamelhirte und sein kleiner Bruder machen sich auf die Suche nach einer schönen Kaufmannstochter, die von einem bösen Geist entführt wurde.

DAS MÄRCHEN VON DER JOHANNISNACHT

Anderer Titel für **Märchen von der Zaubernacht**

DAS MÄRCHEN VON DER VERLORENEN ZEIT

(SKASKA O POTERJANNOM WREMENI). UdSSR 1964. R: *Alexander Ptuschko.* B: *Wladimir Lifschitz.* LV: *Märchen von Jewgeni Schwarz.* K: *Sergej Rubaschkin.* M: *Igor Morossow.* D: *Oleg Anofrijew (Petja Subow), Ljudmila Schagalowa (Marusja), Rina Selenaja (Nadja), Saweli Kramarow (Wasja), Sergej Martinson (Prokofi Prokofjewitsch). F 80 Min.*

»Vier mächtige alte Zauberer haben beschlossen, Verjüngungs-Kuchen zu backen. Dazu müssen sie verbummelte Zeit von Kindern einfangen. Auch Petja wird Opfer der Zauberer. Als er am Flußufer steht und schwatzt, fegt einer der Zauberer die versäumte Zeit in einen großen Sack. Es ist so viel Zeit, dass Petja in einen bärtigen Greis verwandelt wird.« (FF DABEI) Jetzt muss Petja erst einmal lernen, besser mit seiner Zeit umzugehen. Die gegen (ihr Pioniergelübde verletzende) Schulschwänzer gerichtete Botschaft wirkt in diesem Ptuschko-Film reichlich dick aufgetragen, so dass sich Vergnügen an der Märchenstimmung so recht nicht einstellen will.

MÄRCHEN VON DER ZAUBERNACHT

(POHADKA SVATOJÁNSKÉ NOCI). ČSSR 1981. R: *Zdenek Zydron.* B: *Jan Matejovský, Josef Va-*

culík, Zdenek Zydron. **K:** *Jiří Kolín.* **M:** *Petr Ul-rych.* **D:** *Václav Postranecký (Martin), Karel Vochoc (Vogt), Jana Alnerová (Anicka), Jan Krómer (Stepán), Oldrich Vykypel (Schmied).* F 85 (81) Min.

Ein geiziger Vogt aus der Walachei weigert sich, seinem fleißigen Bruder Stepán das Erbteil auszuzahlen: »Eher kochst du mir aus einer Axt 'ne Suppe, als dass ich dich auszahl!« Seine Raffgier kennt keine Grenzen, also muss er eins auf die Pfoten kriegen und eine Suppe bereiten, in die Martin, ein junger Soldat, ein Beil geworfen hat. Der Teufel wird mit dem Teufel ausgetrieben.

DAS MÄRCHEN VON HANS UND MARIE

(POHADKA O HONZIKOVI A MARENCE). ČSSR 1980. **R:** *Karel Zeman.* **B:** *Karel Zeman.* **K:** *Zdenék Krupa.* **M:** *Karel Svoboda.* **A:** *Eugen Spálený, Arnost Kupcik, Sylva Sedláfová.* F 66 Min. (Trickfilm).

An der Wiege von Hans standen drei Parzen: die Weisheit, die Bosheit und der Schelm. In Form von drei kleinen Zwergen, die jede gewünschte Gestalt annehmen können, folgen sie Hans auf allen Wegen.

Hans verliebt sich in ein wunderschönes Mädchen, eine Fee, deren Liebe er sich jedoch erst verdienen kann, nachdem er schier unüberwindliche Hindernisse aus dem Weg geräumt hat. – Ein in einer ungewöhnlichen Technik zusammengestellter Trickfilm, der sich räumlicher Kulissen, realer Versatzstücke, bewegter Flächen, Puppen und Zeichnungen bedient. »Kindgerechte Unterhaltung, die durch ihre Fantasie und Form auch Erwachsene anspricht.« (FILM-DIENST)

DAS MÄRCHENSCHLOSS

DDR 1961. **R:** *Hermann Zschoche.* **B:** *Hermann Zschoche.* **LV:** *Fred Rodrian.* **K:** *Karl Plintzner.* **M:** *Helmut Nier.* **D:** *Hanna Limkus, Werner Wenzel, Horst Lampe, Manfred Kranich, Sigrid Göhler.* F 53 Min.

Drei Brüder machen sich auf den Weg, jeder mit einem anderen Ziel. Günter und Klaus wollen den Mähdrescher und den feuerroten Traktor suchen. Peter, der Jüngste, will das Märchenschloss finden, das auf der ersten Seite seines Bilderbuchs

zu sehen ist. Er besteigt ein vorbeikommendes Pony, das ihn ohne sein Zutun zum Märchenschloss trägt. Im Schloss glaubt Peter, abwechselnd bei Dornröschen oder den sieben Zwergen zu sein. Es ergibt sich aber, dass er in ein Ferienheim für Junge Pioniere (!) geriet. Nach einigem Hin und Her wird er in deren Gemeinschaft aufgenommen. Schließlich fahren alle zum Erntefest. Dort trifft Peter die Brüder wieder, nebst feuerrotem Traktor und Mähdrescher. »Schließlich aber erkennt der Bub, dass ... die Wirklichkeit viel schöner ist als die Märchenwelt.« (Steffen Wolf, KINDERFILM IN EUROPA)

MARCO – DER UNBEZWINGBARE

(MACISTE ALLA CORTE DELLO ZAR). Italien 1964. **R:** *Amerigo Anton.* **B:** *Mario Moroni, Alberto De Rossi, Amerigo Anton.* **K:** *Aldo Giordani.* **M:** *Carlo Rustichelli.* **D:** *Kirk Morris (Marco), Massimo Serato (Zar), Gloria Milland (Nadia), Ombretta Colli, Tom Felleghi, Giulio Donnini, Dada Gallotti.* F 84 Min.

Irgendwelche Unterlinge des despotischen Zaren graben einen Sarkophag aus, in dem der antike Held Marco (im Original: Maciste) die Zeiten überdauert hat. Der Zar möchte aus dem Muskelmann seinen willfährigen Diener machen, aber die Hofdame Sonia überzeugt Marco, dass sein neuer Brötchengeber ein übler Bursche ist. Daraufhin will der Zar den widerspenstigen Helden öffentlich töten lassen. Marco überlebt und zwingt ihn, einen Trupp Rebellen freizulassen, der von Sonias Vater angeführt wird. Nachdem Marco einem Giftanschlag zum Opfer gefallen ist, versorgt Sonia ihn mit einem Gegenmittel. Der Angriff der Rebellen auf den Zaren wird von Marco persönlich angeführt. Der Zar wird entmachtet, das Volk atmet auf. – Die darstellerischen Qualitäten entsprechen der Originalität der Geschichte.

MARCO POLO UND DER ROTE DRACHE

Anderer Titel für **Die tollkühnen Abenteuer des Marco Polo jr.**

MARIA D'ORO UND BELLO BLUE

(MARIA D'ORO). BRD/Italien 1975. **R:** *Roberto Gavioli.* **B:** *Rolf Kauka, Roberto Gavioli.* **LV:** *Ge-*

brüder Grimm. **M:** *Peter Thomas. F 82 Min. (Zeichentrick).*

Musikalischer Verschnitt der Grimmschen Märchen »Aschenputtel« und »Frau Holle« unter Einbeziehung zahlreicher Figuren, die in den Originalmärchen nicht auftreten. Viele lustige Gags, aber zum Teil von der Machart her stark an Disney erinnernd. »Die Songs und die zum Teil versifizierten Dialoge sind gleichfalls wenig originell. Insgesamt ein unausgereifter Versuch, altem Märchengut zu neuer Wirksamkeit zu verhelfen.« (Bas., FILMDIENST) [V]

MARTIN UND DER ZAUBERER

(MARTIJN EN DE MAGIER). Niederlande 1979. **R:** *Karst van der Meulen.* **D:** *Bart Gabriëlse, Lex Goudsmit, Joost Prinsen, Jeroen Krabbe, Cor van Rijn, Albert Mol, Marielle Fiolet, Alexander Pola, Leen Jongeward, Wieteke von Dort. F 90 Min.*
»Was soll man machen, wenn man zwölf Jahre alt ist, die Schule keinen Spaß macht und die Eltern meinen, man tauge sowieso nicht allzu viel? Martin, um den es da geht, löst das Problem auf seine Weise, er träumt und denkt sich Geschichten aus. Geschichten voller Spannung, in denen nichts unmöglich ist. Von seinen Eltern hat er wenig Verständnis für seine Tagträume zu erwarten, denn deren einziges Interesse ist ihr Geschäft, der Laden. Aber da gibt es noch den Großvater, der die Phantasie seines Enkels sehr gut versteht und zu schätzen weiß. Ein tiefes Vertrauen und Verstehen wächst zwischen den beiden. Doch als Großvater und Enkel heimlich, ohne Wissen der Eltern, bei einem Märchen-Film mitspielen, kommt es während der Dreharbeiten zu abenteuerlichen Begebenheiten.« (ARD-PRESSE-DIENST)

MARY POPPINS

(MARY POPPINS). USA 1964. **R:** *Robert Stevenson.* **B:** *Bill Walsh, Don DaGradi.* **LV:** »*Mary Poppins*« *von Pamela L. Travers.* **K:** *Edward Colman.* **SpE:** *Peter Ellenshaw, Eustace Lycett, Robert A. Mattey, McLaren Stewart.* **M:** *Richard M. und Robert B. Sherman.* **D:** *Julie Andrews (Mary Poppins), Dick van Dyke (Bert), David Tomlinson (Banks), Glynis Johns (Mrs. Banks), Karen Dotrice (Jane Banks), Matthew Garber (Michael Banks),* *Hermione Baddeley (Ellen), Elsa Lanchester (Katie Nana), Arthur Treacher (Constable Jones), Reginald Owen (Admiral Boom), Ed Wynn (Onkel Albert), Reta Shaw (Mrs. Brill), Arthur Malet (Dawes jun.), Jane Darwell (Vogel-Frau), Marjorie Eaton (Miss Persimmon), Lester Mathews (Tomes), Cyril Delevanti (Grubbs), Marjorie Bennett (Miss Lark), Don Barclay (Binnacle), Alma Lawton (Mrs. Corry), Clive L. Halliday (Mously), Doris Lloyd (Bankkundin), James Logan. F 139 Min.*
Familienidylle im London des Jahres 1910: Vater Banks, Mutter Banks, Jane und Michael Banks, typische Vertreter ihrer Zeit? Mutter Banks, streitsüchtig, wenn es um die Emanzipation nach außen hin geht: »Von Kensington bis Billingsgate der Aufruhr aus uns schreit, die Front der Suffragetten steht, Frauen auf zum Streit! Politisch gleichberechtigt sein, die Frau steht ihren Mann, wir folgen Mrs. Pankhurst, die den Kampf für uns gewann! Vorbei ist für immer die Männerherrschaft im Staat, wir kämpfen für unser Recht wie ein Soldat.« Vater Banks ignoriert den Kampf seiner Frau. Er hält es mit den alten Tugenden und ist Herr im Haus: »Ich bin voll Stolz und bin zutiefst zufrieden, wie ein Monarch, der sich vom Streitroß schwingt, vom Kampf ums Dasein heimgekehrt zu Weib und Herd, mein Leben, das ist lebenswert. Ich komme heim, ganz pünktlich, laut Fahrplan, um sechs Uhr eins betrete ich mein Haus, man bringt mir Sherry und Pfeife herbei, zu sechs Uhr zwei, mein Leben, das ist konsequent. Welch Glück, wenn man als Gentleman heut leben kann, denn 1910, da regiert der Mann; ich bin Herr in meinem Hause, voll Ansehen, Prestige, ich führe meine Untergebenen, Diener, Kinder, Frau mit leichter, aber milder Hand, noblesse oblige.« Kein Wunder, dass die Kinder Jane und Michael und die dazugehörigen Kinderfrauen regelmäßig ausbüxen. Wieder mal sind die Banks' verzweifelt auf Kindermädchensuche und geben eine Anzeige auf: »'ne Kinderschwester gleicht einem Feldherrn, des Staates Zukunft liegt in ihrer Hand, drum soll das Mädchen, das so lieb, die Brut erzieht, diktatorisch sein und nicht zu matt.« Die Kinder haben da ganz andere Vorstellungen: »Willst du diese Stellung haben, brauchst du ganz besondere Gaben: sei recht hübsch, nicht dumm, nicht alt und krumm, du

musst viel spielen, darfst nie bös' sein, musst stets lustig, nie nervös sein.« Eines Tages kommt Mary Poppins ins Haus der Banks' in die Cherry Lane buchstäblich hineingeweht. Ihre Herkunft ist rätselhaft, Zeugnisse vorzulegen weigert sie sich, verspricht aber solange für die Kinder zu sorgen, »bis der Wind umschlägt«. Neben durchaus irdischen Eigenschaften wie Durchsetzungsvermögen und Lebensfreude verfügt Mary über viele wunderbare Fähigkeiten, das Versüßen jeder Medizin (»Wenn ein Löffelchen voll Zucker bittere Medizin versüßt«), sie versteht die Sprache der Vögel und Hunde und des Windes, von dem sie sich durch die Lüfte tragen lässt, das Kinderspielzeug räumt sich von allein auf, Marys Spiegelbild verselbständigt sich. Und da ist noch Bert, ihr Freund: »Chim-Chim-Cheree, Chim-Chim-Cheree, Chim-Chim-Cherou, ich tu, was mich freut, und mich freut, was ich tu; ich bin Pflastermaler, und wie ihr hier seht, ein Künstler und Könner, wie's höher nicht geht, denn was ich gemacht, hab' ich selbst ausgedacht.« Mit Mary und Bert erleben die Kinder die tollsten Sachen, denn Mary kann sie in die Straßenbilder Berts hineinzaubern. Während die Kinder die neue Phantasiewelt entdecken wollen, gehen Bert und Mary bummeln: »An so 'nem schönen Ferientag mit Mary muss man guter Laune sein, ist der Himmel grau und voller Wolken. Mary bringt uns Sonnenschein!« In einem kleinen Café tanzt Bert mit einem Pinguinschwarm. Bei einer wilden Verfolgungsjagd auf Karussellpferden geraten sie in ein richtiges Rennen, und Mary siegt. Nach ihrer Meinung gefragt, antwortet sie lapidar:»Supercalifragilisticexpialigetisch!« Doch kurz darauf fängt es an zu regnen. Berts Pflastermalerei verwischt; Zeit zurückzukehren. Jeder Tag bringt neue Abenteuer. Die Kinder und Mary besuchen Onkel Albert, der so gern lacht, dass er immer unter die Zimmerdecke steigt. Mary und die Kinder machen es ihm nach und feiern eine Teeparty. Als Mr. Banks konstatiert, die Kinder hätten zuviel Spaß, sie müssten endlich mal den Ernst des Lebens kennenlernen, schlägt Mary vor, sie mit zur Bank zu nehmen, wo Banks arbeitet: »Wenn man lernt, welch Glücksgefühl ein Blick ins Hauptbuch schafft, wenn tausend Ziffern stehen tadellos, wenn ultimo dann feststeht, dass der Ab-

schluß stimmt, dann ist darob die Freude riesengroß.« Am Abend erzählt Mary den Kindern noch von der alten Frau, die die Vögel füttert. Am nächsten Morgen wollen Vater Banks und der Bankdirektor Michael von der Notwendigkeit überzeugen, zwei Pennies bei der Bank einzuzahlen: »Willst du zwei Pennies sparn, sei schlau, trag sie zur Bank, leg sie an, hier sind sie sicher, denn sie summiern sich auf der Bank, denk daran, schnell lernst du, was es heißt besitzen, wenn dein Reichtum sich vermehrt ... Hast du zwei Penny, spar sie, zahl sie bei uns ein. Du wirst sehn, es vermehrt sich das Ersparte durch die Zinsen ungemein, laß es weiter stehn, du machst gesellschaftlich Karriere und dein Einfluß wächst und blüht, du wirst zur Hochfinanz gerechnet und hast immer unbeschränkt Kredit.« Doch das kann Michael nicht überzeugen; er legt sein Geld in Vogelfutter an, was seinem Vater vorübergehend den Rauswurf aus der Bank einbringt. Die Kinder fliehen aus der Bank, nachdem sie ein ungeheures Durcheinander angerichtet haben und treffen Bert, der ihnen von seiner Tätigkeit als Schornsteinfeger erzählt: »Wenn dir die Welt als 'ne Leiter erscheint, ich sitz auf der untersten Sprosse, mein Freund. Verbringe mein Leben in Ruß, Rauch und Dreck, die Welt mir gefällt, ich will nie mehr hier weg!« Bert und Mary steigen auf die Dächer von London und treffen die Sippe der Schornsteinfeger, mit der sie lärmend und ausgelassen feiern, tanzen und singen. Zum Schluß öffnet Bert dem konsternierten Mr. Banks die Augen: »Sie sind ein Mann in hervorragender Stellung, geschätzt weit und breit. Selbst wenn mal Ihre Kinder weinen, Sie haben niemals für sie Zeit, Sie sehen das Lächeln ihrer Kinder keinen Augenblick, Sie bringen sie vor lauter Arbeit um ihr Glück! Oft genügt ein Löffel Zucker, und was bitter ist, wird süß ...« Die Kinder bemerken die Veränderung ihres Vaters sofort. Er geht mit ihnen zum Drachensteigen. Zum ersten Mal ist er wirklich Vater. Mary hat ihre Aufgabe erfüllt. Sie verabschiedet sich von den Kindern und fliegt davon, neuen Abenteuern entgegen. – Pamela L. Travers' Welterfolg erschien 1934 und wurde ein Jahr später unter dem grauenvollen Titel *Jungfer Putzig* ins Deutsche übersetzt. Bis 1952 erschienen drei weitere Folgen. Ziel der Bücher ist es, Kindern beizubringen, dass die phantastische wie auch die reale Welt »wundervoll« sind. Durch die Verfilmung von Produzent Walt Disney, der seinem Ruf gerecht wurde, indem er Zeichentrickfiguren und Hintergründe mit Realszenen kombinierte, entstand Mitte der 60er Jahre eine Mary Poppins-Renaissance, die auch vor der Spielzeugindustrie nicht haltmachte – ein kleiner Vorgeschmack zur heutigen Dritt- und Viertauswertung von Filmgestalten. Das Musical selbst ist eine lose Folge phantastisch beschwingter Arrangements. »Von den Songs gehen einige ins Ohr, andere fallen in den Schmalztopf.« (FILMDIENST) Choreographischer Höhepunkt ist der Schornsteinfegertanz auf den Dächern. Sicher ist einiges an den schauspielerischen Leistungen, an der Inszenierung auszusetzen. Doch insgesamt ist Mary Poppins ein Musical-Vergnügen ersten Ranges für ältere Kinder und Erwachsene, die sich den Sinn für Kinderträume erhalten haben. Dazu trägt nicht zuletzt die deutsche Synchronfassung bei, in der Monika Dahlberg, Harry Wüstenhagen, Friedrich Schoenfelder und Käte Jänicke treffliche Stimmen abgeben. Der Film erhielt vier Oscars. Julie Andrews bekam ihn für die Titelrolle in einem Jahr, in dem das andere große Musical *My Fair Lady* als bester Film des Jahres ausgezeichnet wurde und dessen Hauptdarstellerin Audrey Hepburn allgemein als Favoritin galt: eine späte Genugtuung für Julie Andrews, hatte man ihr doch – obwohl sie am Broadway die Fair Lady mit riesigem Erfolg gespielt hatte – diese ihre Traumrolle verwehrt. [V]

DIE MASKE

(THE MASK). USA 1994. **R:** *Charles Russell.* **B:** *Michael Werb.* **St:** *Michael Fallon, Mark Verheiden* **K:** *John R. Leonetti.* **SpE:** *Industrial Light & Magic.* **M:** *Randy Edelman.* **D:** *Jim Carrey (Stanley Ipkiss), Peter Riegert (Mitch Kellaway), Peter Greene (Dorian Tyrel), Amy Yasbeck (Peggy Brandt), Richard Yeni (Charlie Schumacher), Orestes Matacena (Niko), Timothy Bagley (Irv), Nancy Fish (Mrs. Peeman), Cameron Diaz (Tina Carlyle), Johnny Williams.* **F 101 Min.**

Stanley Ipkiss, ein linkischer Bankangestellter, findet eine mysteriöse Maske. In dem Moment, als er sie aufsetzt, verwandelt er sich augenblicklich in einen Mister Hyde, einen Kautschukmenschen, der jenseits aller physikalischen Gesetzmäßigkeit eine Mafiabande aufreibt und das sin-

Die Maske

gende Gangsterliebchen für sich gewinnt. Die Comic-Effekte der Computeranimation sind unverkennbar eine Hommage an die Cartoons von Tex Avery. [V]

MATUSALEM – DER FLUCH DES PIRATEN

(MATUSALEM). Kanada 1993. **R:** Roger Cantin. **B:** Roger Cantin. **LV:** Roman von Roger Cantin. **K:** Michel Caron. **M:** Milan Kymlicka. **D:** Marc Labrèche (Philippe de Beauchene), Emile Proulx-Cloutier (Olivier St.-Pierre), Maxime Collin (Benoît Painchaud), Steve Gendron (Laurent St.-Pierre), Marie-France Monette (Hélène Lafleur), Jod Léveillé-Bernard (Claude Petit), Jessica Barker (Carole Bonin), Gabriel Gascon (Capitaine Monbars), Raymond Cloutier (El Diablo), Claude Desparois (El Cachiporra). F 105 Min.

Eine auf drei Erzählebenen inszenierte, originelle Abenteuerreise mit gelungenen Spezialeffekten: Ein vor 250 Jahren ermordeter Pirat bittet einen Elfjährigen um Hilfe bei der Suche nach einem Schriftstück, das ihn von seinem Fluch erlösen soll. [V]

MAXIE

(MAXIE). USA 1985. **R:** Paul Aaron. **B:** Patricia Resnick. **LV:** »Marion's Wall« von Jack Finney. **K:** Fred Schuler. **M:** Georges Delerue. **D:** Glenn Close (Jan/Maxie), Mandy Patinkin (Nick), Ruth Gordon (Mrs. Larvin), Barnard Hughes (Bischof Campbell), Valerie Curtin (Miss Sheffer), Googie Gress (Pater Jerome), Michael Ensign (Regisseur), Michael Laskin (Direktor), Lou Cutell (Art Isenberg), Nelson Welch (Barmann), Leeza Gibbons (Journalistin), Evan White (TV-Sprecher), Harry Wong (Chu), Charles Douglas Laird (Polizist), David Sosna (Regieassistent), Hugo Stanger, John O'Neill, Eddie Wong, Pauline Bluestone. F 98 Min.

Jan und Nick, ein junges Ehepaar, ziehen in eine Wohnung, in der in den zwanziger Jahren die Vaudeville-Künstlerin Maxie gelebt und von einer Karriere als Filmstar geträumt hat. Ihr Geist ist noch lebendig und schlüpft in den Körper der biederen Sekretärin Jan, die für einen Bischof tätig ist. Sie freundet sich mit der alten Mrs. Lavin an, mit der Maxie vor Jahrzehnten auf der Bühne gestanden hat, und entwickelt sich zu einem Vamp der zwanziger Jahre. Ihr Leben wird flotter und bunter, ihr Mann erstarrt vor Ehrfurcht, und schließlich spricht sie sogar für die Hauptrolle in einem Hollywoodfilm vor – die sie allerdings nicht bekommt. Maxies Geist verlässt Jans Körper. »Regisseur Paul Aaron hat flockig inszeniert und der großen alten kauzigen Ruth Gordon ... noch ihre letzte, wunderbar hintersinnige Rolle als überlebende Freundin der Gespenster-Maxie gegeben.« (Frauke Hank, TAZ) – Diese romantische Komödie, die zwar einige Längen hat, aber auch Breitseiten gegen Hollywood abfährt, stammt aus der Feder des SF-Autors Jack Finney, nach dessen Vorlage auch der SF-Thriller Die Dämonischen (USA 1956, Regie: Don Siegel) entstand. Nur auf Video. (Der Film ist nicht zu verwechseln mit Maxie von Eduard v. Borsody, Östereich 1954). [V]

MEDEA

(MEDEA). Italien 1969. **R:** Pier Paolo Pasolini. **B:** Pier Paolo Pasolini. **LV:** Euripides. **K:** Ennio Guarnieri. **M:** Pier Paolo Pasolini, Che Ringrazia, Elsa Morante. **D:** Maria Callas (Medea), Laurent Terzieff (Zentaur), Giuseppe Gentile (Jason), Massimo Girotti (Kreon), Margareth Clementi (Glauke), Anna Maria Chio (Schwester), Paul Jabara, Gérard Weiss, Ninetto Davoli, Sergio Tramonti, Luigi Barbini, Gianpaolo Duregon, Luigi Masironi, Michelangelo Masironi, Gianni Brandizi, Franco Jacobbi, Piera Degli Esposti, Mirella Panfili, Granziella Chiarcossi. F 110 Min.

Die Argonauten-Sage ist für Pasolini nur Quelle, die zahlreichen Bearbeitungen von Euripides über Seneca, Corneille, Grillparzer bis hin zu Anouilh haben kaum einen Einfluß auf seinen Film. Einfachste Elemente der Sage bleiben erhalten – Jasons Kindheit beim Zentauren; der Raub des goldenen Vlieses in Kolchis; die Rückkehr mit Medea, der zauberkundigen Tochter des Kolcherkönigs; Jasons Verlobung mit Glauke, der Tochter des Königs von Korinth; endlich Medeas Rache. »Wie schon in seinem Film Edipo Re hat die von Pasolini beschriebene Welt nichts zu tun mit dem überlieferten Bild der Antike ... Pasolini [hat] alles zusammengetragen, was ihm geeignet schien, sein phantastisches Gegenbild entstehen zu lassen: Landschaften in Syrien, in der Türkei und an der Adria; Musik, die an afrikanische und asiatische Kultmusik erinnert; Bauten, Kostüme und Requisiten, die zum guten Teil freier Phantasie entspringen, makabre Fruchtbarkeitsriten und blutige Menschenopfer.« (FRANKFURTER RUNDSCHAU) – »Magie und Ratio, Barbarei und Zivilisation, alte Religiosität und atheistische Moderne will Pier Paolo Pasolini mit Medea (Kolchis) und Jason (Korinth) gegenüberstellen. Auch dritte Welt und westlichen Kolonialismus, wobei Medeas Unterwerfung, Anpassung und Revolte deutlich zeigt, auf welcher Seite der Regisseur steht. Ein fast stummer Film, manchmal unfreiwillig komisch, manchmal wie ein ethnographischer Exkurs, dabei aber ekstatisch und verschlüsselt. Die archaisch strenge Montage ist von seltener Schönheit und Vollkommenheit. Und Maria Callas als Medea reckt eindrucksvoll ihr Profil in mythische Landschaften.« (Wolf Donner, DIE ZEIT)

DAS MEER DER VERLORENEN ZEIT
(EL MAR DEL TIEMPO PERDIDO). BRD/Venezuela 1978. **R:** *Solveig Hoogesteijn.* **B:** *Solveig Hoogesteijn.* **LV:** *Erzählung von Gabriel García Márquez.* **K:** *Andrés Agustí.* **D:** *Flaminio Hinojosa, Lourdes Leon, Jose Napoleon Urdaneta, Maria de Azuaje, Oscar Berisbeitia. F 82 Min.*
Verfilmung von Gabriel García Márquez: Ein angeschwemmtes Floß mit einem US-Auto darauf symbolisiert die Ankunft des Fortschritts und wirtschaftlichen Aufschwungs in einem südamerikanischen Küstendorf. Touristen tauchen auf, doch als sich der reichste Mann der Welt, Sinnbild des US-Imperialismus, wieder verzieht, bleibt nichts übrig.

MEIN ALLERBESTER FREUND
(SNOOKY SNØVSEN). Dänemark/Schweden 1992. **R:** *Jörgen Vestergaard.* **B:** *Jörgen Vestergaard, Benny Andersen.* **LV:** *»Snovsen« von Benny Andersen.* **K:** *Claus Loof.* **M:** *Fuzzy.* **D:** *Bjarke Smitt Vestermark (Eigil), Jannie Faurschou (Eigils Mutter), Sören Saetter-Lassen (Eigils Vater), Jesper Klein (Onkel Otto), Amalie Alstrup (Pernille). F 79 Min.*

Klein-Eigil freundet sich im Wald mit dem einbeinigen Kobold Snooky an, befreit mit ihm eine blaue Katze aus den Händen der Staatsmacht u.a. Wenig aufwendig, banal getrickst, schwach charakterisiert. Nur auf Video. [V]

MEIN BÖSER FREUND FRED
(DROP DEAD FRED). GB 1990. **R:** *Ate de Jong.* **B:** *Carlos Davis/Anthony Fingleton.* **K:** *Peter De-*

Medea

ming. **M:** *Randy Edelman.* **D:** *Phoebe Cates (Elisabeth Cronin), Rik Mayall (Fred), Marsha Mason (Polly Cronin), Tim Matheson (Charles Gretterson), Carrie Fisher (Janie Shagrue), Bridget Fonda (Annabella), Keith Charles, Ashley Peldon, Daniel Gerroll, Ron Eldard.* F 99 Min.

Junge Frau, die nach einer Pechsträhne wieder zu ihrer dominanten Mutter gezogen ist, befreit ihren unsichtbaren, stets zu bösen Streichen aufgelegten Jugendfreund Fred (gespielt von dem Komiker Rik Mayall) aus einer Spieldose, woraufhin er sich bis zum Irrsinn in ihr Leben einmischt. Makaber, satirisch, kalauernd, gemein – genau das, was Menschen mit »gutem Geschmack« nicht ausstehen können. [V]

MEIN ENGEL UND ICH

(FOREVER, DARLING). USA 1956. **R:** *Alexander Hall.* **B:** *Helen Deutsch.* **K:** *Harold Lipstein.* **M:** *Bronislau Kaper.* **D:** *Lucille Ball (Susan Vega), Desi Arnaz (Larry Vega), James Mason (Schutzengel), Louis Calhern (Charles Bewell), John Emery (Dr. Winter), John Hoyt (Bill Finlay), Natalie Schafer (Millie Opdyke), Mabel Albertson (Klatschreporterin).* F 91 Min.

Von Zeit zu Zeit erhält Susan Vega Besuch von ihrem Schutzengel, der ihr hilft, die Sprünge in ihrer Ehe wieder zu kitten. Auf seinen Rat hin begleitet sie ihren Forschergatten Larry aufs Land und schafft es dabei fast, das ganze Experiment zu ruinieren. Doch einmal mehr bringt der Engel alles wieder ins Lot. – Eine dünnblütige Komödie, deren Protagonisten mit dem Stoff nie so recht zu Rande kommen. »James Mason benimmt sich wie ein britischer Psychiater.« (FILMS IN REVIEW)

MEIN FREUND BIGFOOT

(CRY WILDERNESS). USA 1987. **R:** *Jay Schlossberg-Cohen.* **B:** *Philip Yordan.* **K:** *Joseph D. Urbanczyk.* **M:** *Fritz Heede.* **D:** *Eric Foster (Paul Cooper), Maurice Grandmaison (Will Cooper), John Tallman (Jim), Griffin Casey (Morgan), Faith Clift (Dr. Helen Foster).* F 95 Min.

Bübchen aus der Großstadt freundet sich im kalifornischen Wald mit einem haarigen Fabelwesen an und steht ihm bei, als sein Vater und zwei andere Jäger ihm an den Kragen wollen, da sie

glauben, sie seien einer aus dem Zirkus entlaufenen Bestie auf der Spur. Ein jämmerliches Filmchen.

MEIN FREUND HARVEY

(HARVEY). USA 1950. **R:** *Henry Koster.* **B:** *Mary C. Chase, Oscar Brodney.* **V:** *Mary C. Chase.* **K:** *William Daniels.* **M:** *Frank Skinner.* **D:** *James Stewart (Elwood P. Dowd), Josephine Hull (Veta Louise Simmons), Victoria Horne (Myrtle Mae Simmons), Charles Drake (Dr. Sanderson), Cecil Kellaway (Dr. Chumley), Peggy Dow (Miss Kelly), Jesse White (Wilson), William Lynn (Richter Gaffney), Clem Bevans (Hermann), Wallace Ford (Lofgren), Norman Leavitt (Taxifahrer), Almira Sessions (Mrs. Halsey), Minerva Urecal (Schwester Dunphy), Nana Bryant (Mrs. Chumley).* SW 103 Min.

Der dem Alkohol nicht abgeneigte Elwood P. Dowd, ein ansonsten herzensguter Zeitgenosse, hat einen leichten Tick. Er bildet sich nämlich ein, ständig von einem zwei Meter großen, unsichtbaren, weißen Hasen namens Harvey begleitet zu werden, und lässt das jeden wissen. Als Elwood und Harvey einen für seine Cousine Myrtle Mae arrangierten Society-Abend sprengen, wird es seiner Schwester Veta schließlich zuviel. Doch der junge Psychiater Marvin Wilson missversteht ihre Aufregung und steckt sie, statt Elwood, in die Gummizelle. Einige romantische Verwicklungen um Wilson, Myrtle Mae, Dr. Sanderson und eine Krankenschwester, die durch Elwoods nette Art plötzlich zueinander finden, klärt sich die Angelegenheit auf. Der Anstaltsleiter Chumley macht sich auf die Suche nach Elwood und findet ihn in einer Bar. Selbst schon halb an Harvey glaubend, bereitet Chumley eine Spritze vor, die Elwood endgültig von seinen Phantasien befreien soll. Doch Veta, die erkennt, dass der immer fröhliche Elwood damit zu einem ganz normalen Miesepeter werden würde, erhebt rechtzeitig Einspruch. Elwood darf seinen Phantomhasen behalten. – »Das ist so hübsch wie hintergründig – und James Stewart, kauzig und kindlich, war kaum je so liebenswert. Nur leider ist, genau genommen, der Film kein Film: er bleibt Theater. Es wuchert Dialog, die Bildkraft flieht, und die Kamera macht's wie der Hase Harvey: sie ist, sozusagen, nie ganz da. Dass Henry Koster, der Regisseur, das filmische Hasenpanier ergriff – das ist das einzig Betrübliche an dem heiteren Spiel vom weißen Hasen, den niemand sehen kann und den jedermann sieht.« (Gunter Groll, SÜDDEUTSCHE ZEITUNG) – Josephine Hull, die die Rolle der Veta schon in Mary C. Chases erfolgreicher Broadway-Fassung spielte, erhielt einen Oscar als beste Nebendarstellerin.

MEIN GEIST WILL IMMER NUR DAS EINE

(GHOSTS CAN'T DO IT). USA 1988. **R:** *John Derek.* **B:** *John Derek.* **K:** *John Derek.* **M:** *Junior Hamrich, Randy Tico.* **D:** *Bo Derek (Kate O'Dare Scott), Anthony Quinn (M. B. Scott), Don Murray (Winston), Leo Damian (Fausto), Donald Trump (Spectacular). F 94 Min.*

Auch nach seinem freiwilligen Ableben kriegt der geile Milliardär Scott den Hals nicht voll: Da es im Jenseits auch nicht so ist, wie er es sich vor-

gestellt hat, sucht er als Geist die Nähe seiner hübschen Gattin Kate, steht ihr mit Rat zur Seite und fährt schließlich in den Leib eines jungen italienischen Deckhengstes, um sie zu beglücken. – Einfallsloses, gähnend langweiliges Geister-Sex-Filmchen, das der einstige Filmstar und Erotomane John Derek in Personalunion nahezu allein gemacht hat. [V]

MEIN GROSSER FREUND BIGFOOT

(BIGFOOT: THE UNFORGETTABLE ENCOUNTER). USA 1995. **R:** *Corey Michael Eubanks.* **K:** *Ken Blakey.* **D:** *Matt McCoy (Nick), Zachary Ty Bryan (Cody), Crystal Chappell (Samantha), Gary Maloncon (Bigfoot), David Rasche (Chaz Frederick), Darrel Mapson (Voss), Debie James (Misty Vales), Ingo Neuhaus (Boris), JoJo Adams (Ben), Michael Buice (Hal), Clint Howard (Gary), Rance Howard (Todd Brandell), Rif Hutton (Jess), Clay M. Lilley (Vester). F 84 Min.*

Mein Freund Harvey

339

Eine Gruppe amerikanischer Jungs freundet sich mit einem haarigen Fabelwesen an. Von Filmen dieser Art gehen 13 auf ein Dutzend. [V]

MEIN GROSSER FREUND JOE

(MIGHTY JOE YOUNG). USA 1998. R: Ron Underwood. B: Mark Rosenthal, Lawrence Konner. O-St: Ruth Rose, Merian C. Cooper. K: Don Peterman, Oliver Wood. SpE: Rick Baker, Industrial Light & Magic. M: James Horner. D: Bill Paxton (Gregg O'Hara), Charlize Theron (Jill Young), Peter Firth (Garth), David Paymer (Harry Ruben), Naveen Andrews (Pindi), Regina King (Cicily Banks), Robert Wisdom (Kweli). F 111 Min.

Neuverfilmung eines oscarprämierten Special Effects-Films von 1949, für den Willis O'Brien und Ray Harryhausen das Modell eines Riesengorillas animierten: MIGHTY JOE YOUNG (Panik um King Kong). Der neue Riesen-Joe, der seiner weißen Freundin Jill (beide haben ihre Mütter verloren) aus dem angestammten afrikanischen Reservat in einen Vergnügungspark nach Amerika folgt, ist ein Animatronics-Geschöpf von Rick Baker, und in einigen Einstellungen ist er samt Fell computergeneriert. Zum Schluß rettet Joe ein Kind von einem brennenden Riesenrad, aber weder das, noch der Gastauftritt von Ray Harryhausen und Original-Star Terry Moore (so geliftet, dass man sie nicht wiedererkennt) vermögen diese aufwendige Koproduktion von Disney und RKO zu retten. Die Effekte sind teilweise erstaunlich, aber das Gesamtresultat reicht an den naiven Charme des Vorbilds nicht heran.

MEIN KUMPEL, DER KOBOLD

Anderer Titel für Upworld

MEIN ZIMMER WIRD ZUM HAREM

(THE BRASS BOTTLE). USA 1964. R: Harry Keller. B: Oscar Brodney. LV: »The Brass Bottle« von F. Anstey. K: Clifford Stine. SpE: Roswell Hoffman. M: Joseph Gershenson. D: Tony Randall (Harold Ventimore), Burl Ives (Fakrash), Barbara Eden (Sylvia Kenton), Kamala Devi (Tezra), Edward Andrews (Prof. Kenton), Ann Doran (Martha Kenton), Richard Erdman (Seymour Jenks), Kathie Browne (Hazel Jenks), Parley Baer (Samuel Wackerbath), Philip Ober (William Beevor), Herb

Vigran (Eddie), Alan Dexter (Joe), Howard Smith (Sen. Grindle), Aline Towne (Miss Gidden), Jan Arvan (Seneschal), Alex Garry (Dr. Travisley), Nora Marlow (Mrs. McGruder), Robert P. Lieb (Jennings), Lulu Porter (Bauchtänzerin). F 89 Min.

Der junge Architekt Harold kauft eine alte orientalische Lampe und entdeckt, dass sie von einem Flaschengeist bewohnt wird. Dieser bietet sich ihm gleich als Komplize in Sachen Liebeskummer an, denn Harold leidet unter dem Problem, dass Prof. Kenton, der Vater seiner Angebeteten Sylvia, nicht viel von ihm hält. Der Flaschengeist begibt sich ans Werk, um das Selbstbewusstsein seines Herrn aufzumöbeln, und bald gleicht Harolds bescheidenes Heim einem orientalischen Sultanspalast (inklusive Sklaven und Bauchtänzerinnen). Da der Flaschengeist jedoch auch allerlei Unfug anstellt, den Harold seiner Umwelt nicht so recht erklären kann, dauert es eine Weile, bis der genervte Professor ihm endlich die Hand seiner Tochter überlässt. – Eine nicht ohne Witz gemachte Komödie, aber im Grunde doch nur ein Routineprodukt, in dem lediglich Tony Randall und Burl Ives (in der Gestalt des Flaschengeistes) überzeugen. »Das ständige Aufeinanderprallen von nüchterner Wirklichkeit und naivem Märchenzauber ergibt amüsante Situationen, ohne den Hauch echter Poesie bannen zu können. Dafür bleibt die Regie zu sehr im Klischee stecken.« (FILMDIENST)

MEINE BRAUT IST ÜBERSINNLICH

(BELL, BOOK AND CANDLE). USA 1958. R: Richard Quine. B: Daniel Taradash. V: John van Druten. K: James Wong Howe. M: George Duning. D: James Stewart (Shepherd Henderson), Kim Novak (Gillian Holroyd), Jack Lemmon (Nicky Holroyd), Ernie Kovacs (Sidney Redlitch), Hermione Gingold (Mrs. de Pass), Elsa Lanchester (Queenie), Janice Rule (Merle Kittridge), Philippe Clay (Sänger), Bek Nelson (Sekretärin), Howard McNear (Andy White), Wolfe Barzell, Joey Barry, Gail Bonney, Monty Ash, The Brothers Candoli. F 102 Min.

Eines Weihnachtsabends kommt der Verleger Shepherd Henderson zufällig in die Kunstgalerie Gillian Holroyds, einer waschechten Hexe. Für Gillian ist es Liebe auf den ersten Blick. Kurz entschlossen sorgt sie mit einem Liebestrank dafür, dass Shepherds Verlobung mit seinem einstigen Schwarm Merle Kittridge in die Brüche geht. Immer mehr fühlt sich Shepherd zu Gillian hingezogen; immer mehr floriert dank ihrer magischen Hilfe auch das Verlagsgeschäft. Als Nicky, Gillians geldgieriger Bruder, Shepherd jedoch anbietet, ein kleines Einmaleins der Hexenkunst zu schreiben, kommt er hinter das Geheimnis. Shepherd ist erbost und lässt sich für teures Geld bei einer älteren Hexe von den Auswirkungen des Liebestranks kurieren. Doch Gillians Tante Queenie und ihre Katze Pyewacket bringen die beiden wieder zusammen. Nach einer Liebesnacht entdeckt Gillian überdies, dass sie ihre übernatürlichen Kräfte verloren hat. Dem Happy-End steht nichts mehr im Wege. – Der Film basiert auf einem gleichnamigen Broadway-Erfolg aus der Feder John van Drutens. »Der Reiz des Stücks entspringt aus dem Kontrast zwischen den Vorstellungen von Hexerei und den ziemlich schäbigen Umständen, auf die das Stück sie einengt. Die Adaption ist etwas zu schwer für das windige Thema, und auch Kim Novak ... fehlt es an Leichtigkeit. Der Film hat ein paar hübsche Schauplätze im winterlichen New York, und Richard Quines Regie verleiht ihm Oberflächeneleganz, wenn ihm auch der Übermut abgeht.« (FILMKRITIK)

MEINE FRAU, DIE HEXE

(I MARRIED A WITCH). USA 1942. **R:** *René Clair.* **B:** *Robert Pirosh, Marc Connelly.* **LV:** *»The Passionate Witch« von Thorne Smith, Norman Matson.* **K:** *Ted Tetzlaff.* **SpE:** *Gordon Jennings.* **M:** *Roy Webb.* **D:** *Fredric March (Wallace/Jonathan Wooley), Veronica Lake (Jennifer), Cecil Kellaway (Daniel), Susan Hayward (Estelle Masterson), Robert Benchley (Dr. Dudley White), Elizabeth Patterson (Margaret), Robert Warwick (J. B. Masterson), Eily Malyon (Tabitha), Aldrich Bowker (Friedensrichter), Emma Dunn (Seine Frau), Billy Bevan.* SW 76 Min.

Auf die Aussage Jonathan Wooleys hin werden die hübsche Hexe Jennifer und ihr Vater Daniel ein Opfer der Hexenprozesse von Salem. Bevor ihre Geister in eine Eiche einfahren, verhängen sie einen Fluch über die Familie ihres Anklägers: Jeder Wooley wird von nun an eine Frau heiraten, die ihm das Leben zur Hölle macht. Als knapp drei Jahrhunderte später ein Blitz in die Eiche fährt und die Geister freisetzt, ist der Fluch gerade im Begriff, am jüngsten Mitglied des Wooley-Clans, Wallace, in Erfüllung zu gehen. Um für den Posten des Gouverneurs gewählt zu werden, hat Wallace sich nämlich mit Estelle Masterson, der biestigen Tochter eines einflußreichen Zeitungszaren, verlobt. Doch Jennifer und Daniel, denen dies als Strafe nicht genügt, planen Perfideres. In einem brennenden Hotel nehmen sie Gestalt an. Wallace, der gerade des Wegs kommt, rettet Jennifer aus den Flammen und ist sofort verzaubert. Als Jennifer ihn mit einem Liebestrank endgültig gefügig machen will, schluckt sie aus Versehen selbst das Gebräu. Verzweiflung! Panik! Mit Hilfe ihres Vaters gelingt es der rettungslos Verliebten, die Heirat zwischen Estelle und Wallace und damit seinen Traum von einem Gouverneurspo-

Meine Braut ist übersinnlich

sten platzen zu lassen. Doch Daniel gibt sich nicht zufrieden. Er inszeniert seine eigene Ermordung und schiebt die Tat Wallace in die Schuhe. In letzter Minute bringt Jennifer alles ins Lot, sperrt den Geist ihres Vaters in eine Rumflasche ein und tritt mit Wallace vor den Traualtar. – »Clair betrachtet das zeitgenössische Amerika mit klugem Witz und zieht uns sanft wegen unserer Sittenrituale, der Schwächen unserer Regierung und unserer Leidenschaft fürs Pragmatische auf. Die Szene, in der sich die boshafte Hexe danach sehnt, ihre übernatürlichen Kräfte für die Liebe aufzugeben und nur noch ein einfaches Mädchen sein will, das ein Feuer mit einem Streichholz statt eines Runenzeichens anzündet, und die Sequenzen um die Wahlkampagne sind brillante Beispiele filmischen Humors.« (Herb Sterne, ROB WAGNER'S SCRIPT) Der Film erhielt eine Oscar-Nominierung für die beste Musik.

MEINE FRAU IST EINE HEXE

(MA MOGLIA E UNA STREGA). Italien 1980. **R:** *Castellano & Pipolo.* **B:** *Laura Toscana, Franco Marotta.* **K:** *Alfio Contini.* **M:** *Detto Mariano.* **D:** *Eleonora Giorgi, Renato Pozzetto, Helmut Berger, Lia Tinzi, Enrico Papa. F 86 Min.*

Eine vor über dreihundert Jahren auf dem Scheiterhaufen verbrannte Hexe kehrt auf die Erde zurück, um sich an einem leicht trotteligen Börsenjobber zu rächen, einem Nachfahren ihres einstigen Richters. Luzifer himself steht ihr mit Rat und Tat zur Seite, aber auch er kann nicht verhindern, dass sich die Hexe schließlich in ihr Opfer verliebt. – Eine leichtgewichtige Komödie, in der BRD nur auf Video zu sehen. Eine Nachempfindung von René Clairs *Meine Frau ist eine Hexe* (USA 1942). [V]

MEINE LIEBE – MEINE TRAUER

(LJUBOW MOJA, PETSCHAL MOJA). UdSSR/Türkei 1979. **R:** *Ashdar Ibragimow.* **B:** *Ashdar Ibragimow.* **LV:** *Drama »Ferhad ile Sirin yahut Bir seuda masali« (Ferhad und Schirin/Legende von der Liebe) von Nazim Hikmet.* **K:** *Konstantin Petritschenko.* **M:** *Murad Kahlajew.* **D:** *Türkan Schoray (Mehmene Banu), Alla Sigalowa (Schirin), Faruk Peker (Farhad), Yilmas Duru (Wesir), Armen Dshigarchanjan (Unbekannter), Wladimir Samoilow (Arzt), Adil Iskenderow (Meister), Anatoli Papanow (Sterndeuter). F 92 Min.*

Die Geschichte der Liebe von Farhad und Schirin ist eine der bekanntesten Legenden des Orients. Der Filmversion von Mosfilm und Tugra-Film liegt eine Nachdichtung von Nazim Hikmet (1902–1963) zugrunde, die dieser während seiner dreizehnjährigen Kerkerhaft schrieb. – Eine orientalische Königin und ihre Schwester verlieben sich in einen Maler. Dieser flieht mit der Schwester, wird gefangen und verurteilt, aus einem Berg einen unterirdischen Strom abzuleiten. Als das Werk nach zehn mühevollen Jahren getan ist, sind die Liebenden nur noch im Tode vereint.

MEINE LIEBEN GEISTERSCHWESTERN

(GUI MEI). China 1984. **R:** *Sun Yuan-Xun.* **B:** *Fang Yi-Hua.* **LV:** *Roman von Pu Song-Ling.* **K:** *Chen Wan-Cai, Zhao Zhi-Yu.* **D:** *Hao Jie (Tao Sheng), Wang Ling-Hua (Klein Xie), Zhang Jin (Qiu Rong), Ma Yi-Ying (Daoist), Tan Tuo (Mandarin). F 90 Min.*

Junger Gelehrter begegnet zwei Geistermädchen und möchte sie von dem Fluch befreien, der auf ihnen lastet.

MEISTER EDER UND SEIN PUMUCKL

BRD/Ungarn 1982. **R:** *Ulrich König.* **B:** *Ellis Kaut, Ulrich König.* **LV:** *»Meister Eder und sein Pumuckl« von Ellis Kaut.* **K:** *Horst Schier, Hannes Geyer.* **M:** *Fritz Muschler.* **A:** *Boris Heuss, Bela Ternovszky.* **D:** *Gustl Bayrhammer (Meister Eder), Hans Clarin (Stimme des Pumuckl), Helga*

Meister Eder und sein Pumuckl

Feddersen (Frau Steinhausen), Hugo Lindinger (Butler), Gisela Uhlen (Gräfin), Wolfgang Völz, Erni Singerl, Margot Mahler, Willy Harlander, Edith Hanke, Ludwig Schmid-Wildy, Franz Muxeneder. F 84 Min.

In der Schreinerwerkstatt Meister Eders geschehen allerhand mysteriöse Dinge. Auf der Suche nach der vermeintlichen Maus stößt Eder auf den eigentlich unsichtbaren Kobold Pumuckl. Der ist am Leimtopf kleben geblieben und damit für ihn – und nur für ihn – sichtbar geworden. Beide freunden sich an, und Meister Eder baut dem rothaarigen »Nachfahren der Klabautermänner« sogar eine kleine Schiffschaukel. Brav sein, wie man es von ihm verlangt, will der Kobold freilich nicht. Bei einem Ausflug in ein gräfliches Schloss hält er alle Uhren an und treibt den Butler schier zur Verzweiflung; bei einem Geburtstagsessen wirft er gar mit Spanferkeln um sich. Ein Ende hat das wilde Treiben erst dann, wenn der Kobold nach vollbrachtem Tagesschabernack müde in das Bettchen sinkt, das Meister Eder ihm gezimmert hat. Am nächsten Morgen ist er bereit für neue Streiche.

Der reimwütige Kobold Pumuckl mit der »nervtötenden Plärrstimme« (SÜDDEUTSCHE ZEITUNG) ist eine Erfindung der Münchner Kinderbuchautorin Ellis Kaut. Nach ihrer Geburt im Jahre 1965 trieb die »bayerisch-liebe Identifikationsfigur für Kinder« (FILMECHO) zunächst eine Zeitlang im Hörfunk ihr Unwesen, bevor sie auf rund 50 LPs verewigt wurde. Im September 1982, quasi als Abschluß der Vermarktung, eroberte ein Zeichentrick-Pumuckl das Fernsehen. Der fünf Monate zuvor ins Kino gelangte *Meister Eder und sein Pumuckl* ist eine geringfügig geänderte Fassung des Pilotfilms. Großes Kinderkino darf man nicht erwarten, weder was die »altmodische, betuliche Illustrierung« (TAGESSPIEGEL) noch die Realfilm/Zeichentrick-Kombinationen angeht, die zwar passabel, aber nicht weltbewegend getrickst sind. Ansonsten hält sich der auf biedere Art unterhaltsame Film (auch in Sachen Besetzung) akribisch an die Vorlage: Es regieren die Rededuelle; der amüsante Aufeinanderprall von Antiautorität und Prinzipienfestigkeit, angesiedelt in einer heilen Welt zwischen Hinterhof und Tante-Emma-Laden. »Der Erfolg

des Pumuckl ist nicht unwesentlich darauf zurückzuführen, dass er eine von ideologischem Ballast freie Handlung bietet.« (F. J. Strauß) [V] (Unter den Titeln *Meister Eder und sein Pumuckl Folge 2–4* sowie *Meister Eder und sein Pumuckl I und II* sind bei Thorn-EMI fünf Zusammenschnitte der TV-Episoden erschienen.)

DER MEISTER UND MARGARITA

(MAJSTOR I MARGARITA). Jugoslawien/Italien 1972. **R:** *Alexander Petrovic.* **B:** *Barbara Alberti, Amadeo Pagani, Alexander Petrovic.* **LV:** *»Der Meister und Margarita« von Michail Bulgakow.* **K:** *Roberto Gerardi.* **M:** *Ennio Morricone.* **D:** *Ugo Tognazzi (Nikolai Maksudov, der »Meister«), Mimsy Farmer (Margarita), Alain Cuny (Professor Woland, der Teufel), Bata Zivojinovic (Koroviev), Pavle Vujisic (Azazello), Ljuba Tadic. F 100 Min.*

Moskau, 1925: Funktionäre des linientreuen Schriftstellerverbandes wollen die Premiere des Stücks »Pontius Pilatus« verhindern. Der Inhalt ist für bestimmte Kreise durchaus brisant, versteht der Autor Nikolai Maksudov sein Werk doch als Pamphlet gegen die Unterdrückung: »Jede Macht ist Tyrannei über das Volk.« Maksudovs Jesus erinnert in dem Stück eher an Dostojewskis Idioten, der Autor lässt ihn in unbekümmerter Direktheit mit Pontius Pilatus über Gott und die Welt philosophieren. »Das Schicksal Maksudovs, der seiner Beharrlichkeit wegen im Irrenhaus landet, bildet den roten Faden einer verwirrend romantischen Szenenfolge voll hintergründigem Witz, in der sich die Narrenstreiche des Teufels und seiner Spießgesellen als geistreiche philosophische Maskerade entpuppen.« (Gerhart Waeger, FILMDIENST) Während sich Maksudov in die stille, schöne Margarita verliebt, treibt Satan persönlich in Moskau sein Unwesen, fest entschlossen, es zu der Theateraufführung kommen zu lassen. Des Teufels Helfer nehmen sich Maksudovs Widersacher an, können jedoch nicht verhindern, dass Maksudov selbst, als er in einem unbedachten Augenblick von seiner Begegnung mit dem Teufel erzählt, aus dem Verkehr gezogen wird. Nicht aber das Stück, denn Satan persönlich arrangiert die Premiere, freilich auf seine eigene, unbarmherzige Art. – Regisseur und Co-Autor Alexander Petrovic hat mit seiner Verfilmung von Motiven des Romans »Der Meister und Margarita« von Michad Bulgakow (1891–1940) ein außerordentlich eigenständiges Werk geschaffen, das trotzdem den Kern der Vorlage trifft. Umfangreiche Partien des Romans und einige Hauptfiguren wurden weggelassen, verschiedene Szenen umgruppiert und zusammengezogen, neue Elemente z.T. aus anderen Werken Bulgakows kamen dazu. Die Pilatusgeschichte des Romans wird zum Theaterstück im Film, das sich jedoch nur auf einige Schlüsselszenen beschränkt. Diese konzentrierte, vom Gesamteindruck ausgehende und auf den Charakterzügen der Hauptfiguren aufbauende Neuschöpfung Petrovics hat die Grundgedanken Bulgakows beibehalten und mit den Mitteln des Films neu formuliert: »*Der Meister und Margarita* ist ein Musterbeispiel für eine geglückte Literaturadaption, [dessen] Gelingen nicht zuletzt der Interpretation der Hauptdarsteller zu verdanken [ist] ... Ein ausgesprochener Glücksfall ist die Besetzung der Rolle des Teufels mit Alain Cuny: Habitus, Mimik und Gestik dieses begabten Charakterdarstellers lassen den Zuschauer keinen Augenblick darüber im Zweifel, dass sich hinter der Maske des neunmalklugen Professors Woland jene Kraft verbirgt, ›die stets das Böse will und stets das Gute schafft‹ (Bulgakow hat das Zitat aus Goethes Faust als Motto seines Romans gewählt).« (Gerhart Waeger, FILMDIENST)

MEPHISTO 68

(BEDAZZLED). GB 1967. **R:** *Stanley Donen.* **B:** *Peter Cook.* **St:** *Peter Cook, Dudley Moore.* **K:** *Aus-*

Mephisto 68

tin Dempster. **M:** *Dudley Moore.* **D:** *Dudley Moore (Stanley Moon), Peter Cook (George Spiggott/Teufel), Eleanor Bron (Margaret Spencer), Raquel Welch (Lilian Lust), Michael Bates (Inspektor Reg Clarke), Bernard Spear (Irving Moses), Parnell McGarry (Gier), Howard Goorney (Faulheit), Alba (Eitelkeit), Barry Humphries (Neid), Daniele Noel (Geiz), Robert Russell (Jähzorn). F 96 Min.*

Weil er partout nicht bei der Serviererin Margaret landen kann, will der Frikadellenbrater Stanley Moon seinem Leben ein Ende setzen. Als er den Kopf schon in der Schlinge hat, erscheint der Teufel, stellt sich als George Spiggott vor, Inhaber eines Nachtlokals in Soho, und bietet ihm sieben Wünsche im Tausch für seine Seele an. Stanley unterschreibt. Zunächst scheinen ihn seine Wünsche dem Ziel tatsächlich näherzubringen. Dank George, der zwischen den einzelnen Wünschen noch allerlei Unfug treibt, läuft jedoch regelmäßig etwas schief. Wird Stanley zum Intellektuellen, findet Margaret seine Sprüche lächerlich. Wird er zum adligen Millionär, betrügt ihn Margaret mit George. Wird er zum umjubelten Popstar, tritt der Teufel als noch umjubelterer Popstar auf. Und wird er zum unwiderstehlichen Casanova, hat Margaret Hemmungen, ihren Mann George zu betrügen. Als Stanley dem Teufel endlich auf die Schliche kommt und sich wünscht, genauso impulsiv, zärtlich und liebevoll wie Margaret zu sein, landen beide als Nonnen im »Orden der Springenden Schwestern«. Unterdessen hat George freilich gemerkt, dass er Stanleys Seele gar nicht mehr braucht, um die Seelenolympiade gegen Gott zu gewinnen. Er löst den Vertrag und fährt siegesgewiss zum Himmel auf, wo er jedoch von Gott mangels Unterwürfigkeit prompt zurückgeschickt wird. Noch einmal versucht der frustrierte Teufel daraufhin sein Glück bei Stanley. Doch der hat inzwischen aus seinen Fehlern gelernt und begnügt sich fortan mit seinem Dasein als Wimpy-Koch. Ob Stanley Donen, Monty Python oder Herbert Achternbusch: Zieht ein Film aus, gewisse Heiligenscheine ins Wackeln zu bringen, ist zumindest die

Reaktion eines Fachblattes so sicher wie das Amen in der Kirche. »Man hatte von Stanley Donen ... wohl kaum einen so schlechten Film erwartet«, vermeldete der FILMDIENST. »Wie weit sich dieser Film verrannt hat, sieht man wohl am deutlichsten beim Schluß. Der Himmel ist ein Gewächshaus, Gott als Stimme über Palmen fordert: ›Auf dem Bauche sollst du liegen und Staub fressen‹, und der arme Teufel erklärt: ›Gott, du bist unglaubhaft.‹ Wollte Donen wirklich darauf hinaus? Die Geschmacklosigkeit, die in der Schlußsequenz kulminiert, ist angesichts der vorausgehenden Episoden viel mehr auf Unvermögen als auf Böswilligkeit zurückzuführen.« – Das Gros der Kritiker (zugegeben: eine widerlich atheistische Bande) war ganz anderer Meinung und lobte die ulkige Faust-Parodie über den grünen Klee: »Bis auf die schwache und untypische Auflösung, worin der Teufel eine Seele zurückgibt, ist das Skript ein Knaller ... Die satirischen Hiebe von *Mephisto 68* sind so raffiniert wie umfassend. Sein wachsames Auge erfaßt alles, was in den geplagten Sechzigern so alles im argen liegt, insbesondere die organisierte Religion mit ihren Dogmen (von Motivation als Moralkriterium bis zur päpstlichen Unfehlbarkeit) und Praktiken (das religiöse Leben im besonderen) ... Und in seinem weiteren Verlauf feuert der Film auch noch hinterhältige Schüsse gegen die Polizei, romantische Regungen, die Presse, Wettbewerbe, Geschäftspraktiken, Schnellimbissketten, Rechtsanwälte, Nymphomanie, Homosexualität, Fettleibigkeit, Genügsamkeit, das Autodidaktentum, die Werbung, die gegenwärtig herrschende Moral und Nylonunterwäsche ab.« (Joseph Andrew Casper, STANLEY DONEN) – Aus heutiger Sicht ist das aber auch das Problem: Im Gegensatz zu *Das Leben des Brian* bezieht sich die Satire zu sehr auf die Entstehungszeit des Films. Die Folge: Viele Witze verpuffen. Wenn ein Zauberwort »Julie Andrews« lautet, war dies Mitte der sechziger Jahre eingedenk *Mary Poppins* und *Meine Lieder – meine Träume* sicher noch recht witzig. Heute dagegen dürften nur wenige über einen solchen Kalauer lachen. [V]

Die merkwürdigen Abenteuer des Mr. Topper

DIE MERKWÜRDIGEN ABENTEUER DES MR. TOPPER

(TOPPER RETURNS). USA 1941. **R:** *Roy del Ruth.* **B:** *Jonathan Latimer, Gordon Douglas, Paul Gerard Smith.* **LV:** *Motive von Thorne Smith.* **K:** *Norbert Brodine.* **SpE:** *Roy Seawright.* **M:** *Werner R. Heymann.* **D:** *Joan Blondell (Gail Richards), Roland Young (Cosmo Topper), Billie Burke (Mrs. Topper), Patsy Kelly (Dienstmädchen), Carole Landis (Ann Carrington), Dennis O'Keefe (Bob), H. B. Warner (Carrington), George Zucco (Dr. Jeris), Raffael Ottiana (Lillian), Trevor Bardette (Rama), Patsy Kelly (Emily), Donald McBride (Sgt. Roberts).* SW 89 Min.

Mr. Topper, der angesehene Präsident einer amerikanischen Bank, der leider mit Mut nicht sonderlich gesegnet ist (deswegen steht er auch unter dem Pantoffel seiner zänkischen und autoritären Ehefrau) wird auf einem finsteren Gruselschloss in eine wüste Mordgeschichte verwickelt. Da er jedoch seit seinem Abenteuer *Topper geht auf Reisen* einen – wenn auch unfreiwilligen – »Draht« in die Zwischenwelt hat und sich die Geister der Ermordeten zeitweilig für ihn sichtbar machen, gelingt es ihm, die Täter zu entlarven. – Eine pointierte und schlagkräftige Satire auf die haarsträubenden Gruselgeschichten der dreißiger Jahre, voll köstlichen Humors und zahlreicher Slapstick-Einlagen. Absolut sehenswert! Obwohl es drei Filme mit Mr. Topper gibt, hat Thorne Smith nur zwei Bücher über diesen Charakter geschrieben. Dieser Film hat keine »echte« literarische Vorlage; man hat lediglich nach Smithschen Motiven gearbeitet. – »Unter der Regie von Roy del Ruth verlässt TOPPER RETURNS den Rahmen einer Gesellschaftskomödie und führt die traditionellen Elemente der Un-

sichtbarkeitsvisionen, des Gothic Horror und des Kriminalfilms in die Komödie ein.« (Anke Sterneborg, HOMMAGE HAL ROACH)

MERLIN

(MERLIN). USA 1998. **R:** *Steve Barron.* **B:** *Edward Khmara, David Stevens, Peter Barnes.* **St:** *Edward Khmara.* **K:** *Sergei Kozlov.* **SpE:** *Tim Webber, Richard Conway.* **M:** *Trevor Jones.* **D:** *Sam Neill (Merlin), Helena Bonham-Carter (Morgan Le Faye), Miranda Richardson (Königin Mab), John Gielgud (König Constant), Isabella Rossellini (Nimue), Rutger Hauer, Martin Short, James Earl Jones (Bergkönig), Paul Curran (König Arthur Pendragon), Lena Headey (Königin Guinevere), Jeremy Sheffield (Sir Lancelot), Mark Jax (Lord Ardente), Thomas Lockyer (Herzog von Cornwall), Jason Done (Mordred). F 174 (182) Min.*
TV-Film, zwei Teile: Dieser Film (Inhalt siehe: *Excalibur*) schildert die Geschichte um König Arthur und sein legendäres Königreich Camelot aus der Perspektive des Zauberers Merlin, der einer heidnischen Welt entstammt, die kurz vor der Christianisierung steht. Er ist dabei, als Arthur das Schwert Excalibur erringt, Camelot errichtet, von seiner Gattin Guinevere betrogen wird und steht an seiner Seite, als er von der intriganten Morgan Le Faye, deren Sohn Mordred und ihren Vasallen bedroht wird. – Eine aufwendig gestaltete und ausgestattete Geschichte, in der speziell Sam Neill in der Rolle des vom Wandel der Zeiten gebeutelten Merlin besticht.

MERLIN UND DAS SCHWERT

(MERLIN AND THE SWORD/ARTHUR THE KING). USA 1982. **R:** *Clive Donner.* **B:** *J. David Wyles, David Karp.* **LV:** *Erzählung von John Smith.* **K:** *Denis Lewiston.* **M:** *Charles Cross.* **D:** *Malcolm McDowell (König Artus), Candice Bergen (Hexe), Edward Woodward (Merlin), Dyan Cannon (Touristin), Rosalyn Landor (Guinevere). F 93 (142) Min.*
Ein Zeitloch katapultiert eine Stonehenge-Touristin zu König Artus. Fernsehfilm aus dem Jahre 1 nach *Excalibur*. »Erhebliche formale Mängel in Inszenierung wie Schauspielerführung mindern den Reiz des Films zusätzlich.« (FILMDIENST) Nur auf Video. [V]

MERLIN UND DER ZAUBERTRANK

(SARKANY ES PAPUCS). Ungarn 1989. **R:** *Tibor Hernádi.* **B:** *Attila Dargay, József Nepp. F 67 Min. (Zeichentrick).*
Ziemlich freie, für westliche Abnehmer intendierte ungarische Animationsfilmversion um König Arthur und die Tafelrunde. Höhepunkt ist Lancelots Kampf gegen den Drachen Goliath.

MERLIN UND MIM

Anderer Titel für **Die Hexe und der Zauberer**

MEVIANS SOHN

Anderer Titel für Gunan – **König der Barbaren**

MICHAEL SCHAFFT ORDNUNG

(HEAVEN ONLY KNOWS). USA 1947. **R:** *Albert S. Rogell.* **B:** *Art Arthur, Rowland Leigh, Ernest Haycox.* **St:** *Aubrey Wisberg.* **K:** *Karl Struss.* **M:** *Heinz Roemheld.* **D:** *Robert Cummings (Michael), Brian Donlevy (Duke Byron), Marjorie Reynolds (Ginger), Jorja Curtright (Drusilla), Bill Goodwin (Plumber), Stuart Erwin (Sheriff), John Litel (Reverend), Peter Miles (Speck O'Donnell), Edgar Kennedy (Jud), Lurene Tuttle (Mrs. O'Donnell), Ray Gennett (Freel). SW 95 Min.*
Trotz Proteste schickt Gott den Erzengel Michael in ein kleines Westernstädtchen in Montana, um einem gewissen Duke Byron die Seele nachzuliefern, die man bei seiner Geburt verschlampt hat. Außerdem soll er ihn mit der Lehrerin Drusilla verkuppeln, da beide laut himmlischer Buchführung schon seit zwei Jahren verheiratet sein sollten.

Das Problem ist nur, dass Michael bei seinem Auftrag keine Wunder vollbringen darf. Und zu allem Überfluß ist aus dem seelenlosen Duke inzwischen ein fieser Killer geworden, der gerade mit seinem Rivalen Plumber um die Macht in der Stadt ringt. – »*Michael schafft Ordnung* ist ein amüsanter Fantasy-Film, ernst genug gemacht, um glaubwürdig zu bleiben. Verblüffende Wunder, himmlisches Harfenspiel und Engelsflügel kommen dabei keine vor. Die ironischen Anflüge verleihen indes einem Thema Witz, aus dem andernfalls ein ziemlich ernstes Drama hätte werden können.« (VARIETY)

DIE MILCHSTRASSE

(LA VOIE LACTÈE/LA VIA LACTEA). Frankreich/Italien 1968. **R:** *Luis Buñuel.* **B:** *Jean-Claude Carrière, Luis Bunuel.* **K:** *Christian Matras.* **M:** *Luis Buñuel.* **D:** *Pierre Clementi (Satan), Laurent Terzieff (Johannes), Paul Frankeur (Pierre), Michel Piccoli (Marquis de Sade), Alain Cuny (Mann mit Kapuze), François Maistre (Französischer Priester aus der Irrenanstalt), Claude Cerval (Brigadier), Muni (Schwester Oberin), Julien Bertheau (Monsieur Richard), Ellen Bahl (Mme. Garnier), Michel Etcheverry (Inquisitor), Agnes Capri (Lehrerin), Georges Marchal (Jesuit), Jean Piat (Jansenist), Denis Manuel (Rudolf), Daniel Pilon (Franciscus), Claudio Brook (Bischof), Julien Guiomar (Spanischer Priester), Augusta Carrière (Schwester Francisca), Jean-Daniel Ehrmann (Verdammter), Pierre Lary (Junger Mönch), Bernard Musson (Gastwirt), Michel Dacquin (Monsieur Garnier), Gabriel Gobin (Vater), Pierre Maguélon (Korporal), Marius Laurey (Blinder), Jean Clarieux (Apostel Petrus), Christian van Cau (Apostel Andreas), Claudine Berg (Mutter), Christine Simon (Therese), Douking (Ziegenhirt), Jose Bergosa (1. Diakon von Priscillian), Beatrice Constantini (Tochter des Priscillian), Rita Maiden (2. Tochter des Priscillian), Claude Jetter (Jungfrau im Zimmer der spanischen Gaststätte), Jacqueline Rouillard (Kellnerin).* F 101 Min.

Zwei Pilger, Jean und Pierre, wandern nach Santiago de Compostela. Die Pilgerfahrt führt sie in 19 Sequenzen durch einige Jahrhunderte der Geschichte der katholischen Kirche. Gleich zu Beginn der phantastischen Wanderung durch Raum und Zeit begegnen sie einem fahrenden Fremden, der ihnen mit Gottes Worten an den Propheten Hosea prophezeit, ihnen werde eine Hure ein Kind gebären. Immer wieder tauchen Gestalten aus dem NT und aus der leidvollen Kirchengeschichte auf. Jesus zieht mit seinen Aposteln umher, tafelt fröhlich bei der Hochzeit von Kanaan, vollbringt Wunder und macht sie wieder rückgängig. Eine Sekte spanischer Ketzer des 4. Jahrhunderts geißelt die Fleischeslust mit Orgien, um die unsterbliche Seele zu retten. Ein toter Bischof wird posthum verbrannt, weil man seine ketzerischen Aufzeichnungen erst nach dem Tode entdeckte. Priester und Offizier debattieren in einer Absteige über das Problem der Substanzverwandlung, wobei sich der Priester als aus einer Irrenanstalt entsprungener Patient entpuppt. Anarchisten exekutieren den Papst. Der Marquis de Sade wettert gegen das Christentum und nennt Gott eine Schimäre. Eine jansenitische Nonne lässt sich in Ekstase kreuzigen. Scharfzüngig, aber auch mit blitzendem Degen tragen ein Jesuit und ein Jansenit theologische Streitigkeiten aus. Der Todesengel verunglückt mit dem Auto. Ein ungläubiger Student bekommt von Maria einen Rosenkranz überreicht. Was die beiden Pilger jedoch nicht finden, sind Liebe und Barmherzigkeit, Tugenden also, die die Kirche in der Welt verbreiten wollte. Als die beiden spanischen Boden erreichen, treten sie gleichzeitig wieder in die Gegenwart ein. Hier treffen sie die angekündigte Prostituierte. Diese teilt ihnen mit, dass der Altar, zu dem sie wandern wollen, leer sei und im übrigen nicht die Reliquien von St. Jakobus, sondern von Priseillian enthielte, ferner würde sie es mit beiden treiben, doch von Jean wolle sie das Kind. Zur gleichen Zeit heilt Jesus zwei Blinde.

»Mit komödienhafter Leichtigkeit wirbelt Buñuel Räume und Zeiten durcheinander ... Thematisch ist LA VOIE LACTÉE eine Anthologie der antiklerikalen Motive der frühen Filme Buñuels, ein Panorama der Irrtümer und Irrwege der katholischen Kirche ... Die philosophische Grund-Idee, die einzige, wenn auch vielfach variierte, ist das polemische Anprangern des kirchlichen Dogmas.« (Klaus Eder, Reihe Film Bd. 6, LUIS BUNUEL) – »Im Verhältnis zu früheren Filmen, die sich mit dem gleichen Themenkreis befaßten, fällt auf, wie gelöst sich Buñuel gibt. Auf krasse Schockbilder verzichtet er weitgehend, wenn auch im einzelnen sein Umgang mit Objekten religiöser Verehrung nicht eben pietätvoll erscheinen mag ... Die locker aufgereihte und sehr geschmeidig inszenierte Episodenfolge zeigt in kritisch pointierten Bildern immer wieder das Versagen der Christen im Umgang mit der Lehre Jesu; in der Optik des Atheisten Luis Buñuel erscheint so der Weg der Kirche schlechthin als ein Irrweg ... Gerade wenn man dies ... in Rechnung stellt, kann man aber dem Film des Spaniers nicht Blasphemie und bösen Spott vorwerfen. In ihren menschlichen Schwächen hat die Christenheit oft genug ein enttäuschendes Bild geboten, das ihr Zeugnis weitgehend verdunkelte.« (FILM-DIENST)

MIO, MEIN MIO

(MIO, MOI MIO/MIO, MIN MIO). Schweden/ Norwegen/GB/UdSSR 1987. **R:** *Wladimir Grammatikow.* **B:** *William Aldridge.* **LV:** *»Mio, mein Mio« von Astrid Lindgren.* **K:** *Kjell Vassdal.* **SpE:** *Derek Meddings.* **M:** *Anders Eljas, Benny Andersson, Björn Ulvaeus.* **D:** *Nicholas Pickard (Mio/Bosse), Christian Bale (Jum-Jum), Christopher Lee (Kato), Timothy Bottoms (König), Susannah York (Weberin), Gunilla Nyroos (Tante Edna), Igor Jassulowitsch (Eno), Sverre Anker Ousdal (Schwertmacher), Linn Stokke (Frau Lundin), Stig Enström (Benkes Vater), Eva Freling, Geoffrey Staines. F 104 Min.*

Den elfjährigen Waisenjungen Bo Vilhelm, der unter seiner putzwütigen Stiefmutter zu leiden hat, erreicht ein wundersamer Ruf aus dem »Land der Ferne«. Mit einem Flaschengeist, der nur aus einem langbärtigen Kopf besteht, an dessen Zotteln er sich festklammert, reist er in ein Reich der Phantasie, wo er sogleich als heimgekehrter Königssohn Mio gefeiert wird. Im »Land Außerhalb« soll er gemeinsam mit seinem Stockholmer Freund Jum-Jum den bösen Ritter Kato besiegen und die von ihm in Vögel verzauberten Kinder befreien. – Noch die schlechteste, unter wirren Produktionsbedingungen krankende Lindgren-Verfilmung, die aus der poetischen Vorlage einen vordergründigen Fantasyfilm macht, ist unterhaltsamer als manch anderes Durchschnittsprojekt. [V]

Mio, mein Mio

MIRACLE BEACH –
SONNE, SEX UND 1.000 TRÄUME

(MIRACLE BEACH). USA 1991. **R:** *Scott Snider.* **B:** *Scott Bindley.* **K:** *Bernard Salzman.* **M:** *Eric Allaman.* **D:** *Dean Cameron (Scotty), Ami Dolenz (Jeanie), Felicity Waterman (Dana), Pat Morita (Gus), Alexis Arquette (Lars). F 84 Min.*

Obdachloser junger Mann gerät in den Besitz einer alten Flasche, die von einer Dschinni bewohnt wird. Diese erfüllt ihm und seinen Kumpanen alle Wünsche (die im Wesentlichen aus Kohle und knackigen Tussis bestehen). Zudem gerät der Held in Kontakt mit einer Dame, die ihn eigentlich lieber ignorieren möchte. Auch die Dschinni verliebt sich in ihren Meister. – Möpse-Komödie, deren »phantastisches Element« dazu dient, das Vorzeigen ansehnlicher Frauenkörper zu motivieren. Nur auf Video. [V]

MIRANDA

(MIRANDA). GB 1948. **R:** *Ken Annakin.* **B:** *Peter Blackmore, Denis Waldock.* **V:** *Peter Blackmore.* **K:** *Ray Elton, Dudley Lovell.* **M:** *Temple Abady.* **D:** *Glynis Johns (Miranda), Griffith Jones (Paul Marten), Googie Withers (Clare Marten), John McCallum (Nigel), Margaret Rutherford (Schwester Cary), David Tomlinson (Charles), Yvonne Owen (Betty), Sonia Holm (Isobel), Lyn Evans (Gastwirt). SW 80 Min.*

Bei einem Angelausflug vor der Küste Cornwalls wird der Arzt Paul Marten plötzlich von zwei starken Händen über Bord gezogen. Als er in einer Höhle wieder aufwacht, sieht er sich einer leibhaftigen Meerjungfrau mit Namen Miranda gegenüber. Als Preis für die sichere Rückkehr ans Ufer fordert sie, dass er sie mit nach London nimmt. Der verdutzte Arzt hat keine andere Wahl und willigt ein. Er hüllt ihren Fischschwanz in einige Decken, setzt sie in einen Rollstuhl und gibt Miranda seiner Frau Clare gegenüber als neue Patientin aus. Bald schon verdreht die hübsche Meerjungfrau Pauls Freund Nigel und seinem Chauffeur Charles den Kopf. Als auch noch Paul anfängt, ihr schöne Augen zu machen, wird es Clare zu bunt. Nach einigen Nachforschungen enttarnt sie Miranda als »Seekuh«, worauf sich die derart Geschmähte wieder in den Ozean zurückzieht. – »Eine Spur mehr Einfallsreichtum und etwas Romantik hier und da hätten dieser Fantasy-Komödie aber nicht geschadet.« (VARIETY)

MISS MORISONS GEIST

(MISS MORISON'S GHOSTS). GB 1981. **R:** *John Bruce.* **B:** *Ian Curteis.* **D:** *Wendy Hiller (Elizabeth Morison), Hannah Gordon (Frances Lamont), Anna Korwin (Marie-Antoinette), Bosco Hogan (Reverend Hodgson), Vivian Pickles (Dr. Hadley), Niall Toibin (Lord Kavanaugh), John Franklyn-Robbins (Sir Patrick Corcoran), Antonia Pemberto (Bursar), Anne Queensberry (Sekretärin), Biddy Massen (Alice). F 100 Min.*
TV- Film. Elizabeth und Frances, zwei englische Wissenschaftlerinnen, besichtigen im Jahr 1901 den Palast von Versailles und begegnen Königin Marie-Antoinette samt Hofstaat. Als sie ihren Kollegen davon berichten, ernten sie nur Spott, denn Marie-Antoinette starb 1793 durch die Guillotine.

MS. SCROOGE – EIN WUNDER VOLLER ENGEL

(MS. SCROOGE). USA 1997. **R:** *John Korty.* **B:** *John McGreevey.* **LV:** *»A Christmas Carol« von Charles Dickens.* **K:** *Elemér Ragalyi.* **M:** *David Shire.* **D:** *Cively Tyson (Ebenita Scrooge), Katherine Helmond (Maude Marley), Michael Beach (Ebenitas Neffe), John Bourgeois (Cratchit), William Greenblatt (Tiny Tim), Michael J. Reynolds (Geist), Raeven Kely, Karen Glave. F 84 Min.*
TV-Film: Der xte Aufguß der Weihnachtsgeschichte von Charles Dickens handelt diesmal von einer Verstorbenen namens Maud, die ihrer hartherzigen Ex-Kollegin Ebenita als Geist erscheint, um ihr zu verdeutlichen, was sie noch vom Leben zu erwarten hat, falls sie sich nicht ändert. Die Einsicht kommt sofort: Die Bankangestellte, die anstelle eines Herzens nur eine Rechenmaschine hat, wandelt sich zur herzensguten Frau. – US-Kitsch, wie er während der Weihnachtstage auf allen Kanälen gesendet wird. Nur auf Video. [V]

MISTER HORATIO KNIBBLES

(MR. HORATIO KNIBBLES). GB 1980. **R:** *Robert Hird.* **B:** *Peter Blackmore.* **LV:** *Wally Bosco.* **K:** *Adrian Jenkins.* **M:** *Muir Matheson.* **D:** *Lesley Roach, Gary Smith, Rachel Brennock. F 55 Min.*
Kleines Mädchen, das sich – sehr zum Widerwillen seiner Eltern – einen Hasen wünscht, schließt Bekanntschaft mit einem riesigen weißen Zauberkaninchen, das von keinem anderen Menschen wahrgenommen wird. – Unser Freund Harvey ist es diesmal nicht!

MR. PEABODY UND DIE MEERJUNGFRAU

(MR. PEABODY AND THE MERMAID). USA 1948. **R:** *Irving Pichel.* **B:** *Nunnally Johnson.* **LV:** *»Peabody's Mermaid« von Guy und Constance Jones.* **K:** *Russell Metty.* **SpE:** *David Stanley Horsley.* **M:** *Robert Emmett Dolan.* **D:** *William Powell (Peabody), Ann Blyth (Meerjungfrau), Irene Hervey (Polly Peabody), Andrea King (Cathy Livingston), Clinton Sundberg (Mike Fitzgerald), Art Smith (Dr. Harvey), Hugh French (Major Hadley), Lumsden Hare (Col. Mandrake), Fred Clark (Basil), James Logan (Lieutenant). SW 89 Min.*
Mr. Peabody, 50, und mitten in der Lebenskrise, folgt dem Rat seines Hausarztes und verzieht sich

Miranda

in die Karibik – bis die Krise vorbei ist. Beim Angeln zieht er eine üppige Meerjungfrau an Land und bringt sie in einem Fischteich neben seinem Strandhaus unter. Besucher und Freunde, denen er von dem Fang berichtet, kriegen jedoch nie mehr als den Schwanz der Nixe zu sehen, so dass sie ihn für verrückt halten. Auch seine Gattin sucht zeitweilig das Weite. Es bleibt nicht aus, dass der einsame Peabody sich in die Nixe verliebt, doch diese zieht es in die Tiefen des Meeres zurück, so dass er nur noch Erinnerungen an sie hat. – Flotte, amüsante, gut unterhaltende Komödie, die aber Produktionen wie *Miranda* (GB 1948; Regie: Ken Annakin) und *Splash – Jungfrau am Haken* (USA 1984; Regie: Ron Howard) heute nicht mehr das Wasser reichen kann.

MIT DEM TEUFEL IST NICHT GUT SPASSEN

(S CERTY NEJSOU ZERTY). ČSSR 1985. **R:** *Hynek Bocan.* **B:** *Irena Slapáková, Jiří Just, Hynek Bocan.* **LV:** *»Des Teufels Schwager« von Božena Němcová.* **K:** *Jaromir Sofr.* **M:** *Jaroslav Uhlir.* **D:** *Vladimir Dlouhý (Petr), Ondrej Vetchý (Janek), Monica Pelcová (Adela), Dana Bartunková (Angelina), Jaroslava Kretschmerová (Dorotka). F 90 (95) Min.*

Dem Teufel in der Hölle ist nicht entgangen, dass oben auf der Erde ein selten böses Weib in Konkurrenz zu ihm getreten ist. Dorotka heißt sie, und ihren Stiefsohn Petr bringt sie um Haus und Hof. Sie muss ihrer gerechten Strafe in der Hölle zugeführt werden, derweil Petr die schöne Prinzessin Adela in die Ehe führen darf. [V]

MIT DEN SCHLANGEN KAM DER TOD

(SNAMJA KUSZEZA). UdSSR 1951. **R:** *Boris Kimjagarow.* **B:** *Jewgeni Pomeschtschikow, Nikolai Roshkow.* **LV:** *Epos »San-Name« (Das Buch der Könige/Das Heldenbuch von Iran) von Abu'l Qasim Firdausi.* **K:** *Naum Ardaschnikow.* **M:** *S. Judakow.* **D:** *Muchamedshan Kassymow (Kowa), G. Nijasow (Bachrom), M. Tachir (Kubod), B. Sabsalijew (Farruch), Dilbar Kassymowa (Nuschafarin), C. Rachmatullajew (Ruchom), Marat Aripow. F 97 Min.*

Tadschikische Verfilmung des persischen Nationalepos aus dem 11. Jahrhundert. Der Drachenzar Zohhak, aus dessen Schultern Schlangen wachsen, unterwirft seine Nachbarländer, um seine Schlangen mit menschlichen Gehirnen zu ernähren.

MIT VOLLGAS IN DIE TAFELRUNDE

(A YOUNG CONNECTICUT YANKEE IN KING ARTHUR'S COURT). USA 1995. **R:** *Ralph Thomas.* **B:** *Frank Encamacao/Ralph Thomas.* **K:** *John Berrie.* **M:** *Alan Reeves.* **D:** *Philip Ross (Hank), Michael York (Merlin), Theresa Russell (Morgan Le Fay), Nick Mancuso (König Arthur), Polly Shannon (Alisande/Alexandra), Paul Hopkins, Jack Langedijk. F 89 Min.*

Per Gitarrenverstärker-Kurzschluß wird der Rockmusiker Hank ins Jahr 536 zurückgeschleudert, findet sich im Lande Camelot wieder, lernt den legendären König Arthur kennen und entlarvt dessen böse Schwester und einen Ritter als Verschwörer. Die xte nach Motiven von Mark Twain gedrehte Fantasy-Schmonzette, die einen Menschen der Gegenwart per magisch inspirierter Zeitreise durch Zeit und Raum schleudert. [V]

MIT VOLLGAS IN KÖNIG ARTHURS TAFELRUNDE

Anderer Titel für **Mit Vollgas in die Tafelrunde**

MOGLIS GROSSE ABENTEUER

(MOWGLI'S FIRST ADVENTURE). USA 1998. **R:** *Michael McGreevey.* **B:** *Timothy Scott Bogart.* **LV:** *Motive von Rudyard Kipling.* **K:** *Mario Cardona.* **M:** *Peter Bernstein.* **D:** *Gary Collins (Prof. Warren Miller), Michael Bel (Professor Gershwin Donovan), Sean Price McConnell (Travis Donovan), Lindesy Peter (Linsey Miller), Antonio Baker (Mogli), Michael Des Barres (Kohabeez). F 90 Min.*

Mogli, ein Junge, der von Dschungeltieren aufgezogen wurde, beobachtet, wie eine indische Räuberbande unter Führung Kohabeez' einen Archäologen entführt, hilft dessen Kindern, ihn zu retten, und geleitet sie in eine vergessene Stadt, in der der Tiger Shirkan einen Riesendiamanten bewacht. – Durchschnittsware. [V]

MOMO

BRD/Italien 1986. **R:** *Johannes Schaaf.* **B:** *Johannes Schaaf, Rosemarie Fendel, Michael Ende, Marcello Coscia.* **LV:** *»Momo« von Michael Ende.* **K:** *Xaver Schwarzenberger.* **M:** *Angelo Branduardi.*

D: *Radost Bokel (Momo), Armin Mueller-Stahl (Chef der Grauen Herren), Mario Adorf (Nicola), Sylvester Groth (Agent BLW/553X), Leopoldo Trieste (Beppo), John Huston (Meister Hora), Ninetto Davoli (Nino), Concetta Russino, Bruno Stori, Francesco De Rosa, Elide Melli, Pietro Tordi, Hartmut Kollakowsky, Michael Ende. F 100 Min.*

Das Bild ist poetisch. »Graue Herren« stehlen den Menschen die Stundenblumen der Gefühle und verrauchen sie in Zigarren, und erst einer kleinen Waise namens Momo gelingt es mit Hilfe einer Schildkröte und des Hüters der menschlichen Zeit, den Grauen Herren die Zigarren zu entreißen und der kalt und trist gewordenen Welt in einem Blütensturm das Gefühl zurückzubringen. Das Bild eignet sich aber auch für herrlich plakative Bilder, vor allem Filmbilder. Immerhin ist die Idee hinter dem Bild (»Liebe und Freundschaft für eine bessere Welt«) ausgesprochen unverbindlich, und unverbindliche Ideen eignen sich stets für plakative Bilder. Die liefert *Momo* denn auch: Ein Mercedes rollt heran, ein zigarrenpaf-

fender Armin Mueller-Stahl steigt aus, die Menschen frösteln bedeutungsvoll, und bald gleicht die ganze Welt einer graublauen Kreuzung aus George Orwell und *Metropolis:* bevölkert von hektischen Robotern und so heftig rauchenden grauen Herren, dass man *Momo* dem Bundesgesundheitsminister als Ausgangspunkt für eine Anti-Raucher-Kampagne empfehlen möchte. Irgendwo muss man Armin Mueller-Stahl bewundern, der selbst einem solchen Klischee noch dämonisches Leben einhaucht. Aber immerhin sind Utopie und Dystopie ungefähr gleich anachronistisch: Aus den idyllischen Kleinstadt-Tableaus, die der Film zu Anfang und zu Ende so ausgiebig zelebriert, quillt so viel Liebe und Freundschaft, dass sie in einem Schneewittchen-Film der Brüder Genschow auch nicht gerade fehl am Platz wären. Das Bild stammt von Michael Ende, die Bilder von Fellini-Ausstatter Danilo Donati (hauptsächlich) und Regisseur Johannes Schaaf. Letzterer ist mit dem Vorsatz an *Momo* herangegangen, Endes Bild nicht derart zu vergröbern wie Petersen seiner *Unendlichen Geschichte.* Das ist

Momo

ihm zweifellos geglückt. Doch sein Bemühen um poetischen Schwebezustand, in dem die Bilder nicht übererklärt werden, schlägt auf den Film zurück: *Momo* scheitert geradezu exemplarisch daran, seine Geschichte derart zwingend zu erzählen, dass sich die Bilder als natürliche Konsequenz zu dieser Geschichte ergeben. Die Ereignisse bleiben seltsam beliebig, Spannung gibt es kaum. Leuchtbuchstaben auf einer Schildkröte ersetzen Dramaturgie und Motivation, und die hintangestellten oder aus dem Off gesprochenen Erklärungen der Geschichte sind eher nebulöse Phrasen, die den Zuschauer mehr verwirren als erhellen. So lassen die Bilder seltsam unberührt. Man begreift sie, taucht aber niemals in sie ein. Oder zumindest nur sehr selten. Als Momo das erste Mal ins Bild tritt, könnte man sich die Szene kaum amerikanischer vorstellen. Ein Streichermeer schlägt laute Wogen, große Augen lächeln freundlich. Nur Zyniker dürfen die kleine Momo nach einem solchen Auftritt nicht gern haben. [V]

MONTANA SACRA

(SUBIDA AL MONTE CARMELO/MONTANA SACRA). Mexiko 1973. R: Alexandro Jodorowsky. B: Alexandro Jodorowsky. K: Rafael Corkidi. SpE: Marcelino Pacheco. M: Alexandro Jodorowsky, Ronald Frangipane, Don Cherry. D: Alexandro Jodorowsky (Meister), Horacio Salinas (Dieb), Ramona Saunders (Frau mit Schriftzeichen), Juan Ferrara (Fon), Adriana Page (Isla), Burt Kleiner (Klen), Valerie Jodorowsky (Sel), Nicky Nichols (Berg), Richard Rutowsky (Axon), Luis Lomeli (Lut), Ana de Sade (Prostituierte), Leticia Robles, Connie de la Mora (Aufreizende Frauen), David Kapralik, Jacqueline Voltaire (Touristen), Pablo Leder (Zirkus-Ausrufer). F 114 Min. Irgendwo in den brütend heißen Slums von Mexiko liegt ein Dieb im Staub. Ein verkrüppelter Zwerg kriecht zu ihm, verjagt die Fliegen. Man trägt den Dieb davon, bindet ihn ans Kreuz, bewirft ihn mit Steinen. Mit dem Zwerg auf dem Rücken wandert der inzwischen bekiffte Dieb in die Stadt, wo er, von Verkäufern betrunken gemacht, bewusstlos in der Gosse umfällt. Als er auf-

wacht, findet er sich in einer Spielzeugfabrik wieder. Man hat von seinem Körper eine Gipsform hergestellt und Tausende kitschiger Jesusfiguren daraus hergestellt. Der Dieb zertrümmert sie und wandert erneut durch die Stadt. Auf dem Marktplatz spielen Chamäleons und Kröten in dem Miniaturnachbau einer Inkastadt den blutigen Überfall Pizarros auf das Aztekenreich nach. Nebenher vergewaltigt ein Soldat eine Touristin, was deren Gatten zu Jubelschreien und regelrechten Knipsorgien herausfordert. Der Dieb sieht einen hochaufragenden Turm, dringt ein und begegnet dem Alchimisten. Nach einer längeren Reinigungsprozedur, bei der er in einer Retorte eingesperrt u.a. die Dämpfe kochenden Kots einatmen muss, ist der Dieb geläutert. Zusammen mit neun Mächtigen aus Politik, Wissenschaft und Kunst macht er sich auf den Weg zu den neun Unsterblichen auf dem Heiligen Berg. Unmenschliche Askese-Übungen treiben die Suchenden unterwegs an den Rand des Wahnsinns. Endlich angekommen, reißt sich der Alchimist die Maske vom Gesicht und gibt den Blick auf das umstehende Kamerateam frei. Die Erlösungsutopie ist entlarvt, allein das irdische Leben ist die Wirklichkeit. – Wer bei diesem Skandalfilm zuweilen an Carlos Castaneda oder Timothy Leary denkt, liegt so falsch nicht. Alexandro Jodorowsky über die Entstehung: »Zwei Monate haben wir [Regisseur und Schauspieler] nur 4 Stunden täglich geschlafen, die gleiche Nahrung eingenommen und die gleichen spiritistischen und körperlichen Übungen gemacht: hinduistische, tantrische, ägyptische Musik etc. Wir lebten in der Gemeinschaft, schliefen gemeinsam, ohne Alkohol, ohne Marihuana, ohne Drogen[5], ohne Sex ... Während der Vorbereitungszeit der Dreharbeiten haben wir halluzinogene Pilze gegessen, und ich habe dabei eine phantastische Szene gefilmt – ich konnte beides machen, filmen und Halluzinationen haben zur gleichen Zeit! Zwei oder drei aus der Gruppe verloren die Selbstkontrolle, weil sie sich auf einem anderen Niveau befanden als die übrigen: sie begannen wie Verrückte zu lachen, wie Geistesgestörte, und das tötete das Erlebnis der übrigen Gruppe ab.« – Was bei solchen Taktiken dann

[5] *Ein kleiner, aber feiner Unterschied!*

herauskommt, wird sich jeder lebhaft ausmalen können. Umschreibungen wie »halluzinatorische Alpträume ... von poetischer Faszinationskraft« (GESCHICHTE DES FILMS) oder »orgiastisch aufgeblähtes Phantasiegebilde von zumeist schockierender Art« (FILMDIENST), mit denen die etablierte Kritik solchen filmischen Acid-Trips zu Leibe rückt, bleiben notgedrungen leere Worthülsen; um so mehr, als Jodorowsky sich keinen Deut um tiefergehende oder gar kohärente Aussagen schert, im Gegensatz zu seinem selbsterklärten Vorbild Buñuel etwa einzig und allein auf den schockierenden Effekt abzielt, mit seinen surrealistischen und mystizistischen Elementen lediglich spielt. Solches tut er freilich auf optisch rückhaltlos faszinierende, ästhetisch durchaus diskussionswürdige Weise. »Wenn Jodorowsky in diesem Supermarkt der blutigen und erotischen Halluzinationen die Puppen tanzen lässt, erfüllt sich die Vision vom Kino als pures Spektakel, das keinen ästhetischen und ideologischen Normen gehorcht außer seinen eigenen.« (DIE ZEIT)

MONTY PYTHONS DER SINN DES LEBENS

(MONTY PYTHON'S THE MEANING OF LIFE). GB 1983. R: *Terry Jones, Terry Gilliam.* B: *Graham Chapman, John Cleese, Terry Gilliam, Eric Idle, Terry Jones, Michael Palin.* K: *Peter Hannan.* SpE: *George Gibbs.* M: *Eric Idle, Terry Jones, Michael Palin, Graham Chapman, John Cleese, John du Prez, Dave Howman, Andre Jacquemin.* D: *John Cleese, Michael Palin, Eric Idle, Terry Jones, Graham Chapman, Terry Gilliam, Carol Cleveland, Simon Jones, Patricia Quinn, Judy Loe, Andrew MacLachlan, Mark Holmes, Valerie Whittingham, Jennifer Franks, Imogen Bickford-Smith, Angela Mann, Peter Lovstrom, Victoria Plum, Anne Rosenfeld, George Silver.* F 106 Min.
Der Vorfilm: Die geknechteten Angestellten der »Gesellschaft mit beschränkter Hoffnung« meucheln ihre dynamischen Jungmanager-Chefs, segeln mit ihrem Bürohaus in die Welt hinaus, überfallen Manhattan und stürzen schließlich vom Rand der Welt ins Nichts. *Teil 1: Das Wunder der Geburt.* In einem Krankenhaus, wo die Ärzte nur an den neuesten Wundern medizinischer Technik – insbesondere der Maschine mit dem »Ping« – interessiert sind, bringt eine Frau ein Kind zur Welt. *Das Wunder der Geburt 2. Teil: Die dritte Welt.* In Yorkshire singt ein arbeitsloser Katholik seinen zahlreichen Kindern das Spermalied vor und verkauft sie danach an die medizinische Forschung, weil das Geld zu knapp ist. *Teil 2: Wachsen und Lernen.* Im Sexualkundeunterricht gibt ein Lehrer eine praktische Vorführung mit seiner Frau. *Teil 3: Gegeneinander kämpfen.* Bei einer wilden Schlacht im Ersten Weltkrieg erhält ein Offizier von seinen Untergebenen zahllose Geburtstagsgeschenke. Im Zulukrieg reißt ein Tiger einem Offizier ein Bein ab. Seine Kameraden machen sich auf die Suche nach dem verschwundenen Bein und entdecken zwei Männer in einem Tigerkostüm. *Die Mitte des Films.* Eine Frau veranstaltet einen surrealistischen »Such-den-Fisch«-Wettbewerb. *Teil 4: Wechseljahre.* Ein amerikanisches Paar besucht ein Konversationsrestaurant. *Teil 5: Lebende Organverpflanzungen.* Zwei Männer entfernen die Leber eines Organspenders bei lebendigem Leib. Seine Frau macht eine kleine Reise durch die Galaxis. *Teil 6: Herbstjahre.*

Monty Pythons Der Sinn des Lebens

In einem schnieken Restaurant frisst der dickste Mann der Welt soviel, bis er platzt. Obwohl er ständig kotzt. *Teil 6B: Der Sinn des Lebens.* Ein Kellner des Restaurants erklärt seine Lebensphilosophie. *Teil 7: Der Tod.* Gevatter Hein besucht eine kleine Party, bei der vergiftete Lachspastete gereicht wurde. Er geleitet die frisch Verstorbenen in den Himmel, eine gigantische Hollywood-Show. Die Frau aus der *Mitte des Films* erklärt, dass der Sinn des Lebens längst nicht so wichtig sei wie Sex und Gewalt. Nur damit ließen sich die Videoglotzer nämlich zurück ins Kino locken. – »Wie diese Inhaltsangabe bereits andeutet, gibt das bislang letzte Gemeinschaftswerk der Monty Pythons die in *Kokosnuß* und *Jabberwocky* versuchte geradlinige Dramaturgie auf und entscheidet sich statt dessen für eine Sketch-Kollektion von Spielfilmlänge. Das Resultat ist ein erheblicher Rückschritt und unterscheidet sich, mit Ausnahme des größeren Aufwandes und eines gewissen schlüpfrigen Tons, kaum von ihren nun schon zehn Jahre zurückliegenden Fernsehshows.« (MONTHLY FILM BULLETIN)

Mit dem Unterschied, dass sich die Zeiten inzwischen gewandelt haben und der Humor, passend zur Zombie-Ära, deutlich an Ruppigkeit *gewonnen* hat. »Sex. Sakrileg. Skatologie. Und ein Aquarium voll sprechender Fische. Für jeden gibt es was in *Der Sinn des Lebens.* Von den extrem geselligen Fischen abgesehen, ist dieser Film dahingehend entworfen, im selben Moment den einen zu beleidigen und einen anderen vor Lachen aus dem Sessel zu fetzen ... Inzwischen ist aus den Monty Pythons ein echter Flugzirkus[6] geworden, der in wilden Luftschlachten den bürokratischen Wahnsinn und die Heuchelei unserer Zeit attackiert, in komischen Schleifen und Kurven im Tiefflug über ein Schlachtfeld aus Dreck, Blut und Innereien hinwegfegt ... Mit diesem Film haben die Pythons die üblichen Grenzen der Satire, ja selbst ihre eigene Prämisse, hinter sich gelassen. Ihre Attacken auf die Spießermoral sind von eigenem, wildem, beinahe Swiftschem Ernst. Genau das unterscheidet ihren Humor von dem ih-r ·r Konkurrenz, rettet ihn vor seinen eigenen Ex-. e ;sen und macht schließlich auch den Versuch,

ihm zu trotzen, zu einem so amüsanten Erlebnis.« (TIME) – Ob der Zweck die Mittel heiligt oder hier nur »in Blut und Eingeweiden herumgestochert« wird und »der Humor zu seinen Objekten kein satirisches Verhältnis gewinnt« (FILMDIENST), muss jeder selbst entscheiden. *Der Sinn des Lebens* ist eine Provokation, darauf angelegt, extreme Reaktionen auszulösen: »Der Zuschauer wird mit seinem Lachen auf sich selbst verwiesen; jede Sicherheit wird ihm genommen. Er muss selbst denken und überprüfen. Ein Rezept, eine Antwort auf die große Sinnfrage, bekommt er nicht mit auf den Weg. Seine Zukunft, seine Utopie liegt in der Negation der Negation, die er in produktiver Phantasietätigkeit, und nicht nur da, selbst vollziehen muss. Der Sinn des Lebens ist ein Film für alle – gegen jeden.« (Rolf Selas, MEDIUM) [V]

DIE MORDE DER DORIAN GRAY

(THE SINS OF DORIAN GRAY). USA 1982. **R:** *Tony Maylam.* **B:** *Ken August, Peter Lawrence.* **LV:** *»Dorian Gray« von Oscar Wilde.* **K:** *Zale Madger.* **M:** *Bernard Hoffer.* **D:** *Belinda Bauer (Dorian Gray), Joseph Bottoms (Stuart Vane), Anthony Perkins (Henry Lord), Olga Karlatos, Michael Ironside.* F 93 Min.

Die sechzigjährige, noch immer recht knackig aussehende Dorian Gray, Star-Fotomodell der Kosmetik-Firma Henry Lords, »lässt altern«: Ewige Jugend verschafft ihr ein Videoband mit alten Aufzeichnungen ihres Gesichts – die Dorian, die man dort erblickt, ist entschieden weniger knitterfrei. Und so kommt es, wie es kommen muss: Je mehr Neugierige der Hübschen auf die Schliche kommen, desto mehr muss sie morden. Und um so älter wird die Visage, die ihr dann vom Bildschirm entgegengrinst. – Oscar Wilde auf weiblich; die Elektronikindustrie fordert ihren Tribut! [V]

MORITZ IN DER LITFASSSÄULE

DDR 1983. **R:** *Rolf Losansky.* **LV:** *»Moritz in der Litfaßsäule« von Christa Kozik.* **B:** *Christa Kozik.* **K:** *Helmut Grewald.* **SpE:** *Erich Günther, Heiko Ebert.* **D:** *Dirk Müller (Moritz), Dieter Mann*

---

[6] *Die TV-Show der Pythons hieß Monty Python's Flying Circus.*

(Vater), Rolf Ludwig (Straßenfeger), Walfriede Schmidt (Mutter). F 88 Min.

Der neunjährige Moritz freundet sich mit einer sprechenden und sehr viel Bier trinkenden Stop-Motion-Katze an, die – wie es in Fabeln so üblich ist – auch eine kesse Lippe schwingt. So spartanisch das Unternehmen auch ist: Losanskys Filme waren die einzigen Lichtblicke in der DEFA-Filmproduktion der achtziger Jahre.

MOSES

(MOSES). GB/Italien 1979. **R:** *Gianfranco de Bosio.* **B:** *Anthony Burgess, Vittorio Bonicelli, Gianfranco de Bosio.* **K:** *Marcello Gatti.* **SpE:** *Mario Bava.* **M:** *Ennio Morricone, Dov Seltzer.* **D:** *Burt Lancaster (Moses), Anthony Quayle (Aaron), Ingrid Thulin (Miriam), Irene Papas (Zipporah), Mariangela Melato (Prinzessin Bithia), William Lancaster (Moses als Kind), Laurent Terzieff (Mernephta), Aharon Ipale (Josua), Marina Berti (Eliseba), Mario Ferrari (Ramses II), Yousef Shiloah (Dathan), Shmuel Rodensky (Jethro).* F 131 Min.

Der Prophet Moses führt die unter der Knute des ägyptischen Pharaos Ramses stöhnenden Israeliten durch die Wüste und das sich teilende Rote Meer ins Gelobte Land. – Italienisch-britische TV-Serie (Länge: 6 x 50 Min.), aufgenommen in Israel und zu einem Kinofilm zusammengeschnitten, der aufgrund provinzieller Machart, einfallsloser Kameraführung, versimpelter Dialoge und gewalttätiger Kampfszenen auf das reine Abenteuer reduziert wurde. »Was die filmische Realisierung des brennenden Dornbusches, der Plagen, den Durchzug durch das Rote Meer usw. anbelangt, ist das derart primitiv gemacht, dass man meint, die Tricktechnik stecke noch in den Kinderschuhen.« (Günther Bastian, FILMDIENST) – »*Moses* ist, wie andere biblische Epen zuvor, ein aktionsorientiertes Abenteuer-Garn.« (VARIETY) Die TV-Serie, in den USA ziemlich lau aufgenommen, wurde zumindest in Italien und Großbritannien ein unerwarteter Erfolg. [V]

DIE MÖWE JONATHAN

(JONATHAN LIVINGSTON SEAGULL). USA 1973. **R:** *Hall Bartlett.* **B:** *Richard Bach, Hall Bartlett.* **LV:** *»Die Möwe Jonathan« von Richard Bach.* **K:** *Jack Couffer.* **M:** *Neil Diamond, Lee Holdridge.* **Möwendressur:** *Ray Berwick, Gary Gero.* F 99 Min.

Die aufmüpfige Möwe Jonathan hat den vergammelten Fisch aus dem Müllwagen satt, an dem sich ihre Kollegen mit Vorliebe delektieren. Als Jonathan jedoch bei seinen Höhenflügen den Schwarm in Gefahr bringt, wird er verbannt. Während Neil Diamond auf dem Soundtrack vor sich hinschmachtet, segelt Jonathan um die halbe Welt, erfriert und geht in den Möwenhimmel ein. Dort erteilt ihm Chang, der Anführer der Himmelsmöwen, eine erbauliche Lektion in Sachen »Macht des Geistes und der Liebe«, die bald Wirkung tut. Jonathan, schon vorher nicht gerade langsam, kann nun bis auf Überlichtgeschwindigkeit beschleunigen. Um solch wertvolles Gedankengut weiterzuverbreiten, schickt Chang ihn zurück zu seinem Schwarm. Dort wird gerade die Jungmöwe Fletcher wegen ähnlich revolutionärer Gedanken verbannt. Jonathan nimmt sie unter die Fittiche und bringt ihr die Flugkunststückchen bei, die er im Himmel gelernt hat. Beim ersten Probeflug donnert der nicht ganz so fitte Fletcher allerdings in ein Kliff. Jonathan erweckt ihn von den Toten und wird als neuer Messias gefeiert. Nach einer kleinen philosophischen Ansprache, die aus der Feder von Bhagwans Ghost-Writer stammen könnte, fliegt er von hinnen, um auch die anderen Möwen der Welt zu erleuchten. Hätte er mal lieber mit den Machern dieses wunderschön fotografierten, inhaltlich völlig schwachsinnigen Streifens angefangen.

MRS. BRISBY UND DAS GEHEIMNIS VON NIMH

(THE SECRET OF NIMH). USA 1982. **R:** *Don Bluth.* **B:** *Don Bluth, John Pomeroy, Gary Goldman, Will Finn.* **LV:** *»Mrs. Frisby and the Rats of NIMH« von Robert C. O'Brien.* **K:** *Joe Juliano, Charles Warren, Jeff Melquist.* **SpE:** *Westheimer Company.* **M:** *Jerry Goldsmith.* **A:** *John Pomeroy, Gary Goldman, Don Bluth, Lorna Pomeroy, Skip Jones, Dave Spafford, Will Finn, Linda Miller, Dan Kuenster, Heidi Guedel, David Molna, Emily Juliano, Kevin M. Wurzer, Dorse A. Lanpher.* F 82 Min.

Die verwitwete Feldmaus Mrs. Brisby hat mit ihren vier Kindern unter einem Ackerstein Quar-

Mrs. Brisby und das Geheimnis von Nimh

tier bezogen. Als die Pflügezeit und damit ein schneller Umzug bevorstehen, wird der kleine Timothy krank. Seine Lungenentzündung macht jeden Transport unmöglich. In ihrer Not wendet sich Mrs. Brisby an die sagenumwitterte große Eule. Deren Rat ist mehr als seltsam: Die Ratten von NIMH könnten als einzige ihr Haus an einen sicheren Ort transportieren. Beim Anführer der Ratten, Nicodemus, lüftet sich schließlich das Geheimnis: Forscher aus dem National Institute of Mental Health (NIMH) hätten bei genetischen Experimenten einem Rattenstamm übermenschliche Intelligenz verliehen. Und Jonathan, Mrs. Brisbys toter Mann, habe den Ratten seinerzeit die Flucht aus den Labors ermöglicht. Um diese Tat zu vergelten, erklärt sich Nicodemus bereit, Mrs. Brisbys Heim mit Flaschenzügen in Sicherheit zu schleppen. Überdies schenkt er ihr ein geheimnisvolles Zauberamulett. Aber das Gemeinwesen der Ratten wird selbst bedroht: Von außen durch die NIMH-Wissenschaftler, die ihre Versuchstiere ausrotten wollen; von innen durch den machthungrigen Jenner, der der von Nicodemus propagierten Flucht den Kampf vorzieht. Bei den Transportarbeiten inszeniert Jenner einen Unfall, dem Nicodemus zum Opfer fällt. Dessen Leibgardist Justin besiegt zwar Jenner in einem Schwertkampf, doch das abgestürzte Haus droht im Schlamm zu versinken. Da kommt das Zauberamulett zu Hilfe. In tiefer Trance levitiert Mrs. Brisby ihr Haus und die darin eingeschlossenen Kinder auf festen Grund, in Sicherheit.

»Ein knorriger Kerzenstummel, Spinnweben, sprühende Funken aus einem Federkiel: die einleitenden Bilder kennzeichnen (und begrenzen) sogleich den Animationsstil dieses ersten Zeichentrickfilms jener rebellischen Künstler, die Disney 1979 nach einem Streit wegen künstlerischer Differenzen verlassen haben. Ihr Bemühen, die traditionellen Disney-Standards zu bewahren, führt sie weit über den romantisch-märchenbuchhaften Stil der Hintergründe und leblosen Objekte, die Wiederbelebung der Multiplan-Kamera und die Wiedereinführung von Schatten hinaus. Mrs. Brisbys Haushalt besteht aus Disney-Archetypen: klein und pelzig, niedlich und anschmiegsam, mit entzückend großen Augen«. (MONTHLY FILM BULLETIN) Erst recht zeigt

sich die Verwandtschaft in den komischen Nebenfiguren wie der tolpatschigen Krähe Jeremy,
die sich meist in irgendeinem Garn verstrickt. –
Weniger überzeugend dagegen die Story, die Disney und Lucas, märchenhafte und futuristische
Elemente (so etwa psychedelische Lichterspiele
frei nach *2001 – Odyssee im Weltraum*) recht zu-
sammenhanglos nebeneinander stellt. Dennoch:
Unterhaltsamer als die meisten Fantasy-Filme ist
dieses aus 1,5 Millionen Einzelzeichnungen zu-
sammengesetzte, in 600 Farben kolorierte Mäu-
seabenteuer allemal. – »Trotz einiger kleiner Abstriche bleibt der Gesamteindruck positiv.«
(FILMBEOBACHTER) [V]

MUCHAS GRACIAS, WILLY WUFF

BRD 1995. **R:** *Maria Theresia Wagner.* **B:** *Wolf-*
gang Wysocki. **K:** *James Jacobs.* **D:** *Anja Kruse*
(Daniela), Michael Munteanu (Andi), Thomas
Balou Martin (Tom), Jürgen Tarrach (Ralle), Horst
Niendel (Johnny), Tommi Piper (Willy Wuff). F
90 Min.

TV-Film. Der sprechende Köter Willy Wuff reist
als Blinder Passagier in einem Flugzeug nach Fu-
erteventura, um seinen spurlos verschwundenen
Hundebruder Rocco zu suchen, der dort als Star
einer Hundeshow aufgetreten, doch nun spurlos
verschwunden ist. Im Verein mit dem Jungen Andi, der die kaputte Ehe seiner Eltern retten will,
löst er den Fall.

DER MÜDE TOD

Deutschland 1921. **R:** *Fritz Lang.* **B:** *Fritz Lang,*
Thea v. Harbou. **K:** *Erich Nitzschmann, Hermann*
Saalfrank, Fritz Arno Wagner. **M:** *(der Atlas-Fas-*
sung) Peter Schirmann. **D:** *Bernhard Goetzke*
(Tod/El Mot/Bogenschütze), Lil Dagover (Anne-
marie/Zobeide/Fiametta/Tiao Tsien), Walter Jans-
sen (Annemaries Geliebter/Frank/ Giovanfrance-
seo/Liang), Hans Sternberg (Bürgermeister), Carl
Rückert (Vikar), Max Adalbert (Anwalt/Schatz-
meister), Erich Papst (Lehrer), Paul Rehkopf (To-
tengräber), Hermann Picha (Schneider), Edgar
Klitzsch (Arzt), Georg John (Bettler), Marie Wis-
mar (Alte Frau), Aloisia Lehnert (Mutter), Rudolf
Klein-Rogge (Derwisch/Girolamo), Eduard von
Winterstein (Kalif), Erika Unruh (Alsha), Lewis
Brody (Mohr), Lothar Müthel (Berater), Lina Pau-

Mrs. Brisby und das Geheimnis von Nimh

lsen (Kindermädchen), Paul Biensfeld (A Hi), Karl Hußar (Kaiser), Paul Neumann (Henker). SW 110 Min. (Stummfilm).

Ein Mädchen und ihr junger Geliebter steigen im Gasthaus eines mittelalterlichen Städtchens ab. Ein unheimlicher Fremder gesellt sich zu ihnen. Eine Rückblende verdeutlicht, dass der Mann vor langer Zeit das Land gekauft hat, das an den nahegelegenen Friedhof angrenzt. Um dieses Land herum hat er eine riesige Mauer bauen lassen, in der es keinerlei Türen gibt. Als das Mädchen den Geliebten einen Moment allein lässt, ist er mit

Der müde Tod

dem Fremden verschwunden. Ihre Suche endet vor dem Besitz des Fremden. Vor der Riesenmauer, die keinen Durchgang bietet, sinkt die junge Frau ohnmächtig nieder und wird nach einer Weile vom alten Apotheker gefunden, der sie nach Hause mitnimmt. Während er ein Stärkungsmittel zubereitet, setzt sie in ihrer Verzweiflung einen Giftbecher an die Lippen. Vor Erschöpfung fällt sie jedoch in einen tiefen Traum, in dem die riesige Mauer wieder auftaucht. Da öffnet sich eine Tür: dahinter eine endlose Treppe. Auf der obersten Stufe steht der Fremde und erwartet das Mädchen. Dieses fordert den Geliebten zurück. Der Fremde, der Todesengel, führt es in eine riesige Halle, in der Millionen Kerzen brennen. Jede Kerze ist das Lebenslicht eines Menschen. Ihr Wunsch soll in Erfüllung gehen, sagt der Tod zu der jungen Frau, wenn es ihr nur gelänge, zu verhindern, dass eine von drei schon flackernden Kerzen erlöscht. Sie glaubt in ihrer Sehnsucht, Liebe sei stärker als der Tod, und nimmt den Kampf auf: Drei Episoden, die die Geschichte der drei Lebenslichter erzählen, unterbrechen die Haupthandlung. Sie spielen im Bagdad der Kalifen, im Venedig der Renaissance und im alten China. In allen Episoden durchlaufen die junge Frau und ihr Liebhaber »gleichsam verschiedene Stadien der Seelenwanderung« (Siegfried Kracauer, VON CALIGARI ZU HITLER), in denen sie von einem eifersüchtigen, gierigen und grausamen Tyrannen verfolgt werden. Dreimal versucht das Mädchen, den Tyrannen, der dem Geliebten nach dem Leben trachtet, zu überlisten; dreimal führt der Tyrann seine Mordpläne mit Hilfe des Todes aus, der jedesmal durch den Henker verkörpert wird. So verlöschen die drei Kerzen. Doch auch der Tod ist seines Amtes überdrüssig. Er ist müde, die Leiden der Menschen mit ansehen zu müssen, er sehnt sich danach, besiegt zu werden. Die junge Frau erhält eine letzte Chance. Wenn sie ihm das Leben eines anderen brächte, so werde er ihr den Geliebten zurückgeben. Der Traum ist zu Ende, der Apotheker entreißt ihr den Giftbecher. Er gibt ihr zu verstehen, dass auch er lebensmüde ist; sich auf ihre Bitte hin zu opfern, sieht er nicht ein. Er wirft sie aus dem Haus. Auch ein müder Bettler sowie die alten, gebrechlichen, schon fast dahinsiechenden Frauen im Spital weigern sich, ein solches Opfer zu bringen. Im Spital bricht ein Feuer aus, ein kleines Kind wird zurückgelassen. Vom Schmerz der Mutter berührt, bahnt sich die junge Frau einen Weg durch die Flammen, rettet das Kind. Da steht der Tod vor ihr und fordert den Ersatz. Sie widerruft den Pakt, händigt das Kind der glücklichen Mutter aus. Damit ist ihr Schicksal besiegelt. Der Tod geleitet die Sterbende durch das einstürzende Haus zu ihrem Geliebten. Vereint steigen ihre Seelen über blühende Hügel gen Himmel. »Wer sein Leben verliert, wird es gewinnen!«

In der Zeit, in der dieser Film aus der Taufe gehoben wurde, stand im MÜNCHNER FILMKURIER zu lesen: »In einer Zeit, die – überschwemmt von dem Schund und Kitsch der Dutzendindustrie – nahe daran ist, an dem Film überhaupt zu verzweifeln, senkt dieser Film täglich einer neuen Schar Andächtiger den Samen des guten Glaubens in die Seele. Denn das ist das Köstliche an diesem Werk: es ist innig. Was der Film seit seinem Bestand noch nie erreichen konnte, was ihm trotz aller Gipfel im Exzentrischen, Spannenden, Prunkvollen und Aufregenden versagt blieb: die schlichte, echte Innigkeit, wie sie das

deutsche Lied birgt – diese ist es, die den *Müden Tod* – weit über seine vielbesprochene Qualität in äußerer Hinsicht – zum Markstein im Filmwesen macht.« Mit dem Markstein des Filmwesens hatte der Berichterstatter den Nagel auf den Kopf getroffen. Die »Innigkeit« war zweifellos das Werk der Drehbuchautorin Thea von Harbou, damals wie heute äußerst umstritten, was Qualität und Inhalt ihrer Bücher betraf (sie war eine Meisterin des Plagiats und der Mehrfachverwertung), doch unbestritten, was die Höhe ihrer Auflagen anbetraf (nicht selten über 100 000 Exemplare). Der Schluß, als das Liebespaar über eine blühende Wiese gen Himmel zieht, war die Zweitverwertung des Endes ihres ersten Drehbuches *Die Legende von der heiligen Simplicia*. Die Harbou hatte eben immer eine Schwäche fürs einfache Gemüt (vgl. Anmerkungen zu *Metropolis* in Ronald M. Hahn/Volker Jansen, LEXIKON DES SCIENCE FICTION FILMS). Die in die Rahmenhandlung eingelassenen orientalischen, italienischen und chinesischen Abschnitte, quasi die Action-Szenen, beruhten auf der Vorliebe Fritz Langs, Jagd- und Verfolgungselemente in die Handlung einzubauen, was sicherlich eine Konzession an den vermeintlichen Publikumsge-

schmack bedeutete, bei der Kritik aber überhaupt nicht ankam: »Die Erzählungen sind kostümierte Detektivgeschichten, hineingesprengt in eine lyrische Ballade.« (Herbert Ihering, VON REINHARDT BIS BRECHT) Die Form des Drehbuchs mit den drei eingelassenen Episoden war ebenfalls nicht neu (vgl. *Blätter aus dem Buche Satans*). Bemerkenswert ist, dass mangels geeigneter Technik der ganze Film mit einer Handkurbel-Kamera gedreht werden musste und noch keine Nachtaufnahmen gemacht werden konnten. »Diese malerischen Bilder sind so präzise getroffen, dass man manchmal der Illusion anheimfällt, sie seien von Grund auf real. Die venezianische Episode, eine ›zum Leben erweckte Zeichnung‹, lässt genuin den Geist der Renaissance erstehen, sei es in der Szene des Karnevalszugs mit den Silhouetten, die über eine Brücke taumeln, oder in dem glänzenden Hahnenkampf, der hell und hart eine südliche Leidenschaft ausstrahlt, wie sie etwa Stendhal oder Nietzsche schilderten. Die chinesische Episode ist gespickt mit Zauberkunststücken. Es ist allgemein bekannt, dass Zauberpferd, Liliputanerarmee und der (noch ruckhaft) fliegende Teppich dieser Episode Douglas Fairbanks zu seinem Film THIEF OF BAGDAD, einem spektakulären Schauspiel ähnlicher Zaubertricks, anregte.« (Siegfried Kracauer) [V]

DIE MÜHLE DES CALIFAR

(MOARA LUI CALIFAR). Rumänien 1984. **R:** *Serban Marinescu.* **B:** *Valeriu Dragusanu, Radu Aneste Petrescu, Petru Maier Bianu.* **LV:** *Roman von Gala Galaction.* **K:** *Calin Ghibu, Dragos Pirvulescu.* **M:** *Nicu Alitantis.* **D:** *Remus Margineanu, Elena Albu, Vasile Nitulescu, Andrei Finti, Dan Condurache. SW 70 Min.*

Märchen von einem armen Hirten, der von einem Müller hört, der jenen, die es bis zu seiner Mühle schaffen, Reichtum und Wohlstand verspricht.

MULAN

(MULAN). USA 1998. **R:** *Barry Cook, Tony Bancroft.* **B:** *Rita Hsiao, Christopher Sanders, Eugenia Bostwick-Singer, Philip Lazebnik, Raymond Singer.* **LV:** *Chinesisches Volksmärchen.* **A:** *Ruben A. Aquino, Tom Bancroft, Aron Blaise, Broose John-*

son. **M:** *Jerry Goldsmith, Matthew Wilder, David Zippel. F 88 Min. (Zeichentrick).*

Dieser Disney-Film, der 36. abendfüllende Animationsfilm dieser Produktion, adaptiert eine chinesische Fabel (und man merkt den Machern den heimlichen Wunsch an, vorsorglich mit dem Riesenreich der Mitte dauerhafte Geschäftsbeziehungen anzuknüpfen). Mulan, einzige Tochter des ehrenhaften, aber kranken und damit kampfunfähigen Fa Zhou, schert sich das Haar, leiht sich ähnlich der europäischen Jeanne D'Arc eine Ritterrüstung aus und schließt sich, als Mann verkleidet, der kaiserlichen Armee in der Schlacht gegen die Hunnen an. Mulan, schreibt Bettina Allamoda in der TAZ, bewege sich fließend zwischen Chinese Watercolor, japanischer Holzschnitt-Geisha und der bei 007 zu bewundernden Michelle Yeung. [V]

MÜNCHHAUSEN

Deutschland 1943. **R:** *Josef von Baky.* **B:** *Berthold Bürger [Erich Kästner].* **K:** *Werner Krien.* **SpE:** *Konstantin Irmen-Tschet, Gerhard Huttula.* **M:** *Georg Haentzschel.* **D:** *Hans Albers (Baron Münchhausen), Käthe Haack (Baronin Münchhausen), Brigitte Horney (Katharina II.), Ilse Werner (Prinzessin Isabella D'Este), Gustav Waldau (Casanova), Andrews Engelmann (Fürst Potemkin), Hilde v. Stolz (Louise la Tour), Hubert von Meyerinck (Prinz v. Braunschweig), Michael Bohnen (Herzog Karl von Braunschweig), Hermann Speelmanns (Christian Kuchenreutter), Ferdinand Marian (Graf Cagliostro), Leo Slezak (Sultan Abdul Hamid), Hans Brausewetter (Freiherr von Hartenfeld), Walter Lieck (Schnellläufer), Wilhelm Bendow (Mondmann), Marianne Simson (Mondfrau), Waldemar Leitgeb (Fürst Orloff), Marina von Ditmar (Sophie von Riedesel), Eduard von Winterstein (Vater Münchhausen), Jaspar von Oertzen (Graf Lanskoi), Werner Scharf (Prinz Francesco D'Este), Armin Schweizer (Johann), Franz Weber (Fürst von Ligne), Bernhard Goetzke, Harry Hardt, Viktor Janson, Leopold von Ledebur, Franz Schafheitlin, Ewald Wenck. F 105 Min.*

Original-Ton NEUES FILM-PROGRAMM: »Dieses ist die wahre Geschichte Münchhausens, die Geschichte einer großen, romantischen Seele und eines abenteuerseligen Herzens. Baron von

Münchhausen hat sie selbst erzählt, weil sich ein kleines, temperamentvolles Mädel [!] in ihn verliebt hat ... Er erzählt seine Abenteuer, während Gegenwart und Vergangenheit wundersam sich mischen. Nach langen Fahrten kehrt Münchhausen mit seinem getreuen Diener Kuchenreutter wieder einmal heim nach Bodenwerder. Doch kaum hat er seinen Vater begrüßt, erreicht ihn eine Botschaft des Prinzen von Braunschweig. So reitet er nach der Residenz, wo er geschickt eine delikate Mission erledigt. Damit aber ist seines Bleibens hier nicht länger. Er folgt dem Prinzen nach Petersburg, wo er die Gunst der jungen Zarin Katharina gewinnt. Nachdem er sich hier mit dem eifersüchtigen Potemkin duelliert und von dem diabolischen Cagliostro das Geschenk der ewigen Jugend erhalten hat, zieht er als Regimentskommandeur Katharinas mit Kuchenreutter gegen die Türken. Sein berühmter Ritt auf der Kanonenkugel führt ihn ins türkische Lager. Am Hofe des mächtigen Abdul Hamid weiß sich Münchhausen bald das Vertrauen des Herrschers zu erringen. Er verschafft dem Sultan in einer wunderbaren und tollkühnen Wette eine Flasche Tokayer aus Maria Theresias Keller und bemächtigt sich darauf der schönen venezianischen Prinzessin Isabella D'Este, die Abdul Hamid in seinem Harem gefangenhält. Mit ihr und Kuchenreutter entkommt er zu Schiff nach Venedig. Dort verbringt er ungezählte Tage seligsten Liebesglücks. Bald aber gerät Münchhausen in eine männliche [!] Auseinandersetzung mit Isabellas Bruder Francesco. Isabella muss den Schleier nehmen, Münchhausen nach dem Duell die Stadt verlassen. Er besteigt in Begleitung des getreuen Kuchenreutter die Montgolfiere des Herrn Blanchard, die ihn und den treuen Diener zum Mond entführt ... Und hier stirbt der rasch alternde Kuchenreutter – Münchhausen aber fand zur Erde zurück. Seine Zeitgenossen verließen ihn, keiner wurde von Freund Hein [Gevatter Tod] verschont – er selbst aber, Münchhausen, blieb jung, stark und tatenfroh bis auf den heutigen Tag. Münchhausen ist unsterblich!« Die »klassische« Sammlung phantastischer Lügengeschichten um Münchhausen, herausgegeben von Gottfried August Bürger (1747–1794), erschien 1786 und hatte den ellenlangen Titel WUNDERBARE REISEN ZU WASSER UND LANDE, FELDZÜGE UND LUSTIGE ABENTHEUER DES FREYHERRN VON MÜNCHHAUSEN, WIE ER DIESELBEN BEY DER FLASCHE IM CIRKEL SEINER FREUNDE SELBST ZU ERZÄHLEN PFLEGT. Die im Titel benutzte Gegenwartsform ist durchaus berechtigt, war doch das »historische« Vorbild ein Zeitgenosse Gottfried August Bürgers. Baron Karl Friedrich Hieronymus von Münchhausen (1720–1797) war weithin bekannt wegen seines Fabuliertalents, doch war seine Begabung für die damalige Zeit vor der Französischen Revolution nicht so ungewöhnlich, hatte sich doch eine durchaus »gesellige Erzählkultur« ausgebildet. Die um Münchhausen gruppierten Geschichten teilen sich in Land- und Seeabenteuer, wobei die letzteren trotz ihres sich überschlagenden phantastischen Charakters ihre kritisch-satirische Beziehung zur zeitgenössischen wissenschaftlichen Reisebeschreibung nicht leugnen können, so dass sie durchaus nach heutigen Begriffen als Vorläufer der Science Fiction gewertet werden können. Bei den Landabenteuern werden dagegen »konservative« Themen bevorzugt: Jagd, Lustpartie und Türkenkrieg, Essen, Trinken, Pferde, Hunde, und ganz, ganz wenig Erotik. Die Geschichten um Münchhausen wurden sechsmal verfilmt: *Les Hallucinations du Baron de Münchhausen*, Frankreich 1911 (Regie: Georges Méliès); *Les Avventure del Barone di Munchhausen*, Italien 1914; die hier besprochene deutsche Verfilmung; *Baron Münchhausen* (ČSSR 1961; Regie: Karel Zeman) sowie *Die Abenteuer des Baron Münchhausen* (GB/BRD/Italien 1988; Regie: Terry Gilliam). Mit *Münchhausen* wollte die UFA ihr 25jähriges Bestehen feiern. Dafür war ihr nichts zu teuer. Das Beste vom Besten war gerade gut genug, so dass für die Titelrolle nur Hans Albers in Betracht kam, der damals schon die Fünfzig überschritten hatte. Albers über den Film und seinen Beitrag: »Der Münchhausen ist eine Rolle, die man nur einmal im Leben bekommt. In diesen Tagen brauchen die Leute eine Aufmunterung – und die will ihnen der olle Albers geben.« Nicht so selbstlos, wie es den Anschein hat, kassierte er die stolze Summe von 360 000 Mark an Gage. Überhaupt spielte Geld die geringste Rolle. Im Gegensatz zur allgemeinen Produktion, bei der

der Rotstift regierte, schöpfte man bei *Münchhausen* aus dem Vollen. Zwangsläufig konnte der einzige Originalschauplatz nur Venedig sein, alles andere, Petersburg, Konstantinopel, die Mondreise, artete im Atelier zur Materialschlacht aus. Albers hatte recht behalten, die Leute lechzten nach Aufmunterung, der Film wurde ein Riesenerfolg, z.T. wegen Albers, z.T. wegen der verschwenderischen Pracht, der farbenfroh kostümierten Darsteller und bonbonfarbenen Idyllen. Hier und da schoben sich – für damalige deutsche Verhältnisse fast unglaublich – einige entblößte, vom Wasser zart umschmeichelte Brustwarzen ins Bild. Auch scheint die erotische Seite beim Film stärker ausgeprägt zu sein als beim prüden literarischen Vorbild. So verkündet der Lügenbaron filmgerecht, er brauche neben Abenteuern, Krieg und fremden Ländern vor allem schöne Frauen. Für das Drehbuch verantwortlich zeichnete ein angeblicher Nachkomme von G. A. Bürger. Berthold Bürger war in Wirklichkeit niemand anders als Erich Kästner, der mit einem allgemeinen Schreibverbot belegt war. Für die Filmarbeit sollte es vorübergehend aufgehoben werden, doch schon nach kurzer Zeit wurde es wieder ausgesprochen, so dass nicht mehr zu ermitteln ist, wie groß sein Anteil am Drehbuch war. Er selbst hat sich jedenfalls nicht dazu geäußert. Der Drehbuchautor Kästner ist jeglicher NS-Ideologie unverdächtig. Trotzdem, so der FILMDIENST, sei der Film nicht frei von unterschwelliger nationalsozialistischer Ideologie. Auch sind die Dialoge oft so platt, dass man Kästner kaum wiedererkennt. Sein Pseudonym wurde im Vorspann der von der NS-Zensur freigegebenen Inlandsfassung nicht mehr erwähnt. Technisch gesäubert und farblich richtig bunt (das Original hatte Pastelltöne in Agfacolor), kam der Film wieder ins Kino und später ins Fernsehen. »Die Erinnerung an ein zumindest technisches Meisterwerk des phantastischen Films, die man seit dem ersten Sehen über 35 Jahren hinweg behalten hatte, wird durch die jetzige Wiederaufführung nicht gerade bestätigt ... Immer sind es die zunächst frappierend erscheinenden technischen Effekte eines Films, die am raschesten veralten und ihn zum nicht mehr so recht ernst zu nehmenden Old-Timer werden lassen. Der Trickkamera von Konstantin

Irmen-Tschet im *Münchhausen* ist es aus der Sicht von 1978 nicht anders ergangen.« (FILMDIENST) [V]

DIE MUPPETS – DIE SCHATZINSEL

(MUPPETS TREASURE ISLAND). USA 1996. **R:** *Brian Henson.* **B:** *Jerry Juhl, Kirk A. Thatcher, James V. Hart.* **LV:** *»Die Schatzinsel« von Robert Louis Stevenson.* **K:** *John Fenner.* **SpE:** *Nick Allder.* **M:** *Barry Mann, Cynthia Weil.* **D:** *Tim Curry (Long John Silver), Jennifer Saunders (Mrs. Bluveridge), Kevin Bishop (Jim Hawkins), Steve Whitmire (Captain Smollet/Kermit/Rizzo), Frank Oz (Ben Gunn/Squire Trelawney/Miss Piggy, Fozzie), Billy Connolly (Billy Bones), Danny Blackner (Short Stack Stevens).* F 99 Min.

Die altbekannte Geschichte von der Schatzsuche des Schiffsjungen Jim Hawkins und seines vermeintlichen, einbeinigen Freundes Long John Silver wird diesmal mit Muppets-Figuren im Reisegepäck erzählt: Fozzie als vertrottelter Schiffseigner Squire Trelawney; Waldorf und Statler als ewig nörgelnde Galionsfiguren der Hispaniola; Sam Eagle als Erster Offizier; und als Captain Smollet, ein »Mann, in dem Dämonen wüten« – Kermit der Frosch. Nicht fehlen darf Miss Piggy als Benjamina Gunn, die auf der Insel zur Königin der eingeborenen Warzenschweine avanciert ist. Als Silver klar wird, dass Benjamina den Schatz bereits geplündert hat, lockt er Frosch und Schweine in einen Hinterhalt. – »Zu den Songs von Barry Mann und Cynthia Weil hüpfen und kreisen mehr als 100 Schaumstoffbeine und -arme auf einmal.« (BERLINER MORGENPOST) Trotzdem: » ... so richtig Fahrt nimmt die Hispanola hier doch eher selten auf. Was unter anderem daran liegt, dass es diese Disney-Produktion zu vielen recht machen will: Ein netter, harmloser Kinderfilm soll's sein und eine freche Parodie dazu. So dass man sich eben nie allzu lange freuen kann über die ängstliche Ratte Rizzo und den durch nichts zu beeindruckenden und immer noch sehr undefinierbaren Gonzo, die sich so benehmen, als wären sie – ausgestattet mit modernem Medienbewusstsein – direkt vom Zuschauer in diesen Film hineinkatapultiert worden. Denn schon kommt wieder dieser echte, aber sehr künstlich wirkende Mensch, dieser treuherzig süße Liedchen trällernde Bengel, der den kernig-tatkräftigen Jim Hawkins darstellen soll, wahrscheinlich aber schon mit einer einfachen Laubsägearbeit überfordert wäre.« (STUTTGARTER ZEITUNG)

DIE MUPPETS WEIHNACHTSGESCHICHTE

(A MUPPET CHRISTMAS CAROL). USA/GB 1993. **R:** *Brian Henson.* **B:** *Jerry Juhl.* **LV:** *»A Christmas Carol« von Charles Dickens.* **K:** *John Fenner. Puppenspieler Dave Goelz, Steve Whitmire, Jerry Nelson, Frank Oz.* **M:** *Miles Goodman, Paul Williams.* **D:** *Michael Caine (Scrooge). F 85 Min.*

Ebenezer Scrooge, ein verbitterter Pfennigfuchser, wird von drei Geistern zu einer Reise in seine Vergangenheit, Gegenwart und traurige Zukunft mitgenommen und auf diese Weise rechtzeitig zum Weihnachtsfest geläutert. Neu an dieser Version, die nach dem Tod von Jim Henson von dessen Sohn Brian verantwortet wurde, ist der Auftritt aller bekannten Muppets-Figuren unter der Schirmherrschaft der Disney-Leute. Zum Schluß werden Kermit der Frosch und seine Familie von Ebenezer-Michael Caine reich beschenkt.

MUSIK, TANZ UND RHYTHMUS

(MELODY TIME). USA 1946. **R:** *Ben Sharpsteen.* **R:** *Clyde Geronimi, Wilfred Jackson, Hamilton Luske, Jack Kinney.* **B:** *Winston Hibler, Harry Reeves, Ken Anderson, Erdman Penner, Homer Brightman, Ted Sears, Joe Rinaldi, Art Scott, Bob Moore, Bill Cottrell, Jesse Marsh, John Walbridge, Hardie Gramatsky.* **M:** *Eliot Daniel, Ken Darby.* **A:** *Eric Larson, Ward Kimball, Milt Kahl, Oliver Johnston jr., John Lounsbery, Les Clark.* **D:** *Roy Rogers, Luana Patten, Bobby Driscoll, Ethel Smith, Bob Nolan. F 75 Min.*

Zusammenstellung von sieben Disney-Kurzfilmen. 1. *Once Upon a Wintertime:* Ein Junge und ein Mädchen gehen Schlittschuh laufen, streiten sich, versöhnen sich aber wieder, als er sie vor dem Ertrinken rettet. Parallel dazu erlebt ein Eichhörnchenpaar das gleiche. 2. *Bumble Boogie:* Zu den Klängen des »Hummelflugs« wird eine

Die Muppets Weihnachtsgeschichte

Hummel von Klavierhämmern und anderen musikalischen Ungeheuern verfolgt. 3. *Johnny Appleseed:* Ein junger Mann folgt dem Rat seines Schutzengels und zieht in den Westen, wo er sein Glück als Apfelbaumpflanzer findet. Nach dem Tod geleitet ihn der Schutzengel in den Himmel, wo Johnny Appleseed sein Werk fortsetzt. 4. *Little Toot:* Ein kleiner, von allen verachteter Schleppdampfer wird zum Helden, als er während eines Orkans ein Schiff sicher in den Hafen geleitet. 5. *Trees:* Eine Illustration des Gedichtes von Joyce Kilmer. 6. *Blame it on the Samba:* Zu flotten Sambaklängen stürzen sich Donald Duck und seine Kumpane Joe Carioca und Panchito in ein überdimensionales Cocktailglas, das neben Hochprozentigem auch eine klavierspielende Ethel Smith enthält. 7. *Pecos Bill:* Von Kojoten aufgezogen, entwickelt sich ein Junge bald zum wahren Wunderknaben, der mit dem Lasso Tornados einfängt und aus purem Übermut den

Grand Canyon aushebt. Sehr zum Widerwillen seines treuen Pferdes verliebt er sich schließlich in das rassige Cowgirl Sue. An ihrem Hochzeitstag versucht Sue, das Pferd zu zähmen, wird aber abgeworfen. Ihre vier Buchstaben entpuppen sich als regelrechte Feder. Sue springt immer höher, bis sie am Ende auf dem Mond landet. Bill ist todtraurig und heult ab sofort jede Nacht den Mond an. Die Kojoten machen es ihm munter nach – bis auf den heutigen Tag. – In ihrer ursprünglichen Form existiert diese »aufgedonnerte Sammlung aus einigen gelungenen Episoden und einer Menge durchschnittlicher Füllsel« (NEW YORK TIMES) heute nur noch in den Archiven. Nach *Make Mine Music* und *Fun and Fancy Free* ist *Musik, Tanz und Rhythmus* die letzte Anthologie, die Disney nach Ende des Zweiten Weltkriegs vor allem aus finanziellen Gründen auf den Markt warf. In ihrer oft willkürlichen Aneinanderreihung von Realfilm- und Zeichentrick-Teilen lassen diese

Der mysteriöse Dr. Lao

Filme dabei nur wenig von der einstigen Größe des Studios spüren. Bereits kurz darauf zerlegte man die Anthologien in ihre Einzelteile, die dann in Disneys Fernsehshow endeten oder als Vorprogramm für die späteren Langfilme herhalten mussten.

MY LOVELY MONSTER

BRD 1990. **R:** *Michel Bergmann.* **B:** *Michel Bergmann.* **K:** *Fernando Arguelles.* **M:** *Jürgen Wolter.* **D:** *Silvio F. Valente [Silvio Francesco] (Nosferatu), Nicole Fischer (Mädchen), Forrest J (ohne Punkt) Ackerman (Er selbst), Matthias Fuchs, Sarah Karloff.* F 80 Min.
TV-Film. Eine 17jährige hat im Kino ihres Vaters zuviele Gruselfilme geguckt. Auf einmal sieht sie den Vampirfürsten von der Leinwand herabsteigen und leibhaftig vor sich. Doch die Stummfilmfigur des Nosferatu entpuppt sich als Anachronismus und muss nach Hollywood, um einen Weg zurück in ihren Film zu finden. Der Hamburger Michel Bergman realisierte sein Filmdebüt mit tatkräftiger, auch schauspielerischer Unterstützung des auf SF und Fantasy abonnierten Großsammlers Forry Ackerman.

DER MYSTERIÖSE DR. LAO

(THE SEVEN FACES OF DR. LAO). USA 1964. **R:** *George Pal.* **B:** *Charles G. Finney.* **LV:** »*Dr. Laos großer Zirkus*« von *Charles G. Finney.* **K:** *Robert Bronner.* **SpE:** *Wah Chang, Jim Danforth, Paul B. Byrd, Ralph Rodine, Robert R. Hoag.* **Ma:** *William Tuttle.* **M:** *Leigh Harline.* **D:** *Tony Randall (Dr. Lao/ Merlin/Medusa/Apollonius/Pan), Barbara Eden (Angela Benedict), Arthur O'Connell (Clint Stark), John Ericson (Ed Cunningham), Noah Beery jr. (Tim Mitchell), Lee Patrick (Mrs. Cassan), Minerva Urecal (Mrs. Lindquist), John Qualen (Luther Lindquist), Frank Krieg (Peter Ramsey), Peggy Rea (Mrs. Ramsey), Royal Dano (Carey), John Doucette (Lucas), Frank Cady (Bürgermeister), Peter Pal (Schneemensch).* F 99 Min.
Vor den Toren der Westernstadt Abilene eröffnet ein mysteriöser alter Chinese namens Dr. Lao einen Zirkus. Bald schon findet er heraus, dass in der Stadt nicht alles zum besten steht. Redakteur Ed Cunningham etwa kommt bei der verwitweten Stadtbibliothekarin Angela Benedict nicht weiter. Überdies liegt er im Clinch mit dem Möchtegernkapitalisten Clint Stark, der die Bewohner um ihr Land beschwindeln will, weiß er doch als einziger, dass demnächst eine Eisenbahnlinie durch Abilene gebaut werden soll. Während seiner Show erscheint Dr. Lao den Dorfbewohnern in verschiedenen Verkleidungen und hält ihnen ihre Fehler vor Augen. Stark zeigt sich einsichtig, kann aber nicht mehr verhindern, dass seine Handlanger Carey und Lucas Eds Redaktion wegen einer kompromittierenden Schlagzeile zu Bruch schlagen. Als Dr. Lao den Schaden mit einigen magischen Formeln wieder behebt, wollen sich Carey und Lucas an dem Goldfisch rächen, den der Chinese stets mit sich herumträgt. Als sie den Fisch aus dem Aquarium lüpfen, verwandelt er sich in einen gigantischen Drachen. Noch im Nachthemd eilt der Chinese herbei und reduziert das Ungeheuer auf seine ehemalige Größe. Tags darauf reitet er wieder von dannen. Ein reformierter Clint Stark, Ed und die endlich mit ihm verlobte Angela schauen ihm hinterher. – »Das Skript ist allzu sentimental und bringt Dr. Laos Parabeln ohne große Finesse rüber. Durch Tony Randalls starke Leistung in der Hauptrolle und die verblüffenden Spezialeffekte dennoch ein geglückter Film.« (Alan Frank, THE SCIENCE FICTION AND FANTASY FILM HANDBOOK) Für seine Masken, die Tony Randall nacheinander in Merlin, Medusa, Apollonius und Pan verwandeln, wurde William Tuttle mit einem Sonder-Oscar ausgezeichnet.

MYSTERY GHOST

(FOREVER). USA 1992. **R:** *Thomas Palmer jr.* **B:** *Jackelyn Giroux, Thomas Palmer jr.* **K:** *Gary Graver.* **M:** *The RH Factor.* **D:** *Keith Coogan (Ted Dickson), Sean Young (Mary Miles Minter), Diane Ladd (Mabel Normand), Terence Knox (Wallace Reid), Steve Railsback (William Desmond Taylor), Sally Kirkland (Angelica Farina).* F 89 Min.
Eine Autopanne in einer Regennacht lässt den Videoclip-Regisseur Ted in einer mysteriösen Villa um Hilfe nachsuchen. Er landet im leerstehenden Haus eines 1922 ermordeten Stummfilmregisseurs, der sich William Desmond Taylor nannte, doch in Wahrheit William Tanner hieß und für seine Damenhöschensammlung bekannt war.

Dass Taylor wirklich gelebt hat, wird aus dem Film nicht ersichtlich. Zwar wurde sein Mörder nie gefunden, doch sein Ableben bedeutete das Ende der Karriere für die Stummfilmstars Mary Miles Minter und Mabel Normand, die ihn am Mordabend zu unterschiedlichen Zeiten besucht haben.

Leider interessiert sich der Film auch nicht für den Mordfall, der eine tolle Geschichte abgegeben hätte (man vermutet, dass Mary Miles Minters eifersüchtige Mutter Taylor ermordet hat), sondern lässt Ted nur in eine Geisterwelt eintauchen, die ein Filmprojektor erzeugt: Um ihn herum materialisieren die Helden und Heldinnen der Stummfilm-Ära, und er begegnet vielen Stars des alten Hollywood: Mabel, Mary, Taylor, Mary Pickford, Wallace Reid, Fatty Arbuckle und anderen. Er kauft das Haus und verliebt sich in den Geist der Minter.

Leider interessiert sich Regisseur Thomas Palmer ebenso wenig für die Aufklärung des Mordes wie Ted, so dass *Mystery Ghost* eine happy endende Spukgeschichte mit Sexeinlagen bleibt. Nur auf Video. [V]

MYSTIC KNIGHTS –
DIE LEGENDE VON TIR NA NOG

(MYSTIC KNIGHTS OF TIR NA NOG). USA/Irland 1998. R: Greg Wheeler, Jeremiah Cullinane. **B:** *Joel Barkow, Louis Zivoc, Mark O'Brian, Dan W. Davis, John Fingal O'Donnell, Heather MacCahon.* **K:** *James Mathers.* **M:** *Shuki Levy, Kussa Mahchi.* **D:** *Lochlainn O'Mearain (Rohan), Lisa Dwan (Prinzessin Dierdre), Vincent Walsh (Angus), Justin Pierre (Prinz Ivar), Stephen Brennan (König Conchobar), Barry Cassin (Cathbad), Ben Palmer (Garret), Charlotte Bradley (Königin Maeve), Peadar Lamb (Fin Varra), Gerry O'Brien (Torc), Ned Dennehy (Mider), Sharon Hogan (Nemain), Eric O'Cuinn (Lugad). F 77 Min.*

Königin Maeve von Temra will mit Hilfe von Żauberei das Königreich Kells erobern, doch vier junge Helden – der Schurke Angus, der Maure Ivar, die Prinzessin Deirdre und der Zauberlehrling Rohan – stellen sich ihr mit Unterstützung von Fee Aideen, König Fin Varra und Ritter Garrett entgegen. Als »mystische Ritter« widersetzen sie sich Maeves Zaubermacht und raufen sich mit Kobolden, Gnomen, Riesen und Drachen. Dies ist ein Zusammenschnitt einer 50teiligen TV-Serie mit zum Heulen anachronistischen Dialogen (»Sperr mal die Lauscher auf«) aus der Disco-Welt der Gegenwart, mit der TV-Werbung entlehnten Yuppie-Charakteren, Rüstungen und Schwertern, die kilometerweit nach Kunststoff riechen, Effekten, die an amerikanische Superhelden-Comics erinnern und Drehbüchern, die in debilster Form die keltische Sagenwelt ausplündern. [V]

MYSTOR – DER TODESJÄGER II

(DEATHSTALKER II). USA 1986. R: Jim Wynorski. **B:** *Neil Ruttenberg.* **K:** *Leonard Solis.* **M:** *Chuck Cirino.* **D:** *John Terlesky (Mystor), Monique Gabrielle (Evie), John Lazar (Jarek), Toni Naples (Sultana), Maria Socas (Amazonenkönigin), Marcos Wolinsky (Einauge), Deanna Booher (Gargol), Jake Arnt (Hohepriester), Carina Davi, Jim Wynorski, Queen Kong, Douglas Mortimer, Leo Nichols. F 85 (77) Min.*

Mystor, der Mucki-Mann, hilft Prinzessin Evie, die vom üblichen Zaubererfiesling vertrieben wurde, gegen übernatürliche Mächte und Kannibalen-Amazonen auf ihren Thron zurück, damit er dort an ihrer Seite Platz nehmen kann. – Dünner Plot, drastische Haudrauf-Sequenzen. Nur auf Video. [V]

DER NACHKOMME DES SCHNEELEOPARDEN

(POTOMOK BELOWO BARSA). UdSSR 1984. **R:** *Tolomusch Okejew.* **B:** *Mar Baidshijew, Tolomusch Okejew.* **LV:** *Kirgisische Volkslegenden.* **K:** *Nurtai Borbijew, B. Aidaralijew/G. Chamizki.* **SpE:** *W. Galuschko, A. Uschur.* **M:** *Murat Begalijew.* **D:** *Dokdurbek Kydyralijew (Koshoshasch), Aliman Dshankorosowa (Saikal), Doschan Sholshaksynow (Mundusbai), Gulnara Alimbajewa (Aike), Aibek Kydyralijew (Kalygul), Aschir Tschokubajew (Kassen), Marat Dshantelijew (Sajak). F 135 Min.*

Die Legende von dem Jäger Koshoshasch, dessen Geschlecht vom Schneeleoparden abstammt. Einst lebte er im Einklang mit der Natur und achtete die Gesetze der grauen Bergziege Chaiberyn, doch als fremde Kaufleute ihn mit Feuerwaffen für die Jagd ausrüsten, schlägt die Natur mit Dürre und Hungersnot zurück. Wurde bei den 35. Berliner Filmfestspielen 1985 mit einem Silbernen Bären ausgezeichnet.

DIE NACHT DER ENGEL

(ANGELS). GB 1992. **R:** *Philip Saville.* **B:** *Tony Grisoni.* **K:** *Ken Morgan.* **M:** *Julian Wastall.* **D:** *Alfred Molina (George), Tom Bell (Michael), Cathy Tyson (Frances), Warren Clarke (Charlie), Louise Lombard (Lucy). F 78 Min. (O.m.U.).*

TV-Film. Drei Engel reisen im göttlichen Auftrag in diverse irdische Zeitalter, um die Seelen Verstorbener ins Himmelreich zu begleiten, doch unvorhergesehene Probleme bringen sie und ihre Klienten in Schwierigkeiten. – Mit britischem Humor versehener *Film blanc,* in dem es um die Möglichkeit einer zweiten Chance geht.

DIE NACHT MIT DEM TEUFEL

(LES VISITEURS DU SOIR). Frankreich 1942. **R:** *Marcel Carné.* **B:** *Jacques Prevért, Pierre Laroche.* **K:** *Roger Hubert.* **M:** *Maurice Thiriet, Joseph Kosma.* **D:** *Arletty (Dominique), Jules Berry (Teufel), Marie Dea (Anne), Fernand Ledoux (Baron Hugues), Alain Cuny (Gilles), Gabriel Gabrin (Le Bourreau), Marcel Herrand (Chevalier Renaud), Pierre Labry (Le Gros Seignor). SW 118 Min.*

Frankreich, 1485: Baron Hugues feiert an einem Sommerabend die Verlobung seiner Tochter Anne mit dem Edelmann Renaud. Unter den zahlreichen Gästen und Gauklern befinden sich die mysteriösen Troubadoure Gilles und Dominique, die niemand eingeladen hat: zwei Emissäre des Teufels, deren Aufgabe darin besteht, die Menschen mit Haß und Zwietracht zu entzweien. Im Verlauf des Abends verfallen Hugues und Renaud der schönen Dominique so sehr, dass sie in einem Zweikampf gegeneinander antreten, der Renaud das Leben kostet; Gilles hingegen, der die schöne Anne betört, verliebt sich wirklich in sie. Als das böse Spiel zu scheitern droht und der Teufel erkennt, dass seine Macht über die Emissäre schwindet, greift er in der Maske eines Höflings persönlich in das Geschehen ein. Seine Versuche, die Liebenden zu trennen und zu korrumpieren, bleiben jedoch erfolglos. Zornig verwandelt er sie in Stein. Ihre Herzen schlagen, wie man hören kann, dennoch weiter. – »Diese Fabel schildert allegorisch Frankreichs Niederlage, im Grunde die des Gegners. Ihm sollte es nicht gelingen, die Freiheitsliebe der Franzosen zu ersticken. *Die Nacht mit dem Teufel* war vielleicht der erste Film, der den wachsenden Widerstandswillen der Franzosen erkennen ließ.« (Rune Waldekrenz/Verner Arpe, KNAURS BUCH VOM FILM) – Marcel Carnés erstes Werk, das in der Zeit der Besetzung Frankreichs durch die Nazis entstand, wird zwar sehr oft als verschlüsselter politischer Film über den Freiheitswillen eines Volkes gesehen, das sich unter der Knute eines barbarischen Systems einrichten muss, widerspiegelt aber in kaum geringerem Maße – der Stoff entstammt einer mittelalterlichen Legende – den ewigen Kampf zwischen Gut und Böse, der ja ein Standardthema zumindest der Fantasy-Literatur ist: »Überzeugender als diese [politischen] Anspielungen ist jedoch die Behandlung von Carnés Lieblingsthema, dem Kampf zwischen Gut und Böse, in einem völlig verwandelten Milieu, dessen Atmosphäre er mit sparsamen Mitteln überzeugend einfing. Eindrucksvoll ist schon der Anfang, der die Sendboten des Teufels unendlich klein in einer verkarsteten, weißen Landschaft zeigt. Auch das Schloss ist ganz weiß, und die ›Grausamkeit‹ dieser Farbe wird hier sehr deutlich. Es folgt ein faszinierendes Spiel schöner Bilder, die von mittelalterlichen Miniaturen inspiriert sind, und virtuoser Schauspielkunst. Über allem liegt ein Hauch von Melancholie und Resignation – besonders gelungen in dem seltsam traurigen Fest.« (RECLAMS FILMFÜHRER)

DIE NACHT VOR WEIHNACHTEN

(WETSCHERA NA CHUTORJE BLIS DIKANKI). UdSSR 1961. **R:** *Alexander Rou.* **B:** *Alexander Rou.* **LV:** *Gleichnamige Erzählung aus dem Zyklus »Abende auf dem Weiler bei Dikanka« von Nikolai Gogol.* **K:** *Dmitri Surenski.* **M:** *Arkadi Filippenko.* **D:** *Alexander Chwylja (Tschub), L. Mysnikowa (Oxana), J. Tawrow (Wakula), Ljudmila Chitjajewa (Solocha), Georgi Milljar (Teufel), Sergej Martinson (Beamter). SW 70 Min.*

Gogols Erzählung in der Verfilmung des auf Märchenstoffe spezialisierten russischen Regisseurs Alexander Rou. Um Wakula, den Schmied und Maler des Dorfes Dikanka, zu ärgern, der ein Bild gemalt hat, auf dem Beelzebub furchtbare Prügel bekommt, klaut der Teufel in der Nacht vor Weihnachten den Mond. Der bärenstarke Schmied aber weiß mit dem Teufel umzugehen und lässt sich nicht von ihm einschüchtern. Er zwingt ihn, ihn auf dem Rücken nach Petersburg zu tragen, wo er sich die Schuhe der Zarin aneignet, um sie der geliebten Oxana als Brautgeschenk anzubieten.

DIE NACHTIGALL

(SOLOWEJ). UdSSR 1980. **R:** *Nadeshda Koschewerowa.* **B:** *Michail Wolpin.* **LV:** *»Die Nachtigall« und »Des Kaisers neue Kleider« von Hans Christian Andersen.* **K:** *Eduard Rosowski.* **M:** *Moissej Wainberg.* **D:** *Swetlana Smirnowa (Maria), Juri Wassilew (Evan), Alexander Wokatsch (Kanzler Krab), Sinowi Gerdt (Rat Boms), Michail Trofimow (Admiral), Alexander Demjanenko (Mechanikus), K. Adaschewski (Zauberer). F 87 Min.*

Ein Zauberer, dem er behilflich gewesen ist, zaubert dem Müllergesellen Evan drei Leberflecke auf den Rücken, ganz so, wie sie der Königssohn haben soll, der als kleines Kind entführt worden ist. Aber der Hof und die falsche Nachtigall aus Gold, die ein Mechanikus für ihn konstruiert hat, behagen Evan gar nicht. Vor allem vermisst er seine geliebte Maria, die bei der Krönungsfeierlichkeit unvermittelt die Wahrheit in den Saal schreit: Der neue König trägt keine Kleider. Er hat sich von einem Aufschneider ein unsichtbares Krönungsgewand aufschwatzen lassen. Jetzt muss er aus eigener Kraft den Weg aus dem Schloss finden, um auf der Waldwiese wieder mit Maria vereint zu sein.

DER NEUE GULLIVER

(NOWY GULLIWER). UdSSR 1935. **R:** *Alexander Ptuschko.* **B:** *Grigori Roschal, Alexander Ptuschko, S. Bolotin.* **LV:** *Jonathan Swift.* **K:** *Nikolai Renkow, Igor Schkaarenkow.* **M:** *L. Schwarz.* **D:** *W. Konstantinow (Petja/Gulliver), I. Judin (Pionierleiter), I. Bobrow (Bootsmann), F. Brest (Kapitän). SW 77 Min.*

Der Junge Pionier Petja träumt sich während einer Schiffsreise in ein Abenteuer Gullivers hinein: Er wird nach einer Katastrophe an Land geschwemmt und findet sich gefesselt in einem Zwergenreich wieder, dessen Arbeiterklasse unter der Erde schuftet, um an der Oberfläche eine faule Parasitenschicht zu ernähren. Der König der Liliputaner ist eine Marionette, dessen Ansprachen ein Plattenspieler abdudelt, das Parlament

Der neue Gulliver

eine Farce. Die Ausgebeuteten können ihre Unterdrücker schließlich mit Gullivers [Petjas] Hilfe überwinden; sie errichten einen Staat, in dem sie fortan selbst die Herrschaft ausüben. – Gulliver ist in diesem Film nur einer von wenigen »Rahmenhandlungs-Akteuren«: Die Zwerge werden von 1 500 speziell angefertigten Puppen gespielt. – »Roschals Drehbuch war ... auf ein junges Publikum zugeschnitten, so blieben manche Möglichkeiten ... ungenutzt. Das beginnt im Drehbuch bereits mit der sehr einfach gestalteten Rahmenhandlung, die auch in Ptuschkos Inszenierung blaß bleibt, und zeigt sich ebenso in der Gulliver-Geschichte. Am Beispiel des Liliputaner-Reiches wollte der Autor dem jungen Publikum eine ... Lektion in Sachen Geschichte, in historischem Materialismus geben. Dieses Anliegen ging manchmal auf Kosten des Humors.« (Joachim Reichow, FILMBLÄTTER)

DIE NEUEN MÄRCHEN VON SCHEHEREZADE

(NOWYJE SKASKI SCHACHERESADY). UdSSR/Syrien 1987. R: *Tachir Sabirow*. B: *Waleri Karen, Tachir Sabirow*. LV: *Tausendundeine Nacht*. K: *Rustam Muchamedshanow*. M: *Gennadi Alexandrow*. D: *Ulugbek Musaffarow (Maruf), Tamara Jandijewa (Esmagül), Burchon Radshabow (Ali), Baschar Al-Kadi (Barbier), Sarnari Chuschwachtowa (Fatima)*. F 98 Min.
Drei Jahre zuvor hatten Regisseur Tachir Sabirow und Tadshikfilm »Noch eine Nacht der Scheherasade« (JESCHTSCHO ODNA NOTSCH SCHEHERESADY) realisiert.

Diesmal erzählt Scheherazade dem Kalifen von Bagdad die Geschichte von dem armen Flickschuster Maruf. Mit der Hilfe eines ihm wohlgesonnenen Dschinn kommt er in einem fernen Land zu Reichtum und wird sogar mit einer Prinzessin bekannt.

NEUES VOM RÄUBER HOTZENPLOTZ

BRD 1978. R: *Gustav Ehmck*. B: *Karl U. Nastvogel, Andy Hoetzel*. LV: *»Neues vom Räuber Hotzenplotz« von Otfried Preußler*. K: *Hubs Hagen*. M: *Peer Raben*. D: *Peter Kern (Räuber Hotzenplotz), Muckenstruntz und Bamschabl (Kasperl und Seppl), Wal Daves (Wachtmeister Dimpfelmoser), Barbara Valentin (Wahrsagerin Schlotterbeck), Carsta Löck (Großmutter)*. F 103 Min.
Spielten im ersten Teil – *Der Räuber Hotzenplotz* – noch eine gute Fee und der böse Zauberer Petrosilius Zwackelmann tragende Rollen, verzichtet der zweite Teil, der nur noch »mit Zustimmung des Kinderbuchautors« Otfried Preußler zustande kam, gänzlich auf phantastische Elemente. Hotzenplotz flieht aus dem Spritzenhaus, verschleppt die Großmutter in seine Räuberhöhle und versucht ein Lösegeld von 555 Mark und 55 Pfennig zu erpressen. Kasperl und Seppel überlisten den gefräßigen Räuber mit einem Pilzgericht. – »Ehmcks Film enthält zwar viele märchenhafte Bilder – aber ein Märchen-Film? Wohl kaum, wenn man Märchen als esoterische Biographien der Menschheit versteht und sie, ungeachtet von modischen, ideologisch fixierten Auffassungen und Bewertungen, immer noch als die besten Einführungserlebnisse in die Sphäre eines höheren, edleren Menschentums für Kinder hält. Vergeblich sucht man bei Ehmck nach tieferem Sinn und Gehalt ... allenfalls ist [der Film] diskussionswert als Beleg für ungenügendes Verständnis von kindlicher Psyche und Intelligenz.« (Günther Bastian, FILMDIENST) [V]

DAS NEUNTE HERZ

(DEVATE SRDCE). ČSSR 1977. R: *Juraj Herz*. B: *Juraj Herz*. K: *Jill Machánê*. M: *Petr Hapka*. D: *Ondrej Pavelka (Martin), Julie Juristová (Prinzessin), Anna Málová (Toncka), František Filipovský (Hofnarr), Juraj Kukura (Astrologe)*. F 90 Min.
Prinzessin Adriana ist tagsüber nicht ansprechbar. Nachts verlässt sie auf geheimnisvolle Weise das Schloss. Ihr Vater lässt sie von Freiwilligen verfolgen, um herauszubekommen, wohin ihr Weg führt. Keiner der insgesamt acht Jünglinge kam bisher zurück. Unterdessen lässt ein Gastwirt in der Residenzstadt den Studenten Martin ins Gefängnis werfen, da dieser die Zeche nicht bezahlen kann. Martin kann mittels eines Mantels, der ihn unsichtbar macht, fliehen, verliert ihn jedoch auf der Flucht. Er versteckt sich bei einer Schauspielertruppe und lernt das Mädchen Toncka kennen, das ihm einen herzförmigen Granatanhänger schenkt. Martin meldet sich freiwillig zur Bewachung der Prinzessin. Der Hofnarr gesellt

sich zu ihm und verhilft ihm auch zu seinem Tarnmantel. Martin erfährt, dass der Astrologe Al-
dobrandini die Prinzessin hypnotisiert hat. Eingehüllt in den Tarnmantel folgen die beiden Be-
wacher der Prinzessin. Der Hofnarr begeht jedoch die Dummheit, aus dem schützenden Mantel zu schlüpfen. Er wird gefangengenommen und
in den Palast des Astrologen gebracht. Dieser ist
hocherfreut über den Neuankömmling, da dieser
in seiner Sammlung noch gefehlt hat. Der Astrologe stellt nämlich aus menschlichen Herzen – es
müssen immer neun sein – ein Elixier her, mit
dem er sich schon seit einigen Jahrhunderten am
Leben erhält. Martin, getarnt durch den Zaubermantel, kommt hinter das Geheimnis und kann
mit Hilfe des Elixiers alle neun Opfer zum Leben
erwecken. Gemeinsam mit der Prinzessin wollen
sie fliehen, doch sie gelangen in einen Irrgarten
und erst nach weiteren Abenteuern erlangen sie
die Freiheit. Erst nach einem Jahr können sie in
die Residenzstadt zurückkehren. Martin und
Prinzessin Adriana sollen heiraten, doch der Bräutigam ist ihr trotz der gemeinsamen Erlebnisse zu
wenig vornehm. Das kann Martin jedoch nur
recht sein, und er macht sich erfolgreich auf die
Suche nach der Schauspieltruppe, zu der seine
Toncka gehört. Sie ist besser als alle Prinzessinnen dieser Welt. – »Aufwendig gestaltetes Filmmärchen, das bekannte Handlungselemente auf
unkonventionelle Weise arrangiert.« (FILM-
DIENST)

DER NEUNTE SOHN DES HIRTEN

*(BOJSSJA, WRAG DEWJATOGO SYNA). UdSSR
1984. R: Viktor Pussurmonow, Viktor Tschugunow. B: Olga Bondarenko. K: Ashat Aschrapow.
M: Timur Mynbajew. D: Kajrat Nurkandilow,
Gulshan Aspetowa, Nurmuchan Shantunn, Lejla
Dshumalijewa. F 69 Min.*
Der mächtige Zauberer Tsabol, der in den Bergen Kasachstans lebt, bringt den Menschen mit
seinen magischen Kräften nur Unglück. Als ihm
prophezeit wird, dass ihn einer der Söhne des armen Pferdehirten Jershan vernichten wird, will
er das Schicksal überlisten und selbige in seine
Dienste nehmen, damit sie von ihm abhängig werden. Jershan jedoch verzichtet auf die angebote-
nen Schätze, denn er will seine Söhne keinem Fin-

sterling anvertrauen: Freiheit und Glück seiner
Kinder sind ihm wichtiger als Mammon. Tsabol
ist daraufhin so erbost, dass er Jershan in einen
Stein verwandelt und dessen Söhnen mit der
Macht seiner Magie das Gedächtnis nimmt, so
dass sie sich nicht mehr an ihre Namen erinnern.
Doch einen hat er übersehen: den neunten Sohn
Jershans, ein Säugling noch, der friedlich in einer
Jurte schläft. Als er zu einem jungen Mann her-
angewachsen ist, zieht er hinaus, um seinen Va-
ter und die verschwundenen Brüder zu finden ...

DIE NIBELUNGEN

*Deutschland 1924. 1. Teil: Siegfried. 2. Teil:
Kriemhilds Rache. R: Fritz Lang. B: Thea von Har-
bou. K: Carl Hoffmann, Günther Rittau. A:
Walther Ruttmann. M: Gottfried Huppertz. D:
Paul Richter (Siegfried), Margarethe Schön
(Kriemhild), Hanna Ralph (Brunhild), Hans Adal-
bert Schlettow (Hagen von Tronje), Rudolf Klein-
Rogge (Etzel), Theodor Loos (Gunther), Gertrud
Arnold (Ute), Hans Carl Müller (Gernot), Erwin
Biswanger (Giselher), Bernhard Goetzke (Volker
von Alzey), Hardy von Francois (Dankwart), Ge-
org John (Mime/Alberich/Bloadel), Frida Richard
(Runenmagd), Rudolf Rittner (Rüdiger von Be-
chlarn), Fritz Alberti (Dietrich von Bern), Georg
August Koch (Hildebrand). SW 117/130 Min.*
Siegfried: Nach Abschluß seiner Ausbildung bei
Mime, dem Schmied, zieht Siegfried an den Hof
des Burgunderkönigs Gunther. Auf dem Weg
dorthin tötet er den Drachen Fafnir. Nach einem
Bad in dessen Blut bis auf eine kleine Stelle an der
Schulter unverwundbar geworden, raubt er dem
Zwergenkönig Alberich die Tarnkappe und den
Nibelungenschatz. Am Hofe Gunthers verliebt er
sich in dessen Schwester Kriemhild. Gunther wil-
ligt in die Heirat ein, verlangt jedoch von Siegfried, dass er ihn bei seiner Werbung um die isländische Königin Brunhilde unterstütze. Dank
der Hilfe des unsichtbaren Siegfried besteht
Gunther alle ihre Proben. Doppelhochzeit. Als
Kriemhild Brunhild aus reiner Prahlerei das Geheimnis ihres Mannes enthüllt, stiftet diese
Gunthers Vasallen Hagen zum Mord an Siegfried
an und begeht hernach an dessen Leiche Selbstmord. *Kriemhilds Rache:* Nachdem Hagen den
Nibelungenschatz im Rhein versenkt und Kriem-

hild damit der Möglichkeit beraubt hat, neue Anhänger für ihren Racheplan zu werben, nimmt Kriemhild einen Heiratsantrag des Hunnenkönigs Etzel an. Als sie Etzel einen Sohn gebiert, lädt sie Gunther und seine Mannen zu einem großen Freudenfest ein. Dabei provoziert sie einen Streit zwischen Burgundern und Hunnen, der schnell zu einem mörderischen Gemetzel eskaliert. Kein Burgunder überlebt. Als Etzel erkennt, wozu er sich durch die Intrigen Kriemhilds hat hinreißen lassen, ersticht er seine Frau.

In mancherlei Hinsicht hatte die Filmsituation im Deutschland der Zwanziger durchaus etwas mit der heutigen gemein. Amerikanische Filme überfluteten die Kinos; wenn auch nicht so extrem wie jetzt, so doch immerhin so intensiv, dass bei der (damals noch intakteren) deutschen Filmindustrie ernste Bedenken laut wurden. Ihren Machern dient *Die Nibelungen* daher zunächst mal als Bollwerk gegen den amerikanischen Kulturimperialismus, als Beweis, dass Deutschland, was Monumentalfilme angeht, Hollywood durchaus das Wasser reichen konnte. Entsprechend scheute man bei der Realisierung weder Kosten noch Mühen: »Karl Vollbrecht ... der für Otto Hunte und Erich Kettelhut das großangelegte Dekor baute, errichtete enorme künstliche Stämme aus Gips und Mörtel auf dem Ateliergelände und schloss den Wald mit einer Art von Rundhorizont ab, dem Drahtgeflecht und Sackleinwand als Stütze dienten. Durch Öffnungen strahlte echte Sonne herunter, vermengte sich mit dem Schein der Projektoren, während aus Öffnungen unter den Rasenstücken eines wellig aufgebauten Bodens Dämpfe stiegen. So mischte sich echte Natur mit Ateliernatur, wie denn auch von Vollbrecht natürliche Blumen auf der Wiese im Gelände als kleine Setzlinge angepflanzt worden waren und man monatelang auf ihr Blühen wartete. Man hatte damals Zeit genug für einen Film, gingen doch schon drei bis vier Wochen über die ersten Regiesitzungen hin. Auch der Schnee im zweiten Teil der *Nibelungen* war echt; man geduldete sich lange, bis er endlich zwischen den künstlich angepflanzten Birkenbäumen fiel. Und ähnlich ver-

hielt es sich mit den Eismassen im Rhein-Bassin, in das Hagen-Schlettow den Nibelungenschatz zu schleudern hatte. Nur die Blütenbäume sind ›Ersatz‹ gewesen.« (Lotte Eisner, DIE DÄMONISCHE LEINWAND) Technisches Paradestück des Films war indes der Drache: konstruiert von Karl Vollbrecht, über 15 Meter lang, von 17 Mann bedient, und auch im Zeitalter eines *Drachentöter* noch durchaus eindrucksvoll. Allein aufgrund seiner Special Effects wäre den *Nibelungen* so ein Platz im Pantheon des Fantasy-Genres sicher. – Lang freilich hatte mehr im Sinn. Statt sich den Vorbildern aus Amerika anzupassen, wie es *Die unendliche Geschichte* versuchte, beschritt er gänzlich neue Wege und schuf die erste, vielleicht sogar einzig kongeniale Verfilmung des großen Sagenstoffes. »[Der Nibelungenfilm] ist eine gewollte und wohlgelungene Rehabilitation der künstlerischen Gesetze der Verteilung

Die Nibelungen in der Fritz Lang-Inszenierung von 1924

des Raumes. Rein mit Hilfe künstlerischer Mittel wird der Eindruck großer Massen erzielt ... Aber zu der feinen Sprache künstlerischer Linienführung kommt noch die ebenso warm empfundene Anwendung von Hell und Dunkel, das feine Spiel von Licht und Schatten, das eigentlich zu einem psychologischen Ausdrucksmittel wird. Kriemhild wird in einer fieberhaften Nacht von bösen Träumen verfolgt. Im Film werden diese Halluzinationen [der sogenannte Falkentraum] durch ein Gewoge heller und dunkler Schwaden dargestellt, die sich gegenseitig bekämpfen und eines dem anderen seinen Rhythmus aufzuzwingen versucht. Aber auch sonst ist der ganze Film ein Kampf zwischen hellen und finsteren Mächten.« (Emile Vuillermoz, TEMPS) – Entscheidend für die Wirkung des Films war jedoch die Art und Weise, der Rhythmus, in dem dieser Kampf geschildert wurde. In den *Nibelungen* dominiert die Statik: Gemessen schreitet ein Geschehen, aus dem fast alle äußere Lebendigkeit verbannt ist, die Einbahnstraße namens Schicksal, dem Motor aller großen Sagen, hinab. Dynamik findet sich da nur im zweiten Teil, im Reich Etzels. »Lang wusste sehr wohl, warum er, statt auf Wagners malerischen Opernstil oder eine Art psychologischer Pantomime, auf den Bann ... dekorativer Kompositionen setzte: sie symbolisieren das Schicksal. Der Zwang, der vom Schicksal ausgeht, findet seine ästhetische Entsprechung darin, dass alle Strukturelemente streng in den Rahmen luzider Formen eingefügt sind ... Als sei es mit dem Ornamentalcharakter, auf den diese Kompositionen angelegt sind, noch nicht genug, tauchen auf Mauern, Vorhängen, Decken und Gewändern noch primitive Ornamente auf ... Häufig formieren sich auch die Schauspieler zu Ornamenten. Eine Szene in Gunthers Halle zeigt, wie der König und sein Gefolge, Statuen gleich, in symmetrisch angeordneten Nischen sitzen. Die Kamera lässt sich keine Gelegenheit entgehen, derlei Figuren zu erfassen.« (Siegfried Kracauer, VON CALIGARI ZU HITLER) Aus dieser Versklavung des Menschen im Ornament, Thea von Harbous weihevollem Vorspanntitel »Dem deutschen Volke zu eigen« und dem propagierten Kult des Nordischen heraus *Die Nibelungen* als vorweggenommenes Nazi-Pamphlet zu interpretieren,

als das es später von Goebbels auch willkommen geheißen wurde, ist sicher legitim, gleichzeitig aber doch zu simpel. So ließ Lang an einigen Stellen durchaus Kritisches durchscheinen, etwa in jener Einstellung, in der ein Ornament aus angeketteten Zwergen Alberichs Schatztruhe stützt. Legt man die ideologischen Scheuklappen ab, entlarven sich die hehren Recken überdies als rechte Narren, Schachfiguren einiger »realpolitisch begabter Figuren, wie Hagen und Kriemhild, denen es um nichts als Macht, Prestige und Geld geht, als Pawlowsche Hunde abgerichtet, denen man nur den Knochen hinzuhalten braucht, auf dem ›Ehre‹ steht, auf dass sie sich in den angewiesenen Feind festbeißen und lieber totprügeln lassen als loszulassen.« (KLASSIKER DES DEUTSCHEN STUMMFILMS) – Dennoch bleibt *Die Nibelungen* ein zwiespältiges, in seiner Ambivalenz für den reflektierenden Zuschauer allerdings faszinierendes Werk. »Lang ist kein Manichäer (was ihn von Brecht unterscheidet). Er übersieht keine Form des Bösen zugunsten einer fortschrittlichen Konzeption des Menschen und der Welt: Er nimmt es wahr zugleich als Motor dieser Geschichte, in der sich, nach den Worten Engels, ›der Wille jedes Einzelnen stößt am Willen anderer‹, und als Humus des Heiligen, kurz als doppelgesichtiger Januskopf inmitten einer geschichtlichen Entwicklung, die immer das Risiko birgt, dass der Patriotismus und die Religiosität von heute als Verbrechen erscheinen und unsere Hoffnung auf Revolution als das Gute.« (Gérard Legrand, POSITIF) Bei einer Leserumfrage der NEUEN ILLUSTRIERTEN FILM-BÜHNE erreichte *Die Nibelungen* 1925 mit 1716 Stimmen den ersten Platz. Mit 663 bzw. 289 Stimmen weit abgeschlagen auf den Plätzen 2 und 3 landeten *Rosenmontag* und der Greta Garbo-Film *Gösta Berling*. [V]

DIE NIBELUNGEN – 1. TEIL: SIEGFRIED VON XANTEN

BRD 1966. **R:** *Harald Reinl.* **B:** *Harald G. Petersson, Harald Reinl, Ladislav Fodor.* **K:** *Ernst W. Kalinke.* **M:** *Rolf Wilhelm.* **D:** *Uwe Beyer (Siegfried), Rolf Henninger (König Gunther), Siegfried Wischnewski (Hagen von Tronje), Karin Dor (Brunhild), Maria Marlow (Kriemhild), Mario*

Girotti (Giselher), Fred Williams (Gernot), Herbert Lom (Etzel), Hans von Borsody (Volker), Skip Martin (Alberich), Hilde Weissner (Ute), Dieter Eppler (Rüdiger), Christian Rode (Dietrich von Bern), Barbara Bold (Hildegund). F 91 Min.
Einen Regisseur vom Rang Fritz Langs hatte Produzent Arthur Brauner zwar nicht aufzuweisen, als er sich entschloss, nach einer Allensbach-Umfrage (»35% der Deutschen kennen Siegfried«) 8 Millionen Mark in sein Remake-Projekt zu stecken, aber immerhin eine »Otto«-Gewinnerin (8. Platz) namens Karin Dor, die zufällig auch Gattin des Regisseurs Harald Reinl war (eines Ex-Assistenten Leni Riefenstahls, der sich wiederum einen Namen als Verfilmer deutschen und britischen Kolportage-Literaturgutes gemacht hatte). In der Rolle Siegfrieds allerdings (wusste man von Allensbach) sollte ein unverbrauchtes Film-Talent glänzen, das man in dem Sportler Uwe Beyer (der, nach Abschluß des ersten Teils: »Ich bin fürs erste ganz froh, tot zu sein«) dann auch ge-

funden zu haben glaubte. Der Film indes wurde zu einem cineastischen Fiasko, was jedoch nicht allein der Kamera-Unerfahrenheit des Hauptdarstellers anzulasten war, der während der Aufnahmen jeden Take mehrfach schmiss, sondern auch der Blutleere der Inszenierung und der Dialogpassagen, die sich etwa auf folgender Ebene abspielten:

GUNTHER: »Ihr seid doch getauft?«
SIEGFRIED: »Im Namen des dreifaltigen Gottes!«

Die Nibelungen 1. Teil

GUNTHER: »Das macht uns zu Brüdern.«

Trotz der inzwischen erfolgten Erfindung von Ton und Farbe gelang es der Neuverfilmung nicht, die atmosphärische Dichte der Langschen Originalversion zu erreichen; vom Kampf des Helden mit dem Drachen bis zu seinem tragischen Ende plätschern die Episödchen um den blonden Recken eintönig dahin – unterbrochen von Passagen, die Kühnheit widerspiegeln sollen, doch nur Ausbrüche von Heiterkeit provozieren: »Leider wird's auf weiten Strecken auch noch unfreiwillig komisch ... wenn Frau Dor in kühler Mannequin-Nonchalance Felsen und Speere schmeißt oder der olympische Hammerwerfer Uwe Beyer Felsbrocken und Gittertüren stemmt, wider den getarnten Alberich in die Luft ficht oder mit geschultertem Bären fröhlich dahergesprengt kommt.« (Günther Bastian, FILMDIENST) Da fragt man sich natürlich, ob man einem Heldenepos oder dessen ureigener Parodie beiwohnt: »Die Ausstattung wirkt ... wie Bayreuth 1930, die Musik wagnert eifrig, die Kamera wirkt wie ein Paßbildautomat. Wenn das Böse, z.B. der Drache, fällt, lichtet sich der Himmel; dräut's Schicksal, wird's düster und windig.« (Bastian) – »So geriet ... das gereimte Heldenepos ... zum kindlichen Heroen-Kino: Siegfried spielt mit den Muskeln, ein hydraulisch betriebener Drache pufft Feuer aus der Düsen-Nase, Damen in Glanzpapier-Gotik schneiden Gesichter, und Burgunds wortkarger Kriegerverein blickt tiefernst in die Runde.« (DER SPIEGEL)

Die Nibelungen – 1. Teil: Siegfried Von Xanten

DIE NIBELUNGEN – 2. TEIL: KRIEMHILDS RACHE

BRD 1966. R: Harald Reinl. B: Harald G. Petersson, Harald Reinl, Ladislas Fodor. K: Ernst W. Kalinke. M: Rolf Wilhelm. D: Rolf Henninger (König Gunther), Maria Marlow (Kriemhild), Siegfried Wischnewski (Hagen von Tronje), Herbert Lom (Etzel), Mario Girotti (Giselher), Fred Williams (Gernot), Dieter Eppler (Rüdiger), Skip Martin (Alberich), Samson Burke. F 88 Min.

Nach dem Tod ihres Gatten Siegfried, der Ermordung des Zwergenkönigs Alberich und der Versenkung des Nibelungenschatzes im Rhein ehelicht Kriemhild, König Gunthers Schwester, den Hunnenführer Etzel (Attila), um dessen Macht zum Werkzeug ihrer Rache zu missbrauchen. Nachdem sie die Burgunder an ihren Hof geladen hat, provoziert sie sie so lange, bis es zu einem blutigen Gemetzel kommt, dem keiner ihrer Feinde entgeht. – »Neben der religiösen Staffage ... auch diesmal wieder dümmliche Wolken- und Gewitter-Symbolik, Anachronismen und überlaute Musik. Die drittklassige Darstellung ist ebenso befremdlich wie die Wildwest-Atmosphäre, die Regisseur Reinl manchmal aufkommen lässt.« (Günther Bastian, FILMDIENST)

NICHT ALLES, WAS FLIEGT, IST EIN VOGEL

BRD 1979. R: Borislav Sajtinac. B: Borislav Sajtinac. K: Dagmar Kalinova, G. Beyer, L. Hunger. M: Rolf Adrian. A: Branko Ilic. F 82 Min. (Zeichentrick).

In ihrem kleinen baufälligen Häuschen träumen Franz und seine keifende Gemahlin Martha nächtens alp. Immer wieder überlappen sich Vision und Realität. Mal zertrümmert ein riesiger Rabe das Mobiliar des Zimmers; mal wird Franz zu einem Zauberkater, der zum begeisterten Beifall einer Mäuseschar Mäuse zu Tode quält; dann wieder zu einem Müller, der sein Mühlrad nach dem Selbstmord mit eigenem Blut in Gang setzt. Als sich Martha schließlich in die Rolle einer herzlosen Geliebten hineinträumt, ein Schwanenei legt und ihr Mann das nicht verstehen will, verwandelt sie sich in einen riesigen Raben und fliegt davon. Dem unverwandelten Franz bleibt nichts anderes übrig, als ihr armewedelnd nachzufliegen. – Borislav Sajtinacs *Nicht alles, was fliegt, ist ein Vogel* ist vielleicht das schönste Gegenargument für den Titel eines gewissen Filmbuches. Gelegentlich kann man Augen eben doch kaufen, vor allem die der Filmkritik: am einfachsten wohl durch einen pseudointellektuellen Schleier vor der Belang- und Konzeptlosigkeit seines Werkes. Und schon prasseln die Hymnen herab, und ein wirrer Streifzug durch die Papierkörbe von Poe und Kafka entpuppt sich als Ausdruck eines »von

rationalen wie irrationalen Ängsten bestimmten Kosmos, in dem die Natur ebenso furchterregend in Erscheinung tritt wie eine entmenschlichte Technologie oder die dunklen Reglungen geheimer menschlicher Wünsche«, der »bei aller Grausamkeit und Leere dennoch durch eine letzte, gleichsam gewaltsam gerettete Spur von Humor versöhnt.« (FILMDIENST) Denn Augen sind konditionierbar. Achternbusch, Sajtinac und

Die Nibelungen 2. Teil

diverse andere deutsche Regisseure sind der beste Beweis.

NIGHTMARE BEFORE CHRISTMAS

(NIGHTMARE BEFORE CHRISTMAS). USA 1993. R: Henry Selick. B: Caroline Thompson. St: Tim Burton. K: Pete Kozachik. A: Eric Leighton. M: Danny Elfman, Gene Autry, Oakley Haldeman, Mantovani Orchestra. Spr: Alexander Goebel (Jack Skellington), Nina Hagen (Sally), Fred Maire (Dr. Finkelstein), Ron Williams (Oogie Boogie). F 79 Min. (Puppentrick).

In Halloweentown sind die Puppen los. Wieder einmal ist Jack Skellingtons entfernt an den verstorbenen Fred Astaire erinnerndes Gerippe der unumstrittene Lokalmatador und »Kürbiskönig« beim Gruselfest, aber der sanftmütige Jack hat den Sinn für sein schauriges Metier verloren. Da gerät er zufällig in die Zuckerbäckerwelt von Christmastown und begeistert sich sofort für die Idee, Kindern eine kleine Freude zu bereiten. Also entführt er Santa Claus für die »gute Sache« und will das Fest der Liebe von Halloweentown ausrichten lassen. Zum Schluß findet er in der vom bösen Dr. Finkelstein auf Frankenstein-Art genähten Lumpenpuppe Sally, die sich Arm und Bein für ihn ausreißt, eine adäquate Partnerin. – Das Weihnachts-Grusical ist im konventionellen

Nightmare Before Christmas

Puppentrick animiert, reich an Ideen und bizarren Gags (wie nicht anders von Produzent Tim Burton zu erwarten) und auch stilistisch glänzend gelungen.

NILS KARLSSON DÄUMLING

(NILS KARLSSON PYSSLING). Schweden 1990. R: Staffan Götestam. B: Astrid Lindgren. LV: Astrid Lindgren. K: Rolf Lindström. M: Anders Berglund. D: Oskar Löfkvist (Bertil), Jonathan Lindhoff (Nils), Britta Petterson (Mutter), Charlie Elvegard (Vater), Ulla Salleri (Tante Hulda). F 74 Min.

Das Bübchen Bertil freundet sich mit dem in einem Mauseloch wohnenden Däumling an, wird durch dessen Zauberkräfte klein und erlebt spannende Abenteuer. Schöner Kinderfilm, an dem sich die infantilen Gernegroße aus Hollywood ein Beispiel nehmen sollten.

NOMADS – TOD AUS DEM NICHTS

(NOMADS). USA 1985. R: John McTiernan. B: John McTiernan. K: Stephen Ramsey. M: Bill Conti. D: Pierce Brosnan (Pommier), Lesley-Anne Down (Dr. Flax), Adam Ant (Nummer Eins), Herctor Mercado (Ponyschwanz), Josie Cotton (Silberring), Mary Woronov (Blondine), Frank Doubleday (Rasiermesser), Jannie Elias (Cassie). F 100 Min.

Seelenwanderung eines Anthropologen, der von geisterhaften Großstadt-Nomaden ermordet wird und dessen Geist auf eine Ärztin übergeht. [V]

NOSTRADAMUS

(NOSTRADAMUS). GB/BRD 1993. R: Roger Christian. B: Knut Boeser. K: Denis Crossan. K: Denis Crossan. SpE: Jim Francis. M: Barrington Pheloung. D: Tchéky Karyo (Nostradamus), F. Murray Abraham (Scalinger), Julia Ormond (Marie), Amanda Plummer (Katherina von Medici), Assumpta Serna (Anne), Rutger Hauer (Mönch), Diana Quick (Diane de Portier), Anthony Higgins (Henry II.), Maja Morgenstern (Helene), Michael Gough (Jean de Remy). F 123 Min.

Die episodisch bebilderte Lebensgeschichte des im 16. Jahrhundert lebenden Mediziners, Astrologen und Visionärs Nostradamus, der in seinem Turmkabuff in den Blechnapf stiert, in dem er Geschichte als Abfolge von »Fait accomplis« gewahrt. Dem Rezensenten des TAGESSPIEGEL fiel besonders der schwermütige, müde Blick auf, den der Nostradamus-Darsteller Tchéky Karyo so gut drauf hat, ein bisschen Karel Gott, ein bisschen Charles Bukowski: »Der Blick jedenfalls kommt von den vielen durchwachten Nächten, in denen Nostradamus seine Visionen empfängt. Da flackert dann allerlei schwarzweißes Archivmaterial über das Wasser in seiner Waschschüssel. Hitler grüßt mit dem Hitlergruß, Kennedy kippt tot um, war nicht noch etwas mit Mauerbau dabei? So klar, wie Nostradamus *Fox' Tönende Wochenschau* voraussieht, kann er seine Prophezeiungen natürlich nicht gestalten. Berufsehre der Seher-Zunft. Deshalb verschlüsselt er sie ein bisschen und sagt auch nicht ganz deutlich, was Roger Christians Film uns dann in voller Schönheit zeigt: das riesige Raumschiff, das die Menschheit nach der Zerstörung der Erde in eine neue, eine glorreiche Zukunft trägt.« [V]

NUR EIN GEIST

(GHOST OF A CHANCE). USA 1987. **R:** *Don Taylor.* **B:** *Hank Bradford.* **D:** *Redd Foxx (Ivory Clay), Dick van Dyke (Bill Nolan), Richard Romanus (Julio Mendez), Geoffrey Holder (Johnson), Kimble Joyner (Jessie), Brynn Thayer (Kathleen), Sean McCann (Shields), Timothy Webber (Fein). F 85 Min.*

TV-Film. Ein versehentlich erschossener Barpianist kehrt als Geist auf die Erde zurück, um mit der Hilfe eines Polizisten seinen Enkel auf die rechte Bahn zurückzubringen.

NUR ÜBER MEINE LEICHE

BRD 1995. **R:** *Rainer Matsutani.* **B:** *Rainer Matsutani, Sebastian Niemann.* **K:** *Gerhard Schirlo.* **M:** *Nikos Platyrachos.* **D:** *Katja Riemann (Rita), Christoph M. Ohrt (Fred), Ulrike Folkerts (Charlotte), Julia Brendler (Lisa), Felix Eitner (Frosch),*

Udo Kier (Killer), David Michael Williamson (Fährmann Tod). F 104 Min.

Schwarze Komödie des Regie-Debütanten Rainer Matsutani mit reichlich phantastischen Elementen: Fred ist ein Gigolo, ein Frauenheld der knallharten Macho-Sorte. Charlotte, die die Partnervermittlung Amor betreibt, ist mehr als sauer auf ihren Mann, wenn der wieder einmal mit einer Kundin ins Bett hüpft. Trotzdem schickt sie ihn zu ihrer Klientin Rita. Aber Rita ist ein hoffnungsloser Fall, ein Mauerblümchen, wie es im Buche steht. Die faßt ein Mann ebenso wenig an wie eine Klobürste (um Harald Schmidt zu zitieren). Und dann kommt Charlotte noch auf die Idee, ihrem seitenspringenden Gemahl einen Killer hinterherzuschicken, der seinen Job auf einer einsamen Landstraße in der Nähe von Ritas Haus erledigt. Als Fred zu sich kommt, befindet er sich auf einer knarzenden Barke inmitten düsterer Nebelschwaden. Der Fährmann der Toten bringt ihn geradewegs in die Hölle. Fred, der seine Felle schwimmen sieht, bequatscht Gevatter Tod, ihn noch mal ziehen zu lassen, allerdings unter einer Bedingung: Er soll drei Frauen, die seinetwegen den Glauben an die wahre Liebe verloren haben, binnen drei Tagen vor dem Verderben retten. Als Beistand auf dieser Mission soll dem lebendigen Toten der Geist der toten Mutter helfen, rein-

Nur über meine Leiche

karniert in einem – Truthahn. Als erstes befreit Fred seine verschwiegene Tochter Lisa, die Zuhältern in die Hände gefallen ist. Sodann muss er sich überwinden und dem unglücklichen Gespenst seiner Ex-Frau, die sich vor Jahr und Tag seinetwegen aus dem Fenster gestürzt hat, den erlösenden Kuß auf die Lippen drücken. Charlotte, denkt er, sei als dritte an der Reihe, aber es ist nicht seine hinterfotzige Frau, die auftritt wie die schwarze Königin aus Schneewittchen, sondern Aschenputtel Rita, die ihm die Lösung der dritten Aufgabe ermöglicht. – Rainer Matsutani über den frischen Wind, den er in die deutsche Filmlandschaft geblasen hat: »In Deutschland hat lange der Autorenfilm geherrscht, und die meisten waren bierernst, sehr vordergründig in ihren Botschaften. Warum macht man da einen Film und schreibt kein Pamphlet? Filme erfüllen die Funktion, die früher Märchen und Sagen hatten. [...] Film wie klassische Kunst, Malerei oder Literatur auf den Sockel zu heben, ist meiner Meinung nach der falsche Ansatz. Ich denke, dass Deutschland in einer kreativen Krise ist und das daran liegt, dass von den Nazis so viele mythische Symbole missbraucht worden sind: danach hat sich in Deutschland ein Rationalismus breitgemacht, der Bauch und Gefühl hinter Kopf und Denken zurückgestellt hat.« [V]

DER NUSSKNACKER

(THE NUTCRACKER). USA 1986. R: Caroll Ballard. B: Kent Stowell, Maurice Sendak. LV: »Nussknacker und Mausekönig« von E. T. A. Hoffmann. K: Stephen H. Burum. M: Peter Iljitsch Tschaikowski. D: Vanessa Sharp (Clara als Kind), Patricia Barker (Traum-Clara), Hugh Birney (Drosselmeier), Wade Walthall (Nußknacker), Pacific Northwest Ballet. F 85 Min.

Nach der Weihnachtsbescherung um Mitternacht erwacht das Spielzeug, das Clara geschenkt bekommen hat, zum Leben. Angeführt vom bösen Mausekönig fällt ein Heer von Mäusen über die Puppen her, die sich unter der Führung eines Nussknackers zur Wehr setzen. – Abgefilmtes Ballett nach den Märchen von E. T. A. Hoffmann, erstmals publiziert 1816. – »Mit Hoffmann und seinen rabenschwarz-romantischen Phantasien hat das soviel zu tun wie eine Disney-Verfilmung mit einem Märchen der Gebrüder Grimm.« (FISCHER FILM-ALMANACH)

DER NUSSKNACKER-PRINZ

(THE NUTCRACKER PRINCE). Kanada 1990. R: Paul Schibli. B: Patricia Watson. LV: E.T.A. Hoffmann. A: Chris Schnuten, Shivan Ramsaran, Bill Speers, Zdenko Gasparovich M: Victor Davis, Peter Iljitsch Tschaikowski. Spr: Fabian Harloff (Prinz), Dorette Hugo (Clara). Zeichentrick. F 73 Min.

Zeichenfilm, der Disney nachzuahmen versucht, ohne über das nötige Budget zu verfügen: Ein Mädchen träumt sich in E.T.A. Hoffmanns Märchenwelt, in der ein Nußknacker zum Leben erwacht, um gegen den bösen Mäusekönig zu kämpfen. Erst dann wird er ein richtiger Junge und kann das Mädchen freien.

O

OCTOBER 32ND

(OCTOBER 32ND). USA 1992. **R:** *Paul Hunt.* **B:** *Paul Hunt, Nick McCarty.* **K:** *Gary Graver.* **M:** *William Campbell jr., Michael O'Donnell.* **D:** *Peter Phelps (John Pope), Richard Lynch (Pendragon), James Hong (Lung Tao), Nadja Cameron (Christy Lake), Ted Markland, Robert Padilla, Rodney Wood, Pamela Mandell, John Stone, Glenn Jacobson, Desmond Llewellyn. F 100 Min.*
Genre-Mischmasch aus Kung Fu und Tafelrunde: Ein mutiges Trio vereitelt den zum 32. Oktober verheißenen Sieg des Bösen und den Untergang der Menschheit. An der Kamera der flinke Gary Graver, der von Orson Welles-Produktionen bis zum Porno alles schon gemacht hat. Nur auf Video. [V]

OGLU, DAS FRECHE DRACHENMONSTER

(OLLIE B. BOMMEL). Niederlande 1983. **R:** *Bert Kroon, Harrie Geelen, Frank Jensen.* **B:** *Bert Kroon, Harrie Geelen, Frank Jensen.* **A:** *Björn Frank Jensen, Bob Maxfield.* **M:** *Herman Schoenderwalt, Harrie Geelen. F 75 Min. (Zeichentrick).*
Der kleine Drache Oglu leidet an Wachstumsstörungen (Wasser und Süßigkeiten lassen ihn zum Riesenvieh heranwachsen) und hilft seinem fälschlicherweise als Bankräuber gesuchten Ziehvater, dem Bären und Schlossherrn Olli. Sie flüchten in die Wildnis und erleben allerlei drollige Abenteuer. Nur auf Video. [V]

OH, GOTT

(OH, GOD). USA 1977. **R:** *Carl Reiner.* **B:** *Larry Gelbart.* **LV:** *Avery Corman.* **K:** *Victor J. Kemper.* **M:** *Jack Elliot.* **D:** *John Denver (Jerry Landers), George Burns (Gott), Teri Garr (Bobbie Landers), Ralph Bellamy (Sam Raven), William Daniels (George Summers), Donald Pleasence (Dr. Har-mon), Barnard Hughes (Richter Baker), Barry Sullivan (Priester), Jeff Corey (Rabbi), Paul Sorvino (Reverend Willie Williams), George Furth (Briggs), Titos Vandis (Bischof), Dinah Shore (Sie selbst), Carl Reiner (Talkshow-Gast). F 93 Min.*
Eines Abends entdeckt der stellvertretende Supermarkt-Geschäftsführer Jerry Landers in seinem Bett einen merkwürdigen Zettel, auf dem ihm der liebe Gott zu einem Interview bittet. Als Jerry, der das Ganze für einen Jux der Kollegen hält, aus Langeweile der Aufforderung nachkommt, erlebt er sein blaues Wunder: Gott erscheint tatsächlich und trägt dem verdutzten Atheisten auf, seine Botschaft in die Welt hinauszutragen. Durch einige kleinere Wunder überzeugt, macht Jerry sich an die Arbeit. Nach dem Auftritt in einer Talk-Show landet er vor einem theologischen Kongreß, der ihm 50 Fragen überreicht, die Gott beantworten soll. Gott macht sich willig an die Arbeit, befiehlt Jerry aber auch, einen Sektenführer in aller Öffentlichkeit bloßzustellen. Als der gehorsame Jerry daraufhin dessen Predigt durcheinanderbringt, landet er vor Gericht, wo Gott als Zeuge der Verteidigung auftritt, die Verleumdungsklage abschmettert und hernach wieder verschwindet. Im Bewusstsein, etwas für das Seelenheil seiner Mitmenschen getan zu haben, zieht Jerry, der inzwischen seinen Job losgeworden ist, in eine andere Stadt. – Nachdem *Der Exorzist* bewiesen hatte, dass sich der Teufel an der Kinokasse gut verkauft, kam Hollywood nach einigen Jahren auf die glänzende Idee, der Abwechslung halber auch mal das Kassenpotential seines Konkurrenten näher unter die Lupe zu nehmen. Die Aufbruchstimmung, die das Land mit der Präsidentenwahl des gottesfürchtigen Erdnußfarmers Jimmy Carter erfaßte, bot auch gleich den passenden Rahmen. Naive Religiosität war wieder gefragt, sowohl in der Science Fiction *(Unheimliche Begegnung der dritten Art)* als auch in der Fantasy: *Oh, Gott* spielte auf Anhieb $ 31 Mio. ein, brachte es auf die Fortsetzungen *Oh God! Book II* und *Oh God! You Devil* und läutete eine Renaissance des im Zweiten Weltkrieg populären *Film blanc* ein. Da Filmen wie *Der Himmel soll warten, Xanadu* und *Ein Himmelhund von einem Schnüffler* und einem Dutzend anderer indes die soziologische, psy-

chologische und mitunter auch filmische Da-
seinsberechtigung seiner Vorläufer abging, hatte
die Welle nicht lange Bestand. In Deutschland
gar, das zu diesem Zeitpunkt von ganz anderen
Problemen (Stichwort: Baader-Meinhof) heimgesucht wurde, versiegte sie gleich völlig im Sand:
Carl Reiners »leichtgewichtige, weitgehend sym-
pathische Komödie ohne philosophischen Tiefgang« (FILMDIENST) lief hierzulande nur im
Fernsehen.

OH GOTT! DU TEUFEL

(OH, GOD! YOU DEVIL). USA 1984. **R:** *Paul Bo-
gart.* **B:** *Andrew Bergman.* **K:** *King Baggot.* **SpE:**
Ray Klein. **M:** *David Shire.* **D:** *George Burns
(Gott/Harry O. Tophet), Ted Wass (Bobby Shel-
ton), Ron Silver (Gary Frantz), Roxanne Hart
(Wendy Shelton), Eugene Roche (Charly Grey),
Robert Desiderio (Billy Wayne). F (96) 92 Min.*
Ein Jungrocker schließt einen Pakt mit Beelzebub,
damit dieser ihn groß rausbringt, geht jedoch als-
bald in sich und bereut, so dass Gottvater mit dem
Satan um seine Seele zocken muss. Ein *Film blanc-*
Episödchen, in dem der steinalte Komiker
George Burns noch mal alle Register zieht. Wit-
zig gemeint und auch so angekommen, wenn auch
nicht gerade weltbewegend. Nur auf Video. [V]

OH, MOSES

(WHOLLY MOSES). USA 1980. **R:** *Gary Weis.* **B:**
Guy Thomas. **K:** *Frank Stanley.* **M:** *Patrick Williams.* **D:** *Dudley Moore (Harvey/Herschel), Laraine Newman (Zoey/Zerelda), James Coco (Hys-
sop), Paul Sand (Engel), Dom DeLuise (Scha-
drach), John Houseman (Erzengel), Madeline
Kahn (Zauberin), David L. Lander (Bettler), Richard Pryor (Pharao), John Ritter (Teufel). F 104
Min.*
In einer israelischen Höhle entdeckt der Pau-
schaltourist Harvey Pergamente mit der Lebensgeschichte eines gewissen Herschel, den das
Schicksal zum ewigen Zweiten verdammt hat:
Statt *seines* Schilfkorbs greift sich die Tochter des
Pharaos den, in dem Moses liegt. Als der von einem Steinmetz aufgezogene Junge zwanzig Jahre
später eine Unterhaltung zwischen Moses und
dem brennenden Busch mithört, sich angespro-
chen fühlt und den Pharao daraufhin auffordert,

sein Volk ziehen zu lassen, muss er erfahren, dass
Moses mit den Kindern Israels schon aufgebrochen ist. Als er in Sodom zufällig in eine Engels-
konferenz stolpert und sich daraufhin entschließt,
seine Freundin Zerelda aus der sündigen Stadt zu
befreien, guckt sie sich bei der Flucht prompt um
und verwandelt sich in eine Salzsäule. Und kaum
hat er auf dem Berg Sinai die zehn Gebote in Stein
gemeißelt, als auch schon Moses kommt und sie
ins Tal bringt. Frustriert zeichnet Herschel
schließlich seine Lebensgeschichte auf, auf dass
die Welt eines Tages die Wahrheit erfahre. Kaum
hat Harvey das Pergament jedoch zu Ende gelesen, als es zu Staub zerfällt. Ein selten witzloser
Bibelulk, der sich an den Erfolg von *Das Leben
des Brian* anhängen wollte, sich dabei aber so zimperlich anstellte, dass selbst der in blasphemi-
schen Dingen gestrenge FILMDIENST das öde
Machwerk mit lobenden Worten bedachte. [V]

O.K. NERO

(O.K. NERONE). Italien 1952. **R:** *Mario Solda-
ti.* **B:** *Age, Continenza, Monicelli, Scarpelli, Ste-
no, Cianelli.* **K:** *Mario Montuori.* **M:** *Mario Nas-
cimbene.* **D:** *Silvana Pampanini (Poppea), Gino
Cervi (Nero), Jackie Frost (Licia), Walter Chiari
(Fiorello), Carlo Campanini (Jimmi), Gildo Boe-
ci, Rocco d'Assunta, Giulio Donnini, Enzo Fier-
monte, Richard McNamara, Alda Mangini, John
Myhers, Piero Palermini, Umberto Sacripante,
Ugo Sasso, Mario Siletti, Bruno Smith, Michael
Tor, Pietro Tordi, Harry Weedon. SW 105 Min.*
Fiorello und Jimmy, der eine gewandt, der andere stur, beide US-Marinesoldaten zu Besuch in
Rom, werden beim Anblick des Kolosseums von
einem Schwarzhändler mit dumpfen Schlägen ins
Reich der Träume zu Nero und Poppea geschickt.
Dort erleben sie dann alles, was in herkömmli-
chen Sandalen- und Historienschinken an der Ta-
gesordnung ist: Wagenrennen, Gladiato-
renkämpfe, das obligate Milchbad der Kaiserin
usw. inklusive. Als Gegenleistung bringen sie die
Eckpfeiler der amerikanischen Kultur (Jazz, Kau-
gummi, Football) an den antiken Mann. Auch
Alpträume gehen vorüber.

OLIVER & CO.

(OLIVER AND COMPANY). USA 1988. **R:** *Geor-*

ge Scribner. **B:** *Jim Cox, Timothy J. Disney, James Margold.* **LV:** *»Oliver Twist« von Charles Dickens.* **K:** *Ed Austin, John Aardal.* **M:** *J. A. C. Redford* F 72 Min. *(Zeichentrick).*

Oliver Twist als Disney-Trickfilm unter New Yorker Viechern. Waisenkätzchen Oliver gerät auf eine Hausbootruine, wo Dodger und andere verwegene Promenadenmischlinge mit ihrem zerlumpten Herrn Fagin kampieren. Der hat sie abgerichtet, Uhren und Brieftaschen heranzuschleppen. Die räudigen Straßenköter nehmen Oliver als ihresgleichen auf: »Die alten Hierarchien zählen bei ihnen nichts, sie machen sich die allgemeine Mobilität zunutze. Ansonsten vertrauen die Zeichner starr auf alte Qualitäten: Einsamkeit und Wiedersehen, drollige Typen und fiese Bösewichter. Alles, was man mag. Nur dass Hintergründe und Choreographie weniger sorgfältig ausgeführt sind.« (Michael Althen, SÜDDEUTSCHE ZEITUNG) – Regisseur Scribner, fand die STUTTGARTER ZEITUNG, bringe kaum mehr zustande als den permanenten Befehl zur Rührung und die Botschaft, dass kleine Katzen herzallerliebst sind. – Im Original sind wenigstens die Stimmen von Bette Midler und Billy Joel zu hören.

OLJAS ABENTEUER MIT DEM HAUSGEIST

(DEREWNJA UTKA). UdSSR 1976. **R:** *Boris Bunejew.* **B:** *Alexander Alexandrow.* **K:** *Waleri Ginsburg.* **M:** *J. Geworkjan.* **D:** *Rolan Bykow (Schischok), Oksana Duben (Olja), Jelena Sanajew (Mutter), Jelisaweta Alexejewa (Großmutter), Georgi Milljar (Mister Brown), A. Potapow (Onkel Albert), W. Alexandrow (Professor).* F 85 (89) Min.

In dem kleinen Dorf Utka, wo sie die Ferien bei der Großmutter verbringt, gerät die kleine Olja an einen Schischok, einen Hausgeist, mit dem sie eine aufregende Zeit erlebt.

OLLE HEXE

BRD 1990. **R:** *Günter Meyer.* **B:** *Helmut Bergmann, Günter Meyer, Anne Großens.* **K:** *Helmut Bergmann, Eliana Rehor.* **M:** *Johannes Schlecht.* **D:** *Anna Szarvasy (Anna), Tobias Gottschlich*

(Paul), *Anne-Else Paetzold (Hexe), Hajo Müller (Ritter Friedhelm), Joachim Schönitz (Hausmeister).* F 79 Min.

Im Fahrstuhl fahren die Kinder Anna und Paul unversehens abwärts und enden in einem Müllkippen-Phantasieland mit totem Wald und karstigem Gestein, im Reich der Ollen Hexe, deren Lebensuhr fast abgelaufen ist. Was sie dringend benötigt, ist die Kraft der Jugend, und da kommen ihr Anna und Paul gerade recht. – Der DEFA-Film entstand zur Wendezeit: Die Hexe wird mit Bubble Gum aus dem Westen und der Botschaft »Gemeinsam seid ihr stark« bezwungen. Beim Begehen der Hexen-Dekorationen in der großen Babelsberger Filmhalle fiel nicht nur eine mechanische Riesenspinne, Alter ego der Hexe, sondern auch ein gut im Interieur versteckter Karl-Marx-Kopf auf.

ONKEL TSCHILI-TSCHALA, DER ZAUBERER

(A VARASZLO). Ungarn 1976. **R:** *György Palasthy.* **B:** *Eszter Toth, Sandor Torok.* **K:** *Otto Forgaks.* **M:** *Ferene Lovas.* **D:** *Antal Páger, Ferene Lauja, Kristián Kovács, Gábor Agárdy, Judit Tóth, Hilda Gobbi.* F 95 Min.

In Gyuszi Baloghs Leben spielt Onkel Tschili-Tschala, ein Zauberer, eine große Rolle. Er erscheint auf Ruf sofort, ohne Ruf sogar noch etwas früher. Und das ist bei Gyuszi, einem kleinen Aufschneider und Familientyrann, auch oft von Nöten. Tschili-Tschala ist stets im Zauber-Einsatz. Er muss ein Pferd herbeizaubern; die fantastische Erweiterung der Wohnung auf Kosten der Nachbarwohnungen führt zu einem allgemeinen Chaos; für eine Zeugnisprüfung muss ein Robo-

Onkel Tschili-Tschala, der Zauberer

ter her, der zwar keine Wissenslücken hat, aber im Umgang mit dem Schuldirektor versagt. Irgendwann platzt dann auch Onkel Tschili-Tschala der Kragen. Er zaubert von nun an nur noch für Gyuszis Bruder. – Ein Kinderfilm mit phantastischen Elementen, leider ganz nach dem Geschmack der Erwachsenen, mit aufdringlicher Moral. »Was bleibt, ist ein dürftiger Unterhaltungswert, der durch eine Reihe komischer Situationen entsteht. Es darf als sicher gelten, dass Kinder diesen Aspekt des Films mit Begeisterung aufnehmen werden.« (Klaus Keller, FILM-DIENST)

OPFER

(OFFRET/LE SACRIFICE). Schweden/Frankreich 1986. **R:** *Andrej Tarkowski.* **B:** *Andrej Tarkowski.* **K:** *Sven Nykvist.* **M:** *Johann Sebastian Bach.* **D:** *Erland Josephson (Alexander), Susan Fleetwood (Adelaide), Valerie Mairesse (Julia), Allan Edwall (Otto), Gudrun Gisladottir (Marai), Sven Wollter (Victor), Filippa Frenzen (Marta), Tommy Kjellquist (Kleiner Mann), Per Kallman, Tommy Nordahl (Sanitäter).* F 150 Min.

Orfeu Negro

Um den Atomkrieg zu verhindern, bietet ein alter Spinner Gott an, seine Besitztümer aufzugeben, und schläft mit einer Hexe. Gott (oder wer auch immer) rettet die Welt, und um das versprochene Opfer zu bringen, brennt der alte Spinner sein Haus nieder, so dass er am Ende in der Klapsmühle landet. »Tarkowskis Filme sind Kunstwerke der Poesie, Träume der Seele.« (Ponkie, AZ) Aber leider auch stinklangweilig und nur für beinharte Tarkowski-Fans ansehbar. [V]

ORFEU NEGRO

(ORFEU NEGRO). Frankreich/Brasilien 1959. **R:** *Marcel Camus.* **B:** *Vinitius de Moraes, Jacques Viot, Mareel Camus.* **LV:** *Vinitius de Moraes.* **K:** *Jean Bourgoin.* **M:** *Antonio Carlos Jobim, Luis Bonfa.* **D:** *Breno Mello (Orpheus), Marpessa Dawu (Eurydice), Lourdes de Oliveira (Mira), Lea Garcia (Serafina), Adhemar Da Silva (Tod), Waldetar De Souza (Chico), Alesandro Constantino (Hermes), Jorge Dos Santos (Benedito), Aurion Cassanio (Zeca).* F 100 Min.

Schauplatz ist Rio de Janeiro zur Zeit des Karnevals. Orpheus ist ein junger dunkelhäutiger Straßenbahnschaffner, der die Leier seines antiken Vorfahren gegen eine Gitarre eingetauscht hat. Auf einer Fahrt begegnet er Eurydice, die vor einem aufdringlichen Verfolger flieht. Ihre gegenseitige Liebe flammt auf, der Karneval bringt sie näher zusammen, bis Eurydice den Verfolger wiedertrifft, dieser in der Maske des Todes. Sie flieht erneut; Orpheus sucht sie, steigt ihr nach in die »Unterwelt« – die Straßenbahndepots. Doch unbeabsichtigt gibt er der Geliebten den Tod. Bald ist er mit ihr für immer vereint, als seine einstige Verlobte in rasender Eifersucht, unterstützt von deren Freundinnen, ihn einen Abhang hinunterstürzt. – Von Orpheus, dem thrakischen Sänger und Leierspieler, weiß die Sage zu berichten, dass er mit seinem Lied die Unterweltgötter bewog, Eurydice, seine verstorbene Frau, zurückzugeben. Er verlor sie jedoch für immer, als er sich gegen das Geheiß der Götter nach ihr umschaute, ehe das Tageslicht erreicht war. Dieses Motiv ist in Theater, Oper, Operette und Film immer wieder bearbeitet worden. Marcel Camus verlegte seine Version in die brasilianische Gegenwart, verzichtete aber auf fantastische Elemente, sieht man mal von den Masken und Karnevalsriten ab. Der Film wurde in Cannes ausgezeichnet, erhielt den Oscar des Jahres 1959 als bester ausländischer Film und gilt noch heute als Klassiker. [V]

ORLANDO

(ORLANDO). GB/Rußland/Frankreich/Italien/ Niederlande 1992. **R:** *Sally Potter.* **B:** *Sally Potter.* **LV:** *»Orlando« von Virginia Woolf.* **K:** *Alexej Rodionow.* **M:** *Sally Potter, David Motion.* **D:** *Tilda Swinton (Orlando), Billy Zane (Shelmerdine), Lothaire Bluteau (Khan), Charlotte Valandrey (Sascha), Heathcote Williams (Nick Greene), Quentin Crisp (Königin Elizabeth I.), Dudley Sutton (König James I.), Thom Hoffman (Wilhelm von Oranien), Anna Healy. F 94 Min.*

Der Adelige Orlando erlebt – mal in Gestalt eines Mannes, mal als Frau – die Zeit des 16. bis 20. Jahrhunderts und macht so seine Erfahrungen. Im Wesentlichen bestehen sie darin, dass der Mann die Welt beherrscht. Punkt. Natürlich schwebt Frau Potter als echte Künstlerin turmhoch über dem Zuschauer-Mob und fühlt sich in keiner Weise bemüßigt, dem interessiert fragenden Zuschauer Orlandos verblüffende Fähigkeiten auch nur ansatzweise zu erklären. Ist eben so. Punkt. Macht aber nix, denn die phantastisch ausgestattete, fotografierte und gespielte Geschichte ist auch ohne dieses Wissen ein Augenschmaus und regt die kleinen grauen Zellen an. Virginia Woolf (1882–1941), die von einer Nervenkrankheit geplagte Autorin der 1928 erschienenen und beträchtliches Aufsehen erregenden Romanvorlage, widmete dieses Buch ihrer lesbischen Liebschaft Vita Sackville-West (1892–1962) und endete durch eigene Hand. [V]

ORPHÉE

Anderer Titel für **Orpheus**

ORPHEUS

(ORPHÉE). Frankreich 1949. **R:** *Jean Cocteau.* **B:** *Jean Cocteau.* **K:** *Nicolas Hayer.* **M:** *Georges Auric.* **D:** *Jean Marais (Orphée), Maria Casarès (Prinzessin), Marie Déa (Eurydice), François Périer (Heurtebise), Juliette Gréco (Aglaonice), Edouard Dermit (Cégeste), Henri Crémieux (Verleger), Pierre Bertin (Polizeikommissar), Roger Blin (Dichter), Jacques Varennes, André Carnége, René Worms (Richter), Jean-Pierre Melville (Hoteldirektor), Renée Cosima, Claude Mauriac, Jean-Pierre Mocky, Jacques Doniol-Valeroze, René Lacour, Maffre, Claude Borell, Philippe Bordier, Victor Tabournol. SW 112 Min.*

In einem Literatencafé bricht unter den Augen des berühmten Dichters Orpheus ein Streit aus. Als die Polizei naht, läuft die Menge auseinander. Der Poet Cégeste wird von einem vorbeirasenden Motorrad erfaßt. Eine geheimnisvolle Frau lädt den Sterbenden in ihren Wagen. Sie bittet Orpheus, ihr zu helfen und sie zu begleiten. In einem verlassenen Haus erlebt Orpheus, wie Cégeste, zum Leben erweckt, mit weiteren Anwesenden durch einen Spiegel in eine andere Welt geht. Orpheus sinkt in tiefe Ohnmacht; als er erwacht, ist das Haus verschwunden. Heurtebise, der Fahrer der geheimnisvollen Frau, der Todesbotin, bringt ihn zurück zu seiner Frau Eurydice. Immer mehr zieht es Orpheus in Gedanken in das Reich hinter dem Spiegel. Er muss die geheimnisvolle »Prinzessin« wiedersehen, ahnt jedoch nicht, dass diese ebenfalls in ihn verliebt ist und jede Nacht aus einem Spiegel tritt, um seinen Schlaf zu beobachten. Heurtebise zieht es dagegen zurück zu den Lebenden, er verliebt sich in Eurydice. Er kann jedoch nicht verhindern, dass Eurydice auf Betreiben der Prinzessin bei einem Motorradunfall stirbt. Er durchschaut die Eifersuchtstat und verrät Orpheus das Geheimnis der Spiegel. Gemeinsam folgen sie Eurydice in das Schattenreich des Todes und stellen sich einem Tribunal, das die eigenmächtige Handlung der Prinzessin verurteilt. Unter der Bedingung, Eurydice nie mehr anzusehen, darf Orpheus Eurydice ins Leben zurückbringen. Aber ein Spiegel erweist sich als todbringend, Eurydice stirbt ein zweites Mal. Kurz darauf wird Orpheus von seinen aufgebrachten Dichterkollegen, die ihn für den Tod Cégestes und Eurydices verantwortlich machen, erschossen. Im Totenreich opfern die Prinzessin und Heurtebise ihre Liebe und geben Orpheus und Eurydice frei. Sie dürfen zu den Lebenden zurückkehren; der Tod stirbt – das Zeichen für die Unsterblichkeit des Dichters. Cocteau verschmolz die Sage von Orpheus und Eurydice mit den schon in seinem Erstlingsfilm *Das Blut eines Dichters* vorhandenen Mythen: der Spiegel als symbolischer Eingang zur anderen Welt; der Tod des Dichters, der ihm zur Unsterblichkeit verhilft. Grundlage des Films war Cocteaus gleichnamiges Bühnenstück (1926), dessen Thema er aktualisierte, in die Gegenwart transportierte und mit Anspielungen auf die moderne Situation des Dichters anreicherte. »*Orpheus* ist neben *Das Blut eines Dichters* der einzige Film Cocteaus, an dem die Zeit spurlos vorbeigegangen zu sein scheint. Er wirkt immer noch aktuell, frisch und ist von einer zauberhaften Poesie durchdrungen. Außerdem ist er eine Anthologie raffiniertester Filmtricks, die, oft aus der (technischen) Not heraus geboren, heute noch Erstaunen hervorrufen: da ist der mittels einer Wanne Quecksilber gedrehte Spiegeltrick (Quecksilber macht nur das Spiegelbild sichtbar, nicht aber den in den ›Spiegel‹ eingedrungenen Körperteil) oder der schon in *Blut eines Dichters* ›geübte‹ Trick, bei dem Orpheus und Heurtebise zu fliegen scheinen. Aber auch beim Ton- und Musikschnitt ging Cocteau neue Wege. Bei den Aufnahmen entstandene Zufallsgeräusche von in der Ferne vorbeifahrenden Zügen integrierte er in die Handlung. Und Georges Aurics Musik ›zerlegte‹ er und schnitt sie an Stellen ein, für die der Komponist sie nicht geschrieben hatte. So ergeben sich zwischen Bild und Ton reizvolle Gegensätze, die das Geheimnisvolle des Sujets noch unterstützen. Cocteaus verwirrende Mischung symbolischer Inhalte und die realistische Darstellung machen den Film einerseits zu einem geheimnisvollen Poesie-Erlebnis, andererseits zu einem Tummelplatz irrationaler Gedanken, die man wie ein Puzzle zusammenfügen muss, um einen ›Sinn‹ zu erkennen. Aber immer wieder fehlt irgendwo ein Stein. Die Lücke auszumalen, überlässt Cocteau dem Zuschauer, wohl wissend, dass ein jeder andere Farben benutzt ... *Orpheus* ist – neben seiner filmhistorischen Bedeutung – vor allem ein Werk, das sich erst dem Kenner des gesamten Schaffens und Lebens Cocteaus enthüllt. Es macht Lust, den Künstler Cocteau in seiner ganzen Vielseitigkeit kennenzulernen.« (Rolf-Ruediger Hamacher, FILMDIENST)

ORPHEUS IN DER UNTERWELT

DDR 1974. **R:** *Horst Bonnet.* **B:** *Horst Bonnet.* **LV:** *Operette von Jacques Offenbach.* **SpE:** *Kurt Marks.* **M:** *Jacques Offenbach. Musikalische Einrichtung Robert Hanell.* **D:** *Gerry Wolff (Jacques Offenbach), Wolfgang Greese/Singstimme: Horst Hiestermann (Orpheus), Dorit Gäbler/Singstimme: Ingrid Czerny (Euridike), Rolf Hoppe/Singstimme: Siegfried Vogel (Jupiter), Achim Wichert (Pluto), Fred Düren (Prinz von Arkadien), Mona Boxberger (Amor).* F 87 Min.

Aufwendige, primär der farbigen Breitleinwand verpflichtete DEFA-Operette in 70-mm-Technik: »Im Luftballon schwebt Gerry Wolff alias Jacques Offenbach über die Dächer von Paris. Durch sein Fernglas läßt er uns auf jene heiter-ironische Operettenwelt blicken, in der der wirkliche Offenbach vor mehr als 100 Jahren das Frankreich der ›Belle Epoque‹, des III. Napoleon, der ramponierten feudalen und der nicht minder heruntergekommenen bürgerlichen Geld- und Lebewelt aufs Korn nahm. Die antike Geschichte von Orpheus und Euridike wurde im kapitalistischen Zeitalter der Dampfmaschine zum amüsanten Spiegelbild elender Gauner im feudalen Olymp wie in der bürgerlichen Amüsierwelle.« (NEUES DEUTSCHLAND) In der DDR standen die Leute seinerzeit Schlange, um die beinewerfenden Cancan-Tänzerinnen vom Ballett der Komischen Oper in Ost-Berlin (Choreograph: Tom Schilling) zu bestaunen.

OTTO, DAS NASHORN

Anderer Titel für **Otto ist ein Nashorn**

OTTO IST EIN NASHORN

(OTTO ER ET NAESEHORN). Dänemark 1983. **R:** *Rumle Hammerich.* **B:** *Rumle Hammerich, Mogens Klovedal.* **LV:** *Ole Lund Kierkegaard.* **K:** *Dan Lausten.* **SpE:** *Bent Barfoed.* **M:** *Jacob Groth.* **D:** *Kristjan Markersen (Topper), Erik Petersen (Viggo), Axel Stroebye (Otto Löwe), Kirsten Rolffes (Frau Flora), Egon Stoldt (Holm), Ole Meyer (Erling), Judy Gringer (Toppers Tante), Leif Sylvester Petersen (Toppers Vater).* F 87 Min.

Eines Tages fällt dem allein lebenden Jungen Topper ein Zauberstift in die Hand, der alles zum Leben erweckt, was er zeichnet. Als er seinem Freund Viggo das Wunder demonstriert, steht plötzlich ein gelbes Nashorn im Zimmer und fängt an, am Mobiliar zu mümmeln. Die kleine Hafenstadt hat ihre Sensation. Weniger begeistert ist allerdings Viggos cholerischer Vater Otto Löwe, erst recht, als das tonnenschwere Tier durch die Decke bricht und in seiner Schänke landet. Um den Schaden wieder gutzumachen, leiht Topper ihm den Zauberstift. Bald schwimmt der Wirt in einer schier endlosen Flut von herbeigezeichnetem Bier. Mitten in der Nacht kehrt unverhofft Toppers Vater von einer langen Seereise zurück. Tags darauf nimmt er seinen Sohn samt Zauberstift und Nashorn auf die nächste Reise mit. – Nach klassischem Bewertungsschema ist dies sicher »einer der besten Kinderfilme, die in letzter Zeit in den nordischen Ländern gedreht worden sind« (FISCHER FILM-ALMANACH) Rumle Hammerichs Regiedebüt ist witzig erzählt, unverkrampft gespielt und in – wenn auch gelegentlich etwas zu knalligen – Farben phantasievoll bebildert. Bliebe nur noch die Frage zu klären, warum sich sein Zielpublikum nicht für *Otto ist ein Nashorn* interessierte und statt dessen lieber *Zombie* auf Video anguckte. [V] *(Otto, das Nashorn)*

OZ – EINE PHANTASTISCHE WELT

(RETURN TO OZ). USA 1985. R: *Walter Murch.* B: *Walter Murch, Gill Dennis.* LV: *L. Frank Baum.* K: *David Watkin.* SpE: *Lyle Conway, Ian Wingrove, Zoran Perisic, Peter Krook, Will Vinton.* M: *David Shire.* D: *Fairuza Balk (Dorothy), Nicol Williamson (Dr. Worley/Zwergenkönig), Jean Marsh (Schwester Wilson/Mombi), Piper Laurie (Tante Em), Matt Clark (Onkel Henry), Emma Ridley (Ozma), Sophie Ward (Mombis 2. Kopf), Fiona Victory (Mombis 3. Kopf), Pons Maar (Anführer der Rollerer). Bedienung der Fabelwesen Michael Sundin/Tim Rose (Tik Tok), Mak Wilson (Billina), Brian Henson/Stewart Larange (Jack Kürbiskopf), Steve Norrington (Einfaltspinsel), Lyle Conway. F 110 Min.*

Oz – Eine phantastische Welt

Vorgeschichte siehe *Das zauberhafte Land.* Sechs Monate nach der Rückkehr aus Oz kann Dorothy nachts nicht schlafen. Zwecks Elektroschocktherapie verfrachten Tante Em und Onkel Henry sie in die Klinik Dr. Worleys, die sich als rechtes Gruselkabinett entpuppt. Kurz bevor der sinistre Doktor den Schock appliziert, fährt ein Blitz in den Generator. Ein seltsames Mädchen befreit Dorothy; auf der Flucht stürzt sie in einen reißenden Fluß. Am nächsten Morgen wacht sie mit ihrem plötzlich sprechenden Huhn Billina in der Todeswüste von Oz wieder auf. Doch das zauberhafte Land liegt in Schutt und Asche, der gelbe Steinweg ist ein Trümmerhaufen. Auf der Suche nach der Vogelscheuche stößt Dorothy in der Smaragdenen Stadt auf die versteinerten Überreste des Zinnmanns und des feigen Löwen. Bedroht von seltsamen Ungeheuern auf Rollschuhen, sogenannten Rollerern, findet sie in einer Rumpelkammer den Roboter Tik Tok, mit dessen Hilfe sie zur bösen Prinzessin Mombi vordringt. Von ihr erfährt Dorothy, dass der Zwergenkönig hinter allem stecke. Nach einigen greulichen Erlebnissen in Mombis Palast gelingt Dorothy, Billina, Tik Tok, einem wandelnden Gemüse namens Jack Kürbiskopf und dem sprechenden Elchkopf Mr. Einfaltspinsel die Flucht auf einem fliegenden Sofa. Im Berg des Zwergenkönigs lüftet sich schließlich das Geheimnis: Je weniger Lebewesen Oz bevölkern, um so menschlicher wird der aus Stein bestehende Zwergenkönig. Es gelingt Dorothy, das Rätsel zu lösen, die Vogelscheuche wiederzubeleben und den Zwergenkönig umzubringen. Nachdem sie die rechtmäßige Königin Ozma (das mysteriöse Mädchen, das ihr während der Odyssee wichtige

385

Tips gibt) aus dem Spiegel befreit hat, kehrt sie in die reale Welt zurück, wo die Klinik Dr. Worleys inzwischen Opfer eines Feuers geworden ist. – In der Konstruktion seiner Geschichte verweist diese mehr als $ 20 Mio. teure Fortsetzung des öfteren auf seinen Vorläufer. Wieder finden einige Charaktere aus der realen Welt ihre Entsprechung in Oz.

Und wie etwa die Hexe seinerzeit gänzlich unerwartet an einem Eimer Wasser einlief, stirbt der Zwergenkönig diesmal ebenso unerwartet an einem Ei. Den Charme des Originals erreicht der Film jedoch an keiner Stelle, zumal der psychologische Unterbau fehlt und dem Ganzen – im Anklang an das Discomärchen *The Wiz* (USA 1978; Regie: Sidney Lumet) – eine reichlich düstere Stimmung zu eigen ist. Nun entbehrt der Gedanke, L. Frank Baums Oz als Land der Alpträume zu schildern, ja nicht eines gewissen perversen Reizes. Letzten Endes bleibt dieses tricktechnisch eher mittelprächtige Märchen aber doch nur ein synthetisches Fantasy-Produkt von der Stange. »[Die Fabelwesen] sind keine Schauspieler, sondern mechanische Wunderwerke, was bedeutet, dass sie alles tun können, außer einen Weg ins Herz der Zuschauer zu finden. Einer Umgebung interessantes, amüsantes Leben einzuhauchen, die so reizlos, freudlos (und songlos) ist wie jene, die Murch und seine Ausstatter hier zusammengebraut haben, würde freilich auch die Fähigkeiten eines Olivier überfordern.« (TIME) Ein fröhliches GUTEN MORGEN im übrigen an die Übersetzer des Drehbuches, die die armen Synchronsprecher dauernd irgend etwas von »gelben Ziegelsteinstraßen« und »Rubinpantoffeln« erzählen lassen. Das ist zwar die korrekte Übersetzung laut Langenscheidt. Nur hießen die *Yellow Brick Road* und die *Ruby Slippers* in *Das zauberhafte Land* eben *gelber Steinweg* und *rote Halbschuhe*. [V]

P

DER PAGEMASTER –
RICHIES FANTASTISCHE REISE

(THE PAGEMASTER). USA 1994. **R:** *Maurice Hunt, Joe Johnston.* **B:** *David Casci, Ernie Contreras.* **St:** *David Casci.* **K:** *Alexander Gruszynski.* **M:** *James Horner.* **D:** *Macauley Culkin (Richard Tyler), Ed Begley jr. (Alan Tyler), Mel Harris (Claire Tyler), Patrick Stewart (Abenteuer), Christopher Lloyd (Dewey), Whoopi Goldberg (Phantasie), Frank Welker (Grauen), Leonard Nimoy (Dr. Jekyll/Mr. Hyde), George Hearn (Captain Ahab), Canan J. Howell, Alexis Kirschner, Jessica Kirschner, Guy Mansker, Brandon S. McKay. F 75(80) Min.*

Richie Taylor hat panische Angst, in Unfälle verwickelt zu werden, deswegen geht er lieber auf Nummer sicher. Als er eines Tages mit dem Rad unterwegs ist und es anfängt zu regnen, stellt er sich in einer alten Bibliothek unter, wo er unerwartet in die Welt der Bücher eintaucht. Er begegnet so interessanten Typen wie dem Abenteuer, der Phantasie und dem Grauen, so dass er am Ende keine Furcht mehr empfindet. Sobald er in der Welt der Literatur agiert, begegnet er ausschließlich Zeichentrickfiguren – und wird selbst zu einer solchen. Unverkennbar wurden Anleihen bei Michael Endes *Die unendliche Geschichte* gemacht.

DER PAKT MIT DEM TEUFEL

(LA BEAUTÉ DU DIABLE). Frankreich 1949. **R:** *René Clair.* **B:** *René Clair, Armand Salacrou.* **K:** *Michel Kelber.* **M:** *Roman Vlad.* **D:** *Gérard Philipe (Faust), Michel Simon (Mephisto), Nicole Besnard (Margarethe), Simone Valére (Prinzessin), Gino Cervi (Prinz), Raymond Cordy (Diener), Paolo Stoppa, Carlo Ninchi, Tullio Carminati, Gaston Modot. SW 96 Min.*

Man stelle sich die Hauptstadt eines kleinen italienischen Fürstentums um die Mitte des 19. Jahrhunderts vor: 200 Jahre alte Bauwerke, in denen sich Personen in romantischer Tracht bewegen. Der von Luzifer gesandte Mephisto soll die Seele des bedeutenden Wissenschaftlers Henri Faust gewinnen. Faust hat sich zeitlebens mit allen Wissenschaften beschäftigt, doch hat er Jugend und Liebe versäumt. Hierin kann Mephisto ihn locken. Faust will glücklich werden durch Jugend, Liebe; dann aber auch Ruhm, Ansehen, Reichtum und Macht erlangen. Er willigt in Mephistos Pläne ein, ohne allerdings den Pakt mit dem Teufel zu unterschreiben. Als mittelloser, dafür junger Student zieht Henri mit Margarethe, einer jungen Zigeunerin, von Land zu Land, gerät jedoch bald in Verdacht, den verschwundenen Professor Faust ermordet zu haben. Mephisto verwandelt sich in den alten Professor und kann so Henris Leben retten. Um den letzten Teil des Pakts, Reichtum und Macht, erfüllen zu können, unterweist Mephisto Henri in der Kunst, aus Sand Gold zu machen. Henri wird Retter und Held des Vaterlandes. Auf dem Höhepunkt seiner Karriere lässt er in einer Rede den Fortschritt als treibende Kraft der Menschheit hochleben. Mephisto gelingt es endlich, dass Henri den Pakt unterzeichnet. In einem Spiegel sieht Henri die Zukunft: Das Bündnis aus Wissen und Macht führt zu Tyrannei und Totalzerstörung. Da endlich regt sich Fausts Gewissen. Er flieht aus dem Palast und kehrt in das Idyll zu Margarethe zurück. Mephisto will auch ihre Seele kaufen. Er zeigt ihr den Pakt, sie entreißt ihm den Vertrag und wirft ihn in die rebellierende Menschenmenge. Mephisto stürzt vom Balkon, der Pakt verbrennt. Margarethe und der junge Henri haben ihre Freiheit und ein gemeinsames Leben gewonnen.

In René Clairs Sicht liegt die Verdammnis der Welt darin, dass sie ihre Seele der Wissenschaft verkauft hat: »Die große Bewegung der Alchimisten setzt sich bis ins Atomzeitalter fort. Und meine Zeitgenossen haben das Vorrecht, dem Schauspiel einer Menschheit beizuwohnen, die nun – nachdem sie ihre Seele der Wissenschaft verkauft hat – versucht, die Verdammung der Welt abzuwenden, zu der sie ihre eigenen Arbeiten hinführen.« (René Clair, COMÉDIES ET COM-

MENTAIRES) Das Thema des Films ist das Duell zwischen Faust und Mephisto. Michel Simon spielt zuerst den alten Faust und dann Mephisto in der Gestalt des alten Faust; Gérard Philipe spielt zuerst Mephisto und dann den verjüngten Faust; der Rollentausch deutet die ideelle Identität von dem mit der Wissenschaft verbündeten Machtstreben und dem Teuflischen an. »Die gepflegte Inszenierung von René Clair (mit Michel Simon als ebenbürtiger Gegenspieler von Gérard Philipe in einer seiner besten Rollen) leidet unter den pompösen Dekors von Leon Barsacq, mit denen Salvo d'Angelo die reichen Produktionsmittel der damaligen Universalia zur Schau stellen wollte. In dem allegorischen Film rückt das Erhabene dem Lächerlichen bedrohlich nahe.« (ZENTRALE FILMOGRAPHIE – POLITISCHE BILDUNG)

PAN

BRD 1972. **R:** George Moorse. **B:** George Moorse. **K:** Gerard Vandenberg. **D:** Louis Waldon (Pan), Evelyn Opela (Priesterin), Gordon Mitchell (Stierkönig), Udo Kier (Silk), Dieter Schidor (Thomas), Herbert Fux, Tamara Kafková, Michael Gordon, Helga Anders. F 94 Min.

Der Fischer Thomas hört eine Geisterstimme, die ihn auffordert, den naiv-verspielten Ziegenhirten Pan vor einem unbekannten Bösling zu warnen, doch er kommt nicht mehr dazu, den Auftrag auszuführen – unterwegs wird er von einem wahnsinnigen Bacchantinnenrudel gesteinigt. Indessen freundet sich Pan mit einem Fremden an, besorgt es einer Priesterin und legt die Anführerin einer Söldnertruppe auf die Wiese, die seinem neuen Bekannten ans Leder will. Der Bekannte entfleucht. Pan zieht weiter durchs Land, verfolgt von seinem mysteriösen Widerpart. Bei einem Schwertduell mit dem starken Stierkönig obsiegt er, woraufhin der Bösling (wahrscheinlich beeindruckt von der »Schlagfertigkeit« des in spe-Opfers) der Filmhandlung Auf Nimmerwiedersehen sagt. Punkt. Aus. Ende. – »Rigoroser als dieses ... Werk des in der Bundesrepublik Deutschland lebenden und arbeitenden Amerikaners George Moorse hat lange kein Film den Publikumsgeschmack, auf den sich die Produzenten von Schund so gern berufen, missachtet.« (Vinzenz B.

Burg, FILMDIENST) – »Verblüfft las ich nach Ansehen des Films eine Anzeige, in der es hieß, dieser Film symbolisiere die Rückkehr des Menschen zur Natur ... Überladen mit verblasenem Mystizismus und verbogener Symbolik, ist Moorse gründlich missraten, was Edgar Reitz in ... *Das goldene Ding* so gut gelang: die alten Mythen in unsere (Film-)Sprache zu übersetzen.« (NÜRNBERGER NACHRICHTEN)

»Das schlechte Agieren der Schauspieler – mit Ausnahme von Udo Kier und Evelyn Opela, die leider viel zu selten in Erscheinung treten – macht den Film ... nicht erträglicher. Die Reaktion der Zuschauer, die das Filmtheater während der Vorstellung fluchtartig verließen, ist nur allzu verständlich.« (Robert Fischer, VAMPIR) George Moorse starb als Regisseur bei der TV-Serie *Lindenstraße*.

PAN TAU – ALARM IN DEN WOLKEN

(POPLACH V: NEBESICH). ČSSR/BRD 1978. **R:** Jindrich Polák. **B:** Ota Hofman, Jindrich Polák. **K:** Jiří Rumler, Vlasta Pospišilová, Jiří Safar. **M:** Jiří Masálek, Jiří Bazant, Vlastimil Hála. **D:** Otto Šimánek (Pan Tau), Vlastimil Brodský (Inspektor Málek), Josef Bláha (Chefinspektor), Jiří Lábus (Dispatcher), Petr Narozny (Vater), Josef Dvorak. F 90 Min.

Als ein Vater seiner Tochter im Flugzeug das Märchen vom siebenköpfigen Drachen erzählt, tut sich auf der Tragfläche der Maschine höchst Sonderbares: Ein vornehm gekleideter Herr mit Stockschirm und Melone spaziert dort auf und ab, was beim Flug- und Bodenpersonal heftige Verwirrung erzeugt. Kein Zweifel, er muss ein Flugzeugentführer sein! Doch als die Maschine landet, ist der mysteriöse Fremdling verschwunden. Flugsicherungsinspektor Málek untersucht den Fall, ohne zu wissen, dass es sich bei dem Gesuchten um den Zauberer Pan Tau handelt, der Erwachsene mit Vorliebe an der Nase herumführt und stets zur Stelle ist, wenn sich ein Kind in Not befindet. Mit seiner magischen Melone ist Pan Tau nichts unmöglich, und selbst ein sprechender Karpfen, der in der Badewanne darauf wartet, zum Weihnachtsessen verarbeitet zu werden, kann auf seine Hilfe zählen. – Zusammenschnitt einer populären TV-Serie, als Verwirrspiel insze-

niert, episodisch in der Form, doch sehr einfallsreich und unterhaltsam.

PAN TAU NIMMT ABSCHIED
(OD ZITRKA NECARUJI). ČSSR/BRD 1978. **R:**
Jindrich Polák. **B:** *Ota Hofman, Jindrich Polák.*
K: *Josef Vaniš.* **M:** *Jiří Malásek* **D:** *Otto Šimánek*
(Pan Tau), Zdena Hadrbolcová (Málková), Marie
Rosulková (Großmutter), Vlastimil Brodský (In-
spektor Málek). F 90 Min.
Nachdem der kinderfreundliche Zauberer Pan
Tau mit seinem magischen Hut allerlei Verwir-
rung gestiftet hat (siehe *Pan Tau – Alarm in den*
Wolken), kriecht er mit Unterstützung einiger
Kinder als Koch in einem Ferienlager unter. Doch
da auch die Sprößlinge des karrieregeilen In-
spektors Málek dort weilen, bleibt es nicht aus,
dass sie einander schließlich begegnen. Da Pan
Tau in überstürzter Hast das Weite suchen muss,
gelangt Málek in den Besitz des Zauberhutes, dessen Eigenschaften ihm nicht lange verborgen bleiben. Nach allerlei turbulenten Verwicklungen erkennt er jedoch, dass der ihm verhaßte schweig-
same Gentleman, der allen Kindern und Tieren
beisteht, im Grunde der Held seiner Kinderträume ist. Málek schließt Frieden mit Pan Tau und
versucht seine beamteten Kollegen davon zu
überzeugen, dass Gespenster wirklich existieren.
Im Zuge seiner »Aufklärungsarbeit« geht Pan
Taus Zauberhut jedoch verloren. – Unterhaltsame und augenzwinkernd vorgetragene sanfte
Komödie über einen Zauberer in der modernen
Welt und die Erwachsenen, die die Träume ihrer
Kindheit verdrängt haben.

PANDORA UND DER FLIEGENDE HOLLÄNDER
(PANDORA AND THE FLYING DUTCHMAN).
GB 1951. **R:** *Albert Lewin.* **B:** *Albert Lewin.* **K:**
Jack Cardiff. **M:** *Alan Rawsthorne.* **D:** *James Ma-*
son (Hendrick von der Zee), Ava Gardner (Pan-
dora Reynolds), Nigel Patrick (Stephen Cameron),
Sheila Sim (Janet Fielding), Harold Warrender
(Geoffrey Fielding), Marius Goring (Reggie), Pa-
mela Kellino Mason (Jenny Ford), John Laurie
(Angus), Abraham Sofaer (Richter), Patricia Raine
(Peggy Ford), Margarita D'Alvares (Senora Mon-
talvo), Mario Cabre (Juan Montalvo), La Pillino
(Tänzer), Francisco Igual, Lila Molnar, Gabriel
Carmona, Phoebe Hodgson, Guillermo Beltran,
Antonio Martin. F 122 Min.
Die Story verknüpft die antike Pandora-Sage mit
der nicht ganz so alten Seemannslegende vom
Fliegenden Holländer und überträgt die ungewöhnliche Verbindung ins 20. Jahrhundert. Pandora ist eine schöne, um so herzlosere Geliebte.
Männer sterben ihretwegen. Keinen will sie er-
hören, bis der vor Jahrhunderten wegen Gatten-
mord und Gotteslästerung zur ewigen Seelen-See-
wanderschaft verdammte Hendrick von der Zee
auftaucht. Ihn liebt sie bedingungslos. Um ihn zu
erlösen, geht sie mit ihm in den – endgültigen –
Tod. Denn wie sich herausstellt, ist Pandora die
Reinkarnation der ermordeten Frau des Holländers. Ihre immer wieder bewiesene Herzlosigkeit
war in Wahrheit nichts anderes als absolute
Treue, die sie sich – wenn auch unbewusst – für
ihre Erlösungstat bewahrt hat. – »Ava Gardner ist
die beherrschende Figur; sie vereint – wenn auch
immer wieder von kleinen Regiefehlern ange-
fochten – souverän Unschuld mit einer fast ab-
gründigen erotischen Ausstrahlung ... Religiöse
Schuldfragen, Eifersuchtsplotte, Femme Fatale-
Motiv und Ödipus-Komplex – all das feiert hier
ein verwirrend fröhliches Stelldichein ... Wer den
atmosphärischen Reiz von Trivialmythen zu
schätzen weiß und etwas über die Ästhetik und
die emotionale Befindlichkeit der Zeit erfahren
will, wird bei dieser Ausgrabung eines amerika-

Pandora und der Fliegende Holländer

nischen (sic!) Melo-Melodrams aus dem Jahr 1951 auf seine Kosten kommen.« (Hubert Haslberger, FILMDIENST)

DER PARFÜMIERTE ALPTRAUM

(MABABANGONG BANGUNGOT). Philippinen 1976–77. R: *Kidlat Tahimik.* B: *Kidlat Tahimik.* K: *Kidlat Tahimik, Hartmut Lerch.* M: *Volksmusik, arrangiert von Krishan Müller.* D: *Kidlat Tahimik, Dolores Santamaria, Mang Fely, Hartmut Lerch, Georgette Baudry. F 93 Min.*

Regisseur Kidlat Tahimik, ein philippinischer Autorenfilmer, spielt einen jungen Dorfbewohner, der einen von den Amis zurückgelassenen Kleinbus fährt, aber viel lieber wäre er ein Astronaut. Sein Wunsch scheint in Erfüllung zu gehen, als ihn ein reicher Amerikaner mit nach Paris nimmt. Dort jedoch fällt es ihm wie Schuppen aus den Haaren: Aus Bambushütten sollte man keine Weltraumraketen bauen oder Schuster, bleib bei deinen Leisten. – »Tahimik ist da ein wunderbares, teilweise naives, teilweise scharfsinnig kluges Märchen gelungen, das seinerseits etwas von jener Kraft aufweist, die in einem fast leitmotivischen Satz als Motto formuliert wird: ›Wenn der Taifun den Kokon fortbläst, umarmt der Schmetterling die Sonne.‹« (HGP, FILMDIENST)

PARIS GEHÖRT UNS

(PARIS NOUS APPARTIENT). Frankreich 1960. R: *Jacques Rivette.* B: *Jacques Rivette/Jean Gruault.* K: *Charles Bitsch.* M: *Philippe Artuys.* D: *Betty Schneider (Anne Goupil), Françoise Prévost (Terry Yordan), Giani Esposito (Gérard Lenz), François Maistre (Pierre Goupil), Jean-Claude Brialy (Jean Marc), Daniel Crohem (Philip Kaufman), Brigitta Juslin (Finnisches Model), Noelle Leiris. SW 121 (140) Min.*

Anne Goupil, eine Studentin aus der Provinz, kommt nach Paris und lernt dort eine Gruppe armer, aber hoffnungsvoller Schauspieler kennen, die eine Perikles-Aufführung einstudieren. Juan, ein Exil-Spanier, der die Bühnenmusik für das Stück geschrieben hat, ist auf unerklärliche Weise gestorben. Anne verliebt sich in Gérard, den Regisseur, und will die Bandaufnahme von Juans Komposition finden. Doch ihre Suche ist zum Scheitern verurteilt. Nicht nur kann sie Gérards Tod nicht verhindern, sie verirrt sich auch im Labyrinth einer Geheimorganisation, einer weltumspannenden Verschwörung, die die Stunde erwartet, in der sie die Macht ergreifen kann. Diese Organisation erweist sich freilich am Ende als Hirngespinst, so etwa wie der ganze Film. In der großstädtischen Landschaft von Paris gerät das Mädchen an Intellektuelle, Künstler, Musiker, Schauspieler, politische Aktivisten, kommune Nichtstuer und »Existenzialisten«. Der Kritiker von SIGHT AND SOUND sprach von einer Geheimkammer, einer mysteriösen, beunruhigenden Welt mit abrupten Schnitten, rätselhaften Gesichtern und unbeendeten Sätzen, brüsken Blenden und unbeantworteten Telefonanrufen: »Alles, spürt man, existiert sowohl auf subliminaler als auch auf bewusster Ebene. Dies ist eines der nächsten filmischen Äquivalente zu Kafka. An der Oberfläche sind die Bilder klar und diszipliniert, die Sequenzen einfach wie die Sätze in einem Kafka-Roman. Aber diese Bilder schweben nur auf einem Meer der Zweifel.« – »Wenn ich versuche, das Abenteuer von PARIS NOUS APPARTIENT mit einem Wort zusammenzufassen, dann fällt mir nur ein: ein unvollendetes, vielleicht ein gescheitertes Abenteuer. Aber das ist wohl das Risiko, das zu jedem Abenteuer gehört. Was für ein Abenteuer? Das Abenteuer einer Idee, einer Hypothese, die dargelegt, beiseitegeschoben, wieder aufgegriffen, deformiert, zurückgewiesen, verächtlich gemacht wird – und schließlich davon verbraucht eine Geschichte, die auf einer Idee basiert; ich habe versucht, mittels einer Handlung, die sich der Formen des Krimis bedient, die Geschichte einer Idee zu erzählen; das bedeutet, dass zum Schluß sich nicht die primäre Absicht zu erkennen gibt; sie kann in diesem Fall durch die Lösung nur aufgehoben werden: ›Nichts wird stattgefunden haben als die Stadt.‹ Keine Idee kann für sich beanspruchen, die Welt zu erklären, allein das ganze Ausmaß des Realen zu ergründen, das, weil es real ist, ihr immer wieder einen Strich durch die Rechnung machen wird. Und natürlich kann man mit zwanzig oder dreißig Jahren glauben, man werde den Sinn des Universums entdecken und Paris gehöre einem; und Peguy kann es in der Tat behaupten, er weiß nämlich im selben Augenblick, dass Paris niemandem gehört.«

Worte des großen Vorsitzenden (und ehemaligen Filmkritikers) Rivette.

PARSIFAL

BRD/Frankreich 1982. **R:** *Hans-Jürgen Syberberg.* **B:** *Richard Wagner.* **K:** *Igor Luther.* **M:** *Richard Wagner.* **D:** *Michael Kutter, Karin Krick (Parsifal), Edith Clever (Kundry), Armin Jordan (Amfortas), Robert Lloyd (Gurnamanz), Aage Haugland (Klingsor), Martin Sperr (Titurel), Rudolf Gabler, Urban von Klebelsberg, Bruno Romani-Versteeg (Gralsritter). F 255 Min.*

Parsifal, oder Der Versuch einer Filmbeschreibung: »Syberbergs Werk ist weder ein Bühnendokument noch ist es ›Film‹ im Sinne eines Umgangs mit realistischem Bildmaterial. Es ist vielmehr eine versuchte Symbiose der beiden Kunstformen – von gewollter Künstlichkeit, die zugleich aber auch üppig und sinnlich sein will.« (Hubert Haslberger, FILMDIENST) – *Parsifal, oder Der (viel zu knapp wiedergegebene) Inhalt:* Amfortas, der Gralskönig, leidet an einer Wunde in seiner Seite, die nicht heilen will. Weder die Kräuter Gawains noch die Tränke der Zauberin Kundry bringen Linderung; nur der vom verräterischen Magier Klingsor geraubte heilige Speer könnte die Wunde wieder schließen. Den Speer aus dessen Zauberschloss gewinnen und damit Amfortas erlösen, so weissagt eine Prophezeiung, könne jedoch nur einem »reinen Toren« gelingen. Da fällt ein von einem Pfeil durchbohrter Schwan herab. Der Schütze ist ein junger Mann, den Kundry als Sohn Herzeloydes, Parsifal, erkennt. Nachdem er Zeuge der Enthüllung des Grals geworden ist, zieht Parsifal aus, den Speer zu beschaffen. Klingsor erweckt Kundry aus ihrem Schlaf und zwingt sie, den anrückenden Toren zu verführen. Von den Blumenmädchen verzaubert, verfällt Parsifal fast Kundrys Verführungskünsten. Bei ihrem innigen Kuß jedoch durchfährt ihn die Erinnerung an seine Mission: Klingsors Macht ist gebrochen, der Speer gehört Parsifal. Nach einer längeren Odyssee kehrt er Karfreitag in die Gralsburg zurück. Amfortas bittet gerade seine Ritter um den Gnadentod, als Parsifal hervortritt und mit dem heiligen Speer die Wunde schließt. – *Parsifal, oder Das Syberberg-Syndrom:* Es war einmal ein deutscher Regisseur, der drehte mit Vorliebe Filme, in denen er deutsche Geschichte auf seine eigene, unnachahmliche Weise aufarbeitete. Lange Filme. Sehr lange Filme. So zwischen drei *(Karl May)* und siebeneinviertel Stunden *(Hitler, ein Film aus Deutschland)* lang. Der Haken war nur, dass die deutsche Filmkritik – sonst für jede Extravaganz gern zu haben – die Genialität dieser Werke einfach nicht erkennen wollte, was angesichts ihrer aberwitzigen Esoterik irgendwo auch verständlich war. So weit, so schlecht. Als der große und geniale Meister jedoch zu Anfang der Achtziger wieder ein neues Opus in petto hatte, sah er, der sich inzwischen von der gesamten Feuilleton-Journaille verfolgt wähnte, auf einmal auch die Förderungsgremien gegen sich. Das Innenministerium weigerte sich, seinen *Parsifal* zu finanzieren! Zwar sprangen ihm der französische Konzern Gaumont, die bayerische Kulturförderung und der Bayerische Rundfunk hilfreich zur finanziellen Seite, doch für den Regisseur war das Kind damit endgültig in den Brunnen gefallen. Niemand in ganz Deutschland würde seinen Film zu sehen bekommen! NIEMAND! Außer den braven Bayern natürlich, die ihn mitfinanzieren halfen. Die konnten das Werk zwei Wochen lang im Münchner Arri-Kino für den Einheitspreis von *nur* DM 20,- bestaunen. Wobei der Regisseur, dies nur am Rande, im Foyer lauerte, um die Huldigungen seiner Schäflein persönlich entgegenzunehmen.

Parsifal, oder Das (glückliche) Ende vom Lied: Die wenigen Kritiker, die sich ins Arri-Kino verirrten oder den Film in der Nachtvorstellung auf den Filmfestspielen von Cannes bewundert hatten, weigerten sich, den Regisseur in seinem Verfolgungswahn zu bestätigen. Statt sich in Häme zu ergehen, lobte man das pralle, faszinierende Werk, das für die krause Verleihpolitik seines Schöpfers ja nichts konnte, als vorläufigen Höhepunkt Syberbergschen Schaffens. »Es ist nicht schwer zu erraten, was Syberberg an dieser speziellen Wagner-Oper anzog«, vermeldete Thomas Elsässer, der Deutschlandexperte des MONTHLY FILM BULLETIN. »Die vielen Phallussymbole auszuspähen, ist in der Tat ein sehr lohnendes Unterfangen. Eine blutende Wunde, die nur heilt, wenn man sie mit einem heiligen Speer berührt, den der unschuldige Held von einem sprichwörtlich kastrierten Schurken beschaffen muss, der Macht über eine Frau besitzt, die er gar nicht begehrt und die er dazu zwingt, all jene zu verführen, die sein Zauberschloss bedrohen. Dazu dann noch die Ritter, eine Bruderschaft aus lauter Männern, deren Anführer in regelmäßigem Abstand seine klaffende Wunde rituell enthüllt. Kurz gesagt: Es ist eine sehr deutliche Geschichte über männliche Neurosen, Kastrationsangst und eine recht paranoide Haltung zur Weiblichkeit, vertreten durch Kundry, die nicht alternde, geschlechtslose Hexe, die Klingsor in eine unwiderstehliche *femme fatale* verwandeln kann. Bei Wagner sucht Kundry nur den Tod und die Erlösung von ihrer Sexualität, was dann geschieht, als Parsifal, der reine Tor, ihre Avancen zurückweist. Syberberg gibt ihr eine zentralere Rolle; ihr Haß auf sich selbst und ihre Aggressivität geraten zur Rache einer Macht, die die männliche Gesellschaft verbannt und unterdrückt hat. Die abgestandenen Wasser und die Pappmaché-Felsen (eine gigantische Replik von Wagners Totenmaske), der Himmel, der sich als Steppmantel erweist, und der Wald aus zerfallenden Flaggen deuten alle darauf hin, dass die männliche Welt, nach der Parsifal strebt, ein pervertiertes, gestörtes Verhältnis zur Schöpfung aufweist.« – Passend dazu auch eine weitere Eigenwilligkeit Syberbergs: Parsifal wird bei ihm von zwei Schauspielern verkörpert. Der Rückzug des unschuldig-maskulinen Toren Michael Kutter zugunsten der welthellsichtig-femininen Erlöserin Karin Krick erfolgt dabei natürlich an der Schlüsselstelle nach der Versuchung durch Kundry. Erst zum Schluß werden sich beide während der Krönung wieder vereinen. – »Im Zusammenhang mit der optischen Umsetzung ist jedoch wichtig zu vermerken, dass Wagner mit einer im Vergleich zu seinen anderen Werken ungewohnt ökonomischen Instrumentierung – stark zurückgenommenen Klangfarben und Rückgriffe etwa in die Renaissance-Musik – eine radikale Stilisierung und ›Spiritualität‹ anstrebt. Eine Inszenierung, die dieser Absicht folgt, müsste also eher karg und abstrakt sein. Syberberg aber arbeitet genau gegenläufig: mit einer teils naiven, teils dekadenten Sinnenwelt, reichen Dekors, zahllosen optischen Bezügen und Assoziationen. Das macht deutlich, dass

er bei aller ›Werktreue‹ neue inhaltliche Gewichtungen sucht. Wieder tummeln sich in den schillernden Szenerien Figuren seiner ›privaten‹ Mythologie. Neben Bild-Zitaten von Bosch, Friedrich und Caravaggio tauchen immer wieder jene Männer auf, auf die Syberberg geradezu manisch fixiert scheint: Ludwig II., Nietzsche, Marx, Wagner und – symbolisch verschlüsselt – Hitler. Mehr als für den religiösen, wenn auch nicht erklärt ›christlichen‹ Erlösungsgedanken Richard Wagners interessiert sich Syberberg einmal mehr für seine eigene esoterische Aufarbeitung der geistigen Auseinandersetzungen des späten 19. und frühen 20. Jahrhunderts. Wagner wollte kraft der Kunst eine neue religiöse Erweckung anstreben – Syberberg aber, so scheint es, verfolgt eine Versöhnung und Überwindung der widersprüchlichen Philosophien und Ideologien der letzten 100 Jahre in einem neuen – zugegeben anfechtbaren – ›Mythos der Kunst‹.« (FILMDIENST)

PASOLINIS TOLLDREISTE GESCHICHTEN

(I RACCONTI DI CANTERBURY). Italien 1971. R: Pier Paolo Pasolini. B: Pier Paolo Pasolini. LV: »Canterbury-Erzählungen« von Geoffrey Chaucer. K: Tonino Delli Colli. M: Pier Paolo Pasolini, Ennio Morricone. D: Pier Paolo Pasolini (Geoffrey Chaucer), Laura Betti (Witwe), J .P. Van Dyne (Koch), Derek Deadman (Ablaßkrämer), George Bethell Datch (Gastgeber), Hugh Griffith (Sir January), Josephine Chaplin (May), Oscar Pochetti (Damian), Giuseppe Arrigio (Pluto), Elizabetta Genovese (Prosperine), Franco Citti (Teufel), Daniel Buckler (Gerichtsbote), Tony Moore (Spion), Ninetto Davoli (Peterkin), Michael Balfour (John, der Zimmermann), Jenny Runacre (Alison), Dan Thomas (Nicholas), Peter Cain (Absalom), Martin Philips (Martin), Reg Stuart (4. Ehemann), Tom Baker (Jenkin), Judy Stewart-Murray (Alice), Eamonn Howell (John), Patrick Duffet (Alan), Albert King (Simkins, der Müller), Eileen King (Simkins Ehefrau), Heather Johnson (Molly), Robin Asquith (Ruffo), Martin Whelar (Jack, der Richter), John McLaren (Johnny), Edward Monteith (Dick), Alan Webb (Alter Mann), John Francis Lane (Mönch), Hugh McKenzie Baily (Thomas), Settimio Castagna (Engel). F 111 Min.

Acht von insgesamt 22 Novellen aus dem unvollendeten Verszyklus »Canterbury-Geschichten« des mittelalterlichen englischen Dichters Geoffrey Chaucer (1340–1400), nach *Decameron* der zweite Film innerhalb Pasolinis »Trilogie des Lebens«. Zu Beginn erzählen sich Pilger auf der Reise zum Grab des heiligen Beckett in Canterbury Geschichten. 1. Der alte Sir January wird kurz nach der Heirat mit der jungen Mary blind, erhält jedoch von Gott das Augenlicht so rechtzeitig zurück, dass er das Treiben seiner Frau mit ihrem jungen Liebhaber zu unterbinden weiß. 2. Student schafft es, durch Ankündigung einer neuen Sintflut einen Müller von dessen junger Frau fernzuhalten, wähnt sich jedoch zu früh am Ziel, da junge Frau und ihr Liebhaber ihm eins in die Geschlechtsteile geben. 3. Der Teufel kauft die Seele eines Gerichtsboten, der Homosexuelle erpresst. 4. Der junge Peterkin verliert durch seine chaplinesken Slapsticks jeden Broterwerb. 5. Zwei Cambridge-Studenten rächen sich an einem Müller, indem sie mit Frau und Tochter des Müllers schlafen. 6. Drei junge Rüpel suchen den Tod, finden einen Schatz und bringen sich gegenseitig um. 7. Frau von Bath erzählt eine Geschichte aus ihrem bewegten Eheleben. 8. Der Bote malt ein Höllengemälde aus, wobei der Teufel Mönche scheißt. Zwischen den einzelnen Episoden sieht man immer wieder den schreibenden, über seine eigenen Aufzeichnungen lachenden Chaucer, gespielt von Pasolini. — »Stilistisch noch uneinheitlicher, noch konfuser erzählt und primitiver montiert als *Decameron,* zeigt [der Film] Pasolini auf seinem künstlerischen Tiefpunkt. Nur drei Episoden dieses verunglückten Torsos ... sind bemerkenswert: Ninettos befremdlich ahistorische Hommage an den frühen Chaplin; die öffentliche Verbrennung des armen Schwulen, von der Kamera beobachtet aus der Perspektive unter den Zuschauern ... und schließlich die ... Höllensequenz, die sich deutlich an den visionären Bildern Hieronymus Boschs orientiert ...« (Wolfram Schütte, Reihe Film 12, PASOLINI) – »Der Film strapaziert durch seine Unappetitlichkeit und entnervende Langeweile. Mit diesem ›Sittenbild‹ hat Pasolini sich auf die Ebene von Brummer und Genossen begeben. Die historische Einkleidung ist nur Tünche.« (FILMDIENST)

LE PASSAGE – REISE IN DIE UNENDLICHKEIT
(LE PASSAGE). Frankreich 1986. R: *René Manzor.* B: *René Manzor.* K: *André Diot.* SpE: *Christopher Tucker.* A: *Jean-Luc Ballester.* M: *Jean-Félix Lalanne.* D: *Alain Delon (Jean Diaz), Christine Boisson (Catherine Diaz), Alain Musy (David Diaz), Jean-Luc Moreau (Patrick), Alberto Lomeo (Der Chirurg), Salvatore Nicosia (Der Assistent), Jean-Pierre Levasseur (Der Anästhesist), Marie Marcos, Sylvie Monier (Die Krankenschwestern). F 84 Min.*

Utopisches Filmmärchen, das unentschieden zwischen Fantasy, Komödie, Science Fiction, Action-Thriller und Liebesgeschichte pendelt. Der Zeichner und Filmregisseur Jean Diaz, der an einem Animationsfilm arbeitet, lebt allein mit seinem achtjährigen Sohn. Um etwas Abstand vom Hier und Jetzt zu gewinnen, unternehmen sie eine Urlaubsreise, doch die Liebe von Vater und Sohn

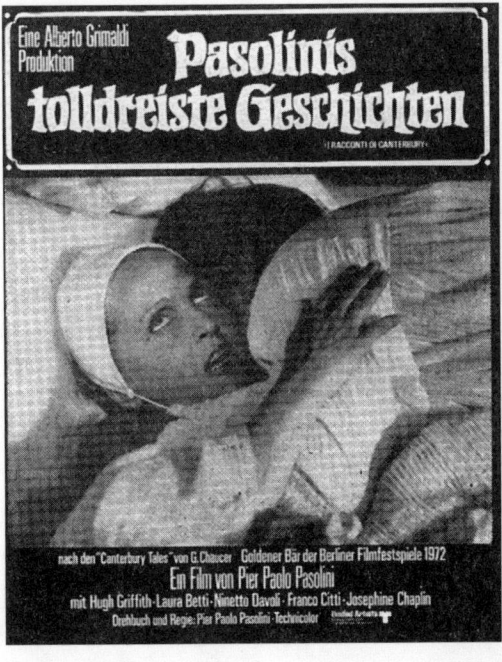

Pasolinis tolldreiste Geschichten

wird auf eine harte, tödliche Zerreiß probe gestellt. Nach einem mysteriösen Autounfall dämmert David im Koma, während Diaz für tot erklärt wird. In der Leichenhalle schließt er einen Pakt mit dem Tod, der ihn vor eine schwere Wahl stellt: Er kann das Leben seines Sohnes retten, wenn er sein Talent in die Dienste eines zerstörerischen Plans stellt. In einem finstern Gefängnis irgendwo zwischen Raum und Zeit wird Diaz gezwungen, an einem Film zu arbeiten, der die Grundlage einer fiesen Teufelei bildet. Ausgerüstet mit modernster Technik und unter der totalen Überwachung einer finstern Macht, die selber offenbar keine Zeichenfilme herstellen kann, macht sich Diaz ans Werk und den Plan zunichte. [V]

PAT UND PATACHON IM RAKETENOMNIBUS

(ALF'S CARPET). GB 1929. **R:** *W. F. Kellino.* **B:** *Val Valentine, Scott Sydney.* **K:** *Theodor Sparkuhl.* **D:** *Carl Schenström, Harald Madsen (Autobusfahrer), Gerald Rawlinson (Jimmy), Gladys Hamer (Lizzy), Janice Adair (Joan), Philip Newland (Habakuk), Edward O'Neill (Joans Vater). SW 90 Min.*

Ein fliegender Teppich befördert die dänischen Omnibuschauffeure Pat (Schenström) und Pata-

chon (Madsen) samt Autobus in den Orient. Lief nach dem Krieg in Deutschland in einer gekürzten, stummen Version, die von Werner Finck kommentiert wurde.

PEGGY SUE HAT GEHEIRATET

(PEGGY SUE GOT MARRIED). USA 1986. **R:** *Francis Ford Coppola.* **B:** *Jerry Leichtling, Arlene Sarner.* **K:** *Jordan Cronenweth.* **M:** *John Barry.* **D:** *Kathleen Turner (Peggy Sue Belcher), Nicolas Cage (Charlie Bodell), Barry Miller (Richard Norvik), Catherine Hicks (Carol Heath), Joan Allen (Maddy Nagle), Kevin J. O'Connor (Michael Fitzsimmons), Jim Carrey (Walter Getz), Lisa Jane Persky (Delores Dodge), Lucinda Jenney (Rosalie Testa), Wil Shriner (Arthur Nagle) Maureen O'Sullivan, Leon Ames, Don Murray, Barbara Harris. F 103 Min.*

Zu Anfang steht die 42jährige Peggy Sue Belcher vor einem Spiegel und sinniert über ihr kaputtes Leben nach: Ihr Gatte Charlie, der ihr auf der High School ewige Treue geschworen hat, hat sie vor kurzem verlassen, und zu allem Überfluss steht ihr auch noch ein Klassentreffen bevor, das alle Wunden noch mal aufreißen wird. Lange blickt man mit Peggy Sue in den Spiegel, so lange, bis man unwillkürlich nach den Nuancen sucht, durch die sich die Bewegungen der Doppelgänger im Raum hinter dem Spiegel von denen im Raum davor unterscheiden. Bis die Träume, von denen solche Spiegel im Kino sehr oft künden, plötzlich Wirklichkeit werden. Francis Coppolas *Peggy Sue hat geheiratet* ist eine Zeitreisegeschichte, an der Oberfläche zumindest. Während des Klassentreffens noch mal zur »Prom Queen« gewählt, fällt Peggy Sue in Ohnmacht und wacht im Jahre 1960 wieder auf – ein erwachsener Geist im Körper ihres früheren Ichs, bereit, alle falschen Entscheidungen ihrer Jugend zu revidieren. In einer solchen Situation sind gewisse Gags zwingend vorgeschrieben, und Coppola lässt sich auch nicht nehmen, die spießige Einstellung der Vergangenheit zu Marihuana, Kerouac und Sex auf die moderne Haltung Peggy Sues prallen zu lassen. Dennoch funktionieren derlei Scherze ungleich schlechter als in *Zurück in die*

Peggy Sue hat geheiratet

Zukunft. Der Grund liegt in der unterschiedlichen Perspektive beider Filme: Wo der jung-dynamische Michael J. Fox durch ein fiktives Popkulturland eilte, die Augen stets nach vorn gerichtet, blickt Peggy Sue zurück auf das Verlorene und Versäumte: Kathleen Turners Begegnung mit den längst verstorbenen, plötzlich wieder lebendigen Großeltern ist der logische Höhepunkt des Films. Es ist ein Blick auf unbeschwerte Zeiten auch, die man damals nie so recht würdigen konnte, weil die Zukunft noch viel rosiger aussah. Die Zeitreisethematik interessiert Coppola eigentlich nicht, braucht ihn auch gar nicht zu interessieren. Als Peggy Sue tatsächlich die begehrte zweite Chance bekommt, nutzt sie sie nicht; solche Illusionen hat ihr das Leben längst geraubt. Am Ende schläft sie dann doch mit Charlie – auch ein bisschen aus Mitleid mit ihm, da er seine Träume von der Karriere als Rockmusiker trotz ihrer Schützenhilfe (»Nur das Yeah-Yeah passt nicht. Wie wäre es denn mit Ohh-Ohh-Ohh?«) nie verwirklichen können wird. Wie die meisten insgeheim fatalistischen Filme weiß auch *Peggy Sue* nicht recht, wie er aufhören soll und schwenkt am Ende in die Mystik ab: So plötzlich, wie sie aus ihnen herausgeschleudert wurde, wacht Peggy Sue, die grandiose Träumerin, wieder in den Achtzigern auf, wo der Arzt ihr eröffnet, sie sei für kurze Zeit klinisch tot gewesen. Ein wenig fühlt man sich von diesem Schluß betrogen, und trotzdem ist er vielleicht der einzig passende für einen Film, der von der Kraft des Traums erzählt und von denen, die ihn träumen und im Gegensatz zu Peggy Sue gar nicht wissen, was sie an diesem Traum haben. [V]

PEPOLINO UND DER
SCHATZ DER MEERJUNGFRAU

BRD/Kanada/Ungarn 1995. **R:** *János Uzsák.* **B:** *József Nepp, Shimon Wincelberg.* **LV:** *»Unglaubliche Abenteuer«, von Irene Rodrian.* **K:** *Erzsébet Nemes.* **A:** *Video Vox Studeio, János Uzsák.* **M:** *Giorgio Moroder.* *F 84 Min. (Zeichentrick).*

Mit dem Lageplan eines Schatzes versehen, macht sich Pepolino auf, um den von einer Hexe gefangengehaltenen Opa zu befreien. Im Verbund mit einem Hund, einer Schiffsratte und einem Papagei gelangt er an den Ort, an dem er den Schatz

vermutet, doch dort sind auch die Vasallen der Hexe zugange. Mit Unterstützung der Nixe Mora, die er überzeugen kann, dass er nicht habgierig ist, kann Pepolino die Bösewichte foppen und Opa retten. Ein mit relativ bescheidenen technischen Mitteln produziertes Filmchen mit einem witzigen Drehbuch. »Ganz deutlich orientiert sich dieser in Budapest gefertigte Zeichentrickfilm ... an dem großen Vorbild Disney ... aber trotz einiger netter Ansätze übernimmt er sich dabei.« (Rupert Koppold, STUTTGARTER ZEITUNG) [V]

PERCEVAL LE GALLOIS

Frankreich/BRD 1978. **R:** *Eric Rohmer.* **B:** *Eric Rohmer.* **LV:** *»Perceval oder Die Geschichte vom Gral« von Chrétien de Troyes.* **K:** *Nestor Almendros.* **M:** *Guy Robert.* **D:** *Fabrice Luchini (Perceval), Andress Dussolier (Gauvin), Pascale de Boysson (Percevals Mutter), Clémentine Amouroux (Jungfer im Zelt), Jacques Le Carpentier (Stolzer Ritter), Jocelyne Boisseau (Lachende Jungfer), Marc Eyraud (König Artus), Gerard Falconetti, Michel Etcheverry, Raoul Billerey. F 134 Min.*

Der junge Gallier Perceval, in seiner Naivität fast schon einfältig, begegnet einer Gruppe von Rittern, die er zunächst für Gott in Begleitung von Engeln hält und begibt sich an den Hof König Artus', um zu Ritterwürden zu gelangen. Nachdem er einen frevelhaften Edelmann getötet hat, dessen Rüstung ihn automatisch erhöht, rettet er eine holde Jungfer vor Belagerern, gewinnt ihr Herz, leistet sich im Kreis des Adels einen schweren Fauxpas, wird verflucht und jagt ruhelos durch die Welt, bis ihn ein Einsiedler zu Gott und sich selbst zurückführt. – »Chretién de Troyes' Heldenepos aus dem 12. Jahrhundert wird von Eric Rohmer in strenger Texttreue, in gesucht naiver optischer Stilisierung und theatralisch-musikalischer Überhöhung dargeboten.« (FILMDIENST) Und ist für Fantasy-Interessierte höchstens wegen des kurzen Auftritts König Artus' von Belang.

PERIX, DER KATER, UND DIE 3 MAUSKETIERE

(NAGAGUTSU O HAITA NEKO). Japan 1969. **R:** *Kimio Yabuki.* **B:** *Hisashi Inoue, Kimio Yabuki.* **LV:** *Gebrüder Grimm.* **A:** *Koji Mori.* **M:** *Seichiro Uno.* **Spr:** *Harry Wüstenhagen (Perix), Susanne*

Tremper (Rosa), Michael Pawlowski (Peter), Edgar Ott (Luzifer), Erich Fiedler, Horst Gentzen, Dieter Kursawe, Hans Schwarz, Fritz Tillmann, Eduard Wandrey. F 79 Min. (Zeichentrick).

Nachdem der aus Gutherzigkeit vegetarisch lebende (!) Kater Perix einigen Mäusen beigestanden hat, wird er aus der Katzengemeinschaft ausgestoßen und zieht mit dem Bauernsohn Peter durch die Lande, den seine Brüder ums Erbteil betrogen haben. Am Hofe eines Königs verliebt sich Peter in die Prinzessin Rosa, doch Luzifer, der Fürst der Unterwelt, ist ebenfalls in teuflischer Liebe zu ihr entbrannt. Als seine Buhlerei auf taube Ohren stößt, verwandelt er das Königsschloss in eine Ruine und kündigt an, er werde Rosa in drei Tagen entführen. Perix und Peter wollen sich auf den Kampf mit dem Teufel einlassen und gürten sich. Als Luzifer Rosa mit einem Wirbelwind entführt und in sein Reich bringen lässt, rücken ihm die beiden auf den Pelz. Der gewitzte Perix schmiert dem Teufel so lange Honig ums Maul, bis er sich geschmeichelt herablässt, ein paar Verwandlungsnummern vorzuführen, doch als er die Gestalt einer Maus annimmt, schlägt Perix zu. Luzifer verliert zeitweilig das magische Amulett, das seine Zauberkräfte speist, kann sich aber aus der Affäre ziehen. Als er glaubt, die Prinzessin sei ihm sicher, entreißt diese ihm seinen Schatz. Eine turbulente Verfolgungsjagd besiegelt sein Ende, als die Sonne aufgeht, deren Strahlen das Amulett vernichten. – Frei nach dem Märchen »Der gestiefelte Kater« hat Kimio Yabuki einen Film gedreht, der zwar seine komischen Momente hat (Perix wird in allen möglichen und unmöglichen Situationen mit den »drei Mausketieren« – gestiefelten, degenschwingenden Katern, die sich an ihm rächen wollen – konfrontiert), in der Zeichnung der menschlichen Charaktere jedoch Schwächen aufweist, die darin begründet liegen, dass sie »zu normal« wirken: »So sehen vor allem Prinzessin und Bauernjunge wie ungekonnter Seifenreklame entliehen aus«, meinte der FILMDIENST. Und: »Von penetranter Direktheit ist der Film da, wo er Symbolik vorführt, obwohl das eigentlich eine Domäne dieses Genres ist.« [V]

PERSEUS, DER UNBESIEGBARE

(PERSEO L'INVINCIBILE). Italien/Spanien 1962. R: Alberto de Martino. B: Mario Guerra, Luciano Martino. St: Mario Guerra, Luciano Martino, José Mallorqui. K: Dario Di Palma. SpE: Carlo Rambaldi. M: Carlo Franci. D: Richard Harrison (Perseus), Anna Ranalli (Andromeda), Arturo Dominici (Acrisius), Elisa Cegani (Danae), Leo Anchóriz (Galenor), Molino Rojo (Tarpete), Roberto Camardiel (Cepheus). F 87 Min.

Acrisius von Argos, Thronräuber von Beruf, rüstet sich, um das friedliche Nachbarland Seriphos zu unterjochen. Während sein machthungriger Sohn Galenor seine Freizeit damit verbringt, die Heere des Nachbarkönigs den gefräßigen Kiefern eines Drachen bzw. dem versteinernden Blick der Medusa zuzuführen, betätigt sich Perseus, der rechtmäßige Thronerbe von Argos, als Fischer auf dem flachen Land, ohne etwas von seiner adeligen Abkunft zu ahnen. Als der Sohn des Königs von Seriphos der Medusa zum Opfer fällt, verfällt der greise Monarch dem Irrglauben, er könne den Frieden erhalten, indem er seine Tochter Andromeda mit Galenor vermählt. Andromeda jedoch liebt Perseus, der Galenor bei einem Turnier besiegt. Als Galenor in seinem Widersacher den Sohn des alten Herrschers erkennt, ergreift er das Hasenpanier. Perseus hetzt hinterdrein, wird jedoch von dem Drachen aufgehalten. Acrisius und Galenor überfallen mit ihren Truppen das Land Seriphos. Als der Stadtstaat zu fallen droht, erledigt Perseus auch die bösartige Medusa und bricht so ihren Fluch. Seriphos' versteinerte Armee erwacht zu neuem Leben und entscheidet mit Perseus an der Spitze die ungleiche Schlacht für die Guten. – »Leider verplempert Perseus seine Zeit mit Reden, Duellen und Flirten, statt sich den Ungeheuern zuzuwenden; der Rest des Film ist reine Routine – mit den üblichen flachen Dialogen, oberflächlich inszenierten Kampfszenen und langweiliger Kameraführung. Der Drache ... ist zwar tolerabel animiert, tut aber, wie so viele Leinwandungeheuer, kaum mehr, als das Maul zu bewegen.« (MONTHLY FILM BULLETIN)

PETER PAN

(PETER PAN). USA 1924. R: Herbert Brenon. B: Willis Goldbeck. LV: James M. Barrie. K: James Wong Howe. SpE: Roy Pomeroy. D: Betty Bronson (Peter Pan), Mary Brian (Wendy), Ernest Torrence (Käpt'n Huck), Virgina Browne Faire (Tinkerbell), Philippe de Lacey (Michael), Jack Murphy (John), Anna May Wong (Tiger-Lilli), George Ali (Nana), Cyril Chadwick (Darling), Esther Ralston (Mrs. Darling). SW 101 Min.

Aus Dank für das Einfangen seines Schattens nimmt der ewig junge Peter Pan das Mädchen Wendy und ihre Brüder John und Michael mit auf eine Reise ins Nimmerland, den Zufluchtsort aller Kinder, die aus der Wiege gefallen sind. Der Eifersucht von Peters persönlicher Fee Tinkerbell zum Trotz, wird Wendy von den Kindern als Mutter adoptiert. Kurz darauf jedoch überwältigt Peters Erzfeind Käpt'n Huck die indianischen Beschützer der Kinder und entführt Wendy und ihre Geschwister auf sein Piratenschiff. Mit einer List überwältigt Peter die Piraten und lässt Huck über die Planke marschieren. Nachdem alle Abenteuer glücklich überstanden sind, kehrt Wendy mit ihren Geschwistern zu den Eltern zurück. Vorher verspricht sie Peter allerdings, von Zeit zu Zeit ins Nimmerland zurückzukehren, um sich um ihn zu kümmern. – James M. Barries Bühnenmärchen vom Jungen aus dem Nimmerland, der nie alt wird, ist ein moderner, wenn auch vor allem im englischen Sprachraum bekannter Klassiker der Märchenliteratur. »Mit erstaunlicher Einfühlung in die kindliche Phantasie beschwört Barrie eine Welt, in der Wunsch- und Alpträume, Freuden und Ängste Gestalt annehmen, in der aber bei den heftigsten Kämpfen kein Blut fließt, die schlimmsten Feinde nicht triumphieren dürfen und immer alles zu einem guten Ende kommt. Es ist eine Welt, die aus dem Traum, Müttern und Gouvernanten nicht mehr gehorchen zu müssen, hervorgegangen ist, eine Welt, die für die träumenden Kinder der Realität nie zu nahe kommen darf. Für den ewig knabenhaften Peter Pan dagegen ist sie die einzige Realität, denn er verleugnet, dass das wirkliche Leben ›ein enormes Abenteuer‹ ist.« (Jerome v. Gebsattel, KINDLERS LITERATURLEXIKON) – Die erste Verfilmung unter der Regie von Herbert Brenon, einem gebürtigen Iren, der noch in einigen anderen Filmen (A Kiss for Cinderella; USA 1926) sein Talent für Märchen unter Beweis stellen sollte, hielt sich peinlich genau an die Geschichte bzw. die

Konventionen der 1904 uraufgeführten Bühnenfassung: Peter Pan wurde von einer Frau, der bis dahin unbekannten Betty Bronson, gespielt, und auch die Szene, in der Tinkerbell das für Peter bestimmte Gift trinkt und die Zuschauer aufgefordert werden, in die Hände zu klatschen, um sie zu retten, übernahm Brenon ohne jede Änderung. Die Kritik reagierte in der Regel enthusiastisch, feierte Peter Pan als »filmisches Meisterwerk« (NEW YORK TIMES) und weissagte dem Film, dass er sich als »Klassiker erweisen und immer wieder neue Generationen junger Zuschauer begeistern wird« (VARIETY). Mit dem Aufkommen des Tonfilms versank Brenons »perfekte Verfilmung einer perfekten Story mit einer perfekten Besetzung« (PHOTOPLAY) freilich schnell in der filmhistorischen Versenkung, um in den fünfziger Jahren durch die ungleich schwächere Disney-Zeichentrickversion endgültig verdrängt zu werden. Heute wirken die Tricks (eine Glühbirne als Tinkerbell in den Totalen) natürlich etwas lächerlich, der Film als Ganzes zu zerdehnt. Nach wie vor besticht der erste Peter Pan jedoch durch seinen Mut zur völligen Irrealität: vielleicht auch ein Beweis, dass für die kongeniale Umsetzung von Märchen der Stummfilm doch geeigneter als der Tonfilm war.

PETER PANS HEITERE ABENTEUER

(PETER PAN). USA 1953. R: Hamilton Luske, Clyde Geronimi, Wilfred Jackson. B: Ted Sears, Bill Peet, Joe Rinaldi, Erdman Penner, Winston Hibler, Milt Banta, Ralph Wright. LV: James M. Barrie. M: Oliver Wallace. A: Milt Kahl, Franklin Thomas, Wolfgang Reitherman, Ward Kimball, Eric Larson, Oliver Johnston jr., Marc Davis, John Lounsbery, Les Clark, Norman Ferguson. F 76 Min. (Zeichentrick).

Disneys elfter langer Zeichentrickfilm dürfte vermutlich einer seiner überschätztesten sein. In der einschlägigen Fachliteratur gilt dieses Remake von Peter Pan (Inhalt siehe dort) als der »heiterste, geradlinigste Zeichentrickfilm des Studios« (THE DISNEY FILMS), als »künstlerischer Höhepunkt in Walt Disneys Schaffen« (Reinhold Reitberger, WALT DISNEY). Rein von der Qualität der Animation mag dies stimmen. Was die darum herum drapierte Geschichte angeht, hatte man indes zu wenig Vertrauen zu Barries Fabel. Statt dessen reicherten die Autoren sie mit billigem Klamauk, kaum genießbarer Süßlichkeit und schwachen Songs an und ruinierten sie damit. »Als ob dort drüben den Kindern ihre Märchen mit Lautsprechern erzählt werden müssten und nicht mehr von einer gütigen Großmutter hinter dem Ofen. Die Perfektion, die Routine der Trickfilmfabrik ist auch hier großartig. Und es gibt lange Strecken, und es gibt köstliche Einfälle, die schmunzeln lassen. Der beste Zeichentrickfilm Disneys ist es nicht.« (FILMBEOBACHTER) Obwohl Marilyn Monroe als Modell für die Fee Tinkerbell herhalten musste.

PETER UND DER RIESE

(PETER PITT-KECKHERZ). BRD/Jugoslawien 1953. **R:** *Joze Gale.* **B:** *Joze Gale.* **K:** *J. Marincek.* **M:** *M. Kozina.* **D:** *M. Bart, F. Bresetnik, F. Milcinski. SW 80 Min.*
Der in den Gebirgswäldern lebende Riese Bergschreck hat die kleine Waise Martha gefangen und zwingt sie, für ihn die Hausarbeit zu erledigen. Als ihr dank eines Kräuteronkels die Flucht gelingt und der Riese nach dem geheimen Gang zur Hütte des Alten sucht, fällt ihm der junge Peter in die Hände. Peter muss eine Zeitlang Sklavendienste verrichten, findet aber heraus, dass sich der Riese vor Eulen fürchtet. Mit Hilfe einer Eule und des Hofhundes zwingt er den Riesen schließlich, in eine andere Gegend zu wandern. – »Dieser jugoslawische Film gibt ein schönes Beispiel für die Möglichkeit, die der Wald den Kinderfilmen geben kann. Hier spielt sich alles wie von selbst viel ungekünstelter als in unseren geschleckten Märchenfilmen ab. Man bemerkt auch, wie gut es solchen Filmen bekommt, wenn Kostüm und Wohnschauplätze die zeitlosen Zeichen bäuerlicher Armut tragen.« (FILMDIENST) – »Der Appell an die Jugend, dass man sich im Leben selbst helfen muss und dass man auf keine Wunder warten soll, entspricht sicherlich den Absichten der jugoslawischen Staatserziehung.« (FILMECHO)

PETERCHENS MONDFAHRT

BRD 1990. **R:** *Wolfgang Urchs.* **B:** *Wolfgang Urchs.* **LV:** *Gerd v. Bassewitz.* **K:** *Sylvia Kekule, Alex-*
ander Mika, Giselher Beyer. **A:** *Greg Mainwaring, Ron Hughart, Jürgen Richter.* **M:** *Klaus Doldinger.* **Spr:** *André Schmidtsdorf (Peterchen), Nathalie Del Castillo (Anneliese), Manfred Lichtenfeld (Sumsemann), Friedrich W. Bauschulte (Sandmann), Wolfgang Hess (Mondmann), Dagmar Heller, Michael Habeck, Norbert Gastell, Arne Elsholtz, Walter Reichelt, Willi Röbke, Udo Wachtveitl, Manfred Erdmann. F 84 Min. (Zeichentrick).*
Trotz eines vergleichsweise geringen Budgets gelang Wolfgang Urchs eine farbenprächtige Version des bekannten Kinderbuches von Gerd v. Bassewitz: Peterchen und seine Schwester machen sich auf die Reise zum Mond, um das fehlende sechste Beinchen des Maikäfers Sumsemann zu suchen.

EIN PFERD NAMENS OCTOBER

(THE RETURN OF OCTOBER). USA 1948. **R:** *Joseph H. Lewis.* **B:** *Melvin Frank, Norman Panama.* **K:** *William Snyder.* **M:** *George Duning, Morris W. Stoloff.* **D:** *Glenn Ford (Bassett), Terry Moore (Terry Ramsey), Albert Sharpe (Vince), James Gleason (Onkel Willie), May Whitty (Tante Martha), Steve Dunn. F 89 (98) Min.*
Nette Fantasykomödie aus dem Reitermilieu: Terry Moore ist zur Verwunderung ihrer Verwandtschaft felsenfest überzeugt, dass es sich bei dem Gaul, den sie ersteigert hat, um die Reinkarnation ihres Lieblingsonkels handelt. Der hatte bei seinem Tode geschworen, als Rennpferd auf die Erde zurückzukommen, um das Kentucky Derby zu gewinnen.

PHANTASTIC ADVENTURE

(ANDY COLBY'S INCREDIBLY AWESOME ADVENTURE). USA 1989. **R:** *Deborah Brock.* **B:** *Jed Horowitz, Deborah Brock.* **K:** *David Sperling.* **M:** *Ernest Troost, James Horner.* **D:** *Randy Josselyn (Andy Colby), Jessica Puscas (Bonnie Colby), Dianne McKay (Mrs. Colby), John Bluto (Videoverkäufer), Chuck Kovacic (Lord Chroma), Don Sparks (Glitch), John Franklin (Torwächter), Lara Piper (Bionda), Vince Edwards, Patsy Pease (Raumpiraten). F 87 Min.*
Kinder, die zu lange vor der Glotze rumhocken, werden von einem interaktiven Spiel in die Welt

hinter dem Bildschirm versetzt, wo sie sich mit der Fernbedienung durch eine gefährliche Existenz zappen müssen. Dies macht auch Andy Colby, um seine Schwester Bonnie aus den Klauen des Herrschers der Fernsehkanäle zu befreien. Nur auf Video. [V]

EINE PHANTASTISCHE GESCHICHTE

(POHADKA O PUTOVANI/SKASKA STRANSI-WIJ). (ČSSR/UdSSR/Rumänien 1982. **R:** *Alexander Mitta.* **B:** *Alexander Mitta, Juli Dunski, Valeri Frid.* **K:** *Valeri Schuwalow.* **M:** *Alfred Schnitke.* **D:** *Andrej Mironow (Orlando), Tatjana Axjuta (Marta), Lew Durow (Gorgon), Xjuscha Pirjatinskaja (Mai als Kind), B. Sejtmamutow (Brutus), W. Storoschik (Mai), K. Galin (Pest). F 101 Min.*

In einer märchenhaft schönen, schaurig kalten Winternacht im mittelalterlichen Europa entführen zwei finstere Gestalten den kleinen Waisenjungen Mai, der sich mit seiner kaum älteren Schwester Marta mehr schlecht als recht durch das Leben schlägt. Obwohl Mai eine seltsame Gabe hat – er kann Gold aufspüren, leidet jedoch bei dergleichen Unternehmen stets entsetzlich unter Kopfschmerzen –, haben die beiden beschlossen, lieber arm zu bleiben als Mais Gesundheit aufs Spiel zu setzen. Der böse Gorgon und sein stupider Gehilfe haben jedoch weniger Skrupel: Sie setzen den Jungen ein, um unermeßlich reich zu werden und ziehen immer weiter fort. Marta, die blondgelockte und tapfere Schwester Mais, heftet sich an ihre Fersen; zu ihr gesellt sich alsbald ein junger Mann namens Orlando, »ein Spurensucher nach Sinn und Wahrheit hinter dem Schein der Wirklichkeit« (FILMDIENST), ein Gelehrter und Poet, ein Universalgenie in allen Disziplinen. Auf ihrer langen Wanderschaft begegnen sie allerlei seltsamen Menschen: Bauern, die mit der gleichen Methode, die schon ihre Väter zur Verzweiflung trieb, erfolglos ein Sumpfgebiet trockenlegen wollen, Schlaraffenländlern, die auf dem Rücken eines gewaltigen Drachen dem *dolce far niente* frönen, und böswilligen Städtern, die die beiden in einen Hungerturm einmauern, in dessen Inneren, so aussichtslos die Lage scheint, sich Orlandos Genie in phantastische Höhen aufschwingt: Er zerreißt den kostbaren Umhang, in dessen Futter all sein Wissen niedergeschrieben

ist, und konstruiert mit Hilfe einiger Stangen einen Flugapparat, der sie ihrem Ziel näherbringt. Doch auch die Pest bedroht sie: In Gestalt einer verführerisch schönen Hexe bringt sie Orlando schließlich den Tod. Als Marta ihren Bruder endlich wiederfindet, ist dieser zu einem reichen und verwegenen, leicht pervers wirkenden jungen Prinzen avanciert, der die Zeit mit einer Horde von Nichtstuern totschlägt. Martas Liebe freilich bekehrt ihn. In einer gewaltigen geistigen Anstrengung »gräbt« er sämtliches Gold aus, das in seiner Trutzburg vergraben ist. Das Gemäuer zerbirst – und die Kraft, die Mai als Kind gehaßt hat, geht von ihm. – »Mittas *Märchen einer Wanderung* [so der DDR-Titel] ist ein Film für Kinder und Erwachsene, eine Mischung von Magie und philosophischer Imagination, von Effektkino und Romanze. In einer faszinierenden Szenerie, deren Häuser und Bäume, Berge und Flußlandschaften wunderbar den überhöhten Märchenton treffen, läuft eine spannende, gekonnt inszenierte und ansehnlich montierte Handlung ab. Gelungene technische Effekte (Drache, ›Goldsammlung‹ Mais am Schluß, Kampf mit der Pestratte) und total misslungene wie der Flug Marta/Orlando im blauen Mantel stehen allerdings ziemlich dicht nebeneinander.« (MITTELDEUTSCHE NEUESTE NACHRICHTEN)

DIE PHANTASTISCHE REISE DES KLEINEN SIMON
Anderer Titel für **Auf der Jagd nach dem Nierenstein**

PHANTASTISCHE REISE INS SPIELZEUGLAND

(BABES IN TOYLAND). USA 1997. **R:** *Charles Grosvenor, Toby Bluth, Paul Sabella.* **B:** *John Loy.* **V:** *Operette von Victor Herbert, Glen McDonough.* **A:** *Shiwan Ramsaran.* **M:** *Mark Watters. F 71 Min. (Zeichentrick).*

Jill und Jack reisen ins Spielzeugland zu Onkel Barnaby, doch der ist ein übler Schrat, der weder Kinder noch Spielzeug ausstehen kann. Um die Spielzeugfabrik von Tom und Mary zu vernichten, tut er sich sogar mit den Ungeheuern aus dem Koboldwald zusammen. Spannung und Humor kommen in diesem Zeichentrickfilm zwar nicht zu kurz, aber die braven Spielzeugmacher sind reichlich kitschig gezeichnet. Und natürlich ist die

Laurel-und-Hardy-Version (USA 1934) nicht zu schlagen.

PHILIPP, DER KLEINE

DDR 1976. **R:** *Hermann Zschoche.* **B:** *Christa Kozik.* **K:** *Günter Jaeuthe.* **M:** *Gunther Erdmann.* **D:** *Andij Greissel (Philipp), Jan Spitzer (Philipps Vater), Katrin Jakubeit (Trixi), Volkmar Kleinert (Musiklehrer Breitkreuz), Ilse Voigt (Oma Hundertgramm), Szymon Szurmiej (Musikalienhändler), Fred Delmare (Wachtmeister Schwuppke), Mico Pagini (Clown), Arnim Mühlstädt (Möbelwagenfahrer), Petra Kelling (Verkehrspolizistin). F 64 Min.*

Von einem Clown erhält der von allen verlachte Flötenliebhaber Philipp eine Zauberflöte, die kleine Dinge in große und umgekehrt verwandelt, wenn er eine bestimmte Melodie spielt. Philipp zögert nicht lange und probiert die Flöte aus: Ein Kätzchen wächst zum Löwenbaby, die mickrigen Äpfel der Nachbarin blähen sich auf Bowlingkugelgröße auf und ein Möbelwagen schrumpft zum Spielzeugauto zusammen. Als Philipp, der ausdrücklichen Warnung des Clowns zuwider, sich selbst größer wünscht, verliert die Flöte ihre Macht. Durch die viele Übung ist aus ihm jedoch ein erstklassiger, von allen bewunderter Flötist geworden. – »Die pädagogische Lektion, die in diesem Spaß steckt, ist phantasievoll und mit poetischem Sinn verpackt.« (FILMDIENST)

PINK FLOYD – THE WALL

Anderer Titel für **The Wall**

PINOCCHIO

(PINOCCHIO). USA 1940. **R:** *Ben Sharpsteen, Hamilton Luske.* **B:** *Ted Sears, Otto Englander, Webb Smith, William Cottrell, Joseph Sabo, Erdmann Penner, Aurelius Battaglia.* **LV:** *»Pinocchios Abenteuer« von Carlo Collodi.* **A:** *Fred Moore, Franklin Thomas, Milton Kahl, Vladimir Tytla, Ward Kimball, Arthur Babbitt, Eric Larson, Wolfgang Reitherman.* **M:** *Leigh Harline, Ned Washington, Paul J. Smith. F 88 Min. (Zeichentrick).*

Ein kleines italienisches Bergdorf: Der alte Spielzeugmacher Geppetto hat soeben eine neue Puppe namens Pinocchio geschnitzt und wünscht sich nun sehnlich, dass sie ein echter Junge werde. Die blaue Fee erweckt die Marionette zum Leben und bestellt die Grille Jiminy Cricket zu Pinocchios ständigem Gewissen. Schon bald bringen zwei unangenehme Zeitgenossen, ein Fuchs und ein Kater, das hölzerne Bengele vom Weg der Tugend ab. Pinocchio fällt dem Zirkusbesitzer Stromboli in die Hände, der sich von der lebenden Marionette Reichtum und Wohlstand erhofft und sie kurzerhand in einen Vogelkäfig einsperrt. Zwar befreit die blaue Fee Pinocchio aus der misslichen Lage, doch kurz darauf läuft er erneut dem Fuchs und dem Kater in die Arme. Diesmal überreden sie Pinocchio, mit ein paar anderen Jungs auf die Amüsier-Insel auszuwandern, wo er so richtig die Sau rauslassen könne. Erst als sich sein neuer Kumpan Lampwick dort nach einem Billardspiel in einen Esel verwandelt und in eine Leimfabrik transportiert wird, erkennt Pinocchio den wahren Zweck der Amüsier-Insel: In letzter Sekunde gelingt ihm mit Jiminys Hilfe die Flucht. Wieder zu Hause, erfährt er von der blauen Fee, dass sich Geppetto auf die Suche nach ihm gemacht hat und von dem Wal Monstro verschlungen wurde. Pinocchio taucht auf den Grund des Meeres und landet bei seinem Vater, im Magen des Wals. Mit einem Feuer bringen sie Monstro dazu, dass er sie wieder ausspuckt. Als der wütende Wal sie verfolgt und ihr Floß zertrümmert, rettet Pinocchio seinem Vater das Leben. Zur Belohnung für seinen Opfermut verwandelt die blaue Fee den Holzbengel endlich in einen richtigen Jungen. – Walt Disneys *Schneewittchen und die sieben Zwerge* war ein Experiment; *Pinocchio*, eine recht freie Adaption der Vorlage von Carlo Collodi, sein Resultat und zugleich auch die Krönung Disneyschen Schaffens: ein Film, dessen Detailverliebtheit so weit ging, dass jeder einzelne Wassertropfen einen eigenen Lichtreflex erhielt und nicht mal das Flirren der Luft über einem Kaminfeuer vergessen wurde; ein Film auch, der sich mit seinen Telezooms und Kamerafahrten in zuvor nie gesehener Weise an der Syntax des Realfilms orientierte. Allein die grandiose Anwendung der hier erstmals voll eingesetzten Multiplan-Kamera würde *Pinocchio* bereits zu einem Meilenstein des Zeichentrickfilms machen. Die eigentliche Genialität des Films liegt jedoch darin, dass er seine Technik voll und ganz der Story unterzuordnen weiß. Einer sehr düsteren, regelrecht allegorischen Story überdies, die wenig mit den Süßlichkeiten späterer Filme zu tun hat: »Der künstlerische Höhepunkt von *Pinocchio* ist eindeutig die Sequenz auf der Amüsier-Insel mit dem phantastischen Dekor eines monströsen, alptraumhaften Vergnügungsparks, sind die Szenen, in denen die bösen Jungen sich in Esel verwandeln ... Walt Disney und seine Zeichner hatten die graphischen Möglichkeiten dieser Sequenz voll ausgeschöpft, aber natürlich nahmen später wieder besorgte Kinderfreunde daran Anstoß. Vielleicht konnte Walt Disney nicht anders, vielleicht musste er ein Kindheitstrauma aus seiner Zeit als Zeitungsjunge aufarbeiten. Die fehlende Liebe und Wärme seines Elternhauses versuchte er wohl durch ein fast manisches Festhalten an diesem Handlungsmuster – der Trennung von Kind und Eltern – zu bewältigen.« (Reinhold Reitberger, WALT DISNEY) – Um die düstere Stimmung etwas aufzuwiegen, brachte Disney eine Reihe komischer, an Charles Dickens orientierter Nebenfiguren ins Spiel, darunter die Katze Figaro, den Goldfisch Cleo und, allen voran, die Grille Jiminy Cricket. Zudem entwickelte man ein neues Malverfahren, »The Blend« genannt, das den Figuren rundere Formen verlieh. »Disneys Kunst ist die der weichgezeichneten Karikatur, der Abbildung von Mensch und Tier als liebenswertes, amüsantes Geschöpf. Seine Kunst besteht nur aus gutmütigen Kurven. Die Gerade hat Disney als ungeeignet für die Animation und die Darstellung seiner eigenen Lebensfreude verworfen. So halten ihn sowohl sein persönlicher Hintergrund als auch die Grenzen seiner Technik davon ab, ein neuer Rowlandson, Daumier, Leech, Gavarini oder Hogarth zu werden. Zu deren beiläufiger Grausamkeit und kalten künstlerischen Distanz ist er einfach nicht imstande. Also steckt er all seine Talente in die unterhaltsame Oberfläche. In seinen Werken ist kein Raum für sozialkritischen Biss oder große Kunsttheorien. In *Pinocchio* zählt für ihn einzig und allein die Story, die er mit sehr viel Charme, Humor und einem außerordentlichen Sinn für Erzähltempo und Szenenaufbau zu erzählen weiß ... So transportiert *Pinocchio* den Zuschauer in eine wunderbare, aufregende Welt aus Formen und Farben.« (Thomas Burton, SATURDAY REVIEW) – »*Pinocchio* ist in jeder Hinsicht ein totaler Film.« (Dennis K. Smeltzer) [V]

PINOCCHIO

(LE AVVENTURE DI PINOCCHIO/PINOCCHIO). Italien/Frankreich/BRD 1972. **R:** *Luigi Comencini.* **B:** *Suso Cecchi D'Amico, Luigi Comencini.* **LV:** *»Pincchios Abenteuer« von Carlo Collodi.* **K:** *Armando Nanuzzi.* **M:** *Fiorenzo Carpi.* **D:** *Nino Manfredi, Andrea Balestri, Gina Lollobrigida, Franco Franchi, Ciccio Ingrassia, Ugo d'Alessio. F 92 Min.*

Die von einem Tischler hergestellte Marionette Pinocchio wird von einer guten Fee in einen echten Jungen verwandelt, fällt jedoch alsbald unter die Räuber, zieht durch die Welt, erlebt allerlei phantastische Abenteuer und wird am Schluß wieder glücklich mit ihrem Schöpfer vereint. – » ... die weiteren Metamorphosen Pinocchios zwischen Holz und Fleisch, in Eselsgestalt, und schließlich das Wiederfinden seines Ziehvaters im Bauch eines Walfisches besitzen im Original zweifellos auch Poesie, Humor und Spannung ... Aber letztlich dominiert der Ärger über die Lieblosigkeit und Stümperhaftigkeit der deutschen Fassung. Mit diesem faden Stückwerk ... dürfte man weder Kinder noch Erwachsene ins Kino locken.« (FILMDIENST)

PINOCCHIO

(PINOCCHIO). USA 1976. **R:** *Ron Field, Sid Smith.* **B:** *Herbert Baker.* **LV:** *»Pinocchios Abenteuer« von Carlo Collodi.* **M:** *Billy Barnes.* **D:** *Danny Kaye (Gepetto), Sandy Duncan (Pinocchio), Flip Wilson, Liz Torres, Clive Revill, Gary Morgan. F 75 Min.*

TV-Film. Amerikanische Musical-Version des Märchens von Carlo Collodi. Inhalt siehe unter *Pinocchio* (Italien/Frankreich/BRD 1972) von Luigi Comenici. – »Grobschlächtig inszeniert, weit entfernt vom Charme der Vorlage.« (ZITTY)

PINOCCHIO UND DER HERRSCHER DER NACHT

(PINOCCHIO AND THE EMPEROR OF THE NIGHT). USA 1987. **R:** *Hal Sutherland.* **B:** *Robby London, Barry O'Brien, Dennis O'Flaherty.*

LV: »Pinocchios Abenteuer« von Carlo Collodi. **K:** F. T. Ziegler. **M:** Anthony Marinelli, Brian Banks. F 87 Min. (Zeichentrick).

Hal Sutherland, ein Disney-Alumnus, hat 1962 mit anderen das berüchtigte Filmation Studio gegründet, das sich auf limitierte Animation fürs Fernsehen spezialisierte. Viel Gutes ist also nicht zu erwarten. – Der gefährliche Puppetino, in dessen Fänge Pinocchio gerät, entpuppt sich als Handlanger des vierarmigen Herrschers der Nacht, aus dessen Fingerspitzen Laserstrahlen schießen. Dieser hat Pinocchios »Vater« Gepetto entführt. – »Aufregender und ingeniöser als der alte Pinocchio aus den vierziger Jahren ist Sutherlands Werk deswegen aber nicht. Denn Disneys raffiniert ausgefeilte Hohlformen werden hier für ein unendlich schlichtes, ja grobschlächtiges Malverfahren benutzt, das die Figuren des doch so anrührenden Titelhelden Pinocchio und aller seiner menschlichen und tierischen Gefährten, vom Vater Gepetto bis hin zum tückischen Waschbär Scalaweg, in eher aufdringlicher denn witziger Comic-Manier zu Klischees verhärtet. Ein Jam-

mer, Pinocchio muss mit den Augen rollen, als sei er seine eigene blödsinnige Karikatur, vom trüben gestischen und mimischen Vokabular des auf Batman getrimmten Nacht-Monsters ganz zu schweigen.« (DIE WELT) [V]

PIPPI AUSSER RAND UND BAND

BRD/Schweden 1970. **R:** Olle Hellbom. **B:** Astrid Lindgren. **LV:** Astrid Lindgren. **K:** Kalle Bergholm. **M:** Georg Riedel. **D:** Inger Nilsson (Pippi Langstrumpf), Pär Sundberg (Tommy), Maria Persson (Annika), Hans Alfredson (Konrad), Walter Richter (Bauer), Kurt Zips (Böser Mann), Benno Sterzenbach (Polizist), Fredrik Ohlsson (Herr Settergren), Ollegard Wellton (Fr. Settergren). F 90 Min.

Der 4. Pippi Langstrumpf-Film: Als die Kinder Tommy und Annika zu Hause wieder mal besonders gegängelt werden, beschließen sie, zusammen mit Pippi auszureißen. Um das Ganze spannender zu machen, bleibt der Goldkoffer dieses Mal in der Villa Kunterbunt. Unterwegs treffen sie auf den Hausierer Konrad und seinen Superkleister, mit dem die drei allerlei Unfug an-

Pinocchio und der Herrscher der Nacht

stellen. Nacheinander versuchen sie ihr Glück als Wasserfallspringer, fahrende Sänger, Stierbändiger und Seiltänzer, bis sie verhaftet werden. Für Pippi freilich kein Problem: Kurzerhand biegt sie die Eisenstäbe des Gefängnisses auseinander. Völlig erschlagen nach all ihren Abenteuern, kehren die drei nach Hause zurück.

PIPPI GEHT VON BORD

(PIPPI LANGSTRUMP PA DE SJU HAVEN). Schweden/BRD 1969. **R:** *Olle Hellbom.* **B:** *Astrid Lindgren.* **LV:** *»Pippi geht von Bord« von Astrid Lindgren.* **K:** *Kalle Bergholm.* **M:** *Christian Bruhn.* **D:** *Inger Nilsson (Pippi Langstrumpf), Pär Sundberg (Tommy), Maria Persson (Annika), Margot Trooger (Frl. Prüsselius), Hans Clarin (Donner-Karlsson), Paul Esser (Blum), Beppe Wolgers (Ephraim Langstrumpf), Ulf G. Johnsson (Kling), Göthe Grefbo (Klang).* **F** *85 Min.*
Vorgeschichte siehe *Pippi Langstrumpf.* – Nachdem Pippi in letzter Sekunde von Bord gesprungen ist, um bei ihren Freunden Tommy und Annika zu bleiben, erleben die drei neue Abenteuer. Sie spielen Drachensteigen, »Sachen-Suchen« und statten bei einer Geburtstagsfeier für Pippi dem Dachboden der Villa Kunterbunt, wo es angeblich spukt, einen Besuch ab. Als der erste Schnee fällt und die anderen Kinder von den Weihnachtsferien träumen, lässt sich auch Pippi, die sich die Ferien nicht entgehen lassen will, von Fräulein Prüsselius zu einem kurzen Schulbesuch überreden. Donner-Karlsson und Blum nützen die Gelegenheit und stehlen derweil ihren Goldkoffer, fallen dann aber Pippis riesiger Schneekugel zum Opfer. Am Heiligen Abend sitzt Pippi allein in der Villa Kunterbunt. Doch spät in der Nacht versammeln sich alle Kinder des kleinen Städtchens und bringen ihr ein Ständchen. [V]

PIPPI IN TAKA-TUKA-LAND

(PA RYMMEN MED PIPPI LANGSTRUMP). Schweden/BRD 1969. **R:** *Olle Hellbom.* **B:** *Astrid Lindgren.* **LV:** *»Pippi in Taka-Tuka-Land« von Astrid Lindgren.* **K:** *Kalte Bergholm.* **M:** *Georg Riedel.* **D:** *Inger Nilsson (Pippi Langstrumpf), Pär Sundberg (Tommy), Maria Persson (Annika), Beppe Wolgers (Ephraim Langstrumpf), Martin Ljund (Messer-Jocke), Jarl Borssen (Blut-Svente), Alfred*

Schieske (Wirt), Wolfgang Völz (Oskar), Nikolaus Schilling (Kalle), Tor Isedal (Franco), Hakan Serner (Pedro). **F** *92 Min.*
Der 3. Pippi Langstrumpf-Film: Beim Spielen entdecken Pippi, Tommy und Annika eine Flaschenpost von Pippis Vater. Ephraim Langstrumpfs Schiff ist in der Südsee von Seeräubern gekapert worden. Seine Mannschaft hat man auf einer einsamen Insel ausgesetzt, ihn selbst in die Seeräuberfestung verschleppt, wo ihn Blut-Svente und Messer-Jocke durch Hungerfolter dazu bringen wollen, ihnen das Versteck seines Goldschatzes zu verraten. In einem »Myskodil«, einem Freiballon mit dranhängendem Bett, machen sich die Freunde auf den Weg nach Taka-Tuka. Als sich das Bett an der Spitze eines Berges verfängt, baut Pippi aus herumliegendem Schrott ein Flugzeug zusammen. Endlich am Ziel angekommen, befreit sie ihren Vater aus dem Burgverlies und macht sich mit ihm auf den Weg zur Schatzinsel. Nachdem sie dort Blut-Sventes Männer endgültig bezwungen hat, segelt Pippi mit Tommy und Annika zur Villa Kunterbunt zurück.

PIPPI LANGSTRUMPF

(PIPPI LANGSTRUMP). Schweden/BRD 1968. **R:** *Olle Hellbom.* **B:** *Astrid Lindgren.* **LV:** *»Pippi Langstrumpf« von Astrid Lindgren.* **K:** *Kalle Bergholm.* **M:** *Konrad Elfers.* **D:** *Inger Nilsson (Pippi Langstrumpf), Pär Sundberg (Tommy), Maria Persson (Annika), Margot Trooger (Frl. Prüsselius), Hans Clarin (Donner-Karlsson), Paul Esser (Blom), Beppe Wolgers (Ephraim Langstrumpf), Ulf G. Johnsson (Kling), Göthe Grefbo (Klang).* **F** *100 Min.*
Eines schönen Tages reitet ein rothaariges Mädchen in ein kleines schwedisches Städtchen ein. Ohne Umschweife bezieht Pippi Langstrumpf, wie sie sich nennt, mit ihrem Affen Herrn Nilsson und einem Koffer voller Goldstücke in der leerstehenden Villa Kunterbunt Quartier. Die Nachbarskinder Tommy und Annika freunden sich schnell mit ihr an, auch wenn sie den wunderlichen Geschichten über ihren Piratenvater, der angeblich über die Südseeinsel Taka-Tuka herrscht, nicht immer glauben. Vor allem fasziniert Tommy und Annika die Unabhängigkeit des Mädchens, die es mit allen Mitteln

zu verteidigen weiß. Als Fräulein Prüsselius, die Leiterin des Jugendamtes, Pippi mit Hilfe der Polizisten Kling und Klang zwingen will, in die Schule zu gehen, macht Pippi dank ihrer Muskeln dem lächerlichen Ansinnen bald ein Ende. Auch die Landstreicher Donner-Karlsson und Blom, die es auf Pippis Goldkoffer abgesehen haben, bekommen ihren Bizeps zu spüren. Eines Abends steht plötzlich Pippis Vater – in der Tat ein Piratenkapitän – vor der Tür. Pippi begleitet ihn an Bord, überlegt es sich noch einmal und kehrt im letzten Augenblick zu den Freunden zurück. Dem Vater bleibt nur noch, seiner Tochter einen neuen Goldkoffer zuzuwerfen. – Pippilotta Viktualia Rollgardina Schokominza Efraims-Tochter Langstrumpf ist die populärste Erfindung der Kinderbuchautorin Astrid Lindgren: ein frecher, immer munterer Freigeist mit roten Zöpfen, der mit halben Superkräften und einem Koffer voller Goldstücke auf harmlose Weise gegen die Erwachsenen rebelliert; »fast ein Zazie-Fratz, dem APO-Kindergarten entwichen« (ABENDZEITUNG). Dank der hervorragenden Inger Nilsson gelang es Regisseur Olle Hellbom, diese zur Identifikation geradezu herausfordernde Figur recht vorlagengetreu auf Film zu übertragen. *Pippi Langstrumpf* war einer der größten Kinderfilmerfolge der späten Sechziger und zog mehrere platter werdende Fortsetzungen nach sich. – Weit weniger positiv allerdings reagierte die Kritik. Neben der grundsätzlichen Problematik der Umsetzung von Buch-Phantasie in Film-Realität kamen immer wieder pädagogische Einwände zur Sprache. Vor allem kreidete man *Pippi Langstrumpf* an, dass er im Prinzip eine Antiheldin glorifizierte und kleinbürgerliche Erziehungsvorstellungen zwar nicht als spießig, aber doch immerhin als nicht der Weisheit letzter Schluß decouvrierte. Freilich liegt der Reiz des Films gerade darin, dass er ganz ohne den biederen Belehrungsfleiß auskommt, der den Kinderfilm wenig später in seine bis heute desolate Situation hineinmanövrierte. Was nun nicht heißen soll, dass *Pippi Langstrumpf* und die Folgefilme ohne Schwächen wären. »Man wandelte natürlich stets auf dem Pfad milder Kasperl-Erbauung und hielt auf Sonne im Herzen und Kamillenteeseele. Besonders dem Ende zu scheint das Thema verschenkt, samt Tortenschlacht und

Piratenpapa-Romantik. So ist es denn ein ganz hübsches, aber nicht sonderlich mitreißendes Schrullentantenmärchen vom Happening-Wunschtraum allzu braver Kinder.« (ABENDZEITUNG) [V]

PIPPI LANGSTRUMPF

BRD/Kanada/Schweden 1997. **R:** *Clive Smith, Michael Schaack.* **B:** *Catharina Stackelberg.* **LV:** *Astrid Lindgren.* **A:** *Frank Nissen, Paul Bolger, Robin Budd, Bill Giggie, Ute v. Müncho-Pohl.* **Spr:** *Ilona Schulz (Pippi Langstrumpf), Karsten Otto (Tommy), Marie Luise Schramm (Annika), Jessica Rameik (Frau Prysselius), Tom Deininger (Donner-Karlsson), Joachim Kaps, Klaus Jepsen, Hasso Zorn, Helfa Sasse, Michael Chevalier. F 77 Min. (Zeichentrick).*

Zu Astrid Lindgrens 90. Geburtstag veröffentlichte Zeichenfilmversion der Pippi-Geschichten: »Im Umfeld der biegsamen, bunten Heiterkeit des Films verliert diese außergewöhnliche Mädchenfigur jedoch die Aura des Ungeheuerlichen. Zu deutlich bewegt sich die Gesellschaft rund um die Villa Kunterbunt darin auch ohne Pippi bereits in den ordnungszertrümmernden Bahnen der Slapstick-Komik. So werden die beiden Einbrecher Bom und Donner-Karlsson von kleinen zu möglichst furchterregenden Ganoven aufgeblasen, die Polizisten zu einem hirnlosen Zwillingsduo à la ›Schultze und Schulze‹ (in ›Tim und Struppi‹) verwandelt, und eine ebenso birnenförmige wie bösartige Matrone namens Frau Prysselius wird als Stadttyrannin von erdrückender Körperlichkeit neu eingeführt. Das geht vor allem auf Kosten jenes Spannungsfeldes, welches durch die Diskrepanz zwischen der gesellschaftlichen Determiniertheit der beiden braven Durchschnittskinder Tommy und Annika und der völligen Unabhängigkeit des bärenstarken Superkinds Pippi entsteht.« (NEUE ZÜRCHER ZEITUNG)

PIPPI LANGSTRUMPF IN DER SÜDSEE

(PIPPI LONGSTOCKING). Schweden/ BRD/ Kanada 1999. **R:** *Paul Riley.* **B:** *Catharina Stackelberg.* **LV:** *»Pippi in Taka-Tuka-Land« von Astrid Lindgren.* **M:** *Tom Thorney, Tim Thorney, Brent Barkman, Carl Lenox. F ca. 90 Min. (Zeichentrick).*

TV-Film. Inhalt siehe *Pippi in Taka-Tuka-Land* (Schweden/BRD 1969; Regie: Olle Hellbom). Ein »Zeichentrick-Remake« (wenn man es so nennen kann) eines Realfilms: Zusammen mit ihrem Papa Efraim, der bekanntlich König in Taka-Tuka-Land ist, reist die wackere Heldin Pippilotta Viktualia Rollgardina (etc.) mit einem Schiff in die Südsee, gerät mit zwei blinden Passagieren aneinander, die als Piraten entlarvt werden, rauft sich erfolgreich mit zwei anderen Ganoven, überlebt ein Seebeben und geht am Ende auf einem von ihr »entdeckten« Kontinent an Land, der sich als die Heimat entpuppt. – Ein turbulenter, spritzig inszenierter Film für die ganz, ganz Kleinen.

PIPPI LANGSTRUMPFS NEUESTE STREICHE

(THE NEW ADVENTURES OF PIPPI LONG-STOCKING). USA 1988. **R:** *Ken Annakin.* **LV:** *Astrid Lindgren.* **K:** *Roland Smith.* **SpE:** *Richard Parker.* **M:** *Misha Segal.* **D:** *Tami Erin (Pippi Langstrumpf), David Seama jr. (Tommy Settigren), Cory Crow (Annika Settigren), Eileen Brennan (Frau Bannister), Dennis Dugan (Settigren), Dianne Hull (Frau Settigren), Dick Van Patten (Klebstoffmann), John Schuck (Ephraim Langstrumpf), George DiCenzo.* **F 101 Min.**
Uninspirierte Amerikanisierung der Pippi-Bücher von Astrid Lindgren mit Musical-Einlagen. Wer die Geschichten mag, sollte den Film meiden wie der Teufel das Weihwasser.

PIROSCHKA UND DER WOLF

Anderer Titel für **Abschied vom Zauberwald**

PONTIUS PILATUS

(PONZIO PILATO). Italien/Frankreich 1961. **R:** *Irving Rapper.* **B:** *Gino de Sanctis, Guglielmo Santangelo, Gian Paolo Collegari.* **K:** *Massimo Dallamano.* **M:** *Angelo Francesco Lavagnino.* **D:** *Jean Marais (Pontius Pilatus), Jeanne Crain (Claudia Procula), Basil Rathbone (Kaiphas), Leticia Roman (Sara), Massimo Serato (Nicodemus), Gianni Garko (Johannes), John Drew Barrymore (Jesus/Judas), Riccardo Garrone (Calba), Livio Lorenzon (Barabbas).* **F 103 Min.**

Der römische Imperator Caligula fordert von dem abberufenen Statthalter Pontius Pilatus einen Rechenschaftsbericht über dessen bisherige Taten. Nach anfänglich störrischem Schweigen lässt Pilatus in einer großen Rückblende das Leben Christi – insbesondere seine Auseinandersetzung mit dem Hohepriester Kaiphas und die Verurteilung – Revue passieren. Am Ende bekennt sich Pilatus vor Caligula zum Christentum. – »Die Motivierung für die Bekehrung des Statthalters wie auch des Hohepriesters Kaiphas und des Judas [bleibt] nicht uninteressant. Daneben steht aber handfester Kitsch und ein unerleuchteter und daher abwegige Blüten treibender Hang zur Symbolik.« (FILMDIENST) [V] *(Pontius Pilatus – Statthalter des Grauens)*

PONTIUS PILATUS – STATTHALTER DES GRAUENS

Anderer Titel für **Pontius Pilatus**

PRINZ BAJAJA

(PRINC BAJAJA). ČSSR 1950. **R:** *Jiří Trnka.* **B:** *Jiří Trnka, Karel Sobotka, Viteslav Nesval, Jan No-*

Pippi Langstrumpfs neueste Streiche

vák, František Braun. **LV:** *Božena Němcová.* **K:** *Ludvik Hájek, Emanuel Franek.* **A:** *Břetislav Pojar, Jan Karpas, Bohuslav Šrámek, Zdenek Hrabě, Stanislav Latal.* **M:** *Václav Trojan.* F 80 Min. (Puppenfilm).

Dem Bauernjungen Bajaja erscheint nächtens ein weißes Wunderpferd und gibt ihm zu verstehen, er müsse mit ihm fortreiten, um die Seele seiner Mutter vor ewiger Verdammnis zu bewahren. Bald gelangen sie an den Hof eines Königs, dessen Reich von drei gefräßigen Drachen bedroht wird: Diese wollen sein Land nur verschonen, wenn er ihnen seine Töchter überlässt. Bajaja nimmt den Kampf gegen die Ungeheuer auf und gewinnt ihn, ohne jemandem davon zu erzählen. Als der König seine Töchter verheiraten will, entpuppen sich die blaublütigen Bewerber ausnahmslos als verblödet oder degeneriert. Am Ende veranstaltet der König ein Turnier, das Bajaja mit leichter Hand gewinnt. Zum Lohn winkt ihm die Hand der jüngsten Königstochter, und er kann auch noch die Seele seiner Mutter vor dem Fegefeuer bewahren, die den Körper des Wunderpferdes bewohnt, das Bajaja hilfreich zur Seite stand. – Jiří Trnkas abendfüllender Puppentrickfilm fand das einhellige Lob der Kritiker in Ost und West. Doch mehr noch als die künstlerische bejubelte man die »tendenzlose« (FILMDIENST), »völlig unpolitische« (FILMBEOBACHTER) Machart seines Werkes, dessen überlegene Technik ihm den tschechoslowakischen Staatspreis eintrug (als stünde hinter jedem Ostblock-Filmemacher der böse Polit-Kommissar mit entsicherter Knarre, um darauf zu achten, dass jeder Mär-

chenstoff den rechten ideologischen Drive aufweist). Dass Trnka eine große Bereicherung des fantastischen Kinos war (er starb 1969), ist allerdings his heute unvergessen. – »*Prinz Bajaja* ist bei Trnka keine einfache Filmversion des Märchens. Es ist die subjektive, tief empfundene Interpretation vom Kampf des Guten mit dem Bösen und vom Sieg der großen, aufrichtigen Liebe. Das Thema spielte er in Massenszenen mit Turnieren und Tanzvolksfesten aus, dabei das Volkstümliche akzentuierend. Besonders wertvoll ist die Animation der Puppen, ungewöhnlich emotional und mitteilsam. Oft werden durch kleine Details tiefe Gefühle oder ein assoziierter Gedanke ausgesprochen. – Mit *Prinz Bajaja* endeten die Lehrjahre Trnkas, und es begann die Zeit der Meisterwerke, von denen sich viele besonders an Erwachsene wenden.« (Helmuth Häntzsch, UND ICH GRÜSSE DIE SCHWALBEN) – »*Prinz Bajaja* ist ein echtes Märchen«, (FILMDIENST), »und in seiner köstlichen Naivität ... für Kinder ausgezeichnet geeignet. Aber auch die Erwachsenen lassen sich von dieser Puppenmär begeistern und hinreißen; denn der Film besitzt eine erstaunliche Virtuosität des Technischen, die gegenüber den früheren Kurzfilmen Trnkas noch erheblich gesteigert wurde. Es ist beinahe unglaublich, wie Trnka durch absolut filmische Mittel – wechselnde Einstellungen, bewegte Kamera und Schnitt – eine Intensität des Ausdrucks erreicht, die zu den unbewegten und rührend naiven Gesichtern der Puppen in frappierendem Gegensatz steht. Aber auch Farbe und Musik beherrscht er mit vollendeter Meisterschaft und schenkt seinem Publikum so ein filmisches Kunstwerk von seltener Reinheit.« – »Wenn Trnka hinsichtlich der stilisierten Mittel und der gewollten Schlichtheit der Fabel mit Disney verglichen wurde, so scheint er ihm an durchgehender Feinheit des Empfindens bereits überlegen.« (FILMBEOBACHTER)

PRINZ BAJAJA

(*PRINC BAJAJA*). ČSSR 1971. **R:** *Antonin Kachlik.* **B:** *Eva Koslerová, Antonin Kachlik.* **LV:** *Božena Němcová.* **K:** *Jiří Macák.* **M:** *Vladimir*

Prinz Bajaja

Sommer. **D:** *Itvan Palúch, Magda Vasáryová, Fero Velecký, Gustav Opocenský, Karel Augusta, Jiří Ptácnik, Vlasta Jelinková, Vladimir Hlavatý.* F 81 Min.

Ein junger Prinz, der ausgezogen ist, das Glück zu suchen, bewahrt einen wundervollen Schimmel vor den Misshandlungen eines geheimnisvollen Schwarzen Ritters, erkennt, dass das Tier über magische Kräfte verfügt und begibt sich an den Hof eines Königs, der für seine Tochter einen Gatten sucht. Jahre zuvor hat er einem dreiköpfigen Drachen die Prinzessin versprochen, damit er sein Reich verschone – nun zittert er vor dem Tag, an dem die Bestie den Tribut einklagt. Die bisherigen Bewerber erweisen sich ausnahmslos als zu feige, um für die Prinzessin gegen den Drachen in den Kampf zu ziehen – und unser Held kann diese Aufgabe nicht übernehmen, denn er hat sich auf Anraten seines Schimmels als Angehöriger des niederen Standes ausgegeben und einen Gärtnerposten am Königshof übernommen. Inoffiziell jedoch begibt er sich (erfolgreich) auf Drachenjagd, aber der Schwarze Ritter, der sich ebenfalls um die Prinzessin bewirbt, zwingt ihn, den ehrlich erworbenen Ruhm an seinen Widersacher abzutreten. Die Prinzessin verlangt, dass ein Turnier entscheiden soll, wem sie die Hand zum Lebensbund reichen wird. Der Schwarze Ritter, insgeheim Anführer einer Räuberbande, die dem König Übles will, ist siegessicher, doch er wird von einem Roten Ritter geschlagen, der ihn als Bösewicht entlarvt. Der Turniersieger ist der wahre Drachentöter – Prinz Bajaja, der angebliche Schlossgärtner. Die Räuber werden verjagt; der Schwarze Ritter verlässt die Burg auf unfreiwillige Weise auf dem Weg über die Zinnen. – Neuverfilmung des Puppenfilms gleichen Titels von Jiří Trnka (ČSSR 1950). – »Der Film bedient sich Versatzstücken aus unterschiedlichen Märchen, Mythologien und Sagen und setzt diese zu einer abenteuerlichen Geschichte zusammen, ohne dass deren moralischer oder erzieherischer Wert klar wird. Übrig bleibt eine Reihe spektakulärer Kampf- und Reiterszenen, deren Unterhaltungswert bei Kindern gesichert, aber nicht unbedingt wünschenswert ist.« (Klaus Keller, FILMDIENST)

PRINZ EISENHERZ

(PRINCE VALIANT). USA 1954. **R:** *Henry Hathaway.* **B:** *Dudley Nichols.* **V:** *Comic-Geschichten von Harold R. Foster.* **K:** *Lucien Ballard.* **M:** *Franz*

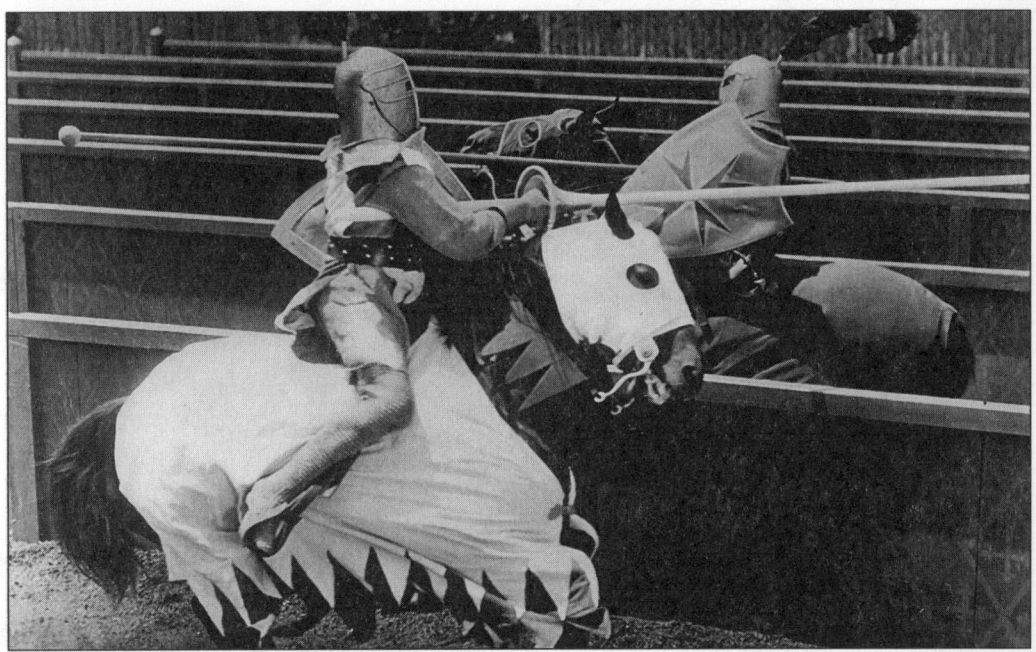

Prinz Eisenherz

Waxman. **D:** *Robert Wagner (Prinz Eisenherz), Janet Leigh (Prinzessin Aleta), James Mason (Sir Brack), Sterling Hayden (Sir Gawain), Debra Paget (Prinzessin Ilene), Victor McLaglen (Boltar), Donald Crisp (König Aguar), Brian Aherne (König Arthur), Barry Jones (König Lukas), Mary Phillips (Königin), Howard Wendell (Morgan Todd), Tom Conway (Sir Kay), Sammy Ogg (Page), Neville Brand (Wikingerhäuptling), Primo Carnera (Sligon), Ben Wright (Seneschall), Jarma Lewis (Guinevere).* **F 90 Min.**

Von thronräuberischen Barbaren aus seiner Heimat Scandia vertrieben, begibt sich der junge Prinz Eisenherz nach England, wo er sich am Hofe König Arthurs um die Ritterwürde bemühen und Hilfe holen soll. Unterwegs beobachtet er ein Treffen zwischen einem geheimnisvollen Schwarzen Ritter und einer Wikingerhorde, die den Plan verfolgen, Arthur zu stürzen. Auf Burg Camelot berichtet Eisenherz von seiner Beobachtung; Sir Brack, ein Ritter der Tafelrunde, interessiert sich sehr für den Fall. Nachdem Eisenherz Sir Gawain hat überreden können, ihn als Knappen anzunehmen, will er die Verschwörung auf eigene Faust untersuchen; eine Verletzung setzt seiner Suche jedoch ein vorzeitiges Ende: Aleta und Ilene, die Töchter des Königs von Ord, pflegen ihn gesund. Als Eisenherz, um Aletas Gunst zu erringen, verkleidet an einem Turnier teilnimmt und als »Unedler« entlarvt wird, setzt sich Sir Brack zwar für ihn ein, doch bald findet Eisenherz heraus, dass er und der Schwarze Ritter identisch sind. Bevor er die Tafelrunde informieren kann, werden er und Aleta von Wikingern nach Scandia verschleppt – wo sie in einem muffigen Verlies landen. Eisenherz kann sich befreien; Entsatztruppen nahen; die Wikinger werden aufgerieben. Eisenherz rettet seine Eltern und Aleta aus der brennenden Burg, entlarvt Sir Brack als Verräter und besiegt ihn in einem funkensprühenden Schwertduell. Am Ende wird er in die Tafelrunde aufgenommen und erobert Aletas Herz. – *Prinz Eisenherz,* ursprünglich ein Comic Strip von Hal Foster, startete 1937 in amerikanischen Zeitungen. Die Originalstory weist zahlreiche Fantasy-Elemente (Riesen, Zwerge, vorzeitliche Ungeheuer, Magier, Begegnungen mit Bewohnern des Jenseits u.ä.) auf und beschreibt den Prinzen als Abkömmling des mystischen Reiches Thule. Viel davon ist in der Filmversion freilich nicht wiederzufinden: Eisenherz' Flucht aus der Heimat, die nun Scandia heißt, wird lediglich angedeutet, und auch die restliche Fantastik wurde weggelassen. So bleibt der Film nur ein kleiner, sehr spannender, Beitrag zum Mythos um den legendären König Arthur, der auf magische Weise zu Englands Herrscher avancierte. – »*Prinz Eisenherz* vermag die jugendlichen Zuschauer dank Breitwand und Farbe tatsächlich zu faszinieren und in seinen Bann zu ziehen.« (Wolfgang J. Fuchs, MEDIEN UND ERZIEHUNG)

PRINZ EISENHERZ

(PRINCE VALIANT). BRD/GB/Irland 1996. **R:** *Anthony Hickox.* **B:** *Michael Frost Beckner, Anthony Hickox, Carsten Lorenz.* **LV:** *Comic-Geschichten von Harold R. Foster.* **K:** *Roger Lanser.* **M:** *David Bergeaud.* **D:** *Stephen Moyer (Prinz Eisenherz), Katherine Heigl (Prinzessin Ilene), Thomas Kretschmann (Thagnar), Edward Fox (König Artus), Udo Kier (Sligon), Joanna Lumley (Morgan Le Fey), Ron Perlman (Boltar), Anthony Hickox (Sir Gawain), Warwick Davis (Pechet).* **F 91 Min.**

Für einen königlichen Knappen, den rechtmäßigen Erben des Throns von Thule, schlägt die Stunde der Bewährung. Im Bund mit der Hexe Morgan Le Fey, König Artus' verstoßener Schwester, haben Wikinger das Schwert Excalibur gestohlen, um Camelot und die Tafelrunde zu entmachten. In den Ateliers von Babelsberg hergestellt und voll in die Hose gegangen.

DER PRINZ HINTER DEN SIEBEN MEEREN

DDR 1982. **R:** *Walter Beck.* **B:** *Walter Beck, Gudrun Deubener.* **LV:** *Gebrüder Grimm.* **K:** *Wolfgang Braumann.* **M:** *Günther Fischer.* **D:** *Marina Krogull (Constanze), Bodo Wolf (Leonhard), Renate Blume (Annunziata), Manfred Heine (Florian), Leon Niemczyk (Kaufmann), Erik Schmidt (Leonidas als 12jähriger), Alexander Fritz (Leonidas als 5jähriger), Franziska Troegner.* **F 87 Min.**

Während einer Reise gerät ein Kaufmann in Schwierigkeiten. Ein Unbekannter hilft ihm, verlangt jedoch, dass er ihm seine Tochter überlässt. Er entpuppt sich als der in einem Schloss wohnende verwunschene Prinz Leonhard, auf dem ein Hexenfluch lastet, so dass er sich täglich zwischen 0.00 und 12.00 Uhr in einen Löwen verwandeln muss. Da nur die Liebe einer Frau den Zauberbann brechen kann, durchstehen er und die sich in ihn verliebende Kaufmannstochter Constanze Jahre der Prüfung und allerlei Abenteuer. – Märchenverfilmung nach Motiven der Gebrüder Grimm sowie Mme. Leprince de Beaumonts Fantasy-Klassiker LA BELLE ET LA BÊTE. [V]

PRINZ UND ABENDSTERN

(PRINC A VECERNICE). ČSSR 1978. **R:** *Václav Vorlíček.* **B:** *Jiří Brdečka.* **K:** *Josef Illík.* **M:** *Svatopluk Havelka.* **D:** *Vladimír Menšik (König), Juraj Durdiak (Prinz Velen), Julie Juristová (Prinzessin Helenka), Zlata Adamovská (Prinzessin Elenka), Ivana Andrlová (Prinzessin Lenka), Libuše Safránková (Abendstern), František Filipovský (Narr), Radoslav Brzobohatý (Mrakomor). F 83 Min.*

Ein Prinz verliebt sich in den Abendstern (ein wunderschönes Mädchen) und verlässt das Schloss seiner Ahnen, nachdem die Sonne, der Mond und der Wind (drei schmucke Jünglinge) seine Schwestern entführt haben, um mit ihnen Hochzeit zu feiern. Auf der Suche nach dem Abendstern wird der Prinz in einem Gasthaus ausgeraubt, fällt Wegelagerern in die Hände und muss sich zahlreicher Zauberkräfte erwehren, die ihn von seinem Weg ablenken wollen. Als seine Lage immer bedrohlicher wird, helfen ihm Sonne, Mond und Wind. Nachdem er alle Gefahren gemeistert und sogar die Wasserpest besiegt hat, steht einem guten Ende nichts mehr im Weg. – Ein unterhaltsamer Kinderfilm aus der bewährten Vorlíček-Factory, angelehnt an ein altes tschechisches Märchen, »aufgenommen in einer schönen böhmischen Landschaft.« (FILMDIENST)

DER PRINZ UND DER ABENDSTERN

Anderer Titel für **Prinz und Abendstern**

DER PRINZ UND DER TÖPFER

(RADUGA SEMI NADESHD). UdSSR 1981. **R:** *Chabibulla Faisijew.* **B:** *Achmedchan Abu-Bakar.* **K:** *Alexander Pann.* **M:** *Rumil Wildanow.* **D:** *Nilufar Ibragimowa (Gülschan), Abugabir Kabulow*

(Bachtijar), Schuchrat Ergaschew (Nabi Schuchrat), Rustam Sagdullajew (Eldor), Chamsa Umarow (Karatasch). F 69 Min.

»Regenbogen der sieben Hoffnungen«, so der originale usbekische Titel des Films, wurde mit dem Gedanken in Auftrag gegeben, einen Kinderfilm über die jahrhundertealten Traditionen des Handwerks in Mittelasien zu schaffen, eingewoben in das Märchen von der Töpfertochter Gülschan, die die Geschenke des Prinzen zurückweist, weil sie nur einen zum Manne will, der mit eigener Hand Nützliches schafft.

DER PRINZ VON ÄGYPTEN

(PRINCE OF EGYPT). USA 1998. **R:** *Brenda Chapman, Steve Hickner Simon Wells.* **B:** *Philip LaZebail.* **M:** *Hans Zimmer, Stephen Schwartz. F 99 Min. (Zeichentrick).*

Wie Moses von Gott den Auftrag erhält, die Israeliten aus der ägyptischen Knechtschaft ins Gelobte Land zu führen und sich dadurch in Opposition zu Ramses II. begibt, illustriert dieser Zeichenfilm in banalen bis spektakulären Bildern. Dass der Exodus von Historikern längst angezweifelt wird, merkt man in dieser fürs fromme Haus gezeichneten (und unter Steven Spielberg & Jeffrey Katzenbergs DreamWorks produzierten) Version natürlich nicht. Im Gegenteil, die biblische Geschichte wird nach amerikanischer Manier ohne Abstriche, d.h. unter vollem Effekteinsatz serviert. Fast möchte man meinen, es handle sich um ein 1:1-Remake von Cecil B. De-Milles Zehn Geboten, nur dass – Gott und der Computer laufen zu Hochform auf – die Feuersäule mit noch größerem Tschingbum explodiert und die Wellenberge des geteilten Roten Meeres noch höher schäumen (man gewahrt sogar einen Wal in den Wassermassen). – Der Film, schreibt die STUTTGARTER ZEITUNG, trage schwer an der Last seines Stoffes, ja, er breche unter ihr zusammen: »Denn es ist ja nicht nur die Abwesenheit von Witz und Schwung, die diesen ›Prinz von Ägypten‹ so bleiern macht. Es sind auch die Figuren, die alles Individuelle verlieren, die völlig aufgehen in ihrer Mission. Sie wirken übrigens auch visuell eher zweidimensional, fast so, als hätte man sie aus einem illustrierten Religionsbuch ausgeschnitten. Und damit hängt ein weiteres, wahrscheinlich durch Computeranimation verursachtes Problem dieses Films zusammen: Die Figuren und ihre Umgebung bleiben sich merkwürdig fremd. Anders gesagt: die sowieso sehr eckigen Bewegungen der Figuren passen nicht zu den Räumen, die sie durchqueren, nicht zu den Städten mit ihrer übermächtigen Architektur, zu den gewaltigen Wüstenlandschaften, durch die Moses später sein Volk führt.« – Der Film, pflichtet Andreas Platthaus in der FAZ bei, bemühe sich vergebens, Zwei- und Dreidimensionalität miteinander zu verbinden: »Besonders deutlich wird das in einer Traumsequenz. Der Held glaubt sich selbst in die Wandbilder versetzt, in die typischen Halbprofile der ägyptischen Kunst hinein, mithin in reine Zweidimensionalität. Und diese Szenen überzeugen besonders, sie sind wie eine Befreiung nach den verzweifelten perspektivischen Bemühungen. Sie sind eine Hommage an die schlichte Animation der vergangenen Jahrzehnte.«

PRINZESSIN ALINE UND DIE GROBLINS

(THE PRINCESS AND THE GROBLIN/A HERCEGNÖ ES A KOBOLD). GB/Ungarn 1991. **R:** *József Gémes.* **B:** *Robin Lyons.* **LV:** *Roman von George McDonald.* **A:** *Les Orton.* **M:** *István Lerch, Chris Stuart. Zeichentrick.* **Spr:** *Katja Primel (Prinzessin Aline), Dany Brühl (Curdie), Beate Hasenau (Groblin-Königin Hannelore), Brigitte Mira (Lottie), Elmar Brandt (Groblin-König Helmut), Leon Boden, Randolf Kronberg, Anja Kruse. F 81 Min.*

Im Wald begegnen sich der Bergarbeitersohn Curdie und Prinzessin Aline und nutzen ihr kleines Tête-à-tête (ein Schelm, wer im Zeichenfilm Schlimmes dabei denken würde!), um den Groblin-Geistern, die so ausschauen, als seien sie Hardcore-Comics entsprungen, tüchtig eins auf die Pfoten zu hauen. Diese bedrohen nicht nur das Bergwerk, in dem Curdies Vater malocht, und das Schloss, in dem Alines Daddy rechtmäßig und gütig regiert. Überhaupt haben sich die Unholde aus dem Reich unter der Erde in den Kopf gesetzt, nicht nur zu unterwandern, sondern gleich die Herrschaft über die Sonnenmenschen anzutreten. Der Kinder Geheimwaffe gegen die Kobolde ist schlagergrausiges Gesinge. Den Rest erledigt die deutsche Synchronisation: Sie nennt den Groblinkönig Helmut (seine intrigante Frau heißt Hannelore) und läßt ihn so sprechen wie einen gewissen Bundeskanzler. [V]

PRINZESSIN ALISEA

(SORELLINA E IL PRINCIPE DEL SOGNO). Italien/BRD 1996. **R:** *Lamberto Bava.* **B:** *Giovanni Romoli.* **D:** *Veronika Logan (Alisea), Nicole Grimaudo (Sorellina), Raz Degan (Demian), Oliver Christian Rudolf (Demian als Kind), Anja Kruse (Königin Diomira), Jürgen Prochnow (König Kurdok), Brigitte Karner (Sorellinas Mutter), Valeria Marini (Wasserfee), Christopher Lee (Azaret), Homi Setna (Arashex), Karel Rodin, Kamini Matur. F 191 Min.*

TV-Film, zwei Teile: Der sensible Prinz Demian begegnet auf der Flucht vor seinem rauflustigen Vater König Kurdok, der ihn zu einem schlagkräftigen Haudegen erziehen will, der schönen Prinzessin Alisea, deren fünf Brüder von dem Zauberer Azaret entführt wurden. Sie tun sich zusammen. Ein solides und unterhaltsames Fantasy-Abenteuer, das sich um eben jenes Thema dreht, um das sich alle Fantasy-Abenteuer drehen: den ewigen Kampf zwischen Gut und Böse. [V]

PRINZESSIN ASCHENBRÖDEL

(CENERENTOLA E IL SIGNOR BONAVENTURA). Italien 1955. **R:** *Sergio Tofano.* **B:** *Sto, Anton & Metz.* **K:** *Manfredo Bastini.* **M:** *Renzo Rossellini.* **D:** *Silvana Jachino, Paolo Stoppa, Roberto Villa, Rosetta Tofano, Mario Pizu, Guglielmo Barbano, Mercedes Brignone, Tina Manozzi. SW 61 Min.*

Prinzessin Aschenbrödel fraternisiert dem Adel zu sehr mit dem Hauspersonal; da ihr außerdem die Tanzschuhe nicht mehr passen, die sie einst von einer guten Fee bekommen hat, wird sie aus dem Schloss gejagt. Mit einer Freundin auf der Walz, gerät sie in Kontakt mit einer Räuberbande, einer Hexe (die einen Besen mit Beiwagen fährt) und einem kannibalischen Riesen, doch eine gute Fee nimmt sie in ihrem Zauberhaus auf, dessen Speisetisch sich selber deckt. Ein ausländischer Gesandter und ein Hofnarr bewahren die Prinzessin vor dem weiteren sozialen Abstieg und bringen sie zu ihrem Prinzen zurück. – Eine augenzwinkernd vorgetragene »Fortsetzung« des oft verfilmten Märchens, die wegen ihrer parodistischen Stoßrichtung von Puristen ordentlich Zunder bekam. Der FILMBEOBACHTER witterte einen unzulässigen Angriff auf das deutsche Volksgut und kam mit einer (wie immer völlig humorlosen) Breitseite: »Bei allem Respekt vor südländischen Kapriolen und romantischer Ironie geht dies wohl doch ein wenig zu weit«, hieß es. »Besonders ... wenn ein solches Märchen den Titel eines uns immerhin lieben deutschen Volksmärchens trägt, das nun in einem solchen Zustand aus der Fremde zurückkehrt und so, juristisch gesprochen, durch grobe Täuschung Besucher anzieht, die sich eigentlich etwas anderes versprachen.« Etwas mehr Verständnis dokumentierte der FILMDIENST: »Es ist erfreulich festzustellen, dass hier ein Film entstand, der alle Elemente des Märchens umfaßt. Die Handlung ist mit trockenen Worten kaum zu schildern; man muss sie erleben ... Die wohlausgewogene und technisch einwandfreie Anwendung der Tricks erhöht die märchenhafte Wirkung. Ist es nicht seltsam, dass uns Italien das Beispiel eines vorbildlichen Märchenfilms geben muss?«

DIE PRINZESSIN AUF DER ERBE
Anderer Titel für **Prinzessin gesucht!**

PRINZESSIN DORNRÖSCHEN
(*PRINSESSA RUUSUNEN*). *Finnland 1951.* **R:** *Edvin Laine.* **B:** *Toivo Kauppinen.* **LV:** *Gebrüder Grimm.* **K:** *Kalle Peronkoski.* **M:** *Erki Melartin.* **D:** *Aarne Laine, Mirjam Novero, Tuula Usva, Sirka Hirvonen, Annika.* *SW 65 Min.*
Prinzessin Dornröschen wird von einer bösen Fee verflucht, fällt in einen hundertjährigen Schlaf und wird erlöst, als ein Königssohn in ihr von Dornenbüschen umranktes Schloss eindringt und sie mit einem Kuß erweckt. »Dass der Regisseur und die Darsteller sich nach Kräften bemüht haben, steht ebenso außer Zweifel wie die Feststellung, dass grobe Verdrehungen und Ungeschicklichkeiten in diesem Film keinen Platz fanden. Wenn es trotzdem nicht gelang, das wirkliche Zauber- und Märchenhafte zu verwirklichen, so liegt das daran, dass eben dieses Zauber- und Märchenhafte unwirklich ist.« (FILMBEOBACHTER) – »Der Film ist mit viel Verständnis

für die kindlich-naive Auffassung von gut und böse, dumm und klug gemacht und mit einigen sehr reizvollen Kinderballett-Einlagen und lustigen Episoden versehen. Es wäre zu überlegen, ob eine noch kürzere, straffere Fassung, ein Verzicht auf allzu harte Schnitte und die wiederholten Tanzszenen dem jugendlichen Publikum nicht mehr entsprechen würden.« (Hans G. Berthold, FILMBLÄTTER)

PRINZESSIN DORNRÖSCHEN
Anderer Titel für **Wie man Dornröschen wachküßt**

PRINZESSIN GESUCHT!
(*PRINZESSA NA GOROSCHINE*). *UdSSR 1977.* **R:** *Boris Ryzarew.* **B:** *Feliks Mironer.* **LV:** »*Die Prinzessin auf der Erbse*«, »*Der Schweinehirt*« *und Motive anderer Märchen von Hans Christian Andersen.* **K:** *Wjatscheslaw Jegorow, Alexander Matschilski.* **M:** *aus Werken von Antonio Vivaldi.* **D:** *Andrej Podoschjan (Prinz), Irina Malyschewa (1. Prinzessin), Innokenti Smoktunowski (König), Alissa Frejndlich (Königin), Irina Jurewitsch (2. Prinzessin), Marina Liwanowa (3. Prinzessin), Swetlana Orlowa (4. Prinzessin), I. Kwascha (Troll).* *F 87 Min.*
»Ein Prinz zieht in die Welt, um eine Prinzessin zu finden, in die er sich verlieben kann. Doch die Prinzessinnen, die ihm begegnen, sind hochmütig, grausam und selbstsüchtig. Und jetzt erkennt er die Schönheit und den Liebreiz eines Mädchens, das sich schon längere Zeit in seinem Schloss aufhält.« (FF DABEI) – »Die vierteilige Geschichte enthält alles, was einen wirkungsvollen Märchenfilm ausmacht: zierliches Schloss und trutzige Burg, gepflegten Park und dunkle Geisterhöhle, blasierte Zierpuppe und charaktervoll Liebende, besorgte Königseltern wie solche von Dünkel und komischer Hilflosigkeit. Zartes steht neben Krassem, Schönes neben Abstoßendem, Offenbares neben Rätselhaftem.« (77 MÄRCHENFILME)

PRINZESSIN GOLDHAAR
(*ZLATOVLASKA*). *ČSSR 1956.* **R:** *Hermina Tyrlova.* **B:** *Josef Kainar.* **K:** *Mila Branikova.* **M:** *Zdenek Liška.* *F 44 Min. (Puppenfilm).*

Das Märchen von einem Hirtenjungen, der die Sprache der Tiere versteht und mit seinem Hündchen das Herz der Prinzessin Goldhaar gewinnt. – »Empfehlenswert.« (FILMBLÄTTER)

PRINZESSIN JASNENKA UND DER FLIEGENDE SCHUSTER

Anderer Titel für **Die Prinzessin und der fliegende Schuster**

PRINZESSIN JULIA

(O PRINCEZNE JULINCE). ČSSR 1987. **R:** *Antonin Kachlik.* **B:** *Jitka Pistoriusová.* **LV:** *Erzählung von Josef Lada.* **K:** *Jiří Macák.* **M:** *Miloš Vacek.* **D:** *Lucie Tomková (Prinzessin Julia), Petr Mikula (Franta), Oldrich Vlack (König), Tatána Fischerová (Königin), Jindrich Bonaventura (Wassergeist), Václav Babka (Gespenst). F 93 Min.*

Prinzessin Julia hält's zu Haus nicht mehr aus, weil sie aufgrund der Staatsräson heiraten soll. Deswegen schließt sie sich einem Wassergeist und einem Gespenst an, um im Zirkus das Glück zu finden. Ein ordentlich inszenierter Märchenfilm aus der ČSSR, wo man schon immer gewusst hat, wie man so was macht.

DIE PRINZESSIN MIT DEM GOLDENEN STERN

(PRINCEZNA SE ZLATOU BEZDOU). ČSSR 1959. **R:** *Martin Fric.* **B:** *K. M. Wallo, Martin Fric.* **K:** *Jan Roth.* **M.** *Bohuslav Sedlácek.* **D:** *František Smolík (König Hostivít), Martin Rzek (König Kazisvet), Marie Kyselková (Prinzessin Lada), Josef Zima (Prinz Radovan), Jarmila Kurandová (Amme), Stanislav Neumann (Koch). F 88 Min.*

Auf der Stirn der Prinzessin mit dem Namen einer östlichen Automarke (Lada) glänzt ein goldener Stern, der die Freier in hellen Scharen anlockt, aber die Prinzessin mag den kriegerischen, reichen König Kazisvet nicht. Als der das Schloss besetzt, flieht sie unerkannt im Mäusepelz, bis sie in den Armen von Prinz Radovan landet.

DIE PRINZESSIN MIT DER ESELSHAUT

(OSLINAJA SCHKURA). UdSSR 1982. **R:** *Nadeshda Koscheuwerowa.* **B:** *Michail Wolpin.* **LV:** *»Peau D'ane« von Charles Perrault.* **K:** *Eduard Rosowski.* **M:** *Moissej Wainberg.* **D:** *Wladimir Etusch (König Gaston VII.), Swetlana Nemoljajewa (Königin Georgette), Vera Nowikowa (Prinzessin Theresa), Alexander Galibin (Prinz Jacques), Sinowi Gerdt (Dichter Aurevoir), Tatjana Peltzer (Alte Fee), W. Panina (Gütige Fee). F 85 Min.*

Ein Esel kann Gerste und Hafer in Gold verwandeln und hilft einem machtgierigen König damit, seine Kriegszüge zu finanzieren. Doch eines Tages geht die Zauberkraft verloren, und das Tier wird geschlachtet, um ihm das Fell abzuziehen. Um nicht einen reichen alten Adligen heiraten zu müssen, streift Prinzessin Theresa sich die Eselshaut über und wandert als Bettlerin durch die Welt, bis sie vor ihrem Traumprinzen steht. Die Verfilmung des Kunstmärchens des französischen Dichters Charles Perrault (1628–1703) ist spürbar ein Alterswerk. Sowohl Drehbuchautor als auch Regisseurin waren Jahrgang 1902! Entsprechend leise ist der Film.

DIE PRINZESSIN MIT DER LANGEN NASE

Anderer Titel für **Verschenktes Glück**

DIE PRINZESSIN UND DER FLIEGENDE SCHUSTER

(O PRINCEZNE JASNENCE A LETAJICIM SEVICI). ČSSR 1988. **R:** *Zdenek Troska.* **B:** *Karel Steigerwald.* **LV:** *Märchen von Jan Drda.* **K:** *Jaroslav Brabec.* **M:** *Petr Mandel.* **D:** *Michaela Kuklová (Prinzessin), Jan Potmésil (Schuster), Lubor Tokos (König), Helena Ruzicková (Hexe), Venuse Humheyová (Frau Sonne). F 90 Min.*

Eine Hexe prophezeit einem König, seine Tochter werde einst einen Schuster heiraten. Als die Vorhersage einzutreffen scheint, erweist sich der Schuster als cleverer Mensch, der das Herz der Prinzessin mit leichter Hand gewinnt. Was die Hexe eifrig rückgängig zu machen versucht, so dass der Schuster, will er sie aus einem Turm befreien, sich in die Lüfte erheben muss. Solider Märchenfilm.

DIE PRINZESSIN UND DER SCHWEINEHIRT

BRD 1953. **R:** *Herbert B. Fredersdorf.* **B:** *Emil Surmann.* **LV:** *Hans Christian Andersen.* **K:** *Karl Breselow.* **M:** *Hans Otto Borgmann.* **D:** *Liane Croon (Prinzessin Rosenmund), Dieter Ansbach (Prinz Ehrlichherz), Viktor Janson (Kaiser), Harry Wü-*

stenhagen (Hofnarr Hick), Ilse Fürstenberg (Ober-
hofmeisterin Puddehing), Herbert Weissbach
(Oberhofmeister), Wilhelm Kasser-Heyl (Ober-
hofgelehrter), Gisela Frahm (Ricki), Helga Hummel (Dicki), Herlinde Lenz (Jicki), Christa Becker
(Wicki). SW 81 Min.

Prinz Ehrlichherz, der sich beim Kaiser als simp-
ler Schweinehirt hat einstellen lassen, betört das
Herz der auf mechanisches Spielzeug fixierten
Prinzessin Rosenmund, indem er einen Kochtopf-
deckel erfindet, der die Qualitäten eines Fern-
sehschirms aufweist. Am Ende bekommt er trotz
anfänglichen Widerstandes der adeligen Hofschranzen seine Angebetete; überall herrscht eitel Sonnenschein. Nur der Kaiser ist sauer, weil
er nun keinen Schweinehirten mehr hat. »Liane
Croon ... ist eine liebliche Prinzessin, Dieter Ansbach ein verschmitzt-verliebter Prinz und
Schweinehirt. Ein großer Gewinn für die Leinwand: Harry Wüstenhagen. Er macht aus dem
Hofnarren ein Kabinettstück komischer Schauspielkunst, dass man sich wünscht, ihn recht bald
wiederzusehen. Die Musik paßt sich mit den verspielten Tönen der kindlichen Vorstellungswelt
an und macht die von der Kamera gezauberten
Märchenbilder vollkommen.« (Hans G. Berthold,
FILMBLÄTTER)

PROSPEROS BÜCHER

(PROSPERO'S BOOKS). GB/Frankreich/Nieder-
lande/Italien 1991. R: Peter Greenaway. B: Peter
Greenaway. V: »Der Sturm« von William Shake-
speare. K: Sacha Vierny. M: Michael Nyman. D:
John Gielgud (Prospero), Michael Clark (Caliban),
Michel Blanc (Alonso), Erland Josephson (Gonz-
alo), Isabelle Pasco (Miranda), Ute Lemper (Göt-
tin Ceres), Tom Bell, Kenneth Cranham, Mark
Rylance, Gerard Thoolen, Pierre Bokma. F 124
Min.

Shakespeares Märchendrama um Prospero, der
mitsamt Töchterchen Miranda auf eine Insel vertrieben wird und sich aus Büchern und Magie
(Luftgeist Ariel und Erdstrolch Caliban) eine Welt
schafft, die seinen Peinigern zur Falle wird, bis er
sich schließlich mit Menschen und Mächten aus-
söhnt. – Peter Greenaway, der Enzyklopädist des
Kinos, bedient sich des Stücks, um die Künste in
Kino und das Kino in ein Buch zu verwandeln, in
dem seine Kamera atemlos blättert: »Mit Prospero teilt Greenaway den Übermut des Zauberers
und die Besessenheit des Eremiten. Seine Magie
ist maßlos, seine Herrschaft krankt an Größen-
wahn ... Die Paintbox, schreibt Peter Greenaway
in einem Vorwort zu der bei Chatto & Windus
in London erschienenen Originalausgabe des
›Prospero‹-Drehbuchs, erlaube es dem Kino, einen visuellen Reichtum zu entfalten, von dem niemand zuvor geträumt habe. Niemand? Greenaway! Die einfache filmische Illusion, der Zusammenhang von Sprache und Bild, das Spiel des
Lichts auf den Dingen und Körpern waren ihm
nie genug. Greenaway will die totale Kinematographie: das restlos ausgedachte, gleichsam hand-
signierte Einzelbild, den lückenlos konstruierten,
komponierten, gemalten und gemeißelten Film.
Während die Techniker Hollywoods an der vollkommenen Traumfabrik arbeiten, bastelt Greenaway an der perfekten Manufaktur. Sein Kino,
das Autorenkino der Zukunft, soll eine Kunst für
Künstler sein, kein Spiel für Träumer und Phan-
tasten. Der poetische Zufall, das unvorhersehba-
re Wunder eines Augenblicks sollen darin nicht
mehr vorkommen. Seit jeher hat Greenaway deshalb nach einer Technik gesucht, die Bilder nicht
mehr aufnimmt, sondern erzeugt. Greenaway
wollte einen Zauberstab. Mit der Paintbox hat er
ihn bekommen. Die Paintbox, schreibt Greenaway, sei eine Art Fernsehmonitor, der von einem
Zeichenpult aus gesteuert werde und wie ein
Computerbildschirm funktioniere. Der ›Benut-
zer‹ könne mit einem elektronischen Stift Bilder
abrufen, die er zuvor in einem ›Archiv‹ gespei-
chert habe, und sie dann auf jede erdenkliche Weise manipulieren – sie vergrößern, verkleinern,
übermalen, schraffieren, einfärben, beschneiden,
auseinandernehmen und neu zusammensetzen,
kurz: mit ihnen so verfahren wie ein Maler mit
seiner Vision, ein Zeichner mit seinen Skizzen,
ein Schöpfer mit den Gestalten seiner Einbil-
dung.« (Andreas Kilb, DIE ZEIT) Mit Hilfe dieser Paintbox und der High Definition Television
(HDTV) rekonstruiert Greenaway Prosperos 24
Bücher: »Eine Orgie der Eindrücke, prächtige Kulissen und Arrangements, bei denen der Regisseur
die Grenze von der Brillanz zum Manierismus
nicht selten überschreitet ... Ein Augenschmaus à

la Greenaway, der aussieht, als wolle er die extremen Grenzen der Aufnahmefähigkeit des Zuschauers erkunden, ein Fest, gewiss, überbordende Bilder, die ihre Verwandtschaft zur Renaissance-Malerei und den holländischen Meistern nie leugnen.« (VIDEO PLUS) [V]

PUMUCKL UND DER BLAUE KLABAUTER

BRD 1994. R: *Alfred Deutsch, Horst Schier*. B: *Horst Pillau*. LV: *Ellis Kaut*. K: *Horst Schier*. M: *Fritz Muschler*. D: *Gustl Bayrhammer (Meister Eder), Hans Clarin (Pumuckl), Towje Kleiner (Odesser), Enzi Fuchs (Frau Riedinger), Heinz Eckner (Bradtke), Walo Lüönd (Kapitän), Wolfgang Völz (Steuermann/Klabauter), Silvan-Pierre Leirich (Martin), Carin C. Tietze (Carolin), Toni Berger (Opa Schmitt)*. F 87 Min.

Den Pumuckl, jenen allseits beliebten Kobold mit dem roten Haar, verschlägt es aus Fernweh diesmal aus seiner bayrischen Wahlheimat zurück aufs Wasser. An Bord eines Donaudampfschiffs begegnet er einem Gnom, dem böswillig-blauen Klabauter des Titels, der ihn in die Kunst der Schwarzen Magie einweihen und ihm das ebenso Schwarze Meer untertan machen will. – Fader Versuch, die Zeichenfilmfigur in neue Locations einzuführen. Gustl Bayrhammer hat nur noch einen Gastauftritt als gemütlicher Tischlermeister Eder. Er musste nachsynchronisiert werden. Schwerkrank starb er nach den Dreharbeiten im Alter von siebzig Jahren.

PURPLE ROSE OF CAIRO

(THE PURPLE ROSE OF CAIRO). USA 1985. R: *Woody Allen*. B: *Woody Allen*. K: *Gordon Willis*. M: *Dick Hyman*. D: *Mia Farrow (Cecilia), Jeff Daniels (Tom Baxter/Gil Shepherd), Danny Aiello (Monk), Irving Metzman (Theaterbesitzer), Stephanie Farrow (Cecilias Schwester), Alexander H. Cohen (Raoul Hirsh), John Rothman (Hirshs Rechtsanwalt), Dianne Wiest (Emma), Van Johnson (Larry), Edward Herrmann (Henry), Zoe Caldwell (Gräfin), John Wood (Jason), Milo O'Shea (Pater Donnelly), Deborah Rush (Rita), Camille Saviola (Olga), Karen Akers (Kitty Haynes)*. F 82 Min.

Um die harte Wirklichkeit der Depression zu verdrängen, zieht sich die Kellnerin Cecilia am liebsten ins Kino zurück. Als sie ihren Mann eines Tages mit einer anderen ertappt und kurz darauf gefeuert wird, setzt sie sich in den Abenteuerstreifen *The Purple Rose of Cairo*. Einmal. Zweimal. Immer wieder. Neugierig geworden, steigt der Held des Films, ein Forscher namens Tom Baxter, aus der Leinwand und flüchtet mit der verdutzten Cecilia in die Nacht. Die verliebt sich prompt in ihren Traummann und demonstriert ihm in einem verlassenen Vergnügungspark, dass Küsse in der realen Welt nicht immer mit einer Abblende enden. Unterdessen grübeln die anderen Charaktere auf der Leinwand nach, wie sie ohne Tom weitermachen sollen. Alarmiert trudeln der Produzent des Films und Gil Shepherd, der Darsteller des Tom Baxter, im Kino ein. Zufällig läuft Cecilia am nächsten Tag Gil über den Weg und schwärmt ihm von seinen Fähigkeiten als Schauspieler vor. Geschmeichelt lädt Gil sie zum Essen ein. Kurz darauf entführt Tom sie zu einem Nachtbummel in seine Leinwandwelt. Schließlich entscheidet sich Cecilia für den »realen« Gil und verlässt ihren Mann. Als sie am Kino ankommt, ist der Schauspieler jedoch längst wieder auf dem Weg nach Hollywood. Enttäuscht sieht Cecilia sich einen neuen Film an. Als Fred Astaire darin sein »Cheek to Cheek« schmettert, hellt sich ihre Miene wieder auf. – Das alles ist meist witzig, immer unterhaltsam, gut gespielt, clever ausgedacht, mit intelligenten Dialogen und viel Gefühl gespickt und würde jedem anderen lebenden Komödienregisseur zu hoher Ehre gereichen. Für einen Woody-Allen-Film aber enttäuscht *Purple Rose of Cairo* dann doch ein wenig, lässt sich an ihm doch, wie schon bei *Broadway Danny Rose* und *Zelig* eine deutliche Rückentwicklung des Komikers hin zu seiner Zeit als Autor beim NEW YORKER feststellen. – »Wie *Zelig*, gründet sich auch *Purple Rose* auf eine einfache Was-wäre-wenn-Frage, auf ein sozioökonomisches Klischee (Menschen gehen wegen des gebotenen Eskapismus ins Kino, besonders in wirtschaftlich schweren Zeiten), das dann veralbert wird (was wäre, wenn die Personen auf der Leinwand auch aus ihrer Welt entkommen wollten?) und in einer kleinen Liebesgeschichte voll der Klischees und Pirandellischen Entwicklungen resultiert. Während die Liebenden dann jenen, sämtlichen Allen-Filmen gemeinen, selbstherabsetzenden Unterhaltungen ... frönen, doktert der Film einfach weiter an seinem Gag herum ... Was auf einen anderen, merkwürdigen Aspekt in Allens filmischen Vexierspielen hinweist: Oft fängt er mit einem außergewöhnlich raffinierten Konzept voll des philosophischen und strukturell/cineastischen *jeux d'esprits* an, das dann jedoch implizit dadurch eingeengt wird, dass er nicht mehr aus ihm machen will als einen Vier- oder Fünfseitentext für den NEW YORKER. Oder einen Rahmen für jene romantischen Probleme, die er nun schon seit *Woody, der Unglücksrabe* zu lösen versucht ... Der Film weist Allen als echtes Kino-Original aus, dessen wahrer Platz jedoch schlußendlich außerhalb des Kinos ist. Sicher nicht nur beim NEW YORKER. Eher vielleicht schon als modernes Äquivalent eines surrealen Humoristen wie Gogol.« (MONTHLY FILM BULLETIN)

DAS PURPURROTE SEGEL

(ALYE PARUSSA). UdSSR 1961. **R:** *Alexander Ptuschko.* **B:** *Alexej Nagorny, Alexander Jurowski.* **LV:** *Erzählung »Alye parussa« (Das Purpursegel) von Alexander Grin.* **K:** *Gennadi Zekawy, Wiktor Jakuschew.* **M:** *Igor Morossow.* **D:** *Anastassija Wertinskaja (Assol), Wassili Lanowoi (Arthur Grey), Iwan Perewersew (Longren), Nikolai Wolkow (Eagle), Sergej Martinson (Philip). F 89 Min.*

Wie es ihr der alte Volkssänger Eagle prophezeit hat, wartet die schöne Assol in dem Fischerstädtchen Liss darauf, dass eines Tages ein Schiff mit purpurroten Segeln erscheint und sie mitnimmt ins Reich der Liebe und der Phantasie. Mehr als 80 Minuten wartet der Zuschauer auf das Eintreffen der Prophezeiung.

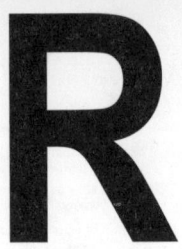

R

DIE RACHE DER SCHWERTKÄMPFERIN
Anderer Titel für **Red Sonja**

DIE RACHE DES ALI BABA
(LE SETTE FATICHE DI ALI BABA). Italien 1962. R: Emimmo Salvi. B: Emimmo Salvi. K: Mario Paradetti. M: M. Giombini. D: Rod Flash (Ali Baba), Bela Cortez (Loto), Furio Meniconi (Mustafa), Liliana Zagra (Morgana), Amedeo Trilli (Hassan), Salvatore Furnari (Setel), Mario Polletin (Kassim), Aristide Massari (Savran). F 90 Min.

Vom alten Wächter des Zauberberges Sesam, der auf den Spruch »Sesam öffne dich« hin Verfolgten Zuflucht gewährt, erhält Ali Baba den Auftrag, dem Herrscher eines Wüstenreiches eine Krone zu überbringen. Doch haben böse Usurpatoren vor seinem Eintreffen zugeschlagen und die Macht errungen. Ali, diesmal gespielt von einem bärtigen Muskelprotz, der sich lieber »Rod Flash« nennt, als mit seinem wahren Namen für diese Zelluoid-Katastrophe geradezustehen, muss sich seiner Haut erwehren, denn der neue Herrscher kann die Macht nur ausüben, wenn er dem Volk die Krone zeigen kann. Dank seiner Kraft übersteht Ali sämtliche Foltern, beglückt die Geknechteten mit der Freiheit und verschwindet am Ende mit einer vollbusigen Schönen namens Loto bescheiden in der Wüste. – Diesen Film muss Rudolf Arnheim schon gekannt haben, als er 1932 schrieb: »Fast vor jeder Szene möchte man den Hut ziehen, nicht eben aus Ehrfurcht, sondern weil man sie als alten Bekannten wiedererkennt.« (KRITIKEN UND AUFSÄTZE ZUM FILM)

DIE RACHE DES HERKULES
(VENDETTA DI ERCOLE). Italien/Frankreich 1960. R: Vittorio Cottafavi. B: Nicolo Ferrari, En-
nio de Concini. St: Marco Piccolo, Archibald Zounds jr. K: Mario Montuori. M: Alessandro Derewitsky. D: Mark Forest (Herkules), Broderick Crawford (Eurytos), Eleonora Ruffo (Dejanira), Sandra Maretti (Hylos), Phillipe Hersent (Tyndatus), Federica Ranchi (Thea), Gaby Andre (Alcinoe), Wandisa Guida (Ismene), Giancarlo Sbragia, Ugo Sasso, Carla Calo, Franco Loffredi, Pietro Pastore, Spartaco Nale, Nino Milano, Renato Terra, Fedele Gentile. F 86 Min.

Arbeit über Arbeit. Kaum hat Herkules diversen Hades-Monstern einen Blutdiamanten abgetrotzt, als sich auch schon neue Verwicklungen anbahnen: Der feindnachbarschaftliche König Eurytos von Heraklien hat seinen Sohn Hylos gefangennehmen lassen und ihm auf Betreiben seines Intrigenspezialisten Tyndarus eingeredet, Herkules begehre die hübsche Sklavin Thea, in die Hylos seit Jahr und Tag verliebt ist, selbst zur Frau. Nicht damit zufrieden, nur den Haussegen der Familie Herkules schiefzuhängen, sendet Erytos auch noch seine Mätresse Alcinoe mit einem kleinen Fläschchen Gift für Herkules aus. Als der sie jedoch vor einem wilden Bären rettet, verliebt sie sich prompt in ihn und denkt nicht mehr ans Vergiften. Eurytos weicht auf Plan 2 aus: Im Namen Theas, die er inzwischen in den Kerker geworfen hat, lässt er Hylos einen angeblichen Zaubertrank für Herkules bringen, der ihn allen Liebeskummers entheben soll. Dank der Hilfe der Windgöttin läuft indes auch dieser Plan schief. Eurytos lässt Hylos noch mal gefangennehmen und will ihn gerade von Elefanten zertrampeln lassen, als sein Vater ihn aus der Bredouille holt. Herkules weiß sich nicht anders zu helfen und beschließt umzuziehen. Dabei kascht allerdings ein Zentaur seine Frau Dejanira und liefert sie Eurytos aus. Erbost haut Herkules die unterirdischen Tropfsteine in Klump, die die angeblich unüberwindbare Stadtmauer Herakliens stützen. Die Mauern stürzen ein, seine Männer überrennen die Stadt, Alcinoe springt mit Eurytos in die Schlangengrube, Thea happyendet mit Hylos, und auch Herkules kriegt seine Dejanira wieder. – Jeder *Dallas*-Autor würde angesichts der raffinierten Hofintrigen, die Vittorio Cottafavi hier auftischt, vor Neid erblassen! Inwieweit die deutschen Verleiher ihr Scherflein zu dieser fesselnden Mixtur aus Wirr & Warr beigetragen haben, steht in den Sternen. *Die Rache des Herkules* ist einer jener Filme, der offenbar in jedem Land in einer anders geschnittenen Fassung liefen. Für die amerikanische Version tricksten Marcel Delgado und Jim Danforth noch einen Kampf zwischen Herkules und Eurytos' Hausdrachen, der in der deutschen völlig fehlt; in England wiederum war Herkules' Ausflug in den Hades Teil eines fluchumwitterten Vorspanns, der zehn Jahre vor der eigentlichen Handlung spielte. Doch wie dem auch sei: Dem entsprechend eingestimmten Zuschauer dürfte ob dieses Films vor Lachen das Gebiss aus der Fassung fallen. Dafür sorgen unter anderem die hilflos herumtapsenden Schauspieler, der Fledermausaffe, der an deutlich sichtbaren Fäden ins Bild schaukelt, die gelb, rosa und grün dahinblubbernden Hades-Quellen und die sorgfältig deklamierten Dialoge, die »jedem redegewandten Drachen die Schuppenklaue vor die Schnauze treiben würden« (NEW YORK HERALD TRIBUNE).

Und damit nicht genug: Selbst für Kunstbeflissene hält das Ganze einiges parat. »Cottafavi-Kennern dürfte ohne Zweifel des Meisters gewohntes Können auf dem Gebiet spatialer Kontinuität, mobiler und statischer Arrangements und des Schnitts auffallen. Und natürlich jener hinreißend sinnlose Augenblick in einem Tempel, wo die Kamera zwischen den Beinen des Helden durchfährt, schließlich bei einer riesigen Statue ankommt und dabei delirisch das ganze Bild auf den Kopf stellt.« (MONTHLY FILM BULLETIN) Ein C-Film at its best!

RAPUNZEL ODER DER ZAUBER DER TRÄNEN

DDR 1988. **R:** *Ursula Schmenger.* **B:** *Wolfgang Lindner.* **LV:** *Gebrüder Grimm.* **K:** *Wolfgang Braumann, Siegfried Mogel.* **M:** *Jürgen Wilbrandt.* **D:** *Sylvia Wolff (Rapunzel), Dirk Schoedon (Prinz), Günter Grabbert (König), Renate Blume-Reed (Königin), Christine Schorn (Alte). F 85 Min.* Grimmsches Märchen im Stil des sozialistischen Realismus.

RAPUNZEL UND DER ZAUBER DER TRÄNEN

Anderer Titel für **Rapunzel oder Der Zauber der Tränen**

RATBOY

(RATBOY). USA 1986. **R:** *Sondra Locke.* **B:** *Rob Thompson.* **K:** *Bruce Surtees.* **M:** *Lennie Niehaus.* **D:** *Sondra Locke (Nikki Morrison), S. L. Baird (Ratboy), Robert Townsend (Manny), Gerrit Graham (Billy Morrison), Louie Anderson (Omer Morrison), John Witherspoon (Heavy), Gary Riley (Bill). F 104 Min. (O.m.U.)*
Regie-Erstling der Schauspielerin Sondra Locke: Auf einer Müllkippe in der Nähe von Hollywood (wo auch sonst?) haust ein »Rattenjunge« mit spitz zulaufendem Kinn, winzigen Augen und aufgeworfener Nase mit Schnurrbarthaaren. Sogleich hat Nikki, eine stellungslose Dekorateurin, die seit *King Kong* nicht mehr dagewesene Idee, die bizarre Kreatur tüchtig zu vermarkten. Sollte man aber lieber nicht tun! [V]

DER RATTENFÄNGER

Deutschland 1918. **R:** *Paul Wegener.* **B:** *Paul Wegener.* **K:** *Frederick Fuglsang. Scherenschnitt Lotte Reiniger.* **D:** *Paul Wegener (Fremder Spielmann), Wilhelm Diegelmann (Bürgermeister der Stadt), Elsa Wagner (Eheweib), Lyda Salmonova (Ursula), Märte Rassow (Märte), Jacob Tiedtke (Ratsapotheker), Arnim Schweizer (Magerer Ratsherr), Clemens Kaufung (Henker), Hanns Sturm (Schinderknecht). SW 5 Akte (1807 m).*
Das bekannte Märchen vom Rattenfänger (von Hameln). Aus einer zeitgenössischen Berliner Kritik: »Von vornherein sei festgestellt, dass Wegener hier einen urdeutschen Film geschaffen hat, wie man sich ihn nicht feiner und wirkungsvoller vorstellen kann. Keine Fremdtümelei, weder im Spiel noch in der Landschaft, kein Fremdwort in den kurzen, holzschnittartigen Versen, die die Bilder begleiten, keine moderne Verschrobenheiten und Abwegigkeiten: eine große packende Handlung, kaum abweichend von der alten Rattenfänger-Fabel, eine Landschaft, ein wundervolles mitteldeutsches Städtchen mit Stadttor und Burgmauer, mit stimmungsvollen Hügeltälern, mit Bächen und Wiesen und Hainen. Dazu eine unaufdringliche Echtheit der Kleidung, der Innenräume, der Bewegungen und Gesten, für die dem Leiter des Bildes, Rochus Gliese, uneingeschränktes Lob gebührt. Wie eine Reihe Rembrandtscher Schnitte ziehen die Begebenheiten

vorüber, sorgsam abgestimmt in allen Rhythmen, Farben und Übergängen zu einer selten im Film erlebten Einheit: einem bis in die letzten Einzelheiten deutschen Werk.«

DER RATTENFÄNGER VON HAMELN

(THE PIED PIPER). GB/BRD 1972. R: Jacques Demy. B: Jacques Demy, Andrew Birkin, Mark Peploe. LV: Gebrüder Grimm. K: Peter Suschitzky. SpE: John Stears. M: Donovan Leitch. D: Donovan Leitch (Rattenfänger), Donald Pleasence (Baron), Jack Wild (Gavin), John Hurt (Franz), Diana Dors (Frau Poppendick), Roy Kinnear (Bürgermeister), Michael Hordern (Melius), Cathryn Harrison (Lisa), Keith Buckley. F 80 Min.

Als ein Rattenheer die Stadt Hameln mit der Pest infiziert, engagieren die Bürger einen jungen Flötisten, der behauptet, er könne sie von der Plage befreien. Sein Vorhaben gelingt, doch als man ihn um den Lohn betrügt, rächt er sich, indem er mit seiner magischen Flöte die Kinder der Stadt verzaubert, so dass sie ihm folgen und nie mehr gesehen werden. »Eine lahme, leicht grausame und allgemein enttäuschende Fantasy mit armseliger Dekoration und beschränkter Handlung.« (HALLIWELL'S FILMGUIDE) Nur Video. [V]

DER RATTENFÄNGER VON HAMELN

(THE PIED PIPER OF HAMELIN). GB 1982. R: Mark Hall. B: Mark Hall. V: Robert Browning. M: S. J. Woolsterholme, D. Rohl. F 87 Min. (Puppenfilm).

Als die Stadt Hameln von einer Rattenplage heimgesucht wird, bietet sich ein fremder Flötist an, dem Problem auf seine Weise zu Leibe zu rücken. Die Stadtväter stellen ihm eine große Belohnung in Aussicht, doch nachdem er mit Hilfe seiner Flöte das Nagetier aus der Stadt gelockt hat, will man ihn um die Früchte seiner Arbeit betrügen. Der Rattenfänger rächt sich, indem er sämtliche Kinder der Stadt mit seinem Flötenspiel dazu verlockt, ihm ins Unbekannte zu folgen. – Der Puppenfilm wurde 1982 mit dem Prix Jeunesse ausgezeichnet. [V]

DER RÄUBER HOTZENPLOTZ

BRD 1973. R: Gustav Ehmck. B: Gustav Ehmck. LV: »Der Räuber Hotzenplotz« von Otfried Preußler. K: Hubert Hagen. M: Eugen Thomass. D: Gert Fröbe (Räuber Hotzenplotz), Lina Carstens (Großmutter), Josef Meinrad (Petrosilius Zwackelmann), Rainer Basedow (Kasperl), David Friedmann (Seppel), Gerd Acktun. F 114 Min.

Räuber Hotzenplotz klaut der Großmutter die Kaffeemühle. Kasperl und Seppel können mit Hilfe einer guten Fee den Räuber samt seinem zwielichtigen Kumpan, dem Zauberer Petrosilius Zwackelmann, zur Strecke bringen. Großmutter bekommt die Mühle zurück, Hotzenplotz kann im Spritzenhaus über Fluchtplänen brüten. – Wer das Kinderbuch kennt, kann nur enttäuscht sein, trotz der Idee, die Hauptrollen mit renommierten Stars zu besetzen. »Ihr hemmungsloses Chargieren ist nicht kindlich, sondern kindisch. Betrüblich stimmt auch der Umstand, dass Ehmck die aus sogenannten deutschen Lustspielen sattsam bekannten Gags den Kleinen als Humor andrehen will. Ob die Trickaufnahmen aus Absicht oder Schlamperei so plump und durchsichtig geraten sind, wage ich nicht zu entscheiden. Sie passen aber zu einem Film, der jede spielerische Leichtigkeit, jede befreiende Phantasie vermissen lässt.« (Vinzenz B. Burg, FILMDIENST) [V]

RED SONJA

(RED SONJA). USA 1985. R: Richard Fleischer. B: Clive Exton, George MacDonald Fraser. LV: Robert E. Howard. K: Giuseppe Rotunno. SpE: Albert J. Whitlock, Emilio Ruiz del Rio. M: Ennio Morricone. D: Brigitte Nielsen (Red Sonja), Arnold Schwarzenegger (Kalidor), Sandahl Bergman (Gedren), Paul Smith (Falkon), Ernie Reyes jr. (Tarn), Ronald Lacey (Ikol), Pat Roach (Brytag), Terry Richards (Djart), Janet Agren (Varna). F 89 Min.

Die rote Sonja, so genannt wegen ihrer Haarfarbe, entkommt als einzige dem heimtückischen Überfall der bösen Königin Gedren auf ihr Heimatdorf. Als Gedren beim Raub eines grünen Talismans, mit dem sich gewaltige Gewitter heraufbeschwören lassen, auch ihre Schwester meuchelt, wird es zuviel: Zusammen mit dem Hünen Kalidor macht sich der von einem Geist mit unbesiegbarem Schwertarm ausgestattete Rotschopf auf den Weg, den Talisman zu vernichten. Unterwegs schließen sich ihr der Sklave Falkon und der verzogene Kinderprinz Tarn an, dessen Reich von Gedren dem Erdboden gleichgemacht wurde. Nach dem Kampf mit einem Metallkrokodil in Gedrens Schloss angekommen, besiegt Sonja die Mörderin ihrer Familie im Duell und wirft den Talisman in die Lava. Das Schloss explodiert; Sonja darf sich endlich Gedanken über ihre Zukunft mit Kalidor machen. – »*Red Sonja* kehrt in jene gute alte Zeit zurück, als Frauen noch richtige Frauen waren, die Männer ulkige Hüte aufhatten und herumstanden, bis man sie herbeizitierte, um sie zu zerhacken.« (VARIETY) – Und wäre Richard Fleischer der erste, der eine solche Geschichte erzählt, wären die unfreiwilligen Witze nicht ungleich komischer als die gewollten, neutralisierte die regelrecht minimalistische Erzählweise den epischen Atem nicht bereits im Ansatz, fänden ferner die malerischen Postkartenbilder, die stimmungsvollen Matte-Paintings und das pittoreske Interieur von Gedrens skelettübersätem Schloss ihre Entsprechung in einer nicht ganz so austauschbaren Story, und wären die Drehbuchautoren schließlich nicht auf die Wahnsinnsidee gekommen, Arnold Schwarzenegger eine Sprechrolle zu geben, aus *Red Sonja* hätte vielleicht sogar ein passabler Fantasy-Film werden können.

REGENBOGEN DER SIEBEN HOFFNUNGEN
Anderer Titel für **Der Prinz und der Töpfer**

DIE REGENTRUDE
DDR 1976. **R:** *Ursula Schmenger.* **B:** *Ursula Schmenger, Siegfried Hönicke, Fritz Gottschalk.* **LV:** *»Die Regentrude« von Theodor Storm.* **K:** *Siegfried Hönicke.* **M:** *Jürgen Wilbrandt.* **D:** *Brigitte Heinrich (Maren), Ingolf Gorges (Andres), Helga Göring (Mutter Stine), Fred Delmare (Schäfer), Hans-Joachim Hanisch (Moorbauer), Gerd Ehlers (Wiesenbauer), Cox Habbema (Regentrude).* **F 69 Min.**
Märchenfilm des Fernsehens der DDR. Als sich eine entsetzliche Dürre über das Land breitet, vermutet Mutter Stine, dass die Regentrude eingeschlafen ist. Glücklicherweise weiß ein kluger Schäfer, wo das unterirdische Reich der Regen-

trude zu finden ist, und zwei Liebesleute machen sich auf, sie mit einem Zauberspruch zu wecken.

REISE IN DIE UNENDLICHKEIT
Anderer Titel für **Le Passage – Reise in die Unendlichkeit**

DIE REISE INS LABYRINTH ...
UND ALLES WIRD MÖGLICH
(LABYRINTH). GB/USA 1985. **R:** *Jim Henson.* **B:** *Terry Jones.* **St:** *Denise Lee, Jim Henson.* **K:** *Alex Thomson.* **SpE:** *George Gibbs, Industrial Light & Magic.* **Puppenkoordination:** *Brian Henson.* **M:** *Trevor Jones, David Bowie.* **D:** *Jennifer Connelly (Sarah), David Bowie (Jareth), Toby Froud (Toby), Shelley Thompson (Stiefmutter), Christopher Malcolm (Vater), Shari Weiser, Brian Henson, Dave Goelz, Steve Whitmire, Ron Mueck, Rob Mills, Dave Golez, David Barclay (Puppenspieler).* **F 101 Min.**
Ein Fantasyfilm von Muppet-Schöpfer Jim Henson und Produzent George Lucas. Der 1990 ver-

Red Sonja

storbene Henson: »Es war [Illustrator] Brian Froud, der ganz am Anfang auf die Idee kam, ein Labyrinth als Ausgangsbasis für eine Geschichte zu nehmen. Schließlich kann man ja auch das Leben als eine Art Labyrinth betrachten – mit all seinen Wendungen und Drehungen, seinen geraden Strecken und gelegentlichen Sackgassen. Aber in unserem Film geht es um ein junges Mädchen, das eine Welt betritt, die nur in seiner eigenen Phantasie existiert, und deshalb musste unser Labyrinth auch eine traumähnliche Qualität bekommen.« Das einjährige Brüderchen der 15jährigen Sarah wurde von den Kobolden des mächtigen Jareth in ein Labyrinth entführt, und nun bricht sie mit dem gnomähnlichen Haggle, dem sanften Monster Ludo und dem foxterrierähnlichen Sir Didymus zur Rettung des Babys auf. Die skurrilen Figuren, die im Labyrinth agieren, seien die höchstentwickelten Charaktere, die sie je konstruiert hätten: »Es ist sehr schwierig, unsere Technik zu erklären, aber wir haben sehr viel mit drahtloser Fernsteuerung gearbeitet und dabei ganze Teams von Puppenspielern eingesetzt, in denen jeder einen bestimmten Teil der Figur zu bewegen hatte. Ich glaube, ohne falsche Bescheidenheit sagen zu können, dass einige der Effekte, die wir erzielt haben, so echt wirken, dass den Leuten gar nicht auffallen wird, wo überhaupt mit Tricks gearbeitet wurde.« [V]

DIE REISE NACH MELONIA

(RESAN TILL MELONIA). Schweden 1989. R: Per Alin. B: Per Ahlin/Karl Rasmusson. LV: »Der Sturm« von William Shakespeare. K: Per Svensson/Piotr Jaworski. M: Björn Isfält/Morts Nöklit. F 104 Min. (Zeichentrick).
Mit Hilfe eines Zauberelixiers können die Bewohner der paradiesischen Insel Mellonia die Kinder der benachbarten Waffenschmiede Plutonia aus ihrer Unterdrückung befreien.

DER REISEKAMERAD

(VANDRONIK). BRD/CSFR/Italien/Österreich/Frankreich 1990. R: Ludvík Ráza. B: Michael Schulz, Ludvík Ráza. LV: Hans-Christian Andersen. K: Jiří Macák. M: Petr Hapka. D: Tomáš Valík (Jan), Matthias Habich (Magus der Magier), Thomas Bachschmidt (Reisekamerad), Mapi Galan

(Hexe), Sergio Fiorentini (König). F 89 Min.
TV-Film. Ein Junge, dem ein böser Magier nach dem Leben trachtet, findet einen Beschützer in seinem rätselhaften Reisebegleiter, der ihn auch unterstützt, als er um die Hand einer Prinzessin anhält. [V]

DER REITER AUF DEM GOLDENEN PFERD

(WSADNIK NA SOLOTOM KONE). UdSSR 1980. R: Wassili Shurawljow. B: Wiktor Witkowitsch. LV: Baschkirische Sagen. K: Nikolai Bolschakow. M: R. Chassanow, Juri Jakuschew. D: Fidan Gafarow (Altynduga), Irina Malyschewa (Ai), Ilschat Jumagulow (Kusser-Mursa), Chusain Kudaschow (Kusmes-Bij), Pjotr Glebow (Katil-Badtscha), N. Agapowa (Mjassekai), Ch. Schamsutdinow (Jangysak), A. Kurizyn (Taschpasch), T. Babitschewa (Gulbika). F 70 Min.
Im Mosfilm-Studio nach dem 3D-Verfahren »Stereo 70« entstanden. Der Sohn eines Stammesfürsten aus dem Ural liebt die Tochter eines verfeindeten Fürsten. Jede Menge Zauberei wird aufgeboten, um das Band der Liebe zu zerstören.

RENDEZVOUS IM JENSEITS

(DEFENDING YOUR LIFE). USA 1990. R: Albert Brooks. B: Albert Brooks. K: Allen Daviau. M: Michael Gore. D: Albert Brooks (Daniel Miller), Meryl Streep (Julia), Rip Torn (Bob Diamond), Lee Grant (Lena Foster), Buck Henry (Dick Stanley), Shirley MacLaine. F 111 Min.
Dan Miller, erfolgreicher Yuppie aus Los Angeles, rast sich an seinem 40. Geburtstag mit einem BMW in den Tod und kommt in »Judgment-City« – der Stadt des Jüngsten Tages – wieder zu sich, einer Art Durchgangsstation zwischen Himmel und Hölle.

Hier befindet eine merkwürdige Jurisprudenz über den Status der Neuankömmlinge. Dan verliebt sich in die engelhafte Julia, doch sein Glück ist nicht von Dauer, da das Gericht ihn für eine menschliche Null hält und nicht daran interessiert ist, ihn in den Himmel aufsteigen zu lassen. Es sieht so aus, als müsse er sich von Julia trennen und auf die Erde zurückkehren. – Leichtgewichtiger Film blanc, der eine unzählige Male verbratene Story wiederkäut. Als Unterhaltung gerade noch hinnehmbar. [V]

REXOSAURUS

(DR. MORDRID). USA 1992. **R:** *Albert Band, Charles Band.* **B:** *C. Courtney Joyner.* **St:** *Charles Band.* **K:** *Adolfo Bartoli.* **SpE:** *David Allen, Chris Endicott, Randall Cook.* **M:** *Richard Band.* **D:** *Jeffrey Combs (Dr. Mordrid), Yvette Nipar (Samantha Hunt), Brian Thompson (Kabal), Jay Acovone (Tony Gaudio), Keith Coulouris (Adrian), Ritch Brinkley (»Gunner«).* F 72 Min.

Dr. Mordrid, ein moderner Repräsentant des Okkulten, muss verhindern, dass ein Rivale Dämonen gegen die Welt schickt und sie zerstört. In einer Stop Motion-Sequenz von David Allen werden in einem naturwissenschaftlichen Museum zwei Saurierskelette, Tyrannosaurus und Mastodon, zum Leben erweckt und kämpfen gegeneinander. Das gab der deutschen Videofirma die Gelegenheit, die Saurier in den Titel zu übernehmen und das Publikum zu täuschen. [V]

RIKKI-TIKKI-TAVI

(RIKKI-TIKKI-TAVI). UdSSR 1975. **R:** *Alexander Sguridi.* **B:** *Nana Kawelaschwili, Alexander Sguridi.* **LV:** *»Rikki-Tikki-Tavi« von Rudyard Kipling.* **K:** *W. Ropejko, W. Pustowalow.* **M:** *Alfred Schnitke.* **D:** *Alexej Batalow (Robert), Margarita Terechowa (Margaret), Igor Alexejew (Teddy), Sandip Vishnu (John), Wladimir Wassiljew (Arzt).* F 78 Min.

Teddys Vater arbeitet als Entwicklungshelfer in Indien. Als der Junge von zwei Kobras angegriffen wird, greift der Mungo Rikki-Tikki-Tavi ein. »Natürlich halten wir uns an den Sinn des Kiplingschen Märchens«, verspricht Alexander Sigurdi, der Regisseur der sowjetisch-indischen Gemeinschaftsproduktion. »Mit Rücksicht auf die Besonderheiten der Filmkunst aber haben meine Co-Autorin und Co-Regisseurin Nana Kawelaschwili und ich neue Szenen eingefügt, die das Thema klarer machen. Auch die menschlichen Beziehungen haben wir herausgehoben und neue Gestalten in die Handlung aufgenommen. Und noch eine Schwierigkeit: Im Film sprechen die Tiere. Das ist märchenhaft, muss aber echt wirken. Bei der Arbeit am Film hilft uns ein indischer Dresseur, Abu Bakr, der schon mit Hunderten von Tieren zu tun gehabt hat.« (SOWJETFILM)

DER RING DES DRACHEN

(DESIDERIA – L'ANELLO DEL DRAGO). Italien 1994. **R:** *Lamberto Bava.* **B:** *Giovanni Romoli.* **K:** *Romano Albani, Stefano Ricciotti.* **M:** *Amedeo Minghi.* **D:** *Sophie von Kessel (Selvaggia), Anna Falchi (Desideria), Franco Nero (König), Billie Zöckler (Amme), Ute Christensen (Königin), Marek Vasut (Karl), Joel Beeson (Victor).* F 90/93 Min.

TV-Film, zwei Teile: Der seine Macht durch einen Zauberring sichernde König eines imaginären Reiches nimmt das mit geheimnisvollen Kräften versehene elternlose Mädchen Selvaggia an seinem Hof auf, das zu einer tückischen Intrigantin heranwächst und sich, als es um die Gunst des Prinzen Victor geht, auch gegen seine leibliche Tochter Desideria stellt. Prinz Victor besiegt nicht nur den Drachen, sondern auch Selvaggia, die sich in eine Wölfin verwandelt und sich als Kreatur eines bösen Zauberers entpuppt. Aufwendig ausgestatteter, routiniert in Szene gesetzter und passabel gespielter Film eines Regisseurs, der sich zuvor des öfteren im Gewerbe des Horror- und Schlitzerfilms betätigt hat. [V]

DIE RITTER DER KOKOSNUSS

(MONTY PYTHON AND THE HOLY GRAIL). GB 1974. **R:** *Terry Gilliam, Terry Jones.* **B:** *Graham Chapman, John Cleese, Terry Gilliam, Eric*

Die Ritter der Kokosnuss

Idle, Terry Jones, Michael Palin. K: Terry Bedford. SpE: Julian Doyle. M: Neil Innes. A: Terry Gilliam. D: Graham Chapman (Artus), John Cleese (Schwarzer Ritter/Sir Lancelot/Franz. Ritter/Tim, der Zauberer), Terry Gilliam (Patsy/Weissager), Eric Idle (Sir Robin/Concorde/Roger, der Gärtner/ Bruder Maynard), Terry Jones (Sir Bedevere/Herbert), Michael Palin (Sir Galahad/König des Schlammschlosses), John Young (Historiker), Carol Cleveland (Zoot/Dingo), Connie Booth, Neil Innes, Bee Duffell, Rita Davies, Sally Kinghorn, Avril Stewart, Mark Zycon. F 92 Min.

932 n.Chr. König Artus überredet seine Ritterkollegen (Sir Bedevere, Sir Lancelot-der-Tapfere, Sir Galahad-der-Reine, Sir Robin-der-nicht-ganz-so-Tapfere und Sir Nicht-in-diesem-Film) zur Gründung einer Tafelrunde. Prompt schickt ein Trickfilmgott sie auf die Suche nach dem Heiligen Gral. Bevor er von einem vorbeireitenden Ritter zerhackt wird, klärt ein Historiker den Zuschauer auf, dass sich die Ritter zunächst mal einzeln auf die Suche machen. Robin begegnet einem schwatzhaften Ritter mit drei Köpfen; Lancelot rettet ein holdes Weybleyn, das sich aber als Männleyn erweist; Artus und Bevedere geraten den Rittern von Nyeee in die Hände und können sie erst mit der Opferung eines kleinen Gebüschs wieder besänftigen. Wieder vereint dringen die Tafelrundler in die Höhle des gräßlichen Aaargh-Karnickels vor und erledigen dieses mit einer heiligen Handgranate. Über die Todesbrücke endlich an der Gralsburg angekommen, erwartet sie ein französischer Ritter, der sie von des Burges Zinnen herab mit Kuhfladen bewirft. Bevor Artus und seine Mannen sich jedoch zum letzten Gefecht rüsten können, tritt die Polizei auf den Plan und verhaftet die Ritter wegen Mordes an einem Historiker. – Wer den Schaden hat, spottet jeder Beschreibung! Das gilt nicht nur für Artus, sondern auch für dieses kunterbunte Sketch-Sammelsurium, in dem die Monty Python-Truppe wacker alle einschlägigen Klischees zum Thema Mittelalter durch den Fleischwolf des Absurden dreht. »Verweise auf ›Filmsprache‹ finden sich ebenso dort, wo jede Bewegung der Ritter vom typischen Aufeinanderschlagen der hohlen Kokosnüsse begleitet wird, das die ›Geräuschemacher‹ so gern demonstrieren, wie dort, wo der

Vorspann zum Film durcheinander gerät (er wimmelt von fehlerhaften und unsinnigen Angaben, es wird dauernd von Elchen berichtet), der übergeschnappte Korrektor durch einen Kollegen ersetzt wird, der aber, aus Solidarität mit seinem Vorgänger, erst recht alles falsch macht. Und wie bei Mel Brooks und Marty Feldman drängen sich in die ›filmische‹ Erzählweise gelegentlich andere Formen der Unterhaltung (hier sind es Quiz und Reportage).« (Georg Seeßlen, KLASSIKER DER FILMKOMIK) Dennoch ist das irgendwo zwischen den späteren Kinofilmen der sechs Briten und ihren frühen, respektlos-rüpeligen TV-Shows angesiedelte Ganze deutlich witzloser als manch einzelner Bestandteil. »Die Einfälle werden allzu ziellos durcheinandergeschludert, und dem ganzen chaotischen Unsinntreiben fehlt eine dramaturgisch dominierende Struktur. Die Gagmaschinerie läuft immer wieder leer, weil die Ritterwelt des Königs Artus und seiner Helden ... nicht als zu parodierende Substanz in ihrer ganzen legendenhaften und geistigen Größe ernst genommen wird, sondern als Steinbruch für eine ziellose, anarchistische Groteskkomödie im Stile der Crazy Comedy herhalten muss.« (ZOOM) [V]

DIE RITTER DER TAFELRUNDE

(KNIGHTS OF THE ROUND TABLE). USA 1953. R: Richard Thorpe. B: Talbot Jennings, Jan Lustig, Noel Langley. LV: »Der Tod Arthurs« von Thomas Malory. K: F. A. Young, Stephen Dade. M: Miklos Rosza. D: Robert Taylor (Lancelot), Mel Ferrer (König Arthur), Ava Gardner (Guinevere), Anne Crawford (Morgan Le Fay), Felix Aylmer (Merlin), Stanley Baker (Mordred), Robert Urquhart (Gawain), Niall McGinnis (Grüner Ritter), Gabriel Woolf (Percival), Maureen Swanson (Elaine), Anthony Forwood (Gareth), Ann Hanslip (Nan), Stephen Vercoe (Agravaine), Jill Clifford (Bronwyn). F 110 Min.

Nachdem der junge Arthur das magische Schwert aus dem Stein gezogen hat und König von England geworden ist, regiert er das Land mit seinen edlen Rittern der Tafelrunde in Güte und Frieden. Höfische Unterlinge und diverse andere machthungrige Intriganten machen ihm und den Seinen jedoch das Leben so schwer, bis der Zauberer Merlin schließlich den Vorschlag macht, man möge sich an einem bestimmten Ort treffen, um die Streitigkeiten beizulegen. Auf dem Weg dorthin lernt Ritter Lancelot eine hübsche Maid kennen und lieben, die seine Avancen auch erwidert. Guinevere, so stellt sich heraus, ist aber Arthur versprochen, den sie später heiratet. Die Lancelot und Guinevere verbindende heimliche Liebe hat jedoch Folgen. Arthur erkennt die Untreue seiner Gemahlin und schickt sie zur Besserung ins Kloster; Lancelot wird des Landes verwiesen. Das Reich droht zu zerfallen, was nur verhindert werden kann, wenn Arthur sich in den Besitz des Heiligen Grals bringt. Obwohl es dem Ritter Sir Percival gelingt, dem ominösen Ding auf die Spur zu kommen, zerfleischt sich England bald in einem Bruderkrieg. In der ultimaten Schlacht um die Macht stirbt Arthur in den Armen des in letzter Sekunde zurückgekehrten Lancelot. – Die siebente Filmversion der berühmten Arthur-Legende (die erste wurde 1910 von Stuart Blackton un-

Die Ritter der Tafelrunde

ter dem Titel *Lancelot and Iwain* erstellt) hat sich nicht gerade mit Ruhm bekleckert, auch wenn man sich eng an die 1485 erschienenen Erzählungen von Thomas Malory (ca. 1416–1471) hielt. Vor allem die Schauspieler ernteten von der Kritik Hohn und Spott, da sie nichts ungetan ließen, um aus den legendären Heldengestalten Hollywood-Heroen zu machen. Leslie Halliwell nannte den Film in HALLIWELL'S FILMGUIDE eine »enttäuschend flache, pompöse Adaption, deren wenig lebhafte Handlungsstränge nur mangelhaft miteinander verknüpft sind«, und Angela & Man Elkan konstatierten in GUIDE TO MOVIES ON TV: »Nur in den Kampfszenen gelingt es Richard Thorpe, die Arthur-Legende ansatzweise akzeptabel zu machen; die Schauspieler sind grauenhaft und einen Auspfiff wert.«

RITTER DER ZEIT

(TO THE ENDS OF TIME). USA 1996. **R:** *Markus Rothkranz.* **B:** *Markus Rothkranz, Dan Benton, Thomas Wheeler.* **K:** *Bryan Duggan.* **M:** *Eckart Seeber.* **D:** *Joss Ackland (König Francis), Christine Taylor (Stephanie), Tom Schultz (James), Sarah Douglas (Karnissa), Wayne Thomas Yorke (Loffo), James Paradise (Sauris), William Zabka (Alexander), Michael Silverback (Aeschylus), Glenn Walker Harris jr. (James als Junge), Kristin Sweet (Stephanie als Mädchen).* **F 88 Min.**

Der kluge Aeschylus hat eine Zauberuhr erfunden, die die Zeit im Lande Aralon zehnmal schneller vergehen lässt. Seine Majestät, der brave König Francis, ist davon nicht sehr angetan und will sie vernichtet wissen. Die durchtriebene Astrologin Karnissa und einige ihr ergebene Speichellecker stehlen jedoch die Baupläne, um anderswo eine neue, noch größere Uhr zu bauen, um mit ihrer Hilfe die Menschen zu beherrschen. Ritter James, Prinzessin Stephanie und ein Koch brechen auf, das Übel zu vernichten. James zahlt einen hohen Preis ... Eine bunte, bescheiden inszenierte Kinder-Fantasy, deren unfreiwillige Komik und Spannungslosigkeit recht bald nervt. Nur auf Video. [V]

ROMULUS UND REMUS

(ROMOLO E REMO). Italien 1961. **R:** *Sergio Corbucci.* **B:** *Sergio Corbucci, Luciano Martino,* *Sergio Leone, Franco Rossetti, Ennio De Concini, Duccio Tessari.* **K:** *Enzo Barboni, Dario De Palma.* **M:** *Piereo Piccioni.* **D:** *Steve Reeves (Romulus), Gordon Scott (Remus), Virna Lisi (Julia), Ornella Vanoni (Tarpeja), Jacques Sernas (Curzio), Massimo Girotti (Tazio), Franco Volpi (Amulio), Andrea Bosic (Faustolo), Laura Solari (Rhea Silvia), Enzo Cerusico (Numa), Giuliano Dall'Ovo (Publio), Germano Longo (Servio), Franco Baiducci (Acillo), Piero Lulli (Sulpicio), Gianni Musy Glori (Fabius Celer), Enrico Poli (Priester), José Greci (Estia), Inge Nystrom (Sira), Mimo Poli, Nando Angelini, Inger Milton.* **F 101 Min.**

Nachdem die Hohepriesterin Rhea, die Tochter des ermordeten Königs von Albalonga, ihre Zwillingssöhne Romulus und Remus in einem Körbchen ausgesetzt hat, um sie vor dem Tod zu bewahren, werden die beiden von einer Wölfin gesäugt. Später kümmert sich ein Hirte um sie. Zu Männern herangewachsen erfahren sie von ihrer königlichen Abkunft, kehren in die Heimat zurück und töten den Latiner Amulio, der auf dem Thron ihres Großvaters sitzt. Romulus und Remus brennen die Stadt nieder und führen das Volk über Berge und durch Sümpfe – auf einer Ebene soll eine große Stadt für alle entstehen. Doch bevor es dazu kommt, stellt sich heraus, dass die Brüder, deren Vater der Kriegsgott Mars ist, sich wegen der sabinischen Prinzessin Julia entzweit haben. Remus fordert Romulus zum Duell, doch die Götter entscheiden den Zweikampf: Ein Blitz aus heiterem Himmel streckt den Herausforderer nieder. Romulus nimmt den ersten Bauabschnitt des späteren Römischen Imperiums in Angriff. – »Bizepskönig Steve Reeves und Tarzandarsteller ... Gordon Scott in einem Film – da ist die Breitwand gerade breit genug ... Insgesamt ist es nicht ohne belustigenden Reiz, die Patina der Sage gegen die komplette Gegenständlichkeit der Kinohistorie ausgetauscht zu sehen. Immerhin, die Schauwirkung ist beträchtlich.« (Günther Bastian, FILMDIENST) – Eine (ganz) andere Stimme: »Der Streifen ist von dramatischer Primitivität, technisch schlampig und gähnend langweilig ... das titanische Duell zwischen Reeves und Scott dürfte in den Reihen derjenigen Unverbesserlichen, die Tumulte lieben, frustriertes Gestöhne auslösen. Ein paar Grunzer und Schnaufer, Vorstöße und Abwehrschläge – dann ist alles schon vorbei. Ganz schön lahm für eine Vierteltonne Talent.« (VARIETY)

RONJA RÄUBERTOCHTER

(RONJA RÖVARDOTTER). Schweden/Norwegen/BRD 1984. **R:** *Tage Danielsson.* **B:** *Astrid Lindgren.* **LV:** *»Ronja Räubertochter« von Astrid Lindgren.* **K:** *Rune Ericson, Mischa Gavrjusjow, Ole Frederikhaug.* **M:** *Björn Isfält.* **D:** *Hanna Zetterberg (Ronja), Dan Hafström (Birk), Börje Ahlstedt (Mattis), Per Oscarsson (Borka), Lena Nyman (Lovis), Allan Edwall (Skalle Per), Med Reventberg (Undis), Rune Andersson, Tommy Körberg, Kaj Grönberg, Claes Janson, Henry Ottenby.* **F** *126 Min.*

Ronja, die Tochter von Lovis und Räuberhauptmann Mattis, kommt in einer Gewitternacht auf der Mattisburg zur Welt und wächst in der phantastischen, romantischen Umgebung von Wilddruden, Graugnomen, Dunkeltrollen und Rumpelwichten auf. Als Ronja sich mit dem gleichaltrigen Birk, dem Sohn von Borka, Erzfeind der Mattisräuber, anfreundet, ist das Verhältnis zum Vater arg gestört. – »Eine der schönsten Lindgren-Verfilmungen! Ein Zauberwald, wie man ihn noch nie gesehen hat – und eine Eltern-Kinder-Geschichte aus Räuberkreisen, in denen sich alle wiederfinden können: die auf ewig verfeindeten Familien; die Bälger, die immer genau das tun, was sie nicht tun sollen; die jähzornigen Väter, dummstolz und dickschädelig, und die Äpfel, die nicht weit vom Stamm fallen. Sowohl ein pädagogisches Meisterstück vom Lernen durch Hineinfallen wie auch ein fabelhaftes Märchenabenteuer.« [AZ München]. Der Film wurde auf der Berlinale 1985 mit dem Silbernen Bären ausgezeichnet. [V]

DIE ROSE VON BAGDAD

(LA ROSA DI BAGDAD). Italien 1949. **R:** *Antonio Gino Domeneghini.* **B:** *Ernesto d'Angelo, Lucio de Carlo.* **St:** *Antonio Gino Domeneghini.* **K:** *Cesare Pelizzari.* **A:** *Guido Gusmaroli, Angelo Bio-*

Romulus und Remus

letto, Italo Orsi, Giorgio Sudellari, Gustavo Petronio, Omer Valenti, Nino Ferencic, Guido Zamperoni, Nando Corbella, Gigi Togliatto, Francesco Ferrari, Carla Ruffinelli, Nino Palazzo, Gian Franco Barenghi. **M:** *Ricardo Mangiagalli. F 72 Min. (Zeichentrick).*

Der Flötenspieler Amin, der Leila, die Nichte des Kalifen Oman von Bagdad, liebt, verhindert mit Hilfe von Aladins Wunderlampe, dass der finstere Kalif Giaffar noch mächtiger wird, indem er seine Angebetete heiratet. Amin bewahrt die Prinzessin und die Stadt Bagdad vor den heimtückischen Anschlägen des mit Giaffar zusammenarbeitenden Zauberers Buck, deckt deren Umsturzpläne auf und gewinnt so die Hand seiner Geliebten. – »Dieses spielfilmlange Produkt der rührigen italienischen Zeichentrickfilm-Industrie wird die Steppkes gleich scharenweise begeistern, doch der leise Charme, der Humor und die nette Musik des Streifens dürfte auch den Beifall der Erwachsenen finden.« (VARIETY) – »Dieser italienische Zeichentrickfilm verwendet Märchen-

motive aus 1001 Nacht. Er ist im Technischen nicht so vollendet wie die Werke Disneys, aber es ist möglich, dass er gerade deswegen der kindlichen Vorstellung mehr entspricht als etwa Filme wie *Dumbo* oder *Alice im Wunderland,* deren szenisches Brillantfeuerwerk das Aufnahmevermögen der Kinder übersteigt und die eigentlich mehr für die Erwachsenen als für die Kleinen geschaffen wurden.« (Georg Herzberg, FILMECHO)

DER ROTE BALLON

(LE BALLON ROUGE). Frankreich 1955. **R:** *Albert Lamorisse.* **B:** *Albert Lamorisse, Bernard Ducarrez.* **K:** *Edmond Séchan.* **M:** *Maurice Le Roux.* **D:** *Pascal Lamorisse. F 36 Min.*

Auf der Treppe von Montmartre entdeckt ein kleiner Junge einen roten Luftballon, der an einem Laternenpfahl hängt. Anfangs leicht ärgerlich über die Aufdringlichkeit des Ballons, der ihm wie ein Hund überallhin folgt, ist er bald von dem neuen Spielgefährten begeistert. Er nimmt ihn mit nach Hause. Seine Oma wirft den Ballon zum Fen-

Ronja Räubertochter

ster hinaus, doch er bleibt am Balkonfenster sitzen. Auch der Lehrer kann den Ballon nicht vertreiben. Der eigenwillige Luftballon bringt den Jungen noch in einige prekäre Situationen, bis Straßenjungen ihn mit ihren Steinfletschen abschießen. Da reißen sich mit einem Male alle Luftballons in Paris von ihren Besitzern los, fliegen zu dem Jungen und tragen ihn über die Dächer der Stadt hinweg in den blauen Himmel. – Dieser Kurzspielfilm wurde wegen seiner Märchenatmosphäre und Bildpoesie als Kunstwerk von unvergleichlicher Schönheit und Reinheit gerühmt. »Ein Märchen von herzbewegender, lächelnder und rührender Güte, fast ohne Ton, dabei ständig voll leiser Spannung, leicht und bunt wie ein Kindergedicht.« (FILMDIENST) »So schön sich diese Geschichte in Worten wiedergeben lässt, so unendlich viel rührender und reizvoller ist sie gefilmt.« (FILMBEOBACHTER) Für dieses Wunderwerk der Filmkunst erhielt Regisseur und Drehbuchautor Albert Lamorisse 1956 den Oscar für das beste Original-Drehbuch. Interessant aus heutiger Sicht ist, was François Truffaut über den Film zu schreiben wusste: »Sicher ist *Le Ballon Rouge* ... ein sorgfältig gemachter Film, hinreißend fotografiert, sogar gut inszeniert ... Davon abgesehen hat dieser Film meiner Meinung nach weder Poesie noch Phantasie, weder Sensibilität noch Wahrheit; ich meine damit *wirkliche* Poesie, Phantasie, Sensibilität, Wahrheit. Indem Walt Disney den Tieren Sprache und menschliche Reaktionen verlieh, schwindelte er mit den Tieren und folglich auch mit den Menschen und der Kunst. Er hat La Fontaine verraten, indem er ihn karikierte, aber niemand hält Disney für einen Dichter ... [Dieser] rote Ballon, der freiwillig dem kleinen Jungen folgt, benimmt sich wie ein Hund, der sich wie ein Mensch benimmt; das ist Disney im Quadrat.« (François Truffaut, DIE FILME MEINES LEBENS)

DER ROTE FALKE VON BAGDAD

(THE MAGIC CARPET). USA 1951. R: *Lew Landers.* B: *David Mathews.* St: *David Mathews.* K: *Ellis W. Carter.* M: *Mischa Bakalainikoff.* D: *Lucille Ball (Narah), John Agar (Ramoth), Patricia Medina (Lida), George Tobias (Gazi), Raymond Burr (Boreg), Gregory Gay (Ali), Rick Vallin (Ab-*

dul), Jo Gilbert (Marcus), William Fawcett (Achmed), Dretta Johnson (Tanja), Linda Williams (Esther), Perry Sheehan (Copah), Eliah Howe (Vernah), Winona Smith (Nedda), Minka Zorka (Ziela). F 89 Min.

Der Sohn des von einem Thronräuber entmachteten Kalifen von Bagdad kämpft in der Maske eines Gesetzlosen gegen das neue Regime und bedient sich dabei eines fliegenden Teppichs, der sich allzu oft als Retter in aussichtslosen Situationen entpuppt. – Hollywoodsches Standard-Eintopfprodukt jener Machart, die in den frühen fünfziger Jahren beliebt war, in der Regel jedoch ohne phantastisch-magische Versatzstücke auskam. – »Der Film leidet an zweierlei. Erstens ist er eine Imitation, die weit hinter ihren Vorbildern zurückbleibt. Zweitens, und das ist störender, hat er in John Agar einen Hauptdarsteller, dessen Erscheinung und Können ihn für die Rolle eines Helden denkbar ungeeignet macht. Damit ist der Streifen trotz aller frischfröhlichen Schaumschlägerei reiz- und wertlos.« (FILMDIENST) – »Überall gewahrt man nur amerikanische Gesichter und die Kulissen und Freilichtgelände von Hollywood, die beide von ähnlich lieblos zusammengeklebten und herunterfotografierten Serienproduktionen schon bekannt sind.« (FILMBEOBACHTER)

DIE ROTEN SCHUHE

(THE RED SHOES). GB 1948. R: *Michael Powell, Emeric Pressburger.* B: *Michael Powell, Emeric Pressburger.* LV: *Hans Christian Andersen.* K: *Jack Cardiff, Christopher Challis.* M: *Brian Easdale.* D: *Moira Shearer (Victoria Page), Robert Helpman (Ivan Boleslawsky), Leonide Massine (Ljubov), Ludmilla Tcherina (Boronskaja), Anton (Adolf) Wohlbrück (Boris Lermontov), Marius Goring (Julian Craster), Albert Bassermann (Ratov), Jean Short, Gordon Littmann.* F 133 Min.

Der Ballett-Impresario Lermontov hat eine Truppe zusammengestellt, zu der neben dem Ballettmeister Ljubov, dem Bühnenbildner Ratov die Solotänzerin Boronskaja, der Komponist Julian Craster und die Anfängerin Victoria Page gehören. Letztgenannte erhält ihre große Chance, als die Boronskaja die Truppe verlässt. In Julian Crasters Ballett *Die roten Schuhe* nach dem Märchen von

Hans Christian Andersen avanciert sie zum neuen umjubelten Star. Als sie sich in Julian verliebt, kommt es zur Auseinandersetzung mit Lermontov. Julian und Victoria verlassen daraufhin ihrerseits die Truppe und heiraten. Zu Beginn der nächsten Saison treffen sich Victoria und Lermontov zufällig in Monte Carlo. Lermontov, besessen vom seiner Kunst, will sie überreden, erneut die Rolle in den *Roten Schuhen* zu übernehmen. Sie willigt endlich ein, doch am Zwiespalt zwischen Beruf und Liebe zerbricht sie schließlich und nimmt sich das Leben. – Der Film ist trotz seiner überzogenen Sentimentalität in die Filmgeschichte eingegangen als ein bemerkenswerter Versuch, Musik, Ballett, Malerei und Film in eine Form zu integrieren. Höhepunkte sind die Ballettszenen. »Bemerkenswert an diesen Tanzvisionen ist die neue Art der Kameraführung, sie folgt wie die Tänzer rhythmischen Bewegungsgesetzen und schafft damit eine kontrapunktische Kamerachoreographie ... Die surrealen Effekte des Balletts – Tänzer schweben durch Illusionsräume, die sich farblich übergangslos verwandeln, aus Himmel wird Meer, aus einem Zeitungsblatt wird ein

Tänzer usw. – wurden durch eine spezielle Montagetechnik ermöglicht, die Hein Heckroth (Kostüme und Bauten) und Jack Cardiff (Kamera) zusammen entwickelten, das sogenannte Cash-Verfahren. Die Hälfte des Filmstreifens wurde während der Tanzaufnahmen abgedeckt, danach malte Heckroth die Dekorationen, Städte, Wiesen, Wälder, Fantasy-Welten, mit denen die bis dahin kaschierte Hälfte des Filmmaterials belichtet wurde ... THE RED SHOES ist für Ballettomanen *der* Kultfilm!« (Heinzlmeier/Menningen/Schulz, KULTFILME) Heckroth erhielt den Oscar für die beste Farb-Ausstattung, Brian Easdale nahm den für die beste Musik in Empfang. [V]

ROTKÄPPCHEN
BRD 1953. **R:** *Fritz Genschow.* **B:** *Fritz Genschow.* **LV:** *Gebrüder Grimm.* **K:** *Gerhard Huttula.* **M:** *Richard Strauch.* **D:** *Daniela Marlis, Werner Stock, Theodor Vogeler, Else Ehser, Remée Stobrawa, Fritz Genschow.* SW/F 85 Min.
Ein Märchenerzähler berichtet von einem Mädchen, das wissen möchte, ob Märchen wahr sind. Dieses Kind verläuft sich auf einem Rum-

Die roten Schuhe

melplatz, schläft ein und erlebt im Traum das Märchen vom Rotkäppchen. Anderntags bekommt es eine Rotkäppchenpuppe geschenkt und muss mit den Zuschauern noch an einer Art Verkehrserziehung teilnehmen. – Möge der Film in den Archiven verstauben! [V]

ROTKÄPPCHEN

BRD 1954. R: *Walter Janssen*. B: *Konrad Lustig*. LV: *Gebrüder Grimm*. K: *Wolf Schwan*. M: *Giuseppe Becce*. D: *Maren Inken Bielenberg, Elinor von Wallerstein, Wolfgang Eichberger, Ellen Frank, Peter Lehmann*. F 49 Min.
Verfilmung des Märchens mit unwesentlichen Zusätzen und einem ausgestopften Wolf. Alles schööön betulich!

ROTKÄPPCHEN

DDR 1962. R: *Götz Friedrich*. B: *Hans Rodenberg*. LV: *Gebrüder Grimm, Jewgeni Schwarz*. K: *Helmut Bergmann*. M: *Gerhard Wohlgemuth*. D: *Blanche Kommerell (Rotkäppchen), Horst Kube (Vater), Helga Raumer (Mutter), Friedel Nowack (Großmutter), Werner Dissel (Wolf), Hans-Georg Schwill (Bär), Harald Engelmann*. F 71 Min.
Romantisch-naturalistische Inszenierung mit Musik. Die Tiere werden von Menschen mit Masken dargestellt. Vorbild der Bearbeitung war die Felsenstein-Inszenierung des »Schlauen Füchsleins« in der Komischen Oper, Berlin. In den traditionellen Märchenablauf war die Gestalt von Reineke Fuchs integriert mit anderen Tieren als Gegenspieler, so dem ängstlichen Häschen, das über seine Angst hinauswächst. Das Böse in der Kumpanei von brutaler Gewalt und hinterhältiger List wird vom Wolf und vom Fuchs dargestellt. Bemerkenswerter Versuch des heute weltberühmten, 2000 verstorbenen Opernregisseurs Götz Friedrich, dem bekannten Märchen durch den Gleichnischarakter des Sujets eine schlüssige Erweiterung zu geben.

ROTKÄPPCHEN

(RED RIDING HOOD). USA/Israel 1987. R: *Adam Brooks*. B: *Carole Lucia Satrina, Ennio de Concini, Gaio Frattini*. LV: *Gebrüder Grimm*. K: *Danny Shneuer, Hilik Neleman*. M: *Stephen Lawrence*. D: *Craig T. Nelson (Godfrey, Percival),*

Isabella Rossellini (Lady Jean), Rocco Sisto (Dagger/Wolf), Amelia Shankley (Linet), Helen Elazary (Großmutter Bess). F 77 (84) Min.
US-Version des Grimmschen Märchens: Der Wolf ist eher ein Werwolf und dient einem grausamen Tyrannen. Die Oma der Prinzessin ist eine Hexe. Der König ist verschollen; seine Gattin weigert sich, den Tyrannen zu heiraten, und wartet auf seine Rückkehr. Die Königstochter soll dem Wolf zum Opfer fallen, wird aber vom zurückkehrenden König gerettet. – Der Film ist Bestandteil einer Serie von Märchenproduktionen der Firma Cannon, die fürs Kabelfernsehen gedreht wurden. Auch diese Folge wartet mit billigen Tricks und schlampert inszenierten Musical-Einlagen auf. Nur auf Video. [V]

RÜBEZAHL – HERR DER BERGE

BRD 1957. R: *Erich Kobler*. B: *Konrad Lustig, Erich Kobler, Karl Springenschmid*. K: *Heinz Hölscher*. M: *Ulrich Sommerlatte*. D: *Franz Essel (Rübezahl), Elke Arend, Monika Greving, Nils Clausnitzer, Otto Mächtlinger, Bobby Todd, Rolf von Nauckhoff, Fritz Wepper, Heimo Kindermann*. F 73 Min.
Der schlitzohrige schlesische Berggeist Rübezahl mischt sich, mit einem mächtigen roten Rauschebart angetan, unter die Menschen und foppt nach Herzenslust Schurken und Halsabschneider, Geizkragen und Vielfraße, Bauernfänger und andere Unternehmer, wobei sich seine magischen Kräfte als äußerst nützlich erweisen. Aber er hilft auch den Geprellten und Gebeutelten. – Man nehme: einen polnischen Kulturfilm über das Riesengebirge, miete ein Studio, drehe ein paar Szenen hinzu – und *Schwuppdiwupp*, entsteht ein phantastisches Märchen! – »Durch zahlreiche Trickaufnahmen wird so manche ... verblüffende Wirkung erzielt, und die Erwachsenen haben ihre Freude an den schönen farbigen [einmontierten] Landschaftsaufnahmen ... von denen man allerdings nach Beendigung der Spielhandlung doch etwas zuviel angefügt hat.« (F. E. Olimsky, FILMBLÄTTER)

RÜBEZAHLS HOCHZEIT

Deutschland 1916. R: *Paul Wegener, Rochus Gliese*. B: *Paul Wegener, Rochus Gliese*. K: *M. A. Mad-*

sen. **D:** *Paul Wegener (Rübezahl), Lyda Salmonova (Elfe), Marianne Niemeyer (Buschgroßmutter), Arthur Ehrens (Graf), Ernst Waldow (Hauslehrer), Emilie Kurz (Gouvernante), Georg Jacoby (Inspektor), Rochus Gliese (Barbier).* SW 5 Akte (1490 m).

Um seine geliebte Elfe heimzuholen, die sich in den Hauslehrer eines schlesischen Grafenhauses verliebt hat, verwandelt sich Rübezahl in einen Forstinspektor und stiftet allerlei Unheil. – »Wenn Wegener auch immer wieder betont hat, dass ihn in erster Linie das Problem, etwas bildnerisch Neues zu schaffen, zum Film geführt habe, so dürfen wir doch ruhig annehmen, dass auch das schauspielerische Talent ihn seine Stoffe wählen ließ! Fast immer sind es Doppelfiguren oder Rollen mit vielfachen Verwandlungen, in denen er die filmischen Möglichkeiten mit Behagen nutzt. So kommt der Berggeist ›Rübezahl‹ aus seinem Märchenrevier von Koppe und Wald, das in schönen Naturaufnahmen im Riesengebirge und in der Umgebung von Hellerau aufgenommen war, unter moderne Menschen; er lässt sich den Bart scheren und treibt als Gutsverwalter bei einer Aristokratenfamilie seinen Zauberspuk; bei der Tafel, als der Graf gerade einen wohlgebra

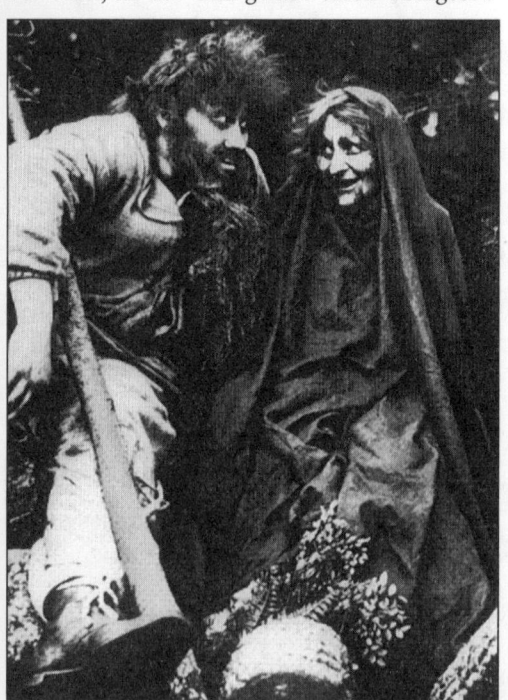

Rübezahls Hochzeit

tenen Hecht zerlegen will, lässt er diesen auf seiner Silberschüssel lebendig werden und vor den Köpfen der Gäste durch die Luft schwimmen.« (Kai Möller, PAUL WEGENER) – »Wegeners hemmungsloser Einfallsreichtum lässt heterogene Elemente zusammenstoßen. Auch die modische Vorliebe der Zeit für Mythisches und Jugendstil fließt ein. Die Elfen verschmelzen beim Baden mit dem herabflutenden Wasservorhang und gleichen Quellnymphen Böcklins, dessen Einhorn sich im Hochzeitsanzug wiederfindet. Diesen Zug ausgelassener Jugend zum Hochzeitsbett auf der Waldwiese könnte Fidus entworfen haben.« (Helmut Regel, FILMKRITIK)

RÜCKKEHR NACH OZ

(JOURNEY BACK TO OZ). USA 1974. **R:** *Hal Sutherland.* **B:** *Fred Ladd, Norm Prescott, Bernard Evslin.* **LV:** *»The Marvelous Land of Oz« von L. Frank Baum.* **K:** *Sergio Antonio, John Aardal, R.W. Pope.* **A:** *Don Christenson, Bob Bransford, Bob Carlson, James Davis, Otto Feuer, Fred Grabe, Laverne Raddatz, Bill Reed, Virgil Ross, George Rowley, Ralph Somerville, Reuben Timmins, Lou Zukor.* **M:** *Sammy Cahn, James van Heusen, Walter Scharf.* F 90 Min. (Zeichentrick).

Vorgeschichte siehe *Das zauberhafte Land* (USA 1939; Regie: Victor Fleming). Dorothy kehrt ins Land hinter dem Regenbogen zurück, wo sie sich alsbald mit der Schwester der verstorbenen Hexe des Westens, grünen Elefanten, Kobolden und einem Spukwald konfrontiert sieht. Diese Zeichenfilmadaption wurde schon 1964 realisiert und lag einige Jährchen auf Eis. Interessant ist sie nur im Original, da Liza Minnelli die Rolle spricht, die ihre Mutter im MGM-Film gespielt hat.

RUDOLPH MIT DER ROTEN NASE

(RUDOLPH THE REDNOSED REINDEER: THE MOVIE). USA 1998. **R:** *William R. Kowalchuk.* **B:** *Michael Aschner.* **St:** *Robert L. May.* **M:** *Al Kasha, Michael Lloyd, Johnny Marks.* F 80 Min. (Zeichentrick).

Weil sich das Rentier Rudolph seiner leuchtend roten Nase schämt, läuft es aus dem kleinen Nordpoldorf fort, in dem Zwerge im Auftrag des Weihnachtsmannes für die Kinder der Welt Spielzeug produzieren. All seine Gefährten – auch der brummige Eisbär – begeben sich auf die Suche. Nebenher macht man einer Schneestürme entfesselnden (und für Verkehrsprobleme sorgenden) Eishexe klar, was sie anrichtet, und zum Schluß erläutert der Weihnachtsmann himself unserer Rotnase, was brave Kinder längst wissen: Nicht die *Farbe* der Nase ist wichtig, sondern der Charakter des Zinkenträgers. – Putzige Charaktere in eisiger Winternacht. Nur auf Video. [V]

DER RUF DER SIBYLLA

Schweiz 1984. **R:** *Clemens Klopfenstein.* **B:** *Clemens Klopfenstein, Serena Kiefer, Dieter Fahrer, Max Rüdlinger, Franz Rickenbach.* **K:** *Clemens Klopfenstein.* **D:** *Christine Lauterburg (Clara), Max Rüdlinger (Balz), Hans Gaugler (Alter Mönch), Michael Schacht (Thomas), Norbert Klassen (Regisseur), Jenny Rausnitz (Inspizientin), Valentina Croce (Barfrau), Danilo Galli, Stefan Kurt, Fabio Cantalupo, Philip Schaad, Marianne Derendiger. F 121 Min.*

»*Der Ruf der Sibylla* handelt von einem Paar, Balz und Clara, dessen Verhältnis – die Eifersucht aus der Ferne, Wiederbegegnung und Beziehungskrach – nur eine Ausgangsbasis bildet für eine gemeinsame wundersame und phantastisch entgrenzte Bewegung durch das Sibyllinische Hochland, eine legendenträchtige Region in Italien (manche Filme, die in Zentralasien spielen, sind hier gedreht worden). [...] Mit Hilfe von zwei Zauberlikören, dem gelben ›Hexenschnaps‹ der Mönche, Strega, und dem blauen Amaro Sibylla, dem Trank der guten Magie, geht die Geschichte als Märchen weiter.« (Jörg Becker, CINEGRAPH)

RUMPELSTILZCHEN

Deutschland 1940. **R:** *Alf Zengerling.* **B:** *Alf Zengerling.* **LV:** *Gebrüder Grimm.* **D:** *Paul Walker. SW 65 Min.*

»Alf Zengerling hat dieses Märchen ziemlich originalgetreu und ohne die oft störenden Zusätze und Rahmenhandlungen in einen befriedigenden Film verwandelt. Wohl gelungen ist Szenerie und Kostümierung sowie die Gestaltung einiger Nebenfiguren.« (FILMDIENST)

RUMPELSTILZCHEN

BRD 1955. **R:** *Herbert B. Fredersdorf.* **B:** *Christof Schulz-Gellen.* **LV:** *Gebrüder Grimm.* **K:** *Ted Kornowicz.* **M:** *Richard Strauch.* **D:** *Werner Krüger (Rumpelstilzchen), Liane Croon (Marie), Wilhelm Grote (Müller Mehlsack), Günter Hertel (Prinz Max), F.W. Schröder-Schrom (König), Harry Wüstenhagen (Schatzmeister), Helmut Ziegner (Hofmarschall). F 78 Min.*

Aus dem lächerlichen Männchen der Grimmschen Vorlage ist ein gesetztes Waldmännlein geworden, das seine Zauberkraft zum Schutz der Tiere, zum Bestrafen von Übeltätern, aber auch zur Hilfe Schutzloser nutzt. Da verwundert es doch sehr, wenn der Wicht als Entgelt für die Hilfe, aus Stroh Gold zu machen, das Kind der Königin verlangt, um endlich mal »Kinderlachen im Walde« zu hören. Andere Änderungen lassen sich schon eher ertragen: Statt des geldgierigen Königs, der aus Gewinnsucht die Müllerstochter heiratet, hier ein etwas vertrottelter König, und ein netter junger Königssohn, der die Müllerin zur Königin macht, weil er sie tatsächlich liebt. Das Beste an dem Film ist die romantische Kulisse von Schloss Burg an der Wupper, die heute auch nicht mehr das ist, was sie damals war.

RUMPELSTILZCHEN (DDR 1960)

Anderer Titel für **Das Zaubermännchen**

RUMPELSTILZCHEN

(RUMPELSTILTSKIN). USA/Israel 1987. **R:** *David Irving.* **B:** *David Irving.* **LV:** *Gebrüder Grimm.* **K:** *David Gurfinkel.* **M:** *Max Robert.* **D:** *Amy Irving (Katie), Clive Reville (König Mezzer), Billy Barty (Rumpelstilzchen), Priscilla Pointer (Königin Griselda), John Moulder-Brown (Prinz), Yael Uziely (Emily), Robert Symonds (Victor). F 80 Min.*

Müllerstochter gerät durch eine Lüge ihres Vaters, sie könne aus Stroh Gold spinnen, in eine peinliche Lage, da der König ihr befiehlt, in dieser Hinsicht für ihn tätig zu werden. Ein Zwerg mit magischen Kräften steht zwar bei, verlangt jedoch als Lohn die Seele ihres ersten Kindes. Als der Tag der Abrechnung naht, weigert sich die junge Frau, den Pakt zu erfüllen. Der Zwerg will nur unter einer Bedingung vom Vertrag zurücktreten: Sie muss seinen Namen erraten ... Zum ersten Mal öffnen die Cannon-Leute ihre in Israel gefüllte Märchenkiste, die sich dicht an die Vorlagen hält. Für die Irvings war es eine Familienangelegenheit: Amy Irving ist die Schwester von Regisseur David Irving, und Priscilla Pointer, die Darstellerin der Königin, ihre Mutter. Billy Barty *(Legende)* spielt den gemeinen Zwerg: »Ach, wie gut, dass niemand weiß ...« [V]

RUSLAN UND LUDMILLA

(RUSLAN I LJUDMILA). UdSSR 1973. **R:** *Alexander Ptuschko.* **B:** *Alexander Ptuschko, S. Wolotin.* **LV:** *Märchenpoem »Ruslan i Ljudmila« von Alexander Puschkin.* **K:** *Igor Gelejn, Walentin Sacharow.* **M:** *Tichon Chrennikow.* **D:** *Natalja Petrowa (Ljudmila), Waleri Kosinez (Ruslan), Andrej Abrikossow (Fürst Wladimir), Wladimir Fjodorow (Tschernomor), Igor Jassulowitsch (Finne), Marija Kapnist-Serko (Hexe Naina), Oleg Mokschanzew (Rogdai), Wjatscheslaw Newinny (Farlaf), Ruslan Achmetow (Ratmir). F 143 (148) Min.* Der letzte Film des bedeutendsten russischen Fantasy-Filmschöpfers (*Der neue Gulliver; Ilja Muromez*). Puschkins Märchen von der Fürstentochter Ljudmila, die aus den Armen ihres Geliebten Ruslan entführt wird, war zuvor bereits zweimal verfilmt worden: 1914 von Wladislaw Starewitsch und 1938 mit Sergej Stoljarow. Auf der Suche nach der Entführten gelangt Ruslan in das Zauberreich des zwergenhaften Tschernomor. Als er dessen Bart stutzt, verliert der Gnom seine böse Zauberkraft.

»Filmtricks werden herkömmlich genutzt, meist nach den klassischen Verfahren Stopptrick, Einspieglung oder Vorsatzmodell gearbeitet: die Entführung der Braut, die Verwandlungen der Hexe Naina, der Flug an Tschernomors Bart und die Stadt am Horizont. Zumeist aber wird Märchenzauber durch inszenatorische Mittel geschaffen, durch real gebaute und gestaltete Umwelt, durch Raffinesse der Fotografie. Überhaupt unterstützen Szenenbild und Kostümgestaltung gedankliche wie optische Konzeption nahezu perfekt. Bemerkenswert, dass Ptuschko die populäre, feurige Musik aus Glinkas gleichnamiger Oper (von 1842) nicht verwenden konnte. Sein Bildrhythmus stand dem entgegen. Doch Tichon Chrennikow, ein erfolgreicher, erfahrener Theater- und Filmkomponist, schuf eine filmgerechte Partitur von melodischem Reiz und überzeugenden lyrischen wie dramatischen Passagen.« (77 MÄRCHENFILME)

DIE RUSTAM-LEGENDE

(SKASANIJE O RUSTAME). UdSSR 1971. **R:** *Boris Kimjagarow.* **B:** *Grigori Koltunow.* **LV:** *Epos »Sah-Name« (Das Buch der Könige/Das Heldenlied von Iran) von Abu'l Qasim Firdausi.* **K:** *Dawlat Chudonasarow.* **M:** *Arif Melikow.* **D:** *Bimbulat Watajew (Rustam), Otar Koberidse (Schah Kawus), Chaschim Gadojew (Suchrab), Machmud Wachidow (Tulad), Swetlana Norbajewa (Tachmina). F 148 Min.* Im Auftrag seines Herrschers Kawus, mit dem er sich später überwirft, kämpft Rustam, der persische Recke, der der Sage nach 600 Jahre alt geworden sein soll, gegen böse Diws (Geister) und andere Feinde. Nach *Mit den Schlangen kam der Tod* setzte der tadschikische Regisseur Kimjagarow die Verfilmungen des Epos mit diesem Streifen fort. Fortgesetzt wurde die Serie mit dem Titel *Schlacht im Tal der weißen Tulpen.*

RUSTAMS HELDENTATEN

Anderer Titel für **Die Rustam-Legende**

S

(Hilda), Charlene Fernetz (Zelda). Michelle Beaudoin (Marny), Ryan Reynolds (Seth), Tobias Mehler (Harvey), Lalaina Lindberg (Kathy), Laura R. Harris (Freddie). F 88 Min.

Als die das Dasein eines Mauerblümchens fristende 16jährige Sabrina von ihren Tanten erfährt, dass sie eine Hexe ist, wendet sie ihre Zauberkraft dazu an, zur »beliebtesten« Schülerin zu werden. – Wenn das die Probleme sind, die amerikanische Mädchen dieser Altersgruppe am meisten plagen: Gute Nacht.

SAADIA

(SAADIA). USA 1953. **R:** Albert Lewin. **B:** Albert Lewin. **LV:** Francis d'Autheville. **K:** Christopher Challis. **M:** Bronislau Kaper. **D:** Cornel Wilde (Si Lahssen), Mel Ferrer (Henrik), Rita Gam (Saadia), Michel Simon (Bou Rezza), Cyril Cusack (Khadir), Wanda Rotha (Fatima), Marcel Poncin (Moha), Anthony Marlowe (Capt. Sabert), Helen Vallier (Subida), Mahjoub Ben Brahim (Achmed), Jacques Dufilho (Anführer der Banditen). F 87 Min.

In Marokko legen sich der französische Arzt Henrik und sein arabischer Freund Si Lahssen mit der örtlichen Medizinfrau Fatima an, die die Macht hat, sich in eine Eule zu verwandeln. Als Henrik dem Berbermädchen Saadia mit einer Blinddarmoperation das Leben rettet und die Eingeborenen fast schon auf ihn hören, hext die wütende Fatima die Pest herbei. Dank eines Serums, das Saadia aus einem im Gebiet eines bösen Berberfürsten abgestürzten Flugzeugs besorgt, siegt indes auch in diesem Fall die moderne Medizin. – »Mr. Lewins Drehbuch ist ein Musterbeispiel dramaturgischer non sequiturs. Und seine Inszenierung ist so flach, dass sie monotoner wirkt als der kaugummihafteste Südstaatendialekt. Unter solchen Umständen können seine Schauspieler gar nicht agieren. Statt dessen stehen und laufen sie herum wie Zombies – mit Ausnahme von Michel Simon. Der sabbert.« (NEW YORK TIMES)

SABRINA, THE TEENAGE WITCH

(SABRINA, THE TEENAGE WITCH). USA 1996. **R:** Tibor Takacs. **B:** Barney Cohen, Kathryn Wallack. **St:** Barney Cohen, Kathryn Wallack, Nicholas Factor. **K:** Bernard Salzman. **M:** Greg De Belles. **D:** Melissa Joan Hrat (Sabrina), Sherry Miller

SABRINA – VERHEXT IN ROM

(SABRINA GOES TO ROME). USA 1998. **R:** Tibor Takacs. **B:** Daniel Berendsen, Nicholas Factor. **K:** Adolfo Bartoli. **M:** Danny Lux. **D:** Melissa Joan Hart (Sabrina), Eddie Mills (Tom), Tara Charendorff (Gwen), James Fields (Alberto), Eric Alexander (Johnny). F 87 Min.

Die blonde US-Hexe Sabrina spürt in Rom dem Geheimnis des Amuletts ihrer Ahnen nach und erhält Schützenhilfe von einer italienischen Zauberin und einem eloquenten Kater. Nebenher macht ihr ein Fotograf den Hof. Ein todlangweiliger Schmarrn, der sich nicht entscheiden kann, ob er ein Fantasy-Thema verfolgen oder eine Komödie sein will. Nur auf Video. [V]

SADKO, DER VAGABUND

Anderer Titel für **Sadkos Abenteuer**

SADKOS ABENTEUER

(SADKO). UdSSR 1953. **R:** Alexander Ptuschko. **B:** K. Isajew. **K:** Fjodor Proworow. **SpE:** S. Mulin. **M:** Nikolai Rimskij-Korsakow. **D:** Sergej Stoljarow (Sadko), Anna Larionowa (Ljubawa), Mark Trojanowski (Trifon), J. Leonidow (Kuzma), N. Malischewski (Wischata), L. Fenin (Maharadscha), B. Surowzew (Iwaschka), S. Martinson (Mönch), M. Astangow (Führer der Warangier), S. Kajukow (Meereskönig), Olga Vikland (Königin), E. Myschkowa (Prinzessin Ilmen), L. Wertinskaja (Phönix). F 89 Min.

Der Sänger Sadko kommt in die Stadt Nowgorod, sieht den Unterschied zwischen reich und arm und fragt sich angesichts des Reichtums seiner russischen Heimat, warum die Herren der Stadt nicht mit fernen Ländern Handel treiben, der der Allgemeinheit zugute käme. Als er abends am Ufer des Meeres singt, erscheint ihm eine Tochter des Meereskönigs, die ihm für den nächsten Tag einen Fang goldener Fische prophezeit. Sadko wettet mit den Herren der Stadt um ihren Besitz und seinen Kopf, dass er mit einem Netz voll goldener Fische zurückkehren wird. Als die Herren über den vermeintlichen Narren frohlocken, gelingt ihm der große Fang. Sadko verteilt die Beute an das Volk, doch glücklich ist er noch nicht, denn auch anderswo leben Menschen im Elend. Die Tochter des Meereskönigs hilft ihm erneut, füllt seinen Kahn mit Gold. Sadko lässt nun Schiffe bauen, um das Glück in der Ferne zu suchen. Die tapfersten Männer der Stadt macht er zu seinen Gefährten; seine Freundin Ljubawa bleibt in Nowgorod zurück. Sie wartet jahrelang auf Sadko, der unermüdlich durch fremde Meere kreuzt, harte Kämpfe ausficht und gegen Meer, Wind und hinterlistige Feinde bestehen muss. Eines Tages legt er in einer Stadt an, deren Herrscher den Phönix, den Vogel des Glücks, besitzt. Sadko erringt ihn zwar, muss jedoch erkennen, dass dieser das Glück, dem er hinterherjagt, nicht repräsentiert.

Der Phönix versetzt jeden, der sich ihm nähert, in eine totenähnliche Starre: Sadko weiß, dass das Glück nur in freudigem Schaffen liegen kann, nicht in der Stille des Todes. Zwar hilft der Phönix seinem neuen Herrn gegen seinen früheren Besitzer, der Sadko nach dem Leben trachtet, aber die letzte Erkenntnis um das Wesen des Glücks bringt er ihm nicht. Sadko will endlich heimkehren. Als ein furchtbarer Sturm seine Flotte zu verschlingen droht, springt er über Bord, um den Meereskönig zu besänftigen und seine Gefährten zu retten. Der Meereskönig will, dass Sadko eine seiner Töchter ehelicht. Er wählt die, die ihm einst geholfen hat. Eine von Ljubawa ausgesandte Taube zieht ihn auf die Erde zurück. Die Tochter des Meereskönigs verhilft ihm zur Flucht. Sadko kehrt zurück in die Heimat, wo ihn Ljubawa, die Städter und seine inzwischen sicher heimgekehrten Freunde jubelnd in die Arme schließen. Sadko, der auf der ganzen Welt nach dem Glück gesucht hat, hat es nun gefunden: »Das Glück liegt in der Heimat, ihrer Schönheit, ihren Menschen.«(ILLUSTRIERTE FILM-BÜHNE) Alexander Ptuschkos farbenprächtige Filmerzählung basiert auf einer Oper des für seine phantasievollen und atmosphärischen Werke bekannten Nikolai Rimskij-Korsakow (1844–1908), die 1898 uraufgeführt wurde. Die Story ist nicht frei von sanft-persiflierenden Elementen, und obwohl ihre Botschaft heute etwas bieder (wenn nicht gar leicht patriotisch) klingt, war *Sadkos Abenteuer* doch ein Meilenstein in der Geschichte des modernen sowjetischen phantastischen Films. – »Die Regie entschied sich für einen stark theatralischen Stil. Folkloristische und phantastische Elemente beherrschen die Szenerie. Der Aufwand an technischen Mitteln ist bedeutend. Die Ausstattung und die Trickaufnahmen sind freilich so sehr auf eine naive Empfindungswelt gerichtet, dass sie mancher für kitschig oder lachhaft halten wird ... Merkwürdig berührt, dass solche Irrationalität, die in der Ideologie der Sowjets keinen Platz hat, in dieser Märchenverfilmung offiziell mit erheblichen Unkosten wirksam werden darf.« (FILMDIENST) Wenn Marxisten Coca Cola trinken, unterstützen sie die Expansion des Imperialismus.

SALOME

(SALOME). USA 1953. **R:** *William Dieterle.* **B:** *Harry Kleiner.* **St:** *Jesse L. Lasky jr., Harry Kleiner.* **K:** *Charles Lang.* **M:** *George Duning.* **D:** *Rita Hayworth (Salome), Stewart Granger (Claudius), Charles Laughton (Herodes), Judith Anderson (Herodias), Cedric Hardwicke (Tiberius), Alan Badel (Johannes), Basil Sydney (Pontius Pilatus), Maurice Schwartz (Esra), Rex Reason (Marcellus Fabius), Arnold Moss (Micha), Robert Warwick (Kurier).* **F 103 Min.**

Weil ihr der Apostel Johannes seit langem ein Dorn im Auge ist, will Herodias, die Königin von Galiläa, über ihre Tochter Salome den römischen Kommandanten Claudius zu einem Attentat bewegen. Als der gläubige Claudius ablehnt und ein von Herodias inszenierter Mordanschlag scheitert, nimmt ihr königlicher Gatte Herodes Johannes in Schutzhaft. Um ihn aus dem Kerker zu befreien, tanzt Salome vor Herodes den Tanz der sieben Schleier. Herodias zögert nicht lange. Kurz bevor die letzten Hüllen fallen, serviert ein Scharfrichter den Kopf des Johannes auf silbernem Tablett. Die entsetzte Salome verlässt mit Claudius den Palast und tritt zum Christentum über. – Wie so viele amerikanische Bibelschinken läßt auch *Salome* Bibel Bibel sein und spekuliert unverfroren auf Rita Hayworths Sex-Appeal. Drumherum drapierte William Dieterle noch eine kaum genießbare Melange aus Pathos und schaumgebremstem Sadismus, der es freilich nur gelang, den heiligen Johannes zu »einer Art unterernährtem Rübezahl« (FILMDIENST) umzufunktionieren.

»Das letzte Wort zu diesem Film gebührt einem Rundfunksprecher, der die judäische Prinzessin mit einem Delikatessenladen verwechselte: Nach den Abendnachrichten ging er zum Werbeblock über, wo er den Zuhörern dringend ans Herz legte, sich doch auf alle Fälle Rita Hayworths *Salami* anzusehen.« (John Kobal, RITA HAYWORTH)

SALOMON UND DIE KÖNIGIN VON SABA

(SOLOMON AND SHEBA). USA 1959. R: *King Vidor.* B: *Anthony Veiller, Paul Dudley, George Bruce.* St: *Crane Wilbur.* K: *Freddie Young.* SpE: *Alex Weldon.* M: *Mario Nascimbene.* D: *Yul Brynner (Salomon), Gina Lollobrigida (Königin von Saba), George Sanders (Adonijah), Marisa Pavan (Abishag), David Farrar (Pharao), John Crawford (Joab), Laurence Naismith (Hezrai), Jose Nieto (Ahab), Alejandro Rey (Sitar), Finlay Currie (König David). F 139 Min.*
Um seinen Intimfeind König Salomon zu bezwingen, schickt der ägyptische Pharao seine Vertraute, die Königin von Saba, auf eine Verführungsmission nach Israel. Salomon verfällt ihr in der Tat und gestattet, dass sie im heiligen Tempel zu Jerusalem ein heidnisches Ritual inszeniert. Als die Orgie immer wüster wird, schießt ein Blitz vom Himmel und tötet Salomons Stiefschwester. Erschüttert schwört die Königin von Saba dem lieben Gott, sie werde seine Religion auch in ihrem Reich einführen, falls er Salomon bei der Schlacht gegen die Truppen des Pharao zum Sieg führt. Und so geschieht es auch. – » ... voll von banalen Dialogen, zahmen Orgien und armselig konstruierter Romantik.« (THE BIBLE ON FILM) – »*Salomon und die Königin von Saba* ist kein Film, den man sehr ernst nehmen sollte.« (MONTHLY FILM BULLETIN)

DER SALZPRINZ

(SOL NAD ZLATO). ČSSR/BRD 1982. R: *Martin Hollý.* B: *Martin Hollý, Peter Kovácik.* K: *Dodo Simončič.* M: *Karel Svoboda.* D: *Karol Machata, Jozef Króner, Dietlinde Turban, Libuše Sáfranková, Zuzana Kocikurová, Juraj Kukura.* F 100 Min.
Ein König, der seine drei Töchter verheiraten will, stellt fest, dass die jüngste sich in den »Salzprinzen« verliebt hat – den Sohn des Herrschers der Unterwelt. Missverständnisse zwischen beiden Reichen lösen alsbald einen Streit aus. Der König der Unterwelt, der seinen Sohn beleidigt wähnt, legt einen Bann auf die Oberwelt, woraufhin sich sämtliches Salz der Erde in Gold verwandelt. – Was daran *gemein* sein soll? Na, würzen Sie doch mal ein Steak mit Gold! – Verfilmung eines tschechischen Märchens, das in der BRD in zwei Teilen im Fernsehen lief.

SAMSON – BEFREIER DER VERSKLAVTEN

(LA FURIA DI ERCOLE). Italien/Frankreich 1961. R: *Gianfranco Parolini.* B: *P. Parloni, Giorgio Simonelli, C. Madison.* K: *Francesco Izzarelli.* SpE: *R. Morelli, F. Cardinali.* M: *Carlo Innocenzi.* D: *Brad Harris (Samson), Mara Berni (Königin), Brigitte Corey (Daria), Serge Gainsbourg (Menisto), Elke Arendt, Alan Steel, Carlo Tamberlani.* F 95 Min.
Bei einem Besuch im Königreich Nisia erfährt der antike Muskelmann Samson (im Original: Herkules), dass der alte Herrscher das Zeitliche gesegnet hat. Seine Tochter wird von dem hinterlistigen Ratgeber Menisto manipuliert, der das Volk knechtet. Als die junge Königin ein begehrlich Äuglein auf den starken Samson wirft, vermutet Menisto, sie könne sich seinem Einfluß entziehen. Diverse Attentate auf Samson schlagen fehl; als dieser merkt, welch verschlagene Kreatur Menisto ist, schließt er sich der lokalen Befreiungsfront an, befreit die Versklavten und zettelt einen Aufstand an, der das Regime des Intriganten hinwegfegt (und leider auch die Königin das Leben kostet). – »Ein Erzeugnis filmantiker Kraftmeierei ... mühsam hochgehalten von einem gestelzten Dialog, der sich um missverstandenes altgriechisches Sprachgefühl bemühen möchte, aber nur hohltönendes Pathos hervorbringt.« (FILMDIENST)

SAMSON GEGEN DIE KORSAREN DES TEUFELS

(SANSONE CONTRO IL CORSARO NERO). Italien 1963. **R:** *Luigi Capuano.* **B:** *Arpad De Riso, Piero Pierotti.* **K:** *Augusto Tiezzi.* **M:** *Angelo Francesco Lavagnino.* **D:** *Alan Steel (Samson), Rosalba Neri, Piero Lulli, Elsa Mainardi, Andrea Aureli. F 88 Min.*

Ohne dass dem Publikum eine Erklärung geliefert wird, hat es Samson in die Zukunft verschlagen, wo er einem spanischen Kolonialbeamten hilft, sich seines verbrecherischen Beraters und einer Piratenbande zu entledigen. Am Ende läuten für Samson die Hochzeitsglocken, denn zum Dank darf er das Töchterlein seines Brötchengebers ehelichen. – »Die Story entwickelt sich folgerichtig. In einigen Nebenfiguren versucht die Regie sogar eine leichte Ironisierung.« (FILMDIENST) Leider versäumt sie, dem Farbspektakel einige Fantasy-Elemente beizugeben.

SAMSON UND DELILAH

Österreich 1922. **R:** *Alexander Korda.* **B:** *Alexander Korda, Sidney Garrick, Ernst Vajda.* **K:** *Anton Ziedler, Nikolaus Farkas.* **D:** *Maria Corda (Delilah/Sängerin), Franz Herterich, Paul Lukas, Ernst Arndt, Oskar Hugelmann, Alfredo Galaor. SW ca. 60 Min. (Stummfilm).*

Ein jüdischer Gelehrter will eine Sängerin überreden, in einer Oper die Delilah zu singen, was sie jedoch ablehnt. Vor diesem Hintergrund wird die biblische Geschichte von Samson und Delilah erzählt (Inhalt siehe *Samson und Delilah,* USA 1948). – »*Samson und Delilah* kostete für die damalige Zeit ein Vermögen und brachte seinem Finanzier, dem ungarischen Ex-Filmverleiher Dr. Szucs, hohe Verluste ein. Der Film litt auch an Produktionsproblemen, besonders was die gigantischen Tempelbauten anbetraf, die unter der Muskelkraft Samsons (der von einem Dutzend Ochsen unterstützt wurde, die sich außerhalb des Kamerabereichs befanden) nicht einstürzen wollten. Ironischerweise brach die gewaltige Konstruktion aus eigenem Antrieb zusammen, als die Schauspieler und Techniker Mittagspause machten.« (THE BIBLE ON FILM)

SAMSON UND DELILAH

(SAMSON AND DELILAH). USA 1948. **R:** *Cecil B. DeMille.* **B:** *Jesse L. Lasky, Frederic M. Frank.* **St:** *Harold Lamb, Vladimir Jabotinsky.* **K:** *George Barnes, Farciot Edouard (Rückpro).* **M:** *Victor Young.* **D:** *Hedy Lamarr (Delilah), Victor Mature (Samson), George Sanders (Saran von Gaza), Angela Lansbury (Semadar), Henry Wilcoxon (Ahtur), Olive Deering (Miriam), Fay Holden (Hazelelponit), Julia Faye (Hisham), Russ Tamblyn (Saul), William Farnum (Tubal), Lane Chandler (Teresh), Moroni Olsen (Tarpit), Francis J. McDonald (Erzähler), William Davis (Garmiskar), John Miljan (Lesh), Arthur Q. Bryan (Händler), Victor Varconi (Ashdod), John Parrish (Gath), Frank Wilcox (Ekron), Russell Hicks (Ashkelon), Boyd Davis (Priester), Fritz Leiber (Sharif), Mike Mazurki (Hauptmann), Davison Clark (Händlerprinz), George Reeves (Kurier), Pedro de Cordoba (Bar Simon), Frank Reicher (Barbier), Colin Tapley (Prinz), Laura Elliot (Zuschauerin). F 128 Min.*

Samson und Delilah – 1948

Der mit übermenschlichen Kräften versehene Daniter Samson, dessen Volk seit zwei Generationen von den Philistern unterdrückt wird, verliebt sich in das Mädchen Semadar, doch als er es ehelichen will, provoziert ihr eifersüchtiger Ex-Bräutigam Ahtur einen Streit, der in einer Katastrophe endet: Samson vertrimmt die gesamte Hochzeitsgesellschaft; Semadar und ihr Vater kommen um, ihr Besitz geht in Flammen auf. Rachedurstig läuft Semadars Schwester Delilah, die selbst ein Auge auf den starken Mann geworfen hat, zum Philisterkönig Saran über und hetzt dessen Leute hinter ihm her – doch tausend Mann können Samson nicht schrecken. Als Delilahs Schachzüge nicht die gewünschte Wirkung zeigen, nimmt sie die Sache persönlich in die Hand: Sie lockt Samson in ihr Zelt und verführt ihn. Dabei erfährt sie auch das Geheimnis seiner ungewöhnlichen Stärke: Es ist sein Haupthaar, das ihm Kraft verleiht; nimmt man es ihm, versiegt sie sofort. Ein Becher Wein, mit einem Pülverchen versetzt, genügen, um Samson kampfunfähig zu machen. Nachdem man ihn skalpiert und geblendet hat, darf er für den Rest seines Lebens einen gigantischen Mühlstein drehen. Delilah, plötzlich entsetzt über ihren Verrat, will Samson helfen. Doch er bedarf ihrer Hilfe nicht: Sein Haar ist nämlich nachgewachsen. Als man ihn in einem Tempel an zwei Säulen kettet, um ihn zu geißeln, spielt er seine Kräfte zum letzten Mal aus. Die Säulen fallen, der einstürzende Tempel begräbt alle unter sich: Philister und Gaffer, Samson und Delilah. – »Gefallen Ihnen Western, in denen der Held zehn bis zwölf Banditen mit nichts anderem als einem Stuhlbein zusammenhaut? Dann müssen Sie auch *Samson* sehen, wie er nicht fünfzig oder hundert Philistersoldaten, sondern gleich tausend niedermacht – mit nichts anderem als dem Kieferknochen eines Esels. Und wenn Sie nicht glauben, dass es sich so abgespielt hat, schlagen Sie in der Bibel nach. Mögen Sie Robin Hood-Geschichten? Dann sehen Sie sich an, wie *Samson* die Berge hinunterflitzt und eigenhändig zugunsten der armen Daniter eine Karawane der Philister zusammenschlägt. Mögen Sie Superman? Dann sehen Sie sich an, wie *Samson* auf Leben und Tod ohne Waffen mit einem Löwen ringt. Würden Sie gern mal sieben Tage mit Hedy Lamarr zusammen in einem Zelt in der Wüste verbringen? Wer möchte es nicht? Mature hat den Job jedenfalls bekommen.« (VARIETY) – Cecil B. DeMilles Mammutproduktion (der Film kostete seinerzeit $ 3 Mio.; ein Budget, über das heutige Filmemacher wohl nur noch kichern) war ein ausgesprochener Kassenknüller. Überlänge und den Herstellungskosten wurde nicht nur mit übergroßen Plakaten Rechnung getragen, sondern auch mit erhöhten Preisen, die das Publikum jedoch nicht abschreckten, obwohl die Kritik wenig freundliche Worte für das biblische Spektakel fand: Für Leslie Halliwell (HALLIWELL'S FILMGUIDE) war die spektakuläre Show nur ein »absurder biblischer Bluff, schwerfällig erzählt und dirigiert, eintönig fotografiert und geschnitten, bemerkenswert lediglich wegen der dreißig Sekunden dauernden Zerstörung des Tempels«, und der FILMBEOBACHTER war schon deswegen dagegen, »weil wir nicht glauben, dass erst der Film kommen muss, um die biblische Geschichte richtig zur Geltung zu bringen, ›Wirklichkeit werden zu lassen‹«.

SAMSON UND DIE WEISSEN SKLAVINNEN

(SANSONE CONTRO I PIRATI). Italien 1963. R: *Amerigo Anton.* B: *Guido Malatesta.* K: *Augusto Tiezzi.* M: *Francesco Lavagnino.* D: *Kirk Morris (Samson), Margaret Lee, Daniele Vargas, Aldo Bufilandi.* F 81 Min.

Piraten überfallen in der Karibik ein spanisches Schiff, massakrieren die Besatzung und rauben die aus hübschen Mädchen bestehende Ladung. Muskelmann Samson, den es offenbar wieder quer durch die Zeiten verschlagen hat, ohne dass der gerissene Autor Guido Malatesta in der Lage wäre, dem Publikum eine logische Erklärung zu liefern, fischt die einzige Entkommene aus des Meeres Fluten und denkt sich (Oh, Gott!) einen Plan aus, um der wüsten Flibustiermeute zu zeigen, dass man mit derlei Schandtaten lediglich den Zorn des Gerechten hervorruft. – »Bei der Muskelkraft Samsons, der eine ganze Schiffsbesatzung allein besiegt, die eisernen Tore des Gefängnisses spielend aus den Angeln hebt, mit einem Pappkrokodil ... auf Leben und Tod kämpft und den Palast des Piratenchefs zum Einsturz bringt« (FILMDIENST), ist es natürlich kein Wunder, dass die Piraterie im Gebiet der karibischen Inseln bald zum Erliegen kommt. Nicht beachtenswert neben dem Hauptdarsteller auch diesmal: Margaret Lee. Ihr Abstieg vollzog sich recht bald in spanischen Sex- und Horror-Schundfilmen.

DER SANDMANN

BRD 1993. **R:** *Eckhart Schmidt.* **B:** *Eckhardt Schmidt.* **LV:** *»Der Sandmann« von E. T. A. Hoffman.* **K:** *Johannes Kirchlechner.* **M:** *Frédéric Chopin, Antonio Vivaldi.* **D:** *Laurence Flaherty (Daniel), Stella Vordemann (Olimpia), Sabrina Paravicini (Clara), John Karlsen (Spalanzini), Erik Schumann (Coppola), Daniel Harrich (Daniel als Kind), Claudia Popp (Pianistin), Vittoria Zanca (Empfangsdame).* F 104 Min
Inhalt siehe *Coppelia.* – »Ein Film fürs Auge. Seine literarische Künstlichkeit wirkt oft lähmend langatmig, doch immer dekorativ.« (Ponkie, AZ)

DAS SANDMÄNNCHEN

BRD 1955. **R:** *Emil Surmann.* **B:** *Emil Surmann.* **K:** *Herbert Körner.* **M:** *Norbert Schulze.* **D:** *Gerhard Heinrich, Alexa von Porembsky, Alexander Solms, Erika Knab, Wilfried Schälicke, Heide Ewert, Alice Decarli, Ilse Trautschold.* SW 83 Min. Weil sie nicht mehr schlafen will, sperrt eine junge Komteß das Sandmännchen in ein dunkles Verlies ein. Leider befällt dadurch aber auch den Rest der Welt akute Schlaflosigkeit. Eine kleine Königstochter bringt mit Hilfe des Sandfrauchens wieder alles ins Lot. – »Man kann natürlich niemandem verbieten, sich einer volkstümlichen Sagengestalt zu bemächtigen, um an ihr die (ach so) schwachen filmkünstlerischen Kräfte zu erproben.« (FILMBEOBACHTER)

Santa Claus

SANTA CLAUS

(SANTA CLAUS – THE MOVIE). USA 1985. **R:** *Jeannot Szwarc.* **B:** *David Newman.* **St:** *David Newman, Leslie Newman.* **K:** *Arthur Ibbetson.* **SpE:** *Roy Field, Derek Meddings, Martin Gutteridge, David Lane.* **M:** *Henry Mancini.* **D:** *David Huddleston (Santa Claus), Dudley Moore (Pateh), John Lithgow (B.Z.), Burgess Meredith (Alter Elf), Judy Cornwell (Anja), Jeffrey Kramer (Towzer), Christian Fitzpatrick (Joe), Carrie Kei Heim (Cornelia), John Barrard (Dooley).* F 94 (112) Min.
Eines schönen Winterabends werden der Holzfäller Claus und seine Frau Anja auf magische Weise ins Land der Zwerge am Nordpol transportiert. Die Zwerge verleihen ihnen ewiges Leben und befördern Claus zum Weihnachtsmann. Als nach einigen Jahrhunderten die Arbeit langsam zuviel wird, entschließt sich Santa Claus, den ehrgeizigen Elfen Patch als Assistenten anzustellen. Auf einem Geschenkflug freundet sich der Weihnachtsmann überdies mit dem Straßenjungen Joe und dessen reicher Freundin Cornelia an. Doch Patchs neumodische Fließbandmethoden führen zu missratenen Waren, unter denen auch Santas Ruf bald leidet. Patch wird gefeuert und zieht mit einer Prise magischen Rentierfutters nach New York, um seine wahren Qualitäten zu beweisen. Für Cornelias Stiefonkel, den sinistren Spielzeugfabrikanten B.Z., braut Patch aus Zauberstaub, Zucker und einigen Kunstfarben einen purpurnen Lutscher, den er mit einem fliegenden Turbowagen unter den Weihnachtsbäumen der ganzen Welt verteilt. Begeistert vom Riesenerfolg des Lutschers, der jeden Lecker zum Schweben bringt, lässt B.Z. Patch eine extrastarke Zuckerstange als Nachzieher herstellen. Zunächst läuft alles wie geschmiert. Ermutigt durch den Erfolg macht sich Patch mit Joe und einer Wagenladung Zuckerstangen zum Nordpol auf. Allerdings hat B.Z. ihm verschwiegen, dass die neuen Lutscher explodieren, wenn es ihnen zu warm wird. In letzter Sekunde gelingt es dem von Cornelia alarmierten Weihnachtsmann, Patch und Joe zu retten, bevor der Turbowagen in die Luft fliegt. B.Z. wiederum überfrisst sich bei der Flucht vor der Polizei mit Zuckerstangen und schwebt auf Nim-

merwiedersehen ins All davon. – Dass die Wege der Filmindustrie des öfteren wundersam sind, dürfte sich rumgesprochen haben. Ein $ 40-Mio.-Opus über den Weihnachtsmann allerdings ist selbst für Hollywood-Verhältnisse eine absonderliche, um nicht zu sagen bescheuerte Idee. Dies scheinen auch alle Beteiligten erkannt zu haben: *Santa Claus* wandert recht geschickt auf dem Grat zwischen Ernst und Parodie. Dank Dudley Moore und John Lithgow, die sich als Spezialisten des *tongue-in-cheek* erweisen, gerät der Film streckenweise zu einer urkomischen Satire auf die Vergewaltigung des Weihnachtsgeistes durch die moderne Konsumgesellschaft. Selbst in den sentimentalen, allzu kindlichen Szenen bleibt *Santa Claus* immer auf unterhaltsame Weise doof, auch wenn das Ganze aus ungefähr fünf arg holprig zusammengerührten Einzelfilmen besteht.

SANTA CLAUSE – EINE SCHÖNE BESCHERUNG

(SANTA CLAUSE). USA 1994. **R:** *John Pasquin.* **B:** *Leo Benvenuti, Steve Rudnick.* **K:** *James Miller.* **M:** *Michael Convertino.* **D:** *Tim Allen (Scott Calvin), Judge Reinhold (Dr. Neal Miller), Wendy Crewson (Laura Calvin), Eric Lloyd (Charlie Calvin), David Krumholtz (Bernard), Peter Boyle (Whittle), Larry Brandenburg (Detective Nunzio), Mary Gross (Miss Daniels), Paige Tamada (Judy). F 97 Min.*
Der Geschäftsmann Scott verwandelt sich, ohne es zu wollen, allmählich in den Weihnachtsmann, was seiner Umwelt nicht geheuer ist, so dass er unter ihren Schikanen leidet. Seichte Komödie mit stellenweise bissigem Humor. [V]

DIE SATANSBOTEN
Anderer Titel für **Die Nacht mit dem Teufel**

SAXANA, DIE HEXE

(DIVKA NA KOSTETI). ČSSR 1971. **R:** *Václav Vorliček.* **B:** *Miloš Macourek, Václav Vorlicek, H. Francová.* **K:** *Vladimir Novotny.* **M:** *Angelo Michailow.* **D:** *Petra Cernocká (Saxana), Jan Hrusinsky (Hans), Vladimir Menšik (Pedell), Jana Drbohlavová. F 78 Min.*

Die Hexenschülerin Saxana, Tochter einer Fledermaus, aber durchaus menschlich wirkend, besucht in der Unterwelt eine Zauberschule, wo sie hauptsächlich durch Unaufmerksamkeit glänzt. Als ihr ein Experiment misslingt (sie verwandelt sich in ein Huhn statt in einen Raben, später dann in eine Kuh), muss sie 300 Jahre nachsitzen. Der Pedell erzählt ihr von der verrückten Welt der Menschen – Saxanas Neugier erwacht. Um der Langeweile zu entfliehen, begibt sie sich in die Oberwelt, lernt Hans, den Sohn eines Zoodirektors, kennen und geht mit ihm zur Schule. Doch auch hier stellt sie zum Gaudium ihrer Mitschüler mit ihren magischen Kräften nur Unsinn an. Als Saxana erfährt, dass sie ein »Weiberohr« zu sich nehmen muss, um bei den Menschen bleiben zu können, macht sie sich auf die Jagd nach einem solchen. Doch die Missverständnisse reißen nicht ab. Saxana verwandelt das Lehrerkollegium der Schule in eine Kaninchenherde und landet im Irrenhaus. Hans befreit sie, und gemeinsam dringen sie in die Unterwelt ein, um ein Zauberbuch zu stehlen, mit dem man die Verwandlung rückgängig machen kann. Von den Bewohnern der Unterwelt verfolgt, müssen sie ständig ihre Gestalt ändern, um der Gefangennahme zu entgehen. Nach der erfolgreichen Rückverwandlung des Lehrerkollegiums fällt Saxana endlich das langgesuchte Weiberohr in die Hände: in Form von Salbeitee befindet es sich in der Thermoskanne eines Lehrers. – Ein unterhaltsamer, stellenweise ziemlich lustiger Film mit recht gut gemachten Tricks, an dem vor allem die Kleinen ihre Freude haben werden. [V] *(Das Mädchen auf dem Besenstiel)*

Santa Clause – Eine schöne Bescherung

SCHANDE DES DSCHUNGELS

siehe **Tarzoon – Schande des Dschungels**

DAS SCHARLACHROTE BLÜMCHEN

(SKAZKA O KUPECHESKOY DOCHEZY I TRAINSVENNOM CSVETKE). UdSSR 1991. **R:** *Wladimir Grammatikow.* **B:** *Iwan Birjukow, William Aldridge.* **K:** *Alexander Antipenko.* **M:** *Alexej Murawljow.* **D:** *Ekaterina Temnikowa (Aljona), Wladimir Gorodnitschew (Danila), Juliana Iwanowa (Olga), Anastassja Jakowlewa (Nastja), Lussjena Owtschinnikowa (Warwara). F 90 Min.*

Russische Version des Märchens von der Schönen und dem Biest: Der Kaufmann Danila, der seiner Tochter aus einem fernen Land ein scharlachrotes Blümchen mitbringen will, stößt in einer Ruine auf das begehrte Kleinod, wird jedoch von einem unsichtbaren Drachen dazu verflucht, drei Tage nach der Übergabe des Geschenks zu sterben. Um dem Töchterchen den Herzenswunsch zu erfüllen, kehrt er nach Hause zurück. Die Tochter kann sich nun jedoch nicht mehr freuen. Gemeinsam kehren sie zurück, um den Drachen um Gnade zu bitten und das Geheimnis des Blümchens zu enthüllen.

SCHATTEN DER VERGANGENHEIT

(DEAD AGAIN). USA 1990. **R:** *Kenneth Branagh.* **B:** *Scott Frank.* **K:** *Matthew F. Leonetti.* **M:** *Patrick Doyle.* **D:** *Kenneth Branagh (Mike Church/Roman Strauss), Andy Garcia (Gary Baker), Emma Thompson (Grace/Margaret Strauss), Derek Jacobi (Franklyn Madson), Hanna Schygulla (Inga), Obba Babatunde (Syd), Robin Williams (Cozy Carlisle), Christine Ebersole (Lydia Larson), Vasek C. Simek (Otto), Wayne Knight, Campbell Scott, Gregor Hesse. F/SW 111 Min.*

In ihren Alpträumen glaubt sich die junge Grace als reinkarnierte Gattin des Komponisten Roman Strauss wiederzuerkennen, die vierzig Jahre zuvor Opfer eines Mordes aus Eifersucht wurde, für den ihr Gatte in der Todeszelle landete. Ein mit Hypnose arbeitender Antiquitätenhändler kommt der viel verblüffenderen Wahrheit schließlich auf die Spur. Solide und spannend inszeniertes, sehr artifizielles Reinkarnations-Melodram. [V]

SCHATTEN VERGESSENER PFERDE

(TENI SABYTYCH PREDKOW). UdSSR 1964. **R:** *Sergej Paradshanow.* **B:** *Sergej Paradshanow, Iwan Tschendej.* **LV:** *»Tini sabytych predkiw« (Schatten vergessener Ahnen) von Michailo Kozjubynski.* **K:** *Juri Iljenko.* **M:** *M. Skorik.* **D:** *Iwan Mikolaitschuk, Larissa Kadotschnikowa, Tatjana Bestajewa, Spartak Bagaschwili, Nikolai Grinko. F 97 Min.*

Die Tragödie von Iwan und Maritschka aus dem ukrainischen Volksstamm der Huzulen, die in der Feindschaft ihrer Familien erst mit dem Tod der beiden Liebenden ihr Ende findet. Im Sterben sah schon Iwans erschlagener Vater die Feuerpferde als Boten des Todes.

SCHEHEREZADES LETZTE NACHT

(POSLEDNJAJA NOTSCH SCHEHERESADY). UdSSR/Syrien 1988. **R:** *Tachir Sabirow.* **B:** *Waleri Karen, Tachir Sabirow.* **LV:** *Märchen aus 1001 Nacht.* **K:** *Rustam Muchamedshanow.* **M:** *Gennadi Alexandrow.* **D:** *Jelena Tonunz (Scheherezade), Tachir Sabirow (Kalif), Ulugbek Musaffarow (Maruf), Tamara Jandijewa (Esmagül), Gada Alschama (Amal), Abdul-Salem Altajeb (Tiuli-Kos), Masschar Alchakim (Masruf), Gennadi Tschetwerikow (Dschinn). F 87 Min.*

Der arme Schuster Maruf erlebt viele Abenteuer, ehe er mit Hilfe eines Dschinns die schöne Tochter des Kalifen heimführen kann, die der böse Tiuli-Kos entführt hat. Ein bunter Märchenfilm nach den Erzählungen aus Tausendundeiner Nacht. Fortsetzung von *Noch eine Nacht mit Scheherazade* (1984) und *Die neuen Märchen von Scheherazade* (1987).

DIE SCHLACHT IM TAL DER TULPEN

(RUSTAM I SUCHRAB). UdSSR 1972. **R:** *Boris Kimjagarow.* **B:** *Grigori Koltunow.* **LV:** *Epos »Sah-Name« (Das Buch der Könige/Das Heldenbuch von Iran) von Abu'l Qasim Firdausi.* **K:** *Dawlat Chudonasarow.* **M:** *Arif Melikow.* **D:** *Bimbulat Watajew (Rustam), Chaschim Gadojew (Suchrab), S. Issajewa (Tachmina), G. Sawkibekow (Shandarasm), Otar Koberidse (Schah Kawus), M. Rafikow (Chadshir), Rassak Chamrajew (Chuman). F 95 Min.*

Fortsetzung der persischen *Rustam-Legende:* Sie handelt vom Kampf Vater gegen Sohn. Schah Kawus lässt den verbannten Recken Rustam aus dem Exil zurückholen, als der Schah von Turan mit einem großen Heer gegen den Iran zieht, angeführt ausgerechnet von Rustams Sohn Suchrab. Aber Rustam, der im Zweikampf vor Suchrab steht, weiß nicht, dass dieser sein eigener Sohn ist. Der Kampf endet tödlich für den Sohn. Die Sage wurde fortgesetzt mit dem Film *Die Tragödie von Siawusch.*

DAS SCHLOSS HINTERM REGENBOGEN

(TINERETE FARA BATRINETE). Rumänien 1969. **R:** *Elisabeta Bostan.* **B:** *Elisabeta Bostan.* **LV:** *Rumänisches Volksmärchen.* **K:** *Julius Druckmann.* **M:** *Temistocle Popa.* **D:** *Carmen Stanescu (Sonnenblumenmädchen), Emanoil Petrut (Bauernsohn), Ana Szeles, Mircea Breazu, Nicolae Secareanu. F 97 Min.*

Bauernsohn findet das Reich der ewigen Jugend, wo er die Tochter des Herrschers zur Frau nimmt, doch dann bekommt er Heimweh und kehrt in die Welt der Menschen zurück.

DAS SCHLOSS IM SPINNWEBWALD

(KUMONOSU-JO). Japan 1957. **R:** *Akira Kurosawa.* **B:** *Hideo Oguni, Shinobu Hashimoto, Ryuzo Kikushima, Aldra Kurosawa.* **LV:** *»Macbeth« von William Shakespeare.* **K:** *Asakazu Nakai.* **SpE:** *Eiji Tsuburaya.* **M:** *Masaru Sato.* **D:** *Toshiro Mifune (Taketoki Washizu), Isuzu Yamada (Asaji), Takashi Shimura (Noriyasu Odagura), Minoru Chiaki (Yoshiaki Miki), Akira Kubo (Yoshiteru), Takamaru Sasaki (Kuniharu Tsuzuki), Yoichi Tachikawa (Kunimarn), Chieko Naniwa (Hexe). SW 110 Min.*

Auf dem Heimritt von einer siegreichen Schlacht verirren sich die Generäle Washizu und Miki im Wald, der das Spinnwebschloss ihres Herm Tsuzuki umgibt. Nach einiger Zeit begegnen sie einer Hexe, die Washizu prophezeit, er werde erst die Herrschaft über das Nordhaus und dann die Macht im Spinnwebschloss übernehmen. Doch die Söhne Mikis, nicht die Washizus, werden seinen Thron erben. Die Freunde verlachen die Hexe. Als sie im Spinnwebschloss ankommen, geht der erste Teil der Prophezeiung in Erfüllung. Auf Betreiben seiner Frau Asaji bringt Washizu seinen Herrn um, setzt aber gleichzeitig Mikis Sohn als seinen Nachfolger ein. Die schwangere Asaji gibt sich damit nicht zufrieden und besteht darauf, dass ihr Mann auch Miki und seinen Sohn Yoshiteru umbringt. Der schon zu tief in seine Verbrechen verstrickte Washizu tut, wie ihm geheißen, doch Yoshiteru gelingt die Flucht. Verzweifelt sucht Washizu ein zweites Mal die Hexe im Spinnwebwald auf. Die prophezeit ihm, er sei so lange unbesiegbar, wie der Spinnwebwald sich nicht bewege. Als sich der Wald tatsächlich bewegt – Yoshiterus Armee tarnt sich auf ihrem Vormarsch mit Zweigen und Büschen –, rebellieren seine Gefolgsleute. Washizu stirbt im Pfeilhagel der eigenen Leute. – »Warum, frage ich mich, können die Menschen nicht miteinander auskommen? Warum können sie nicht freundlicher zueinander sein?« (Akira Kurosawa) *Das Schloss im Spinnwebwald* gibt mögliche Antworten. Von eiskalten Bildern geprägt, »nicht wie *Macbeth* eine Tragödie der vergeblichen Reue, sondern die Tragödie der vergeblichen Tat« (FILMKRITIK), erzählt Kurosawa die Geschichte eines Mannes, der ein Opfer seiner Ambitionen wird. Washizu will sich selbst verwirklichen, sucht dabei sein Glück aber nur in weltlichen Dingen: Macht um der Macht willen. Und die Regeln dieses Spiels der Macht, das der schwerfällige, nicht besonders helle Washizu zu spielen beginnt, determinieren auch sein Ende. Bestimmendes Strukturelement des Films ist der Kreis. Wie der Film zum Schluß wieder auf seinen Anfang – nebeldurchzogene Bilder von Erdhügeln und einer Schlossruine, im

Das Schloss im Spinnwebwald

Hintergrund ein Chor – zurückkehrt, Pferde in der Koppel Washizus ständig im Kreise reiten, ist auch die Geschichte selbst für Kurosawa nur ein Kreis aus Verzweiflung und Hoffnung, bei dem sich bestenfalls Nuancen ändern. – »Dem modernen Betrachter bietet sich ein faszinierender Alptraum von einer uralten und ungewissen hierarchisch-absolutistischen Gesellschaft, in der sich die von Shakespeare bekannten Vorgänge abspielen. Er kann die nackte Brutalität einer exotischen Herrschaftsform bestaunen, die ihren gemäßen Ausdruck im häufigen Kotau findet, dem Sich-Niederwerfen vor den Machthabern. Es ist ein künstliches, stark formal orientiertes Geschichtsbild, das Kurosawa zeigt. Stilmittel des klassischen No-Theaters werden spürbar.« (FILMDIENST) – »Optisch ist der Film ein Gedicht, weil er nur aus sehr Wenigem besteht – Nebel, Wind, Bäume, Dunst – dem Wald und dem Schloss. Selten gab es einen schwarzweißeren Schwarzweißfilm. Kurosawa schränkt sich absichtlich ein. Die einzige Zeichensetzung, die er gestattet, sind der einfache Schnitt und die einfache Wischblende. Es gibt keine Ab- und Aufblenden, nichts Weiches, nichts Fließendes, nichts Amorphes. Alles besteht aus einem rigiden Entweder-Oder. Washizus Banner trägt das totemistische Emblem eines räuberischen Tausendfüßlers; das Banner des unschuldigen Miki einen Hasen. Die Dinge sind so, wie sie sind: vorherbestimmt, determiniert. Flucht ist nicht möglich, überall trifft man auf Grenzen, Wald wie Schloss sind Irrgärten.« (Donald Richie, THE FILMS OF AKIRA KUROSAWA) – »Zur archaischen Wucht dieses Spiels gehört untrennbar die Art seiner akustischen Untermalung (Dialoge und Deklamationsstil dürften sich erheblich vom trivialen Text und der ausdrucksarmen Sprechweise der deutschen Fassung unterscheiden). Kurosawa, sonst anfällig für das Rauschen eines Symphonieorchesters europäischen Typus ... hat hier nur sparsam Musik im altjapanischen Stil verwendet – Schlagzeuge und dünne, gellende Flötenklänge –, öfter die Stille durch einzelne Geräusche akzentuiert: das Schleifen eines Gewandes über den Boden, Tierschreie in der ersten Mondnacht, zuletzt das trockene Prasseln von Holzpfeilen, fast an Maschinengewehrsalven erinnernd ... Toshiro Mifu-

ne macht aus diesem Untergang ein schauspielerisches Elementarereignis: stöhnend taumelt er an einer Holzwand entlang in immer neue Pfeilhagel hinein, wankt schließlich mit Geschossen gespickt, einen Pfeil quer durch den Hals, das Gesicht zu einer barbarischen Fratze verzerrt, im nebligen Gegenlicht auf die Front seiner Mannen zu und bricht vor ihnen zusammen. Dieses Ende ist nicht heroisch, aber von grausamer Monumentalität, ihm folgt kein Triumphmarsch. Kurosawa lässt das blutige Spiel der Mächtigen von jenen beenden, auf deren Kosten es zu lang getrieben wurde.« (FILM)

DIE SCHLÜMPFE UND DIE ZAUBERFLÖTE

(LA FLUTE A SIX SCHTROUMPFS). Belgien/Frankreich 1975. **R:** *José Dutillieu.* **B:** *Peyo Culliford, Yvan Delporte.* **LV:** *Peyo Culliford.* **M:** *Michel Legrand.* **A:** *Nie Broca, Marcel Colbrant, Louis-Michael Carpentier, Eddie Lateste. F 74 Min. (Zeichentrick).*

Im Mittelalter: Der Dieb Galgenstrick entwendet aus dem königlichen Schloss eine Zauberflöte, deren Töne die Zuhörer bis zur Erschöpfung tanzen lassen. Nach einigen vergeblichen Versuchen, sie ihm wieder abzujagen, lassen sich der Hofnarr Pfiffikus und sein Freund Prinz Johann von einem Magier ins Land der Schlümpfe hypnotisieren. Dort schnitzt der Oberschlumpf eine zweite Flöte für Pfiffikus, mit deren Hilfe er den Bösewicht in einem Musikduell bezwingt. – Ein alberner, schwach geschlumpfter Limited Animation-Film, der im Schlumpfe nur beschlumpft, dass der Schl... [V]

SCHNEEFLÖCKCHEN

(SNEGUROTSCHKA). UdSSR 1968. **R:** *Pawel Kadotschnikow.* **B:** *Daniel Dal [Leonid Lubaschewski], Pawel Kadotschnikow.* **LV:** *Märchendrama »Snegurotschka« (Schneewittchen) von Alexander Ostrowski.* **K:** *Alexander Tschirow.* **M:** *Wladislaw Kladnizki.* **D:** *Jewgenija Filonowa (Snegurotschka), Pawel Kadotschnikow (Zar Berendej), Irina Gubanowa (Kupawa), Boris Chimitschew (Misgir), Sergej Filippow (Bermjata). F 93 Min.*

Die Frühlingsfee, Mutter der schönen, aber als Tochter von Väterchen Frost eiskalten Snegurotschka, erwärmt das Mädchen. Als sie sich in den jungen Misgir verliebt, schmilzt sie in der Sonne.

DIE SCHNEEKÖNIGIN

(SNESHAJA KOROLEWA). UdSSR 1957. **R:** *Lew Atamanow.* **B:** *Lew Atamanow, G. Grebner.* **LV:** *Hans Christian Andersen.* **K:** *Michail Drujan.* **A:** *A. Winkurow. F 55 Min. (Zeichentrick).*

Andersens Märchen vom Brüderchen, das von der Schneekönigin gekidnappt wird, die ihm das Herz einfriert: Ohne Herz empfindet man zwar keine Freude mehr, aber auch keinen Schmerz, verspricht die Dame, woraufhin der Knabe ganz blau im Gesicht wird. Zum Glück hat sich Schwesterchen schon zu seiner Rettung aufgemacht... Animationsfilm aus dem russischen Sojusmultstudio, das auch im 21. Jahrhundert nichts vom Charme seiner Figuren eingebüßt hat.

DIE SCHNEEKÖNIGIN

(SNESHNAJA KOROLEWA). UdSSR 1967. **R:** *Gennadi Kasanski.* **B:** *Jewgeni Schwarz.* **LV:** *Hans Christian Andersen; Märchenspiel »Sneshnaja korolewa« (1938) von Jewgeni Schwarz.* **K:** *Sergej Iwanow.* **M:** *Nadeshda Simonjan.* **D:** *W. Nikitenko (Märchenerzähler), Jelena Proklowa (Gerda), Slawa Zjupa (Kai), Jewgenija Melnikowa (Großmutter), Natalja Klimowa (Schneekönigin), N. Bojarski (Kommerzienrat), Jewgeni Leonow (König). F 89 Min.*

Acht Jahre nach dem Tod von Jewgeni Schwarz hat Gennadi Kasanski dessen auf Andersen basierendes Märchenspiel verfilmt: Die böse Schneekönigin entführt Kai in ihr Reich, verwandelt sein Herz in Eis und nimmt ihm die Herzenswärme. Gerda muss eine lange und beschwerliche Reise auf sich nehmen, um ihren Bruder zu retten. Es gibt Zeichen- und Puppentricksequenzen (Darstellung der Tiere).

DIE SCHNEEKÖNIGIN

(LUMIKUNINGATAR). Finnland 1986. **R:** *Päivi Hartzell.* **B:** *Päivi Hartzell.* **LV:** *Hans Christian Andersen.* **K:** *Henrik Paersch.* **M:** *Jukka Linkola.* **D:** *Outi Vainionkulma (Greta), Sebastian Kaatrasalo (Kaj), Satu Silvu (Schneekönigin), Tuula Nyman, Esko Hukkanen, Pirjo Bergström, Saara Pakkasvirta, Ismo Alanko, Markko Huhtamo, Antti Litja. F 90 Min.*

Die Kinder Kaj und Greta finden am Strand eine Spieldose mit einer tanzenden Ballerina und drei geheimnnisvollen Knöpfen. Nachts im Traum wird Kaj von der Schneekönigin heimgesucht, denn sie braucht einen Jungen, dessen menschliche Wärme den Grünen Stein aus dem Eis befreit, damit sie ihr kaltes Reich in die Unendlichkeit ausdehnen kann. Sie entführt Kaj, doch Greta hat ebenfalls einen Traum: Sie erfährt, dass ihr Freund in Gefahr ist und begibt sich auf die Suche ins eisige Reich der Zauberin. [V]

DIE SCHNEEKÖNIGIN

(THE SNOW QUEEN). GB 1995. **R:** *Martin Gates.* **B:** *Martin Gates.* **LV:** *Hans Christian Andersen.* **K:** *Frank Eagles.* **M:** *Chris Caswell. F 75 Min. (Zeichentrick).*

Um ihre Herrschaft auf das ganze Universum auszudehnen, will die Schneekönigin mit einem »Eisspiegel des Verstandes« die Sonnenstrahlen von der Erde ablenken, damit in der Kälte alles Leben erlöscht. Dem Jungen Tom, den seine Schwester Ellie verzweifelt sucht, treibt sie einen Eisspiegelsplitter ins Auge und Herz, so dass er erst in die wirkliche Welt zurückkehren kann, wenn Tränen der Liebe ihn tauen lassen. Eine gelungene Märchengeschichte. Nur auf Video. [V]

DIE SCHNEEKÖNIGIN II:
DIE RÜCKKEHR IN DEN EISPALAST

(THE SNOW QUEEN'S REVENGE). USA/GB 1996. **R:** *Martin Gates.* **B:** *Sue Radley, Martin Gates.* **K:** *Richard Chuidian.* **M:** *Toby Allington. F 64 Min. (Zeichentrick).*

Fortsetzung zu *Die Schneekönigin* (GB 1995). Um sich an Toms Schwester Ellie zu rächen, die ihre Pläne behindert hat, lockt die böse Schneekönigin das Mädchen zum Südpol. Dort soll sie ein fliegendes Rentier retten, das sie gefangenhält. Wie immer ist die Fortsetzung weniger ergiebig als das Original, auch wenn die Animation recht anschaulich daherkommt. Nur auf Video. [V]

EIN SCHNEEMANN FÜR AFRIKA

DDR 1977. **R:** *Rolf Losansky.* **B:** *Christa Kozick, Gudrun Deubener.* **K:** *Helmut Grewald.* **SpE:**

Erich Günther, Heiko Ebert. **D:** *Hadiatou Barry, Wolfgang Penz, Wolfgang Winkler, Ingolf Gorges, Jürgen Reuter, Bruno Carstens, Gerhard Rachold. F ca. 90 Min.*

Ein Matrose aus der DDR hat einem afrikanischen Mädchen einen Schneemann aus seiner Heimat versprochen. Er hält sein Versprechen. Zwischendurch, an Bord, wird der Schneemann mittels Stop-Motion-Technik lebendig.

DIE SCHNEESTURMHEXE

(WJARANGE GORIT OGON). UdSSR 1956. **R:** *Olga Chodatejewa.* **D:** *Shanna Witenson.* **K:** *N. Woinow, E. Petrowa.* **A:** *Wiktor Nikitin, L. Aristow.* **M:** *G. Kreitner. F 21 Min. (Zeichentrick).*

»Im Hohen Norden, im Land des ewigen Schnees, lebt eine Mutter mit ihren beiden Kindern. In einem Zelt wohnen sie, das man dort Jaranga nennt. Ein Feuer verbreitet Wärme und Behaglichkeit. – Aber die Kinder sind faul, sie holen kein Holz. Und als das Feuer erlischt, kommt die böse Schneesturmhexe und verwandelt die gute Mutter in einen Vogel. In ihrem kalten Eispalast muss sie der Hexe aus Schnee einen neuen Schleier weben. Die Kinder machen sich auf den Weg, um die Mutter zu suchen. Die Sonne hilft ihnen, das Rentier und das Vögelchen, weil die beiden eingesehen haben, dass Faulheit nichts taugt. Das kleine Mädchen opfert sogar seine geliebten Zöpfe, um die Mutter zu retten. Die Hexe aber, getroffen von den Strahlen der Sonne, stürzt als Wasserfall in den Abgrund. Der Frühling zieht ins Land, und niemals mehr verlischt in der Jaranga das Feuer. Wenn Ihr es nicht glaubt, geht doch hin und seht selbst einmal nach.« (Steffi Niemann, PROGRESS-FILMPROGRAMM) – Wir werden uns hüten! *Die Schneesturmhexe* wurde bei den 6. Weltfestspielen der Jugend und Studenten in Moskau mit einer Goldmedaille bedacht.

SCHNEEWEISS

(HOFEHER). Ungarn 1984. **R:** *József Nepp.* **B:** *József Nepp.* **LV:** *Gebrüder Grimm.* **K:** *Irén Henrik.* **M:** *Tamás Deák. F 96 Min. (Zeichentrick).*
Ironischer, modernisierter Zeichenfilm nach Motiven der Gebrüder Grimm.

SCHNEEWEISSCHEN UND ROSENROT

BRD 1955. **R:** *Erich Kobler.* **B:** *Walter Oehmichen, Konrad Lustig.* **LV:** *Gebrüder Grimm.* **K:** *Wolf Schwan.* **M:** *Oskar Sala.* **D:** *Rosemarie Seehofer (Schneeweißchen), Ursula Herion (Rosenrot), Niels Clausnitzer (Prinz Goldhaar), Dieter Wieland, Ruth von Zerboni, Heini Göbel, R. Krüger. F 61 Min.*

Ein rotbärtiges, ungekämmtes Exemplar der Gattung Zwerg, das dem Vermögen zweier Junker keinerlei Respekt entgegenbringt, will sich auf eine Weise bereichern, die das StGB unter Strafe stellt, doch der wachsame Prinz Purpur entdeckt den Wicht in seiner Trutzburg und jagt ihn in den Wald hinaus. Daraufhin verwandelt das lichtscheue Element den edlen Herrn in einen Bären und entfleucht. Als er dann dreimal vom Regen in die Traufe fällt, obliegt es den tierliebenden Schwestern Schneeweißchen & Rosenrot, ihn aus derselben herauszuziehen, wofür sie nichts als Undank ernten. Doch macht es sich bezahlt, dass sie Mitleid mit dem Bärchen haben. Der Giftzwerg kriegt sein Fett; die Schwestern hingegen erleben einen sozialen Aufstieg. – Merkste was?

SCHNEEWEISSCHEN UND ROSENROT

DDR 1979. **R:** *Siegfried Hartmann.* **B:** *Siegfried Hartmann, Margot Beichler.* **LV:** *Gebrüder Grimm.* **K:** *Siegfried Mogel.* **M:** *Peter Gotthardt.* **D:** *Julie Jurištová (Schneeweißchen), Katrin Martin (Rosenrot), Annemone Haase (Mutter), Pavel Trávníček (Michael), Bodo Wolf (Andreas), Hans-Peter Minetti (Berggeist), Johannes Wieke, Hanjo Mende. F 70 Min.*

Märchenfilm aus dem DEFA-Studio für Spielfilme: Die zwei Schwestern befreien zwei Königssöhne, die ein böser Berggeist in einen Bären und einen Falken verwandelt hat. – »Drehort dieses Films war eines der Täler bei Trautenstein im Harz. Eine gute Wahl für einen Märchenfilm, in dem der Wald wichtigster Handlungsraum ist. Sind doch Schneeweißchen und Rosenrot Naturkinder, die ihre innere Kraft, Freundlichkeit und Hilfsbereitschaft vor allem aus dem ungebrochenen Verhältnis zur Natur schöpfen.« Freilich mussten die Filmemacher inmitten all der schönen Natur einen Kompromiss eingehen: »Es stellte sich heraus, dass der abgerichtete Bär keinen Falken in seiner Nähe duldete. So musste ein Darsteller in ein Bärenfell eingenäht werden. Doch bei besten Bemühungen ergab sich eine seltsame Starrheit in den Bewegungen, die zum natürlichen Verhalten des ‚echten‘ Falken einen deutlichen Kontrast bildete. Dadurch ging – unverschuldet – viel vom ästhetischen Reiz des Tierbräutigams verloren.« (77 MÄRCHENFILME) [V]

SCHNEEWEISSCHEN UND ROSENROT

BRD 1983. **R:** *Rita Maria Nowottny-Genschow.* **B:** *Marina Genschow.* **LV:** *Gebrüder Grimm.* **D:** *Marina Genschow (Schneeweißchen), Madeleine Stolze (Rosenrot), Wolfgang Arndt, Paul Glauer, Hartwig Rudolf. F 85 Min.*

Remake des bekannten Märchens der Gebrüder Grimm: Ein böser Wichtelmann verwandelt einen edlen Prinzen in einen Bären, der daraufhin ein vorbildlich lebendes Geschwisterpaar finden muss, um von dem auf ihm lastenden Fluch erlöst zu werden. – Olaf Stilben (ZITTY) in einem gekonnten Verriss dieses den Geist der fünfziger Jahre verbreitenden Dumm-Dumm-Geschosses: »Dass die Regie mit den Jahreszeiten durcheinander kam (Sommer und Herbst), fiel einem sechsjährigen Steppke sofort unangenehm auf, auch das offensichtlich falsche Bärenkostüm ... Es waren gar nicht mal die Nachlässigkeiten der Regie (z.B. der ... falsche Papier-Blumenstrauß, die Inneneinrichtung der Marke ›Neckermann-Rustikal‹ oder die eher ärmlich wirkende, angeblich ›prunkvolle‹ Hochzeit, bei der die Mutter der beiden blitzsauberen Mädels vergessen worden war ...), sondern es waren die Inhalte und Klischees, die mich störten: Der verzauberte hochmütige Prinz musste ein gutherziges, selbstloses Geschwisterpaar finden, das sich niemals stritt und immer brav war, um wieder in einen Menschen zurückverwandelt zu werden. – Während die moderne Erziehung versucht, Konfliktbewältigung zu üben, verbreiten die Genschows ihre repressive Friedens- und Harmonie-Ideologie. Faschistoide Begriffspaare ergänzen das Bild: der Riese Groterjahn ist *groß stark = gut,* der Zwerg Gritzegrimm ist *klein hässlich = böse* ... Doch die Genschows sind keine naiven Märchen-Fans, die Vaters Erbe wieder unter die Leute bringen wollen: Gabriel Genschow ... salbadert in dem Presseheft

zu *Schneeweißchen* von ›Charisma‹, ›Gnade‹, ›natürlicher Ethik‹ und derlei mehr. Er weiß sich im Trend der Zeit, denn die neuen Ansätze der 68er Bewegung haben sich ›durch die Rippenstöße der antiautoritären Phase sichtlich von selbst geheilt‹. (O-Ton). – Familie Genschow spricht von ›Familienfilmen‹. Das gibt zu denken: an Form und Inhalt wird schon gezimmert.«

SCHNEEWITTCHEN [UND DIE SIEBEN ZWERGE]

Deutschland 1939. **R:** *Hubert Schonger.* **D:** *Marianne Simon (Schneewittchen), Elisabeth Wendt (Böse Stiefmutter). SW 77 Min.*

»Das Grimmsche Märchen, das dem Film zugrunde liegt, ist uns allen wohl noch so bekannt, dass wir es hier nur anzudeuten brauchen: Die Geschichte von der bösen Stiefmutter, der ihr Zauberspiegel sagen musste, dass die ›Schönste im ganzen Land‹ Schneewittchen sei – und nicht sie selbst. Von Schneewittchens wunderbarer Rettung zu den sieben Zwergen, bei denen es ein zauberhaftes Leben führt, wenn auch beständig bedroht von der mörderischen List der bösen Königin. Von dem vergifteten Apfel, der Schneewittchen zuletzt doch in den Todesschlaf versenkt, und von dem Königssohn, der in Liebe zu ihr entbrennt, als sie schon in ihrem gläsernen Sarg ruht ... Bis schließlich (wie könnte es auch anders sein im Märchenland?) ein glückliches Stolpern der Sargträger-Zwerge das Apfelstück zum Vorschein bringt und Schneewittchen auf dem Schloss mit ihrem Prinzen die Hochzeit feiern kann ... Von ersten Darstellern gespielt, entstand dieser Schonger-Film ungefähr gleichzeitig, aber völlig unabhängig von dem bekannten Walt-Disney-Zeichenfilm gleichen Namens. Trotz dieser großen Konkurrenz hat er sich – zumindest in Europa – ganz ausgezeichnet durchgesetzt, sei es wegen seines echt kindlichen Empfindens, sei es, weil Kinder lebende Akteure den gezeichneten Figuren vielfach vorziehen.« (KAMERA LÄUFT. Ein Almanach zum 25jährigen Bestehen Schongerfilm Hubert Schonger) – So ganz war es natürlich nicht: Die Disney-Leute wollten für ihr Schneewittchen damals soviel Geld, dass die Leute im Dritten Reich ihnen eine Abfuhr erteilten (obwohl Hitler und Goebbels ausgesprochene Disney-Fans waren). Naturfilm Hubert Schonger und der Jugendfilm-Verleih von Willy Wohlrabe sicherten die Marktnische umgehend für sich.

SCHNEEWITTCHEN

DDR 1961. **R:** *Gottfried Kolditz.* **B:** *Günther Kaltofen.* **K:** *Erwin Anders.* **M:** *Siegfried Tiefensee.* **D:** *Doris Weikow (Schneewittchen), Wolf-Dieter Panse (Prinz), Marianne Christine Schilling (Böse Königin), Harry Hindemith, Fred Delmare, Arthur Reppert, Jochen Koeppel, Georg Irmer, Heinz Scholze, Willi Scholz, Horst Jonischkan, Steffie Spira, Fritz Schlegel.* *F 66 Min.*

Hinter den roten Bergen bei den sieben Zwergen, oder Schneewittchen auf sozialistisch! Dazu auch noch mit besonders pädagogischen und fleißigen Zwergen, wie das Progress-Filmprogramm vermeldet: »Keine imaginären Märchenwesen, sondern im Gegenteil lebensnahe kleine Bergleute, die bei der Bergung von Erzen einer echten Arbeit nachgehen.« Und sich dabei wahrscheinlich brav an den neuen Fünfjahresplan halten, anstatt wie ihre amerikanischen Zeichentrickkollegen ständig »Hei-Ho« zu singen. [V]

SCHNEEWITTCHEN

(SNOW WHITE). USA/Israel 1986. **R:** *Michael Berz.* **B:** *Michael Berz.* **LV:** *Gebrüder Grimm.* **D:** *Diana Rigg (Königin), Nicola Stapleton (Schneewittchen als Kind), Sarah Patterson (Schneewittchen), Douglas Sheldon (König), Billy Barty (Iddy), Mike Edmunds (Biddy), Ricardo Gil (Kiddy), Malcolm Dixon (Diddy), Gary Friedkin (Fiddy), Tony Cooper (Liddy).* *F 83 Min.*

TV-Musical: Eine junge Prinzessin findet auf der Flucht vor ihrer mörderischen Stiefmutter Asyl bei den sieben Zwergen. – Ein qualitativ durchwachsener Kinderfilm der amerikanisch-israelischen Cannon-Produktion. [V]

SCHNEEWITTCHEN

(SNOW WHITE). USA 1996. **R:** *Michael Cohn.* **B:** *Thomas Szollosi, Deborah Serra.* **LV:** *Gebrüder Grimm.* **K:** *Mike Southon.* **M:** *John Ottman.* **D:** *Sigourney Weaver (Claudia), Sam Neill (Frederik), Gil Bellows (Lilli), Brian Glover (Lars), Monica Keena (Liliane).* *F 96 Min.*

In dieser schrillen Fassung sind die sieben Zwerge geile Hechte und Schneewittchens Schwieger-

mutter hat eine Totgeburt, bevor sie nach einem Dolchstoß der Heldin das Zeitliche segnet. Gute Kameraführung, aber kein Film für Kinder. Nur auf Video. [V]

SCHNEEWITTCHEN UND DAS GEHEIMNIS DER SIEBEN ZWERGE

BRD/Italien 1992. **R:** *Ludvík Ráza.* **B:** *Bernd Fiedler.* **LV:** *Gebrüder Grimm.* **K:** *František Uldrich.* **M:** *Petr Hapka.* **D:** *Natalie Minko (Schneewittchen), Gudrun Landgrebe (Königin Mutter), Eberhard Feik (Pater), Alessandro Gassman (Narr), Dietmar Schönherr (König), Sandor Köleseri (Schwarzer Ritter).* *F 90 Min.*

Der König zieht aus, das feiste Schneewittchen bleibt in der Obhut des Narren zurück. Die böse Stiefmutter schickt den Schwarzen Ritter aus, um es zu killen. Doch der Narr entpuppt sich als Prinz, der Bösmann als Zwerg, die Zwerge als Blechschmiede.

SCHNEEWITTCHEN UND DIE SIEBEN ZWERGE

(SNOW WHITE AND THE SEVEN DWARFS). USA 1937. **R:** *David Hand.* **B:** *Ted Sears, Otto Englander, Earl Hurd, Dorothy Ann Blank, Richard Creedon, Dick Richard, Merrill de Maris, Webb Smith.* **M:** *Frank Churchill, Leigh Harline, Paul J. Smith.* **A:** *Hamilton Luske, Vladimir Tytla, Fred Moore, Norman Ferguson.* *F 83 Min.* *(Zeichentrick).*

Weil ihr Zauberspiegel der Meinung ist, Schneewittchen sei die Schönste im ganzen Land, beschließt ihre böse Stiefmutter, das arme Mädchen umbringen zu lassen. Der damit beauftragte Jäger bringt es jedoch nicht übers Herz, das Mädel zu erstechen: Er lässt es laufen. Nach einem längeren Spaziergang durch den Wald kommt es zum Haus der sieben Zwerge. Als die des Abends von der Arbeit im Bergwerk zurückkehren, sind sie zunächst verblüfft, nehmen Schneewittchen aber bei sich auf. Unterdessen deckt der Zauberspiegel die List des Jägers auf. Die Königin verwandelt sich in eine abscheuliche Hexe, reist zu den Zwergen und läßt Schneewittchen von einem vergifteten Apfel abbeißen. Von den Zwergen verfolgt, stürzt die Ruchlose von einem hohen Kliff. Die todtraurigen Zwerge betten Schneewittchen in einen gläsernen Sarg. Kurz darauf kommt ein schöner Prinz des Wegs und küßt die Scheintote ins Leben zurück. Und wenn sie nicht gestorben sind ... – *Schneewittchen und die sieben Zwerge* ist ohne Zweifel *der* Zeichentrick-Klassiker: ein Ruf, der sich vielleicht nicht so sehr auf seine technischen Qualitäten als die Tatsache begründet, dass es Walt Disney mit diesem Film gelang, den Zeichentrickfilm von seinem Mauerblümchendasein im Vorprogramm zu befreien, endgültig die Annahme zu widerlegen, der »Zeichentrickfilm sei eine einfache, simple Unterhaltungsform, von der man nichts verstehen muss, um sie goutieren und kritisieren zu können. Bis zu 750 Künstler arbeiteten in den Jahren 1934 bis 1937 an der Produktion von *Schneewittchen*. Diese Zahl teilt sich auf in 32 Hauptzeichner, 102 Assistenzzeichner, 167 ›In-Betweeners‹ (die die Bewegungsphasen zwischen den von den Hauptzeichnern gefertigten Zeichnungen ausfüllen), 20 Layouter, 25 Hintergrundmaler, 65 Zeichner für Spezialeffekte (für Rauch, Wasser, Wolken und andere Effekte) und 158 junge Frauen, die die Zeichnungen mit Tusche auf Zelluloid übertrugen und kolorierten. Dazu kamen noch die ungemein komplizierten – weil neuen – Tonaufnahmeverfahren mit Schauspielern und Sängern und die Arbeiten im Labor und im Kopierwerk, um die Farben für Technicolor optimal auf die Leinwand zu bringen (1935 noch keine Selbstverständlichkeit). Jede der Skizzen musste drei- bis viermal bis zur endgültigen Fassung auf Zelluloid neu gezeichnet werden, und schließlich wurden für *Schneewittchen* mehr als eine Million Zeichnungen benötigt.« (Reinhold Reitberger, WALT DISNEY) – Abgesehen von seiner Bedeutung für das Genre war *Schneewittchen* allerdings auch wegbereitend für die weitere Zukunft des Disney-Studios. Im Gegensatz zu den unwirklichen »Silly Symphonies« evozierte *Schneewittchen* Phantasie nur noch über das Medium, orientierte sich in technischer Hinsicht ansonsten fast ausschließlich an der Wirklichkeit. Montage und Mise-en-scene entstammten dem Realfilm; für das Charakterdesign der Figuren wiederum verwendete man Schauspieler wie Douglas Fairbanks oder Janet Gaynor als Vorbild. Insofern stieß der Film, der sich ansonsten über Kritiken keineswegs beklagen konnte, mitunter auch auf Ablehnung. – »Schneewittchen,

der Prinz und die böse Königin sind schlecht gezeichnete Bemühungen um Realismus«, monierte der bekannte Karikaturist Al Hirschfeld, »pantographische Imitate real aufgenommener Gegenstücke ... Mit ihren Fingern, Fingernägeln und Augenbrauen, dem eindimensionalen Kopf, den substanzlosen Armen und dem einfallslosen Nacken ist Schneewittchen nur ein anatomischer Automat. Diese unbeholfenen Symbole verleihen ihr kein Leben, und die hübsche Stimme, die man ihr verliehen hat, lässt sie nur noch mehr wie die Puppe eines Bauchredners erscheinen. – Die stakkatoartigen Bewegungen von Schneewittchen und ihrem Pappdeckelprinzen üben einen ausgesprochen schlechten Einfluß auf diese neue Kunstform aus. Ganz ohne satirische Hintergedanken einfach nur ein bewegtes Bild zu imitieren, zeugt von sehr schlechtem Geschmack.« – Die Welt, in der diese Figuren agierten, hatte mit der Wirklichkeit freilich nichts gemein. Erstmals zeigt *Schneewittchen* Disney als Verkünder einer utopischen Welt voller Liebe und gegenseitigem Verständnis. Natur sah er nicht im darwinistischen Sinn, sondern als idyllischen Ort des Friedens, in dem blutige Realität keinen Platz hatte, dramaturgisch notwendiger Schrecken durch Humor aufgelöst wurde. Den *Sidekicks,* den komischen Nebenfiguren, die hier als Träger fungieren konnten, galt dabei Disneys spezielles Augenmerk, auch in animationstechnischer Hinsicht. Attraktion von *Schneewittchen* war nicht die recht farblos gestaltete Zentralfigur, sondern die sieben Zwerge. Lange wurde an ihren Persönlichkeiten herumgefeilt, um einen möglichst großen Kinder-Appeal zu erzielen. Das Konzept ging schließlich dahin, jeden Zwerg zur Verkörperung eines einzigen, klar definierten Wesenszugs zu machen. Unter den sieben gab es den neunmalklugen Anführer, einen Grummeligen, einen Glücklichen, einen Schlafmützigen, einen Schüchternen, einen ständig Verschnupften und einen stummen Dummerjan, dem Harpo Marx als Vorbild diente. Zudem hatten alle eine ausgeprägte Abneigung gegen Wasser und Seife – geradezu ideale Identifikationsfiguren also. – »Natürlich erkennt man rückblickend die Wurzeln aller späteren Klischees, z.B. das Verharren in einer stilistisch unausgegorenen Mischung aus

447

Spätromantik und Jugendstil, doch gibt sich *Schneewittchen* noch ganz als bebildertes Märchenbuch, in dem die Fantasie nicht so sehr durch verselbständigende Effekthascherei vergewaltigt wird, wie es heute Mode ist. *Schneewittchen* lässt aber auch, gerade weil es ursprünglicher, wenn man will: primitiver als spätere Disney-Produktionen ist, die Schwächen seiner Schemata erkennen. Disney hat es nie fertiggebracht, Menschen im Trickfilm menschlich erscheinen zu lassen. Sie sind uncharakteristische Abziehbilder pauschal empfundener Eigenschaften wie Gut und Böse (Schneewittchen – die Königin). Aber auch die Hintergrund-Gestaltung vermag bei Disney wohl nur naive Gemüter anzusprechen. Das ist Bilderbuchstil aus dem Zeitalter unserer Groß-, wenn nicht gar Urgroßmütter, kaum differenzierte Buhmann-Fantasie in den bedrohlichen Sequenzen, Blümchen- und Schleifchen-Rosa in den optimistischen Szenen. Was dieser Film späteren abendfüllenden Trickfilmen der Disney-Produktion voraushat, ist seine – durchaus positiv zu verstehende – Naivität.« (FILMDIENST) Der Film erhielt einen Sonderoscar und war nach *Vom Winde verweht* der erfolgreichste Film der 30er Jahre.

SCHNEEWITTCHEN UND DIE SIEBEN ZWERGE

BRD 1955. **R:** *Erich Kobler.* **B:** *Konrad Lustig, Walter Oehmichen.* **LV:** *Gebrüder Grimm.* **K:** *Wolfgang Schwan.* **M:** *Carl Stueber, Franz Miller.* **D:** *Elke Arendt (Schneewittchen), Adi Adametz (Böse Königin), Renate Eichholz (Gute Königin), Nils Clausnitzer (Prinz), Dietrich Thoms (Jäger), Zita Hitz (Kammerfrau), Suse Böhm, Erwin Platzer.* **F 75 Min.**

Real-Verfilmung des Grimm-Märchens, die im Gegensatz zu Disney zwar alle drei Mordversuche der bösen Königin schildert, Bruno Bettelheim zum Trotz die grausameren Teile jedoch fein säuberlich ausspart. – »Während Disney witzige, effektvolle und vom Märchen in die Operette übergreifende Zeichenfiguren und Handlungen schuf, ist bei Kobler alles der Abbildung des Märchens untergeordnet.« (FILMBEOBACHTER) Eben deshalb ist Disneys Film auch heute noch ein Klassiker, während das deutsche Remake längst in der Mottenkiste vermufft ist. Trotz »des

sehr märchenpoetischen Buches, der einfallsreichen und farbkameragerechten Ausstattung und der Fotografie, die die Märchenpracht der bayerischen Schlösser zu nutzen verstand.« (FILMECHO)

SCHÖNE ISABELLA

(C'ERA UNA VOLTA). Italien 1967. **R:** *Francesco Rosi.* **B:** *Francesco Rosi, Tonino Guerra, Raffaele LaCapria, Giuseppe Patroni Griffi.* **LV:** *Giambattista Basile.* **K:** *Pasqualino de Santis.* **M:** *Piero Piccioni.* **D:** *Sophia Loren (Isabella), Omar Sharif (Ramon), Dolores del Rio (Königinmutter), Georges Wilson (Monzu), Leslie French (Joseph), Carlo Pisacane (Hexer), Marina Malfatti, Anna Nogara, Rita Forzano, Rosemary Martin, Carlotta Barilli, Fleur Mombelli, Anna Liotti (Prinzessinnen), Gladys Dawson, Kathleen St. John, Beatrice Greack (Hexen).* **F 140 (96) Min.**

Als der spanische Prinz Ramon bei einem wilden Ritt abgeworfen wird, begegnet er auf der Suche nach seinem Pferd dem flugtüchtigen Mönch Joseph und der hübschen Landmagd Isabella. Auf Josephs Befehl hin versucht der verliebte Ramon, Isabella dazu zu bringen, ihm sieben Semmelknödel zu kochen. Als ihm dieses nicht gelingt, reitet er zum Schloss zurück. Isabella holt sich bei drei Hexen magischen Rat und verwandelt ihren Schwarm zufällig für kurze Zeit in eine Statue. Der wiederbelebte Ramon lässt Isabella als Hexe verurteilen und macht sich auf den Weg zu einem Bankett, wo er unter sieben Prinzessinnen seine Zukünftige erwählen soll. Als er Isabella dort als Tellerwäscherin wiedersieht, fällt es ihm wie Schuppen von den Haaren. Kurzerhand schmuggelt er sie unter die sieben Anwärterinnen. Doch eine der Prinzessinnen mogelt, und Isabella verliert den Wettstreit. Im letzten Augenblick entlarvt der inzwischen zum Engel gewordene Joseph das falsche Spiel. – »Trotz der vier oder fünf Überarbeitungen, die das Drehbuch auf Betreiben der amerikanischen Geldgeber erfuhr, ist *C'era una volta* ein Märchenfilm ganz eigener Prägung: volkstümlich im Ton, überreich an Einfällen und Details und in den Bildern von einer prallen, fast naiven Sinnlichkeit, die den Prunk der Ausstattung nie zum Selbstzweck werden lässt.« (Alexander J. Seiler, FRANCESCO ROSI)

DIE SCHÖNE UND DAS BIEST

(BEAUTY AND THE BEAST). GB/USA 1974. **R:** *Fielder Cook.* **B:** *Sherman Yellen.* **LV:** *Mme. Leprince de Beaumont.* **M:** *Ron Goodwin.* **D:** *George C. Scott (Biest), Trish Van Devere (Belle Beaumont), Bernard Lee (Edward Beaumont), Virginia McKenna (Lucy), Patricia Quinn (Susan), Michael N. Harbour (Anthony), William Relton (Nicholas). F 76 Min.*

Erste Fernsehfassung des Stoffes. Sie unterschied sich kaum von dem Märchen der Mme. Le Prince, sieht man einmal davon ab, dass zum Schluß explizit enthüllt wird, dass es die Gier seiner Eltern war, die den Fluch auf den jungen Prinzen lud. Sie glaubten nämlich nicht an die Liebe, und so wurde er ein Tier (die Maske erinnert an ein Wildschwein). George C. Scott wurde in dieser Rolle für einen Emmy nominiert.

DIE SCHÖNE UND DAS BIEST

(THE BEAUTY AND THE BEAST). USA/Israel/GB 1987. **R:** *Eugene Marner.* **B:** *Carole Lucia Satrina.* **LV:** *Madame Leprince de Beaumont.* **K:** *Avi Karpick.* **M:** *Lori McKelvey.* **D:** *Rebecca De Mornay (Schöne), John Savage (Tier/Prinz), Yossi Graber (Vater), Michael Schneider (Kuppel), Carmela Marner (Bettina), Ruth Harlap (Isabelle), Joseph Bee (Oliver). F 90 Min.*

Entstand im Rahmen eines Pakets mehrerer Märchenfilme der Golan/Globus-Cannon-Produktion in Israel und England. Als Geschenk für seine Tochter bricht wieder einmal ein Kaufmann eine Rose aus dem verwunschenen Schlossgarten, und einmal mehr muss seine jüngste Tochter den Fluch, der auf dem Schlossherrn-Ungeheuer lastet, brechen. Die Maske des Ungeheuers schufen Mony Monsano und Jon Price. Eine deutsche Romanversion dieses Films, »Die Schöne & das Biest« erschien 1997. [V]

DIE SCHÖNE UND DAS BIEST

(BEAUTY AND THE BEAST). USA 1992. **R:** *Gary Trousdale, Kirk Wise.* **B:** *Linda Woolverton.* **LV:** *Giovan Straparolo.* **K:** *Joe Juliano, James Baxter.* **M:** *Alan Menken, Howard Ashman. F 86 Min. (Zeichentrick).*

Weil er einst eine Bettlerin aus seinem Schloss verwiesen hat, wird der junge Prinz zur Strafe in ein Ungeheuer verwandelt. Erst wenn ihm ein Mädchen seine Liebe gesteht, soll er wieder zurückverwandelt werden. Eine solch tugendhafte Schöne ist die hübsche Belle. Die animierte Version des bekannten Märchens besticht durch eine Anzahl gefälliger, oscarprämierter Songs und skurriler Figuren, Objekte, die im verwunschenen Schloss als verzauberte Dienerschaft des Biestes, hier mit Löwenhaupt gezeichnet, zum Leben erwachen: der Kerzenständer Lumière, die gutmütige Teekanne Madame Pottine, die höfliche Kaminuhr Monsieur von Unruh. [V]

DIE SCHÖNE UND DAS BIEST

(BEAUTY AND THE BEAST). GB 1992. **R:** *David Thwaytes.* **B:** *Paul Levinson, Nathalie Harrison.* **LV:** *Mme. Leprince de Beaumont.* **M:** *Danny Schogger. F 68 Min. (Zeichentrick).*

In der vorliegenden Fassung, deren Hersteller Trittbrettfahrer der Disney-Produktion waren, ist die Schöne Tochter eines Juweliers, die nach einem Austauschgeschäft ihres Vaters in das Schloss des Biestes zieht.

DIE SCHÖNE UND DAS BIEST – WEIHNACHTSZAUBER

(THE BEAUTY AND THE BEAST: ENCHANTED CHRISTMAS). Kanada/USA 1997. **R:** *Andy Knight, Keith Ingham.* **B:** *Flip Kobler, Cindy Marcus, Bill Motz, Bob Roth.* **M:** *Rachel Portman, Don Black. F 72 Min. (Zeichentrick).*

TV-Film. Vorgeschichte siehe *Die Schöne und das Biest* (USA 1992):

Belle bereitet das Fest der Liebe vor, um das Biest glücklich zu machen, doch der gemeine Mr. Forte tut alles, um dies zu hintertreiben. Mit Hilfe ihrer »Freunde« (einer Uhr, einem Kerzenleuchter und einer Teekanne) kann Belle das Vorhaben jedoch ausführen und den Bann brechen, der auf dem verwunschenen Schloss und seinem Besitzer lastet. – Schlichter als sein Vorgänger. Nur auf Video. [V]

DIE SCHÖNE UND DAS TIER

DDR 1983. **R:** *Rainer Bär.* **B:** *Rainer Bär.* **LV:** *Motive aus »La Bella et la Bête« von Gabrielle-Suzanne de Villeneuve.* **K:** *Adam Pöpperl.* **M:** *Karl-Ernst Sasse.* **D:** *Annegret Siegmund, Volkmar Klei-*

nert, *Annekathrin Bürger, Horst Kotterba, Juraj Durdiak, Petra Hinze, Peter Kalisch, Georgia Kullmann, Bernd Looks. F 98 Min.*

Eine neue (TV-)Version des Märchens von der Schönen und dem Ungeheuer: »Ein Mädchen lernt bei Dreharbeiten einen Stuntman kennen, der ein Fabeltier spielt. Durch ihre bedingungslose Liebe zu ihm verändert sie sein tristes Leben. In der Rolle des Tiers passiert ihm allerdings Unheilvolles ... Keine Spitzenproduktion, aber dennoch interessant.« (TV-SPIELFILM)

DIE SCHÖNE UND DAS TIER

Anderer Titel für **Die Schöne und das Biest** (USA/Israel/GB 1987)

DIE SCHÖNE UND DIE BESTIE

Anderer Titel für **Es war einmal**

DIE SCHÖNE WARWARA

(WARWARA-KRASA DLINNAJA KOSA). UdSSR 1969. R: *Alexander Rou.* B: *Michail Tschuprin, Alexander Rou.* LV: *Wassili Shukowski.* K: *Dmitri Surenski.* M: *Arkadi Filippenko.* D: *Tatjana Kljujewa (Warwara), Michail Pugowkin (Zar Jeremej), Sergej Nikolajew (Zarensohn Andrej), Alexej Katyschew (Fischersohn Andrej), Anatoli Kubazki (Afonja, der Schreiber), L. Koroljewa (Praskowja, seine Frau), Georgi Milljar (Zar Tschudo-Judo), Valentina Popowa (Amme Stepanida), Alexander Chwylja. F 83 Min.*

Der Film basiert auf dem Märchen um die »Zwei Brüder« und einem Motiv aus der russischen Folklore, wonach der Ort »unter dem Wasser« der Sitz des Bösen ist. [V]

DIE SCHÖNE WASSILISSA

(WASSILISSA PREKRASNAJA). UdSSR 1940. R: *Alexander Rou.* B: *G. Wladytschin, O. Netschajewa, Wladimir Schweizer.* K: *I. Gortschilin.* M: *L. Polowinkin.* D: *W. Sorogoschkaja (Wassilissa), Sergej Stoljarow (Iwan), I. Sarubina (Malanja), L. Sucharewskaja (Beljandrissa), Georgi Milljar (Vater), M. Kondratjew (Anton), Lew Potjomkin (Agafon). SW 74 Min.*

Jeder der drei Söhne eines Bauern muss einen Pfeil abschießen und wo der landet, da muss sich der Betreffende nach einer Braut umsehen. Der älteste, Anton, landet bei einer Adligen, der mittlere, Agafon, bei einer Kaufmannstochter, der jüngste, Iwan, bei – einem Frosch. Nun bestimmt der Vater, dass die Bräute der Söhne innerhalb einer Nacht ein Kornfeld mähen müssen, doch die Adlige und die Kaufmannstochter haben noch nie in ihrem Leben einen Finger gerührt. Der Frosch hingegen verwandelt sich in die Bauerntochter Wassilissa, die in die Hände spuckt und die Arbeit spielend schafft. Neidisch verbrennen ihre beiden Rivalinnen die Froschhaut, die sie laut Fluch drei Jahre lang tragen sollte. Da sie sich dieser vor Ablauf der Frist entledigt hat, erscheint unter Donner und Blitz der dreiköpfige Drache, der sie verzaubert hat, und entführt sie. Aber Iwan rettet seine Braut mittels eines magischen Schwerts, damit sie weiter auf dem Acker schuften kann.

DIE SCHÖNHEIT UND DAS UNGEHEUER

(THE BEAUTY AND THE BEAST). USA 1961. R: *Edward L. Cahn.* B: *George Bruce, Orville H. Hampton.* LV: *Mme. Leprince de Beaumont.* K: *Gilbert Warrenton.* Ma: *Jack Pierce.* M: *Emil Newman.* D: *Joyce Taylor (Lady Althea), Mark Damon (Herzog Eduardo), Eduard Franz (Baron Orsim), Michael Pate (Prinz Bruno), Merry Anders (Prinzessin Sybil), Dayton Lummis (Graf Roderick), Walter Burke (Grimaldi), Charles Waggenheim (Mario), Tom Cound (Gefolgsmann), Herman Rudin (Pasquale). F 76 Min.*

Im Gegensatz zu Jean Cocteaus *Es war einmal* und der tschechischen Verfilmung *Die Jungfrau und das Ungeheuer* von Juraj Herz hat diese amerikanische Version kaum noch etwas mit dem Märchen aus der Sammlung der Mme. Leprince de Beaumont zu tun. – Seit er den Thron des Vaters bestiegen hat, verwandelt die Macht eines bösen Zauberers den jungen Herzog Eduardo nachts in ein ekelerregendes Ungeheuer. Diese Tatsache kann lange Zeit geheim gehalten werden, doch Neider bringen das Biest auf den Scheiterhaufen. Nur die Liebe einer schönen Prinzessin, die sich durchs gruselige Äußere nicht abschrecken lässt, raubt dem Fluch die Kraft. Vor dem staunenden Volk vollzieht sich die Rückverwandlung. – Äußerst mäßiger Soft-Horror mit geringen märchenhaften Bezügen.

DAS SCHULGESPENST

DDR 1983. **R:** *Rolf Losansky.* **B:** *Rolf Losansky, Peter Abraham.* **LV:** *Peter Abraham.* **K:** *Helmut Grewald.* **SpE:** *Erich Günther.* **M:** *Reinhard Lakomy.* **D:** *Nicole Lichtenheldt (Carola Huflattich), Ricardo Roth (Willi Neuenhagen), Karin Düwel (Frl. Prohaska), Barbara Dittus (Mutter Huflattich), Dietmar Richter-Reinick (Vater Huflattich), Günter Schubert (Palisander), Rolf Ludwig (Hausmeister Potter), Walfriede Schmidt (Direktorin), Jörg Panknin (Anton), Karl Heinz Choynski (Miller).* F 92 Min.

Die Schülerin Carola Huflattich erfindet am Weltgespenstertag ein (Legetrick-) Gespenst, mit dem sie die Rollen tauscht.

DIE SCHWANENPRINZESSIN

(THE SWAN PRINCESS). USA 1994. **R:** *Richard Rich.* **B:** *Brian Nissen.* **K:** *Steven Wilzbach.* **A:** *Steven E. Gordon, Mike Hodgson, Donald A. Towns, Michel Gagne, Deborah Middleton Kupszyk, James Coleman.* **M:** *Lex De Azevedo.* **Spr:** *Cusch Jung (Derek), Maud Ackermann (Odette), Inken Sommer (Uberta), Wolfgang Ostberg (William), Helmut Kraus (Rotbart), Michael Pan, Wolfgang Kühne, Eberhard Prüter, Gerry Wolff.* F 89 Min. (Zeichentrick).

Prinz Derek und Prinzessin Odette sind einander versprochen, doch bevor sie die Ehe schließen können, schlägt der Zauberer Rotbart zu: Aus Wut, dass Odettes Vater ihn verbannt hat, entführt er die Prinzessin und verwandelt sie in einen Schwan, der nur nachts menschliche Gestalt annehmen kann. Sie kann nur von dem Fluch erlöst werden, wenn ihr jemand seine Liebe gesteht. Während Prinz Derek sich auf die Suche nach Odette begibt, freundet diese sich im Zauberwald mit einem Frosch (der sich für einen verwunschenen Prinzen hält), einer Schildkröte und einem Papageien an, die tatkräftig mitwirken, um die Liebenden miteinander zu vereinen. – »Ein traditionell gestalteter Zeichentrickfilm, inszeniert als altmodisches Musical in beschaulichem Tempo. Unterhaltung für Kinder auf beachtlichem handwerklichem Niveau, jedoch ohne besondere Originalität.« (FILMDIENST) [V]

DIE SCHWANENPRINZESSIN UND DAS GEHEIMNIS DES SCHLOSSES

(THE SWAN PRINCESS II: THE SECRET OF THE CASTLE). USA 1997. **R** *Richard Rich.* **B:** *Brian Nissen.* **St:** *Richard Rich, Brian Nissen.* **M:** *Lex De Azevedo, Clive Romney.* **Spr:** *Cusch Jung (Prinz Derek), Maud Ackermann (Prinzessin Odette), Michael Pan (Jean-Bob), Edeltraud Elsner (Königin Uberta), Wolfgang Kühne (Flitzer), Eberhard Prüter (Puffin).* F 71 Min. (Zeichentrick).

Vorgeschichte siehe *Die Schwanenprinzessin.* Bevor Prinz Derek und Prinzessin Odette den ersten Hochzeitstag feiern können, entführen der Zauberer Clavius (als Clown verkleidet) und sein Scherge Knuckles die redselige Mutter des Prinzen, um die Macht an sich zu reißen und eine Zauberkugel in ihren Besitz zu bringen. Als Clavius den Prinzen im Moor in die Falle gelockt hat, eilt Odette ihm mit Hilfe einer Zauberin zu Hilfe, die

Die Schönheit und das Ungeheuer

sie erneut in einen Schwan verwandelt. Man jagt Clavius die Zauberkugel ab. – Ein flottes Geschichtchen, das dem kleinen Zuschauer auch Witz in Gestalt der tierischen Freunde der Prinzessin anbietet. »Die Songs strapazieren arg die Geduld des Zuschauers.« (FILMDIENST) [V]

DIE SCHWANENPRINZESSIN UND DAS VERZAUBERTE KÖNIGREICH

(THE SWAN PRINCESS AND THE MYSTERY OF THE ENCHANTED KINGDOM). USA 1998. **R:** *Richard Rich.* **B:** *Brian Nissen, Richard Rich.* **M:** *Lex De Azevedo, Clive Romney. F 71 Min. (Zeichentrick).*

Die böse Hexe Zelda gelangt an die Zauberformel des Magiers Rotbart und will Kinder in Schwäne verwandeln. Die wackere Schwanenprinzessin, die dieses üble Schicksal einst selbst erlitten hat, nimmt den Kampf mit ihr auf. [V]

SCHWANENSEE

(LEBEDINOJE OSERO). UdSSR 1957. **R:** *Soja Tulubjewa.* **B:** *A. Messerer, Soja Tulubjewa.* **LV:** *Ballett »Lebedinoje osero« (Schwanensee) von Peter Tschaikowski (1875).* **K:** *A. Chwatschin, M. Siljenko, O. Artseulow, W. Kisseljew, P. Oprischko, D. Rimarew, O. Sugint, W. Chodjokow.* **M:** *Peter Tschaikowski.* **D:** *Maja Plissezkaja, Nikolai Fadejetschew, Wladimir Lewaschew, W. Chomjakow. F 81 Min.*

Alle jungen Mädchen, die sich dem See nähern, verwandelt der Zauberer Rotbart in Schwäne. Prinz Siegfried will Schwanenkönigin Odette retten. Das ist die Prämisse von Tschaikowskis berühmtem Ballett. Eine weitere Verfilmung unternahm Lenfilm 1968.

DAS SCHWARZE HUHN ODER DIE UNTERIRDISCHEN BEWOHNER

(TSCHORNAJA KURIZA ILI PODSEMNYJE SHITELI). UdSSR 1981. **R:** *Wiktor Gres.* **B:** *Timur Sulfikarow.* **LV:** *Märchen »Tschornaja kuriza ili Podsemny je shiteli« (Die schwarze Henne oder Die Unterirdischen) von Antoni Pogorelski.* **K:** *Andrej Wladimirow, Pawel Stepanow.* **M:** *Oleg Karawaitschuk.* **D:** *Witali Sedlezki (Aljoscha), Larissa Kadotschnikowa (Mutter), Aristarch Liwanow (Vater), Albert Filosow (Iwan Karlowitsch),* Wladimir Kaschpur (Kobylkin), Walentin Gaft (Deforge). F 72 Min.

»Aljoscha muss ins Pensionat, in eine fremde Welt ohne Väterchen und ohne Mütterchen: Dort rettet er einem schwarzen Huhn das Leben und wird in eine Welt geholt, in der alles nur real zu sein scheint. Durch leichte Berührung kann sich dort alles auflösen. Der Märchenkönig erzählt ihm, dass in der Gestalt des Huhns sein Minister auf der Erde einen wichtigen Auftrag auszuführen hatte. Als Geschenk für die Rettung erhält Aljoscha ein Zauberhanfkorn: Solange er es bei sich trägt, wird er alles wissen, was je in Büchern geschrieben wurde.« (DIE FILME. 32. Internationale Film-Festspiele Berlin]

DIE SCHWARZE MÜHLE

DDR 1975. **R:** *Celino Bleiweiss.* **B:** *Günter Kaltofen.* **LV:** *»Die schwarze Mühle« von Jurij Brezan.* **K:** *Günter Marczinkowsky.* **SpE:** *Kurt Marks.* **M:** *Andrzej Korzynski.* **D:** *Leon Niemczyk (Müller), Klaus Brasch (Krabat), Wolfgang Penz (Markus), Irma Münch (Mutter), Peter Bause (Jan), Monika Woytowicz (Mirka). F 90 Min.*

DDR-Fernsehfilm nach dem sorbischen Volksmärchen vom Wanderburschen Krabat und den anderen Gesellen des Schwarzen Müllers, der in Wolfsgestalt eine eiserne Truhe mit sieben Schlössern bewacht. Sie soll das Buch des Wissens verborgen halten. Nachts verwandelt der Schwarze seine sieben Gesellen in Raben.

»Eine Fülle von Märchenmotiven und Zauberrequisiten wirken nach- und ineinander, zeitnahe Anspielungen verleihen dem Märchen parabelhafte Züge. Krabat und der Müller: Das ist der Gegensatz zwischen Knecht und Herr, von dem erzählt wird. Differenziert wird der Weg des Knechts zum Wissenden, Kämpfenden erzählt, und ebenso führt der Film auch alle Schattierungen des Bösen, verkörpert durch den Schwarzen Müller, vor. Biedermannsgesicht und Überredungskunst, Peitsche und Mord, Bespitzelung und Verrat, Märchen-Zauber und Gold-Allmacht – ein Brevier des Unternehmertums.« (77 MÄRCHENFILME) Regisseur Celino Bleiweiss interpretierte die Sequenzen, die unter den gefangenen Gesellen des Müllers spielen, bewusst in einem KZ-Touch.

SCHWEINCHEN BABE IN DER GROSSEN STADT

(BABE: PIG IN THE CITY). Australien 1998. **R:** *George Miller.* **B:** *George Miller, Judy Morris, Mark Lamprell.* **K:** *Andrew Lesnie.* **SpE:** *Neal Scalan Studio.* **Tiertrainer:** *Karl Lewis Miller.* **M:** *Nigel Westlake.* **D:** *James Cromwell (Arthur Hoggett), Magda Szubanski (Esme Hoggett), Mickey Rooney (Fugly Floom, der Clown), Mary Stein. F 96 Min.*

Die Fortsetzung exportiert das Schweinchen namens Babe vom angestammten Bauernhof in die Großstadt, die nur noch Metropolis heißt. Unterstützt von einem Pitbull, dem es das Leben gerettet hat, wird Babe zum Hoffnungsträger entrechteter Tiere. Weil die Schöpfer Australier sind, dachten sie sich: »Machen wir's doch wie bei *Crocodile Dundee II* und schicken unsere Helden unter irgendeinem Vorwand in die große Stadt. Das wird irre spannend und komisch, unsere kleine, gutmütige Landpomeranze im Asphaltdschungel, von Drogendealern und Fascho-Cops – äh: Dobermännern und Tierfängern – gehetzt, mit Verfolgungsjagden und Tortenschlachten, richtig geile Action – aber auch mit Herz und als Anklage der anonymen, brutalen, kalten Ellenbogengesellschaft, wo nicht nur der Mensch des Menschen Wolf, sondern sogar das Tier des Tieres Pitbull ist, und am Ende zerschellt das Böse an der Sanftheit und Güte unseres Schweinchens, als Vorschein des Utopischen ...« (TAZ) – »Tiertraining und Computeranimation ergeben zusammen eine perfekte Illusion. Tatsächlich, nach wenigen Minuten hält man es für das Selbstverständlichste auf der Welt, dass Hunde quatschen, Katzen singen, und ein Schweinchen fühlt und denkt. Man hält es für ganz natürlich, dass Affen, Enten und ein Goldfisch gar einen packenden Thriller durchleben im Moloch Stadt.« (SÜDDEUTSCHE ZEITUNG)

EIN SCHWEINCHEN NAMENS BABE

(BABE, THE GALLANT PIG). Australien 1995. **R:** *Chris Noonan.* **B:** *George Miller, Chris Noonan.* **LV:** *Roman »The Sheep-Pig« (Schwein gehabt, Knirps) von Dick King-Smith.* **K:** *Andrew Lesnie.* **SpE:** *Jim Henson's Creature Shop.* **Tiertrainer:** *Karl Lewis Miller.* **M:** *Nigel Westlake.* **D:** *James Cromwell (Arthur Hoggett), Magda Szubanski (Esme Hoggett), die Originalstimmen von Christine Cavanaugh (Babe), Miriam Margolyes (Fly), Dann Mann (Ferdinand), Hugo Weaving (Rex), Miriam Flynn (Maa), Russie Taylor (Cat), Evelyn Krape (Old Ewe), Roscoe Lee Browne (Erzähler). F 92 Min.*

Das kleine Ferkel, das ein australischer Farmer gewonnen hat, geht auf einer Farm der Tiere, die so ganz anders ist als die Orwellsche, bei Hirtenhündin Fly in die Lehre und gewinnt mit Zuvorkommenheit gegenüber den Schafen einen Wettbewerb für Hirtenhunde. Wie in Äsops Fabeln können die Tiere, unterstützt von Computeranimation, sprechen. Überhaupt habe dieser exzellent choreographierte Film manches gemein mit den großen Cartoon-Charakteren, sei so etwas wie ein von »echten« und gut dressierten (und hie und da auch von Puppen/Animatronics gedoubelten) Darstellern nachgespielter Animationsfilm, fand die STUTTGARTER ZEITUNG: »Eine Geschichte von der Freundschaft wird da erzählt, eine Geschichte von einem kleinen Außenseiter, der mit entwaffnender Naivität Vorurteile abbauen kann, eine mal sehr, sehr komische, mal hemmungslos sentimentale Geschichte, die ihre Widersprüche nicht unterschlägt, sondern einfach stehenlässt.« Mastermind des Ferkelfilms ist der Arzt und Filmemacher George Miller, der mit der *Mad Max*-Trilogie eine postatomare Apotheose geschaffen hat und vielleicht gerade deswegen in *Babe* das glatte Gegenteil entwirft.

DAS SCHWERT DER NIBELUNGEN

BRD 1966. **R:** *Harald Reinl.* **B:** *Harald G. Petersson, Harald Reinl, Ladislas Fodor.* **K:** *Ernst W. Kalinke.* **M:** *Rolf Wilhelm.* **D:** *Uwe Beyer (Siegfried), Rolf Henninger (König Gunther), Siegfried Wischnewski (Hagen von Tronje), Maria Marlow (Kriemhild), Karin Dor (Brunhild), Herbert Lom (Etzel), Dieter Eppler (Rüdiger), Mario Girotti (Giselher), Hans von Borsody (Volker), Skip Martin (Alberich), Fred Williams (Gernot). F 110 Min.*

Zusammenschnitt der Filme *Die Nibelungen – 1. Teil: Siegfried von Xanten* und *Die Nibelungen – 2. Teil: Kriemhilds Rache*, der nur entstand, um die Popularität des unter dem Pseudonym Terence Hill bekannt gewordenen Schauspielers Mario Girotti auszubeuten, der hier als Nebendarsteller mit drei Dialogsätzen agiert. »Durch den rigorosen Zusammenschnitt[7] ist der Torso eines Heldenepos entstanden. Fast ausschließlich werden Schauwerte, Kämpfe und hochdramatische Geschehnisse aneinandergereiht ... Hinzu kommt, dass schon über die Vorlagen wenig Rühmliches zu berichten war und die Zeit das ihre dazu beigetragen hat, den Film antiquiert wirken zu lassen.« (Hans Messias, FILMDIENST) [V]

DAS SCHWERT DES ALI BABA

(THE SWORD OF ALI BABA). USA 1964. **R:** *Virgil Vogel.* **B:** *Oscar Brodney.* **K:** *William Margulies.* **M:** *Frank Skinner.* **D:** *Peter Mann (Ali Baba), Jocelyn Lane (Amara), Peter Whitney (Abu), Gavin MacLeod (Hulagu Khan), Frank Puglia (Prinz Cassim), Frank McGrath (Pindar), Greg Morris (Yussuf), Frank De Kova (Baba). Irene Tsu (Nalu). F 81 Min.*
Handlungsidentisches Remake des 1944 von Arthur Lubin für Universal Pictures (USA) gedrehten Streifens *Ali Baba und die vierzig Räuber,* das ebenso wenig mit der Originalvorlage aus Tausendundeine Nacht zu tun hatte wie die Neuverfilmung. – »Nach formalen Qualitäten zu suchen, erübrigt sich bei solcher Art Filmen von vornherein. Es ist eine grobe Abenteuergeschichte ohne sonderlichen Ehrgeiz, in der in der üblichen Weise geritten, gefochten und Staub aufgewirbelt wird.« (FILMDIENST)

DAS SCHWERT DES BARBAREN

(LE SPADE DEI BARBARI). Italien 1982. **R:** *Michael E. Lemick [Pino Buricchi].* **B:** *Pietro Regnoli, Michele Massimo Tarantini, Franco Coppino.* **K:** *Giancarlo Ferrando.* **M:** *Franco Campanino.* **D:** *Peter McCoy (Sangral), Sabrina Siani (Aki), Margareta Rance (Rani), Yvonne Fraschetti (Lenna), Al Huang (Wang), Anthony Freeman (Magier), Xiomara Rodriguez, Alessandro Partexano, Massimo Pitarello, Lou Kamante. F 88 Min.*
Sangral, der muskulöse Sohn des Fantasy-Helden Ator (siehe *Ator – Herr des Feuers* und *Ator II – Der Unbesiegbare*), zieht, nachdem Barbaren das Reich seines Vaters verwüstet haben, mit den Überresten seines Volkes durch die Lande, rettet ein paar Fremde vor den Schlägerhorden eines höhlenbewohnenden Bösewichts, der eine Feuergöttin namens Rani anbetet, und fristet seine Tage damit, die Versuche diverser Knallchargen abzuwehren, ihm die neue Heimat madig zu machen. Vom völlig unmotivierten Haß der gelegentlich barbusig aus dem Feuer auftauchenden Rani verfolgt, muss Sangral ansehen, wie sein neues Reich (bestehend aus ca. 7 Strohhütten und 40–50 Untertanen) in Flammen aufgeht. Sein fruchtloser Versuch, einen schwarzen Magier zu bewegen, seine hingemordete Gattin wiederzubeleben, endet in der Höhle des gehörnten Rani-Jüngers, wobei ihm ein asiatischer Bogenschütze und ein beleibtes Mädchen namens Aki zur Seite stehen. Im Kampf gegen unterirdisch lebende Quabbelmenschen, flüssig parlierende Baumbewohner, die frechweg vorgeben, sie seien Halbaffen, und eine lüsterne Grottenhexe zeigt sich, dass Sangral ein Heros von echtem Schrot & Korn ist. – »Spannend!« fand VIDEO-MAGAZIN. – Dumm, dämlich & langweilig dazu! finden wir. Ein Film, an dessen Inhalt man sich einen Tag später nur noch mühsam erinnert. [V]

DAS SCHWERT DES KÖNIGS

(SIEGE OF THE SAXONS). GB 1963. **R:** *Nathan Juran.* **B:** *Pauline Wise, John Kohn, Jud Kinberg.* **K:** *Wilkie Cooper, Jack Mills.* **M:** *Laurie Johnson.* **D:** *Ronald Lewis (Robert Marshall), Janette Scott (Katherine), Mark Dignam (König Arthur), Ronald Howard (Edmund von Cornwall), John Laurie (Merlin), Jerome Willis (Hinkender), Richard Clarke (Sachsenprinz), Charles Lloyd Pack (Arzt), Gordon Boyd (Hauptmann), Francis de Wolff (Schmied), John Gabriel (Graf Chatham), Robert Gillespie, Kenneth Cowan (Soldaten). F 85 Min.*
König Arthur lädt am 20. Jahrestag seiner Herrschaft zu einem Fest nach Camelot ein. Da er krank ist und befürchtet, das Reich könne nach seinem Ableben auseinanderbrechen, ernennt er den Edelmann Edmund und seine Tochter Katherine zu seinen Nachfolgern. Der Intrigen spinnende Edmund hat jedoch nichts Eiligeres zu tun, als Arthur zu ermorden. Ein Bauernsohn namens Robert beschützt die von nun an gefährdete Ka-

---

[7] *Beide Teile hatten zusammen eine Laufzeit von 179 Minuten.*

therine vor den Nachstellungen Edmunds. Da der Adel dem Usurpator die Stange hält, weil dieser behauptet, Arthur habe ihm sein magisches Schwert persönlich übergeben, sehen Katherine, Robert und der greise Zauberer Merlin keine andere Möglichkeit, als Edmunds Krönung mit einem Trick zu verhindern: Katherine zieht dem König in spe das Schwert aus der Scheide – eine Tat, die nur ein(e) rechtmäßige(r) Herrscher(in) vollbringen kann. Edmund sucht schäumend das Weite, fällt später an der Spitze der Sachsen in Britannien ein und holt sich eine blutige Nase. – »Der Film ist ziemlich pompös aufgemacht, hält sich jedoch in Grenzen und gleitet selten ins Kitschige ab. Die Gemetzel sind zwar zahlreich und bluttriefend, jedoch nicht so, dass die Grausamkeit ›unter die Haut geht‹«. (FILMDIENST) – »Ein Film für Kinder jeglichen Alters. Wirklich knorke!« (F. Maurice Speed, FILM REVIEW)

DAS SCHWERT DES ROTEN GIGANTEN

(I GIGANTI DELLA TESSAGLIA). Italien/Frankreich 1960. R: Riccardo Freda. B: Giuseppe Masini, Ennio de Concini, Mario Rossetti, Riccardo Freda. K: Václav Vich, Raffaele Masciocchi. M: Carlo Rustichelli. D: Roland Carey (Jason), Zivia Rodann (Creusa), Massimo Girotti (Orpheus), Alberto Farnese (Adrastus),. Luciano Marin (Euristeo), Cathio Caro (Aglaia), Nadine Diea (Gaia), Maria Teresa Vanello (Gaias Schwester), Gil Delamare (Alceo), Alfredo Varelli (Argus), Raffaele Baldassare (Antineus), Alice Clements (Tänzerin), Taki Karas, Moira Orfei, Lilia Landi, Pietro Tordi, Alberto Sorrentino, Nando Tamberlani, Raimondo Magni, Giovanni Sabbatini, Tino Vetrani, Pietro Capanni, Franco Gentili, Jacques Stani, Salvatore Furnari, Gualberto Titta, Alfredo Zammi, Nando Angelini, Massimo Pianforini, Paolo Gozlino. F 98 Min.

Jason und Orpheus stechen mit der Argo in See, um das Goldene Vlies aus dem Lande Kolchis nach Thessalien heimzuholen. Jasons Gattin Creusa schlägt sich derweil mit dem sinistren Adrastus herum, der danach trachtet, sich zum Herrscher zu machen. Die Argonauten treffen auf einer Insel auf ein Volk schöner Frauen, doch als Jason erkennt, dass ihre Herrscherin Gaia mit Vorliebe Männer in Schafsböcke verwandelt, tötet er sie. Und weil's grad so schön war, legt er auf der Nachbarinsel gleich noch einen Zyklopen um, bevor er einen allzu renitenten Seemann auspeitschen und einen anderen, der heimlich seine Braut an Bord geschmuggelt hat, aussetzen lässt. In Kolchis angekommen, erringt er, ohne dass eine Medea ihm entgegenträte, das Goldene Vlies im Handumdrehen, und während wir uns noch verwundert die Äuglein reiben, ist er schon wieder in Thessalien, wo man ihn vor einem Mordkomplott seines Regenten und Oheims Adrastus warnt. Die Argonauten überwältigen den Bösling mit Creusa vor dem Traualtar. Orpheus, Jasons kampferprobten Gefährten, hat inzwischen in Gestalt einer irreparablen Wunde der Tod ereilt – doch Creusa tröstet ihn: Bald wird er wieder mit seiner geliebten Eurydike vereint sein. (Offenbar in der Hölle.) Wohl dem, der solche Freunde hat.

Irgendwo zwischen den Prunkvillen der Drehbuchautoren und Cinecittà muss, so nehmen wir an, seinerzeit etwas Schreckliches geschehen sein: Ein Tornado hat die fertigen Manuskriptseiten der Story erfasst, kräftig durcheinandergewirbelt und mit ca. 100 Seiten des Drehbuchs von Die Irrfahrten des Odysseus vermischt. Herausgekommen ist dabei ein Mischmasch aus beidem, wobei die Odysseus-Legende stark dominiert. – »Es ist verständlich«, fand MONTHLY FILM BULLETIN, »dass Riccardo Freda mit diesem Film, der offenbar von einem ›Executive Director‹ überwacht und beendet wurde, nichts zu tun haben will. Das Drehbuch weist kaum Ähnlichkeit mit der Sage auf, statt dessen pappt es eine Reihe von aktionsbetonten Ereignissen, Schauplätzen und Charakteren aneinander, die – wenn überhaupt – weniger Konsistenz haben als die Comic Strip-Formel, dem es seine Inspiration verdankt.« [V]

SECHSE KOMMEN DURCH DIE WELT

DDR 1972. R: Rainer Simon. B: Rainer Simon. St: Manfred Freitag, Joachim Nestler. LV: Gebrüder Grimm. K: Roland Gräf. M: Peter Rabenalt. D: Eberhard Esche (Soldat), Günter Schubert (Starker), Friedo Solter (Läufer), Olga Strub (Schiefhütchen), Christian Grashof (Fiedler), Jürgen Gosch (Jäger), Margit Bendokat (Prinzessin),

Jürgen Holtz (König), Berthold Schulze (Oberhof-meister). F 68 Min.

Nach einem Sieg rebelliert ein Soldat des Königs wegen der schlechten Bezahlung und landet im Kerker. Mit Hilfe eines ebenfalls gefangenen, superstarken Kraftprotzes dem Kerker entkommen, ziehen sie in die Welt hinaus und begegnen dem Mädchen ›Schiefhütchen‹, das, wenn es sein Hütchen gerade aufsetzt, alles gefrieren lassen kann. Ferner gesellen sich zu ihnen ein Läufer, der schneller spurtet als ein Vogel, ein Fiedler und ein Jäger. Die Sechse kehren in die Stadt zurück, wo der König gerade einen Wettbewerb abhält: Wer beim Wettlauf gegen seine Tochter gewinnt, soll ihr Gemahl werden, wer verliert, den kostet es den Kopf. Dank der besonderen Fähigkeiten seiner Freunde gewinnt der Soldat das Rennen. Um die sechs loszuwerden, gewährt ihnen der König so viele Schätze aus seiner Schatzkammer, wie ein einzelner Mann wegtragen kann. Der Starke lässt sich das nicht zweimal sagen. [V]

DIE SEEKÖNIGIN

BRD/ČSR 1998. R: Václav Vorliček. B: Milos Ma-courek, Václav Vorliček. LV: »Der Schwanensee« von Peter Iljitsch Tschaikowski. K: Rudolf Blaha-cek. M: Ondrej Soukop. D: Max Urlacher (Prinz Viktor), Jitka Schneider (Prinzessin Odette), Iva-na Chylkova (Seekönigin), Jan Niklas (König Rich-ard), Sunnyi Melles (Königin), Jan Hrusinsky (Ste-fan). F 92 Min.

Märchenadaption mit Anleihen bei »Schwanen-see« und Hans Christian Andersen. Von den tschechischen Herstellern der *Märchenbraut*.

SEELENWANDERUNG

BRD 1962. R: Rainer Erler. B: Karl Wittlinger. V: Karl Wittlinger. K: Günther Senftleben, M: Otto Erich Schilling. D: Hanns Lothar (Axel), Wolfgang Reichmann (Bum), Karin Schlemmer, Robert Meyn. SW 75 Min.

Axel und Bum, die mehr schlecht als recht einen Schrotthandel betreiben, kommen nach einigem Nachsinnieren darauf, dass die Seele den Menschen daran hindert, im Leben etwas zu werden. Bum, der Möchtegern-Karrierist, der seine Skrupel nicht überwinden kann, »denkt« daraufhin seine Seele aus sich heraus und in einen Schuh-karton hinein. Selbigen deponiert er für fünf Mark im Leihhaus. Schon bald geht es aufwärts mit ihm; er wird zu einem erfolgreichen Unternehmer, der über Leichen geht, Axel fortan ignoriert und die Kohle nur so scheffelt. Doch als seine Plackerei ihren Tribut fordert, findet er im Jenseits keine Ruhe: Er erscheint Axel und fleht ihn an, ihm bei der Suche nach der verpfändeten Seele beizustehen. Axel, gutmütig, wie er ist, willigt ein. Zusammen brechen sie auf, die inzwischen verschollene Seele ausfindig zu machen.

»Dass die Seelenwanderung nicht nur gut gemeint, sondern auch wirklich gut ist, hat der Film seinen Hauptdarstellern zu verdanken. Hanns Lothar ... spielt den sich selbst und seinem Freund treubleibenden armen Teufel mit großer Eindringlichkeit, man glaubt ihm die kompromisslos ehrliche Haut in jeder Szene. Wolfgang Reichmann spielt den Gegenpart des Bum ebenso glaubwürdig, seine Darstellung des seelenlosen Karrieristen, erfolgsorientierten hektischen Selfmademannes ist facettenreich gespielt. Die Dialoge sind geschliffen und pointiert – *Seelenwanderung* ist fast ein Zwei-Personen-Theaterstück.« (Wiglaf Droste, SPANDAUER VOLKSBLATT) Karl Wittlingers Parabel vom skrupelbehafteten Möchtegern-Kapitalisten war ursprünglich ein Bühnenstück und wurde fürs TV produziert.

DIE SELTSAME GESCHICHTE
DES BRANDNER KASPAR

BRD 1949. R: Josef von Baky. B: Erna Fentsch. LV: Franz von Kobeil. K: Hans Schneeberger. M: Alois Melichar. D: Paul Hörbiger (Tod), Carl Wery (Brandner Kasper), Viktor Staal, Ursula Lingen, Gustav Waldau, Georg Thomalla, Anton Point-ner, Rudolf Schündler, Beppo Schwaiger, Lore Frisch, Fritz Bender, Franz Fröhlich, Barbara Gal-launer, Annemarte Holtz, Irene Kohl, Franz Lo-skarn, Sepp Nigg, Kurt Zibe. SW 104 Min.

An seinem 70. Geburtstag erhält der Brandner Kaspar nach einem erfüllten Jägerleben unerwarteten Besuch: Der Tod wird vorstellig und weist den alten Knaben darauf hin, dass es für ihn an der Zeit sei, den Abschied einzureichen. Der Brandner Kaspar ist jedoch ein gstandnes Mannsbüld, dem's auf Erden gut gefällt, also fängt er mit'm Teifi 's Saufn & Zockn an und hat ihm bald zwei weitere Jahrzehnte abgehandelt. Sehr zum Unwillen des »Geheimrats« Petrus: Der Himmi wär ja leer, wenn so was a jeder tät! Und so muss Gevatter Hein erneut in die Berge: Zumindest »probeweise«, sozusagen ganz unverbindlich, soll der Kaspar mal einen Blick ins Paradies tun. Und wie zu erwarten, gelingt der listige Plan: Dem Kaspar gföllts im Paradies so guat, dass er goar net mea foat wüll. – »Wo der Tod auftritt, wird's im herkömmlichen Film still und tragisch, fließen die Tränen und schließen sich die Vorhänge. Hier aber beginnt eine Komödie, so packend und unwiderstehlich, so voll liebevoller Menschenkenntnis, dass sie ihresgleichen sucht. Freilich wird mancher den rauhen Dialekt des Brandnerschen Schutzengels und die Weißwürste des Geheimrats Petrus schwer verdauen können, aber immerhin wird hier nichts zersetzt von der unselig-intellektuellen Säure des Käutnerschen ›Apfel‹-Paradieses Hintergrund.« (FILMDIENST)

DIE SENDUNG DES YOGHI

1. Teil des Stummfilms Das indische Grabmal (Deutschland 1921)

SGT. KABUKIMAN – NEW YORK POLICE DEPARTMENT

(SGT. KABUKIMAN, N.Y.P.D.). USA 1991. **R:** Lloyd Kaufman, Michael Herz. **B:** Lloyd Kaufman, Andrew Osborne, Jeffrey W. Sass, Robert Coffey, Cliff Hahn. **K:** Bob Williams. **SpE:** Pericles Lewnes, Kelly Gleason, Christopher Davis, Anthony Mark. **M:** Bob Mithoff, Dan Skye, Paul Short. **D:** Rick Gianasi (Harry Griswold/Sgt. Kabukiman), Susan Byun (Lotus), Bill Weeden (Reginald Stuart), Thomas Crnkovich (Rembrandt), Larry Robinson (Snipes), Noble Lee Lester (Capt. Bender), Brick Bronsky, Pamela Alster, Shaler McClure, Jeff Wineshmutz, Joe Fleishaker. F 90 Min.

Die japanische Nichte eines erschossenen Superhelden steht einem New Yorker Cop, in dem dieser weiterlebt, bei der Erlernung der zahlreichen Kabukiman-Talente zur Seite. [V]

SERGEANT PEPPER'S LONELY HEARTS CLUB BAND

(SERGEANT PEPPER'S LONELY HEARTS CLUB BAND). USA 1978. **R:** Michael Schultz. **B:** Henry Edwards. **K:** Owen Roizman. **M:** John Lennon, Paul McCartney, George Harrison. **D:** Peter Frampton (Billy Shears), Barry Gibb (Mark Henderson), Robin Gibb (Dave Henderson), Maurice Gibb (Rob Henderson), Frankie Howard (Senf), Paul Nicholas (Dougie), Donald Pleasence (B. D. Brockhurst), Sandy Farina (Strawberry Fields), Dianne Steinberg (Lucy), Steve Martin (Maxwell Edison), Aerosmith (Freundliche Zukunftsvernichtungsband), Alice Cooper (Father Sun), Billy Preston (Sgt. Pepper), George Burns (Bürgermeister). F 111 Min.

Die widerlich intakte Kleinstadt Heartland steht unter dem musikalischen Schutz der Henderson-Brüder und eines gewissen Billy Shears, seines Zeichens Enkel des berühmten Sergeant Pepper. Doch der schnöde Mammon lockt, und das Quartett gerät in die Fänge des großen Plattenproduzenten B. D. Brockhurst. Überdies klaut der böse Mr. Senf im Auftrag der »freundlichen Zukunftsvernichtungsband« die Zauberinstrumente, die Heartland bisher vor den bösen Versuchungen des Kommerzes bewahrt haben. Notgedrungen raufen sich Billy und seine Freunde wieder zusammen. Leider beißt jedoch bei der folgenden musikalischen Rettungsaktion Billys Freundin ins Gras. In letzter Sekunde erwacht die Sergeant Pepper-Statue auf dem Rathausdach zum Leben und bringt alles wieder ins Lot. – »Sgt. Pepper« von Peter Frampton (wer?) und den Bee Gees verunstalten zu lassen, ist ohnehin schon grauenvoll genug. Die wohl beste LP der Beatles dann auch noch zu einer stupiden Bonbonmelange aus Discosalat und naiver Huldigung an den american dream zu verwursten, sollte allerdings mit Van Halen-Riffs nicht unter 150 Dezibel bestraft werden.

SHALOM PHARAO

BRD 1982. **R:** Curt Linda. **B:** Curt Linda, Günter Tolar. **M:** Bert Grund. **A:** Eva Marino, J. Pischinger, J. Plahuta, Klaus Taplick, A. Capsuneanu, Sook Hi Yang. F 80 Min. (Zeichentrick).

Der frisch ernannte und sich in der neuen Heimat noch sichtlich unwohl fühlende römische Statthalter Pontius Pilatus lässt sich von Sekretär und Ehefrau Claudia die Geschichte von Josef und seinen Brüdern als leuchtendes Beispiel vor Augen führen. – Ein schnoddriger, in der Animation eher mäßiger Zeichentrickfilm, der sich vor lauter politischen und wirtschaftlichen Anspielungen auf die Gegenwart ständig selbst überschlägt. [V]

SHEENA – KÖNIGIN DES DSCHUNGELS

(SHEENA). USA 1984. **R:** *John Guillermin.* **B:** *David Newman, Lorenzo Semple jr.* **K:** *Pasqualino de Santis.* **SpE:** *Peter Hutchinson.* **M:** *Richard Hartley.* **D:** *Tanya Roberts (Sheena), Ted Wass (Vic Casey), Donovan Scott (Fletcher), Elizabeth von Toro (Schamanin), France Zobda (Zanda), Trevor Thomas (Otwani), Clifton James (König Jabalani), John Forgeham (Jorgenson), Errol John (Bolu), Sylvester Williama (Juka), Bob Sherman (Grizzard), Michael Shannon (Phillip Ames), Nancy Paul (Betsy Ames), Kathryn Grant (Sheena als Mädchen), Kirsty Lindsay (Sheena als Teenager).* **F** 116 Min.

Nachdem ein Höhleneinbruch ihre Eltern getötet hat, nimmt eine Zambouli-Schamanin deren blonde Tochter Sheena unter die Fittiche und lehrt sie im Verlauf der nächsten Jahre die Kunst,

den Tieren des Dschungels zu befehlen. Als der eitle Prinz Otwani, der an den Titan-Vorkommen auf dem Gebiet der Zambouli interessiert ist, seinen Bruder umbringen lässt und den Mord der Schamanin in die Schuhe schiebt, will Sheena die bevorstehende Racheaktion vereiteln. Zur Hilfe kommt ihr der TV-Reporter Vic Casey, der das schnöde Attentat beobachtet und auf Film gebannt hat. Eine Verfolgungsjagd durch die Wüste findet in einem Großangriff auf das Dorf der Zambaoli ihr Ende, bei dem Sheena mit einer herbeigerufenen Tierarmee die Söldnertruppe Otwanis aufreibt. Durch Zaubererde von den tödlichen Verbrennungen geheilt, die er sich bei seinem Kampf gegen Prinz Otwani zugezogen hat, kehrt Vic Casey schließlich in die Zivilisation zurück. Ein biederer Kenia-Werbespot mit leichten parodistischen Qualitäten, der sein dürftiges Quentchen Spannung vor allem aus der Frage bezieht, wann der herzlich untalentierten Tanya Roberts das nächste Mal die beiden Gründe für ihre Besetzung aus dem schmucken Urwalddress flutschen. [V]

SHEHERAZADE – DER GOLDENE LÖWE VON BAGDAD

(LA SCHIAVA DI BAGDAD/SHEHERAZADE). Frankreich/Spanien/Italien 1962. **R:** *Pierre Gaspard-Huit.* **B:** *Marc-Gilbert Sauvajon/Pierre Gaspard-Huit.* **K:** *Christian Matras.* **M:** *André Hossein.* **D:** *Anna Karina (Sheherazade), Gérard Barray (Renaud de Villecroix), Antonio Vilar (Harun al Raschid), Marilu Tolo (Shirin), Giuliano Gemma (Didier), Gil Vidal (Thierry), Joelle Latour (Anira), Jorge Mistral (Zaccar), Fausto Tozzi.* **F** 118 Min.

Im Jahre 809 schickt Karl der Große eine Gesandtschaft an den Goldenen Löwen von Bagdad, den Kalifen Harun al Raschid. Renaud de Villecroix, ein Neffe des Kaisers, führt die Friedensmission. Auf dem Weg nach Bagdad, in der mesopotamischen Wüste, finden die Franken ein verwundetes Mädchen. Diese entpuppt sich als Schwester von Sheherazade, der Prinzessin von Iskander. Sheherazade wurde von Beduinen entführt, die aber schnell eingeholt sind. Kaum dass

Sheena – Königin des Dschungels

sie befreit ist, verliebt sich Sheherazade in Renaud. Diese Liebe triumphiert auch über die schwersten Prüfungen. Es wird uns, so das Presseheft des Bavaria-Filmverleihs, ein intimer Blick vergönnt hinter die Intrigen, die Kämpfe und die goldenen Haremsgitter (!) einer längst verklungenen Zeit: »mittels der raffinierten filmischen Technik des zwanzigsten Jahrhunderts«.

SHEHERAZADE – MIT 1001 PS INS ABENTEUER

(SHEHERAZADE – LES 1001 NUITS). Frankreich/Italien 1990. **R:** *Philippe de Broca.* **B:** *Philippe de Broca, Jérôme Tonnerre.* **K:** *Jean Tournier.* **M:** *Gabriel Yared.* **D:** *Thierry Lhermitte (Kalif), Gérard Jugnot (Geist aus der Öllampe), Stéphane Freiss (Aladin), Vittorio Gassman (Sindbad), Catherine Zeta-Jones (Shéhérazade). F 94 Min.*
Bei Philippe de Broca ist aus dem Lampengeist ein spleeniger Engländer geworden. Jede Menge Einfälle, aber nur wenige zünden richtig. Nur auf Video. [V]

SHERLOCK HOLMES UND DIE SIEBEN ZWERGE

BRD 1994. **R:** *Günter Meyer.* **B:** *Andreas Pöschel, Günter Meyer.* **K:** *Wolfgang Braumann.* **M:** *Thomas Natschinski.* **D:** *Alfred Müller (Hans Holms), Ellen Schwiers (Helene), Ulrike Haase (Anne), Stefan Limprecht (Martin), Reiner Heise (Schwarzer Magier), Heike Jonca (Hexe). F 91 Min.*
Böse Dinge geschehen im Märchenland: Der Froschkönig vermisst seine güldene Kugel, Schneewittchen ist entführt worden. Hans Holms, Kriminalpolizist a.D., erhält Besuch von den sieben Zwergen, die auf seine Spürnase vertrauen. Mit seinen Enkeln Anne und Martin macht er sich auf, den Fall zu lösen: Hinter allem steckt ein böser Zauberer. – Zusammenschnitt einer achtteiligen Fernsehserie (insgesamt 240 Min.) – »Reales und Phantastisches werden in diesem spannenden Märchen-Krimi miteinander verwoben. Kinder werden daran ihre Freude haben, und auch die Erwachsenen kommen auf ihre Kosten. Mit Noblesse und Humor fahndet der Kripo-Mann nach den Tätern.« (Jürgen Oellerich, GONG) »Trotz einiger inszenatorischer Schwächen unterhält der Film sein junges Publikum spannend, humorvoll und auch ein wenig

gruselig, vor allem aber beflügelt er die Fantasie.« (FILMDIENST)

DIE SIEBEN RABEN

Deutschland 1937. **R:** *Ferdinand Diehl.* **B:** *Paul Diehl.* **LV:** *Gebrüder Grimm.* **K:** *Alfons Lusteck.* **M:** *Walter Pepper. SW 67 Min. (Puppenfilm).*
Sieben Brüder, die für ihr neugeborenes Schwesterlein Taufwasser holen sollen, bummeln so lange herum, bis ihr Vater sie verflucht, woraufhin sie sich in Raben verwandeln. Als das Mädchen älter wird und vom Schicksal seiner Brüder erfährt, will es sich auf die Suche machen. Von einer Fee erfährt es, es müsse sieben Jahre schweigen und sieben Gewänder weben, um den auf den Brüdern lastenden Fluch aufzuheben. Da kommt ein Prinz daher, der Schwesterlein zur Gattin macht. Als sich auch die beiden Erstgeborenen des adeligen Pärchens in Raben verwandeln und davonfliegen, soll Schwesterlein als Hexe auf dem Scheiterhaufen enden. Doch inzwischen sind die sieben Gewänder fertig, und die Rabenbrüder nahen, um ihre Retterin vor einem blasenbedeckten Podex (vielleicht sogar noch Schlimmerem) zu bewahren. – »Die starren Gesichtszüge der Puppen, die im starken Kontrast dazu einen beweglichen Mund haben, entsprechen nicht dem melancholischen Grundton dieser rührenden Geschichte einer opferbereiten Geschwisterliebe. Viele Längen im Drehbuch können nicht mehr als episch bezeichnet werden, sondern eben nur als langweilig.« (FILMBEOBACHTER)

DIE SIEBEN RABEN

(SEDMERO KRKAVCU). Tschechien 1993. **R:** *Ludvík Ráza.* **B:** *Pavel Aujezdsky.* **LV:** *Märchen der Gebrüder Grimm.* **D:** *Mária Podhrdská (Bohdanka), Michael Dlovhy (Vratislav), Ivana Chylková (Milada), Boris Rösner (Tasso). F 80 Min.*
Bodhanka muss für ihre sieben Brüder Hemden nähen, ohne ein Wort zu sprechen. Auf diese Weise sollen sie von dem Rabendasein erlöst werden, in das sie ein Fluch ihrer Mutter verwandelt hat.

DAS SIEBENTE SIEGEL

(DET SJUNDE INSEGLET). Schweden 1956. **R:** *Ingmar Bergman.* **B:** *Ingmar Bergman.* **LV:** *Ingmar Bergman.* **K:** *Gunnar Fischer.* **M:** *Erik Nord-*

gren. **D**: *Max von Sydow (Antonius Blok), Gunnar Björnstrand (Jöns), Nils Poppe (Jof), Bibi Andersson (Mia), Bengt Ekerot (Tod), Äke Fridell (Plog), Inga Gill (Lisa), Erik Strandmark (Skat), Bertil Anderberg (Raval), Gunnel Lindblom (Stummes Mädchen), Inga Landgré (Blocks Frau), Anders Ek (Mönch), Benkt-Äke Benktsson (Wirt), Maud Hansson (Hexe), Gunnar Olsson (Maler), Lars Lind (Junger Mönch), Gudrun Brost (Frau im Wirtshaus), Ulf Johansson (Anführer der Knechte). SW 96 Min.*

Aufsteigend aus einer apokalyptischen Vision, beginnt der Film mit einem Zitat aus der Geheimen Offenbarung des hl. Johannes (8,1): »Als das Lamm das siebente Siegel brach, war am ganzen Himmel eine große Stille, ungefähr die Hälfte einer Stunde lang.« Es ist die Stille vor dem Sturm, bevor die Posaunen der Engel zum Jüngsten Gericht ertönen, der letzte Aufschub, die letzte Frist. Der Ritter Antonius Blok, mit seinem Knappen vom Kreuzzug in die von der Pest verwüstete schwedische Heimat zurückgekehrt, wird erwartet. Der Tod will ihn holen. Doch der Ritter begehrt auf: »Mein Körper ist bereit – ich bin es nicht!« Er will eine Antwort auf die Frage nach dem Sinn des Lebens. Der Tod gewährt ihm eine Gnadenfrist. Ritter und Tod spielen Schach. Für die Dauer der Partie darf Blok Gott suchen. Zug um Zug erlebt er Gaukler und Flagellanten, Hexenverbrenner, Hellseher, Büßer und Ehebrecher, Krankheit, Pesthauch und Elend. Dazwischen immer wieder der Tod, der ihn überlistet, auf ihn wartet. Blok fragt alle, die ihm begegnen, doch die Gewissheit bleibt aus, wenn ihm auch einzelne Begegnungen Mut machen. Als er sein Schloss erreicht, ist die Schachpartie zu Ende. Der Tod hat endgültig gesiegt. In einem seltsamen Totentanz zieht er den Ritter, dessen Frau und Gefolge hinter sich her, dem Horizont entgegen. – »Bergman kleidet das Geschehen in die Bildsprache mittelalterlicher Gemälde. Manche Einzelheiten erinnern unmittelbar an mittelalterliche Darstellungen: der Tod etwa, der den Baum absägt, auf dem der Schauspieler Skat hockt, die Erscheinung der Muttergottes mit dem Jesuskind und die beherrschende Szenerie des Schachspiels mit dem Tod. Anderes ist aus der Nachempfindung gestaltet, in hartem Kontrast gegeneinander

gesetzt. Da treffen sich sauflustige Groteske, wilde Ausgelassenheit, drastische Ironie mit düsterer Melancholie und anmutiger Idylle. Der Stil des Films ist von bestürzender, unausweichlicher Kraft, von einer elementaren Urwüchsigkeit, die nur aus der verbissenen Zähigkeit erklärbar ist, mit der Bergman sein Thema bis in die letzten Winkel nachgestaltbarer Realität vortreibt. Dieser Film enthält in der formalen Struktur wie in der emotionalen, überquellenden Fülle seiner Episoden die Gefühls- und Erlebnisskala eines ganzen Menschenlebens. Da mischen sich Zärtlichkeit und Wut, Liebe und Roheit, Kühnheit und feiges Versagen, Erregung und Niedergeschlagenheit. Sie treffen sich in einer Landschaft, die bald rauh, bald unheimlich, bald lieblich hell und freundlich ist. Selten in der Filmgeschichte gab es in einem Werk so viel Dynamik, so viel ›Bild‹ und persönliches Engagement wie in diesem Selbstbekenntnis Bergmans.« (FILM-DIENST) – *Das siebente Siegel* ist im Gesamtwerk Ingmar Bergmans in unmittelbarem Zusammenhang mit dem anschließend entstandenen Film *Wilde Erdbeeren* zu sehen. Beide Filme ergänzen sich nicht historisch, sondern thematisch: Während der Kreuzritter Blok in der Außenwelt nach Gott sucht, versucht in *Wilde Erdbeeren* der alte Professor Borg zu einem Verständnis seiner Innenwelt zu gelangen.

DAS SIEBTE ZEICHEN

(THE SEVENTH SIGN). USA 1987. **R**: *Carl Schultz.* **B**: *W.W. Wicket, George Kaplan.* **K**: *Juan Ruiz Anchia.* **SpE**: *Michael L. Fink, Eric Brevig.* **M**: *Jack Nitzsche.* **D**: *Demi Moore (Abby Quinn), Jürgen Prochnow (David), Michael Biehn (Russell Quinn), Peter Friedman (Pater Lucci), Manny Jacobs (Avi), John Taylor (Jimmy Zaragoza), Lee Garlington (Dr. Inness), Akosua Busia (Penny), Harry W. Basil (Verkäufer), Arnold Johnson (Putzmann), Ian Buchanan. F 98 Min.*

»Und als (das Lamm) das siebente Siegel öffnete, ward eine Stille im Himmel bei einer halben Stunde ... und es entstand Hagel und Feuer, mit Blut vermischt, und ward auf die Erde geworfen, und der dritte Teil der Erde verbrannte.« (9. Buch der Offenbarung) In der von dem (aus Ungarn gebürtigen) australischen Regisseur Carl Schultz inszenierten Angstvision werden die sieben Vorzeichen der Apokalypse wie folgt illustriert: nuklear verstrahltes Meeresgetier, das an einem karibischen Strand angespühlt wird; ein Dorf, das in glutheißer Wüste unter einer Eisdecke versinkt; ein von Menschenblut rot gefärbter Flußlauf in Nicaragua; eine unerwartete Sonnenfinsternis; faustgroße Hagelkörner; dann muss noch ein Unschuldiger sterben, ein mongoloider Zwanzigjähriger, der seine Eltern auf »höhere Weisung« wegen Inzests ermordet hat, damit das Kind ohne Seele geboren werden kann. Vor diesem irrationalen Hintergrund wird die Geschichte der jungen, innerlich aufgewühlten, schwangeren Abby (Demi Moore) erzählt, die nach mehreren Fehlgeburten um ihre (Teufels-) Brut bangt und nun ebenso ratlos wie der Zuschauer zwischen dem zweifelhaften Treiben von Gut und Böse steht. Das Böse ist personifiziert durch den satanischen Pater Lucci, der zweitausend Jahre alt ist und den Vatikan überzeugen will, dass die Zeichen nur simple Naturphänomene sind (hahaha!), und das Gute in der Gestalt von Abbys neuem pockennarbigen (Jürgen Prochnow) Untermieter, der sich als »Lamm Gottes« einführt und ein gläubiger Sendbote der Apokalypse ist. Abby will den unschuldig zum Tod verurteilten, von ihrem Mann verteidigten Eltern-Ritualmörder retten, aber der letzte Märtyrer Christi wandert in die Gaskammer. Da opfert sie sich, auf dass ihr Sohn mit einer Seele lebe und nicht des Teufels sei, worauf die Sonne nicht mehr blutrot, sondern in korrekter Farbe erscheint. – Offensichtlich standen Roman Polanskis Schwangerschaftshorror (Rosemaries Baby), Das Omen und Ingmar Bergmans Siebentes Siegel für diesen schwachsinnigen, unfreiwillig komischen Okkult-Quatsch Pate. [V]

SIEGFRIED – DIE NIBELUNGENSAGE
Anderer Titel für Siegfried – Die Sage der Nibelungen

SIEGFRIED – DIE SAGE DER NIBELUNGEN
(SIGFRIDO – LA LEGGENDA DI NIBELUNGHI). Italien 1957. R: Giacomo Gentilomo. B: Antonio Ferrigno, Giorgio Constantini, Giacomo Gentilomo. K: Tino Santoni. SpE: Carlo Rambaldi. M: Richard Wagner, Franco Langella.

D: Sebastian Fischer (Siegfried), Katharina Mayberg (Brunhild), Ilaria Occhini (Kriemhild), Rolf Tasna (Hagen), Giorgio Constantini (König Gunther), Franca Mazzoni (Ute), Giulio Donnini (Alberich), Alberto Cinquini (Mime), Enrico Olivieri (Giselher), Germano Longo (Gernot), Tina Glorini (Sieglinde), Philippe Hersent (Dankwart). F 93 Min.

Der niederländische Königssohn Siegfried begibt sich ins Reich der Nibelungen, um einen legendären Schatz zu suchen, den ein Drache bewacht. Er tötet das Untier, badet in dessen Blut, wird dadurch fast unverwundbar, entdeckt den Ring der Nibelungen, bezwingt den Zwerg Alberich, erringt dessen Tarnkappe und reist an den Hof des Burgunderkönigs Gunther, um dessen Schwester Kriemhild zu freien. Hagen von Tronje, ein finsterer Recke, der eigene Ziele verfolgt, fordert ihn in Worms heraus, unterliegt jedoch. Von nun an verfolgt Hagen Siegfried mit Haß. Als Gunther die isländische Königin Brunhild unterwerfen will, um sie anschließend zur Frau zu nehmen, steht Siegfried ihm mit der unsichtbar machenden Tarnkappe bei, doch in der Hochzeitsnacht erfährt Brunhild von den Machenschaften ihres »Bezwingers«. Sie schwört ihm und Siegfried blutige Rache. Hagen, inzwischen auf ihrer Seite, entlockt Kriemhild das Geheimnis der einzig verwundbaren Stelle Siegfrieds – mit dem bekannten Resultat: Auf der Jagd bringt Hagen seinen Rivalen meuchlings um. Doch der Nibelungenschatz, nach dem er giert, wird sein Verhängnis: Mit ihm zusammen wird er in einer einstürzenden Grotte verschüttet. Brunhild bringt sich um. – »Entscheidet sich der Film in der Handlung für die rein abenteuerlichen Elemente, so schwankt er in der Gestaltung ständig zwischen Realistik und Sagenhaftigkeit, wobei er in einigen Szenen aufs ungenierteste Fritz Langs berühmten Stummfilm von 1924 zu kopieren sucht. Musikalisch orientiert er sich natürlich an Wagner.« (FILMDIENST) Die Person Hagens, der im »Nibelungenlied« in Mannestreue zu seinem König steht, wurde stark verändert: In dieser Version ist er ein gewöhnlicher, neidzerfressener Bösewicht, der keinen anderen Gedanken hat, als den Schatz der Nibelungen in seinen Besitz zu bringen. [V] (Siegfried – Die Nibelungensage)

SIEGFRIED UND DAS SAGENHAFTE LIEBESLEBEN DER NIBELUNGEN

BRD 1970. **R:** Adrian Hoven. **B:** Fred Denger. **K:** Hannes Staudinger. **M:** Daniele Patucchi. **D:** Raimund Harmstorf (Siegfried), Sybil Danning (Kriemhild), Heidi Bohlen (Brunhild), Carlheinz Heitmann (Gunther), Fred Coplan (Hagen), Walter Kraus (Gernot), Fred Berghoff (Giselher), Peter Berling (Hänsel), Achim Kaden (Hauptmann Locker), Celine Bernier (Loreley), Rosemarie Heinikel, Katharina Giani, Christine Noack, Marianne Sock, Marie-Ann Dutoit, Flavia Keyt, Michael von Harbach, Angela Bergmann, Ilona Heinen, Olivia Frodenhagon, Ula Kopa, Adrian Hoven, Alf Ekberg, Marguerite Boulware. F 95 Min.

Siegfried von Xanten will die holde Kriemhild ehelichen, aber ein alter Brauch schreibt vor, dass ihr Bruder, König Gunther, als erster unter der Haube sein muss. Gunther hat ein Auge auf die geile Königin Brunhild geworfen, die jeden Bewerber umbringt, der es nicht schafft, drei Nächte mit ihr durchzustehen. Siegfried und Gunther nehmen abwechselnd (mit Hilfe von Siegfrieds Tarnkappe) den Kampf auf. Zwar können sie die Unersättliche mit vereinten Kräften schlagen, doch in der Hochzeitsnacht erfährt Brunhild, dass sie genasführt wurde. Für Gunther und Siegfried brechen harte Zeiten an. – Sex-Version der Nibelungen-Sage, von der der FILMDIENST weiland nur zu sagen wusste, es handle sich um einen Film, »der so unter dem Strich ist, dass sogar Alois Brummers Pornoprodukte schamrot anlaufen würden«.

DER SILBERNE KELCH

(THE SILVER CHALICE). USA 1954. **R:** Victor Saville. **B:** Lesser Samuels. **LV:** Thomas B. Costain. **K:** William V. Skall. **M:** Franz Waxman. **D:** Virginia Mayo (Helena), Pier Angeli (Deborah), Jack Palance (Simon), Paul Newman (Basil), Walter Hampden (Joseph), Joseph Wiseman (Mijamin), Alexander Scourby (Lukas), Lorne Greene (Petrus), David J. Stewart (Adam), Herbert Rudley (Linus), Jacques Aubuchon (Nero), E. G. Marshall (Ignatius), Michael Pate (Aaron), Natalie Wood (Helena/Kind), Peter Raynolds (Basil/Kind), Mort Marshall (Benjamin), Booth Colman (Hiram), Terence de Marney (Sosthenes), Robert Middleton (Idbash), Ian Wolfe (Theron), Lawrence Dobkin (Ephraim), Philip Tonge (Ohad), Albert Dekker (Kester), Beryl Machin (Eulalia). F 137 Min.

Aus dem silbernen Kelch hat Jesus von Nazareth beim letzten Abendmahl getrunken. Um das wertvolle Stück für die Christen zu erhalten, soll der Goldschmied Basil es mit einer angemessenen Umhüllung versehen. Doch der römische Pöbel, der regelmäßig die Heimstätten des Nazarener-Anhängers plündert, sorgt dafür, dass die Reliquie verlorengeht. Angeführt werden die Bösen vom dekadenten Kaiser Nero; ihm zur Seite steht der sinistre Magier Simon, der fest an seine Zauberkräfte glaubt, bis er eines Besseren belehrt wird: Als er seine Flugkünste demonstrieren will, bricht er sich den Hals. Am Ende ist der silberne Kelch zwar dahin, doch Petrus prophezeit, er werde eines Tages wieder auftauchen, um die Menschheit auf den richtigen (= christlichen) Weg zu führen. Harry und Michael Medved haben in ihrem vergnüglichen Buch THE GOLDEN TURKEY AWARDS Paul Newmans erste Rolle (die des Basil) nicht nur zum »peinlichsten Filmdebüt aller Zeiten« gekürt, sondern auch allerlei andere Sprüche über diese Zelluloid-Katastrophe abgelassen: »Neben dem jungen Paul Newman, der einen weißen Minirock und eine Tunika mit V-Ausschnitt trägt, brilliert der Film noch mit Leuchten wie Jack Palance, Natalie Wood, E. G. Marshall, Lorne Greene und der nicht totzukriegenden Virginia Mayo, die als verschlagene Verführerin (erfolglos) versucht, Pauls Aufmerksamkeit zu erringen. Der enthüllendste Name auf der Stabliste ist jedoch der des Drehbuchautors, eines gewissen ›Lesser Samuels‹. Hätte sein großer Bruder Greater Samuels den Film geschrieben, hätte er mehr Erfolg gehabt; zumindest hätte er Paul Newman möglicherweise zu einem kleidsameren Medium für seinen ersten Leinwandauftritt verholfen. Bezüglich der Darstellung des Jungmimen bemerkte der NEW YORKER: ›Paul Newman, ein Junge, der Marlon Brando ähnlich sieht, spult seinen Text mit der emotionalen Glut eines Busschaffners ab, der die nächste Station ankündigt.‹ Die NEW YORK TIMES beschrieb den Newcomer als ›selten besser als hölzern‹. Wie auch die anderen Akteure hatte Newman ständig das Gefühl, von den abscheulichen Bauten erschlagen zu werden, die das alte Jerusalem darstellen sollten. Diese wunderlichen geometrischen Formen erinnerten den NEW YORKER ›an eine Kreuzung zwischen einer Iglu-Dorfgemeinschaft und den etwas weiter entwickelten Konstruktionen Frank Lloyd Wrights‹ ... Mr. Newman, sich inzwischen seiner Reputation als einer der talentiertesten und vielseitigsten Schauspieler Hollywoods gewiss, kann es sich mittlerweile leisten, die vergangene Katastrophe philosophisch zu sehen: ›Ich habe diesen Film zwar immer geringgeschätzt‹, seufzt er, ›aber die Ehre, im schlechtesten Film der fünfziger Jahre mitgespielt und dennoch überlebt zu haben, ist ja immerhin auch etwas wert.‹« – Die Kritik ging relativ freundlich mit dem Film um, wies jedoch zu beiden Seiten des Ozeans darauf hin, man solle ihn am besten nur dort abspielen, wo das Publikum »keine sonderlich hohen Ansprüche« (FILMECHO) stellt.

SIMON IN DER WÜSTE

(SIMON DEL DESIERTO). Mexiko 1965. **R:** *Luis Buñuel.* **B:** *Luis Buñuel, Julio Alejandro.* **V:** *Federico Garcia Lorca.* **K:** *Gabriel Figueroa.* **M:** *Raoul Lavista, Die Semana Santa Trommeln von Calanda.* **D:** *Claudio Brook (Simon), Silvia Pinal (Versuchung), Hortensia Santovana (Simons Mutter), Jesús Fernández (Rabadan, der Zwerg), En-*

rique del Castillo (Krüppel), Enrique Alvarez Felix (Bruder Mathias), Luis Aceves Castafleda (Priester), Francisco Regueira (Priester), Antonio Bravo (Priester), Eduardo MacGregor, Enrique Garcia Alvarez. SW 45 Min.

Buñuels Film beschäftigt sich in einer Verkettung episodischer Szenen mit dem Leben des Heiligen Simeon Stylites (390–459), der das Gelübde ablegte, die Spitze einer Säule nicht zu verlassen, und nach der Überlieferung die letzten 37 Jahre seines Lebens in Syrien auf einer solchen zubrachte. Eine erste Episode läßt den Asketen unter Assistenz von viel frommem Volk und noch mehr Geistlichkeit von seiner bisherigen auf eine höhere, prunkvollere Säule umsteigen – die Spende eines reichen Kaufmanns. Der Bischof ist herbeigeeilt, um diesen Vorgang zu würdigen: Simon, ein Vorbild des Asketentums. Zum Dank tut der so Gelobte ein Wunder: Er betet einem armen Bauern die Hände zurück, die diesem wegen Diebstahls abgehackt worden waren. Doch statt Dankbarkeit zu zeigen, schreitet der Bauer, wie selbstverständlich, »zu neuen Taten«. Simons Mutter hat sich zu Füßen der Säule in einer Hütte einquartiert; ein zwergenwüchsiger Hirte verkörpert freche, derbe Sinnlichkeit; manches Mönchlein wird von Simon abgewiesen, weil es sich mehr für weltliche Dinge interessiert. Doch Simon selbst kämpft gegen die Intrigen des Bö-

Simon in der Wüste

sen, gegen die immerwährende Versuchung, die ihn in der verlockenden, sich immer anders präsentierenden Gestalt einer jungen Frau aufsucht, bis sie ihn endlich entführen kann: in einem New Yorker Tanzlokal der Gegenwart sitzt Simon unbeteiligt an einem Tischchen und harrt aus.

Simon in der Wüste und *Die Milchstraße* bilden insofern eine Einheit, als sie die christliche Legende entmystifizieren. In beiden Filmen nimmt Buñuel sie mit vorgetäuschter Vertrauensseligkeit beim Wort. Dabei beschäftigt ihn die Legende vom heiligen Einsiedler Simeon Stylites schon seit den zwanziger Jahren, als er als Student in Madrid lebte: »Diese Geschichte war mir nicht aus dem Kopf gegangen, seit mir Lorca in der Residenz die LEGENDA AUREA zu lesen gegeben hatte[8]. Er musste jedesmal lachen, wenn er vorlas, dass die Exkremente des Einsiedlers, die an der Säule hinunterflossen, dem herablaufenden Wachs an einer Kerze glichen. Dabei wird, da er sich von ein paar Salatblättern nährte, die man ihm in einem Korb hinaufschickte, sein Stuhlgang wohl eher Ziegenkötteln geglichen haben.« (Luis Buñuel, MEIN LETZTER SEUFZER) Besagter Diskussionsgegenstand wird daher auch im Film gewürdigt, freilich auf saubere Art. Buñuel konnte sein Drehbuch nicht komplett umsetzen, da der Produzent Alatriste, der sich nie in die Arbeit einmischte, in finanziellen Schwierigkeiten steckte. So musste der Film um die Hälfte gekürzt werden. »Ich hatte eine Szene im Schnee vorgesehen, Pilgerzüge und sogar den – historischen – Besuch des byzantinischen Kaisers. Auf all diese Szenen habe ich verzichten müssen, was vielleicht das abrupte Ende etwas erklärt. Aber auch so wie er ist, bekam der Film beim Festival von Venedig fünf Preise, was sonst keinem meiner Filme widerfahren ist.« (MEIN LETZTER SEUFZER) Buñuels Haß auf alle kirchlichen Institutionen, die den Glauben verwalten und dogmatisieren, zieht sich seit *Ein andalusischer Hund* durch sein Gesamtwerk. *Simon in der Wüste* ist in dieser Tradition ein kleines surrealistisch verwandeltes Stück katholischer Mythologie. Heute wirkt der Film merkwürdig antiquiert, als reines Gag-Theater,

das nur noch vereinzelt Schmunzeln erzeugt. Simon ist reif für einen Eintrag ins *Guinness Buch der Rekorde* (»Wen oder was kann ich jetzt noch segnen?«); die als Frau im Matrosenkleidchen personifizierte Versuchung, die entblößte Oberweite dezent aus der oberen Säulensicht gefilmt; die Sargfahrt durch die Wüste; die Karikaturen der Mönche – all das frustriert den Zuschauer ebenso wie Simon die Discothek. Von Schock, der Surrealisten höchstes Gut, kann keine Rede mehr sein. Die Zeiten, in denen die Surrealisten noch recht hatten, wurden von der Realität überholt. Schock ist (ebenso wie Hochverrat) eine Frage des Datums.

SINDBAD, DER SEEFAHRER

(SINBAD THE SAILOR) USA 1946 – 47. **R:** *Richard Wallace.* **B:** *John Twist.* **St:** *John Twist, George Worthing Yates.* **K:** *George Barnes.* **SpE:** *Vernon L. Walker.* **M:** *Roy Webb.* **D:** *Douglas Fairbanks jr. (Sindbad), Maureen O'Hara, Anthony Quinn, Walter Slezak, Jane Greer, Sheldon Leonard.* *F 74 (117) Min.*

Sindbad auf der Suche nach den Schätzen Alexanders des Großen.

SINDBAD, DER SEEFAHRER

(SINBAD, JR.) USA 1973. **R:** *Reuben Timmins.* **A:** *Lawrence Miller.* **M:** *Johnny Holiday.* *F 68 Min. (Zeichentrick).*

Sindbad, ein junger Bursche, der frappierend Peter Pan gleicht, erweist einem Zauberer einen Gefallen und erhält dafür einen Wundergürtel, der ihm die Kraft von hundert Männern verleiht. Mit dem putzigen Papagei Salty begibt er sich auf die Suche nach einem Piratenschatz. Dabei stoßen die beiden auf feuerspeiende Drachen und schurkische Seeräuber, krauchen durch ägyptische Pyramiden, lernen einen würdigen Nachfolger Viktor Frankensteins kennen und geraten schließlich auf die Papageieninsel, um Saltys Familie einen Besuch abzustatten. Doch auch hier lauern an jeder Ecke Gefahren, denn Ganoven sind hinter dem kostbaren Schatz her. Nach einem nächtlichen Besuch im Schloss des Grafen Wetterstein, wo

---

[8] *Federico Garcia Lorca (1898–1936) war der bedeutendste spanische Dichter dieses Jahrhunderts und wurde im Bürgerkrieg von den Falangisten erschossen.*

Sindbad sich mit Hilfe eines Staubsaugers als Geisterjäger profiliert und Auseinandersetzungen mit Großkatzen, Krokodilen und zweibeinigen Bestien meistert, weist ihnen der legendäre Riesenvogel Roc den Weg zum Ziel ihrer Wünsche. – »Primitiv in der Zeichentechnik, mit banal-schnoddrigem Dialog, ermüdend eintönig«, fand der FILMDIENST. Jedenfalls wissen wir jetzt, wo die *Ghostbusters* die Idee mit der Geisterfangmaschine geklaut haben!

SINDBAD, HERR DER SIEBEN MEERE

(SINBAD OF THE SEVEN SEAS). USA/Italien 1989. R: Enzo G. Castellari. B: Enzo G. Castellari, Tito Crapi, Lewis Coates [Luigi Cozzi]. K: Blasco Giurato. M: Dov Seltzer. D: Lou Ferrigno (Sindbad), John Steiner (Jaffar), Teagan Clive (Soukra), Leo Gullotta (Nadir), Alessandra Martines (Alina), Roland Wybenga (Ali), Yehuda Efroni (Achmed), Stefania Girolami (Kyra), Cork Hubbert (Zwerg), Romano Puppo (Kapitän), Armando MacRory (Büttel), Ennio Girolami (Wikinger), Giada Cozzi. F 90 Min.

Um die Stadt Basra von einem Fluch zu befreien, die ein Kalif mit magischen Kräften über sie gelegt hat, muss der Seefahrer Sindbad fünf Zauberkristalle bergen. Die Suche führt ihn auf die Insel der Amazonen, deren Königin ihn gefangen nehmen will; auf die Insel der Toten, wo er sich mit Geisterkriegern rauft, und stellt ihn seinem Doppelgänger gegenüber. – Das nackte *Grauen*. Für die Cannon-Leute hat das Muskelpaket Lou Ferrigno schon den Herkules, äh, nun ja, dargestellt. Jetzt ist Sindbad an der Reihe, von ihm verunstaltet zu werden. Was waren das noch für Zeiten, als Douglas Fairbanks jr. oder Kerwin Mathews den sagenhaften Seefahrer spielten! Nur auf Video. [V]

SINDBADS GEFÄHRLICHE ABENTEUER

(THE GOLDEN VOYAGE OF SINBAD). GB 1973. R: Gordon Hessler. B: Brian Clemens. St: Brian Clemens, Ray Harryhausen. K: Ted Moore. SpE: Ray Harryhausen. M: Miklos Rozsa. D: John Phillip Law (Sindbad), Caroline Munro (Margiana), Tom Baker (Koura), Douglas Wilmer (Großwesir), Martin Shaw (Rachid), Gregoire Aslan (Hakim), Kurt Christian (Haroun), Takis Emmanuel (Achmed), John D. Garfield (Abdul), Aldo Sambrell (Omar). F 105 Min.

Auf Bitte des Großwesirs von Marabia segelt Sindbad los, um das fehlende Stück eines dreiteiligen Amuletts zu finden. Ein Zauberbrunnen am Ende der Welt, so geht die Sage, wird demjenigen, der es hineinwirft, Jugend, Unsichtbarkeit und eine wertvolle Krone gewähren. Aber auch der Magier Koura, den jeder neue Zauberspruch um Jahre altern lässt, interessiert sich für das Amulett und verfolgt das Schiff. Vom unterirdischen Orakel auf Lemuria erfahren Sindbad und der Großwesir den Standort des dritten Teils, doch Koura zaubert einen Höhleneinbruch herbei und geht als erster durchs Ziel. Nicht gleich fündig werdend, erweckt er die Statue der sechsarmigen Göttin Kali zum Leben, um den unmittelbar nach ihm eintreffenden Sindbad aufzuhalten. Im Kampf stürzt die Statue und zerbricht, in den Trümmern findet sich das fehlende Amulettstück. Koura wiegelt die Götzendiener Kalis gegen Sindbad auf und eilt zum Zauberbrunnen. Kurz darauf trifft auch der durch einen Höhlengang entwischte Sindbad ein. Koura, nun wieder jung und langsam unsichtbar werdend, kämpft und unterliegt. Der Großwesir kann die wertvolle Krone für sich reklamieren.

Wie üblich wartet Ray Harryhausen auch in seinem zweiten Ausflug in die Gefilde von Tausendundeine Nacht mit einigen recht gut animierten Stop-Motion-Monstern auf, darunter einem fliegenden Homunkulus, einer hölzernen Galionsfigur, einem Greifen und einem Zentauren. [V]

Sindbads gefährliche Abenteuer

SINDBADS SIEBENTE REISE

(THE SEVENTH VOYAGE OF SINBAD). USA 1957. **R:** *Nathan Juran.* **B:** *Kenneth Kolb.* **K:** *Wilkie Cooper.* **SpE:** *Ray Harryhausen.* **M:** *Bernard Herrmann.* **D:** *Kerwin Mathews (Sindbad), Kathryn Grant (Parisa), Richard Eyer (Barani, der Lampengeist), Torin Thatcher (Sokura), Alec Mango (Kalif), Danny Green (Karim), Harold Kasket (Sultan), Alfred Brown (Harufa), Nana de Herrera (Sadi), Nino Falanga (Finsterer Matrose), Luis Guedes (Matrose), Virgilio Teixeira (Ali).* F 87 Min.

Aus Chandra unterwegs zur Hochzeit mit Prinzessin Parisa von Bagdad, legt Sindbad eine Rast auf der einsamen Insel Colossa ein. Dicht verfolgt von einem gehörnten Zyklopen, läuft ihm am Strand ein entsetzter Magier namens Sokura entgegen. Während Sindbads Männer den Riesen ablenken, beschwört Sokura einen Lampengeist herauf. Im Schutze von dessen unsichtbarer Barriere gelingt die Flucht. Dabei geht allerdings die gestohlene Lampe über Bord. Um Sindbad zur Rückkehr nach Colossa zu bewegen, verwandelt Sokura die noch unverheiratete Parisa in einen Däumling und sorgt damit nebenbei für eine deutliche Abkühlung der bilateralen Beziehungen zwischen Bagdad und Chandra. Das Gegenmittel, so erläutert der Magier genüßlich, sei ein Stück aus der Schale eines Roch-Eis, das es nur auf Colossa gebe. Sindbad läßt eine riesige Armbrust konstruieren und segelt mit einer aus dem örtlichen Gefängnis rekrutierten Mannschaft los. Nachdem die Vorbeifahrt an der Insel der Sirenen ein kleines Meutereiproblem gelöst hat, landen die Männer auf Colossa und rücken ins Landesinne-

Sindbads siebente Reise

re vor. Prompt werden sie von einem Zyklopen gekascht, der sie als Futtervorrat in einen Käfig sperrt. Die geschrumpfte Parisa verhilft ihnen zur Flucht. Sindbad blendet den Zyklopen, der von einem Felsen stürzt. In dessen Schatzkammer findet sich die Wunderlampe wieder. Bei der Suche nach dem Roch-Ei endlich fündig geworden, sind die Männer gerade dabei, das ausgeschlüpfte Drei-Meter-Küken zu verspeisen, als die Mutter anfliegt und den Spieß umdreht. Sokura nutzt die Gelegenheit und kidnappt Parisa. Vom Lampengeist geführt, folgt Sindbad ihm in sein Schloss, schleicht sich am Wachdrachen vorbei und zwingt Sokura, Parisa zurückzuvergrößern. Der, nicht faul, erweckt ein Skelett zum Leben und hetzt es auf Sindbad. Nach einem harten Schwertgefecht kann Sindbad mit Parisa fliehen. Sokura jagt seinen Drachen hinter ihnen her. Ein Pfeil aus der riesigen Armbrust beseitigt indes auch dieses Problem. Der tödlich verwundete Drache fällt um und zerquetscht den Zauberer. – »Mr. Harryhausens Tricks sind ... ungeheuer wirkungsvoll. Der Kampf zwischen dem Drachen und dem Zyklopen, einem röhrenden gehörnten Klotz, der aussieht wie eine Kreuzung zwischen einer Gargoyle und einem pferdebehuften Satyr, würde jeden echten Ringer vor Neid erblassen lassen. Sindbads Duell mit einem Skelett ist ebenso flott inszeniert wie die Gefechte zwischen D'Artagnan und Kardinal Richelieus Gardisten; der Roch würde jeden Ornithologen in helle Panik versetzen. Und jeder Ingenieur wäre fasziniert von der gigantischen Armbrust, mit der dem Drachen schließlich der Garaus gemacht wird.« (NEW YORK TIMES) – Trotz der gelungenen Stop-Motion-Tricks (die hier erstmals in einem farbigen Kinospielfilm zu sehen waren) stieß der vom Hitchcock-Komponisten Bernard Herrmann erstklassig vertonte Film bei seiner Uraufführung auf eher gemischte Reaktionen. Bescheinigte der FILMDIENST in einem seltenen Anfall von Wohlwollen dem Film, dass er »die Wünsche nach bunter Abwechslung und vergnüglicher Entspannung nicht minder [erfüllt] als mancher vertrackte ›Problemfilm‹ oder Kriminalreißer«, konnte der FILMBEOBACHTER ob des »säuberlich berechneten Nervenkit-

zels, der von brutaler Schockwirkung bis zur Geschmacklosigkeit reicht« nur noch das Sissi-umnebelte Haupt verbergen. »Es ist weder ein gelungener Kinderfilm«, stimmte FILMS IN REVIEW bei, »noch ein gelungener Erwachsenenfilm. Der Grund liegt in der Erzählweise dieser Sindbad-Story. Der Zyklop, der Drache, der zweiköpfige Roch und das Skelett sind Bestandteile *erwachsener* Imagination und sollten niemals in den Rahmen eines Kinderfilms gestellt werden.« – Auf genau dieser, hier zum ersten Mal versuchten und durchaus geglückten Synthese aus offenem, »erwachsenem« Abenteuerkino und dem geschlossenen Erzählsystem der Märchen beruht jedoch der Ruf dieses Klassikers. »Anders als im Tempel des Allsehenden Auges oder den Szenen mit dem fliegenden Pferd in *Der Dieb von Bagdad* gibt es hier keine extravagante, selbstzweckhafte Zurschaustellung von Spezialeffekten, die den Fluß der Handlung unterbrechen. Den Lampengeist, die Monster und Sokuras Zaubereien behandelt die *Siebente Reise* auf sehr alltägliche Weise. Dem Film gelingt so der Aufbau eines eigenständigen, von seltsamen Regeln determi-

Sindbad und das Auge des Tigers

nierten Universums.« (Jeff Rovin, THE FABU-
LOUS FANTASY FILMS) [V]

SINDBAD UND DAS AUGE DES TIGERS
*(SINBAD AND THE EYE OF THE TIGER). GB
1977.* **R:** *Sam Wanamaker.* **B:** *Beverley Cross.* **St:**
Ray Harryhausen, Beverley Cross. **K:** *Ted Moore.*
SpE: *Ray Harryhausen.* **M:** *Roy Budd.* **D:** *Patrick
Wayne (Sindbad), Jane Seymour (Farah), Taryn
Power (Dione), Margaret Whiting (Zenobia), Pa-
trick Troughton (Melanthios), Kurt Christian (Ra-
fi), Nadim Sawalha (Hassan), Bernard Kay (Za-
bid), Damien Thomas (Kassim), Salami Coker
(Maruf), Bruno Barnabe (Balsora), David Sterne
(Abu-Sir).* F 112 Min.

Nach einem einjährigen Segeltörn kehrt Sindbad
ins Königreich Charok zurück. Dort herrscht
nach dem Tod des Kalifen ein mittleres Chaos:
Um ihren missratenen Sproß auf den Thron zu
hieven, hat die Hexe Zenobia den rechtmäßigen
Thronfolger Kassim in einen Pavian verwandelt.
Verfolgt von einem goldenen Minotauren macht
sich Sindbad mit Kassims Schwester Farah auf die
Suche nach dem weisen Eremiten Melanthius.
Der wiederum schickt sie in die Arktis. Im Lande
Hyperborea, sagt er, befände sich ein Schrein, mit
dem man den Fluch von Kassim nehmen könne.

Gesagt, getan: Zwar verwandelt sich Zenobia am
Fuße des Schreins noch schnell in einen Säbel-
zahntiger, dank eines unterwegs aufgegabelten
Troglodyten löst sich indes auch dieses Problem.
– Ray Harryhausens dritter Sindbad-Film. [V]

DAS SINGENDE, KLINGENDE BÄUMCHEN
DDR 1957. **R:** *Francesco Stefani.* **B:** *Anne Geel-
haar, Francesco Stefani.* **LV:** *Gebrüder Grimm.* **K:**
Karl Plintzner, Walter Rosskopf. **SpE:** *Ernst Kunstmann.* **M:** *Heinz Friedel Heddenhausen.* **D:** *Christel Bodenstein (Prinzessin Tausendschön), Charles H. Vogt (Prinz), Eckart Dux, Richard Krüger,
Dorothea Thiesing.* F 72 Min.

Prinzessin Tausendschön, ein ziemlich arroganter Fratz, will nur den Mann ehelichen, der es fertig bringt, zum Ende der Welt vorzustoßen und
ihr ein singendes, klingendes Bäumchen mitzu-
bringen. Ein wagemutiger Prinz, der diese Aufgabe erfüllen will, trifft auf einen Zwerg mit Zauberkräften, der ihn in einen Bären verwandelt. In
seiner neuen Gestalt raubt der Prinz die Prinzessin und entführt sie ins Zwergenreich, wo sie sich
charakterlich wandelt und ihren zukünftigen
Bräutigam von seinem Fluch erlöst. [V]

SIYABEND UND XECE
BRD/Türkei 1993. **R:** *Sahin Gök.* **B:** *Hüseyin Er-
dem.* **K:** *Kamal Saydo, Georg Berg.* **M:** *Ken B.
Wood.* **D:** *Tarik Akan (Siyabend), Mine Cayiro-
glou (Xece), Yaman Okay (Qeda), Menderes Sa-
mancilar (Siyabends Onkel), Kazim Kartal (Axa),
Bülent Oran (Merike Kal/Erzähler), Yaman Okay
(Qeda), Hikmet Karagöz (Sivan), Metin Cekmez
(Hesinkar), Cengiz Sezici (Xeces Bruder).* F 105
Min. (O.m.U.)

Das Märchen von dem Jungen Siyabend, der ausgerüstet mit einem Zauberschwert und dazu-
gehörigem Schild in die Welt hinauszieht, ist in
eine aktuelle Rahmenhandlung integriert: Die
Zuhörer sind kurdische Kinder, die in einer Höhle vor dem Krieg zwischen kurdischen Aufstän-
dischen und türkischen Truppen Schutz gesucht
haben.

Das singende, klingende Bäumchen

SKATEBOARD KID 2 – ZAUBER-BOARD MIT MEGA-DRIVE

(THE SKATEBOARD KID 2). USA 1994. **R:** *Andrew Stevens.* **B:** *Karen Kelly.* **K:** *Adam Kane.* **M:** *Claude Gaudette.* **D:** *Trenton Knight (Sammy Curtis), Dee Wallace Stone (Lois Curtis), Bruce Davison (Burt Squires), Andrew Stevens (Ken Fields), Brooke Stanley (Mickey Kincaid), Andrea Barber (Tilly Curtis).* F 88 Min.

Sammy, 13, gerät in den Besitz eines Skateboards mit wundersamen Fähigkeiten und kann es den anderen mal so richtig zeigen. Einfallsloser, sich mittels eines an den Haaren herbeigezogenen Fantasy-Tricks bei der Skateboard-Generation anbiederndes Filmchen, das die Idelogie verbreitet, dass dem fleißig Übenden bald die Welt zu Füßen liegt. Nur auf Video. [V]

DIE SKLAVENKÖNIGIN

Österreich 1924. **R:** *Michael Curtiz.* **B:** *Ladislaus Vajda, H. Rider Haggard.* **LV:** *»Moon of Israel« von H. Rider Haggard.* **D:** *Maria Corda (Jüdin), Arlette Marchal, Adelqui Miller, Oscar Beregi, Ferdinand Onno, Lya de Putti, Hans Marr, Hans Thimig, Adolf Weisse, Reinhold Häussemann.* SW 99 Min.

Der Auszug der Israeliten aus Ägypten. – Unter Mitwirkung des bekannten Fantasy-Autors Henry Rider Haggard entstanden, der für diese Adaption seines Buches die Zwischentitel verfaßte, ist *Die Sklavenkönigin* im Prinzip ein Plagiat von *Die zehn Gebote* (1923), wie Cecil B. DeMilles Film um den tricktechnischen Höhepunkt der Teilung des Roten Meeres herum arrangiert. Im Gegensatz zur Vorlage erzählte Curtiz die Geschichte jedoch aus dem Blickwinkel einer jungen Jüdin. Der sehr vom deutschen Expressionismus bestimmte Stil des Films ist gekennzeichnet durch Kranfahrten, harte Beleuchtung sowie unübliche Aufnahmewinkel und komplexe Kompositionen, in denen die Figuren oft von den Objekten eingerahmt werden. Insgesamt demonstriert der Film Curtiz' Vorliebe für melodramatische Romantik, dafür, eine kleine, einfache Liebesgeschichte in einen großen historischen Rahmen zu stellen. Heute liegt die größte Bedeutung der *Sklavenkönigin* allerdings darin, dass sie den Regisseur nach Hollywood brachte, wo er vier Jahre später mit dem Bibelepos *Die Arche Noah* debütierte.

DIE SKLAVINNEN VON DAMASKUS

(L'EROE DI BABILONIA/HERCULE, HEROS DE BABYLONE). Italien/Frankreich 1963. **R:** *Siro Mercellini.* **B:** *Gianpaolo Callegari, Siro Mercellini, Giorgio Agliani, Rodolphe Solmsen.* **St:** *Gianpaolo Callegari.* **K:** *Fausto Rossi, Pier Ludovico Pavoni.* **M:** *Carlo Franci.* **D:** *Gordon Scott (Nippur), Geniviève Grad (Tamira), Moira Orfei (Ura), Andrea Scotti (Namar), Célina Cely (Agar), Mario Petri (Belsazar), Piero Lulli, Andrea Aureli, Giuseppe Addobati, Paola Petrini, Arol Bradley, Aldo Pini, Giuseppe Mattei, Oreste Lionello, Consalvo Dall'Arti, Enrico Gozzo, Renato Malavasi.* F 91 Min.

Belsazar, ein finsterer Thronräuber, dem die Hohepriesterin Ura zur Seite steht, beherrscht mit Terror seine Untertanen und opfert der Göttin Ishtar regelmäßig junge Mädchen. Prinz Nippur, der Thronerbe, erfährt im persischen Exil von der Ermordung seines Vaters und kehrt in die Heimat zurück, um nach dem Rechten zu sehen. Nachdem er sich einer Rebellengruppe angeschlossen hat, kann er den Bösewicht endlich schlagen, zumal ihm die Truppen des persischen Obermuftis zu Hilfe eilen. Ura fällt in die Flammen ihres Opferfeuers, Nippur gibt dem Thronräuber Saures. Am Ende nimmt er die dralle Sklavin Tamira zur Frau. – Fantasy oder Pseudo-History? Wer will das eigentlich noch bestimmen, nachdem der italienisch-französische Originalfilm vor der Synchronisation in Babylon statt Damaskus spielte und die deutsche Synchronisation aus dem heldenhaften Göttersohn Herkules (frz. Fassung) bzw. dem Riesen Goliath (ital. Fassung) einen simplen Nippur machte? Oder anders gefragt: »Wen interessiert das überhaupt?« – »Dis silly, silly movie is strictly for dem birds!« (Alfred E. Neuman, MAD MAGAZINE)

SLEEPY HOLLOW – KÖPFE WERDEN ROLLEN

(SLEEPY HOLLOW). USA/GB 1999. **R:** *Tim Burton.* **B:** *Andrew Kevin Walker.* **St:** *Kevin Yagher, Andrew Kevin Walker.* **LV:** *»The Legend of Sleepy Hollow« von Washington Irving.* **K:** *Emmanuel Lubezki.* **SpE:** *Kevin Yagher Productions Inc.*

(Creatures), Joss Williams, Jim Mitchell und Industrial Light & Magic, Computer Film Company. **M:** *Danny Elfman.* **D:** *Johnny Depp (Ichabod Crane), Christina Ricci (Katrina Van Tassel), Miranda Richardson (Lady Van Tassel), Michael Gambon (Gutsherr Baltus Van Tassel), Casper Van Dien (Brom Van Brunt), Jeffrey Jones (Reverend Steenwyck), Christopher Lee (Richter Burgomaster), Richard Griffiths (Magistrat Phillipse), Ian McDiarmid (Doktor Lancaster), Michael Gough (Notar Hardenbrook), Martin Landau (Van Garrett), Christopher Walken (Der Reiter). F 120 Min.*
1799: Da er dem Gerichtshof wegen seiner wissenschaftlich modernen Methoden schon lange ein Dorn im Auge ist, wird der junge Gendarm Ichabod Crane nach Sleepy Hollow versetzt, wo es drunter und drüber geht. Die verschlafene Gemeinde wird seit geraumer Zeit angeblich von einem kopflosen Reiter in Angst und Schrecken versetzt, der binnen zwei Wochen drei Menschen um Kopf und Leben gebracht hat. So behaupten es jedenfalls die Honoratioren der Ortschaft. Zu Lebzeiten soll der gefürchtete Kopflose ein aus Deutschland eingeschiffter Söldner gewesen sein, der für seine Grausamkeit und Blutrünstigkeit bekannt war. Nachdem er zur Strecke gebracht war,

wurde er geköpft. Jetzt, so wispert man, sei er als Gespenst aus der Hölle zurückgekehrt, um sein verruchtes Werk fortzusetzen. Die Spurensuche führt in einen leichenstarren Wald, zum Totenbaum. In seinem knorrigen Astwerk findet Ichabod die Köpfe aller Opfer des Kopflosen Reiters. Ichabod aber ist sich sicher, dass die Morde allem Spuke zum Trotz von langer Hand geplant sind. Schließlich ist dies eine Kriminalgeschichte. – »Das Drehbuch von Andrew Kevin Walker war prall gefüllt mit klassisch schönen Horrorbildern«, freut sich der genrebegeisterte Tim Burton. »Am Skript gefiel mir besonders, dass es die Originalgeschichte respektiert, sie aber auf eine ganz neue Ebene transportiert – eine tolle Mischung aus Drama und Horror.« Natürlich kennt Burton Disneys Zeichenfilmversion des Stoffs, immerhin hat er eine Zeitlang für das Studio als Zeichner gearbeitet, und sehr gründlich hat er auch Hammers Gruselfilme studiert. Christopher Lee hat eine kleine Gastrolle.

SMALL SOLDIERS

(SMALL SOLDIERS). USA 1998. **R:** *Joe Dante.* **B:** *Gavin Scott, Adam Rifkin, Ted Elliot, Terry Rossio.* **K:** *Jamie Anderson.* **SpE:** *Stan Winston, Industrial Light & Magic.* **D:** *Kirsten Dunst (Christy Fimple), Gregory Smith (Alan Abenathy), Jay Mohr (Larry Benson), Phil Hartman (Phil Fimple), Kevin Dunn (Stuart Abernathy), Denis Leary (Gil Mars), David Cross (Irwin Wayfair), Dick Miller, Robert Picardo, Belinda Balaski, Rance Howard, Ann Magnuson. F 110 Min.*
Die Mächte der Fantasy, der echten Kindheit, im Einsatz gegen verrohendes Kriegsspielzeug: Friedliebende Gorgonites, an ihrer Spitze ein animalisches Halbwesen namens Archer, gegen die High Tech-Commando Elite (im Original gesprochen von den Darstellern des *Dreckigen Dutzend*). Beide Arten von Figuren kommen aus demselben Stall, sind von der Firma Globotech entwickelt worden. Die Programmierung entspricht dem Schwarzweiß-Denken: Die Söldner müssen die Fantasykreaturen, die angeblichen Monster, besiegen. Unglücklicherweise hat ein übereifriger

Sleepy Hollow – Köpfe werden rollen

Konstrukteur zwecks Exterminierung der Märchengestalten die kleinen Soldaten der Commando Elite mit Superchips von »denkenden« Atomwaffen ausgestattet und sorgt so unwillentlich für ein flammendes Inferno im Reihenhausidyll von Winslow, Ohio. In Amerika kam die Message verständlicherweise nicht so gut an. [V]

DER SMARAGDWALD

(THE EMERALD FOREST). USA 1985. **R:** *John Boorman.* **B:** *Rospo Pallenberg.* **K:** *Philippe Rousselot.* **M:** *Folklore.* **D:** *Powers Boothe (Bill Markham), Charley Boorman (Tommy/Tomme), Meg Foster (Jean Markham), Dira Pass (Kachiri), Rui Polonah (Wanadi), Claudio Moreno (Jacareh), Tetehle Agbayani (Caya), Paulo Vinicius (Mapi), Eduardo Conde (Werner), Estee Chandler (Heather Markliam). F 113 Min.*

Das Amazonasbecken: Während der Bauarbeiten an einem neuen Damm wird der zehnjährige Tommy Markham vor den Augen seines Vaters Bill von Indianern entführt. Alle Versuche, ihn wiederzufinden, bleiben zunächst ergebnislos. Tommy wächst bei den Indianern, dem sogenannten »Unsichtbaren Volk«, auf, nimmt den Namen Tomme an und lernt, sich mit Hilfe einer Droge in den Körper eines Adlers zu versetzen. Als ihn Bill zehn Jahre später endlich findet, erinnert sich Tomme nur noch vage an seinen »Traumvater«, wie er ihn nennt. Bill entschließt sich, ohne Sohn in die Zivilisation zurückzukehren. Kurz darauf jedoch entführt das »Wilde Volk« alle Frauen der »Unsichtbaren« und verkauft sie an ein Bordell. Auf der Suche nach seinem Vater, dem einzigen, der ihnen jetzt noch helfen kann, wagt Tomme sich in die Großstadt. Ein Kommandounternehmen gegen das Bordell gelingt, die Frauen werden befreit, das »Wilde Volk« stirbt im Kugelhagel. Unterdessen steht der Damm dicht vor der Vollendung. Bill erkennt, dass damit der Lebensraum der »Unsichtbaren« aufs Höchste bedroht ist und macht sich dran, den Damm in die Luft zu sprengen. Doch Tomme kommt ihm zuvor: Mit magischen Riten beschwört er eine Sturmflut herauf, die den Damm

endgültig zerstört. Das »Unsichtbare Volk« hat eine letzte Gnadenfrist erhalten. – *Der Smaragdwald* dreht sich, wie die meisten Filme John Boormans, um den Aufeinanderprall von Traum und Realität, Natur und Technik, Mystik und Zivilisation. Wem dabei die Sympathien Boormans gehören, wird schnell deutlich: Tommes Reise in die Zivilisation bleibt ein Nebensatz; der größte Teil des hart am Rande der ethnologischen Dokumentation vorbeisteuernden Films gehört den Indianern und ihrer Lebensweise, die er mit Hilfe der ästhetisch brillanten Bilder des *Diva*-Kameramanns Philippe Rousselot schmackhaft zu machen weiß. Gerade hier liegt allerdings auch der fatale Fehler, der den Film, wenn schon nicht als spannendes Abenteuer, so doch als ernsthafte Auseinandersetzung zum Thema unbrauchbar macht. Schien für ein mythisches Epos wie *Excalibur* ein derart simples Denkmodell noch akzeptabel, ja angemessen, reibt es sich hier knirschend an der Wirklichkeit, zumal sich Boorman den ironischen Brechungen seines Vorläufers konsequent verweigert. »Die aktuelle Endzeitstimmung im Westen meint zwar zu wissen, dass die mythische Lebensweise etwa urzeitlicher Dschungelindianer denen der (unausgesprochen) dekadenten Wissenschaftszivilisation überlegen sei, aber selbst Sympathiebekundungen wie dieser Film be-

Small Soldiers

Der Smaragdwald

weisen immer nur das Gegenteil: Die ... ›Unsichtbaren‹ wissen sich im Kampf mit dem ›Wilden Volk‹ schließlich nicht anders zu helfen, als den weißen Mann um seine überlegene Feuerkraft anzugehen ... Zum Schluß zerstören die Urmenschen mit Magie gar den gigantischen Staudamm – eines ist absolut sicher: Dermaßen naiv-phantastisch lassen sich die Probleme der Dritten Welt bestimmt nicht lösen.« (Hans-Joachim Neumann, ZITTY)

SNOOKY – MEIN ALLERBESTER FREUND
Anderer Titel für **Mein allerbester Freund**

SODOM UND GOMORRHA
(SODOMA E GOMORRA). Italien/Frankreich 1961. R: Robert Aldrich, Sergio Leone. B: Giorgio Prosperi, Hugo Butler. K: Silvano Ippoliti, Mario Montuori, Cyril Knowles. SpE: Wally Veevers M: Miklos Rozsa, Dimitri Tiomkin. D: Stewart Granger (Lot), Pier Angeli (Ildith), Stanley Baker (Astaroth), Anouk Aimée (Bera), Rossanna Podesta (Shuch), Claudia Mori (Maleb), Rik Battaglia (Melchior), Giacomo Rossi Stuart (Ismael), Fedor Chaliapin (Alabias), Enzo Fiermonte (Eber), Scilla Gabel (Tamar), Giovanna Galletti (Malik), Aldo Silvani (Nacor), Antonio De Teffe (Kapitän). F 165 Min.

Der Hebräer Lot pilgert mit seinem Volk durch die Wüste an den Euphrat, dessen fruchtbare Ufer von den Städten Sodom und Gomorrha beherrscht werden. Dort will er sich niederlassen. Bera, die Herrscherin des Doppelstadt-Sündenpfuhls, heißt Lot und die Seinen willkommen, denn sie hat Probleme mit den machtlüsternen Hedamitern. Die Hebräer sollen ihr als Kanonenfutter dienen und müssen das Tal, das sie bebauen, auch verteidigen. Als die Hedamiter zum großen Schlag ausholen, werden sie von den Hebräern und Sodomitern geschlagen. Die Hebräer ziehen schließlich nach Sodom, in eine Lasterhöhle, in der sexuelle Perversionen an der Tagesordnung sind. Als Lot erkennt, dass sein Volk von den ausschweifenden Bräuchen der Einheimischen allmählich korrumpiert wird, kommen ihm zwar Bedenken, doch erst als zwei von Gott gesandte Rauschebärte ihn warnend darauf hinweisen, dass es an der Zeit sei, Fersengeld zu geben, reift in ihm ein Entschluß. Mit seiner Familie verlässt Lot die Stadt, die hinter ihm in einem Blitz vergeht. Seine Frau Ildith kann trotz der Warnungen der Engel ihre Neugier nicht bezähmen. Sie dreht sich um und erstarrt zur Salzsäule. »Im allgemeinen springt der Film so ungezwungen mit dem Text des Alten Testaments um, dass es im Rahmen einer Kritik nur mehr möglich ist, Beispiele vorkommender Verfälschungen zu nennen: Sodom hatte keine filmwirksame Königin, sondern nach Genesis 14,2 einen König namens Bara. Lot und seine Angehörigen waren keine Ackerbauern, sondern nach 13,5 Nomaden, die Viehzucht betrieben. Auch hielten die Israeliten Sklaven, so dass sich Lot kaum gegen die zeitübliche Sklaverei empört haben kann ... Nach Genesis 14 wurde Lot mit den Sodomitern und deren Verbündeten von den angreifenden Feinden geschlagen, in die Gefangenschaft geführt und erst von Abraham befreit ... Die Befreiung Lots kann folgerichtig auf der Leinwand nicht stattfinden, wie auch die Fürbitte und der Handel mit Gott um die Schonung der Stadt Lot statt Abraham zugeschrieben wird und so um ihre heilsgeschichtliche Bedeutung kommt.« (FILM-DIENST)– »[Der Film] weist viele Irrtümer des biblischen Epos auf, hat aber auch zahlreiche Qualitäten vorzuweisen. Unumgänglicherweise ist er zu lang geraten, fängt zu betulich an und hat zwischen seinen Höhepunkten zu viele Längen.« (VARIETY) [V]

DER SOHN VON ALI BABA

(SON OF ALI BABA). USA 1952. **R:** *Kurt Neumann.* **B:** *Gerald Drayson Adams.* **K:** *Maury Gerstein.* **M:** *Joseph Gershenson.* **D:** *Tony Curtis (Kashma Baba), Piper Laurie (Azura), Susan Cabot (Tala), William Reynolds (Mustapha), Hugh O'Brian (Hussein), Victory Jory (Kalif), Gerald Mohr (Jussuf), Leon Belasco (Babu), Morris Ankrum (Ali Baba), Philip Van Zandt (Kareb), Gregg Palmer (Faruk), Robert Barrat (Kommandant), Alice Kelley (Calu), Milada Mladova (Zaza), Barbara Knudson (Theda), Katherine Warren (Karma).* F 71 Min.
Der Kalif von Bagdad und dessen Sohn Hussein entführen die dem Schah von Persien versprochene Prinzessin Azura und schieben die Tat dem

Der Smaragdwald

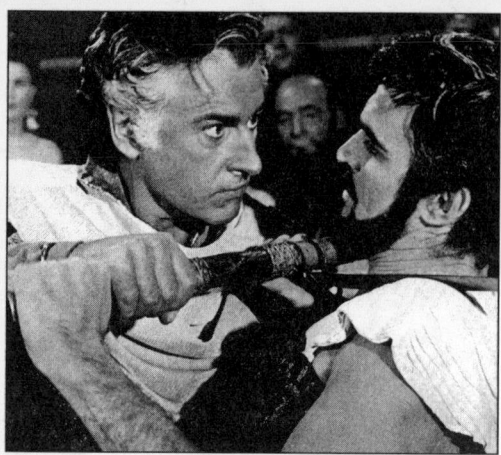
Sodom und Gomorrha

reichen Ex-Räuberhauptmann Ali Baba in die Schuhe, um sich a) als Azuras Retter aufspielen zu können, b) Ali Baba um seinen legendären Märchenschatz zu erleichtern. Alis Sohn Kashma jedoch hat, obwohl Absolvent einer seriösen Militärakademie, zahlreiche Verbindungen zur orientalischen Unterwelt. Mit Hilfe der Nachfahren der 40 Räuber gibt er dem finsteren Räuberpack Saures und darf am Schluß die Prinzessin selbst heimführen. – Hatten schon die bisherigen Ali Baba-Verfilmungen nicht sonderlich viel mit dem Originalstoff der Geschichte aus Tausendundeiner Nacht zu tun, so ist *Der Sohn von Ali Baba* ganz und gar das geistige Produkt eines amerikanischen Filmautors, der zwar in die bunte Kostümwelt der orientalischen Märchen vernarrt war, jedoch nicht in deren phantastische Elemente. – »Süßlich, pseudoromantisch, konventionell – ein Massenkonsumartikel mit scheinbar orientalischem Kolorit, aber unverkennbar Hollywoodscher Herkunft.« (FILMBEOBACHTER)

SOLO FÜR 2

(ALL OF ME). USA 1984. R: Carl Reiner. B: Phil Alden Robinson. LV: Ed Davis. K: Richard H. Kline. SpE: Bruce Steinhemmer. M: Patrick Williams. D: Steve Martin (Roger Cobb), Lily Tomlin (Edwina Cutwater), Victoria Tennant (Terry Hoskins), Madolyn Smith (Peggy Schuyler), Richard Libertini (Prakha Lasa), Dana Elcar (Burton Schuyler), Jason Bernard (Tyrone Wattell), Selma Diamond (Margo), Eric Christmas (Fred Hoskins),
Gailard Sartain (Fulton Norris), Neva Patterson (Gretchen), Michael Ensign (Mifflin), Peggy Feury (Dr. Betty Ahrens), Nan Martin (Scheidungsanwalt), Hedley Mattingly (Grayson). F 91 Min.
Die ältliche Jungfer Edwina Cutwater ist reich, todkrank und milde verrückt: Im Augenblick ihres Todes, so schwebt ihr vor, soll der leicht verschrobene Guru Prakha Lasa ihre Seele in den Körper der hübschen Terry, der Tochter des Stallknechts, transferieren. Das Experiment funktioniert. Durch ein kleines Malheur landet Edwinas Seele jedoch im Körper des Rechtsanwalts und Freizeit-Jazzmusikers Roger Cobb. Fortan beherrscht sie seine linke und er seine rechte Körperhälfte. Nachdem Edwina bei einer Verhandlung dafür gesorgt hat, dass Roger mit dem Fall auch seinen Job und seine Verlobte Peggy verliert, geht man gemeinsam auf die Suche nach dem mittlerweile verschwundenen Guru. Kaum hat man ihn gefunden, als sich neue Komplikationen auftun: Terry entpuppt sich als Biest und will lieber die ihr vorsorglich überschriebenen Millionen Edwinas behalten statt als körperlose Seele eins mit dem Universum zu werden. So tut sie alles, um die Seelenübertragung zu vereiteln. Edwina landet nacheinander in einem Wassereimer und Rogers blindem Freund Tyrone. Schließlich gelingt der Transfer. Während Terrys Seele in ein Pferd einfährt, landet Edwina in Terrys Körper und tanzt mit dem inzwischen in sie verliebten Roger ins Happy-End. – Wer die anderen Hauruckkomödien des Gespanns Reiner/Martin kennt *(Tote tragen keine Karos, Der Mann mit zwei Gehirnen)*, weiß in etwa, was ihn in dieser, an den Screwball-Comedies der Dreißiger orientierten Groteske erwartet. Zwar sind die dramaturgischen Bocksprünge nun einem etwas gemäßigteren »ausgelassen-amüsanten Spiel mit einem übersinnlichen Phänomen« (FILMDIENST) gewichen. Erheblich witziger als alles, was in Deutschland gemeinhin als Komik verkauft wird, sind die beiden freilich allemal. Herrlich blöd und allein schon das Eintrittsgeld wert etwa die Szene, in der Roger Cobb den in einen Wassereimer versetzten Geist Edwinas auffordert, doch ein bisschen zu blubbern, wenn sie ihn hören kann. – »Die stilistische Eleganz der *sophisticated comedies* der dreißiger Jahre findet sich hier eben-

so wie die Körperkomik Steve Martins (die diesmal ein optimales Objekt findet, wenn es um die Koordinationsschwierigkeiten zwischen linker/weiblicher und rechter/männlicher Körperhälfte geht, ebenso die Sexualwitze, die auch in der vierten Zusammenarbeit des Teams ... Carl Reiner ... und Steve Martin obligatorisch sind. Dass der Film dabei nicht zur Nummernrevue absackt, sondern im Lauf der Geschichte durch überraschende Einfälle und Wendungen nur dichter wird, ist anno 1985 schon nicht wenig.« (Frank Arnold, ZITTY)

EINE SOMMERNACHTS-SEXKOMÖDIE

(A MIDSUMMER NIGHT'S SEX COMEDY). USA 1982. R: Woody Allen. B: Woody Allen. K: Gordon Willis. M: Felix Mendelssohn. D: Woody Allen (Andrew Hobbs), Mia Farrow (Ariel Weymouth), Jose Ferrer (Professor Leopold Sturgis), Julie Hagerty (Duley Ford), Tony Roberts (Dr. Maxwell Jordan), Mary Steenburgen (Adrian Hobbs), J. David Copeland (Allens Stunt-Double), Adam Redfield (Foxx), Moishe Rosenfeld (Hayes), Timothy Jenkins (Thomson), Michael Higgins (Reynolds), Sol Frieder (Carstairs), Boris Zoubok (Purvis), Thomas Barbour (Blint). Kate McGregor-Stewart (Mrs. Baker). F 88 Min.

Anfang des 20. Jahrhunderts: Der Anlageberater und Hobby-Erfinder Andrew Hobbs und seine frigide Frau Adrian haben ihre Freunde zu einem Wochenende in Andrews Landhaus geladen. Nach und nach treffen die Gäste ein: Adrians Cousin Leopold, ein extrem positivistischer Philosophieprofessor, dessen Verlobte Ariel sowie Frauenheld Maxwell, der sich die unkomplizierte, sexbejahende Sprechstundenhilfe Duley für das Wochenende angelacht hat. Das Bäumchenwechsle-dich-Spiel beginnt. Leopold will sich vor seiner Heirat noch mit der drallen Dulcy vergnügen, während Maxwell sofort Ariel hinterherlüstet, die ihrerseits, wie sich herausstellt, vor langer Zeit eine kurze Affäre mit Andrew hatte. Diverse Treffen im Wald werden arrangiert und fallen mitunter buchstäblich ins Wasser: Andrew, der Ariel auf seinem Flugrad zum Rendezvous mit Maxwell einfliegen will, landet im See; Dulcy, die von Adrian um sexuellen Rat gebeten wird, versäumt darob ihr Treffen mit Leopold. Am Abend vor der Hochzeit kommen Ariel und Maxwell endlich zusammen, aber Andrew, der nach einem Liebesgeständnis Ariels die alte Affäre wieder aufleben lassen möchte, mischt sich ein und verdirbt alles. Leopold, der das Ganze in Andrews magischem Ball beobachtet, fühlt sich hintergangen und geht mit Pfeil und Bogen auf Maxwell los. Auch das Heuschober-Abenteuer zwischen Andrew und Ariel endet unbefriedigend. Erst als Leopold in den Armen Dulcys den schönsten aller Männertode stirbt, sein Geist als grüner Leuchtpunkt entschwebt und Andrew zudem die Gründe für Adrians Sexkomplexe entdeckt, löst sich alles in Wohlgefallen auf. – Der Stadtneurotiker zieht aufs Land! *Eine Sommernachts-Sexkomödie* ist Woody Allens Reaktion auf die Verrisse seiner Selbstbespiegelung *Stardust Memories:* ein radikaler Tapetenwechsel, der ihn von Fellini zurück zu Bergman führt. Nur zu deutlich zeigt sich jedoch, dass er sich von der »rosa« Periode, an die er hier so bewusst anknüpfen will, künstlerisch längst entfernt hat: »Was als *Das Lächeln einer Sommernacht* begann, endet beinahe als *Geisterkomödie. Eine Sommernachts-Sexkomödie* wirkt nicht so verbittert wie *Stardust Memories,* dafür ist der Film zu oberflächlich und hirnlastig. Daneben ist er insgesamt recht dürftig, eingeengt im Rahmen einer wenig inspirierten Idee. So sehr er es auch versucht, scheint Allen doch völlig außerstande, Bergmans Lyrik oder Sinnlichkeit zu erreichen. Das liegt nicht an Allens Schauspielerinnen. Mia Farrow etwa ist strahlender als in allen ihren anderen Rollen. Der Fehler liegt vielmehr in der weisen Wehmut Allens selbst, der den Gang zum Brunnen der bedauernden Erinnerung viel zu oft vollzogen hat. Und so erscheint das phantasievoll-magische Ende viel zu gefällig, was Charakterentwicklung oder die Auflösung der Beziehungen angeht.« (VILLAGE VOICE) – Am offensichtlichsten zeigt sich der innere Zwiespalt Allens vielleicht im krassen Gegensatz von Dialog und Bildern. Ungewohnt banalen Großstadt-Dialogen und freudianischen *oneliners* stehen sorgsam komponierte Technicolor-Aufnahmen gegenüber: In warmen Grün- und Brauntönen beschwört Kameramann Gordon Willis eine hyperromantische Sommerfrischen-Idylle komplett mit Rehlein und murmelndem Bach herauf. Parodistische Untertöne gestattet Woody sich dabei allerdings kaum, eher schon scheint Skepsis das Schlüsselwort dieser *Sommernachts-Sexkomödie* zu sein. Skepsis nicht nur, was seine Kunstfigur oder die Fähigkeit des Stadtmenschen zum Naturerleben angeht, sondern im übertragenen Sinn auch Zweifel an seinen Fähigkeiten als Regisseur. – »Wohl in dem Bemühen, eine leicht poetische Grundstimmung zu erreichen, hat Allen auch weitgehend auf ironische Brechungen verzichtet, läßt seinen komödiantischen Genius höchstens einmal in vereinzelten ›Nummern‹ zwischen den Szenen aufblitzen. Durch diesen Kunstgriff verspielt er aber gerade den Reiz seines ganz persönlichen Stils, Filme zu machen. Ohne diese zusätzlichen stilistischen Windungen und Drehungen werden die Dialoge hölzern, die Bilder oberflächlich bis aufgesetzt pseudophilosophisch. Hintergründige Reflexionen über Beziehungsverwirrung, Liebesleid und -lust im 20. Jahrhundert werden zu derbem Volkstheater. Mit größter Sicherheit bewegte Woody Allen sich in den Komödien, die in seiner ureigensten Umgebung, dem Intellektuellen-Milieu New Yorks, spielen. Hier draußen im idyllischen Wiesengrund wird er zum tapsigen Tanzbär.« (FILMDIENST) [V]

EIN SOMMERNACHTSTRAUM

Deutschland 1925. **R:** *Hans Neumann.* **B:** *Hans Behrendt, Hans Neumann, Klabund (Zwischentitel).* **LV:** *»Ein Sommernachtstraum« von William Shakespeare.* **K:** *Guido Seeber, Reimar Kuntze.* **D:** *Werner Krauss (Zettel), Valeska Gert (Puck), Ruth Weyher (Hippolyta), Charlotte Ander (Hermina), Hans Albert (Demetrius), Theodor Becker (Theseus), Barbara von Annenkoff (Helena), Alexander Granach (Waldschrat), Fritz Rasp, Wilhelm Bendow, Lori Leux. SW ca. 90 Min.*
Bereits 1913 wurde das Shakespeare-Stück in Deutschland verfilmt. Der Däne Stellan Rye (1880–1914), der im gleichen Jahr auch *Der Student von Prag* mit Paul Wegener inszenierte, führte Regie in *Ein Sommernachtstraum in unserer Zeit.* Hanns Heinz Ewers, Spezialist für phantastische Stoffe, schrieb das Szenarium, eine »schwache und ziemlich im Stil des Theaters verbliebene Umarbeitung.« (Jerzy Toeplitz, GESCHICHTE DES FILMS) Unter dem Titel *Eine*

venezianische Nacht versuchte sich im selben Jahr Max Reinhardt, der Meister des deutschen Theaters, an einer mit Absicht grotesk gestalteten Paraphrase des *Sommernachtstraums,* die trotz einiger stimmungsvoller Szenen und Sequenzen unbefriedigend blieb. »Reinhardt hatte die Stilisierungskonzeption des Theaters mechanisch auf den Film übertragen, er vermochte oder wollte auch nicht die Ausdrucksmittel des Films schöpferisch verwerten.« (Toeplitz) Auch Hans Neumanns Film aus dem Jahr 1925 ist keine »ernsthafte« Bearbeitung des Stoffes, sondern gibt sich als Parodie aus, ohne aber das Gelbe vom Ei zu sein. »Die Sache beginnt ganz lustig in einem parodistischen Offenbachstil, der sich zwar nicht für Filme aus dem Jahr 1925 eignet, aber immerhin ein Stil ist ... Die persiflierte Amazonenschlacht ist ganz amüsant. Im übrigen aber liegt der Witz fast nirgends im Bild, sondern existiert kläglich von Gnaden der darüber schwebenden literarischen Reminiszenzen und Bildungsfetzen.« (Frank Warschauer, DIE WELTBÜHNE) Zwei Persönlichkeiten machen den Film dennoch bemerkenswert: Die Zwischentexte sind von Klabund (1890–1928), dem Lieblingsdichter der jungen Generation nach dem Ersten Weltkrieg, dessen Werk wie kein anderes die literarischen Tendenzen der zwanziger Jahre widerspiegelt (etwa die Vorliebe für den provokativen Song), der sich jedoch hier nicht gerade mit Ruhmestaten auszeichnet: »Die Texte sind ... sehr mäßig, in dünnbeinigen Versen.« (Frank Warschauer) Ihr Leinwanddebüt gab Valeska Gert (1892–1978), Tänzerin und Sängerin, die mit Stil und Witz ihr hässliches Aussehen für ihre Darstellungen nutzte und damals vor allem in Berliner Kabaretts mit ihren expressionistischen Tänzen und später auch Liedern Aufsehen erregte, so dass Tucholsky begeistert schrieb: »Eine dolle Nummer, eine hervorragende Tänzerin, eine außergewöhnliche Frau.«

EIN SOMMERNACHTSTRAUM

(A MIDSUMMER NIGHT'S DREAM). USA 1935. **R:** *Max Reinhardt, William Dieterle.* **B:** *Charles Kenyon, Mary McCall jr., Anton Grot.* **LV:** *»Ein Sommernachtstraum« von William Shakespeare.* **K:** *Hal Mohr.* **SpE:** *Fred Jackman, Byron Haskin,*

H. F. Koenekamp. **M:** *Felix Mendelssohn-Bartholdy.* **D:** *Ian Hunter (Theseus), Grant Mitchell (Egeus, Vater der Hermia), Dick Powell (Lysander), Rosa Alexander (Demetrius), Hobart Cavanaugh (Philostrat, Aufseher der Lustbarkeiten am Hofe des Theseus), Frank McHugh (Squenz, Zimmermann), Dewey Robinson (Schnock, Schreiner), James Cagney (Zettel, Weber), Joe E. Brown (Flaut, Bälgenflicker), Hugh Herbert (Schnauz, Kesselflicker), Otis Harlan (Schlucker, Schneider), Verree Teasdale (Hippolyta, Königin der Amazonen), Olivia de Havilland (Hermia), Jean Muir (Helena), Victor Jory (Oberon, König der Elfen), Anita Louise (Titania, Königin der Elfen), Mickey Rooney (Puck), Arthur Treacher, Katherine Frey, Helen Westcott, Fred Sale, Billy Barty. SW 133 Min.*

Aufwendige, $ 1,3 Mio. teure, werkgetreue Superstar-Produktion, die mit ihren Bühnenkulissen und ihrem Mangel an Kamerabewegung »nichts weiter [ist] als eine leblose Anhäufung von Prunkbildern, die sich gegenseitig aufheben.« (Siegfried Kracauer, THEORIE DES FILMS) – Die Vorbereitungen zur Hochzeit Theseus', des Herzogs von Athen, mit der Amazonenkönigin Hippolyta sind in vollem Gange. Egeus, ein Athener Bürger, klagt dem Herzog sein Leid. Seine Tochter Hermia wolle sich nicht mit Demetrius verbinden, der sie liebe und den er ihr zum Manne bestimmt habe. Sie leihe vielmehr den Werbungen Lysanders Gehör. Da der Vater über die Eheschließung zu bestimmen hat, droht Hermia, wenn sie sich nicht beizeiten fügt, der Tod oder das Kloster. Hermia wählt den dritten Weg; sie will mit Lysander fliehen. Die beiden weihen Helena, Hermias Freundin, in den Plan ein. Diese gesteht ihrerseits, dass sie Demetrius, der nichts von ihr wissen will, unsterblich liebe. Im Walde bei Athen treffen die Paare zusammen: Hermia und Lysander auf der Bucht, Helena vergeblich um die Gunst des Demetrius buhlend. Doch der Wald, in dem sie sich befinden, ist beherrscht von einer phantastischen Zauberwelt von Geistern aller Art. Kobolde und Elfen, an ihrer Spitze Oberon und Titania, die die Eifersucht entzweit hat, halten hier ein Stelldichein. Der Elfenkönig lässt sich von Puck, seinem Diener, eine Blume bringen, deren Saft von besonderer Güte ist. In

die schlafenden Augen geträufelt, verliebt sich der so Bedachte beim Erwachen in die Kreatur, die er zuerst erblickt. Damit will Oberon Titania strafen. Puck macht sich zum Hauptspaß, mit dem Elixier die Athener Liebespaare durcheinanderzuwirbeln. Doch damit nicht genug; ein derbes Männersextett verläuft sich im Wald, biedere Handwerker, die für die bevorstehende Hochzeit ein Zwischenspiel einstudieren wollen. Diese kommen Puck gerade recht für seine Späße. Ihrem Wortführer, dem Weber Zettel, zaubert er einen Eselskopf in dem Moment, als Titania erwacht und sich sofort unsterblich in den Eselsmenschen verliebt. So quirlt alles in buntem Treiben durcheinander, bis die Morgendämmerung den Spuk vertreibt. Oberon befreit die Elfenkönigin von ihrem Bann und Zettel von seinem Eselskopf, er versöhnt sich mit ihr, die Liebespaare finden in gewünschter Zuordnung zusammen. Der Herzog verzeiht den Flüchtigen, die Hochzeitsfeier beginnt; auch die Handwerker können ihr Rüpelspiel zum allgemeinen Ergötzen aufführen.

- Bei den Drcharbeiten zu diesem für damalige Verhältnisse außergewöhnlich teuren Film gab es unerwartete Verzögerungen. Als sich herausstellte, dass Max Reinhardt, der große deutsche Theatermann, nahezu unfähig war, die Arbeit vor und hinter den Filmkulissen in amerikanischem Arbeitsstil zu koordinieren und dadurch das ohnehin sündhaft teure Projekt gefährdete, gab man ihm seinen ehemaligen Schüler William Dieterle als Assistenten an die Seite. Nachdem sich Produzent Jack Warner einige Waldszenen vorab angeschaut hatte, feuerte er den Kameramann Ernest Haller. Die Szenen erschienen dem Produzenten zu wenig belichtet, so dass man vor lauter Bäumen nicht mal den Wald mehr sähe. Das neue Kamerateam änderte die Konzeption von Grund auf und schuf geradezu »zauberhafte« Bilder, die in ihrer Intensität durchaus vom Shakespeareschen Text ablenken können. Reinhardt stand eine einmalige Elite von Schauspielern zur Verfügung, und seit der Uraufführung streiten sich die Gemüter, wer der Beste von allen gewesen sei: Die meisten Kritiker bevorzugten den damals zwölfjährigen Mickey Rooney als Puck (der sich bei den Dreharbeiten ein Bein brach und von da an von unsichtbaren Helfern mittels eines Fahrrads durch die Kulissen bewegt wurde) und den Starkomiker Joe E. Brown, der den Bälgenflicker spielt. Max Reinhardt hatte seinen persönlichen Favoriten: James Cagney in der Rolle des Webers. Dieser sei »der beste Schauspieler in Hollywood ... wenige Künstler hatten je seine Stärke, seine dramatische Energie. Jede Bewegung seines Körpers und seiner unglaublichen Hände trägt zu der Geschichte bei, die er zu erzählen versucht.« (Max Reinhardt, zit. n. Andrew Bergman, JAMES CAGNEY)

EIN SOMMERNACHTSTRAUM

(SEN NOCI SVATOJANSKE). ČSSR 1959.
R: *Jiří Trnka.* **B:** *Jiří Trnka, Jiří Brdečka.* **LV:** »*Ein Sommernachtstraum« von William Shakespeare.* **K:** *Jiří Vojta.* **A:** *Bohuslav Šramek, Stanislav Latal, Břetislav Pojar, Jan Karpas, Vlasta Juraj-Dova, Jan Adam.* **M:** *Václav Trojan. F 77 (88) Min. (Puppentrickfilm).*

»Shakespeares blumenduftiges Reigenspiel um die Macht der Liebe erwacht zu vielgestaltigem (Puppen-)Leben. Jiří Trnka, anerkannter König im Reiche der Marionettenspielkunst, lässt teilhaben am romantischen Zauber, den die Geschöpfe einer fröhlichen Phantasie einflößen. Ihm gelingt, was anfangs fragwürdig schien: die sinngetreue, tänzerische Deutung der Bühnendichtung mit all ihrem übermütigen Schnickschnack und ihrer dichterischen Tiefe. Farben und *Musik* bewähren sich als beste Kompagnons. Triumph der Marionetten-Magie.« (Irene, FILMBLÄTTER)

EIN SOMMERNACHTSTRAUM

(SOGNO DI UNA NOTTE D'ESTATE). Italien 1983. **R:** *Gabriella Salvatores.* **B:** *Gabriella Salvatores.* **LV:** »*Ein Sommernachtstraum« von William Shakespeare.* **K:** *Dante Spinotti.* **M:** *Mauro Pagani.* **D:** *Gianna Nannini, Flavio Bucci, Alberto Lionello, Erika Blanc, Sabina Vannucchi, Augusta Gori, Fernandino Bruni, Elio De Capitano. F 90 Min.*

Shakespeares Komödie in einer in die heutige Zeit (1983) transponierten Rock-Musical-Version, in der einzig und allein Gianna Nannini als Titania mit ihrer markant rauhen Stimme in wenigen Kurzauftritten zu überzeugen weiß. Die Elfen und

die anderen Geschöpfe der »Götterwelt« vergewaltigen in Badebekleidung, mit Getränkedosen in der Hand, jeden Ansatz von Choreographie. Der für ein Film-Musical wichtige Einklang von Musik und Bild ist nicht zu erkennen; völlig fehl am Platze sind die einmontierten Dokumentaraufnahmen von Raketenstarts, Lawinen, Stierkämpfen und Rodeos. Shakespearegerecht, jedoch nicht von Shakespeare, ist der Schluß, denn Pucks ungeschickte Liebeszauberei führt ausgerechnet die Männer Demetrius und Lysander zusammen. Die beiden Frauen haben das Nachsehen. Doch ein fauler Kompromiss, eine Doppelhochzeit, kann die bürgerliche Fassade retten. »Salvatores Shakespeare-Adaption [ist] missglückt.« (Achim Forst, ZITTY) – »Shakespeares unsterbliches Schauspiel wird auch diese uninspirierte Version überleben.« (FISCHER FILM ALMANACH)

EIN SOMMERNACHTSTRAUM

(WILLIAM SHAKESPEARE'S MIDSUMMER NIGHT'S DREAM). USA 1999. **R:** *Michael Hoffman.* **B:** *Michael Hoffman.* **LV:** »*Ein Sommernachtstraum« von William Shakespeare.* **K:** *Oliver Stapleton.* **M:** *Simon Boswell.* **D:** *Kevin Kline (Nick Bottom), Michelle Pfeiffer (Titania), Rupert Everett (Oberon), Stanley Tucci (Puck), Calista Flockhart (Helena). F 120 Min.*

Michael Hoffman hat Shakespeares Komödie und Oberons Zauberwald in das Italien des 19. Jahrhunderts verlegt. Die SÜDDEUTSCHE ZEITUNG sprach von einem »konturlosen Niedlichkeitsbrei, in dem fast alle Gestalten wie von der Volljährigkeit überraschte Hummelfigürchen blässlich und betulich ihre Porzellanersatzgrimassen in die Kamera recken und Shakespeareverse säuseln wie andere Leute Vogelstimmen nachmachen, mit einem gewissen Stolz, den Klang hinzukriegen, aber ohne Ahnung, was welcher Teil des Liedchens jetzt bedeutet.«

THE SON OF KONG

(THE SON OF KONG). USA 1933. **R:** *Ernest B. Schoedsack.* **B:** *Ruth Rose.* **K:** *Eddie Linden, Vernon L. Walker, J. O. Taylor.* **SpE:** *Willis H. O'Brien, Byron Crabbe, Mario Larrinaga, E. B. Gibson, Marcel und Victor Delgado, W. G. White.* **M:**

Max Steiner. **D:** *Robert Armstrong (Carl Den-ham), Helen Mack (Hilda Peterson), Frank Rei-cher (Kapitän Englehorn), John Marston (Nils Helstrom), Victor Wong (Charley), Ed Brady (Red), Lee Kohlmar (Mickey), Noble Johnson (Häuptling).* SW 71 Min.

Die direkte Fortsetzung des klassischen »King Kong« ist mit weit geringerem Budget in wesent-lich kürzerer Zeit gefilmt, mit Comic-Elementen garniert und erreicht nicht annähernd das Format des berühmten Vaters: Der Showman Carl Den-ham, der New York nach Kongs Amoklauf flucht-artig verlassen musste, kehrt nach Skull Island zurück, wo ihm ein weißer Riesen-Baby-Gorilla beim Auffinden eines Schatzes hilft und ihn beim Untergang der Insel unter Selbstaufopferung vor den Fluten rettet. – Cheftechniker Willis O'Bri-en wusch seine Hände in Unschuld und zeigte sich nur sporadisch, um seinen Scheck abzuholen. Überdies waren die Dreharbeiten von einer pri-vaten Tragödie überschattet: Die erste Mrs. O'-Brien erschoß die beiden Söhne und legte dann Hand an sich selber. Sie erlag im folgenden Jahr ihren Verletzungen. [V] (OF)

EIN SONDERBARER HEILIGER

(THE RELUCTANT SAINT). USA 1961. **R:** *Ed-ward Dmytryk.* **B:** *John Fante, Joseph Petracci.* **K:** *Pennington Richards.* **M:** *Nino Rota.* **D:** *Maximi-lian Schell (Giuseppe), Ricardo Montalban (Don Raspi), Lea Padovani (Mutter), Akim Tamiroff (Bi-schof), Mark Damon (Aldo), Luciana Paluzzi (Car-lotta), Elisa Cegani (Schwester), Arnoldo Foa (Felixa).* SW 100 Min.

Um ihren unterbelichteten Sohn Giuseppe loszu-werden, schickt Mutter ihn in das Kloster seines Onkels. Bald richtet Giuseppe auch dort allerlei Unheil an und wird in den Stall verbannt. Doch seine Tierliebe begeistert den Bischof, der ihn für die Priesterweihe empfiehlt. Tatsächlich besteht Giuseppe alle Prüfungen. Als er eines Tages vor einer Marienstatue betet, erhebt er sich in die Lüf-te. Sogleich tritt auf den Rat der Kirche ein Exor-zist auf den Plan. Bevor er Giuseppe jedoch ku-rieren kann, erscheint die Jungfrau Maria und setzt den erstaunten Klerus in Kenntnis, dass nicht Satan, sondern dessen Intimfeind auf Giuseppe einwirke. Giuseppe darf auch in Zukunft seine

Arbeit schwebend erledigen. – »Schell fehlt so-wohl die innere Intensität, um als Heiliger glaub-haft zu wirken, als auch die Unterstützung durch ein seriöseres Drehbuch, um aus dieser Wunder-fabel etwas Anrührendes oder gar Bedeutsames zu machen.« (VARIETY)

SOULTAKER

(SOULTAKER). USA 1990. **R:** *Michael Rissi.* **B:** *Vivian Schilling.* **K:** *James Neil Rosenthal.* **M:** *Jon McCallum.* **D:** *Joe Estevez (Soultaker), Vivian Schilling (Natalie), Gregg Thomsen (Zach Taylor), David Sharf (Brad), Chuck Williams (Tommy), Robert Z'Dar (Todesengel), Jean Reiner, David Fa-wcett, Gary Kohler.* F 91 Min.

Unfreiwillig komischer Spuk um ein verunglück-tes Liebespaar, das in einer Zwischenwelt gegen einen Räuber kämpft, der die Seelen von Todes-kandidaten einsammelt und in ihrem Falle ein we-nig übereifrig agierte. Nur auf Video. [V]

DAS SPIEL IST AUS

(LES JEUX SONT FAITS). Frankreich 1947. **R:** *Jean Delannoy.* **B:** *Jean-Paul Sartre, Jacques Lau-rent Bost.* **K:** *Christian Matras.* **M:** *Georges Auric.* **D:** *Marcel Pagliero (Pierre Dumaine), Micheline Presle (Eve Charlier), Charles Dullin (Edler), Jac-ques Erwin (Diktator), Fernand Fabre (André Charlier), Colette Rippert (Lucette), Marguerite Moréno (Buchhalterin), Mouloudji (Lucien).* SW 95 Min.

Die Handlung dieses nach einem Originaldreh-buch Sartres inszenierten Filmszenariums spielt in einer faschistischen Diktatur. Am Vorabend des geplanten Aufstands fällt Pierre Dumaine, der Anführer der proletarischen Untergrundbewe-gung, dem Anschlag eines Polizeispitzels zum Op-fer. Zur gleichen Zeit vergiftet der skrupellose Polizeichef Charlier seine Frau Eve, um sich an ihrem Vermögen und ihrer Schwester vergreifen zu können. Pierre und Eve treffen sich im Reich der Toten. Sie verlieben sich und müssen erfah-ren, dass nur aufgrund eines Irrtums der »Direk-tion« sich ihre Wege nicht schon im irdischen Le-ben gekreuzt haben. Um diesen Fehler wieder-gutzumachen, erhalten sie die Chance, gemein-sam ihr Erdendasein zu erneuern, wenn es ihnen in 24 Stunden gelingen sollte, sich vorbehaltlos zu lieben. Mit dem festen Vorsatz, die ihnen auferlegte Probezeit zu bestehen, kehren sie ins Leben, aber auch zu ihren alten Problemen zurück. Pierre hat im Totenreich erfahren, dass der Aufstandsplan verraten wurde. Er versucht verzweifelt, seine Kameraden an der Ausführung des zum Scheitern verurteilten Unternehmens zu hindern. Eve versucht ihrerseits, ihre jüngere Schwester dem verhängnisvollen Einfluß ihres, Eves, Ehemanns und Mörders zu entziehen. Beide können trotz ihrer Liebe die gesellschaftlichen Schranken nicht überwinden – Eve wegen ihrer Anteilnahme am Schicksal der eigenen Familie, Pierre wegen seines Einsatzes für die Sache der Arbeiter. Nur wenn sie stets gemeinsam gehandelt hätten, hätten sie die Prüfung bestanden. Doch »wenn die Kugel einmal rollt ... kann man eben seinen Einsatz nicht mehr ändern.« Die Frist läuft ab, als die Truppen den Unterschlupf der Revolutionäre umstellen. Pierre geht seinen Weg als Führer der Untergrundbewegung bis zum bitteren Ende. Zusammen mit Eve muss er ins Reich der Toten zurück. Ein junges Paar, an dem die »Direktion« ebenfalls ein Versäumnis gutzumachen hat, fragt die beiden, ob es wirklich möglich sei, ein neues Leben zu beginnen. »Versuchen Sie es«, antwortet Pierre. »Es ist immer einen Versuch wert.« – »Den jenseitigen Bezirk, der stets bei Sartre die gnadenlose, ununterbrochene Wiederholung der selbstbereiteten Erdenexistenz ist, bringt noch einmal (vgl. *Geschlossene Gesellschaft*) der Film *Das Spiel ist aus;* zwischen Diesseits und Jenseits spannungsvoll wechselnd, birgt selbst dieses den Weltruhm erntende Meisterwerk einen Bruch der logischen Konsequenz, weil die folgerichtig laufende Entwicklung der Fabel durch das vorgegebene Theorem gebeugt werden muss, soll der Lehrsatz seine Beweiskraft behaupten.« (RECLAMS SCHAUSPIELFÜHRER)

SPLASH – JUNGFRAU AM HAKEN

(SPLASH). USA 1984. R: *Ron Howard.* B: *Lowell Ganz, Babaloo Mandel, Bruce Jay Friedman.* St: *Brian Grazer.* K: *Don Peterman.* SpE: *Phil Meador, Rolan Tantin, Hans Metz.* Ma: *Robert Short.* M: *Lee Holdridge.* D: *Tom Hanks (Allen Bauer), Daryl Hannah (Madison), Eugene Levy (Dr. Walter Kornbluth), John Candy (Freddie Bauer), Da-*
dy *Goodman (Mrs. Stimler), Shecky Greene (Buyrite), Richard B. Shull (Dr. Ross), Bobby di Cicco (Jeny), Howard Morris (Dr. Zidell), Tony du Benedetto (Portier). F 111 Min.*

Als Kind hüpfte der Gemüsehändler Allen Bauer von einer Fähre nahe Cape Cod ins Wasser, weil ihm eine junge Nixe aus den Fluten zulächelte. Als ihn zwanzig Jahre später der Frust packt, fährt er kurzentschlossen nach Cape Cod und mietet ein Ruderboot. Erneut plumpst der Nichtschwimmer in den Atlantik; abermals rettet ihn die Meerjungfrau. Verliebt schwimmt ihm die platinblonde Nixe, deren Fischschwanz sich an Land in wohlgeformte Beine verwandelt, nach Manhattan nach und zieht bei Allen ein. Vor den zahllosen Fernsehschirmen bei Bloomingdales lernt Madison, wie Allen sie tauft, zwar die englische Sprache, ihr Geheimnis verrät sie ihm aber nicht. Unterdessen versucht der Wissenschaftler Dr. Kornbluth seinen Kollegen zu beweisen, dass Nixen nicht nur eine Märchenerfindung sind. Nach einigen Fehlschlägen sind seine Wasser-Attentate schließlich von Erfolg gekrönt. Vor den Augen des schockierten Allen verwandeln sich die naßgewordenen Beine Madisons in einen Fischschwanz zurück. Die Nixe wird in ein Forschungslaboratorium gebracht. Allen bläst eine Zeitlang Trübsal, findet aber in Dr. Kornbluth einen unerwarteten Helfer, als dessen Kollegen Madison allzu sehr traktieren. Mit Hilfe seines dicken Bruders Freddie kann er die Meerjungfrau befreien. Eine wilde Verfolgungsjagd findet am Hafenpier ihr Ende. Madison springt ins Wasser, ihr Geliebter hintendrein: Happy-End unter den Wogen. – »*Splash* ist eine der schönsten Love Stories zwischen Mensch und Fabelwesen seit René Clairs *Meine Frau, die Hexe.* Ein modernes Märchen, das Mythos, Phantasie und Realität kombiniert; hektische Alltagswelt und das magische Traumland des Meeres, Natur und Kultur komödiantisch konfrontiert, wobei die unschuldige Naivität der Nixe zum Auslöser satirischer Attacken auf die amerikanische Konsumwelt wird. Wie Ron Howard ... gekonnt zwischen Absurdem und Sublimem, Sarkasmus und Sentiment, Slapstick und Suspense alterniert; darin liegt der spezielle Reiz dieser amüsanten, anrührenden und anheimelnd exzentrischen *boy-*

meets-fish-Story.« (DIE ZEIT) Treffender hätten wir diesen überraschend kessen Disney-Film auch nicht loben können. Wenn uns jetzt nur noch jemand erklären würde, warum der Nichtschwimmer Allen am Ende plötzlich unter Wasser atmen kann ... [V]

SPLASH, TOO

(SPLASH, TOO). USA 1988. **R:** *Greg Antonacci.* **B:** *Bruce Franklin Singer.* **K:** *Fred J. Koenekamp.* **M:** *Joel McNeely.* **D:** *Amy Yasbeck (Madison), Todd Waring (Alan Bauer), Noble Willingham (Karl), Donovan Scott (Freddie Bauer), Rita Taggart (Fern Hooten), Dody Goodman (Mrs. Stimler), Mark Blankfield.* F 87 Min.
TV-Film. Vorgeschichte siehe *Splash – Jungfrau am Haken.* Die Meerjungfrau Madison und ihr menschlicher Gatte Alan bewahren einen Delphin davor, von einem irren Wissenschaftler als Versuchskaninchen missbraucht zu werden. Ein Disney-Film, wie er im Buche steht. [V]

SPUK AUS DER GRUFT

BRD 1997. **R:** *Günter Meyer.* **B:** *C. U. Wiesner, Günter Meyer.* **K:** *Wolfgang Braumann.* **SpE:** *Olaf Skrzipczyk.* **M:** *Martin Todsharov.* **D:** *Benjamin Sadler (Friedrich v. Kuhlbanz), Saskia Grasemann (Maja), Walter Plathe (Bürgermeister), Nina Hoger (Renate), Kurt Böwe (Hermann), Gudrun Ritter (Hanne), Jaecki Schwarz (Coolberry), Reiner Heise (Pacholke), Matthias Schweighöfer (Torsten), Friedrich Lindner (Marco), Axel Werner (Pastor Stillmark), Gregor Weber (Balthasar), Joachim Kaps (Schäfer Dühn), Kurt Radeke (Pfarrer Mangold).* F 90 Min.
Zusammengeschnittener TV-Vierteiler: Im 17. Jahrhundert wird Junker Friedrich v. Kuhlbanz verdächtigt, den Schäfer Dühn umgebracht zu haben, doch er beteuert nicht nur seine Unschuld, sondern sagt, er wolle im Grabe nicht verwesen, wenn er der Täter gewesen sei. Im 20. Jahrhundert begegnet das Mädchen Maja, mit Mutter und Bruder frisch ins Dorf Roggelin gezogen, um einen geerbten Gasthof zu übernehmen, dem jeweils um Mitternacht spukenden Herrn, der weltliche Zuneigung benötigt, um den wahren Mörder aus dem Jenseits heraus aufzuspüren und vor das Gericht der Toten zu stellen. – »Die mond-

beschienene Nacht wird zum Schauplatz irrealer Ereignisse, der Nebel wabert und unheimliche Personen stoßen rätselhafte Drohungen und Prophezeiungen aus. Andererseits führt der Film aber auch vor Augen, welch bedeutsamer Rückhalt für Kinder intakte und behütete Beziehungen in der normalen Alltagswelt sind.« (H. P. Koll, FILM-DIENST) Ein betulicher, romantischer und gruseliger Spuk-Krimi für die Familie und genau das Richtige für einen verregneten Sonntagnachmittag.

SPUK IM HOCHHAUS

DDR/BRD 1991. **R:** *Günter Meyer.* **B:** *Claus-Ulrich Wiesner, Günter Meyer.* **K:** *Peter Süring.* **M:** *Thomas Natschinski.* **D:** *Katja Paryla (Jette Deibelschmidt), Heinz Rennhack (August Deibelschmidt), Stefan Lisewski, Gerry Wolff, Marina Krogull, Wolfgang Greese, Käthe Reichel, Klaus Mertens, Madeleine Lierck, Hilmar Baumann, Rosemarie Bärhold.* F 91/92 Min.
TV-Film, zwei Teile, zusammengeschnitten aus einer Fernsehserie (1982). Das betrügerische Ehepaar Jette und August betreibt 1782 bei Berlin ein Gasthaus. Ein Polizist kommt ihnen auf die Schliche und bei seinen Ermittlungen ums Leben. Sein Fluch zwingt Jette und August zu einer Geisterexistenz: Sie müssen 200 Jahre später sieben gute Taten vollbringen, um Erlösung zu finden. 1982 stiften sie in Berlin allerlei Chaos in einem Hochhaus. Kinderfilm.

SPUK IM REICH DER SCHATTEN

BRD 1999. **R:** *Günter Meyer.* **B:** *Günter Meyer, Georg Struck.* **K:** *Dieter Chill.* **M:** *Martin Todsharov.* **D:** *Saskia Grasemann (Maja), Matthias Schweighöfer (Torsten), Ilja Richter (Müller-Wadenstedt), Nina Hoger (Renate), Walter Plathe (Bürgermeister), Friedrich Lindner (Marco), Benjamin Sadler (Friedrich).* F 93 Min.
Vorgeschichte siehe *Spuk aus der Gruft.* Da die blonde Maja unsterblich in den Geist des Junkers Friedrich v. Kuhlbanz verknallt ist, möchte sie erneuten Kontakt mit der Geisterwelt aufnehmen. Sie ahnt jedoch nicht, dass der Geist des Mörders Balthasar, für den Friedrich seinerzeit büßen musste, sie manipuliert, um aus dem Jenseits zu entkommen: Er schlüpft in den Körper ihres sie lie-

benden Stiefbruders Torsten. – Humorvoll gruseliger und atmosphärisch dichter Jugend-Spukfilm mit geschickt eingesetzten Tricks, der bei seiner Zielgruppe bestens ankommen dürfte.

DAS SPUKSCHLOSS IN DER VIA VENETO

(FANTASMI A ROMA). Italien 1960. **R:** Antonio Pietrangeli. **B:** Ennio Flaiano, Antonio Pietrangeli, Sergio Amidei, Ettore Scola, Ruggero Maccari. **St:** Sergio Amidei. **K:** Michele Cristiani, Giuseppe Rotunno. **M:** Nino Rota. **D:** Marcello Mastroianni (Reginaldo/Federico), Sandra Milo (Donna Flora), Vittorio Gassman (Caparra), Eduardo de Filippo (Don Annibale Roviano), Belinda Lee (Eileen), Tino Buazzelli (Pater Bartolomeo), Ida Galli (Carla), Franca Marzi (Nella), Lilia Brignone (Regina), Enzo Maggio (Fricando), Alberto De Amicis (Direktor), Enzo Cerusico, Claudio Catania, Claudio Gora. F 100 Min.

In einem alten römischen Palast lebt Fürst Roviano zusammen mit den Geistern seiner auf unnatürliche Weise ums Leben gekommenen Ahnen in gütigem Einvernehmen. Als er jedoch durch einen Unfall das Zeitliche segnet und die Erben sich für den Verkauf des Palastes entscheiden, geraten die Geister in Panik. Schließlich gelingt es ihnen, die Erben mit List und Tücke auszutricksen. – »Die Handlung ist ein Nichts, die Inszenierung alles. Die Realität ist nur eine Rampe für das faunische Spiel der Geister. Romantische Ironie waltet, und so sanft und verworfen wie die violetten Gewänder der Geister sind die Farben, Dekorationen und Dialoge des Films insgesamt.« (Heinz Stempel, FILMKRITIK) [V]

DAS SPUKSCHLOSS IM SPESSART

BRD 1961. **R:** Kurt Hoffmann. **B:** Günter Neumann, Heinz Pauck. **K:** Günther Anders. **SpE:** Hein Heckroth, Theodor Nischwitz. **M:** Friedrich Hollaender, Olaf Bienert, Alfred Strasser. **D:** Liselotte Pulver (Charlotte), Heinz Baumann (Martin), Hubert von Meyerinck (von Teckel), Curt Bois (Hugo), Georg Thomalla (Onkel Max), Hanne Wieder (Katrin). F 98 Min.

Kurt Hoffmanns geisterhafte »Fortsetzung« seines Films Das Wirtshaus im Spessart. Im Schloss derer von Sandau spukt es. Auf Geheiß des gräflichen Ur-Urgroßvaters wurden böse Räuber ins berüchtigte Wirtshaus eingemauert und ausgegraben. Beim Anblick der reizenden, aber total verarmten Komteß Charlotte befällt sie erstmals so etwas wie menschliche Rührung. Sie beschließen, den staatlichen Kuckuck, der zum Haustier derer von Sandau geworden ist, das Gruseln zu lehren. (Wolfgang Neuss aus dem ersten Teil durfte nicht mitmachen, da sein Kumpan Wolfgang Müller kurz zuvor bei einem Flugzeugabsturz ums Leben gekommen war).

STADT DER ENGEL

(CITY OF ANGELS). USA 1998. **R:** Brad Silberling. **B:** Dana Stevens. **O-B:** Wim Wenders, Richard Reitinger. **K:** John Seale. **M:** Gabriel Yared. **D:** Meg (Ryan Maggie), Nicholas Cage (Seth), Dennis Franz (Messinger), Andre Braugher (Cassiel), Colm Feore (Jordan), Robin Bartlett (Anne), Joanna Merlin (Teresa), Sarah Dampf (Susan), Rhonda Dotson (Susans Mutter), Nigel Gibbs (Arzt), John Putch (Mann im Auto), Lauri Johnson (Frau im Auto), Christian Aubert (Ausländischer Besucher im Auto), Jay Patterson (Fluglotse), Shishir Kurup (Anästhesiologe), Dan Desmond (Balford), Deirdre O'Connell (Mrs. Balford). F 113 (114) Min.

Ein Wim-Wenders-Film, der von den Amerikanern noch mal gedreht wurde?! Das Remake, das sich der Idee von Der Himmel über Berlin aus dem Jahr 1987 bedient, ist natürlich, klar, viel amerikanischer, denn wo besser ließe sich eine solche Geschichte ansiedeln als in der Stadt der Engel selbst, in Los Angeles? Wim Wenders: »Dana Stevens hat meine Berliner Geschichte mit viel Gefühl in eine echte L. A. Story übersetzt. Außerdem war mir klar, dass Brad [Silberling] mit der Traumbesetzung Nicholas Cage und Meg Ryan zusammenarbeiten konnte. Und trotzdem war ich reichlich nervös, als ich im Vorführraum saß und den Film zum ersten Mal sah. Dass man das Remake eines seiner eigenen Filme zu sehen bekommt – das geschieht wirklich nicht alle Tage. Mir ist das jedenfalls noch nie passiert. Ich bekam dabei irgendwie Großvatergefühle. Für nichts da oben auf der Leinwand musste ich einstehen, und trotzdem fühlte ich mich auf merkwürdige Weise verantwortlich.« – Am Krankenbett der kleinen Susan, deren Zeit auf Erden abgelaufen ist, sitzt ein Engel namens Seth. Er erklärt dem Mädchen, dass er es jetzt »heimbringen« werde. Nachdem das erledigt ist, soll er den 50jährigen Mr. Balford, der nach einem Herzanfall zusammengebrochen ist, vom Operationstisch mitnehmen, aber die Herzchirurgin Dr. Maggie Rice kämpft um ihren Patienten: »Auf meinem OP-Tisch stirbt niemand!« Doch als sie nichts mehr tun kann, ist ihr Selbstverständnis erschüttert. Sie begreift nicht, hat sie doch vom medizinischen Standpunkt aus fehlerfrei gearbeitet. Da steht mit einemmal Seth auf dem Flur vor ihr. Der Engel strahlt Ruhe und Zuversicht aus. Seine direkte und unkonventionelle Art entwaffnet Maggies Materialismus und tröstet sie nachhaltig. Die Ärztin faßt neuen Mut, führt erfolgreich eine weitere Operation aus. Die beiden kommen ins Gespräch: »Aber du weißt doch, wie eine Birne schmeckt.« – »Ich weiß nicht, wie sie *dir* schmeckt«, antwortet der Engel. Unter dem Mikroskop zeigt sie ihm die Zellen, aus denen das menschliche Blut besteht. Inzwischen ist beiden längst klar, dass zwischen ihnen etwas entstanden ist, was über die Summe menschlicher Körperzellen weit hinausgeht. Ein paar gute Tips erhält Seth auch von Messinger, Maggies letztem Patienten, der selbst mal ein Engel war, aber sich später entschieden hat, das Leben unter den Menschen in vollen Zügen zu genießen. Inzwischen ist Maggie sehr skeptisch geworden. Als sich Seth beim Salatschneiden verletzt, hinterläßt das Messer keinerlei Spuren. Maggie nimmt die Schneide und sticht ihm selbst in die Hand, um sich zu vergewissern, dass Seth eine überirdische Erscheinung ist. Die überirdische Offenbarung ist zuviel für sie. Sie kann ihm nicht glauben und schickt ihn fort. Seth aber tritt nun endgültig in das Leben, kann jetzt nicht mehr durch Wände gehen oder mit der Geschwindigkeit eines Gedankens reisen. Er opfert seine Unsterblichkeit, die Ausgewogenheit seiner spirituellen Ruhe, um seiner Liebe eine Chance zu geben. – Produzentin Dawn Steel hatte sich die Rechte an Wim Wenders' *Himmel über Berlin* 1988 gesichert. Steels Ehemann und Geschäftspartner: »Dawn war bezaubert von Wenders' Idee, einen Engel vor die Wahl zu stellen, aus Liebe selbst ein Sterblicher zu werden. Aber sie wollte die Story nicht auf die gleiche Art und Weise erzählen. Im Gegensatz zu Wenders' Film lernen unsere Hauptfiguren sich schon am Anfang der Geschichte kennen. Daraus ergeben sich im folgenden also erhebliche Unterschiede und neue Erzählstränge.«

DIE STADT DER FRAUEN

(LA CITTÀ DELLE DONNE). Italien/Frankreich/Schweiz 1979. **R:** *Federico Fellini.* **B:** *Federico Fellini, Bernardino Zapponi, Brunello Rondi.* **K:** *Giuseppe Rotunno.* **M:** *Luis Bacalov.* **D:** *Marcello Mastroianni (Snaporaz), Ettore Manni (Katzone), Anna Pruenal (Frau Snaporaz), Bernice Stegers (Frau im Zug), Jole Silvani (Mädchen), Fiametta Baralla (Onlio), Catherine Carrel (Kommandantin), Marcello di Falco (Sklave), Silvana Fusaccia (Schlittschuhläuferin), Gabriella Giorgelli (Fischhändlerin), Helene Calzarelli, Dominique Labourier, Stephanie Loik Emilfork, Silvie Mayer, Maite Nahyr (Feministinnen), Sibilla Sedat (Richterin), Alessandra Panelli (Hausfrau), Loredana Solfizi (Feministin in Schwarz), Sara Tafuri (Mädchen), Carla Terlizzi (Katzones 10 000. Geliebte), Katrin Gebelein (Frau mit sechs Männern), Fiorella Molinari (Junges Punk-Mädchen), Nadia Vasil, Silvie Wacrenier (Feministinnen), Jill und Viviane Lucas (Zwillinge), Donatella Damiani (Tänzerin). F 140 Min.*

Beängstigend sind die Frauen für Marcello, alias Snaporaz, schon immer gewesen. Sie verfolgen ihn bis in den Traum. Auf einer holprigen Fahrt in der Eisenbahn fällt der Traum besonders schlecht aus. Marcello folgt darin einer Unbekannten, die ihn lockt und zugleich hinhält. Auf ihrer Spur gerät er ausgerechnet in einen Feministinnen-Kongreß und damit in einen Hexenkessel der Männerverachtung, wo der Jäger alsbald zum Gejagten wird. Er flieht, findet Unterschlupf in einer Villa, in welcher sich ein alter Schulkamerad, ein Sexprotz ersten Ranges, verschanzt hat: gegen die Feministinnen, die ihn bedrängen und das Schloss der Lüste zu zerstören drohen. Marcello wird von ihm zur Feier seiner zehntausendsten »Besteigung« eingeladen und erlebt neben manchen anderen Überraschungen ein Zusammentreffen mit der eigenen Frau. Der Hausherr übernimmt sich, so muss Marcello die Nacht im Zimmer des Verstorbenen verbringen.

Doch heimliche Stimmen locken ihn weg. Er gerät auf eine riesige Achterbahn, auf welcher er den erotischen Erinnerungen seiner Jugend wiederbegegnet. Die Fahrt endet in einer Art Verlies, von wo aus er auf der Suche nach der Ideal-Frau in eine Arena und schließlich in eine luftige Ballongondel gerät. Das Gewehrfeuer der Feministinnen holt ihn auf die schüttelnde Wagenbank des Zuges zurück, wo sich der noch Schlaftrunkene zu seiner Verblüffung nicht nur seiner Frau gegenüber, sondern alsbald auch von den Protagonistinnen seines Traums umgeben sieht. – »Was Fellini da in Gestalt eines grotesken, manchmal obszönen, immer aber auch selbstironischen Spektakels in Szene setzt, ist der Alptraum eines Mannes – des Mannes, dessen Eroberer- und Begehrlichkeitsreflexe zur veränderten Frauenlandschaft quer liegen und ins Leere gehen. Wo er sich eigentlich angezogen fühlt, muss er fliehen, um der Aggression der weiblichen Übermacht, um gar einer Vergewaltigung zu entgehen. Der einstige Haremsbändiger seiner Träume (Achteinhalb) ist entthront und gedemütigt. In der Pose des Stärkeren wird er lächerlich und den Feministinnen (und sich selbst) zum Gespött.« (Edgar Wettstein, FILMDIENST) – »Das, was als ›Summe‹ avisiert wird, erweist sich als bloßer Wiederaufguß längst formulierter Bilder, als ein bloßes Ausstellen von ihrer ursprünglichen Kraft beraubten, zu Abziehbildern verkommenen Metaphern ... Fellini nutzt seine Selbstzitate nicht etwa zur Setzung neuer Kontexte, neuer inhaltlicher und/oder ästhetischer Querverbindungen, sondern bleibt in einem eitlen Katalog cineastischer Narzissmen stecken. In einer Nummernrevue, die dramaturgisch zu Hilflosigkeit verkommt, filmbildlich zu keiner neuen Imagination fähig und gesellschaftlich hilflos, ja völlig blind geworden ist.« (FILM UND FERNSEHEN) [V]

DIE STADT DER VERLORENEN KINDER

(LA CITÉ DES ENFANTS PERDUS). Frankreich/Spanien/BRD 1994. R: Jean-Pierre Jeunet. Künstlerische Gestaltung Marc Caro. B: Gilles Adrien, Jean-Pierre Jeunet, Marc Caro. K: Darius Khondji. **SpE:** *Yves Domenjoud, Jean-Baptiste Bonetto, Olivier Gleyze, Jean-Christophe Spadaccini. Digitale Effekte John Nollet.* **M:** *Angelo Ba-*damenti.* **D:** *Ron Perlman (One), Daniel Emilfork (Krank), Judith Vittet (Miette), Dominique Pinon (Taucher/Klone), Jean-Claude Dreyfus (Marcello der Floh-Dompteur), Geniviève Brunet, Odile Mallet (Krake), Mireille Mossé (Frl. Bismuth), Serge Merlin (Anf. der Zyklopen), François Hadji-Lazaro (Killer), Ticky Delgado. F 112 Min.*

Ein rätselhafter Film, reich an Einfällen und nicht enden wollenden Verzierungen, der aber letztlich auch viel Leerlauf produziert: In einem von Jules Verne erdachten Labor auf einer Plattform im Meer setzt ein hagerer Replikant mit dem bezeichnenden Namen Krank, um seinen rasanten Alterungsprozeß zu stoppen, Kinder einer Apparatur aus, mit der er ihre Träume abzapft und in seinen eigenen Schädel überträgt. Die menschliche Psyche will das Kunstgeschöpf erforschen, an der es ihm selber mangelt. Zugeführt werden ihm die Opferkinder von Zyklopen, Kahlköpfen in schwarzen Ledermänteln mit schweren Vorsatzlinsen am linken Auge, die über die Reinheit der Rasse schwadronieren. Schließlich macht sich das Mädchen Miette zusammen mit einem gutmütigen Riesen, dessen dreijähriger Bruder gleichfalls gekidnappt wurde, auf den Weg, um dem Spuk ein Ende zu bereiten. – »Jeunet und Caro scheinen den frankophilen Seemannskitsch der dreißiger und vierziger Jahre mehr zu lieben als das postmodern an *Blade Runner* und dem japanischen Techno-Comic *Gunhead* orientierte Science-fiction-Gerüst der Story. Während andernorts in den Studios durch die Animation jedes Phantasma dem Realen einverleibt wird, bleiben die beiden Franzosen mit ihren Computertricks in der Tradition von vorkinematographischer Jahrmarktszauberei des Fin de siècle. Sprechende Gehirne schwimmen in viktorianischen Vitrinen, das Frankenstein-Labor erinnert statt an neue Medien an freudsche Apparaturen; für die Botschaften von Geistern wird grüner Nebel benutzt, und die Latexkostüme hat nicht H. R. Giger, sondern Jean-Paul Gaultier entworfen. Immer wieder wird noch das Dröhnen der futuristischen Panzerwagen von maunzenden Katzen übertönt, die sich rollig in den Hinterhöfen balgen. Und die grauen, abgerissenen Kinder blicken selbst der höchsten Gefahr so schmollsüchtig entgegen, als hätte Truffaut sie in diese endzeitliche Apokalypse geschickt.« (TAZ) – »Was wir mit diesem Film versucht haben«, so Regisseur Jean-Pierre Jeunet im Interview (SÜDDEUTSCHE ZEITUNG), »ist, ein Märchen für Kinder zu erzählen.« Kollege Marc Caro (zusammen mit Jeunet hat er *Delicatessen* gedreht) rechtfertigt den Einsatz der grauenhaften Apparatur, die düsteren Bauten und kuriosen Gestalten: »Ich hab es als Kind geliebt, wenn man mir Angst gemacht hat, indem man mir furchterregende Geschichten erzählt hat.« – Jeunet: »Genaugenommen haben die Eltern Angst, dass die Kinder Angst haben könnten. *Die Stadt der verlorenen Kinder* ist kein Horrorfilm. Jeder japanische Zeichentrickfilm ist zehnmal so schrecklich.« [V]

STARDUST MEMORIES

(STARDUST MEMORIES). USA 1980. **R:** *Woody Allen.* **B:** *Woody Allen.* **K:** *Gordon Willis.* **M:** *Dick Hyman, Sidney Bechet, Django Reinhardt, Lester Young, Count Basie, Marie Lane, M. P. Mussorgsky, Chick Webb, Cole Porter, Glenn Miller, Louis Armstrong.* **D:** *Woody Allen (Sandy Bates), Charlotte Rampling (Dorrie), Marie-Christine Barrault (Isobel), Jessica Harper (Daisy), John Rothman (Jack Abel), Amy Wright (Shelley), Helen Hanft (Vivian Orkin), Daniel Stern (Schauspieler), Tony Roberts (Tony), Anne Desalvo (Sandys Schwester), Joan Neumann (Sandys Mutter), Ken Chapin (Sandys Vater), Leonardo Cimino (Sandys Analytiker), David Lipman (Sandys Chauffeur), Robert Munk (Sandy als Junge). SW 89 Min.*

Ein tristes Zugabteil, gefüllt mit merkwürdigen Figuren: ein Fetter, ein Weinender, ein Ausgemergelter, ein Prototyp-Arier. Inmitten der Groteskerie Woody Allen, sich sichtlich unwohl fühlend. Als er auf dem Nachbargleis ein Zugabteil sieht, in dem sich eine Hochzeitsgesellschaft lauthals vergnügt, versucht er zu flüchten, den Schaffner zu überzeugen, dass er im falschen Zug sitzt – vergeblich. Als der Zug am Ziel ankommt, ist auch die fröhliche Gesellschaft wieder da. Gemeinsam wandern alle über eine Müllkippe, über der Möwen schweben. Bereits die kafkaeske Eröffnungssequenz von *Stardust Memories,* in Wahrheit die Schlußszene des neuen Films von Sandy Bates, um dessen künstlerische Krise sich der eigentliche Film drehen wird, kommt als rech-

ter Schock für alle, die den Schlemihl aus Manhattan vor allem wegen seiner intellektuellen Komödien schätzen. »Woody Allen, dessen Filme ihre Stärke in Reflexionen über sein Leben und das seiner in Mitleidenschaft gezogenen Umgebung fanden, hat sich in ein schmerzvolles Remake von *Achteinhalb* zurückgezogen. Mit *Stardust Memories* hat er einen Filmstudio-Käfig um seine Erfahrungen errichtet und Bilder der Gitterstäbe und Gefängniswärter produziert.« (FILME) – *Stardust Memories* erzählt die Geschichte des Sandy Bates, eines Regisseurs, der, durch komische Filme berühmt geworden, nun ebendiese komischen Filme nicht mehr drehen mag. Was seine Fans, die ihn während eines Filmwochenendes im Stardust-Hotel bestürmen, allerdings nicht akzeptieren wollen. Unermüdlich biedern sie sich an, verlangen Autogramme, entblöden sich nicht, ständig zu beteuern, wie sehr ihnen seine frühen, komischen, Filme gefallen haben. Resignierend bezahlt Sandy den Preis seiner Berühmtheit, signiert willig Busen und wimmelt Ehefrauen ab, die darauf bestehen, ihr Autogramm bei einem besonders guten Joint im Bett zu erhalten. – »Es geschieht in diesem Film die bockig-zärtliche Selbstanalyse eines großen Komikers und Filmemachers. Woody Allen hat weit von sich gewiesen, *Stardust Memories* sei autobiographisch. Hier irrt oder lügt er bewusst. Er gibt dauernd die Verzweiflung, die Eitelkeit, Glück und Elend eines trügerisch erfolgreichen Filmidols wieder. Er stückelt Erfahrungen der Unfreiheit im Erfolg, das persönliche Unglück im öffentlichen Applaus.« (DIE WELT) – In einer fragmentarischen Erzählstruktur verwischen sich alsbald Gegenwart, Realität und Phantasie zum Bild eines narzisstischen Künstlers, den nicht so sehr sein Mangel an Kreativität bestürzt, als die Tatsache, dass er den Willen dazu verloren hat. In zahlreichen Episoden stellt der Film all die Krisenauslöser vor. Neben den Fans sind da vor allem die Produzenten, die z.B. das eingangs erwähnte Ende von Sandys neuem Film zu einem Happyend im Jazzhimmel umfunktionieren wollen. Und natürlich trägt auch der Sexus sein Scherflein bei: Drei Frauen sind es, die Sandy an diesem Wochenende noch zusätzlich verwirren – Dorrie, eine neurotische Schauspielerin mit besonderem Talent für Eifersuchtsszenen; Isobel, eine geschiedene Französin mit zwei Kindern; Daisy, eine junge Violinistin bei den New Yorker Philharmonikern. »Vielsagenderweise frönt Allen nicht mehr den Beteuerungen seiner romantischen Unschuld. Warum entschwindet ihm die Liebe? Warum ist Sandy ... ein aussichtsreicher Kandidat für den August-Strindberg-Preis für Beziehungen zum anderen Geschlecht? Die Antworten sind nur zu offenkundig, wenn sich Sandy ständig im Kreis bewegt, müde seiner neuesten Flamme Daisy versichert, dass sie keine Schwierigkeiten machen und vielleicht die perfekte Frau sein werde, obwohl er gerade erfahren hat, dass Daisy bisexuell ist. Für Allen und uns, vielleicht auch für Sandy, ist nun klar, dass er seine selbstzerstörerischen Liebesaffären wiederholen wird, da ihn eben nur Schwierigkeiten noch erregen können.« (Diane Jacobs, THE MAGIC OF WOODY ALLEN) Und als sich Sandy in einer Frankenstein-Traumsequenz aus den einzelnen Charakterzügen seiner Frauen tatsächlich die perfekte Frau zusammenoperiert, muss er am Ende verzweifelt feststellen, dass er eigentlich das Ausschußprodukt der Operation liebt. – Schwierigkeiten, Zerfall, Tod. Von der Zielscheibe sind sie zum Thema Woody Allens aufgestiegen; der Humor von *Der Stadtneurotiker* und der Ernst von *Innenleben* haben sich zu einem verdüsterten Film zusammengezogen, der zwischen Tragödie und finsterer Komödie balanciert. Eine Schlüsselszene in *Stardust Memories* zeigt Sandy in seiner Stadtwohnung, plakativ umgeben von zwei großen Wandbildern – Groucho Marx und ein Vietkong im Moment der Exekution. Dazu sieht man ihn über einen Artikel in einer naturwissenschaftlichen Zeitschrift grübeln, der die Instabilität des Protons, des Grundbausteins jeglicher Materie, konstatiert: »Bin ich denn der einzige, der bemerkt hat, dass das Universum um uns herum langsam zerbröselt?« – »Diese und ähnliche Fragen, die Sandy Bates sich stellt (einmal will er sogar von außerirdischen Ufo-Wesen etwas über seine Bestimmung erfahren), führen eher von Fellini weg und hin zum Ingmar Bergman der frühen sechziger Jahre. In dessen Trilogie *Wie in einem Spiegel*, *Licht im Winter* und *Das Schweigen* äußerte sich das gleiche Entsetzen angesichts ei-

ner Welt des Zerfalls, des Krieges und der Gleichgültigkeit.« (FILMBEOBACHTER) – Wie der Held in Preston Sturges' *Sullivans Reisen*, wie - James Stewart in *Ist das Leben nicht schön?* vielleicht auch, steuert Sandy Bates auf das katharsische Erlebnis zu, die Erfahrung, dass der wahre Tod um vieles schmerzvoller ist als eine auch noch so unbefriedigende Realität: Als er Isobels Heiratsantrag ablehnt, erlebt Sandy eine, in mehrfacher Hinsicht signifikante, Vision seines Todes. Ein Fan, der in der Mitte des Films mit den Worten »Sie sind mein liebster Komiker« ein Autogramm gefordert hat, tritt auf ihn zu und erschießt ihn. »Ziemlich viele Leute waren entsetzt, dass ich eine ambivalente Haßliebe-Beziehung zwischen Publikum und Star anzudeuten wagte. Und dann, kurz nach der Premiere von *Stardust Memories,* wurde John Lennon von genau dem Typ erschossen, der ihn einige Stunden zuvor um ein Autogramm gebeten hatte. So etwas passiert Stars in der Tat. An einem Tag lieben dich die Leute, am nächsten wollen sie dich umbringen. Und der Star denkt genauso über seine Fans: Im Film stellt sich Sandy vor, dass ihn dieser Fan umbringt. Aber in Wirklichkeit ist es doch Sandy, der den Revolver besitzt. Der Star stellt sich also vor, dass der Fan ihm antun wird, was in Wirklichkeit er selbst am liebsten dem Fan antun würde. Die Leute wollen das nicht hören – es ist eine unangenehme Wahrheit, die ich da darstelle.« (Woody Allen)

Die Vision erlöst Sandy. Er kehrt ins Leben zurück, findet und akzeptiert seine wahren Fähigkeiten, versöhnt sich mit Isobel und der Realität und entwirft sogar einen neuen, vielleicht alle befriedigenden Schluß seines Films. Am Ende sitzt er allein vor der leeren Leinwand und verlässt als letzter den Saal. Das kathartische Erlebnis ist durchlaufen, der Tod geleugnet. Die Realität ist immer noch entsetzlich, bleibt aber auch der einzige Ort, an dem man ein gutes Steak bekommt. – »In der Mischung aus Realität und Phantasie, Erinnerung und Philosophie, Liebe, Haß und Eifersucht, Melancholie und Traurigkeit, bitterem Humor und zynischem Witz liegt tiefe Verzweiflung über eine Zeit und eine Gesellschaft, die sich in ihren Zwängen und Verdrängungen festgefahren hat.« (TAZ) [V]

DER STÄRKSTE MANN DER WELT

(IL TRIONFO DI ERCOLE). Italien/Frankreich 1964. **R:** *Alberto de Martino.* **B:** *Piero Lulli, Roberto Gianviti, Alessandro Ferrau.* **K:** *Pier Ludovico Pavoni.* **M:** *Francesco de Masi.* **D:** *Dan Vadis (Herkules), Marilu Tolo (Prinzessin Ati), Pierre Cressoy (Prinz Milo), Renato Rossini (Fürst Gordio), Moira Orfei (Parsiphae). F 76 Min.*

Herkules, der Sohn des Zeus, eilt der Bevölkerung von Mykene zu Hilfe, die unter dem Joch des verschlagenen Intriganten und Königsmörders Milo ächzt. Als das empörte Volk dem Despoten an den Kragen will, verbündet dieser sich mit seiner magiekundigen Hexenmutter Parsiphae und einem siebenköpfigen Trupp von Dämonen aus der Unterwelt, die ihn noch mal retten. Bei einem Turnier, das angeblich dazu dienen soll, der rechtmäßigen Thronerbin Ati einen passenden (= kräftigen) Gatten zuzuführen, will Milo sie per »Unfall« aus dem Verkehr ziehen. Das Unternehmen misslingt zwar, aber der Tückebold kann Herkules überzeugen, dass hinter allen Ränkespielen ein Mann namens Eurystheus steckt. Als Herkules daraufhin den unschuldigen Eurystheus tötet, nimmt Zeus ihm zur Strafe seine Superkräfte. Milo will jetzt seine Chance nutzen, aber der Göttervater besinnt sich in letzter Sekunde eines Besseren und steht seinem Filius bei. Der Bösmann wird gerichtet, die holde Prinzessin vor dem Verderben bewahrt. – Irgendwie kommt uns auch diese Geschichte wundersam bekannt vor. [V]

DER STÄRKSTE UNTER DER SONNE

(MACISTE, L'EROE PIU GRANDE DEL MONDO). Italien 1963. **R:** *Michele Lupo.* **B:** *Roberto Gianviti, Francesco Scardamaglia, Lionello De Felice.* **K:** *Guglielmo Mancori.* **M:** *Francesco De Masi.* **D:** *Mark Forest (Marcellus), Giuliano Gemma (Xandrus), José Greci (Chelima/ Regia), Erno Crisa (Morakeb), Livio Lorenzon (Evander), Piero Lulli (Pergasus), Mimmo Palmara (Alceus), Arnaldo Fabrizio (Zwerg), John Chevron (Schwarzer), Paul Müller (König von Cafaus), Jacques Herlin (Meneus), Eleonora Bianchi (Jungfrau). F 94 Min.*

Der superstarke Marcellus (im Original: Maciste) verbündet sich mit einer Rebellengruppe und organisiert einen Aufstand gegen König Pergasus, den Herrscher des am Persischen Golf liegenden Kleinstaates Nefer, da dieser nur eine Marionette des Königs von Cafaus ist und selbigem pro Jahr zwei Dutzend Jungfern liefert, die dessen Göttern geopfert werden. Nach erfolgreicher Revolte rüstet man sich, um auch im Nachbarland gehörig aufzuräumen. »Vier Helden zum Preis von einem ... dazu ein prächtig gespielter Schurke (Erno Crisa). Die Ausstattung und die Kostüme sind nett, die Schiffe hübsch, dazu gibt's labyrinthische Irrgärten, ein spannendes Wagenrennen und Kämpfe. Die Regieleistung ist zwar imitativ, aber lobenswert flott.« (MONTHLY FILM BULLETIN)

STATION VOR DER HÖLLE

Anderer Titel für **Michael schafft Ordnung**

DIE STEINERNE BLUME

(KAMENNY ZWETOK). UdSSR 1946. **R:** *Alexander Ptuschko.* **B:** *Pawel Baschow, Iwan Keller.* **K:** *Fjodor Proworow.* **M:** *Lew Schwarz.* **D:** *Wladimir Druschnikow (Danilo), Jelena Derewschtschikowa (Katja), Tamara Makarowa (Herrscherin des Kupferbergs), Michail Trojanowskij (Prokopytsch), W. Krawtschenko. F 89 Min.*

Bei einem Aufenthalt in Paris sieht ein Russe bei seinem reichen Gastgeber eine wunderschöne, aus Stein geschliffene Schatulle. Der Gedanke, eine noch schönere zu besitzen, lässt ihn nicht ruhen, und so gibt er nach der Rückkehr in den Ural dem alten Handwerker Prokopytsch, dem anerkannten Meister seines Fachs, den Auftrag, eine Malachit-Schatulle zu fertigen, die alles bis dahin Geschaffene in den Schatten stellt. Prokopytsch ist jedoch zu alt, um den Auftrag auszuführen. An seine Stelle tritt sein Lehrling Danilo, ein Leibeigener. Danilo ist besessen von seiner Kunst. Um seinem Land zur Ehre zu gereichen, strebt er nach künstlerischer Vollkommenheit, wobei ihm jedes Mittel recht ist. Schon vor geraumer Zeit hat er von der sagenhaften Herrscherin des Kupferberges gehört, die die verborgensten Geheimnisse dieser Kunst enthüllen könne. Wer sie gesehen hat, darf jedoch nie mehr zu den Menschen zurückkehren. Danilo hört den Ruf der Herrscherin des Kupferberges und verlässt noch am

Tag seiner Hochzeit seine Braut Katja, um zum Kupferberg zu gehen. Im unterirdischen Reich der Bergkönigin, das wie ein zur gläsern-künstlichen Wirklichkeit gewordener Mineralogentraum wirkt, findet er die steinerne Wunderblume, die ihm das Geheimnis höchster Kunst offenbart. Er meißelt aus Stein eine Vase in der Form einer Blume, die in lebendiger Schönheit erstrahlt. Die Macht der Liebe und die Treue zu seiner Braut führen Danilo schließlich zu einem zweiten Sieg. Die Herrscherin des Kupferbergs schenkt ihm die Freiheit, und er kehrt in sein Dorf zurück. – *Die steinerne Blume* ist der erste abendfüllende russische Farbfilm. Den russischen Filmtechnikern war es gelungen, aus dem deutschen Agfacolor-System heraus ein verbessertes Verfahren, das Sowcolor, zu entwickeln. Die Farbgebung war trotz amerikanischer Konkurrenz so überzeugend, dass der Film bei den Filmfestspielen in Cannes 1946 als bester Farbfilm ausgezeichnet wurde. Inhaltlich nutzte Regisseur Alexander Ptuschko (1900–1973), der bedeutendste Trickspezialist der UdSSR, alle Möglichkeiten des Films, um eine Phantasiewelt lebendig werden zu lassen, die dann in der Folge Vorbild für den russischen Märchenfilm wurde, zumindest was das starke nationale Pathos und die Betonung folkloristischer Elemente betrifft.

DER STEINERNE WALD
Anderer Titel für **Il Tesoro**

STEPANS VERMÄCHTNIS
(STEPANOWA PAMJATKA). **R:** *Konstantin Jerschow*. **B:** *Konstantin Jerschow, Gleb Panfilow*. **LV:** *»Malachitowaja schkatulka« (Die Malachit-Schatulle) von Pawel Bashow*. **K:** *Jewgeni Schapiro*. **M:** *Wadim Bibergen*. **D:** *Larissa Tschikurowa (Herrin des Kupferberges), Gennadi Jegorow (Stepan), Irina Gubanowa (Nestja), Natalja Andrejtschenko (Tenjuscha)*. F 85 Min.
Nach dem Ptuschko-Film *Die steinerne Blume* eine Neuverfilmung des 1939 veröffentlichten Uralmärchens von der gütigen Herrin des Kupferberges und dem Steinschneider-Gesellen Stepan.

STEPHEN KINGS THINNER – DER FLUCH
(STEPHEN KING'S THINNER). USA 1997. **R:**

Tom Holland. **B:** *Tom Holland, Michael McDowell*. **LV:** *»Thinner« von Stephen King*. **K:** *Kees Van Oostrum*. **M:** *Daniel Licht*. **D:** *Robert John Burke (Billy Halleck), Joy Lenz (Linda Halleck), Joe Mantegna (Richie Ginelli), Lucinda Jenney (Heidi Halleck), Michael Constantine (Tadzu Lempke), Kari Wuhrer (Gina Lempke), Time Winters (Staatsanwalt), Howard Erskine (Richter Philips), Terence Garmey, Terrence Kava, Walter Bobbie*. F 95 Min.
Der fette, erfolgreiche und selbstzufriedene Rechtsanwalt Billy Halleck verursacht einen Autounfall, bei dem eine Zigeunerin ums Leben kommt. Er kann die Angelegenheit vertuschen, doch der Fluch eines rachsüchtigen Sinti-Häuptlings lässt ihn rasend schnell dünner werden, während alle an der Vertuschungsaktion Beteiligten plötzlich an verschiedenen Gebrechen leiden. In seiner Verzweiflung aktiviert Billy einen Freund, der für die Mafia arbeitet ... Ein Produkt aus der Werkstatt derjenigen, die glauben, man brauche nur den Namen des Gruselkönigs King im Filmtitel zu erwähnen, um die große Kohle zu machen – auch wenn die dünne Story über den dicken Mann gerade mal für einen Kurzfilm langt. [V]

DIE STOLZE PRINZESSIN
(PYSNÁ PRINCEZNA). ČSSR 1952. **R:** *Borivoj Zeman*. **B:** *Henryk Bloch, Oldrich Kautský*. **K:** *Jan Roth*. **M:** *Dalibor C. Vackár*. **D:** *Stanislav Neumann (König), Alena Vránová (Prinzessin Tausendschön), Vladimir Ráz (König Miroslav), A. Sykorová (Amme)*. SW 93 Min.
Abgesandte aus dem Mitternächtlichen Reich bringen dem gerechten König Miroslav das Bildnis der Prinzessin Tausendschön, und gleich ist dieser Feuer und Flamme. Aber die Prinzessin will ihn nicht, und der König verfällt in Schwermut. Er verdingt sich als Gärtner im Mitternächtlichen Reich, wo Singen und Frohsinn bei Strafe verboten sind, und bekommt den Hochmut der Prinzessin zu spüren. Nur ihre Amme weiß, dass das Mädel ein gutes Herz hat. Man muss ihr nur ein bestimmtes Lied aus der Kinderzeit vorsingen. Nachdem das Eis gebrochen ist, beginnt eine Verfolgungsjagd, denn die Räte bangen um ihre Macht, wenn der fröhliche Miroslav König im

Mitternächtlichen Reich wird. Regisseur Borivoj Zeman war der jüngere Bruder des Puppenfilm/Trickfilm-Gestalters Karel Zeman.

STORMQUEST

(STORMQUEST). Argentinien 1988. **R:** *Alex Sessa.* **B:** *Charles Saunders.* **K:** *Leonard Solis.* **M:** *Cardozo Ocampo.* **D:** *Brent Huff (Zar), Kai Baker (Ara), Monica Gonzaga (Tani), Rocky Giordani (Sulan), Linda Lutz (Sturmkönigin), Duduzile Mhkize (Kinya), Christina Whitaker (Asha), Anne Marie Ricci (Girda), Nilda Raggi, Pira Uribe. F 89 Min.*

Drei Amazonen raufen sich mit einer bösen Sturmkönigin. [V]

DIE STORY VON MONTY SPINNERRATZ

BRD 1997. **R:** *Michael F. Huse.* **B:** *Werner Morgenrath, Peter Scheerbaum.* **LV:** *»A Rat's Tale« von Tor Seidler.* **K:** *Piotr Lenar.* **M:** *Frederic Talgorn. F 95 Min. (Puppenfilm).*

Die Augsburger Puppenkiste auf der Leinwand: Marionetten agieren in realen Locations, das Gewirr der Fäden wurde nicht retuschiert. Monty, eine New Yorker Kanalratte, verliebt sich in die edelmütige Mitratte Isabella. Gemeinsam retten sie Manhattans Rattengemeinschaft vor einem Immobilienspekulanten.

STUART LITTLE

(STUART LITTLE). USA 1999. **R:** *Rob Minkoff.* **B:** *M. Night Shymalan, Greg Brooker.* **LV:** *»Stuart Little« von E. B. White.* **K:** *Guillermo Navarro.* **SpE:** *John Dykstra, Eric Allard, Sony Pictures Imageworks.* **M:** *Alan Silvestri.* **D:** *Geena Davis (Eleanor Little), Hugh Laurie (Frederick Little), Jonathan Lipnicki (George Little), Jeffrey Jones (Onkel Crenshaw), Connie Ray (Tante Tina), Allyce Beasley (Tante Beatrice), Brian Doyle-Murray (Vetter Edgar), Estelle Getty (Oma Estelle), Harold Gould (Opa Spencer), Patrick O'Brien (Onkel Stretch), Julia Sweeney (Mrs. Keeper), Dabney Coleman (Dr. Beechwood), Miles Marsico (Anton), Jon Polito (Sherman), Bastian Pastewka (Stimme Stuart Little). F 92 (120) Min.*

1945 erschien ein Kinderbuchklassiker von E.B. White, der mit folgenden Worten begann: »Als Mrs. Frederick C. Littles zweiter Sohn geboren war, sah jedermann, dass er nicht viel größer war als eine Maus. Und um der Wahrheit die Ehre zu geben, glich das Baby auch sonst in jeder Weise einer Maus.« Biologisch natürlich eine Unmög-

Stuart Little

Stuart Little

lichkeit, ganz so wie die Unbefleckte Empfängnis. Darum wird in der Filmhandlung nicht geboren, sondern vom Fleck weg adoptiert, was spricht, aber widersinnigerweise gar nicht sprechen kann: Herr und Frau Little haben sich entschieden. Zuerst haben sie sich beim Besuch des Waisenhauses gar nicht für das richtige Brüderchen für ihren George entschließen können, aber dann ist ihr Blick auf Stuart in seinem gefälligen Anzug gefallen, der ihnen mit wohlgesetzten Worten die Vor- und Nachteile des jeweiligen Kandidaten erläutert. Stuart ist ein Mäuserich. Der kleine George hat seine Schwierigkeiten mit dem ungewöhnlichen Hausgenossen – bis er feststellt, dass Stuart

wunderbar in seine Spielzeugeisenbahn, die Modellautos und das ferngesteuerte Rennboot paßt. Hauskater Snowbell wird eindringlich ermahnt: »Wir essen hier keine Familienmitglieder«, aber der Siamese hat kein Einsehen und intrigiert nach Kräften. – Regisseur Rob Minkoff ist eigentlich auf Zeichenfilme spezialisiert (vgl. *Arielle, Die Schöne und das Biest, König der Löwen*). Dennoch fügt sich Stuart, ein computeranimiertes Wesen, harmonisch in die Live-Action ein.

DIE STUNDE DER HARTEN MÄNNER

(ERCOLE, SANSONE, MACISTE, URSUS – GLI INVINCIBILI). Italien/Frankreich/Spanien 1964. **R:** *Giorgio Capitani.* **B:** *Sandro Continenza, Roberto Gianutti.* **St:** *Giorgio Cristallini.* **K:** *Carlo Bellero.* **M:** *Piero Umiliani.* **D:** *Alan Steel (Herkules), Nadir Baltimor (Samson), Red Ross (Maciste), Yann Larvor (Ursus), Lia Zoppelli (Nemea), Elisa Montez (Omphale), Helene Chanel (Pythia), Nino del Fabbri (Demokrit), Livio Lorenzon (Lico), Luciano Marini (Inor).* **F 96 Min.**

Herkules, Samson, Maciste und Ursus, vier Muskelmänner der Antike, kämpfen wacker und wortgewandt um die Gunst der liebreizenden Prinzessin Omphale, wobei Gottvater Zeus so lange launige Kommentare zum lächerlichen Treiben des Quartetts abgibt, bis selbst ihm der geballte Blödsinn zuviel wird und er das Ende der Klopferei anregt. – Wem keine Story mehr einfällt, macht halt aus der Not eine Tugend und parodiert sein eigenes Unvermögen: »Die fröhliche Ironie ... ist erfrischend«, fand der FILM-DIENST, aber: »Freilich ist manches etwas zu lautstark geraten, und die wüsten Prügeleien haben manchmal den Anschein des Selbstzweckhaften.« Wer die Frühzeit-Recken eh noch nie hat ernst nehmen können, wird hier durchaus mitunter etwas zu lachen haben.

DER STURM[9]

(THE TEMPEST). GB 1979. **R:** *Derek Jarman.* **B:** *Derek Jarman.* **LV:** *»Der Sturm« von William Shakespeare.* **K:** *Peter Middleton.* **M:** *Brian Hodgson, John Lewis.* **D:** *Heathcote Williams*

---

[9] *Paul Mazurskys Der Sturm (1982) interpretiert die Vorlage zu einem Aussteigerdrama auf einer einsamen griechischen Insel um, wobei er auf die magischen Elemente Shakespeares zur Gänze verzichtet.*

(Prospero), Toyah Willcox (Miranda), Jack Birkett (Caliban), Karl Johnson (Ariel), David Meyer (Ferdinand), Peter Bull (Alonso), Neil Cunningham (Sebastian), Richard Warwick (Antonio), Ken Campbell (Gonzalo), Christopher Biggins (Stephano), Peter Turner (Trinculo). F 96 Min.

Prospero, Magier und abgesetzter Herzog von Mailand, lebt mit seiner Tochter Miranda, dem monströsen Diener Caliban und dem versklavten Geist Ariel auf einer verzauberten Insel. Eines Tages entdeckt er, dass seine Feinde – sein Bruder Antonio, Alonso, der König von Neapel, und dessen Bruder Sebastian – an seiner Insel vorbeisegeln und beschwört einen Sturm herauf. Die Mannschaft strandet am Ufer der Insel, wo sie unter den Zauber Prosperos fällt. Eine Reihe von Intrigen bahnt sich an: Miranda verliebt sich in den Höfling Ferdinand, Alonso sucht seinen verlorenen Sohn, Sebastian und Antonio planen einen Mord, Ariel führt Schauspiele für ihren Herrn auf, Caliban tut sich mit den Narren Stephano und Trinculo zusammen. Nach einem heiteren Finale segeln die Sterblichen wieder davon. – »Mir kam es so vor, als ob sich Shakespeare nur sehr schlecht in den Film übersetzen lässt«, bemerkte Regisseur Derek Jarman. »Es gibt einen großen Riss zwischen der Künstlichkeit von Bühnen-Konventionen und dem Naturalismus des Filmdekors. In Stoneleigh Abbey fanden wir die beste Metapher der Insel und in den Dünen von Bamborough eine Landschaft, die universell und abstrakt war. Beide Dekors erlaubten es den Versen zu atmen, ohne mit ihnen in Konflikt zu treten. Die Film-Magie haben wir nur zurückhaltend gebraucht, dafür wurde versucht, dem Film durch die Beleuchtung etwas Magisches mitzuteilen.« – Mehr als eine aufdringlich mit Anachronismen kokettierende Pseudo-Punk-Adaption ist dabei allerdings nicht herausgekommen. *Alarm im Weltall*, einer futuristischen Variante von Shakespeares Stück, kann sie jedenfalls nicht das Wasser reichen.

SUKKUBUS – DEN TEUFEL IM LEIB

BRD 1988. **R:** *Georg Tressler.* **B:** *Franz Seitz.* **K:** *Rudolf Blahacek.* **M:** *Rudolf Wilhelm.* **D:** *Peter Si-*

monischek (Senn), Giovanni Früh (Hirt), Andy Voß (Handbub), Pamela Prati (Dittitolg). F 80 Min.

Auf einer abgelegenen Alm formen drei vom Samenkoller gebeutelte Hirten aus einem Wurzelstock eine weibliche Puppe, die alsbald zu dämonischem Leben erwacht und zwei von ihnen umbringt. – »Es werden Klischees und Ideologie der Sex-Klamotten der 60er Jahre variiert.« (Kai Niemeyer, ABENDZEITUNG) – FBW-Prädikat: »Wertvoll«. [V]

SUPER MARIO BROS.

(SUPER MARIO BROS.). USA 1993. **R:** *Rocky Morton, Annabel Jankel.* **B:** *Ed Solomon, Parker Bennett, Terry Runte.* **V:** *Nintendo-Computerspiel (Shigeru Miyamoto, Takashi Tezuka).* **K:** *Dean Semler.* **M:** *Alan Silvestri.* **D:** *Bob Hoskins (Mario Mario), John Leguizemo (Luigi Mario), Dennis Hopper (König Koopa), Samantha Mathis (Daisy), Fiona Shaw (Lena), Fisher Stevens (Iggy), Richard Edson (Spike), Dana Kaminski (Daniella), Mojo Nixon (Toad), Gianni Russo. F 104 Min.*

Die Brüder Mario und Luigi betreiben im New Yorker Stadtteil Brooklyn (wo nicht eben die feinsten Leute wohnen) einen maroden Klempner-Notdienst und werden in die Machenschaften eines gewissen Koopa verstrickt. Koopa herrscht über ein unterirdisches Gegenreich, dessen Bewohner, auch wenn sie über humanoide Form verfügen, von Echsen abstammen. Koopa schickt zwei debile Vettern an die Oberwelt, um Prinzessin Daisy in sein Reich zu holen, da sie einen Zauberstein hat, der seinem Besitzer die Herr-

Sukkubus – Den Teufel im Leib

schaft über die Welt garantiert. Leider hat sich Luigi gerade in Daisy verknallt, als die Tölpel zur Entführung schreiten. So müssen die cleveren Klempner in das unterirdische Reich eindringen, um Koopa und seine Gefährtin Lena zu besiegen und Daisys Vater zu retten, den die Halunken in einen Schleimpilz verwandelt haben. – All dies wird nach dem der Story zugrunde liegenden Computerspiel im rasenden Tempo und der hektischen Atmosphäre einer Rummelplatz-Spielhölle erzählt. Zuschauer in einem weniger kindlichen Alter haben kaum Chancen, Luft zu holen. Angesichts ausstattungsmäßiger Anleihen bei dem SF-Film *Blade Runner* (USA 1982; Regie: Ridley Scott) sind die Bauten und Tricks mit Sorgfalt gemacht und hübsch anzuschauen, die Abenteuer der flotten Klempner ein visuelles Vergnügen. [V]

SUPERCAT – DIE REICHSTE KATZE DER WELT

(THE RICHEST CAT IN THE WORLD). USA 1986. R: Greg Beeman. B: Alfa-Betty Olsen, Marshall Efron, Les Alexander, Steve Ditlea. K: George Koblasa. M: Peter Bernstein. D: Ramon Bieri (Oscar Kohlmeyer), Steven Kampmann (Merle Piggans), Caroline McWilliams (Paula Rigsby), Jesse Welles (Louise), Steve Vinovich (Gus Barrett), George Whyner (Victor Rigsby) Brandon Call (Bart), Kellie Martin (Veronica). F 84 Min.
TV-Film der Disney-Produktion: Eine sprechende Katze, die fünf Millionen Dollar geerbt hat, sorgt für Aufregung unter den Hinterbliebenen. Nur auf Video. [V]

SUPERMÄNNER GEGEN AMAZONEN

Anderer Titel für **Frauen, die man Töterinnen nannte**

EIN SUPERTRUCK AUF GANGSTERJAGD

(TWISTER'S REVENGE). USA 1987. R: Bill Rebane. B: Larry Dreyfuss, William Arthur. K: Ito. M: Hans Liebert. D: Dean West (Dave), Meredith Orr (Sherry), David Alan Smith, Jay Gjernes, Richard Luka. F 89 Min.
Ein eigensinniger, Eigenleben entwickelnder LKW sieht rot und walzt alles platt, als ihm drei Ganovendoofis an die Reifen wollen. [V] *(Twister's Rache)*

SUSANNE UND DER ZAUBERRING

DDR 1973. R: Erwin Stranka. B: Erwin Stranka, Lothar Gerber. St: Rosel Klein. K: Lothar Gerber. M: Uve Schikora. D: Monika Wolf (Susanne), Rolf Hoppe (Schleusenwärter), Klaus-Peter Thiele (Lehrer), Stefan Lisewski (Vater), Gudrun Wendler (Mutter), Angela Brunner (Sportlerin), Ronald Geissler (Andreas), Thomas Kerrat (Rolli), Olaf Piesker (Jens), Reno Tessin (kleiner Bruder). F 69 Min.
Von einem alten Schleusenwärter erhält die vom Pech verfolgte Insektenliebhaberin Susanne einen Karfunkelstein, der angeblich alle Wünsche erfüllen soll, magisch aber noch nicht ausgereift ist. In der Tat erfüllen sich scheinbar einige ihrer Wünsche: Als sie dem Ring eine Matheaufgabe zur Lösung vorliest, blickt sie plötzlich durch. Und als ihre Mitschüler sie nicht in ihrem Zirkus mitspielen lassen wollen, geht deren Feuerwerk tatsächlich in die Hose, ganz wie Susanne es sich insgeheim gewünscht hat. Am Ende stiehlt eine diebische Elster den Ring. Die reifer gewordene Susanne trauert ihm nicht nach. – Ein *Fake*, in dem der Zauberring gar keine magischen Fähigkeiten aufweist, sondern Susanne nur zur Auseinandersetzung mit ihrer Umwelt und sich selbst motivieren soll.

DIE SÜSSE ZEIT MIT KALIMAGDORA

(SLADKY CAS KALIMAGDORY). ČSSR/BRD 1968. R: Leopold Lahola. B: Leopold Lahola. LV: Jan Weiss. K: Viktor Swoboda. M: Hagen Galatis. D: Rüdiger Bahr (Jonas), Monika Zinnenberg (Paula), Günter Panak (Kiesewetter), Gisela Hahn (Marta), Viktor Blaho (Lebduch), Viera Strniskivá (Frau Lebduch), Dano Zivojnovic (Paulas Vater), Gizela Veclová (Paulas Mutter), Magda Vasáyová (Kalimagdora). F 92 Min.
Der Student Jonas soll Georg, dem Sohn des Industriellen Lebduch, Nachhilfe geben. Der Junge ist zwar ein schwieriges Kind, aber Jonas ist erfolgreich und gewinnt dessen Zuneigung, denn auch er ist eine absonderliche Persönlichkeit: Die Gesetze der gewöhnlichen Sterblichen gelten nicht für ihn. Er ist dem Einfluß der Jahreszeiten unterworfen und lebt in jedem Kalenderjahr ein ganzes Leben: Im Frühling taucht er als Kind auf, im Sommer wird er zum Erwachsenen, im Herbst

altert er, im Winter zieht er sich zurück. Diesmal tritt er in eine Welt, die aus den Fugen geraten ist: Die Menschen reagieren verworren, und verworren sind auch ihre Beziehungen. Lebduchs Frau, die vorgibt blind zu sein, spielt zwar die Unnahbare, ist jedoch verletzbar und unglücklich, da sie den Weg zum Herzen ihres Kindes nicht findet. Obwohl sie Jonas nicht sonderlich mag, da sie eifersüchtig auf seine Autorität ist, tut sie alles, um seine Aufmerksamkeit zu erregen. Ohne dass sie es erfährt, gewinnt Jonas ihr die Zuneigung ihres Sohnes zurück.

Auch Kiesewetter, der Ex-Hauslehrer, verfolgt Jonas mit Eifersucht, denn Paula, die jüngste Lebduch-Tochter, verliebt sich in ihn und verbringt an seiner Seite einen herrlichen, wunderbaren Sommer. Doch mit jedem Herbsttag wird Jonas müder und schwächer, und bei Winteranbruch verlässt er Paula, flieht in die Berge. Diese versucht zwar alles, um ihn zu finden, doch ihre Bemühungen scheitern: Jonas verbringt den Winter schlafend in den Armen Kalimagdoras der ewigen, immerwährenden Natur, die alle Geschöpfe so bettet, wie sie sind, mit gelassener Unbekümmertheit, damit sie in Frieden ausruhen können. »Es stimmen die Landschaft, die Interieurs und die Chargen. Wenn der junge Mann aus dem Winterschlaf erwacht, lernt er die Welt neu sehen. Mit ihm der Zuschauer: Der Frühling, der Sommer – das hat die Intensität eines ersten Frühlings, eines ersten Sommers, die Naivität und die Frische frühen Bewusstwerdens. Wenn die Kamera ein Mädchenbein entlang wandert, ist es, als würde ein Mädchenbein überhaupt erst entdeckt. Meisterhaft der Wechsel zwischen Schärfe und Unschärfe: Wenn zum Beispiel ein Gesicht erst auf der Leinwand zum Gesicht wird, plastisch, farbig, lebendig. Rüdiger Bahr spielt das Kind, den Mann und den Müden mit aller Wachheit und Wandlungsfähigkeit.« (Helga Belach, FILMBLÄTTER-FILMLEXIKON) Eine andere Sichtweise des gleichen Films: »Dieser Stoff war ein Märchen von Jan Weiss, hübsch zu verfilmen, wenn eine sichere Hand die Kamera und die Schauspieler führt; wenn das Widerspiel von Gesellschaft und Einzelgänger, von Outcast und Bürgerunmut leise, giftig und süß durchgetrieben wird. Nichts davon bei Leopold Lahola ... Er ließ

seinen Jonas, den vorzüglichen Akteur Rüdiger Bahr, nahezu durchgehend Provinztheater spielen, im Wanderbühnenstil: Lachen, Lust, Lebendigkeit, alles doppelt und dreifach. Der Motivkern – Einzelgänger – wird auf diese Weise geknackt. Jonas dampft dem Winter entgegen, wobei er die Liebe des Sommers reichlich verfehlt und es zu mehr nicht bringt als einer Nachtklub-Begegnung und einer durch seinen früh einsetzenden Gähnkrampf geplatzten Verlobung. Schade um soviel Sommer.« (DIE WELT)

SWITCH – DIE FRAU IM MANNE

(SWITCH). USA 1991. **R:** *Blake Edwards.* **B:** *Blake Edwards.* **K:** *Dick Bush.* **M:** *Henri Mancini.* **D:** *Ellen Barkin (Amanda Brooks), Jimmy Smits (Walter Stone), JoBeth Williams (Margo Brofman), Lorraine Bracco (Sheila Faxton), Tony Roberts (Arnold Friedkin), Perry King (Steve Brooks), Bruce Martyn Payne (Teufel), Lysette Anthony (Liz), Victoria Mahoney, Basil Hoffman, Catherine Keener, Kevin Kilner, Dabid Wohl. F 103 Min.*
Der egomanische Umleger Steve Brooks wird nach seiner Ermordung durch drei enttäuschte Geliebte zuerst ins Himmelreich und dann zur Erde zurückgeschickt, um im Körper einer Frau zu lernen, was weibliche Würde ist. Müder Phantastik-Scheiß (nach dem Vorbild von *Goodbye, Charlie)*, bei dem das Klicken der Bartwickelmaschine nie verstummt, auch wenn Hauptdarstellerin Ellen Barkin sich als tolle Komödiantin erweist. [V]

SYLVIA UND DAS GESPENST

(SYLVIE ET LE FANTÔME). Frankreich 1945. **R:** *Claude Autant-Lara.* **B:** *Jean Aurenche.* **V:** *Stück von Alfred Adam.* **K:** *Philippe Agostini.* **M:** *René Cloèrec.* **D:** *Odette Joyeux (Sylvie), François Périer (Ramure), Jacques Tati (Alain de Francigny), Louis Salou (Anicet), Jean Desailly (Frederic), Julien Carette (Hector), Pierre Larquey (Baron). SW 93 Min.*
Sylvie, die bald 16 wird, lebt auf einem alten Schloss und schwärmt leidenschaftlich für die Gestalt des »Weißen Jägers«, der allerdings schon vor hundert Jahren aus Liebe in den Tod ging und jetzt nur noch in einem Gemälde konserviert ist.

Für Sylvie ist dieser Jäger Alain die einzig mögliche Verkörperung inniger Liebe. Und so liebt sie auch sein Phantom, das im Schloss umgehen soll. Der Schlossherr, Sylvies Vater, will der Schwärmerei seiner Tochter ein Ende setzen. Er verkauft das Gemälde und gibt anläßlich des Geburtstags seiner Tochter einen großen Ball. Sylvie ist über den Verlust des geliebten Bildes entsetzt. Um sie zu beruhigen, bestellt der Vater einen Schauspieler aus Paris, der den Part des Geistes übernehmen soll. Doch statt eines beginnen plötzlich drei Gespenster ihr Unwesen: der Sohn des Bildkäufers, ein entflohener Sträfling sowie der angeforderte Schauspieler. Sie alle versuchen in einer verzauberten Nacht für Sylvie die heilende Illusion zu erzeugen. Durch das Treiben der drei Möchtegern-Geister, die Sylvie für einen einzigen hält, gewinnt sie wieder Freude am Leben. Das wahre Phantom aber erschrickt vor dem Lärm. Es gelingt ihm, sich Sylvie sichtbar zu machen. Als Sylvie ihre Liebe zu einem der drei falschen Gespenster gesteht, einem Sterblichen also, stirbt Alain zum zweiten Mal und entschwebt zu den Sternen. Claude Autant-Lara hat die Fabel gleich nach dem Krieg mit seiner bewährten Darstellerin Odette Joyeux als Sylvie und seinem Freund Jacques Tati als (doppelbelichtetes) Phantom inszeniert.

T

DER TAG DES FALKEN

(LADYHAWKE). USA 1985. **R:** *Richard Donner.* **B:** *Edward Khmara, Michael Thomas, Tom Mankiewicz.* **St:** *Edward Khmara.* **K:** *Vittorio Storaro.* **SpE:** *Richard A. Greenberg, Peter Donen, Stuart Robertson.* **M:** *Andrew Powell.* **D:** *Matthew Broderick (Phillipe Gaston), Rutger Hauer (Etienne von Navarre), Michelle Pfeiffer (Isabeau von Anjou), Leo McKern (Pater Imperius), John Wood (Bischof), Ken Hutchinson (Captain Marquet), Alfred Molina (Cesar), Giancarlo Prete (Fornac), Loris Loddi (Jehan), Alessandro Serra (Pitou), Charles Borromel (Verrückter Gefangener), Massimo Sarchielli (Gastwirt), Nicolina Papetti (Frau Piton).* F 121 Min.

Das frühe Mittelalter: Als erstem gelingt dem wendigen Taschendieb Phillipe Gaston die Flucht aus dem Kerker des Bischofs von Aquila. Von einem schwarzen Ritter, Etienne von Navarre, vor den Häschern gerettet, merkt er bald, dass es mit dem Falken, den dieser ständig bei sich führt, eine besondere Bewandtnis hat. Einst stand Navarre im Dienste des Bischofs. Als er sich jedoch in die hübsche Isabeau von Anjou verliebte, belegte sein eifersüchtiger Herr beide mit einem Fluch. Seither verwandelt sich Isabeau tagsüber in einen Falken, während Navarre des Nachts zum reißenden Wolf wird. Als der Falke bei einem Gefecht mit den Männern des Bischofs verwundet wird, sucht Navarre den einsiedlerischen Mönch Imperius auf, der die Liebenden seinerzeit verraten hat. Der hat seine Sünden inzwischen bereut, kuriert nicht nur den Falken, sondern verrät Navarre auch, wie der Fluch sich aufheben lässt. Mit Phillipes Hilfe dringt Navarre in die Kathedrale von Aquila ein. Als Isabeau dort während einer Sonnenfinsternis menschliche Gestalt erlangt und mit Navarre dem Bischof gegenüber-

tritt, ist der Bann gebrochen. – Ein ruhiger – wenige wohlwollende Kritiker meinten allerdings auch: langweiliger – Film, der eher von seinen stimmungsvollen Bildern denn von der dünnen Story lebt, die keine rechte Balance zwischen verklärtem Pathos und aufgeklärt-gegenwartsbezogenem Humor finden will. »Dass die einfühlsam inszenierten Szenen der humanen Fabel um die Macht der Liebe und die Bewahrung wahrer Freundschaft atmosphärisch stimmig und von hohem ästhetischem Reiz sind, haben sie den hervorragenden Landschafts- und Tieraufnahmen und dem Kameramann Vittorio Storaro zu verdanken: Er taucht die traumhafte Reise durch das Reich der Mythen und Sagen in ein warmes herbstliches Licht und verleiht ihr in goldenen, roten und braunen Farben jenes zauberhafte Gepräge, das Kinopoesie hervorbringt.« (FILMDIENST) Unpassend nur der von Alan Parsons produzierte, dolbystark dahindonnernde Synthesizer-Soundtrack, der äußere Spannung dort erzeugen will, wo es Donner eher auf die vielzitierte innere Spannung ankommt.

EIN TAG MIT DEM WIND

BRD 1978. **R:** *Haro Senft.* **B:** *Haro Senft.* **K:** *Kurt Lorenz.* **M:** *Richard Palmer-James.* **D:** *Marcel Maillard (Marcel), Barbara Rutzmoser (Barbara), Klaus Wiese (Straßenmusiker), Ma Wild (Frau beim Bauernhof), Herbert Kreil (Maler).* F 94 Min. Ein poetischer, wenngleich etwas eindimensionaler Märchenfilm in modernem Gewand: »In ruhigen, oft wunderschönen Bildern zeigt er einen Tag des achtjährigen Marcel, der für sein Kaninchen ein Weibchen sucht. Nach einer langen Wanderung (...) gelangt er schließlich zu einer Landkommune, die ihm ein Kaninchen schenken will. In Ruhe und Geborgenheit verbringt Marcel die Nacht.« (FAZ) Es ist halt immer mächtig was los im deutschen Film.

TALON IM KAMPF GEGEN DAS IMPERIUM

(THE SWORD AND THE SORCERER). USA 1982. **R:** *Albert Pyun.* **B:** *Tom Karnowski, John Stuckmeyer, Albert Pyun.* **K:** *Joseph Mangine.* **SpE:** *John Carter.* **Ma:** *Gregory Cannom, Douglas White, Allan Apone, Frank Carrisosa.* **M:** *David Whitaker.* **D:** *Lee Horsley (Talon), Kathleen Bel-*

ler (Alana), Simon MacCorkindale (Mikah), Richard Lynch (Crudell), George Maharis (Machelli), Richard Moll (Xusia), Barry Chase (Tavis), Anthony DeLongis (Rodrigo), Robert Tessier (Verdugo), Nina van Pallandt (Malia), Anna Bjorn (Elizabeth), Jeff Corey (Craccus), James Jarnigan (Talon als Junge). F 100 Min.

Elf Jahre nachdem Crudell von Aragon mit Hilfe des Zauberers Xusia das Königtum Eh-Dan unter die Kaute gezwungen hat, kehrt der dem Pogrom entkommene Prinz Talon zurück, um ihm den Garaus zu machen. In der Stadt rettet er die hübsche Alana vor einer Horde besoffener Soldaten. Für den Preis einer Liebesnacht heuert sie ihn an, ihren Bruder Mikah aus Crudells Kerker zu retten. Der hegt inzwischen neue Welteroberungspläne und hat dazu die Herrscher der vier anliegenden Königreiche zu einem Fest geladen, in dessen Verlauf er sie kurzerhand umbringen will. Unterdessen wird Talon bei dem Versuch,

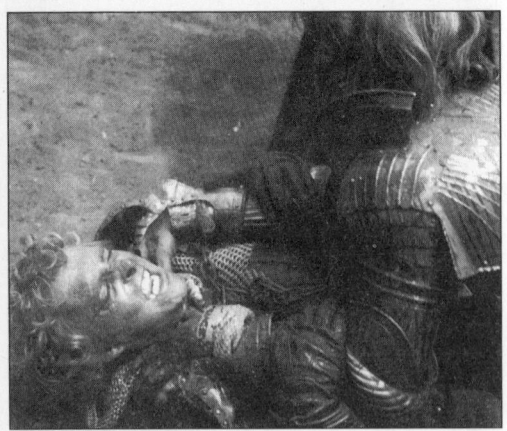

Mikah zu befreien, gefangen und zur Unterhaltung der hohen Gäste ans Kreuz genagelt. Als es ihm gelingt, sich loszureißen, flüchten Crudell und sein Minister Machelli in einen unterirdischen Gang, in dem sich Machelli in sein ursprüngliches Ich Xusia zurückverwandelt. Talon tötet beide mit einem Dreiklingenschwert, setzt Mikah und Alana als neue Herrscher ein und reitet in den Sonnenuntergang. – Besonders bezeichnend für dieses selten widerliche Sadomasotraktat ist eine Szene am Anfang, in der sich Xusia aus einem Sarg voller Scheiße erhebt. Immerhin kommt diesem konfusen Barbaren-Mischmasch jedoch die zweifelhafte Ehre zu, das allererste Conan-Plagiat zu sein. So schnell hat Albert Pyun das Ganze runtergerotzt, dass *Talon* noch drei Wochen vor der Weltpremiere des Milius-Films die amerikanischen Kinos heimsuchte. [V]

TANYA'S ISLAND

(TANYA'S ISLAND). Kanada 1981. R: Alfred Sole. B: Pierre Brousseau. K: Mark Irwin. M: Jean Musy. D: D. D. Winters (Tanya), Richard Sargent (Lobo), Mariette Levesque (Kelly), Don McCleod (Blue). F 82 Min.

Eine attraktive dunkelhäutige Frau, als Modell in der Werbung tätig, hat Knatsch mit ihrem Freund und flüchtet sich im Traum auf die altbekannte einsame Insel, um zu sich selbst zu finden und zu entscheiden, wie sie weitermachen will. Dort lebt ein sympathischer blauäugiger (!) Gorilla, den der Special Effects-Künstler Rick Baker erschaffen hat, und bald tändelt er mit ihr herum. Die Geschichte ist nicht der Rede wert. Auf Video. [V]

DER TAPFERE KLEINE TOASTER

(BRAVE LITTLE TOASTER). USA 1988. R: Jerry Rees. B: Jerry Rees, Joe Ranft. LV: Thomas M. Disch. A: Steve Moore. M: David Newman. F 80 Min. (Zeichentrick).

Die Filmwerbung hält, was sie verspricht: »Haushaltsgeräte wie du und ich«. Fünf mit menschlichen Charaktereigenschaften ausgestattete Haushaltsgeräte, die niemand mehr anstellen mag (»Schlag dir das aus dem Heizdraht!«), verlassen das Ferienhaus und machen sich wie weiland die Bremer Stadtmusikanten auf den Weg in die Großstadt – den Warnungen einer unterkühlten

Klimaanlage zum Trotz, um Rob, ihren alten Spielgefährten, wiederzusehen. Dabei erleben der helle Kopf einer Tischlampe, der mürrische Staubsauger, der vorlaute Radiowecker, die ängstliche, sich überall anbiedernde Heizdecke und der kleine Titel-Toaster, der stets zwischen den anderen vermitteln muss, eine Vielzahl haarsträubender Abenteuer. Sie begegnen Ersatzteiljägern, wilden Tieren, den Elektromagneten der Müllzerkleinerung und dem Clan der versnobten Designergeräte, der auf die neuen Alten kopfschüttelnd herabblickt. Auf dem Schrottplatz gibt es endlich ein Wiedersehen mit Robert, der inzwischen Trödel für seine Studentenbude sucht. Ein flottes Filmchen nach einer preisgekrönten Story des Science Fiction-Autors Thomas M. Disch. [V]

DAS TAPFERE SCHNEIDERLEIN

Deutschland 1942. **R:** *Hubert Schonger.* **B:** *Hubert Schonger, Rosel Schonger.* **LV:** *Gebrüder Grimm.* **K:** *Edgar Ziesemer.* **M:** *Rio Gebhardt.* **D:** *Hans Heßling (Schneiderlein), Ursula Zeitz (Prinzessin), Emil Hess (König), Alfred Schieske (Kriegsrat), Klaus Pohl (Finanzrat), Franz Weber (Verschönerungsrat), Valy Arnheim (Küchenrat), Werner Stock (Hirte), Wolfgang von Schwind, K. Zehe (Riesen). SW 70 Min.*

Aus dem Protokoll über die Begutachtung des Films am 27. Mai 1960 in der Landesbildstelle Berlin: »Ein Schneiderlein (Hans Heßling) hat sieben Fliegen erschlagen, die sich auf sein Musbrot gesetzt hatten. Stolz stickt es auf seinen Gürtel die Worte ›7 auf einen Streich‹ und zieht hinaus in die Welt, um Abenteuer zu erleben. Es trifft zwei Riesen, die es durch List von seiner scheinbaren Stärke überzeugt, und entfacht einen Streit zwischen den Ungetümen, die sich gegenseitig umbringen. Nun gibt unser Schneiderlein sich als Riesentöter aus und erhofft sich vom König die versprochene Belohnung: das halbe Königreich und die Königstochter als Gemahlin. Doch die arroganten Räte (Alfred Schieske, Franz Weber u. a.) des Königs haben gegen den nicht standesgemäßen Freier Einwände. Sie stellen die Bedingung, der Unbekannte möge erst zwei neue Plagen beseitigen: das Einhorn und das Wildschwein. Der König versagt sich nicht den dringenden Vorstellungen seiner Räte und schickt sie mit dem ›Helden‹ in den Wald. Während die Räte vor den Ungeheuern in wilder Flucht davonstieben, nimmt das Schneiderlein die Tiere gefangen, zieht mit ihnen vor den Königsthron und erhält die versprochene Belohnung trotz der Proteste der Räte, die vom Schneiderlein der Lächerlichkeit preisgegeben werden. Dieser während des Zweiten Weltkrieges produzierte deutsche Film ist das negative Musterbeispiel eines Märchenfilms. Trotz der Vorlage, von dem der Film die bekanntesten Motive entlehnt und willkürlich gestaltet, kommt keine Märchenstimmung auf. Die geistige Verwandtschaft mit der Dick und Doof-Serie ist nicht zu übersehen. Aus dem tapferen Schneiderlein, das mit Mutterwitz und Selbstvertrauen Unmögliches möglich macht, ist ein läppischer Ulkmacher geworden. Die schrecklichen Riesen wurden sabbernde, idiotisch lallende Neandertalertypen; der König und seine laut Drehbuch schöne Tochter sind von hampelmännerähnlichen, wild gestikulierenden und sich überschreienden Räten umgeben; der Hirte läuft in der Verkleidung eines H. Antonius umher; und dass Einhorn und Wildschwein in Wirklichkeit schlecht verkleidete Schmierenkomödianten sind, dürften selbst die Kinder erkennen, die solche albernen Szenen noch nicht in den Clown-Nummern eines schlechten Zirkus gesehen haben. Es versteht sich, dass dieses mixtum compositum ausschließlich im Atelier gedreht wurde, und das mit solcher Kunstfertigkeit, dass der Schatten der Darsteller am wolkenlosen Himmel (sprich: Leinwand) gut sichtbar wird. Wen wundert da noch die starre Kamera oder die peinliche Musik, die unfreiwillig komisch wirkt (während die Riesen schlafen und ihre überdimensionalen Schenkelpartien von einer liebevollen Kamera in Großaufnahmen wie die Beine der ›Marlene‹ offeriert werden, intoniert man: ›Schlafe, mein Prinzchen, schlaf ein!‹)«. – Im Beiprogramm lief ein steif und statisch fotografierter Kasperfilm der Hohensteiner Puppenspieler *Die Zauberkiste.*

DAS TAPFERE SCHNEIDERLEIN

DDR 1956. **R:** *Helmut Spiess.* **B:** *Kurt Bortfeldt.* **LV:** *Gebrüder Grimm.* **K:** *Robert Baberske.* **M:** *Jo-*

achim Werzlau. **D:** *Kurt Schmidtchen (Schneiderlein), Christel Bodenstein (Traute), Gisela Kretzschmar (Prinzessin Liebreich), Horst Drinda (Prinz Eitel), Fred Kronström (König Griesgram), Gerd Michael Henneberg (Schatzmeister Gier), Fritz Wolff (Leibdiener Zimperlich), Fred Mahr (Gärtner Sommer), Wolf Kaiser, Gerhard Frei (Riesen), Ellen Plessow (Schneidermeisterin), Helene Riechers (Musfrau), Christian Balhaus (Knappe Thilo). F 88 Min.*

Freie Bearbeitung des gleichnamigen Märchens vom Schneidergesellen Knirps und seinen Abenteuern am Hofe König Griesgrams. Knirps, der sieben Fliegen auf einen Streich erledigt, wird seinem Ruf gerecht und vollbringt wahre Heldentaten, aber immer wieder versteht es der König, ihm den versprochenen Lohn, die Hand der Prinzessin, vorzuenthalten. Als Knirps noch ein Einhorn und einen Eber besiegt, trägt ihn das jubelnde Volk zum König, der mit seinem dekadenten Gefolge Reißaus nimmt. – »Der Märchenspielfilm der DDR«, heißt es in der in der Studie UND ICH GRÜSSE DIE SCHWALBEN von Hellmuth Häntzsche, »hat einen reichen künstlerischen Erfahrungsschatz gesammelt. Seine thematische Spanne ist weit, wobei vor allem das Volksmärchen die stoffliche Grundlage bot und die Regisseure ein reiches Feld des Experimentierens fanden. Bei der sozialistisch-humanistischen Erschließung dieses traditionsreichen Stoffreservoirs und dem Ringen um neue filmkünstlerische Formen gab es nur in den Anfangsjahren zwei nicht gelungene Filme. *Das singende klingende Bäumchen* [1957, Regie: Francesco Stefani] misslang durch seine idealistische Konzeption ... Der zweite misslungene Versuch war die Verfilmung *Das tapfere Schneiderlein*. Die Kritik richtete sich gegen die falschen Auffassungen über eine marxistische Interpretation.« Horst Knietzsch im NEUEN DEUTSCHLAND: »Die Schöpfer des Films haben alle Märchenfiguren klassenmäßig grob rubriziert. Das Schneiderlein ist ein Handwerksbursche, der vom Meister, dem Unternehmer, schlecht behandelt und ausgebeutet wird. Der Meister und seine Frau katzbuckeln vor einem jungen Prinzen, dem Prototyp eines dummen, aber hinterlistigen Junkers. Der König ist von vornherein dazu verurteilt, dumm, betrü-

gerisch und ein Schmarotzer zu sein, die Königin ist es nicht minder. Damit nun das Schneiderlein nicht gezwungen ist, so eine Frau zu nehmen, erfindet der Autor eine Dienerin der Königstochter, die ja zum werktätigen Volk gehört und die nun mit dem Schneiderlein den Thron besteigt. Zum Schluß flieht die ganze Adelsbrut Hals über Kopf aus dem Lande.« Eine solche Schwarzweißmalerei war selbst den offiziellen Organen zuviel und zeigte entsprechende Folgen: »Die Auseinandersetzungen um *Das tapfere Schneiderlein* klärten Grundpositionen sozialistischer Märchenadaptionen, wie die Frage der Verantwortung gegenüber Veränderungen in der Grundkonzeption, die progressive Auslegung aus heutiger Sicht, die Verantwortung auch im Hinblick auf die Figuren. Märchenkönige, Prinzen und Prinzessinnen sind auch in einem sozialistisch interpretierten Märchenfilm eben nicht einfach die Personifizierung des Feudalismus, der Ausbeutung, der Dekadenz und eines überwundenen gesellschaftlichen Systems.« (Hellmuth Häntzsche) Diese Grundsatzdiskussion, die der Film in der DDR auslöste, blieb – wie immer – im Westen unbeachtet. So bemerkte der FILMDIENST in seiner damals unnachahmlichen, typischen Art: »Älteren Besuchern wird nicht verborgen bleiben, dass die Gebrüder Grimm von der Defa im östlichen Sinne *berichtigt* wurden ... Diese sowjetzonale *Politpädagogik* sollten wir nicht übersehen, doch ist die Sorge, dass sie bei westdeutschen Kindern Unheil stiften könnte, angesichts des heutigen Erziehungsklimas wohl unbegründet.« Vielen Zuschauern wird der Darsteller der Titelrolle bekannt vorkommen. Es ist Kurt Schmidtchen, später kampferprobt in zahllosen Film- und Fernsehsketchen als Partner von Didi Hallervorden.

DAS TAPFERE SCHNEIDERLEIN

ČSSR/BRD / Österreich / Italien / Frankreich 1989. **R:** *Dusan Trancik.* **B:** *Tibor Vichta, Dusan Trancik.* **LV:** *Gebrüder Grimm.* **K:** *Viktor Svoboda.* **M:** *Peter Smékal.* **D:** *Miroslav Noga (Schneiderlein), Günter Mack (König), Amanda Sandrelli (Prinzessin), Monica Molina (Schuster), Elma Karlowa (Musfrau), Peter Simun, Christopher Greener.* F 92 Min.

TV-Film nach dem altbekannten Märchen der Gebrüder Grimm.

TARAN UND DER ZAUBERKESSEL

(THE BLACK CAULDRON). USA 1985. **R:** *Ted Berman, Richard Rich.* **B:** *David Jonas, Vance Gerry, Ted Berman, Richard Rich, Al Wilson, Roy Morita, Peter Young, Art Stevens, Joe Hale.* **LV:** *»Taran und der Kupferkessel« von Lloyd Alexander.* **M:** *Elmer Bernstein.* **A:** *Andreas Deja, Hendel Butoy, Dale Baer, Ron Husband, Jay Jackson, Barry Temple, Phil Nibbelink, Steve Gordon, Doug Krohn, Shawn Keller, Mike Gabriel, Phillip Young, Tom Ferriter, Jesse Cosio, Ruben Procopio, Viki Anderson, David Block, Charlie Downs, Sandra Borgmeyer, Ruben Aquino, Cyndee Whitney, George Scribner, Mark Henn, Terry Harrison, David Pacheco.* F 80 Min. (Zeichentrick).

Der böse Hornkönig ist auf der Suche nach dem schwarzen Zauberkessel, mit dem sich eine Armee von Toten heraufbeschwören lässt. Ein hellseherisch begabtes Schwein soll ihm dabei helfen. Um das Tier vor dem Zugriff des Hornkönigs zu schützen, vertraut es sein Besitzer seinem Lehrling, dem jungen Schweinehirten Taran, an und schickt ihn in die Welt hinaus. Es dauert nicht lange, bis Taran das Schwein abhanden kommt. Bei seiner Suche trifft er auf den gefräßigen Tunichtgut Gurgi, der ihn so lange aufhält, bis die Drachen des Hornkönigs das Schwein in dessen Burg entführen können. Taran dringt in die Burg ein und wird prompt gefangengenommen. Ein Fluchtversuch misslingt. Zwar entkommt das Schwein, doch Taran wird erneut gefangen und ins Verlies gesperrt. Dort trifft er auf die Prinzessin Eilonwy und den Barden Fflewddur. Dank dem in einer Grabkammer entdeckten Zauberschwert gelingt ihnen die Flucht. Mit Gurgis Hilfe nehmen sie die Spur des Schweins wieder auf. Sie endet an einem Strudel, der die drei ins Königreich der Feen hinabsaugt. Die Feen transportieren sie zu drei alten Hexen, den Besitzern des schwarzen Zauberkessels. Taran tauscht sein Schwert gegen den Kessel ein, muss jedoch erkennen, dass die Hexen ihn betrogen haben. Der Zauberkessel ist unzerstörbar, einzig die mit ihm heraufbeschworenen bösen Mächte lassen sich durch ein freiwilliges Opfer bannen. Kurz darauf werden sie von den Häschern des Hornkönigs gefangengenommen. Gurgi gelingt als einzigem die Flucht. Während der Hornkönig unter den Augen des gefesselten Trios eine Armee der Toten heraufbeschwört, kratzt der feige Gurgi sein letztes bisschen Mut zusammen, springt in den Kessel und opfert sich für seine Freunde. Die Toten zerfallen, die Burg explodiert, der Hornkönig wird ein Opfer des Zauberkessels. Als der Spuk vorbei ist, wollen die Hexen das Schwert gegen den Zauberkessel zurücktauschen. Taran lehnt ab und verlangt statt dessen das Leben Gurgis. Die Hexen erfüllen den Wunsch. – Disneys Antwort auf *Mrs. Brisby:* Statt pastellfarbener Fröhlichkeit regieren finstere Farben, statt schmalztriefender, handlungsbremsender und in der Regel sowieso miserabel synchronisierter Songs donnert Elmer Bernstein in bester *Ghostbusters*-Manier symphonisch dahin. Über die wirklich superbe, vor allem in den Hintergründen ungeheuer detaillierte Animation hinaus hat der Film jedoch nur wenig zu bieten. Denn so flott das Ganze für Disney-Verhältnisse auch inszeniert sein mag, ist die Geschichte kältester Fantasy-Kaffee. Und abgesehen davon tun sich die Autoren entsetzlich schwer, die Balance zwischen Ernst und Humor, zwischen der greulich grünen Zombiearmee des Hornkönigs und dem stets für einen blöden Spruch guten Pudelkobold Gurgi zu finden. – »Sonderlich originell ist *Taran und der Zauberkessel* wirklich nicht. Achtzig Minuten lang rollen die Ereignisse einfach ab, ohne dass es dabei zu einer mehr als äußerst oberflächlichen Wechselwirkung zwischen den Figuren kommt. Ein Fest fürs Auge, sicher. Aber kaum mehr.« (VARIETY)

TARZAN

(TARZAN). USA 1999. **R:** *Kevin Lima, Chris Buck.* **B:** *Tab Murphy, Bob Tzudiker, Noni White.* **LV:** *»Tarzan, der Affenmensch« von Edgar Rice Burroughs.* **A:** *Glenn Keane, Ken Stuart Duncan, Russ Edmonds, John Ripa, Michael Surrey.* **M:** *Mark Mancina, Phil Collins.* F 87 Min. (Zeichentrick).

Nach *Dschungelbuch* und mit der jüngsten quantitativen Steigerung seiner Zeichenfilmproduktion war es nur noch eine Frage der Zeit, bis Disney den Tarzan-Mythos »knacken« würde: jede Menge Rangeleien und Hangeleien im üppigen Gestrüpp und an griffbereit herumhängenden Lianen. Ein Menschenkind wächst im Dschungel unter Affen auf und zum König des Urwalds heran und verliebt sich sodann in Jane. Doch noch nie waren zwei Disney-Protagonisten so unsympathisch gezeichnet wie diese beiden hier.

TARZAN AM GROSSEN FLUSS

(TARZAN AND THE GREAT RIVER). USA 1967. R: Robert Day. B: Bob Barbasch, Lewis Reed. K: Irving Lippman. M: William Loose. D: Mike Henry (Tarzan), Jan Murray (Captain Sam Bishop), Manuel Padilla jr. (Pepe), Diana Millay (Ann Philips), Rafer Johnson (Häuptling Barcuna), Paulo Grazindo (Professor). F 88 Min.

Bei der Verfolgung Barcunas, des mörderischen Anführers eines Leopardenkults, schließt sich Tarzan dem Kapitän Sam Bishop an, der mit seinem Boot Medikamente in ein Epidemiegebiet bringen will. Mit Hilfe der Ärztin Ann Philips gelingt es ihm, die Epidemie einzudämmen und Barcuna im Duell zu töten. – »Ein ganz hübscher Kinderfilm, aber wer älter als zwölf Jahre ist, dürfte sich doch ziemlich langweilen.« (LOS ANGELES TIMES)

TARZAN AUF DER SCHATZINSEL

(THE LOST ISLAND OF KIOGA/HAWK OF THE WILDERNESS). USA 1938. R: William Witney, John English. B: Barry Shipman, Rex Taylor, Norman Hall. LV: »Hawk of the Wilderness« von William L. Chester. K: William Nobles. M: William Lava. D: Herman Brix (Kioga/Lincoln Rand jr.), Jill Martin (Beth Munro), Mala (Kias), Monte Blue (Gelbes Wiesel), Noble Johnson (Mokuyi), William Royle (Manuel Solerno), Tom Chatterton (Dr. Edward Munro), George Eldridge (Allan Kendle). SW 91 Min.

Weißer Muskelmann rettet einige Schiffbrüchige vor Indianern und anderen Bedrohungen. – Ein klarer Fall von Etikettenschwindel! Was der deutsche Verleih frech als Tarzan-Film ausgibt, ist eine fürs amerikanische Fernsehen zusammengeschnittene Kurzfassung des zwölfteiligen Republic-Serials Hawk of the Wilderness, das mit Tarzan nicht die Bohne zu tun hat. Was vielleicht

auch den Groll des FILMDIENST-Kritikers erklären könnte, der beim deutschen Start dieses Burroughs-Plagiats 1962 bemerkte: »Wenn der Zuschauer meint, der nächste Schnitt müsse den erlösenden Schriftzug ›Ende‹ bringen, geht der muntere Reigen von vorn los.«

TARZAN, BEZWINGER DER WÜSTE

(TARZAN'S DESERT MYSTERY). USA 1943. R: William Thiele. B: Carroll Young, Edward T. Lowe. K: Russel Harlan, Harry Wild. M: Paul Sawtell. D: Johnny Weissmuller (Tarzan), John Sheffield (Boy), Nancy Kelly (Connie Bryce), Otto Kruger (Hendrix), Joseph Sawyer (Strader), Lloyd Corrigan (Scheich), Frank Puglia, Phil van Zandt. SW 70 Min.

Auf die Bitte Janes hin macht sich Tarzan auf die Suche nach einer seltenen Dschungelpflanze, dem Hauptbestandteil eines Malariaserums. Dabei begegnet er der Zauberkünstlerin Connie Bryce, die er vor bösen Nazis, schurkischen Arabern, Riesenechsen und menschenfressenden Pflanzen retten muss. – »Die Rechnung ging ... nicht auf. Weder die antideutsche Haltung, noch der Kampf gegen fleischfressende Pflanzen, noch die Bedrohung durch eine Riesenspinne, noch läppische Zauberkunststückchen gaben dem Film genug ›drive‹, um das Tarzanpublikum zu befriedigen. Ja, schlimmer noch: Beim Spinnenkampf kam es in der Testvorführung zu unfreiwilligen Lachern. Sol Lesser versuchte zu retten, was zu retten war: Die Szene mit der Riesenspinne wurde geschnitten – nur im Verleihsatz der Aushangfotos blieb sie! Dafür kaufte Lester Archivaufnahmen aus einem alten Film, der in vorgeschichtlicher Zeit spielt und unheimliche Dinosaurier zeigt. Gegen diese Ungeheuer musste Tarzan nun kämpfen ... Doch es half nichts: Weder die vorzeitlichen noch die Nazi-Monster konnten das Publikum in die Kinos locken.« (Manfred Bernhard, DIE TARZANFILME)

TARZAN BRICHT DIE KETTEN

(TARZAN AND THE SHE-DEVIL). USA 1953. R: Kurt Neumann. B: Karl Kamb, Carroll Young. K: Karl Struss. M: Paul Sawtell. D: Lex Barker (Tarzan), Joyce MacKenzie (Jane), Monique van Vooren (Lyra), Raymond Burr (Vargo), Tom Conway

(Fidel), Michael Granger (Lavar), Henry Brandon (M'Tara). SW 76 Min.

Tarzan gerät mit einer Bande von Elfenbeinjägern aneinander, die von der teuflischen Lyra des Originaltitels angeführt werden. Und weil das Ganze wirklich nicht besonders spannend ist, sei auch gleich das Ende verraten: Eine Horde herbeizitierter Elefanten zertrampelt die bösen Wichte.

TARZAN DER AFFEN

(TARZAN OF THE APES). USA 1918. **R:** *Scott Sidney.* **B:** *Lois Weber, Fred Miller.* **LV:** *»Tarzan, der Affenmensch« von Edgar Rice Burroughs.* **K:** *Enrique Juan Vallejo.* **D:** *Elmo Lincoln (Tarzan), Gordon Griffith (Tarzan als Kind), Enid Markey (Jane Porter), True Boardman (Lord Greystoke), Kathleen Kirkham (Lady Greystoke), Thomas Jefferson (Professor Porter), George French (Binns). SW 61 Min.*

Während einer Kreuzfahrt vor der afrikanischen Küste setzen meuternde Matrosen ihrer Hochwohlgeboren Lord und Lady Greystoke im Dschungel aus. Kaum hat sich der Adel der neuen Lage angepaßt, als Lady Greystoke bei der Geburt ihres Kindes dahinscheidet. Aus Gram schließt sich ihr Gatte an. Der Säugling wird von Riesenaffen herangezogen und wächst zu einem stattlichen Muskelprotz heran. Aus den Tagebuchaufzeichnungen seines Vaters bringt sich Tarzan, wie er von den Affen genannt wird, das Lesen bei. Viele Jahre später stößt er auf den Matrosen Binns, der sich gerade bemüht, überall lauernden Sklavenhändlern zu entwischen. Binns bringt ihm das Sprechen bei, entdeckt das Geheimnis von Tarzans Herkunft, schifft sich nach England ein und erzählt Oma Greystoke von ihrem Enkel, woraufhin diese ihn ins Irrenhaus einweisen lässt. Der junge Greystoke, Tarzans Vetter, schenkt den Geschichten Binns' indessen Glauben und macht sich mit seiner Verlobten Jane und deren Vater auf eine Suchexpedition. Schnell fündig geworden, stürzt Jane nach einigen romantischen Verwicklungen dem Muskelprotz in die Arme. Worauf sich dieser entschließt, mit ihr nach England heimzukehren. – Abgese-

hen davon, dass er der erste Tarzan-Film war, unterscheidet sich der knapp sechs Jahre nach Veröffentlichung von Edgar Rice Burroughs' Story entstandene *Tarzan der Affen* im Prinzip kaum von späteren Tonfilmproduktionen. Wie diese schert er sich herzlich wenig um die Vorlage; wie alle anderen Tarzan-Darsteller nach ihm imponiert auch Elmo Lincoln weniger durch schauspielerisches Talent als durch seinen Körperbau. Was vierzig Jahre später zum Klischee degenerierte, war 1918 freilich ein absolutes Novum. »Es ist eine tolle Sache, all diese Affen und Löwen und Elefanten in *Tarzan* zu sehen«, jubelte das CHICAGO JOURNAL nach der Premiere am 27. Januar 1918, während der Rezensent der NEW YORK TIMES zwar über die »zahme, stellenweise öde Erzählweise« und den »allzu häufigen Gebrauch der Rückblende« murrte, den Dschungelszenen jedoch bescheinigte, sie wögen all dies mehr als auf, zumal man doch den Großteil in Brasilien gedreht hätte. Woraus man erkennt, wie leichtgläubig die Kritiker 1918 waren. – Die Fortsetzung, nach der die letzte Szene förmlich heischte, ließ nicht lange auf sich warten. Bis zum ersten Auftritt Johnny Weissmullers entstanden vier Fortsetzungen (*Romance of Tarzan* [1918]; *The Revenge of Tarzan* [1920]; *Adventures of Tarzan* [1921]; *Tarzan and the Golden Lion* [1927]) sowie drei Serials: *The Son of Tarzan* (1921); *Tarzan the Mighty* (1927); *Tarzan the Tiger* (1929), die zum Teil in gekürzter Fassung auch in Deutschland liefen.[10] [V]

TARZAN, DER GEWALTIGE

(TARZAN THE MAGNIFICENT). USA 1960. **R:** *Robert Day.* **B:** *Berne Giler, Robert Day.* **K:** *Ted Scaife.* **M:** *Kenneth V. Jones.* **D:** *Gordon Scott (Tarzan), Jock Mahoney (Coy Banton), Betta St. John (Fay Ames), Gary Cockrell (Johnny Banton), John Carradine (Abel Banton), Al Mulock (Martin Banton), Earl Cameron (Tate), Lionel Jeffries (Ames), Ron MacDonnell (Ethan Banton), Charles Tingwell (Conway), Alexandra Stewart (Laurie). F 90 Min.*

Tarzan will den gefangenen Mörder Coy Banton

---

[10] *Wer sich näher über diese Filme informieren möchte: Joachim Schiele: TARZAN, DER BARFÜSSIGE HELD (München 1981) und Manfred Bernhard: DIE TARZAN-FILME (München 1983).*

in die nächste Stadt bringen. Als dessen Brüder unterwegs das Flußboot sprengen, muss er den Weg durch den Dschungel fortsetzen. – »Ein guter Beitrag zur Tarzan-Serie, schleichen sich doch keinerlei Längen in die flotte Handlung ein. In Afrika gedreht, was dem Ganzen zusätzliche Glaubwürdigkeit verleiht.« (Steven H. Scheuer) Und das, obwohl Tarzan kein einziges Mal jodeln darf, weil Produzent Sy Weintraub fürchtete, es würde sich lächerlich anhören.

TARZAN, DER HERR DES URWALDS

(TARZAN THE APE MAN). USA 1932. **R:** *William S. van Dyke.* **B:** *Cyril Hume, Ivor Novello.* **LV:** *»Tarzan, der Affenmensch« von Edgar Rice Burroughs.* **K:** *Harold Rosson, Clyde de Vinna.* **D:** *Johnny Weissmuller (Tarzan), Maureen O'Sullivan (Jane), C. Aubrey Smith (James Parker), Neil Hamilton (Harry Holt), Doris Lloyd (Mrs. Cotton), Forrester Harvey (Beamish), Ivory Williams (Riano). SW 70 Min.*

Mit seinem Freund Harry Holt und seiner Tochter Jane macht sich der Afrikaforscher James Parker auf, den legendären Elefantenfriedhof zu finden. Nach einigen Wochen gelangt die Expedition in die Nähe des Hochplateaus, hinter dem man den Friedhof vermutet. Plötzlich greift eine Affenhorde an. Die Männer können nicht verhindern, dass Jane vom Anführer der Affen, einem Weißen namens Tarzan, entführt wird. Nach kurzer trauter Zweisamkeit mit dem stummen Affenmenschen kehrt Jane zu ihrem Vater zurück. Die Expedition zieht weiter, wird aber kurz vor dem Ziel von einem Pygmäenstamm gefangen. Von seinem Lieblingsschimpansen Cheetah herbeizitiert, gelingt es Tarzan, den Pygmäenhäuptling im Duell zu töten. Ein im Kampf tödlich verwundeter Elefant weist dem nicht minder lädierten Parker schließlich den Weg zum Elefantenfriedhof. In der riesigen, prall mit Elfenbein gefüllten Höhle angekommen, sinkt der Forscher tot zu Boden. Holt kehrt mit den Schätzen nach Europa zurück, Jane bleibt bei Tarzan im Dschungel. – Seine Entstehung verdankt der erste Tarzan-Tonfilm dem Übereifer eines Regisseurs: Von den Dreharbeiten zu dem erfolgreichen Abenteuerfilm *Trader Horn* (USA 1931; Regie: W. S. van Dyke) war eine Unmenge belichtetes Materi-

al mit malerischen Dschungellandschaften übrig geblieben. Ohne große Umschweife beschloss MGM daher, die Szenen in einem aufwendigen Tarzan-Film zu verbraten. Zum ersten Sprech-Tarzan erkor man den Schwimmer Johnny Weissmuller, für den der Affenmensch im Lendenschurz schon bald zum zweiten Ich geraten sollte. Dass der »1,90 m große, 190 Pfund schwere Musterathlet, der ungeschlagen mit fünf Goldmedaillen, 67 Weltmeister- und 52 US-Titeln abtrat« (DIE TARZAN-FILME), zu diesem Zeitpunkt noch nicht viel Ahnung von der Schauspielerei hatte, wussten die Drehbuchautoren geschickt zu umgehen. Statt der flüssigen Sätze, die der Buch-Tarzan von sich gibt, schrieben sie ihrem Helden eine Art Steno-Englisch auf den stattlichen Leib. Denn wer, so argumentierten sie nicht ganz zu Unrecht, würde schon auf Dialoge achten, wo die Vorzüge des athletischen Weissmuller und seiner adretten Partnerin Maureen O'Sullivan so offensichtlich auf anderen Gebieten lagen? Natürlich ging die Rechnung auf. Die »Tarzan-Sprache« geriet zum Markenzeichen, das Publikum strömte in die Kinos, und die zeitgenössische Kritik geizte nicht mit Lob für das flotte Dschungelabenteuer: »Wie glaubhaft oder interessant sich Tarzan in den Print-Medien auch ausnehmen mag, so übertrifft er im Kino nun doch alles, wenn er in dieser herrlichen Gestalt von Johnny Weissmuller daherkommt und das Publikum von den Sitzen reißt! ... Er ist ganz sicher der Typ, der vom Körperlichen wie vom Seelischen her das ist, was ihn zum perfekten Sohn des Dschungels macht. Mit seiner fliegenden Mähne, seinem wundervollen Körper, seinem katzengleichen Gang und seiner Schwimmkunst ist er unübertrefflich. Mehr kann man nicht verlangen oder erwarten.« (NEW YORK EVENING POST)

TARZAN, DER HERR DES URWALDS

(TARZAN THE APE MAN). USA 1959. **R:** *Joseph Newman.* **B:** *Robert Hill.* **K:** *Paul C. Vogel.* **M:** *Shorty Rogers.* **D:** *Dennis Miller (Tarzan), Joanna Barnes (Jane), Cesare Danova (Holt), Robert Douglas (Col. Parker), Thomas Yangha (Riano). F 82 Min.*

Farbiges Remake des ersten Weissmuller-Tarzan.

– »Es verlockt zu leisem Kichern, wenn Jane, die habgierige, aber trotzdem liebenswürdige Engländerin, den Elfenbeinschatz aufgibt und den Rest ihres Lebens lieber in einem Krokodilparadies verbringt. Und Tarzans Urschrei ist nur noch ein Witz.« (VARIETY) – »Die brav gespielte Primitivität des Helden wirkt ... längst nicht mehr so echt wie die seiner älteren Vorgänger.« (FILMDIENST)

TARZAN, DER VERTEIDIGER DES DSCHUNGELS

(TARZAN'S SAVAGE FURY). USA 1952. R: Cyril Endfield. B: Cyril Hume, Hans Jacobi, Shirley White. K: Karl Struss. M: Paul Sawtell. D: Lex Barker (Tarzan), Dorothy Hart (Jane), Patric Knowles (Edwards), Charles Korvin (Rokov), Tommy Carlton (Joey). SW 80 Min.

Ein russischer Agent gibt sich als Tarzans Vetter aus, um so an den Diamantenschatz der Waziri heranzukommen. – »Dass man die Bibel in dieser primitiven Phantasterei zum Handlungsrequisit erniedrigt, ist besonders auffallend geschmacklos. Wir warnen vor diesem entsetzlichen Märchenkitsch.« (FILMBEOBACHTER)

TARZAN EROBERT INDIEN

(TARZAN GOES TO INDIA). USA 1962. R: John Guillermin. B: Robert Hardy Andrews, John Guillermin. K: Paul Beeson. M: Ken Jones. D: Jock Mahoney (Tarzan), Mark Dana (O'Hara), Simi (Prinzessin Kamara), Leo Gordon (Bryce), Feroz Khan (Rama), Munad (Maharadscha), Jay (Jay). F 88 Min.

Auf die Bitte der indischen Prinzessin Kamana hin rettet Tarzan ein Elefantenrudel vor den Fluten eines Staudamms. – Der erste Tarzan-Auftritt Jock Mahoneys:

»Gemacht ist das Ganze mit einiger Sorgfalt der Regie, besser und aufwendiger jedenfalls als frühere Produkte. Dafür fehlt jene Naivität der Erzählweise, die mit der phantastischen Figur des Urwaldhelden einst verbunden war.« (FILMDIENST) »Den Beliebtheitsgrad des primitiven Affenmenschen von einst wird sein Nachfahr nicht erreichen. Dieser arg nüchterne Tarzan des Jet-Zeitalters ist nunmehr ein wortgewandter, schaumgebremster Troubleshooter.« (VARIETY)

TARZAN, HERR DES URWALDS

(TARZAN THE APE MAN). USA 1981. R: John Derek. B: Tom Rowe, Gary Goddand. LV: »Tarzan, der Affenmensch« von Edgar Rice Burroughs. K: John Derek. M: Perry Botkin. D: Bo Derek (Jane), Richard Harris (Parker), John Phillip Law (Holt), Miles O'Keeffe (Tarzan), Akushula Selayah (Africa), Steven Strong (Elfenbeinkönig), Maxime Philoe (Riano), Leonard Bailey (Feathers), Wilfrid Hyde-White, Laurie Mains, Harold Ayers. F 112 Min.

Es war einmal ein Ex-Schauspieler, den auf seine alten Tage ein gar hübsches junges Mädchen namens Bo ehelichte. Besagte Bo hatte kurz zuvor in einem Blake Edwards-Film mitgespielt, musste sich Glanz und Glorie dort jedoch mit einem mickrigen Zwerg namens Dudley Moore teilen. Und weil der Ex-Schauspieler das nicht einsehen wollte, entschied er, selbst einen Film mit seiner Gemahlin zu inszenieren. Auch ein Thema war schnell gefunden: Ein Remake von Tarzan, der Herr des Urwalds sollte es sein. Nur brauchbare Schauspieler, die konnte der gute Mann partout nicht finden. Was ihm dann aber doch recht gelegen kam, konnte er mit seiner Kamera nun doch hemmungslos seine Gemahlin umschmusen. Er zeigte sie im Wasser, im Urwald, ließ sie von einer Anakonda würgen, mit einem Orang-Utan rangeln und noch vieles andere mehr. Die fertige Ode an die Holde brachte er dann stolz in die Kinos. Und bescherte damit allen Cinemasochisten den heißersehnten Orgasmus.

TARZAN IN GEFAHR

(TARZAN AND THE MERMAIDS). USA 1948. R: Robert Florey. B: Carroll Young. K: Jack Draper, Gabriel Figueroa. M: Dimitri Tiomkin. D: Johnny Weissmuller (Tarzan), Brenda Joyce (Jane), Linda Christian (Mana), George Zucco (Priester), Fernando Wagner (Varga), Gustavo Rojo (Manas Verlobter). SW 68 Min.

Tarzan beschützt das Eingeborenenmädchen Mana vor den Nachstellungen des bösen Perlenhändlers Varga. – Von den Meerjungfrauen des Originaltitels nicht die geringste Spur: »Johnny Weissmuller als bewährter, breitbrüstiger Tarzan-Darsteller tut das, was er schon dutzendmal in ähnlichen Filmsituationen getan hat. Vielleicht tut er es sogar um eine Spur verwegener und unglaubwürdiger.« (FILMECHO) – »Dabei ist die rein technische Seite des Films gar nicht mal so übel. Er ist gut fotografiert. Man sieht herrliche Naturbilder, prächtige Unterwasserfotografien, auch sonst eine Menge phantastischer Einzelheiten; köstlich z.B. der niedliche kleine Affe, der scheinbar intelligenter ist als die menschlichen Mitspieler allesamt.« (FILMBEOBACHTER)

TARZAN IN MANHATTAN

(TARZAN IN MANHATTAN). USA 1989. **R:** *Michael Schultz.* **B:** *Susan Sandor, Bill Gough.* **LV:** *Motive von Edgar Rice Burroughs.* **K:** *Laszlo George.* **M:** *Charles Fox.* **D:** *Joe Lara (Tarzan), Kim Crosby (Jane Porter), Jan-Michael Vincent (Brightmore), Tony Curtis (Archimedes Porter), Jimmy Medina Taggert, Joe Seneca, Peter Sherayko, Robert Benedetti, Oliver Muirhead Darnell, Gregorio De Palma, Joel Cralson, Jerry Queeney, Terry Millines, Rodney Sausberry, Don McLeod, Buck Young, Christopher Carroll.* **F 94 Min.**

Weil ein böser Mensch, der Tierversuche macht, den Schimpansen Cheetah in die Vereinigten Staaten entführt hat, bricht Tarzan in die Neue Welt auf. Zusammen mit seiner Freundin Jane, einem Taxifahrer und der Tochter eines Privatdetektivs gibt er dem Halunken Saures. – Edgar Rice Burroughs würde sich ob dieser saumäßig synchronisierten Plotte im Grabe umdrehen. Nur auf Video. [V]

TARZAN RETTET DIE DSCHUNGELKÖNIGIN

(TARZAN'S PERIL). USA 1951. **R:** *Byron Haskin, Phil Brandon.* **B:** *Samuel Newman, Francis Swan.* **K:** *Karl Struss.* **M:** *Michel Michelet.* **D:** *Lex Barker (Tarzan), Virginia Huston (Jane), George Macready (Radijek), Douglas Fowley (Trask), Glenn Anders (Andrews), Dorothy Dandridge (Melmendi), Frederick O'Neal (Bulam).* **SW 68 Min.**

Von drei Gaunern mit modernen Waffen ausgerüstet, überfällt ein Eingeborenenhäuptling den Stamm der Königin Melmendi, weil jene die Frechheit besaß, seinen Heiratsantrag abzulehnen. Tarzan sammelt die Überlebenden ein und macht sich an den (natürlich erfolgreichen) Gegenangriff. Fürwahr ein neuer Höhepunkt des Einfallsreichtums.

TARZAN UND DAS BLAUE TAL

(TARZAN'S MAGIC FOUNTAIN). USA 1949. **R:** *Lee Sholem.* **B:** *Curt Siodmak, Henry Chandler.* **K:** *Karl Struss.* **M:** *Alexander Laszlo.* **D:** *Lex Barker (Tarzan), Brenda Joyce (Jane), Albert Dekker (Trask), Evelyn Ankers (Gloria), Charles Drake (Dodd), Alan Napier (Jessup), Henry Kulky (Vredak), Henry Brandon (Siko), Ted Hecht (Pasco), David Bond (Anführer).* **SW 73 Min.**

In einem verborgenen Tal entdeckt Tarzan die vor 20 Jahren abgestürzte, durch die Wasser eines geheimnisvollen Jungbrunnens bis heute hübsch und knackig gebliebene Pilotin Gloria. Die Fliegerin kehrt zu ihrem Freund nach England zurück. Als sie langsam zu altern beginnt, beschließt sie, mit ihrem Freund in das geheimnisvolle Tal zurückzukehren. Ein skrupelloser Geschäftsmann, der die Macht der Quelle nutzen will, folgt ihnen. Nach diversen Abenteuern töten die Eingeborenen dessen Henkersknechte. Dank Tarzans Fürsprache dürfen Gloria und ihr Freund im Tal der Eingeborenen bleiben. – Das erste Post-Weissmuller-Produkt der Serie: »Lex Barker ist ein gutaussehender und wohlgewachsener Tarzan.« (FILMECHO)

TARZAN UND DER GOLDENE LÖWE

(TARZAN AND THE GOLDEN LION). USA 1927. **R:** *J. P. MacGowan.* **B:** *William E. Wing.* **LV:** *Edgar Rice Burroughs.* **K:** *Joseph Walker.* **M:** *Serge Bromberg.* **D:** *James Pierce (Tarzan), Frederic Peters (Esteban Miranda), Edna Murphy (Ruth Porter), Harold Goodwin (Burton Braney), Dorothy Dunbar (Lady Greystoke), D'Arcy Corrigan (Weesimbo), Boris Karloff (Owaza), Robert Bolder (John Peebles).* **SW 65 Min.**

Zum ersten Mal übte Edgar Rice Burroughs bei diesem Tarzanfilm verstärkt Einfluß aus, bis hinein ins Casting. Er verlangte, dass Tochter und Schwiegersohn die Hauptrollen spielten, als Ruth Porter und Tarzan respektive. Boris Karloff ist auch mit von der Partie und mimt einen verschlagenen Eingeborenen. Die Story: Tarzan rettet seine Braut in einer Diamantenstadt, wo sie dem Löwengott geopfert werden soll.

TARZAN UND DAS LEOPARDENWEIB

(TARZAN AND THE LEOPARD WOMAN). USA

1946. **R:** *Kurt Neumann.* **B:** *Carroll Young.* **K:** *Karl Struss.* **M:** *Paul Sawtell.* **D:** *Johnny Weissmuller (Tarzan), Brenda Joyce (Jane), John Sheffield (Boy), Acquanetta (Lea), Tommy Cook (Kimba), Edgar Barrier (Dr. Lazar), Dennis Hoey (Commissioner), Anthony Caruso (Mongo), George J. Lewis (Corporal), Iris Flores, Helen Gerald, Lillian Molieri, Kay Solinas, Doris Lloyd, Robert Barron, King Kong Kashey, Marek Windheim, Louis Mercier, Georges Renavent.* SW 72 Min.

Tarzan vernichtet den Leopardenkult der bösen Königin Lea, der friedliche Eingeborene mittels metallener Katzenklauen meuchelt und wird beinahe geopfert. – »*Tarzan and the Leopard Woman* ... brachte erstmals ein Element stärker zur Geltung, das man bisher so sorgsam ausgespart hatte: Erotik und Sex. Das hatte nicht unwesentlich die Pin-up-Sucht der GIs bewirkt, und diesem Zeitgeist wollte man nun auch sein Opfer bringen.« (Manfred Bernhardt, DIE TARZAN-FILME)

TARZAN UND DAS SKLAVENMÄDCHEN
(TARZAN AND THE SLAVE GIRL). USA 1950. **R:** *Lee Sholem.* **B:** *Hans Jacoby, Arnold Belgard.* **K:** *Russell Harlan.* **M:** *Paul Sawtell.* **D:** *Lex Barker (Tarzan), Vanessa Brown (Jane), Robert Alda (Neil), Denise Darcel (Lola), Arthur Shields (Arzt), Hurd Hatfield (Prinz), Robert Warwick (Hohepriester), Mary Ellen Kay (Moana), Anthony Caruso (Sengo), Tito Renaldo (Sohn des Häuptlings), Shirley Ballard, Rosemary Bertrand, Gwen Caldwell, Martha Clemmons, Mona Knox, Josephine Parra, Jackee Waldron.* SW 72 Min.

Mit Impotenzbakterien infizierte »Löwenmenschen« kidnappen Jane und die hübsche Krankenschwester Lola, um den Stamm nicht völlig aussterben zu lassen. – »Wer sich daran stößt, dass weiße Komparsen als Dschungelbewohner kostümiert und geschminkt werden, dass indische Elefanten und afrikanische Löwen eine mit Phantasiebauten à la Südamerika geschmückte Landschaft bewohnen und dass ein unverwundbarer Tarzan allein mit ganzen Völkerstämmen fertig wird, bleibt besser abseits.« (FILMECHO)

Tarzan und das Sklavenmädchen

TARZAN UND DER DSCHUNGELBOY
(TARZAN AND THE JUNGLE BOY). USA 1967. **R:** *Robert Gordon.* **B:** *Stephen Lord.* **K:** *Ozen Sermet.* **M:** *William Loose.* **D:** *Mike Henry (Tarzan), Alizia Gure (Myrna Claudel), Ronald Gans (Ken Matson), Edward Johnson (Buhara), Steven Bond (Erik Brunik).* F 89 Min.

Tarzan wird in die Suche nach einem verschollenen Jungen und die Erbstreitigkeiten zweier Häuptlingssöhne verwickelt. – »Der Plot knarzt nur so vor lauter Zufall und wird mit den üblichen Nahaufnahmen und Schimpansenmätzchen mehr schlecht als recht gefüllt.« (MONTHLY FILM BULLETIN)

TARZAN UND DER SCHWARZE DÄMON
(TARZAN'S HIDDEN JUNGLE). USA 1955. **R:** *Harold Schuster.* **B:** *William Liveley.* **K:** *William Whitley.* **M:** *Paul Sawtell.* **D:** *Gordon Scott (Tarzan), Vera Miles (Jill Hardy), Peter van Eyck (Dr. Celliers), Jack Elam (Burger), Charles Fredericks*

(DeGroot), Richard Reeves (Reeves), Rex Ingram (Sukulu-Häuptling), Ike Jones (Malenki), Maidie Norman (Suma). SW 73 Min.

Zwei skrupellose Bösewichte jagen verbotenerweise im Gebiet des Sukulu-Stammes. In seinem gerechten Zorn erwischt der Häuptling indes die Falschen und wirft den braven Urwaldarzt Celliers und dessen hübsche Krankenschwester in seine Löwengrube. Für Tarzan freilich kein Problem. – »Erwähnenswert ist nur der Darsteller des Helden: nach dem Abgang Johnny Weissmullers und seines Nachfolgers Lex Barker begegnet uns hier Gordon Scott als neuer Herr der Tiere.« (FILMDIENST)

TARZAN UND DIE AMAZONEN

(TARZAN AND THE AMAZONS). USA 1945. **R:** *Kurt Neumann.* **B:** *Hans Jacoby, Marjorie L. Pfaelzer.* **K:** *Archie Stout.* **M:** *Paul Sawtell.* **D:** *Johnny Weissmuller (Tarzan), Brenda Joyce (Jane), John Sheffield (Boy), Henry Stephenson (Henderson),*

Maria Ouspenskaya (Amazonenkönigin), Barton MacLane (Ballister), Don Douglas (Anders), J. M. Kerrigan (Splivers), Shirley O'Hara (Athena), Steven Geray (Brenner). SW 76 Min.

Als Tarzan sich weigert, eine Forschergruppe zu den Schätzen eines geheimnisvollen Amazonenreiches zu führen, überreden die Expeditionsteilnehmer Boy, ihnen den Weg zu zeigen. Prompt werden sie von den knackigen Amazonen gefangengenommen. Tarzan dringt in ihre Bergfeste ein, befreit Boy, hindert die Bösewichte an der Flucht und besänftigt damit auch die Amazonen. – »Held und Drehbuchschreiber lassen nur zu deutlich die aus ihrer langen Tätigkeit im selben Job herrührende Langeweile erkennen.« (NEW YORK TIMES)

TARZAN UND DIE NAZIS

(TARZAN TRIUMPHS). USA 1943. **R:** *William Thiele.* **B:** *Carroll Young, Roy Chansler.* **K:** *Harry Wild.* **M:** *Paul Sawtell.* **D:** *Johnny Weissmuller (Tarzan), John Sheffield (Boy), Frances Gifford (Zandra), Stanley Ridges (Oberst v. Reichart), Rex Williams (Schmidt), Sig Ruman (Feldwebel), Pedro de Cordoba (Patriarch), Philip van Zandt (Bausch), Stanley Brown (Achmed), Sven Hugo Borg, Otto Reichow (Soldaten). SW 75 Min.*

Von Prinzessin Zandra um Beistand gegen Nazi-Invasoren gebeten, reagiert Tarzan zunächst eher zurückhaltend. Doch als die Nazis ihn kurz darauf mit Kugeln beharken und Boy entführen, bleibt dem Beschützer der Witwen und Waisen nichts anderes übrig, als das braune Gezücht auszurotten. – Wie so viele Comic-Helden geriet auch Tarzan im Laufe des Zweiten Weltkriegs in die Agitationsmaschinerie des US-Außenministeriums. Als aktuelles Propagandastück mit überdeutlichen Anspielungen auf Pearl Harbour kam *Tarzan und die Nazis* beim amerikanischen Publikum sehr gut an, obwohl sich das Strickmuster des Films ansonsten kaum von dem seiner Vorläufer unterschied. »Vielleicht gefällt es zahlreichen Zuschauern, wenn Tarzan hier die Nazis grün und blau prügelt. Aber der ganze Spaß ist doch recht hohl. Cheetah, die Schimpansin, hat

Tarzan und die Nazis

immer noch das meiste Hirn von allen.« (NEW YORK TIMES) In Deutschland wurde der Film erst 1971 im Fernsehen ausgestrahlt.

TARZAN UND DIE VERLORENE STADT

(TARZAN AND THE LOST CITY). USA/BRD 1998. **R:** *Carl Schenkel.* **B:** *Bayard Johnson, J. Anderson Black.* **LV:** *Edgar Rice Burroughs.* **K:** *Paul Gilpin.* **SpE:** *Trickfilmzentrum Oberhausen.* **M:** *Christopher Franke.* **D:** *Casper Van Dien (Tarzan), Jane March (Jane), Steven Waddington (Nigel Ravens), Winston Ntshona (Mugambi), Rapulana Seiphemo (Kaya), Ian Roberts (Capt. Dooley). F 102 Min.*

Nur auf Video erhältliche Tarzanfabel aus dem Ramsch der ehemals unter dem Schlachtruf, von Deutschland aus die internationalen Leinwände zu erobern, angetretenen (und wieder abgetretenen) Dieter Geissler-Produktion. Auch mit Regisseur Carl Schenkel ging es seit seinem gefeierten Fahrstuhl-Film mit Götz George kontinuierlich »Abwärts«. [V]

TARZAN UND DIE VERSCHOLLENE SAFARI

(TARZAN AND THE LOST SAFARI). USA/GB 1956. **R:** *Bruce Humberstone.* **B:** *Montgomery Pittmann, Lillie Hayward.* **K:** *C. R. Pennington-Richards.* **M:** *Clifton Parker.* **D:** *Gordon Scott (Tarzan), Robert Beatty (Tusker Hawkins), Yolande Donlan (Evelyn Dean), Betta St. John (Diana Penrod), Wilfrid Hyde-White (Johnny Fletcher), George Coulouris (Carl Kraski), Peter Arne (Dick Penrod), Orlando Martins (Ogonuro-Häuptling). F 80 Min.*

Tarzan rettet fünf Überlebende eines Flugzeugabsturzes vor dem Gauner Hawkins, der sie im Tausch gegen eine Ladung Elfenbein einem Eingeborenenstamm als Opfer andrehen will. Keine sonderlich neue Story, dafür aber immerhin einige technische Neuheiten: *Tarzan und die verschollene Safari* war das erste farbig gedrehte und zum großen Teil auch vor Ort gedrehte Produkt der Serie.

TARZAN UND SEIN SOHN

(TARZAN FINDS A SON). USA 1939. **R:** *Richard Thorpe.* **B:** *Cyril Hume.* **K:** *Leonard Smith.* **D:** *Johnny Weismuller (Tarzan), Maureen O'Sullivan (Jane), John Sheffield (Boy), Laraine Day (Boys Mutter), Morton Lowry (Boys Vater), Ian Hunter (Lancing), Henry Stephenson (Sir Thomas), Frieda Inescort (Mrs. Lancing), Henry Wilcoxon (Sande). SW 81 Min.*

Jane und Tarzan adoptieren einen kleinen Jungen, der als einziger einen Flugzeugabsturz überlebt hat. Als fünf Jahre später die elterliche Suchexpedition auftaucht, sorgt Jane gegen Tarzans Willen dafür, dass Boy nach Hause zurückkehrt. Doch unterwegs wird die Expedition von Eingeborenen überfallen. Boy alarmiert Tarzan, der prompt mit einer Elefantenhorde anrückt. Am Ende darf Boy im Dschungel bleiben. – Tarzans Familiengründung, oder wie Drehbuchautoren für Nachwuchs sorgen, ohne sich irgendwelcher Angriffe wegen außerehelicher Affären auszusetzen. »Es grenzte fast schon an Besserwisserei, würde man auch nur ein kritisches Wort gegen eine derart entwaffnende Produktion hauchen. Und doch: Ein Löwe, der in einem Baum sitzt; die rettende Affenhorde, die auf Elefanten angeritten kommt: einen leichten Tadel verdient MGM für derlei Ungeheuerlichkeiten schon. Daneben sollte man annehmen, Tarzans Sprache hätte sich in all den Jahren, in denen er nun Maureen O'Sullivans fehlerloser Ausdrucksweise ausgesetzt war, doch etwas gebessert. Hat sie aber nicht: Er grunzt noch immer wie ein Sioux-Indianer, beschränkt sich auf wenige Worte und lässt Konjunktionen Konjunktionen sein.« (NEW YORK TIMES) Vielleicht war der Affenmensch nur zu sehr mit der Einrichtung seines Baumhauses beschäftigt. So ein elefantenbetriebener Lift und die Zebrapolster auf dem Sofa wollen ja auch erst mal beschafft werden.

TARZAN WIRD GEJAGT

(TARZAN AND THE HUNTRESS). USA 1947. **R:** *Kurt Neumann.* **B:** *Jerry Gruskin, Rowland Leigh.* **K:** *Archie Stout.* **M:** *Paul Sawtell.* **D:** *Johnny Weissmuller (Tarzan), Brenda Joyce (Jane), John Sheffield (Boy), Patricia Morison (Tanya), Barton MacLane (Weir), John Warburton (Marley), Wallace Scott (Smithers), Charles Trowbridge (König Farrod), Maurice Tauzin (Prinz Zuli), Ted Hecht (Prinz Ozira), Mickey Simpson (Monak). SW 72 Min.*

Böse Tierfänger und diverse Machtintrigen im Negerkral. – »Tarzan ist ein wenig fülliger geworden, seine attraktive Jane (Maureen O'Sullivan) nicht mehr dabei, an ihre Stelle ist eine blassere (Brenda Joyce) getreten. Man spürt bei diesem Film, dass es nicht nur der Wunsch Weissmullers ist, endlich auch etwas anderes spielen zu wollen ... sondern dass die Zeit dieses ... Urwaldherrschers zu Ende geht.« (DER SPIELFILM IM ZDF)

TARZANS ABENTEUER IN NEW YORK

(TARZAN'S NEW YORK ADVENTURE). USA 1942. **R:** *Richard Thorpe.* **B:** *William R. Lipman, Myles Connolly.* **St:** *Myles Connolly.* **K:** *Sidney Wagner.* **D:** *Johnny Weissmuller (Tarzan), Maureen O'Sullivan (Jane), John Sheffield (Boy), Charles Bickford (Buck Rand), Chill Wills (Mountford), Paul Kelly (Jimmy Shields), Virginia Grey (Connie Beach), Cy Kendall (Col. Sargeant), Howard Hickman (Blake Norton), Charles Lane (Beaton). SW 70 Min.*

Tarzan und Jane eilen dem von einem Zirkusbesitzer entführten Boy nach Manhattan hinterher. – »Das ist alles sehr kindisch und nicht selten spannend. Und der Kontrast zwischen Johnny Weiss-

Tarzans geheimer Schatz

mullers Dschungelgestammel und der gepflegten Privatschul-Ausdrucksweise seines Sohnes sorgt für enormen unfreiwilligen Humor.« (NEW YORK TIMES)

TARZANS GEHEIMER SCHATZ

(TARZAN'S SECRET TREASURE). USA 1941. **R:** *Richard Thorpe.* **B:** *Myles Connolly, Paul Gangelin.* **K:** *Clyde de Vinna.* **M:** *David Snell.* **D:** *Johnny Weissmuller (Tarzan), Maureen O'Sullivan (Jane), John Sheffield (Boy), Reginald Owen (Professor Elliott), Barry Fitzgerald (O'Doul), Tim Conway (Medford), Philip Dorn (Vandermeer), Cordell Hickman (Tumbo). SW 82 Min.*

Tarzan, Jane und Boy zwischen bösen Goldsuchern und feindlichen Eingeborenen. – »Von anderen Tarzan-Filmen unterscheidet sich dieser höchstens dadurch, dass Johnny Weissmuller seinem Vokabular ein paar neue Worte hinzugefügt hat.« (NEW YORK TIMES)

TARZANS GRÖSSTES ABENTEUER

(TARZAN'S GREATEST ADVENTURE). USA/GB 1959. **R:** *John Guillermin.* **B:** *Berne Giler, John Guillermin.* **K:** *Ted Scaife.* **M:** *Douglas Gamley.* **D:** *Gordon Scott (Tarzan), Sara Shane (Angie), Anthony Quayle (Slade), Niall McGinnis (Kruger), Sean Connery (O'Bannion), Al Mulock (Dino), Scilla Gabel (Toni). F 90 Min.*

Zusammen mit der blonden Fliegerin Angie verfolgt Tarzan vier Schurken, die eine Siedlung überfallen haben, um sich Dynamit für ihre Diamantenmine zu beschaffen. – Der Einbruch der Wirklichkeit in die Tarzan-Serie! Obwohl die Kritik das »Fehlen typischer Tarzan-Eigenheiten« (FILMBEOBACHTER) bemäkelte, kam das Rezept an der Kasse so gut an, dass die Produzenten es auch in *Tarzan, der Gewaltige* verwendeten. Danach freilich lief sich die neue Realismuswelle schnell wieder tot. »In sämtlichen Filmen vorher waren die Figuren der Handlung ... stets nur als Karikaturen oder Scherenschnitte in Erscheinung getreten. Jetzt tauchten sie als durchgezeichnete Personen auf, in einer Geschichte, die logisch strukturiert war. Dafür fehlte nun ... alles ... Märchenhafte, und es entstand vielmehr der Eindruck von einem Western im afrikanischen Busch. Genauso gut hätte die Sache in Arizona oder Texas spielen können – oder selbst im bayerischen Wald.« (Joachim Schiele, TARZAN – DER BARFÜSSIGE HELD) [V]

TARZANS KAMPF UMS LEBEN

(TARZAN'S FIGHT FOR LIFE). USA 1958. **R:** *Bruce Humberstone.* **B:** *Robert Hill.* **K:** *Paul C. Vogel.* **M:** *Ernest Gold.* **D:** *Gordon Scott (Tarzan), Eve Brent (Jane), Rickie Sorensen (Tartu), Jill Jarmyn (Anne), Carl Benton Reid (Dr. Sturdy), James Edwards (Futa), Henry Lauter (Hal Warwick), Nick Stewart (Molo). F 86 Min.*

Tarzan beschützt den Urwaldarzt Dr. Sturdy vor den Umtrieben des eifersüchtigen Medizinmannes Futa. – »Für Kinder … und vielleicht sogar für ihre Eltern ist dieses Dschungelabenteuer in Cinemascope mit seinen bunten Atelierkulissen und der per Rückprojektion herangeholten exotischen Natur eine angenehme Zerstreuung.« (FILMDIENST) Mit anderen Worten: Eine stinklangweilige Familienklamotte.

TARZANS NEUESTE ABENTEUER

(THE NEW ADVENTURES OF TARZAN). USA 1935. **R:** *Edward Kull, Wilber F. McGaugh.* **B:** *Charles Royal, Edwin Blum.* **K:** *Edward Kull, Ernest F. Smith.* **D:** *Herman Brix (Tarzan), Ula Holt (Ula Vale), Frank Baker (Major Martling), Dale Walsh (Alice Martling), Harry Ernest (Gordon Hamilton), Don Castello (Raglan), Lewis Sargent (George d'Arnot), Merrill McCormick (Bouchart). SW 81 Min.*

Auf der Suche nach seinem verschollenen Freund d'Arnot zieht Tarzan in den Dschungel von Guatemala. In einer verschollenen Stadt findet er nicht nur den gefangenen d'Arnot, sondern auch eine Statuette, in der die Formel für einen neuen Sprengstoff versteckt ist. – *Tarzans neueste Abenteuer* weist eine etwas kuriose Produktionsgeschichte auf. Ursprünglich war der Film als 12teiliges Serial konzipiert. Weil MGM, das Heim der Weissmuller-Tarzans, jedoch etwas gegen die Konkurrenz hatte und die Kinobesitzer dies auch wissen ließ, schnitt man das Ganze zu einem Spielfilm zusammen. Nun konnten sich die Kinobesitzer aussuchen, ob sie lieber das Serial im Vorprogramm oder den Spielfilm im Hauptprogramm spielen wollten. Wieder drei Jahre später

montierten die Burroughs-Tarzan-Enterprises den Film zu einer neuen Fassung mit dem Titel TARZAN AND THE GREEN GODDESS *(Das Geheimnis der grünen Göttin)* um, mit der man noch einmal gehörig Reibach machte. – Die zeitgenössische Kritik konnte über den ersten und einzigen Tarzan-Auftritt des Diskuswerfers Herman Brix nur das Haupt in den Händen verbergen: »Ein klassisches Beispiel für die Dialoge taucht in jener Szene auf, als sich Ula Holt, die Heldin, mit dem Revolver in der Hand über den gestürzten Bösewicht stellt. ›Steh auf, du nichtswürdiger Kerl!‹ ruft sie. ›Steh auf!‹ Und siehe da: Er steht tatsächlich auf, entwindet der holden Schönen den Revolver und schmeißt sie höflich, aber bestimmt von einem Kliff in einen reißenden Fluß. Dieser Blödsinn geht so lange weiter, bis sich Tarzan endlich entscheidet, den nichtswürdigen Kerl umzubringen. Wenn der Affenmensch das etwas früher im Film getan hätte, unser unendlicher Dank wäre ihm sicher gewesen.« (NEW YORK TIMES)

TARZANS RACHE

(TARZAN'S REVENGE). USA 1938. **R:** *Ross Lederman.* **B:** *Robert Lee Johnson, Jay Vann.* **K:** *George Meehan.* **M:** *Hugo Riesenfeld.* **D:** *Glenn Morris (Tarzan), Eleanor Holm (Eleanor), George Barbier (Roger), C. Henry Gordon (Ben Alleu Bey), Hedda Hopper (Penny), George Meeker (Nevin), Corbet Morris (Jigger), Joseph Sawyer (Olaf), John Lester Johnson (Koki). SW 70 Min.*

Tarzan rettet die hübsche Eleanor vor den Haremseinverleibungsabsichten des brutalen Scheichs Ben Alleu Bey. Der erste und einzige Auftritt von Glenn Morris, dem Zehnkampfchampion der Olympischen Spiele von 1936 in Berlin. »Das scheint auch das einzige zu sein, was Morris von der sonstigen Fauna unterscheidet. Denn obwohl bereits acht verschiedene Tarzans die Leinwand bevölkerten, ist es doch fraglich, ob es darunter je einen so ausdruckslosen, lustlosen Affenmenschen wie diesen gegeben hat.« (NEW YORK TIMES)

TARZANS TODESDUELL

(TARZAN'S THREE CHALLENGES). USA 1963. **R:** *Robert Day.* **B:** *Berne Giler, Robert Day.* **K:**

Ted Scaife. **M:** *Joseph Horovitz.* **D:** *Jock Maho-ney (Tarzan), Woody Strode (Khan/Tanim), Ricky Den (Kashi), Tsu Kobayashi (Cho San), Earl Ca-meron (Mang), Salah Jamal Hani), Anthony Chinn (Ton), Robert Hu (Nari), Christopher Ca-ros (Sechung).* F 92 Min.

Tarzan wird nach Thailand zitiert, um den jun-gen Kronprinzen Kashi aus einem Mönchskloster sicher in die Hauptstadt zu geleiten. Dort fordert ihn sein Rivale Khan zu vier Prüfungen heraus, die Kashi schließlich dank Tarzans Hilfe besteht. – »Das Grundrezept ist dasselbe geblieben, aber die Story ist diesmal sehr viel stärker als sonst. Von dem Moment an, wo Tarzan (per Fallschirm) eintrifft, reißen die melodramatischen Abenteu-er niemals ab.« (MONTHLY FILM BULLETIN)

TARZANS VERGELTUNG

(TARZAN AND HIS MATE). USA 1934. **R:** *Ce-dric Gibbons, Jack Conway.* **B:** *Howard Emmett Rogens, Leon Gordon.* **St:** *James Kevin McGuin-ness.* **K:** *Charles Clarke, Clyde de Vinna.* **D:** *Johnny Weissmuller (Tarzan), Maureen O'Sulli-van (Jane), Neil Hamilton (Harry Holt), Paul Ca-vanaugh (Martin Arlington), Forrester Harvey*

(Beamish), Nathan Curry (Saidi), Desmond Roberts (Vanness), Doris Lloyd (Mrs. Cutten), William Stack (Pierce). SW 92 Min.

Mit dem Geschäftsmann Arlington kehrt Janes ehemaliger Freund Harry Holt in den Dschungel zurück, um sich in dem im vorherigen Film *(Tar-zan, der Herr des Urwalds)* entdeckten Elefanten-friedhof mit Elfenbein einzudecken. Nach meh-reren unheimlichen Begegnungen mit Krokodi-len, mordlustigen Eingeborenen und einem wilden Rhinozeros am Ziel angekommen, wird der überflüssig gewordene Tarzan von den El-fenbeinräubern hinterrücks niedergeschossen. Von Riesenaffen kuriert, kann er in letzter Se-kunde Jane retten, als Holts Expedition von ei-ner Löwenhorde massakriert wird. – Um das Ori-ginal zu übertrumpfen, hatten sich die Produzen-ten des zweiten Weissmuller-Tarzans viel Mühe gegeben, was Story und Ausstattung anging. »Hier ist der seltene Fall eingetreten«, jubelte TIME, »dass der zweite Teil den ersten übertrifft, also die Fortsetzung besser als der vorangegangene Film ist. Man kann nicht abstreiten, dass das ei-ne wirklich brillante Produktion mit enormen Schauwerten geworden ist, die selbst dann noch ungeheuer eindrucksvoll wirken, wenn die Aben-teuergags von Zeit zu Zeit ziemlich übertrieben und recht dick aufgetragen werden.« – *Tarzans Vergeltung* war eins der ersten Opfer der neu ge-gründeten ›Legion of Decency‹, die einige Bade-szenen, in denen man den Busen Janes bewun-dern konnte, vor dem Start kurzerhand heraus-schneiden ließ.

TARZOON – SCHANDE DES DSCHUNGELS

(LA HONTE DE LA JONGLE). Belgien 1975. **R:** *Picha, Boris Szulzinger.* **B:** *Picha, Pierre Baratier.* **LV:** *Picha.* **M:** *Marc Moulin, Claude Cohen, Heloise Cohen.* **A:** *Picha.* F 77 Min. (Zeichen-trick).

Königin Bazonga hat zwar vierzehn Titten, aber keine Haare auf dem Kopf. Um dem abzuhelfen, schlägt ein doppelköpfiger Wissenschaftler eine Haartransplantation vor. Auserkorenes Opfer

Tarzans Vergeltung

wird Schandes Lagerverwalterin June, die Bazonga kurzerhand von ihren »Kopfkissen-Zerwühlern« entführen lässt. Der hintereileinde Schande stößt der Reihe nach auf eine Dschungel-expedition, gefräßige ›Steinbeißer‹, einen besoffenen Schwätzer auf einem fliegenden Teppich und ein Feld lüsterner Blumen. In Bazongas Schiff angekommen, setzt er es zufällig in Brand. Während sich das Schiff spotzend und spuckend in die Lüfte erhebt, flüchten Schande und June per Schleudersitz. Doch unten auf dem Boden lauern die gefräßigen ›Steinbeißer‹... – Ein selten einfallsloser Bakshi-Verschnitt, so recht nach dem Geschmack all jener pubertierender Wichtelhirne, die schon die bloße Erwähnung des Wortes »Loch« in den Lachkrampf treibt: Ähnlich blöden Sexklamotten begegnet man ansonsten nur in den *Eis am Stiel*-Niederungen. Dass dabei auch die Synchronisation kräftig mitmischt, steht außer Frage. Wir möchten dem betreffenden Autor jedenfalls ein Bad in jenem ätzenden Schleim empfehlen, den die Hüpfpimmel hier literweise verspritzen.

TAURUS – DER GIGANT VON THESSALIEN

(TAUR, IL RE DELLA FORZA BRUTA). Italien 1962. R: Antonio Leonviola. K: Mimmo Mancori. M: Roberto Nicolas. D: Joe Robinson (Taurus), Harry Baird (Ubaratutu), Bela Cortez (Königin Akiba), Thea Flemming (Jia), Claudia Capone (Tuja), Carla Foscari (Ararut), Antonio Leonviola (El Kab), Alberto Cevenini (Syros), Jianine Hendy (Afer), Erminio Spalla, Miranda Crovato, José Torres. F 94 Min.

3000 Jahre von unserer Zeit: Die Krieger des Kixos-Reiches überfallen das Land Surupak, töten den König, rauben seine beiden Töchter und verschleppen seine Untertanen als Sklaven in ein unterirdisches Gewölbe. Der schafehütende Gigant Taurus, den nicht mal zwölf Pferde vierteilen können, eilt dem königlichen Schwiegersohn Synos zu Hilfe, wird von der Kixos gefangengenommen und von deren böser Königin Akiba zum Gatten begehrt. Taunus will jedoch lieber die Prinzessinnen Jia und Tuja befreien. Deswegen verbiegt er penisdicke Eisenstangen, befreit die Versklavten, macht reihenweise Wachen nieder und beendet die Herrschaft der lüsternen Mo-narchin. Zu allem Übel bricht auch der örtliche Vulkan aus und überschwemmt das Nest der Kixos mit Feuer und Lava. Akiba und ihr Handlanger El Kab (gespielt von Regisseur Leonviola) müssen den Abschied einreichen. – Die Phantasielosigkeit der Drehbuchschreiber (die in diesem Fall anonym bleiben wollten) feiert Triumphe. Und auch Herr Deus ex machina ist wieder mit von der Partie: Der edle Syros, so findet man heraus, ist der rechtmäßige König der Kixos-Krieger! [V] *(Taurus – Zorn der Götter)*

TAURUS – ZORN DER GÖTTER

Anderer Titel für **Taurus – Der Gigant von Thessalien**

TAUSENDUNDEINE NACHT

(THOUSAND AND ONE NIGHTS). USA 1945. R: Alfred E. Green. B: Wilfrid H. Pettit, Richard English, Jack Henley. K: Ray Rennahan. SpE: Lawrence Butler. M: Martin Skiles. D: Cornel Wilde (Aladin), Evelyn Keyes (Flaschengeist), Phil Silvers (Abdullah), Adele Jergens (Prinzessin Armina), Dusty Anderson (Novira), Dennis Hoey (Sultan Kaman al-Kin/Prinz Hadji), Philip Van Zandt (Großwesir Abu Hassan), Gus Schilling (Jafar), Nestor Paiva (Kahim), Rex Ingram (Dschinn). F 93 Min.

Den Jüngling Aladin versucht mit Unterstützung eines (diesmal weiblichen) Flaschengeistes das Herz der schönen Prinzessin Armina zu erringen, was ihm jedoch misslingt, da sich seine zauberhafte Helferin unprogrammgemäß in ihn verliebt und mit viel Witz und Geschick sämtliche seiner Bestrebungen unterläuft. – »Solide Unterhaltung.« (VARIETY) – »Farbenprächtiger Märchenfilm mit entwaffnendem amerikanischem Witz und einer Ironie, die auch Erwachsenen Vergnügen bereitet.« (FILMDIENST)

DER TEAM-GEIST

(THE SIXTH MAN). USA 1997. R: Randall Miller. B: Christopher Reed, Cynthia Carle. K: Michael Ozier. M: Marcus Miller. D: Marlon Wayans (Kenny Tyler), Kadeem Hardison (Antoine Tyler), David Paymer (Trainer Pederson), Michael Michele (R. C. St. John), Kevin Dunn, Chris Spencer, Vladimir Cuk. F 104 Min.

Verstorbener Basketballspieler steht seinem Bruder und dessen Team als »Mannschaftsgeist« aus dem Jenseits bei und hilft, die anstehende Meisterschaft zu gewinnen. Wenig ergiebige Teenie-Sportklamotte mit rüden Scherzen und aufgesetztem Fantasy-Element. [V]

TEEN WITCH – HOKUSPOKUS IN DER HIGHSCHOOL

(TEEN WITCH). USA 1989. **R:** Dorian Walker. **B:** Vernon Zimmerman, Robin Menken. **K:** Mark Reshovsky. **M:** Richard Elliot. **D:** Robyn Lively (Louise), Dan Gauthier (Brad), Joshua Miller (Richie), Caren Kaye (Margaret), Dick Sargent (Frank), Lisa Fuller (Randa), Mandy Ingber (Polly), Zelda Rubinstein (Serena), Noah Blake (Ahet), Tina-Marie Caspary (Shawn), Megan Gallivan (Kiki). F 93 (105) Min.

Mauerblümchen Louise setzt an der High School magische Kräfte ein, um die Beachtung eines Mitschülers zu erringen, der auf dem Sportplatz 'ne gute Nummer abgibt. Die übliche US-Seifenkost auf Pommesfritesbudenniveau. [V]

TEMPEL DER VERSUCHUNG

(THE PRODIGAL). USA 1955. **R:** Richard Thorpe. **B:** Maurice Zimm. **K:** Joseph Ruttenberg. **M:** Bronislau Kaper. **D:** Edmond Purdom (Micha), Lana Turner (Samarra), Audrey Dalton (Ruth), Louis Calhern (Nahreeb), James Mitchell (Asham), Neville Brand (Rhakim), Walter Hampden (Eli), Taina Elg (Elisa), Francis L. Sullivan (Bosra), Joseph Wiseman (Garmish), Sandra Descher (Jasmin), Cecil Kellaway (Statthalter), Philip Tonge, David Leonard (Blinder), Henry Daniell (Ramadi), Paul Cavanagh (Tobias), Dayton Lummins (Caleb), Tracey Roberts (Tahna), Jarma Lewis (Uba), Jay Novello (Kaufmann), Dorothy Arden (Zimmermannsfrau), Peter De Bear (Sohn), Phyllis Graffen (Miriam), Patricia Iannone (Deborah), Eugene Mazzola (David), George Sawaya (Kavak), Richard Devon (Risafe), Ann Cameron (Lahla), Gloria Dea (Faradine), John Rosser (Lirhan), Charles Wagenheim (Zubeir). F 113 Min.

Der Hebräer Micha lässt sich von seinem Vater sein Erbteil auszahlen und begibt sich nach Damaskus, wo er alsbald um die Gunst der Tempelhure Samarra buhlt, die ihr Leben der Göttin Astarte geweiht hat. Er kommt jedoch nicht so recht zum Zuge. Am Ende wiegelt er die Bevölkerung der Stadt gegen die Jünger der heidnischen Götter auf und kehrt zu den Seinen zurück, mit denen er sich wieder versöhnt. – »Muss man erst betonen, dass es dem Film nicht um den biblischen Gehalt des Gleichnisses zu tun ist?« (FILMDIENST) – »Die Darstellungskünste Miss Turners, Edmond Purdoms, Louis Calherns und der meisten anderen sind nichtssagend und durchweg uninteressant ... und die Heimkehr des verlorenen Sohnes, nachdem er seine Barschaft verpraßt, sein Liebesabenteuer bestanden und Sklaverei und Kämpfe erlebt hat, ist ebenso unglaubwürdig wie die vorhergegangenen Ereignisse.« (VARIETY) Für Edmond Purdom, einen rising star der frühen fünfziger Jahre, war das feine Hollywood-Leben dann auch kurz darauf zu Ende: Nach The King's Thief (1955) setzte er sich nach Italien ab, wo er einen Monumental- und Schlitzerfilm nach dem anderen abdrehte, ohne den Grad seiner Popularität auch nur ansatzweise wieder erringen zu können.

DER TEMPELSCHATZ VON BENGALEN

(IL TESORO DEL BENGALA). Italien 1953. **R:** Gianni Vernuccio. **B:** Piero de Bernardi. **K:** Renato del Frate. **M:** Italo delle Geze. **D:** Sabu (Ainur), Georges Poujouly, Luisa Roni, Luigi Tosi, Manuel Serrano. F 77 Min.

Europäische Dunkelmänner, die u.a. auch mit Menschen handeln, tauchen in einem bengalischen Dorf auf und verbünden sich mit einem gierigen Häuptling, um das Land eines magischen Edelsteins zu berauben, der die Eingeborenen seit Jahr und Tag vor Halsabschneidern ihrer Art beschützt. Der tapfere Jüngling Ainur, ein aufrechter Recke, würgt, um dies zu verhindern, Schlangen, Tiger und den bösen Verräter himself. Abenteuerfilm mit (dünnem) Fantasy-Hintergrund.

IL TESORO

(IL TESORO DELLA FORESTA PIETRIFICA). Italien 1965. **R:** Emimmo Salvi. **B:** Luigi Tosi, Adriano Antonelli, Benito Ilforte, Emimmo Salvi. **K:** Mario Parapetti. **M:** Raf Ferraro. **D:** Gordon Mitchell (Siegmund), Ivo Payer (Hunding), Eleonora Bianchi, Pamela Tudor, Mike Moore. F 89 Min.

Eine Horde muskelprotziger Dämlacke, die sich für die Nibelungen halten, horten in einem »versteinerten Wald« einen Schatz und verteidigen ihn mit Zähnen und Klauen, damit er nicht den raffgierigen Wikingern in die Hände fällt. Natürlich geben die halsstarrigen Nordmänner so schnell nicht klein bei, doch als die Walküren den Nibelungen zu Hilfe eilen, müssen sie den Löffel schnell abgeben. – »Man filmte in einem dünnen Wäldchen und in einem Steinbruch; den vorgegebenen Schauplätzen Schwarzwald und Vogesen entspricht die Szenerie in keiner Weise ... Die Nibelungen, wie sie sich Klein-Giovanni vorstellt.« (FILMDIENST) [V] *(Der steinerne Wald)*

DAS TESTAMENT DES ORPHEUS

(LE TESTAMENT D'ORPHÉE, OU NE ME DE-MANDEZ PAS POURQUOI). Frankreich 1959. R: *Jean Cocteau.* B: *Jean Cocteau.* K: *Roland Pontoiseau.* M: *Georges Auric, Martial Solal, Christoph Willibald Ritter v. Gluck. Johann Sebastian Bach, Richard Wagner.* D: *Jean Cocteau (Dichter), Jean-Pierre Leaud (Schüler), Nicole Courcel (Junge Mutter), Edouard Dermit (Cégeste), Henri Cremieux (Wissenschaftler), Maria Casares (Prinzessin), François Périer (Heurtebise), Yul Brynner (Pförtner), Daniel Gélin (Assistent), Jean Marais (Ödipus), Claudine Auger (Minerva), Françoise Christophe, Philippe Juzau, Daniel Moosmann, Alice Sapritch, Marie-Josèphe Yoyotte, Henri Torres, Michèle Comte, Mme. Alec Weisweiller, Phillippe, Guy Dute, J.-C. Petit, Alice Heyliger, Michèle Lemoig, Brigitte Morissan, Pablo Picasso, Jacqueline Roque-Picasso, Luis-Miguel Dominguin, Lucia Bose, Charles Aznavour, Serge Lifar.* SW 79 Min.

»Der Film ist eine Art chinesisches Schattenspiel meines Lebens«, erklärt Cocteau (zit. n. Friedrich Hagen, LEBEN UND WERK DES JEAN COCTEAU), »und dieses mein Leben ist ein langes Drama. Eine Mischung aus Gewissenhaftigkeit und Unordnung. Ich habe mich in diesem Film nicht selber erzählt. Ich habe eine Silhouette von mir gegeben – für meine Freunde, für die Freunde, die ich kenne, und für die unbekannten.« Aus dem »Niemandsland zwischen Leben und Tod« wird der Dichter aus der Zeit Ludwig XV. in die Gegenwart versetzt, durch die geheimnisvolle Re-

volverkugel eines Gelehrten, der das Mittel zur »Überwindung der Zeit« erfand und es zuerst am Dichter erprobt, getreu der Devise, dass der Dichter viel mehr wisse als jeder andere. Der Auferstandene geht durch eine Urweltlandschaft zu den Zigeunerinnen, entblättert die Blume der Poesie, setzt ihren Blütenkelch wieder zusammen, er wird von Cégeste (dem aus dem *Orpheus-Film*) aus »einer Welt, die nicht die seine ist« in die »Zone« entführt, »wo nicht mehr Leben ist und noch nicht Tod«, kein »Jenseits«, sondern ein »Niemandsland«, ein »Nirgendwo«. In diese »Höllenmaschine« gerät auch Orpheus – nach Ödipus, der einen Augenblick lang, geblendet, als schweigende Mahnung vorübergeht. Aus dem Dichter des *Sang d'un Poète* schält sich Orpheus heraus, der Hülle des Orpheus entsteigt Cocteau, und alle drei erscheinen vor dem »Untersuchungsgericht«. Der Dichter Cocteau ist angeklagt der Unschuld, d.h. aller Verbrechen fähig, aber keines schuldig zu sein, und des illegalen Vordringens in eine Welt, die nicht die seine ist. Die Geschöpfe, die der Dichter schuf, sitzen über ihn zu Gericht (die »Prinzessin« und Heurtebise aus *Orpheus);* sie haben über einen Künstler und Dichter zu richten, dessen schwerster Fehler es war, stets zu viel wissen zu wollen, und der nie etwas anderes tat, als sein eigenes Porträt zu malen. Was des Dichters Leben, Schaffen und Denken bewegt hat, nimmt Gestalt an. Der Dichter, weder gebunden an Zeit noch Raum, begegnet auf der Wanderung durch seine Welt noch einmal seinen lebenden und toten Freunden, der Wirklichkeit und der Legende: Picasso, Dominguin, Lucia Bosé, Isolde, Minerva, der Sphinx und wiederholt Ödipus und Orpheus, aber auch sich selbst, den er wie einen Bekannten trifft, als kenne er ihn nur ungefähr. – »Dieser Film ist kein Film im eigentlichen Sinne des Wortes, aber er erscheint mir das einzige Mittel der Objektivierung und der direkten Wiedergabe von Dingen, die ich in mir trage, ohne sie zu verstehen. Jeder andere Ausdrucksträger des Gedankens wie Schrift oder Zeichnung unterwerfen mich der Kontrolle der Intelligenz, während der Film mir erlaubt, ein Werk zu *leben,* statt es nur zu erzählen, und im übrigen das Unsichtbare in ein sichtbares Bild zu verwandeln, er lässt mich die Zeit zurückgehen und ihre engen Grenzen überwinden, er ist die einzige Sprache, die mir gestattet, meine Nacht ins helle Tageslicht zu versetzen. Ich weiß recht wohl, dass ich von meinen Zuschauern eine große Anstrengung verlange, aber es geschieht ja immer wieder, dass man sich von einer rätselhaften Atmosphäre (von den Träumen eines anderen!) einfangen und verzaubern lässt und dass ein Werk uns beunruhigt und aufwühlt, ohne dass wir es verstehen.« (Jean Cocteau)

DER TEUFEL MIT DEN DREI GOLDENEN HAAREN
BRD 1955. **R:** *Hans F. Wilhelm.* **B:** *Hella Mora.* **LV:** *Gebrüder Grimm.* **K:** *Heino König.* **M:** *Ernst Brandner.* **D:** *Peter Schreiber (Stephan), Alexander Golling (Teufel Schwarzbart), Hans Cossy (König), Viktoria Naelin (Königin), Barbara Born (Prinzessin Adelheid), Milan von Kamane (Kasimir), Käthe Graber (Großmutter des Teufels), Isolde Werner (Elysia), Anni Markart, Bert Brandt, Toni Treutlen, Franz Loskarn, Camillo Carlo Kühles, Peter Tost. F 85 Min.*

Dem Tischlersohn Stephan wird prophezeit, dass er einst die Tochter des Königs heiraten wird, doch da Seine Majestät auf einen Habenichts als Schwiegersohn nicht erpicht ist, soll der Junge sterben. Stephan wird jedoch von der Fee Elysia beschützt und besteht alle Anschläge auf sein Leben. Als er zehn Jahre alt ist, stellt der König ihm eine schwierige Aufgabe: Er soll dem Teufel Schwarzbart drei goldene Haare stehlen, die Glück, Wohlstand und Gesundheit einbringen. Stephan macht sich mutig auf den Weg. Er überlistet den bösen Fährmann Kasimir und dringt in die Höhle des Teufels ein, dessen Großmutter schließlich zu seiner heimlichen Komplizin wird. Stephan besteht seine Prüfung; der König kann ihm die Hand seiner Tochter nicht mehr verwehren. – »Ein Grimmsches Märchen, dem man eine gut gelungene Interpretation bescheinigen kann. Besonders die in kurzen Szenen hervorragende Darstellung des Teufels ... verdient ob ihrer animalisch-satanischen Echtheit und Überzeugungskraft hervorgehoben zu werden. Ansonsten: Klarer Punktsieg des Guten über das Böse, schöne Farben, Spannung und gut eingefügte Gruselgags.« (Hans G. Berthold, FILMBLÄTTER)

DER TEUFEL MIT DEN DREI GOLDENEN HAAREN (DDR 1977)
Anderer Titel für **Wer reißt denn gleich vorm Teufel aus?**

DER TEUFEL UND DANIEL WEBSTER
Anderer Titel für **Der Teufelsbauer**

DER TEUFEL UND DIE ZEHN GEBOTE
(LE DIABLE ET LES DIX COMMANDEMENTS). Frankreich/Italien 1962. **R:** *Julien Duvivier.* **B:** *Julien Duvivier, Maurice Bessy, René Barjavel, Henri Jeanson, Michel Audiard, Pascal Jardin.* **LV:** *David Alexander, William Link, Richard Levinson.* **K:** *Roger Fellous.* **M:** *Georges Gavarentz, Guy Magenta.* **D:** *Charles Aznavour (Denis), Jean-Claude Brialy (Angestellter), Danielle Darrieux (Clarisse), Alain Delon (Pierre Messager), Fernandel (Patient), Mel Ferrer (Philippe), Madeleine Robinson (Germaine Messager), Françoise Arnoul (Geliebte), Claude Dauphin (Ehemann), Micheline Presle (Ehefrau), Lino Ven-*

Der Teufel mit den drei goldenen Haaren

tura (Gangster), Louis de Funès (Dieb), Michel Simon (Klempner), Georges Wilson (Marcel Messager), Roland Armontel (Mercier). SW 127 Min.
Der allzu oft fluchende Hausmeister eines Nonnenklosters wird von einem zu Besuch weilenden Bischof verdonnert, die zehn Gebote auswendig zu lernen, woraufhin der Teufel in Gestalt einer Schlange materialisiert, um den Beweis zu führen, dass seine Verlockungen den Menschen viel lieber sind als fromme Sprüche. In episodischen Einschüben führt er vor, dass die Umgehung der zehn Ge/Verbote die Menschen erst richtig scharfmacht. Am Ende entpuppt sich der Bischof – sehr zum Triumph des Teufels – als Heuchler, der die zehn Gebote selbst nicht auswendig hersagen kann. – »Dem können wir eigentlich nur entgegenhalten, dass auch der Scherz mit der Sünde ein ansteckendes Übel ist.« (FILMDIENST)

DER TEUFEL UND SEINE ZWEI TÖCHTER
BRD/Spanien/Italien/Frankreich 1989. R: Jesus Garcia de Dueñas. B: Juan Tebar, Jesus Garcia de Dueñas. LV: »Blancaflor« spanisches Volksmärchen. K: José Luis Cabañas. SpE: Fernando Perez. M: Anton Dvorak, Mathias Spohr. D: Thomas Heinze (Martin), Emma Suarez (Blancaflor/Sombragis), Hector Alterio (Teufel), Karin Baal (Teresa), Lina Canalejas (Mutter), Francisco Casares. F 83 Min.
TV-Film. Die recht unterschiedlich geratenen Töchter des Teufels buhlen um die Liebe eines Bauernsohns. Die Schwarzhaarige ist abgefeimt und tückisch, die Blonde ein Herzchen, wie das Märchen es sich wünscht. »Ein äußerlich opulent inszenierter Märchenfilm, der stellenweise ein wenig zu trocken ist, um Kindern eine rundum vergnügliche Unterhaltung zu bieten.« (FILMDIENST)

DER TEUFEL VOM MÜHLENBERG
DDR 1954. R: Herbert Ballmann. B: Kurt Bortfeldt, Anneliese Probst. K: Götz Neumann. SpE: Ernst Kunstmann. M: Joachim Werzlau. D: Eva Kotthaus (Anne), Hans-Peter Minetti (Jörg), Willy A. Kleinau (Mühlmann), Werner Peters (Bangebös), Gerhard Frei (Raufer), Heinz Kammer (Ratte), Johannes Arpe (Anselm), Marianne Rudolph (Marthe), Jupp Stauden (Konrad), Gertrud Paulun (Marie), Hans Klering (Waldmüller), Werner Tronjeck (Melchior), Kurt Ulrich (Martin), Georg Niemann (Thomas), Trude Brentina (Else), Brigitte Lindenberg (Margrit), Alfred Maack (Grauer Köhler), Anibert Grimmer (Schwarzer Köhler), Wolf Beneckendorf (Ausrufer), Gudrun Wittek. F 86 Min.
Die Geister dreier über magische Kräfte gebietender Köhler helfen einer Gruppe von Harzer Bauern im Kampf gegen die ausbeuterischen Machenschaften eines Müllers, eines Burgvogts und eines Dorfschulzen, die keine Chance verstreichen lassen, die Ländler von sich abhängig zu machen. Unter Anleitung des Knechts Jörg und der Magd Anne schließen sich die Bauern zusammen und lehren die bösen Buben Mores. Die Halunken massakrieren sich gegenseitig; der sinistre Mühlmann wird zudem in einen Stein verwandelt. – »Gegen die Kapitalisten, die Großgrundbesitzer und die ›korrupte Staatsgewalt‹ erhebt sich die Gemeinschaft des Proletariats; die guten Waldgeister mögen dagegen profanierter Rest überirdischer Gewalten sein«, höhnte weiland der FILMDIENST über den »Märchenfarbfilm aus der Ostzone«, ohne dem Werk jedoch seine Qualitäten (»optisch recht eindrucksvoll gestaltet«) abzusprechen. Auch die Konkurrenz FILMBEOBACHTER fand Ballmanns Geschichte von der Solidarität der Geister mit den Geknechteten recht ordentlich: »So zeigt denn dieser Film eine beachtliche Routine in der Wahl der Landschaft, der Kostümierung, Architektur und nicht zuletzt der ausgezeichneten Trickfotografie. Nicht so gut gelungen sind der Dialog, der zwischen Hans Sachs und sozialistischem Drama schwankt, und die Musik, die nicht so recht zu der mittelalterlich-romantischen Geschichte und Kulisse passen will ... Aber es fällt doch auf, dass sich bei näherem Zusehen die Guten als lediglich durch die Primitivität des Mittelalters verhinderte Marxisten erweisen. Eine ernst zu nehmende Obrigkeit hätte es, wollte man diesem Film glauben, im Mittelalter nicht gegeben. In den Berggeistern erkennt man unschwer den präexistenten Friedrich Engels, der die Bauern zum wohlberechtigten Aufstand ruft. Schade! Das nimmt dem Film viel von der Atmosphäre, die ihm Landschaft, Farbe und Stoff verleihen könnten.«

DAS TEUFELSAUGE
Anderer Titel für **Die Jungfrauenbrücke**

DER TEUFELSBAUER
(ALL THAT MONEY CAN BUY). USA 1941. **R:** *William Dieterle.* **B:** *Dan Totheroh.* **LV:** *»Daniel Webster und die Seeschlange« von Stephen Vincent Benét.* **K:** *Joseph August.* **M:** *Bernard Herrmann.* **D:** *Edward Arnold (Daniel Webster), Walter Huston (Scratch), James Craig (Jabez Stone), Simone Simon (Bella Dee), Gene Lockhart (Slossum), Jane Darwell (Ma Stone), John Qualen (Stevens), H.B. Warner (Hawthorne), George Cleveland (Cy Bibber), Jeff Corey (Tom Sharp), Anne Shirley (Mary Stone), Frank Conlan (Sheriff), Alec Craig (Eli Higgins), Carl Stockdale (Van Brooks), Robert Strange (Gerichtsdiener), Sonny Bupp (Martin van Aldrich), Sarah Edward (Lucy Slossum), Lindy Wade (Dan Stone), Walter Baldwin (Hank), Eddie Dew (Farmer), Stewart Richards (Arzt), Robert E. Keane, Fern Emmitt (Ehepaar). SW 112 Min.*

New Hampshire, im 19. Jahrhundert: Der Bauer Jabez Stone verkauft seine Seele an den Teufel Scratch, damit er sein Leben in Wohlstand verbringen kann. Es kommt jedoch der Tag der Abrechnung, an dem Stone sich weigert, den Kontrakt zu erfüllen. Er bittet den Advokaten Daniel Webster um Beistand, und vor einem höllischen Gerichtshof, der sich aus berüchtigten Verrätern der amerikanischen Geschichte zusammensetzt, hält Webster ein gerissenes Plädoyer: Seiner Wortgewandtheit, so stellt sich heraus, ist nicht mal der Fürst der Finsternis gewachsen. – Eine amerikanische Version der Faust-Legende, brillant in der Machart und um keinen cineastischen Trick verlegen. – »Ein in mehrfacher Hinsicht magischer Akt.« (HALLIWELL'S FILMGUIDE) »Einer der besten Filme, die je gedreht wurden.« (Steven H. Scheuer, MOVIES ON TV) Bernard Hermann wurde für die Musik mit dem Oscar ausgezeichnet; Walter Huston erhielt für die Interpretation des Teufels eine Oscar-Nominierung.

DIE TEUFELSKÄTHE
(CERT A KACA). ČSSR 1955. **R:** *Václav Bedrich.* **B:** *J. A. Novotny, Václav Bedrich.* **K:** *Ivan Masnik,* *Zdena Hajdová.* **M:** *J. F. Fischer. F 47 Min. (Zeichentrick).*

Luzifer schickt einen trotteligen Teufel auf die Erde, um eine Fürstin in sein finsteres Reich zu holen, doch statt ihrer bringt der Abgesandte die »Teufelskäthe« mit, ein resolutes Mädchen vom Lande, das sich vor nichts fürchtet. Bald darauf hat Käthchen dem Herrn der Unterwelt dermaßen eingeheizt, dass der arme Teufel, der sie geholt hat, die Sache wieder rückgängig machen muss. Käthe kehrt in die Menschenwelt zurück.

DIE TEUFELSMÜHLE
(ČERTŮV MLÝN). ČSSR 1949. **R:** *Jiří Trnka.* **B:** *Jiří Trnka.* **K:** *Jiří Trnka.* **A:** *Břetislav Pojar, Stanislav Latá.* **M:** *Václav Trojan. SW 21 Min. (Puppenfilm).*

»Die gute Tat eines Kindes, das einem armen, alten Leierkastenmann ein Brot gibt, der es wiederum einem noch bedauernswerteren Alten weiterschenkt, trägt schöne Früchte. Denn der invalide Spielmann erhält für seine Drehorgel von dem geheimnisvollen Alten eine Kurbel, die ihm zu mitternächtlicher Stunde in der verfallenen Mühle beim Kampf mit dem Teufel und seinen Trabanten wertvolle Dienste leistet.« (FILMBEOBACHTER)

EINE TEUFLISCHE KARRIERE
(LIMIT UP). USA 1989. **R:** *Richard Martini.* **B:** *Richard Martini, Luana Anders.* **K:** *Peter Lyons Collister.* **M:** *John Tesh.* **D:** *Nancy Allen (Casey Falls), Luana Anders (Lehrerin), Sandra Bogan (Andy Lincoln), Kellie Joy Beals (Journalistin), Danitra Vance (Nike), Dean Stockwell (Peter Oak), Brad Hall (Marty Callahan), Ray Charles (Julius), Rance Howard (Chuck Feeney), Sally Kellerman (Sängerin), William J. Wolff (Rusty). F 84 Min.*

Casey arbeitet als Hilfskraft an der Börse von Chicago, wird von einem Chef-Ekel arg gebeutelt und möchte, wie die anderen Yuppies, groß rauskommen. Ihre Chance kommt, als sie auf die geheimnisvolle Nike vom »Verein verlorener Seelen« stößt. Nike offeriert ihr eine bombige Karriere, doch als Mitarbeiterin des Herrn der Hölle verlangt sie natürlich einen Preis: Caseys Seele. Um als Maklerin anerkannt zu werden, geht diese den teuflischen Pakt ein, doch als sie sich den immer ungeheuerlicher werdenden Forderungen Nikes widersetzt und pleite macht, entpuppt sich der vermeintliche Teufel als Engel, der sie nur auf die Probe stellen wollte. Unterhaltsam. [V]

THESEUS, HELD VON HELLAS

(TESEO CONTRO IL MINOTAURO). Italien 1960. **R:** *Mario Bonnard, Giorgio Capitano.* **B:** *Alessandro Continenza, Gian Paolo Callegari.* **K:** *Aldo Giordani.* **M:** *Carlo Rustichelli.* **D:** *Bob Mathias (Theseus), Rosanna Schiaffino (Phaedra/Ariadne), Alberto Lupo (Chryone), Rik Battaglia (Demetrius), Carlo Tamberlani (König Minos), Tina Lattanzi (Königin Pasiphae), Nerio Bernardi (König Egeo), Suzanne Lonet (Amphitrite), Nico Pepe (Genione), Tiziana Gasetti (Elea), Alberto Plebani (Xanto), Milo Malagoli (Minotaurus), Adriano Micantoni (Sunis), Amedeo Trilli (Ktesiphorus), Andrea Scotti (Alkmene), Vittorio Vaser (Timon), Vladimiro Piccifuochi (Gaoler), Paul Muller (Arzt). F 92 Min.*

Am Totenbett ihrer Mutter erfährt Phaedra, die »Tochter des verkalkten Kreterkönigs Minos« (FILMDIENST), dass sie eine in einem griechischen Dorf lebende Zwillingsschwester namens Ariadne hat, die ihr den Thron streitig machen könnte. Auf der Stelle beauftragt sie ihren Geliebten Chryone, das Mädchen aufzuspüren und umzubringen. Der blutige Überfall der Kreter auf das Dorf, in dem Ariadne lebt, wird von den aufrechten Recken Theseus und Demetrius beobachtet, die ihre Klingen ziehen und Ariadne vor dem Tod bewahren. Chryone, der erfährt, dass Demetrius' Familie auf Kreta lebt, droht daraufhin, selbige dem Halbmenschen Minotauros zum Fraße vorzuwerfen, sollte man die Gesuchte nicht ausliefern. Theseus und Demetrius gehen nach Kreta, um die Familie zu warnen, werden jedoch von Phaedra, die sich in Theseus verguckt, gefangengenommen. Demetrius und seine Angehörigen kommen um. Theseus kann zwar fliehen, stürzt jedoch verletzt ins Meer, wo sich die Göttin Amphitrite seiner annimmt und ihn mit einem prächtigen Schwert an die Oberwelt schickt. Auf Kreta erfährt Theseus, dass Chryones Truppen Ariadne entführt und in Phaedras Folterkammer gebracht haben. Er dringt in das unterirdische Labyrinth ein, tötet die Wachen der machtlüsternen Schönen, rettet die Gefangene und besiegt in einem klimaktischen Zweikampf den menschenfressenden Minotaurus. Phaedra stürzt auf der Flucht in den Zwinger ihrer Bluthunde; draußen revoltieren die Volksmassen und machen dem verbrecherischen Chryone den Garaus. – Zwar kann man dem Olympioniken (Zehnkämpfer) Bob Mathias nicht vorwerfen, er sei ein talentierter Schauspieler, doch im Gegensatz zu seinen Muskelmann-Kollegen Reg Park, Alan Steel und Dan Vadis erweckt er zumindest von der Physiognomie her den Eindruck, des Denkens fähig zu sein. Der Minotaurus, der Legende nach ein humanoides Wesen mit dem Kopf eines Stiers, sieht hier aus wie ein gewöhnlicher Stier mit Pappmaché-Kopf, der aufrecht geht. – »Ein potentiell interessanter Mythos, aus dem man wieder mal ein mechanisch ablaufendes italienisches Durchschnittsspektakel gemacht hat ... mit unnatürlich verkrampften Liebesszenen und ... schlampigem Schnitt. Zehnkampf-Weltmeister Bob Mathias erweist Theseus' Ein-Mann-Aktionen zwar alle Ehre, aber seine Darstellung ist – wie der gesamte Film – äußerst unbeeindruckend.« (MONTHLY FILM BULLETIN)

THOR, DER UNBESIEGBARE BARBAR

(THOR, IL CONQUISTATORE). Italien 1982. **R:** *Anthony Richmond [Teodoro Ricci].* **B:** *Tito Carpi.* **K:** *Giovanni Bergamini.* **M:** *Francesco De Masi.* **D:** *Conrad Nickols (Thor), Maria Romano (Etna), Christopher Holm, Malisa Lang, Raf Falcone, Angelo Ragusa. F 87 Min.*

Nachdem ein Tyrann seine Eltern gemeuchelt hat, wächst Klein-Thor in der Obhut eines Magiers zum Mighty Muscle Man heran und zieht aus, um Rache zu üben, wie's in Fantasy-Filmen und -Büchern billiger Machart üblich ist. Nachdem er das Zauberschwert ergattert hat, ohne das der Fantasy-Held offenbar überhaupt nichts kann, schlägt er Untiere und diverses menschliches Gewürm zu Brei, fegt durch die Sümpfe und gibt dem Oberschurken mit Hilfe seiner schlagkräftigen Braut das, was ihm zusteht. – Die armen Wichte, die hier agieren, würden in der Laienspielgruppe des St. Kützelmütz-Gymnasiums von

Hünxe nicht mal den Vorhang bedienen dürfen. – Zum Abgewöhnen. [V]

DER TIGER VON ESCHNAPUR
Titel des 2. Teils des Stummfilms Das indische Grabmal (Deutschland 1921) sowie des 1. Teils beider Tonfilmfassungen von Das indische Grabmal (Deutschland 1938/BRD 1958).

TIGGERS GROSSES ABENTEUER
MIT WINNIE PUUH UND SEINEN FREUNDEN
(THE TIGGER MOVIE). USA 2000. R: Jun Falkenstein. B: Jun Falkenstein. St: Eddie Guzelian. LV: A. A. Milne. M: Klaus Badelt, Richard M. Sherman, Robert B. Sherman. F 77 Min.
Der erste, noch kürzere Zeichenfilm um die Tiere aus A. A. Milnes Hundertmorgenwald entstand 1966, kurz vor Walt Disneys Tod: »Winnie the Pooh and the Honey Tree«. 1998 haben dann die Disney-Erben die gesamten Rechte sozusagen von den Milne-Erben übernommen und – schwuppdiwupp! – war auch schon ein neuer Zeichenfilm da. Diesmal steht Tigger im Mittelpunkt, obwohl diese Tigerkarikatur nur in drei Episoden der zahlreichen Pu-der-Bär-Geschichten überhaupt

auftaucht. Tigger, der doch so einzigartig ist, macht sich auf die Suche nach seiner Familie. Seine Freunde verkleiden sich als potentielle Familienmitglieder, um die Einsamkeit ihres Spielkameraden zu lindern. – Leider von den Disney-Leuten nur mit der linken Hand gemacht.

THE THRONE OF FIRE
(THE THRONE OF FIRE). Italien 1983. R: Franco Prosperi. B: Nino Marino. St: Giuseppe Buricchi, Nino Marino. K: Guglielmo Mancori. SpE: Paolo Ricci. M: Carlo Rustichelli, Paolo Rustichelli. D: Peter McCoy (Siegfried), Sabrina Siani (Prinzessin Belkarin), Harrison Muller (Monak), Benny Carduso (Monaks Adjutant), Peter Caine (Siegfrieds Vater), Dan Collins, Stefano Abbati, Roberto Lattanzio (Hofschranzen), Isarco Ravaioli, Amedeo Leonardi, Gianlorenzo Bernini (Krieger). F 89 Min.
Der Teufelsbote Belio zeugt mit der Hexe Asi den Satansbraten Monak, der den Feuerthron des Königs Argon besteigen soll, um die Menschen ins Verderben zu führen. Als Monak zum Jüngling herangereift ist, töten seine Mannen den König. Da jedoch nur ein »rechtmäßiger« Herrscher den Feuerthron besteigen darf, will Monak Prinzessin Belkarin ehelichen, die sich dem Finsterling wohlweislich durch Flucht entzieht. Monaks Suche nach der Schönen geht zwangsweise mit Mord und Terror einher, so dass sich Siegfried, der unverwundbare Sohn eines weisen Mannes, gezwungen sieht, für die Prinzessin Partei zu ergreifen. Wie alle dummen Filmtrottel lässt Monak seinen bärenstarken Gegner zwar mehrmals einkasteln, aber nie töten, weswegen er am Ende auch den kürzeren zieht. Es zeigt sich, dass der Feuerthron seinen Namen nicht zu Unrecht trägt: Als Monak unfreiwilligerweise auf ihm Platz nimmt, endet er als Fondue. – Die Dreistigkeit, mit der uns die Produzenten dieses saumäßig geplotteten Farbschinkens minutenlang Kampfszenen aus *Das Schwert des Barbaren* vorsetzen, zeigt wohl, für wes Geistes Kind sie die Konsumenten halten. Den Drehbuchautoren sollte ein Theologiestudium empfohlen werden: Dass sich der Sohn des Leibhaftigen von einem christlichen Mönch trauen lässt, ist kaum zu glauben. Über den logischen Gesamtaufbau und die technische

Ausführung (Kameraarbeit) auch nur ein Wort zu verlieren, hieße diesem Stumpfsinn zuviel Ehre anzutun.

TIME BANDITS

(TIME BANDITS). GB 1981. **R:** *Terry Gilliam.* **B:** *Terry Gilliam, Michael Palin.* **K:** *Peter Biziou.* **SpE:** *John Bunker, Ross King.* **M:** *Mike Moran, George Harrison.* **D:** *Craig Warnock (Kevin), David Rappaport (Randall), Kenny Baker (Fidgit), Jack Purvis (Wally), Mike Edmonds (Og), Malcolm Dixon (Strutten), Tiny Ross (Vermin), David Warner (Das Böse), Ralph Richardson (Oberstes Wesen), John Cleese (Robin Hood), Sean Connery (Agamemnon), Shelley Duvall (Pansy), Peter Vaughan (Riese), Katherine Helmond (Frau Riese), Ian Holm (Napoleon), Michael Palin (Vincent). F 104 Min.*

Der achtjährige Kevin wird von seinen Eltern vernachlässigt und ist als Träumer verschrien. Eines Nachts jedoch personifiziert sich die Macht dieser Träume in seinem Schlafzimmer: Sechs Zwerge purzeln aus dem Kleiderschrank. Einst hätten sie dem »Obersten Wesen« bei der Erschaffung der Welt assistiert, erzählen sie, wären dann aber wegen eines 200 m großen rosafarbenen Stinkbaums in die Abteilung Zeitlochreparatur strafversetzt worden. Nun hätten sie die Zeitlochkarte kurzerhand gemopst, um die erfolgreichsten Banditen aller Zeiten zu werden. Kevin schließt sich ihnen an. Nach einigen Abenteuern mit Napoleon, Robin Hood und Agamemnon landen die sieben auf der »Titanic«. Inzwischen hat auch »das Böse« ein Auge auf die Karte geworfen. Mit einem Strudel saugt es die Freunde ins Land der Legenden, wo in der Festung der Dunkelheit das letzte Gefecht um die Karte entbrennt. Nachdem die herbeizitierten Cowboys, Ritter, Panzer und Raumschiffe schmählich versagen, sorgt im letzten Moment das Oberste Wesen für Ordnung und sendet Kevin in die Gegenwart zurück. Mit dem letzten Überrest des Bösen vergehen dort zugleich seine konsumvernarrten Eltern. – Fantasy-Parodie, wie sie sein kann; Fantasy-Parodie, wie sie sein muss: »Napoleon entpuppt sich als Fan von Puppenspielen und weniger als überragender Schlachtenlenker. Robin Hood, eigentlich doch der barmherzige Samariter, ist ein schwuler Stot-

Time Bandits

terer, der die Bauern auspreßt. Der Griechen-König Agamemnon vertreibt sich die Zeit mit albernen Zauberkunststückchen; ein von manchen Zipperlein geplagter menschenfressender Riese erweist sich als eingebildeter Kranker. Und das Oberste Wesen schließlich ist nichts weiter als ein Businessman, der seine Autorität mit der Verbitterung eines frustrierten Dorfschulmeisters ausübt.« (VIDEO-KONTAKT) Den Vogel in diesem skurrilen, von Einfällen überschäumenden, für sein mageres Budget blendend getricksten Geschichtspanoptikum schießt allerdings David Warner als technikbesessener Teufel mit höchst eigenwilligen Vorstellungen über die Schöpfungsgestaltung ab: »Ich hätte am ersten Tag punkt acht mit Lasern angefangen!« – »Den größeren Spaß haben ... wohl die ›großen Kinder‹, die das verzwickte Spiel mit den Erzählebenen, die cineastischen Anspielungen (etwa auf Pasolinis Interieurs und Kostüme in der Agamemnon-Episode oder Cormans *Duell der Zauberer* [d.i. *Der Rabe*] im Schlachtenfinale) und, nicht zuletzt, die frechen ›sophisticated‹ Kommentare über Gott, den Teufel und die Welt als vergnügliche Westentaschenphilosophie voll auskosten können. Terry Gilliam hat seit seinen Monty Python-Filmen dazugelernt: Er ist nicht mehr so platt direkt, lärmend und verletzend in seiner Komik, sondern optischer, versponnener und poetischer im Ausdruck geworden, wenn auch mancher vordergründige und makabre Gag noch die Herkunft ahnen lässt. Nicht alles stimmt: So hat manche Episode spürbare Temposchwächen oder ist zeitlich und inhaltlich im Filmganzen entschieden übergewichtet. Aber insgesamt macht der Film durchaus Spaß.« (FILMDIENST) Was wir für die Untertreibung des Monats halten. [V]

TIME BARBARIANS

(TIME BARBARIANS). *USA 1990.* **R:** *Joseph John Barmettler.* **B:** *Joseph John Barmettler.* **K:** *Kevin Morrisey.* **M:** *Miriam Cutler.* **D:** *Deron McBee (König Doran), Jo-Ann Ayres (Lystra/Penny Price), Daniel Martine (Mandrak), Louis Roth (Stako), Michael Ferrare (Brice). F 96 Min.*
Von einem magischen Kristallamulett beschützt, bekämpfen der Barbarenkönig Doran und seine Männer im Fantasyland Armana sowie in den

USA der Gegenwart (1990) die Mächte des Bösen sowie den Meuchler einer Frau und kehren in ihre Welt zurück. – Dümmliche Haudrauf-Action mit untalentierten Mimen und einem Drehbuchschreiber, bei dessen Dialogen es sogar der Sau graust. [V]

TISCHLEIN, DECK DICH

BRD 1956. **R:** *Fritz Genschow.* **B:** *Fritz Genschow, Renée Stobrawa.* **LV:** *Gebrüder Grimm.* **K:** *Gerhard Huttula.* **M:** *Richard Strauch.* **D:** *Rita-Maria Nowottny, Renée Stobrawa, Siegrid Hackenberg, Karola Ebeling, Werner Stock, Horst Keitel, Harald Dietl, Wulf Rittscher. F 79 Min.*
Ein habgieriger Wirt betrügt drei Wandergesellen um einen Wundertisch, der sich selbst deckt, einen Dukaten kackenden Esel und einen mysteriösen Beutel, dessen Inhalt (ein Knüppel) sich in einem grandiosen Finale als Helfer der Schwachen entpuppt. – Eine freie Bearbeitung des bekannten Grimmschen Märchens, erweitert durch zahlreiche Gesangs- und Tanzeinlagen, wobei sämtliche Dialoge in Reimen gesprochen werden. – »Dieser Stoff vermag das kindliche Gemüt nicht so einfach anzusprechen wie die Zauber- und Feenmärchen. Trotzdem wird die Geschichte von den drei Söhnen des Schneiders, die als anständige Burschen ihr Glück machen, nachdem der Jüngste durch seine Pfiffigkeit das Missgeschick seiner Brüder wieder zum Guten wendete, mit Vergnügen aufgenommen.« (Erika Daub, FILMBLÄTTER) [V]

TISCHLEIN, DECK DICH

BRD 1956. **R:** *Jürgen von Alten.* **B:** *Konrad Lustig.* **LV:** *Gebrüder Grimm.* **K:** *Wolfgang Schwan.* **M:** *Carl Stueber.* **D:** *Bobby Todd, Rolf Bollmann, Fritz Wepper, Helmuth Lieber, Hans Elwenspoek (Wirt), Marga Henning-Roth. F 77 Min.*
Ein trotteliger Schneider lässt sich von einer sprechenden Ziege Lügen über seine Söhne auftischen und wirft sie hinaus. Daraufhin treten sie in den Dienst eines Magiers und erhalten als Belohnung für ihren Fleiß ein Zaubertischchen, einen Dukaten kackenden Esel und einen Sack, in dem sich ein Knüppel befindet, der auf Befehl aktiv wird. Ein habgieriger Wirt vertauscht die Schätze, und als die Brüder den Leuten ihre Wunderdinge vor-

führen wollen, machen sie sich zum Gespött. Der jüngste Bruder kommt dem betrügerischen Kneipier auf die Schliche; er lässt den Knüppel so lange auf dem Wanst des Wirtes tanzen, bis er die ergaunerten Schätze wieder herausrückt. – »Überall merkt man die liebevolle Aufmerksamkeit, die die Inszenierung einem stilistisch geschlossenen kleinen Kunstwerk schenkte.« (Walter Talmon-Gros, FILMECHO)

TISCHLEIN, DECK DICH – ESEL, STRECK DICH – KNÜPPEL AUS DEM SACK!

Deutschland 193*. **R:** *Hubert Schonger.* **LV:** *Gebrüder Grimm. SW 80 Min.*
»Vertrieben aus dem Elternhaus, wandern drei Brüder in die weite Welt und gewinnen Gunst bei ihren Meistern, so dass der Tischlergeselle sich das ›Tischlein, deck dich‹ erwirbt, der Müllergeselle den goldspeienden ›Esel, streck dich‹, der Drechslergeselle endlich den ›Knüppel aus dem Sack‹. Da aber auch im Märchen die Menschen recht oft böse sind, so wird dem ersten sein Zaubertisch und dem zweiten sein Zauberesel von einem betrügerischen Wirt vertauscht. So wäre denn alles verloren, wenn nicht der dritte mit seinem ›Knüppel aus dem Sack‹ die gestohlenen Zaubergaben aus dem Dieb wieder herausprügeln ließe. Und dass die drei mit ihren Schätzen daheim viel Lob und Ehre ernten, das versteht sich wohl von selbst ... Auch bei diesem Märchenfilm ist die Moral überaus zeitgemäß: Noch immer ist ein tüchtiger ›Knüppel aus dem Sack‹ eine bessere Waffe gegen die Bosheit der Welt als Gold und Üppigkeit.« (KAMERA LÄUFT. Ein Almanach zum 25jährigen Bestehen Schongerfilm Hubert Schonger]. – In der Adenauer-Republik in Farbe neuverfilmt (1956).

TOBIAS TOTZ UND SEIN LÖWE

BRD 1999. **R:** *Thilo Graf Rothkirch, Piet de Rycker.* **B:** *Thilo Graf Rothkirch, Bert Schrickel.* **M:** *Nikolau Glowna, Siggi Mueller. F 77 Min.* *(Zeichentrick).*
Tierwärter Tobias Totz und sein Löwe gehören in den kinderfreundlichen Zoo des »Sandmännchen«, wo sie dem jüngsten Publikum in kürzesten Häppchen serviert werden. Und so wäre es am besten auch geblieben, aber der Produzent (und Designer der Viecher) wollte mit seinen »Kunstwerken« unbedingt auf die Kinoleinwand: Tobias Totz reist nach Afrika, um seinem Löwen eine Löwin zu suchen. In der Mitte, wo es dramaturgisch arge Hänger gibt, kommt es zu einer geschmacklosen Traumsequenz sozusagen im siebten Himmel.

DER TOD STEHT IHR GUT

(DEATH BECOMES HER). USA 1992. **R:** *Robert Zemeckis.* **B:** *Martin Donovan, David Koepp.* **K:** *Dean Cundey.* **SpE:** *Industrial Light & Magic.* **Ma:** *Dick Smith.* **D:** *Meryl Streep (Madeline Ashton), Goldie Hawn (Helen Sharp), Bruce Willis (Dr. Ernest Menville), Isabella Rossellini (Hexe), Ian Ogilvie (Chagall), Adam Storke (Dakota), Nancy Fish, Alaina Reed Hall, Michelle Johnson, Mary Ellen Trainor, Sydney Pollack. F 103 Min.*
Eine schwarze Komödie um den krankhaften Schönheitswahn der amerikanischen Gesellschaft: Meryl Streep hat keine großen Schwierigkeiten, eine in die Jahre gekommene Schauspielerin in ihrem aussichtslosen Kampf gegen Falten und Krähenfüße zu verkörpern. Ihrer ehedem besten Freundin Helen schnappt Madeline den Mann weg, einen Schönheitschirurgen, doch der vertauscht das Skalpell mit der Whiskyflasche. Also rennt Madeline in einem faustischen Anfall zu einer Hexe, welche ihre zweifelhafte Schönheit mit einem Zaubertrank restauriert, der ihr ewige Jugend garantiert. Einen Nachteil hat die Sache allerdings: Jetzt ist sie zwar schön, aber tot – und immer wieder geht der Lack ab, es muss heftig retuschiert und nachgebessert werden. So rutscht der Megäre nach einem Schaufelhieb der Kopf zwischen die Schultern und verdreht sich nach einem Treppensturz um hundertachtzig Grad. Aber sie ist nicht die einzige: Auch die sitzengelassene, inzwischen schwabbelige Freundin hat die Magierin konsultiert. Ihre Rivalin schießt ihr ein kanonenkugelgroßes Loch in den Bauch.

DER TODESJÄGER

(THE DEATHSTALKER). USA 1983. **R:** *John Watson.* **B:** *Howand R. Cohen.* **K:** *Leonardo Rodriguez Solis.* **SpE:** *Michael Bronstein.* **M:** *Oscar Odoso Ocampo.* **D:** *Rick Hill (Todesjäger), Barbi*

Benton (Codille), Richard Brooker (Oghris), Lana Clarkson (Kaina), Victor Bo (Kang), Bernard Erhard (Munkar), August Larreta (Salmaron), Lillian Ker (Toralva), Marcos Woinsky (Gargit), Adrian de Piero (Nicon), George Sorvic (König Tulak), Boy Olmi (Junger Mann), Maria Fournery (Anella), Sebastian Larreta (Talan), Amalia Marty (Zaptiah), Horace Morassi, Claude Petty, Rudy Kumze. F 80 Min.

Nicht mal vom (nun bei den Schweinen lebenden) Ex-König Tulak lässt sich der blonde Muskelprotz »Todesjäger« verleiten, den Kampf gegen den finsteren Thron- und Prinzessinnenräuber Munkar aufzunehmen. Unser Held eilt erst zu den Waffen, als er erfährt, dass der schurkische Magier seine Eltern hat meucheln lassen. Da Munkar angeblich einen Erben sucht (tatsächlich will er sich nur potentielle Gegner vom Halse schaffen), hat er in seiner Trutzburg zum Turnier geladen: Der Stärkste soll sein Reich erhalten. Der Todesjäger schlägt beim Kampf sämtliche Recken und Monster, und am Ende gelingt es ihm sogar, mit seinem Zauberschwert (Gähn) den magischen Kelch zu erbeuten, der des Fieslings Schicksal endgültig besiegelt. – Am besten ist noch die Anfangssequenz, die stellenweise etwas Atmosphäreähnliches aufkommen lässt, aber kaum macht der Held die Klappe auf, ist der Zauber dahin. Das Ausdrucksvermögen der verpflichteten

EINE ATEMBERAUBENDE REISE DURCH DAS LAND DER ABENTEUER!

Der Todesjäger

Knallchargen spottet jeder Beschreibung. Mit Einschränkungen ansehenswert: die üppigen Formen der wilden Amazone Kaina, die denen der Prinzessin allemal die Show stehlen. Leider dient die Schöne nach kurzer Zeit als Atzung für die Geier. [V]

TÖDLICHE VERSUCHUNG

(BYAKUYA NO YOJO). Japan 1957. R: Eisuke Takizawa. B: Toshio Yasumi. LV: Kyoka Izumi. K: Minoru Yokoyama. M: Yukata Makino. D: Ryoji Hayama (Mönch), Yumeji Tsukioka (Frau), Tadashi Kobayashi (Gnom), Ichijibo Ohya (Großvater), Jun Hamamuna (Verbrecher). F 88 Min.

In einem düsteren Wald stößt ein verwundeter buddhistischer Mönch auf ein einsames Haus. Drinnen wohnen eine schöne junge Frau, ein schwachsinniger Gnom und eine Schar von Kröten, Stieren und Fledermäusen. Wie sich herausstellt, ist der Gnom 600 Jahre alt, der letzte seines Geschlechts und mit der Frau verheiratet, die ihm auf Geheiß seines Großvaters einen Sohn gebären soll. Ansonsten hat sie jedoch freie Hand: Sie darf sich so viele Männer nehmen, wie sie will, vorausgesetzt, sie verliebt sich nicht. Um dies zu vermeiden, verwandelt sie vorsichtshalber alle Liebhaber in Tiere (»was selbstredend Anlaß zu entsprechend abwegigen Andeutungen gibt«, FILMDIENST). Als indes die Reihe an den Mönch kommt, geht Frau samt Gnom doch lieber ins Wasser. Um eine Erfahrung reicher kehrt der Mönch ins Kloster zurück. – »Regisseur Eisuke Takizawa verlieh seinem Film eine unheimliche Atmosphäre, die durchaus zu den ausgesprochen seltsamen Figuren paßt. Unterstützt werden Geschichte und Besetzung durch eine exquisite Farbfotografie, die in zartem Pastell Bilder von tiefen Wäldern, wolkenverhangenen Bergen, abgelegenen Seen und Wasserfällen einfängt, wie man sie im japanischen Film nur selten findet. Wie ihre Schauplätze strahlt diese Allegorie vor Schönheit, auch wenn die guten Absichten der Schauspieler mitunter übertrieben und von Anfang an durchsichtig erscheinen.« (NEW YORK TIMES)

DER TOLLE KÄFER IN DER RALLYE MONTE CARLO

(HERBIE GOES TO MONTE CARLO). USA 1977. **R:** Vincent McEveety. **B:** Arthur Alsberg, Don Nelson. **K:** Leonard J. South. **M:** Frank de Vol. **D:** Dean Jones (Jim Douglas), Julie Sommars (Diane Daney), Don Knotts (Wheely Applegate), Roy Kinnear (Quincey), Eric Braeden (Bruno von Stickel), Laurie Main (Duval), Bernard Fox (Max), Alan Caillou (Eddie), Jacques Mann (Inspektor Bouchet), Xavier Saint Macary (Fontenony), Françoise Lalande (Ribeaux). F 105 Min.

Zwei Gangstertölpel schmuggeln Diamanten in Herbies Tank und versuchen während der Rallye Paris-Monte Carlo alles, den tollen Käfer an der Weiterfahrt zu hindern. Mit Unterstützung seines unterbelichteten Mechanikers Wheely gelingt es Herbie nicht nur, die beiden Ganoven dingfest zu machen, sondern seinen Fahrer Jim daneben noch mit der Fahrerin des Lancia zu verkuppeln, auf den er selbst ein Auge geworfen hat. Angeblich hat der Film den Song »Running on Empty« inspiriert. [V]

EIN TOLLER KÄFER

(THE LOVE BUG). USA 1968. **R:** Robert Stevenson. **B:** Bill Walsh, Don DaGradi. **St:** Gordon Buford. **K:** Edward Colman. **SpE:** Eustace Lycett, Alan Maley, Peter Ellenshaw, Robert A. Mattey, Howard Jensen, Danny Lee. **M:** George Bruns. **D:** Dean Jones (Jim Douglas), Michele Lee (Carole Bennett), David Tomlinson (Peter Thorndyke), Buddy Hackett (Tennessee Steinmetz), Joe Flynn (Havershaw), Benson Fong (Tang Wu), Joe E. Ross (Detektiv), Barry Kelley (Polizist), Iris Adrian (Kellnerin). F 107 Min.

Von der Verkäuferin Carole angelockt, schneit der Rennfahrer Jim Douglas in den vornehmen Autosalon seines Rivalen Thorndyke hinein. Tags darauf steht ein kleiner VW-Käfer vor seinem Haus. Alle Versuche, das Vehikel wieder loszuwerden, das bislang in Thorndykes Salon ein Mauerblümchendasein fristete, erweisen sich als fruchtlos. Bald erkennt Jims Mechaniker Tennessee, dass Herbie, wie er den Wagen tauft, offenbar eine Seele hat. Beim ersten gemeinsamen Rennen steuert Herbie Jim zu einem famosen Sieg. Thorndyke riecht den Braten und versucht,

Herbie zurückzukaufen. Als der mittlerweile in Carole verliebte Jim ablehnt, fummelt Thorndyke an Herbies Benzinleitung herum. Prompt verliert Jim das nächste Rennen und fängt an, mit einem Ferrari zu liebäugeln. Rasend vor Eifersucht demoliert Herbie den teuren Schlitten und will sich hernach ins Wasser stürzen. Das kann Jim zwar in letzter Sekunde verhindern, doch auf seiner Amokfahrt hat Herbie das halbe Chinesenviertel demoliert. Als Entschädigung verspricht er dem reichen Tang Wu, am hochdotierten Eldorado-Rennen teilzunehmen, das er trotz Thorndykes mieser Tricks gewinnt. Jim heiratet seine Carole und fährt mit Herbie in die Flitterwochen davon. – Ein toller Käfer ist im Grunde kaum mehr als die logische Fortschreibung von Disneys anthropomorphistischen Prinzipien. Statt eines sprechenden Hundes (Der unheimliche Zotti) sorgte nun ein vermenschlichtes Auto für die Lacher: ein weißer VW-Käfer mit Seele, der zwar in der Regel tut, was er will, seinem Fahrer aber doch die gleiche Zuneigung entgegenbringt wie dieser ihm. Diese genial einfache Idee genügte, das ansonsten nach einschlägigem Muster gestrickte Automärchen in Deutschland und dem Rest der Welt zu einem der erfolgreichsten Disney-Filme aller Zeiten zu machen. Fortsetzungen und Nachzieher blieben nicht aus. Neben drei weiteren Herbie-Abenteuern aus Amerika entstanden auch zwei deutsche Filme um den Wunderkäfer Dudu, unter dessen Haube statt einer Seele aber nur technischer Krimskrams schlummert. Ein weiteres Fließbandprodukt der beseelten Autos ist der sprechende Trans-Am KITT 2000 aus der TV-Serie Knight Rider. [V]

DIE TOLLKÜHNE HEXE IN IHREM FLIEGENDEN BETT

(BEDKNOBS AND BROOMSTICKS). USA 1971. **R:** Robert Stevenson. **B:** Bill Walsh, Don DaGradi. **LV:** »The Magic Bed-Knob« von Mary Norton. **K:** Frank Phillips. **SpE:** Alan Maley, Danny Lee, Eustace Lycett. **M:** Richard M. Sherman, Robert B. Sherman. **A:** Ward Kimball, McLaren Stewart. **D:** Angela Lansbury (Eglantine Price), David Tomlinson (Emelius Browne), Cindy O'Callaghan (Carrie), Roy Snart (Paul), Ian Weighill (Charlie), Tessie O'Shea (Frau Hobday), Roddy McDo-

wall (Jelk), Sam Jaffe (Flohmarkt-Antiquar), John Ericson (Oberst Heller), Bruce Forsyth (Swinburne), Arthur E. Gould-Porter (Hauptmann Green). F 104 Min.

England, 1940. Nach einem Luftangriff auf London werden die Waisenkinder Charlie, Paul und Carrie in das Küstendorf Pepperinge Eye evakuiert und im Haus der exzentrischen Eglantine Price einquartiert. Bald schon kommen sie hinter das Geheimnis der schrulligen alten Dame. Miss Price ist eine angehende Hexe, die mit Hilfe eines Fernkurses gerade dabei ist, ihre Fähigkeiten zu vervollkommnen. Als die letzte und wichtigste Lektion, die ihr das Geheimnis der »substitutiven Lokomotion« enthüllen soll, ausbleibt, machen sich Miss Price und ihre Schützlinge per fliegendem Zauberbett auf den Weg nach London. Doch Professor Browne, der Leiter der Fernschule, erweist sich als Betrüger, der die Lektionen nur aus einem alten, inzwischen verkauften Zauberbuch abschreibt. Von einem Buchhändler in der Portobello Road erfährt Miss Price, dass der Zauberspruch für die »substitutive Lokomotion« auf einem Stein eingraviert sei, den man nur im fernen Nabumbu finden könne. Nach einem Zwischenstop unter dem Meer kommen die fünf in dem verzauberten, von sprechenden Tieren bevölkerten Königreich an.

Wie sie bald bemerken, hängt der Zauberstein um den Hals des Löwenkönigs. Während eines ruppigen Fußballspiels zwischen der königlichen Mannschaft und einem Elefantenrudel kann Browne ihn stehlen. Dem Zorn des Königs knapp entronnen, fliegen die fünf zurück nach Pepperinge Eye. Dort liegen inzwischen die Schiffe der Nazis vor der Küste. Die Invasion steht kurz bevor. Per »substitutiver Lokomotion« belebt Miss Price Ritterrüstungen im örtlichen Museum und schlägt die Deutschen in die Flucht. Als eine Explosion ihre Zauberutensilien vernichtet, steht der Familiengründung nichts mehr im Wege. – *Die tollkühne Hexe* erinnert nicht von ungefähr an *Mary Poppins*. Ursprünglich hatten die Disney-Studios den Film als Alternativprojekt zu der von einem Disput mit der Vorlagenautorin gefährdeten Travers-Verfilmung geplant. Als die Streitigkeiten beigelegt werden konnten, wurde das Ausweichkonzept fürs erste auf Eis gelegt. So besan-

nen sich erst Disneys Nachlaßverwalter bei der Suche nach einem zugkräftigen Stoff wieder auf die *Tollkühne Hexe*. Der Versuch, an den Erfolg von *Mary Poppins* anzuknüpfen, misslang jedoch. Zwar nicht ganz so zuckersüß, dafür wesentlich hausbackener als sein Vorbild inszeniert, kann der episodische Film nie die rechte Linie finden. Wohl entbehrt das Ganze nicht eines gewissen Charmes, und auch das tricktechnisch gelungene verrückte Fußballspiel ist ein komisches Juwel, doch schleicht sich zwischendrin des öfteren reichlicher Leerlauf ein, den auch die köstliche Angela Lansbury nicht ganz aufwiegen kann. »Der Film ist harmlos und vergnüglich genug. Recht lang und langsam ist er freilich auch. Die Songs sind uninteressant und die optischen Tricks, so gelungen sie auch sind, stottern zu sehr, um das Projekt in die Luft zu bringen. Nach Disneys selbstgesetztem Standard ein enttäuschendes Unterfangen.« (LOS ANGELES TIMES) – Ein Oscar für die Spezialeffekte, vier Nominierungen für Ausstattung, Kostüme, Musikbearbeitung und besten Song. [V]

DER TOLLKÜHNE LÜGENBARON

(LES FABULEUSES AVENTURES DU LEGENDAIRE BARON MUNCHHAUSEN). Frankreich 1979. **R:** *Jean Image.* **B:** *France Image, Jean Image.* **K:** *Per Olaf Csongoval.* **A:** *Olivier Bonnet, Denis Boutin, Jean-Pierre Jacquet.* **M:** *Michel Legrand.* F 78 Min. *(Zeichentrick).*

Lügenbaron Münchhausen unterhält eine Schar geladener Gäste mit den phantastischen Abenteuern, die er erlebte, nachdem der König ihn bat, einem befreundeten Sultan ein Geschenk zu überbringen: Er funktioniert mittels einer Schnur voller Speckstücke einen Gänseschwarm zum Transportmittel um und begegnet auf seiner Reise allerlei skurrilen Lebewesen: einem achtbeinigen Hasen, der auf sein zweites Beinquartett umschaltet, wenn er des Laufens müde ist, dem Sturmriesen Blasius, dem Super-Hörer Horch und einem Schwarm doppelköpfiger Geier, der ihn vors Vogelgericht zerrt. Die Gäste des Herrn Münchhausen amüsieren sich königlich, die Kritiker (schon wegen der jämmerlich kalauernden Synchronisation) jedoch weit weniger. – »Die Pluspunkte des Films sind seine festgelegten Charaktere«, fand VARIETY, »und zwar angefangen beim stets schnurrbartzwirbelnden Baron persönlich sowie der Verwendung leuchtender Malkastenfarben. Die Animation ist zwar einfacher als der fließend-glatte Ausstoß der Disney-Studios, entbehrt aber nicht eines sprunghaften Charmes ... Ein Kinderfilm deutlich europäischer Prägung, der den Kleinen in aller Welt gefallen wird, wenn wahrscheinlich auch vorrangig via Fernsehschirm.« – »Auch den bildgestalterischen Möglichkeiten des Trickfilms hat man wenig abgewonnen. Vorwiegend bewegen sich die Figuren zweidimensional, von einem Bildrand zum anderen. Aus den Möglichkeiten des Zeichenstifts heraus entwickelte Handlungselemente gibt es nicht.« (Josef Schnelle, FILMDIENST)

DIE TOLLKÜHNEN ABENTEUER DES MARCO POLO JR.

(MARCO POLO JUNIOR). Australien 1973. **R:** *Eric Porter.* **B:** *Sheldon Moldoff.* **LV:** *Sheldon Moldoff.* **M:** *Joel Herron.* **A:** *Cam Ford, Peter Gardiner. F 81 Min. (Zeichentrick).*

Auf Geheiß seines Großvaters macht sich Marco, der 49. Nachfahr des Marco Polo, auf den Weg ins Königreich Xanadu, um seine Hälfte der goldenen Münze der Freundschaft mit der von Prinzessin Pflaumenblüte zu vereinen. Inzwischen hat sich jedoch der böse Rote Drache Xanadus bemächtigt und die Prinzessin gefangennehmen lassen. Um Marcos Münzenhälfte in seine Gewalt zu bringen, beschwört er einen Sturm herauf, der Marcos Schiff zum Kentern bringt. In einem Faß rettet sich Marco in einen sicheren Hafen und tut sich mit einem uralten Guru zusammen. Nach längerer Reise über hohe Berge, wo ihnen u.a. ein schüchterner Dinosaurier begegnet, treffen sie im Tal der Farne auf die entkommene Prinzessin und ihren Diener Pangu.

Erneut von den Soldaten des Roten Drachen überwältigt, gelingt es Marco zu entwischen und während der Hochzeitszeremonie die Stimme der Flamme, die Machtquelle des Roten Drachen, zu zerstören. – Ein australisches Disney-Plagiat, das seine zahlreichen Schwächen mit überdrehter Hektik und einigen Trickeffekten à la *2001* aufzuwiegen versucht. [V] *(Marco Polo und der Rote Drache)*

TOM, CROSBY UND DIE MÄUSEPOLIZEI

(JACK AND THE BEANSTALK). Japan 1974. **R:** *Gisaburo Sugii.* **B:** *Shuji Hirami.* **M:** *Takashi Miki, Tadao Inoue, Shunichi Tokuna.* **A:** *Shigenu Yamamoto, Yasuo Maeda, Teruhito Kamiguchi, Takatenu Miwa, Kazuko Nakamuna, Toshio Hirata, Kanji Akaboni, Sadao Tsukioka. F 86 Min. (Zeichentrick).*

Auf dem Weg zum Markt dreht ein Zauberer dem Bauernjungen Tom für seine Kuh eine Handvoll Zauberbohnen an. Als daraus tatsächlich eine bis ins Reich der Feen reichende Riesenbohnenstange entsprießt und eines schönen Tages ein niedliches Mäuschen daran herunterrutscht, machen sich Tom und sein Hund Crosby auf, die Feenprinzessin vor der bösen Königin der Nacht und ihrem Riesensohn zu retten. Was ihm auch gelingt. Vorher legen die beiden Bösewichte allerdings das halbe Reich der Feen in Schutt und Asche. – »Dramaturgisch knirscht die Geschichte in allen Gelenken.« (FILMDIENST) Animation und Synchronisation sind auch nicht sehr viel besser. [V] *(Tom, Crosby und die Mäusebrigade)*

TOM, CROSBY UND DIE MÄUSEBRIGADE

Anderer Titel für **Tom, Crosby und die Mäusepolizei**

TOMMY

(TOMMY). GB 1974. **R:** *Ken Russell.* **B:** *Ken Russell.* **VM** *Pete Townshend, John Entwistle, Keith Moon.* **K:** *Dick Bush, Ronnie Taylor.* **SpE:** *Effects Associates, Nobby Clarke, Camera Effects, Robin Lehmann.* **D:** *Roger Daltrey (Tommy), Ann-Margret (Nora Walker), Oliver Reed (Frank Hobbs), Elton John (Pinball Wizard), Eric Clapton (Prediger), Keith Moon (Onkel Ernie), Jack Nicholson (Spezialist), Robert Powell (Captain Walker), Paul Nicholas (Vetter Kevin), Tina Turner (Acid Queen), Barry Winch (Tommy als Kind), Victoria Russell (Sally Simpson), Ben Aris (Reverend Simpson), Mary Holland (Mrs. Simpson), John Entwistle, Pete Townshend, Gary Rich (Musiker), Dick Allan (Präsident der Black Angels). F 108 Min.*

Nach einem Schäferstündchen mit seiner Frau Nora zieht Captain Walker in den Zweiten Weltkrieg. Wenig später erhält Nora die Nachricht, dass ihr Mann abgeschossen wurde. Als einziger Trost bleibt ihr der Sohn Tommy. Jahre später kommt der Totgeglaubte unerwartet nach Hause, wo er seine Frau in den Armen ihres Liebhabers Frank Hobbs vorfindet. Tommy wird Zeuge, wie der bullige Frank seinen Vater umbringt. Der Schock raubt ihm die Sinne: Er ist fortan blind, taub und stumm. In den folgenden Jahren schicken ihn Nora und Frank in die absonderlichsten Kuren. Ein Prediger verheißt mit Marilyn Monroe-Madonnen wundersame Rettung; die Acid Queen versucht's mit LSD; Vetter Kevin treibt sadistische Spielchen mit ihm; der perverse Onkel Ennie verführt ihn gar. Als ihn sein Spiegelbild auf einen Schrottplatz führt, entdeckt Tommy sein Talent fürs Flippern. Kurz darauf besiegt er den amtierenden Weltmeister Pinball Wizard und beschert Nora und Frank Reichtum und Wohlstand. Beide investieren ihr Geld in einen berühmten Spezialisten, der jedoch wie alle anderen versagt. In einem Wutanfall stößt Nora Tommy in sein eigenes Spiegelbild. Der Schock

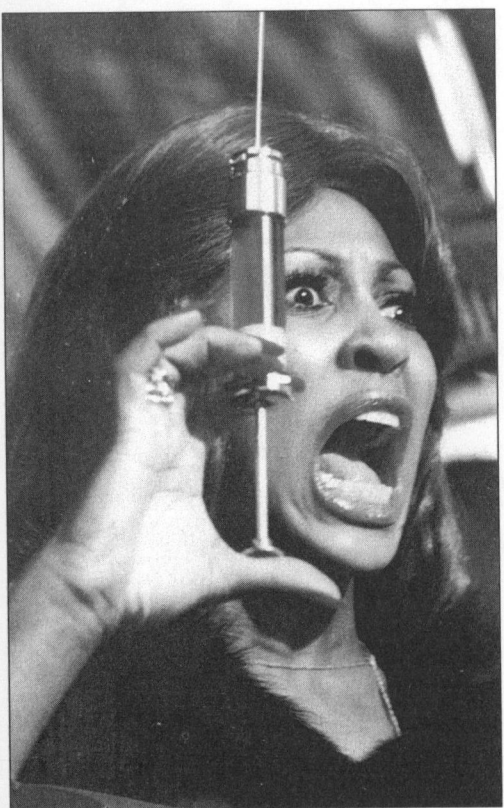

kuriert den Jungen. Tommy steigt zum Messias der Jugend auf. Mit dunkler Brille, Ohrenstöpseln und Korken im Mund wollen seine Anhänger in speziellen Sommerlagern ihrem Idol nacheifern, bis es ihnen zu dumm wird. Sie zertrümmern das Camp und töten Frank und Nora. Tommy, nun völlig allein, klettert auf den Berg, auf dem er gezeugt wurde, und geht in der Sonne auf. – Ken Russell ist vielleicht einer der begabtesten Kinojünger Marshall MacLuhans. Wie viele seiner Filme ist auch seine Umsetzung von Pete Townshends im Mai 1969 veröffentlichter und ein Jahr später auf der Bühne des New York Metropolitan Opera House uraufgeführter Rockoper im Grunde ein Triumph der Unverbindlichkeit. Angetippte Themen wie Fan-Kult, Kritik an Konsum und entleerter Religiosität stehen nun im Dienst greller Effekte; benutzt, um nach Gebrauch möglichst schnell wieder vergessen zu werden. In »diesem Symbol einer dekadenten Kultur« (FILMDIENST) ist allein das Medium die *message:* die orgiastische Optik, die rasanten Schnittfolgen und rhythmischen Zooms, die Russell nur zu deutlich als Vordenker heutiger Videoclip-Ästhetik ausweisen. Im Zeitalter von MTV und Formel Eins allerdings haben seine Bilder – etwa der Bohnen, Seifenschaum und Schokoladensoße ejakulierende Fernseher, in dessen Commercial-»Samen« sich die frustrierte Nora wohlig wälzt – einiges von ihrem damaligen Aberwitz verloren. Was bleibt, ist schrille Leere. Und Oliver Reed, der sich als schlechtester Sänger seit Lee Marvin erweist. [V]

TOMMY TRICKER UND DIE BRIEFMARKENBANDE *(TOMMY TRICKER AND THE STAMP TRAVELLER). Kanada 1988.* **R:** *Michael Rubbo.* **B:** *Michael Rubbo.* **K:** *Andreas Poulsson.* **M:** *Kate McGarrigle.* **D:** *Lucas Evans (Ralph), Anthony Rogers (Tommy), Jill Stanley (Nancy), Andrew Whitehead (Albert), Paul Popwich (Cass), Chen Yun Tao, Catherine Wright. F 105 Min.*
Ein Junge wird von einem Dieb mit einem Zauberspruch in eine Briefmarke gebeamt. Hinzu kommt die Jagd nach einem Briefmarkenschatz. [V]

Tommy

TOPPER – DAS BLONDE GESPENST
Anderer Titel für **Zwei Engel ohne Flügel**

TOPPER GEHT AUF REISEN
(TOPPER TAKES A TRIP). USA 1939. **R:** *Norman Z. McLeod*. **B:** *Jack Jevne, Eddie Moran, Corey Ford.* **LV:** *Motive von Thorne Smith.* **K:** *Norbert Brodine.* **SpE:** *Roy Seawright.* **M:** *Edward B. Powell, Hugo Friedhofer.* **D:** *Roland Young (Cosmo Topper), Billie Burke (Clara Topper), Constance Bennett (Marion Kerby), Alan Mowbray (Wilkins), Verree Teasdale, Irving Pichel, Franklin Pangborn.* SW 90 Min.

Zweiter Teil der Topper-Geschichten nach Motiven des auf Hexenhaftes spezialisierten Schriftstellers Thorne Smith, produziert von dem Slapstick-Experten Hal Roach. – Diesmal geistert die tödlich verunglückte Marion Kerby an die Riviera, um die ihr auferlegte gute Tat zu vollziehen und Cosmo Toppers gestörte Ehe zu retten.

TOPPER 2 – DAS GESPENSTERSCHLOSS
Anderer Titel für **Die merkwürdigen Abenteuer des Mr. Topper**

DAS TOR ZUM PARADIES
Anderer Titel für **Die Geschichte des Brandner Kaspar**

TORTURE
(TURNAROUND). Norwegen/USA 1986. **R:** *Ola Solum.* **B:** *Sandra K. Bailey.* **K:** *Odd Geir Saether.* **M:** *Mark Shreeve, Andy Richards.* **D:** *Doug McKeon, Tim Maier, Jonna Lee, Gayle Hunnicutt, Eddie Albert, Ed Bishop.* F 87 Min.

Der Enkel eines Zauberers wird von Motorrad-Rockern terrorisiert, die sein Auto demolieren und seine Freunde bedrohen. Er lockt die Böslinge in eine Falle und lehrt sie mit magischen Tricks das Fürchten. – Eine schwachbrüstige, belanglose Story, von einer Null inszeniert und abgewrackten US-Mimen gespielt. Nur Video. [V]

TOT LEBT SICH'S BESSER
(THOSE DEAR DEPARTED). Australien 1987. **R:** *Ted Robinson.* **B:** *Steve J. Spears.* **K:** *Steve J. Spears.* **M:** *Philip Scott.* **D:** *Garry McDonald (Max Falcon), Pamela Stephenson (Marilyn Falcon), Su Cruickshank (Norda Thompson), Marian Dworakowski (Richard), Ritchie Singer (Gordon), John Clarke (Jerry), Jonathan Biggins (Steve), Arthur Digman (Produzent), Ignatius Jones (Phil), Antonia Murphy (Phoebe), Connie Hobbs (Ruth), Peter Pedachini (Milton Shaver).* F (88) 84 Min.

Die blonde Marilyn bringt nach sechs Versuchen, die allesamt in die Hose gehen, mit Hilfe ihres geliebten Chauffeurs ihren um Jahrzehnte älteren Schauspielergatten Max um die Ecke, der im Jenseits Freunde trifft und den Plan entwickelt, das böse Weib zum Geständnis zu zwingen. Pech ist nur, dass Max sich wieder in Marilyn verliebt. – Eine Komödie nach Fantasy-Strickmuster 4711, die den Zuschauer zum Lachen bringen soll, dies aber nur mit Mühe schafft, weswegen der Film nicht ins Kino kam, sondern in der BRD eine Videokassetten-Existenz fristet. [V]

TOTALER SPERRBEZIRK
(FORBIDDEN ZONE). USA 1980. **R:** *Richard Elfman.* **B:** *Mathew Bright, Richard Elfman.* **K:** *Gregory Sandor.* **SpE:** *John Muto.* **M:** *Danny Elfman, Oingo Boingo.* **D:** *Herve Villechaize (Fausto), Susan Tyrrell (Königin), Marie-Pascale Elfman (Frenchy), Viva (Ex-Königin), Giselle Lindley (Tochter), Danny Elfman (Satan).* SW 73 Min.

Um die entführte Tochter zu retten, wagt sich die spinnerte Familie Herkules in die sechste Dimension, genauer: ins unterirdische Reich des Zwergenkönigs Fausto. Noch schreckerregender als die dortselbst weilenden Dämonen, Teufel und sonstigen Ungeheuer ist jedoch der kalauernde Kommentar, den die Synchronisation diesem schwachbrüstigen *Rocky* Horror-Nachzieher der Gruppe Oingo Boingo aufgepfropft hat. [V]

TOTE ENGEL LÜGEN NICHT
(THE DEAD CAN'T LIE/GOTHAM). USA 1988. **R:** *Lloyd Fonvielle.* **B:** *Michael Chapman.* **K:** *George Clinton.* **SpE:** *Michael Kavanagh.* **D:** *Tommy Lee Jones (Eddie Martel Malard), Virginia Madsen (Rachel Carlyle), Colin Bruce (Charlie Rand), Kevin Jarre (Tim), Denise Stephenson (Debbie), Frederic Forrest (Pater George), J. B. White (Jimbo), Michael Chapman (Hausbesitzer),*

Alec Willows (Barkeeper), Jack Creley (Großvater). F 98 Min.

Der erfolglose Privatdetektiv Eddie Mallard wird von seinem wohlhabenden Freund Charlie gebeten, den Geist seiner verstorbenen Frau zu suchen, der ihn plagt, da er ihrem Wunsch, sie pudelnackt, doch mitsamt ihrer teuren Juwelen zu beerdigen, nur bedingt entsprochen hat: Er hat die Klunker nach dem Begräbnis wieder ausgegraben, und seine Gattin bedankt sich nun dafür, indem sie spukt. Eddie fragt sich bald, ob er im Begriff ist, sich in einen Geist zu verlieben ... »Mit wachsender Spannung folgt der Zuschauer den taktischen Winkelzügen des Protagonisten. Wer das Rennen um die Juwelen machen wird, bleibt bis zur überraschenden Schlusspointe offen. Fonvielle kombiniert geschickt die bekannten Versatzstücke des Detektivfilms mit Elementen klassischer Geistergeschichten, wobei er auch mit liebevoller Ironisierung nicht spart.« (H. F., CINEMA) [V]

TOTE LÜGEN NICHT

(SCATTERING DAD). USA 1997. R: Joan Tewkesbury. B: Joan Tewkesbury, Barbara Bosson. K: Denis C. Lewiston. M: Michel Colombier. D: Olympia Dukakis (Dotty McCauley), Andy Griffith (Hiram McCauley), Lucinda Jenney, Michelle René Thomas, August Schellenberg, Jo Harvey Allen. F 88 Min.

Der Geist ihres verstorbenen Mannes erinnert Dotty daran, dass sie ihm einst versprochen hat, seine Asche an einem heiligen Ort in einem Indianerreservat zu verstreuen. Dass er jedoch in einem Grab liegt, schafft Probleme.

TOY STORY

(TOY STORY). USA 1995. R: John Lasseter. B: Joss Whedon, Andrew Stanton, Joel Cohen, Alec Sokolow. St: John Lasseter, Peter Docter, Andrew Stanton, John Ranft. K: Julie M. MacDonald. A: Rich Quade, Ash Brannon. M: Randy Newman. F 81 Min. (Computeranimation).

Im Mittelpunkt dieses ersten zu hundert Prozent digitalen Cartoonfilms, eines Joint-Venture des Pixar Animation Studios und Disney, stehen Puppen, da ihre Oberfläche aus Plastik ist und ihre stilisierten Körper leichter zu animieren. Pixar erkannte das mit dem oscarprämierten Kurzfilm Tin Toy, in dem ein Baby ein Blechspielzeug »vergewaltigt«. Für die abendfüllende Toy Story waren fast hundert 3D-Computer von Sun Microsystems und Silicon Graphics 800.000 Stunden im Großeinsatz, um mehr als 110.000 Einzelbilder aus 1536 mal 922 Pixeln zu rechnen. – Im Kinderzimmer des sechsjährigen Andy wird das Spielzeug wie selbstverständlich lebendig. Animiert wird die symbiotische Freude am beseelten Spielzeug. Es tobt der Konkurrenzkampf des ausgedienten, lädierten Gummicowboys Woody mit dem behelmten Science-Fiction-Weltraumfahrer Buzz Lightyear, dem neuesten High-Tech-Spielzeug, komplett mit Funkverbindung zum »Star Command«, was natürlich die Mission einschließt, die Galaxis zu retten. Buzz, der sich für einzig hält, dämmert es erst, als er im Fernsehen seinen Werbespot gewahrt, mit Preisangabe und allem drum und dran. [V]

Tote Engel lügen nicht

TOY STORY 2

(TOY STORY 2). USA 1999. **R:** *John Lasseter, Ash Brannon.* **B:** *John Lasseter, Peter Docter, Ash Brannon, Andrew Stanton, Rita Hsiao, Doug Chamberlain, Chris Webb.* **K:** *Sharon Calahan.* **A:** *Glenn McQueen.* **M:** *Randy Newman. F 85 Min. (Computeranimation).*

Die Fortsetzung von Pixars total computergenerierter Version des »Standhaften Zinnsoldaten«. Spielzeugcowboy Woody landet in den Händen des Spielzeughändlers und -fetischisten Al, der ihn ausgerechnet nach Japan an ein Toy-Museum verkaufen will. Woody ist nämlich eines der letzten Exemplare einer Western-TV-Kultspielserie aus den fünfziger Jahren, eine Ikone der frühen Fernsehära. Aber die Rettung unter Captain Buzz Lightyear ist schon unterwegs. [V]

TRACY TRIFFT DEN LIEBEN GOTT

(OH GOD! BOOK II). USA 1980. **R:** *Gilbert Cates.* **B:** *Josh Greenfeld, Hal Godman, Fred S. Fox, Seaman Jacobs, Melissa Miller.* **St:** *Josh Greenfeld.* **K:** *Ralph Woolsey.* **M:** *Charles Fox.* **D:** *George Burns (Gott), Louanne (Tracy), Suzanne Pleshette (Paula), David Birney (Don), John Louie (Shingo), Conrad Janis (Benson), Anthony Holland, Howard Duff. F 94 Min.*

Der liebe Gott hat Imageprobleme und beauftragt das gewitzte Schulmädchen Tracy, einen werbewirksamen Slogan für ihn zu erfinden, damit die Ungläubigen neu zu ihm finden – ihr Papa ist nämlich in der Werbung tätig. Danach geht's nur noch bergab: Tracy tut's, hat aber nix als Ärger durch den alten Herrn: Ihre Eltern, ihre Lehrer und die Psychoanalyse halten sie für durchgeknallt und wollen sie einweisen. Doch da sei Gott vor ... Wer diesen unsäglichen, witzig gemeinten Kindesmissbrauch durchsteht, gewinnt 'ne Schubkarre voll Zuckerguß.

DIE TRAGÖDIE VON SIAWUSCH

(SKASANIJE O SIJAWUSCHE). UdSSR 1976. **R:** *Boris Kimjagarow.* **B:** *Grigori Koltunow.* **LV:** *Epos »Sah-Name« (Das Buch der Könige/Das Heldenlied vom Iran) von Abu'l Qasim Firdausi.* **K:** *Dawlat Chudonasarow.* **M:** *Arif Melikow.* **D:** *Farhad Jussufow (Siawusch), Swetlana Orlowa (Sudaba), Bimbulat Watajew (Rustam), Otar Koberidse (Schah Kawus), Faime Jurna (Farangis). F 188 Min.*

Schah Kawus verstößt seinen Sohn Siawusch und gibt ihn in die Obhut des Recken Rustam. Siawusch wächst zum Heerführer gegen die nomadisierenden Turaner und muss sich der Intrigen der neidischen Kawus-Konkubine Sudaba erwehren. Im dritten Teil der RUSTAM-Verfilmungen spielt der persische Nationalheld nur noch eine Nebenrolle. Zu einem weiteren Film kam es durch den vorzeitigen Tod des tadschikischen Regisseurs Kimjagarow nicht mehr.

DER TRAUM VON LIESCHEN MÜLLER (HAPPY END IM SIEBTEN HIMMEL)

BRD 1961. **R:** *Helmut Käutner.* **B:** *Helmut Käutner, Willibald Eser.* **K:** *Günther Senftleben.* **SpE:** *Karl-Ludwig Ruppel, Horst Schier.* **Trickzeichner:** *Florenz Fuchs von Nordhoff.* **M:** *Bernhard Eichhorn: Arrangements Michel Legrand.* **D:** *Sonja Ziemann (Liz Miller, genannt Lieschen Müller), Martin Held (Dr. Schmidt), Conny [Cornelia] Froboess (Anni), Helmut Griem (Jan), Peter Weck (Paul), Georg Thomalla (Reporter), Wolfgang Neuss (Chauffeur), Karl Schönböck (Hotelchef), Bruno Fritz (Bankdirektor Mayer), Jo Herbst (3. Sekretär), Herbert Weissbach (Bankpförtner), Ilse Pagé (Evchen), Hans Hessling (Onkel Joe), Gene Reed. SW/F 82 (93) Min.*

Helmut Käutner wollte eine Satire auf die Traumfabrik machen, aber unversehens – stellt Reinold E. Thiel (FILMKRITIK) fest – sei ihm selbst Traumfabrik daraus geworden: »Der Titel bringt es unfreiwillig an den Tag: Nicht Lieschen Müller träumt hier, wie man uns weismachen will, sondern ein Filmregisseur träumt *von* Lieschen Müller.« Eingestreut sind ein paar phantastische Filmtricks. Käutners Film erhielt den Preis der Jungen Filmkritik 1961 für die »Schlechteste Leistung eines bekannten Regisseurs«.

TRÄUME ZU VERKAUFEN

(DREAMS THAT MONEY CAN BUY). USA 1947. **R:** *Hans Richter.* **B:** *Hans Richter.* **St:** *Fernand Leger, Max Ernst, Man Ray, Alexander Calder, Marcel Duchamp.* **K:** *Arnold Eagle.* **M:** *John Latouche, John Cage, Louis Applebaum.* **D:** *Jack Bitt-*

ner, Max Ernst, Julien Levy, Arthur Seymour, Miriam Raeburn, Jo Mitchell. F 99 Min.

Mit einem Budget von $ 25 000 gedrehter Experimentalfilm um einen Erfolgsmenschen, der die Fähigkeit hat, den Menschen ihre Traumwünsche aus den Augen abzulesen. »Sieben solcher Träume werden vorgeführt, jeder von einem Künstler konzipiert und stilistisch geprägt. Die Einfälle sind ebenso phantasievoll wie verwirrend (etwa die distanzierte Kälte einer Liebesszene zwischen Schaufensterpuppen oder der Zirkus von Drahtpuppen, den ein Blinder träumt) und haben jene gelähmte Dynamik, die jeder aus seinen eigenen Träumen kennt.« (FILMBEOBACHTER) – »Das Ganze«, schränkte James Agee ein, »ist ungefähr so ›experimentell‹ wie ein Chemiebaukasten, in seiner Trägheit nicht sehr sympathisch und für sein Genre nicht minder klischeeüberladen als der schlimmste *junk* aus Hollywood.« Trotzdem erhielt *Träume zu verkaufen* auf der Biennale 1947 den Preis für den wertvollsten Beitrag zum Fortschritt der Kinematographie.

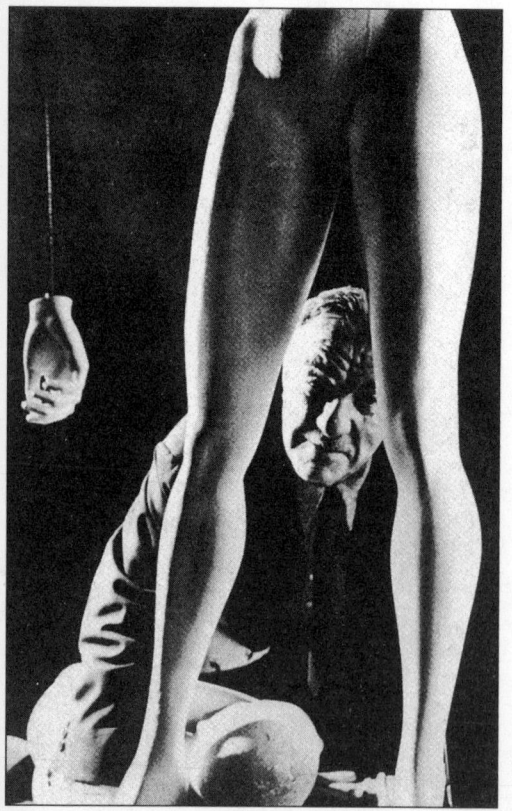

Träume zu verkaufen

DIE TRAURIGE NIXE
(RUSALKA/RUSSALOTSCHKA). Bulgarien/ UdSSR 1976. **R:** *Wladimir Bytschkow.* **B:** *Viktor Witkowitsch, Grigori Jagdfeld.* **LV:** *Märchen »Die kleine Seejungfrau« von Hans Christian Andersen.* **K:** *Emil Wagenstein.* **M:** *Jewgeni Krylatow.* **D:** *Wiktorija Nowikowa (Nixe), Valentin Nikulin (Sulpicius), Galina Artjomowa (Prinzessin), Juri Senkewitsch (Prinz), Galina Woitschek (Wirtin), Michail Pugowkin (Dicklippiger). F 78 (82) Min.*

In einer Postkutsche erzählt ein Mann einem Mädchen das Märchen von der Meerjungfrau: Die jüngste Tochter des Königs der Meere rettet einem Prinzen bei einem Sturm das Leben und verliebt sich in ihn. Doch der Prinz ist schon einer anderen versprochen. Die Nixe wird an Land verfolgt und soll als Hexe verbrannt werden, aber das Eingreifen einer Zauberin aus dem Meer rettet das Mädchen vor dem Scheiterhaufen. [V]

DER TREUE JOHANNES
(MAHULIENA, ZLATA PANNA). BRD / ČSSR / Österreich 1988. **R:** *Miroslav Luther.* **B:** *Martin Porubjak, Miloslav Luther.* **K:** *Jan Malir.* **M:** *Michael Kocáb.* **D:** *Vladimir Hajdu (Jan), Remi Martin (Prinz), Maru Baldivielso (Diva), Heinz Moog (König), Lara Naszinski (Mahulena), Jiří Krytinár. F 94 Min.*

Ein treuer Diener steht einem Prinzen bei der Aufgabe bei, die Goldene Jungfrau aus den Fängen des bösen Herrn des Goldes zu befreien.

TRISTAN UND ISOLDE – EINE LIEBE FÜR DIE EWIGKEIT
(IL CUORE E LA SPADA). BRD/Italien/Frankreich 1998. **R:** *Fabrizio Costa.* **B:** *Lucio de Caro.* **D:** *Ralf Bauer (Tristan), Lea Bosco (Isolde), Joachim Fuchsberger (König Marke), Mandala Tayde (Brangäne), Bekim Fehmiu (Gormond), Cedric Baumier (Tristan als Junge), Pier Paolo Capponi (Dinas), Stefano Corsi (Ogrin), Daniel Ceccaldi (Hoel), Thure Riefenstein (Riol), Maria Schneider (Königin Maga), Francis Fulton-Smith (Guenelon), Jean-Pierre Cassel, Laurence Flaherty. F 98/98 Min.*

TV-Film, zwei Teile. Von der Kirch-Gruppe losgetretene, arg missglückte Verfilmung des Epos einer Amour fou mit Surf-Schwarm Ralf Bauer (»Gegen den Wind«) und einem in die Jahre gekommenen, vom Rollenfach gleichfalls deplacierten »Blacky« Fuchsberger.

DER TRIUMPH DES HERKULES
Anderer Titel für **Der stärkste Mann der Welt**

TROLL
(TROLL). USA 1985. **R:** *John Carl Buechler.* **B:** *Ed Naha.* **K:** *Romano Albani.* **SpE:** *Frank Welker.* **M:** *Richard Band.* **D:** *Noah Hathaway (Harry Potter jr.), Michael Moriarty (Harry Potter sr.), Shelley Hack (Anne Potter), Jenny Beck (Wendy Potter), Sonny Bono (Peter Dickinson), June & Anne Lockhart (Eunice St. Clair), Shelley Hack (Anne Potter), Phil Fondacaro, Brad Hall, Julia Louis-Dreyfus, Gary Sandy. F 83 Min.*
Ein Junge, der unglaublicherweise auf den Namen *Harry Potter* (!) hört, nimmt in einem Kleinstadt-Mietshaus den Kampf gegen den zauberkräftigen Troll Torrok auf, der den originellen Plan verfolgt, die Weltherrschaft anzutreten und sich deswegen des Körpers der kleinen Wendy bemächtigt. Zwiespältige Fantasy, die zwar nicht dumm anfängt, aber an einem unlogischen Drehbuch krankt. [V]

TROLL – DAS SCHWERT DER MACHT
(ATOR L'INVINCIBILE: THE HOBGOBLIN). Italien 1991. **R:** *David Hills [Joe D'Amato].* **K:** *Federico Slonisco.* **M:** *Idra Music, Carlo Maria Cordio.* **D:** *Eric Allen Kramer (Ator), Margaret Lenzey (Dejamira), Donald O'Brien (Gunther), Dina Marrone (Sunn), Laura Gemser (Grimelda), Don Semeraro (Grindel/Hagen), Chris Murphy (Skiold), Marisa Mell (Nephele). F 91 Min.*
Ator der Unbesiegbare, nach dem Tod seines Vaters von einem Troll erzogen, rauft sich, das Schwert der Macht (bzw. Heiligen Grals) stets griffbereit, durchs Fantasyland und ficht gegen tückische Zwerge, feuerspeiende Drachen und sprechende Raben, bis er sich auf der Burg Hagens und Gunters gar mit den Göttern anlegt. Inszeniert von Untalent Joe d'Amato, der alle Mythen der Weltgeschichte plünderte, ohne dass es

ihm gelang, daraus eine neue Geschichte zusammenzubrauen. Und natürlich hat *Das Schwert der Macht* trotz des trolligen Titels nicht das geringste mit dem Film *Troll* von John Carl Buechler zu tun. [V]

TROLL 2
(TROLLI/TROLLS II). Italien/USA 1990. **R:** *Drago Floyd [Joe D'Amato].* **B:** *Clyde Anderson [Claudio Fragasso].* **D:** *Michael Stephenson (Joey), Connie McFarland (Holly Waits), George Hardy (Michael Waits), Margo Prey (Diana Waits), Robert Ormsby (Seth), Deborah Reed (Credence), Jason Wright (Elliot), Darren Ewing (Arnold), Jason Steadman (Drew), David McConnell (Brent), Gary Carlson (Sheriff), Mike Hamill (Bells). F 95 Min.*
Der Geist des verstorbenen Großvaters warnt den Jungen Joey vor einer Bande von Trollen in einem Landhaus, die sich vorzugsweise von zu Pflanzen mutierten Menschen ernähren. Als sie sich seine Familie als neues Opfer auserkoren haben, kann Joey sie mit Opas Hilfe bannen. – Ungelenker Fantasy/Horrorverschnitt, dessen Story gerade mal Stoff für einen Kurzfilm hergibt und sich darüber hinaus dreist als Fortsetzung des Films *Troll* (USA 1985) ausgibt. [V]

TROLL 3
Anderer Titel für **Troll – Das Schwert der Macht**

TROPENGLUT
(GREEN MANSIONS). USA 1959. **R:** *Mel Ferrer.* **B:** *Dorothy Kingsley.* **LV:** *»Das Vogelmädchen« von William Henry Hudson.* **K:** *Joseph Ruttenberg.* **SpE:** *A. Arnold Gillespie, Lee Le Blanc, Robert R. Hoag.* **M:** *Bronislau Kaper, Hector Villa-Lobos.* **D:** *Audrey Hepburn (Rima), Anthony Perkins (Abel), Lee J. Cobb (Nuflo), Sessue Hayakawa (Runi), Henry Silva (Kua-Ko), Nehemiah Persoff (Don Panta), Michael Pate (Priester), Estelle Hemsley (Cla-Cla), Bill Saito, Yoneo Iguchi (Eingeborene). F 104 Min.*
Aus politischen Gründen büxt der junge Abel in den südamerikanischen Dschungel aus. Dort begegnet er einem Indianerstamm, der sich ängstlich weigert, einen nahegelegenen Wald zu betreten. Abel dringt in den Wald ein und begegnet

einem merkwürdigen Mädchen namens Rima, das offenbar mit den Tieren sprechen kann. Als Abel von einer Schlange gebissen wird, rettet das Vogelmädchen sein Leben und bringt ihn zu einer kleinen Hütte. Zusammen mit dem alten Nuflo, der Rima zeitlebens vor den abergläubischen Indianern beschützt hat, machen sie sich auf eine ergebnislose Reise zu Rimas Geburtsort, einem abgelegenen, unbewohnten Felsengebirge. Auf dem Rückmarsch etwas zurückgefallen, muss Abel bei der Ankunft im Indianerdorf erfahren, dass die Wilden Nuflo ermordet und Rima bei lebendigem Leib verbrannt haben. Er fordert den Sohn des Häuptlings zum Duell, tötet ihn und bleibt allein im Wald zurück. Alles, was ihn noch aufrecht hält, ist eine Vision seiner geliebten Rima. – »Hätte Mel Ferrer, der Hepburn-Gatte, sich als Regisseur wenigstens nach einer Richtung hin entscheiden können! Er tat's nicht. Er macht teils in wundersamer Märchensaga für Erwachsene, bietet dann den halben Disney-Tierpark auf, und der Betrachter weiß nicht recht: narrt ihn ein Bild oder ließ der Regisseur sich narren, wenn er seine Audrey immer wieder in Großaufnahme ins Bild bringt.« (FILMWOCHE)

DIE TRUMAN-SHOW

(THE TRUMAN SHOW). USA 1998. **R:** *Peter Weir.* **B:** *Andrew Niccol.* **K:** *Peter Biziou.* **SpE:** *Matte World Digital.* **M:** *Burkhard Dallwitz, Philip Glass.* **D:** *Jim Carrey (Truman Burbank), Laura Linney (Meryl Burbank), Noah Emmerich (Marlon), Natasha McElhone (Lauren/Sylvia), Ed Harris (Christof), Holland Taylor (Trumans Mutter), Brian Delate (Trumans Vater), Una Damon (Chloe), Brian Delate (Kirk Burbank), Paul Giamitti (Simeon), Harry Shearer (Interviewer). F 103 Min.*

Das Vorbild von Endemols »Big Brother«-Show aus RTL 2. Was Truman Burbank nicht ahnt: Die familiäre Kleinstadt Seahaven, in der er wohlbehütet aufwächst, ist ein gut getarntes Fernsehstudio mit 5000 versteckten Kameras, aus dem es scheinbar kein Entkommen gibt. Hunderte Millionen Zuschauer verfolgen seit 30 Jahren am Bildschirm sein Leben. Als Truman es endlich

Tschitti tschitti bäng bäng

merkt, ist er fest entschlossen, die Grenzen zu überschreiten. – »In *The Truman Show* wird der Idee, dass das übersichtliche Leben ein falsches Leben sein muss, mit Frank Capra-Effekten auf die Sprünge geholfen. Das Set – eine von A–Z geplante und 1980 von einem Architektenehepaar an der Küste in Florida eingerichtete Gemeinde – flötet einem aus jeder Rosenhecke ›It's a wonderful life‹ entgegen. Jim Carrey ist ein Wiedergänger von Jimmy Stewarts naivem, gutgläubigem und schließlich verzweifeltem Erdenbürger, den nur noch ein Engel vom Sprung in den Tod abhalten kann.« (Mariam Lau, SÜDDEUTSCHE ZEITUNG) [V]

TSCHITTI TSCHITTI BÄNG BÄNG

(CHITTY CHITTY BANG BANG). GB 1968. **R:** *Ken Hughes.* **B:** *Roald Dahl, Ken Hughes.* **LV:** *»Tschitti-tschitti-bäng-bäng« von Ian Fleming.* **K:** *Christopher Challis.* **SpE:** *John Stears.* **M:** *Richard M. Sherman, Robert B. Sherman.* **D:** *Dick van Dyke (Caractacus Potts), Sally Ann Howes (Truly Scrumptious), Lionel Jeffries (Opa Potts), Gert Fröbe (Baron Bomburst), Anna Quayle (Baronin Bomburst), Benny Hill (Spielzeugmacher), James Robertson Justice (Lord Scrumptious), Robert Helpmann (Kinderfänger), Heather Ripley (Jemima), Adrian Hall (Jeremy). F 145 Min.*

Auf einem Schrottplatz gabeln der Möchtegern-Erfinder Caractacus Potts und seine Kinder Jeremy und Jemima einen alten Rennwagen auf, den sie wegen seiner komischen Geräusche »Tschitti tschitti bäng bäng« taufen. Bei einem Picknick mit der hübschen Truly, der Tochter des Konfektfabrikanten Lord Scrumptious, dem Potts vor kurzem eine neue Erfindung schmackhaft machen wollte, erzählt er den Kindern von den Zauberkräften ihres neuen Wagens ... Als vulgarianische Piraten Opa Potts mit einem Luftschiff zu ihrem Herrscher Baron Bomburst entführen, verwandelt sich Tschitti bei der Verfolgungsjagd nacheinander in ein Boot und ein Flugzeug. Leider hat die böse Baronin von Vulgaria Kinder in ihrem Königreich »verboten«. Jeremy und Jemima werden von einem Kinderfänger geschnappt und eingesperrt. Potts tut sich mit dem Spielzeugmacher und den letzten Kindern Vulgarias zusammen, die sich in die dunklen Grotten unterhalb des Schlosses geflüchtet haben. Bei der Geburtstagsfeier des Barons dringen Potts und Truly, als mechanische Puppen verkleidet, ins Schloss ein, inszenieren eine Kinderrevolution, retten Opa, Jeremy und Jemima und fliegen heim. Nach ewigem Zögern lässt sich Potts von den Kindern überreden, Truly endlich einen Antrag zu machen.

Auf dem Heimweg erhebt sich Tschitti mit den Frischverlobten ein letztes Mal gen Himmel. – Ein weiterer musikalischer Rohrkrepierer im Gefolge von *The Sound of Music* und *Mary Poppins*: »Diese zweieinhalb Stunden überzuckerter Schrulligkeiten dürften selbst dem Unempfindlichsten den Magen umdrehen.« (MONTHLY FILM BULLETIN) [V]

TWISTER'S RACHE

Anderer Titel für **Ein Supertruck auf Gangsterjagd**

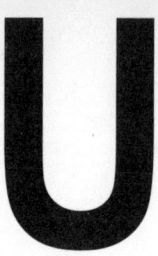

UGETSU –
ERZÄHLUNGEN UNTER DEM REGENMOND

(UGETSU MONOGATARI). Japan 1953. **R:** *Kenji Mizoguchi.* **B:** *Matsutano Kawaguchi.* **LV:** *»Ugetsu Monogatari« von Akinari Ueda.* **K:** *Kazuo Miyagawa.* **M:** *Fumio Hayasaka.* **D:** *Machiko Kyo (Wakasa), Masayuki Mori (Genjuro), Kinuyo Tanaka (Miyagi), Mitsuko Mito (O-Hama), Sakae Ozawa (Tobei). SW 96 Min.*

Der Film erzählt die Legende Genjuros, eines Bauern und Töpfers aus der Gegend des Biwasees, und seines Schwagers Tobei, die beide nach Glück in einem höheren Leben streben und sich dabei an den Krieg verlieren, der im Kampf der Feudalherren untereinander am Ausgang des 16. Jahrhunderts Land und Menschen schändet. Tobei verlässt seine Familie, um die Macht zu suchen. Durch Täuschung gelingt es ihm, als Samurai zu gelten. Er steigt zum Heerführer auf. In seiner Abwesenheit wird seine Frau vergewaltigt und von Soldaten in ein Freudenhaus gesteckt. Dort findet Tobei sie wieder. Ihre Liebe heilt sie von seiner Verblendung. Beide kehren in die Heimat zurück. Genjuro will mit seiner Töpferkunst zum reichen Mann aufsteigen. Auch er verlässt die Familie, um auf dem Markt von Oomizo sein Glück zu versuchen. Seine Kunst erregt die Bewunderung einer geheimnisvollen Prinzessin. Er folgt ihrer Aufforderung, seine Waren in ihr Schloss zu bringen. Dort schenkt sie ihm einen glühenden Sommer berauschender Liebesspiele, die ihn Frau und Kinder vergessen lassen. Durch einen Priester erfährt er die Wahrheit: Die Prinzessin sei aus dem Schattenreich zurückgekehrt, um die Lust kennenzulernen, die ein früher Tod ihr vorenthalten habe. Sie wolle ihn ins Unglück stürzen. Genjuro kann sich aus ihrem Bann befreien und kehrt nach Hause zurück. Am Abend des Wiedersehens entzündet seine Frau noch einmal das wärmende Herdfeuer. Am nächsten Morgen erfährt Genjuro vom Dorfältesten, dass seine Frau vor geraumer Zeit von Soldaten ermordet wurde. In tiefer Andacht sammelt er sich zum Gebet, glücklich um das Geheimnis ihrer fortdauernden Gegenwart. – »Als einer der vollendetsten Filme der japanischen Filmgeschichte vereint *Ugetsu Monogatari* die Traditionen der Jidai-Geki mit der modernen Beobachtung menschlicher Gefühle und mit Mizoguchis wiederkehrendem Thema des Gegensatzes zwischen den zerstörenden und erlösenden Aspekten der Liebe einer Frau. Trotz der Bedeutung des Übernatürlichen in der Geschichte wird Mizoguchis poetische Darstellung niemals zur Phantasie. Die Qualität seiner Vision beruht auf langen Kameraeinstellungen, vielen Totalen und vorsichtigen, überlegten Kamerabewegungen. Dies bewirkt, dass die lyrische Bestätigung menschlicher Werte und der Hintergrund von Krieg und Leid ein untrennbares Ganzes ergeben. Wie in vielen seiner (insgesamt 86) Filme stehen die Frauen im Mittelpunkt, und die Leistungen von Machiko Kyo als Geisterprinzessin und von Kinuo Tanaka als die Frau des Töpfers erreichen höchstes Niveau.« (BUCHERS ENZYKLOPÄDIE DES FILMS)

DAS UNBESIEGBARE SCHWERT

(JIANG HU – BETWEEN LOVE AND GLORY). Hongkong 1994. **R:** *Ronny Yu.* **B:** *David Wu, Kei To Lam, Pik-Yin Tang, Ronny Yu.* **K:** *Peter Pau.* **M:** *Richard Yuen.* **D:** *Leslie Cheung, Brigitte Ching-Xia Lin, Chun Yu, Elaine Lui. F 85 Min.*
Im Kampf um die Herrschaft über acht Clans wird ein Kung-Fu-Kämpfer von einer »Wolfsfrau« mit übernatürlichen Kräften unterstützt. Nur auf Video. [V]

DIE UNBESIEGBAREN DREI

(GLI INVINCIBILI TRE). Italien 1964. **R:** *Gianfranco Parolini.* **B:** *Lionello De Felice, Arnaldo Marrosu, Gianfranco Parolini.* **K:** *Francesco Izzanelli.* **M:** *Angelo Francesco Lavagnino.* **D:** *Alan Steel (Ursus), Mimmo Palmana (Hochstapler), Lisa Gastoni (Alina), Rosalba Neri (Demore), Carlo Tamberlani, Tony Maggio, Gianni Risso. F 94 Min.*

Im orientalischen Stadtstaat Atra hat sich ein Usurpator, der sich Ursus nennt, die Macht erschlichen, den rechtmäßigen König umgebracht und beschuldigt den edlen Prinzen Dario dieser tückischen Tat. Da der sinistre Mordbube mit Terror und Gewalt regiert, besteht die Haupttätigkeit seiner Untertanen aus Seufzen und Wehklagen. Als der »echte« Ursus von den Untaten hört, die in seinem Namen begangen werden, bricht er auf, um den Hochstapler Mores zu lehren, da die Zunft der Rechtsverdreher damals noch organisatorisch in den Kinderschuhen steckte und eine Klage wegen Geschäftsschädigung wenig Aussicht auf Erfolg gehabt hätte. Zusammen mit zwei Freunden, die kaum mehr Hirn aufweisen als er, dafür aber über jede Menge artistisches Können verfügen, läßt er sich von Prinz Dario anwerben, denn zwischenzeitlich hat der Usurpator auch noch einen Krieg vom Zaun gebrochen. Während eines Duells, das über Wohl und Wehe der bewaffneten Auseinandersetzung entscheiden soll, wird Ursus mittels eines magischen Trankes blind gemacht, geschlagen und in Eisen gelegt. Geschickt eingefädelte, von Frauen angeführte Intrigen führen dazu, dass der Held geheilt, befreit und mit seinen Spezis zusammengeführt wird. Der Tyrann kriegt (Gähn) seine Strafe. – »Die Gerechtigkeit«, so der FILMDIENST, »siegt mit List, Fausthieben und Schwerterrasseln.« Von den wenigen komödiantischen Einlagen, die der Film aufweist, weiß man jedoch nicht, ob sie beabsichtigt waren. [V]

UNDINE

BRD/Italien 1991. **R:** *Eckhart Schmidt.* **B:** *Eckhart Schmidt.* **LV:** *Erzählung »Undine« von Friedrich de la Motte-Fouqué.* **K:** *Bernd Neubauer.* **M:** *Joseph Hölderle, Claude Debussy.* **D:** *Isabelle Pasco (Undine), Christopher Buchholz (Raoul), Ludwig Dornauer (Frank), Constanze Lindner (Andrea), Anouschka Renzi (Anja), Theo Rufinatscha (Lanzinger), Wolfgang Zimmer (Reinhold), Linda Gögele-Spitaler (Andreas Mutter), Lothar Dellago (Waldarbeiter).* **F 96 Min.**
Die Nixe Undine verliebt sich in den naiven Geometer Raoul, dessen Bruder ein Umweltschädling ersten Ranges ist. Zudem hat Raoul ständig seine Assistentin und seine Ex-Freundin am Hals.

Von schwerer Hand inszenierter Unfug mit kaum talentierten Darstellern und einer aufgesetzten Öko-Story, die dazu dienen soll, Undines Titten abzufilmen. [V]

UNDINE 74

BRD/Österreich 1973/74. **R:** *Rolf Thiele.* **B:** *Ted Rise, Josef Czech.* **LV:** *Erzählung »Undine« von Friedrich de la Motte-Fouqué.* **K:** *Wolf Wirth.* **D:** *Angela von Radloff (Undine), Ingo Thouret (Hans), Gundy Grand (Bertha), Elisabeth Flickenschildt (Alt-Nixe), Heidrun Hamedinger, Herbert Fux, Kurt Heintel, Werner Pochath.* **F 84 Min.**
Die Nixe Undine wird auf die Menschen losgelassen, denn sie will die Liebe kennenlernen, wozu man bekanntlich eine Seele braucht. Sie lernt einen gewissen Hans kennen, doch der liebt sie nicht so, wie sie es gern hätte, deswegen zieht es sie ins Wasser zurück. Fünf Jahre später (in Neptuns Reich sind jedoch erst fünf Tage vergangen) sucht sie ihn wieder auf. Doch Hans ist inzwischen mit Bertha zusammen, und die – eifersüchtig bis zum Gehtnichtmehr – greift zum Revolver. Wie alle Nixen, die's mit Menschen treiben wollen, bringt auch Undine nur Verhängnis: Der Schuß geht daneben, wie auch dieser Film, und Hans ist der Dumme. – Unbedeutend.

DIE UNENDLICHE GESCHICHTE

BRD 1984. **R:** *Wolfgang Petersen.* **B:** *Wolfgang Petersen, Herman Weigel.* **LV:** *»Die unendliche Geschichte« von Michael Ende.* **K:** *Jost Vacano.* **SpE:** *Brian Johnson, Bruce Nicholson, Dennis Lowe, Michael Pangrazio, Steve Archer.* **M:** *Klaus Doldinger, Giorgio Moroder.* **D:** *Barret Oliver (Bastian), Noah Hathaway (Atréju), Tami Stronach (Kindliche Kaiserin), Gerald McRaney (Bastians Vater), Thomas Hill (Koreander), Deep Roy (Winzling), Tilo Prückner (Nachtalb), Moses Gunn (Cairon), Sydney Bromley (Engywuck), Patricia Hayes (Urgl), Drum Garnett, Darryl Cooksey, Nicholas Gilbert (Straßenkinder).* **F 99 Min.**
Vor drei Verfolgern rettet sich der zehnjährige Träumer Bastian ins Antiquariat des Herrn Koreander. Als dieser ihm ein seltsames Buch mit dem Titel »Die unendliche Geschichte« zeigt, stiehlt Bastian es, verdrückt sich auf den Dachboden der Schule und beginnt zu lesen: Ein fernes Land na-

mens Phantásien wird von einer seltsamen, alles aufsaugenden Leere, dem Nichts, bedroht. Um das Nichts aufzuhalten, sendet die todkranke Kindliche Kaiserin einen Indianerjungen namens Atréju aus. Nachdem Atréjus Pferd Artax in den Sümpfen der Traurigkeit versunken ist, trifft er auf die uralte Schildkröte Morla, die ihn an das viele Meilen entfernte südliche Orakel verweist. Von dem fliegenden Glücksdrachen Fuchur in letzter Sekunde vor den Fängen des Höllenhundes Gmork gerettet, wacht Atréju in der Nähe des Orakels wieder auf. Vom Alchimisten Engywuck

mit einigen Ratschlägen ausgestattet, stellt sich Atréju den beiden Toren, die auf dem Weg zum Orakel liegen. Mühsam entrinnt er den beiden Sphinxen im ersten Tor, die jeden Zweifelnden zerstrahlen; im zweiten Tor, einem Zauberspiegel, in dem jeder sein wahres Ich erkennt, erblickt er sein Alter ego Bastian. Vom südlichen Orakel erfährt er schließlich, dass nur ein Erdenkind der Kindlichen Kaiserin einen neuen Namen geben und damit Phantásien vor dem Nichts retten kann. Auf dem Rückflug geraten Atréju und Fuchur zu nahe an das Nichts. Atréju stürzt ab und landet in einer Ruinenstadt. Dort trifft er auf den sterbenden Gmork, der sich als Diener des Nichts zu erkennen gibt, jener Macht, die die Träume der Menschen (und damit Phantásien) zerstört, auf dass jene sich leichter kontrollieren lassen. Kurz bevor Atréju vom Nichts verschlungen wird, rettet ihn der Glücksdrache ein zweites Mal. Im Elfenbeinturm der Kindlichen Kaiserin angekommen, muss Atréju jedoch sein Scheitern eingestehen. Aber die Kindliche Kaiserin korrigiert ihn: Bastian, der die Odyssee Atréjus lesend miterlebt hat, könne ihre Welt noch retten. Als selbst der Elfenbeinturm ein Opfer des Nichts wird, erkennt Bastian endlich, dass auch er ein Teil der Unendlichen Geschichte ist. Verwirrt tritt der Junge ans Fenster des Dachbodens und ruft den neuen Namen der Kindlichen Kaiserin in die stürmische Nacht hinaus. Wiederbelebt gewährt diese ihm eine unbegrenzte Anzahl von Wünschen, aus denen Phantásien neu ersteht. Nachdem das Land der Phantasie gerettet ist, erfüllt sich Bastian einen persönlichen Wunsch und reitet auf Fuchur eine Attacke gegen seine drei Peiniger. – »Die unendliche Geschichte« schrieb Ulrich Greiner in der ZEIT über die deutsche Antwort auf Tolkiens »Herr der Ringe«, sei »nicht bloß ein zusammengeliehenes Kostümstück, sie ist ein philosophisch-therapeutisches Vademecum, ein akkurat durchdachtes und liebevoll ausgemaltes System. Die Klarheit der Bilder und die Komplexität der Ideenwelt verbinden sich zu dem gelungenen Entwurf eines anderen Lebens. Zugleich aber ist der Roman auf anspruchsvolle Weise mit Tiefsinn beladen, den man nur deshalb nicht als störend emp-

Die unendliche Geschichte

findet, weil er so gewinnend erzählt und so reich bebildert ist.« – Im Film ist davon allerdings rein gar nichts mehr geblieben. Nicht Kultfilm für die Grünen im Lande, sondern eine Leistungsschau des deutschen Films[11] war das erklärte Ziel seiner Macher, die damit ein für allemal beweisen wollten, dass deutsche Erzeugnisse mit den Weltraumphantasien Hollywoods durchaus konkurrieren können. Sehr zum Missfallen Michael Endes, der in einem vielzitierten Disput seinen Namen zurückzog, eliminierte man daher den Tiefsinn des Romans und zog *Die unendliche Geschichte,* nicht zuletzt aus Rücksicht auf die amerikanischen Geldgeber, sehr konsequent als amerikanischen Film auf: Der zweite Teil des Buches, der Bastians eigentliche Emanzipation schildert, fiel der Schere zum Opfer; das Realgeschehen verlegte man in eine amerikanische Großstadt; Bastian wurde vom geplagten Dickerchen zum *clean-cut kid american style* umgemodelt; Phantásien erinnerte nun an die Marlboro-Reklame oder den Zuckerbäckerkitsch eines Walt Disney, und eine der Figuren, Morla, klaute man sehr dreist aus Steven Spielbergs *E.T.* – Das Ergebnis konnte allerdings keinen so recht befriedigen. Die US-Kritik mokierte sich über Petersens teutonisch langsame Erzählweise (»Der Charme des Films resultiert weniger aus seiner dramatischen Spannung – von der es überraschend wenig gibt – als seiner Darstellung von Phantásien«, meinte TIME) und attestierte dem Film zumeist nur Kuriositätenwert. Einzig der romanunkundige Kritiker des englischen MONTHLY FILM BULLETIN lobte das Ganze als »Kombination aus *Das zauberhafte Land* und *Der dunkle Kristall ...* mit einem Wald, der dem superben Hexenwald in *Zeit der Wölfe* gleichkommt, einem Sumpf so recht nach Zaroffs Herzen, einer mit mörderischen Sphinxen geschmückten Wüste und einem hohen Turm, der die Fans von *Star Trek* und *Fantasia* gleichermaßen zufriedenstellen dürfte.« – In Deutschland dagegen hagelte es zu Recht Verrisse. »Das ist hübsch aus der Spielzeugschachtel gezaubert, und für solche Schmatzdrachen wie Fu-

chur, das fliegende Schuppenhunderl mit den Brombeeraugen, muss man ja ein Herz haben. Aber der Geist der Geschichte, in der ein dickes, missachtetes Kind sich in die Phantasie rettet, um das Nichts zu überwinden – der hat sich in nichts aufgelöst.« (Ponkie, ABENDZEITUNG) – »Als Knabe Bastian die Macht über die Phantasie erlangt, spannt er den ›Glücksdrachen‹ ein, um sich an drei Schulkameraden, die ihn zu schikanieren pflegten, zu rächen. Freigesetzte Phantasie als Instrument beliebiger Vergeltung ist freilich nichts anderes als ein Ausdruck eben jener ›Innenweltverschmutzung‹, der Ende ursprünglich mit seinem Buch entgegenzuwirken beabsichtigte.« (Horst Pukallus, ROTE BLÄTTER) – »Wie schon bei ... *Das Boot* erliegt Regisseur Wolfgang Petersen wieder seiner Faszination für die Technik, die dramaturgische Entwicklung der Geschichte bleibt auf der Strecke. Werden die kindlichen Helden im Buch mit Leben gefüllt, im Film bleiben sie Marionetten einer überwältigenden Technik ... Statt überzeugender Dramaturgie Episoden-Bocksprünge von einer technischen Attraktion zur nächsten. Die Technik wird nicht der zu erzählenden Geschichte untergeordnet, sondern die Filmerzählung von der Technik erschlagen.« (UNSERE ZEIT) – Gerade diese Technik ist jedoch die schwache Seite eines Unterfangens, das man ansonsten immerhin noch von den Bildern her genießen könnte. Zwar sind die Creatures zumeist recht gut geführt, die Matte-Paintings aber nur allzu leicht als solche erkennbar, die Sets können ihre Pappe- und Kleister-Herkunft nie so recht verbergen, und die violetten Ränder um den fliegenden Drachen dürften in einem 60 Mio. Mark teuren, von amerikanischen Spezialisten getricksten Film eigentlich auch nicht vorkommen. Daneben geht Wolfgang Petersen auch in punkto Gefühlsmanipulation die Finesse eines Steven Spielberg ab. Ob nun Atréjus Pferdchen unter großem emotionalem Aufwand Noah Hathaways und einem wirklich kindischen Hebebühnentrick im Sumpf der Traurigkeit versinkt oder der Felsenbeißer eine Stunde später tief geknickt ver-

[11] *Ein sachlicher Abriss der Produktionsgeschichte findet sich in Ulli Pfaus PHANTÁSIEN IN HALLE 4/5 (München 1984). Klatsch- und Tratsch-Interessierte wiederum mögen sich an Remy Eyssens DER FILM DIE UNENDLICHE GESCHICHTE (München 1984) wenden.*

kündet, dass es den Nachtalb ins Nichts gesogen habe, immer verwendet der Film ein Quentchen Gefühl zuviel. Man spürt die Absicht und ist verstimmt. – Seinen filmpolitischen Hauptzweck erfüllte das leere, ganz auf Äußerlichkeiten fixierte Fantasy-Spektakel, das Weihnachten 1984 in einer umgeschnittenen, von Giorgio Moroder neu vertonten Fassung noch einmal in die Kinos kam, freilich dennoch: Seit der *Unendlichen Geschichte* sind die Tage des Autorenfilms gezählt. Und Wolfgang Petersen durfte für die Fox in den Bavaria-Studios den superteuren SF-Thriller *Enemy Mine – Geliebter Feind* (1984) inszenieren und später im gelobten Amerika reüssieren. [V]

DIE UNENDLICHE GESCHICHTE II: AUF DER SUCHE NACH PHANTÁSIEN

BRD 1989. **R:** *George Miller.* **B:** *Karin Howard.* **LV:** *Motive von Michael Ende.* **K:** *David Connell.* **SpE:** *Derek Meddings, Albert Whitlock, Syd Dutton.* **M:** *Robert Folk.* **D:** *Jonathan Brandis (Bastian Balthasar Bux), Kenny Morrison (Atréju), Clarissa Burt (Xayíde), Alexandra Johnes (Kindliche Kaiserin), Martin Umbach (Nimbly), John Wesley Shipp (Bastians Vater), Helena Michell (Bastians Mutter), Chris Burton (Dreigesicht), Thomas Hill (Koreander).* **F** *86 Min.*

Hexe Xayíde will, indem sie die Erinnerungen an die Welt der Poesie zerstört, die Macht der Kindlichen Kaiserin untergraben und Phantásien unter ihre Knute zwingen. Bastian Balthasar Bux, Indianerjunge Atréju und Glücksdrache Fuchur wehren sich mit vereinten Kräften gegen ihre Ränke und Teufelei. Genau das, was das Drehbuch der unerfahrenen Novizin Karin Howard, die aus unerfindlichen Gründen mit dieser Aufgabe betraut wurde, als höchstes Gut preist, die Poesie des Herzens, geht in einer aufwendigen Plüschtier- und Special Effects-Nummernshow verloren, deren Finanzierung sich Warner Bros. und Musical-Unternehmer Rolf Deyhle teilten. Regisseur George Miller ist nicht zu verwechseln mit dem Schöpfer von *Mad Max* und *Ein Schweinchen namens Babe.* [V]

DIE UNENDLICHE GESCHICHTE III: RETTUNG AUS PHANTÁSIEN

BRD 1994. **R:** *Peter MacDonald.* **B:** *Jeff Lieberman.* **LV:** *Motive von Michael Ende.* **K:** *Robin Vidgeon.* **SpE:** *Derek Meddings, Bibo TV.* **M:** *Peter Wolf.* **D:** *Jason James Richter (Bastian), Melody Kay (Nicole), Freddie Jones (Koreander), Julie Cox (Kindliche Kaiserin), Jack Black (Slip), Carole Finn (Mookie), Ryan Bollman (Dog), Nicole Parker (Coil), P. Adrian Dorval (Rage), Moya Brady (Urgl), Tony Robinson, Tracy Ellis.* **F** *95 Min.*

Linke und rechte Seite: Die unendliche Geschichte II: Auf der Suche nach Phantásien. Rechte Seite, Bild links unten: Der Drache Fuchur in Die unendliche Geschichte III: Rettung aus Phantásien

Die Nasties, widerliche Schlägertypen, haben das Buch der »Unendlichen Geschichte« geklaut und mischen das Fabelreich Phantásien nach Kräften auf. Ursprünglich war im Drehbuch auch ein Auftritt von Bastians Indianerfreund Atréju vorgesehen. Um Geld zu sparen, wurden die Szenen gestrichen. Trotzdem uferte das in den Studiohallen von Babelsberg realisierte Unternehmen, weit über dem vorgesehenen Budget, in rote Zahlen aus. Den endgültigen Todesstoß aber versetzte Produzent Dieter Geissler, der den »Producer's [nicht Director's] Cut« zu verantworten hatte,

den Intentionen von Michael Ende mit einer kurz
darauf produzierten 26teiligen Zeichentrickserie
fürs Fernsehen. [V]

DIE UNGLAUBLICHE GESCHICHTE
VON OLJA UND SCHISCHOK

Anderer Titel für **Oljas Abenteuer mit dem Hausgeist**

DIE UNGLAUBLICHEN ABENTEUER
DES HERKULES

(LE FATICHE DI ERCOLE). Italien 1957. **R:** *Pie-
tro Francisci.* **B:** *Pietro Francisci, Ennio de Con-
cini, Gaio Frattini.* **St:** *Pietro Francisci.* **K:** *Mario
Bava.* **M:** *Enzo Masetti.* **D:** *Steve Reeves (Herku-
les), Sylva Koscina (Jole), Fabrizio Mioni (Jason),
Ivo Garrani (Pelias), Arturo Dominici (Eurytos),
Mimmo Palmara (Iphitos), Lidia Alfonsi (Sibylle),
Gina Rovene (Amazone), Gabriele Antonini
(Odysseus), Alfro Poli (Cheiron), Gianna Maria
Canale (Antea), Andrea Fantasia (Laertes), Aldo
Fiorelli (Argos), Gino Mattena (Orpheus), G. P.
Rosmino (Äskulap). F 90 (107) Min.*

Als Dank, dass Herkules seiner hübschen Tochter Jole das Leben gerettet hat, ernennt der Kö-

nig von Jolkos ihn zum Ausbilder seines aufmüp-
figen Sohnes Iphitos. Beim Rangeln mit dem Ne-
meischen Löwen beißt Iphitos indes ins Gras. Auf-
gehetzt von seinem Minister Eurytos und ob der
wachsenden Beliebtheit Herkules' beunruhigt,
setzt der König ihn auf den Kretischen Stier an.
Dabei stößt der Heros zufällig auf den jungen Jason, des Königs Neffen und rechtmäßigen Erben
auf den Thron. Pelias jedoch weigert sich, Jasons
Herrschaftsanspruch anzuerkennen, bevor dieser
nicht das einst geraubte Goldene Vlies vorweisen
kann. Kurz entschlossen segelt Herkules mit den
Argonauten los. Nach diversen Begegnungen mit
Amazonen und Affenmenschen endlich in Kolchis angekommen, gelingt es Jason, den Vlies-
drachen abzustechen und das Wunderfell für sich
zu reklamieren. Eurytos jedoch, der Schlingel,
stiehlt das Vlies und lässt Herkules gefangennehmen. Doch da: CRASH! BOING! Mauern bersten. Tempel stürzen ein. »Eurytos fällt unter Herkules' Schwerthieben. König Pelias richtet sich
selbst. Damit ist der selbstgestellte Auftrag der Argonauten beendet. Jason besteigt den Thron.
Herkules und Jole aber ziehen vereint neuen
Abenteuern entgegen.« (DAS NEUE FILMPRO-
GRAMM) – *Die unglaublichen Abenteuer des
Herkules* war der Auslöser einer der erfolgreichsten (und ulkigsten) Serien des Fantasy-Kinos
überhaupt: ein typischer, nicht mal schlecht gemachter italienischer B-Film, der seine Budget-
Beschränkungen leidlich zu kaschieren wusste.
Geschickt würfelte man einige griechische Heldensagen durcheinander, klaute fleißig aus diversen Tarzan-Filmen, tunkte das Ganze in knal-
lige Farben (die Röte von Eastmancolor sozusagen), unterlegte dem Drachen ein Godzilla-Ge-
brüll und garnierte das Ganze mit einer kräftigen
Prise keimfreier, aber für damalige Zeiten ungeheuer aufregender Amazonenerotik und ganz,
ganz vielen Muskeln. Das Grundrezept des Films
war dasselbe, das knappe fünfzehn Jahre später
auch einem gewissen Carlo Pedersoli (alias Bud
Spencer) zum Erfolg verhelfen sollte, und hieß,
auf den einfachsten Nenner gebracht: Prügelco-
mic. Mit geballter Bizepsmacht walzt Herkules
ganze Heerscharen nieder, reißt armdicke Ketten

Die unglaublichen Abenteuer des Herkules

aus der Wand und bringt Tempel zum Einsturz – die ideale Verkörperung pubertärer Machtphantasien in Form des ehemaligen »Mr. Universum« Steve Reeves: »Gestalt wie ein amerikanischer Preiscatcher, Bart und Haupthaar wie ein Existentialistenjünger und ein Antlitz wie ein braver Knabe, der in den Schule Mühe hatte, das Einmaleins zu erlernen.« (FILMBEOBACHTER) – Wie es allerdings geschehen konnte, dass eine einzige »wohlgelungene Varieté-Stunde« (FILMDIENST) – und mehr war der Film beim besten Willen nicht – die gesamte italienische Filmindustrie auf Sandalenkurs gehen ließ, beschreibt William Goldman in seinem lesenswerten Buch ADVENTURES IN THE SCREEN TRADE: »Die eigentliche Geschichte von *Herkules* begann erst in New York, als Joseph E. Levine, ein kleiner Verleiher aus New England, über einen Angestellten der Metro von der Existenz des italienischen Sandalenepos hörte. Kein Verleih hatte sich bislang dazu durchgerungen, den Film in Amerika herauszubringen, doch sobald er davon gehört hatte, *wusste* Levine ganz einfach, dass das etwas für ihn war. So flog er denn am nächsten Morgen, allein aufgrund des starken Titels und der Empfehlung des Metro-Manns, nach Rom, ging in die dortige Metro-Filiale, setzte sich in den eiskalten Vorführraum im Keller und guckte sich den Film an. Seine Reaktion? ›Du lieber Gott, wenn Sie *Herkules* schon im Kino für einen Langweiler gehalten haben – und es war ein Langweiler, nicht gerade einer der größten Filme aller Zeiten –, dann hätten Sie ihn erst mal so sehen sollen, wie ich ihn gesehen habe. Die Farben waren grausig, aber immer noch sensationell im Vergleich zum Ton. Irgendwie hatten sie da Mist gebaut. Da war doch diese Szene mit dem Schiffbruch, bei der der Schiffsmast – dieser *riesige* Schiffsmast – aufs Deck herunterkracht. Na ja, als er aufschlägt: Totenstille. Kein einziger Mucks. Kurz darauf hat Steve Reeves – Sie kennen doch Steve Reeves? Hörte sich gräßlich an, wenn er das Maul aufmachte, aber tolle Muskeln – eine Liebesszene mit diesem Mädchen und ZACK – plötzlich kommt der Ton, wo der verdammte Mast aufs Deck donnert. Und viel besser wurde es danach auch nicht mehr, das sage ich Ihnen. Na, wie auch immer, ich hab dann die amerikanischen Rechte für $ 120

000 gekauft und machte mich an die Arbeit.‹ Diese ›Arbeit‹ bestand in einer der aggressivsten Werbekampagnen, die die Industrie je erlebt hatte. Paramounts Werbung für *Der große Gatsby* und *King Kong* war ein Dreck dagegen. Levine gab dreimal soviel Geld für Zeitungsinserate aus, wie ihn der ganze Film gekostet hatte. Reklameflächen. Anzeigen in den Comics. Man konnte nicht mal das verdammte Radio anstellen, ohne dass irgend jemand diesen tollen Muskelmann-Film anpries. Und er ging direkt zum Erzfeind und gab noch eine Viertelmillion für Fernsehwerbung aus. Für die Trailer schnitt er alle Höhepunkte des Films zusammen, weil er sicher war, dass sich niemand träumen lassen würde, dass im Kino nicht noch mehr von diesen schönen Sachen zu sehen sein würde. Dann ließ er über sechshundert Kopien ziehen und schmiss im Waldorf-Astoria eine Party für über tausend Leute, die ihn noch mal vierzig Riesen kostete. Unterdessen linsen alle Hollywood-Verleihchefs aus ihren Schützengräben und trauen ihren Augen nicht. Dieser Independent aus Boston ist am Ausrasten – sie *wissen,* dass er verrückt ist, weil sie den Film alle vorher schon gesehen haben. Über ein Jahr war der Film nun auf dem Markt, und sie haben ihn alle abgelehnt. Publikumsgeschmack war schließlich ihr Geschäft, und sie waren sich sicher, dass sich kein Schwein den Film ansehen würde. Sie lagen dann ja auch nur so ungefähr $ 20 Mio. daneben.« Und so schlug schließlich in Italien, wo sich das natürlich auch sehr schnell herumsprach, die Geburtsstunde des »neomythologischen« Films. Und die Welt der alten Griechen sollte nie mehr dieselbe sein. [V]

UNHEIMLICHE SCHATTENLICHTER
(TWILIGHT ZONE – THE MOVIE). USA 1982. M: *Jerry Goldsmith. Prolog* R: *John Landis.* B: *John Landis.* K: *Steve Larner.* D: *Albert Brooks (Fahrer), Dan Aykroyd (Beifahrer). Episode 1* R: *John Landis.* B: *John Landis.* K: *Steve Larner.* SpE: *Paul Stewart.* D: *Vic Morrow (Bill), Doug McGrath (Larry), Charles Hallahan (Rag), Remus Peets, Kai Wulff (Deutsche Offiziere). Episode 2* R: *Steven Spielberg.* B: *George Clayton Johnson, Richard Matheson, Josh Rogan.* St: *George Clayton Johnson.* K: *Allen Daviau.* SpE: *Mike*

Wood. **D:** *Scatman Crothers (Bloom), Bill Quinn (Conroy), Martin Garner (Weinstein), Selma Diamond (Mrs. Weinstein), Helen Shaw (Mrs. Dempsey), Murray Matheson (Agee), Peter Brocco (Mute), Tanya Fenmore (Junge Mrs. Weinstein), Evan Richards (Junger Agee), Laura Mooney (Junge Mrs. Dempsey), Christopher Eisenmann (Junger Mute).* Episode 3 **R:** *Joe Dante.* **B:** *Richard Matheson.* **St:** *Jerome Bixby.* **K:** *John Hora.* **D:** *Kathleen Quinlan (Helen Foley), Jeremy Licht (Anthony), Kevin McCarthy (Onkel Walt), Patricia Barry (Mutter), William Schallert (Vater), Nancy Cartwright (Ethel), Dick Miller (Walter Paisley).* Episode 4 **R:** *George Miller.* **B:** *Richard Matheson.* **St:** *Richard Matheson.* **K:** *Allen Daviau.* **SpE:** *Peter Kuran, David Allen, Industrial Light & Magic.* **D:** *John Lithgow (Valentine), Abbe Lane (Chefstewardess), Donna Dixon (Stewardess), John Dennis Johnston (Copilot), Larry Cedar (Ungeheuer), Charles Knapp (Flugsicherungsbeamter), Christina Nigra (Mädchen).* **F** 101 Min.

Auf einer einsamen Landstraße zeigt ein Anhalter einem Autofahrer etwas wirklich Gruseliges. (1) Ein Rassist, der in einer Kneipe über Juden, Asiaten und Schwarze wettert, findet sich im besetzten Paris des Jahres 1941 wieder, wo er von

den Nazis als Jude verfolgt wird. Auf der Flucht versetzt es ihn in den amerikanischen Süden, wo ihn fanatische Ku-Klux-Klan-Anhänger für einen Schwarzen halten und abermals jagen. Dabei gerät er in die sechziger Jahre und den Dschungel Vietnams, wo ihn US-Ledernacken als »Gook« aufs Korn nehmen. Erneut nach Paris versetzt, wird er ins KZ transportiert. (2) Ein alter Mann besucht die dumpf dahinbrütenden Insassen eines Altersheims und rät ihnen, sich auf ihre Kindheit zu besinnen und mal wieder »Kick die Dose« zu spielen. Man hört auf ihn – mit überraschendem Erfolg: Die alten Leute werden körperlich jünger. (3) Ein Junge, der von Comics und Fernsehen besessen ist, verfügt über die Macht, seine Wünsche wahr werden zu lassen. Er lädt eine Lehrerin auf der Durchreise zu sich ein und hext ihr ein Monster-Inferno vor. Da er jedoch im Grunde seines Herzens einsam ist, beschließt die Lehrerin zu bleiben und ihm beizubringen, seine Macht zu besseren Zwecken zu nutzen. (4) Ein Flugpassagier, der zufällig aus dem Fenster schaut, sieht auf der Tragfläche der Maschine ein abscheuliches Ungeheuer, das gerade dabei ist, mit diabolischem Vergnügen eine Düse zu demolieren. Er gerät in Panik, aber alle Versuche, die Stewardessen und andere Passagiere auf das Phänomen aufmerksam zu machen, erweisen sich als fruchtlos. Schließlich dreht er durch, zertrümmert ein Fenster und vertreibt den Kobold. Nach der Notlandung landet er in einer Ambulanz, deren Fahrer verspricht, ihm etwas wirklich Gruseliges zu zeigen. – Mit Ausnahme des ersten Segments sind die Geschichten dieser Anthologie geringfügig geänderte Remakes von Episoden der TV-Serie *Twilight Zone* (dt. »Geschichten, die nicht zu erklären sind«), die es zwischen 1959 und 1964 auf 151 Folgen brachte und 1985 mit neuen Folgen ein zweites Mal gestartet wurde. Wie sein Vorbild deckt auch *Unheimliche Schattenlichter* das gesamte Spektrum des Phantastischen ab. Mit unterschiedlichem Erfolg: Ausgesprochen enttäuschend etwa die platte Rassismusfabel von John Landis, der nur die eingeblendeten Schrifttafeln »Vorsicht, Moral!« fehlen, sowie das Peter Pan-Gegenstück, in dem Steven Spielberg auf unge-

Oben: Joe Dante • Unten: Steven Spielberg

wohnt ungeschickte Weise auf seinem bewährten Manipulationsklavier spielt. Ungleich gelungener sind Joe Dantes knallig-caligaresker Zaubercomic und insbesondere die von George Miller *(Mad Max)* inszenierte Schlußepisode, die durch ihre meisterhafte Reduktion einschlägiger Grusel-Topoi aufs absolut Essentielle besticht. »Dieser brillant gefilmte Horrortrip lohnt schon allein den Besuch der *Unheimlichen Schattenlichter*.« (Lina Schneider, DIE ZEIT) [V]

DER UNHEIMLICHE ZOTTI

(THE SHAGGY DOG). USA 1959. **R:** *Charles Barton.* **B:** *Bill Walsh, Lillie Hayward.* **LV:** *»Der Hund von Florenz« von Felix Salten.* **K:** *Edward Colman.* **M:** *Paul J. Smith.* **D:** *Tommy Kirk (Wilby Daniels), Fred MacMurray (Wilson Daniels), Roberta Shore (Francesca Andrassy), Alexander Scourby (Mikhail Andrassy), Jean Hagen (Frieda Daniels), Annette Funicello (Allison d'Alessio), Tim Considine (Buzz Miller), Kevin Corcoran (Moochie Daniels), Cecil Kellaway (Professor Plumcutt). SW 104 Min.*

Ein Zauberring aus dem Museum verwandelt den Teenager Wilby Daniels von Zeit zu Zeit in einen sprechenden Zottelhund Typ Wandelnde Klobürste, der dem der Nachbarstochter Francesca Andrassy bis aufs Haar gleicht. Da sein Vater allergisch gegen Hunde ist, verbringt Wilby die meiste Zeit im Nachbarhaus, wo er durch ständige Hin- und Rückverwandlungen für allerlei Verwirrung sorgt. Eines Tages hört er zufällig, dass sich Francescas Vater mit seinem Gehilfen über den Diebstahl wichtiger Raketenpläne unterhält. Notgedrungen enthüllt Wilby seinem Vater sein Geheimnis. Als Francescas Vater davon Wind bekommt, verschleppt er die eigene Tochter auf ein Motorboot. Wilby hechelt hinterdrein, vereitelt die Flucht der Gauner und rettet seine Freundin vorm Ertrinken. Den Lohn für die Rettung muss er allerdings an Francescas Hund abtreten, hat er sich vor Eintreffen der Polizei doch wieder in einen Menschen verwandelt. – Ursprünglich als Stoff für eine TV-Serie gedacht, war *Der unheimliche Zotti* der erste Versuch Disneys, die komischen Anthropomorphismen seiner Zeichentrickfilme in eine real gedrehte Fantasy-Komödie zu übertragen. So beruhte der überwiegende Teil der eher albernen Gags darauf, dass sich ein Hund ganz wie ein Mensch benimmt, sich die Zähne putzte, hinterher brav gurgelt, einen Pyjama trägt und auch mal mit dem Auto fährt. Der Erfolg blieb nicht aus: Trotz eines »schleppenden Skripts« (TV MOVIES) spielte *Der unheimliche Zotti* seine Herstellungskosten von knapp $ 1 Mio. gleich achtfach wieder ein und bescherte dem Studio damit ein Rezept, das in Filmen wie *Der tolle Käfer* noch des öfteren aufgearbeitet werden sollte. »Was die Disney-Leute daraus lernten, war, dass regelmäßige Wiederaufbereitung der allerbeste Lachgarant ist.« (THE DISNEY FILMS)

DIE UNHEIMLICHEN WÜNSCHE

Deutschland 1939. **R:** *Heinz Hilpert.* **B:** *Kurt Heusen, Heinz Hilpert.* **LV:** *»Das Chagrinleder« von Honoré de Balzac.* **K:** *Richard Angst.* **M:** *Wolfgang Zeller.* **D:** *Hans Holt (Rafael von Valentin), Olga Tschechowa (Feodora), Käthe Gold (Pauline), Ewald Balser (Pertignac), Heinrich Troxbömker (Jonathas), Franz Pfaudler (Navarreins), Paul Dahlke (Canais, Lakai), Aribert Wäscher (Vignon), Oskar Schättiger (Emile), Axel von Ambesser (Jouet, Luftschiffer), Armin Schweizer (Notar Cordot), Elisabeth Flickenschildt (Blanchette), Ellinor Hamsun, Eva Sommer (Freudenmädchen), Friedrich Maurer (Invalide), Wolfgang Dohnberg (Navarreins' Diener), S. O. Schoening (Auktionator). SW 98 Min.*

Um 1830 in einer Stadt in Frankreich: Der junge Marquis von Valentin hat gegen seinen Vetter einen Prozeß verloren, der ihn nahezu ruiniert. Sein Besitz wird versteigert. Sein Diener Jonathas kann ihn knapp davor bewahren, Selbstmord zu begehen. Was ihm bleibt, ist ein altes Leder mit einer eigentümlichen Inschrift. Sein väterlicher Freund, der Kunsthändler Pertignac, kann die Bedeutung des Schriftstückes ermitteln: »Wenn du mich besitzt, so besitzt du alles. Wünsche, und deine Wünsche werden erfüllt. Aber dein Leben wird mir gehören. Mit jedem Wunsch nehme ich ab, wie deine Tage. Das ist das Geheimnis der Erfüllung.« Rafael von Valentin, der mittlerweile eine kleine Stube im Haus der Silhouettenschneiderin Pauline bewohnt, nutzt die Chance: Er umwirbt erfolgreich seine Angebetete, die ehrgeizige Schauspielerin Feodora; die Revision des Prozesses bringt ihm Vermögen und Palais zurück. Doch bald sind sein Leben und sein Haus umschwirrt von Feodoras schmarotzender Freundesschar. Erst als ihn sein Freund Pertignac an Pauline erinnert, kommt Rafael zur Besinnung. Er wirft die Gäste hinaus, besucht Pauline, verstrickt sich jedoch weiter in riskante Abenteuer. Nach einer Ballonfahrt, bei der er nur knapp dem Tod entgeht, trennt er sich endgültig von Feodora, wird schließlich in ein gezinktes Duell verwickelt, das er nur durch Zufall (oder Hilfe seines Leders) übersteht. Erst danach beginnt er mit Pauline ein neues Leben auf dem Land. – »Aus dem zartbesaiteten Klavierspieler, der zu Anfang erklärt, kämpfen sei nicht seine Sache, muss erst der todtraurig einsame, menschlich enttäuschte Fürst der Nacht werden, bevor er demütig zu Gott und hausbackener Scherenschnitt-Moral zurückfindet und durch den Ballonaufstieg als Initiationsritus ins reife Mannestum eintritt, das graue Schläfen signalisieren. Erst danach vermag er auch sein Liebesleben auf Linie zu bringen ... Das Phantastische [reduziert sich] auf dekorativen Zierrat: Was immer das Leder bewirkt, findet im Gang der Erzählung auch eine ›rationale‹ Begründung.« (Kraft Wetzel/Peter Hagemann, LIEBE, TOD UND TECHNIK) Der Film beweist, dass das phantastische Element im Dritten Reich fast völlig in den Hintergrund gerückt wurde. Ganz anders die literarische Vorlage! *La peau de chagrin* (dt. *Das Chagrinleder*), war Honoré de Balzacs erstes Werk, das ihm literarische Anerkennung einbrachte. Der halb phantastische, halb märchenhafte Roman, der deutlich den Einfluß E.T.A. Hoffmanns erkennen lässt, zeigt erstmals Balzacs Neigung zu einer transrealen, okkultistisch beeinflußten Weltbetrachtung, die durchaus dem damaligen Zeitgeist entsprach: »In seiner düster getönten Empfindsamkeit und seiner Vorliebe für das Wunderbare folgt *La peau de chagrin* einer um 1830 stark ausgeprägten weltschmerzlichen Strömung, die mit der Enttäuschung und Ernüchterung nach der fehlgeschlagenen Revolution einhergeht. Die kühne Lebensallegorie, die dem *symbolischen Leder* unterlegt wird, die konträre Ausprägung des Todesmotivs in den Außenteilen (als Todessehnsucht und To-

desangst) ... verleihen dem freilich mit allen Kennzeichen des Frühstils belasteten Roman eine ungewöhnliche Durchschlagskraft.« (KINDLERS LITERATURLEXIKON) Diese Durchschlagskraft fehlt der Verfilmung, besser gesagt der Bearbeitung Heinz Hilperts, ganz. Daran konnte auch die absolute Starbesetzung nichts ändern. Hilpert verstümmelte Balzacs Roman, so dass die in den offiziellen Credits gebrauchte Wendung »in Anlehnung an Balzacs Roman« eine außerordentliche Übertreibung ist.

UNSERE GEISTER SOLLEN LEBEN

(AT ZIJI DUCHOVE). ČSSR 1977. **R:** *Oldrich Lipský.* **B:** *Zdeněk Svěrak.* **D:** *Jiří Sovák, Dana Vávrová, Jiří Procházka. F (91) 88 Min.*
Die Kinder eines kleinen tschechischen Örtchens bedrängen den Gemeinderat, auf dem Gelände einer alten Burgruine einen Spielplatz zu errichten, was jedoch von einem eigennützigen Einwohner ständig hintertrieben wird. Erst als der Geist eines verstorbenen Ritters mit Hilfe einer Armee Heinzelmännchen eingreift, kann das Projekt nicht mehr verzögert werden. – »Trickreich inszeniertes Musical.« (FILMDIENST) [V] *(Es leben die Geister).*

DIE UNSICHTBARE FEE

(PAS COMME LES AUTRES). Frankreich/Italien 1956. **R:** *Jean Tourane.* **B:** *Jean Tourane.* **K:** *Maurice Fellous.* **M:** *Richard Cornu. F 60 Min.*
Ein kleines Kulissendörfchen, das von Tieren bewohnt wird, die sich dank der Zauberkraft einer unsichtbar bleibenden guten Fee wie Menschen aufführen ›dürfen‹, wird in seinem täglichen Einerlei gestört, als ein Äffchen den Zauberstab ihrer Gönnerin verschwinden lässt. Ein tapferes Entlein klärt schließlich den Fall. – »In der Erzählung von der guten Fee, deren glückspendender Zauberstab in unrechte Hände fällt und den nur die Tapferkeit reiner Herzen wieder zurückerobern kann, werden die simple Poesie und die leicht einfältige Moral einer ungewöhnlichen Strapaze ausgesetzt.« (Ingeborg Donati, FILMBLÄTTER) – »Der banale Kommentar, der die Kindertümlichkeit vollends verfehlt, die unglückliche ›Charakterzeichnung‹ ... und die pädagogische Leere der Handlung sind weitere

Elemente, die den Film schon von der Anlage her um den Reiz einer stilvoll erzählten Tierfabel bringen.« (FILMDIENST)

UNSTERBLICHES DUELL

(DUELLE). Frankreich 1976. **R:** Jacques Rivette. **B:** Jacques Rivette, Eduardo de Gregorio, Marilù Parolini. **K:** William Lubtchansky. **M:** Jean Wiener. **D:** Juliet Berto (Leni), Bulle Ogier (Viva), Jean Babilée (Pierrot), Hermine Karagheuz (Lucie), Nicole Garcia (Jeanne-Elsa), Claire Nadeau (Sylvia Stern). F 118 Min. (O.m.U.)

Göttliche Wesen kämpfen in Paris um einen magischen Diamanten, der ihr irdisches Dasein sichert. Ein Fantasy-Märchen, das gekonnt zwischen Agentenfilm, Science Fiction, Krimi und Komödie hin und her pendelt und einen wachen Zuschauer verlangt.

UNTER SCHWARZEM VISIER

(THE BLACK KNIGHT). GB 1954. **R:** Tay Garnett. **B:** Alec Coppel. **K:** John Wilcox. **M:** John Addison. **D:** Alan Ladd (John), Patricia Medina (Linet), Peter Cushing (Palamides), Harry Andrews (Graf Yeonil), Andre Morell (Ontzlake), Laurence Naismith (Majordomus), Patrick Troughton (König Mark), Anthony Bushell (König Arthur), Ronald Adam (Abt), John Laurie (James), Basil Appleby (Hal), Olwen Brookes (Lady Ontzlake), Jean Lodge (Guinevere), Bill Brandon (Bernard), Pauline Jameson (Lady Yeonil), Tommy Moore (Bursche), John Kelly (Holzfäller), Elton Haynes (Bande). F 87 Min.

Der Waffenschmied John, den man für einen Feigling hält, obwohl er ein stiller Held ist, tritt in der (selbstgemachten) Rüstung eines geheimnisvollen schwarzen Ritters gegen den verschwörerischen König Mark von Cornwall und Horden räuberischer Sarazenen und Wikinger an, um die Sympathien eines Edelfräuleins sowie einen Platz in der Tafelrunde König Arthurs von Camelot zu erringen. Dabei führt er die Klinge so geschickt, dass man ihm seine niedere Herkunft nachsieht. – Ein kleiner, unwichtiger, doch spannender Beitrag zur König Arthur-Legende; zwar ohne Fantasy-Elemente, doch geschickt inszeniert. – »Abträglich sind dem Film manche billigen Knalleffekte.« (KW, FILMBEOBACHTER)

DER UNTERGANG DES LEOPARDENREICHES

(GLI INVINCIBILI FRATELLI MACISTE). Italien 1964. **R:** Roberto Mauri. **B:** Roberto Mauri, Eduardo Mulargia. **K:** Romolo Garroni. **M:** Felice Di Stefano. **D:** Richard Lloyd, Claudia Lange, Tony Freeman, Anthony Steffen, Pier Ana Quaglia, Giá Sandri. F 87 Min.

Die bösartige Königin des unterirdischen Leopardenreiches will die Hochzeit eines Erdenprinzen verhindern und lässt zu diesem Zweck dessen Braut entführen, um sie sich hörig zu machen. Erst als der Prinz die »unbesiegbaren Gebrüder Maciste« (so der italienische Filmtitel) zu Hilfe holt, kann man die Königin und ihre sklavisch agierenden Untertanen schlagen und das Leopardenreich in seine Bestandteile zerlegen. – »Dieser ... Nachzügler des italienischen Monumentalfilm-Genres ist von unsagbarer Einfalt ... Die zelebrierten Riten und das, was als Mythologie an den Zuschauen gebracht werden soll, wird offenbar nicht einmal von den Mitwirkenden ernstgenommen.« (FILMDIENST)

UPWORLD

(UPWORLD). USA 1988. **R:** Stan Winston. **B:** Pen Densham, John Watson. **K:** Bojan Bazelli. **M:** Richard Gibbs. **D:** Anthony Michael Hall (Casey Gallagher), Jerry Orbach (Stan Walton), Claudia Christian (Samantha), Eli Danker (Zadar), Mark Harelik (Kaminsky), Robert Z'Dar (Reggie). F 89 Min.

Als der Polizist Casey Gallagher fälschlich in Verdacht gerät, krumme Geschäfte zu tätigen und am Tod eines Kollegen Schuld zu sein, kann ihn nur ein Kobold entlasten, der seinem unterirdisch lebenden Volk mit einem Leuchtkristall das Licht bringen will. Gemeinsam lösen sie nicht nur den Fall, sondern finden auch des Trolls Kristall, der ihm gestohlen wurde. Inszenatorisch unter aller Kanone. [V]

EIN URALTES MÄRCHEN

(STARAJA, STARAJA SKASKA). UdSSR 1968. **R:** Nadeshda Koschewerowa. **B:** Juli Dunski, Valeri Frid. **LV:** Märchen »Das Feuerzeug« von Hans Christian Andersen. **K:** Konstantin Ryschow. **M:** Andrej Petrow. **D:** Oleg Dal (Soldat/Puppenspieler), Marina Nejelowa (Prinzessin/Wirtstochter),

Wladimir Etusch (König/Gastwirt), Georgi Wizin (Zauberer), Vera Titowa (Hexe), Viktor Perewalow (Prinz). F 95 Min.

Ein junger Soldat, der den Dienst quittiert hat, gewinnt die Liebe einer Prinzessin mit Hilfe eines Zauberfeuerzeugs, das ihm ein dankbarer Zauberer geschenkt hat.

URLAUB VOM HIMMEL

(HERE COMES MR. JORDAN). USA 1941. **R:** *Alexander Hall.* **B:** *Seton I. Miller, Sidney Buchman.* **V:** *Harry Segall.* **K:** *Joseph Walker.* **M:** *Frederick Holländer.* **D:** *Robert Montgomery (Joe Pendleton), Claude Rains (Mr. Jordan), Edward Everett Horton (Engel 7013), James Gleason (Max Corkle), Rita Johnson (Julia Farnsworth), Evelyn Keyes (Bette Logan), John Emery (Tony Abbott), Donald McBride (Williams), Halliwell Hobbes (Sisk), Don Costello (Lefty), Benny Rubin (Bugs), Joseph Crehan (Doktor), Lloyd Bridges (Co-Pilot).* SW 94 Min.

Um ihm die Qualen des Aufpralls zu ersparen, holt Engel Nr. 7013 den kurz von dem Titelfight stehenden Boxer Joe Pendleton aus dessen abtrudelnder Privatmaschine ins nebelumwaberte Jenseits. Der geschockte Joe legt beim Oberengel Mr. Jordan Protest ein, und in der Tat: Eine Rückfrage in der Himmelsdatei ergibt, dass Joe seine Maschine noch hätte abfangen können und eigentlich erst am 11. Mai 1991 fällig gewesen wäre. Inzwischen hat Joes Trainer Corkle freilich dessen Leiche einäschern lassen. Zusammen mit Mr. Jordan macht sich Joe auf die Suche nach einem neuen Körper. Im Haus des Millionärs Bruce Farnsworth erlebt er als unsichtbarer Geist zufällig mit, wie die hübsche Bette Logan zu einem Termin bei Farnsworth vorspricht, dessen Aktienbetrügereien ihren Vater ins Gefängnis brachten. Farnsworth liegt zu diesem Zeitpunkt allerdings schon tot in der Badewanne, ertränkt von seiner geldgierigen Ehefrau Julia und seinem Sekretär Abbott. Kurzentschlossen schlüpft Joe in Farnsworths Körper und bringt alles wieder ins Lot, was ihm zwar die Missgunst des Aufsichtsrats von Farnsworth Industries, aber auch die Liebe Bettes einbringt. Kaum hat er jedoch Corkle von seiner Identität überzeugt und das Training für den Titelkampf begonnen, als Mr. Jordan ankündigt, er müsse Farnsworth wieder verlassen. Es geschieht wie vorausgesagt: Nachdem Abbott seinen Wirtskörper ein zweites Mal ermordet hat, steckt Mr. Jordan Joe in den Körper seines Boxrivalen Murdoch, raubt ihm vorher aber die Erinnerung an sein früheres Dasein. Doch etwas in den Augen des neuen Champions erinnert Bette an Joe. – *Urlaub vom Himmel* begründete den sogenannten *Film blanc,* ein kurzlebiges Subgenre innerhalb der Fantasy, das seine Existenz vor allem dem Zweiten Weltkrieg verdankt. »Die phantastischen Reisen mit glücklicher Wiederkehr in eine freilich nur mit allem Aufwand an Mut und Menschlichkeit zu bewältigende Wirklichkeit und mit ihrem Einverständnis mit der göttlichen Vorherbestimmung (die mögliche Fehler jederzeit zu korrigieren imstande ist) bezogen ihre Motivationen sicher aus der Erfahrung der Willkürlichkeit des Todes im Krieg. Die sanfte Satire der Fantasies ließ dabei die dem Genre zugrundeliegende Sentimentalität, den infantilen Aspekt ihrer Religiosität erträglich erscheinen. Der Weg der Liebenden zueinander verlangte nach der phantastischen Hilfe; dieses Motiv der Danteschen ›Göttlichen Komödie‹, Beatrices wunderbare Reise in die Unterwelt, ihren Liebsten zu retten, musste auch tröstend für die getrennten Paare des Krieges sein, die Tod und Entfremdung zu fürchten hatten.« (Georg Seeßlen, KINO DES UTOPISCHEN) – So nimmt es kaum Wunder, dass *Urlaub vom Himmel* von Publikum und Kritik gleichermaßen gefeiert und schließlich mit zwei Oscars für Drehbuchbearbeitung und

Ursus im Reich der Amazonen

Originalvorlage ausgezeichnet wurde: »Nicht, dass ein Griesgram an diesem wirren Hirngespinst nicht einiges aussetzen könnte. Selbst als Fantasy ist die Geschichte ziemlich schwer zu schlucken, das Boy-kriegt-Girl-Thema wird zu mühsam abgehandelt, und es gibt eine Spur zuviel metaphysisches Geplapper. Aber zur Hölle damit, wie Ernest Hemingway sagen würde. *Urlaub vom Himmel* ist eine der intelligentesten Komödien des Jahres.« (THE NEW YORKER)

URSUS, DER REBELLISCHE GLADIATOR
Anderer Titel für **Kampf der Giganten**

URSUS, DER UNBESIEGBARE
(URSUS NELLA TERRA DI FUOCO). Italien 1963. **R:** *Giorgio Simonelli.* **B:** *Luciano Martino, Marcello Ciorciolini.* **K:** *Luciano Trasatti.* **M:** *Carlo Savina.* **D:** *Ed Fury (Ursus), Claudia Mori (Diana), Luciana Gilli (Mila), Adriano Micantoni (Hamilcar), Nando Tamberlani (Lero), Giuseppe Addobbati (Lotar), Petro Ceccarelli (Ceric), Claudia Gianotti (Anika), Diego Pazzetto (Phalleg). F 82 Min.*

Der ziemlich einfältige König eines Fantasylandes wird von seinem hinterlistigen Ratgeber Hamilcar solange hinters Licht geführt, bis er nicht mehr fähig ist, Freund und Feind zu unterscheiden. Da dem bösen Hamilcar aus völlig irrealen Gründen ein kleines Hirtenstämmlein ein Dorn im Auge ist, läßt er es massakrieren. Als dem Souverän endlich ein Licht aufgeht, ist es zu spät. Den König muss dran glauben, allein seiner Tochter Diana gelingt die Flucht. Sie bittet den Muskelmann Ursus um Hilfe, dessen Hirtenfreunde (so sie nicht erschlagen wurden) inzwischen in elender Sklavenschufterei darben. Anläßlich eines Turniers, das Hamilcar veranstaltet, um den Unmut seiner Untertanen abzulenken, besiegt der Recke (gut getarnt) sämtliche Schläger und Heimtückler, die der neue Despot auf ihn ansetzt – und zwar mit dem Hintergedanken, den Bösewicht persönlich herauszufordern. Hamilcar jedoch, der feige ist wie alle Verräter, kriegt's mit der Angst: Er läßt Ursus in Eisen legen und zwingt Diana, seine Gattin zu werden. Ursus erkämpft sich dank übermenschlicher Kraft die Freiheit. Als der Endkampf am wüstesten wogt, greift der Feuer-

gott persönlich ein und macht dem schändlichen Treiben Hamilcars ein Ende. Ursus kriegt Diana. Das Volk wird wieder mal mit der »Freiheit« abgespeist.

URSUS IM REICH DER AMAZONEN
(REGINA DELLE AMAZZONI). Italien 1960. **R:** *Vittorio Sala.* **B:** *Ennio de Concini, A. Frassinetti, Duccio Tessari.* **K:** *Alberto Albertini* **M:** *Roberto Nicolosi.* **D:** *Ed Fury (Ursus), Dorian Gray (Antiope), Gianna Maria Canale (Regina), Daniella Rocca (Melitta), Rod Taylor (Pirro), Alberto Farnese (Losco), Iguazio Leone (Sofos). F 91 Min.*

Der bärenstarke Held Ursus schließt sich zwei angeblichen Kauffahrern an, die auf einer geheimnisvollen Insel einen sagenumwobenen Schatz heben wollen. Man wird zwar, auf dem Eiland angekommen, fündig, fällt aber dann dem Zaubertrank eines waffenstarrenden Amazonenvolkes zum Opfer, das dringend ein paar zeugungskräftige Mannsbilder braucht, um den Fortbestand seiner Zivilisation zu sichern. Als sich eine Piratenbande anschickt, die Heimat der drallen Jungfern (die samt und sonders aussehen wie die Avon-Beraterin) zu unterwerfen, schlagen sich Ursus und seine Getreuen auf die Seite ihrer Häscher und vereiteln die Invasion. Hurra! Am Ende kommen die Amazonen zur »Vernunft«, denn man sieht ein: »Ohne Männer geht es nicht. Und so regiert auf der glücklichen Insel nach vielen Jahren *endlich* wieder ein Mann.« (Verleih-Presseheft) – Frauen, soll man denken, sind nicht mal in der Lage, sich selbst zu regieren. [V]

URSUS IM TAL DER LÖWEN
(URSUS NELLE VALLE DEI LEONI). Italien 1961. **R:** *Carlo Ludovico Bragaglia.* **B:** *Giuseppe Mangione.* **K:** *Giovanni Bergamini.* **D:** *Ed Fury (Ursus), Moifa Orfei (Diana), Alberto Lupo (Ajak), Mary Marlon (Annia), Gerhard Haerter, Giacomo Furis, Andrea Scotti, Mariangela Giordano. F 93 Min.*

Wie weiland der schurkische König Herodes überfällt der römische Judas Ajak das Reich von König Kützelmütz und läßt dessen Sippschaft meucheln. Thronerbe Klein-Ursus entkommt mit Unterstützung einer treuen Amme den Häschern und wächst bei einem Berglöwenrudel auf. Zum

Jüngling mit außerordentlichen Kräften herangewachsen, wird er Jahre später von einem geldgierigen Sklavenhändler an den Usurpator verpfiffen und muss sich fortan gegen dessen Vasallen zur Wehr setzen, damit er nicht auf die Idee kommt, den Thron seines Vaters zurückzufordern. Nachdem man Ursus' Löwenbrüder mit giftigem Fleisch zur Strecke gebracht hat, begehrt der Muskelmann auf. Umsonst: Im Verlies des Thronräubers schmachtend, hat er nur noch die wenig rosige Zukunftsaussicht, von einer Hyänenmeute verspeist zu werden. Doch die örtliche Freiheitsbewegung steht Ursus bei, und im allgemeinen Drunter und Drüben des Endkampfes kriegt jeder, was ihm zusteht: die Schurken den Stiefel, die Hyänen ihr Futter, das Volk die »Freiheit« und Ursus die wohlbeleibte Annia, die den Thron mit ihm teilen wird.

URSUS, RÄCHER DER SKLAVEN

(URSUS). Italien/Spanien 1960. R: Carlo Campogalliani. B: Giuseppe Mangione, Sergio Sollima, Giuliano Carnimeo. K: Eloy Mella. M: Roman Vlad. D: Ed Fury (Ursus), Cristina Gajoni (Magali), Moira Orfei (Attea), Mario Scaccia (Kymos), Mary Marlon (Doneide), Luis Prendes (Setas), Raphael Luis Calvo (Mok), Maniangela Giondano (Myriam), Gamardiel (Cleonte), Soledad Miranda (Fillide), Antonio Gil (Adelfo), Eliana Grimaldi (Angella), Nino Fuscagni (Carovaniere). F 90 Min.

Nach langjähriger Abwesenheit in die Heimat zurückgekehrt, erfährt der Muskelmann Ursus, dass seine Braut Attea und deren Freunde von bösen Wichten in die Sklaverei verschleppt und auf eine Insel gebracht wurden, deren Bewohner die stierköpfige Göttin Zaas anbeten. In Begleitung der blinden Doreide bricht er auf, den geliebten Schatz zu retten. Trotz Verrat, diverser Heimtückler und Hinterhalte erreicht das ungleiche Paar die Insel der Zaas-Anbeter, auf der es die opportunistische Attea inzwischen mit Unterstützung eines Priesters zur Königin gebracht hat. Ursus und Doreide landen in der Arena, wo ein wilder Stier den aussichtslosen Kampf gegen unseren Helden aufnimmt. Natürlich kriegt er eins

aufs Haupt. Doneide hingegen kriegt auf wundersame Weise das Augenlicht zurück. Der Tod des Stiers führt zum Sturz des Systems, die Priester zücken die Messer. Die Schergen der Königin gürten sich zur Palastrevolte. – »Nach allem, was man aus Italien gewöhnt ist«, meinte Howard Thompson in der NEW YORK TIMES, »hätte der Film noch viel schlechter sein können.« Dem Hauptdarsteller Ed Fury bescheinigte er, er sei im Gegensatz zu Steve »Herkules« Reeves zumindest in der Lage »den Gesichtsausdruck zu wechseln.« Was diesen Film aber auch nicht rettet.

URSUS, SCHRECKEN DER KIRGISEN

(URSUS IL TERRORE DEI KIRGHISI). Italien 1964. R: Anthony M. Dawson [Antonio Margheriti]. B: Senta Relli. D: Reg Park (Ursus), Mireille Granelli (Zauberin), Ettore Manni (Räuberhauptmann), Maria Teresa Orsini (Prinzessin), Furio Meniconi. F 94 Min.

In Asien stehen die Zeichen auf Sturm: Ein kirgisischer Räuberhauptmann terrorisiert das Land mit Feuer und Schwert. Die Bevölkerung ist derweil blöd genug, den Feind im unschuldigen Nachbarland zu suchen. Ursus, gerade auf Wanderschaft, sieht sich mit einem urigen Ungeheuer konfrontiert, das, Grunz-, Quak- und Knurrlaute ausstoßend, allerlei Schandtaten begeht. Dahinter steckt – wie auch hinter den Räubern – die böse Hexe Wackelzahn, die brave Männer mit einem Zaubertrank in blutrünstige Wildschweinwerwölfe (oder dergleichen) verwandelt. Auch Ursus soll, wenn's nach ihr ginge, dran glauben. Doch weit gefehlt! Unser Held gewinnt (natürlich) und bewahrt eine eingekerkerte Prinzessin davor, in ein Grillwürstchen verwandelt zu werden. – Der FILMDIENST kritisierte: »Kümmerliche Ausstattung, Dialoge in Sprechblasenmanier, erbärmliches Laienspiel mit viel rollenden Augen sind die Merkmale dieses viertklassigen Lichtspiels, das sich immerhin im Ausmalen von Härten jener Genügsamkeit befleißigt, die es beim Besucher voraussetzt.«

URSUS UND DIE SKLAVIN DES TEUFELS

Anderer Titel für Ursus, Schrecken der Kirgisen

V

VALBY – DAS GEHEIMNIS IM MOOR

(MIRAKLET I VALBY). Dänemark/Schweden 1989. R: Åke Sandgren. B: Stig Larsson, Åke Sandgren. K: Dan Laustsen. M: Wladek Gulgowski, Roxette. D: Jakob Kats (Sven), Lina Englund (Petra), Troels Asmussen (Bo), Amalie Alstrup (Hanna), Karen-Lise Mynster (Svens Mutter), Ingvad Hirvall, Mona Seilitz, Jens Okking. F 85 Min.
Nach einem unfreiwilligen Zeitsprung ins Mittelalter sehen sich ein junger Amateurfunker und sein Freund gezwungen, ihre entführte Freundin aus den Händen eines Mönchsordens zu befreien, der in einem finsteren Moor sein Unwesen treibt. Amüsanter, spannender Fantasy-Abenteuerfilm. [V]

VAMPIRE GEGEN HERAKLES

(ERCOLE AL CENTRO DELLA TERRA). Italien 1961. R: Mario Bava. B: Mario Bava, Alessandro Continenza, Giorgio Prosperi, Duccio Tessari. K: Mario Bava, Ubaldo Terzano. M: Armando Trovajoli. D: Reg Park (Herakles), Leonora Ruffo (Deianira), Giorgio Ardisson (Theseus), Franco Giacobini (Telemach), Christopher Lee (Lykus), Marisa Belli (Arutesa), Ida Galli (Persephone), Mino Dero (Keros), Monica Neri (Egle), Ely Draco (Giocasta), Aldo Pedinotti (Sunis), Gaia Germani (Sibylle), Raf Baldassarre (Bandenführer). F 83 Min.
Um seine geliebte Deianira aus dem Bann des bösen Lykus zu erlösen, zieht Herakles auf der Suche nach einer Wunderblume in den Hades. Zwischen all den Steinmonstern, lebenden Bäumen und Lavasümpfen, die es dabei zu überwinden gilt, verliebt sich sein Reisegefährte Theseus in Plutos Tochter Persephone. Mit ihrer Hilfe gelingt den beiden die Rückkehr ans Tageslicht. Als der wütende Pluto daraufhin das Königreich He-
kalien mit Katastrophen heimsucht, kehrt Persephone freiwillig in den Hades zurück. Unterdessen entführt Lykos die kurierte Deianira. Noch bevor er sich an ihrem Hals festbeißen kann, trifft Herakles ein, reißt die Opferfelsen aus dem Boden und macht Lykus und seinen Vampir-Heerscharen ein Ende. – Einer der ersten Versuche, den Muskelmann-Film zu öffnen und verstärkt Elemente aus anderen Genres zu integrieren: Wie immer lassen dabei Tricks und Story arg zu wünschen übrig, und Christopher Lee ist der einzige Schauspieler, der diese Berufsbezeichnung verdient. Etwas ausgebügelt werden die Schwächen dieser Kreuzung aus Dracula, Herakles und Jules Verne durch ihre Selbstironie und Mario Bavas bemerkenswerten Sinn für Farbdramaturgie: Ein Schundfilm, ohne Frage, aber einer, der mit ansteckender Wollust in der geballten Künstlichkeit von Pappmaché und knalligen Primärfarben schwelgt.

VENUS MACHT SEITENSPRÜNGE

(ONE TOUCH OF VENUS). USA 1948. R: William A. Seiter. B: Frank Tashlin, Harry Kurnitz. LV: »The Tented Venus« von F. Anstey. K: Franz Planer. M: Kurt Weill. D: Ava Gardner (Venus), Robert Walker (Eddie Hatch), Dick Haymes (Joe Grant), Eve Arden (Molly Grant), Olga San Juan (Gloria), Tom Conway (Whitfield Savoy), James Flavin (Corrigan), Sarah Allgood (Mrs. Gogarty), Hugh Herbert (Merkur). SW 73 Min.
Jupiter schickt die Liebesgöttin Venus in Gestalt einer Marmorstatue zur Erde, damit sie das Herz des Kaufhausbesitzers Savoy zum Schmelzen bringt. Als der in seinem Unternehmen tätige Dekorateur Eddie sie liebevoll fürs Schaufenster ankleidet und küsst, erwacht sie zum Leben. Savoy hingegen mutmaßt, Eddie habe die nun verschwundene Statue geklaut. Venus verbandelt diverse Paare, bringt Frieden ins Warenhaus und wird nach getaner Arbeit wieder zur Statue. Ende. – Eine kammerspielartig aufgebaute Komödie, die die Vorlage für den Film *Mannequin* lieferte.

VERABREDUNG MIT EINEM ENGEL

(DATE WITH AN ANGEL). USA 1987. R: Tom McLoughlin. B: Tom McLoughlin. K: Alex Thom-

son. **SpE:** *Richard Edlund.* **M:** *Randy Kerber.* **D:** *Michael E. Knight (Jim Sanders), Phoebe Cates (Patty Winston), Emmanuelle Béart (Engel), David Dukes (Ed Winston), Phil Brock (George), Albert Macklin (Don), Pete Kowanko (Rex), Vinny Argiro (Ben Sanders).* F 105 Min.

Das Leben des kurz vor der Heirat stehenden Jim gerät außer Kontrolle, als der Engel, der den an einen Hirntumor Leidenden in den Himmel bringen soll, in einem Schwimmbecken notlandet und er sich in das himmlische Geschöpf verliebt. Keine Frage, dass der Himmel (nach den üblichen Verwicklungen) ein Einsehen hat. Unser Held darf weiterleben, das Engelchen wird zur Menschin. – Gelegentlich witzige *Film blanc*-Komödie. [V]

VERFÜHRUNG AUS DEM REICH DER TOTEN (1)
Anderer Titel für **A Chinese Ghost Story**

VERFÜHRUNG AUS DEM REICH DER TOTEN (2)
Anderer Titel für **A Chinese Ghost Story II**

DER VERLORENE SCHATZ VON CAVETE
(ROBBERS OF THE SACRED MOUNTAIN/FALCON'S GOLD). Kanada 1982. **R:** *Robert Schulz.* **B:** *Olaf Pooley, Walter Bell.* **K:** *Laszlo George.* **SpE:** *Lorencio Cordero, Jesus Duran.* **M:** *Lalo Schifrin.* **D:** *John Manley (Christopher Falcon), Simon MacCorkindale (Archibald »Hank« Richards), Louise Vallance (Tracey Falcon), Bianca Guerra (B. G. Alvarez), George Touliatos (Murdoch), Jorge Reynoso (Marquez), Roger Cudrey (Hathaway), Martin Lasalle (Sanchez), Jorge Santayo (Bruder Juan).* F 88 Min.

Mit Kennerblick entlarvt der Archäologe Christopher Falcon eine jüngst in Mexiko aufgetauchte Goldplatte als Teil eines 1645 verschütteten Schatzes, der einige höchst merkwürdige Meteoritenstücke enthalten soll. Sogleich lässt er seine Tochter Tracey und den Reporter Archibald auf der Suche nach dem Schatz eine Handvoll Klöster abklappern. Aber auch der böse Multimillionär Murdoch ist an den Meteoriten interessiert, lässt sich daraus doch eine neuartige Laserwaffe basteln. – Dieses vom amerikanischen Kabelsender Showtime coproduzierte Spielberg-Plagiat fängt zwar relativ witzig an, versandet dann aber doch recht schnell in den üblichen Dschungelraufereien. Nur auf Video. [V]

DER VERLORENE SCHUH
Deutschland 1923. **R:** *Ludwig Berger.* **B:** *Ludwig Berger.* **LV:** *»Aschenputtel« E. T. A. Hoffmann, Brentano.* **K:** *Günther Krampf, Otto Baecker.* **M:** *Guido Bagier.* **D:** *Helga Thomas (Marie), Frida Richard (Patin), Leonard Haskel (Fürst Habakuk XXVI.), Emilie Kurz (Prinzessin Alloysia), Paula Conrad Schlenther (Prinzessin Anastasia), Paul Hartmann (Anselm Franz), Hermann Thimig (Baron Steiss-Steßling), Werner Hollmann (Graf Ekelmann), Max Gülstorff (Baron von Cucoli), Lucie Höflich (Gräfin Benrat), Mady Christians (Violante), Olga Tschechowa (Estella), George John (Jon), Gertrud Eysoldt.* SW 114 Min.

»Ein Witwer heiratet zum zweiten Mal. Aber die zweite Frau ist böse, und für sein Kind aus erster Ehe beginnt eine harte Zeit. Denn der gute Vater ist schwach und kann sich und sein Kind nicht genug vor der Herrschaft der neuen Sippschaft schützen. So zieht der Schmerz in sein Haus ein, und beide, Vater und Kind, tragen ihr Leid still in sich hinein. Diese schmerzbewegte innere Stille aber ist das dunkle Tor, durch das der Weg in die Welt des Wunderbaren geht. Auf dem Kirchhof am Grab der Mutter wartet die Trösterin, die Patin, die heimlich und stark alle Fäden in die Hand nimmt und ein buntes Netz spinnt, voll Torheit, Prüfungen und Zauberlehren, bis die Tür ins Glück von selbst aufspringt und das gute Ende alle Not und Mühen krönt ... Die junge Helga Thomas, das Aschenputtel, hatte ich mir aus Schweden geholt, weil die Reinheit, die ich brauchte, im Nachkriegsdeutschland schwer zu finden war. Aschenputtels Patin, die unvergessliche Frieda Richard, wohnte in einem alten Turm, in dem sie allerhand merkwürdige Fernrohre aufgestellt hatte. Ihr Diener war ein Affe, der dann später Aschenputtel ins Schloss kutschierte. Der Fürst der kleinen Residenz, Hermann Thimig, war leicht vertrottelt und spielte in seinem Marmorbad mit einem Schiffchen, während der Hofmarschall andächtig von oben zusieht. Außerdem interessierte er sich sehr für die Speisen, die es beim Hofball gab. Der Hofball fand mit der besten Potsdamer Gesellschaft statt. Die Inflation blühte und die Hocharistokratie war glücklich, ein paar Kröten zu verdienen. Der Prinz, Paul Hartmann, wollte eben, gelangweilt, den Ball verlassen, da kam die Kutsche, mit Helga Thomas und Georg John ... und die erste Begegnung. Die Patin, Frieda Richard, verdingt sich als Kammerfrau an den Hof, um mit dabei zu sein. Im Zauberspiegel beobachtet sie alles, was vorgeht, und greift in das Netz der Geschehnisse ein.« (Ludwig Berger, zit. n. Rudolf Bamberger, SKIZZEN AUS LEBEN UND WERK) – »Die Produktion ist außerordentlich gut besetzt. Statt eine sinistre Person die Stiefmutter spielen zu lassen, hat der Regisseur eine gutaussehende Frau in der Rolle besetzt. Einzig ihre Taten gereichen ihr zum Nachteil. Wenn ihr die Frisur in einer Szene auch ein leicht satanisches Aussehen verleiht, verdüstert sich ihre Miene doch nur selten ... Helga Thomas spielt das Aschenputtel: ein hübsches Mädchen, nie ganz wirklich, mitunter an wertvolles Chinaporzellan erinnernd ... Besonders eindrucksvoll sind jene Szenen, in denen Schlösser sich in Luft auflösen und ein goldener Regen Aschenputtel zu einem wunderschönen, metallischen Kleid verhilft.« (NEW YORK TIMES) – »Ludwig Berger hat sich in diese romantische Welt derart hineingelebt, dass ihre Seele in ihm selber klingt, oder besser gesagt, er fand den Weg zu ihr, weil er ein geistiger Nachkomme jener Tieck, Arnim, Brentano ist, die vor hundert Jahren diese Welt wieder zum Dasein heraufbeschworen. Und noch ein anderer Name drängt sich zum Vergleich auf. Mozart, der Meister des Rokoko, der die höchste künstlerische Erfüllung dieses Zeitalters bedeutete, indem er es überwand.« (FILMKURIER)

DER VERRÄTER DES HERRN – JUDAS ISCHARIOT

(EL BESO DE JUDAS). Spanien 1953. **R:** *Rafael Gil.* **B:** *Pedro L. Ramirez.* **K:** *Alfredo Fraile.* **M:** *Cristóbal Halffter.* **D:** *Rafael Rivielles (Judas), Gabriel Alcover (Jesus), Francisco Rabal (Licinius), Gerard Tichy (Pilatus), Luis Huntado (Kaiphas), Manuel Monroy (Petrus), Pedro Anzola (Johannes), Mercedes Serrano (Maria Magdalena).* SW 93 Min.
Der Möchtegernrevoluzzer Judas schließt sich aus politischen Gründen dem neuen Messias Jesus

Christus an, erlebt einige blaue Wunder und verrät schließlich seinen Herrn, als dieser ihn politisch enttäuscht. – Eine Art psychologische Rechtfertigung des größten Verräters aller Zeiten im bewährten muffigen B-Film-Stil. Wenn Sie sich sowieso keine Bibelschinken ansehen, können Sie auch den hier ruhig versäumen.

VERSCHENKTES GLÜCK

(TRI VETERANI). ČSSR 1983. **R:** *Oldrich Lipský.* **B:** *Zdenek Sverák, Oldrich Lipský.* **LV:** *Märchen von Jan Werich.* **K:** *Jiří Macák.* **M:** *Jaroslav Uhlír.* **D:** *Rudolf Hrusínsky (Pankrác), Josef Somr (Servác), Petr Cepek (Bimbác), Julius Satinsky (Pikola), Vida Skalska (Bosana), Milan Lasica (Zöllner), Zdenek Sverak (Informationsminister), Ladislav Gerendas (Hotelier).* F 96 Min.
Nach dem Ende des Dreißigjährigen Krieges ziehen drei arbeitslose Landsknechte ziellos durchs Land. Eines Nachts begegnen sie drei Kobolden, die ihnen Zauberrequisiten verehren, mit denen sie sich alles wünschen können außer Geld. Sie werden trotzdem reich, haben aber dank eines habgierigen Königs und einer nicht minder habgierigen Prinzessin nur Ärger, so dass sie am Ende wieder mittellos sind. Ein gut gemachter Märchenfilm über die verführerischen Kräfte von Geld und Macht. [V]

DIE VERTAUSCHTE KÖNIGIN

DDR 1984. **R:** *Dieter Scharfenberg.* **B:** *Dieter Scharfenberg.* **LV:** *Andrej Platonow.* **K:** *Hans-Jürgen Kruse.* **M:** *Christian Steyer.* **D:** *Ursula Karusseit (Königin/Schmiedin), Klaus Piontek (Hofmarschall), Christian Steyer (Bartholomäus), Andreas Pannach (Soldat Jörg), Michèle Marian (Magd Marie), Kurt Böwe (Schmied).* F 74 Min.
Die Grundsituation des DEFA-Kinderfilms war dem Märchen »Die Schusterfrau als Zarin« des sowjetischen Dichters Andrej Platonow (1899–1951) entnommen: Die Frau des Schmiedes gleicht der unangenehmen Königin aufs Haar; also werden beide kurzerhand vertauscht.

DIE VERZAUBERTE ANICKA

(ANICKA S LISKOVYMI ORISKY). Tschechien 1993. **R:** *Ales V. Horal.* **D:** *Linda Rybová (Anicka), Jana Brejchová (Hexe), Kristina Jelinková (Katka),*

Jan Chinsky (König Stephan), Martin Stransky (Prinz Jaromir). F 85 Min.

Märchenfilm: Da sich der König wider Erwarten nicht in die Tochter der Hexe verliebt, sondern in ihre Stieftochter, spricht sie einen Bann, der das Mädchen in ewigen Schlaf sinken läßt. Nur der König kann diesen Bann brechen. Auf der Flucht vor der Hexe haben beide Mädchen gefährliche Abenteuer zu bestehen.

DER VERZAUBERTE EICHENWALD

(DUMBRARA MINUNATA). Rumänien 1981. **R:** *Gheorghe Naghi.* **B:** *Draga Olteanu-Matei.* **LV:** *Mihail Sadoveanu.* **K:** *George Voicu.* **M:** *Cornelia Tautu.* **D:** *Diana Musca (Lizuca), Ernesto Maftei (Großvater), Draga Olteanu-Matei (Mutter), Elena Dragoi, Florina Cercel, Matei Alexandru. F 77 (81) Min.*

Für die sechsjährige Lizuca, die nach dem Tod der Mutter auf dem Bauernhof der Großeltern lebt, ist der Eichenwald verzaubert. Als ihr Vater, ein Rechtsanwalt, wieder heiratet und sie zurück in die Stadt holt, reißt sie aus. Sie begegnet dem Dackel Patroclus, der sprechen kann, Waldgeistern, Zwergen, Feen und Prinzen. Lizucas Traum wurde im Atelier inszeniert. Kostümierte Darsteller spielen Blumen und Tiere.

DER VERZAUBERTE KÖNIGSSOHN

BRD 1953. **R:** *Franz Fiedler.* **B:** *Ruth Hoffmann.* **LV:** *Heinrich Seidel.* **K:** *Herbert Kebelmann.* **M:** *Friedrich Schröder.* **D:** *Heike Balzer, Emmy Armsten, Nina von Vederain, Ernst Legal, Werner Stock, Robert Klupp, Walter Bechmann, Herbert Kiper, Martin Rickelt, Siegfried Dornbusch, Paul Medenow. SW 66 Min.*

Der Vater dreier Schwestern liegt sterbenskrank darnieder, kein Arzt kann ihm helfen. Da entsinnt man sich einer im Gebirge sprudelnden Lebensquelle. Die Schwestern ziehen nacheinander aus, um den Kranken mit dem lebensrettenden Naß zu versorgen, doch die Quelle wird von einem grauslichen Ungeheuer, dem Wassermann, bewacht. Als Preis für das Wasser verlangt er eine der Schwestern zur Frau. Die beiden ersten lehnen empört ab, die dritte jedoch gibt ihm – dem Vater zuliebe – das Jawort. Der Wassermann verwandelt sich in einen schmucken Prinzen. »Im Rahmen der gegebenen finanziellen Möglichkeiten leistete der Regisseur Franz Fiedler eine saubere und einfallsreiche Arbeit, er wurde hierin von dem Produzenten und Kameramann Herbert Kebelmann unterstützt, der die Wunder des Geschehens mit sinnfälliger Tricktechnik erläuterte. Für den Humor sorgt eine Schar streitlustiger und trinkfroher Quacksalber, unter denen man auch Ernst Legal bemerkt.« (Georg Herzberg, FILME-CHO)

DIE VERZAUBERTE MARIE

(MARJA-ISKUSNIZA). UdSSR 1960. **R:** *Alexander Rou.* **B:** *Jewgeni Schwarz.* **LV:** *»Zar Wasserwirbel« von Jewgeni Schwarz.* **K:** *Dmitri Surenski.* **SpE:** *A. Klopotowski, B. Nikitschenko, Leonid Akimow, Wladimir Liwatschow.* **M:** *Andrej Wolkonski.* **D:** *Michail Kusnezow (Soldat), Ninel Myschkowa (Marja), Wiktor Perewalow (Iwanuschka), Olga Chatschapuridse (Prinzessin Aljonuschka), Georgi Milljar (Frosch Quak), Anatoli Kubazki (Fürst Wasserwirbel), S. Troizki (Zahlmeister), Wera Altaiskaja (Unwetter-Tante), Alexander Chwylja, A. Baranow, A. Aljoschin. F 80 Min.*

Alexander Rous erster Märchenfilm in Farbe: Ein Wassermann entführt und verzaubert die Mutter des kleinen Iwanuschka. Zusammen mit einem Soldaten, der eine Zaubertrommel hat, dringt der Junge in das Reich von Fürst Wasserwirbel dem Dreizehnten ein, der nichts so sehr fürchtet wie alles Laute und Fröhliche.

DIE VERZAUBERTE PRINZESSIN

Deutschland 1939. **R:** *Alf Zengerling.* **B:** *Alf Zengerling.* **LV:** *»Der Rubin« von Friedrich Hebbel.* **K:** *Karl Noack, Geo Lemkie.* **SpE:** *Rachus.* **M:** *Karl Blume.* **D:** *Olaf Bach (Zauberer/Juwelier), Hermann Wagner (Türke Assad), Annemarie Schreiner (Prinzessin), James Buchert (Kiku). SW 60 Min.*

Der junge Assad wandert in die große Welt und begegnet dem kleinen Kiku, der ihn einlädt, ihm zu helfen, eine verwunschene Prinzessin aus ihrem Ungemach zu befreien. Ein Zauberer, der sich unter dem Deckmantel eines Juweliers tarnt, hat das Mädchen in das »steinerne Grab« eines Rubins verbannt. Der angebliche Juwelier wehrt sich nach Kräften gegen Assad. Fast wird der wegen Diebstahls gelyncht, aber ein guter Geist, der eine pathetische Rede führt, steht ihm bei: »Du bist vom Tode befreit, mein Sohn. Glaube jedoch nicht, dass ich dich vom Tode gerettet haben würde, wenn Leichtsinn oder Habsucht dich zum Raub an fremdem Gut verleitet hätten.« Die Darsteller sprechen gestelzt und überbetont, es wurde offensichtlich nachsynchronisiert. Schwer zu sagen, wo die Aufnahmen stattfanden, vielleicht in Albanien oder Bulgarien. Eingestreut sind ein paar Tieraufnahmen von Hagenbeck.

DER VERZAUBERTE WALD

(L'INCANTO DELLA FORESTA). Italien 1958. **R:** Alberto Ancilotto. **B:** Pino Donizetti, Guido Rosada, Giuseppe Tortorella, Enzo di Guida, Marcello Piccardo. **K:** Alberto Ancilotto, Fernando Anmati, Mario Fantin, Carlo Ozzi, Piero Pupilli, Giuseppe Sebesta. **M:** A. Francesco Lavagnino. F 82 Min.

Auf der Suche nach einer geheimnisvollen Zauberblume erlebt ein schwarzer Waschbär mit Namen Ricky einen Kampf zwischen zwei Ameisenkolonien und ein Fußballspiel zweier Käfermannschaften. – Schlechtes Italo-Imitat der Disney-Naturfilme.

VIBES – DIE ÜBERSINNLICHE JAGD NACH DER GLÜHENDEN PYRAMIDE

(VIBES). USA 1987. **R:** Ken Kwapis. **B:** Lowell Ganz, Babaloo Mandel. **K:** John Bailey. **SpE:** Richard Edlund, Boss Film. **M:** James Horner. **D:** Cyndi Lauper (Sylvia Pickel), Jeff Goldblum (Nick Deezy), Peter Falk (Harry Buscafusco), Julian Sands (Dr. Harrison Steele), Googy Gress (Ingo Swedlin), Michael Lerner (Burt Wilder), Ramon Bieri (Eli Diamond), Elizabeth Pena (Consuela), Ronald G. Joseph (Carl), Bill McCutcheon, Karen Akers, Park Overall. F 99 Min.

Der Kleinganove Harry überredet zwei mit übernatürlichen Kräften ausgestattete Menschen – die ausgeflippte Blondine Sylvia (Cyndi Lauper in ihrer ersten und einzigen Starrolle) und den zurückhaltenden Nick (Jeff Goldblum), im Hauptberuf Kurator eines Museums – sich nach Ecuador zu begeben, um seinen angeblich entführten Sohn zu

Vibes – Die übersinnliche Jagd nach der glühenden Pyramide

suchen. Bald jedoch erfahren die beiden, dass es Harry in Wahrheit um eine alte Inkastadt und einen Schatz geht, der sich nach turbulenten Abenteuern als außerirdische Psi-Batterie entpuppt. Auch wenn die Hauptdarsteller Könner sind und das Drehbuch einige 2 ½ bis 3 gute Gags aufweist, hat die wirre Story mindestens 4711 Längen. [V]

VIDEOSURFER

(JIM'S GIFT). GB 1996. **R:** Bob Keen. **B:** Tony Clarke. **K:** Karl Watkins. **M:** Martin Pavey. **D:** Luciano Romano (Jim Totteridge), Robert Llewellyn (Fremder), Chris Jury (Totteridge), Jennifer Calvert (Mrs. Totteridge), Ann Gosling (Karen). F 100 Min.

TV-Film. Ein von zwei Freunden auf einem Flohmarkt erstandener Videorecorder birgt magische Kräfte und spielt noch einmal die Vergangenheit ab. Ärger gibt es, als sie die Vorlauftaste betätigen.

VOM KÖNIG MIDAS

Anderer Titel für **König Midas**

VOM WOLF UND DEN PFIFFIGEN GEISSLEIN

(MAMA). Rumänien/UdSSR/Frankreich 1977. **R:** Elisabeta Bostan. **B:** Juri Entni, Vasilike Istrade. **LV:** Motive des Märchens der Gebrüder Grimm und das Märchen »Die Geiß mit den drei Geißlein« von Ion Creanga. **K:** Ion Marinescu, Konstantin Petritschenko. **M:** Temistocle Popa, Gérard Bourgeois. **D:** Ljudmila Gurtschenko (Rada, die Geiß), Michail Bojarski (Wolf), Oleg Popow (Bär), Saweli Kramarow, Iulu Mihesan. F 87 Min.

Gehört zur Serie der Kinder-Musicals der Regisseurin Elisabeta Bostan. Die Showbilder sind üp-

pig ausgestattet. Wenigstens hat man die Darsteller der Tierrollen nicht in Felle gesteckt. Sie sind immer als Menschen erkennbar, Teilnehmer an einem großen Karneval. Das sollte ein Pluspunkt sein.

VON DER SCHÖNEN ZARENTOCHTER UND DEN SIEBEN RECKEN

(OSENIJE KOLOKOLA). UdSSR 1979. R: Wladimir Gorikker. B: Alexander Wolodin. LV: »Märchen von der toten Zarentochter und den sieben Recken« von Alexander Puschkin. K: Lew Ragosin. M: A. Kogan. D: Irina Alfjorowa (Zarentochter), Alexander Kirillow (Zar), Ljudmila Derbenewa (Stiefmutter), Wladimir Wichrow (Prinz Jelissej). F 78 Min.

Die russische Version von »Schneewittchen«. Wesentliche Teile der Puschkin-Vorlage werden in Versen gesprochen. Man merkt, dass der Streifen von einem Opernfilm-Regisseur inszeniert wurde.

VULCANO – SCHLACHT DER TITANEN

Anderer Titel für **Vulcanus, der Titan**

VULCANUS, DER TITAN

(VULCANO, FIGLIO DI GIOVE). Italien 1961. R: Emimmo Salvi. B: Ambragio Molteni, Gino Stafford. K: Mario Parapetti. SpE: Roberto Parapetti. M: Marcello Giambini. D: Rod Flash (Vucanus), Bella Cortez, Furio Meniconi, Roger Browne, Gordon Mitchell, Annie Gorassini, L. Zagra, Yonna Sura, O. Gargaro. F 79 Min.

Mars und Vulcanus verlassen den Götterberg Olymp, weil sie sich um die holde Venus streiten. Zu diesem Zweck mischen sie sich unter die Menschen, um sie als Kanonenfutter für ihre Schlachten zu missbrauchen. Im Zuge der Auseinandersetzung kommen ihnen auch allerlei echsenähnliches Gewürm und unterirdisch lebende Ungeheuer in die Quere. – »Zwischen den blutigen Auseinandersetzungen gibt es das eine oder andere Fest, zu denen Szenerie und Akteure aus einschlägigen Lokalen von Hamburgs Reeperbahn ... entliehen sein könnten.« (FILMDIENST) – Ein anspruchsloser Schlägerfilm, der sich stellenweise (freiwillig oder unfreiwillig) bemüht, das Genre zu persiflieren. [V] (Vulcano – Schlacht der Titanen).

DAS WAHRE LEBEN DER ALICE IM WUNDERLAND
(DREAMCHILD). GB 1985. **R:** *Gavin Millar.* **B:** *Dennis Potter.* **K:** *Billy Williams.* **SpE:** *Jim Henson's Creature Shop, Lyle Conway.* **M:** *Stanley Myers, Max Harris.* **D:** *Coral Browne (Alice Hargreaves), Ian Holm (Reverend Dodgson), Peter Gallagher (Jack Dolan), Nicola Cowper (Lucy), Caris Corfman (Sally), Jane Asher (Mrs. Liddell), Amelia Shankley (Alice als Kind), Shane Rimmer, Emma King, Imogen Boorman. F 94 Min.*
Das mittlerweile achtzig Jahre alte Vorbild der Alice-Geschichten von Rev. Charles Dodgson alias Lewis Carroll reist in den dreißiger Jahren zu einer Hundertjahrfeier zu Ehren des Autors nach Amerika. Sie scheut sich zwar vor der Wiederbegegnung mit der Vergangenheit, aber dank Jim Henson's Creature Shop erlebt sie die Fabeln noch einmal.

WALDAPFEL
(ANTTI PUUHAARA). Finnland 1976. **R:** *Heikki Partanen, Katariina Lahti.* **B:** *Erkki Mäkinen.* **D:** *Matti Pellonpää, Markku Blomqvist, Pertti Hilkamo, Maritta Viitamäki. F 95 Min.*
Verfilmung des im 19. Jahrhundert verfaßten finnischen Nationalepos »Kalevala« von Elias Lönnrot (vgl. *Das gestohlene Glück*).

THE WALL
(PINK FLOYD – THE WALL). GB 1982. **R:** *Alan Parker.* **B:** *Roger Waters.* **K:** *Peter Biziou.* **A:** *Gerald Scarfe.* **M:** *Pink Floyd (Roger Waters, David Gilmour).* **D:** *Bob Geldof (Pink), Christine Hargreaves (Pinks Mutter), James Laurenson (Pinks Vater), Eleanor David (Pinks Frau), Kevin McKeon (Pink als Jugendlicher), Bob Hoskins (Manager), David Bingham (Pink als Kind), Jenny Wright (Groupie), Alex McAvoy (Lehrer), Ellis Dale (Englischer Arzt), James Hazeldine (Freund der Ehefrau), Marjorie Mason (Frau des Lehrers), Robert Bridges (Amerikanischer Arzt), Michael Ensign (Hoteldirektor), Marie Passarelli (Zimmermädchen), Winston Rose (Wächter). F 95 Min.*
Pink ist Rockmusiker und hat als solcher natürlich auch die üblichen Probleme. Vor allem jenes, dass seit seiner frühen Kindheit alle (Mutter, Lehrer, Ehefrau und die Umwelt überhaupt) immer besonders gemein zu ihm waren. So treibt sich der introvertierte Künstler mit Vorliebe in seinem komplexen Innenleben herum und lässt seinen Alpträumen freien Lauf. Pink zertrümmert Apartments, begegnet seinem früheren Ich und sieht sich beim Auftritt als Gestapo-Chef, der unter dem frenetischen Beifall seiner Anhänger Schwarze, Zigeuner und Juden an den Galgen bringt. Geschockt von soviel perverser Phantasie geht Pink in sich: In einer Gerichtsverhandlung ziehen noch mal alle Ereignisse vorbei, die zum Bau der Mauer um sein empfindsames Ich beigetragen haben. Das Urteil: Abriss der Schutzmauer als höchstmögliche Bestrafung. – Was Alan Parker hier aus dem gleichnamigen Spätwerk der Pink Floyd gemacht hat, die einst eine wirklich große Nummer waren, kann man mit Fug und Recht als Gehirnwäsche bezeichnen. Rapide Schnittfolgen, donnernder Dolby und insbesondere in Gerald Scarfes Zeichentricksequenzen von Symbolik nur so strotzende Bilder heißen die Steine, mit denen *The Wall* seine Mauer um das Zuschauerhirn aufbaut. Denn Mitdenken ist nicht gefragt, zu leicht fiele womöglich die Erkenntnis, dass das Ganze nur ein weinerliches Sammelsurium gängiger Faschisto-Klischees ist. Doch die Psychomauer der formalen Überwältigung – dies hat Parker Ken Russell sehr gut abgeguckt – funktioniert gar nicht schlecht: Man kann nach Herzenslust in *The Wall* heruminterpretieren. Nur nicht zu viel oder zu tief, sonst platzt die schillernde Seifenblase. [V]

WALHALLA
(VALHALLA). Dänemark 1986. **R:** *Peter Madsen.* **B:** *Peter Madsen, Henning Kure.* **M:** *Ron Goodwin, Bent Hesselmann, Jussi Olsen, Borge Ring.* **Spr:** *Christopher Lee (Thor), Radost Bokel (Roskva), Hans Clarin (Loki), Sven Hasper (Tjelfe), Wolfgang Hess (Udgard Loki), Arne Elsholtz, Michael Habeck (Raben), Walter Reichelt (Vater),*

Monika John (Mutter), Dagmar Heller (Sif), Manfred Erdmann (Rolf), Christian Marschall (Mimir), Arne Elsholtz (Hymir). F 80 Min. (Zeichentrick). Nach einem Besuch des Donnergottes Thor bei den Menschen reisen der Bauernsohn Tjelfe und sein Schwesterlein Roskva mit diesem nach Asgard, wo die hohen Herren hausen. In Walhalla, der Burg der Götter, begegnen sie dem Zwergriesen Quark, dessen unglaubliche Fresslust und Scherze den Hausherrn dermaßen ergrimmen, dass er ihn und die Kinder in die Unterwelt schickt, wo man ebenso wenig Begeisterung über ihn empfindet. Es kommt zu einem Wettkampf zwischen Thor und Udgard Loki, dem Herrn der Unterwelt: Wer verliert, muss die Nervensäge aufnehmen ... Der Film hatte ein Budget von 12 Mio. DM und soll von »Europas besten Zeichnern« geschaffen worden sein. »Moralisierend und platt ... die Inszenierung Peter Madsens, ausgesprochen langweilige mit unsäglichen Sangesspielen und Schlägereien, die noch nicht mal in packende Bilder umgesetzt werden.« (Ulli Hübsch, TZ) [V]

THE WARRIOR
Anderer Titel für **Der Krieger und die Hexe**

WARRIOR QUEEN
(WARRIOR QUEEN). USA 1986. R: Chuck Vincent. B: Rick Marx. St: Peter Welbeck [Harry Alan Towers]. K: Gianlorenzo Battaglia. M: Ian Shaw, Kai Joffe. D: Sybil Danning (Berenice), Donald Pleasence (Clodius), Richard Hill (Marcus), Josephine J. Jones (Chloe), Tally Chanel (Vespa), Stasi Micula (Philomena/Augusta), Suzanna Smith (Veneria), David Cain Haughton (Victo). F 79 Min.
Die Konkubine des römischen Imperators beschützt zwei Mädchen so lange vor pompejanischer Liederlichkeit, bis der Vesuv seinen Schluckauf bekommt. – Schmalbrüstiges Fantasy-Filmchen, in der aber die geilen Römer überwiegen, was niemanden wundert, der weiß, dass Regisseur Chuck Vincent beim Pornofilm angefangen hat und in den zahllosen Streifen des Story-Schreibers und Produzenten Harry Alan Towers Titten & Ärsche durch die Bank schon immer wichtiger waren als die Story. Nur auf Video. [V]

DAS WASSER DES LEBENS
BRD / Österreich / Italien / Frankreich / ČSSR 1987. R: Ivan Balada. B: Karel Steigerwald, Ivan Balada. LV: Motive von Pavel Dobšinsky und den Gebrüdern Grimm. K: Ján Duris. M: Jiří Stivín. D: Michael König (König), Michele Melega (Martin), Nikolas Vogel (Kornel), Michele Melega (Ján), Nicholas Vogel (Konrad), Dusan Dorcák (Philip), Assumpta Almirall (Königin), František Velecky (Schwarzbart). F 90 Min.
TV-Film um drei sehr verschiedene Königssöhne, die ausziehen, um für ihren kranken Vater das heilende Wasser des Lebens zu suchen.

WASSERKINDER
Anderer Titel für **Der kleine Schornsteinfeger auf dem Meeresgrund**

WATERSHIP DOWN – UNTEN AM FLUSS
(WATERSHIP DOWN). GB 1979. R: Martin Rosen, Tony Guy. B: Martin Rosen. LV: »Unten am Fluß« von Richard Adams. M: Angela Morley, Malcolm Williamson, Mike Batt. F 92 Min. (Zeichentrick).
Einst hat der allmächtige Frith die Kaninchen wegen ihrer hemmungslosen Vermehrung und des frevelhaften Übermutes des Ur-Kaninchens und Stammvaters El-Ahrairah dazu verdammt, von fast allen anderen Wesen verfolgt zu werden. Um die Gefahren zu mindern, schuf er ihnen lange, schnelle Beine, gute Ohren und eine feine Nase, doch seit Anbeginn der Kaninchengeschichte heißt ihr Schicksal Flucht. So trügt auch der Schein der prachtvollen Umgebung, in der die Sippe um den jungen, gewitzten Hazel mit gutem Futter und ohne Gefahren lebt. Die Idylle trügt, denn Hazels jüngerer Bruder Fiver, der das zweite Gesicht hat, sieht Unheilvolles auf sich und die Sippe zukommen. Nur das sofortige Verlassen des angestammten Gebietes könne sie retten. Keiner will den Warnungen Fivers so recht glauben, so dass sich nur Hazel und seine besten Freunde auf den Marsch nach dem unbekannten gelobten Land »unten am Fluß« aufmachen. Von einem überlebenden Kaninchen erfahren sie bald, dass Fiver recht hat; das Gebiet ist von Planierraupen völlig zerstört. Nach vielen Gefahren und einigen Verlusten erreichen sie ein Land, das für sie ein

gelobtes sein könnte, wenn es nicht noch Hindernisse zu überwinden gäbe. Um eine Gemeinschaft bilden zu können, benötigen sie Weibchen. Der Versuch, weibliche Stallkaninchen auf einem nahegelegenen Bauernhof zu befreien, scheitert. Mit List und Tücke können sie sich jedoch einiger Weibchen bemächtigen, die im Nachbarland unter der Fuchtel eines grausamen Despoten ihr Dasein fristeten. Endlich kann Hazel in einer friedvollen Umgebung mit seinen Freunden eine neue Kaninchendynastie gründen. Und er kann – alt geworden – zufrieden dem schwarzen Kaninchen des Todes folgen. – *Unten am Fluß* ist die Verfilmung des gleichnamigen Bestsellerromans von Richard Adams, ehemals Beamter im britischen Umweltministerium. Das Buch erschien 1973, die Filmrechte sicherte sich Martin Rosen, ein Amerikaner, der als Produzent in London tätig ist. Er schrieb das Drehbuch und führte nach vierjähriger Vorarbeit auch Regie: »Der Film warf ziemliche Probleme auf. Zunächst wollten wir ihn mit echten Karnickeln drehen, dann dachten wir an Puppen, schließlich an Menschen in Tierkostümen. Doch dann einigten wir uns endlich auf die Zeichentrickversion.« (Martin Rosen, zit. n. MEDIEN UND ERZIEHUNG) Rosen hat einen Zeichentrickfilm gemacht, der sich bewusst von der Pseudo-Romantik etwa der Disney-Filme abhebt. Die Handlung spielt in einer realistisch gezeichneten englischen Hügellandschaft. Die Kaninchen sind keine menschliche Tätigkeiten ausführende Tiere, sie sind trotzdem Spiegelbilder menschlicher Verhaltensweisen. Menschen sind im Film Randfiguren: rasende Autofahrer oder wild um sich schießende Bauern. Im Mittelpunkt steht die menschliche Sehnsucht nach einer friedvollen Welt. »Dieser Film ist nicht unbedingt ein Werk für Kinder, aber sehr wohl für anspruchsvolle Erwachsene, deren Vorstellungswelt nicht aufgehört hat, von der selbstverständlichen Magie der Kinderwelt zu zehren – kurzum, für Leute mit Fantasie.« (Hubert Haslberger, FILMDIENST) [V]

DER WEG NACH MAROKKO
(ROAD TO MOROCCO). USA 1942. **R:** *David Butler.* **B:** *Don Hartman, Frank Butler.* **K:** *William Mellor.* **M:** *Victor Young, John Burke, James Van Heusen.* **D:** *Bob Hope (Turkey Jackson), Bing Crosby (Jim Peters), Dorothy Lamour (Prinzessin Shalman), Anthony Quinn (Mullay Kassim), Donna Drake (Mihirmah), Vladimir Sokoloff (Hyder Khan), Mikhail Rasumny (Ahmed Fey), Jamiel Hasson, Monte Blue (Mullays Unterführer), Louisa La Plante, Theo de Voe, Brooke Evans, Suzanne Ridgway, Patsy Mace, Yvonne De Carlo, Poppy Wilde (Mägde), Ralph Penny (Kellner), Dan Seymour (Kunde). SW 83 Min.*
Zwei amerikanische Knallköpfe, die als blinde Passagiere in den Orient gelangen, stoßen auf sprechende Kamele (von denen eins sagt: »Dies ist der verrückteste Film, in dem ich je mitgespielt habe«) und ihre verstorbene, jedoch fröhlich herumspukende Tante, die zurückgekehrt ist, um sie wegen ihrer »Missetaten« heimzusuchen. Ansonsten steigen sie einer Prinzessin nach, die der lüsterne Scheich Mullay Kassim ebenfalls gern sein eigen nennen würde. – »[Crosby und Hope] waren nie ein besseres Team; sie haben offensichtlich auch noch nie dermaßen vom Leder gezogen.« (VARIETY) – *Der Weg nach Marokko* ist Bestandteil einer Serie gleichartig komödiantischer Filme, die in den vierziger Jahren entstanden. Fast alle weisen absurd-groteske Einlagen auf, ohne aber mehr als Fantasy-Grenzfälle zu sein.[12]

WEIHNACHTEN MIT WILLY WUFF
BRD 1994. **R:** *Maria Theresia Wagner.* **B:** *Peter Märthesheimer, Pea Fröhlich.* **D:** *Simon Glöcklhofer (Michael), Ulrich Pleitgen (Thomas), Gisela Schneeberger (Hildchen), Gruschenka Stevens (Geli), Marita Breuer (Marietheres), James Matthews (Enrique). F 90 Min.*
TV-Film der Fassbinder-Autoren Märthesheimer und Fröhlich. Diesmal geht es aber nicht um eine Maria Braun, sondern um einen sprechenden Hund, der sich rührend um zwei ausgesetzte Wel-

---

[12] *Wen's dennoch interessiert: Die Titel der in deutscher Sprache aufgeführten Filme dieser Serie lauten Der Weg nach Bali (USA 1952; Regie: Hal Walker); Der Weg nach Rio (USA 1947; Regie: Norman Z. McLeod); Der Weg nach Sansibar (USA 1941; Regie: Victor Schertzinger); Der Weg nach Utopia (USA 1945; Regie: Hal Walker).*

pen kümmert. Genau das Richtige zur Weihnachtszeit.

WEIHNACHTEN MIT WILLY WUFF II – EINE MAMA FÜR LIESCHEN

BRD 1995. **R:** *Maria Theresia Wagner.* **B:** *Wolfgang Wysocki.* **D:** *Christine Kaufmann (Gräfin), Wilfried Hochholdinger (Robert), Stefanie Werner (Lieschen), Inka Calvi (Dorle Bims), Tommy Piper (Willy Wuff), Carmen Hanlon, Wolf-Dietrich Berg, Sabi Dorr, Beles Adam.* F 90 Min.
TV-Film. Was kann einem zu Weihnachten Schöneres zustoßen, als ein Rührstück um ein Waisenkind und eine sprechende Töle, die auf einem gräflichen Gut für Verwicklungen sorgen?

WEIHNACHTSMÄNNER HABEN'S SCHWER

(THE MAN IN THE SANTA CLAUS SUIT). USA 1979. **R:** *Corey Allen.* **B:** *George Kirgo, Leonard Gershe.* **K:** *Woody Omens.* **M:** *Peter Matz.* **D:** *Fred Astaire (Weihnachtsmann), Gary Burghoff (Bob Willis), Bert Convy (Gil Travus), John Byner (Stan), Nanette Fabray (Dora Dayton), Harold Gould (Dickie Dayton), Danny Wells (Chandler), David Greenan (Rod Sanborn).* F 96 Min.
TV-Film. Mit Zauberkräften ausgestatteter Besitzer eines Kostümverleihs will am Heiligen Abend das Leben dreier heruntergekommener, aus unterschiedlichen Gründen um Weihnachtsmannkostüme ersuchender Kunden wieder in geordnete Wege lenken. Weihnachtsmärchen mit Anleihen bei *Mein Freund Harvey* und *Urlaub vom Himmel.*

DER WEISSE MOHR

(HARAP ALP). Rumänien 1965. **R:** *Ion Popescu-Gopo.* **B:** *Ion Popescu-Gopo.* **LV:** *»Harap alp« von Ion Creanga.* **K:** *Grigore Ionescu.* **M:** *Dumitru Capoianu.* **D:** *Florin Piersic, Lica Gheorghiu, Cristea Avram, Irina Petrescu.* F 85 Min.
Verfilmung eines Kunstmärchens von Ion Creanga (1837–1889): Ein missratener Königssohn träumt sich in die Heldenrolle eines Märchens.

DER WEISSE SOHN DES GORILLAS

(EL REY DOS LOS GORILAS). Spanien 1976. **R:** *Mario Zacharias.* **B:** *Ramon Oban, Mario Marzac,* René Cardona jr. **K:** *Daniel Lopez.* **M:** *Raul Lavista.* **D:** *Hugo Stiglitz, Peggy Bass.* F 87 Min.
Mitte des 19. Jahrhunderts zieht ein Gorillaweibchen im afrikanischen Dschungel einen weißen Jungen auf, der sich bald zum »König der Gorillas« mausert. Eine Forschungsexpedition führt ihm eine Gefährtin zu; spätere Besucher animieren (erfolglos) beider Kind, dem Urwald adieu zu sagen und nach England zu gehen. – »Ein armseliges, unbeholfen fotografiertes und miserabel gespieltes Abenteuerfilmchen.« (FILMDIENST) Und ein billig heruntergekurbeltes Tarzan-Imitat, dessen Dialogarmut alsbald beim Zuschauer heftige Schnarchtöne provoziert. [V]

DIE WELT DREHT SICH VERKEHRT

Österreich 1947. **R:** *J. A. Hübler-Kahla.* **B:** *Kurt Nachmann, J. A. Hübler-Kahla.* **K:** *Franz Pucher.* **M:** *Willy Schmidt-Gentner.* **D:** *Hans Moser (Franz Xaver Silvester Pomeisl), Karl Skraup, Thea Weis, Marianne Schönauer, Josef Meinrad, Alfred Neugebauer, Theodor Danegger, Max Brod, Alfred Gerasch, Otto Woegerer, Carl Bosse.* SW 89 Min.
Der Wiener Nörgler Pomeisl träumt ständig von der »guten alten Zeit«, in der bekanntlich alles besser war. Als er zum Geburtstag einen magischen Ring erhält, der die Zeit zurückdreht, begibt er sich in Begleitung einer Flasche Wein auf eine Reise in die Vergangenheit, wo er sich quengelig durch mehrere Epochen schlägt. Als ein türkischer Aga ihn zum Hofnarren machen will, wird ihm klar, dass die »guten Zeiten« eigentlich nur in der Zukunft liegen können und reicht den Abschied ein. – Österreichs Beitrag zum Fantasy-Film! Und nicht mal unwitzig gemacht, wenn man für Mosers Genuschel streckenweise auch einen Übersetzer brauchen könnte.

DIE WELT IN 10 MILLIONEN JAHREN

(WIZARDS). USA 1976. **R:** *Ralph Bakshi.* **B:** *Ralph Bakshi.* **K:** *Ted C. Bemiller.* **M:** *Andrew Belling.* **A:** *Ralph Bakshi, John Sparey, Irven Spence, Ian Miller, Tasia Williams.* F 81 Min. (Zeichentrick).
Millionen von Jahren, nachdem ein Atomkrieg die Welt zerstörte und eine Fülle merkwürdigster Mutationen hervorbrachte, macht sich der böse Zauberer Blackwolf an die Eroberung der unverseuchten Gebiete. Erste Gefechte enden in einer

Niederlage. Als Blackwolf in den Trümmern einen alten Stadt jedoch einen Filmprojektor entdeckt, wendet sich das Blatt. Durch Nazi-Wochenschauen und Propagandafilme hinreichend motiviert, erobern seine Truppen ein Königreich nach dem anderen. Um Blackwolf Einhalt zu gebieten, zieht sein Bruder Avatar mit dem Krieger Weehawk und der Elfenkönigin Elinor aus, den Projektor zu vernichten. Was ihnen nach einigen Abenteuern mit Feen, einem sadistischen Zwergenvölkchen und einem von Blackwolf ausgesandten Killer-Roboter schließlich auch gelingt. Und auf dass der böse Zauberer nie mehr die Welt bedrohe, schießt Avatar seinen Bruder im Finale kurzerhand über den Haufen. Grundaussage dieser formal wie inhaltlich recht wirren Generalprobe für Bakshis *Herr der Ringe*-Verfilmung ist wohl, dass die Guten (stellvertretend für die Natur) die Bösen (die Vertreter der Technokratie) nur besiegen können, wenn sie sich auf den gleichen Moralstandard begeben und sich der gleichen Methoden bedienen. Was z.B. in den Spaghetti-Western dank der konstanten Ambivalenz aller Charaktere noch funktionierte, entlarvt sich bei Bakshi aber nur als probates Mittel, dem Zuschauer ein letztes Mal die Zynikzunge rauszustrecken. »Durch seine Neigung zum Hässlichen, Perversen, Negativen erinnert Bakshi an Jacopetti. Stilistisch ist er diesmal sehr uneinheitlich. Manche Figuren und Szenen lassen an Disney denken, manche an eine Fernsehserie, andere sind Ausgeburten einer wahren Höllenphantasie, die man aber keineswegs mit einem Hieronymus Bosch vergleichen kann.« (FILMDIENST) [V]

WENN DER KATER KOMMT

(AZ PRIJDE KOCOUR). ČSSR 1963. **R:** *Vojtech Jasný.* **B:** *Jiří Brdečka, Vojtech Jasný.* **K:** *Jaroslav Kucera.* **M:** *Svatopluk Havelka.* **D:** *Jan Werich (Oliva), Emilie Vasáryová (Diana), Vlastimil Brodský (Robert), Jiří Sovak (Rektor), Jirina Bohdalová, Vladimir Menšik. F 104 Min.*
Der fahrende Zauberkünstler Oliva und sein Wunderkater Murka versetzen eine idyllische Kleinstadt in helle Aufregung. Nimmt der Kater nämlich die Brille ab, werden Verliebte im wahrsten Sinn des Wortes rot, Diebe grau, treulose Ehemänner gelb und Lügner lila. Ob dieser Entlarvung sind die meisten Erwachsenen naturgemäß nicht erfreut, am wenigsten der nun plötzlich kunterbunte Rektor. Als er kurzerhand den Lehrer Robert entlässt, weil der sich in Olivas Assistentin Diana verliebt hat und die Erwachsenen drauf und dran sind, den Kater zu beseitigen, zwingen die Kinder sie durch eine gemeinsame Flucht, von ihrem Plan abzulassen. Eine geläuterte Stadt zurücklassend, ziehen Oliva, Diana und Murka weiter. »Die romantisch-idealistische Erscheinungsform des Films lässt in der ästhetischen Konsumtion selbst einen gemäßigt-revidierten Marxismus kaum mehr erkennen. Seine satirisch-lyrische Substanz und technische Fabulierkunst, die Wirklichkeit und Fantasie wie durch Trick, Farbe, Pantomime und Ballett verbindet, ergibt den seltenen Fall, dass ein brillanter Unterhaltungsfilm in besonderem Maße auch Denken und Weiterdenken verlangt, zum Weiterhandeln auffordert. Die aggressive, allegorische Geschichte ist zugleich ein glänzender Farbfilm geworden, bei dem aus dramaturgischen Gründen die Farbe notwendig und nicht wegzudenken ist. Nirgendwo kann man ein Nebeneinanderbestehen entgegengesetzter Werte wahrnehmen, da sich die angesprochenen und hervorgerufenen Gefühle und Gedanken auf philosophisch-märchenhafter Ebene vereinen.«[13] (FILMDIENST)

WENN DU GROSS BIST, LIEBER ADAM

DDR 1965/1990. **R:** *Egon Günther.* **B:** *Egon Günther, Helga Schütz.* **K:** *Helmut Grewald.* **M:** *Wilhelm Neef.* **D:** *Stephan Jahnke (Adam), Gerry Wolff (Tember), Manfred Krug (Konstantin), Daisy Granados (Caroline), Rolf Römer (Erasmus), Hans Anselm Perten, Wolfgang Greese, Günther Simon, Mathilde Danegger, Fred Delmare, Günther Junghans, Christel Bodenstein, Walter E. Fuß. F 71 Min.*

---

[13] *Übersetzung: Ein hübsch buntes, zum Nachdenken anregendes, wenn auch etwas schwarzweiß malendes Märchen für Erwachsene, dem man es zudem gar nicht ansieht, dass es von den bösen Roten stammt.*

Poetisches Filmmärchen nach einem Szenarium von Egon Günthers damaliger Frau Helga Schütz. Erzählt wird die Geschichte vom kleinen Adam aus Dresden, der von einem Schwan eine Taschenlampe geschenkt bekommt, deren Schein heuchlerische Menschen entlarvt und die angestrahlten Lügner in luftige Höhen entschweben läßt. Adams Vater hat Angst, die Lampe könnte womöglich die gesamte DDR in einen Schwebezustand versetzen. Auf Veranlassung des 11. Plenums des ZK der SED 1965 sollte auch Egon Günther seinen Film wegen einer Überbetonung der kritischen Funktionen der Kunst unter einseitiger Darstellung negativer Erscheinungen der geschichtlichen Entwicklung verändern. Das hatte zur Folge, dass »Adam« überhaupt nicht fertiggestellt wurde. Im Winter 1989/90 wurde der Streifen vom Regisseur in Zusammenarbeit mit Monika Schindler (Schnitt), bei fehlenden Szenen durch Einblendung entsprechender Drehbuchpassagen, rekonstruiert.

WENN ES NACHT WIRD IN ARABIEN

(1001 ARABIAN NIGHTS). USA 1958. **R:** *Jack Kinney*. **B:** *Czenzi Ormonde*. **St:** *Dick Shaw, Dick Kinney, Leo Salkin, Peter Burness, Lew Keller, Ed Nofziger, Ted Allan, Margaret Schneider, Paul Schneider*. **K:** *Jack Eckes*. **A:** *Abe Levitow, Harvey Toombs, Phil Duncan, Clarke Mallory, Bob Carlson, Hank Smith, Ken Hultgren, Jim Davis, Casey Onaitis, Sanford Strother, Ed Friedman, Jack Campbell, Herman Cohen, Rudy Camor, Stan Wilkins*. **M:** *George Duning*. *F 76 Min. (Zeichentrick)*.

Der in Bagdad lebende kurzsichtige Lampenhändler Abdul Azziz Magoo möchte, dass sein leichtlebiger Neffe Aladin endlich heiratet. Zwar widersetzt sich der junge Mann zu Anfang, doch als er die hübsche Prinzessin Yasminda sieht, verliert er sofort sein Herz. Er weiß jedoch nicht, dass auch der böse Großwesir ein Auge auf das Mädchen geworfen hat. Ebenso wenig ahnt der Sultan, dass sein Staatsschatz inzwischen in den Besitz des gleichen Halunken übergegangen ist. Um die absolute Macht zu erringen, benötigt der Großwesir nur noch eine Wunderlampe, aber diese ist in einer Höhle versteckt und kann nur vom siebenten Sohn eines siebenten Sohnes geborgen werden. Die Kurzsichtigkeit Abdul Azziz Magoos ausnutzend, redet er diesem ein, er sei sein Bruder. So kann er auch Einfluß auf Aladin ausüben, den Magoo alsbald auf die Suche nach der Wunderlampe schickt. Aladin findet das kostbare Kleinod; als er zufällig daran reibt, erscheint ihm ein Lampengeist und verspricht, all seine Wünsche wahr werden zu lassen – auch den, der Prinzessin Yasminda betrifft. Der tölpelhafte Abdul Azziz Magoo gibt die Lampe jedoch an den Großwesir weiter, der sie dazu benutzt, die Hochzeit mit der Prinzessin für sich selbst zu arrangieren. Trotz seiner Schusseligkeit gelingt es Magoo doch noch, die Pläne des Böslings zu hintertreiben und seinem Neffen und der Prinzessin zu ihrem Glück zu verhelfen. Die Produzenten dieses Zeichentrickfilms waren Mitarbeiter Walt Disneys, die sich unter der Leitung von Stephen Bosustow selbständig machten und bis dahin bereits zahlreiche Kurzfilme hergestellt hatten, in denen der kurzsichtige Magoo aufgetreten war. Drei ihrer Streifen: *Gerald McBoing-Boing* (1950), *When Magoo Flew* (1954), *Magoo's Puddle Jumper* (1956) wurden mit Oscars prämiert. – »Im äußeren Ablauf des Geschehens unterscheidet sich der Film kaum von den gewohnten Trickmärchen Disneys, doch hat er diesen zwei wesentliche Vorteile voraus: Obgleich auch hier zahlreiche Amerikanismen Eingang fanden, ging der Charakter des Märchens nicht so stark verloren wie bei vergleichbaren Disney-Filmen. Das liegt zu einem Gutteil an der aussparenden, im besten Sinne des Wortes karikaturistischen Zeichenweise, die der Phantasie genügend Raum lässt. Zum anderen bricht immer wieder der für die UPA-Filme[14] typische, leicht surrealistische Stil durch, der erheblich moderner und origineller ist als Disneys imitierende Methode. Auch verfällt

---

[14] UPA: United Productions ot Americs; die Firma, die Stephen Bosustow nach seinem Weggang von Disney aus der Teufe hob.

der Film nicht in jene Farbkleckserei, die manche Zeichentrickfilme betreiben. Er verwendet die Farbe als dramaturgisches Mittel und hält die Szenen in ihrem Ausdrucksgehalt entsprechenden Grundfarben, wobei er sich auch nicht scheut, Schwarzweiß- oder Graupassagen einzufügen.« (FILMDIENST) »Animation, Farben und Hintergründe sind brillant, die Geschichte lang und spaßig. Wenn der Plot auch ein wenig auf der Stelle tritt, gibt es doch stets eindrucksvoll gezeichnete blaue, grüne, gelbe und rote Hintergründe, die der Sache einen interessanten Anstrich verleihen. Der gezeichnete Magoo ist großartig, wie üblich. Andere Figuren, die ein durchaus eigenständiges Leinwandleben entwickeln, sind der Lampengeist, der Teppichknüpfer Omar, der Sultan und der Wesir. Weniger überzeugend: Prinzessin Yasminda und Aladin, die in der Animation zu steif winken.« (Joe Pihodna, NEW YORK HERALD TRIBUNE)

WENN MAN VOM TEUFEL SPRICHT

(SPEAKING OF THE DEVIL). Italien 1990. R: Enzo Barboni Clucher. B: Marco Tullio Barboni. K: Alfio Contini. M: Giancarlo Bigazzi. D: Bud Spencer (Bull Webster), Carol Alt (Veronica Flame), Thierry Lhermitte (Victor), Ian Bannen (Luzifer), Jean Sorel (Heiliger Bruder), Sharon Madden, Sean Arnold. F 99 Min.
Von der Konkurrenz arg gebeutelter Taxifahrer, der zu seinem Glück im Lotto gewinnt, doch dann den Schein verliert, begegnet einem attraktiven Engel des Herrn und dem Abgesandten der Hölle, die sich um seine Seele balgen. Da wagt man sich nicht mehr zu fragen, was Ernst Lubitsch aus diesem Stoff gemacht hätte. [V]

WER HAT UNSEREN DINOSAURIER GEKLAUT?

(ONE OF OUR DINOSAURS IS MISSING). USA/GB 1976. R: Robert Stevenson. B: Bill Walsh. LV: Roman von David Forrest. K: Paul Beeson. M: Ron Goodwin. D: Peter Ustinov (Hnup Wan), Helen Hayes (Hettie), Joan Sims (Emily), Clive Reville (Quon), Derek Nimmo (Lord Edward Southmere), Bernard Bresslaw (Fan Choy), Natasha Pyne (Susan), Roy Kinnear (Grubbs), Joss Ackland (B. J. Spence), Deryck Guyler (Harris), Richard Pearson (Sir Geoffrey Wilkins). F 93 (100) Min.

»London ist in heller Aufregung: Ein Dinosaurier macht die Straßen der Metropole unsicher. Verantwortlich für diesen Spuk ist der chinesische Geheimagent Hnup Wan, der in den Knochen eine geheimnisvolle Formel vermutet. Die chinesischen Spione haben bei ihren Plänen jedoch nicht mit Miss Hettie und den Mitgliedern der Zunft der englischen Kinderschwestern gerechnet.« (TV-SPIELFILM) Mit Schnarchfilmen wie diesem zeigte sich die Disney-Produktion der siebziger Jahre auf dem absoluten Tiefpunkt. Es brauchte seine Zeit (und erst noch musste Disneys Schwiegersohn Ron Miller ersetzt werden), bis es wieder aufwärts ging.

WER REISST DENN GLEICH VORM TEUFEL AUS?

DDR 1977. R: Egon Schlegel. B: Inge Wüste-Heym. LV: Gebrüder Grimm. K: Wolfgang Braumann. M: Günter Hauk. D: Hans-Joachim Frank (Jakob), Dieter Franke (Teufel), Rolf Ludwig (König), Katrin Martin (Prinzessin), Wolfgang Greese (Steuereintreiber), Hannjo Hasse (Hofmarschall), Fred Ludwig (Jagdmeister), Peter Köhncke (General), Klaus Powollik-Ronay (Hauptmann), Hans Klening (Hofkaplan), Harry Menkel (Schreiber), Hans-Peter Reinecke (Räuberhauptmann). F 84 Min.
Der ängstliche Bauernbursche Jakob zieht in die Welt hinaus und verliebt sich nach einer unheimlichen Begegnung mit gar nicht so unheimlichen Räubern in eine hübsche Prinzessin. Der tyrannische König indes verlangt für seine Tochter die drei goldenen Haare des Teufels. Jakob macht sich schlotternd auf den Weg. In der Hölle angekommen, stellt er freilich fest, dass der Teufel gar nicht so schrecklich ist wie allgemein vermutet und zum Schluß sogar selbst gern an der Hochzeit teilnimmt. Ein wie immer ordentlicher DEFA-Film nach Motiven des Märchens »Der Teufel mit den drei goldenen Haaren«. [V] (Der Teufel mit den drei goldenen Haaren)

WHEN PIGS FLY

(WHEN PIGS FLY). USA/BRD 1993. R: Sara Driver. B: Ray Dobbins. K: Robby Müller. M: Joe Strummer. D: Alfred Molina (Marty), Marianne Faithfull (Lily), Rachel Bella (Ruthie), Seymour Cassel (Frank), Maggie O'Neill (Sheila), Freddie

Brooks, Matyelok Gibbs, Carl Dennie, George Lannan, Gil Peleg. F 97 Min. (O.m.U.)
Zwei weibliche Geister mischen einen lahmarschigen Jazz-Musiker auf.

WIE DIE KLEINE HEXE DAS ZAUBERN LERNTE
ČSSR/BRD 1983. **R:** *Zdenék Smetana.* **B:** *Kamil Pixa, Zdenék Smetana, Jaroslav Vokral.* **St:** *Otfried Preußler.* **K:** *Jiří Sevcik, Zdenék Pospisil.* **A:** *Boris Masnik, Jiří Tyller, J. Zach, J. Miška.* **M:** *Petr Skoumal. F 91 Min. (Zeichentrick).*
»Die Aufgabe einer guten Hexe besteht natürlich darin, böse Taten zu vollbringen. Und mit solchen muss die kleine Hexe schon aufwarten, will sie vor dem Hexenrat bestehen und in den Kreis der Erwachsenen aufgenommen werden. Doch erstens ist sie ein bisschen zu faul, um das Hexen-Einmaleins richtig zu lernen, und zweitens gelingen ihr nur gute Taten. Damit erntet sie zwar den Zorn ihrer Artgenossen, aber die Sympathie der Kinobesucher ist ihr gewiss. Eine ungewöhnliche Hexengeschichte schildert dieser zauberhafte Zeichentrickfilm aus dem Jiří-Trnka-Studio.« (FILMSPIEGEL)

WIE HEIRATET MAN EINEN KÖNIG
DDR 1969. **R:** *Rainer Simon.* **B:** *Günter Kaltofen, Rainer Simon.* **LV:** *»Die kluge Bauerntochter« Gebrüder Grimm.* **K:** *Claus Neumann.* **M:** *Peter Rabenalt.* **D:** *Cox Habbema (Bauerntochter), Eberhard Esche (König), Sigurd Schulz (Vater), Hannes Fischer (Vogt), Peter Dommisch (Kilian). F 79 Min.*
Das Märchen von der Bauerntochter, die jede Aufgabe des Königs mit Verstand löst. Der König findet bald Gefallen an ihr: »Sie ist so schön und so klug. Wenn sie noch ein drittes Rätsel löst, mache ich sie zu meiner Frau!« Gesagt, getan. Doch dann behagt dem König nicht, dass sein Eheweib klüger ist als er. Er verstößt sie, gestattet ihr jedoch, das Liebste in ihre Hütte mitzunehmen. Sie flößt dem König ein Pulver ein, und bei Morgengrauen findet der sich in ihrer Hütte ...

WIE HONZA BEINAHE KÖNIG GEWORDEN WÄRE
(HONZA MÁLEM KRÁLEM). ČSSR 1976. **R:** *Borivoj Zeman.* **B:** *Oldrich Kautský, Borivoj Zeman.* **LV:** *»Märchen vom dummen Honza« / »Ge-*

schichten vom dummen Hans«. **K:** *Ivan Slapeta.* **M:** *Jiří Sternwald.* **D:** *Jiří Korn (Honza), Nadezda Konvalinková (Maruska), Jorga Kotrbová (Prinzessin), Josef Kemr (König). F 90 Min.*
Honza scheint sein ganzes Leben verträumen zu wollen. »Auf dem Ofen wird dir das Glück nicht begegnen«, mahnt die Mutter. »Es ist Zeit, dass du in die Welt gehst. Vielleicht wartet schon eine Prinzessin auf dich und ein halbes Königreich.« Zum Schluß aber will Honza, der sich als wahrer Hans im Glück entpuppt, das ihm zu Füßen liegende halbe Königreich nicht und auch nicht die Prinzessin, sondern nur die schöne Maruska.

WIE MAN DORNRÖSCHEN WACHKÜSST
(JAK SE BUDÍ PRINCEZNY). ČSSR 1977. **R:** *Václav Vorliček.* **B:** *Bohumila Zelenková.* **K:** *František Uldrich.* **M:** *Karel Svoboda.* **D:** *Jiří Sovak (König Dalimil), Milena Dvorská (Königin Eliska), Libuše Svormová (Melanie), Marie Horáková (Prinzessin Ruzenka), Oldrich Velen (König Vendelin), Jan Kraus (Prinz Jiří), Jan Hrusinský (Prinz Jaroslav), Vladimir Menšik (Diener Matej). F 87 Min.*
Dem Herrscherpaar des Rosenlandes wird eine Tochter namens Rosa geboren, die sich laut Prophezeiung der Schwester der Königin am 17. Geburtstag an einem spitzen Gegenstand stechen und in einen hundertjährigen Schlaf fallen wird – und mit ihr sämtliche Schlossbewohner. Da König und Königin glauben, eine Heirat ihrer Tochter könne die Katastrophe verhindern, wollen sie Rosa mit Prinz Georg aus dem Mitternachtsreich vermählen. Als Rosa sich in Georgs Bruder Jaroslav verliebt, zieht die Königsfamilie des Mitternachtsreiches wütend ab. Die Prophezeiung erfüllt sich. Doch Jaroslav bricht auf, um Rosa zu retten. Seine Liebe überwindet die Dornenhecke, und sein Kuß erweckt nicht nur die schlafende Prinzessin, sondern das gesamte Schloss zu neuem Leben.

WIE MAN PRINZESSINNEN WECKT
Anderer Titel für **Wie man Dornröschen wachküßt**

WIE SOLL MAN DR. MRÁCEK ERTRÄNKEN?
(JAK UTOPIT DOCTORA MRÁCKA?). Č SSR 1974. **R:** *Václav Vorliček.* **B:** *Miloš Macourek,*

Václav Vorliček. **K:** *Vladimir Novotny.* **M:** *Viteslav Hadl.* **D:** *Libuše Safranková (Jana), Vladimir Menšik (Karl Oberwassermann), Stella Zadsvonková (Polly), Jaromir Hanzlik (Dr. Mrácek), Zdenek Rehor, Miloš Kopecký, František Filipovský.* *F 110 Min.*

Warum das Volk der Wassermänner ausgestorben ist, das einst am Ufer der schönen Moldau lebte? Weil es den Menschen immer ähnlicher wurde! Und das kam so: Anfangs ging es fleißig seiner Berufung nach, die darin bestand, Menschen zu ersäufen und deren Seelen in kleinen Porzellantöpfchen zu lagern. Doch nach und nach fielen immer mehr Wassermänner (und -frauen) einer grauenhaften Metamorphose zum Opfer, die gewöhnliche Menschen aus ihnen machte: Etwa wenn sie Blutwurst aßen, eine Transfusion erhielten oder sich in Bewohner des trockenen Elements verliebten. Ein in Hamburg tagender internationaler Wassermänner-Kongreß bemüht sich gerade, der prekären Situation in Prag Herr zu werden, als sich die neueste Katastrophe eiligen Schrittes nähert: Dr. Mrácek, ein eifriger Beamter der Stadtverwaltung, will das heimelige, naßkalte Hauptquartier der tschechischen Sektion einreißen und zwingt die Angehörigen des unsterblichen Fischmenschenvolkes, in eklig trockene, zentralbeheizte Neubauwohnungen umzuziehen. Das ist das Ende! Aus der Not wird eine Idee geboren: Mrácek muss ersäuft werden! Doch leider hat sich das Wassermädchen Jana wegen des momentan herrschenden Jünglingsmangels in ihn verliebt und vereitelt die Anschläge auf sein Leben. Als sich zu allem Übel Fälle von falscher Ernährung (Blutwurst!), Zauberstab-Missbrauch, Renitenz und allgemeine Schusseligkeit einstellen und immer mehr Angehörige des Wassermannvolkes zu gewöhnlichen Sterblichen werden, muss am Ende auch der doktrinäre Oberwassermann Karl Konsequenzen ziehen: Die Wassermänner haben ausgedient; die Gruppe muss sich auflösen, der menschlichen Ordnung beugen, ihren Lebensunterhalt auf »normale« Weise verdienen, denn: »Unsterblich wird man durch etwas anderes.« – Trotz des nach Krimi klingenden Titels ist Václav Vorličeks turbulente Verwechslungskomödie eine Fantasy reinsten *Wassers,* deren besonderer Reiz darin liegt, dass die tragikomischen Helden seiner Geschichte, obwohl sie nahezu jede Gestalt annehmen können, wie Herr Jedermann aussehen. Gehen sie auf Reisen, benutzen sie den nächsten Ausguß als (kostenloses) Beförderungsmittel; den größten Horror hat man vor Bluttransfusionen. – »Viele der Gags sind derart verborgen angesetzt, dass der Zuschauer schon die gesamte Mythologie der Wassermänner parat haben muss, um sie zu begreifen. Unterzieht man sich dieser Konzentrationsleistung, so ist das Wassermann-Märchen trotz der überladenen Story eine recht amüsante Komödie, allerdings ohne besonderen Tiefgang.« (J. S., FILMDIENST)

WILDE ERDBEEREN

(SMULTRONSTÄLLET). Schweden 1957. **R:** *Ingmar Bergman.* **B:** *Ingmar Bergman.* **K:** *Gunnar Fischer.* **M:** *Erik Nordgren.* **D:** *Victor Sjöström (Isak Borg), Bibi Andersson (Sana), Ingrid Thulin (Marianne), Gunnar Björnstrand (Evald), Folke Sundquist (Anders), Björn Bjelvenstam (Victor), Naima Wifstrand (Isaks Mutter), Jullan Kindahl (Agda), Gunnar Sjöberg (Ingenieur Ahlman), Gunnel Broström (Frau Ahlman), Gertrud Fridh (Isaks Frau), Äke Fridell (Geliebter), Max von Sydow (Akerman), Sif Ruud (Tante), Yngve Nordwall (Onkel Anon), Per Sjöstrand (Sigrid), Gio Petré (Sigbritt), Gunnel Lindblom (Charlotta), Maud Hansson (Angelina), Lena Bergmann (Bingitta), Per Skogsberg (Hagbart), Göran Lundquist (Benjamin), Eva Norée (Anna), Monica Ehrling (Kristina), Anne-Marie Wiman (Eva Akerman), Vendela Rönnbäck (Schwester Elisabeth), Gunnar Olsson (Bischof Hovelius), Josef Norman (Professor Tiger), Helge Wulff (Promotor).* *SW 91 Min.*

Nach *Das siebente Siegel* drehte Ingmar Bergman *Wilde Erdbeeren.* Beide Filme bilden im Werk des Regisseurs eine thematische Einheit. Während der mittelalterliche Ritter in der Außenwelt den Sinn des Lebens zu finden sucht, beschäftigt sich Prof. Isak Borg mit seiner Innenwelt, um zu einem Verständnis seiner selbst, dem Sinn seines Lebens zu kommen. Borg soll am 50. Jahrestag seiner Promotion von seiner Universität geehrt werden. In einem seltsam bedeutungsgeladenen Traum hat er seinen eigenen Tod erlebt. So wird die Fahrt mit seiner Schwiegertochter zur entfernt gelegenen Universität zu einer Reise durch die Stationen seines Lebens, die ohne Übergang zwischen Vergangenheit und Gegenwart, Phantasie und Realität hin und her pendelt. Der Professor sieht sich als alten Mann in frühere Lebensabschnitte versetzt, er beobachtet, ohne von den Protagonisten wahrgenommen zu wenden, die Stelle, an der er als Kind wilde Erdbeeren gesucht hat, den Kreis seiner Geschwister und Spielgefährten. Alle Erlebnisse auf dieser Autofahrt sind Überleitungen zu weiteren Begegnungen Borgs mit sich selbst. Marianne, seine Schwiegertochter, deren Ehe zu scheitern droht, wirft ihm Egoismus und Selbstherrlichkeit vor. Borg sieht ein, dass er sich seinen Mitmenschen entfremdet, dabei sich selbst um sein Glück gebracht hat. Er lässt die Ehrungen über sich ergehen. Doch er ist verändert. Er will sich, soweit ihm das noch möglich erscheint, öffnen, er will das Glück seiner Kinder, die er jetzt erst lieben gelernt hat, retten. – »Formal besticht die Kraft und Stilsicherheit, mit der die Traumsequenzen in die Schilderung der Realität eingeführt wurden. Die Konfrontation Isaak Borgs mit den Gefährten in der Jugend, die den alten Mann auch optisch in den Kreis seiner Jugendgespielen zurückversetzt, ist nicht nur von großem ästhetischen Reiz, sie macht auch ganz direkt deutlich, was ›alt sein‹ heißen kann.« (Krusche, RECLAMS FILMFÜHRER) Diese unvergleichliche Altersstudie ist dem kurz nach den Dreharbeiten verstorbenen Victor Sjöström zu verdanken, einem der großen schwedischen Regisseure aus der Blütezeit des Stummfilms. Die eigentliche Geschichte spielt sich in seinem Gesicht ab. Bergmans Notiz in seinem Tagebuch, betreffs der letzten Einstellung des Films: »Nie vorher oder nachher habe ich ein so edles und befreites Gesicht gesehen – und doch war es nicht mehr als ein Stück Schauspielkunst in einem schmutzigen Atelier.«

DIE WILDEN SCHWÄNE
(DIKIJE LEBEDI). UdSSR 1963. **R:** *Michail Zechanowski, Wera Zechanowski.* **B:** *E. Ryss, Leonid Trauberg.* **LV:** *Hans Christian Andersen.* **K:** *E. Petrowa. A. M. Lerner, B. Kornejew, M. Sherebtschewski, D. Anpilow.* **M:** *A. Warlamow. F 53 (61) Min.*

Das Märchen von den elf Schwänen, die in Wahrheit von ihrer Stiefmutter, einer Hexe, verwunschene Königssöhne sind. Ihre Schwester näht für sie elf Hemden aus Brennesseln, ohne ein Wort zu reden.

DIE WILDEN SCHWÄNE
(HAKUCHONO OJI). Japan 1978. **R:** *Nobutaka Nishizawa.* **LV:** *Gebrüder Grimm/Hans Christian Andersen. F 65 Min. (Zeichentrick).*

Noch einmal, diesmal unter japanischer Animationsregie, verwandeln sich die elf Königssöhne in Schwäne.

WILLOW
(WILLOW). USA 1987. **R:** *Ron Howard.* **B:** *Bob Dolman.* **K:** *Adrian Biddle.* **SpE:** *Dennis Muren, Micheal J. McAllister, Phil Tippett, Craig Barron, Paul Swendsen.* **M:** *James Horner.* **D:** *Warwick Davis (Willow Ufgood), Val Kilmer (Madmartigan), Joanne Whalley (Sorsha), Jean Marsh (Königin Bavmorda), Patricia Hayes (Fin Raziel), Billy Barty (Aldwin), Pat Roach (General Kael), Gavan O'Herlihy (Airk), David Steinberg (Megoosh), Phil Fondacaro (Vohnkar). F 126 Min.*

Entfernt an Tolkien erinnerndes Fantasy-Märchen, für dessen Zubereitung der mythenschwangere George Lucas Legenden aus aller Welt studiert und ebenso bedenkenlos wie trickreich zum derben Eintopf verwurstet hat: »Königin Herodes erfährt, dass ein Kind ihre Schreckensherrschaft beenden wird, sie lässt alle Schwangeren einsperren und die Neugeborenen töten. Doch eine Hebamme hat Mitleid und rettet den kleinen Ödipus. Sie legt ihn in ein Floß aus Schilfgras und lässt ihn den Fluß hinab treiben, an dessen Ufer Moses von den Hobbitts gefunden wird. Wotans wilde Jagd spürt sie auf, und die Hobbits fliehen mit dem Jesuskind über Land, bis sie endlich Hänsel im Käfig finden, ihm die Freiheit und das Kind geben. Er ist aber eigentlich Siegfried Lancelot Highlander und mit Babys nicht vertraut, so dass die Liliputaner mit ihrem Vogel Roch den Säugling stehlen und die Hobbitts wie einst Gulliver binden. Aber die gute weiße Fee schwebt ein und verkündet, dass Baby Dornröschen Königin sei und alles ein fabelhaftes Ende nehmen werde. Doch zuvor muss S. L.

Highlander noch 1 römisches Wagenrennen gewinnen, 1 Hydra und 1 Darth Vader niederstrecken und sich zudem von Circe in 1 Schwein verwandeln lassen, bevor dieselbe als roter Rauch gen Himmel fährt. Dann aber kriegt der Ritter zur Belohnung der Zauberin goldiges Töchterlein und der Hobbitt 1 Pony.« (Daland Segler, FRANKFURTER RUNDSCHAU) – »Die gute alte Zeit war spätestens in den frühen siebziger Jahren vorbei, als ein paar Kindsköpfe sich aufmachten, die Herrschaft über Hollywood zu erobern. Die Jungs hießen Steven Spielberg und George Lucas, sie haben ihr Ziel längst erreicht – und seither sind Märchen auch nicht mehr das, was sie einmal waren. »Träumen Androiden von elektrischen Schafen?«, fragte schon 1969 besorgt der Romancier Philip K. Dick; ein paar Jahre später formulierten Spielberg und Lucas mit ihren Filmen eine Art Antwort: Wir wissen immer noch nicht genau, wovon Androiden träumen. Filmregisseure aber träumen von elektrischen Märchen. Aus den Zauberstäben der modernen Magier zucken Laserblitze, moderne Hexen fliegen Überschall, moderne Drachen werden vom Computer gesteuert ... Und wenn die Kämpfer kämpfen, dann tun sie das mit dem *Drive* eines Videospiels. Die Eltern mag das erschrecken – die Kinder wissen schon, was das mit ihrer Wirklichkeit zu tun hat.« (Claudius Seidl, SÜDDEUTSCHE ZEITUNG)

WIR PFEIFEN AUF DEN GURKENKÖNIG

BRD 1975. **R:** *Hark Bohm.* **B:** *Hark Bohm.* **LV:** *»Wir pfeifen auf den Gurkenkönig« von Christine Nöstlinger.* **D:** *Thomas Blass (Wolfgang), Karl Michael Vogler (Vater), Sonja Sutter (Mutter), Bettina Bernhard, Hendrik Huk, Galli. F 90 Min.*

Eines Tages kommt er einfach aus dem Schrank spaziert: der Gurkenkönig, ein hässlicher, arroganter Flegel mit Kartoffelnase und gestreifter Pumphose. Der kleine Wolfgang und seine Familie erfahren, wie »gütig« und »reich« er ist, und dass seine »dummen« Untertanen ihn ins Exil geschickt haben. Wolfgangs Vater, tief verschuldet, schleimt sich bei ihm ein – ein reicher König könn-

te ihm ja vielleicht aus der finanziellen Misere heraushelfen. Zum Glück hält der Rest der Familie jedoch nichts davon, die unverschämten Forderungen des ekelhaften Knilchs zu erfüllen. Als Wolfgangs Vater allerdings immer mehr auf den Logiergast eingeht und schließlich sogar dessen im Keller lebende Untertanen »umbringen« will, kommt es zum Eklat.

WIZARDS OF THE LOST KINGDOM –
MAGIER DER VERLORENEN WELTEN

(WIZARD OF THE LOST KINGDOM/SWORD AND SORCERY). USA/Argentinien 1985. **R:** *Héctor Olivera.* **B:** *Tom Edwards.* **K:** *Leonard Solis.* **M:** *James Horner, Chris Young.* **D:** *Bo Svenson (Kor), Vidal Peterson (Simon), Thom Christopher (Shurka), Barbara Stock (Udea), Maria Socas (Acrasia), Dolores Michaels (Aura), Edward Morrow (Wulfrick/Gulfax), August Larreta (König Tylor), Michael Fontaine (Hurla), Mark Welles (Rongar), Mary Gale (Linnea), Norton Freeman (Sipra), Arch Gallo (Bobino), Mark Peters (Timmon), Rick Gallo (Markon), Patrick Duggan, Art Tass, Carl Fountain, Ernie Smith, Nick Cord, Cral Garcia, Helen Grant, J. C. Topper, Richard Paley, Guy Reed. F 79 Min.*

Als der böse Zauberer Shurka (!) und Königin Udea beschließen, das mythische Land Axeholm zu beherrschen, müssen einige brave Leute dran glauben. Zwar gelingen dem braven Simon, Sohn des ermordeten Zauberers Wulfrick, und seinem haarigen Begleiter Gulfax die Flucht, doch die Bösen lassen sie von ihren Schergen jagen, da sie glauben, sie befänden sich im Besitz eines magi-

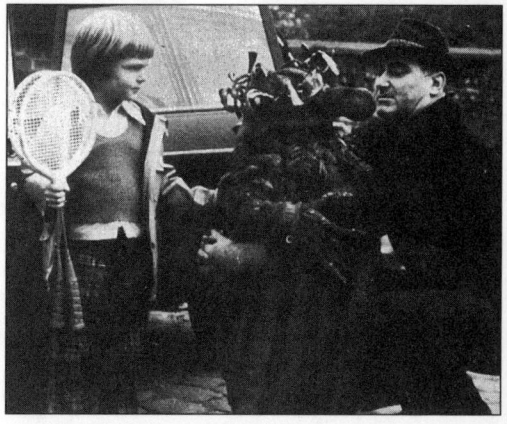

Wir pfeifen auf den Gurkenkönig

schen Ringes, mit dessen Hilfe man über unglaubliche Mächte gebieten kann. Der versoffene Krieger Kor steht Simon im Kampf gegen die Ursurpatoren bei und befreit dessen gefangengehaltene Braut. Unsere Helden fechten gegen Krötenmenschen und tückische Zwerge, »bis man eingeschlafen ist und der Rekorder weiterläuft« (THE MOTION PICTURE GUIDE). [V]

DER WOLF UND DIE SIEBEN JUNGEN GEISSLEIN

BRD 1956. **R:** *Peter Podehl.* **B:** *Konrad Lustig.* **LV:** *Gebrüder Grimm.* **K:** *Peter Puluj.* **M:** *Fred Sporer.* **D:** *Harriet Gessner, Jürgen von Alten, Johannes Buzalski, Otto von Frisch, Heimo Kindermann, Gustav Oehler. F 83 Min.*
Verfilmung des gleichnamigen Märchens in Breitwand (!) und Farbe mit puppenartig verkleideten Tierdarstellern in realer Landschaft. »[Der Film] tummelt sich so ungehemmt und ungekünstelt im Element des lebendigen Spiels, dass er keine Kinderseele gefährden wird ... Mutter und Kinder und die sieben Geschwister untereinander sind ein erquickliches Vorbild des Familienlebens ...« (FILMBEOBACHTER)

DAS WORT

(ORDET). Dänemark 1955. **R:** *Carl Theodor Dreyer.* **B:** *Carl Theodor Dreyer.* **V:** *Kaj Munk.* **K:** *Henning Bendtsen.* **M:** *Paul Schienbeck.* **D:** *Henrik Malberg (Morten Borgen), Emil Hass Christensen (Mikkel Borgen), Birgitta Federspiel (Inger), Preben Lerdorff Rye (Johannes Borgen), Cay Kristiansen (Anders Borgen), Ejnar Federspiel (Schneider), Gerda Nielsen (Tochter), Henry Skjaer. SW 126 Min.*
Nachdem Johannes Borgen, der Sohn eines Großgrundbesitzers, während des Theologiestudiums in geistige Umnachtung verfallen ist, hält er sich für Christus. Als seine Schwägerin Inger bei der Geburt ihres zweiten Kindes stirbt, schreitet er zur Tat, um sie wieder zum Leben zu erwecken. Das Unterfangen misslingt jedoch und lässt Johannes zusammenbrechen. Als Inger begraben werden soll, hat ihm seine Nichte jedoch so viel Selbstvertrauen gegeben, dass er einen neuen Versuch unternimmt. Gott um Beistand anflehend, spricht er die Worte: »Im Namen Jesu Christi, so wie Gott es will, sage ich dir: Weib, steh auf!«

Und Inger steht auf. Carl Theodor Dreyer, 1931 bereits mit dem phantastischen Film *Vampyr* hervorgetreten und einer den bekanntesten Filmregisseure Dänemarks, erhielt für *Das Wort* den Goldenen Löwen der Filmfestspiele von Venedig. Sein religiöses Drama, das für ein persönlich erlebtes Christentum im Sinne Kierkegaards plädiert, zeigt, »wie Glaubensstärke zur Starrheit werden kann, wie der Glaube eines Einfältigen das Wunder bewirkt. »In der Kritik umstritten war die Szene der ›Totenerweckung‹. Aber dadurch, dass Dreyer auch hier auf Symbole und eine verschlüsselte Bildsprache verzichtet hat, dass er einfach einen Menschen zeigt, der sich im Sarg aufrichtet, gewinnt diese Szene eine naive Kraft und erscheint im Kontext des Films durchaus überzeugend.« (Dieter Krusche, RECLAMS FILMFÜHRER)

DAS WUNDER

BRD 1985. **R:** *Eckhart Schmidt.* **B:** *Eckhart Schmidt.* **K:** *Bernd Neubauer.* **SpE:** *Dieter Ortmeier.* **M:** *Sal Paradise.* **D:** *Anja Schüte (Raphaela), Raimund Harmstorf (Vater), Dagmar Lassander (Mutter), Anouschka Renzi (Maria), Michael Simbruk (Raoul), Sibylle Rauch, Michele Oliveri, Renate Langer, Christiane Maybach, Emily Woods, Ralf Schicha, Georg Marischka. F 91 Min.*
Die blinde Raphaela lebt bei ihren reichen, einander entfremdeten Eltern. Als ihre Mutter den Vater mit einer anderen erwischt und einen Selbstmordversuch verübt, verfällt Raphaela immer mehr dem Einfluß ihres Hausmädchens Maria. Ihre Eltern wollen mit allen Mitteln die unliebsame Konkurrentin um die Liebe ihrer Tochter loswerden. Man bietet dem Bauernmädchen eine Abfindung an und schickt Raphaela, als dies nichts fruchtet, auf ein Internat – ohne Erfolg. Nachdem sich die Hoffnungen auf eine medizinische Heilung endgültig zerschlagen haben, beschließt Raphaela auf Marias Rat hin, eine Wallfahrt zu unternehmen. Nach einem ergebnislosen Familienausflug nach Altötting ist Maria verschwunden. Raphaela reißt nachts von zu Hause aus und pilgert in Marias Heimatdorf. Bei ihrer Suche hat sie vor einem Kloster eine Marienvision, die ihr das Augenlicht zurückgibt. – Eckhart Schmidts Trivialfilme *(Die Story, Loft)* wenden

sich in der Regel an die Schickimicki-Szene, deren Dekadenz und wichtigtuerisches Gehabe sich in ihnen gänzlich ungebrochen widerspiegelt. Insofern fällt diese plakative Frömmelei doch sehr deutlich aus dem Rahmen, zumal Hauptdarstellerin Anja Schüte im Gegensatz zu Schmidts sonstigen Knallchargen eine bemerkenswerte schauspielerische Leistung bietet. Trotzdem versandet aber auch *Das Wunder* aufgrund der dilettantischen Inszenierung bald in zähe Langeweile.

DIE WUNDER DES HERRN B.
(THE AMAZING MR. BLUNDEN). GB 1972. **R:** *Lionel Jeffries.* **B:** *Lionel Jeffries.* **LV:** *»The Ghosts« von Antonia Barber.* **K:** *Gerry Fisher.* **SpE:** *Pat Moore.* **M:** *Elmer Bernstein.* **D:** *Laurence Naismith (Blunden), Lynne Frederick (Lucy), Garry Miller (James), Rosalyn Landor (Sarah), Marc Granger (George), Diana Dors (Mrs. Wickens), James Villiers (Onkel Bertie), Madeline Smith (Bella), David Lodge (Wickens), Dorothy Allison (Mrs. Allen), Stuart Lock (Tom), Deddie Davis (Meakin). F 99 Min.*
London, 1918: Die Geschwister James und Lucy Allen und ihre verwitwete Mutter werden in ihrem trübseligen Heim von Mr. Blunden, einem freundlichen alten Herrn, aufgesucht. Er bittet Mrs. Allen, die Verwaltung des abgelegenen, halbverfallenen Landhauses Langley Park zu übernehmen. Mrs. Allen nimmt an, und die Familie zieht um. Als James und Lucy im Garten spielen, begegnen sie den Geistern zweier Waisen namens Sarah und Georgie, die ein Jahrhundert zuvor hier gelebt haben und zurückgekommen sind, um Hilfe zu holen. Mittels eines Kräuterwassers reisen Lucy und James ins Jahr 1818, wo sie feststellen, dass Sarah und Georgie von ihrem Vormund Onkel Bertie vernachlässigt und von dem Ehepaar Wickens verfolgt werden, dessen einfältige Tochter Bella Bertie nur geheiratet hat, weil ihm im Fall des Ablebens seiner Mündel 30 000 Pfund Erbe winken. Die Wickens' wollen jedoch nicht mehr warten, also planen sie Berties Tod. Diverse Anschläge misslingen, und am Ende stecken sie das Haus in Brand. James und Lucy können ihre Freunde mit Hilfe des Knechts Tom und Mr. Blundens retten, der sich ebenfalls als Geist entpuppt. In die Gegenwart zurückgekehrt,

entdecken sie auf den Grabsteinen des örtlichen Friedhofes, dass sie die Vergangenheit verändert haben. Und zur Freude erfahren sie, dass sie die Nachkommen Sarahs und Georgies sind mithin gehört das Landhaus rechtlich ihnen. Ein charmanter, unterhaltsamer, spannender Film. [V]

DAS WUNDER DES MALACHIAS
BRD 1961. **R:** *Bernhard Wicki.* **B:** *Heinz Pauck, Bernhard Wicki.* **LV:** *»Das Wunder des Malachias« von Bruce Marshall.* **K:** *Klaus von Rautenfeld, Gerd von Bonin.* **M:** *Hans-Martin Majewski.* **D:** *Horst Bollmann (Pater Malachias), Richard Münch (Dr. Erwin Glass), Christiane Nielsen (Helga Glass), Günther Pfitzmann (Rudolf Reuschel), Brigitte Grothum (Gussy), Karin Hübner (Nelly Moorbach), Pinkas Braun (Christian Krüger), Kurt Ehrhardt (Bischof Reuschel), Günter Strack, Romuald Pekny, Paul Edwin Roth, Senta Berger, Charlotte Kerr, Ellen Umlauf, Joachim Teege, Günter Meisner, Loriot, Kurt Lauenmann, Ludwig Thiesen. SW 124 Min.*
Gott erhört das Gebet des frommen Paters Malachias. Wo neben der katholischen Kirche St. Johannes die Eden Bar stand, klafft jetzt ein Krater, in dem zwar noch Umrisse des Hauses erkennbar sind, das Nachtlokal ist jedoch mitsamt fünfzig Gästen vom Erdboden verschwunden. Kein Wunder, dass das Überbleibsel eine Menge Schaulustige anzieht. Während die Gäste der Bar wieder auftauchen und aufgeregt berichten, sie hätten sich auf einer öden Nordseeinsel wiedergefunden, hat die Presse ihre Sensation, und die Geschäftemacher der Stadt wittern ihre Marktchance. Sofort vermietet der Besitzer der Eden-Bar das Gelände meistbietend, das sich alsbald in einen Rummelplatz verwandelt, auf dem heiße Würstchen und Blumen, »Wunderwasser vom Malachiasbrunnen«, Malachias-Lebkuchenherzchen, Malachias-Stollen und aufziehbare Malachiaspuppen, die die Arme zum Gebet erheben, und alles andere angeboten wird, was schnelles Geld verspricht. Nicht nur die kleinen Geschäftsleute profitieren an dem Wunder; die profane Welt der High Society, die gelangweilten Snobs und verhetzten Erfolgsleute, die Migräne-Damen der Cocktailpartys vereinnahmen das Wunder als neuen Nervenkitzel in ihre pseudogeistigen Amü-

sements. Werbemanager Dr. Glass (»Beruflich glaube ich an alles, was ich propagiere«) puscht das Wunder in die Werbewirtschaft: »Keine Wunder ohne Finanzierung«, »Das Mädchen, das das Wunder sah, fliegt um die Welt mit PAA«, »Bleib auf der Erde – fahr Borgward« usw. Glass ist es auch, der mit anderen geschäftlich Interessierten die auf die Nordseeinsel versetzte Bar zu einem feudalen Jet Set-Club aufdonnern lässt. Während Kirche und Medien schließlich auf Distanz gehen, erstrahlt die neue Eden-Bar als Tempel aus Glas und Stahl, deren Einweihung als Gesellschaftsorgie unmittelbar bevorsteht. Währenddessen liegt unten am Strand der Urheber des ganzen Rummels, der verzweifelte, bereuende Malachias und betet zu Gott. Die von ihm erhoffte Besinnung der Menschen ist nicht eingetreten, ganz im Gegenteil. Da war es vorher schon besser! Und plötzlich – unter dumpfem Trommelgetöse – ist der Spuk vorbei, die Eden-Bar wieder an ihrem alten Platz, der Alltag flutet wie eh und je an ihr vorbei. – Dem Film zugrunde lag der gleichnamige Roman von Bruce Marshall, 1931 in England veröffentlicht, in der deutschen Übersetzung 1950 erschienen. Regisseur Bernhard Wicki über die literarische Vorlage und seine Bearbeitung: »Das ist eine ganz stille, hinreißende Geschichte, die in Edinburgh spielt. Mein Freund Joachim Severin [der Produzent des Films] ... brachte mir den Roman und meinte, es wäre doch schön, das zu machen. Plötzlich grauste mir aber davor, mit deutschen Schauspielern in Edinburgh schottische Atmosphäre herzustellen – das konnte nichts werden. Also sagte ich: Transportieren wir es doch nach Deutschland. Aber dann nicht still und versponnen als kleine poetische Geschichte, sondern mitten in unser Wirtschaftswunder hineingestellt. Da fing die Geschichte für mich an, hochbrisant und aktuell zu wenden.« (zit. n. ZITTY) – »Wickis Arbeitsbesessenheit steigert sich in diesem Film bis zur völligen physischen Erschöpfung. Er verwarf alle Atelieraufnahmen. Monatelang suchte er im (Ruhr-)›Revier‹ nach den passenden Schauplätzen für seine Szenen ... Monatelang ... feilte er dann an den Schnitt- und Synchronarbeiten für die im Straßenlärm aufgenommenen Dialoge. Der hektisch wilde ›Reportagestil‹ des Films, die unaufhörlichen

Wiederholungen bestimmter Einstellungen, die blitzartig wechselnden Szenen und die rasend schnell gesprochenen Dialoge waren das Ergebnis dieser wütenden, berserkerhaft anmutenden Regiearbeit. Sie ließen Wicki indes nicht merken, dass seine gesellschaftskritischen Ambitionen letztlich nur zu einer Oberflächenerfassung bestimmter Entartungserscheinungen geführt hatten.« (Walther Schmieding, KUNST ODER KASSE) – »Den Film heute zu sehen, bedeutet (neben dem Erstaunen darüber, dass man damals einen kurz sichtbaren Busenansatz nachträglich wegkratzte) auch die Freude am präzisen Spiel der Darsteller, die man heute nur noch im Theater oder Fernsehen sehen kann ... Ein rundes Vergnügen, [das] sich heute, 23 Jahre nach seiner Uraufführung, nicht nur als ein Stück deutscher Filmgeschichte erweist, sondern auch als immer noch überzeugende Satire.« (Frank Arnold, ZITTY)

DAS WUNDER VON FATIMA

(SEÑORA DI FATIME). Spanien 1952. R: Rafael Gil. K: Michel Kelber. M: Ernesta Halffter. D: Ines Orsini, Maria Dulce, Eugenio Domingo, Fernando Rey, Tito Junco, José Maria Lado. SW 90 Min.

Stilistisch am Neorealismus orientierte, spanische Variante des Films Die Heilige von Fatima (Inhalt siehe dort), die sich bei der Darstellung der Wunder und Marienerscheinungen sehr zurückhält und deshalb vom Klerus heftig beklatscht wurde. – Dennoch sollte sich Regisseur Rafael Gil vielleicht mal überlegen, welche Existenzberechtigung ein Film haben mag, der vorgibt, ein gewisses Thema zu beleuchten, und sich dann doch laufend dran vorbeimogelt.

DAS WUNDER VON MAILAND

(MIRACOLI A MILANO). Italien 1951. R: Vittorio de Sica. B: Cesare Zavattini, Vittorio de Sica. LV: Cesare Zavattini. K: Aldo Graziani. SpE: Ned Mann. M: Alessandro Cicognini. D: Francesco Golisano (Toto), Paolo Stoppa (Rappi), Emma Gramatica (Mütterchen Lolotta), Brunella Boyo (Kleine Edvige), Anna Carena (Signora Altezzosa), Guglielmo Barnabo (Reicher Mann), Alba Arnova (Statue), Virgilio Riento (Polizeioffizier), Ermino Spalla (Gaetano), Flora Cambi (Unglückliche), Arturo Bragaglia (Alfredo), Riccardo Bertazzolo (Ringkämpfer), Granduani Gianni (Kleiner Toto), Angelo Prioli, Francesco Rissone. SW 100 Min.

Als die alte Lolotta stirbt, muss der bei ihr aufgewachsene kleine Toto ins Waisenhaus, das er erst mit achtzehn Jahren verlassen kann. Er haust von nun an am Rande der Stadt, wo die Ärmsten der Armen in einfachsten Unterkünften aus Kistenbrettern und Wellblech ihr Dasein fristen. Toto erfreut sich bald steigender Beliebtheit, da er Streitigkeiten schlichten kann und immer mit Rat und Tat zur Stelle ist. Als eines Tages ein Fahnenmast in den Boden gerammt wird, sprudelt plötzlich eine Fontäne empor, Ausläufer einer Erdölquelle. Schon sind die Ausbeuter zur Stelle. Die Bretterstadt soll beseitigt werden. Das Räumkommando tritt zum Abriss an. In letzter Minute erscheint Totos altes Mütterchen Lolotta und gibt dem Jungen eine »Himmelstaube«, die ihrem Besitzer jeden Wunsch erfüllen kann. So kann die heranrückende (Staats-)Gewalt abgewehrt werden. Ein Freudentaumel bricht los. Bald jedoch kommt ein jeder mit den törichtsten Wünschen zu Toto, der – wenngleich voller Zweifel – alle erfüllt, so dass der zweckentfremdete Vogel wegen Überlastung in der folgenden Nacht von zwei weißen Engeln zurückgeholt wird. Tags darauf hat die Polizei leichtes Spiel. Die Armen werden in vergitterten Wagen nach Mailand zum Domplatz gefahren. Dort hilft die weiße Taube erneut. Die Wagen fallen auseinander, die Befreiten, allen voran Toto, eilen ins Freie, entreißen den verblüfften Straßenkehrern die Besen und reiten auf ihnen geradewegs in den Himmel – in das Paradies, wo es keine Sorgen und Nöte, keine Spekulanten, Ausbeuter und Polizisten gibt. »So ist das eben, und so ist das Leben nicht.« – »Im Wunder von Mailand verwandelt sich die Wirklichkeit in ein Spiel der Poesie. Die ganz realen Ungerechtigkeiten des ungleich verteilten Besitzes, der Spekulationsgier, des Einsatzes von Staatsgewalt durch die Besitzenden gegen die Habenichtse geben den Ausgangspunkt für die Fabel: Wo es keine Gerechtigkeit für die Armen gibt, der Kampf aussichtslos zu sein scheint, greift eine höhere Gewalt aus dem Reich der Phantasie zu ihren Gun-

sten ein, aber nicht um Reales zu ändern, nein, die Mittel des Märchens können auch nur ins Reich der Fabel führen.« (DER SPIELFILM IM ZDF) Regisseur Vittorio de Sica hatte vor Das Wunder von Mailand bereits mehrere Drehbücher seines Mitarbeiters Cesare Zavattini verfilmt, darunter Fahrraddiebe (LADRI DI BICICLETTE, 1948), einen der berühmtesten Streifen der Filmgeschichte. »Das Ergebnis dieser Zusammenarbeit waren Filme, die Not und Elend im Alltag der kleinen Leute aufspürten, die soziale Ungerechtigkeit am individuellen Beispiel demonstrierten, die die realistische Beobachtung für einen humanitären Appell nutzten.« (Dieter Krusche, RECLAMS FILMFÜHRER) De Sicas und Zavattinis Schilderungen waren dabei hart und erfüllt von jener für die Nachkriegszeit in Europa charakteristischen Trostlosigkeit. Von diesem absoluten Pessimismus löste sich das Team De Sica/Zavattini erstmals bei Das Wunder von Mailand. Da sich die realen Zustände nicht gebessert hatten, half nur die Flucht ins Reich der Phantasie. »Das Wunder von Mailand war, allen Kritikern zum Trotz, eine der glücklichsten Synthesen von Realität und Märchen, die der Film je hervorgebracht hat.« (Oertel, MACHT UND MAGIE DES FILMS)

DAS WUNDER VON MANHATTAN

(MIRACLE ON 34th STREET). USA 1994. R: Les Mayfield. B: John Hughes. D: Sir Richard Attenborough (Kris Kringle), Mara Wilson (Susan), Elizabeth Perkins (Dorey, Susans Mutter), Dylan McDermott (Bryan Bedford), Mara Wilson, Robert Prosky, J. T. Walsh, James Remar, Jane Leeves, Simon Jones, William Windom. F 114 Min.

Eine von John Hughes (Kevin allein zu Haus) produzierte, biedere, unzeitgemäße Neuverfilmung einer erstmals 1947 von George Seaton gefilmten Weihnachtslegende um einen rauschebärtigen Santa Claus, der in einem Warenhaus Dienst tut und in einer Intrige für unzurechnungsfähig erklärt werden soll: »Aber nicht einmal zaghafte Zweifel an der alljährlichen Konsumorgie kommen auf; Hughes degradiert seinen Nikolaus zum Handlanger der Einzelhandel-Tycoons. Santa Claus richtet's für diejenigen, die an das Märchen von einer heilen Welt glauben wollen: die heile

Glitzerwelt der schicken Upper class, die in New Yorks Edelkaufhäusern verkehrt und ihren properen Sprößlingen jeden (Konsum-) Wunsch erfüllt.« (STUTTGARTER ZEITUNG)

DAS WUNDER VON VALBY
Anderer Titel für Valby – Das Geheimnis im Moor

DIE WUNDERBARE REISE DES KLEINEN NILS HOLGERSSON
Österreich/Japan. R: Hisajuki Toriumi. B: Marty Murphy. LV: »Wunderbare Reise des kleinen Nils Holgersson mit den Wildgänsen« von Selma Lagerlöf. A: Marty Murphy. M: Karel Svoboda. F 82 Min. (Zeichentrick).
Inhalt siehe Die Abenteuer des Nils Holgersson. Dies ist eine Trickfilmversion des berühmten Kinderbuches.

DIE WUNDERBAREN ABENTEUER DES HANS CHRISTIAN ANDERSEN
(ANDERSEN MONOGATARI). Japan 1968. R: Kimio Yabuki, Marcel Valmy. B: Hiroshi Inouye, Morhisa Yamamoto. K: Teruo Hayashi, Motokazu Shirane. A: Akira Diakubara. M: Seichiro Uno. F 79 Min. (Zeichentrick).
Hans Christian Andersen, der Sohn eines Schusters, erhält eines Tages von dem Märchenerzähler Onkel Ole, dessen Kunst er erlernen möchte, ein Stück Zauberleder. Damit will er mit dem Mädchen Elisa einen Tanzwettbewerb gewinnen, um mit dem ausgesetzten Geldpreis zur Oper zu gehen. Elisa muss jedoch das Dorf verlassen. Die aus dem Zauberleder hergestellten Schuhe fallen Karen zu. Hans arbeitet und spart; später trifft er Elisa als Streichholzverkäuferin wieder, kauft ihr alle Waren ab und steht erneut mittellos da. Karen indes wird von den Zauberschuhen zu einem ewig währenden Tanz gezwungen, aus dem Onkel Ole sie rettet und ihren Charakter gleich zum Guten hin verändert. Hans hat inzwischen mit seinen Märchen großen Erfolg. Man beschließt, ihn nach Kopenhagen zu schicken, wo er das Schreiben von Märchen erlernen soll. – »Inhaltlich mit biographischen Zügen, ist der Film stilistisch von Disney-Märchenverfilmungen nachgeformt, was zu einem Überwiegen von Kitsch gegenüber der Poesie führt.« (FILMDIENST) [V]

EIN WUNDERBARES GESCHENK
Anderer Titel für Ein Wunsch geht in Erfüllung

DAS WUNDER-PFERDCHEN
(KONJUK-GORBUNOK). UdSSR 1941. R: Alexander Rou. B: Wladimir Schweizer. LV: Märchen »Konjuk-gorbunok« (Das bucklige Pferdchen/Das Höckerpferdchen) von Pjotr Jerschow. K: W. Monastirski, S. Antipow. M: L. Polowinkin. D: Pawel Alejnikow (Iwanuschka), M. Kowaljowa (Sarja-Sarjaniza), W. Gut (Zar Afron), Georgi Milljar (Tschichir). SW 78 Min.
Mit seinem unscheinbar kleinen, buckligen Wunder-Pferd erfüllt der junge Iwan den Auftrag des Zaren Afron und bringt die schöne Sarja-Sarjaniza an den Zarenhof. Aber sie verliebt sich in Iwan und nicht in den rachsüchtigen Zaren.

DER WUNDERVOGEL SEMURG
(SEMURG). UdSSR 1972. R: Chabibulla Faisijew. B: Inna Filimonowa. LV: »Semurg« Poem von Chamid Alimdshan. K: Alexander Pann. M: Muchtar Aschrafi. D: Tamara Kokowa (Semurg), Chabibulla Karimow (Bunjad), Tamara Schakirowa (Subejda), Chamsa Latypow (Chaidar-Bobo), Shukrat Jergaschew (Prinz Scherzod), G. Chamrajewa (Prinzessin Parisad), Nariman Rachimow (Khan), Artyk Adshallyjew (Riese Jalmagys). F 84 (73) Min.
Hergestellt vom Studio Usbekfilm Taschkent und gedreht an realen Schauplätzen, mit ein paar Zeichentrickelementen und Doppelbelichtungen. »In dem usbekischen Volksmärchen vom Wundervogel Semurg ist der junge Hirt Bunjad dazu auserwählt, die Menschen vom Bösen zu befreien. Semurg ist der Freund aller ehrlichen und rechtschaffenen Menschen, doch er kann seine Wunder nicht vollbringen. Er braucht dazu die Hilfe uneigennütziger Menschen. Der Wundervogel erkennt die guten Eigenschaften Bunjads, als dieser ihm in einer gefährlichen Situation das Leben rettet. Er bietet dem Hirten seine Freundschaft an und verspricht, ihn auf der Suche nach dem Glück zu begleiten und ihm zu helfen, wenn er in Not gerät. Seitdem Bunjad auf der Jagd in

den Bergen einer unbekannten Schönen begegnet ist, findet er keine Ruhe mehr. Er verlässt seine Heimat, um nach ihr zu suchen, denn er glaubt, mit ihr auch das Glück zu finden. Am Hofe des Khans trifft Bunjad die schöne Unbekannte wieder. Es ist die Tochter des Herrschers, Prinzessin Parisad. Schon viele Freier mussten ihr Leben lassen, weil sie die Prüfungen der launenhaften Prinzessin nicht bestehen konnten. Aber Bunjad lässt sich davon nicht abschrecken; und mit Semurgs Hilfe gelingt es ihm, die schier unlösbaren Aufgaben zu erfüllen. Sehr zum Verdruß der stolzen Parisad. Da kommt ihr die Schreckensnachricht vom Riesen Jalmagys, der das ganze Land zu vernichten droht, gerade recht. Soll doch dieser Hirt zuvor mit dem Ungeheuer kämpfen! Erst dann wird sie ihn heiraten, verspricht sie. Im stillen aber hofft die Prinzessin, dass der unbesiegbare Jalmagys den kühnen Recken vernichtet. Bunjads Weg in das Reich des Riesen ist mühevoll und gefährlich. Aber immer wieder hilft ihm Semurg. Und im dramatischen Kampf tötet Bunjad schließlich das Ungeheuer, den Feind Semurgs und aller guten Menschen. Zur Belohnung sagt ihm der Wundervogel, wie das wahre Glück zu finden ist: ›Glücklich ist nur der auf Erden, der für das Glück des anderen lebt! Das Ungeheuer hast du im Kampf vernichtet, die Menschen vom Bösen befreit! Zum Lohn für all deine Mühe und die erduldeten Qualen erwartet dich das Glück.‹ Die Weisheit Semurgs befreit Bunjad von seiner Verblendung. Nun kann er leichten Herzens verzichten auf die Prinzessin, denn er hat erkannt, wer seine wahren Freunde sind. Mit ihnen und dem Mädchen Subedja, das in Treue auf ihn gewartet hat, feiert er den Sieg.« (FILM FÜR SIE)

EIN WUNDERVOLLER TAG
(UDIWITELNAJA NACHODKA, ILI SAMYJE OBYKNOWENNYJE TSCHUDESSA). UdSSR 1986. **R:** *Mark Tolmatschow.* **B:** *Larissa Jewgenjewa.* **K:** *Albert Ossipow.* **M:** *Gennadi Banschtschikow.* **D:** *Slawa Jessinowski (Maxim), Philip Salimonenko, Nastja Burlakowa, Sascha Delibasch, Anton Artemenko.* F 73 Min.

Ein Musterknabe findet eine Wunderschraube, die er gegen seine Neider einsetzt.

DIE WUNDERWELT DER GEBRÜDER GRIMM / DIE WUNDERWELT DER BRÜDER GRIMM
(THE WONDERFUL WORLD OF THE BROTHERS GRIMM). USA 1961. **R:** *Henry Levin, George Pal.* **B:** *David P. Harmon, Charles Beaumont, William Roberts.* **LV:** *Hermann Gerstner, Gebrüder Grimm.* **K:** *Paul R. Vogel.* **SpE:** *Gene Warren, Wah Chang, Tim Barr, Jim Danforth, Robert C. Hoag.* **M:** *Leigh Harline.* **D:** *Laurence Harvey (Wilhelm Grimm/Schuster), Karlheinz Böhm (Jakob Grimm), Claire Bloom (Dorothea Grimm), Walter Slezak (Stössel), Barbara Eden (Greta Heinrich), Oscar Homolka (Herzog), Arnold Stang (Rumpelstilzchen), Martita Hunt (Erzähle-*

Oben: Produzent George Pal (Mitte)
Unten: Die Wunderwelt der Gebrüder Grimm

rin), Ian Wolfe (Gruber), Betty Garde (Frl. Bettenhausen), Cheerio Meredith (Frau v. Dittersdorf), Bryan Russell (Friedrich Grimm), Tammy Marihugh (Pauline Grimm), Walter Rilla (Priester), Yvette Mimieux (Prinzessin), Russ Tamblyn (Jäger), Jim Backus (König), Beulah Bondi (Zigeunerin), Clinton Sundberg (Premierminister), Walter Brooke (Bürgermeister), Sandra Gale Bettin (Ballerina), Robert Foulk (Jäger), Terry-Thomas (Ludwig), Buddy Hackett (Hans), Otto Kruger (König), Robert Crawford jr. (Schäfer), Sydney Smith (Sprecher). F 138 Min.

In diesem Episodenfilm mit Rahmenhandlung, der im 19. Jahrhundert spielt, sollen die Brüder Jakob und Wilhelm Grimm die Familienchronik eines Herzogs schreiben. Da Wilhelm mehr Interesse an Märchen hat, kommt er mit seinem Teil der Arbeit nicht voran und verliert schließlich auch noch das Manuskript. Nachdem der erzürnte Herzog ihn gefeuert hat, wird er ernstlich krank. Jakob schiebt seine Heirat auf und unterstützt Wilhelms Familie. Die Märchen, die die Brüder gesammelt haben, werden jedoch plötzlich so populär, dass man die beiden zu einem Akademiebesuch nach Berlin einlädt. Dort redet man jedoch nur über die »gelehrten« Bücher Jakobs, so dass Wilhelm leicht säuerlich reagiert. Seine Missstimmung ist aber nur von kurzer Dauer, da er bald von einer Kinderschar überfallen wird, die ihn bittet, seine Märchen vorzutragen. – In »Die tanzende Prinzessin« will ein König seine Tochter dem Mann zur Frau geben, der entdeckt, warum ihre Schuhe jede Nacht in Fetzen gehen. Ein Jäger folgt der Prinzessin heimlich und findet heraus, dass sie jede Nacht im Wald mit Zigeunern tanzt. – »Der Flickschuster und die Elfen« handelt von einem alten Schuster, der lieber Puppen für Waisenkinder schnitzt, statt die Schuhe seiner Kunden zu reparieren. Während er schläft, erwachen die Puppen zum Leben und beenden seine angefangenen Arbeiten. – »Der singende Knochen« erzählt die Geschichte des tapferen Knappen Hans, der einen gefährlichen Drachen tötet und von seinem feigen Herrn erschlagen wird, da dieser den Ruhm des Helden für sich in Anspruch nehmen will. Einer von Hansens Knochen taucht in Form eines Musikinstruments wieder auf und besingt die Tücke seines Herrn.

Als der feige Ritter die Schandtat gesteht, wird Hans auf wunderbare Weise wieder lebendig, und der König entscheidet, dass Herr und Knecht fortan ihre Positionen tauschen sollen. – »In erster Linie diente der Film ... einer Präsentation des Cinerama-Verfahrens. Erfunden und perfektioniert vom Spezialeffektexperten Fred Waller, bot Cinerama ein ultrabreites Bild und 7-Kanal-Ton, hatte aber auch den Nachteil, dass im Gegensatz zur späteren Super Panavision 70 mit drei Kameras gedreht werden musste ... Um möglichst große Authentizität zu schaffen, fanden die Außenaufnahmen in Rothenburg ob der Tauber und Neuschwanstein statt.« (Norbert Stresau, DER FANTASY-FILM) – »Der Film bemüht sich ... sowohl Erwachsenen als auch Kindern etwas zu bieten. In diesem Bestreben weiß er jedoch leider nicht die richtigen Maße einzuhalten und überfordert einerseits die kindliche Psyche durch Cinerama-Effekte, wie er andererseits die echte kindliche Naivität und Unbefangenheit, die für ein Märchen unerläßlich wäre ... nicht in den Griff bekommt ... Dass aufwendig inszeniert und an der Ausstattung nicht gespart wurde, versteht sich in diesem Genre von selbst. Das Ergebnis allerdings nähert sich eher einer amerikanischen Show als dem spezifischen Charakter des deutschen Märchens oder gar der deutschen Romantik.« (E. H., FILMDIENST)

EIN WUNSCH GEHT IN ERFÜLLUNG

(A MOM FOR CHRISTMAS). USA 1990. R: George Miller. B: Gerald DiPego. K: Ronald M. Laubre. M: John Farrar. D: Olivia Newton-John (Amy), Juliet Sorcey (Jessy), Doug Sheehan (Vater), Doris Roberts (Philomena). F 90 Min.
Die gute Märchenfee erfüllt der einsamen Halbwaisen den sehnlichsten Herzenswunsch: eine Mama zu Weihnachten. Sie erweckt eine Schaufensterpuppe zum Leben, die bei Vater und Tochter einzieht.

DER WÜRGEENGEL

(EL ANGEL EXTERMINADOR). Mexiko 1962. R: Luis Buñuel. B: Luis Buñuel, Luis Alcoriza. LV: José Bergamin. K: Gabriel Figueroa. M: Raul Lavista, Scanlatti, Paradisi. D: Silvia Pinal (Leticia, die Walküre), José Baviena (Leondro), Augusto Benedico (Arzt), Luis Beristain (Cristian), Antonio Bravo (Russell), Claudio Brook (Majordomo), Cesar del Campo (Colonel), Rosa Elena Dungel (Silvia), Lucy Gallardo (Lucia), Enrique Garcia Alvarez (Señor Roc), Ofelia Guilmain (Juana Avila), Nadia Haro Oliva (Ana Maynar), Tito Junco (Raul), Xavier Loya (Francisco Avila), Xavier Masse (Eduardo), Angel Merino (Diener), Ofelia Montesco (Beatriz), Patricia Moran (Rita), Patricia de Morelos (Blanca), Bertha Moss (Leonora), Enrique Rambal (Nobile). SW 93 Min.

Nach einer festlichen Opernaufführung versammeln sich etwa zwanzig distinguierte Leute mit bester Garderobe und ebensolchen Manieren in der Villa des Aristokraten Nobile zu einem Essen. Das Personal hat ohne ersichtlichen Grund Reißaus genommen, was jedoch zunächst nicht weiter ins Gewicht fällt: Man meistert die Situation dadurch, indem man sich selbst bedient. Als die ersten Gäste das Haus verlassen wollen, hindert sie eine unerklärliche Kraft daran, doch auch Helfer von außen können nicht eindringen. Eß- und Musiksalon werden zum Kerker, nach weiteren Tagen und Nächten zum Tollhaus und Stall, mit stinkenden, sich bedrängenden Insassen. Die genormten gesellschaftlichen Masken fallen, zurück bleiben kindliche und barbarische Handlungsweisen. Ohne Wasser und Nahrungsmittel, ohne Abort und Medikamente kann die eingeschlossene Gesellschaft weder Krankheit und Panik, noch Gewalt und Tod verhindern. Wille und Sitten scheinen völlig gelähmt. Nur ein Bär und einige Schafe verlaufen sich in die Gesellschaftsräume. Sie werden geschlachtet, und mit dem Holz von Möbeln und Musikinstrumenten entfacht man das Bratenfeuer. Endlich richtet sich der allgemeine Zorn gegen den Gastgeber. Da kommt eine bisher unauffällige junge Frau – Leticia – auf den Gedanken, die Ausgangssituation genau zu rekonstruieren. Der allen gemeinsame Zeitpunkt ist der Augenblick nach Beendigung einer Klaviersonate, als die Freude und aufrichtige Bewunderung des Spiels übertriebenen Komplimenten und unechtem Verhalten wich. Die gemeinsame Einsicht bricht den Bann. Alle folgen Leticia ohne Schwierigkeiten zum Dankgottesdienst in die Kathedrale. Doch nach dem Te Deum kann keiner mehr die Schwelle des Portals

übertreten. Draußen treibt die Polizei die herandrängende Menge auseinander. Eine größere Herde Schafe nähert sich ungehindert dem Kirchenportal! – Der Würgeengel, dessen Titel auf ein Gemälde von Valdés Leal im Museum von Sevilla anspielt, markiert einen Wendepunkt in der Arbeit Buñuels. Nach seinen »realistischen« mexikanischen Filmen, die allerdings immer irrationale Segmente enthielten, wendet er sich wieder den surrealistischen Maximen André Bretons zu: »Das Wunderbarste im Phantastischen ist, dass das Phantastische nicht existiert, alles ist wirklich.« (DIE MANIFESTE DES SURREALISMUS) Um allzu eifrige Interpretatoren zu warnen, enthält die Originalfassung im Vorspann folgenden Rat: »Wenn der Film, den Sie jetzt sehen werden, Ihnen rätselhaft oder anstößig erscheint, so deshalb, weil auch das Leben es ist. Wie das Leben, so ist der Film voller Wiederholungen und vielfach interpretierbar. Der Autor erklärt, dass er keine Symbole geben wollte, zumindest nicht bewusst. Die beste Deutung von EL ANGEL EXTERMINADOR ist vielleicht die, dass es von der Vernunft her keine Deutung gibt.« – »Der Film ist, obwohl er einen distanzierten Unterton hat, eine Tortur für den Zuschauer. Als handle es sich um einen Traum, spricht sich der verborgene Sinn dieser Kinofiktion kaum jemals unverschlüsselt aus. Zwar verzichtet Buñuel nicht auf dramatische Logik und formale Wahrscheinlichkeit, aber an psychologischen und materiellen Unwahrscheinlichkeiten ist dennoch kein Mangel.« (Michael Schwarze, BUÑUEL) – »Die Konstellation einer von der Außenwelt abgetrennten Gruppe von Menschen dient Buñuel ... dazu, in einer extremen Situation den Charakter der Menschen bloßzulegen ... [Hier] handelt es sich nicht um individuelle Charaktere, es handelt sich um einen sozialen Charakter, um den Charakter einer Klasse: der Aristokratie, der Groß-Bourgeoisie. Vorgeführt wird, wie diese Aristokratie allmählich ihre Fassung, ihre Façon, ihre Maske verliert und auf ein nahezu animalisches Niveau herunterkommt ... [Die Menschen] entblößen sich völlig. Ihr Gefangensein ... ist dann zu Ende, als sie auf dem tiefsten Punkt der Demoralisation, der Zerstörung, der Selbst-Entblößung angekommen sind.« (Klaus Eder, Reihe Film 6, LUIS BUÑUEL)

XANADU

(XANADU). USA 1979. **R:** *Robert Greenwald.* **B:** *Richard Christian Danus, Marc Reid Rubel.* **K:** *Victor J. Kemper.* **SpE:** *Richard Greenberg, Don Bluth.* **M:** *Barry de Vorzon, Jeff Lynne, John Farrar.* **D:** *Olivia Newton-John (Kira), Gene Kelly (Danny McGuire). Michael Beck (Sonny Malone), James Sloyan (Simpson), Dimitra Arliss (Helen), Katie Hanley (Sandra), Fred McCarren (Richie), Ren Woods (Jo), Wilfrid Hyde-White (Zeus), Coral Browne (Hera), Sandahl Bergman, Lynn Latham, Melinda Phelps, Chrise Bate, Juliette Marshall, Marilyn Tokuda, Yvette van Voorhees, Teri Beckerman, Jo Ann Harris, Cindy Leake, Patty Keene. F 96 Min.*

Kaum hat die einem Wandgemälde entstiegene Muse Kira dem Plattencoverzeichner Sonny Malone einen Schmatzer aufs Antlitz gedrückt, als es auch schon um ihn geschehen ist. Bei der Suche nach dem ebenso blitzschnell aufgetauchten wie verschwundenen, sprichwörtlich strahlenden Mädchen begegnet Sonny dem reichen Klarinettenspieler Danny McGuire, der schon seit langem einen Nachtclub eröffnen will, bis dato aber noch keinen atmosphäreträchtigen Ort gefunden hat. Auf einen Tip der wiederaufgetauchten Kira hin beschließen Danny und Sonny, in einer alten Bruchbude eine Roller-Disco namens Xanadu aufzumachen. Indes: Kurz vor der Premierennacht zieht sich die verliebte Muse in ihr Wandgemälde zurück. Sonny rollt ihr nach, landet auf dem Olymp und redet Zeus gut zu. Zur Eröffnung darf Kira einige Songs singen, bevor sie endgültig verschwindet. Nach einigen Trauersekunden tröstet sich Sonny mit einer Bedienung, die zufällig genauso aussieht wie Kira. – »Kalifornischer Strand, Sonnenschein und Neonlicht, junge Mädchen wie in einer Wella-Reklame, Musik en gros und en detail (mal Electric Light Orchestra, mal Klarinetten-Solo) ... Was Robert Greenwald bei seinem Leinwanddebüt als Inszenierung bietet, kommt über organisatorische Maßnahmen nicht hinaus. Dieser Stoff, der den Zauber fröhlicher Entrückung braucht, ist grob gewebt. Jute statt schillernder Seide. Von Atmosphäre keine Spur. Der athletische Tänzer von fortgeschrittenem Alter, also Gene Kelly, wirkt geradezu chic inmitten dieser staksigen Umgebung. Auf jeder lokalen Rollschuhbahn sieht man talentiertere Läufer als die jugendliche Truppe, die hier Beschwingtheit mimt.« (FILMECHO) »Aber, aber! Welcher andere Film kann schon mit Olivia Newton-John als rollschuhfahrender Glühbirne aufwarten?« (VARIETY) [V]

YELLOW SUBMARINE

(YELLOW SUBMARINE). GB 1967. **R:** *George Dunning.* **B:** *Lee Minoff, Al Brodax, Jack Mendelsohn, Erich Segal.* **V:** *John Lennon, Paul McCartney.* **K:** *John Williams.* **A:** *Jack Stokes, Bob Balser.* **SpE:** *Charles Jenkins.* **Design:** *Heinz Edelmann, John Cramen, Gordon Harrison.* **M:** *John Lennon, Paul McCartney, George Harrison. F 85 Min. (Zeichentrick).*

Es war einmal (»oder auch zweimal«) ein Reich namens Pepperland, das einem viktorianisch gestylten Pop-Nirwana glich und von eitel Freude, Sonnenschein und der Musik von Sergeant Pepper's Lonely Hearts Club Band beherrscht wurde. Eines Tages fielen die Blaumiesen in das Land ein, garstig grinsende Gesellen mit Micky Maus-Ohren und Teufelsschwanz. Die Blaumiesen konnten Musik nicht ausstehen, und so taten sie mit Hilfe einer Fliegenden Faust, die alles zermatschte, was sich ihr in den Weg stellte, alles, um das farbenfrohe Gemeinwesen in öd-graue Eintönigkeit zu verwandeln. Ein Pepperländler namens Fred jedoch entkam in einem gelben Unterseeboot, das zwischen den Meerestieren wie ein Pilotfischlein wirkte, obwohl es im Inneren Räumlichkeiten aufwies, die einem Palast zur Ehre gereicht hätten. Fred schlug sich nach Liverpool durch, um Hilfe zu holen. John, Paul, George und Ringo, vier musikalische junge Männer, die dort lebten, erklärten sich bereit, den Kampf gegen die Blaumiesen aufzunehmen, und mit diversen alten und neuen Songs sowie einem Sack voller Wortspiele bewaffnet, zogen sie aus, den Invasoren zu zeigen, dass sie mit ihrem Schlachtruf »A World without music is a Blue[15] World!« auf dem falschen Dampfer waren. Die

Reise nach Pepperland führte unsere Helden durch viele phantastische unterseeische Zonen: das Meer der Zeit, das Meer der Ungeheuer, und das Meer der Löcher, das entstanden war, als sich seine alles verschluckenden Bewohner schließlich selbst verschluckt hatten. Und sie begegneten zahlreichen Gestalten der Mythologie des 20. Jahrhunderts: der U.S.-Kavallerie, Cowboys und Indianern, King Kong und Pater McKenzie. Mit Hilfe ihrer Gitarren gingen sie gegen die kleckspistolenbewehrten Blaumiesen und ihre ungeheuerlichen Helfershelfer vor und überzeugten sie, dass ihnen nur die Liebe fehlte.

Was 1967 als »neuester Beatles-Film« angekündigt wurde, entpuppte sich nicht nur nach kurzer Zeit als Kinokassen-Flop, sondern auch als Produkt, an dessen Realisation die weltberühmten Vier aus Liverpool kein sonderlich großes Interesse zeigten: »Nie haben sich die Beatles weniger um ein Projekt gekümmert als diesmal. Es erschien nicht wie gewohnt zum Film eine neue Langspielplatte. Es wurden auch nicht, wie gewohnt, zügige neue Titel komponiert. Jeder Premieren-Glamour fehlte. Und das Publikum erfuhr

Yellow Submarine

---

[15] *Blue: engl. für blau, aber auch für öde, traurig.*

aus den Zeitungen, dass es genasführt worden war, als es wenigstens die Stimmen seiner Lieblinge zu hören glaubte. Aber die langbeinigen Animationen sind synthetische Wesen durch und durch: der so echt klingende »liverpudlian accent« ist von geschickten Doubles geliefert, was im Fall der nölenden Kalauereien Ringo Starrs mit artistischer Geschicklichkeit geschehen ist. Doch gleichviel: nichts an diesem Beatles-Streifen geht auf einen eigenständigen mimischen oder musikalischen Beitrag[16] der Beatles selbst zurück. *Yellow Submarine* darf man bestens als ihr illegitimes Kind bezeichnen, und obendrein leugnen sie auch noch jede Vaterschaft.« (Karl Heinz Wocker, FILM) – »*Yellow Submarine* ist eine Flucht in die idyllische Utopie und wird gerade durch diese spürbare eskapistische Haltung ein im Grunde trauriger Film. Die Resignation, die daraus spricht, lässt es mir durchaus wahrscheinlich erscheinen, dass Heinz Edelmann gesagt haben soll: ›Jeder FDJler hat mehr Zukunft als hundert Hippies.‹« (Günther Pflaum, FILMDIENST)

YOUNG AGAIN

(YOUNG AGAIN). USA 1985. **R:** *Steven Hillard Stern.* **B:** *Steven Hillard Stern, David Simon, Barbara Hall.* **K:** *Laszlo George.* **M:** *James Di Pasquale.* **D:** *Lindsay Wagner (Laura), Robert Urich (Mike Riley), K. C. Reeves (Mike als Junge), Jessica Stern, Jack Gilford. F 85 Min.*

Einem 40jährigen Manager wird eine zweite Jugend beschert. Er macht sich in der Gestalt eines Siebzehnjährigen an seine 38jährige Angebetete heran, die ihn erst mal auflaufen lässt, da sie ihn nicht kennt. Eine Disney-Komödie. Nur auf Video. [V]

ZAREWITSCH PROSCHA

(ZAREWITSCH PROSCHA). UdSSR 1974. **R:** *Nadeshda Koschewerowa.* **B:** *Michail Wolpin.* **K:** *Wladimir Wassiljew, Eduard Rosowski.* **M:** *Moissej Wainberg.* **D:** *Sergej Martynow (Proscha), Tatjana Schestakowa (Prinzessin), Jewgeni Ilitschejew (Herzog Der-Die-Das), Waleri Solotuchin (Lutonja), Tatjana Peltzer (Berta), Waleri Nossik, Alexander Weniaminow, Sergej Filippow, Anatoli Awramow, Georgi Wizin.* F 88 Min.

Der böse Herzog Der-Die-Das hat des Zarewitschs geliebte Prinzessin entführt. Och, ein gutmütiger Waldgeist, schenkt Zarewitsch Proscha eine Tarnkappe, mit deren Hilfe er und ein junger Räuber die Gefangene befreien können.

ZAUBER UM ZINNOBER

DDR 1983. **R:** *Celino Bleiweiss.* **B:** *Celino Bleiweiss.* **LV:** *»Klein Zaches genannt Zinnober« von E.T.A. Hoffmann.* **K:** *Peter Krause.* **M:** *Andrzej Korzynski.* **D:** *Walter Hermann (Zaches-Zinnober), Felicitas Ritsch (Mutter), Arno Wyzniewski (Dr. Prosper), Carl Martin Spengler (Balthasar), Fernando Blumenthal (Fabian).* F 78 Min.

E.T.A. Hoffmanns Kunstmärchen vom Zauberer Prosper, der auf Rache am Fürsten sinnt und den missratenen Zinnober in einen perfekten Einschmeichler verwandelt, während alles Schlechte seines Wesens auf andere übergeht.

DER ZAUBERBOGEN

(FUGITIVE FROM THE EMPIRE/THE ARCHER AND THE SORCERESS). USA 1981. **R:** *Nicholas Corea.* **B:** *Nicholas Corea.* **K:** *John McPherson.* **SpE:** *Bill Schirmer,* **M:** *Jan Underwood.* **D:** *Lane Caudell (Toran), Kabir Bedi (Gar), George Innes (Mak), Victor Campos (Slant), Belinda Bauer (Estra), George Kennedy (Brakus), Marc Alaimo (Sandros), Richard Dix (Rak), Tony Schwartz (Riis), Robert Feero (Captain Rio), Andrew Bloch (Rega).* F 93 Min.

Nachdem der mit den Schlangenmenschen verbündete Draikianer Gar den um eine friedliche Vereinigung aller Stämme bemühten König Brakus hinterrücks ermordet hat, guckt er dessen Sohn Toran als Sündenbock aus. Um seinen Namen reinzuwaschen, macht sich Toran zusammen mit dem Zauberer Mak auf die Suche nach dem legendären Magier Lazarsa. Als Mak bei einem Überfall der Schlangenmenschen stirbt, zieht Toran mit dessen blitzeverschleuderndem Zauberbogen allein weiter. Bald schließen sich ihm die attraktive Zauberin Estra und der schlitzohrige Dieb Slant an. Nach einigen Duellen mit Gar und seinen Schergen endlich in Lazarsas Höhle angekommen, ist der jedoch gerade nicht da. Fortsetzung folgt. – Wer sich diese »mit ziemlich primitiven Spezialeffekten verbildlichte Comic-Welt im Zottelkostüm nach Art der italienischen Normannen-Filme« (FILMDIENST) ansieht, wovon wir eigentlich eher abraten, dem dürften wohl die kleinen dramaturgischen Hüpfer auffallen, die sich ungefähr alle 20 Minuten ereignen. Dort nämlich befanden sich ursprünglich diverse Werbespots: *Der Zauberbogen* ist der Pilotfilm einer nicht realisierten NBC-Fernsehserie. [V]

DAS ZAUBERBUCH

BRD/Tschechien 1996. **R:** *Václav Vorlíček.* **B:** *Miloš·Macourek.* **K:** *Rudolf Blahacek.* **M:** *Petr Hapka.* **D:** *Tina Ruland (Prinzessin Blanka), Mahulena Bocanová (Hexe Irrfriede), Kurt Weinzierl (König Johannes), Sasa Rasilov (Prinz Peter), Rudolf Hrusínsky jr. (Brummla), Uwe Ochsenknecht (Griffig), Max Tidof (Pfiffig).* F 89 Min.

Die Hexe Irrfriede mopst den Zauberbeutel, der im Reich des Königs Johannes für die nötigen Finanzen sorgt, begegnet aber während der Suche an seinem Hofe jeder Menge Gauner in Gestalt von Hofschranzen. Prinz Peter, der als Schornsteinfeger agiert, entlarvt Irrfriede und alle anderen im Verein mit der cleveren Prinzessin Blanka. Routiniert inszenierter Kinderfilm.

DER ZAUBERER AUS DER FLASCHE

(STARIK CHOTTABYTSCH). UdSSR 1957. **R:**
Gennadi Kasinski. **R:** *L. Lagin.* **K:** *M. Schurukow.*
SpE: *M. Schamkowitsch, A. Alexejew, M. Krotkin,
M. Kandat.* **M:** *Nadeshda Simonjan.* **D:** *Nikolai
Wolkow (Chottabytsch), Aljoscha Litwinow
(Wolka), Genja Chudjakow (Shenja), Ljowa Ko-
waltschuk (Goga), Olga Tscherkassowa (Warwa-
ra Stepanowna), W. Romanowa (Gogas Mutter),
Jewgenij Kopeljan (Muchamedow), A. Larikow
(Arzt).* F 85 Min.

Der Schüler Wolka entkorkt eine an einem Flußufer gefundene alte Flasche und schenkt so dem
seit 3732 Jahren gefangenen orientalischen Flaschengeist Chottabytsch die Freiheit. Der muntere alte Knabe bedankt sich, indem er Wolka in
der Schule mit seinen Zauberkräften hilft, die
Fußballmannschaft des Jungen gegen jeden Gegner gewinnen lässt, die Klassenpetze zum Bellen
bringt und Telefonzellen herbeizaubert, wenn
man gerade eine braucht. Leider sind Chotta-
bytschs geographische und technische Kenntnisse nicht auf dem neuesten Stand, so dass er Wolka eher Ungemach bereitet, statt ihm Wissen zu
vermitteln. Am Ende wechselt er in einen Beruf,
in dem ihm niemand etwas vormachen kann: Im
Zirkus zeigt er den Leuten, was eine Harke ist. –
Eine nette Parabel, die Kindern zeigen soll, dass
eine solide Schulbildung dem Zaubern vorzuzie-
hen ist.

DER ZAUBERER UND DIE BANDITEN

(SHONEN SARUTOBI SASUKE). Japan 1959. **R:**
Akira Daikubara. **B:** *Dorei Muramatsu.* **St:** *Kazuo
Dan.* **M:** *Toru Funaura.* F 75 (83) Min. (Zei-
chentrick)

Toei-Anime: Ein in der Zauberei unterwiesener
Junge im magischen Duell mit einer Hexe.

DER ZAUBERER VON OZ

Anderer Titel für **Das zauberhafte Land**

DER ZAUBERFISCH

*(PO SCHTSCHUTSCHEMU WELENIJU/ SKAS-
A PRO JEMELJU). UdSSR 1938.* **R:** *Alexander
Rou.* **B:** *Oleg Leonidow, J. Tarachowskaja.* **K:** *I.
Gorschilin.* **M:** *W. Kotschetow.* **D:** *P. Sawin (Je-
melja), Georgi Milljar (Zar), S. Terentjewa (Za-*

rin), L. Potjokim (General), A. Moskwin (Tauber),
A. Shukow, Andrej Fait. SW 60 Min.

Jemelja, der jüngste, aber faule Sohn eines Bauern, fängt im vereisten Fluß einen Hecht, der ihm
für seine Freiheit einen Zauberspruch verrät. Das
kommt dem Faulen gerade recht. Dank des Zauberspruchs verliebt sich auch die Zarentochter in
den Jungen, der er ein prächtiges Schloss zaubert.
– *Der Zauberfisch* war die erste eigenständige
Filmarbeit des langjährigen Assistenten von Ja-
kow *(Aelita)* Protasanow: »Alexander Rou arbeitete über zwanzig Jahre seines Lebens an der Verfilmung von Märchen. ›Feenhafte Felder, Mär-
chenblumen, verträumte Seen, von Märchengestalten besiedelt – Erfindungen meiner Mutter,
und darin war sie eine große Meisterin – wohn-
ten seit frühester Kindheit in meinem Herzen. Offensichtlich gab das auch den Ausschlag bei der
Stoffwahl, als mir vor dreißig Jahren die erste
selbständige Arbeit vorgeschlagen wurde‹, erinnert sich der Regisseur.« (DER SOWJETISCHE
FILM)

DIE ZAUBERFLÖTE

(TROLLFLÖJTEN). Schweden 1974. **R:** *Ingmar
Bergman.* **B:** *Ingmar Bergman.* **LV:** *Wolfgang
Amadeus Mozarts Oper »Die Zauberflöte«; Libretto von Emanuel Schikaneder.* **K:** *Sven
Nykvist.* **M:** *Wolfgang Amadeus Mozart.* **D:** *Hakan Hagegard/Baß (Papageno), Elisabeth Er-
ikson/Sopran (Papagena), Ulrik Cold/Baß (Sara-
stro), Josef Köstlinger/Tenor (Tamino), Birgit Nor-
din/Sopran (Königin der Nacht), Irma Urrila/So-
pran (Pamina), Ragnar Ulfung/Tenor (Monosta-
tos), Erik Saeden (Sprecher).* F 134 Min. (O.m.U.)

Bergmans Version der zauberhaften »Zauberflöte« ist so etwas wie ein Interimswerk. Er hat es
zwischen seinen *Szenen einer Ehe* und dem Klein-
krieg mit den schwedischen Finanz- und Polizei-
behörden, ursprünglich fürs Fernsehen, gedreht.
Nach eigenem Bekunden war er von Mozarts
Oper seit seinem zwölften Lebensjahr restlos begeistert, wollte sie gerade deswegen nicht als
Theateraufführung abfotografieren, sondern
filmgerecht im Studio inszenieren (obwohl er das
Theaterpublikum als Ganzes in den Film hinein-
genommen hat). – »Seit Felsensteins Opernrea-
lismus weiß man, dass Opernrealisationen zwi-

schen singenden Schauspielern und schauspielernden Sängern zu unterscheiden haben, wobei die Gaben meist nicht ideal verteilt sind. Bergmans Sänger mögen vielleicht nicht immer mit Salzburger Idealbesetzungen konkurrieren können, aber wenn man sie hört und sieht, fragt man sich verwundert, warum vorher noch nie zu begreifen war (jedenfalls nicht auf der Bühne), dass die Handlung der ›Zauberflöte‹, ihre Dialoge derb herzliches, aber durchaus realistisches Volkstheater sind. Den Sieg des Tags über die Finsternis, die schlichte augenfällige Symbolik des Werks nimmt Bergman sinnlich wörtlich ... Mit jeder Einzelheit macht Bergman deutlich, dass die Oper die schlagendsten und einfachsten Bilder für den kompliziertesten Sachverhalt aufbietet, den sich die Aufklärung als Thema gestellt hat. Nämlich wie der Mensch in seiner bedrohten Apparatur ein Gleichgewicht finden kann. Bergman zeigt die ›Zauberflöte‹ als Musik und Handlung gewordene Suche nach dieser Harmonie.« (Hellmuth Karasek, DER SPIEGEL)

DIE ZAUBERGRÄTE
DDR 1983. **R:** *Dieter Wien.* **B:** *Rolf Gozell.* **D:** *Günter Wolf (König Watkins I.), Michael Christian (Herr Heringsbändiger), Astrid Krenz (Prinzessin Alice), Ruth Kommerell (Gute Fee Großmaria). F 75 Min.*
DEFA-Märchenfilm von der klugen Prinzessin, die sich lieber nicht auf die Zaubergräte, sondern auf ihre eigenen Fähigkeiten verläßt.

EINE ZAUBERHAFTE ERBSCHAFT
DDR/ČSSR 1986. **R:** *Zdenek Zelenka, Michael Kann.* **B:** *Josef Hanzlík, Zdenek Zelenka.* **LV:** *Václav Rezak.* **K:** *Viktor Ruzicka.* **M:** *Jiří Svoboda.* **D:** *Miloš Kopecký (Trödler), Ljuba Skorepová (Agata), Jiří Kodet (Fürst), Martin Pert (Veit), Rudolf Stedry (Hynek), Václav Helšus, Jan Spitzer, Fred Delmare, Jörg Panknin, Peter Heiland. F 89 Min.*
Der Sohn eines Hutmachers will mit Hilfe eines Freundes und einer magischen Kappe seinen Vater aus dem Kerker befreien, in den ihn die marodierenden Soldaten eines bösen Herzogs gesteckt haben. TV-Märchen.

DAS ZAUBERHAFTE LAND
(THE WIZARD OF OZ). USA 1939. **R:** *Victor Fleming.* **B:** *Noel Langley, Florence Ryerson, Edgar Allan Woolf.* **LV:** *»Der Zauberer Oz« von L. Frank Baum.* **K:** *Harold Rosson.* **SpE:** *Arnold Gillespie.* **M:** *Herbert Stothart.* **D:** *Judy Garland*

Das zauberhafte Land

(Dorothy), Frank Morgan (Professor Marvel/Zauberer von Oz), Ray Bolger (Hunk/Vogelscheuche), Bert Lahr (Zeke/Feiger Löwe), Jack Haley (Hickory/ Zinnmann), Billie Burke (Glinda), Margaret Hamilton (Miss Gulch/Böse Hexe des Westens), Charley Grapewin (Onkel Henry), Clara Blandick (Tante Em), Pat Walshe (Nikko). F 100 Min.

Kansas, während der großen Depression: Toto, der Hund der Farmerstochter Dorothy, hat die reiche Miss Gulch gebissen und soll deswegen eingeschläfert werden. Tante Em und Onkel Henry, ihre Pflegeeltern, können nichts gegen die drohende Katastrophe ausrichten, und auch die drei Knechte warten nur mit gutgemeinten Ratschlägen auf. Die enttäuschte Dorothy weiß keinen anderen Rat mehr und reißt aus. Unterwegs begegnet sie dem Scharlatan Professor Marvel, der sie mit einigen »Weissagungen« aus der Kristallkugel schnell zur Umkehr bewegt. Kurz darauf bricht ein Wirbelsturm los. Dorothy schafft es gerade noch bis in ihr Zimmer, wo sie von einem auffliegenden Fenster getroffen wird und in eine tiefe Ohnmacht sinkt. Das Haus steigt mit dem Wirbel auf ... Als Dorothy aufwacht, sieht sie sich der Fee Glinda und einer Handvoll Zwergen gegenüber: Der Sturm hat sie in ihr Traumland Oz, das Land »hinter dem Regenbogen«, geschleudert. Zudem hat sie bei ihrer unsanften Landung die böse Hexe des Ostens zerquetscht. Als die Hexe des Westens die roten Zauberschuhe ihrer toten Schwester abholen will, zaubert Glinda sie kurzerhand an Dorothys Füße. Unter wüsten Drohungen schwingt sich die Hexe auf ihren Besen. Auf Glindas Rat macht sich Dorothy auf den Weg zum Zauberer von Oz, dem einzigen, der ihr den Rückweg nach Kansas zeigen könnte. Drei seltsame Gestalten schließen sich ihr an: eine Vogelscheuche, die den Zauberer um Verstand bitten möchte; ein Zinnmann auf der Suche nach einem Herzen; ein feiger Löwe. Nach einem fast tödlichen Schlaf in einem riesigen Mohnfeld kommt das Quartett schließlich in die Smaragdene Stadt. An die Erfüllung ihrer Wünsche knüpft der Zauberer von Oz jedoch eine Bedingung: Zuerst müssen die vier den fliegenden Besen der Westhexe beschaffen. Nach einigen Bedenken machen sie sich zum Spukwald auf, wo Dorothy und Toto

von fliegenden Affen ins Hexenschloss entführt werden. Der Rettungsversuch ihrer Freunde scheitert. Als sich die Hexe daranmacht, die Vogelscheuche zu verbrennen, übergießt Dorothy sie beim Löschversuch versehentlich mit einem Eimer Wasser. Die Hexe läuft ein und stirbt. Nach ihrer Rückkehr entpuppt sich der große Zauberer von Oz indes als Scharlatan, als Flieger aus Kansas, den es, ebenso wie Dorothy, zufällig nach Oz verschlagen hat. Als er seinen Ballon startklar macht und gerade abheben will, reißt Toto aus. Der Ballon fliegt ohne Dorothy davon. In diesem Augenblick taucht Glinda auf und enthüllt ihr das Geheimnis der roten Schuhe. Dorothy klickt dreimal mit den Absätzen ... Im Kreise ihrer Freunde wacht sie aus der Ohnmacht auf. »There's no place like home«, strahlt sie überglücklich. – L. Frank Baums *The Wonderful Wizard of Oz* (1900) und seine Fortsetzungen sind das definitive US-Märchen. In Konzept und Charakterzeichnung bewusst amerikanisch gehalten, waren all diese Geschichten Reaktionen auf das amerikanische Bedürfnis nach eigenen Mythen und lösten an Beliebtheit schnell die einschlägigen europäischen Märchen ab. Umsetzungen in andere Medien ließen nicht lange auf sich warten. Nach einer Bühnenfassung (1903) begann Baum 1911 mit der Produktion mehrerer kurzer Stummfilme *(The Patchwork Girl of Oz, The Magic Cloak of Oz* und *The New Wizard of Oz)*, denen sich schließlich 1925, sechs Jahre nach Baums Tod, eine Langfassung mit dem Titel *The Wizard of Oz* (Regie: Larry Semon; mit Dorothy Dawn als Dorothy und Oliver Hardy als Zinnmann) anschloss. In den Siebzigern führte der Fantasy-Boom zu mehreren Adaptionen, Fortsetzungen und Remakes, darunter Hal Sutherlands Zeichentrickfilm *Rückkehr nach Oz* (1974), Sidney Lumets schwarzes Discomärchen *The Wiz* (1977) und Walter Murchs *Oz – Eine phantastische Welt* (1985). Victor Flemings Inszenierung, inzwischen eine Art Nationalheiligtum, obwohl sie bei der Uraufführung nur einen Achtungserfolg erzielte und erst via Fernsehen zum Klassiker wurde, ist die bis heute mit Abstand gelungenste. Seine Wirkung bezieht *Das zauberhafte Land* dabei ganz schlicht aus der filmischen Brillanz: Als Dorothy bietet Judy Garland ein hübsches Stück schauspielerischer Inbrunst, gepaart mit Sentimentalität; Margaret Hamilton beweist grandiosen Mut zur Hässlichkeit; Ray Bolger, Bert Lahr und Jack Haley, die drei Schauspieler unter dem Kostüm der Fabelwesen, zeigen Sinn für Humor: Ihre Komik ist die des Vaudeville, ihr Timing stimmt auf die Zehntelsekunde. Vor allem gilt dies für Bert Lahr: Sein in breitestem Bronx-Akzent gebrummeltes »Shucks, folks. I'm speechless« ist allein hundert Didi Hallervordens wert. – Abgesehen von den Leistungen der Maskenbildner und Songschreiber besticht *Das zauberhafte Land* in formaler Hinsicht vor allem durch seine (typisch amerikanische) Phantasie, die Gestaltung seiner restlos künstlichen Märchenwelt, in der Bäume leben, Affen fliegen und Zwerge in pilzförmigen Hütten wohnen. »Unterstützt wird der artifizielle Zuckerbäckerstil noch durch einige superbe, in Pastell ausgeführte Matte-Gemälde, die die Märchenhaftigkeit des Ganzen noch erhöhen und dem Film eine außerordentliche Tiefe verleihen. Sieht man *The Wizard of Oz* in einer guten Kopie, könnte man beinahe schwören, dass er in 3-D gedreht ist.« (STARBURST) Der eigentliche Grund für die Popularität des Films liegt indes in seiner Psychologie. *Das zauberhafte Land* ist ein Märchen par excellence: stimmig und einfühlsam, ohne dabei jene Kompromisse einzugehen, von denen erst Bruno Bettelheim das Märchen wieder befreit hat. Das reicht von der Idee, die Kansas-Szenen in Schwarzweiß zu drehen und erst mit Dorothys Eintritt in die Traumwelt Oz die geballte Macht des Technicolor zu offenbaren, über die vielen bewussten Doppelungen (Miss Gulch/Böse Hexe, Farmarbeiter/Fabelwesen, Zauberer/Professor Marvel) bis zur eigentlichen Schlüsselszene: Im Schloss der Hexe gefangen, sieht Dorothy in der Zauberkugel für kurze Zeit ihre Tante Em, die gleich darauf von einem Bild der bösen Hexe ersetzt wird. Für einen kurzen Augenblick sind Gute Mutter (Tante Em) und Böse Mutter (Hexe), die beiden Auswahlmöglichkeiten Dorothys, gleichgesetzt. Erst als Dorothy die Böse Mutter mit einem Eimer Wasser (dem Wasser des Lebens?) umbringt, wird sie schließlich selbst zur Guten Mutter. – Letzten Endes straft der Film seine Kernaussage natürlich Lügen: Oz ist, zumindest filmisch, ungleich interessanter als die triste Wirklichkeit. Es ist dies im Rahmen des Films jedoch nicht unbedingt ein Widerspruch: »Wie alle Jugendlichen strebt auch Dorothy zunächst danach, ihre eigene Macht einer fremden, äußeren unterzuordnen, um sich dadurch von der Verantwortung zu befreien, ihre eigene Identität finden zu müssen. Damit riskiert sie freilich, in ihrer eigenen Passivität und Abhängigkeit unterzugehen. Am Ende des Films gibt sie daher ihren Zauberer auf, schickt ihn in das Land hinter dem Regenbogen zurück und kehrt mit eigener Kraft in eine Umgebung zurück, wo sie ihr eigenes Selbst ungleich besser verwirklichen kann ... Doch wie *Finnegan's Wake* kehrt auch *The Wizard of Oz* zu seinem Ausgangspunkt zurück. Das bereits Geschehene steht immer noch bevor. Immerhin hat Dorothy eben erst ihre Kindheit hinter sich, und so ist es ganz natürlich, wenn sie zunächst nach Hause zurückkehren will, bevor sie wieder in ferne Länder aufbricht. Versteht man den gesamten Film als Traum, steht der Tornado, der sie nach Oz schleudert, als Sinnbild ihrer *rite de passage,* als Symbol für den Tod ihres kindlichen Ichs und der anschließenden Wiedergeburt einer neuen Dorothy. So gesehen, weist ihr der gelbe Steinweg den Pfad in eine neue, vielversprechende Zukunft.« (Harvey Greenberg, THE MOVIES ON YOUR MIND)

ZAUBERHAFTE ZEITEN

(PRELUDE TO A KISS). USA 1992. R: Norman René. B: Craig Lucas. V: Stück von Craig Lucas. K: Stefan Czapsky. M: Howard Shore. D: Alec Baldwin (Peter Hoskins), Meg Ryan (Rita Boyle), Kathy Bates (Leah Blier), Ned Beatty (Dr. Boyle), Patty Duke (Mrs. Boyle), Patty Duke (Mrs. Boyle), Richard Riehle (Jerry Blier), Stanley Tucci (Taylor), Sydney Walker (Alter Mann), Rocky Carrol (Tom). F 101 Min.

Peter und Rita lernen sich auf einer Party kennen und beschließen spontan zu heiraten. Auf dem Fest taucht ein alter Mann auf, der die Braut küssen möchte. Nach dem Kuß ist Rita wie ausgewechselt und hat eine viel positivere Einstellung zum Leben. Peter erkennt sie nicht wieder. Das Rätsels Lösung: Bei dem Kuß auf der Hochzeitsfeier haben Rita und der Alte die Seelen getauscht.

Als Rita Peter verlässt, sucht dieser den Greis, der nicht mehr lange zu leben hat. Mit einiger Mühe bringt er ihn zu Rita. Zufrieden über die letzten Wochen als junger Mensch gibt der Alte Rita frei. – »Liebenswertes, aber harmloses Märchen mit einigen bemerkenswert guten Darstellern.« (FILMDIENST) [V]

DIE ZAUBERIN WEISSE SCHLANGE

Anderer Titel für **Erzählungen einer weißen Schlange**

DER ZAUBERKASTEN

BRD 1990. **R:** *Peter Henning.* **B:** *Peter Henning.* **D:** *Sarah Brückner (Micha), Hans Peter Korff (Schröder), Hans Diehl (Wenzel), Hannelore Elsner (Laureen), Rolf Becker (Archie Smith), Willi Thomczyk, Hella Strehlke, Günther Bothur, Michael Gahr. F 90 Min.*

TV-Film um das Computermädchen Micha, das einen schrulligen Nachbarn in eine Fernsehserie programmiert.

DAS ZAUBERMÄNNCHEN

DDR 1960. **R:** *Christoph Engel, Erwin Anders.* **B:** *Christoph Engel, Gudrun Rammler, Margot Beichler.* **LV:** *Günter Kaltofen, Gebrüder Grimm.* **K:** *Erwin Anders.* **M:** *Wolfgang Pietsch.* **D:** *Karl-Heinz Rothin (Müller Kunz), Karin Lesch (Marie), Reinhard Michalke (Hans), Peter Dommisch (Einfältiger Nachbar), Nikolaus Paryla (König), Bodo Mette (Schatzmeister), Siegfried Seibt (Rumpelstilzchen). F 73 Min.*

Verfilmung einer Inszenierung von *Rumpelstilzchen* des Hans-Otto-Theaters, Potsdam, mit sozialistischem (?) Schluß! Nachdem Marie, die Tochter des faulen Müllers, mit Hilfe des Zaubermännchens Stroh in Gold verwandelt hatte, hat der habgierige junge König sie zur Frau genommen. Als die junge (bürgerliche) Königin ihr erstes Kind bekam, forderte das Zaubermännchen das Baby als vereinbarten Lohn heraus, bewilligte jedoch noch einmal eine Frist von drei Tagen: Wenn dann sein Name gefunden wäre, würde er der Königin das Kind lassen. »Der junge König merkte erst jetzt, wie sehr er das Kind liebte. Seine ganze Habgier fiel von ihm ab. Demjenigen, der den Namen des Männchens fin-den würde, versprach er alle Schätze. Am besten half ihm der Müllerbursche Hans, Maries alter Freund. Er entdeckte den Namen des Männchens ... So blieb das Kind bei Marie. Das Männchen war darüber nicht [!] traurig. Denn nun war der König ein guter Mensch geworden. Hans aber wollte als Ratgeber bei ihm bleiben. Und die Goldgierigen – wie der Schatzmeister – wurden aus dem Land gejagt. Und die Faulen – wie der dicke Müller Kunz – mussten tüchtig arbeiten.« (Eberhard Richter, PROGRESS FILM-PROGRAMM)

»Der hauptsächlich mit Nah- und Großaufnahmen arbeitende Film wird es in seiner traditionellen Erzählweise, die über eine einfache Bebilderung der Geschichte nicht hinausreicht, schwer haben, heutige Adressaten von Märchenfilmen zu fesseln, da sie an phantasievollere Adaptionen gewöhnt sind.« (FILMDIENST) [V] (*Rumpelstilzchen*).

DER ZAUBERMANTEL

(*WOLSCHEBNY CHALAT*). *UdSSR 1964.* **R:** *Ali Settar Atakschijew.* **B:** *Anatoli Tarassow, Ali Settar Atakschijew.* **K:** *Tejub Achundow.* **D:** *Aser Kurbanow, Solmasse Gatamowa, Nikolai Loginow, Jussif Schejchow. F 80 Min.*

Bei der Einweihung des Pionierpalastes von Baku zeigt der Taschenspieler Io-Kio einen Zaubermantel, mit dessen Hilfe man in die Vergangenheit reisen kann. Pionier Raschid reist mit dem Textil in den einstigen Palast des Khans von Aserbaidshan. Mit der Tochter des Khans flieht er zurück in die Gegenwart und dann hinauf zum Mond.

DIE ZAUBERMUSCHEL

(*ANDRIUS*). *UdSSR 1982.* **R:** *Algirdas Araminas.* **B:** *Violetta Palcinskaite.* **K:** *Ionas Marcinkiavius.* **M:** *Bronius Kutavicius.* **D:** *Edwin Mentschikow (Andrius), Inga Brunzaite (Jana), Donatas Banionis (Rauplenas), Indra Andrasiunaite (Gabe). F 62 Min.*

Andrius braucht nur die Augen zuzumachen, um sich der Gegenwart zu verschließen und sich in eine Wunderwelt zu versetzen, wo er selbst das Mädchen aus Prag, das kein Wort Litauisch kann, auf Anhieb versteht.

ZAUBERNÄCHTE DES ORIENTS

(SIREN OF BAGHDAD). USA 1953. **R:** *Richard Quine.* **B:** *Robert E. Kent.* **K:** *Henry Freulich.* **SpE:** *Jack Erickson, Bob Haskell.* **M:** *Mischa Bakaleinikoff.* **D:** *Paul Henreid (Kazah), Patricia Medina (Zendi), Hans Conried (Ben Ali), Charlie Lung (El Malid), Laurette Luez (Orena), Anne Dore (Leda), George Keymas (Soradin), Michael Fox (Telar), Karl Davis (Morab). F 72 Min.*

Der Zauberer Kazah tourt mit einer Gauklertruppe durch die Umgebung von Bagdad. Als ihm eines schönen Tages die Häscher des Sultans Ben Ali seine Tänzerinnen rauben und er ihnen hurtig nacheilt, entdeckt er, dass im Königreich etliches im argen liegt. Wie immer in solchen Filmen plant der Großwesir Soradin nämlich eine Palastrevolution. Und wie immer hat er nicht mit dem strahlenden Helden gerechnet. Flugs verbündet sich Kazah mit Prinzessin Zendi und dem verstoßenen Sultan Telar, beamt seine Gespielinnen per Zaubertruhe in Sicherheit und widmet sich verstärkt der hübschen Zendi. Klappe zu, Wesir tot. – Der Versuch einer Persiflage auf die Haremitis ähnlicher Abenteuer aus Tausendundeine Nacht. »Wie aber kann man etwas durch den Kakao ziehen, was schon im Kakao, besser, im Himbeersaft von Technicolor schwimmt?« (FILMBEOBACHTER)

DER ZAUBERRABE RUMBURAK

(RUMBURAK). ČSSR/BRD 1984. **R:** *Václav Vorliček.* **B:** *Václav Vorlicek, Miloš Macourek.* **K:** *Emil Sirotek.* **M:** *Angelo Michajlov.* **D:** *Jiří Lábus (Rumburak), Jirina Bohdalová (Tante Evza), Vlastimil Hasek (Direktor Trojan), Eva Jenícková (Helena Trojan), Lukás Bech (Vilík Trojan). F 95 Min.*

Da er ohnehin ein schräger Vogel ist, wird der Zauberer Rumburak in Gestalt eines Raben aus dem Märchenland in die Welt der Menschen versetzt, wo er sich nur nächtens in wahrer Gestalt zeigen darf. Auf Erden bleibt nicht aus, dass er sich verliebt und in ein haarsträubendes Abenteuer verwickelt wird, in dem ein Schuldirektor verschwindet. – Humorvoll inszenierter, mit flotten Tricks versehener Kinderfilm.

DER ZAUBERRING

Anderer Titel für **Wizards of the Lost Kingdom – Magier der verlorenen Welten**

DIE ZAUBERRINGE

Anderer Titel für **Die Zauberringe des Almansor**

DIE ZAUBERRINGE DES ALMANSOR

(KOLZA ALAMANSORA). UdSSR 1977. **R:** *Igor Wosnessenski.* **B:** *Walentin Winogradow.* **LV:** *»Der Zinnring« von T. Gabbe.* **K:** *Alexander Rybin.* **M:** *Jewgeni Krylatow.* **D:** *Swetlana Smirnowa (Prinzessin Aleli), Michail Kononow (Sinsiwer), Valentina Talysina (Königin), Ludmila Dmitrewa (Prinzessin Auguste), Fjodor Nikitin (Almansor). F 64 Min.*

TV-Film. Prinzessin Aleli verliebt sich in den Gärtner Sinsiwer. Sie gelangen in den Besitz der Glück verheißenden Zauberringe des Almansor, verzichten aber auf ihre Reichtum und Macht verheißende Zauberkraft. [V]

DAS ZAUBERSCHWERT

Anderer Titel für **Ascalon, das Zauberschwert**

DER ZAUBERTROLL

(A TROLL IN CENTRAL PARK). USA 1995. **R:** *Don Bluth, Gary Goldman.* **B:** *Stu Krieger.* **M:** *Robert Folk. F 75 Min. (Zeichentrick).*

Nach dem Scheitern seines Animationsfilmstudios in Irland kehrte Don Bluth in die USA zurück und fabrizierte einen Zeichenfilm mit erkennbar oberflächlicher grüner Botschaft: Eine böse Trollkönigin verbannt den Wundertroll Stanley, der seine magische Kraft ausschließlich nutzt, singende und tanzende Blumen und mit ihnen ein

Der Zaubertroll

schönes Ambiente zu schaffen, als Betonbegrüner nach New York. Dort freundet er sich mit den Kindern Gus und Rosie an und entführt sie in seine florale Phantasie. – »Was immer man den Eltern der kleinen Rosie vorwerfen mag, die sie und ihr Brüderchen allein zu Hause lassen – sie handeln nicht halb so verantwortungslos wie jene Eltern, die ihre Kinder in diesen Zeichentrickfilm schicken«, klagt der Rezensent des TAGESSPIEGEL und moniert Kindsverdummung. » ... trotz der positiven Werte, die er vermitteln will, ist dieser Film eine Qual. Das liegt vor allem an den schwachen Zeichnungen.« Alle Bilder seien gleich hässlich, am schlimmsten sähen ausgerechnet die Blumen und Wiesen aus. [V]

DER ZAUBERWUNSCH

(A SIMPLE WISH). USA 1997. **R:** *Michael Ritchie.* **B:** *Jeff Rothberg.* **K:** *Ralf Bode.* **M:** *Bruce Broughton.* **D:** *Martin Short (Murray), Mara Wilson (Annabel), Kathleen Turner (Hexe), Amanda Plummer, Francis Capra, Robert Pastorelli. F 90 Min.*
Als Annabel sich wünscht, ihr singender Papa möge endlich ein Engagement am Broadway bekommen, steht ihr die männliche Fee Murray sofort zur Seite. Leider ist Murrays Zauberkunst weniger ausgeprägt als die der bösen Hexe, die ganz andere Pläne verfolgt. Ein routiniertes Familienfilmchen. Nur auf Video. [V]

DIE ZAUBERWURZEL

(KONDURA). Indien 1977. **R:** *Shyam Benegal.* **B:** *Arudra, Girish Karnad, Shyam Benegal.* **LV:** *C. T. Klianolkar.* **K:** *Govinbd Nihalani.* **M:** *Vanray Bhatia.* **D:** *Anant Nag Vanishree (Parasuram), Smita Patil, Satyadev Dubey, Shekhar Chatterjee. F 132 Min.*
Nach einem Familienstreit verlässt der frisch verheiratete Brahmane Parasuram das Haus. Unterwegs trifft er auf einen Weisen, der ihm eine Zauberwurzel als Glücksbringer gibt, deren Saft angeblich eine Schwangerschaft abbrechen kann. Als Gegenleistung verlangt er von Parasuram strenges Zölibat und die Rückkehr nach Hause. Wieder im Dorf, beginnt Parasuram seine junge Ehefrau Anusuya zu vernachlässigen. Überdies hört er nächtens Tempelglocken, die außer ihm niemand hört. Als seine Umgebung ernsthaft an seinem Geisteszustand zweifelt, geht er zum Tempel. Die Göttin, die eine unheimliche Ähnlichkeit mit seiner Frau aufweist, gibt ihm den Befehl, den Tempel zu renovieren, um dem Bösen in der Umgebung Einhalt zu gebieten. Parasuram wendet sich an den örtlichen Großgrundbesitzer. Zwar gibt ihm der das Geld, doch die Göttin ist nach wie vor unzufrieden. Auf ihr Geheiß versucht Parasuram mit dem Saft der Zauberwurzel ein vom Großgrundbesitzer gezeugtes uneheliches Kind abzutreiben. Als er wieder mit seiner Frau Anusuya schläft, begeht diese wegen seines Zölibatsbruchs Selbstmord. Parasuram verfällt dem Wahn. Und auch der Wurzelsaft erweist sich bald darauf als wirkungslos. – »Diese Geschichte der fatalen Auswirkungen religiösen Wahns und der verheerenden Folgen des Aberglaubens in ländlichen Gebieten Indiens ist eingebettet in eine epische Erzählstruktur, unterlegt mit Folkloremusik und schönen Landschaftsaufnahmen, von denen einige als Naturmetaphern stehen, so die leitmotivischen Einstellungen der Brandung und Gischt an der steilen Felsküste. Zugleich wird unaufdringlich die gesellschaftliche Hierarchie Indiens, in der die Frau wenig gilt, beschrieben, die Mühen der Landarbeit und die Rituale des sozialen Lebens vom Essen bis zum Gottesdienst, so dass für Europäer wertvolle Informationen über eine fremde Kultur vermittelt werden.« (FILM-DIENST)

DIE ZEHN GEBOTE

(THE TEN COMMANDMENTS). USA 1923. **R:** *Cecil B. DeMille.* **B:** *Jeanie MacPherson.* **K:** *Bert Glennon, Ray Rennahan.* **SpE:** *Roy Pomeroy.* **D:** *Theodore Roberts (Moses), Charles de Rache (Ramses), Estelle Taylor (Miriam), Julia Faye (Frau des Pharao), Terrence Moore (Sohn des Pharao), James Neill (Aaron), Richard Dix (John McTavish), Rod La Rocque (Dan McTavish), Edythe Chapman (Martha McTavish), Leatrice Jay (Mary Leigh), Nita Naldi (Sally Lung), Robert Edeson (Redding). F/SW 180 Min.*
Teil 1 (F): Nachdem Moses den ägyptischen Pharao mit den sieben Plagen gestraft hat, gestattet ihm dieser, die Kinder Israels ins Gelobte Land zu führen. Als Moses auf den Berg Sinai steigt, um die zehn Gebote in Empfang zu nehmen, ent-

sagen die Israeliten in der Zwischenzeit ihrem Gott und verehren statt dessen ein goldenes Kalb. In gerechtem Zorn zertrümmert Moses die Steintafeln. Teil 2 (SW): John und Dan McTavish, Brüder im San Francisco des 20. Jahrhunderts, lieben dasselbe Mädchen. Mary, so ihr Name, entscheidet sich für Dan. Bald lässt sich ihr Mann mit dem korrupten Politiker Redding ein und erhält von ihm den Auftrag, eine Kathedrale zu bauen. Zu spät bemerkt John, dass sein Bruder aus Geldgier den Zement mit Sand gestreckt hat. Die Kathedrale stürzt ein, ihre Mutter stirbt in den Trümmern. Als Dan sich mit der eurasischen Schönheit Sally einlässt und sie ihn mit Lepra ansteckt, bringt er sie um und stirbt auf der Flucht nach Mexiko bei einem Bootsunfall. Aus Angst, sich mit Lepra angesteckt zu haben, will Mary Selbstmord begehen. John rettet sie in letzter Minute und enthüllt ihr, wie sie durch innige Gebete und festen Glauben ihre Reinheit zurückerlangen kann. – »Der beste je gedrehte Film. Der größte Monumentalfilm aller Zeiten. Die größte Predigt über die Tafeln, die die Grundlage aller je verkündeten Gesetze darstellen. Starke Worte, in der Tat, aber doch ganze zwei Wochen nach dem Besuch des Films und nach einer ernsthaften Erwägung von Griffiths *Intolerance* und *Birth of a Nation* geschrieben.« (PHOTOPLAY) – »Die analogen Moralpredigten überzeugen allerdings ebenso wenig wie DeMilles frühere, kürzere Illustrationen [desselben Themas] ... DeMille ist gezwungen, die moderne Religion eher auf die Basis der Vernunft denn die der Mystik zu stellen, um sie überhaupt noch relevant erscheinen zu lassen. Ganz folgerichtig ist *Die zehn Gebote* denn auch eine seltsame Mischung aus Legende und Familiendrama, die nie so recht zusammenhängen will.« (AMERICAN DIRECTORS)

DIE ZEHN GEBOTE

(THE TEN COMMANDMENTS). USA 1956. **R:** *Cedil B. DeMille.* **B:** *Aeneas MacKenzie, Jesse L. Lasky jr., Jack Gariss, Fredric M. Frank.* **LV:** *Dorothy Clarke Wilson, J. H. Ingraham, G. E. Southon.* **K:** *Loyal Griggs, J. Peverell Marley, John Warren, Wallace Kelley.* **SpE:** *John P. Fulton.* **M:** *Elmer Bernstein.* **D:** *Charlton Heston (Moses), Yul Brynner (Ramses), Anne Baxter (Nefretiri), Edward G. Robinson (Dathan), Yvonne de Carlo (Sephora), Debra Paget (Lilia), John Derek (Josua), Cedric Hardwicke (Sethi), Nina Foch (Bithia), Martha Scott (Johabel), Judith Anderson (Memnet), Vincent Price (Baka), John Carradine (Aaron), Eduard Franz (Jethro), Olive Deering (Miriam), Donald Curtis (Mered), Douglass Dumbrille (Jannes), Frank DeKova (Abiram), H. B. Warner (Amminadab), Fraser Heston (Moses als Kind), Ian Keith (Ramses I).* F 221 Min.

Aus Angst vor dem verkündeten Erlöser befiehlt der ägyptische Pharao Ramses I., sämtliche erstgeborenen Söhne seiner jüdischen Sklaven umzubringen. Als eine Jüdin ihren Sohn in einem Körbchen auf dem Nil hinuntertreiben lässt, entdeckt Bithia, die Schwester des Pharao, den Kleinen, adoptiert ihn und tauft ihn auf den Namen Moses. Sehr zum Ärger seines Sohnes Ramses macht der Pharao ihn bald zu seiner rechten Hand. Als er in einem Wutanfall den ägyptischen Architekten Baka umbringt, weil dieser den unschuldigen Sklaven Josua hinrichten lassen will, erfährt Ramses durch seinen jüdischen Spion Dathan von Moses' Vergangenheit. Moses wird in die Wüste verbannt und findet bei dem Hirten

Die zehn Gebote

Jethro Zuflucht. Eines Tages beim Schafehüten spricht die Stimme Gottes aus einem brennenden Busch zu ihm und schickt ihn zurück nach Ägypten, um die Kinder Israels aus der Sklaverei zu führen. Tatsächlich bringt er Ramses mit Hilfe einiger Gottesplagen dazu, die Sklaven ziehen zu lassen. Als Ramses es sich anders überlegt und die Kinder Israels von seinen Streitwagen verfolgen lässt, lässt Moses das Rote Meer über den Köpfen der ägyptischen Armee zusammenfallen. Auf dem Berg Sinai empfängt er schließlich die zehn Gebote. Unterdessen lässt Dathan ein Goldenes Kalb gießen und verführt die Juden zum Götzendienst. Als Moses vom Berg Sinai zurückkehrt, zertrümmert er das Kalb und tötet Dathan und seine Anhänger. Als Strafe für ihren Götzendienst irren die Kinder Israels vierzig Jahre lang durch die Wüste. Endlich im Gelobten Land angekommen, übergibt Moses seinen Stab, das Zeichen seiner Herrschaft, an Josua und geht auf dem Berg Nebo bei seinem Schöpfer ein.

Die zehn Gebote, ein angeblich auf Wunsch der Fans in aller Welt gedrehtes Remake des Stummfilms, ist Cecil B. DeMilles letzte Regiearbeit und zugleich auch der Höhepunkt seiner Karriere; inszeniert mit einer hinreißenden Flamboyanz, wie sie dem einzigen, wirklich vergleichbaren Film – Wylers *Ben Hur* – doch des öfteren abgeht: Vier Stunden langes, kindlich naives, sicher auch bewusst berechnetes Staunen. Und Charlton Heston als sehr imposanter Moses. Die vielgerühmte Tricksequenz von der Teilung des Roten Meers ist vielleicht die überschätzteste der Filmgeschichte. Selbst auf einem kleinen Fernsehschirm ramponieren Matte-Linien die Illusion fast vollständig. Dafür allerdings ist der dramaturgische Aufbau dieser Szene (wie auch der des gesamten Films) von einer Perfektion, von der sich viele heutige Möchtegern-Epiker wie Michael Cimino eine dicke Scheibe abschneiden könnten. Langweilig ist die Vierstunden-Breitwandbibel jedenfalls in keiner Sekunde. »Sensationeller noch als die größten Wasserspiele der Welt ist die Verkündigung der Gebote auf dem bengalisch beleuchteten Berg Sinai. Da zischen nämlich, während ein dumpfer Geister-Baß sich vergeblich abmüht, als Stimme Gottes zu wirken, lauter sonderbare kleine Raketen um den erschrockenen

Moses, bohren sich knallend in die Felsenwand und ritzen dort die Gebote ein; dann schneidet eine frei schwebende Stichflamme, wiederum unter gewaltiger Lärmentwicklung, zwei Tafeln aus dem Felsen – und das wären sie dann, die zehn Gebote. Maßarbeit ... Fehlt nur, wie meist, der Geist.« (Gunter Groll, SÜDDEUTSCHE ZEITUNG) Aber mit dem Alten Testament hat das Ganze natürlich denkbar wenig zu tun, eher schon mit einer epischen Dokumentation »sehr frei nach Motiven von«, wie es Peter Zadek ausdrücken würde. Kino als Jahrmarkt der Sensationen. Keiner hat dies besser beherrscht als Cecil B. DeMille. [V]

ZEHN KLEINE NEGERLEIN

BRD 1954. **R:** *Rolf von Sydow.* **B:** *Emil Surmann.* **LV:** *Inka Köhler-Rechnitz.* **K:** *Willi Kuhle.* **M:** *Norbert Schultze, Robert T. Odeman (Liedtexte).* **D:** *Thomas Ngambi, Harry Mambo, Josefine Bachert, Jamier Warker, Harry David, Wolde Tedek, Helmut Wilz.* SW 76 Min.

Nur den Titel und die Melodie der musikalischen Untermalung teilt dieser Kinderfilm mit dem bekannten Lied von den zehn kleinen Negerlein. Unter dieser Überschrift ist ein Filmmärchen entstanden, dessen zehn kleine Negerlein sich um eine dicke »Mammi« scharen, die so phantasielose Dinge treibt wie Negerlein waschen und ins Bett bringen, Hütte kehren und Mohrenköpfe backen. Da gibt es aber noch den bösen Zauberer Rom-Rom-Rom, den die Negerlein bevorzugt ärgern. An seiner fetten Nase hängt ein Zauberring, der ihn zum unumstrittenen Tyrannen des Dorfes macht. Um sich der kleinen Negerplagegeister zu erwehren, verzaubert sie Rom-Rom-Rom ziemlich einfallslos in Schildkröten und Dackel. Das jüngste Negerlein kann den Zauberring stehlen und das Dorf von dem Spuk befreien. – Jugendsünde des Regisseurs Rolf von Sydow, die »nach zehn Minuten [anfängt], eine Geduldsprobe zu werden.« (FILMDIENST)

ZEICHEN UND WUNDER

BRD 1982. **R:** *Niklaus Schilling.* **B:** *Niklaus Schilling.* **K:** *Niklaus Schilling.* **M:** *Michael Rüggeberg, Patchwork.* **D:** *Barbara Freier, Elke Haltaufderheide, Niklaus Schilling, Klaus Münster, Dirk Wal-*

brecker, Wolfgang Dickmann, Ernst Wendt. F 95 Min.

TV-Film. Von VHS auf 16 mm umkopiert: eine fiktive Reportage über einen Unfall im Europäischen Patentamt München. » ... nutzte die Schwächen des Verfahrens, die technischen Probleme mit Unschärfen und falschen Farben, das Rauschen der Bilder und Töne souverän als Stilmittel.« (Claudius Seidl, CINEGRAPH)

DIE ZEIT DER WÖLFE

(THE COMPANY OF WOLVES). GB 1984. **R:** *Neil Jordan.* **B:** *Angela Carter, Neil Jordan.* **LV:** *»Blaubarts Zimmer« von Angela Carter.* **K:** *Bryan Loftus.* **SpE:** *Christopher Tucker, Rodger Shaw.* **M:** *George Fenton.* **D:** *Sarah Patterson (Rosaleen), Angela Lansbury (Großmutter), David Warner (Vater), Tusse Silberg (Mutter), Shane Johnstone (Verliebter Junge), Brian Glover (Vater), Susan Porrett (Mutter), Micha Bergese (Jäger), Graham Crowden (Priester), Kathryn Pogson (Braut), Stephen Rea (Bräutigam), Georgia Slowe (Alice), Dawn Archibald (Hexe), Richard Morant (Reicher Bräutigam), Danielle Dax (Wolfsmädchen). F 93 Min.*

Rosaleen liegt in ihrem Bett und träumt ... In einem Zauberwald voller Standuhren und überdimensionaler Teddybären wird ihre Schwester Alice von glutäugigen Wölfen zu Tode gehetzt. Nach dem Begräbnis warnt Großmutter Rosaleen mit einer Geschichte vom Wolf im Manne ... Ein Mädchen aus dem Dorf heiratet einen reisenden Händler, der in der Hochzeitsnacht verschwindet. Jahre später kehrt er zurück und verwandelt sich vor den entsetzten Augen seiner wieder verheirateten Frau in einen Wolf ... Ein Junge aus dem Dorf macht Rosaleen schöne Augen. Beim Versteckspiel weicht Rosaleen vom rechten Wege ab und klettert auf einen hohen Baum. In der Krone findet sie ein Nest mit Eiern, aus denen kleine Menschenembryos schlüpfen. Der Junge entdeckt unterdessen den Kadaver einer Kuh. Rosaleen erzählt ihrer Mutter eine Geschichte ... Während eines Hochzeitsgelages rächt sich eine vergewaltigte Zigeunerin am verräterischen

Bräutigam und der feinen Gesellschaft, indem sie alle in Wölfe verwandelt ... Als Rosaleens Vater mit einer Wolfsklaue von der Jagd zurückkehrt, verwandelt sich diese in eine menschliche Hand. Auf dem Weg zur Großmutter begegnet Rosaleen einem Jäger. Er wettet mit ihr um einen Kuß, dass er noch vor ihr im Haus der alten Dame sein werde. Tatsächlich gelingt ihm dies. Doch er erweist sich als Wolf. Großmutter stirbt. Die wenig später eintreffende Rosaleen verwundet ihn mit seinem eigenen Gewehr und erzählt ihm eine Geschichte ... Vor langer Zeit stieg eine Wölfin aus der Unterwelt herauf ans Tageslicht. Nachdem das Tier, in ein hübsches Mädchen verwandelt, eine Zeitlang beim Priester des Dorfes gelebt hat, verschwindet es wieder in der Unterwelt ... Als ein Suchtrupp, angeführt von Rosaleens Vater, in die Hütte der Großmutter eindringt, finden die Männer zwei Wölfe, die durchs Fenster fliehen ... Eine Horde Wölfe bricht in das Zimmer der schlafenden Rosaleen ein. Das Mädchen wacht schreiend auf.

»Der Fortgang der Geschichte spiegelt auf subtile Weise Rosaleens Entwicklung wider, wie sie

Mehr als ein Märchen. Wilder als ein Traum.

NEIL JORDAN'S FILM

DIE ZEIT DER WÖLFE

Mit Angela Lansbury
David Warner · Sarah Patterson

Die Zeit der Wölfe

auf widersprüchliche Ratschläge reagiert, auf ihre Bedürfnisse und Instinkte und auf ihre Beobachtungen in der Welt. Der Wolf zum Beispiel steht für die männliche Sexualität – das sogenannte ›Tier im Mann‹. Die Filmversion vom Rotkäppchen folgt Bettelheims Thesen und versöhnt das lasterhafte Es des männlichen Verführers mit dem zärtlichen Ego des verantwortungsvollen, liebenden Jägers.« (OBSERVER REVIEW) In der Tat hantiert Neil Jordan auf eine Weise mit den Implikationen des Märchenstoffes, die seinen Film zu einem überaus dankbaren Analyseobjekt für alle Amateur-Freudianer macht. Mehr noch fesseln an *Die Zeit der Wölfe* zunächst jedoch die Leistung Angela Lansburys und die außerordentlichen Bilder, für die sich der Film bei so unterschiedlichen Quellen wie Cocteau, Michael Powell, *Die Nacht des Jägers* oder *Tanz der Teufel* bedient. Freilich bewegt sich Jordans Eklektizismus auf ungleich höherem formalen Niveau als der anderer aktiver Fantasy-Regisseure. *Die Zeit der Wölfe* ist durchaus mehr als nur bloße Nummernrevue. Mag sich dabei manches auch zu oft wiederholen, gelingt dem auf einem einzigen Set gedrehten Film doch der Aufbau einer fesselnd klaustrophobischen, von Assoziationen beherrschten Traumwelt. Geschichten türmen sich hier auf Geschichten in einer Weise, die oft an Wojciech Has' *Handschrift von Saragossa* denken lässt. »Das Ganze ist im Grunde genommen freilich nicht mehr als ein (wenn auch intelligentes) Spiel, eine montagegewandte Stoffsammlung, die sich jeder tieferen Deutung entzieht, lediglich Vorschläge zum Fabulieren und Interpretieren anbietet. Da verliert sich Jordan denn auch des

öfteren in kunstgewerblichen Motiven, die der Video-Clip-Ästhetik entnommen sein könnten. Doch wer will, wird auch hierin eine Methode entdecken: Kitsch und Kunst liegen dicht beieinander, sind Metamorphosen innerhalb eines schöpferischen Prozesses – ähnlich wie der ganze Film seltsam metamorph wirkt: intelligent und herausfordernd, albern und überspannt in einem.« (FILMDIENST) [V]

ZEITSPRUNG IN DIE TAFELRUNDE
(A CONNECTICUT YANKEE IN KING ARTHUR'S COURT). USA 1989. **R:** *Mel Damski.* **B:** *Paul Zindel.* **LV:** *Mark Twain.* **M:** *William Goldstein.* **D:** *Keshia Knight Pulliam (Karen Jones), Michael Gross (König Arthur), Whip Hubley (Sir Lancelot), Emma Samms (Königin Guinevere), René Auberjonois (Merlin), Jean Marsh (Morgana), Bryce Hammett, Kevin McNally, Berlinda Tolbert, Marissa Lindsay. F 94 Min.*
TV-Film. Karen, eine Schülerin, stürzt in Connecticut vom Pferd und findet sich nach dem Erwachen in England wieder – in Schloss Camelot, beim legendären König Arthur. Sie bringt den mittelalterlich organisierten Hof auf den neuesten Stand und zieht sich den Argwohn des Zauberers Merlin zu, den sie schließlich sogar ausstechen kann. – »Lahme Modernisierung der klassischen Mark-Twain-Erzählung.« (MALTIN'S MOVIE GUIDE)

ZELIG
(ZELIG). USA 1983. **R:** *Woody Allen.* **B:** *Woody Allen.* **K:** *Gordon Willis, Bill Hansard.* **SpE:** *Karen Dean, Judith Lamb, Joe Hynick, Stuart Robinson, Robert Greenberg Associates.* **M:** *Dick Hyman.* **D:** *Woody Allen (Leonard Zelig), Mia Farrow (Eudora Fletcher), John Buckwalter (Dr. Sindell), Sol Lomita (Martin Geist), Mary Louise Wilson (Ruth Zelig), Richard Litt (Charles Koslow), Garrett Brown (Zelig in zeitgenössischen Filmen), Marianne Tatum (Darstellerin der Eudora Fletcher), Marvin Chatinover (Drüsendiagnose-Doktor), Stanley Swerdlow (Mexikanisches Essen/Diagnose-Doktor), Paul Nevens (Dr. Birsky), Howard Erskine (Hautarzt), George Hamlin (Dok-*

Zelig

tor mit Versuchsdrogen), Ralph Bell, Richard Whiting, Will Hussong (Andere Doktoren), Robert Iglesia (Mann im Friseurstuhl), Susan Sontag, Irving Howe, Saul Bellow, Bricktop, Bruno Bettelheim, John Morton Blum (Interviewpartner). SW 84 Min.

Während einer Gartenparty auf Long Island bemerkt Scott Fitzgerald verblüfft ein seltsames Individuum, das zwei verschiedene Persönlichkeiten zu haben scheint, je nach Umgebung entweder der Ober- oder der Unterschicht angehört. Etwas später wird ein Eindringling, der sich als Baseballspieler ausgibt, aus dem Trainingscamp der Yankees geworfen. Ein ähnliches Phänomen wird in einer berüchtigten Jazzkneipe in Chicago beobachtet. Alles klärt sich auf, als die New Yorker Polizei auf der Suche nach dem verschwundenen Angestellten Leonard Zelig im Chinesenviertel auf einen Mann stößt, der zwar wie ein Chinese aussieht, aber unzweifelhaft Leonard Zelig ist. Die Psychologin Dr. Eudora Fletcher beginnt sich für diesen seltsamen Fall zu interessieren. Sie plaziert Zelig neben Dicken, Negern und Indianern, und siehe da: Willig nimmt der kleine Jude die Erscheinungsform seines Gegenübers an. Zunächst nur aus professionellen, bald aber aus privatem Interesse erforscht sie seine Vergangenheit und entlockt ihm mittels Tiefenhypnose das Geständnis, dass der seltsame Drang auf ein Schulerlebnis zurückzuführen ist, als Leonard zu seiner Schande gestehen musste, nie »Moby Dick« gelesen zu haben. Während Eudora mit dem Hospitalsdirektorium um den Fall ringt, entführen seine Halbschwester Ruth und ihr Liebhaber Zelig aus dem Krankenhaus und machen ihn zu einer Kirmesattraktion. Nachdem Ruths Affäre mit einem spanischen Stierkämpfer mit dem Tod aller Beteiligten endet, verschwindet Zelig, taucht aber wieder auf, als er einen kleinen Skandal im Vatikan verursacht und Papst Pius XI. auf dem Petersplatz zu harten Schlägen mit der Bibel motiviert. Langsam schlägt Eudoras Kur an: Unter Hypnose gesteht Zelig ihr sogar seine Liebe. Kurz nach der Heirat jedoch prasseln Bigamieklagen über Zelig herein, der sich in seinen anderen Identitäten scheinbar wild durchs Land geheiratet hat. Er fällt in Ungnade bei der Sensationspresse, erleidet in einem griechischen Restaurant einen Rückfall und verschwindet erneut. Erst im Kino begegnet Eudora Leonard wieder – ausgerechnet in einer Wochenschau, wo sie ihren Geliebten inmitten der Nazis aufmarschieren sieht. Sofort fliegt die Psychologin nach Deutschland und schnappt Zelig von Hitlers Seite weg, just als dieser während einer Kundgebung einen Witz über Polen machen will. Die beiden kapern ein Flugzeug, fliegen kopfüber der Konfettiparade in New York entgegen und wandern anschließend, glücklich die eine, kuriert der andere, in den Sonnenuntergang. – Eine faszinierende Geschichte, die nur einen kleinen Haken hat: Dieser Leonard Zelig, der da neben illustren Größen wie Chaplin, Cagney und Präsident Hoover auftritt, jenes Phänomen der Dreißiger, ist natürlich pure Fiktion. Woody Allen, dem schon öfters vorgeworfen wurde, seine Identitätskrisen auf die Leinwand zu projizieren, schlägt dieses Mal zurück und serviert die größte Identitätskrise von allen. Gleichsam als Reaktion auf die ebenfalls oft gehörten Vorwürfe des Epigonentums wählt er dabei auch gleich einen »Nicht-Stil«: *Zelig* collagiert streng dokumentarisch alte Wochenschauen, stilecht nachgedrehte neue Szenen und, als kleinen Seitenhieb auf Warren Beattys *Reds,* farbige Inserts, in denen intellektuelle Großkaliber wie Saul Bellow oder Bruno Bettelheim (»Zelig war der ultimate Konformist«) hochgeistige Kommentare abgeben. – »Unter den großen Komödien von Woody Allen ist *Zelig* die schwärzeste, die hintergründigste, zugleich eine gnadenlose Parodie auf die verbrauchten Stilmittel des herkömmlichen Dokumentarfilms mit seinem allwissenden Kommentator, seinen optischen und akustischen Manipulationen. Das gefälschte Dokument *Zelig* erweist sich auch als ein Versuch über die Natur des Fälschermediums Kino.« (DIE ZEIT). In der Tat: Woody Allen trifft exakt den ach so bekannten Ton der Dokumentarstreifen, die mit ihren *Reader's Digest*-Attitüden Geschichte(n) eher verfälschen denn genau darstellen. Die gestellten Szenen, grobkörnig, verkratzt und heftig knisternd, fügen sich nahtlos in die echten ein; Ulrich Wickert als allwissender Kommentator ahmt das mal jubelnde, mal heuchlerisch-moralisierende Sensationsgeschrei der Yellow Press präzise nach; die Schauspieler reagieren steif wie reale, im Rampenlicht gefangene Durchschnittsbürger, geben beklemmende Impressionen von der Gnadenlosigkeit der sie hetzenden Kameras. Die Leistungen der Retuscheure und Tricktechniker schließlich, die Allen hier in alte Wochenschauen des Hearst-Konzerns oder der 20th Century Fox einkopieren, kann man ohne Übertreibung als perfekt bezeichnen. Hinter der originellen Grundidee und der faszinierenden formalen Gestaltung aber verbirgt sich der alte Woody, den der Aufbau dieses historischen Vexierspiels eher am Rande interessiert. Der mit viel Finesse konstruierten Spiegelhalle, in der sich alles verliert und sich ein Niemand zum Star aufbläht, kommt eher dekorative Funktion zu, da sie Allen kaum in jenem Maße benutzt, wie es möglich gewesen wäre. Zelig ist im Grunde nichts weiter als eine Neuauflage der typischen Allen-Figur, freilich in höchste Höhen absurder Komik übersteigert. »An den Deformationen des um seine Identität betrogenen Individuums reflektiert Allen die Deformationen der Gesellschaft. Das ist die heimtückischste Komponente seines fiktiven Dokumentarfilms. Denn in der krankhaften Übersteigerung übersteigt er nur eine Krankheit, an der alle mehr oder minder ausgeprägt leiden.« (SÜDDEUTSCHE ZEITUNG) Zeligs propagierte Lösung verrät dabei nur zu deutlich den Romantiker: Similis similibus curentur. Das Bedürfnis nach Liebe löst die Krankheit aus, wahre Liebe in Form des Psychologen-Schutzengels wird sie kurieren. Am Schluß ist Zelig angepaßt, hat seine Identität endlich gefunden und darf nun bis zum Tod (Sterbebettlektüre: »Moby Dick«) ein restlos langweiliges Leben auf dem Lande leben. »Zelig, dieses Feuerwerk rascher Pointen und eleganter Einstellungen, ist im Grunde ein melancholischer Film.« (KÖLNER STADT-ANZEIGER) Zwei Oscar-Nominierungen für Kamera und Kostüme. [V]

ZIMATAR

(ZIMATAR). Philippinen 1982. **R:** *Ric P. Acasio.* **B:** *Elias Querejeta.* **K:** *Anijano.* **D:** *J. C. Bonnin, Aca Vergel, Al Tanday, Michael de Mesa, Leo Delfin.* F 135 Min.

Ein zehnjähriger Prinz sucht im Land einer Hexe nach seinem Vater und seinen Brüdern, die sich einst aufgemacht haben, die geheimnisvolle goldene Blume zu finden. – Ein Märchen, in dem hin und wieder auch die Schwerter blitzen. Nur auf Video. [V]

ZIRRI – DAS WOLKENSCHAF

BRD 1992. **R:** *Rolf Losansky.* **B:** *Rolf Losansky.* **LV:** *Fred Rodrian.* **K:** *Peter Badel.* **SpE:** *Heiko Ebert, Tony Loeser.* **M:** *Reinhard Lakomy.* **D:** *Babett Ikker (Christine, genannt Schiene), Sebastian Senft (Bobby), Martin Müller (Atif), Walfriede Schmitt (Die Oma), Günter Grabbert (Der Opa), Andrea Solter (Mutti), Bernd-Uwe Reppenhagen (Vati), Karin Düwel (Schornsteinfeger), Dietmar Richter-Reinick (Viehdoktor), Gojko Mitic (Kutscher), Günther Junghans (Feuerwehrhauptmann), Fred Delmare (Schnapsfabrikant).* F 62 Min.

Der letzte Kinderfilm der nach der Wende zum Untergang verurteilten DEFA: Es war einmal eine Schäfchenwolke, ein kleines weißes Wolkenschaf, das fiel vom Himmel auf die Erde. Genauer gesagt: Es wurde von da oben heruntergestoßen, von den schwarzen Wolken, den schwarzen Schafen(die von dem dicken Schornstein eines Schapsfabrikanten gemacht werden). Christine, auch Schiene genannt, eine Berliner Göre aus der Baumstraße (wo es gar keine Bäume gibt), ist bei ihren Großeltern in Schnattersdorf zu Besuch. Dort, auf Opas Weide, findet sie das flauschige (Legetrick-)Schäfchen aus der Babelsberger Trickabteilung, tröstet es und nimmt es heim zur Oma. Doch das Schäfchen sehnt sich, wie E.T., zurück nach den Gefährten zu Hause. Und lange kann so ein Wölkchen auch nicht auf der Erde leben. Schiene will Zirri helfen und wird dabei tatkräftig unterstützt von den Großeltern, Himmel-Helga, dem Viehdoktor, Dorfjungen und einem Kutscher, der sich in Winnetou verwandelt (Gojko Mitic in einer Gastrolle!). – Rolf Losansky erzählt gern Filme, »in denen unsere normale Welt eine Rolle spielt, aber die Phantasie uns erlaubt, aus der Normalität auch einmal auszubrechen oder die Welt von einer anderen Seite zu sehen.«

ZIZI DER GRÖSSTE

(IL NANO E LA STREGA). Italien 1974. **R:** *Gio-*

acchino Libratti. **B:** *Claudio Monti.* **K:** *Dino De Angeli.* **M:** *Claude Elie. F 67 Min. (Zeichentrick).* Lord Pisspott verwandelt Prinz Freitag den 13. und Merlins Tochter in einen Zwerg mit überdimensionalem Geschlechtsteil und eine nymphomanische Hexe, damit sie nicht die Thronfolge König Richards antreten können. Der Bann kann nur gebrochen werden, wenn sich die beiden verknallen. – Hier trifft die Plakatwerbung auf jeden Fall zu: »Eine ganz schmutzige Geschichte«.

ZORRO GEGEN MACISTE – KAMPF DER UNBESIEGBAREN

(ZORRO CONTRO MACISTE). Italien 1963. **R:** *Umberto Lenzi.* **B:** *Guido Malatesta, Umberto Lenzi.* **K:** *Augusto Tiezzi.* **M:** *Angelo Francesco Lavagnino.* **D:** *Pierre Brice (Zorro), Alan Steel (Maciste), Moira Orfei (Malva), Maria Grazia Spina (Isabella), Andrea Aureli (Rabek), Massimo Serrato (Garcia). F 89 Min.*
König Philip von Nogara ist kaum gestorben, als sich seine Erbinnen Isabella und Malva schon um den Thron streiten. Während erstere sich den berühmten Volkshelden Zorro zu Hilfe holt, versucht's die zweite mit dem mythischen Muskelmann Maciste (ohne sich zu fragen, wie dieser seine Reise durch die Zeiten bewerkstelligt hat). Als die beiden legendären Gestalten merken, dass sie gegeneinander ausgespielt werden sollen, tun sie sich gegen die machthungrige Malva zusammen. Isabella, die Reine, Schöne, Gute, bekommt nicht nur den Thron, sondern auch Zorro. – »Mit Ausnahme von Pierre Brice, der durchweg exzellent ist, agieren die Schauspieler höchst durchschnittlich, auch wenn Andrea Aureli in der Rolle eines Bandenführers gelegentlich mehr bringt. Der Film hat eine Hauptschwäche – und das ist die ausnahmslos miese Farbgebung ... die den Akteuren wenig schmeichelt, und besonders Maria Grazia Spina erscheinen lässt, als litte sie an Gelbsucht.« (MONTHLY FILM BULLETIN) Die andere Hauptschwäche liegt darin, dass der Film nicht weiß, in welchem Genre er beheimatet ist.

Zorro gegen Maciste – Kampf der Unbesiegbaren

ZOTTI, DAS URVIECH

(THE SHAGGY D. A.). USA 1976. **R:** *Robert Stevenson.* **B:** *Don Tait.* **LV:** *»Der Hund von Florenz« von Felix Salten.* **K:** *Frank Philips.* **M:** *Buddy Baker.* **D:** *Dean Jones (Wilby Daniels), Suzanne Pleshette (Betty Daniels), Tim Conway (Tim), Keenan Wynn (John Slade), Dick Bakalyan (Freddie), Warren Berlinger (Dip), Jo Anne Morley (Katrinka), John Myhers (Admiral Brenner), Dick van Patten (Raymond), Shane Sinutko (Brian Daniels). F 92 Min.*
Vorgeschichte siehe *Der unheimliche Zotti.* Um dem überhandnehmenden Verbrechen Einhalt zu gebieten, lässt sich der junge Anwalt Wilby Daniels als Kandidat für das Amt des Bezirksrichters aufstellen. Kurz darauf lassen die mit dem amtierenden Bezirksrichter Slade liierten Diebe Freddie und Dip beim Diebeszug durch das Museum jenen magischen Ring mitgehen, der Wilby in einen zottigen Hund verwandelt, wann immer jemand dessen Inschrift vorliest. Solches tut der Eisverkäufer Tim, dem die Diebe den Ring verscherbeln, denn auch prompt. Einige Hin- und Rückverwandlungen später landet der Ring in einer Torte; bei der folgenden Tortenschlacht gerät er schließlich in Slades Hände. Als Wilby auf Slades Erpressungsversuch nicht eingeht, verwandelt ihn dieser erneut in einen Hund und lässt ihn ins Tierheim sperren. Mit Hilfe seiner Mitgefan-

genen gelingt Wilby die Flucht. Nach einer wilden Verfolgungsjagd erlangt der Anwalt menschliche Gestalt, kann Slades Machenschaften aufdecken und seinen Posten übernehmen. – Eine anspruchslose Magikomödie aus der Disney-Fabrik, die ihre ohnehin recht harmlosen Spitzen gegen Lassie, Jimmy Carter und den amerikanischen Wahlrummel in soviel kinderfreundliche Naiv-Watte verpackt, dass sich wirklich niemand an dem Ganzen verletzen kann. [V]

ZOTTIS TOLLE ABENTEUER

(THE RETURN OF THE SHAGGY DOG). USA 1987. **R:** *Stuart Gillard.* **B:** *Diane Wilk, Paul Haggis.* **LV:** *»Der Hund von Florenz« von Felix Salten.* **K:** *Fred J. Koenekamp.* **M:** *David Bell.* **D:** *Gary Kroeger (Wilby Daniel), Todd Waring (Moochie Daniel), Michele Little (Betty), Jane Carr (Myra), Cindy Morgan (Laura), Gavin Reed. F 83 (100) Min.*

TV-Neuverfilmung von *Der unheimliche Zotti* (USA 1959, Regie: Charles Barton). – Der Rechtsanwalt Wilby Daniel verwandelt sich immer, wenn jemand die Inschrift eines alten Zauberrings liest, in einen Zottelhund. Diesen Umstand machen sich das Gaunerduo Myra und Carl für eine Erpressung zunutze. Mit Hilfe seines Bruders Moochie kann Wilby die Finsterlinge jedoch an der Ausführung ihrer Pläne hindern. – »Ein schwacher, gelegentlich sogar regelrecht schwachsinniger Unterhaltungsfilm.« (FILM-DIENST) [V]

ZURÜCK AUS DER VERGANGENHEIT

(THE HEAVENLY KID). USA 1985. **R:** *Cary Medoway.* **B:** *Cary Medoway, Martin Copeland.* **K:** *Steven B. Poster.* **SpE:** *R. J. Hohman, Louis Schwartzberg.* **M:** *Kennard Ramsey.* **D:** *Lewis Smith (Bobby), Jason Gedrick (Lenny), Jane Kaczmarek (Emily), Richard Mulligan (Rafferty), Beau Dremann (Bill), Stephen Gregory (Fred), Anne Sawyer (Sharon), Nancy Valen (Melissa), Chad Wiggins-Grady (Jerry), Scott Stone (Frank), Will Knickerbocker (Max), Harold Bergman (Finley). F 89 Min.*

Nach seinem Tod bei einem waghalsigen Autorennen, das die Macher dieses Films schamlos bei *Denn sie wissen nicht, was sie tun* geklaut haben, findet Bobby sich in einer mysteriösen U-Bahn-Station wieder, die er nicht verlassen kann. Doch man verwehrt ihm, einen Zug in den »oberen Teil der Stadt« zu besteigen. 26 Jahre später darf er in die Oberwelt zurückkehren, um als »Schutzengel« eine Prüfung zu bestehen, die darüber entscheidet, ob er in den Himmel einziehen darf: Sein »Klient« ist, wie sich herausstellt, sein erst nach seinem Tod geborener Sohn Lenny. Lenny ist in Sharon verknallt, doch sie beachtet ihn nicht. Um ihm zu helfen, macht Bobby ihn zu einem Macho-Typ. Nach einem Streit mit einem Mitschüler verabredet Lenny sich zu einem Duell: Er und sein Gegenspieler rasen einem Abgrund entgegen. Wer zuerst aufgibt, hat verloren. Bei einer Mutprobe dieser Art ist auch Bobby gestorben ... [V]

ZWEI ENGEL OHNE FLÜGEL

(TOPPER). USA 1937. **R:** *Norman Z. McLeod.* **B:** *Jack Jevne, Eric Hatch, Eddie Moran.* **LV:** *Roman von Thorne Smith.* **K:** *Norbert Brodine.* **SpE:** *William V. Draper, Roy Seawright.* **M:** *Arthur Morton.* **D:** *Cary Grant (George Kerby), Constance Bennett (Marion Kerby), Roland Young (Cosmo Topper), Billie Burke (Henrietta Topper), Alan Mowbray (Wilkins). SW 95 Min.*

George und Marion Kerby, bürgerlichen Konventionen nicht sehr verhaftet, haben bei einer nächtlichen Autofahrt einen schlimmen Verkehrsunfall, bei dem ihnen jedoch erstaunlicherweise kein Härchen gekrümmt wird. Deswegen brauchen sie auch einige Zeit, bis sie erkennen, dass sie *mausetot* sind. Als Gespenster stehen sie dem gutmütigen Bankier Cosmo Topper zur Seite, der von seiner Gattin Henrietta tyrannisiert wird. – Eine mit flotten Dialogen, Aberwitz und für seine Entstehungszeit hübschen Tricks angereicherte Fantasy-Groteske, mit lockeren Darstellern, die heute noch jedermann unterhält.

ZWEI GESICHTER

(DUVIDHA). Indien 1973. **R:** *Mani Kaul.* **B:** *Mani Kaul.* **K:** *Navroze Contractor.* **M:** *Ramzan Khan, Hammu Khan.* **D:** *Ravi Menon, Raisa Padamsee, Hardan, Shambudan, Dorfbewohner von Barunda. F 82 Min.*

Unmittelbar nach der Hochzeit zieht ein indischer Kaufmann für fünf Jahre in die Stadt, um seinen Geschäften nachzugehen. Ein Feigenbaumgeist nimmt daraufhin die Gestalt des Kaufmanns und dessen Platz an der Seite der Braut ein. Die nächsten drei Jahre leben beide glücklich miteinander, obwohl der Geist ihr seine wahre Identität nicht verheimlichen kann. Als die Nachricht, er habe sie geschwängert, wie ein Lauffeuer kursiert, kehrt der wirkliche Ehemann vorzeitig zurück. Sein Schwiegervater hält ihn zunächst für einen Hochstapler und wirft ihn aus dem Haus. Beim darauffolgenden Prozeß gelingt es einem Schäfer jedoch, mittels dreier Proben den Geist zu entlarven und in einen Brunnen zu werfen. Die todunglückliche Braut fügt sich in ihre Rolle als mustergültiges Heimchen am Herd. – »Es gibt kaum Dialog, es gibt keinen Versuch einer Psychologisierung. Die Personen sind menschliche Puppen, ihre Gesichter und Gesten verraten keinerlei Gefühle. Ein Erzähler und eine Erzählerin erklären die Bilder aus dem Off und verleihen ihnen so erst Sinn. Ohne Kommentar wären sie unverständlich, da sie offenbar nach rein visuellen Prinzipien komponiert sind.« (FILMDIENST) »In gewisser Weise werden wir unmittelbar auf die Farbe aufmerksam gemacht, ohne dass damit ein atmosphärischer Hinweis auf die Denkweise des Regisseurs oder einen psychologischen Zustand verbunden ist, in welchem die Farbe das innere Leben der jeweiligen Person repräsentiert. Kurz, die Farbe gehört ihrer eigenen, faktischen, physischen Grundlage.« (Mani Kaul) – »Diese Farben! O Mann, einfach Wahnsinn!« (The Fabulous Furry Freak Brothers)

ZWEI VOM GLEICHEN SCHLAG
(TWO OF A KIND). USA 1983. R: *John Herzfeld*. B: *John Herzfeld*. K: *Fred Koenekamp, Warren Rothenberger*. SpE: *Sam Nicholson, Xenon Corporation*. M: *Patrick Williams*. D: *John Travolta (Zack Melon), Olivia Newton-John (Debbie Wylder), Charles Durning (Charlie), Oliver Reed (Beasley, der Teufel), Beatrice Straight (Ruth), Scatman Crothers (Earl), Richard Bright (Stuart), Vincent Bufano (Oscar), Toni Kalem (Terri), James Stevens (Ron), Ernie Hudson (Detektiv Staggs), Jack Kehoe (Chotiner), Bobby Constanzo (Cap-*

tain Cinzari), Castulo Guerra (Gonzales). F 87 Min.
Im beige umwölkten Himmel: Nach einem guten Jahrtausend Urlaub ob der Verrohung seines Produkts entsetzt, beschließt Gott, via zweiter Sintflut noch mal von vorn anzufangen. Prompt erheben vier Engel Einspruch und müssen sogleich den Gegenbeweis antreten. Binnen einer Woche gilt es, zwei einander Fremde zu finden, von denen sich einer aus Liebe für den anderen opfert. Die Wahl fällt auf Zack und Debbie. Er: Erfinder eßbarer Sonnenbrillen, der aus Geldnöten gerade eine Bank überfällt. Sie: Bankangestellte, die das Geld nicht in Zacks mitgebrachte, sondern lieber die eigene Tasche steckt. Mühsam raufen sich die beiden zusammen. Der mit Zacks Geldgebern alliierte Teufel sorgt für allerlei Unbill, die Engel im Hintergrund biegen alles wieder zurecht. Schließlich merkt der Teufel, dass an der Erde Fortbestand auch sein eigener Arbeitsplatz hängt. In Maske entführt er Debbie und schießt den liebestrunkenen Zack bei dessen Rettungsversuch über den Haufen. Die Erde (und auch der von Debbies Tränen wiedererweckte Zack) darf weiterleben. – Ein fader Kino-Big-Mäc aus der TV-Kantine, angerichtet mit einer kitschigen Love-Story und schwachbrüstigen Kameraspielereien à la Fußball-Ballett: »Himmelten Sie John Travolta in *Von Augenblick zu Augenblick* an? Fielen Sie vor Freude in Ohnmacht, als Sie Olivia Newton-John in *Xanadu* bewunderten? Dann nämlich sind Sie ein echter Fachmann in punkto Inkompetenz und sollten *Zwei vom gleichen Schlag* auf keinen Fall versäumen.« (TIME) [V]

DAS ZWEITE DSCHUNGELBUCH
(THE SECOND JUNGLE BOOK: MOWGLI AND BALOO). USA 1997. R: *Duncan McLachlan*. B: *Bayard Johnson, Matthew Horton*. LV: *Rudyard Kipling*. K: *Adolfo Bartoli*. M: *John Scott*. D: *James Williams (Mowgli), Bill Campbell (Harrison), Roddy McDowall (King Murphy), David Paul Francis (Chuchundra), Gulshan Grover (Buldeo), Dyrk Ashton (Karait)*. F 88 Min.
Absolut überflüssiger Neuaufguß der Mowgli-Geschichten. Das alles hat man schon mal erheblich besser gesehen.

DAS ZWEITE GESICHT

(FLESH AND FANTASY). USA 1943. **R:** *Julien Duvivier.* **B:** *Ernest Pascal, Samuel Hoffenstein, Ellis St. Joseph.* **LV:** *Ellis St. Joseph, Oscar Wilde, Laslo Vadnay.* **K:** *Paul Ivano, Stanley Cortez.* **M:** *Alexandre Tansman.* **D:** *Prolog: Robert Benchley (Doakes), David Hoffman (Davis); 1. Episode: Betty Field (Henrietta), Robert Cummings (Michael), Edgar Barrier (Bärtiger Gentleman), Marjorie Lord (Justine), Peter Lawford (Pierrot); 2. Episode: Edward G. Robinson (Marshall Tyler), Thomas Mitchell (Septimus Podgers), Anna Lee (Rowena), Dame May Whitty (Lady Pamela Hardwick), Charles Boyer (Großer Gaspar), C. Aubrey Smith (Dekan von Norwalk), Heather Thatcher, Edward Fielding (Gäste); 3. Episode: Charles Boyer (Großer Gaspar), Barbara Stanwyck (Joan Stanley), Charles Winninger (King Lamarr), Clarence Muse (Jeff), June Lang (Angela), Grace McDonald (Reiterin). SW 94 Min.*

Episodenfilm. Zwei Clubmitglieder erzählen sich drei phantastische Geschichten, von denen die erste die beste ist: In New Orleans sieht ein armes, hässliches Mädchen beim Karneval ausgelassene Mädchen an sich vorüberziehen. Einsam, enttäuscht, doch von ungebrochenem Lebenshunger steht es da, als ein Fremder es anspricht und ihm aus einem Laden eine zauberhaft schöne Maske verschafft. Sie werde nun nie mehr hässlich sein, meint der Fremde, sie solle nur im Gewimmel des Karnevals ihr Glück suchen. Schnell findet sie einen Liebhaber, doch die Demaskierung naht. Ihr neuer Freund zeigt sich nicht enttäuscht, denn sie ist schöner als er je zu träumen gewagt hätte. Das hässliche Mädchen ist durch die Erwiderung der Liebe erst zur Schönheit erblüht. In der zweiten Episode prophezeit ein Handleser, sein Kunde werde einen Mord begehen. Er hat recht, das Opfer ist er selbst. Diese Episode basiert auf Oscar Wildes Erzählung *Lord Arthur Saviles Verbrechen – Eine Studie über die Pflicht.* In der dritten Episode träumt ein Seiltänzer von einem tödlichen Sturz in die Tiefe. Der Traum bewahrheitet sich nicht. – »Einer der frühesten, aber auch besten phantastischen Episodenfilme.« (Michael Weldon, THE PSYCHOTRONIC ENCYCLOPEDIA) Nach heutigen Vorstellungen sicher etwas antiquiert und zu melodramatisch, besticht der Film aber wegen ausgezeichneter schauspielerischer Leistungen.

ZWERG NASE

BRD 1952. **R:** *Francesco Stefani.* **B:** *Emil Surmann.* **LV:** *Wilhelm Hauff.* **K:** *Wolf Schwan.* **M:** *Norbert Schultze.* **D:** *Hans Clarin, Hans Dieter Götz, Ellinor von Wallerstein, Wolfgang Eichberger, Heini Göbel, Edith Schultze-Westrum, Ernst Rotmund, Diemut Gerstorfer, Hans Reitz. SW 82 Min.*

Jacob, der Sohn einer Gemüsefrau, wird von einer bösen Fee in einen hässlichen Zwerg mit einer großen Nase verzaubert. Erst nach vielen Jahren kann er der Hexe entkommen. Beim Herzog findet er eine Anstellung als Koch und wird Meister seines Fachs. Er begegnet der Gans Mimi, die ihrerseits eine verzauberte Prinzessin ist. Mit Hilfe eines Heilkrautes entzaubern Mimi und der Zwerg sich und werden glückstrahlend Braut und Bräutigam. – »Ein abendfüllender Jugendfilm, den die Kinder verstehen und der trotzdem die Erwachsenen nicht langweilt – schwierig und selten! Der Schonger-Film *Zwerg Nase* nach Wilhelm Hauffs Märchen ist gut geglückt, weil er der kindlichen Phantasie durch ›realistische Handlung‹ entgegenkommt, aber auch den kritisch beobachtenden Besucher durch schöne Sorgfalt im Szenenaufbau, durch Bemühen um reizvolle fotografische Stimmung und hübsche Regieeinfälle befriedigt. Angenehm auch, dass der Film jenen infantil-neckischen Kindergartenton meidet, der dieser Filmgattung so leicht anhaftet.« (Ponkie, FILMBLÄTTER)

ZWISCHEN DEN WELTEN

Anderer Titel für **Zwischen zwei Welten**

ZWISCHEN ZWEI WELTEN

(BETWEEN TWO WORLDS). USA 1944. **R:** *Edward A. Blatt.* **B:** *Daniel Fuchs.* **V:** *»Outward Bound« Stück von Sutton Vane.* **K:** *Carl Guthrie.* **M:** *Erich Wolfgang Korngold.* **D:** *Paul Henreid (Henry Bergner), Eleanor Parker (Ann Bergner), John Garfield (Tom Prior), Edmund Gwenn (»Steward« Scrubby), Sydney Greenstreet (»Prüfer« Thompson), George Tobias (Pete Musick), George Coulouris (Lingley), Faye Emerson (Maxine), Sara All-*

good (Mrs. Midget), Dennis King (Reverend Duke), Isobel Isom (Mrs. Cliveden-Banks), Gilbert Emery (Cliveden-Banks), Lester Matthews (Dispatcher), Pat O'Moore. SW 112 Min.

London, 1944: Der Journalist Henry und seine Frau Ann, trotz ihrer angelsächsischen Vornamen Österreicher, fliehen in einem Auto vor einem Luftangriff der Nazis, um ein Schiff in die USA zu erreichen. Der Wagen wird getroffen, die beiden fliegen durch die Landschaft. Sie kehren nach Hause zurück, um sich mit Gas das Leben zu nehmen, doch sie finden sich plötzlich an Bord eines Schiffes mit unbekanntem Ziel wieder. Ihnen wird klar, dass sie tot sind – und wie die anderen Passagiere unterwegs ins Jenseits. Keiner der Passagiere weiß, was ihn erwartet, alle harren aus, bis ein »Prüfer« auftritt und den Wartenden ihren Bestimmungsort mitteilt. Als Selbstmörder erwartet Henry und Anne eine Art Fegefeuer, doch sie bitten um eine neue Chance. Der Prüfer gibt nach. Sie kommen gerade noch rechtzeitig nach Hause zurück, um das Gas abzuschalten. – Diese kammerspielartige, bestens besetzte Geschichte verbreitet eine fesselnde Atmosphäre.

DIE ZWÖLF MONATE

(DWENADZAT MESSKAZEW). UdSSR 1956. **R:** Iwan Iwanow-Wano. **B:** Samuil Marshak, Nikolai Erdman. **K:** Nikolai Woinow, Jelena Petrowna. **M:** M. Weinberg. **D:** Erast Garin (Professor). F 55 Min. (Zeichentrick).

Eine launische Prinzessin verlangt an einem bitterkalten Winterabend nach Schneeglöckchen. Stiefmutter und Stiefschwester schicken ein armes Mädchen in den Wald, das Verlangte zu holen. Die Kleine überlebt allein durch den Beistand von zwölf bärtigen Brüdern, welche die Monate repräsentieren. Als Prinzessin, Stiefmutter und -schwester nachsehen wollen, woher das Dummerle mitten im kalten Winter die wunderschönen Blumen herhat, werden sie von den Monatsbrüdern tüchtig bestraft. – Bekanntes Märchen des russischen Animationsfilmpioniers Iwanow-Wano aus dem Sojusmultstudio.

DIE REGISSEURE UND IHRE FILME

Aaron, Paul: *Maxie*

Abuladse, Tengis: *Eine Halskette für meine Geliebte*

Acasio, Ric P.: *Zimatar*

Acevski, Jon: *Freddie der Superfrosch*

Achternbusch, Herbert: *Das Gespenst*

Aldridge, Robert: *Sodom und Gomorrha*

Alin, Per: *Die Reise nach Melonia*

Allen, Corey: *Weihnachtsmänner haben's schwer*

Allen, Woody: *Purple Rose of Cairo; Eine Sommernachts-Sexkomödie; Stardust Memories; Zelig; Alice (1990)*

Allens, Roger: *Der König der Löwen*

Alten, Jürgen von: *Tischlein, deck dich*

Amenta, Pino: *Ferien mit Sindbad*

Ancilotto, Alberto: *Der verzauberte Wald*

Anders, Erwin: *Das Zaubermännchen*

Annakin, Ken: *Miranda; Pippi Langstrumpfs neueste Streiche*

Annaud, Jean-Jacques: *Am Anfang war das Feuer*

Antel, Franz: *Lumpazivagabundus*

Anton, Amerigo: *Maciste besiegt den Feuerteufel; Marco – der Unbezwingbare; Samson und die weißen Sklavinnen*

Antonacci, Greg: *Splash, Too*

Araminas, Algirdas: *Die Zaubermuschel*

Ardolino, Emile: *Ein himmlischer Liebhaber*

Ashton, David: *Freddie der Superfrosch*

Atakschijew, Ali Settar: *Garib im Lande des Dshinn; Das Geheimnis der Festung; Der Zaubermantel*

Audry, Jacqueline: *Geschlossene Gesellschaft*

Autant-Lara, Claude: *Die Blume der Nacht; Sylvia und das Gespenst*

Babitschenko, Dimitri: *Die Abenteuer des Buratino (1953)*

Bail, Charles: *Conan, der Abenteurer – Wie alles begann*

Baker Graham: *Beowulf*

Bakshi, Ralph: *Feuer und Eis; Der Herr der Ringe; Die Welt in 10 Millionen Jahren*

Baky, Josef von: *Münchhausen; Die seltsame Geschichte des Brandner Kaspar*

Balada, Ivan: *Das Wasser des Lebens*

Baldi, Ferdinando: *David und Goliath;*

Das Geheimnis der vier Kronjuwelen

Baldi, Marcello: *Die Arche Noah*

Ballard, Caroll: *Der Nußknacker*

Ballmann, Herbert: *Der Teufel vom Mühlenberg*

Bancroft, Tony: *Mulan*

Band, Albert: *Rexosaurus*

Band, Charles: *Rexosaurus*

Bär, Rainer: *Die Schöne und das Tier*

Barke, Lothar: *Der arme Müllersbursch und das Kätzchen*

Barkowsky, Helmut: *Der arme Müllersbursch und das Kätzchen*

Barmettler, Joseph John: *Time Barbarians*

Barron, Steve: *Die Legende von Pinocchio; Merlin*

Bartlett, Hall: *Die Möwe Jonathan*

Barton, Charles: *Der unheimliche Zotti*

Bass, Jules: *Das letzte Einhorn*

Batalow, Alexej: *Gestohlenes Leben; Der Mantel*

Battiato, Giacomo: *Das Duell der Besten*

Bava, Mario: *Aladins Abenteuer; Vampire gegen Herakles*

Bava, Lamberto: *Prinzessin Alisea; Der Ring des Drachen*

Baxter, John: *Das Drachenschloss*

Beatles, The: *Magical Mystery Tour*

Beatty, Warren: *Der Himmel soll warten*

Beaumont, Gabrielle: *Beastmaster – Das Auge des Braxus*

Beck, Walter: *Dornröschen (1971); König Drosselbart (1965); Der Bärenhäuter; Der Froschkönig (1987); Der Prinz hinter den sieben Meeren*

Becker, Jacques: *Ali Baba*

Bedrich, Václav: *Die Teufelskäthe*

Beebe, Ford: *Bomba – der Dschungelboy; Bomba – der Erbe Tarzans; Bomba – der Rächer; Bomba – Herr der Elefanten; Bomba – Rache im Dschungel; Bomba und der schwarze Panther; Bomba und der tote Vulkan; Der goldene Götze*

Bekmijew, Ilmurad: *Das Märchen von den Zauberperlen*

Beeman, Greg: *Supercat – Die reichste Katze der Welt*

Benegal, Shyam: *Die Zauberwurzel*

Benigni, Roberto: *Ein himmlischer Teufel*

Berger, Ludwig: *Der Dieb von Bagdad;*

Der verlorene Schuh

Bergman, Ingmar: *Gefängnis; Das Gesicht;*
Die Jungfrauenbrücke; Die Jungfrauenquelle;
Das siebente Siegel; Wilde Erdbeeren;
Die Zauberflöte

Bergmann, Michel: *My Lovely Monster*

Berman, Ted: *Taran und der Zauberkessel*

Bernds, Edward: *Haut den Herkules*

Berz, Michael: *Schneewittchen* (1986)

Biebrach, Rudolf: *Die Dame, der Teufel*
und die Probiermamsell

Blatt, Edward A.: *Zwischen zwei Welten*

Blazekovic, Milan: *Aufruhr im Zauberwald;*
Lapitch, der kleine Schuhmacher

Bleiweiss, Celino: *Der kleine und der große Klaus;*
Die schwarze Mühle;
Zauber um Zinnober

Bluth, Don: *Mrs. Brisby und das Geheimnis von*
Nimh; Don Bluths Däumeline; Feivel,
der Mauswanderer; In einem Land vor
unserer Zeit; Der Zaubertroll

Bluth, Toby: *Die phantastische Reise ins*
Spielzeugland

Bocan, Hynek: *Mit dem Teufel ist nicht*
gut spaßen

Bogart, Paul: *Oh, Gott! Du Teufel;*
Das Gespenst von Canterville

Bohm, Hark: *Wir pfeifen auf den Gurkenkönig*

Bolvary, Geza von: *Lumpacivagabundus*

Bondartschuk, Natalja: *Bambi*

Bonnard, Mario: *Theseus, Held von Hellas*

Boorman, John: *Excalibur; Der Smaragdwald*

Borsody, Eduard von: *Liane, das Mädchen*
aus dem Urwald

Bostan, Elisabeta: *Vom Wolf und den pfiffigen*
Geißlein; Das Schloss hinterm Regenbogen

Borzage, Frank: *Der Fischer von Galiläa*

Bozzetto, Bruno: *Allegro non troppo*

Bradley, Al: *Iron Warrior*

Bragaglia, Carlo Ludovico: *Kreuz und Schwert;*
Die Liebesnächte des Herkules;
Ursus im Tal der Löwen

Brahm, John: *Die Heilige von Fatima*

Branagh, Kenneth: *Schatten der Vergangenheit*

Brandauer, Karin: *Aschenputtel* (1989)

Brandon, Phil: *Tarzan rettet die*
Dschungelgöttin

Branss, Truck: *Coppelia*

Brauer, Jürgen: *Gritta von Rattenzuhausbeiuns;*
Lorenz im Land der Lügner

Brenon, Herbert: *Peter Pan*

Brescia, Alfonso: *Frauen, die man Töterinnen*
nannte; Kampf um Atlantis

Bresson, Robert: *Lancelot, der verwegene Ritter*

Brizzi, Paul: *Asterix – Sieg über Cäsar*

Brizzi, Gaeten: *Asterix – Sieg über Cäsar*

Brock, Deborah: *Phantastic Adventure*

Broderick, John C.: *Der Krieger und die Hexe*

Brooks, Adam: *Rotkäppchen* (1987)

Brooks, Albert: *Rendezvous im Jenseits*

Bruce, John: *Miss Morisons Geist*

Brustellin, Alf: *Das goldene Ding*

Buck, Chris: *Tarzan*

Buechler, John Carl: *Troll*

Bulajic, Veljko: *Der Mann, den man töten sollte*

Bunejew, Boris: *Oljas Abenteuer mit*
dem Hausgeist

Buñuel, Luis: *Ein andalusischer Hund;*
Der diskrete Charme der Bourgeoisie;
Das Gespenst der Freiheit;
Das goldene Zeitalter; Die Milchstraße;
Simon in der Wüste; Der Würgeengel

Buricchi, Pino: *Das Schwert des Barbaren*

Burton, Richard: *Doktor Faustus*

Burton, Tim: *Beetlejuice; Sleepy Hollow*

Butler, David: *Der Weg nach Marokko*

Butoy, Hendel: *Bernard und Bianca im*
Känguruhland – Die Mäusepolizei II

Bykow, Rolan: *Aibolit – 66; Auto,*
Geige und der Hund Klecks

Bytschkow, Wladimir: *Achtung, in der Stadt*
ist ein Zauberer; Die traurige Nixe;
Das Herbstgeschenk der Fee

Cahn, Edward L.: *Die Schönheit*
und das Ungeheuer

Caiano, Mario: *Herkules, der Sohn der Götter;*
Maciste, der Held von Sparta

Camacho, Art: *Little Bigfoot*

Camerini, Mario: *Die Fahrten des Odysseus*

Camp, Joe: *Ein Himmelhund von*
einem Schnüffler

Campogalliani, Carlo: *Herkules, der Schrecken*
der Hunnen; Maciste, der Rächer
der Pharaonen; Ursus, Rächer der Sklaven

Campus, Michael: *Jesus von Nazareth*

Camus, Marcel: *Orfeu Negro*

Cantin, Roger: *Matusalem –*
Der Fluch des Piraten

Capitani, Giorgio: *Theseus, Held von Hellas;*
Die Stunde der harten Männer

Capra, Frank: *Ist das Leben nicht schön?*

Capuano, Luigi: *Herkules, der Held von*
Karthago; Samson gegen die Korsaren
des Teufels

Cardona, René: *Däumling und die Siebenmeilenstiefel*
Carné, Marcel: *Die Nacht mit dem Teufel*
Carpenter, John: *Big Trouble in Little China*
Castellano: *Meine Frau ist eine Hexe*
Castellari, Enzo G.: *Sindbad, Herr der sieben Meere*
Castle, Nick: *Der Knabe, der fliegen konnte*
Caston, Hoite C.: *Das fliegende Moped*
Cates, Gilbert: *Tracy trifft den lieben Gott*
Chapman, Brenda: *Der Prinz von Ägypten*
Chapman, Michael: *Ayla und der Clan der Bären*
Chaffey, Don: *Elliott – das Schmunzelmonster; Jason und die Argonauten*
Cherry, John: *Ernst rettet Weihnachten; Chaotisches Halloween*
Chodatejeva, Olga: *Die Schneesturmhexe*
Christensen, Benjamin: *Hexen*
Christian, Roger: *Nostradamus*
Cimber, Matt: *Hundra*
Clair, René: *Meine Frau, die Hexe; Der Pakt mit dem Teufel*
Clarke, Les: *Dornröschen und der Prinz*
Clayton, Jack: *Das Böse kommt auf leisen Sohlen*
Clegg, Tom: *Magic Woman*
Clements, Ron: *Aladdin; Arielle – Die Meerjungfrau; Hercules – Zug der Helden*
Clucher, Enzo Barboni: *Wenn man vom Teufel spricht*
Coates, Lewis: *Die Abenteuer des Herkules (II); Herkules*
Cocteau, Jean: *Das Blut eines Dichters; Es war einmal, Orpheus, Das Testament des Orpheus*
Coghill, Nevill: *Doktor Faustus*
Cohen, Rob: *Dragonheart*
Cohn, Michael: *Schneewittchen* (1996)
Cokliss, Harley: *Hercules und das vergessene Königreich*
Coldewey, Michael: *Die furchtlosen Vier*
Collande, Volker von: *Kaspers Reise um die Welt*
Collman, Volker: *Hänsel und Gretel – The Magic Forest*
Comencini, Luigi: *Pinocchio*
Connelly, Marc: *Die grünen Weiden*
Connor, Kevin: *Im Banne des Kalifen*
Conway, Jack: *Tarzans Vergeltung*
Coppola, Francis Ford: *Der goldene Regenbogen; Peggy Sue hat geheiratet*
Cook, Barry: *Mulan*
Cook, Fielder: *Die Schöne und das Biest*

Corbucci, Bruno: *Aladin*
Corbucci, Sergio: *Romulus und Remus*
Corea, Nicholas: *Der Zauberbogen*
Corona, Alfonso: *Deathstalker III*
Coscarelli, Don: *Beastmaster – Der Befreier*
Costa, Fabrizio: *Tristan und Isolde – Eine Liebe für die Ewigkeit*
Cottafavi, Vittorio: *Herkules erobert Atlantis; Die Rache des Herkules*
Cozzi, Luigi: *Herkules*
Cukor, George: *Der blaue Vogel*
Cullinane, Jeremiah: *Mystic Knights – Die Legende von Tir Na Nog*
Curtiz, Michael: *Die Arche Noah; Franz von Assisi; Die Sklavenkönigin*
Cvrcek, Radim: *Hinter der Scheune ist ein Drache; Gespenster aus dem Dachfenster*

Daalder, Rene: *Es lebt!*
Daikubara, Akira: *Der Zauberer und die Banditen*
Dallamano, Massimo: *Das Bildnis des Dorian Gray*
Damski, Mel: *Zeitsprung in die Tafelrunde*
Danielsson, Tage: *Ronja Räubertochter*
D'Anna, Claude: *Macbeth* (1986)
Dante, Joe: *Unheimliche Schattenlichter; Gremlins – Kleine Monster; Gremlins II – Die Rückkehr der kleinen Monster; Small Soldiers*
Darabont, Frank: *The Green Mile*
Darnell, Eric: *Antz!*
Davis, Desmond: *Kampf der Titanen*
Davis, Michael Paul: *Der kleine Gigant*
Day, Robert: *Tarzan am großen Fluß; Tarzan, der Gewaltige; Tarzans Todesduell*
De Andrade, Joaquin Pedro: *Macunaima*
De Bosio, Gianfranco: *Moses*
De Broca, Philippe: *Sheherazade – Mit 1.001 PS ins Abenteuer*
De Jong, Ate: *Mein böser Freund Fred*
De Martino, Alberto: *Perseus – der Unbesiegbare; Der stärkste Mann der Welt*
De Rycker, Piet: *Tobias Totz und sein Löwe*
De Sica, Vittorio: *Das Jüngste Gericht findet nicht statt; Das Wunder von Mailand*

Dear, William: *Bigfoot und die Hendersons; Angels – Engel gibt es wirklich*
Decker, Josh: *Hercules im Labyrinth des Minotaurus*

Del Ruth, Roy: *Die merkwürdigen Abenteuer des Mr. Topper*

Delannoy, Jean: *Das Spiel ist aus; Bernadette – das Wunder von Lourdes*

DeMille, Cecil B.: *Samson und Delilah; Die zehn Gebote (1923); Die zehn Gebote (1956)*

Demy, Jacques: *Der Rattenfänger von Hameln*

Denning, Martin: *Conan, der Abenteurer – Wie alles begann*

Deodato, Ruggero: *Die Barbaren*

Derek, John: *Tarzan, Herr des Urwalds; Mein Geist will immer nur das eine*

Diehl, Ferdinand: *Der Flaschenteufel; Immer wieder Glück; Die sieben Raben*

Dieterle, Wilhelm: *Ein Sommernachtstraum; Der Teufelsbauer; Salome; Jenny*

Dinow, Todor: *Der Drache*

Dmytryk, Edward: *Ein sonderbarer Heiliger*

Dodson, James: *Der heilige Orden der Delta-Ritter*

Domaradzki, Jerzy: *Hüter des Drachens*

Domeneghini, Antonio Gino: *Die Rose von Bagdad*

Donen, Stanley: *Der kleine Prinz; Mephisto 68*

Donner, Clive: *Der Dieb von Bagdad; Abenteuer im Spielzeugland (1987); Merlin und das Schwert; Charles Dickens' Weihnachtsgeschichte*

Donner, Richard: *Die Goonies; Der Tag des Falken; Die Geister, die ich rief*

Donovan, Paul: *Fantasy Island – Die Geisterinsel*

Dorn, Dieter: *Faust (1988)*

Drake, Jim: *Die Frau, die vom Himmel fiel*

Drexler-Just, Heide: *Dornröschen (1967)*

Dreyer, Carl Theodor: *Blätter aus dem Buche Satans; Das Wort*

Driver, Sara: *When Pigs Fly*

Du Chau, Frederick: *Das magische Schwert – Die Legende von Camelot*

Dudko, Apollinari: *Dornröschen (1964)*

Dunning, George: *Yellow Submarine*

Dutillieu, José: *Die Schlümpfe und die Zauberflöte*

Duvivier, Julien: *Kreuz von Golgatha; Der Teufel und die zehn Gebote; Das zweite Gesicht*

Dziki, Waldemar: *Der kleine Magier*

Edwards, Blake: *Switch – Die Frau im Manne; Ein himmlischer Schnüffler*

Edzard, Christine: *Geschichten aus einem fliegenden Koffer*

Ehmck, Gustav: *Neues vom Räuber Hotzenplotz; Der Räuber Hotzenplotz*

Eichberg, Richard: *Das indische Grabmal; Indische Rache*

Elfman, Richard: *Totaler Sperrbezirk*

Emmerich, Roland: *Hollywood-Monster; Joey*

Endfield, Cyril: *Tarzan, der Verteidiger des Dschungels*

Engel, Christoph: *Das Zaubermännchen*

English, John: *Tarzan auf der Schatzinsel*

Erice, Victor: *Der Geist des Bienenstocks*

Erler, Rainer: *Seelenwanderung*

Eubanks, Corey Michael: *Mein großer Freund Bigfoot*

Faisijew, Chabibulla: *Der Prinz und der Töpfer; Der Wundervogel Semurg*

Faisijew, Latif: *Ali Baba und die vierzig Räuber; Legende von der Liebe*

Falkenstein, Jun: *Tiggers großes Abenteuer mit Winnie Puuh und seinen Freunden*

Fant, Kenne: *Die Abenteuer des Nils Holgersson*

Faustman, Erik: *Die Jungfrau und der Teufel*

Fearnley, Neil: *Hilfe, ich bin ein Hund*

Feldman, Marty: *Dreist und gottesfürchtig*

Fellini, Federico: *Achteinhalb; Fellinis Satyricon; Stadt der Frauen*

Ferrer, Mel: *Tropenglut*

Ferreri, Marco: *Affentraum*

Ferroni, Giorgio: *Die Bacchantinnen*

Fiedler, Fritz: *Der verzauberte Königssohn; Der kleine Muck*

Field, Ron: *Pinocchio*

Finch, Charles: *Liebestraum*

Finlay, Jo: *Barbarian Queen II – Die Rache ist mein*

Flaherty, Paul: *Endlich wieder 18*

Fleischer, Dave: *Gullivers Reisen*

Fleischer, Richard: *Barabbas; Conan – der Zerstörer; Doctor Dolittle; Red Sonja*

Fleming, Victor: *Das zauberhafte Land; Kampf in den Wolken*

Flender, Rodman: *Leprechaun II*

Flimm, Jürgen: *Das Mädchen aus der Feenwelt oder Der Bauer als Millionär*

Florey, Robert: *Tarzan in Gefahr*

Floyd, Drago: *Troll 2*

Fonvielle, Lloyd: *Tote Engel lügen nicht*

Forbes, Bryan: *Cinderellas silberner Schuh*

Fosse, Bob: *Hinter dem Rampenlicht*

Francisci, Pietro: *Herkules, Samson und Odysseus; Herkules und die Königin der Amazonen; Die unglaublichen Abenteuer des Herkules*

Frankel, Cyril: *Eine Frau namens Harry*

Freda, Riccardo: *Maciste, der Rächer der Verdammten; Maciste in der Gewalt des Tyrannen; Das Schwert des roten Giganten*

Fredersdorf, Herbert B.: *Der gestiefelte Kater; Die Prinzessin und der Schweinehirt; Rumpelstilzchen; König Drosselbart*

Freitag, Hayo: *Käpt'n Blaubär – Der Film*

Fric, Martin: *Die Prinzessin mit dem goldenen Stern*

Friedrich, Götz: *Rotkäppchen*

Fulci, Lucio: *Conquest*

Fürneisen, Bodo: *Die Geschichte vom goldenen Taler*

Fürstenberg, Veith von: *Feuer und Schwert*

Gabriel, Michael: *Bernard und Bianca im Känguruhland – Die Mäusepolizei II*

Gale, Joze: *Peter und der Riese*

Garcia de Dueñas, Jesus: *Der Teufel und seine zwei Töchter*

Garnett, Tay: *Unter schwarzem Visier*

Gartner, James: *Der goldene Tempel der Amazonen*

Gaspard-Huit, Pierre: *Sheherazade – Der goldene Löwe von Bagdad*

Gates, Martin: *Die Schneekönigin; Die Schneekönigin II: Rückkehr in den Eispalast*

Gavioli, Roberto: *Mario d'Oro und Bello Blue*

Geelen, Harrie: *Oglu, das freche Drachenmonster*

Geis, Rainer: *Die Bremer Stadtmusikanten*

Gémes, József: *Prinzessin Aline und die Groblins*

Genschow, Fritz: *Aschenputtel; Dornröschen; Frau Holle; Die Gänsemagd; Hänsel und Gretel; Das Mädchen mit den Schwefelhölzern; Rotkäppchen; Tischlein, deck dich*

Gentilomo, Giacomo: *Macistes größtes Abenteuer; Siegfried – Die Sage der Nibelungen*

Geronimi, Clyde: *Cinderella; Peter Pan's heitere Abenteuer; Alice im Wunderland (1951); Dornröschen und der Prinz; Musik, Tanz und Rhythmus*

Gibbons, Cedric: *Tarzans Vergeltung*

Gieras, Gregory: *Der geheimnisvolle Ritter*

Gil, Rafael: *Das Wunder von Fatima*

Gilbert, Brian: *Ich bin du*

Gillard, Stuart: *Zottis tolle Abenteuer*

Gilliam, Terry: *Jabberwocky; Die Ritter der Kokosnuß; Time Bandits; Die Abenteuer des Baron Münchhausen; König der Fischer*

Gion, Christian: *Ich bin dem Weihnachtsmann begegnet*

Girolami, Mario: *Achilles*

Gliese, Rochus: *Rübezahls Hochzeit*

Gök, Sahin: *Siyabend und Xece*

Golan, Menahem: *Der Magier*

Goldberg, Eric: *Fantasia 2000*

Goldman, Gary: *Don Bluths Däumeline; Der Zaubertroll*

Gordon, Bert I.: *Ascalon, das Zauberschwert; Jimmy und die Piraten*

Gordon, Robert: *Tarzan u. der Dschungelboy*

Gorikker, Wladimir: *Jolanta; Von der schönen Zarentochter und den sieben Recken*

Gorski, Peter: *Faust*

Goscinny, René: *Asterix, der Gallier; Asterix erobert Rom; Asterix und Cleopatra*

Götestam, Staffan: *Nils Karlsson Däumling*

Gottlieb, Franz Josef: *Hänsel und Gretel verliefen sich im Wald*

Gottlieb, Michael: *Mannequin; Knightskater – Ritter auf Rollerblades*

Gould, Charles S.: *Herrscher des Dschungels*

Gout, Alberto: *Adam und Eva*

Grammatikow, Wladimir: *Mio, mein Mio; Das scharlachrote Blümchen*

Green, Alfred E.: *Tausendundeine Nacht*

Greenaway, Peter: *Properos Bücher*

Greene, David: *Godspell*

Greenwald, Robert: *Xanadu*

Gres, Wiktor: *Das schwarze Huhn oder Die unterirdischen Bewohner*

Griffith, Charles B.: *Ein Königreich vor unserer Zeit*

Grimault, Paul: *Der König und der Vogel*

Grimm, Harry: *Frau Holle*

Grimond, Philippe: *Asterix – Operation Hinkelstein*

Gross, Yoram: *Cindy und das Zauberrätsel*

Grosvenor, Charles: *Die phantastische Reise ins Spielzeugland*

Gruel, Henri: *Asterix erobert Rom*

Gründgens, Gustaf: *Faust*

Grybtschewa, Iwanka: *Die 13. Braut des Prinzen*

Guillermin, John: *Sheena – Königin des Dschungels; Tarzan erobert Indien; Tarzans größtes Abenteuer*

Guillermon, Jean-Luis: *Der kleine Prinz*

Günther, Egon: *Wenn du groß bist,*
lieber Adam

Gusner, Iris: *Das blaue Licht*

Guy, Tony: *Watership Down – Unten am Fluß*

Hahn, Gerhard: *Asterix in Amerika; Benjamin*
Blümchen – Seine schönsten Abenteuer

Hall, Alexander: *Eine Göttin auf Erden;*
Mein Engel und ich; Urlaub vom Himmel

Hall, Kenneth J.: *Ghostwriter*

Hall, Mark: *Der Rattenfänger von Hameln*

Halvorson, Gary: *Die Abenteuer von Elmo*
im Grummelland

Hammerich, Rumle: *Otto ist ein Nashorn*

Hand, David D.: *Schneewittchen und*
die sieben Zwerge; Bambi

Harris, Harry: *Alice im Wunderland (1985)*

Harrowell, Jan: *Aladdin und der König*
der Diebe

Hartmann, Siegfried: *Das Feuerzeug;*
Die goldene Gans; Schneeweißchen
und Rosenrot (1979)

Hartzell, Päivi: *Die Schneekönigin*

Has, Wojciech J.: *Die Handschrift von Saragossa*

Haskin, Byron: *Kapitän Sindbad; Tarzan*
rettet die Dschungelkönigin

Hatchcock, Rob: *Duck Tales – Der Film*

Hathaway, Henry: *Prinz Eisenherz*

Hausdorf, Rainer: *Die klugen Dinge*

Heinz, Hilpert: *Die unheimlichen Wünsche*

Hellbom, Olle: *Die Brüder Löwenherz; Karlsson*
auf dem Dach; Pippi außer Rand und Band;
Pippi geht von Bord; Pippi in Taka-Tuka-Land;
Pippi Langstrumpf

Henning, Peter: *Der Zauberkasten*

Henry, Buck: *Der Himmel soll warten*

Henson, Brian: *Die Muppets – Die Schatzinsel;*
Die Muppets Weihnachtsgeschichte

Henson, Jim: *Der dunkle Kristall;*
Die Reise ins Labyrinth

Hernadi, Tibor: *Merlin und der Zaubertrank*

Herz, Joachim: *Der fliegende Holländer*

Herz, Juraj: *Die Jungfrau und das Ungeheuer;*
Das neunte Herz; Galoschen des Glücks;
Der Froschkönig

Herz, Michael: *Sgt. Kabukiman –*
New York Police Department

Herzfeld, John: *Zwei vom gleichen Schlag*

Hess, Joachim: *Der Freischütz*

Hessler, Gordon: *Sindbads gefährliche*
Abenteuer

Hewitt, Peter: *Ein Fall für die Borger*

Hickner, Steve: *Der Prinz von Ägypten*

Hickox, Anthony: *Prinz Eisenherz (1996)*

Hills, David: *Ator, Herr des Feuers; Ator 2 –*
Der Unbesiegbare; Troll – Das Schwert
der Macht

Hilpert, Heinz: *Liebe, Tod und Teufel*

Hird, Robert: *Mister Horatio Knibbles*

Hobl, Pavel: *Habt Ihr einen Löwen zu Hause?*

Hoffmann, Kurt: *Das Spukschloss im Spessart*

Hoffmann, Michael: *Ein Sommernachts-*
traum (1999)

Hogesteijn, Solveig: *Das Meer*
der verlorenen Zeit

Holland, Tom: *Stephen Kings Thinner –*
Der Fluch

Holleb, Allan: *Der ausgeflippte College-Geist*

Holly, Martin: *Der Salzprinz*

Horal, Ales V.: *Die verzauberte Anicka*

Hoven, Adrian: *Siegfried und das sagenhafte Lie-*
besleben der Nibelungen

Howard, Ron: *Der Grinch; Splash –*
Jungfrau am Haken; Willow

Hübler-Kahla, J. A.: *Die Welt dreht*
sich verkehrt

Hübner, Wolfgang: *Gevatter Tod;*
Jorinde und Joringel

Hudson, Hugh: *Greystoke*

Hughes, Ken: *Tschitti tschitti bäng bäng*

Humberstone, Bruce: *Tarzan und die verschollene*
Safari; Tarzans Kampf ums Leben

Hunsicker, Jason: *Der Froschkönig (1988)*

Hunt, Maurice: *Der Pagemaster –*
Richies fantastische Reise

Hunt, Paul: *October 32nd*

Hunt, Peter: *Gullivers Reisen;*
Engel auf Abwegen

Huse, Michael F.: *Die Story*
von Monty Spinnerratz

Huston, Danny: *Eisprinzessin;*
Auf der Suche nach Bigfoot

Huston, John: *Die Bibel*

Huettner, Ralf: *Das Mädchen*
mit den Feuerzeugen

Ibragimow, Ashdar: *Meine Liebe –*
meine Trauer

Ichikawa, Kon: *Die Legende von der*
Mondprinzessin

Idsöe, Vibeke: *Auf der Jagd nach dem*
Nierenstein

Iljenko, Juri: *Das Lied von der Waldfee;*

Der Abend vor der Sonnenwende
Image, Jean: *Aladin und die Wunderlampe;*
Däumlings wundersame Reisen und
Abenteuer; Der tollkühne Lügenbaron
Ingham, Keith: *Die Schöne und*
das Biest – Weihnachtszauber
Irvin, Sam: *Magic Island*
Irving, David: *Dornröschen* (1987);
Rumpelstilzchen (1987)
Iwanow-Wano, Iwan: *Das bucklige Pferdchen;*
Die Abenteuer des Buratino (1953);
Die zwölf Monate

Jackson, Wilfred: *Alice im*
Wunderland (1951); *Cinderella;*
Musik, Tanz und Rhythmus;
Peter Pans heitere Abenteuer
Jafelice, Raymond: *Bärchis Abenteuer*
im Wunderland
Jakuba, Jaroslav: *Der kleine Prinz* (1997)
Jakubisco, Jurai: *Frau Holle* (1985)
Janjic, Zoran: *Arthur, König von Camelot*
Jankel, Annabel: *Super Mario Bros.*
Janssen, Walter: *Hänsel und Gretel;*
Rotkäppchen
Jarman, Derek: *Der Sturm*
Jason, Will: *Abu Andar, Held von Damaskus*
Jazny, Vojtech: *Wenn der Kater kommt*
Jeffries, Lionel: *Der kleine Schornsteinfeger auf*
dem Meeresgrund; Die Wunder des Herrn B.
Jensen, Frank: *Oglu, das freche*
Drachenmonster
Jerschow, Konstantin: *Stepans Vermächtnis*
Jeunet, Jean-Pierre: *Die Stadt der*
verlorenen Kinder
Jewison, Norman: *Jesus Christ Superstar*
Jie, Fu: *Ailifu und die schöne Prinzessin*
Jodorowsky, Alexandro: *El Topo;*
Montana Sacra
Johnson, Kenneth: *Die Geisterjäger*
Johnson, Tim: *Antz!*
Johnsten, Joe: *Jumanji*
Jones, Mark: *Leprechaun*
Jones, Terry: *Erik der Wikinger; Monty*
Pythons Der Sinn des Lebens;
Der Ritter der Kokosnuß
Jonze, Spike: *Being John Malkovich*
Jordan, Neil: *Die Zeit der Wölfe;*
High Spirits – Die Geister sind willig
Juferow, Michail: *Das fliegende Schiff*
Junkersdorf, Eberhard: *Die furchtlosen Vier*
Juran, Nathan: *Das goldene Schwert;*

Der Herrscher von Cornwall; Das Schwert
des Königs; Sindbads siebente Reise
Jusowski, Michail: *Abenteuer mit der Tarnkappe;*
Am Sankt-Nimmerleinstag

Kachlik, Antonin: *Prinz Bajaja; Prinzessin Julia*
Kachyna, Karel: *Die kleine Meerjungfrau*
Kadar, Jan: *Drei Wünsche*
Kadotschnikow, Pawel: *Schneeflöckchen*
Kann, Michael: *Eine zauberhafte Erbschaft*
Karis, Helle: *Die elf Schwäne*
Kasanski, Gennadi: *Der Zauberer aus der Flasche;*
Die Schneekönigin
Katkics, Ilona: *Der Feenprinz*
Katsumata, Tomoji: *Die kleine Seejungfrau*
Kaufman, Lloyd: *Sgt. Kabukiman –*
New York Police Department
Kaufmann, Edgar: *Der Haken*
Kaul, Mani: *Zwei Gesichter*
Käutner, Helmut: *Der Apfel ist ab; In jenen*
Tagen; Der Traum von Lieschen Müller
Keen, Bob: *Videosurfer*
Keighley, William: *Die grünen Weiden*
Keglevic, Peter: *Magic Sticks*
Keller, Frederick King: *Das Geheimnis*
der Amaryllis
Keller, Harry: *Mein Zimmer wird zum Harem*
Kellino, W. F.: *Pat und Patachon im*
Raketenomnibus
Kelly, Gene: *Jack und die Wunderbohnen*
Kerp, Theo: *Der kleine Prinz* (1997)
Kimjagarow, Boris: *Mit den Schlangen kam der*
Tod; Die Rustam-Legende; Die Schlacht im
Tal der Tulpen; Die Tragödie von Siawusch
King, Henry: *Karussell*
Kinney, Jack: *Musik, Tanz und Rhythmus;*
Wenn es Nacht wird in Arabien
Kiral, Erden: *Dilan*
Kirsch, John: *Jesus*
Klein, Gerhard: *Die Geschichte*
vom armen Hassan
Klopfenstein, Clemens: *Macao oder die Rückseite*
des Meeres; Der Ruf der Sibylla
Klos, Elmar: *Drei Wünsche*
Kneeland, Ted: *Doktor Coppelius*
Knight, Andy: *Die Schöne und das Biest –*
Weihnachtszauber
Kobayashi, Masaki: *Kwaidan*
Kobler, Erich: *Die Heinzelmännchen;*
Rübezahl, Herr der Berge; Schneeweißchen
und Rosenrot; Schneewittchen und
die sieben Zwerge

Kolditz, Gottfried: *Frau Holle; Schneewittchen*

Konchalovsky, Andrei: *Die Abenteuer des Odysseus*

König, Ulrich: *Meister Eder und sein Pumuckl; Hatschipuh*

Korda, Alexander: *Samson und Delilah*

Korda, Zoltan: *Der Dieb von Bagdad; Das Dschungelbuch*

Korty, John: *Ms. Scrooge*

Korytowski, Manfred: *Pumuckl und der blaue Klabauter*

Koschewerowa, Nadeshda: *Aschenbrödel; Nachtigall; Die Prinzessin mit der Eselshaut; Ein uraltes Märchen; Zarewitsch Proscha*

Kosinzew, Grigori: *Don Quichotte*

Koster, Henry: *Das Gewand; Jede Frau braucht einen Engel; Mein Freund Harvey*

Kovacs, Gedeon: *Die Bremer Stadtmusikanten*

Koval, Ota: *Der Katzenprinz*

Kowalchuk, William R.: *Rudolph mit der roten Nase*

Králová, Drahomira: *Hexen aus der Vorstadt*

Kratzert, Hans: *Der Drache Daniel; Hans Röckle und der Teufel*

Kroon, Bert: *Oglu, das freche Drachenmonster*

Kull, Edward: *Tarzans neuestes Abenteuer*

Kümel, Harry: *Malpertuis*

Kuri, Ippei: *Die Abenteuer des Pinocchio*

Kurosawa, Akira: *Das Schloss im Spinnwebwald*

Kwapis, Ken: *Vibes – die übersinnliche Jagd nach der glühenden Pyramide*

Lacy, Joe: *Die Hexe ohne Besen*

Lahola, Leopold: *Die süße Zeit mit Kalimagdora*

Lahti, Katharina: *Waldapfel*

Laine, Edvin: *Prinzessin Dornröschen*

Lamac, Carl: *Die Diebin von Bagdad*

Lamorisse, Albert: *Der rote Ballon*

Lamsveerde, Pino van: *Asterix bei den Briten; Die Glücksbärchi-Videoshow*

Landers, Lew: *Der rote Falke von Bagdad*

Landis, John: *Unheimliche Schattenlichter*

Lang, Fritz: *Das indische Grabmal; Liliom; Der müde Tod; Die Nibelungen*

Larson, Erik: *Dornröschen und der Prinz*

Lasseter, John: *Das große Krabbeln; Toy Story; Toy Story 2*

Latham, Larry: *Feivel, der Mauswanderer – Der Schatz von Manhattan; Feivel, der Mauswanderer IV – Das Ungeheuer von Manhattan Island*

Lattuada, Alberto: *Der Mantel*

Ledermann, Ross: *Tarzans Rache*

Lefler, Doug: *Dragonheart 2 – Ein neuer Anfang; Hercules und der flammende Ring*

Leighton, Eric: *Dinosaurier*

Leitner, Hermann: *Liane – die weiße Sklavin*

Leni, Paul: *Dornröschen (1917)*

Lenzi, Umberto: *Er – Stärker als Feuer und Eisen; Zorro gegen Maciste – Kampf der Unbesiegbaren*

Leone, Sergio: *Sodom und Gomorrha*

Leonviola, Antonio: *Maciste, der Sohn des Herkules; Maciste und die Königin der Nacht; Taurus – Der Gigant von Thessalien*

Lester, Richard: *Hi-Hi-Hilfe!*

Levin, Henry: *Aladins Abenteuer; Die Wunderwelt der Gebrüder Grimm*

Lewin, Albert: *Das Bildnis des Dorian Gray; Pandora und der fliegende Holländer; Saadia*

Lewis, Joseph H.: *Ein Pferd namens October*

Libratti, Gioacchino: *Zizi der Größte*

Lima, Kevin: *Tarzan*

Linda, Curt: *Das kleine Gespenst; Die kleine Zauberflöte; Konferenz der Tiere; Shalom Pharao*

Lindsey-Hogg, Michael: *Das Mädchen mit den Wunderhölzern*

Lipsky, Oldrich: *Unsere Geister sollen leben; Verschenktes Glück*

Locke, Sondra: *Ratboy*

Logan, Joshua: *Camelot*

Lord, Peter: *Chicken Run – Hennen rennen*

Losansky, Rolf: *Moritz in der Litfasssäule; Ein Schneemann für Afrika; Das Schulgespenst; Zirri – Das Wolkenschaf*

Losey, Joseph: *Der Junge mit den grünen Haaren*

Lotz, Karl Heinz: *Eisenhans*

Lubin, Arthur: *Ali Baba und die vierzig Räuber; Francis – ein Esel, Herr General; Der Gauner von Bagdad*

Lubitsch, Ernst: *Ein himmlischer Sünder*

Lukaszewicz, Jerzy: *Der Freund des lustigen Teufels*

Lupo, Michele: *Die gewaltigen Sieben; Der Stärkste unter der Sonne*

Luske, Hamilton: *Alice im Wunderland (1951); Cinderella; Musik, Tanz und Rhythmus; Peter Pan's heitere Abenteuer; Pinocchio*

Luther, Miroslav: *König Drosselbart (1984), Der treue Johannes*

Lynch, David K.: *Eraserhead*

MacDonald, Peter: *Die unendliche Geschichte III: Rettung aus Phantásien*

MacGowan, J. P.: *Tarzan und der goldene Löwe*

Mach, Jaroslav: *Das Märchen vom Bären Ondrej*

Macovec, Milos: *Der Kaiser und die Nachtigall*

Madsen, Peter: *Walhalla*

Mak, Michael: *Die Macht des Schwertes*

Malatesta, Guido: *Germanicus in der Unterwelt; Die Irrfahrten des Herkules; Maciste gegen die Kopfjäger*

Mancori, Alfredo: *Der größte Sieg des Herkules*

Mandel, Jeffrey: *Elves*

Mankiewicz, Joseph L.: *Ein Gespenst auf Freiersfüßen*

Mansurow, Bulat: *Eine glänzende Welt*

Manzor, René: *Le Passage – Reise in die Unendlichkeit*

Marcel, Terry: *Hawk – Hüter des magischen Schwertes*

Margheriti, Antonio: *Einer gegen das Imperium; Fluch des verborgenen Schatzes; Der goldene Pfeil; Jack the Snake – - die dunkle Macht des Sonnengottes; Ursus, Schrecken der Kirgisen*

Margolin, Stuart: *Halloween Twins – Jetzt hexen sie doppelt*

Marinescu, Serban: *Die Mühle des Califar*

Mark, David: *Ein Käfer geht aufs Ganze*

Marner, Eugene: *Der gestiefelte Kater; Die Schöne und das Biest (1987)*

Marsh, David: *The Lords of Magick*

Marshall, Frank: *Congo*

Marshall, Penny: *Big*

Martini, Richard: *Eine teuflische Karriere*

Marvin, Michael: *Hitch, der Geist aus der Flasche*

Matsutani, Rainer: *Nur über meine Leiche*

Mauri, Roberto: *Der Untergang des Leopardenreiches*

May, Joe: *Das indische Grabmal*

Mayfield, Les: *Das Wunder von Manhattan*

Maylam, Tony: *Die Morde der Dorian Gray*

McEveety, Vincent: *Charley und der Engel; Herbie dreht durch; Ein toller Käfer in der Rallye Monte Carlo*

McGaugh, Wilber F.: *Tarzans neuestes Abenteuer*

McGrath, Joe: *Magic Christian*

McGreevey, Michael: *Moglis große Abenteuer*

McLachlan, Duncan: *Das zweite Dschungelbuch*

McLeod, Norman Z.: *Das Doppelleben des Herrn Mitty; Topper geht auf Reisen; Zwei Engel ohne Flügel*

McNamara, Sean: *Casper – Wie alles begann; Casper trifft Wendy; Galgameth – Das Ungeheuer des Prinzen*

McTiernan, John: *Der 13. Krieger; Last Action Hero; Nomads – Tod aus dem Nichts*

Medoway, Cary: *Zurück aus der Vergangenheit*

Mehra, Umesh: *Ali Baba und die vierzig Räuber; Legende von der Liebe*

Meins, Gus: *Abenteuer im Spielzeugland*

Melendez, Bill: *Der Löwe und die Hexe*

Mendeluk, George: *Himmlische Sommerferien*

Mendes, Lothar: *Der Mann, der die Welt verändern wollte*

Mercellini, Siro: *Die Sklavinnen von Damaskus*

Meyer, Günter: *Olle Hexe; Sherlock Holmes und die sieben Zwerge; Spuk aus der Gruft; Spuk im Hochhaus; Spuk im Reich der Schatten*

Meyer, Otto: *Aufruhr im Schlaraffenland; Der Froschkönig*

Mezsáros, Márta: *Abschied vom Zauberwald*

Michel, André: *Das Mädchen aus dem Wald*

Milius, John: *Conan – der Barbar*

Millar, Gavin: *Das wahre Leben der Alice im Wunderland*

Miller, George: *Unheimliche Schattenlichter; Schweinchen Babe in der großen Stadt*

Miller, George (nicht zu verwechseln mit dem vorherigen Regisseur): *Die unendliche Geschichte II*

Miller, Randall: *Der Team-Geist*

Miller, Robert Ellis: *Brenda Starr*

Miller, Troy: *Jack Frost*

Minkoff, Rob: *Der König der Löwen; Stuart Little*

Minnelli, Vincente: *Brigadoon; Goodbye Charlie*

Mitta, Alexander: *Eine phantastische Geschichte*

Mizoguchi, Kenji: *Ugetsu – Erzählungen unter dem Regenmond*

Mocky, Jean-Pierre: *Litan*

Moorse, George: *Pan*

Mora, Hella: *Kaspers Reise zu den Zwergen*

Morgenstern, Janusz: *Hüter des Drachens*

Morris, Graham: *In einem Land vor unserer Zeit 3*

Morton, Rocky: *Super Mario Bros.*

Moskalyk, Antonin: *Der dritte Prinz*

Muchna, Milan: *Hopp! Und ein
Menschenaffe ist da*
Mulcahy, Russell: *Highlander – Es kann nur
einen geben; Highlander II – Die Rückkehr;
Highlander – Das Abenteuer beginnt*
Mulligan, Robert: *Liebesgrüße aus dem Jenseits*
Murch, Walter: *Oz – Eine phantastische Welt*
Murdmaa, Helle: *Karolinas Silberfaden*
Murnau, Friedrich Wilhelm: *Faust –
eine deutsche Volkssage*
Musker, John: *Aladdin; Arielle –
Die Meerjungfrau; Hercules;
Hercules – Zug der Helden*

Naghi, Gheorghe: *Der verzauberte Eichenwald*
Naylor, Lynne: *Hercules und Xena –
Der Kampf um den Olymp*
Nelson, Gary: *Ein ganz verrückter Freitag*
Nemoljajew, Wladimir: *Doktor Aibolit*
Nepp, József: *Schneeweiß*
Netschjew, L.: *Die Abenteuer
des Buratino* (1975)
Neumann, Hans: *Ein Sommernachtstraum*
Neumann, Kurt: *Der Sohn von Ali Baha;
Tarzan bricht die Ketten, Tarzan und das
Leopardenweib; Tarzan und die Amazonen;
Tarzan wird gejagt*
Newman, Joseph: *Tarzan,
der Herr des Urwalds*
Nibbelink, Phil: *Feivel, der Mauswanderer
im Wilden Westen*
Niblo, Fred: *Ben Hur*
Nicolaou, Ted: *Dragonworld;
Die Kobolde sind los*
Nicolella, John: *Kull – der Eroberer*
Nishizawa, Nobutaka: *Die wilden
Schwäne* (1978)
Noa, Manfred: *Helena*
Noda, Takuo: *Die kleine Seejungfrau*
Noonan, Chris: *Ein Schweinchen namens Babe*
Norton, Bill L.: *Hercules und das Amazonenheer;
Hercules in der Unterwelt*
Nowottny-Genschow, Rita-Maria:
Schneeweißchen und Rosenrot

Ocelot, Michel: *Kiriku und die Zauberin*
Oehmichen, Walter: *Brüderchen und
Schwesterchen; Die goldene Gans*
Okawara, Takao: *Madra, das achtköpfige
Drachenmonster*
Okejew, Tolmusch: *Der Nachkomme*

des Schneeleoparden
Olivera, Hector: *Barbarian Queen;
Wizards of the Lost Kingdom*
Ottinger, Ulrike: *Freak Orlando; Madame X*
Oz, Frank: *Der dunkle Kristall;
Der Indianer im Küchenschrank*

Pal, George: *Der mysteriöse Dr. Lao;
Der kleine Däumling; Die Wunderwelt
der Gebrüder Grimm*
Palasthy, György: *Onkel Tschili-Tschala,
der Zauberer*
Palmer, Thomas jr.: *Mystery Ghost*
Paolella, Domenico: *Kampf der Giganten;
Maciste im Kampf mit dem Piratenkönig*
Paradshanow, Sergej: *Schatten
vergessener Pferde*
Park, Nick: *Chicken Run – Hennen rennen*
Parker, Alan: *The Wall*
Párnacky, Stanislav: *Dornröschen* (1990)
Parolini, Gianfranco: *Herkules im Netz
der Cleopatra; Samson – Befreier der
Versklavten; Die unbesiegbaren Drei*
Partanen, Heikki. *Waldapfel*
Pasolini, Pier Paolo: *Accattone – Wer nie sein
Brot mit Tränen aß; Decameron; Edipo
Re – Bett der Gewalt; Erotische Geschichten
aus 1001 Nacht; Das erste Evangelium
Matthäus; Große Vögel – kleine Vögel;
Medea; Pasolinis tolldreiste Geschichten*
Pasquin, John: *Santa Clause –
Eine schöne Beschwerung*
Paul, John: *Hänsel und Gretel*
Peaty, Kevin: *Aladdin und der König der Diebe*
Perakis, Nicos: *Das goldene Ding*
Perry, Frank: *Hello Again –
Zurück aus dem Jenseits*
Petersen, Wolfgang: *Die unendliche Geschichte*
Petrovic, Aleksandar: *Der Meister
und Margarita*
Petzold, Konrad: *Die Geschichte von der
Gänseprinzessin und ihrem treuen Pferd Falada;
Das Kleid*
Picha: *Tarzoon – Schande des Dschungels*
Pichel, Irving: *Mr. Peabody
und die Meerjungfrau*
Pierotti, Piero: *Herkules – Rächer von Rom*
Piesis, Gunars: *Märchen vom Däumling*
Pietrangeli, Antonio: *Das Spukschloss
in der Via Veneto*
Pipolo: *Meine Frau ist eine Hexe*
Pleskot, Jaromir: *Knüppel aus dem Sack*

Plimová-Simková, Vera: *Das Eichhörnchen und die Zaubermuschel*

Podehl, Peter: *Frau Holle; Der Wolf und die sieben jungen Geißlein*

Poitier, Sidney: *Ghost Dad*

Polak, Jindrich: *Katja und die Gespenster; Pan Tau – Alarm in den Wolken; Pan Tau nimmt Abschied*

Polanski, Roman: *Macbeth*

Polidoro, Gian-Luigi: *Die Degenerierten*

Popescu-Gopo, Ion: *Der weiße Mohr*

Porter, Eric: *Die tollkühnen Abenteuer des Marco Polo junior*

Potter, Dennis: *Das wahre Leben der Alice im Wunderland*

Potter, Sally: *Orlando*

Potterton, Gerald: *Heavy Metal*

Pottier, Richard: *David und Goliath*

Powell, Michael: *Der Dieb von Bagdad; Irrtum im Jenseits; Die roten Schuhe*

Powolozkaja, Irina: *Die feuerrote Blume*

Pressburger, Emeric: *Die roten Schuhe*

Price, John: *Der Bettelprinz*

Prosperi, Franco: *Gunan – König der Barbaren; Throne of Fire*

Ptuschko, Alexander: *Das gestohlene Glück; Ilja Muromez; Das Märchen vom Zaren Saltan; Das Märchen von der verlorenen Zeit; Der neue Gulliver; Das purpurrote Segel; Ruslan und Ludmilla; Sadkos Abenteuer; Die steinerne Blume*

Pussurmonow, Viktor: *Der neunte Sohn des Hirten*

Pyun, Albert: *Talon im Kampf gegen das Imperium*

Quine, Richard: *Meine Braut ist übersinnlich; Zaubernächte des Orients*

Radunski, Alexandr: *Das Höckerpferdchen*

Radvanyi, Geza von: *Ein Engel auf Erden*

Raffill, Stewart: *Mannequin 2 – Der Zauber geht weiter*

Ramirez, Pedro L.: *Der Verräter des Herrn*

Rankin jr., Arthur: *Das letzte Einhorn*

Rao, Krishna: *Crossworlds*

Rapper, Irving: *Pontius Pilatus*

Ray, Nicholas: *König der Könige*

Ráza, Ludvík: *Schneewittchen und das Geheimnis der sieben Zwerge; Der Reisekamerad; Die sieben Raben*

Rebane, Bill: *Ein Supertruck auf Gangsterjagd*

Rees, Jerry: *Der tapfere kleine Toaster*

Reiner, Carl: *Oh, Gott; Solo für 2*

Reiner, Rob: *Die Braut des Prinzen*

Reinhardt, Max: *Die Insel der Seligen; Ein Sommernachtstraum*

Reiniger, Lotte: *Die Abenteuer des Prinzen Achmed*

Reinl, Harald: *Die Nibelungen; Das Schwert der Nibelungen*

Reitherman, Wolfgang: *Bernard und Bianca – Die Mäusepolizei; Dornröschen und der Prinz; Das Dschungelbuch (1967); Die Hexe und der Zauberer*

Reitz, Edgar: *Das goldene Ding*

René, Norman: *Zauberhafte Zeiten*

Resnais, Alain: *Das Leben ist ein Roman*

Ricci, Teodoro: *Thor der unbesiegbare Barbar*

Rich, Richard: *Taran und der Zauberkessel; Die Schwanenprinzessin; Die Schwanenprinzessin und das Geheimnis des Schlosses; Die Schwanenprinzessin und das verzauberte Königreich*

Richter, Hans: *Träume zu verkaufen*

Richter, Jürgen: *Die furchtlosen Vier*

Richter, W. D.: *Late for Dinner – Eine zeitlose Liebe*

Riesner, Charles: *Abenteuer im Harem*

Riley, Paul: *Pippi Langstrumpf in der Südsee*

Rissi, Michael: *Soultaker*

Ritchie, Michael: *Auf der Suche nach dem goldenen Kind; Der Zauberwunsch*

Rivette, Jacques: *Celie und Julie fahren Boot; Paris gehört uns; Unsterbliches Duell*

Roach, Hal: *Die Dame ist der Gatte*

Robbins, Matthew: *Der Drachentöter*

Robinson, Phil Alden: *Feld der Träume*

Robinson, Ted: *Tot lebt sich's besser*

Roeg, Nicholas: *Hexen hexen*

Rogell, Albert S.: *Michael schafft Ordnung*

Rogers, Charles: *Abenteuer im Spielzeugland*

Rohmer, Eric: *Perceval le Gallois*

Rosen, Martin: *Watership Down – Unten am Fluß*

Rosi, Francesco: *Schöne Isabella*

Rothkirch, Thilo, Graf: *Tobias Totz und sein Löwe*

Rothkranz, Marcus: *Ritter der Zeit*

Rou, Alexander: *Die Abenteuer des gestiefelten Katers; Abenteuer im Zauberwald; Aschenbrödel (1960); Feuer, Wasser und Posaunen (Durch dick und dünn); Das Geheimnis des Bergsees; Der Hirsch mit dem goldenen Geweih; Im Kö-*

Sidney, Scott: *Tarzan der Affen*

Silberling, Brad: *Casper; Stadt der Engel*

Simon, Rainer: *Sechse kommen durch die Welt;
Wie heiratet man einen König*

Simonelli, Giorgio: *Ursus, der Unbesiegbare,
Siu-Tung, Ching; A Chinese Ghost Story;
A Chinese Ghost Story II; A Chinese
Ghost Story III*

Sjöberg, Alf: *Barabbas – Der Mann
im Dunkeln; Himmelsspiel*

Smetana, Zdenek: *Die kleine Hexe;
Wie die kleine Hexe das Zaubern lernte*

Smith, Clive: *Pippi Langstrumpf*

Smith, Roy Allen: *In einem Land
vor unserer Zeit 2; In einem Land
vor unserer Zeit 3; In einem Land
vor unserer Zeit 4*

Smith, Sid: *Pinocchio*

Smithee, Alan: *Ghostfever*

Snider, Scott: *Miracle Beach – Sonne,
Sex und 1000 Träume*

Soldati, Mario: *O.K. Nero*

Solum, Ola: *Der Eisbärkönig; Torture*

Solyom, Andras: *Entenzauber*

Sommers, Stephen: *Das Dschungelbuch* (1994)

Spielberg, Steven: *Always – Der Feuerengel von
Montana; Hook; Indiana Jones und der letzte
Kreuzzug; Indiana Jones und der Tempel des
Todes; Jäger des verlorenen Schatzes;
Unheimliche Schattenlichter*

Spiess, Helmut: *Das tapfere Schneiderlein*

Sprink, Philip: *Ein Bigfoot unterm
Weihnachtsbaum*

Stanton, Andrew: *Das große Krabbeln*

Starewitsch, Ladislas: *Die Fabel
von Reineke Fuchs*

Staudte, Wolfgang: *Die Geschichte
vom kleinen Muck*

Steinböck, Rudolf: *Der Bauer als Millionär*

Stefani, Francesco: *Das singende, klingende
Bäumchen; Zwerg Nase*

Steinbicker, Reinhard: *Liebe, Tod und Teufel*

Stekly, Karel: *Der Dudelsackpfeifer*

Sterling, William: *Alice im Wunderland* (1972)

Stern, Steven Hilliard: *The Devil
and Max Devlin; Young again*

Steven, Paul: *Avatar – Wiedergeburt des Bösen*

Stevens, Andrew: *Skatebord Kid 2 –
Zauber-Board mit Mega-Drive*

Stevens, George: *Die Größte Geschichte
aller Zeiten*

Stevenson, Robert: *Die abenteuerliche Reise ins
Zwergenland; Das Geheimnis der verwunsche-*

nen Höhle; Herbie groß in Fahrt; Mary
Poppins; Ein toller Käfer; Die tollkühne
Hexe in ihrem fliegenden Bett;
Wer hat unseren Dinosaurier geklaut?;
Zotti, das Urviech

Stöckl, Ula: *Das goldene Ding*

Stones, Tad: *Aladdin und der König der Diebe;
Dschafars Rückkehr*

Stranka, Erwin: *Automärchen; Der kleine
Zauberer und die große Fünf; Susanne
und der Zauberring*

Stuart, Brian: *Die Mächte des Lichts*

Stuart, Mel: *Charlie und Schokoladenfabrik*

Sturridge, Charles: *Gullivers Reisen* (1995)

Sugii, Gisaburo: *Tom, Crosby
und die Mäusepolizei*

Surmann, Emil: *Das Sandmännchen*

Sutherland, Hal: *Pinocchio und der Herrscher
der Nacht; Rückkehr nach Oz*

Svankmajer, Jan: *Alice*

Syberberg, Hans Jürgen: *Parsifal*

Sydow, Rolf von: *Zehn kleine Negerlein*

Sykes, Peter: *Jesus*

Szulzinger, Boris: *Tarzoon – Schande
des Dschungels*

Szwarc, Jeannot: *Santa Claus*

Tabet, Sylvio: *Beastmaster II – Der Zeitspringer*

Taborsky, Václav: *Franz stellt alles
auf den Kopf*

Tahimik, Kidlat: *Der parfümierte Alptraum*

Takacs, Tibor: *Sabrina, the Teen Witch;
Sabrina – Verhext in Rom*

Takizawa, Eisuke: *Tödliche Versuchung*

Talamo, Gino: *Liane – die weiße Sklavin*

Taniguchi, Senkichi: *Der Löwe
des gelben Meeres*

Tapák, Martin: *Die drei goldenen Haare
des Sonnenkönigs*

Tarkowski, Andrej: *Opfer*

Taylor, Don: *Ente gut, alles gut; Nur ein Geist*

Terry, Jim: *Die Abenteuer des Pinocchio*

Tessari, Duccio: *Kadmos, Tyrann von Theben*

Tewkesbury, Joan: *Tote lügen nicht*

Thiele, Rolf: *Grimms Märchen
von lüsternen Pärchen; Undine 74*

Thiele, William: *Tarzan, Bezwinger der Wüste;
Tarzan und die Nazis*

Thomas, Betty: *Dr. Dolittle* (1995)

Thomas, Jochen: *Lieber guter Weihnachtsmann*

Thomas, Ralph: *Mit Vollgas in die Tafelrunde*

Thorpe, Richard: *Die Ritter der Tafelrunde;*

Tarzan und sein Sohn; Tarzans Abenteuer
in New York; Tarzans geheimer Schatz;
Tempel der Versuchung
Thwaytes, David: *Aladin* (GB 1992);
Die Schöne und das Biest: (GB 1992)
Timmins, Reuben: *Sindbad, der Seefahrer*
Tinnell, Robert: *Kids der Tafelrunde*
Tofani, Sergio: *Prinzessin Aschenbrödel*
Tolmatschow, Mark: *Ein wundervoller Tag*
Tolubjewa, Soja: *Schwanensee*
Tong, Wei: *Magic Cop*
Toriumi, Hisajuki: *Die wunderbare Reise
des kleinen Nils Holgersson*
Tornatore, Joe: *Crystal Eye*
Tourane, Jean: *Die unsichtbare Fee*
Trenbirth, Steve: *Aladdin
und der König der Diebe*
Tressler, Georg: *Sukkubus –
Den Teufel im Leib*
Trnka, Jiri: *Der Kaiser und die Nachtigall;
Prinz Bajaja; Ein Sommernachtstraum;
Die Teufelsmühle*
Troska, Zdenek: *Die Prinzessin
und der fliegende Schuster*
Trousdale, Gary: *Der Glöckner von Notre-
Dame; Die Schöne und das Biest (1992)*
Tschugunow, Viktor: *Der neunte Sohn
des Hirten*
Tung Yee, Ching: *Der Krieger des Kaisers*
Tykwer, Tom: *Lola rennt*
Tyrlova, Hermina: *Prinzessin Goldhaar*

Uderzo, Albert: *Asterix, der Gallier; Asterix
erobert Rom; Asterix und Cleopatra*
Underwood, Ron: *Mein großer Freund Joe*
Urchs, Wolfgang: *Peterchens Mondfahrt*
Uzsák, János: *Pepolino und der Schatz
der Meerjungfrau*

Vajda, Ladislao: *Das große Geheimnis
des Marcelino; Der Hund,
der Herr Bozzi hieß*
Valasek, Jan: *Die drei goldenen Haare
des Alleswissers*
Valmy, Marcel: *Die wunderbaren Abenteuer
des Hans Christian Andersen*
Van der Meulen, Karst: *Martin
und der Zauberer*
Van Dyke, William S.: *Tarzan,
der Herr des Urwalds*
Verhoeven, Paul: *Das kalte Herz*

Vernuccio, Gianni: *Der Tempelschatz
von Bengalen*
Vestergaard, Jörgen: *Alle reden über
Snooky Snovsen; Mein allerbester Freund*
Vidor, Charles: *Hans Christian Andersen
und die Tänzerin*
Vidor, King: *Salomon und die Königin
von Saba*
Vincent, Chuck: *Warrior Queen*
Vogel, Virgil: *Das Schwert des Ali Baba*
Voight, Jon: *Der geheimnisvolle Ritter*
Vorliček, Václav: *Drei Nüsse für Aschenbrödel;
Prinz und Abendstern; Saxana, die Hexe;
Die Seekönigin; Wie man Dornröschen wach-
küßt; Wie soll man Dr. Mrácek ertränken?;
Das Zauberbuch; Der Zauberrabe Rumburak*
Votocek, Otokar: *Hotel zur Unsterblichkeit*

Wagner, Maria-Theresia: *Lippels Traum;
Weihnachten mit Willy Wuff*
Walker, Dorian: *Teen Witch – Hokuspokus
in der Highschool*
Wallace, Richard: *Sindbad, der Seefahrer*
Walsh, Raoul: *Der Dieb von Bagdad;
Der Engel mit der Trompete*
Walters, Charles: *Der gläserne Pantoffel*
Wanamaker, Sam: *Sindbad und
das Auge des Tigers*
Lai-Ming, Wang: *Aufruhr im Himmelspalast*
Ward, Vincent: *Hinter dem Horizont*
Wassiljew, Gennadi: *Finist – Heller Falke*
Waszynski, Michael: *Der Dibbuk*
Watrin, Pierre: *Asterix erobert Rom*
Watson, John: *Der Todesjäger*
Weeks, Stephen: *Camelot – Der Fluch
des goldenen Schwertes*
Wegener, Paul: *Hans Trutz im Schlaraffenland;
Der Rattenfänger; Rübezahls Hochzeit*
Weir, Peter: *Die Truman-Show*
Weis, Gary: *Oh, Moses*
Weiss, Jiri: *Goldener Farn*
Welles, Orson: *Macbeth*
Wells, Simon: *Feivel, der Mauswanderer im
Wilden Westen; Der Prinz von Ägypten*
Wenders, Wim: *Der Himmel über Berlin*
Wheeler, Greg: *Mystic Knights –
Die Legende von Tir Na Nog*
Whelan, Tim: *Der Dieb von Bagdad*
Wicki, Bernhard: *Das Wunder des Malachias*
Wielopolska, Brita: *Der fliegende Teppich*
Wien, Dieter: *Die Zaubergräte*
Wilde, Cornell: *Lancelot, Ritter der Königin*

Wilhelm, Carl: *Lumpacivagabundus*
Wilhelm, Hans F.: *Der Teufel
  mit den drei goldenen Haaren*
Williams, Richard: *Falsches Spiel
  mit Roger Rabbit*
Wincer, Simon: *Harlekin*
Wisbar, Frank: *Anna und Elisabeth;
  Fährmann Maria*
Wise, Gary: *Der Göckner von Notre-Dame*
Wise, Kirk: *Die Schöne und das Biest (1992)*
Witney, William: *Tarzan auf der Schatzinsel*
Woitezki, Artur: *Das fliegende Schiff*
Wolf, Konrad: *Der kleine Prinz (1966)*
Wosnessenski, Igor: *Die Zauberringe
  des Alamansor*
Wyler, William: *Ben Hur*
Wynorski, Jim: *Drei Engel auf der Todesinsel;
  Mystor – Der Todesjäger II*

Yabuki, Kimio: *Perix, der Kater, und die
  drei Mausketiere; Die wunderbaren
  Abenteuer des Hans Christian Andersen*
Yabushita, Taiji: *Erzählungen
  einer weißen Schlange*
Yarbrough, Jean: *Jack und die Bohnenstange*
Yates, Peter: *Krull*
Yu, Ronny: *Das unbesiegbare Schwert*
Yuan-Xun, Sun: *Meine lieben Geisterschwestern*

Yukich, James: *Double Dragon –
  Die 5. Dimension*

Zacharias, Mario: *Der weiße Sohn des Gorilla*
Zaslove, Alan: *Dschafars Rückkehr*
Zechanowski, Michail: *Die wilden Schwäne*
Zechanowski, Wera: *Die wilden Schwäne*
Zehetgruber, Rudolf: *Ein Käfer gibt Vollgas*
Zelenka, Zdenek: *Eine zauberhafte Erbschaft*
Zeman, Borivoj: *Es war einmal ein König;
  Die stolze Prinzessin; Wie Honza
  beinahe König geworden wäre*
Zeman, Karel: *Baron Münchhausen; Krabat;
  Das Märchen von Hans und Marie*
Zemeckis, Robert: *Falsches Spiel mit Roger
  Rabbit; Der Tod steht ihr gut*
Zengerling, Alf: *Aschenputtel; Dornröschen
  (1936); Der Froschkönig (1940); Rumpel-
  stilzchen; Die verzauberte Prinzessin*
Zidi, Claude: *Asterix & Obelix gegen Cäsar*
Zogdsol, P.: *Märchen vom tapferen Recken*
Zondag, Ralph: *Dinosaurier*
Zschoche, Hermann: *Das Märchenschloss;
  Philipp, der Kleine*
Zucker, Jerry: *Der erste Ritter;
  Ghost – Nachricht von Sam*
Zydron, Zdenek: *Märchen
  von der Zaubernacht*

VERZEICHNIS DER
FREMDSPRACHIGEN ORIGINALTITEL

A HERCEGNÖ ES A KOBOLD *Prinzessin*
  Aline und die Groblins
A VARASZLO *Onkel Tschili-Tschala, der Zauberer*
ACCATONE *Accattone – Wer nie sein Brot*
  mit Tränen aß
ADAN Y EVA *Adam und Eva*
THE ADVENTURES OF BARON MUNCHHAU-
  SEN *Die Abenteuer des Baron Münchhausen*
THE ADVENTURES OF ELMO IN GROUCH-
  LAND *Die Abenteuer von Elmo*
  in Grummelland
THE ADVENTURES OF GALGAMETH
  Galgameth – Das Ungeheuer des Prinzen
ADVENTURES OF HERCULES II
  Die Abenteuer des Herkules II
THE ADVENTURES OF PINOCCHIO
  Die Abenteuer des Pinocchio
L'AGE D'OR *Das goldene Zeitalter*
AIBOLIT-66 *Aibolit-66*
AILIFU YU SAINAMU *Ailifu und*
  die schöne Prinzessin
ALADIN ET LA LAMPE MERVEILLEUSE
  Aladin und die Wunderlampe
ALADDIN (GB 1992) *Aladin*
ALADDIN (USA 1993) *Aladdin*
ALADDIN AND THE KING OF THIEVES
  Aladdin und der König der Diebe
ALENKI ZWETOTSCHEK *Die feuerrote Blume*
ALF'S CARPET *Pat und Patachon*
  im Raketenomnibus
ALI BABA AND THE FORTY THIEVES
  Ali Baba und die vierzig Räuber
ALI BABA ET LES 40 VOLEURS *Ali Baba*
ALICE (USA 1990) *Alice*
ALICE IN WONDERLAND (USA 1952)
  Alice im Wunderland
ALICE IN WONDERLAND (USA 1985)
  Alice im Wunderland
ALICE'S ADVENTURES IN WONDERLAND
  Alice im Wunderland
AN ALL DOG'S CHRISTMAS CAROL *Charlie –*
  Eine himmlische Weihnachtsgeschichte
ALL DOGS GO TO HEAVEN *Charlie –*
  Alle Hunde kommen in den Himmel
ALL OF ME *Solo für 2*
ALL THAT JAZZ *Hinter dem Rampenlicht*
ALL THAT MONEY CAN BUY *Der Teufelsbauer*
ALLEGRO NON TROPPO *Allegro non troppo*

ALWAYS *Always – Der Feuerengel von Montana*
ALYE PARUSSA *Das purpurrote Segel*
THE AMAZING MR. BLUNDEN
  Die Wunder des Herrn B.
AMAZONES DU TEMPLE D'OR
  Der goldene Tempel der Amazonen
AMAZONS *Amazons*
AN AMERICAN TAIL *Feivel, der Mauswanderer*
AN AMERICAN TAIL II: FIEVEL GOES WEST
  Feivel, der Mauswanderer im Wilden Westen
AN AMERICAN TAIL III: THE TREASURE
  OF MANHATTAN *Feivel, der Mauswanderer:*
  Der Schatz von Manhattan
AN AMERICAN TAIL IV: THE MYSTERY OF
  THE NIGHT MONSTER *Feivel, der Maus-*
  wanderer: Das Ungeheuer von Manhattan Island
GLI AMORI DI ERCOLE *Die Liebesnächte*
  des Herkules
ANDY COLBY'S INCREDIBLY AWESOME
  ADVENTURE *Phantastic Adventure*
ANDERSON MONOGATARI *Die wunderbaren*
  Abenteuer des Hans Christian Andersen
ANDRIUS *Die Zaubermuschel*
EL ANGEL EXTERMINADOR *Der Würgeengel*
UN ANGEL PASO SOBRE BROOKLYN
  Der Hund, der Herr Bozzi hieß
ANGELS *Die Nacht der Engel*
ANGELS IN THE OUTFIELD
  Angels – Engel gibt es wirklich
ANICKA S LISKOVYMI ORISKY
  Die verzauberte Anicka
ANSIKTET *Das Gesicht*
ANTTI PUUHAARA *Waldapfel*
ANTZ! *Antz!*
ARABIAN ADVENTURE *Im Bann des Kalifen*
THE ARCHER AND THE SORCERESS
  Der Zauberbogen
THE ARK OF THE SUN GOD *Jack the*
  Snake – die dunkle Macht des Sonnengottes
ARRIVANO I TITANI *Kadmos,*
  Tyrann von Theben
ARTHUR AND THE SQUARE KNIGHTS OF
  THE ROUND TABLE *Arthur, König v. Camelot*
ARTHUR, KING OF CAMELOT
  Arthur, König von Camelot
ASTERIX CHEZ LES BRITONS
  Asterix bei den Briten
ASTERIX ET OBELIX CONTRE CAESAR

ASTERIX ET CLEOPATRE
Asterix und Cleopatra
ASTERIX ET LE SURPRISE DE CESAR
Asterix – Sieg über Cäsar
ASTERIX, LE GAULOIS *Asterix, der Gallier*
AT ZIJI DUCHOVE *Unsere Geister sollen leben*
ATOR, L'INVINCIBILE *Ator – Herr des Feuers*
ATOR, L'INVINCIBILE II *Ator II –*
Der Unbesiegbare
ATOR, L'INVINCIBLE: THE HOBGOBLIN
Troll – Das Schwert der Macht
AUTOMOBIL, SKRIPKA I SOBAKA KLAKSA
Auto, Geige und der Hund Klecks
LE AVVENTURE DI PINOCCHIO *Pinocchio*
AZ PRIJDE KOCOUR *Wenn der Kater kommt*

BABE: PIG IN THE CITY *Schweinchen Babe*
in der großen Stadt
BABE THE GALLANT PIG *Ein Schweinchen*
namens Babe
BABES IN TOYLAND (USA 1934)
Abenteuer im Spielzeugland
BABES IN TOYLAND (USA/BRD 1987)
Abenteuer im Spielzeugland
BABES IN TOYLAND (USA 1997)
Phantastische Reise ins Spielzeugland
LE BACCANTI *Die Bacchantinnen*
LES BACCHANTE5 *Die Bacchantinnen*
LE BALLON ROUGE *Der rote Ballon*
BAMBI *Bambi*
BARABBAS *Barabbas*
BARABBAS *Barabbas – Der Mann im Dunkel*
I BARBARI *Die Barbaren*
BARBARIAN QUEEN *Barbarian Queen*
BARBARIAN QUEEN II *Barbarian Queen II:*
Die Rache ist mein
THE BARBARIANS *Die Barbaren*
BARON PRASIL *Baron Münchhausen*
BEANSTALK *Der kleine Gigant*
THE BEASTMASTER *Beastmaster – Der Befreier*
BEASTMASTER – THE EYE OF BRAXUS
Beastmaster – Das Auge des Braxus
BEASTMASTER II: THROUGH THE PORTAL
OF TIME *Bastmaster II – Der Zeitspringer*
LA BEAUTÉ DU DIABLE *Der Pakt*
mit dem Teufel
THE BEAUTY AND THE BEAST
Die Schönheit und das Ungeheuer
BEAUTY AND THE BEAST *Die Schöne*
und das Biest (1974)

BEAUTY AND THE BEAST *Die Schöne*
und das Biest (1987)
BEAUTY AND THE BEAST *Die Schöne*
und das Biest (USA 1992)
BEAUTY AND THE BEAST *Die Schöne*
und das Biest (GB 1992)
THE BEAUTY AND THE BEAST: ENCHANTED
CHRISTMAS *Die Schöne und*
das Biest: Weihnachtszauber
BEDAZZLED *Mephisto 68*
BEDKNOBS AND BROOMSTICKS *Die tollkühne*
Hexe in ihrem fliegenden Bett
BEETLE JUICE *Beetlejuice*
BEING JOHN MALKOVICH
Being John Malkovich
BELL, BOOK AND CANDLE
Meine Braut ist übersinnlich
LA BELLE ET LA BÊTE *Es war einmal*
BEN HUR *Ben Hur* (1924–1926)
BEN HUR *Ben Hur* (1959)
BEOWULF *Beowulf*
BERNADETTE *Bernadette – Das Wunder*
von Lourdes
EL BESO DE JUDAS *Der Verräter des Herrn –*
Judas Ischariot
BETWEEN TWO WORLDS
Zwischen zwei Welten
LA BIBBIA *Die Bibel*
BIG *Big*
BIG AND HAIRY *Ein Bigfoot*
unterm Weihnachtsbaum
THE BIG FISHERMAN *Der Fischer von Galiläa*
BIG TROUBLE IN LITTLE CHINA
Big Trouble in Little China
BIGFOOT *Auf der Suche nach Bigfoot*
BIGFOOT: THE UNFORGETTABLE ENCOUN-
TER *Mein großer Freund Bigfoot*
BILLY LIAR *Geliebter Spinner*
BINI SATYRICON *Die Degenerierten*
THE BISHOP'S WIFE *Jede Frau braucht*
einen Engel
THE BLACK CAULDRON
Taran und der Zauberkessel
THE BLACK KNIGHT *Unter schwarzem Visier*
BLADE AF SATANS BOG *Blätter aus dem*
Buche Satans
BLISTAJUSCHTSCHI MIR *Eine glänzende Welt*
THE BLUE BIRD *Der blaue Vogel*
BOJSSJA, WRAG DEWJATOGO SYNA
Der neunte Sohn des Hirten
BOMBA ON PANTHER ISLAND *Bomba*
und der schwarze Panther
BOMBA, THF JUNGLE BOY *Bomba,*

der Dschungelboy
THE BORROWERS *Ein Fall für die Borger*
BOSZORKANYSZOMBAT *Hexensabbat*
THE BOY AND THE PIRATES
  Jimmy und die Piraten
THE BOY WHO COULD FLY *Der Knabe,*
  der fliegen konnte
THE BOY WITH THE GREEN HAIR
  Der Junge mit den grünen Haaren
THE BRASS BOTTLE *Mein Zimmer*
  wird zum Harem
THE BRAVE LITTLE TOASTER
  Der tapfere kleine Toaster
BRENDA STARR *Brenda Starr*
BRIGADOON *Brigadoon*
BRÖDERNA LEJONHJÄRTA
  Die Brüder Löwenherz
UNA BRUJA SIN ESCOBA
  Die Hexe ohne Besen
A BUG'S LIFE *Das große Krabbeln*
BUSCHUUGIN ULGER *Märchen*
  vom tapferen Recken
BUTTERFLY AND SWORD
  Die Macht des Schwertes
BYAKUYA NO YOJO *Tödliche Versuchung*
BYE BYE RED RIDING HOOD
  Abschied vom Zauberwald
BYL JEONOU JEDEN KRAL
  Es war einmal ein König

I CACCIATORI DEL COBRA D'ORO
  Fluch des verborgenen Schatzes
CAMELOT *Camelot*
THE CANTERVILLE GHOST
  Das Gespenst von Canterville
IL CAPOTTO *Der Mantel*
CAPTAIN SINBAD *Kapitän Sindbad*
THE CARE BEARS MOVIE
  Der Glücks-Bärchi-Film
THE CARE BEARS ADVENTURE IN WONDER-
  LAND *Bärchis Abenteuer im Wunderland*
CARE BEARS II: A NEW GENERATION
  Glücksbärchi 2. Teil – Jetzt im Abenteuerland
THE CARE BEARS VIDEOSHOW
  Die Glücksbärchi-Videoshow
CARODEJKY Z PREDMESTI
  Hexen aus der Vorstadt
CAROUSEL *Karussell*
CASPER *Casper*
CASPER: A SPIRITED BEGINNING *Casper –*
  Wie alles begann

CASPER MEETS WENDY *Casper trifft Wendy*
CELINE ET JULIE VONT EN BATEAU
  Céline und Julie fahren Boot
CENERENTOLA E IL SIGNOR BONAVEN-
  TURA *Prinzessin Aschenbrödel*
C'ERA UNA VOLTA *Schöne Isabella*
CERT A KACA *Die Teufelskäthe*
CERTUV MLYN *Die Teufelsmühle*
CHANCES ARE *Ein himmlischer Liebhaber*
CHARLEY AND THE ANGEL
  Charley und der Engel
LE CHARME DISCRET DE LA BOURGEOISIE
  Der diskrete Charme der Bourgeoisie
CHICKEN RUN *Chicken Run – Hennen rennen*
UN CHIEN ANDALOU *Ein andalusischer Hund*
CHIN YUNG *Der Krieger des Kaisers*
CHITTY CHITTY BANG BANG
  Tschitti tschitti bäng bäng
A CHRISTMAS CAROL *Charles Dickens'*
  Weihnachtsgeschichte
CIA, MASCHIO *Affentraum*
CINDERELLA *Cinderella*
CISARUV SLAVIK *Der Kaiser und die Nachtigall*
LA CITÉ DES ENFANTS PERDUS
  Die Stadt der verlorenen Kinder
LA CITTÀ DELLE DONNE *Stadt der Frauen*
CITY OF ANGELS *Stadt der Engel*
THE CLAN OF THE CAVE BEAR
  Ayla und der Clan der Bären
CLASH OF THE TITANS *Kampf der Titanen*
THE COMPANY OF WOLVES
  Die Zeit der Wölfe
CONAN *Conan, der Abenteurer –*
  Wie alles begann
CONAN THE BARBARIAN *Conan, der Barbar*
CONAN THE DESTROYER *Conan,*
  der Zerstörer
CONGO *Congo*
A CONNECTICUT YANKEE IN KING AR-
  THUR'S COURT *Zeitsprung in die Tafelrunde*
CONQUEST *Conquest*
LA CONQUISTA DE LA TIERRA PERDIDA
  Conquest
IL CONQUISTATORE DELL'ATLANTIDA
  Kampf um Atlantis
COPPELIA *Dr. Coppelius*
LE COUP DE MENHIR *Asterix –*
  Operation Hinkelstein
COVJEK KOGA TREBA UBITI
  Der Mann, den man töten sollte
CROSSWORLDS *Crossworlds*
CRY WILDERNESS *Mein Freund Bigfoot*
CRYSTAL EYE *Crystal Eye*

DAITOZOKU *Der Löwe des gelben Meeres*
DARBY O'GILL AND THE LITTLE PEOPLE
Das Geheimnis der verwunschenen Höhle
THE DARK CRYSTAL *Der dunkle Kristall*
DATE WITH AN ANGEL *Verabredung*
mit einem Engel
DAVID E GOLIA *David und Goliath*
DEAD AGAIN *Schatten der Vergangenheit*
THE DEAD CAN'T LIE *Tote Engel lügen nicht*
DEATH BECOMES HER *Der Tod steht ihr gut*
THE DEATHSTALKER *Der Todesjäger*
DEATHSTALKER II *Mystor – Der Todesjäger II*
DEATHSTALKER III AND THE WARRIORS
FROM HELL *Deathstalker III*
IL DECAMERON *Decameron*
DEFENDING YOUR LIFE *Rendezvous*
im Jenseits
DEREWNJA UTKA *Oljas Abenteuer*
mit dem Hausgeist
DESIDERIA – L'ANNELLO DEL DRAGO
Der Ring des Drachen
DETSTWO BAMBI (UdSSR 1986) *Bambi*
DEVATE SRDCE *Das neunte Herz*
THE DEVIL AND MAX DEVLIN
The Devil and Max Devlin
LE DIABLE ET LES DIX COMMANDEMENTS
Der Teufel und die zehn Gebote
DINOSAURS *Dinosaurier*
DIKIJE LEBEDI (1963) *Die wilden Schwäne*
DIKIJE LEBEDI (1988) *Die elf Schwäne*
THE DIRT BIKE KID *Das fliegende Moped*
DIVKA NA KOSTETI *Saxana, die Hexe*
DJÄULENS ÖGA *Die Jungfrauenbrücke*
DOCTOR DOLITTLE (GB 1966) *Dr. Dolittle*
DOCTOR DOLITTLE (USA 1997) *Dr. Dolittle*
DOCTOR FAUSTUS *Dr. Faustus*
DOCTOR MORDRID *Rexosaurus*
DOGMATIC *Hilfe, ich bin ein Hund*
DOKTOR AIBOLIT *Doktor Aibolit*
DON BLUTH'S THUMBELINA
Don Bluths Däumeline
DON QUICHOTTE *Don Quichotte*
DOUBLE DOUBLE TOIL & TROUBLE
Halloween Twins – Jetzt hexen sie doppelt
DOUBLE DRAGON *Double Dragon –*
Die 5. Dimension
LES DOUZE TRAVAUX D'ASTERIX
Asterix erobert Rom
DOWN TO EARTH *Eine Göttin auf Erden*
THE DRAGON OF PENDRAGON CASTLE
Das Drachenschloss
DRAGONHEART *Dragonheart*
DRAGONHEART II: A NEW BEGINNING

Dragonheart – Ein neuer Anfang
DRAGONSLAYER *Der Drachentöter*
DRAGONWORLD *Dragonworld*
DREAMCHILD *Das wahre Leben*
der Alice im Wunderland
DREAMS THAT MONEY CAN BUY
Träume zu verkaufen
DROP DEAD FRED *Mein böser Freund Fred*
DUCK TALES – THE MOVIE *Duck Tales –*
Der Film
DUELLE *Unsterbliches Duell*
DUMBRARA MINUNATA
Der verzauberte Eichenwald
DUMBO *Dumbo – der fliegende Elefant*
DUVIDHA *Zwei Gesichter*
DZIECI WODNE *Der kleine Schornsteinfeger*
auf dem Meeresgrund

EDIPO RE *Edipo Re – Bett der Gewalt*
EIGHTEEN AGAIN *Endlich wieder 18*
ELEPHANT STAMPEDE *Bomba,*
Herr der Elefanten
ELM-CHANTED FOREST
Aufruhr im Zauberwald
ELVES *Elves*
THE EMERALD FOREST *Der Smaragdwald*
ERASERHEAD *Eraserhead*
ERCOLE AL CENTRO DELLA TERRA
Vampire gegen Herakles
ERCOLE ALLA CONQUISTA DI ATLANTIDE
Herkules erobert Atlantis
ERCOLE CONTRO ROMA
Herkules – Rächer von Rom
ERCOLE E LA REGINA DI LIDIA *Herkules*
und die Königin der Amazonen
ERCOLE L'INVINCIBILE *Der größte Sieg*
des Herkules
ERCOLE, SANSONE, MACISTE, URSUS – GLI
INVINCIBILI *Die Stunde der harten Männer*
ERCOLE SFIDA SANSONE *Herkules,*
Samson und Odysseus
ERIK THE VIKING *Erik, der Wikinger*
ERNEST SAVES CHRISTMAS
Ernst rettet Weihnachten
ERNEST SCARED STUPID
Chaotisches Halloween
L'EROE DI BABILONIA *Die Sklavinnen*
von Damaskus
EL ESPERITU DE LA COLMENA
Der Geist des Bienenstocks
ETERNITY *Avatar – Wiedergeburt des Bösen*
EVERYTHING'S DUCKY *Ente gut, alles gut*

EXCALIBUR *Excalibur*
THE EYES OF AMARYLLIS
   Das Geheimnis der Amaryllis

LES FABULEUSES AVENTURES DU LEGEN-
   DAIRE BARON MUNCHHAUSEN
   Der tollkühne Lügenbaron
FALCON'S GOLD *Der verlorene Schatz*
   von Cavete
FANGELSE *Gefängnis*
FANTASIA *Fantasia*
FANTASIA 2000 *Fantasia 2000*
FANTASMI A ROMA *Das Spukschloss*
   in der Via Veneto
EL FANTASTICO MUNDO DEL
   DR. COPPELIUS *Doktor Coppelius*
LE FANTÔME DE LA LIBERTÉ
   Das Gespenst der Freiheit
LE FATICHE DI ERCOLE *Die unglaublichen*
   Abenteuer des Herkules
UNE FEE ... PAS COMME LES AUTRES
   Die unsichtbare Fee
FIELD OF DREAMS *Feld der Träume*
FINIST; JASNY SOKOL *Finist – Heller Falke*
FINNIAN'S RAINBOW *Der goldene Regenbogen*
IL FIORE DELLE MILLE E UNA NOTTE
   Erotische Geschichten aus 1001 Nacht
FIRE AND ICE *Feuer und Eis*
THE FIRST KNIGHT *Der erste Ritter*
THE FISHER KING *König der Fischer*
THE 5000 FINGERS OF DR. T.
   Die 5000 Finger des Dr. T.
FLESH AND FANTASY *Das zweite Gesicht*
FLICKAN OCH DJÄVULEN
   Die Jungfrau und der Teufel
LA FLUTE A SIX SCHTROUMPFS
   Die Schlümpfe und die Zauberflöte
FORBIDDEN ZONE *Totaler Sperrbezirk*
FOREVER *Mystery Ghost*
FOREVER, DARLING *Mein Engel und ich*
FRANCIS *Francis – ein Esel, Herr General*
FRANCIS OF ASSISI *Franz von Assisi*
FREAKY FRIDAY *Ein ganz verrückter Freitag*
LA FRECCIA D'ORO *Der goldene Pfeil*
FREDDIE AS F.R.O.7
   Freddie der Superfrosch
THE FROG PRINCE (USA 1988)
   Der Froschkönig
FUGITIVE FROM THE EMPIRE
   Der Zauberbogen
LA FURIA DI ERCOLE *Samson –*
Befreier der Versklavten

GALOSE STASTIA *Galoschen des Glücks*
GALGAMETH *Galgameth – Das Ungeheuer*
   des Prinzen
GARIB W STRANE DSHINNOW *Garib*
   im Lande des Dshinn
LE GEANT DE LA VALLER DES ROIS
   Maciste – Der Rächer der Pharaonen
GEORGE'S ISLAND *Fantasy Island –*
   Die Geisterinsel
GHOST *Ghost – Nachricht von Sam*
THE GHOST AND MRS. MUIR
   Ein Gespenst auf Freiersfüßen
GHOST DAD *Ghost Dad*
GHOST FEVER *Ghostfever*
GHOST OF A CHANCE *Nur ein Geist*
GHOST WRITER *Ghostwriter*
GHOST'S CAN'T DO IT
   Mein Geist will immer nur das eine
GIGANTI DELLA TESSAGLIA
   Das Schwert des roten Giganten
EL GIUDZIO UNIVERSALE
   Das Jüngste Gericht findet nicht statt
THE GLASS SLIPPER *Der gläserne Pantoffel*
THE GNOME-MOBILE *Die abenteuerliche*
   Reise ins Zwergenland
THE GODDESS OF LOVE *Die Frau,*
   die vom Himmel fiel
GODSPELL *Godspell*
THE GOLDEN BLADE *Das goldene Schwert*
THE GOLDEN CHILD *Auf der Suche*
   nach dem goldenen Kind
THE GOLDEN IDOL *Der goldene Götze*
THE GOLDEN VOYAGE OF SINBAD
   Sindbads gefährliche Abenteuer
GOLGATHA *Das Kreuz von Golgatha*
GOLIATH CONTRO I GIGANTI
   Die Irrfahrten des Herkules
GOODBYE, CHARLIR *Goodbye, Charlie*
THE GOONIES *Die Goonies*
GOTHAM *Tote Engel lügen nicht*
THE GREATEST STORY EVER TOLD
   Die größte Geschichte aller Zeiten
GREEN MANSIONS *Tropenglut*
THE GREEN MILE *The Green Mile*
THE GREEN PASTURES *Die grünen Weiden*
GREMLINS *Gremlins – Kleine Monster*
GREMLINS II: THE NEW BATCH *Gremlins –*
   Die Rückkehr der kleinen Monster
GREYSTOKE – THE LEGEND OF TARZAN,
   LORD OF THE APES *Greystoke –*
   Die Legende von Tarzan, Herr der Affen
GUERRA DEL FERRO *Er –*
Stärker als Feuer und Eisen

LA GUERRE DU FEU *Am Anfang war das Feuer*
GUI MEI *Meine lieben Geisterschwestern*
GULLIVER'S TRAVELE *Gullivers Reisen* (1939)
GULLIVER'S TRAVELS *Gullivers Reisen* (1976)
GULLIVER'S TRAVELS *Gullivers Reisen* (1995)
GUNAN IL GUERRIERO *Gunan –*
König der Barbaren
A GUY NAMED JOE *Kampf in den Wolken*

HABITAT *Es lebt!*
HAKUCHONO OJI *Die wilden Schwäne* (1978)
HAKUJA DEN *Erzählungen*
einer weißen Schlange
HANS CHRISTIAN ANDERSEN *Hans Christian*
Andersen und die Tänzerin
HANSEL AND GRETEL *Hänsel und Gretel*
HARAP ALP *Der weiße Mohr*
HARLEQUIN *Harlekin*
HARRY AND THE HENDERSONS
Bigfoot und die Hendersons
HARVEY *Mein Freund Harvey*
HAWK OF THE WILDERNESS
Tarzan auf der Schatzinsel
HAWK THE SLAYER *Hawk –*
Hüter des magischen Schwertes
HÄXAN *Hexen*
HEAVEN CAN WAIT (1978)
Der Himmel soll warten
HEAVEN CAN WAIT (1943)
Ein himmlischer Sünder
HEAVEN ONLY KNOWS
Michael schafft Ordnung
THE HEAVENLY KID
Zurück aus der Vergangenheit
HEAVY METAL *Heavy Metal*
HELLO AGAIN *Hello Again –*
Zurück aus dem Jenseits
HELP! *Hi-Hi-Hilfe*
HERBIE GOES BANANAS *Herbie dreht durch*
HERBIE GOES TO MONTE CARLO
Ein toller Käfer in der Rallye Monte Carlo
HERBIE RIDES AGAIN *Herbie groß in Fahrt*
HERCULE, HEROS DE BABYLONE
Die Sklavinnen von Damaskus
HERCULES *Hercules –*
Zug der Helden (USA 1997)
HERCULES *Herkules*
HERCULES II *Die Abenteuer des Herkules II*
HERCULES AND THE AMAZON WOMEN
Hercules und das Amazonenheer
HERCULES AND THE CIRCLE OF FIRE
Hercules und der flammende Ring

HERCULES AND THE LOST KINGDOM
Hercules und das vergessene Königreich
HERCULES AND XENA: THE BATTLE FOR
MOUNT OLYMP *Hercules und Xena:*
Der Kampf um dem Olymp
HERCULES IN NEW YORK
Herkules in New York
HERCULES IN THE MAZE OF THE MINO-
TAUR *Hercules im Labyrinth des Minotaurus*
HERCULES IN THE UNDERWORLD
Hercules im Reich der toten Götter
HERE COMES MR. JORDAN
Urlaub vom Himmel
HIGH SPIRIT *High Spirit –*
Die Geister sind willig
HIGHLANDER *Highlander –*
Es kann nur einen geben
HIGHLANDER II : THE QUICKENING
Highlander II – Die Rückkehr
HIGHLANDER: THE FINAL DIMENSION
Highlander III – Die Legende
HIGHLANDER : THE SORCERER
Highlander III – Die Legende
HIMLASPELET *Himmelsspiel*
HODJA FRA PJORT *Der fliegende Teppich*
LA HONTE DE LA JONGLE *Tarzoon –*
Schande des Dschungels
HONZA MALEM KRALEM *Wie Honza*
beinahe König geworden wäre
HOOK *Hook*
HOP ! A JE TU LIDOOP *Hopp!*
Und ein Menschenaffe ist da
THE HORN BLOWS AT MIDNIGHT
Der Engel mit der Trompete
HOW THE GRINCH STOLE CHRISTMAS
Der Grinch
HUIS CLOS *Geschlossene Gesellschaft*
THE HUNCHBACK OF NOTRE-DAME
Der Glöckner von Notre-Dame
HUNDRA *Hundra*

I MARRIED A WITCH *Meine Frau, die Hexe*
IF THE SHOE FITS *Magic Woman*
ILJA MUROMEZ *Ilja Muromez –*
Der Kampf ums goldene Tor
IN GOD WE TRUST *Dreist und gottesfürchtig*
L'INCANTO DELLA FORESTA
Der verzauberte Wald
THE INDIAN IN THE CUPBOARD
Der Indianer im Küchenschrank
INDIANA JONES AND THE LAST CRUSADE
Indiana Jones und der letzte Kreuzzug

INDIANA JONES AND THE TEMPLE
OF DOOM *Indiana Jones
und der Tempel des Todes*
GLE INVINCIBILI FRATELLI MACISTE
Der Untergang des Leopardenreiches
GLI INVINCIBILI TRE *Die unbesiegbaren Drei*
L'IRA DI ACOTILLE *Achilles*
IRON WARRIOR – THE LEGEND *Iron Warrior*
IT CAME UPON THE MIDNIGHT CLEAR
Engel auf Abwegen
IT'S A WONDERFUL LIFE
Ist das Leben nicht schön?
IWAN DA MARJA *Iwan und Marja*

JABBERWOCKY *Jabberwocky*
JACK AND THE BEANSTALK (1952)
Jack und die Bohnenstange
JACK AND THE BEANSTALK (1967)
Jack und die Wunderbohnen
JACK AND THE BEANSTALK (1974)
Tom, Crosby und die Mäusepolizei
JACK FROST *Jack Frost – Der eiskalte Killer*
JACK THE GIANT KILLER *Der Herrscher
von Cornwall*
JACOB *Die Arche Noah*
J'AI RENCONTRE LE PÈRE NOËL
Ich bin dem Weihnachtsmann begegnet
JAK SE BUDI BRINCEZNY
Wie man Dornröschen wachküßt
JAK UTOPIT DOCTORA MRACKA?
Wie soll man Dr. Mrácek ertränken?
JAKTEN PA NYRENSTEINEN
Auf der Jagd nach dem Nierenstein
JAMES AND THE GIANT PEACH
James und der Riesenpfirsich
JASON AND THE ARGONAUTS
Jason und die Argonauten
JEANNOT L'INTREPIDE *Däumlings
wundersame Reisen und Abenteuer*
JESUS *Jesus*
JESUS CHRIST SUPERSTAR
Jesus Christ Superstar
LE JEUX SONT FAITS *Das Spiel ist aus*
JIANG HU – BETWEEN LOVE AND GLORY
Das unbesiegbare Schwert
JIM'S GIFT *Videosurfer*
JOLANTA *Jolanta*
JONATHAN LIVINGSTON SEAGULL
Die Möwe Jonathan
JOURNEY BACK TO OZ *Rückkehr nach Oz*
JULIENKA S SINKO-KRAL *Die drei goldenen
Haare des Sonnenkönigs*

JUMANJI *Jumanji*
JUNGFRUKALLAN *Die Jungfrauenquelle*
JUNGLE BOOK (1942) *Das Dschungelbuch*
JUNGLE MOON MEN *Herrscher
des Dschungels*
JUSTIN CASE *Ein himmlischer Schnüffler*

KACENKA A STRASIDLA *Katja
und die Gespenster*
KALLE OCH ÄNGLARNA *Kalle und die Engel*
KALLE OCH ENGLEN *Kalle und die Engel*
KAMENNY ZWETOK *Die steinerne Blume*
A KID IN KING ARTHUR'S COURT
Knightskater – Ritter auf Rollerblades
THE KID WHO LOVED CHRISTMAS
Der Brief an den Weihnachtsmann
KIDS OF THE ROUND TABLE
Kids der Tafelrunde
KILLER LEOPARD *Bomba, der Erbe Tarzans*
KING OF KINGS *König der Könige*
KIRIKOU ET LA SORCIERE
Kiriku und die Zauberin
KISS ME GOODBYE
Liebesgrüße aus dem Jenseits
KNIGHTS OF THE ROUND TABLE
Die Ritter der Tafelrunde
KOCICI PRINC *Der Katzenprinz*
KOLZA ALAMANSORA *Die Zauberringe
des Almansor*
KONDURA *Die Zauberwurzel*
KONJUK-GORBUNOK (1975)
Das bucklige Pferdchcn
KONJUK-GORBUNOK (1941)
Das Wunder-Pferdchen
KOROLEWSTWO KRIWYCH SERKAL
Im Königreich der Zauberspiegel
KRABAT *Krabat*
KRAL DROZIDA BRADA
König Drosselbart (1984)
KRULL *Krull*
KULL – THE CONQUEROR *Kull – der Eroberer*
KUMONOSU-JO *Das Schloss im Spinnwebwald*
KVITEBJÖRN KONG VALEMON
Der Eisbärkönig
KWAIDAN *Kwaidan*

LABYRINTH *Die Reise ins Labyrinth*
IL LADRO DI BAGDAD *Der Gauner von Bagdad*
LADYHAWKE *Der Tag des Falken*
LAMJATA *Der Drache*
LANCELOT AND GUENEVERE

Lancelot, der verwegene Ritter
LANCELOT DU LAC *Lancelot,*
Ritter der Königin
THE LAND BEFORE TIME *In einem Land*
vor unserer Zeit
THE LAND BEFORE TIME 2: THE GREAT
VALLEY ADVENTURE *In einem Land*
vor unserer Zeit 2
THE LAND BEFORE TIME 3: THE TIME
OF THE GREAT GIVING *In einem Land*
vor unserer Zeit 3
THE LAND BEFORE TIME 4: JOURNEY
THROUGH THE MISTS *In einem Land*
vor unserer Zeit 4
LAST ACTION HERO *Last Action Hero*
THE LAST TEMPTATION OF CHRIST
Die letzte Versuchung Christi
THE LAST UNICORN *Das letzte Einhorn*
LATE FOR DINNER *Late for Dinner –*
Eine zeitlose Liebe
LEAPIN' LEPRECHAUNS *Die Kobolde sind los*
LEBEDINOJE OSERO *Schwanensee*
LEDJANAJA WNUTSCHKA *Die Eisfee*
LEGEND *Legende*
THE LEGEND OF PINOCCHIO
Die Legende von Pinocchio
LEGEND OF THE WHITE DRAGON
Hüter des Drachens
LEGENDA O LJUBWI *Legende von der Liebe*
LEPRECHAUN *Leprechaun*
LEPRECHAUN II *Leprechaun II*
LESNAJA PESNJA MAWKA
Das Lied von der Waldfee
LETAJUSCHTSCHI KORABL
Das fliegende Schiff
LILIOM *Liliom*
LIMIT UP *Eine teuflische Karriere*
THE LION HUNTERS *Bomba, der Rächer*
THE LION KING *König der Löwen*
THE LION, THE WITCH, AND THE
WARDROBE *Der Löwe und die Hexe*
LISZTOMANIA *Lisztomania*
LITAN, LA CITE DES SPECTRES VERTS *Litan*
LITTLE BIGFOOT *Little Bigfoot*
LITTLE MATCH GIRL *Das Mädchen*
mit den Wunderhölzern
THE LITTLE MERMAID *Arielle –*
Die Meerjungfrau
LITTLE NEMO IN SLUMBERLAND *Little*
Nemo – Abenteuer im Schlummerland
THE LITTLE PRINCE *Der kleine Prinz*
LJUBOW MOJA, PETSCHAL MOJA
Meine Liebe, meine Trauer

THE LORD OF THE RINGS *Der Herr der Ringe*
THE LORDS OF MAGICK *The Lords of Magick*
THE LOST EMPIRE *Drei Engel*
auf der Todesinsel
LOST IN A HAREM *Abenteuer im Harem*
THE LOST ISLAND OF KIOGA *Tarzan*
auf der Schatzinsel
THE LOST VOLCANO *Bomba*
und der tote Vulkan
THE LOVE BUG *Ein toller Käfer*
LOVE CAN BE MURDER *Ein Geist zum Küssen*
LUMIKUNINGATAR *Die Schneekönigin* (1986)

MA MOGLIA E UNA STREGA
Meine Frau ist eine Hexe
MABABANGONG BANGUNGOT
Der parfümierte Alptraum
MACBETH *Macbeth* (1948)
MACBETH *Macbeth* (1960)
MACBETH *Macbeth* (1971)
MACBETH *Macbeth* (1986)
MACISTE ALL'INFERNO *Maciste,*
der Rächer der Verdammten
MACISTE ALLA CORTE DEL GRAN KHAN
Maciste in der Gewalt des Tyrannen
MACISTE ALLA CORTE DELLO ZAR
Marco – der Unbezwingbare
MACISTE CONTRO I CACCIATORI DI TESTE
Maciste gegen die Kopfjäger
MACISTE CONTRO I MOSTRI *Germanicus*
in der Unterwelt
MACISTE CONTRO IL VAMPIRO
Macistes größtes Abenteuer
MACISTE CONTRO LO SCEICCO *Maciste*
im Kampf mit dem Piratenkönig
MACISTE, GLADIATORE DI SPARTA
Maciste, der Held von Sparta
MACISTE IL GLADIATORE PIU FORTE
DEL MONDO *Die gewaltigen Sieben*
MACISTE, L'EROE PIU GRANDE DEL
MONDO *Der Stärkste unter der Sonne*
MACISTE, L'UOMO PIU FORTE DEL
MONDO *Maciste und die Königin der Nacht*
MACISTE NELLA TERRA DI CICLOPI
Maciste, der Sohn des Herkules
MACISTE NELLA VALLE DEI RE
Maciste – Der Rächer der Pharaonen
MACUNAIMA *Macunaima*
MADE IN HEAVEN *Made in Heaven*
MADEMOISELLE ANGE *Ein Engel auf Erden*
THE MAGIC CARPET *Der rote Falke*
von Bagdad

MAGIC CHRISTIAN *Magic Christian*
MAGIC COP *Magic Cop*
MAGIC ISLAND *Magic Island*
THE MAGIC RIDDLE *Cindy*
  und das Zauberrätsel
THE MAGIC SWORD *Ascalon,*
  das Zauberschwert
THE MAGIC SWORD: QUEST FOR CAMELOT
  Das magische Schwert – Die Legende
  von Camelot
MAGICAL MYSTERY TOUR
  Magical Mystery Tour
THE MAGICIAN OF LUBLIN *Der Magier*
MAHULIENA, ZLATA PANNA
  Der treue Johannes
MAJSKAJA NOTSCH ILI UTOPLENNIZA
  Die Mainacht
MAJSTOR I MARGARITA
  Der Meister und Margarita
MALA CARODEJNICE *Die kleine Hexe*
MALINKIJ PRINC (UdSSR 1967)
  Der kleine Prinz
MALPERTUIS: HISTOIRE D'UNE MAISON
  MAUDITE *Malpertuis*
MAMA *Vom Wolf und den pfiffigen Geißlein*
THE MAN IN THE SANTA CLAUS SUIT
  Weihnachtsmänner haben's schwer
THE MAN WHO COULD WORK MIRACLES
  Der Mann, der die Welt verändern wollte
MANNEQUIN *Mannequin*
MANNEQUIN TWO: ON THE MOVE
  Mannequin 2 – Der Zauber geht weiter
MARCELINO, PAN Y VINO *Das große*
  Geheimnis des Marcelino
MARCH OF THE TOYS *Abenteuer*
  im Spielzeugland
MARCH OF THE WOODEN SOLDIERS
  Abenteuer im Spielzeugland
MARCO POLO JUNIOR *Die tollkühnen*
  Abenteuer des Marco Polo junior
MARGUERITE DE LA NUIT
  Die Blume der Nacht
MARIA D'ORO *Maria d'Oro und Bello Blue*
MARJA-ISKUSNIZA *Die verzauberte Marie*
MARTIJN EN DE MAGIER *Martin*
  und der Zauberer
MARY POPPINS *Mary Poppins*
THE MASK *Die Maske*
MATE DOMA IVA? *Habt ihr einen Löwen*
  zu Hause?
A MATTER OF LIFE AND DEATH
  Irrtum im Jenseits
MATUSALEM *Matusalem – Der Fluch des Piraten*

MAXIE *Maxie*
MEDEA *Medea*
MEATBALLS III: SUMMER JOB
  Himmlische Sommerferien
MEDVED A STRASIDLA
  Das Märchen von Bären Ondrej
MELODY TIME *Musik, Tanz und Rhythmus*
LE MERAVIGLIE DI ALADINO
  Aladins Abenteuer
MERLIN *Merlin*
MERLIN UND DAS SCHWERT
  Merlin and the Sword
A MIDSUMMER NIGHT'S DREAM
  Ein Sommernachtstraum
A MIDSUMMER NIGHT'S SEX COMEDY
  Eine Sommernachts-Sexkomödie
MIGHTY JOE YOUNG *Mein großer Freund Joe*
MIO, MIN MIO *Mio, mein Mio*
MIO, MOI MIO *Mio, mein Mio*
MIRACLE BEACH *Miracle Beach –*
  Sonne, Sex und 1000 Träume
THE MIRACLE OF OUR LADY OF FATIMA
  Die Heilige von Fatima
MIRACLE ON 34TH STREET
  Das Wunder von Manhattan
MIRACOLO A MILANO *Das Wunder von Mailand*
MIRAKLET I VALBY *Valby –*
  Das Geheimnis im Moor
MIRANDA *Miranda*
MISS MORISON'S GHOST *Miss Morisons Geist*
MS. SCROOGE *Ms. Scrooge –*
  Ein Wunder voller Engel
MR. HORATIO KNIBBLES
  Mister Horatio Knibbles
MR. PEABODY AND THE MERMAID
  Mr. Peabody und die Meerjungfrau
MOARA LUI CALIFAR *Die Mühle des Califar*
A MOM FOR CHRISTMAS *Ein Wunsch*
  geht in Erfüllung
IL MONDO DI YOR *Einer gegen das Imperium*
MONTANA SACRA *Montana Sacra*
MONTY PYTHON AND THE HOLY GRAIL
  Die Ritter der Kokosnuß
MONTY PYTHON'S THE MEANING OF LIFE
  Monty Pythons Der Sinn des Lebens
MOOMIN *Der Komet im Muminland*
MOROSKO *Abenteuer im Zauberwald*
MOSES *Moses*
MOWGLI'S FIRST ADVENTURE
  Moglis großes Abenteuer
MULAN *Mulan*
A MUPPET CHRISTMAS CAROL
  Die Muppets Weihnachtsgeschichte

PETER PAN *Peter Pan*
PETER PAN *Peter Pans heitere Abenteuer*
PETER PITT-KECKHERZ *Peter und der Riese*
PETE'S DRAGON *Elliott –*
  das Schmunzelmonster
THE PETIT PRINCE *Der kleine Prinz*
IL PICCOLO DIAVOLO *Ein himmlischer Teufel*
THE PICTURE OF DORIAN GRAY
  Das Bildnis des Dorian Gray
THE PIED PIPER *Der Rattenfänger von Hameln*
THE PIED PIPER OF HAMELIN
  Der Rattenfänger von Hameln
PINOCCHIO *Pinocchio* (1940)
PINOCCHIO *Pinocchio* (1972)
PINOCCHIO *Pinocchio* (1976)
PINOCCHIO AND THE EMPEROR OF THE
  NIGHT *Pinocchio und der Herrscher der Nacht*
PIPPI LANGSTRUMP *Pippi Langstrumpf*
PIPPI LANGSTRUMP PA DE SJU HAVEN
  Pippi geht von Bord
PIPPI LONGSTOCKING *Pippi Langstrumpf*
  in der Südsee
PIROSKA ES A FARKAS 2000-BEN
  Abschied vom Zauberwald
PO SCHTUTSCHEMU WELENIJU
  Der Zauberfisch
PODAROK TSCHORNOWO KOLDUNA
  Das Geschenk des schwarzen Zauberers
POHADKA O HONIZKOVI A MARENCE
  Das Märchen von Hans und Marie
POHADKA O MALICKOVI
  Märchen vom Däumling
POHADKA O PUTOVANI
  Eine phantastische Geschichte
POHADKA SVATOJANSKE NOCI
  Märchen von der Zaubernacht
PONZIO PILATO *Pontius Pilatus*
POPLACH V NEBESICH *Pan Tau –*
  Alarm in den Wolken
PORTRAIT OF JENNIE *Jenny*
POSLE DOS HDITSCHKA, W TSCHETWERG
  Am Sankt-Nimmerleinstag
POSLEDNJAJA NOTSCH SCHEHERESADY
  Scheherezades letzte Nacht
POTOMOK BELOWO BARSA *Der Nachkomme*
  des Schneeleoparden
PRELUDE TO A KISS *Zauberhafte Zeiten*
PRICELESS BEAUTY *Liebestraum*
PRIKLUTSCHTENIJA ALI BABA Y SOROKO
  RASBOINIKOW *Ali Baba und die 40 Räuber*
PRIKLJUTSCHENIJA BURATINO
  Die Abenteuer des Buratino
PRINC A VECERNICE *Prinz und Abendstern*

PRINC BAJAJA *Prinz Bajaja* (1950)
PRINC BAJAJA *Prinz Bajaja* (1971)
PRINCE OF EGYPT *Der Prinz von Ägypten*
PRINCE VALIANT *Prinz Eisenherz* (1954)
PRINCE VALIANT *Prinz Eisenherz* (1996)
THE PRINCESS AND THE GROBLIN
  Prinzessin Aline und die Groblins
THE PRINCESS BRIDE *Die Braut des Prinzen*
PRINSESSA RUUSUNEN *Prinzessin Dornröschen*
PRINCESNA SE ZLATOU BEZDOU
  Die Prinzessin mit dem goldenen Stern
PRINZESSA NA GOROSCHINE
  Prinzessin gesucht
THE PRODIGAL *Tempel der Versuchung*
PROSPERO'S BOOKS *Prosperos Bücher*
PRZYJACIEL WES OLEGO DIABLA
  Der Freund des lustigen Teufels
PSYNA PRINCEZNA *Die stolze Prinzessin*
PULGARCITO *Däumling und*
  die Siebenmeilenstiefel
THE PURPLE ROSE OF CAIRO
  Purple Rose of Cairo
PUSS IN BOOTS *Der gestiefelte Kater* (USA 1987)

QUEST FOR FIRE *Am Anfang war das Feuer*
QUEST OF THE DELTA KNIGHTS
  Der heilige Orden der Delta-Ritter
QIANNÜ YOUHUN *A Chinese Ghost Story*
QIANNÜ YOUHUN II *A Chinese Ghost Story II*
QIANNÜ YOUHUN III *A Chinese Ghost Story III*

I RACCONTI DI CANTERBURY *Pasolinis*
  tolldreiste Geschichten
RADUGA SEMI NADESHD *Der Prinz*
  und der Töpfer
RAIDERS OF THE LOST ARK
  Jäger des verlorenen Schatzes
RATBOY *Ratboy*
RED RIDING HOOD *Rotkäppchen* (USA 1987)
THE RED SHOES *Die roten Schuhe*
RED SONJA *Red Sonja*
LA REGINA DELLE AMAZZONI
  Ursus im Reich der Amazonen
REKOPIS ZNALEZIONY W SARAGOSSIE
  Die Handschrift von Saragossa
THE RELUCTANT SAINT
  Ein sonderbarer Heiliger
RENDEZ-MOI MA PEAU
  Gib mir meine Haut zurück
RESAN TILL MELONIA *Die Reise nach Melonia*
THE RESCUERS *Bernard und Bianca –*

Die Mäusepolizei
THE RESCUERS DOWN UNDER
  Bernard und Bianca im Känguruhland –
  Die Mäusepolizei II
RETURN OF JAFAR *Dschafars Rückkehr*
THE RETURN OF OCTOBER
  Ein Pferd namens October
THE RETURN OF THE SHAGGY DOG
  Zottis tolle Abenteuer
RETURN TO OZ *Oz– Eine phantastische Welt*
REVE DE SINGE *Affentraum*
REVENGE IS SWEET *Abenteuer*
  im Spielzeugland
EL REY DOS LOS GORILAS *Der weiße Sohn*
  des Gorillas
THE RICHEST CAT IN THE WORLD
  Supercat – Die reichste Katze der Welt
RIKKI-TIKKI-TAVI *Rikki-Tikki-Tavi*
ROAD TO MOROCCO *Der Weg nach Marokko*
ROBBERS OF THE SACRED MOUNTAIN
  Der verlorene Schatz von Cavete
THE ROBE *Das Gewand*
LE ROI ET L'OISEAU *Der König und der Vogel*
LE ROMAN DU RENARD *Die Fabel*
  von Reineke Fuchs
ROMOLO E REMO *Romulus und Remus*
RONJA RÖVARDOTTER *Ronja Räubertochter*
LA ROSA DI BAGDAD *Die Rose von Bagdad*
RUDOLPH THE REDNOSED REINDEER:
  THE MOVIE *Rudolph mit der roten Nase*
RUDYARD KIPLING'S THE JUNGLE BOOK *Das*
  Dschungelbuch (1994)
RUMBURAK *Der Zauberrabe Rumburak*
RUMPELSTILTSKIN *Rumpelstilzchen*
  (USA 1987)
RUSALKA *Die traurige Nixe*
RUSLAN I LJUDMILA *Ruslan und Ludmilla*
RUSSALOTSCHKA *Die traurige Nixe*
RUSTAM I SUCHRAB *Die Schlacht*
  im Tal der Tulpen

S CERTY NEJSOU ZERTY
  Mit dem Teufel ist nicht gut spaßen
SAADIA *Saadia*
SABRINA GOES TO ROME *Sabrina –*
  Verhext in Rom
SABRINA, THE TEENAGE WITCH
  Sabrina, the Teenage Witch
LE SACRIFICE *Opfer*
SADKO *Sadkos Abenteuer*
SAFARI DRUMS *Bomba – Rache im Dschungel*
SALOME *Salome*

SAMKAULI TSCHEMI SATRFOSTWIS
  Eine Halskette für meine Geliebte
SAMPO *Das gestohlene Glück*
SAMSON AND DELILAH *Samson und Delilah*
LE SANG D'UN POÈTE *Das Blut eines Dichters*
SANSONE *Herkules im Netz der Cleopatra*
SANSONE CONRO I PIRATI
  Samson und die weißen Sklavinnen
SANSONE CONTRO IL CORSARO NERO
  Samson gegen die Korsaren des Teufels
SANTA CLAUS – THE MOVIE *Santa Claus*
SANTA CLAUSE *Santa Clause –*
  Eine schöne Bescherung
SARKANY ES PAPUCS *Merlin*
  und der Zaubertrank
SATYRICON *Fellinis Satyricon*
SCATTERING DAD *Tote lügen nicht*
SCAZKA O KUPECHESKOY DOCHEZY I
  TRAINSVENNOM CSVETKE
  Das scharlachrote Blümchen
LA SCHIAVA DI BAGDAD *Sheherazade –*
  Der goldene Löwe von Bagdad
SCHOOL SPIRIT *Der ausgeflippte College-Geist*
SCROOGED *Die Geister, die ich rief*
SHONEN SARUTOBI SASUKE *Der Zauberer*
  und die Banditen
SINBAD THE SAILOR *Sinbad, der Seefahrer*

THE SECOND JUNGLE BOOK: MOWGLI
  AND BALOO *Das zweite Dschungelbuch*
THE SECRET LIFE OF WALTER MITTY
  Das Doppelleben des Herrn Mitty
THE SECRET OF NIMH *Mrs. Brisby*
  und das Geheimnis von Nimh
THE SECRET OF THE ROAN INISH
  Das Geheimnis des Seehund-Babys
SEDMERU KRKAVCU *Die sieben Raben*
SEMURG *Der Wundervogel Semurg*
SEN NOCI SVATOJÁNSKÉ
  Ein Sommernachtstraum
SENORA DI FATIME *Das Wunder von Fatima*
SEREBRJANAJA PRJASHA KAROLINY
  Karolinas Silberfaden
SGT. KABUKIMAN, N.Y.P.D. *Sgt. Kabukiman –*
  New York Police Department
SERGEANT PEPPER'S LONELY HEARTS CLUB
  BAND *Sergeant Pepper's Lonely*
  Hearts Club Band
LE SETTE FATICHE DI ALI BABA
  Die Rache des Ali Baba
THE SEVEN FACES OF DR. LAO
  Der mysteriöse Dr. Lao

THE SEVENTH SIGN *Das siebte Zeichen*
THE SEVENTH VOYAGE OF SINBAD
 Sindbads siebente Reise
SHADOW CHASERS *Die Geisterjäger*
THE SHAGGY D.A. *Zotti, das Urviech*
THE SHAGGY DOG *Der unheimliche Zotti*
SHEENA *Sheena – Königin des Dschungels*
SHEHERAZADE – LES 1001 NUITS
 Sheherazade – Mit 1001 PS ins Abenteuer
SIÈGE OF THE SAXONS
 Das Schwert des Königs
SIGFRIDO – LA LEGGENDA DI NIBELUNGHI
 Siegfried – Die Sage der Nibelungen
THE SILVER CHALICE *Der silberne Kelch*
SIMON DEL DESIERTO *Simon in der Wüste*
A SIMPLE WISH *Der Zauberwunsch*
SINBAD AND THE EYE OF THE TIGER
 Sinbad und das Auge des Tigers
SINBAD, JR. *Sindbad, der Seefahrer*
SINBAD OF THE SEVEN SEAS
 Sindbad, Herr der sieben Meere
SINEL *Gestohlenes Leben*
SINJAJA TIZA *Der blaue Vogel*
THE SINS OF DORIAN GRAY
 Die Morde der Dorian Gray
SIREN OF BAGHDAD *Zaubernächte des Orients*
DET SJUNDE INSEGLET *Das siebente Siegel*
THE SIXTH MAN *Der Team-Geist*
SKASANIJE O RUSTAME *Die Rustam-Legende*
SKASANIJE O SIJAWUSCHE
 Die Tragödie von Siawusch
SKASKA O KANKE-GORBUNKE
 Das Höckerpferdchen
SKASKA O ZARE SALTANE *Das Märchen*
 vom Zaren Saltan
SKASKA O WOLSCHEBNOM BISSERE
 Das Märchen von den Zauberperlen
SKASKA POTERJANNOM WREMENI
 Das Märchen von der verlorenen Zeit
SKASKA PRO JEMELJU *Der Zauberfisch*
SKASKA STRANSIWIJ *Eine phantastische*
 Geschichte
THE SKATEBOARD KID 2 *Skateboard Kid 2:*
 Zauber-Board mit Mega-Drive
SLADKY CAS KALIMAGDORY *Die süße Zeit mit*
 Kalimagdora
SLEEPING BEAUTY *Dornröschen und der Prinz*
SLEEPING BEAUTY *Dornröschen* (1987)
SLEEPY HOLLOW *Sleepy Hollow –*
 Köpfe werden rollen
THE SLIPPER AND THE ROSE
 Cinderellas silberner Schuh
SMALL SOLDIERS *Small Soldiers*

SMULTONSTÄLLET *Wilde Erdbeeren*
SNAMJA KUSZEZA *Mit den Schlangen*
 kam der Tod
SNEGUROTSCHKA *Schneeflöckchen*
SNESHNAJA KOROLEWA
 Die Schneekönigin (1967)
SNOOKY SNØVSEN *Mein allerbester Freund*
SNØVEN T'AR SPRINGET
 Alle reden über Snooky Snovsen
THE SNOW QUEEN *Die Schneekönigin* (1995)
THE SNOW QUEEN'S REVENGE
 Die Schneekönigin II: Die Rückkehr
 in den Eispalast
SNOW WHITE *Schneewittchen* (1986)
SNOW WHITE *Schneewittchen* (1996)
SNOW WHITE AND THE SEVEN DWARFS
 Schneewittchen und die sieben Zwerge
SODOMA E GOMORRA *Sodom und Gomorrha*
SOGNO DI UNA NOTTE D'ESTATE
 Ein Sommernachtstraum
SOL NAD ZLATO *Der Salzprinz*
SOLOMON AND SHEBA
 Salomon und die Königin von Saba
SOLOWEJ *Die Nachtigall*
SOLUTSCHKA *Aschenbrödel*
SOMETHING WICKED THIS WAY COMES
 Das Böse kommt auf leisen Sohlen
SON OF ALI BABA *Der Sohn von Ali Baba*
THE SON OF KONG *The Son of Kong*
THE SONG OF BERNADETTE
 Das Lied von Bernadette
SORCERESS *Die Mächte des Lichts*
LA SORCIERE *Das Mädchen aus dem Wald*
SORELLINA E IL PRINCIPE DEL SOGNO
 Prinzessin Alisea
SOULTAKER *Soultaker*
LA SPADA E LA CROCE *Kreuz und Schwert*
LE SPADE DEI BARBARI *Das Schwert*
 des Barbaren
SPEAKING OF THE DEVIL *Wenn man*
 vom Teufel spricht
SPJASCHTSCHAJA KRASSAWIZA
 Dornröschen (UdSSR 1964)
SPLASH *Splash – Jungfrau am Haken*
SPLASH, TOO *Splash, Too*
SPRIDITIS *Märchen vom Däumling*
STARAJA, STARAJA SKASKA
 Ein uraltes Märchen
STARDUST MEMORIES *Stardust Memories*
STARIK CHOTTABYTSCH *Der Zauberer*
 aus der Flasche
STEPANOWA PAMJATKA *Stepans Vermächtnis*
STEPHEN KING'S THINNER

Stephen Kings Thinner – Der Fluch
STORIES FROM A FLYING TRUNK
Geschichten aus einem fliegenden Koffer
STORMQUEST *Stormquest*
STRAIDIA Z VIKYRE *Gespenst aus dem Dachfenster*
STRAKONICKY DUDAK *Der Dudelsackpfeifer*
STUART LITTLE *Stuart Little*
SUBIDA AL MONTE CARMELO *Montana Sacra*
SUN WU-T'KUNG NAO T'IEN-KUNG
Aufruhr im Himmelspalast
SUPER MARIO BROS. *Super Mario Bros.*
SUPERFANTAGENIO (Italien 1987) *Aladin*
THE SWAN PRINCESS *Die Schwanenprinzessin*
THE SWAN PRINCESS II: THE SECRET OF
THE CASTLE *Die Schwanenprinzessin und das Geheimnis des Schlosses*
THE SWAN PRINCESS AND THE MYSTERY
OF THE ENCHANTED KINGDOM
Die Schwanenprinzessin und das verzauberte Königreich
SWITCH *Switch – Die Frau im Manne*
THE SWORD AND THE SORCERER
Talon im Kampf gegen das Imperium
SWORD AND SORCERY *Wizards of the Lost Kingdom – Magier der verlorenen Welten*
THE SWORD IN THE STONE
Die Hexe und der Zauberer
THE SWORD OF ALI BABA
Das Schwert des Ali Baba
SWORD OF THE VALIANT *Camelot – Der Fluch des goldenen Schwertes*
SYLVIE ET LE PHANTOME *Sylvia und das Gespenst*
SZEGENY DSZONI ES ARNIKA *Entenzauber*

TAINA GORNOWO OSERA *Das Geheimnis des Bergsees*
TAINA KREPOSTI *Das Geheimnis der Festung*
TAKETORI MONOGATARI *Die Legende von der Mondprinzessin*
TAM NA NEWIDOMNICH DOROSCHKACH
Abenteuer mit der Tarnkappe
TANYA'S ISLAND *Tanya's Island*
TARZAN *Tarzan*
TARZAN AND HIS MATE *Tarzans Vergeltung*
TARZAN AND THE AMAZONS
Tarzan und die Amazonen
TARZAN AND THE GOLDEN LION
Tarzan und der goldene Löwe
TARZAN AND THE GREAT RIVER
Tarzan am großen Fluß

TARZAN AND THE HUNTRESS
Tarzan wird gejagt
TARZAN AND THE JUNGLE BOY
Tarzan und der Dschungelboy
TARZAN AND THE LEOPARD WOMAN
Tarzan und das Leopardenweib
TARZAN AND THE LOST CITY
Tarzan und die verlorene Stadt
TARZAN AND THE LOST SAFARI
Tarzan und die verschollene Safari
TARZAN AND THE MERMAIDS
Tarzan in Gefahr
TARZAN AND THE SHE-DEVIL
Tarzan bricht die Ketten
TARZAN AND THE SLAVE GIRL
Tarzan und das Sklavenmädchen
TARZAN FINDS A SON *Tarzan und sein Sohn*
TARZAN GOES TO INDIA
Tarzan erobert Indien
TARZAN IN MANHATTAN
Tarzan in Manhattan
TARZAN OF THE APES *Tarzan der Affen*
TARZAN THE APE MAN *Tarzan, der Herr des Urwalds* (1932)
TARZAN THE APE MAN *Tarzan, der Herr des Urwalds* (1959)
TARZAN THE APE MAN *Tarzan, Herr des Urwalds*
TARZAN THE MAGNIFICENT
Tarzan, der Gewaltige
TARZAN TRIUMPHS *Tarzan und die Nazis*
TARZAN'S DESERT MYSTERY *Tarzan, Bezwinger der Wüste*
TARZAN'S FIGHT FOR LIFE
Tarzans Kampf um Leben
TARZAN'S GREATEST ADVENTURE
Tarzans größtes Abenteuer
TARZAN'S HIDDEN JUNGLE
Tarzan und der schwarze Dämon
TARZAN'S MAGIC FOUNTAIN
Tarzan und das blaue Tal
TARZAN'S NEW YORK ADVENTURE
Tarzans Abenteuer in New York
TARZAN'S PERIL *Tarzan rettet die Dschungelgöttin*
TARZAN'S REVENGE *Tarzans Rache*
TARZAN'S SAVAGE FURY *Tarzan, der Verteidiger des Dschungels*
TARZAN'S SECRET TREASURE
Tarzans geheimer Schatz
TARZAN'S THREE CHALLENGES
Tarzans Todesduell
TAUR, IL RE DELLA FORZA BRUTA

Taurus – Der Gigant von Thessalien
TEEN WITCH *Teen Witch –*
Hokuspokus in der Highschool
THE TEMPEST *Der Sturm*
THE TEN COMMANDMENTS
Die zehn Gebote (1923)
THE TEN COMMANDMENTS
Die zehn Gebote (1956)
TENI SABYTYCH PREDKOW
Schatten vergessener Pferde
A TERRA-COTTA WARRIOR
Der Krieger des Kaisers
IL TERRORE DEI BARBARI
Herkules, der Schrecken der Hunnen
TESEO CONTRO IL MINOTAURO
Theseus, Held von Hellas
IL TESORO DEL BENGALA
Der Tempelschatz von Bengalen
IL TESORO DELLA FORESTA PIETRIFICA
Il Tesoro
LE TESTAMENT D'ORPHÈE,
OU NE ME DEMANDEZ
PAS POURQUOI
Das Testament des Orpheus
THE THIEF OF BAGDAD
Der Dieb von Bagdad (1924)
THE THIEF OF BAGDAD
Der Dieb von Bagdad (1940)
THE THIEF OF BAGDAD
Der Dieb von Bagdad (1978)
THIEF OF DAMASCUS *Abu Andar,*
Held von Damaskus
THE 13TH WARRIOR *Der 13. Krieger*
THOR, IL CONQUISTADORE
Thor, der unbesiegbare Barbar
1001 ARABIAN NIGHTS *Wenn es*
Nacht wird in Arabien
THOSE DEAR DEPARTED *Tot lebt sich's besser*
THOUSAND AND ONE NIGHTS
Tausendundeine Nacht
THE THREE STOOGES MEET HERCULES
Haut den Herkules
THE THREE WORLDS OF GULLIVER
Herr der drei Welten
THE THRONE OF FIRE *The Throne of Fire*
TIME BANDITS *Time Bandits*
TIME BARBARIANS *Time Barbarians*
TIN SOLDIER *Der geheimnisvolle Ritter*
TINERETE FARA BATRINETE
Das Schloss hinterm Regenbogen
TO THE ENDS OF TIME *Ritter der Zeit*
TOM THUMB *Der kleine Däumling*
TOMMY *Tommy*

TOMMY TRICKER AND THE STAMP
TRAVELLER *Tommy Tricker und*
die Briefmarkenbande
EL TOPO *El Topo*
TOPPER *Zwei Engel ohne Flügel*
TOPPER RETURNS *Die merkwürdigen*
Abenteuer des Mr. Topper
TOPPER TAKES A TRIP *Topper geht auf Reisen*
TOY STORY *Toy Story*
TOY STORY 2 *Toy Story 2*
TRE SUPERMEN CONTRO LE AMAZZONI
Frauen, die man Töterinnen nannte
TREASURE OF THE FOUR CROWNS
Das Geheimnis der vier Kronjuwelen
TRETI PRINC *Der dritte Prinz*
TRI ORISKY PRO POPELKU *Drei Nüsse*
für Aschenbrödel
TRI PRANI *Drei Wünsche*
TRI VETERANI *Verschenktes Glück*
TRI ZLATE VLASY DEDA VSEVEDA
Die drei goldenen Haare des Alleswissers
TRINAISTATA GODENIZA NA PRINZA
Die 13. Braut des Prinzen
IL TRIONFO DI ERCOLE *Der stärkste*
Mann der Welt
IL TRIONFO DI MACISTE *Maciste*
besiegt den Feuerteufel
TROLL *Troll*
A TROLL IN CENTRAL PARK *Der Zaubertroll*
TROLLFLÖJTEN *Die Zauberflöte*
TROLLI *Troll 2*
TROLLS II *Troll 2*
THE TRUMAN SHOW *Die Truman-Show*
TSCHORNAJA KURIZA ILI PODSEMNYJE
SHITELI *Das schwarze Huhn*
oder Die unterirdischen Bewohner
TÜNDER LALA *Der Feenprinz*
TURNABOUT *Die Dame ist der Gatte*
TURNAROUND *Torture*
TWILIGHT ZONE – THE MOVIE
Unheimliche Schattenlichter
TWISTER'S REVENGE *Ein Supertruck*
auf Gangsterjagd
TWO OF A KIND *Zwei vom gleichen Schlag*

UCCELLACCI E UCCELLINI
Große Vögel – Kleine Vögel
UDIWITELNA NACHODKA, ILI SAMYJE
OBYKWOWENNYJE TSCHUDESSA
Ein wundervoller Tag
UGETSU MONOGATARI *Ugetsu –*
Erzählungen unter dem Regenmond

ULISSE *Die Fahrten des Odysseus*
ULISSE CONTRO ERCOLE *Herkules,*
  der Sohn der Götter
UNA BRUJA SIN ESCOBA *Die Hexe ohne Besen*
UPWORLD *Upworld*
URSUS *Ursus, Rächer der Sklaven*
URSUS IL GLADIATORE RIBELLE
  Kampf der Giganten
URSUS IL TERRORE DIE KHIRGHISI
  Ursus, Schrecken der Kirgisen
URSUS NELLA TERRA DI FUOCO
  Ursus, der Unbesiegbare
URSUS NELLE VALLE DE LEONI
  Ursus im Tal der Löwen
UTSCHENIK LEKARJA
  Der Lehrling des Medicus

VALHALLA *Walhalla*
VANDRONIK *Der Reisekamerad*
IL VANGELO SECONDO MATTEO
  Das erste Evangelium – Matthäus
DER VAR ENGANG *Der Bettelprinz*
VARLDENS BÄSTA KARLSSON
  Karlsson auf dem Dach
LA VENDETTA DI ERCOLE
  Die Rache des Herkules
LA VENDETTA DI URSUS
  Herkules, der Held von Karthago
VEVERKA A KOUZELNA MUSLE
  Eichhörnchen und die Zaubermuschel
LA VIA LACTÉA *Die Milchstraße*
VIBES *Vibes – Die übersinnliche Jagd*
  nach der glühenden Pyramide
VICE VERSA *Ich bin du*
LA VIE EST UN ROMAN
  Das Leben ist ein Roman
LES VISITEURS DU SOIR
  Die Nacht mit dem Teufel
LA VOIE LACTEE *Die Milchstraße*
LE VOLEUR DE BAGDAD
  Der Gauner von Bagdad
VULCANO, FIGLIO DI GIOVE
  Vulcanus, der Titan

W JARANGE GORIT OGON
  Die Schneesturmhexe
THE WARRIOR AND THE SORCERESS
  Der Krieger und die Hexe
WARRIOR QUEEN *Warrior Queen*
WARWARA – KRASA DLINNAJA KOSA
  Die schöne Warwara

WASSILISSA PREKRASNAJA
  Die schöne Wassilissa
THE WATER BABIES *Der kleine*
  Schornsteinfeger auf dem Meeresgrund
WATERSHIP DOWN *Watership Down –*
  Unten am Fluß
WETSCHERA NAKANUNE IWANA KUPALY
  Der Abend vor der Sonnenwende
WETSCHERA NA CHUTORIE BLIS DIKANKI
  Die Nacht vor Weihnachten
WHAT DREAMS MAY COME
  Hinter dem Horizont
WHAT THE MOON SAW *Ferien mit Sindbad*
WHEN PIGS FLY *When Pigs Fly*
WHISHMAN *Hitch, der Geist aus der Flasche*
WHO FRAMED ROGER RABBIT?
  Falsches Spiel mit Roger Rabbit
WHOLLY MOSES *Oh, Moses*
WILLIAM SHAKESPEARE'S MIDSUMMER
  NIGHT'S DREAM *Ein Sommernachtstraum*
WILLOW *Willow*
WILLY WONKA AND THE CHOCOLATE
  FACTORY *Charlie und die Schokoladenfabrik*
WINGS OF FAME *Hotel zur Unsterblichkeit*
WITCH HUNT *Magic Murder*
A WITCH WITHOUT A BROOM
  Die Hexe ohne Besen
THE WITCHES *Hexen hexen*
THE WITCHES OF EASTWICK
  Die Hexen von Eastwick
THE WIZARD OF OZ *Das zauberhafte Land*
WIZARD OF THE LOST KINGDOM
  Wizards of the Lost Kingdom –
  Magier der verlorenen Welten
WIZARD OF THE LOST KINGDOM II
  Ein Königreich vor unserer Zeit
WIZARDS *Die Welt in 10 Millionen Jahren*
WNIMANIJE W GORODE WOLSCHEBNIK
  Achtung in der Stadt ist ein Zauberer
WOLSCHEBNAJA LAMPA ALADDINA
  Aladins Wunderlampe
WOLSCHEBNY CHALAT *Der Zaubermantel*
THE WONDERFUL WORLD OF THE
  BROTHERS GRIMM *Die Wunderwelt*
  der Gebrüder Grimm/Die Wunderwelt der
  Brüder Grimm
THE WORLD'S GREATEST ATHLETE
  Big Boy – der aus dem Dschungel kam
WSADNIK NA SOLOTOM KONE
  Der Reiter auf dem goldenen Pferd

XANADU *Xanadu*
XIN LIU XIN HU DIE JIAN

BIBLIOGRAPHIE

Allan, Angela & Elkan: *The Sunday Times'
Guide to Movies on TV,* Feltham,
Middlesex 1980.

Alpers, Hans-Joachim/Werner Fuchs/Ronald M.
Hahn (Hrsg.): *Reclams Science Fiction
Führer.* Stuttgart 1982.

Alpers, Hans-Joachim/Werner Fuchs/Ronald M.
Hahn/Wolfgang Jeschke: *Lexikon der Science
Fiction Literatur.* München 1988.

Aranda, Francisco: *Luis Buñuel. A Critical
Biography.* London 1975.

Arnheim, Rudolf: *Kritiken und Aufsätze
zum Film.* München 1977.

Atlas Film Begleitheft. Le petit prince.
Duisburg 1983.

Atlas-Film Gesamtkatalog: Kino für uns.
Duisburg o. J.

Atlas Filmszenekatalog 1984/85. Duisburg o. J.

L'Avant-Scene: Cinema special Buñuel: *La voie
lactee; Simon du Desert.* Paris 1969.

Balazs, Bela: *Schriften zum Film.*
München 1982.

Ball, Gregor/Eberhard Spiess: *Heinz Rühmann
und seine Filme.* München 1982.

Bandmann, Christa/Joe Hembus: *Klassiker des
deutschen Tonfilms 1930–1960.*
München 1980.

Bär, Willi/Hans Jürgen Weber: *Fischer Film-
Almanach 1980/81.* Frankfurt/Main 1980/81.

Barsacq, Leon: *Caligari's Cabinet and Other
Grand Illusions. A History of Film Design.*
Boston 1976.

Barz, Paul: *Götz Friedrich – Abenteuer
Musiktheater.* Bonn 1978.

Bawden, Liz-Anne/Wolfram Tichy (Hrsg.):
Buchers Enzyklopädie des Films.

2. Aufl. Luzern/Frankfurt/Main 1983.

Berger, Eberhard/Giera, Joachim (Hrsg.):
*77 Märchenfilme. Ein Filmführer
für jung und alt.* Berlin 1990.

Bergman, Andrew: *James Cagney. Seine Filme –
sein Leben.* München 1980.

Bernhard, Manfred: *Die Tarzan-Filme.*
München 1983.

Bessy, Maurice: *Orson Welles.* München 1983.

Bettelheim, Bruno: *Kinder brauchen Märchen.*
München 1980.

Bjorkman, Stig/Torsten Manns/Jonas Sima:
*Bergman über Bergman – Interviews
mit Ingmar Bergman.* München/Wien 1979.

Bock, Hans-Michael (Hrsg.): *Cinegraph –
Lexikon zum deutschsprachigen Film.*
München 1984ff.

Bogdanovich, Peter: *Fritz Lang in America.*
London 1967.

Boyer, Deena: *Die 200 Tage von 8½. Oder:
Wie ein Film von Federico Fellini entsteht.*
Reinbek 1963.

Brennicke, Ilona/Joe Hembus: *Klassiker
des Deutschen Stummfilms 1910–1930.*
München 1983.

Breton, André: *Die Manifeste des Surrealismus.*
Reinbek 1977.

Brode, Douglas: *The Films of the Fifties.*
Secaucus, N. J. 1976.

Bronnen, Barbara/Corinna Brocher: *Die Filmemacher.* München/Gütersloh/Wien 1973.

Busche, Freddy: *The Cinema of Luis Buñuel.*
London/New York 1973.

Buñuel, Luis: *Mein letzter Seufzer.*
Königstein/Ts. 1983.

Butler, Ivan: *Religion in the Cinema.*
New York 1969.

Butler, Ivan: *The Cinema of Roman Polanski.* New York/London 1970.

Casper, Joseph Andrew: *Stanley Donen.* Metuchen 1983.

Clair, René: *Comedies et commentaires.* Paris 1959.

Classic film scripts: *L'age d'or and Un chien andalou.* London 1968.

Cocteau, Jean: *Kino und Poesie – Notizen.* München/Wien 1979.

Cook, David A.: *A History of Narrative Film.* New York/London 1981.

Coursodon, Jean-Pierre/Pierre Sauvage: *American Directors.* 2 Bde. New York 1983.

Cowie, Peter (Hrsg.): *Hollywood 1920–1970.* South Brunswick/New York/London 1977.

Cross, Robin: *The Big Book of B-Movies or How Low was my Budget.* New York 1981.

Culhane, John: *Special Effects in the Movies.* New York 1981.

Dalí, Salvadore: *So wird man Dalí.* Wien/München 1974.

Domke, Rainer: *Der phantastische Film in der Sowjetunion.* Sitara-Sonderband 1, 1985.

Durgnat, Raymond: *Sexus Eros Kino.* München 1967.

Edera, Bruno: *Full Length Animated Feature Films.* London/New York 1977.

Edwards, Gwynne: *The Discreet Art of Luis Buñuel. A Reading of his Films.* London/Boston 1982.

Eisner, Lotte H.: *Dämonische Leinwand – die Blütezeit des deutschen Films.* Wiesbaden 1955.

Eisner, Lotte H.: *Fritz Lang.* London 1976.

Elley, Derek (Hrsg.): *Variety Movie Guide.* London 1991.

Encyclopédie Alpha Du Cinema. 12 Bde. Lausanne 1976.

Estermann, Alfred: *Die Verfilmung literarischer Werke.* Bonn 1965.

Evans, Arthur B.: *Jean Cocteau and his Films of Orphic Identity.* Philadelphia/London 1977.

Ferris, Paul: *Richard Burton – seine Filme – sein Leben.* München 1983.

Fiedler, Leonard M.: *Max Reinhardt.* Reinbek 1975.

Fischer, Robert/Joe Hembus: *Der neue deutsche Film 1960–1980.* München 1981.

Frank, Alan: *The Science Fiction and Fantasy Handbook.* London 1982.

Franklin, Joe: *Classics of the Silent Screen.* Secaucus, N. 1. 1959.

Frenzel, Elisabeth: *Stoffe der Weltliteratur.* Stuttgart 1970.

Fritze, Christoph/Georg Seeßlen/Claudius Weil: *Der Abenteurer. Geschichte und Mythologie des Abenteuer-Films* (Programm Roloff & Seeßlen Bd. 9). Reinbek 1983.

Giesen, Rolf: *Der phantastische Film. Zur Soziologie von Horror, Science Fiction und Fantasy im Kino.* 2 Bde. Schondorf (Ammersee) 1981.

Giesen, Rolf: *Kino, wie es keiner mag. Die schlechtesten Filme der Welt.* Frankfurt a. M. Berlin/Wien 1984.

Giesen, Rolf: *Lexikon des phantastischen Films.* 2 Bde. Frankfurt a. M./Berlin/Wien 1984.

Giesen, Rolf: *Special Effects.* Ebersberg 1985.

Giesen, Rolf: *Sagenhafte Welten.* München 1990.

Giesen, Rolf: *Künstliche Welten.* Hamburg 2000.

Goldman, William: *Adventures in the Screen Trade.* New York 1983.

Grafe, Frieda/Enno Patalas: *Im Off. Filmartikel.* München 1974.

Gregor, Ulrich/Enno Patalas: *Geschichte des Films.* 2 Bde. Reinbek 1976.

Gregor, Ulrich: *Geschichte des Films – ab 1960.* München 1978.

Hagen, Friedrich (Hrsg.): *Leben und Werk des Jean Cocteau.* 2 Bde. München/Wien/Basel 1961.

Hahn, Ronald M./Volker Jansen: *Kultfilme.* München 1988.

Hahn, Ronald M./Volker Jansen: *Lexikon des Horror-Films.* Bergisch-Gladbach 1985.

Hahn, Ronald M./Volker Jansen: *Lexikon des Science Fiction-Films.* München 1997.

Halliwell, Leslie: *Halliwell's Film Guide.* 4. Aufl. London 1983.

Halliwell, Leslie: *The Filmgoer's Companion.* London 1970.

Handbuch der katholischen Filmkritik: 6000 Filme – kritische Notizen aus den Kinojahren 1945 bis 1958. 4. Aufl. Düsseldorf 1981.

Filme 1959–1961. Düsseldorf 1962.

Filme 1962–1964. Düsseldorf 1965.

Filme 1965–1970. 2 Bde. Köln 1971.

Filme 1971–1976. Köln 1977.
Filme 1977–1980. Köln 1981.
Filme 1981–1984. Köln 1985.
Häntzsch, Hellmuth (Hrsg.): *Und ich grüße die Schwalben. Der Kinderfilm in den sozialistischen Ländern.* Berlin 1985.
Harmetz, Aljean: *The Making of the Wizard of Oz.* New York/Toronto 1977.
Harryhausen, Ray: *Film Fantasy Scrapbook.* London/New York 1982.
Hart, James D.: *The Oxford Companion to American Literature.* 5. Aufl. New York/London 1983.
Heinzlmeier, Adolf/Jürgen Menningen/Berndt Schulz: *Kultfilme.* Hamburg 1983.
Hennlein, Elmar: *Erotik in der phantastischen Literatur.* Essen 1985.
Hirschhorn, Clive: *The Warner Bros. Story.* New York 1979.
Hochman, Stanley (Hrsg.): *A Library of Film Criticism Film Directors.* New York 1974.
Hutchinson, Tom: *Horror & Fantasy in the Cinema.* London 1974.

Ihering, Herbert: *Von Reinhardt bis Brecht.* Berlin 1958.
Jansen, Peter W./Luis Buñuel/Klaus Eder u. a.: *Luis Buñuel.* München/Wien 1980.
Jansen, Peter W./Wolfram Schütte (Hrsg.): *Fritz Lang.* München/Wien 1976.
Jansen, Peter W./Wolfram Schütte (Hrsg.): *Joseph Losey.* München/Wien 1977.
Jansen, Peter W./Wolfram Schütte (Hrsg.): *Pier Paolo Pasolini.* München/Wien 1977.
Jensen, Paul M.: *The Cinema of Fritz Lang.* New York/London 1969.
Jewell, Richard B./Vernon Harbin: *The RKO Story.* London 1982.
Jose, Pierre: *Lexikon des Surrealismus.* Köln 1974.
Jurgau, Hans Wolfgang: *Filmbibliographisches Jahrbuch der BRD 1970.* Taunusstein-Neuhof 1971. dito 1971. Wiesbaden 1973. dito 1972. Wiesbaden 1975.
Just, Lothar R. (Hrsg.): *Filmjahr 1979; 1980/81; 1981/82; 1982/83; 1984; 1985.* 6 Bde. *Filmjahrbuch* (bis Jahr 2000). München 1980ff.

Kael, Pauline: *5001 Nights at the Movies.* London 1982.

Kael, Pauline: *Deeper into Movies.* Boston/Toronto 1973.
Kalbus, Oskar: *Vom Werden deutscher Filmkunst. 2. Teil: Der Tonfilm.* Altona-Bahrenfeld 1935.
Kath. Filmbüro München: *160 Filmbesprechungen.* München 1948.
Katz, Ephraim: *The International Film Encyclopedia.* London 1980.
Keiner, Reinhold: *Thea von Harbou und der deutsche Film bis 1933.* Hildesheim 1984.
Keller, Harald: *Schräg, schrill, scharf und schundig.* Reinbek 2000.
Kihm, Jean Jacques/Elisabeth Sprigge/Henri C. Behar: *Jean Cocteau. Sein Leben – ein Meisterwerk.* München 1970.
Kindlers Literatur Lexikon. 25 Bde. München 1974.
Kino für Kinder. Hrsg. vom Kinder- und Jugendfilmzentrum i. d. BRD. 1979.
Knofel, Karl: *Warum ich keine Filme mache.* Fort Knox 1978.
Kracauer, Siegfried: *Kino heute.* Frankfurt/Main 1974.
Kracauer, Siegfried: *Theorie des Films.* Frankfurt/Main 1974.
Kracauer, Siegfried: *Von Caligari zu Hitler.* Frankfurt/Main 1984.
Krusche, Dieter: *Jean Cocteau und seine Filme.* In: Walter Hagemann (Hrsg.): *Filmstudien.* Emsdetten 1952.
Krusche, Dieter: *Reclams Film-Führer.* 5. Aufl. Stuttgart 1982.

Laaths, Erwin: *Geschichte der Weltliteratur.* München/Zürich 1953.
Lange-Fuchs, Hauke: *Nordlichtbilder. Kinder- und Jugendfilme aus dem Norden Europas.* Remscheid 1979.
Lebrun, Michael: *Woody Allen. Seine Filme – sein Leben.* München 1984.
Lee, Walt: *Reference Guide to Fantastic Films – Science Fiction, Fantasy and Horror.* Volume 1 (A–F). Los Angeles 1972. Volume 2 (G–O). Los Angeles 1974. Volume 3 (P–Z). Los Angeles 1974.
Lentz, Harris M.: *Science Fiction, Horror & Fantasy Film and Television Credits.* 2 Bde. Jefferson, N. C./London 1983.
Lloyd, Bryan/David Robinson (Hrsg.): *Movies of the ... Silent Years; the Thirties; the Forties; the Fifties; the Sixties; the Seventies.* 6 Bde. London 1983/1984.

Lyon, Christopher/Susan Doll (Hrsg.): *The Macmillan Dictionary of Films and Filmmakers*. 2 Bde. London 1984.

Magill, Frank N. (Hrsg.): *Magill's Survey of Cinema*. Englewood Cliffs 1981.
Maltin, Leonard: *The Disney Films*. New York 1973.
Marais, Jean: *Spiegel meiner Erinnerung*. München 1975.
Maxford, Howard: *The A–Z of Science Fiction & Fantasy Films*. London 1997.
McBride, Joseph: *Orson Welles. Seine Filme – sein Leben*. München 1982.
McCarthy, Todd/Charter Lynn (Hrsg.): *King of the B's*. New York 1975.
Medved, Harry/Michael Medved: *The Golden Turkey Awards*. New York 1975.
Medved, Harry/Randy Dreyfuss: *The Fifty Worst Movies of all Time (and how they got that way)*. New York 1978.
Metken, Günter (Hrsg.): *Als die Surrealisten noch recht hatten – Texte und Dokumente*. Stuttgart 1976.
Meyers, Richard: *The World of Fantasy Films*. South Brunswick/New York/London 1980.
Milne, Tom: *The Cinema of Carl Dreyer*. New York/London 1971.
Monaco, James: *American Film Now*. München/Wien 1985.
Monaco, James: *Film verstehen*. Reinbek 1980. Aktualisierte Auflage: Hamburg 2000.

Nadeau, Maurice: *Geschichte des Surrealismus*. Reinbek 1965.
Nichols, Peter: *Fantastic Cinema*. London 1984.

Oertel, Rudolf: *Macht und Magie des Films*. Wien 1959.

Pasolini, Pier Paolo: *Accattone*, München/Zürich 1984.
Peary, Danny: *Cult Movies*. New York 1981.
Peary, Danny: *Cult Movies 2*. New York 1983.
Perry, George: *Life of Python*. Boston/Toronto 1983.
Phelix, Leo/Rolf Thissen: *Pioniere und Prominente des modernen Sexfilms*.

München 1983.
Pickard, Roy: *The Oscar Movies from A–Z*. Feltham/Middlesex, England 1977.
Pirie, David (Hrsg.): *Anatomy of the Movies*. London 1981.
Polanski, Roman: *Roman Polanski*. Bern/München/Wien 1984.
Pongs, Hermann: *Das kleine Lexikon der Weltliteratur*. Stuttgart 1967.
Prawer, S. S.: *Caligari's Children. The Film as Tale of Terror*. Oxford 1980.

Ranke, Kurt (Hrsg.): *Enzyklopädie des Märchens*. 4 Bde. Berlin/New York 1977/1979/1981/1984.
Rauhut, Franz/Walter Stock/Georg Forster: *Filme gegen Krieg*. Gerolzhofen 1981.
Reclams Schauspielführer. Stuttgart 1983.
Reginald, Robert: *Science Fiction and Fantasy Literature. A Checklist 1700–1974*. Detroit 1979.
Reitberger, Reinhold: *Walt Disney*. Reinbek 1979.
Rhode, Eric: *A History of the Cinema*. Harmondsworth, Middlesex 1978.
Richie, Donald: *The Films of Akira Kurosawa*. Berkeley/Los Angeles/London 1984.
Riess, Curt: *Das gab's nur einmal*. 5 Bde. Wien/München 1977.
Ringgold, Gene/De Witt Bodeen: *The Films of Cecil B. DeMille*. New York 1969.
Robertson, Patrick: *The Guinness Book of Film, Facts & Feats*. Enfield, Middlesex 1980.
Rohmer, Eric: *Murnaus Faustfilm – Analyse und szenisches Protokoll*. München/Wien 1980.
Rose, Simon: *One Essential Film Guide*. Glasgow 1993.
Rovin, Jeff: *The Fabulous Fantasy Films*. South Brunswick/New York/London 1977.

Sadoul, Georges: *Dictionnaire des Films*. Paris 1965.
Sadoul, Georges: *Geschichte der Filmkunst*. Wien 1957.
Saint-Exupéry, Antoine de: *Der kleine Prinz*. Düsseldorf 1950.
Schechter, Harold/David Everitt: *Filmtricks. Special Effects in the Movies*. New York 1980.
Scherf, Walter: *Lexikon der Zaubermärchen*. Stuttgart 1982.

Scherle, Victor/William Levy: *The Films of Frank Capra*. Secaucus, N.J. 1977.

Scheuer, Steven H. (Hrsg.): *Movies on TV*. New York 1983.

Scheugl, Hans: *Sexualität und Neurose im Film*. München 1974.

Scheugl, Hans/Ernst Schmidt jr.: *Eine Sub-Geschichte des Films. Lexikon des Avantgarde-, Experimental- und Undergroundfilms*. 2 Bde. Frankfurt/Main 1974.

Schiele, Joachim: *Tarzan – der barfüßige Held*. München 1981.

Schmieding, Walther: *Kunst oder Kasse*. o. O. 1961.

Schnoor, Dr. Hans: *Oper, Operette, Konzert*. Gütersloh 1963

Schobert, Walter/Hans Jürgen Weber/Jürgen Berger u. a. (Hrsg.): *Fischer Film-Almanach 1982*. Frankfurt am Main 1982.

Schumann, Uwe-Jens: *Hans Albers. Seine Filme – sein Leben*. München 1980.

Schwarze, Michael: *Buñuel*. Reinbek 1981.

Seeßlen, Georg/Bernt Kling: *Unterhaltung. Lexikon zur populären Kultur*. 2 Bde. Reinbek 1977.

Seeßlen, Georg/Claudius Weil: *Kino des Phantastischen. Geschichte und Mythologie des Horror-Films*. Reinbek 1980.

Seitz, Gabriele (Hrsg.): *Dr. Faustus*. Frankfurt/Main 1982.

Shipman, David: *The Story of Cinema*. 2 Bde. London/Sydney/Auckland/Toronto 1982/1984.

Siciliano, Enzo: *Pasolini – Leben und Werk*. Weinheim/Basel 1980.

Smith, Ella: *Starring Miss Barbara Stanwyck*. New York 1974.

Solomon, Jon: *The Ancient World in the Cinema*. South Brunswick/ New York/London 1978.

Stack, Oswald: *Pasolini on Pasolini – Interviews*. London 1969.

Steinbrunner, C./B. Goldblatt: *Cinema of the Fantastic*. New York 1972.

Stresau, Norbert: *Der Fantasy-Film*. München 1984.

Stresau, Norbert: *Der Oscar*. München 1985.

Toeplitz, Jerzy: *Geschichte des Films*. 4 Bde. München 1979ff.

Töteberg, Michael: *Fritz Lang*. Reinbek 1985.

Truffaut, François: *Die Filme meines Lebens – Aufsätze und Kritiken*. München/Wien 1976.

Tuck, Donald H.: *The Encyclopedia of Science Fiction and Fantasy*. 3 Bde. Chicago 1974, 1978, 1982.

Vogel, Amos: *Kino wider die Tabus*. Luzern/Frankfurt am Main 1981.

Waldekreuz, Rune/Verner Arpe: *Das Buch vom Film*. Berlin/Darmstadt 1956.

Weldon, Michael: *The Psychotronic Encyclopedia of Film*. New York 1983.

Weldon, Michael: *The Psychotronic Video Guide*. New York 1996.

Werner, Paul: *Roman Polanski*. Frankfurt/Main 1981.

Wetzel, Kraft/Peter A. Hagemann: *Liebe, Tod und Technik – Kino des Phantastischen. 1933–1945*. Berlin 1977.

Willis, Donald: *The Films of Frank Capra*. Metuchen 1974.

Wolf, Steffen: *Kinderfilm in Europa. Darstellung der Geschichte, Struktur und Funktion des Spielfilmschaffens für Kinder in der BRD, ČSSR, DDR und Großbritannien*. München/Pullach/Berlin 1969.

Zentrale Filmografie. Politische Bildung. 5 Bde. Hrsg. vom Institut für Jugend, Film und Fernsehen in München. Leverkusen 1980ff.

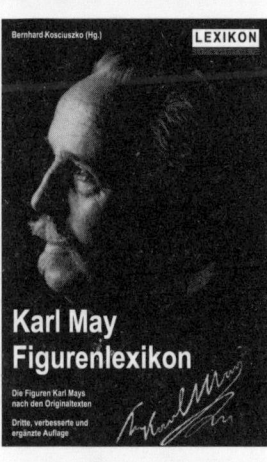

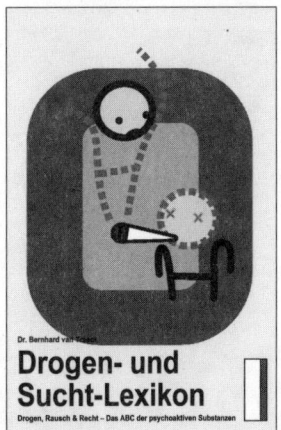

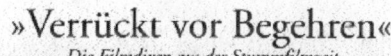